U0578702

當代中國學者代表作文庫

THE REPRESENTATIVE WORKS OF
THE CONTEMPORARY CHINESE SCHOLARS

老子古今

五種對勘與析評引論

劉笑敢 著

選書

修訂版 上卷

中國社會科學出版社

圖書在版編目（CIP）數據

老子古今：五種對勘與析評引論（附《老子》五種原文對照逐字通檢）修訂版／
劉笑敢著. —北京：中國社會科學出版社，2006.5（2025.7 重印）
（當代中國學者代表作文庫）
ISBN 978 - 7 - 5004 - 5605 - 6

Ⅰ. ①老… Ⅱ. ①劉… Ⅲ. ①道家②老子—研究 Ⅳ. ①B223.15

中國版本圖書館 CIP 數據核字（2009）第 135465 號

出 版 人	季為民
選題策劃	馮 斌
責任編輯	李樹琪 張 林
責任校對	林福國
責任印制	戴 寬

出 版	中國社會科學出版社
社 址	北京鼓樓西大街甲 158 号
郵 編	100720
網 址	http://www.csspw.cn
發 行 部	010 - 84083685
門 市 部	010 - 84029450
經 銷	新華書店及其他書店

印刷裝訂	北京君昇印刷有限公司
版 次	2006 年 5 月第 1 版
印 次	2025 年 7 月第 5 次印刷

開 本	787×1092 1/16
印 張	100.25
字 數	1080 千字
定 價	368.00 元（全二卷）

凡購買中國社會科學出版社圖書，如有質量問題請與本社營銷中心聯繫調換
電話：010 - 84083683
版權所有　侵權必究

作 者

張燦輝 攝

作 者 簡 介

劉笑敢 1947 年河南生人，在天津讀中小學，1968 年到內蒙古插隊落户，1973 年入讀內蒙古師範學院中文系，1978 年考入北京大學哲學系師從張岱年讀研究生，1985 年獲博士學位並留校任講師、副教授。1988 年赴美國，先後於密西根大學、哈佛大學、普林斯頓大學東亞系、宗教系、哈佛燕京學社任訪問學者、講師、研究員。1993 年赴新加坡國立大學中文系任高級講師、副教授，2001 年起擔任香港中文大學哲學系教授，後出任中國哲學與文化研究中心主任。

代表作包括:《莊子哲學及其演變》、《老子 —— 年代新考及思想新詮》、《兩極化與分寸感》、《莊子與沙特》、《老子古今：五種對勘與析評引論》、*Classifying the Zhuangzi Chapters* 以 及 *Taoism and Ecology*。諸多論文見於《中國文哲研究集刊》《漢學研究》《中國社會科學》《文史》和 *Harvard Journal of Asiatic Studies* 等，並有多種論著被譯爲韓文、英文或中文。

《當代中國學者代表作文庫》
編 委 會

主 任　李　揚

副主任　孟昭宇　趙劍英

委　員　(按筆畫排序)

丁偉志　於　沛　王　浩　黄　平

馮天瑜　劉躍進　汝　信　李　揚

張卓元　張海鵬　李景源　楊　義

陳　來　陳衆議　陳先達　陳祖武

孟昭宇　卓新平　趙劍英　郝時遠

周　泓　李　林　袁行霈

总策划　趙劍英

《當代中國學者代表作文庫》
出版説明

　　中華人民共和國的成立開啓了當代中國歷史發展的新進程。伴隨社會主義革命、建設和發展的歷史，特別是改革開放以來中國特色社會主義道路的探索、開闢和中國特色社會主義理論體系的形成，全球化的深入發展以及中西文化的碰撞交匯，中國的哲學社會科學研究事業得到了顯著的發展，涌現了一大批優秀的人文哲學社會科學學者及著作。這些著作體現了時代特色、民族特色和實踐特色的統一，在其相應學科中具有開創性、奠基性和代表性。正是這些具有中國特色、中國氣派、中國風格的作品鑄就了當代中國哲學社會科學發展的輝煌成就，形成了中國哲學社會科學理論和方法的創新體系。

　　中國社會科學出版社作爲中國社會科學院直屬的專門從事哲學社會科學學術成果出版的學術出版社，建社三十多年來，一直秉持傳播學術經典的出版理念，把努力追求高質量高品位的哲學社會科學學術著作作爲自己的主要出版任務。爲展示當代中國哲學社會科學研究的巨大成就，積極推動中國哲學社會科學優秀人才和優秀成果走向世界，提高中華文化的軟實力，擴大中國哲學社會科學的國際話語權，增強在全球化、信息化背景下中國和平崛起所必須的文化自覺和文化自信，我社決定編輯出版《當代中國學者代表作文庫》。

　　《當代中國學者代表作文庫》收錄新中國建立以來我國哲學社會科學各學科的優秀代表作，即在當代中國哲學社會科學學科體系中具有開創性、奠基性和代表性意義的著作。入選這一文庫的著作應當是當代中國哲學社會科學的精品和珍品。因此，這一文庫也應當代表當代中國哲學社會科學的最高學術水平。

編輯出版《當代中國學者代表作文庫》是一件具有重大戰略意義的國家學術文化工程，對構建中國特色社會主義核心價值觀，推動中國當代學術的創新發展，加強中外學術文化交流，讓世界從更深層次瞭解中國文化，擴大中國文化的國際影響力，必將產生十分重要和深遠的影響。讓我們合心戮力，共襄這一學術盛舉。

中國社會科學出版社

二〇〇九年十二月

再版絮语

得知《老子古今》要再版，有點意外。這樣一部有點學究氣、又有一千五六百頁的書能在三四年中再版，不免讓人有驚喜和欣慰之感。要感謝的人很多，首先當然是中國社會科學出版社。本書設計大方，排版疏朗，印製精美，他們的功勞很大。這裏簡單介紹一些瑣事，一方面是表達謝意，一方面是希望引起出版界有心人的關注，盼有更多人參與思考和提升中文書籍、尤其是中文學術書籍的編輯出版水準。都是小事，不免絮叨，故名絮語。

一個很小的事是頁碼的排序。多數大陸的中文書都沿襲綫裝書慣例，每一個目錄、凡例、前言、導論、提要等都要重新從1開始排頁碼，比如，叢書出版說明1、2、3……，本書編者說明1、2、3……，目錄1、2、3……，某序1、2、3……，自序1、2、3……。這樣，一本書中就可能有三四個或五六個第1、2、3頁。我的《莊子哲學及其演變》就有六個第1和第2頁。有一次，我給《哈佛亞洲學刊》寫稿，引用文物出版社出版的一本書的序言，不得不在書名後註明是"序言"（introduction）第幾頁。編輯隨手就把"序言"刪掉了，她徵求我意見時我要求恢復，她認爲沒有必要，我告訴她有必要，因爲中文書可以有好多重複頁碼。

爲什麼哈佛的編輯認爲無須註明是"序言"第幾頁呢？因爲英文書的頁碼不會重複。英文書中所有前言、目錄、致謝、凡例等，包括空白頁暗碼，都用羅馬數字從i、ii、iii……連續排序，所有正文都用阿拉伯數字1、2、3……排序，一直到書目、註釋、索引、後記等。

比如"p. iv"就是正文前的第 4 頁，"p. 4"就是正文第 4 頁，不會重複，不會混淆。這樣做既不麻煩，又無害處，好處則是簡單直捷，合乎邏輯，且便於引用，便於統計，爲什麼不學呢？臺灣和香港的中文書已經這樣做，大陸也開始有出版社這樣做（如三聯），其他出版社是否也可以效法呢？如果我們不採用羅馬數字和阿拉伯數字的搭配，是否可以採用中文數字和阿拉伯數字的搭配呢？就算清一色的阿拉伯數字一貫到底，又何嘗不可呢？我向社科出版社的策劃主管馮斌先生提出此類問題，他們欣然認可，我很高興。不過，本書情況比較複雜，具體操作又經過不同人手，這一原則並沒有貫徹到底，所以阿拉伯頁碼仍有重複。去年北京一家著名出版社出版我的《詮釋與定向》時，也接受了我的建議，但也沒能有效貫徹，乃至正文前出現了兩套羅馬數字的頁碼。看來傳統和慣性的力量很大，真要改變也不容易。

另一件小事是眉題。有眉題的書不是太少，但很多書的眉題太簡單，甚至用書名作眉題，這對讀者沒有多少幫助。我希望眉題比較具體。比如本書，目錄以及餘、勞、孟的序言各有眉題，正文 81 章各有眉題，逐字通檢中每個字音都有眉題，讀者翻閱、查找起來就方便得多。出版社不嫌麻煩，接受我的建議，我很感謝。

另一件小事是版芯的位置。我不喜歡看書看到接近裝訂綫時就要使勁摳、用力掰，複印時更要使勁壓，有時甚至會把書壓壞。我向馮斌提出此事，看校樣時又強調此事，他們完全接受了我的建議，將版芯外移一兩個字的位置，翻閱起來方便舒服，相信讀者閱讀本書時也會有此感受。這類細節很多，說不盡說，總之，出版社的理解和支持令我由衷感謝。

順便說一下註釋的事。80 年代我在北京的時候，國內雜誌和出版社都不喜歡很多註釋，認爲沒有必要。現在大家都知道學術著作是一定要有註釋的，但執行得很簡單，很機械，是另一種缺點。比如，一篇討論朱熹思想的文章，當然要引用朱熹的很多話，結果註釋中說明《朱子語類》第幾頁的註就佔了一兩頁，幾乎是全文的十分之一，無異於浪費版面，而且讀者看起來也不方便。我有此感受是因爲當年我的《莊子哲學及其演變》出英文版的時候，美國的編輯要我將《莊子》及其他先秦諸子所有引文一律標出頁碼。開始我嚇了一跳，那要幾百甚至上千個註釋，要佔幾十頁的篇幅，怎麼可能？沒想到，他們早有慣例，引用最多的《莊子》只要第一次註明版本，以後僅在引文後面的括弧中標明頁碼即可。其他經常引用的書，只要在前面加個斜體縮寫字頭（英文書書名都用斜體字，不加引號），空一格後直接標註頁碼。如《韓非子》第 10 頁就是"（H 10）"，《荀子》第 38 頁就是"（X 38）"。這樣，作者做起來簡單，讀者看起來省事，又節省了篇幅，降低了書的成本。我現在編《中國哲學與文化》輯刊就用此方式，廣西師範大學出版社完全接納。至於本書，正文中引文用的是作者加年分的標註方法，如"（高明，1996）"，但導論註釋內容比較複雜，用的是人文著作常用的腳註形式。社科出版社完全接受我的處理，這也是我感到比較舒服的。

我的體會是學術著作的引文必需註明出處，這樣讀者才能找到原文，進一步閱讀，同行才能檢查你的根據是否準確，舉證是否成立，才有切磋討論的可能。腳註是最表面的功夫，一方面可以說沒那麼重要，另一方面也可以說連門面功夫都不懂的人，能有多少深度呢？我審閱的稿件中，有的只引用過一本自己的書，有的腳註引用的絕大多數都是自己的文章。這樣的作者是否認真做過廣泛深入的研究，稿件是否有新貢獻就很值得懷疑了。當然，任何事都有兩面。要註釋也可能會束縛作者的思路，有些大學者在退休後就不再嚴格按照學術論文的規範寫作，不必為腳註而翻查資料，感到是一大解放。要不要註釋，要什麼樣的註釋，的確不能一概而論。

引文的註釋是為讀者服務的，也要兼顧作者和編者的方便。但是，目前大陸學報"必須"採用的是一種通過行政手段發佈的奇怪的體例，作者不會用，讀者看不懂，編者更頭痛。據說發明者是為了統計引用率、編制 citation 的方便，這給各方都帶來很多不便，終於有一些學報聯合"造反"，放棄了這種莫名其妙的體例。英文出版界沒有行政部門頒佈的體例，大家經常參考的權威體例是《芝加哥編輯手冊》（The Chicago Manual of Style），由芝加哥大學出版社編輯出版。有人戲稱這是出版界的"《聖經》"。這部手冊為作者、編者和出版者服務，不斷修改，擴充，目前已經出到 15 版，有九百多頁，內容涵蓋各種出版物，包括網絡出版品。此書也有簡明的普及版（A Manual for Writers of Term Papers，Theses，and Dissertations）。我剛到美國時，波士頓學院（Boston College）哲學系的蘇玉崑教授就送了我一本簡明版，我現在偶爾需要時還會翻閱一下。

　　《芝加哥編輯手冊》受到認可，有權威性，因為他們提出的參考體例是從出版界的不同實踐和慣例中歸納總結出來的，不是閉門造車的發明，也不是強制規定的做法。手冊反映出不同學術領域和出版領域、不同刊物和出版社之間既有共同的慣例和原則，又有獨特的傳統和規範，可謂多樣而有序。它不是自封的權威，也不是哪個機構為了管理方便而強制推行的。大家誠心誠意參考，卻不必奉之為不得不機械照辦的圭臬，自然而然成為某種"行規"或"權威"。我想，這該是最理想的狀態了。希望大陸乃至港澳臺有影響的出版社可以聯合起來編一部中文出版界的"芝加哥編輯手冊"。

　　最麻煩的是索引。索引對於研究工作來說很重要。做一項研究要看幾十本、上百本書，相關內容都靠腦子記或筆記，難免有疏漏，有時看過的內容忘了做筆記，回過頭來找又記不起是哪一部書或哪個章節，這時索引就很有幫助。這種方便感是用英文書的體會。二十多年前，翻譯馬斯洛社會心理學著作的許金聲就對我說過：你應該來參加我們的討論，馬斯洛是講道家的。此事一直留在我心裏，直到前幾年才動手摸了一下情況。的確，馬斯洛發明瞭道家式科學、道家式客觀性、道家式接受性、道家式教授、道家式父母、道家式情人等一系列概念。然而，他研究過哪些道家著作？他的根據何在？目的何在？因為英文書有索引，解決這些問題就變得很容易。根據他的所有著作的書目和索引，很快就發現他對道家思想的瞭解主要來自於一本英譯《老子》，但他的著作中從來沒有引用過《老子》、《莊子》等道家著作，也沒有提到過道家的道、自然、無為等概念。其著作的中譯本出現了"自然"或"無爲"的説法，但這不是馬斯洛本人的用法，而是譯者自己的意譯。這樣我們就可以斷定，馬斯洛創造"道家式"的説法，主要是表達他自己的"更加"人文主義的心理學觀點，並非對道家的研究和發展。如果沒有索引及書目，要得出這個結論可能要多花上數十倍時間去閱讀查證。當然，索引帶來的方便並不意味研究者不必認真閱讀基本文獻。

索引在英文學術著作中很普遍。大的出版社有自己的索引編製專家，一般情況下不需要作者編制索引。中文出版界沒有編制索引的傳統和技術，要靠作者編索引。很多書沒有索引，有些索引簡單、粗糙，不好用。好的索引，每個詞條下都不會有太多頁碼，如果重現頻率高，就要再分子條目，以便查找。比如，一本研究羅爾斯的書中，會有數十處提到康得。如果僅僅將提到康得的幾十個頁數一一列出，對讀者幫助不很大，查找相關內容仍然可能很繁瑣。好的索引會在康得一條之下，列出數十個子項，如"羅爾斯（與康得）的密切關係"、"（康得的）社會接觸理論"、"（康得）與建構理論"、"（康得）論國際正義"等等。（在康得的子條目下，康得二字是省略的。）這樣，讀者可以很快找到自己所要找的與康得有關的章節和段落，一個子項下常常只有一兩個到三四個頁碼，並有參照條目，查找非常方便。

我為自己的幾本書編過索引，知道編索引是一種專門的技術，許多麻煩不好處理。《老子古今》一書內容很廣，涉及古今中西很多理論，索引要編得好不容易。比如，本書涉及詮釋學的詞語特別多，如何在詮釋一詞下設計和選列子條目就頗費躊躇。本書的索引編製主要是我們的博士研究生林光華女士的功勞。但遇到某些難解之處，她費了很多心血，我也花了不少時間，仍難找到最佳方案。比如，有些詞條下的頁數很多但沒有子條目，有些參照條目沒有一一列出，尤其是有些條目下的附屬條目與主條目沒有共同的詞彙，附屬條目按設計應該比主條目縮入一格，但初版排印時都排成了同一級別。這次再版只能在盡可能少改動的原則下作些技術性修改。盼望將來多有一些中文的索引專家，幫助建立中文索引的體例和規範。

此書再版之際，我要特別感謝吳啓超博士。還是數年前，收到本書初版後不久，他就給了我一份勘誤表，主要列出的是繁簡字混用、英文字連排等方面的問題。當時我一邊感謝他，一邊心中暗忖：什麼時候才能有機會再版，修正這些錯誤呢？這個機會居然來了，好似對吳博士虧欠日久、終有交代，不免心中釋然。此次再版，主要是處理技術上的細節錯誤，以及個別的資料問題。過去有個印書坊，取名叫"掃葉山房"，意思是校書如掃落葉，隨掃隨落，永無止境。儘管如此，能夠糾正一些錯誤，心中還是有難以言喻的輕鬆與舒適之感。

最後要感謝的是甘琦女士。八十年代在北大，她曾是旁聽我講授中國哲學史的歷史系學生。二十餘年過去，她已榮任香港中文大學出版社社長。儘管她以"謝師"為名，幫我承擔了所有出版聯絡工作，我仍難以受之泰然。只能在此說句感謝的話。

一個讀書人，一輩子念書、教書、寫書、編書，免不了愛書。希望中文出版界的書不僅越出越多，而且越出越好。

劉笑敢

2010 年 3 月於香港中文大學

目　　錄

（上卷）

余英時先生序 / 1

Donald J. Munro（孟旦）先生序 / 9

勞思光先生序 / 14

致謝 / 17

編寫說明 / 19

導論一　版本歧變與文本趨同 / 1

　　一　版本簡介 / 2

　　二　"版本歧變"（versional divergence）/ 4

　　三　"文本改善"（textual improvement）/ 7

　　四　"文本趨同"（textual assimilation）/ 10

　　五　"語言趨同"（linguistic assimilation）：概述 / 12

　　六　語言趨同：句式整齊化 / 13

　　七　語言趨同：章節之間的重複 / 16

　　八　語言趨同：排比句式的強化 / 20

　　九　思想聚焦：增加核心概念 / 23

　　十　思想聚焦：調整段落文句 / 29

　　十一　趨同與歧變：一個特例 / 32

　　十二　普遍性與特殊性 / 36

　　十三　古本原貌與理想文本 / 38

導論二　回歸歷史與面向現實 / 43

　　一　視域融合與兩種定向 / 44

　　二　"人文自然"的提出 / 46

　　三　人文自然與終極關切 / 50

　　四　人文自然與群體狀態 / 52

　　五　人文自然與生存個體 / 54

　　六　人文自然與現代社會 / 56

　　七　人文自然與儒家理論 / 59

　　八　兩種定向之銜接和轉化 / 61

　　九　"格義"與"反向格義" / 66

　　十　反向格義與中國哲學 / 69

　　十一　反向格義困難舉例之一 / 73

　　十二　反向格義困難舉例之二 / 77

　　十三　關於老子之道的新詮釋 / 83

上　編

第一章　原文對照 / 91

　　對勘舉要 / 92

　　析評引論 / 95

　　1.1　是雜纂、專論，還是…… / 95

　　1.2　言說問題，還是形而上問題？ / 97

　　1.3　"也"非詩語？ / 97

　　1.4　"無"還是"無名"、"無欲"？ / 98

　　1.5　"兩者"何所指？ / 100

第二章　原文對照 / 101

　　對勘舉要 / 103

　　析評引論 / 107

2.1　竹簡本的分章 / 107

2.2　竹簡本的分組 / 108

2.3　八十一章分於何時？/109

2.4　聖人何故“弗始”？/111

2.5　美醜善惡：相依互轉 / 112

2.6　有無難易：相生相成 / 113

第三章　原文對照 / 115

　　　　對勘舉要 / 116

　　　　析評引論 / 117

3.1　“尚賢”則晚乎？/ 117

3.2　“為無為”與思想聚焦 / 118

第四章　原文對照 / 120

　　　　對勘舉要 / 121

　　　　析評引論 / 122

4.1　猶疑與理性 / 122

4.2　道與上帝之異同 / 123

4.3　蒂利希：重釋上帝 / 125

4.4　蒂利希：重釋宗教 / 127

4.5　道之符號意義 / 127

第五章　原文對照 / 129

　　　　對勘舉要 / 130

　　　　析評引論 / 131

5.1　竹簡本是完本嗎？/ 131

5.2　《老子》與《詩經》、《楚辭》/ 131

第六章　原文對照 / 134

　　　　對勘舉要 / 135

　　　　析評引論 / 136

6.1　中國的宇宙論概念 / 136

6.2　“玄牝”就是生殖崇拜嗎？/137

　　　　6.3　雌性比喻與女性主義 / 139

第七章　原文對照 / 142

　　　　對勘舉要 / 143

　　　　析評引論 / 143

　　　　7.1　實然與應然之一體 / 143

　　　　7.2　“後其身”何以“身存”? /144

　　　　7.3　此“私”非彼“私”/145

第八章　原文對照 / 147

　　　　對勘舉要 / 148

　　　　析評引論 / 150

　　　　8.1　“不爭”之積極意義 / 150

第九章　原文對照 / 152

　　　　對勘舉要 / 153

　　　　析評引論 / 156

　　　　9.1　何以功成當身退? / 156

第十章　原文對照 / 159

　　　　對勘舉要 / 160

　　　　析評引論 / 164

　　　　10.1　《老子》乃氣功之書? / 164

第十一章　原文對照 / 166

　　　　　對勘舉要 / 167

　　　　　析評引論 / 168

　　　　　11.1　“有”如何以“無”為用? /168

第十二章　原文對照 / 170

　　　　　對勘舉要 / 171

　　　　　析評引論 / 172

　　　　　12.1　“為腹”與社會需求層次 / 172

第十三章　原文對照 / 175

　　　　　對勘舉要 / 177

析評引論 / 179

13.1　利己還是利他？/179

第十四章　原文對照 / 182

對勘舉要 / 184

析評引論 / 187

14.1　《老子》乃詩乎？ / 187

14.2　老子如何成教主？ / 189

第十五章　原文對照 / 191

對勘舉要 / 193

析評引論 / 196

15.1　"為士"，"為道"，或"為上"？/196

第十六章　原文對照 / 198

對勘舉要 / 200

析評引論 / 203

16.1　道理與事實必然一致嗎？/203

第十七章　原文對照 / 205

對勘舉要 / 206

析評引論 / 207

17.1　百姓皆謂誰自然？ / 207

17.2　"自然"必排斥外力嗎？ / 210

17.3　儒家之"無加諸人" / 211

17.4　霍布斯的"自然狀態" / 213

17.5　老子與霍布斯 / 215

第十八章　原文對照 / 218

對勘舉要 / 219

析評引論 / 220

18.1　三字句還是四字句？ / 220

18.2　從"邦家"到"國家"：《老子》歧變 / 221

18.3　從"邦家"到"國家"：文獻考察 / 223

18.4　從“邦家”到“國家”：思想意義 / 226

18.5　中國的家族觀念與姓氏 / 227

第十九章　原文對照 / 230

　　　　對勘舉要 / 231

　　　　析評引論 / 233

19.1　是“強化”還是“歪曲”？/233

19.2　儒道互濟還是形同水火？/235

19.3　孔子之自然之得 / 237

19.4　孔子之逍遙理想 / 239

19.5　孔老相通：根源與意義 / 240

19.6　孔老相通：課題與方法 / 241

第二十章　原文對照 / 243

　　　　對勘舉要 / 245

　　　　析評引論 / 249

20.1　創新與“文本的它在性” / 249

20.2　“絕學”之境界 / 250

20.3　身、心、意：分與合 / 251

20.4　美：多多益善？/252

第二十一章　原文對照 / 255

　　　　　對勘舉要 / 256

　　　　　析評引論 / 257

21.1　月神宮殿幾根柱？/257

21.2　古本善不善？/259

21.3　道是有還是無？/260

第二十二章　原文對照 / 262

　　　　　對勘舉要 / 264

　　　　　析評引論 / 266

22.1　後人“改善”古本的努力 / 266

第二十三章　原文對照 / 267

對勘舉要 / 270

析評引論 / 272

23.1　"自然"乃"大自然"乎？/ 272

23.2　哲學概念的標準 / 274

23.3　作為哲學概念的"自然"/ 275

23.4　"自然"：動因的内在性 / 276

第二十四章　原文對照 / 279

對勘舉要 / 280

析評引論 / 281

24.1　"有道"還是"有欲"？/ 281

第二十五章　原文對照 / 283

對勘舉要 / 285

析評引論 / 288

25.1　"道法自然"如何讀？/ 288

25.2　"自然"何屬何歸？/ 290

25.3　"自然"何義何謂？/ 291

25.4　追求"自然"是否自然？/ 292

25.5　道是形而上的嗎？/ 294

25.6　道何以難名？/ 295

25.7　老子有環保理論乎？/ 297

第二十六章　原文對照 / 300

對勘舉要 / 301

析評引論 / 303

26.1　何謂"定型"？何時"定型"？/ 303

第二十七章　原文對照 / 305

對勘舉要 / 307

析評引論 / 309

27.1　聖人即侯王乎？/ 309

第二十八章　原文對照 / 312

　　　　　　　對勘舉要 / 313

　　　　　　　析評引論 / 314

　　　　　　　28.1　《老子》與《詩經》：典型一例 / 314

　　　　　　　28.2　何者“守其雌”？ / 317

　　　　　　　28.3　雌雄一體乎？ / 319

　　　　　　　28.4　雌柔原則：象徵及目標 / 320

第二十九章　原文對照 / 322

　　　　　　　對勘舉要 / 323

　　　　　　　析評引論 / 324

　　　　　　　29.1　“取”乃“治”乎？ / 324

第三十章　　原文對照 / 327

　　　　　　　對勘舉要 / 329

　　　　　　　析評引論 / 331

　　　　　　　30.1　“果”與“強”的尺度 / 331

第三十一章　原文對照 / 333

　　　　　　　對勘舉要 / 335

　　　　　　　析評引論 / 338

　　　　　　　31.1　《老子》乃兵書乎？ / 338

　　　　　　　31.2　當“自然”面對戰爭 / 339

第三十二章　原文對照 / 342

　　　　　　　對勘舉要 / 344

　　　　　　　析評引論 / 345

　　　　　　　32.1　“自賓”和“自均” / 345

第三十三章　原文對照 / 347

　　　　　　　對勘舉要 / 348

　　　　　　　析評引論 / 349

　　　　　　　33.1　“自知”、“自勝”與自然 / 349

第三十四章　原文對照 / 351

　　　　　　　對勘舉要 / 352

析評引論 / 354

　　34.1　《老子》是口頭文學嗎？ / 354

　　34.2　道之“大”與道之“小” / 355

　　34.3　道之弱性的決定作用 / 356

　　34.4　上帝之強勢形象 / 357

第三十五章　原文對照 / 360

　　　　　　對勘舉要 / 362

　　　　　　析評引論 / 364

　　35.1　道之偉大、平淡與超越 / 364

　　35.2　曾有“黃帝之學”否？ / 366

　　35.3　何謂“黃老之學”？ / 368

　　35.4　法家源於老子乎？ / 370

　　35.5《老子》與《詩經》：虛字腳 / 372

第三十六章　原文對照 / 375

　　　　　　對勘舉要 / 376

　　　　　　析評引論 / 377

　　36.1　以反求正之方法 / 377

　　36.2　智慧乎？陰謀乎？ / 379

　　36.3　智慧與陰謀之間 / 380

　　36.4　辯證觀念：四層命題 / 381

第三十七章　原文對照 / 383

　　　　　　對勘舉要 / 384

　　　　　　析評引論 / 386

　　37.1　顧此失彼的編者 / 386

　　37.2　“無為”即無所作為嗎？ / 387

　　37.3　《老子》與《詩經》：頂真 / 389

下　編

第三十八章　原文對照 / 393

　　　　　　對勘舉要 / 395

　　　　　　析評引論 / 396

　　　　　38.1　自然之精神體現 / 396

　　　　　38.2　老子反儒乎？ / 398

　　　　　38.3　儒家必反"自然"乎？ / 399

　　　　　38.4　儒家必反"無為"乎？ / 401

　　　　　38.5　孔、老"無為"之異同 / 403

第三十九章　原文對照 / 406

　　　　　　對勘舉要 / 408

　　　　　　析評引論 / 411

　　　　　39.1　《老子》與《詩經》：交韻 / 411

　　　　　39.2　"一"即道乎？ / 413

　　　　　39.3　道：規律乎？必然乎？ / 415

第四十章　原文對照 / 417

　　　　　對勘舉要 / 418

　　　　　析評引論 / 419

　　　　40.1　校勘心態偶議 / 419

　　　　40.2　分章、排序合理乎？ / 420

　　　　40.3　"反"還是"返"？ / 421

　　　　40.4　"無"的概念化 / 422

　　　　40.5　道家與科學：有生於無 / 424

第四十一章　原文對照 / 426

　　　　　　對勘舉要 / 428

　　　　　　析評引論 / 432

41.1　人文自然之道 / 432

41.2　大正若反的智慧 / 433

第四十二章　原文對照 / 435

對勘舉要 / 437

析評引論 / 438

42.1　一、二、三何所指？/438

42.2　道如何"生"/440

42.3　道：實然或應然？/442

42.4　陰陽和諧還是男尊女卑 / 443

42.5　諸侯何時始稱王？/ 444

第四十三章　原文對照 / 446

對勘舉要 / 447

析評引論 / 448

43.1　至柔與無為之益 / 448

43.2　魁奈與無為之益 / 449

43.3　改革開放與無為之益 / 451

第四十四章　原文對照 / 454

對勘舉要 / 455

析評引論 / 456

44.1　"重身"還是"無身"？ / 456

44.2　《老子》與《詩經》：密韻實例 / 457

第四十五章　原文對照 / 459

對勘舉要 / 460

析評引論 / 461

45.1　盛德若缺的啟示 / 461

45.2　以反彰正的智慧 / 462

第四十六章　原文對照 / 465

對勘舉要 / 466

析評引論 / 468

　　　　46.1　欲望與戰爭 / 468

第四十七章　原文對照 / 471

　　　　對勘舉要 / 472

　　　　析評引論 / 473

　　　　47.1　《老子》演變：原則與例外 / 473

　　　　47.2　"天下"與"天道" / 475

　　　　47.3　直覺與科學 / 476

　　　　47.4　道與科學模式之轉換 / 478

第四十八章　原文對照 / 480

　　　　對勘舉要 / 481

　　　　析評引論 / 483

　　　　48.1　"無為"何以"無不為"？ / 483

　　　　48.2　"無事"何以取天下？ /484

第四十九章　原文對照 / 486

　　　　對勘舉要 / 487

　　　　析評引論 / 489

　　　　49.1　"類同舉例法"不可靠 / 489

　　　　49.2　明辨是非與和光同塵 / 491

　　　　49.3　儒與道：雙峰對峙，山脈相連 / 492

　　　　49.4　儒家、道家與民主政治 / 493

第五十章　原文對照 / 495

　　　　對勘舉要 / 497

　　　　析評引論 / 498

　　　　50.1　"獨斷的"與"探究的"詮釋 / 498

第五十一章　原文對照 / 501

　　　　對勘舉要 / 502

　　　　析評引論 / 503

　　　　51.1　通行本中的機械重複 / 503

　　　　51.2　道之作用的兩重性 / 504

51.3　道與德：總體與個體？／506

51.4　自然與常然／507

51.5　道之自然與人文自然／509

第五十二章　原文對照／511

對勘舉要／512

析評引論／514

52.1　常與恆／514

52.2　異與同／515

52.3　父與母／517

第五十三章　原文對照／519

對勘舉要／520

析評引論／521

53.1　大道與小路／521

第五十四章　原文對照／524

對勘舉要／526

析評引論／528

54.1　《老子》與《詩經》：迴環／528

54.2　由身而天下：儒道同異／531

54.3　哲學與歷史／532

54.4　詮釋之難／533

54.5　面對詮釋之難／535

第五十五章　原文對照／536

對勘舉要／538

析評引論／541

55.1　"物壯則老"的啟示／541

第五十六章　原文對照／544

對勘舉要／546

析評引論／549

56.1　"不言"與"玄同"／549

56.2　分辨之智與玄同之境 / 550

第五十七章　原文對照 / 552

對勘舉要 / 554

析評引論 / 557

57.1　相似者必全同乎？ / 557

57.2　反文明還是文明反思？ / 558

57.3　何人當無為？ / 559

57.4　無為在現代社會 / 561

第五十八章　原文對照 / 563

對勘舉要 / 564

析評引論 / 565

58.1　正反互轉的事實 / 565

58.2　正反互轉的條件 / 567

58.3　文明反思：法律的發展 / 568

58.4　文明反思：科技的發展 / 569

第五十九章　原文對照 / 571

對勘舉要 / 573

析評引論 / 574

59.1　《老子》與《詩經》：疊句疊韻 / 574

第六十章　原文對照 / 577

對勘舉要 / 578

析評引論 / 579

60.1　有神還是無神？ / 579

第六十一章　原文對照 / 581

對勘舉要 / 583

析評引論 / 585

61.1　“牝以靜勝牡”的寓意 585

61.2　牝牡、雌雄與男女 / 586

61.3　牝牡、雌雄與陰陽 / 587

第六十二章　原文對照 / 589

對勘舉要 / 591

析評引論 / 593

62.1　老子的人性觀 / 593

62.2　馬斯洛的人性觀 / 594

62.3　馬斯洛的道家觀 / 595

第六十三章　原文對照 / 598

對勘舉要 / 600

析評引論 / 603

63.1　"以德報怨"與"以直報怨" / 603

63.2　"以德報怨"的理論意義 / 604

63.3　"以德報怨"的實踐意義 / 605

63.4　無為：形式與内容的矛盾 / 606

63.5　無為：概念簇的代表 / 608

63.6　作為哲學概念的無為 / 609

第六十四章　原文對照 / 611

對勘舉要 / 614

析評引論 / 618

64.1　無為的目的 / 618

64.2　無為的絕對意含 / 619

64.3　竹簡本的啓示 / 621

64.4　為甚麼要講"人文自然"？ / 623

64.5　人文自然的三個層次 / 624

64.6　人文自然的現代意義 / 625

64.7　如何實現人文自然 / 627

64.8　道家眼光看衝突 / 628

64.9　道家原則防衝突 / 630

第六十五章　原文對照 / 632

對勘舉要 / 633

析評引論 / 634

65.1　老子的不白之冤 / 634

65.2　"左派"的批判 / 635

65.3　老子之"愚"何意？/636

65.4　玄德：因反而順 / 637

第六十六章　原文對照 / 639

對勘舉要 / 641

析評引論 / 645

66.1　何謂"不爭之爭"？/ 645

66.2　"不爭而勝"何以可能？/ 646

第六十七章　原文對照 / 648

對勘舉要 / 650

析評引論 / 653

67.1　"三寶"：儒道相通之一 / 653

67.2　"三寶"：儒道相通之二 / 654

67.3　"三寶"：儒道相異之一 / 655

67.4　"三寶"：儒道相異之二 / 656

67.5　"三寶"：兩種詮釋 / 658

第六十八章　原文對照 / 659

對勘舉要 / 660

析評引論 / 661

68.1　"不爭之德"與"外向無為"/ 661

第六十九章　原文對照 / 664

對勘舉要 / 665

析評引論 / 667

69.1　正反之間 / 667

69.2　正反之間的價值取向 / 669

69.3　辯證法或正反觀 / 670

69.4　《老子》與《孫子兵法》/ 672

第七十章　　原文對照 / 674

　　　　　　對勘舉要 / 675

　　　　　　析評引論 / 676

　　　　　70.1　道家學說："易行"還是"難行"? / 676

　　　　　70.2　"被褐懷玉"：儒道之異 / 677

第七十一章　原文對照 / 680

　　　　　　對勘舉要 / 681

　　　　　　析評引論 / 682

　　　　　71.1　"知不知"：儒道異同 / 682

第七十二章　原文對照 / 684

　　　　　　對勘舉要 / 685

　　　　　　析評引論 / 687

　　　　　72.1　獨立尊嚴與自我約束 / 687

第七十三章　原文對照 / 689

　　　　　　對勘舉要 / 690

　　　　　　析評引論 / 691

　　　　　73.1　何以"勇於不敢"? / 691

第七十四章　原文對照 / 694

　　　　　　對勘舉要 / 695

　　　　　　析評引論 / 697

　　　　　74.1　"大匠"與司法程序 / 697

　　　　　74.2　校勘的兩重標準 / 699

　　　　　74.3　要"原貌"還是要"合理"? / 700

第七十五章　原文對照 / 702

　　　　　　對勘舉要 / 703

　　　　　　析評引論 / 706

　　　　　75.1　無為：等於"君無為"? / 706

　　　　　75.2　無為：理性化詮釋 / 708

　　　　　75.3　無為：理想的社會生態 / 710

75.4　無為：現代領導人之鏡 / 711

第七十六章　原文對照 / 713

對勘舉要 / 714

析評引論 / 716

76.1　雌柔：推翻男性霸權？ / 716

76.2　雌柔：反對英雄主義？ / 717

76.3　雌柔：可能的現代貢獻 / 719

第七十七章　原文對照 / 721

對勘舉要 / 723

析評引論 / 725

77.1　何謂"天之道" / 725

77.2　何謂"人之道" / 726

77.3　道的概念體系 / 728

第七十八章　原文對照 / 731

對勘舉要 / 732

析評引論 / 733

78.1　朱熹對老子的誤批 / 733

78.2　朱熹對老子的誤讚 / 735

第七十九章　原文對照 / 737

對勘舉要 / 738

析評引論 / 739

79.1　天道：自然與為善 / 739

79.2　天道：自然與報應 / 741

第八十章　原文對照 / 744

對勘舉要 / 746

析評引論 / 749

80.1　小國寡民：判斷與討論 / 749

80.2　小邦寡民：概念乎？術語乎？ / 750

80.3　小邦寡民：不滿與期望 / 752

80.4　小邦寡民：反動還是反思？／ 754

第八十一章　原文對照／ 757

對勘舉要／ 758

析評引論／ 759

81.1　版本演變：同與異／ 759

81.2　善者不多：對現代發展的啟示／ 761

81.3　正反相隨：現代發展的警示／ 763

81.4　自然：在現代的價值意義／ 764

81.5　道：超越與兼融科學和宗教／ 766

參考書目／ 769

英文書目／ 780

索引說明／ 783

人物與機構索引／ 784

文獻及版本索引／ 795

主題與概念索引／ 803

余英時先生序

劉笑敢先生先後費了十年時間完成這部《老子古今》，將道家哲學的研究推向一個新的高峰。笑敢不棄在遠，囑我為此書寫一篇序，我雖然很猶豫，但一再考慮之後，還是接受了他指派給我的任務。猶豫，這是因為我對老子沒有進行過"窄而深"的探索，從專業觀點說，我不具備發言的資格；接受任務，這是因為我和笑敢相識已近二十年，對他的為人與治學畢竟略有所知。下面這篇短序也許可以對本書讀者增添一點"讀其書而知其人"的助力。

我初識笑敢在二十世紀八十年代末期，那時他正在哈佛燕京社訪問。我的老朋友孟旦特別從密西根大學打電話來介紹他的學術成就，十分推重他剛剛出版的《莊子哲學及其演變》。不久之後，他應普林斯頓大學東亞系的邀請，前來演講，我才第一次和他見面。從八十年代末期到九十年代中期，他一直居留美國東岸，其中有好幾年在普林斯頓大學從事研究工作，因此我對他的認識也越來越親切了。

笑敢早年進入中國古代哲學史的領域，曾受到十分嚴格的專業訓練。在哲學思考之外，他掌握了有關古代文本的一切輔助知識，如訓詁、斷代、校勘之類；這是清代以來所謂"考證"的傳統。他的《莊子哲學及其演變》便充分表現了由"考證"通向"義理"的長處。但是笑敢同時也是一位哲學家，他專治老莊，並不是僅僅為了還原古代思想家的客觀原貌，而是由於深信道家哲學在現代世界仍有重大的指引功能。所以笑敢作為哲學家，在專業研究之外，也同時博通現代哲學思潮。

　　笑敢在美國過了幾年清苦的生活，但由於他一直自強不息，這幾年反而成為他的學術生命中一個很重要的進修階段。在這一時期，他一方面直接參與了中國哲學史研究的國際進展，另一方面則廣泛吸收了西方哲學的新成果，包括英美的分析哲學和歐陸的詮釋傳統。他的治學規模和取向並沒有改變，然而境界提高了，視野也擴大了。

　　我們必須認識笑敢的成學過程，才能真正懂得這部《老子古今》的苦心孤詣之所在及其層次與結構之所以然。本書對《老子》八十一章進行了分章研究，每章都分成了"原文對照"、"對勘舉要"和"析評引論"三節。"原文對照"羅列了五種不同的古今文本，即郭店竹簡本、馬王堆帛書本、傅奕本、河上公本及王弼本。著者採取原文對照的方式，這對於讀者是非常便利的。"對勘舉要"基本上屬於傳統校勘學的範圍，但往往涉及很重要的文字異同的判斷，如第十五章"古之善為士者"與"古之善為道者"之分歧，五種文本恰好分為兩個系統。著者根據全章以至《老子》其他相同文句，並結合著作思想內容，作了細緻的討論；雖自有取捨的權衡，但不流於武斷，這一態度尤可稱賞。

　　"原文對照"與"對勘舉要"兩節是緊密相連的，合起來即相當於清代所謂"考證"之學。在分章的校勘、訓詁中，我們只能看到關於個別章節字句的論斷。但著者對於《老子》文本的考證另有整體而系統的見解，詳見"導論一　版本歧變與文本趨同"，讀者不可放過。"導論"所涉及的版本、文本、語言、思想諸問題頗有與西方現代的"文本考證學"（Textual Scholarship）可以互相比較參證的地方。這一套專門之學並非中國傳統所獨擅。它在西方更為源遠流長。希臘古典文本的搜集、編目、考證在西元前四世紀末便已展開，第一位大規模校書名家伽裏馬初（Callimachus，約西元前 310—元前 240）也比漢代劉向（西元前 78—元前 9）早兩個世紀，而且，兩人的地位相似，都是皇家圖書館的負責人。至於文本的傳衍和研究，如希臘羅馬的經典作品，如希伯來文《聖經》和《新約》等，都有種種不同的版本，西方在校讎、考證各方面都積累了十分豐富的經驗，文本處理的技術更是日新月異。現代"文本考證學"的全面系統化便是建立在這一長期研究傳統的上面。（參看 D. C. Greetham，*Textual Scholarship*，*An Introduction*，New York & London：Garland Publishing，Inc.，1994.）二十世紀以來，中國學術界十分熱心於中西哲學、文學以至史學的比較，但相形之下，"文本考證學"的中西比較，則少有問津者。事實上，由於研究對象（object）——文本——的客觀穩定性與具體性，這一方面的比較似乎更能凸顯中西文化主要異同之所在。我讀了本書"導論一"，於此深有所感，特別寫出來供著者和讀者參考。

本書最有價值，同時也是畫龍點睛的部分，自然是每章的"析評引論"。全書八十一篇"析評引論"事實上即是八十一篇關於哲學或哲學史的精練論辯。依照中國傳統的分類，這是屬於"義理"的範疇。著者在解決了《老子》文本的問題之後才進入哲學的領域，表示他仍然尊重清代以來的樸學傳統。他告訴我們："本書的基礎工作是不同版本的對勘，但目的是為思想史和哲學史的研究提供方便和深入思考的契機。"（"編寫說明"第十一條。）這是一種現代精神，與清儒所謂"訓詁明而後義理明"的提法大不相同。我為什麼這樣說呢？因為清人的提法似乎預設文本考證即可直接通向"義理"的掌握，中間更無曲折。而本書著者則以前者為後者所提供的是"深入思考的契機"，這是肯定"思想史和哲學史的研究"自成一獨立的專門學科。中國傳統中雖然已有相當於哲學史的著作，如《宋元學案》、《明儒學案》之類，但"哲學"和"哲學史"作為一獨立學科遲至二十世紀初葉才在中國出現，而且明顯地是從日本轉手的西方輸入品。1906 年張之洞主持下頒佈的學校分科章程，其中文科部分僅有"經學"、"文學"而無"哲學"，以致引起王國維的嚴屬抗議。哲學史研究必須具備哲學的一般素養和技術訓練，不是僅靠文本考證便能勝任的。

笑敢的"析評引論"所涉及的範圍極為廣闊，古今中外無所不包。就這一點說，本書應該題作《老子古今中外》才名符其實。但笑敢所論雖繁，卻絕無泛濫無歸的嫌疑。他的一切論辯都可以系屬在"導論二"所揭示的中心宗旨之下，即"回歸歷史與面對現實"。"回歸歷史"是哲學史研究的基本任務。以本書的研究範圍而言,研究者自然首先必須根據最接近原始狀態的《老子》文本,再進一步通過訓詁以儘量找出文本中字句的古義,最後才能闡明其中基本概念和思想的本義。雖然"本義"的確定沒有絕對的保證,但專家之間終究可以取得大致的共識。無論如何,這種"本義"的追求是絕對不能放棄的,否則便根本沒有哲學史研究之可言了。

所謂"面對現實",則是指經典解讀與解讀者自身的現實感受之間的關係。這種借古人杯酒澆自己塊壘的經典解讀方式,古今中外,無不如此;在本書中也俯拾皆是,如論"民主"(第四十九章)、"科學"(第四十章及第四十七章)、"女性主義"(第六章)以至"改革開放"(第四十二章)等。這是著者以哲學家的身份,運用他在道家哲學史方面的研究成績,對當前世界表達的深切的關懷。這些現代論旨當然不在《老子》的"本義"之內,但《老子》作為一部經典在這些方面確實都能給我們以新鮮的時代啟示。最顯著的例子是他所鄭重提出的"人文自然"的概念,備見於"導論二"和很多章"引論"之中。《老子》之道主要是"人文自然之道"是本書的一大論斷;這是從歷史與哲學的論證中建構起來的。在"回歸歷史"以後,著者才"面對現實",發掘"人文自然的現代意義",並進一步肯定"自然秩序"為第一原則,與"強制秩序"和"無序的混亂"形成了強烈的對照。著者的現實關懷不禁使我想起了波普(Karl R. Popper)所提出的"封閉社會"與"開放社會"的對比。波普在二十世紀四十年代深感于現代極權勢力的威脅,才對希臘經典有了新的理解,終於在柏拉圖的著作,尤其是《共和國》中,發現了極權思想的源頭。但是波普的結論也不是輕易得來的,有關柏拉圖的研究便占去了《公開社會及其敵人》全書的一半篇幅。

笑敢在"導論二"中正式提出經典詮釋的兩種定向的問題,他說:

一方面立足于歷史與文本的解讀,力求貼近文本的歷史和時代，探求詞語和語法所提供的可靠的基本意含（meaning），盡可能避免曲解古典；另一方面則是自覺或不自覺地立足於現代社會需要的解讀，這樣，詮釋活動及其結果就必然滲透著詮釋者對人類社會現狀和對未來的觀察和思考，在某種程度上提出古代經典在現代社會的可能意義（significance）的問題。

這裏所謂“意含”與“意義”的分別恰好和我的看法大體相同。詮釋學家赫施（E. D. Hirsch, Jr.）對 meaning 和 significance 的分別有很扼要的討論，我曾借用於古典詮釋的領域。我在〈《周禮》考證和《周禮》的現代啟示〉一文中指出：

> 經典之所以歷久而彌新正在其對於不同時代的讀者，甚至同一時代的不同讀者，有不同的啟示；但是這並不意味著經典的解釋完全沒有客觀性，可以興到亂說。“時代經驗”所啟示的“意義”是指 significance，而不是 meaning。後者是文獻所表達的原意；這是訓詁考證的客觀對象。即使“詩無達詁”，也不允許“望文生義”。significance 則近於中國經學傳統中所說的“微言大義”；它涵蘊著文獻原意和外在事物的關係。這個“外在事物”可以是一個人、一個時代，也可以是其他作品，總之，它不在文獻原意之內。因此，經典文獻的 meaning “歷久不變”，它的 significance 則“與時俱新”。當然，這兩者在經典疏解中常常是分不開的，而且一般地說，解經的程式是先通過訓詁考證來確定其內在的 meaning，然後再進而評判其外在的 significance。但是這兩者確屬於不同的層次或領域。（收在《猶記風吹水上鱗——錢穆與現代中國學術》，臺北，三民書局，1991 年，第 165—166頁）

我自覺這一段話大可為笑敢的議論張目，所以特別引錄於此，以供參證。

最後，我要談一個小問題，以結束這篇短序。本書第二章論《老子》分為八十一章始於何時的問題，總結道：

從現有文獻來看，八十一章本起於河上本，唐代或更早的時候先有事實上的八十一章本，再有以第一句為題目的八十一章本（唐玄宗御註本），到了宋代才有現在看到的二字標題的八十一章本。王弼本分為八十一章當在明代後期或清代。

這一論斷，過於謹慎。每章標題事姑置之不論，《老子》道經、德經分為上下兩卷，上卷三十七章，下卷四十四章，至遲在漢末已然，王弼本也是如此。清代學者在這一方面已考證詳明，茲引錢大昕、孫詒讓兩家之說如下：錢氏《潛研堂金石跋尾》卷九〈唐景龍二年老子道德經跋〉云：

老子道德經二卷，上卷曰道經，下卷曰德經，分兩面刻之。案：河上公註本：道可道以下為道經，卷上；上德不德以下為德經，卷下。晁說之跋王弼註本，謂其不析道德而上下之，猶為近古。不知陸德明所撰釋文，正用輔嗣本，題云：道經卷上，德經卷下，與河上本不異。晁氏所見者，特宋時轉寫之本，而翻以為近古，亦未之考矣。

孫氏《劄迻》卷四更增加了新證，其言曰：

老子上下篇八十一章，分題道經、德經。河上公本、經典釋文所載王註本、道藏唐傅奕校本、石刻唐玄宗註本並同。弘明集牟子理惑論：所理止於三十七條，兼法老氏道經三十七篇。則漢時此書已分道德二經，其道經三十七章，德經四十四章，亦與今本正同。今所傳王註，出於宋晁說之所校，不分道德二經。於義雖通，然非漢唐故書之舊。

孫氏所引牟子〈理惑論〉之語，見《弘明集》卷一，原文是"老氏道經亦三十七篇，故法之焉"。〈理惑論〉撰述年代約當西元 195—201 年之間，近人考證已獲定論。（可參看周一良〈牟子理惑論時代考〉，收在《魏晉南北朝史論集》，北京，中華書局，1963 年，第 228—303 頁）所以，《老子》分八十一章最晚在東漢已經出現。事實上，笑敢已發現竹簡本與傳世本分章頗有一致的情況，因此相信"分章之事當有相沿已久之根據"。但他寧失之慎，只肯說"唐代或更早的時候先有事實上的八十一章本"，而不願對上限說得更清楚。我認為上引錢、孫之說，證據充足，是可以放心接受的。我有幸成為本書的最早讀者之一，僅就所知，對這個小問題作一點補充，以報笑敢遠道索序的雅意。

余英時序于普林斯頓

余英時

2005 年 9 月 6 日

序

劉笑敢先生後費了十年的時間完成這部《老子古今》，將道家哲學的研究推向一個新的高峰。

承笑敢不棄在遠，囑我為此書寫一篇序，我粗些很猶豫，但一再考慮之後，還是接受了他指派給我的任務。

這是因為我對《老子》沒有進行過「窄而深」的探索，從專業觀點說，我不具備發言的資格；接受任務，

這是因為我和笑敢相識已近二十年，對此的為人與治學竟略有所知。下面這篇短序也許可以對本書讀者提供一點「讀其書而知其人」的助力。

Donald J. Munro（孟旦）先生序

I first met Dr. Liu Xiaogan in 1986 at a Confucianism conference in Qufu. He was then a young lecturer of Philosophy at Beijing University, and in Qufu he was also serving as an aide to its famous senior member, Zhang Dainian. Immediately impressed by the content and analytic skill that emerged in his comments and conversations, I was especially happy when it became possible for us to meet again in the United States. Liu has seen me in my professional surroundings at the University of Michigan, as well as in the rustic, Daoist inspired timber cabin my wife and I built in northern Michigan. That natural setting was an appropriate place for me learn more about his work on the *Zhuangzi*.

His *Zhuangzi* book has become a standard for scholarship on classical Daoist philosophy in China. The Center for Chinese Studies at the University of Michigan translated and published the first part of Dr. Liu's book in 1993. In my view, his work has caused a reassessment of parts of the standard Western work on the *Zhuangzi*, that of A. C. Graham.

Dr. Liu also prepared a 42 page "Afterword" for the English translation. In its first part, he dealt in considerable detail with Graham's arguments and assumptions on such issues as the date of the "Inner Chapters" and the classification of the chapters. I believe he has the stronger case. The other half of the "Afterword" argued compellingly against the claim by Graham, Anna Seidel, and others, that the *Laozi* appeared after the *Zhuangzi*. He showed that the *Laozi* has a kind of verse and rhythmic style similar to the *Shijing* and *not* similar to mid Warring States verse forms, such as *the Chuci*. Therefore, the Graham/ Seidel position cannot be sustained. All of this is basic to the historical course of Daoism.

Dr. Liu's ongoing work is always both of profound theoretical interest to scholars and also engaging to students and lay people. For example, in his study of the Daoist tradition of meditation, he demonstrated with detailed evidence the contrast between meditation in the Christian and Daoist traditions. In the former, meditation is usually directed outward, facing God. In the latter, it is inward, aiming at a union with the Dao, which is within. During meditation, the center of the Daoist's attention is usually mental activities, viscera, or internal deities. In Daoism, the self is forgotten during meditation. In Christianity, the self endures, in communication with God, who may give instructions or response to appeals, something absent in the case of the Dao.

So rich are the products that come from the desk of this great scholar that I could go on and on, talking about his work on *wu - wei* (non - striving, non - action) and naturalness (*ziran*). But I would like now to shift to the subject of this new book, *The Laozi from the Ancient to the Modern: Comparative Studies of the Five Versions and Introductory Analyses and Criticism*. This work consists of introductory theoretical analyses and textual and conceptual studies of the eighty - one chapters of the text. It is based on five versions of the *Laozi*, including three groups of bamboo slips (excavated in 1993), two editions of silk manuscripts, and the prevailing version attributed to Wang Bi. Liu demonstrates a gradual convergence in style, language, and concepts in the texts, hidden behind the apparent divergence of various historical versions.

There certainly are other approaches to the study of those early texts. Christoph Harbsmeier does rhetorical analyses of the *Laozi* manuscripts, asking what the rhetorical function of passages was. R. Wagner has focused on the Wang Bi commentary, while Liu works on the major versions of the text itself. Different scholars ask different questions of the early texts. In Liu's case, among his major questions are: Are there common features and tendencies in the various versions and editions? When one encounters divergence from an early version, what are the possible causes? The answers that he finds advance our knowledge about standards we employ to judge textual authenticity. By noting what may survive alterations, alterations that perhaps are due to shifting standards of logic and style, we may find evidence about core ideas that last through editorial alteration.

As always, Professor Liu presents us with work that is dazzling in its scholarly erudition and analytic rigor. Chinese philosophy is well served by this new study of a text so influential to Chinese culture and so often translated into foreign languages (hundreds in English alone). We should thank him for providing a new interpretive standard on the *Laozi* to stand beside his earlier one on the *Zhuangzi*. And I thank him personally for the honor of the friendship we have shared for so long, as together, in our own ways, we seek the treasures that make up China's contributions to world philosophy.

Donald J. Munro（孟旦）

〔譯文〕

　　我初次見到劉笑敢博士是在 1986 年於曲阜召開的儒學大會上。當時他是北京大學一位年輕的哲學講師，也在大會上為著名的前輩教授張岱年當助手。他的談吐評論中的內容與分析都給我留下深刻印象。後來我們得以在美國再次見面，我覺得特別高興。劉博士在我執教的密西根大學同我相會，也在位於密西根北部的山野村舍與我聚談。那村舍是我們夫婦行道家之風而自建的一座木屋。在那自然之境中我更多地了解了他在《莊子》一書上下的工夫。

　　劉博士關於《莊子》的書，在中國成了研究古典道家哲學的一個標準。密西根大學的中國研究中心于 1993 年翻譯並出版了這本書的第一部分。我認為此書的出版引起了對西方研究《莊子》之標準，即葛瑞翰（A. C. Graham）所創立之標準的重新評價。

　　劉博士為英文版寫了 42 頁的〈跋〉，其中第一部分詳細討論了葛瑞翰在諸如〈內篇〉寫作年代以及各篇分類等問題上的論點和假設。我相信他提出的論證更有說服力。〈跋〉的後半部分據理力爭，反駁了葛瑞翰、Anna Seidel 還有其他一些學者所持的《老子》成書晚於《莊子》的觀點。他指出，《老子》中的韻文風格類似於《詩經》而非戰國中期《楚辭》的節奏韻式。因此葛瑞翰和 Seidel 的觀點難以成立。這些討論涉及的都是道家歷史發展過程中的基本問題。

　　劉博士的著述，不但對學者具有深刻的理論意義，同時對學生和一般讀者也深具吸引力。比如說，他研究道家和道教的冥修傳統，用詳細的證據演示道家、道教與基督教的冥修傳統的異同。基督教的冥修通常向外，面對上帝，而道教的冥修默念向內，尋求與內在之道合而為一。道教的冥修，注意力通常集中於內在的活動，或體內神靈，所求的是忘我之境。基督教的冥修，自我仍存，與上帝溝通，而上帝可以給修行者以啟示或回答，這些在道家和道教傳統中是不存在的。

　　這位大學者的筆下所出是如此豐富，我可以一直說下去，談他對

"無為"與"自然"的研究。但我現在想把話題轉到這本新書《老子古今——五種對勘與析評引論》上。這部著作以理論分析為導論，對原書八十一章進行文本的和思想的研究。其所依據的是《老子》的五個版本，包括了1993年出土的三組竹簡，還有兩個帛書本，以及作為王弼註的通行本等。他的研究成果證明在歷史上各時期《老子》之版本的諸多歧異背後，隱含著文本內容在語言風格以及概念使用上所呈現的漸進的趨同現象。

當然，對這些早期文本的研究，還有其他方法。Christoph Harbsmeier對《老子》做了修辭分析，提出的問題是各章節的修辭功能是什麼。R. Wagner關注的是王弼的校註。劉博士的研究涵蓋的是該書本身的主要版本。不同學者對早期的文本都提出了不同問題。劉博士提出的主要問題有：各種版本的演變中是否具有共同特點或共同傾向？如果某個早期版本出現歧異之處，可能的原因是什麼？他對這些問題的回答增進了我們對文本真偽辨析標準的認識。文本嬗變可能是邏輯與風格之標準的轉變所致，而注意到什麼成分會在變化中延續，就可以找到那些歷經文本嬗變而仍然保存下來的核心觀念。

劉教授以其一貫的治學之道，在書中展現了淵博的學識和嚴謹的分析。他研究的是一個對中國文化影響深遠，又頻頻譯為外語的哲學文獻（僅英語譯本就足以百計）。他這新的研究成果對中國哲學貢獻良多。我們應該感謝他提出了詮釋《老子》的新標準，可謂與他早前的《莊子》研究是雙峰並立。而我個人更因為多年的友誼而感謝他。志同而道合，我們都在以各自的方式為中國貢獻於世界哲學的思想寶藏而求索不倦。

（純深譯）

勞思光先生序

哲學思維原是反省的思維；它若是只以自身遵行的形式關係作為反省對象，便可以不涉及經驗的事實世界。但若涉及某種內容，則它必定涉及事實世界。再說清楚些，就哲學思維的題材內容說，它總是涉及文化情況的。而文化情況是事實世界與意義世界的合成體；它雖有異於純粹的事實世界（即自然科學的題材），卻不能要求形式的確定性，而要能滿足某種涉及存在的客觀確定性。

文化活動基本上屬於意義世界。但自覺意識在意義世界中的活動一經生出，本身便加在事實世界上，改變原有的事實世界。這就是我們所常說的"文化的創造"的實際涵義。這顯示意義世界的活動使人類生活在不僅有自然事實的世界中，而是生活在層層加上去的文化成果之中。這裏便可以有人類的"歷史"的涵義。

哲學的題材必涉及文化情況；這表示哲學思維一面要對已有的文化成果（已進入事實世界的意義活動成果）進行反省，另外又須對正在進行的意義世界中的活動，以及未來的可能活動進行反省。這裏即包括著哲學思維對文化成果的清理、詮釋、批判以及引導。換言之，哲學思維之主要功能實在大半要落在文化之延續、清理及層層重組上。這是一種很廣泛的陳述。如要詳細鋪陳，則不是一篇短短的小序所能容納。我在上面先廣泛地提出幾個基本論點，只為了要引往我想在這篇小序中指出的一個有關中國哲學研究的特殊問題——即是思想史中對"客觀確定性"的要求的問題。

自二十世紀六十年代以後，許多人都喜歡談伽達瑪的詮釋學，但談者大半不明白理論語言的分際問題，於是忽視語言的級序，動輒朦朧地作某些籠統的斷定；結果是只得著伽達瑪理論的弊病，反而不得其所長。這裏最常見的一種情況即是籠統地否定"客觀確定性"。

倘若將"客觀確定性"絕對化，要憑著形式的理性思維來決定存在，則這正是早期理性主義形上學為人詬病之處。自康德立說到邏輯解析及語言解析之興起，哲學界早已通過不同的理論否定了這種主張，何待今日？但若並不採取這種絕對主義的立場，只將"客觀確定性"看成對於事實世界進行認知活動之定向條件，則"客觀確定性"成為一個"極限概念"，卻正是對於存在作任何有真偽性的陳述的時候，我們必有的認定。試想：伽達瑪講"真理"與"方法"對分的時候，他難道不認定這兩種認知取向的劃分有"客觀確定性"嗎？當然，對語言級序有基本認識的人，在這一點上，並不會感到困惑。問題本來極簡單。我提出這個反問，只是想點明籠統地否定"客觀確定性"之無聊及無據。

尤其是當我們從事中國哲學史及中國思想史的研究時，我們不可忘記這些既存的文化成果，都是一種歷史的存在。它們雖本是意義活動的產物，但一經存在，便是一種所謂"given"；換言之，它們已進入事實世界。我們對這種已存在的哲學或思想，不能忽視這一個面相。

當然，詮釋一種思想時，我們不是僅僅將詮釋對象看成一種歷史的存在，另一面，我們也要將它們還原到意義世界中，將它們作為思想來了解。這也是狄爾泰所強調的"empathy"的本意。我在舊作《中國哲學史》中屢屢提出"歷史標準"與"理論標準"並重的主張，也就是為了點明從事哲學史或思想史之詮釋工作時的基本要求。

專就"客觀確定性"之認定說，近年中國哲學研究者已經顯得逐漸不能了解。五四運動後，"科學的史學"一度成為流行的思潮，曾在中國思想界造成"科學主義"的趨勢。這自然是現代化氣氛下的一種思想幼稚病。現在，一般知識份子在質疑現代文化，轉至質疑理性的"後現代情境"中，以朦朧觀念來否定"客觀確定性"，則是另一種幼稚病。倘若我們進行對事實世界的認知活動，而並不認定任何客觀的確定性，則我們所謂的知識將全變為個人的心理活動的狀態；我們將根本不能作任何陳述了。

現在我可以提出我對劉笑敢教授這本研究老子的巨著的明確意見。劉先生所從事的是思想史的工作；對老子之版本及地下資料之校勘及詮釋，詳備精審，乃多年來所未見的傑作。不待我詳加引述。我所要強調的是：針對上節所說的幼稚病而言，這本書所表現的態度有對症下藥的作用。大陸、台灣及海外從事中國哲學史及思想史研究的學人，應該都希望這本書早日出版。

勞思光

2005 年 9 月

致　　謝

　　本書編寫歷時十年，易地三次。“原文對照”與“對勘舉要”部份的初稿，特別是“《老子》五種對照逐字通檢”部份是在新加坡國立大學研究基金（1995—1998）的資助下啟動和完成的。本書“對勘舉要”部份的最初草稿是 1999 年夏天蒙哈佛燕京學社提供研究資助，在哈佛大學訪問期間完成的。本書的“析評引論”部份及全書的編校工作是 2001 年到香港中文大學哲學系任教以後完成的，本書相關課題前後三次得到香港中文大學研究基金的資助。在此特向以上提供研究資助和工作支持的機構以及領導人陳榮照、李焯然、杜維明、關子尹表示誠摯的謝意。

　　當年新加坡國立大學中文系的許多同學作為研究助理為本書的編寫付出了很多辛苦和努力。鍾宏志和嚴家健幫助查找和整理研究資料，提供參考意見，並校閱本書對勘部份的初稿。楊梅枝曾幫助編制老子四種版本的對照通檢試用本，也曾參加五種版本對照通檢的初期工作。由於技術原因，初期工作的電腦文件無法利用，本書所用“五種對照逐字通檢”及“釋文”部分的操作、加工及校對任務大部份由蘇凱芬和孫淑敏承擔。此外，吳淑潔、陳美麗、何書秀、李小娟、莊志彤、莊志穎、吳錦漢等同學也參加過此項目早期的校對或其他輔助工作。

　　本書的原文對照及對勘部分最初是筆者與張敏博士在新加坡國立大學合作的跨學科研究項目的成果之一。參加過初期合作的有陶紅印博士、包智明博士，參加過後期合作的有白奚博士。

　　1999 年筆者曾利用在武漢參加郭店楚簡研討會的機會向任繼愈、龐樸、裘錫圭、李零、魏啟鵬、瓦格納（Rudolf G. Wagner）等教授請教，他們的評論和建議對於提高本書的水準有重要幫助。池田知久先生寄贈島邦男的《老子考》，也使筆者獲益良多。

　　在香港中文大學工作期間，研究助理李寧君、殷子俊擔任了查閱資料、打字、校對等具體工作。在中山大學任教的張豐乾博士校閱過全部稿件，並協助編排了"人物與機構索引"、"文獻及版本索引"、"主題與概念索引"，加工了"參考書目"。白奚教授在香港訪問期間也校閱過全部稿件，並幫助看校樣。中國文化研究所研究員沈建華也曾多次協助查找、提供有關古文字的資料。內子丁利亞博士多次協助校改定稿和全部索引、書目。

　　余英時先生、孟旦（Donald J. Munro）先生、勞思光先生撥冗賜序，饒宗頤先生慨然題簽，都令拙著蓬蓽生輝。

　　本書的出版得到中國社會科學出版社社長張樹相、孟昭宇，編審馮斌，責任編輯李樹琦的支持和幫助，在此深表謝意。

編寫說明

一　本書所謂《老子》五種是指竹簡本（甲、乙、丙）、帛書本（甲、乙）、傅奕本、河上本、王弼本。此外亦參校嚴遵本、想爾註本、其他敦煌本以及范應元本等。

二　竹簡本以荊門市博物館編輯的《郭店楚墓竹簡》（北京：文物出版社，1998）中的《老子》釋文為底本。帛書本以國家文物局古文獻研究室的《馬王堆漢墓帛書（一）》（北京：文物出版社，1980）為底本。傅奕本以明刊正統道藏本為底本。河上本以王卡點校《老子道德經河上公章句》（北京：中華書局，1993）為底本。王弼本以樓宇烈的《王弼集校釋》本為底本（北京：中華書局，1980）。河上本各個刻本之間、王弼本的不同版本之間都有差異，但已經有專門的校註，不是本書的重點內容。本書對底本原則上不作改動。

三　本書所謂帛書本以文字比較完整的帛書乙本為底本，乙本殘缺者據甲本補，所補字句下加底線，甲乙本俱殘的留空格或刪節號，不據通行本補。

四　竹簡本相當於六十四章的部份內容分別見於甲本與丙本，在"原文對照"和"對勘舉要"部份甲本與丙本並出（附編"對照通檢"部份則僅以竹簡甲本為依據）。

五　今日通行之王弼本正文及八十一章之分，均非原貌。薛蕙云："《老子》書舊分八十一章，或謂出河上公，或以為劉向所定著，然皆無所考。大抵其自來遠矣……王輔嗣、司馬公本雖不分章，其注意實與分章者合。"（參見本書析評引論 2.3）是明代王弼本尚未分章。

現存王弼本當為明代以後繼續加工過的。島邦男等認為王弼本是後人據河上本改過的，也有人認為通行本之相似是受御註本影響。事實上河上本也不完全是古本之舊。因此，本書假定現存河上本、王弼本晚於唐代定稿的傅奕本。本書的目的是現有諸本的比較和歷史演變的考察，而不是探求河上本或王弼本的舊貌。

六　為便於不同版本之間的對照，原文之斷句標點不能依各個版本的文句不同而不同。因此有些斷句或標點句義不通，並不代表筆者對該本之句讀的實際理解。

七　為便於閱讀，盡可能用通行字代替竹簡、帛書中的異體字，沒有通行字的古字或疑難字則保留原字。個別有較大爭議的釋讀字則在“原文對照”中加方括號並在“對勘舉要”中加以說明（在附編“對照通檢”部份則不加標記）。為較深入研究的需要，本書附編部份收有保留古字、異體字、疑難字的多種釋文。

八　一般的校勘著作，不避繁瑣，將每一個字、詞、句的不同都悉數指出。本書將五種版本對照排出，如果讀者需要，自會發現每一字、詞、句的不同，因此作者原則上只標舉重要的歧異，或略作評論。對衆家之說，不詳加羅列，只精選推介，或存異說。不求巨細靡遺，但求暢曉適用，有啟發性，故稱之為“對勘舉要”。

九　在思想史和哲學史研究中，以王弼本使用最多。本書“原文對照”部分的排列主要著眼於以王弼本為主進行對照比較。左欄河上本在上，王弼本在下，如果有竹簡本，則竹簡本在王弼本之下；右欄傅奕本在上，帛書本在下。這樣排列王弼本與左邊帛書本和下邊竹簡本對照都比較方便。在書中引用《老子》原文時，在沒有標明所用版本的情況下，多以王弼本為主。

十　根據筆者對《老子》中的韻文部分與《詩經》、《楚辭》的句式、修辭、韻式、合韻等方面的全面統計和比較（《老子——年代新考與思想新詮》第一、二章），結合多年來的考古發現，筆者認為司馬遷關於《老子》作者與孔子同年的說法比各種懷疑的理論有更多的文獻根據和考古證據，因此筆者假定《老子》所反映的思想基本上可以代表其作者的思想。因此在進行思想分析時，對老子其人和其書未作嚴格區分。

十一　本書的基礎工作是不同版本的對勘，其目的是為思想史和哲學史的研究提供方便和深入思考的契機，因此各章均附有"析評引論"，有關版本、文體、概念、釋義、思想、理論等方面的爭論和個人所見，均以"引論"的形式出現。引論有引言、引發、引導、引申諸義，不求面面俱到，但求確有所感。

十二　本書正文部分引文來源之註用"作者—年代"式註釋直接附於引文之後，如（魏啟鵬1999，16）則指前面引述之語出自魏啟鵬1999年出版的書第16頁，書名或篇名及出版社則在參考書目中詳細列出。有些著作按八十一章排列，很容易查找，又經常引用，則可能在引用多次後只提作者名而不再一一註明年代和頁數。本書導論部份的註釋則採用通常論文的當頁腳註的形式。書末所附〈參考書目〉不包括兩個導論中所引的參考文獻。

十三　本書在絕大多數情況下所說之通行本特指王弼本與河上本，所說傳世本則加上傅奕本，但引用他人之說時則從原作之用語習慣。

十四　古書往往一書多名，本書引用時盡可能統一，但引述他人之說時則從原書之用法。

十五　本書用單書名號標明文章類作品，用雙書名號標明書籍類著作。

十六　關於附編各項內容之說明，另見"附編說明"。

導論一　版本歧變與文本趨同

一　版本簡介

二　版本歧變

三　文本改善

四　文本趨同

五　語言趨同：概述

六　語言趨同：句式整齊化

七　語言趨同：章節之間的重複

八　語言趨同：排比句式的強化

九　思想聚焦：增加核心概念

十　思想聚焦：調整段落文句

十一　趨同與歧變：一個特例

十二　普遍性與特殊性

十三　古本原貌與理想文本

就形式來說，本書按通行的八十一章本的順序隨文立論，就內容來說，本書主要包括兩個部份。

一個部份是對五個版本的對勘以及廣義的語言的、文獻的研究，主要寫在各章的"對勘舉要"之中，一些稍詳細的討論則寫於相關章節的"析評引論"之中。"導論一"則是對這部份內容進行集中的、貫通的論述。

本書的另一部份內容是理論研究，即在語言、文獻研究的基礎上進一步對老子思想的概念、命題以及學說進行哲學的、理論的分析、比較、引申和發展。這部份內容主要寫於各章中的"析評引論"部份。"導論二"則是就關鍵性概念和方法論問題進行集中的、系統的闡發和探討。

一　版本簡介

本書重點對勘的五個版本首先是竹簡本，即抄寫在三組不同規格的竹簡上的《老子》篇章、片斷。竹簡本發現於 1993 年湖北省荊門市郭店，發表於 1998 年。本書所用的竹簡本依據的是文物出版社發表的、荊門市博物館最初整理的釋文，但是參考了其他學者後來的解讀和釋文。本書接受考古工作者一致的假定，認為竹簡本的抄寫早於公元前 278 年，即墓葬年代以前，是目前所知最早的《老子》原文。根據歷來的傳世文獻，近來的考古發現，以及竹簡甲本與丙本六十四章有不同祖本，本書認為假定竹簡本是更完整的《老子》的摘抄本比其他假說有更多、更全面的證據。

另一種早期的古本是 1973 年發現於長沙馬王堆的兩個帛書本。本書依據的是文物出版社 1980 年出版的繁體字本，並參考其他學者的釋讀。整理者認為帛書甲本抄寫年代可能在公元前 206—前 195 年；帛書乙本抄寫年代可能在公元前 179—前 169 年之間。本書假定竹簡本的祖本早於帛書本的祖本。不過，這種假定對本書的發現和論點沒有決定性意義。本書所說古本一般是特指郭店竹簡本和馬王堆帛書本。

本書所依據的第三種版本是正統道藏的傅奕本，這是一種傳世古本，據說其底本是項羽妾塚本，但經過唐代傅奕（555?—639）根據其他九個版本的對校加工，它已經不完全是項羽妾塚本的原貌，我們只能將它當作唐代加工過的古本。本書參考的其他傳世古本包括嚴遵本、想爾註本、敦煌本、范應元本、景龍碑本等。本書認為這些傳世古本是介於竹簡本、帛書本和今本之間的過渡性版本。

本書所說的今本或通行本指河上公註本和王弼註本，所用底本分別是中華書局（北京）出版王卡點校本和樓宇烈校釋本。這兩個版本流傳較廣，對於考察版本演變有相當的代表性。河上公本可能是漢代末年的版本，但經過兩千年的流傳，已經不是漢代舊貌。河上本分章已見於敦煌本，加以標題和章次則見於唐代，今天所見二字標題則可能見於宋代〔參見第一章對勘舉要（1）〕。王弼本雖是魏王弼註所據版本，但在近兩千年的流傳過程中也有很大改變。明末朱得之所見王弼本尚未分章，清末魏源所見王弼本還有七十八章本（參見析評引論2.3）。可見通行本在流傳中不斷有歧變，產生新的版次。今天所見的八十一章的王弼本顯然是根據河上本加工的。河上本和王弼本並非舊貌，這似乎是一大遺憾，但這恰恰為我們研究古文獻流傳演變中的各種現象和通則提供了最好的原始材料和考察依據。事實上，越是流傳廣、通行久的版本，其演化越多，距離原貌越遠；倒是不大流傳的傳世古本比較接近古本舊貌。

在一般情況下，本書所說的通行本或今本特指河上本和王弼本，所說的傳世本則指兩個通行本加上傅奕本。學術界一般對通行本、今本、傳世本沒有明確界定，似乎都是同義詞，本書在引用他說時，對原文的通行本或傳世本等說法不作修改、不作辨析。

筆者感到，近十年來研究老子是非常幸運的一件事。幸運的是在馬王堆帛書《老子》出土以後，我們又有了竹簡本《老子》，加之傳統的古本和流傳至今的版本，我們可以考察一部文獻在兩千年的演變中所出現的各種現象，並可以從中發現一些類似於規律的通則。這不僅為了解《老子》本身演變的情況提供了基本資料，而且為了解一般文獻的流傳、加工以及思想的理解、發展提供了前所未有的機遇。社會心理學家戴俄芒（Jared Diamond）曾經指出："波利尼西亞人的歷史構成了一個天然實驗，使我們得以研究人類的適應性"以及"環境如何影響人類社會"。研究人類對環境的適應性以及自然環境如何影響人類的社會生活，這需要長期的、大規模的觀察，而這種觀察對象和觀察條件是無法設計和創造的。戴俄芒教授在波利尼西亞地區不同島嶼上的不同自然條件與人們的不同生活方式之間找到了環境對人類社會生活影響的大量實例。能夠發現這種"天然實驗"的"數據"真的是非常幸運的。① 筆者以為，老子竹簡本、帛書本的出土也為我們研究版本（version）和文本（text）的演變提供了一個跨越兩千年的"天然實驗"，這是千古未有的機會，也是其他文獻研究領域中沒有的機會。我們豈不是得天獨厚地幸運嗎？

當然，幸運中也有麻煩。《老子》比任何其他典籍的版本都多得多，歷來的註釋、辨析、校正、評論、研究更是汗牛充棟，竭澤而漁式的資料搜集和閱讀已無可能，在眾多版本的歧字異文中選擇、判斷往往無所適從。這又是現在研究《老子》的不幸之處和困難之處。本書一方面是利用上述幸運的機會，考察實驗"數據"並提出一些初步的觀察和分析，另一方面也想為讀者提供一些克服困難的方便，除各章"原文對照"和"對勘舉要"以外，本書附編的《老子五種對照逐字通檢》即是這樣一個嘗試。

二　"版本歧變"（versional divergence）

版本歧變是一個籠統的說法，泛指一部文獻在流傳中不斷出現與原有版本（version）或版次（edition）不同的新版本或新版次的現象。引起版本歧變的原因比較複雜，大致說來可以分為無意識活動引起的歧變和有意識工作引起的歧變，分別簡稱為"無意識歧變"和"有意識歧變"。

"無意識歧變"又可以分為"疏忽性歧變"和"習俗性歧變"。"疏忽性歧變"指錯抄、誤讀、漏刻等大意、粗心引起的歧變。"習俗性歧變"主要指異體字、通假字、同音字以及因方言、習俗的不同而

---

① Jared Diamond: *Guns, Germs, and Steel* (New York: W. W. Norton & Company, 1997), pp. 55, 54. 需要說明的是，戴俄芒的研究並非支持傳統的"地理決定論"。

引起的歧變，這些情況不同於"疏忽性歧變"，但都是在無意識的情況下造成了版本或版次的不同。總起來說，"無意識歧變"在一般情況下是個別的、零散的，涉及的範圍比較小，對文獻的思想意義引起的歧異也可能比較少。比如，河上本第五十五章"物壯則老"，影宋本"則"作"將"；第四十一章"上德若谷"之"谷"字，帛書乙本寫為"浴"；第四十一章"建德若偷"之"偷"字，河上本作"揄"，傅奕本作"媮"；又如"王侯"或作"王公"，"阿"或作"呵"，"若"或作"如"等等。這些各種原因引起的個別字的不同大體都不是有意識改動的結果，對原文的思想內容、語言風格等也不會產生重要的或有系統的影響。

"有意識歧變"是編校者、抄寫者、出版者有意識修改加工造成的。這種有意識的加工又可以分為兩種。一種是編校者個人的獨斷的行為，我們可以稱之為"獨斷性歧變"。如《老子》第五十五章"知和曰常，知常曰明，益生曰祥，心使氣曰強"一節各本四句中都是四個"曰"字，帛書甲乙本和竹簡本也是如此，惟河上本後三句的"曰"都作"日"。作"知和曰常，知常日明，益生日祥，心使氣日強。""曰"與"日"字形相近，誤讀、誤寫的可能性很高，為什麼我們可以把它作為獨斷式歧變而不看作是無意識的誤讀呢？這是因為河上公對後三句的註文分別是"日以明達"、"日以長大"、"日以剛強"，說明河上公註的作者是有意識地將後三句的三個動詞"曰"讀作狀語"日"（一天天）的。那麼，有沒有可能是註者的誤讀呢？可能性不大。因為四個"曰"字形應該一樣，但是不多不少將後面三個"曰"都誤讀為"日"的可能性不高。而且相同的情況又見於第六十二章"不曰以求得"（王弼本），此句傅奕本作"不曰求以得"，"以"、"求"二字次序顛倒；帛書乙本作"不謂求以得"（甲本有殘闕），惟獨河上本作"何不日以求得"，增一"何"字，註文曰"不日日遠行求索，近得之於身。"可見此處"曰"作"日"不是誤讀。退一步說，即使註者本人最初是誤讀，後來的校勘者根據河上公註文將原文的"曰"改為"日"字仍然可以稱為獨斷的，因為他們不顧所有其他版本的不同而堅持跟隨河上公註的錯誤。① 這種獨斷式的歧變也是個別現象，對版本的流傳沒有造成廣泛的影響。因避諱字而造成的歧異也許可以不作考慮，但也可以歸入獨斷性的歧變。其改字是有意識的，但是對文本的演變沒有重要影響。

另一種編者有意識造成的歧變是本書研究的重點，可以稱之為"改善性歧變"。這種歧變是各個版本或版次的編校者個人的有意識的行為，但是他們都有一種改善原本的意願，或都受一些共同的理解和原則所支配，逐步修改古本，造成《老子》原文從古本（以竹簡本和帛書本為代表）、到傳世古本（以傅奕本為代表）、再到今本或通行本（以今傳之王弼本、河上本為代表）的文句逐步趨向整齊、一致，思想逐步集中、強化的演化現象。由"改善性歧變"造成的這種後果我們稱之為"文本改善"。

"疏忽性歧變"、"習俗性歧變"和"獨斷性歧變"都是個別人分散的行為，對《老子》文本（text）的演變沒有構成集體的、共同的趨向，不是本書研究的對象。"改善性歧變"雖然是由單個的編校者分別進行校改直接造成的，但卻是長期以來很多編校者或校註者在不同地點、不同時期、不約而同地對老子文本進行加工的結果。這一結果不僅構成對《老子》文本的一般性加工，而且形成了《老子》"文本改善"及"文本趨同"的情況。"改善性歧變"，特別是它所引起的"文本趨同"現象是本書考察的重點。

四種類型的版本歧變是一個大致的劃分，對個別歧文異字的歸類可能會有困難和爭議，但是這不影響我們對版本歧異現象的大致的把握。這種劃分可以幫助我們了解本書重點討論的"文本趨同"現象在版本演變中的特殊地位。

以上所說四種類型的版本歧變的相互關係可以概括成下面的示

---

① 後來的河上公本也有不完全跟隨河上公註的，如第五十五章"曰明"，敦煌本、影宋本、唐玄宗註本皆不作"曰明"，但第六十二章隨河上註作"曰"字的較多，如唐玄宗註本。本書河上本以王卡校點本為底本，兩處皆作"曰明"。

意圖。

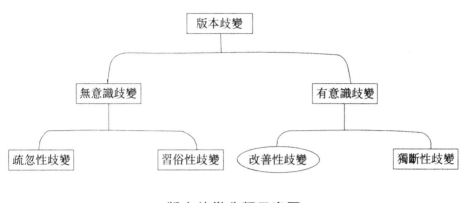

版本歧變分類示意圖

　　圖中橢圓形所表示的改善性歧變及其所引起的文本改善現象是本書關於文獻研究工作的討論重點。

三　"文本改善"（textual improvement）

　　"改善性歧變"是從改善原文的願望出發而作的修改，希望達成改善文本文字、風格甚至內容的效果。這是從動機的角度來說的。但是願望的實際效果如何則殊不可定。有些改動引起的歧變可能達到了改善的效果，有些則改得反而不好。而對改得好不好也會有見仁見智的不同評價。

　　"改善性歧變"造成的結果是"文本改善"的現象。這方面的一個最明顯的例子是分章和加標題，從古本到今本，我們可以發現一個演變過程。

　　竹簡本沒有明顯的一致的分篇和分章，個別章節有類似分章的標誌。其分章情況與通行本多有不同。

　　帛書乙本清楚地分為〈德〉篇和〈道〉篇，但是沒有分章符號。帛書甲本則一部份有清楚的分章符號，但是并沒有自始至終的分章。

　　嚴遵本清楚地分為七十二篇，並取每篇首句數字作篇名，如今本第四十三章第一句是"天下之至柔"，篇名為"至柔篇"。第四十四章第一句是"名與身孰親"，篇名為"名身孰親篇"。但是嚴遵本似乎沒有流傳開來，對以後的分章和篇名沒有直接影響。想爾註及很多敦煌本沒有明確的分章，有些則雖有明確的分章，但是沒有標題。

　　傅奕本似乎也沒有受嚴遵本的影響，明刊道藏傅奕本分為八十一章，每章之後註明章次和字數，如"右第四十三章三十九言"。

　　唐玄宗註本分為七十八章，一般取第一句為章題。如上文所提第四十三章，玄宗註本題為"天下之至柔章第四十三"，第四十四章為"名與身孰親章第四十四"。成玄英《道德經開題序訣義疏》雖為八十一章，但各章命題與唐玄宗註本大體相同。[①]

　　到了今傳河上本，則八十一章都有了統一的概括各章內容的二字標題，如"遍用第四十三"，"立戒第四十四"。從不分章到分章，從無標題到取第一句或第一句數字為標題，再到統一的二字標題，這是一個逐漸演化的過程，而這個過程顯然是不同時代的編校者有意將《老子》原文編排得體例更一致、更整齊。這個過程達千年之久。（參見本書析評引論 2.3。）

　　這種有意識地改善文本的現象不僅見於《老子》的演變。以朱熹所編《近思錄》為例，朱熹自己編的版本十四卷的標題中有三卷是二字標題，兩卷是八字標題，兩卷是七字標題，其他卷標題也參差不齊。而後來葉采所編的版本則將十四卷標題統一為兩個字（參見"近思錄各卷標題對照表"）。可見這種改善原本的願望和做法是有普遍性的。原作者的主要注意力在於思想內容的表達，而後來的編校者主要重視形式的整齊。

---

　　① 個別不同之處如唐玄宗本"反者道之動章第四十"，成玄英本略去前面"反者"二字。見嚴靈峰輯校《輯成玄英道德經開題序訣義疏》（《無求備齋老子集成》（初編），台北：藝文印書館，1965）。此書另有蒙文通輯本，收於《蒙文通文集》第六卷（成都：巴蜀書社，2001）。關於兩種輯本短長之比較，可見董恩林《唐代老子詮釋文獻研究》（濟南：齊魯書社，2003）。

近思錄各卷標題對照表

卷	朱子版本	葉采版本
一	道體	道體
二	為學大要	為學
三	格物窮理	致知
四	存養	存養
五	改過遷善克己復禮	克己
六	齊家之道	家道
七	出處進退辭受之義	出處
八	治國平天下之道	治體
九	制度	治法
十	君子處事之方	政事
十一	教學之道	教學
十二	改過及人心疵病	警戒
十三	異端之學	異端
十四	聖賢氣象	聖賢

　　後人改善文本的願望有多方面的表現或手段。除了分章、加標題、改標題以外，一個明顯的加工原則是刪減原文中的虛詞以求句式簡潔和整齊，典型的如第一章帛書本"道可道也，非恆道也。名可名也，非恆名也……"一共八個"也"字，在傅奕本和通行本中全部刪去。總起來看，通行本中的虛詞明顯少於傅奕本，而傅奕本又明顯少於竹簡本和帛書本。比如第六十五章帛書本"非以明民也，將以愚之也。夫民之難治也，以其智也"。四句連用四個"也"字。傅奕本刪去了第一句和第三句的兩個"也"字，保留了第二和第四句的兩個"也"字。而王弼本與河上本則刪去了全部四個"也"字。接下去帛書原文作"故以智知國，國之賊也；以不智知國，國之德也；恆知此兩者，亦稽式也。"共有三個"也"字，傅奕本全部保留，而王弼本與河上本則全部刪去。又如帛書本第六十一章"為其靜也，故宜為下也"一句，傅奕本刪去了一個虛詞"也"，一個虛詞"宜"字，作

"以其靖（靜），故為下也"，而王弼本與河上本則在傅奕本的基礎上進一步刪去了"其"、"故"、"也"等虛詞，原文變作"以靜為下"。難以數計的例證說明，竹簡本、帛書本用虛詞較多，句式較舒緩，而王弼本、河上本用虛詞最少，句式較簡單，而在大多數情況下，傅奕本則處於從古本到今本的演變過渡階段。（參見下文第二章、第五十四章、第十八章句式對照表以及本書析評引論 1.3 等。）

這種刪減虛詞所引起的版本不同是有意識地追求句式簡潔、整齊的結果，因此應該看作是一種"有意識歧變"中的"改善性歧變"。這和"獨斷性歧變"的最大不同在於它是在文本的長期演變中的共同現象，是有歷史軌跡可循的，而不是個別的一時的修改引起的突然歧變。這種"改善性歧變"引起的結果是"文本改善"。文本改善和下文所說的"文本趨同"現象的最大不同在於文本改善是一般性的改善，其根據可能是外在的，如加標題、減虛詞都不是文本中原有的風格和特點。而"文本趨同"所依據的都是文本中原有的語言現象和思想傾向。

上述從古本到今本演變的大趨勢也有反例，但僅是個別現象。當然，改善文本的手段很多，比如為求句式整齊，後來的編校者喜歡將原文改為盡可能整齊的四字句（其次是改為三字句）。關於增加四字句的原則涉及語言趨同的問題，將在下面討論。各種改善文本的手段可能有衝突，最明顯的是刪減虛詞原則和增加四字句原則之間的衝突，面對這種衝突，個別編校者會有不同的取捨。（詳見本書析評引論 47.1。）

四　"文本趨同"（textual assimilation）

上文所舉文本改善之例是比較單純、明顯的。在文本改善性的歧變中，過去很少注意的一種現象是"文本趨同"。"文本趨同"可以指不同版本相互參校的結果造成不同版本、版次（version，edition）的文字內容（text）漸趨一致的情況。如王弼本與河上本的文字相當一致，就是兩個版本長期分別流傳、相互參校的結果。這是文本外部的趨同，也可以稱為版本的趨同，這不是本文、本書討論的重點。

本書觀察、分析的重點是文本"自身"的趨同，體現了存在於不同版本、版次中的各個編校者對《老子》原文思想、風格、語言特點的某種共同理解以及在此基礎之上的編輯、加工所產生的共同趨向。"文本趨同"的目的也是改善文本，但是和一般的"文本改善"不同的是文本趨同的內容是從文本自身原有的特點出發的，而不是外來的加工原則。上文所說《老子》的分章加標題的情況以及刪減虛詞的原則就不是從《老子》本身原有的內容和特點出發的，因而只能算是一般的文本改善，不涉及"文本趨同"的問題。顯然，《老子》河上公本的標題從無到有、從參差不齊到統一的兩字標題都不是從原來文本自身就有的特點出發而趨向進一步的一致性的。

"文本趨同"是伴隨於眾多的"版本歧變"而發生和存在的。沒有諸多的"版本歧變"，就不可能形成整體上的"文本趨同"的現象；而沒有"文本趨同"的共同意向，各自的"版本歧異"也就會失去一個重要的動機和大量的實例。

從加工特點和目標的角度來看，"文本趨同"可以分為"語言趨同"和"思想聚焦"兩大類。這些相關概念的關係可以概括為下面的示意圖。

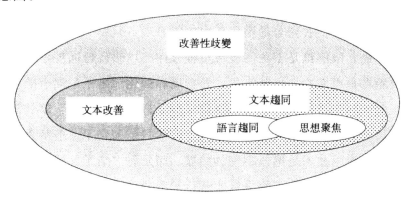

文本趨同與相關概念示意圖

　　示意圖表明，"文本改善"和"文本趨同"都是"改善性歧變"引起的文本演化中出現的現象，這兩者雖有重合之處，但並不相同。關鍵在於文本趨同的現象是從文本自身原有的特點出發進而強化、放大的，而一般的"文本改善"就不一定如此。示意圖也表明"文本趨同"主要包括"語言趨同"和"思想聚焦"兩種情況。這兩種情況也是有部份重合的，但是不能等同起來。"語言趨同"和"思想聚焦"是本文、本書考察、分析的重點內容。

五　"語言趨同"（linguistic assimilation）：概述

　　文本趨同最明顯、最大量的表現是"語言趨同"，所謂"語言趨同"，是指《老子》各版本編校者在分別加工原文時表現出的對某種共同語言特點的重複和強化。他們根據自己對《老子》思想風格的理解，用一些相同的字詞和句式來替換某些分散不一的文字表達，因此，從古本到傳世古本、再到通行本中表現出語言和文風朝著原有的主要特點進一步強化的趨同傾向。

　　語言趨同表現於大多數版本的歧變過程之中，因此單就某一個或一兩個版本或單就個別字詞或段落的多版本比較都是無法發現語言趨同現象的。例如，四字句的增加在大多數版本裏都有表現，但這種現象只有通過全面考察從古到今的很多版本才能發現，只看一兩種版本或只比較個別章節、段落都是不可能發現這種傾向的。語言趨同現象所突出的文本特點都是原文中本來就有的，是發展和強化《老子》固有的形式和風格，例如，四字句、排比句和重複句都是最早的"古本"即竹簡本和帛書本裏就有的，後來的河上公本和王弼本只是強化了這些情況。換句話說，語言趨同並不是擅改字句的結果，而是對《老子》原文的語言風格和思想特點有了一定了解之後才進行加工的產物。

　　雖然語言趨同只是編校者個人分散行為的結果，但它表現了編校者解讀活動中的某種共識。不同時代的個體編校者認同某種早期的修改，繼續強化其中的共同特徵，沿著同樣的方向加以發揮，從而在長期的版本歧變中產生了一個逐漸強化的共同趨勢。這中間並沒有統一的指揮，也沒有共同的設計藍圖。這是一種在個體有意識行為基礎上所形成的集體無意識的行為所產生的效果。

語言趨同又可以進一步區分為句式整齊化、章節之間的重複、排比句式的強化。這裏先來考察句式的整齊化。

六　語言趨同：句式整齊化

《老子》在流傳的過程中，從古本到今本，句式整齊的段落在明顯增加。《老子》中沒有超過半數以上的句式，比較起來，使用最多的句式是四字句，其次是三字句。較之古本，傳世本中這類整齊的段落明顯增加了。有明顯的四字句段落（三句以上）的在王弼本裏有二十七章，而在帛書本裏只有十九章。王弼本有明顯四字句段落的比帛書本多八章，增加百分之四十二（當然，這並不是對所有四字句的統計，也不是對所有有四字句的章數的統計）。這裏的數字是分別統計王弼本和帛書本中有明顯四字句段落的章數。換一個角度來看，如果專門比較王弼本裏四字句段落比帛書本明顯增加的情況，我們發現有十六章中王弼本的四字句段落明顯多於帛書本。① 同樣，王弼本中有整齊的三字句段落的有十五章，而在帛書本裏只有十二章。竹簡本、帛書本中還有不少散句在通行本中改寫成了四字句。這都是後世的編校者力圖以句式整齊化來改善古本的努力。

---

① 以下關於語言趨同和思想聚焦的主要內容取自筆者的文章 "From Bamboo Slips to Received Versions: Common Features in the Transformation of the *Laozi*"（*Harvard Journal of Asiatic Studies*, Harvard‐Yenching Institute, 2003, Vol. 63, No. 2; pp. 337—382）中譯本題為〈《老子》演變中的趨同現象——從竹簡本到通行本〉（陳靜譯，《文史》, 2004 年第 2 輯，第 175—201 頁）。本導論對原文中的統計數字進行了復核，個別數字有修正，對原文結論沒有影響。許多內容有新的表述和分析、補充。凡舊文與本文不一致之處，當以本文為準。

以第二章為例，雖然本章各本內容完全相同，但是句式卻有了很大改變，請看下表。

第二章句式對照表

竹簡 甲	帛書 乙	傅奕	河上	王弼
有亡之相生也	有無之相生也	故有無之相生	故有無相生	故有無相生
難易之相成也	難易之相成也	難易之相成	難易相成	難易相成
長短之相形也	長短之相形也	長短之相形	長短相形	長短相較
高下之相盈也	高下之相盈也	高下之相傾	高下相傾	高下相傾
音聲之相和也	音聲之相和也	音聲之相和	音聲相和	音聲相和
先後之相隨也	先後之相隨，恒也	前後之相隨	前後相隨	前後相隨

在竹簡本和帛書本裏，多數句子有六個字，傅奕本有五個字，而通行本改成了四字句。

在竹簡本和帛書本裏，句子的節奏是"××之××也"，語調自由而舒緩。傅奕本僅省略了句末的"也"字，王弼本和河上公本把"也"和"之"都省了，使句子變成了整齊的四字節奏。

較之五字句的本子，通行本的編校者省略的主要是虛詞。王弼本和河上公本減少了大約四百多字，絕大多數是虛詞。在這種句式演化中，傅奕本恰好處在從古本到今本的演化過程之中。

考察《老子》從古本到今本的變化，我們發現後來的編校者的加工原則最重要的有兩條。一條是盡可能增加四字句，另一條是盡可能刪減虛詞。當這兩個原則有衝突時，編校者并沒有一個統一的原則，所以，在很多的情況下，編校者為了製造四字句而刪削虛詞，而在有些情況下卻增加虛詞來製造四字句。如第五十四章。

第五十四章句式對照表

竹簡 甲	帛書 乙	傅奕	河上	王弼
修之身	修之身	修之身	修之於身	修之於身
其德乃真	其德乃真	其德乃真	其德乃真	其德乃真
修之家	修之家	修之家	修之於家	修之於家
其德有餘	其德有餘	其德乃餘	其德乃餘	其德乃餘
修之鄉	修之鄉	修之鄉	修之於鄉	修之於鄉
其德乃長	其德乃長	其德乃長	其德乃長	其德乃長
修之邦	修之國	修之邦	修之於國	修之於國
其德乃豐	其德乃豐	其德乃豐	其德乃豐	其德乃豐

　　一般說來，河上公本和王弼本的虛詞比竹簡本和帛書本少，然而第五十四章是一個例外。傳世本在“修之”之後插入了“於”字，以構成四字句。顯然，在這裏偏好四字句的傾向壓倒了省略虛詞的原則。總起來看，王弼本比帛書本四字句段落明顯增加的有第二、六、十、十六、十九、二十、二十七、三十三、四十八、五十一、五十四、五十七、六十四、七十一、七十九和八十章。

　　四字句的增加是一個總的趨勢，反映了歷史上的編校者加工的一個不成文的共同原則。但是，這個原則也有個別例外。比如在第十八章和第四十七章裏，後代編者用三字句替換了四字句，見下表。

第十八章句式對照表

次序	竹簡 丙	帛書	傅奕	河上	王弼
1A	故大道廢	故大道廢	大道廢	大道廢	大道廢
1B	安有仁義	安有仁義	焉有仁義	有仁義	有仁義
X	（缺）	智慧出	智慧出	智慧出	慧智出
Y		安有大偽	焉有大偽	有大偽	有大偽
2A	六親不和	六親不和	六親不和	六親不和	六親不和
2B	安有孝慈	安有孝慈	有孝慈	有孝慈	有孝慈
3A	邦家昏□	國家昏亂	國家昏亂	國家昏亂	國家昏亂
3B	安有正臣	安有貞臣	有貞臣	有忠臣	有忠臣

15

在這一章中省略虛詞的原則壓倒了增加四字句的原則。很明顯，竹簡丙組的四字句有三對，帛書本同於竹簡本，只是在句子 1B 後面插入了句子 X 和 Y，分別是三字句和四字句。推測起來很可能是帛書本的一個三字句促使後世的編校者刪除了原句中的虛詞"安"（帛書本）或"焉"（傅奕本）。在傅奕本中，虛詞刪除了兩個，保留了兩個，結果造成了三字句和四字句並存的段落。而王弼本與河上公本則刪除了全部虛詞，把句子 2A、3A 除外的所有句子都減略為三字句。①以句型的改變為線索來觀察，傅奕本也恰好處在四字句型的古本和三字句型的通行本之間。這一點恰巧支持我們關於五種版本之時序的假定。我們也注意到，除了竹簡本，所有其他版本都有句子 X 和 Y，這或許說明竹簡本並不通行，沒有影響後來流傳的各種《老子》版本。類似的例外還見於第一章和第五十一章，即帛書本的四字句被後世的編者刪改成三字句。當然，這些例外並沒有改變《老子》版本演化中四字句增加的大趨勢。（參見析評引論 47.1。）

七　語言趨同：章節之間的重複

"語言趨同"的第二種類型是某些段落在不同章節中重複出現。這是後來的編校者為了讓各章之間的文句一致而進行的加工。典型的例證見於第五十一章，下文引自帛書本（加着重號的字句是重複的部份）：

甲：道生之，德畜之……

甲 1：道生之，畜之。甲 2：長之遂之，甲 3：亭之毒之，甲 4：養之覆之。

乙 1：生而弗有也，乙 2：為而弗恃也，乙 3：長而弗宰，乙 4：是謂玄德。

---

① 《老子想爾註》同於傳世本，參見饒宗頤：《老子想爾註校證》（上海：上海古籍出版社，1991），第 22 頁。

文中第一行甲是第五十一章的第一節，句子甲 1 至甲 4 節構成一個段落，乙 1 至乙 4 構成另一個段落。本章部分文句重見於第二章和第十章。[①] 在竹簡本問世之前，我們很難合理地解釋這些似乎不必要的重複，現在，竹簡本提供的證據足以說明，這種不同章節之間的機械重複是後來的編校者不斷加工的結果，也可稱之為語言趨同現象。

帛書本的句子甲 1 是"道生之，畜之"，只有"道"一個主語，但是後世的本子加一個"德"字與"道"對應，使之成為"道生之，德畜之"。這種改變顯然是為了使句子甲 1 與開篇首句甲保持一致。請見下表：

第五十一章對照表

句序	帛書甲、乙本	傅奕、河上、王弼本
甲	道生之，德畜之……	道生之，德畜之……
甲 1	道生之，畜之……	故道生之，德畜之……
乙 1	生而弗有也	生而不有
乙 2	為而弗恃也	為而不恃
乙 3	長而弗宰	長而不宰
乙 4	是謂玄德	是謂玄德

乙段在所有傳世本裏都一樣。惟一不同的是帛書本的虛詞"弗"在他本裏被換成了"不"，虛詞"也"被省略了。通過與第二章和第十章的比較，我們發現，第五十一章是後代編校者用來修訂第二章和第十章的範本。傳世本的第二章是：

乙 1：生而不有，
乙 2：為而不恃，
乙 3'：功成而弗居。

在傅奕本、河上公本和王弼本中，句子乙 1 和乙 2 均與第五十一

---

① 在《想爾註》裏，只有第十章可用於比較。

章重複，在帛書本和竹簡本中，只重複了乙 2 一句。請見下表：

第二章對照表

是否重複 第五十一章	句次	古本		傳世本	
		竹簡 甲	帛書 乙	傅奕	王弼、河上
重複	乙 1	（缺）	（缺）	生而不有	生而不有
	乙 2	為而弗恃也	為而弗恃也	為而不恃	為而不恃
不重複	乙 3'	成而弗居	成功而弗居也	功成不處	功成而弗居

在竹簡本和帛書本裏，只有乙 2 一句與第五十一章重複，但是傳世本的編校者有意複製了乙 1 一句，從而使第二章的文句與第五十一章更加一致。

第十章與第五十一章的相同的句子也在章與章之間造成了呼應。在傅奕本、河上本和王弼本中，第十章完全重複了第五十一章的乙段。然而正如下表所示，在帛書本中，第十章並不是簡單的抄錄第五十一章，而是用一個簡明的句子甲 1 概括了甲段落，然後抄錄了句子乙 1、乙 3 和乙 4。這種重複是不完全的，或是有選擇的，並不是全部照抄。傳世本插入了帛書本省略的乙 2，這才完整地複製了整個段落乙。請見下表：

第十章對照表

是否重複 第五十一章	句次	帛書甲和帛書乙	傳世本
非重複	甲 1	生之畜之……	生之畜之……
重複	乙 1	生而弗有	生而不有
	乙 2	（缺）	為而不恃
	乙 3	長而弗宰也	長而不宰
	乙 4	是謂玄德	是謂玄德

總地說來，是傳世本根據第五十一章的內容插入新的句子，才使句子乙 1、乙 2、乙 3 和乙 4 在第五十一章和第十章裏重複出現，使

句子乙1、乙2和乙3（乙3'）在第五十一章和第二章裏重複出現。這些連續數句的機械重複不是竹簡本和帛書本原來就有的，至少重複沒有那麼嚴重，傳世本的機械重複是後世編校者的有意加工造成的。後世編校者認為不同章節中相似的句子和段落應該完全相同，並以此為原則進行加工。我們把這種原則稱之為"相似則應全同"的原則。不僅古代編校者遵照這個原則校改古本，現代的學者也常以此為根據校改或校定帛書本和竹簡本。（參見本書析評引論52.2，57.1。）

　　事實上，帛書本和竹簡本中出現的重複不是有意的、機械的活動，而是出於思想表達的需要。在古本中，除了上述第二、第十與第五十一章的接近重複的段落被改為完全相同以外，還有一些比較相似的句子保留下來。如帛書本第七十七章"是以聖人為而弗有，成功而弗居也"，第三十四章"成功遂事而弗名有也，萬物歸焉而弗為主"，這兩處的內容和用詞都與上述三章的某些句子近似，如第二章"萬物作而弗始……成功而弗居也"。這兩處似同非同的句子以及上文所說接近重複的古本原文都是以不同相似程度的形式表達同樣的思想基調，是同一基本思想的多次重現，有如交響樂的主題反復變化再現，而不是樂音的呆板重複。後世編校者將相似的思想表達盡可能添改為完全相同的段落，雖然沒有改變原文的基本思想，卻造成了不必要的重複和句式的呆板。

　　另一處重複可以在帛書本和傳世本的第三十章和第五十五章看到，這裏重複的三句是：

　　　　物壯則老，謂之不道，不道早已。

　　在竹簡甲組，相當於第五十五章的部份只有前兩句，相當於第三十章的部份則一句也沒有。[1] 因此帛書本這兩章之間的重複很可能是

---

　　① 　因為第三十章和第五十五章同見於竹簡甲組，這就提供了另一種可能：編校者有意識地省略了同於第五十五章的段落。不過竹簡甲組沒有第五十五章的最後一句，這顯然不是為了避免重複。更合理的解釋是，後世編校者在第五十五章中加上了最後一句，這個段落後來又複製到第三十章裏。

編校者有意加工造成的。毫無疑問，在不同章節中的句子或段落的重複是為了強化文本的一致性。值得思考的是這樣機械的重複是否必要。

八　語言趨同：排比句式的強化

這裏的"排比句式"是一個籠統的說法，實際上還包括了對偶句或對仗的修辭手法。排比與對仗是中國語言文字的基本修辭技巧之一，其重要性和使用頻率比西方語言高得多。古典作品尤其愛好排比的風格。古本《老子》已多有排比句，而後世編者更以修訂和插入字、詞、句子的方式加強了排比句型。典型的例子見於第四十八章，請見下表：

第四十八章對照表

竹簡 乙	帛書 乙	傅奕	王弼、河上
學者日益	為學者日益	為學者日益	為學日益
為道者日損	聞道者日損	為道者日損	為道日損

竹簡乙組的兩個句子以"學者"對"為道者"，顯然對仗不工，或者並非有意識地作對偶句，但是在其他各版本裏，兩句的字數一樣，形成了整齊的排比句式。帛書本的"為學者"對應於"聞道者"，形成完美的對仗；而傅奕本的編者還想進一步強化這種語言的一致性，為了與"為學者"對仗，用"為道者"替換了"聞道者"。王弼本和河上本又在傅奕本的基礎上省略了"者"字，從而形成一組精致對仗並排比的四字句。（據王弼第二十章註文，王本原與傅奕本同。）後世編校者在努力統一文本（text）的語言形式之時，又在《老子》各本（versions and editions）之間造成了更多的歧異，這就是為了文本趨同而造成的版本歧異，或者說是在版本歧異中體現出的文本趨

同。值得思考的是，這種統一文本語言風格的努力是否有助於理解文本的思想內容呢？

　　強化排比句式的另一例子見於第五十二章和第五十六章，這裏的兩個相似句子在多數本子裏都有。在竹簡乙組裏是"閉其門，塞其兌"，在竹簡甲組裏是"閉其兌，塞其門"。① 分別見於竹簡本的兩章，句子也不太一樣；而在其他各本中則完全相同。例如，在傳世本中，第五十二章和第五十六章都有"塞其兌，閉其門"這兩句。請見下表：

第五十二與第五十六章對照表

章	竹簡 甲	竹簡 乙	帛書 乙	傳世本
五十二	（缺）	閉其門，塞其兌	塞其坑，閉其門	塞其兌，閉其門
五十六	閉其兌，塞其門	（缺）	塞其坑，閉其門	塞其兌，閉其門

　　為了加強排比句式，後來的編校者也增加了一些字句。如傅奕本、河上公本和王弼本的第二章是：

天下皆知美之為美，斯惡已；
皆知善之為善，斯不善已。

　　傳世本都以"美之為美"對應"善之為善"，而在竹簡本和帛書本中，卻沒有"之為善"三字。竹簡本和帛書本有可能是有意省略了應該明顯形成對仗的"之為善"三字，也有可能是這時的古本並不很講究句式的對仗，無論怎樣，都是傳世本強化了原文中排比和對偶的句式。

　　同樣，傳世本的第十一章是：

埏埴以為器，當其無，有器之用。

———————————

① 這兩個句子出現在不同的上下文中，我們沒有理由認為這裏的不同是抄寫錯誤。

鑿戶牖以為室，當其無，有室之用。

帛書本沒有或省略了“以為室”三字，後世編校者補上此三字，形成了整齊的對仗，可見後世的編校者傾向於添加字句來強化排比句式。在第三十八章中，也有增添新句子以強化排比和對仗的例子，請看下面原文：

甲 1：上德不德，是以有德。

甲 2：下德不失德，是以無德。

乙 1：上德無為，而無以為。

乙 1’：下德為之，而有以為。

乙 2：上仁為之，而無以為。

乙 3：上義為之，而有以為。

乙 4：上禮為之……

這一段可以分為兩個部分：段落甲包括句子甲 1 和甲 2，段落乙包括句子乙 1、乙 2、乙 3 和乙 4。所有版本都有段落甲，各本的這兩句都是一組對偶句，都是以“上德”和“下德”分別充當主語，結構和內容完全一致。

差別發生在段落乙。按照帛書本，這一段落的四句話分別以“上德”、“上仁”、“上義”和“上禮”開頭，這四句話雖然不像前一個段落那樣對仗，但自身也非常工整。然而後世編校者為了摹仿前一段落的對仗，在以“上德”開頭的句子乙 1 之後插入了以“下德”開頭的句子乙 1’，這樣，四句以“上”字開頭的規整句式，就被額外加入的一個“下”字句打斷了。這種方式雖然在段落乙複製了段落甲的對仗，但是段落乙之間的四句排比的工整結構卻破壞了。加進去的乙 1’顯得突兀，嚴重影響了段落乙的清晰和整齊，從而妨礙了我們對這一段的理解。這種錯誤要歸咎於編者熱心地強化段落甲與段落乙之間的一致性。這也是語言趨同的表現之一，它可以解釋帛書本第三十八章與傳世本的差異，以及《老子》版本的其他很多差異。

語言趨同也是一種改善文本的現象，包括句型的規則化，不同章節之間的字句的統一，以及增強排比、對仗等修辭手段，增強語言的節奏感等。為了追求語言趨同而對原文進行的修飾加工似乎不一定都是必要的，有時候甚至使文本顯得有些單調，甚至會造成文本的歧義和晦澀。

九　思想聚焦：增加核心概念

所謂"思想聚焦"（conceptual focusing），是指由古本、到傳世古本、再到通行本的發展過程中強化、突出《老子》的思想觀點和重要概念的過程。當語言趨同現象發生於《老子》的哲學概念上時，例如"無為"和"道"，就產生了"思想聚焦"的現象。思想聚焦涉及的不是一般語詞，而是《老子》思想的重要概念。這些重要概念出現的頻率和位置都有哲學意義，會影響我們對《老子》文本的理解。顯然，思想聚焦與語言趨同現象有重合之處，例如，"無為"概念的增加不僅凸顯了這個概念所反映的思想意義，也加強了語言的一致性。然而，思想聚焦又不完全等同於語言趨同，因為有些思想聚焦的手法，比如重新安排一個段落中句子的順序就不能歸之於語言趨同。語言趨同是單就語言的形式和風格而言，而思想聚焦則強調哲學觀念的涵義。思想聚焦現象對於思想史的研究更有意義。

我們首先討論"無為"的概念。無為是否可以稱之為一個專門的哲學概念呢？如何判定一個詞或術語是否具有哲學概念的屬性呢？筆者以為，專門的哲學概念是一個普遍和抽象的觀念，它有相對確定的含義，遵循著一定的使用規則，它通常具有某種肯定或否定的價值，反映著某個思想派別的立場。中國哲學典籍裏的許多常用語詞和術語都不具有哲學的概念屬性，例如"有欲"、"無欲"、

"逍遙"、"有所待"、"惡乎待"在道家思想裏儘管很重要，卻不是哲學概念。在中國的哲學傳統中，專門概念不像在西方思想傳統裏那麼重要，因為中國哲學常常使用隱喻、寓言、類比和格言來講述道理，不過某些語詞還是起著哲學概念的作用。這裏我們提出四項標準來確定一個語詞是不是一個哲學概念：第一，它必須是固定語詞而不是單字的任意組合；第二，它必須具有名詞屬性而不是形容詞或者動詞；第三，它在一個陳述或者判斷句裏充當主語或者賓語；第四，它具有普遍的意義，而不只是用於某個孤立的或者特殊的場合（參見本書析評引論 23.2）。"無為"符合所有這些標準。請看下面三個句子：

1. 吾是以知無為之有益。（第四十三章）
2. 為無為。（第三章）
3. 損之又損，以至於無為。（第四十八章）

在句 1 裏，"無為之有益"是"知"的賓語從句，無為是賓語從句中的主語，是其謂語部分討論和描述的對象。在句 2 和句 3 裏，無為分別是動詞賓語和介詞賓語，表達行動的內容和標準。在這些例句中，無為涉及的都是一般情況，而不是特殊的論題。這裏的三個句子有兩個見於竹簡本，也就是說，無為從古代就被用作哲學概念了。

無為作為哲學概念第一次在《老子》書中出現（《詩經》中的"無為"二字不具有哲學概念的屬性），具有最鮮明的道家特徵。傳世本使用無為的次數比古本要多出三分之一，是一個比其他概念上升幅度大得多的概念。關於無為在各本出現的情況，請見下表：

"無為"一詞出現情況統計表

章次	竹簡			帛書甲、乙	嚴遵	想爾	傅奕	王弼、河上
	甲	乙	丙					
二	1	(缺)		1		(缺)	1	1
三	(缺)			弗為而已	(佚)	不敢不為	1	1
十				毋以知乎		1	無以為	1
三十七	1	(缺)		無名		1	1	1
三十八	(缺)			1	1	(佚)		
四十三				2	2		2	2
四十八	(缺)	2	(缺)	(2)	1		2	2
五十七	1	(缺)		1	1		1	1
六十三	1			1	1		1	1
六十四	1	(缺)	<1>	1	1		1	1
總計	[7/6]			(9/7)	[7/6]	[2/2]	11/9	12/10

最後一行總計中，竹簡本、嚴遵本、想爾註本的統計數字在方括弧中，因為這三種版本都不是全本，其數字不能簡單地與其他版本比較。斜線前面的數字是無為出現的總次數，斜線後面的數字是有這個詞出現的總章數。第六十四章的竹簡丙組重複竹簡甲組的內容，"無為"一詞重複出現，所以只計算一次，另一次放於尖括弧中，表明不作統計。為方便比較，此表也給出了其他替換無為的短語和語詞，由此可以看出古本的一般性表述在後來的版本中變成了概念化的表達。

在竹簡本中，無為在六章中出現了七次，它們是第二、三十七、四十八（二次）、五十七、六十三和六十四章（重複段落不計）。這些數字不能用於作一般的比較，因為竹簡本只對應於傳世本三分之一的章節。

"無為"在帛書本裏實際出現了七次，見於六章之中，它們是第二、三十八、四十三（二次）、五十七、六十三和六十四章。不過，如果將殘缺的第四十八章考慮進來，則帛書本"無為"出現的情況應該是七章中出現九次。這個數字有推測的成份，所以放在圓括弧中。

在第四十八章中應當出現"無為"一詞的部分，帛書乙本殘缺了八個關鍵的字，甲本的殘損更加嚴重，完全沒有"無為"二字之蹤跡。與此相應的段落在傅奕本和傳世本讀作：

損之又損，以至於無為。無為而無不為也。①

帛書的整理者根據傅奕本補了佚字（上文劃線部分），某些學者不贊成這種補法，他們爭辯說，古本或者原本沒有"無為而無不為"的觀念，這句話一定是後世編者加進去的。② 然而竹簡乙組有同於傅奕本的這一段話，③ 因此我們可以比較有把握地推斷，帛書本很可能像竹簡乙組和傅奕本一樣，有"以至於無為，無為而無不為"這兩句話。這樣，"無為"在帛書本裏就應該出現一共九次，見於七章之中。

傅奕本第十章裏出現的不是"無為"，而是"無以為"，與我們的總體觀察相吻合。此外嚴遵本和想爾註本也可提供一些旁證。嚴遵是西漢末年人，他的本子只有一半流傳下來，相當於第三十八至八十一章的部分。想爾註本出自敦煌莫高窟，是東漢晚期的作品，只存有前一部分，相當於第三至三十七章。這兩個版本使用"無為"的次數和章數放在方括號裏，表示它們不適合用於一般比較。

帛書本是最早的全本，"無為"出現的次數包括推測的次數一共九次見於七章，而王弼本和河上公本則是十二次見於十章，比帛書本多了三分之一。傅奕本是十一次見於九章，又一次排在古本和今本之間。雖然嚴遵本和想爾註本不是完本，也可以提供旁證，表明"無為"的次數往往少於後出版本。例如，想爾註的第三章用的是"不敢不為"，而不是"無為"；嚴遵本的第四十八章只使用了一次"無為"，而通行本使用了兩次。這些例證說明後出版本比古本更多地使用了"無為"的概念。

---

① 在嚴遵本裏，這一句是"損之又損之，至於無為而無以為"，見嚴遵《老子指歸》，王德有點校（北京：中華書局，1994），第36頁。

② 鄭良樹：《老子論集》（臺北：世界書局，1983），第7—9頁。高明：《帛書老子校註》（北京：中華書局，1996），第55—66、422—425頁。

③ 帛書乙組的這句話是："損之或損，以至亡為也，亡為而亡不為。"見荊門市博物館編：《郭店楚墓竹簡》（北京：文物出版社，1998），第118頁。

這種總的發展趨勢也有個別例外。例如第三十七章，竹簡本使用的是“無為”，而帛書本用的是“無名”；第十章，想爾註本使用的是“無為”，傅奕本用的是“無以為”；第四十八章，帛書本使用了兩次“無為”，嚴遵本只用了一次。這些例子沒有從根本上影響從古本到今本“無為”使用次數逐步增加的趨勢。少數例外是正常的和可以理解的，因為版本傳承中表現出來的共同傾向是在各個編校者的工作中分別體現出來的，而不是遵循一個共同的計劃或按照一個統一的藍圖製造出來的。

值得注意的是，竹簡本雖然只有帛書本字數的三分之一，但“無為”一詞出現的次數卻是七次，和帛書本的九次相比高三分之二以上，即重要概念使用比率高於總字數比率一倍以上。這說明竹簡本雖不完整，但明確注意到“無為”一詞的重要性。（同樣情況也見於“自然”一詞的使用。竹簡本“自然”出現三次，也是通行本五次的三分之二，高於字數所佔比例三分之一的一倍。）

此外，道家的獨特表述“無為而無不為”在竹簡本和帛書本裏只使用了一次，而在通行本裏出現了兩次（在傅奕本中出現三次）。在上文提到的第四十八章中，各個版本應該都有這一句話。然而，在第三十七章中，從竹簡本到傳世本之間顯出了一個演變的過程，請見下表：

第三十七章對照表

竹簡甲本	道恒亡為也
帛書甲本、乙本	道恒無名
傅奕、河上、王弼本	道常無為而無不為

在本章中，“道恒無名”只見於帛書本，這可能是帛書本的編校者根據第三十二章的“道恒無名”將“無為”改為“無名”。“道恒無名”這一句在各個版本的第三十二章中都是一致的。

諸傳世本的編校者都以“無為而無不為”代替了竹簡本的“無

（亡）為"。這樣做顯然是因為他們認為這一表述很有代表性，有利於凸顯"無為"的概念。（參見析評引論 37.1。）

另外，通行本中"聖人"一詞見於二十八章三十二次，比帛書本多出四次。這也是因為通行本的編校者認為"聖人"是一個重要的有代表性的概念，因此將"人"或"君子"改為"聖人"，或另外加上"聖人"一詞來突出道家之聖人所代表的思想意義。〔參見對勘舉要 26（2）。〕

在帛書本中"道"字出現七十一次，在王弼本中則出現七十六次，上升了百分之七。① 為了理解上升的原因，我們可以看一些相關的段落。王弼本的第六十二章是這樣的：

道者萬物之奧……
雖有拱璧以先駟馬，不如坐進此道。
古之所以貴此道者何？

在帛書本裏，最後兩句"此"字後面的兩個"道"字是沒有的，從帛書甲乙兩本的圖版看，這種缺失既不像是脫漏，也不像抄寫錯誤。因此，拿帛書本與傳世本比較，可以很容易得出結論，這兩個"道"字是後來插入傅奕本、王弼本和河上公本的，目的是配合此章以"道"開頭的內容。這種插入並沒有修改原文的內容，但是明顯地突出了"道"的概念。

帛書本的第二十四、三十一章，重複出現了下面這個句子：

物或惡之，故有欲者弗居。

然而在傅奕本、王弼本和河上公本中，"有欲"被"有道"取代

---

① 如果我們認為帛書本第五十三章的空白處是"道"字，那麼，帛書本使用"道"字的數字是七十二次，王弼本的上升比例就是 5.5%。有空白的這句是："□□盜□□□，非□也"，傳世本讀作："是謂盜夸，非道也哉。"

了，為的是把“道”凸顯出來。雖然竹簡本沒有這一章，但是從帛書本來看，《老子》似乎並不排斥“有欲”，並不是簡單地宣揚“無欲”。所以帛書本很可能代表的就是古本原貌。是傳世本將“有欲”改成了“有道”以突出中心概念。

王弼本第六十七章的第一句話是“天下皆謂我道大”，而帛書本、傅奕本和河上公本沒有“道”字（竹簡本無此章）。因此我們相信，這個“道”字是王弼本的編校者插進去的，而這樣就改變了這句話的意思。王弼本不同於其他所有本子（帛書本、傅奕本和河上公本）的情況非常少見。顯然，做這樣修訂的目的和別處一樣，還是為了強調“道”的概念。

雖然筆者的初衷不是提供從古本到傳世本的歷史發展線索，但是本文所討論的多數例子似乎可以引向這樣的結論：《老子》的版本發展有一個類似於線性的演變過程。然而事實並非如此。對線性假定的有力挑戰來自第十五章。在這一章中，竹簡本像河上公本和王弼本一樣用“士”字，而帛書本和傅奕本用的卻是“道”，這樣，竹簡本、河上公本和王弼本的“古之善為士者”，在帛書本和傅奕本裏卻是“古之善為道者”。這有兩點不同於上述一般情況。第一，雖然後來版本傾向於用“道”來替換其他字，但是在這裏，河上公本和王弼本卻不像帛書本，沒有使用“道”字。第二，河上公本和王弼本與最古的竹簡本一致，卻不同於稍後一些的帛書本和傅奕本。這種例外說明，《老子》文本的演變是自發的漫長過程，不是有計劃地進行的。就每個編校者個人來說，語言趨同和思想聚焦可能是他們有意識追求的目標，但是，就歷史的長程來看，這種趨同現象是在眾多編者中自發地形成的。

十　思想聚焦：調整段落文句

除了以語言趨同的手法來突出《老子》思想的重點之外，後世編校者還以重組句子和段落來賦予某些重要概念以更重要的地位。這一點在竹簡本第五十七章裏很明顯：

是以聖人之言曰：
1. 我無事而民自富，
2. 我亡為而民自化，
3. 我好靜而民自正，
4. 我欲不欲而民自樸。

在這個段落裏的"無事"、"亡為"、"好靜"和"欲不欲"諸表達中，第二句的"亡為"是道家最重要的概念。要凸顯它在概念上的重要性，它就應該出現在第一句裏。果然，它在帛書本和後來的版本裏移到了第一句，這樣，這四個句子的順序就成為2、3、1、4。此外，三個傳世本還用更具有概念意味的"無欲"替換了"欲不欲"的短語。

後世編校者也用重新安排句子的方式來凸顯"道"的概念。竹簡本第二十五章的順序不同於所有其他版本：

天大，地大，道大，王亦大……
人法地，地法天，天法道，道法自然。

第一段天、地、道、王的次序有點亂，與下文最後一句人、地、天、道的順序不吻合。因此，從帛書本開始，這一段的次序重新安排為道、天、地、王，這就符合道家以道為終極根源和根據的立場了。句子的重新安排沒有改變文本的基本思想，但突出了《老子》思想的根本性概念。

在上述討論的例子中，文字的改動並沒有從根本上改變古本的意思，但是，帛書本、傅奕本、河上公本和王弼本都相同的第十九章卻出現了似乎令人費解的情況：

絕聖棄智，而民利百倍。
絕仁棄義，而民復孝慈。
絕巧棄利，盜賊無有。

竹簡本問世之前，這些話使人相信，《老子》對儒家的倫理觀念仁、義、聖持批評態度，然而竹簡本的相應段落卻敞開了另一種可能性：

絕智棄辯，民利百倍。
絕巧棄利，盜賊亡有。
絕偽棄詐①，民復孝慈。

竹簡本的"絕智棄辯"，在所有的後來的版本甚至帛書本裏都改成了"絕聖棄智"，"絕偽棄詐"改成了第二句的"絕仁棄義"。這種變化表明，帛書本和後世版本都改換了某些字詞，以貶斥儒家的觀念。這是大有深意的。如果我們相信竹簡本早於帛書本，那麼，這些攻擊儒家倫理的句子一定出自那些受到戰國中期儒道紛爭影響的編校者之手。

這種改變算不算嚴重？它是不是歪曲了竹簡本的思想？答案可以是肯定的，也可以是否定的。如果強調竹簡本的第十九章原沒有批評儒家的仁、義、聖觀念的句子，那麼，帛書本和後出版本顯然嚴重歪曲了古本；但是，如果我們檢查《老子》文本中批評儒家的其他段落，那麼，帛書本和後出版本不過是發展和強化了文本中原有的觀點。例如，所有版本的第十八章，包括竹簡本，都明確地以否定性的句式，來貶低儒家的仁、義、禮的觀念：

---

① 這裏"詐"字乃採取裘錫圭先生最初根據字形分析作出的釐定，後來裘先生參考其他學者從思想內容的角度進行的釋讀，決定此字當讀為"慮"字。這裏採用他最初的讀法。

故大道廢，安有仁義。

六親不和，安有孝慈。

邦家昏亂，安有正臣。

這一段有意批評儒家的重要概念“仁義”、“孝慈”，認為它們低於道家的“道”之原則。帛書本和後世版本的第三十八章還有下面的說法（竹簡本無此章）：

失道而後德，失德而後仁，失仁而後義，失義而後禮。

這個段落順次往下排列了道家的道、德和儒家的仁、義、禮，這個次序明顯表達了《老子》原文對儒家的某種保留或否定態度。同樣，第五章也表明了對儒家之仁的某種貶低：

天地不仁，以萬物為芻狗。聖人不仁，以百姓為芻狗。

總而言之，帛書和後出版本的第十九章對文句的改變和對儒家的批評都既不是突然的，也不是不可理解的，它們並非無中生有地歪曲了竹簡本原來的思想。毋寧說，它們是思想聚焦的特殊事例，是放大了原文對儒家的某種批評態度。也就是說，第十九章的修訂在不改變文本基本意思方向的情況下又強化了這種批評。

十一　趨同與歧變：一個特例

上述關於語言趨同和思想聚焦的實例大多都在某種程度上“改善”了古本，有些例子則未必真的“改善”了古本。然而，即使這些未必改善了原文的實例多數也沒有對《老子》文義造成嚴重的扭曲。上述例句中對文義造成較大干擾的加工是第三十八章增加“下德為之，而有以為"兩句以與"上德無為，而無以為"對應，而這也僅是兩句而已。但是第二十三章的情況就完全不同了。

這是《老子》全書中最突出的一章，後世編校者對其加工的程度、所造成版本歧異的程度以及其文本纏繞不清的程度，都是全書的一個特例。在帛書本出土以前，這一章文義困惑難解。但帛書出土以後，根據與帛書的對照以及從語言趨同的角度進行的分析，我們發現傳世本這一章的晦澀文義完全是傅奕本和通行本編校者引起的，是他們分別按照增強排比和對仗句式的原則進行加工的結果。這是典型的因為追求語言趨同而造成後出版本多次歧變而晦澀難通的實例。

下表是第二十三章中一段文句的對照。帛書本內容大體清晰（本章沒有竹簡本內容），傅奕本和通行本分別加工的原則是追求語言趨同，但結果是版本的嚴重歧變和文義不明。

第二十三章對照表

句次	帛書 乙	傅奕	王弼
1	故從事而道者	故從事於道者	故從事於道者
2	同於道	道者同於道	道者同於道
2A	（缺）	從事於得者	（缺）
3	得者同於得	得者同於得	德者同於德
3A	（缺）	從事於失者	（缺）
4	失者同於失	失者同於失	失者同於失
4A	（缺）	於道者	同於道者
4B	（缺）	道亦得之	道亦樂之
5	同於得者	於得者	同於德
6	道亦得之	得亦得之	德亦樂得之
7	同於失者	於失者	同於失
8	道亦失之	失亦得之	失亦樂得之

王弼本與河上公本幾乎完全一樣，只有末尾一句不同（河上本作"失亦樂失之"），所以此表省略了河上公本。

　　帛書本發現之前，第二十三章很難理解。劉殿爵指出：“此段（王弼本）的‘失’字不能譯成‘喪失’。”[①] 在傳世本中，這個問題又涉及“德”字。在多數文本中，“德”似乎是緊接在“道”之後的一個概念。然而帛書本的整理者發現，帛書本的“德”應該根據文義讀為得失的“得”，與下一句的“失”相對應，[②] 這樣文義就豁然貫通了。如果我們將帛書本之“德”讀為“得”，這一段的意思就相當簡單清楚。帛書本原文是：

從事而道者同於道。

得者同於得，失者同於失。

同於得者，道亦得之。

同於失者，道亦失之。

　　在這裏，道是宇宙和人類生活的總根源和總根據；人類應當遵從道的運行和法則，與道同得同失，即同進同退、同放同收。顯然，這一段的主題是“得失”，與“道德”之“德”無關。

　　然而，後來傳世本的編者讀“德”為本字“德”，為了使“德”進一步對應於“道”，河上本和王弼本在句 5 和句 6 之前加了“同於道者，道亦樂得之”（表中 4A 和 4B）兩句。道、德對舉使我們不能再把“德”讀成得失之“得”，這個段落因此變得晦澀難懂。

　　傅奕本的編校者讀“德”為得失之“得”，這是對的，但是為了加強排比和對照的結構，又加進了“從事於得者”和“從事於失者”（表中 2A 和 3A）兩句，以便與第 1 句“故從事於道者”形成對應。新插入的句子同樣使這個段落的意義變模糊了。同樣的道理，傅奕本

---

　　① D. C. Lau, trans., *Lao Tzu Tao Te Ching* (Middlesex: Penguin Books, 1987), p. 80 note. 劉殿爵英譯《老子道德經》（企鵝叢書，1987），第 80 頁註釋。

　　② 在帛書的甲、乙本中，“得”原寫作“德”。“得”是帛書整理者的釋讀。國家文物局文獻研究室《馬王堆漢墓帛書（一）》，第 12、97 頁。“得”和“德”字在古漢語中常用作通假字，關於“得”和“德”字的通假例證，見高亨：《古字通假會典》（濟南：齊魯書社，1989），第 408—409 頁。

在句 5 和句 6 之前加了"於道者，道亦得之"兩句。

從這個段落可以看出，傅奕本和王弼本較之帛書本，有以下幾點不同：

第一，增加句子，表中的句子 2A、3A、4A 和 4B 都是後來的編校者增加的。

第二，加字，在傅奕本和王弼本的第 2 句都加了"道者"二字，王弼本的第 6 句增加"德"字，第 8 句增加"樂得"二字。

第三，刪字，帛書本第 5 和第 7 句的"同"字在傅奕本中都刪去了。

第四，排比句式的強化。傅奕本和王弼本加進的所有句子，都是為了對應於原有的某個句子而形成排比句式。例如傅奕本的 2A "從事於得者"、3A "從事於失者"一方面是為了呼應第一句"從事於道者"並形成排比句式，另一方面是為了呼應句子 3 "得者同於得"和句子 4 "失者同於失"。王弼本的句子 4A 和 4B 是為了與原句 5、句 6 形成排比。

第五，改變了文本的思想。帛書本只討論了在有得失的情況下如何遵從道的法則，而王弼本關注的是道、德的相關性，結果攪亂了整段的文義。

本章通行本、傅奕本與帛書本都有嚴重歧異，而歧異的原因是傅奕本和通行本的編校者分別根據自己的理解強化了排比和對偶句式。就局部句子來看，他們所加的每一個句子都是為了和原有的句子形成呼應，其願望似乎是合理的。但是就《老子》版本的演變來說，這種願望和加工造成了古本、傅奕本、通行本之間的嚴重歧異，並形成對原文內容的嚴重干擾和誤導。這是由於追求句式的整齊、排比，即語言趨同的效果而造成的版本嚴重歧異並破壞文義的突出例證。由此可看到在文本流傳中為改善文本而造成的版本歧變之辯證運動或弔詭現象。

十二　普遍性與特殊性

以上對《老子》文本演變中所出現的多種規律性現象之分析僅是舉例性的，更多的實例散見於本書的不同章節之中，這裏不必詳盡列舉。在分析以上各種現象之後，我們有必要對一些更基本的問題進行一些討論和總結。

以上所述版本的歧變、文本的改善、文本的趨同等概念所反映的是古代文獻流傳中的普遍現象還是《老子》流傳中的特殊現象？分析起來，其中恐怕既有普遍現象，又有特殊情況。就基礎的層次來說，特別是就各種文本歧變、改善性歧變、文本改善的層次來說，上文的概念是有相當普遍意義的；但是就很多具體現象來說，特別是就語言趨同和思想聚焦來說，恐怕《老子》的特殊性更為突出。

改善性歧變或文本改善兩個概念的普遍意義是顯而易見的。比如，河上本在演變中最終出現的二字標題在葉采編輯的《近思錄》中也出現了。此外，我們比較、考察了竹簡本〈緇衣〉與今本《禮記》中的〈緇衣〉，馬王堆帛書〈五行〉與竹簡〈五行〉，以及郭店竹簡和上海博物館收藏竹簡〈性自命出〉（上博簡命名為〈性情論〉）。通過比較這些古代文獻的基本內容和形式可以發現這些文本之間也有《老子》文本演變中的某些現象，都可見後來的編校者對古本改善、加工的意圖和結果。比如，今本〈緇衣〉根據文義和古本體例插入三章，又將原來的兩章合併為一章，又根據多數章節的體例為某些章節補上《詩經》或《尚書》的引文。又如帛書〈五行〉和竹簡〈五行〉分章很不同，仁、智、義、禮、聖五行的排列也有所不同，帛書本還增加了解說的部份。兩個竹簡本的〈性自命出〉的分章也很不同，但有若干章是一起移動的。① 這些版本歧異的資料較少，無法與《老子》演

---

① 關於這一部份的考察，詳見第13頁註中所引拙作。

變的資料相比，但是從中仍然可以看出不同的編校者喜歡根據自己對原文的內容、風格的理解作一些“改善性”的加工，或補充資料，或補充解說，或調整分章，或改變思想概念的順序等等。這說明“改善性歧變”及其引起的“文本改善”現象是有相當普遍性的。

　　但是，為什麼其他文獻演變中很少見到類似於“語言趨同”和“思想聚焦”的現象呢？推斷起來可能有以下四個原因。第一，《老子》的文體相當獨特，有詩有文、亦詩亦文，但從全文看，又不是一般的詩、一般的文。這就為後來的編校者將《老子》中的詩的特點不斷強化、擴大留下了非常大的空間，比如運用修改句式、增強排比和對仗等語言趨同手段。而其他文獻大多是一般的散文（如〈緇衣〉、〈五行〉）或詩歌（如《詩經》、《楚辭》），因此沒有從散文向詩歌的方向進行加工的可能性，版本歧異的可能性也就大大減少了。

　　第二，《老子》的演變和校勘持續了兩千多年，因此出現了各種《老子》版本和版次可供研究和比較。其他文獻的演變史要短得多，文本也少。〈緇衣〉編成於漢代，以後的編輯改動不再有重要意義。從竹簡本（西元前 300 年）到帛書本（西元前 169 年）和通行本，〈緇衣〉的演變只持續了三、四百年。同樣，〈五行〉的演變從竹簡本（西元前 300 年）到帛書本（西元前 169 年）也只持續了大約二百年，而兩個竹簡本的〈性自命出〉則出自同一個時期。

　　第三，《老子》有數百個版本，而另外三種文獻只有二、三種。此外，《老子》的編者各地都有，他們的地區文化和方言可能導致《老子》的更多改變，例如，竹簡本出自湖北，帛書本出自湖南，河上公本出自山東，王弼本出自河南，嚴遵本出自四川，吳澄本出自江西。這就提供了大量的語言和文本資訊供我們研究，而另外三種文獻只有二、三種文本。

　　第四，《老子》有五千言，另外三種文獻每種只有一千餘字（不包括帛書〈五行〉“說”的部分），這三種文獻的長度決定了它只能提供有限的研究資料。

　　總之，本文所研究的《老子》版本歧變和文本趨同的現象一方面有獨特性，另一方面也有普遍性。如果我們以本文所發現的現象和提出的概念對《老子》及其他文獻作進一步的研究，或許會有意想不到的發現。

十三　古本原貌與理想文本

　　《老子》經歷長期而多變的演化過程，經過各代的編校者的加工，出現了數百種版本，每一個版本甚至版次之間都有某些字句不同。這種情況在當代仍在繼續。王弼本、河上本都有今人加工過的新版本，如王卡的河上本，樓宇烈、陳鼓應的王弼本，而且基於帛書本和竹簡本的新版本也在不斷出版。為什麼有那麼多人認真地、自認為非常正當地改動或"改善"著《老子》底本原文呢？其中原因當然是複雜的，這裏僅提出一個假說，其他原因暫不討論。

　　根據本書的考察，《老子》版本演化中出現的最多、對文本研究來說最重要的歧變是改善性歧變。而給予無數編校者修改《老子》底本的最大的、最正當的理由和動機主要是兩個，第一個是恢復古本舊貌。如劉師培在校補第七十一章時認為應該依從《韓非子》引文，而傳世本"是以不病"一句重複，"必非老子古本之舊"。[1] 顯然恢復古本之舊是校勘家的一個根本性目標。另一個標準是通順合理，而編校者往往認為這一標準和古本舊貌的標準是一致的，甚至就是一回事，古本舊貌一定是通順合理的，而通順合理的才符合古本舊貌。如高明主張第六十九章文句當依從帛書本，並云："依此則文暢義順，從而可見帛書乙本確實反映了《老子》本義。"[2] 認為"文暢義順"才是"《老子》本義"。又如古棣說："茲酌采其說，參以己意，校正如上。校正後，文從字順，義理條貫，合轍押韻，似

---

① 劉師培：《老子斠補》，寧武南氏排印《劉申叔遺書》本，1936 年，第 22A 頁。

② 高明：《老子帛書校註》（北京：中華書局，1996），第 160 頁。

為《老子》原貌。"① 這是將"文從字順，義理條貫，合轍押韻"作為"《老子》原貌"的標準。從古到今的多數編校者似乎都相信古本原貌的標準和通順合理這兩個標準或目標是一致的，古本應該是通順合理的，而通順合理的一定合乎古本舊貌。編校者總是用這兩個相互支持的理由來證明自己的選擇、判斷或校改是正當的、可靠的。

但是，本書的考察說明，這兩個目標不是必然一致的，古本往往不是通順合理的，而後人加工的通順合理的各種版本往往與古本原貌相去甚遠。比如，後代的編校者認為《老子》中的句式主要是四字句，於是以此為標準不斷加工底本，結果今本四字句比帛書本和竹簡本增加很多，但是事實證明這樣加工出來的並非《老子》古本原貌，甚至相距更遠。又比如，後代的編校者認為《老子》不同章中相似的文句本來應該是完全一樣的，如果不一樣就是錯誤的，於是按照這個原則對底本進行加工，結果今本《老子》各章中出現不少機械重複的字句，與竹簡本和帛書本為代表的古本並不相同。如果我們相信帛書本和竹簡本更接近古本原貌，我們就會承認，後人對《老子》文句的難以數計的改動，十之八九都是離古本越來越遠的。以此為鑒，今人作校勘時似乎應該進一步明確自己校改的目的和判斷取捨的標準。究竟是要接近古本原貌，還是要改善古本或底本，當這兩個標準不一致時自己的立場和標準又是甚麼？有了這樣自覺的思考，校勘水準可能會有顯著的提高，至少可以減少以古本原貌為理由輕易改動底本的做法。

古人或今人在加工底本或古本時，其最高的或形式上的理由往往是古本"應該"如何，但是這種對古本應該如何的思考實際上是受編校者自己的思考邏輯的引導，受自己的時代的理解標準的局限。因此，通順合理的標準與古本舊貌的標準的一致性，實際上仍然是取決於編校者個人的判斷。這種判斷的標準簡單說來往往是"應該"如

---

①　古棣、周英：《老子通·上部·老子校詁》（長春：吉林人民出版社，1991），第378頁。

何，或如何"更好"。這種"更好"的標準當然有因人而異的成份，但是從本文、本書的大量例證來看，不同時代、不同編校者的標準還是有明顯的共性的，比如文句通順、思想清晰、句式整齊、各章之間用語一致、盡可能押韻等等，這些標準加在一起，就構成了編校者心目中的校改標準。這些標準無論稱之為"古本原貌"還是"通順合理"都不重要，儘管形式上編校者往往將自己心目中的理想標準歸之於古本舊貌，並以此作為理想標準的"合法"依據。

上述"更好"的標準似乎在一代一代的編校者中流傳、重複，而這諸多"更好"的標準就代表了編校者心目中《老子》古本或原文"應該"如何的理想，這種應該如何的理想實際指向了一個模糊的、不十分確定的，但是引導著編校者校改方向的《老子》的"理想樣貌"。因為這種理想樣貌是關於《老子》原文應該如何的，或許我們可以稱之為編校者心目中的"理想文本"。當然，這種理想文本並非真實的、完整的存在，而是編校者心目中"應該如何"的一系列理想標準的一個簡稱。這個簡稱有利於凸顯《老子》演化兩千年中引導不同編校者的某種共同方向，也可以為進一步的學術討論提供一個方便的說法。

從校勘著作來看，多數編校者似乎相信他們按照自己心目中的"理想文本"對底本的加工是與"古本原貌"一致的，至少他們提供的理由往往是這樣。但是，在某些情況下，編校者對古本或底本的改動很難歸之於"古本原貌"，這時對"理想文本"的追求似乎壓倒了恢復"古本原貌"的原則。上文所提到的許多加工，比如第二章帛書本的"弗為而已"，想爾註本變為"不敢不為"，通行本變為"無為"；又比如第十章的帛書本的"毋以知乎"，傅奕本改為"無以為"，通行本改為"無為"。這些明顯的改動是否可以歸之於恢復"古本原貌"呢？恐怕很難。顯然，這些改動都是為了突出老子之"無為"的思想，都是編校者相信"無為"是更重要的思想概念和更好的思想表達形式。《老子》原文應該有更好的表達方式，因此編校者作了這樣明顯的改動。在《老子》演變中的語言趨同和思想聚焦現象中，對原文或古本的大量改動的理由實際上恐怕都是編校者自己對於更好的或理想文本的信念和期待。也就是說，很多編校者心目中都有一個自己的"理想文本"，而"理想文本"往往成為編校者校改古本或底本的真正根據。

顯然，每個編校者心目中"古本原貌"和"理想文本"的輕重關係是不完全一樣的。有些古代的校勘學家更重視"古本原貌"，他們心目中的"理想文本"可能就是"古本原貌"，所以，他們的考證、校勘比較嚴格地依據一切可以搜求的古本資料，這方面似乎可以以范應元的《老子道德經古本集註》和馬敘倫的《老子校詁》為代表。有些編校者似乎更重視"理校"，這時他們心目中的"理想文本"就高於對"古本原貌"的追求，這方面似乎可以以嚴靈峰的第四篇五十四章的《老子章句新編》和古棣、周英的第八十三章的《老子校詁》為代表。他們都根據自己所理解的《老子》思想重新組合、編排了《老子》。古棣自己說："我自信整理出了一個最接近《老子》原貌的善本。"① 一方面是自己心目中的"善本"，一方面是《老子》"原貌"，可見"古本原貌"的標準和"理想文本"的標準常常合為一體、糾纏不清。有意思的是英國學者葛瑞翰（A. C. Graham）在翻譯《莊子》時也按照他心目中的理想標準重新編排組合了《莊子》內篇和外雜篇。② 在他心目中，現有的《莊子》文本有許多不合理之處，他的重新編排更為合理，似乎也更有可能符合《莊子》古本原貌。可見，人們心目中的古本原貌與合理的面貌往往是難分難解的。

不同編校者心目中的"理想文本"當然不可能完全相同，有人相信《老子》有所謂的"詩格律"，有人相信《老子》原文應該文暢意順，有人認為《老子》都是韻文，有人認為《老子》應該是法家思想之源。每個人所相信的"原來的"或"最好的"《老子》都有所不同，

---

① 古棣、周英：《老子通·上部·老子校詁》，第 688 頁。引文中"個"字原誤作"人"。

② A. C. Graham, *Chuang‐tzu: The Seven Inner Chapters and Other Writings from the Book Chuang‐tzu*, London: Geogre Allen & Unwin, 1981.

也就是每個人心目中對《老子》應該如何有不同的懸想和期待，或者說有不同的"理想文本"作指引，所以才有了各個編校者筆下無盡的新版本。

　　然而，又不能說每個人的"理想文本"都是純主觀的，任意的。實際上，每個人心目中的"理想文本"大體上還是奠基於原有文本之上的。上文所分析的大量的語言趨同和思想聚焦的實例都說明不同時代的編校者對《老子》文本的基本句式和基本概念還是有某種共同理解的，所以不同時代、不同地域分別加工的結果卻出現了"語言趨同"和"思想聚焦"的現象。完全否定一個文本的基本內容的某種程度的客觀性也不符合《老子》文本演變所揭示的歷史事實。

　　《老子》已經經過兩千年的演變，這種演變至今未止。竹簡本、帛書本《老子》的發現更為《老子》演變的研究提供了千載難逢的機緣，也激發了延續古代《老子》演變的新潮。書店不斷有新的以王弼本或河上本為底本的《老子》新書，各種對帛書《老子》、竹簡《老子》的研究、釋讀正方興未艾。《老子》的演變之流仍在湧動，或許仍未定型，或許永無定型之日。這時，回顧、總結老子演變兩千年的損益、常變、同異、得失，對於理解、評價、提高當下對《老子》的各種釋讀、校勘，對於設想未來的《老子》研究和演變應該是大有裨益的。

導論二　回歸歷史與面向現實

一　視域融合與兩種定向

二　"人文自然"的提出

三　人文自然與終極關切

四　人文自然與群體狀態

五　人文自然與生存個體

六　人文自然與現代社會

七　人文自然與儒家理論

八　兩種定向之銜接轉化

九　"格義"與"反向格義"

十　反向格義與中國哲學

十一　反向格義困難舉例之一

十二　反向格義困難舉例之二

十三　關於老子之道的新詮釋

在現代中文學術界研究中國古代的學問，無論研究者自覺或不自覺，都必然會涉及中西古今的關係問題。中西古今的問題是近百年來學術界、思想界、文化界不斷討論和觸及的問題。這方面的討論雖然廣泛，但是遠不夠深入、具體。馮友蘭曾經將中西問題看作古今問題，但是古今問題並不能完全取代中西問題。本導論前八節以老子之"自然"的詮釋為例探討面向古代與面向現代的兩種定向的接轉問題。後面五節則以老子之"道"的詮釋為例討論以西方思想概念詮釋中國古代典籍所可能遇到的問題，亦即"反向格義"所可能面對的困難。這兩部份所討論的問題實際是貫通一體的。全文一方面討論中國哲學研究中的方法論問題，另一方面討論老子哲學中最重要的兩個概念——"自然"與"道"——的詮釋問題。"自然"是老子哲學之中心價值，是"道"所推崇、體現的最高價值原則；而"道"則是宇宙、世界、社會和人生之總根源和總根據的象徵符號。"無為"當然也是老子哲學的重要概念，但它主要是實現人文自然之價值的原則性方法，限於篇幅，本文不討論"無為"的問題。（關於"無為"的詮釋可參見本書析評引論 43.1—3；48.1—2；63.4—6；64.1—2；75.1—4。）

一　視域融合與兩種定向

現代人詮釋古代經典必然會面臨兩種定向（orientation）的問題。

一方面是立足於歷史與文本的解讀，力求貼近文本的歷史和時代，探求詞語和語法所提供的可靠的基本意含（meaning），盡可能避免曲解古典；另一方面則是自覺或不自覺地立足於現代社會需要的解讀，這樣，詮釋活動及其結果就必然滲透著詮釋者對人類社會現狀和對未來的觀察和思考，在某種程度上提出古代經典在現代社會的可能意義（significance）的問題。

這是兩個方向的解讀：一方面是面向歷史和古代文本的回溯的探尋，另一方面是面向現實和未來而產生的感受和思考。從理論上、邏輯上來講，這兩種定向顯然是有矛盾和衝突的；但是從實際的詮釋過程來說，這兩種定向或過程是難以剝離的，也很少有詮釋者自覺地討論這兩種定向之間的關係問題。本文的關注點正在於這兩種定向之間的銜接與轉化（接轉）。

迦達默爾（Hans - Georg Gadamer，1900—1998，又譯高達美）提出的"視域融合"的理論涉及詮釋者和詮釋對象之間的關係問題。"視域融合"的說法自有其深刻合理之處。從終極的意義來講，任何對經典的詮釋都是詮釋者的視域與經典文本之視域的融合。但是，高達美所創造的是存有論（本體論）詮釋學，是從人的存在離不開解釋活動的角度來說的。如果簡單地將"視域融合"的說法套用於對中國哲學經典的詮釋活動之研究，則"視域融合"的說法有明顯的不足。

　　一方面"視域融合"的說法強調融合而淡化或掩蓋了經典詮釋中的兩種不同取向之間潛在的衝突，忽略了詮釋者自覺或不自覺的取向的不同。這就是詮釋者以回歸歷史和文本的可能的"本義"為主要追求，還是以回應現實的需要與思考為主要目標的不同。這是從動機和心理活動的角度來說的。另一方面"視域融合"的說法也忽視了融合之結果的定向或定位問題，也就是說，作為詮釋活動的產品究竟是比較側重於對經典本身的文本義含和歷史義含的揭示，還是側重於對當下需要和未來關切的思考與回答。這是從最終結果和成品的角度來說的。借用中國傳統的"六經註我"與"我註六經"的說法，"視域融合"說從終極意義上強調"六經註我"與"我註六經"的相同之處，但忽略了二者在詮釋定向上和最終詮釋結果上的不同。高達美的詮釋學是存有論的探索，所以他可以只從終極意義上講所有詮釋活動的本質的共性，講人的存在與理解活動的同一性。我們從學術研究的角度探索今人對古代經典的詮釋活動中的複雜情況，對"六經註我"與"我註六經"的不同就不能視而不見。

　　關於經典詮釋中的兩種定向的不同，筆者以王弼、郭象為例另有專門討論。[①] 這裏則以老子之"自然"的詮釋為例嘗試性地探討兩種定向之間銜接和轉化（接轉）的內在機制。這種探討非常困難，因為我們無法探究一個詮釋者在詮釋文本時的心理活動。王弼如何借《老子註》將先秦的老子哲學轉化為自己的正始玄學，郭象如何借《莊子註》將先秦的莊子哲學轉化為晉代的郭象哲學，朱熹又如何借《四書章句集註》將千年以前不同作者、不同時期的四部思想著作轉化為渾

---

　　① 〈經典詮釋中的兩種內在定向及其外化——以王弼《老子註》和郭象《莊子註》為例〉，《中國文哲研究集刊》（台灣：中央研究院）第 26 期，第 287—319 頁。

然一體的全新的宋明理學的基本教材，這些問題不應在"視域融合"的術語籠罩下熟視無睹，但是，對這些問題要作深入研究卻難以入手。作為對這些問題深入探討的參照或輔助手段，筆者嘗試提供一個活的剖析樣本，希望從中發現由盡可能客觀的詮釋取向到立足於當下與未來的創造性發展之間接轉的內在機制。顯然，本導論不是關於兩種定向及其接轉問題的全面討論，更不涉及詮釋作品得失優劣的一般評價標準，而僅僅是提供一個如何處理"回歸文本"與"面對現實"二者關係的實例，希望能夠提起學界對這一問題的進一步注意。本書雖然是以《老子》研究為中心，但所涉及和所關注的問題卻不僅限於《老子》一書。

二　"人文自然"的提出

《老子》之"自然"是老子及道家思想的核心概念。但是對這個概念有很多不同的理解和歧義的解釋。本文一方面清理各種誤解，一方面提出一種新的詮釋。具體做法是以《老子》相關原文的解讀作基礎，從三個層面詮釋老子之自然的古典意含（meaning），並進一步探討這三層意含在現代社會應當或可能產生的意義（significance）。

筆者經過長期思考，逐漸認識到老子之"自然"本質上或其核心意義是"人文自然"。這樣說不是為了標新立異，而是為了從本質上揭示和強調老子之自然的最基本的思想精神，避免各種誤解，同時為老子哲學在現代社會的應用和發展開闢一條可能的途徑。

人文自然的提法實有先聲。譚宇權說：老子講的自然是指"人為世界"的自然。[①] 陳榮灼也說過："道家中'自然'義並不是那種與'人文世界'相對立之'野生自然界'。"[②] 筆者認為他們的說法確有

---

① 譚宇權：《老子哲學評論》（台北：文津出版社，1992），第 185 頁。
② 陳榮灼：〈王弼與郭象玄學思想之異同〉，《東海學報》第三十三卷（1992），第131 頁。

所見。

通常情況下，"人文"和"自然"二詞往往是相對而言的，其意義往往是相反的，自然界與人文界完全不同，自然科學與人文學科的領域、方法也很不同。現在把人文和自然合成一個概念，如何可能？有甚麼必要呢？

"人文自然"的概念已經經過了十幾年的曲折探索和思考。單講自然二字，內涵、意義太複雜。古代《老子》之自然，《莊子》所講之自然，《淮南子》所講之自然都不大相同，宋儒常講天理自然，其"自然"二字的意義又有所不同。現代漢語所講的"自然"，往往相當於西方的 nature 或自然界，不包括人類社會文明及人的文化活動，這一意義不是中文"自然"二字的古代意義，而是近代經由日文翻譯過來的。[1] 在希臘時期，"自然"常與"約定"、"技術"對稱。在近代歐洲，"自然"的意義常與"文化"、"精神"相反。[2] 老子所說"自然"完全沒有這種明確與"技術"、"約定"、"文化"、"精神"相對的意思。[3] 事實上，西方的 nature 一字本身意義非常複雜。威廉姆斯（Raymond Willianms）曾經指出："正是'自然'這個普通的詞，成了語言學中複雜難解的一個對象，原因就是它承載了過多的內容，從形而上學到藝術理論幾乎無所不包。"[4] 由此可見 nature 一字在西方的涵義之廣，用"自然"二字翻譯西方的自然概念就使得自然一詞包含了更多的歧義。今日所說自然災害，保護自然，自然生態，自然演

---

[1]　焦潤明：《中國近代文化史》（瀋陽：遼寧大學出版社，1999），第 322—323 頁。

[2]　參見闕子尹所譯卡西爾《人文科學的邏輯》之〈譯者序〉，《人文科學的邏輯》（上海：上海譯文出版社，2004），第 7 頁。

[3]　與人文活動或精神活動相反的"自然"概念在中國古代沒有出現。西方的二元對立式的概念系統在中國古代很少見到。中國古代相當於西方自然與人的概念是天與人。中國古人多講"天人之際"或"天人合一"。戰國末年的荀子強調"明於天人之分"，主張"制天命而用之"。唐代劉禹錫發展了這種思想，主張"天人交相勝"。但是這些主張並非中國古代思想的主流，其重點在於反對天命的觀念，與西方的"自然"與"人文"或"文化"相對立的思想並不相同。

[4]　引文出自楊小彥〈性感的自然〉，《讀書》（北京）2004 年第一期，第 16 頁。該文所介紹的書是 Raymond Williams 所著 *Keywords: A Vocabulary of Culture and Society* （London: Fontana, 1976）。

化，自然而然，清新自然，自然流暢，其意義各不相同。不將老子之自然的意義釐清就談不上研究老子哲學。學術界似乎都知道老子之自然不是自然界，但是近年出版的關於老子的著作中不斷有人理所當然地把老子之自然解釋成自然界。[①] 這說明，單講自然，誤會的空間太大，難以進行嚴格的學術討論，也談不上正確地理解老子思想，更難以進行道家思想的現代運用和轉化。筆者曾經想過再創造新的詞彙來描述和限定老子之自然，比如說用"順然"來描述老子之"自然"，從而避免將老子之自然理解為自然界。但是"順然"只能表現"自然"的一個側面，無法表現老子之"自然"豐富而深刻的內容。我們實在很難創造準確的新詞語來表達老子的思想而又不至於造成新的誤解。用人文自然的概念是目前所能想到的最好方案。

提出"人文自然"之概念的直接出發點是為了防止和杜絕下列及類似誤解。

（一）杜絕將老子之自然誤作自然界或大自然的同義詞，說明老子之自然不是物理自然；

（二）杜絕將老子之自然誤作動物界野蠻相食的狀態或生物界的自發狀態，說明老子之自然不是動物之自然或生物之自然；

（三）杜絕將老子之自然誤作人類歷史上的原始社會的狀態，說明老子之自然並非主張歷史的倒退；

（四）杜絕將老子之自然誤作與人類文明相隔絕的狀態，說明老子之自然不是反文明、反文化的概念；

（五）杜絕將老子之自然誤作沒有任何人為努力的狀態，說明老子之自然不是無所事事的主張；

（六）杜絕將老子之自然誤作霍布斯所假設的所有人對所有人的戰爭的"自然狀態"（state of nature），說明老子之自然不是對人類社會負面狀態的假設，而是對正面價值的追求。（關於霍布斯與老子之理論的不同，詳見本書析評引論 17.4—5。）

---

① 這類書多是科學家或工程師退休後的業餘之作，但也有少數多年研究老子的作者發表這種錯誤的解說，下文將會提到一例。可見學術界的常識仍有反復強調的必要。

　　總之，人文自然就不是天地自然，不是物理自然，不是生物自然，不是野蠻狀態，不是原始階段，不是反文化、反文明的概念。一言以蔽之，老子之自然不是任何負面的狀態或概念。當然，杜絕誤解是從消極的方面來說的，但是避免了誤解就可以更鮮明地揭示老子之自然的積極意義，也有利於發掘老子之自然的現代意義。

　　老子之自然首先是一種最高價值，是一種蒂利希（Paul Tillich，1886—1965，或譯田立刻）所說的終極關切的表現，表達了老子對人類以及人與自然宇宙的關係的終極狀態的關切。

　　其次，老子之自然作為一種價值也表達了老子對群體關係的關切，即對現實生活中人類各種群體之相互關係及生存狀態的希望和期待。

　　最後，老子之自然也表達了老子對人類的各種生存個體存在、發展狀態的關切。

　　總起來說，老子之自然表達的是對人類群體內外生存狀態的理想和追求，是對自然的和諧、自然的秩序的嚮往。這種價值取向在人類文明的各種價值體系中是相當獨特的，是值得我們重視和開掘的，對現代社會的各種衝突來說更有可能是切中時弊的解毒劑。

　　按照筆者的理解和分析，老子之自然在本質上就是人文自然。人文自然雖然是一個新概念、新提法，但這個提法的目的不是要創造新的概念，而是著眼於揭示老子之自然的概念中固有的核心意含（meaning）和意義（significance），幫助現代人較準確地理解老子哲學的精髓。這裏說“核心意含”僅是一種謹慎的表達方法，至於老子之自然的次要意含或邊界意含是甚麼，人文自然與天地自然是甚麼關係，本文暫時不討論。[①] 下文所說的老子之自然就是人文自然的同義語。

---

　　① 可參閱拙作〈人文自然與天地自然〉，《南京師範大學文學院學報》，2004 年 9 月第三期，第 1—12 頁。

三 人文自然與終極關切

《老子》中講到"自然"一詞的文句共有五處。這五處實際上涵蓋了總體、群體、個體三個層面，也就是揭示了自然的最高層面、中間層面和最低層面的意義。

《老子》第二十五章"人法地，地法天，天法道，道法自然"一節，是老子關於自然之概念的最重要的一段話。對這段話歷來有不同的讀法。特別是"道法自然"一句歧異更多。不同的讀法涉及不同的句法結構的分析。

第一種是上文所引的最普通的句讀和讀法，即將"人法地，地法天，天法道，道法自然"四句全部讀作"主—謂—賓"結構，其意思就是人類應該效法大地的原則，大地應該效法天所體現的原則，天應該效法道的原則，而道效法"自然而然"的原則。按照這種讀法，句義不重復，而且是逐層遞進的。

另一種讀法的句讀與上文一樣，但只遵照上面的"主—謂—賓"結構讀前三句，末句不讀作"道—法—自然"，而讀作"道法—自然"，即把自然當成形容詞，作謂語，意思是"自己如此"。把"道法"當成"道之法則"，作名詞，作主語。這樣"道法—自然"就可以解釋為"道的法則"實際上是無所法的，道是"自己如此"的。這樣讀的最後結果不過是人、地、天、道各自法自己而已，這樣，法地、法天、法道的說法全部落空，變成"無所法"。這種讀法，不僅把"自然"作為重要的名詞性概念的意義讀丟了，而且也把"道"本身豐富的內容讀丟了。

第三種讀法即"人法地地，法天天，法道道，法自然。"這是以"人"為全文的主語，四個法字都是這同一個主語的謂語動詞，其賓語則分別是"地地"、"天天"、"道道"、"自然"。這樣讀的結果，全文說來說去也只不過是自己法自己。這和上面的讀法一樣，將原文解釋得句義重復，原地踏步。①

　　筆者主張採用通行的第一種讀法。這種讀法將"自然"讀作名詞。然而又有分歧。分歧在於"自然"作名詞是不是就指自然界。有人把"自然"解釋或翻譯成自然界，這是不恰當的。如果"自然"是自然界，那麼自然就是包括前面"天"和"地"的最高實體，這樣，重復而不合邏輯。同時，在人—地—天—道—自然的系列中，就不僅是四大，而應該是五"大"，這也不合《老子》原文所說"域中有四大"。此外，把"自然"解作自然界，又抹殺了老子哲學的社會意義，簡單地把老子哲學當成崇尚自然界的理論。筆者要強調的是，這裏的"自然"雖然在語法上是名詞，是賓語，但基本意含仍然是形容詞的自己如此、自然而然的意思。用英文翻譯，或可譯為 naturalness，突出它的語法功能是名詞性概念，但詞意仍然來自於形容詞。這樣讀，"道"和"自然"的意義都最豐富，而且語義層層上推，沒有重復之嫌。（詳見本書析評引論 25.1。）

　　《老子》中的"自然"是自然而然之意似乎是學術界的共識或常識，把"自然"二字理解為自然界是現代漢語的意思，不是自然一詞的古義。這一點本來無需討論。但近年出版的專書中還有人鄭重其事地說老子之自然就是大自然，將第二十三章"希言自然"一句譯為"少說關於大自然方面的話"。這是違背古漢語常識的。

　　就現有的經典來看，"自然"一詞最早出現於《老子》。《詩經》、《左傳》、《論語》這些較早期的經典中都沒有"自然"的說法。"自然"一詞的字面意義或基本意義是"自己如此"，最初是一個副詞"自"加形容詞"然"所構成的謂語結構，但作為哲學概念已經可以作為名詞使用。② 但是，"自然"在作名詞使用時，其意義也還是自然

---

　　① 唐代李約提出的這一讀法在形式上鑿之過深，思想解釋卻比較膚淺。更有日本學者將這一節讀為"人法地、地，法天、天，法道、道。法自然。"見大濱皓〈老子における一つの問題——道法自然の解釋〉，《福井博士頌壽紀念——東洋思想論集》（東京：福井博士頌壽紀念論文集刊行會，1961），第 95—108 頁。這些讀法都有穿鑿之嫌。

　　② 劉笑敢：《老子——年代新考與思想新詮》（修訂二版）（台北：東大圖書公司，2005），第 77—79 頁。

而然的意思，沒有大自然的意思。在古代，相當於自然界的詞是"天"、"天地"或"萬物"。雖然，自然界的存在可以較好地代表自然而然的狀態，但這種自然的狀態並不能等同於自然界。所以我們反復強調，《老子》所講之"自然"是人文之自然，而不是自然界之自然。二者在某種意義下或許可以相通，但內涵、指涉絕對不同。比如，地震、火山爆發，都是自然界之自然，但絕對不是老子所說的"道法自然"之"自然"，不是"莫之命而常自然"之"自然"。

道法自然的道是宇宙萬物的總根源和總根據，而這個總根源和總根據又以"自然"為價值和效法、體現之對象。道是老子的終極關切的象徵符號，而"自然"則是這種終極關切所寄託的最高價值。這種最高價值所嚮往的是人類社會的總體上或根本上的自然而然的秩序，自然而然的和諧，而這種人類社會的總體和諧與自然宇宙也必然是和諧的，這一點從人法地、法天的陳述中就可以看出來了。（詳見本書析評引論 23.1。）

四　人文自然與群體狀態

《老子》之自然的第二個層面的價值體現在人類群體社會。這一層面集中體現於第十七章"百姓皆謂我自然"一句。對於這一句歷來的解釋都是百姓皆謂："我自然。"[1] 這種理解以"謂"為"曰"字，因而"我自然"就是"曰"引起的直接引語。這種通行的理解未必符合《老子》全文中"自然"的基本思想。按照這樣理解，"自然"只是百姓自認為如此的一種陳述。但事實上，"自然"在《老子》中有很高地位，不是一般性的描述性詞語。"道法自然"一句已經明確將自然推到了最高原則的地位。"自然"不是一般的敘述性辭彙，而是與道、

---

[1]　蔣錫昌：《老子校詁》（成都：成都古籍書店，1988），第 113 頁。
　　陳鼓應：《老子註譯及評介》（北京：中華書局，1984），第 130—131 頁。
　　古棣：《老子通》（長春：吉林人民出版社，1991），第 295—300 頁。

與聖人、與萬物密切相關的普遍性概念和價值。這一章之"自然"如果按通行的解釋，就只是百姓不知聖人之作用，而自以為成功的陳述，不合"自然"在《老子》中的最高價值的地位。（此節內容詳見本書析評引論 17.1。）

從這一章的內容來看，敘事的主體是聖人，是聖人"猶兮其貴言也"，是聖人"功成事遂"，而不是百姓"功成事遂"。特別是按照簡、帛本的動賓句式來看，"成事遂功"或"成功遂事"語意均未完足，必須緊接下句，因此下文的內容應該也是關於"聖人"的，不能是只關於百姓自己的，所以其句義應該是百姓稱讚聖人無為而治的管理辦法符合自然的原則。這里的"我"與第二十章"衆人皆有餘，而我獨若遺"的"我"是同類的"我"。這種說法表達了百姓對聖人無為而治的推崇，也表達了《老子》對自然的推重。如果說聖人"貴言"，"成事遂功"，百姓卻說是自己如此，文義中斷，難以銜接。

"謂"之本義為"評論"、"認為"的意思。這樣理解，"百姓皆謂我自然"一句才能體現自然的中心價值的地位，才能和其他章的"自然"之意相合，也才能符合古漢語中"謂"字的基本語法功能。

這一章討論的是四種社會管理的方法和效果。聖人實行自然而然的管理原則和管理方法，實現了自然的和諧和自然的秩序，也就是達到了"太上，下知有之"的最高境界。其次的境界或效果則依次是百姓"親而譽之"、"畏之"、"侮之"。顯然，老子所說的"百姓皆謂我自然"中的自然不是大自然，也不是沒有人類文明的野蠻狀態。

這一章涉及的是聖人和衆多百姓之間的關係，也就是如何處理社會管理者與衆多生存個體之間的關係問題，以及衆多生存個體之間的關係問題。百姓都贊譽聖人是"自然"的，即符合"道法自然"的原則，也就是實現了自然而然的社會秩序。在這第二個層面上，人文自然追求的價值就是衆多生存個體之間的自然和諧，以及生存個體與社會管理者之間的關係。這是人文自然的中間層面的意義，是就群體的相互關係來說的。第二十三章"希言自然"似乎是講聖人的管理原則，應該也是這一層面的自然。

五　人文自然與生存個體

第三個層面的自然可以第六十四章"是故聖人能輔萬物之自然"（竹簡甲本）一句為代表，主要著重於個體之自然。這一章王弼本、河上本和傅奕本大同小異，帛書本略有不同，竹簡本與其他各本均有不同，其中竹簡甲本又與竹簡丙本又有所不同。從抄寫字體來看，竹簡丙本當晚於竹簡甲本。據此，我們可以將這一章的不同文句按照從古到今的順序列舉對照如下：

竹簡甲：聖人欲不欲……是故聖人能輔萬物之自然，而弗能為。

竹簡丙：是以聖人欲不欲……是以能輔萬物之自然，而弗敢為。

帛書本：是以聖人欲不欲……能輔萬物之自然，而弗敢為。

王弼本：是以聖人欲不欲……以輔萬物之自然，而不敢為。

就這一段來看，竹簡甲本是最早的版本，也是最好的版本。第一，竹簡甲本開始是"聖人欲不欲"，句前沒有"是以"二字，與上文"無為故無敗"一段沒有直接的因果聯繫，從內容上看更為合理。下面"是故聖人能輔萬物之自然"則以"是故"二字緊承上文聖人"欲不欲，不貴難得之貨，教不教，復衆之所過"，意思相當連貫。第二，竹簡甲本作"能輔萬物之自然"與"弗能為"相對照，突出了"能"與"不能"的對立，對比鮮明而一致。竹簡丙本和帛書本以"能"與"弗敢"相對照則失去了對比雙方的對應性。到了通行本，"能"變成"以"字，"以"與"不敢"沒有任何對比關係，"不敢"二字就顯得相當突兀。第三，竹簡甲本"聖人能輔萬物之自然，而弗能為"，單就文字來說，這裏的"能"與"不能"可以是就能力來說的，也可以是就身份、職責、道德要求來說的。從聖人的地位來說，他應該是有相當能力和權威性去作事的，但是這裏說"弗能為"，顯然是道家之聖人的身份、職責限制了他不能像一般人那樣為所欲為，或者是他的道德標準限制了他的行為方式。無論怎樣，這都是從主體發出的主動的決定。但是其他各本均作"弗敢為"則是對外在形勢或行為後果的懼怕而產生的被動的、不得已的態度和方式。竹簡甲本表達的是一種正面的、積極的、主動的態度，而其他各本表現的則是被動的、不得已的、消極的態度。

總之，竹簡甲本的文字更明確地說明聖人"輔萬物之自然而弗能為"是主動的，自發的，不是被迫的，這更符合老子以自然為最高價值的基本思想。從而"無為"也是為了實現自然的秩序而主動采取的姿態，並不是"不敢"行動的託辭。

這裏的"輔"字和"為"字值得特別注意。我們今天講到"為"往往包括一切行為，似乎"輔"也是一種"為"，"無一為"就否定了一切作為，聖人就是甚麼事都不作。但是這顯然不是老子的本義。老子顯然沒有把"輔"當作普通的"弗能為"的"為"，也就是說，"無為"的概念并不是要否定一切作為。"輔萬物之自然"是聖人的特殊的行為方式，不是一般的行為方式。"弗能為"或"無為"否定的只是一般人的通常的行為及其行為方式。這裏"輔萬物之自然"的說法再次說明老子之自然不是甚麼事都不做，不是沒有人類文明的野蠻狀態。（詳見本書析評引論 64.3。）

聖人能"輔萬物之自然"，這是一般性陳述。單就"萬物"二字來說，可以是統稱，也可以是單稱。但是，既然說"輔萬物之自然"就必然要落實到萬物中的每一個個體，否則，"輔萬物之自然"就成了空話。所以，老子之自然作為價值、原則就包括了對一切生存個體的尊重、關心和愛護。"輔萬物之自然"就是不僅照顧、關切整體的發展，而且要讓一草一木、一家一戶、一鄉一邑、一邦一國都有正常發展的環境和空間。這是整體的自然和諧的基礎和條件。"輔"就是創造環境，提供條件，加以愛護，防止干擾、控制。"弗能為"就是不直接設計、掌握、操縱和控制。"輔萬物之自然"與"弗能為"本質上就是一回事，是一體之兩面。

六　人文自然與現代社會

在這一節，我們以現代社會為背景總結一下老子之人文自然的三個層面的可能的意義。

人文自然的最高層面出於對人生、社會、人類、自然、宇宙的終極關切，是對天地萬物之總根源和總根據的內容的探求和描述，是老子所提出的對世界萬物存在狀態的描述（即自然而然的，而非創造的、非設計與操控的），同時也是對人類生存狀態、人類與宇宙萬物的關係的狀態的期待（自然的和諧，自然的秩序）。人文自然既是老子對世界本然狀態的觀察的結果（實然、描述），也是對人類社會秩序所應該追求的最高價值的一種表述（應然、價值）。有人會說，實然與應然的意義是對立的，一個概念不可能同時既是實然的，又是應然的。此說值得辨析。實然、應然的對立之說源自休謨（Hume），在西方引起長期討論。休謨之說乃就認識論和邏輯推理而言，對宇宙論、本體論等領域并沒有涉及，對古典哲學沒有回溯效力。就中國古代哲學的研究來說，實然與應然的區分，當然有指導意義，我們並非一般地否定實然與應然在邏輯上和理論上的重要不同。事實上，從總體上來說，區別事實與價值的自覺意識在中國哲學的研究中仍然有待加強。但這種加強只能是現代人的自覺，而不能當作古人已經有的自覺。總之，我們應該尊重實然與應然的重要區別，但不能替古人強作區分判斷。[①]

人文自然的最高目標是人類整體狀態的自然和諧，是人類與宇宙

---

① 西方哲學界也已經認識到實然與應然之分不是絕對的。哈佛大學教授 Hilary Putnam 新著之標題即是 "事實與價值之分立的坍落"。見 Putnam：*The Collapse of the Fact / Value Dichotomy and Other Essays*（Cambridge：Harvard University Press，2002）。著名倫理學家 Peter Singer 也論證過實然與應然之爭的瑣屑性（triviality）見 Singer：*Unsanctifying Human Life：Essays on Ethics*，Helga Kuhse, ed.，（Oxford：Blackwell Publishers，2002），pp. 17—26.

的總體關係的和諧。人文自然作為終極關切是人類整體向上提升的最高目標，也是個人靈魂向上昇華的動力和方向。這種終極關切會對生存個體提供道德上的制約和價值上的引導，為法律的制定、競爭的方式、管理的策略、人生的追求提供根本性的指導。人文自然作為最高的價值原則不會壓制、限定任何生存個體的正常的、與自然生態及人文環境相協調的發展，但是會通過生存個體的內在的價值判斷限制和糾正破壞人類和諧秩序的行為。

人文自然的中間層面的出發點是對現實的社會秩序的關懷，是對眾多生存個體的生存狀態及其相互關係的關切。這一層面涉及社會管理的原則，注重管理者與生存個體之間的和諧以及一切生存個體之間的和諧。從現代社會來說，這裏的生存個體可以泛指一切相對獨立的存在單位，一個人、一個家庭、一個團體、一個學校、一個公司、一個地區、一個城市、一個國家都可以看作是一個生存個體。這中間層面的自然關注的是眾多生存個體之間的關係和生存狀態，以及特定的生存個體與其管理者之間的關係。人文自然要求實現人類社會秩序的自然和諧。這種自然的和諧是指沒有壓迫、最少控制的和諧，而不是沒有人類文明或沒有社會管理行為的原始狀態或野蠻狀態。這種自然和諧的背後假設每個生存單位的平等的生存權利，要求每個生存個體的自尊以及對他者的尊重。這是文明社會的基本要求。

這種中間層面的社會秩序不是最高層面的超越的理想，而是在現實社會中的理想。這種理想的完全實現的確非常困難，但並非完全不可能。它至少可以在較小的範圍或一定時期內實現，比如在幾個人、幾十人、幾百人的生存單元內實現自然的秩序、自然的和諧並不是很困難，很多家庭、學校、公司、地區甚至國家的秩序已經是大體自然的，或者曾經是比較自然的。如果我們把自然的秩序當作一種價值、一種目標，自覺地去爭取，那麼，自然的秩序以及自然的和諧一定可以在更多的生存個體之間實現。

人文自然的最基本的層面關注的是一切生存個體自身的生存狀態。如上所述，任何個人或任何無論大小的相對獨立的生存單元都是一個生存個體。這個生存個體能否自然而然地成長、發展，一方面取決於外在的管理者是采取"輔"的管理方式還是"控"的管理方式，同時也取決於生存個體自身的水平和條件。人文自然的實現歸根結底取決於人的人文素質水平。一個生存個體自身的人文素養水平高，懂得自尊和尊敬他人，懂得如何有效而平和地處人作事，那麼這個生存個體就比較容易在自己的生存環境中創造出自然的秩序和自然的和諧，反之當然相當困難，甚至毫無可能。這種在個體層面上的人文自然要求的是富有情感和理性的人文素質，是有情感、有理性、有效率、有溫暖的人際關係。當然，這需要新的價值標準和道德原則，特別是往往被忽略或誤解的道家式的價值、原則、智慧、態度和方法。（以上是對析評引論 64.6 的發展和補充。這裏涉及對人性的假設問題，請參見本書析評引論 62.1—2。）

人文自然的關切是人類社會的自然秩序與自然的和諧，要實現人文自然的理想就意味著承認**自然的秩序高於強制的秩序**，這是實現人文自然的第一條原則。與自然的秩序相對的一邊是高壓下的秩序，另一邊是完全無序的混亂狀態。霍布斯所假設的"自然狀態"實際上就是無序狀態，是所有人對所有人的戰爭狀態。霍布斯論證說，每個人在這種狀態下都不可能生存，所以大家會選擇每個人都交出自己的一部份自由，成立一個強權政府，保護大家的利益。這樣，霍布斯就從可怕的無序的"自然狀態"推論出強制的秩序之必要，因而從無序狀態的理論預設跳到強制秩序的理論主張一邊。霍布斯完全沒有考慮自然而然之秩序與和諧的可能性及可欲性（desirability）。就秩序的實現來說，一個有權威的政府似乎是必要的，受歡迎的；然而這種強權政府可能帶來的高壓式管理方式又會壓抑多數生存個體的獨立性、主動性和創造性，這又是違背人性的。在正常的情況下，這是一般人都難以接受的。

一方是無序狀態，一方是高壓下的秩序，而自然的秩序與自然的和諧則大體處於二者之間，最符合人的本性的要求，最有利於生存個體的存在與發展。不過，道法自然的原則並不純粹是個體的自由放任，一切生存個體都要自覺地（而不是被迫地）以群體和總體的自然為最高目標和依歸。所以，人文自然的原則要求的是對生存個體以及群體和總體來說都是最有利的狀態。但是，人文自然的原則並不犧牲個體之自然，不會要求放棄個體之自然來達到或保障群體和整體的自然和諧，因為沒有個體之自然本身就違背了"輔萬物之自然"的基本原則。犧牲個體之自然所實現的群體和整體的秩序就不可能是自然的秩序和自然的和諧，反而可能是集權制度下的秩序和虛假的和諧。在人文自然的原則中，個體、群體與整體的自然和諧是一個有機的整體，是不能舍此求彼的。

如果我們承認人文自然的社會秩序高於強制的社會秩序，因而想要追求和實現這種理想的社會狀態，那麼我們就必須接受另一個必要條件，這就是人文自然的原則高於正義、正確、神聖等原則，這是關於人文自然的第二條原則。這當然不是要貶低或廢棄正義等原則，而是希望在堅持正義等原則的同時，看到它在理論上以及現實中的某種不足，嘗試從道家人文自然的原則出發對正義原則的運用提出一個補充。如果我們不承認人文自然的原則高於正義等原則，那麼正義就往往被當作指導人們行動的最高的原則，由此最高原則出發，各種非常手段乃至殘暴手段就都獲得了正當性或合法性（legitimacy）。（參見本書析評引論 64.7—9。）

過去認為道家的"自然"、"無為"是過時的、消極的觀念，筆者則希望說明，如果我們理解了《老子》思想的真意和深義，就會發現人文自然的概念對現代社會可能會有意想不到的積極意義和作用。

七　人文自然與儒家理論

按照筆者的理解，所謂"道法自然"，所謂"百姓皆謂我自然"，所謂"輔萬物之自然"，都是對人類社會本身的自然和諧以及人類社會與宇宙萬物的和諧秩序的追求和嚮往。這種人文自然的主張似乎與

儒家的"仁愛"、墨家的"兼愛"、基督之"博愛"相通，與張載所說
"民胞物與"也有相似的理想。所以道家思想與上述儒家等理論學說
在特定的情況下都是可以相通的。但是，道家畢竟獨樹一幟。上述各
家學說提倡的都是直接的道德理想，是人應該具有和體現的道德情
感，而老子的人文自然雖然也可以達到上述各種道德原則所要達到的
境地，但畢竟不是直接的道德要求和道德信條。道德理想訴諸於人的
內在情感和修養，人文自然則更偏重於總體的效果和狀態。道德原則
的出發點是從個人的行為出發實現社會的和諧，而人文自然則是從宇
宙萬物總根源和總根據的高度出發思考人類應有的生存原則和行為
原則。

　　宋明理學以"天理"作為"仁愛"的最後根據，這與"道法自
然"的思考角度一樣都是從宇宙本根的角度提出最高價值的根源和依
據。但是，天理仍然只是為個人的良知提供形而上的根據，而人文自
然則是從宇宙萬物總體的根本的理想狀態出發引導和規範人類個體以
及群體的生存方式和存在原則。雖然二者存在著殊途同歸的可能，但
人文自然的原則畢竟不能歸之於倫理學的範疇，它可以容納道德原
則，支持道德原則，但其方向和目標始終是人類社會以及宇宙的整體
和諧，而不是簡單地、一味地強調道德原則以及個人道德表現的重要
性和神聖性。

　　人文自然的原則至少可以從兩個方面彌補和限制儒家倫理學的
不足。

　　第一，人文自然的原則以社會人群的和諧為理想，當道德原則有
利於實現社會之自然和諧的時候，它與道家的立場就是一致的。但
是，當道德原則被神聖化，以致走到壓抑個性、摧殘人性甚至"以理
殺人"的極端時（如催生無數節婦、烈女，或過份的孝行），人文自
然就可能是一種防止和制約這種不健康的極端化傾向的積極因素。極
端的道德行為不必要地犧牲自己或他人的正常生活甚至生命，違背了
"輔萬物之自然"的原則。這時，老子的人文自然就有保護個體的自
然的生存權利的意義；但是，這種對個體之自然的保護並不是以破壞

群體或整體的秩序為代價的。

第二，人文自然的原則可以彌補儒家"親親"原則的不足。孔子的思想是包涵"親親"和"汎愛眾"兩個方向的。"親親"是以家庭倫理為中心，從這個原則出發，儒家無法同意墨家之兼愛，就是說我們不可能對待別人的父母如同自己的父母一樣。但是"汎愛眾"的理想則要求我們廣泛地愛所有的人。這兩者如何在理論上和實踐上統一起來，落實到真實生活中來？在以家庭、社區為中心的同時如何具體體現"民胞物與"的原則？在這方面，儒學大師往往落墨不多。結果是在真實的生活中，"親親"為主、為實，"愛眾"為末、為虛。華人社會的仁義原則主要體現於家庭親情和朋友等小團體中，而難以成為普遍的社會道德而落實到對陌路人、一切人的尊敬和愛護，這或許與傳統儒學的偏向有關。然而，道法自然的原則從整體的和諧秩序出發要求對所有的生存個體一視同仁，這背後隱含著萬物平等的觀念，也隱含著對一切生存個體的基本的尊重和關切。而這正是現代文明社會所需要的基本價值、態度和做法。

總之，遵循人文自然的原則，人類社會就多了一個價值標準和精神資源，比較容易進入一個新的文明階段。這個新階段的特點應該是人們不僅能在親朋好友中間感到無盡的溫馨情誼，而且面對無數陌生的面孔也會感到自在、自然，放心、安心。

八　兩種定向之銜接和轉化

以上提供了一個關於老子之自然的新詮釋。按照迦達默爾的詮釋學理論，這似乎就是《老子》之視域與筆者之"視域的融合"。正如本導論開篇所說，僅僅講視域的融合似乎掩蓋了或忽視了詮釋者在詮釋古代經典時必不可免的兩種定向之間的不同和緊張：一個是立足於、忠實於文本的定向，一個是立足於現實、為現實提供精神資源的定向，這兩種定向顯然不是同一的，但又是可以統一起來的。筆者在老子研究中試圖探討的主要問題之一就是這兩種定向是通過哪些關節而轉化、銜接並融為一體的。顯然，這一問題不僅對老子研究是重要的，對中國哲學或中國哲學史的研究也是至關重要的。

　　在這方面的討論中，筆者以為傅偉勳所說的創造性詮釋學理論提供了一個很好的思考框架，這就是實謂、意謂、蘊謂、當謂、創謂五個層次的理論。[①] 我們不必拘泥於這五個層次，五個層次或許可以簡化合併，或許可以作更細緻的分層，但大體說來，這種層次的分疏有利於我們了解經典詮釋活動中從歷史的文本的定向向當下的以及未來的定向的轉化與銜接的過程和機制。下面就以筆者至今為止關於《老子》之"自然"之研究為例作一些總結性和探索性的分析。

　　第一，筆者的研究始終有明確的回歸歷史、盡可能探求文本的歷史面貌的追求和定向。在某些情況下，這個目標或許永遠達不到，或是永遠無法最終證明是否已經達到，但是作為學術研究的定向或目標則永遠不能放棄。一旦放棄，就不會有嚴肅的學術研究，而只有各抒胸臆的無根浮談，或天才設想。無根浮談徒耗生命，天才設想可以創新風，開新路，但不能提供進一步研究的基礎，不能代替嚴肅的專題研究。這一點是現代學術研究與傳統文人的才情抒發的根本不同。本文、本書比較通行本與竹簡本、帛書本的不同，討論"道法自然"的語法結構、分析"自然"的人文意義，辨析"曰"與"謂"的不同，探討"能"與"敢"之短長，探求"以無事取天下"中"取"字的意義都是以古代歷史文本為導向的追求。當然，這種類似於回歸歷史客觀性的追求仍然離不開個人的獨立的思考活動，但從主觀心理的角度來講，這一部份的導向顯然是歷史的與文本的。這一部份大體相當於傅偉勳所說的"實謂"的層次，主要在語言、文字、文獻的層次上揭示原文實際所說的內容。

　　第二，筆者注意釐清老子之"自然"的基本義含，將其核心意含界定為"人文自然"，從而明確劃定《老子》之"自然"與天地自然、

────────────

①　傅偉勳：〈創造的詮釋學及其應用——中國哲學方法論建構試論之一〉，見所著《從創造的詮釋學到大乘佛學》（台北：東大圖書，1990），第1—46頁。

物理自然、生物自然、原始自然以及霍布斯的"自然狀態"的區別。這一部份仍然是以探求《老子》的本義為定向。和上一個層次相比，個人思考或創作的成份或許有所增加，但大體仍然是依據原文。這一部份與傅偉勳所說的"意謂"相當，主要在概念、理論的層次上揭示原文的思想意義。

第三，筆者將《老子》之"人文自然"定義為老子哲學的最高價值或中心價值，是老子之道作為宇宙萬物的總根源和總根據所體現、所推重的最高原則。"道法自然"清楚地突出了"自然"的最高價值或核心價值的地位。這種詮釋有堅強的文獻學和語言學的根據，絕非個人的任意解釋，這是符合忠於文本的立場和方向的，但是同時，這種奠基於歷史和文本的釐清也為面向現代和未來的解釋提供了新的根據和起點。這或許約略相當於傅偉勳所說的"蘊謂"層次，即揭示原文雖未明確寫出卻隱含著的重要思想。

在這個層次，值得特別討論的是確定詮釋對象的核心概念或思想主題的關鍵作用。不同詮釋者在詮釋對象中所發現或所定義的核心觀念不同，整體的詮釋方向和結果就會大不相同。本文以"人文自然"為老子哲學的核心價值，這就與許多學者或以"道"、或以"無"、或以"無為"為中心觀念來解釋老子哲學的做法和結果很不相同。又如，有人將"禮"界定為孔子思想的最高觀念，有人將"仁"作為孔子思想的核心理論，這兩種對核心觀念的不同界定構成了對孔子思想大不相同的解讀，二者之間的爭論持久不息。由此可見，發現或定義詮釋對象的核心觀念是決定經典詮釋不同方向的重要一環。這種確定詮釋對象思想的基本核心的過程既體現了經典原文可能的"本義"，也受制於詮釋者在現實生活中的感受。由於古代經典往往未能明確表明其核心觀念，在決定一部經典的核心觀念時就會產生較大的分歧，引出完全不同的詮釋作品。選擇和決定一部經典的核心概念是諸多不同詮釋的重要起因之一，也是經典詮釋過程中兩種定向接轉的一個關節點。

此外值得注意的是思考背景的轉移。筆者意識到，在以歷史和文本為定向的時候，思考的背景必然是春秋戰國時期的語言習慣和歷史事件，而面向現實與未來的定向時，則把原有的核心觀念轉移到現代社會的生活場景之中。本導論在分析了"自然"在《老子》原文中的三層義含之後，專辟一節討論人文自然的觀念在現代社會中的運用問題，就是自覺地將老子之人文自然的社會背景轉到現代世界進行觀察和思考，提出必要的發展、修正或補充，這是詮釋定向從古代向現代接轉的又一個重要關節。

第四，筆者對老子之"自然"之詮釋的關鍵性做法是將老子之自然分為三個層面，即最高的、總體的、終極的層面，群體的中間的層面，以及基礎的個體的層面。這種劃分是《老子》原文中所沒有的，但是卻有《老子》原文的根據。"道法自然"顯然是最高的和終極的層面。《老子》反復討論的聖人所治理的社會就隱含了群體的層面。而"輔萬物之自然"就是基礎的個體的層面。因此，三個層面的說法雖非原文直接說明的，卻是原文中隱含的，筆者僅是將這一點揭示出來，突顯出來而已。這種三個層面的劃分為老子思想在現代社會的運用提供了一個便於發揮和發展的理論框架。這一部分的工作約略相當於傅偉勳所說的"當謂"的層次，即替古人說出他們沒有說出但是卻應該說出的思想內容。

在這個層次，筆者也借用了現代的概念或術語來闡發《老子》之"自然"所蘊含的意義，如中心價值，終極關切，整體、群體及個體秩序等。這是將《老子》之古典意義轉化為現代意義的必然條件。反過來也可以說，祇要用現代詞彙、術語、概念解釋古代經典，就已經是在某種程度上將古典理論轉化為現代義含了。

在這個層次，筆者自覺地發展出來一個新概念，這就是"生存個體"的概念。《老子》只講到"輔萬物之自然"。從原文看，這裏的萬物應該以社會人、個體人為主。筆者自覺地將這裏的"萬物"之"個體"解釋為一切"生存個體"，可以泛指一個人、一個家庭、一個公司、一個學校、一個地區甚至一個國家。這樣，老子哲學所處理的問題就不限於傳統社會中聖人和百姓以及百姓之間的關係，而可以擴展到多種生存單元，運用於各種社會群體之間的關係。這雖然是《老子》原文沒有直接講明的內容，但是精神上和原文"輔萬物之自然"的思想是一致的。這樣推廣，則可以讓老子哲學在現代社會發揮最大的積極意義。在這裏，筆者的詮釋定向自覺地實現了從古代向現實與未來的接轉。

最後，即第五個層次，相當於傅偉勳所說的"創謂"的層次。筆者提出老子之人文自然的概念背後隱含了對一切生存個體的基本的尊重和關切，可以補充儒家學說偏重於個人道德理想以及"親親"之家族關係方面之不足，并提出關於實現人文自然的兩個前提條件。這種哲學理論的延伸完全是以現實和未來為定向的，或可屬於所謂"創謂"的層次。筆者提出的兩個原則一是自然的秩序高於強制的秩序，二是自然的價值原則高於正義、正確、神聖等原則。[①] 這兩個原則是筆者從如何將老子哲學運用到現代社會的思考中推導出來的，或許可以作為老子思想在現代的延伸和發展。這兩個原則對於現代人類生存狀態的改善是至關重要的。這並非無端地強加於老子，但畢竟是《老子》原文完全沒有講到的。就此來說，這個層次的定向是自覺地以現實的和未來的考慮為目標的。

以上五個層次的分析不一定十分恰當，更不是絕對的。特別是當中三個層次有較大的商討、伸縮、挪移的餘地。但這種分析足以大體說明本文對《老子》之"自然"的詮釋的確經過了類似於從所謂"實謂"經過"意謂"、"蘊謂"、"當謂"到"創謂"的過程，也就是經過了從自覺地立足於文本到自覺地立足於現實的平順而合理的過渡和接轉。在這種接轉中似乎有以下幾個重要的關節點。

一是確定原典的中心概念，即以"自然"為老子哲學的中心價值；

二是思考背景的轉移，即將《老子》之"自然"的內容置於現代社會的場景之中；

三是重新解說或定義原有的概念，比如將"萬物"解釋為一切"生存個體"；

---

① 關於這一部份筆者另有專文〈人文自然對正義原則的兼容與補充〉，發表於2005 年《開放時代》第三期，第 43—55 頁。

四是引入現代的或西方的思想觀念，比如“終極關切”；

五是根據現代社會的條件對原有理論進行必要的引申和補充，比如根據“輔萬物之自然”等理論推出對一切生存個體的平等的尊重，以及實現人文自然的兩個前提條件。

這五點僅是筆者根據自己對《老子》之自然的詮釋的體會所作的初步總結，是否有普遍性參考價值，還需要進一步討論。這裏僅希望對進一步研究經典詮釋中兩種定向的銜接和轉化提供一個活體解剖的樣本，以利於深入探索經典詮釋與現代創造的關係問題，或曰“創造性轉化”（林毓生語）的可能方法，或曰“綜合創新”（張岱年語）的可能途徑。

九 “格義”與“反向格義”

以上關於兩種詮釋取向及其銜接的討論涉及的主要是古今問題，但也涉及一些中西的問題。以下我們以“道”的詮釋為例討論中西思想的關係以及中國哲學研究的方法問題。

北朝時期中土僧人曾以老莊的術語類比和解釋佛教教義，幫助一般人了解佛教的基本內容，故有所謂“格義”、“連類”等方法。這種方法的特點是以本土固有的經典解釋外來的教義。據《高僧傳》說：“（竺）法雅，河間人。……少善外學，長通佛義。衣冠仕子，咸附諮稟。時依雅門徒，並世典有功，未善佛理。雅乃與康法朗等，以經中事數，擬配外書，為生解之例，謂之‘格義’。及毗浮曇相等亦辯‘格義’以訓門徒。”[1] 陳寅恪認為這是關於“格義”的正確解釋。[2]

這裏有幾個值得注意的要點。

第一，進行格義的人對中國本土的經典原本有很好的掌握（“少善外學”）；

---

① 《高僧傳》卷四（北京：中華書局，1992），第152頁。
② 參見陳寅恪〈支愍度學說考〉，見《陳寅恪史學論文選集》（上海：上海古籍出版社，1992），第98—99頁。

第二，進行格義的人對佛學也有相當的功力（"長通佛義"）；

第三，"格義"主要是對熟悉中文典籍（"並世典有功"）但"未善佛理"的門徒啟蒙而用（"以訓門徒"），並非佛教教育的基本方法或慣例，在佛教傳播的歷史上只有短暫的作用；

第四，格義的關鍵是"以經中事數擬配外書"，即以中土本有的經典（"外書"）對應佛教"事數"（如五蘊、十二入、四諦、十二因緣、五根、五力、七覺等），即側重於重要概念和術語的解釋；

第五，無論對解釋者和解釋者的聽衆來說，"格義"都是以大家已經熟知的經典和概念來解釋大家尚未熟悉的思想理論概念。

簡單地說，傳統的"格義"是以固有的、大家熟知的文化經典中的概念解釋尚未普及的外來文化的基本概念的一種臨時的權宜之計。

以上對格義的解釋主要依據的是陳寅恪、湯用彤以來的從思想史或學術史的角度所作的一般性解釋。然而，按照古正美關於佛教政治的最新研究，"格義"之所以重要，實與北朝時期後趙政權石虎在位時（335—349）推動建立佛教王國的運動有直接關係。[①] 據此，"格義"其實是為了快速普及佛教以便建立佛教王國的政治運動所需要的產物，上述引文也說明"格義"是佛學大師啟發後學、借以傳教的方法，而不是初學者自發的學習行為。而這些大師與朝廷也有密切的關係。上述《高僧傳》原文接着提到竺法雅弟子曇習"祖述先師，善於言論，為偽趙太子石宣所敬"[②]。弟子尚受此尊崇，師父的地位更是可想而知。可見，"格義"主要不是文化交流現象或思想學術研究中出現的現象，當然，這不妨礙後人從思想文化交流的角度來考察、分析這一現象。上文所引竺法雅生於河間，恰為後趙之人，他推行格義之法以教導衆多門徒，不可能與當朝的佛教王國運動無關，這也可說明為甚麼那麼多"衣冠仕子，咸附諮稟"，為甚麼推廣佛教的速成教學法成為必要。

類似於古代佛教的格義在中國近代似乎也出現過。就基督教的傳播過程來說，就西方哲學的直接輸入來說，類似於佛教徒"格義"的

①　參見古正美《從天王傳統到佛王傳統》（台北：商周出版社），第 87—91 頁。

②　引自《高僧傳》，同上書，第 153 頁。

情況時有發生，如以中國古代的"上帝"和"天"解釋基督教的"天主"，以"格致"翻譯"物理"或"科學"，以"道"譯"邏各斯"等等。特別有意思的是梁啟超曾以"真如"解釋康德之自由之我，以"無明"解釋康德之現象之我。① 顯然，這時的佛教已經成為本土文化，可以轉過來用以"格"康德之"義"。這是以中土之學說解釋西方之概念的實例，與魏晉時期的"格義"之事比較接近，可以相對地稱為傳統格義或順向格義。不過，傳統的格義在近代中國並不重要，一方面，近代西方文化中的很多內容在中國傳統文化中沒有對應成份，因此只能造新詞來翻譯新說，如"天演"、"天擇"、"民主"、"人權"等等；另一方面，近代西方的很多學術名詞都是先由日本學者用漢字翻譯出來，然後傳到中國，這就使格義變得不那麼重要。

但是，與西方哲學和基督教傳入中國的情況不同，對中國哲學研究的情況相當特殊，不是簡單地引入和傳播西方文化產品而已，而是要以西方哲學的概念體系以及理論框架來研究分析中國本土的經典和思想。這是近代以來中國哲學或哲學史的研究的主流，恰與傳統的"格義"方向相反。所以我們應該稱近代以西方哲學的概念和術語來研究、詮釋中國哲學的方法為"反向格義"（reverse analogical interpretation）。"反向格義"或許是一個新的說法，但是對這一現象的觀察卻不是筆者的創見。很多人都有過類似的觀察。林安梧有"逆格義"的說法，袁保新曾經有這樣的感嘆："曾幾何時，當代中國人在理解本國傳統時，由於知識、語言的生態環境丕變，以至於居然要通過西方哲學的概念語言，才能使傳統的智慧稍稍為本國人理解。"② 袁氏以這種情況與佛教傳統之格義相比較，可謂確有所見，也可說明這種現象早已有人注意，只是未能引起普遍關注和進一步探討。本文則

① 梁啟超說："按佛說有所謂'真如'。真如者即康德之所謂真我，有自由性者也。有所謂'無明'者，即康德所謂現象之我，為不可避之理所束縛，無自由性者也。"《飲冰室文集之十三》，第 60 頁，見《飲冰室合集》冊 2，北京：中華書局，1989。

② 袁保新：〈再論老子之道的義理定位——兼答劉笑敢教授〉，見《中國文哲研究通訊》，第七卷第二期（1997），第 158 頁。引文末句"才能"二字前原有"這"字，引文略之。

希望有更多人認真思考和討論"反向格義"與中國哲學研究的基本方法的關係，總結過去何得何失，探索未來何去何從。

顯然，本文的反向格義之說，主要是就中國哲學的研究方法來說的，並不是對近代西方學術文化輸入中國的全部情況的描述。比如，在中國文學和中國歷史的研究中是否也有"反向格義"的情況？這還需要進一步研究，但可以肯定的是，在中國文學和中國歷史的研究中，反向格義絕沒有在中國哲學中那麼重要和普遍。常聽有人問："不懂馬克思主義哲學，怎麼研究中國哲學？"或者說："不懂康德哲學，如何研究孟子哲學？"這些說法都在假設不懂西方哲學，就無法研究中國哲學。但是很少有人會說："不懂西方文學就不能研究中國文學。"充其量只能說："不懂西方文學，就不能研究比較文學。"同樣，也沒有人說："不懂西方歷史，怎能研究中國歷史？"由此可見，在傳統的文、史、哲三科中，中國哲學作為一門學科，確有其不應忽視的特殊性。

或許我們應該將反向格義分為廣狹二義。廣義是任何通過西方哲學理論解釋、分析、研究中國哲學的做法，涉及面可能非常寬，一時無法總結分析，其必要性可能是顯而易見的，或者是不可避免的。狹義的反向格義則是專指以西方哲學的某些現成的具體概念來對應、解釋中國哲學的思想、觀念或概念的做法。本文的討論專指狹義的反向格義，如物質與精神，實然與應然等。當然，廣狹二義之間也難有截然可分的界限。但是，對二者加以區別可以幫助我們比較準確、具體地研究中國哲學中的方法論問題。

十　反向格義與中國哲學

自覺地運用西方哲學的眼光、角度、概念、方法研究中國哲學，從而為現代意義的中國哲學這一學科奠基的兩個功臣是從哥倫比亞大學哲學系獲得博士學位的胡適和馮友蘭。胡適將實效主義（pragmatism，又譯實用主義、實驗主義）引入中國，並開風氣之先，以"截斷眾流"的勇氣完成了第一部以西方哲學眼光寫成的《中國哲學史大綱》（卷上，1919）；馮友蘭則將新實在論引入中國哲學史研究，完成了在中國和西方均有重要影響的第一部完整的《中國哲學史》（上冊1931，下冊1934）；張岱年嘗試用中國哲學的術語解說中國古代哲學，寫成《中國哲學大綱》（1937年完成，1943年印為講義），其背後則有邏輯實證論和辯證法的思維框架。[①]

　　自胡適、馮友蘭之後，西方哲學就成為研究中國哲學不可一日或缺的學術背景、理論指南和照亮方向的燈塔。不懂西方哲學似乎就完全沒有資格談論中國哲學。很多西方哲學的流派都有可能成為研究中國哲學的理論方法和思維框架。比如，歷史唯物主義和辯證唯物主義曾經是研究中國哲學的天經地義的指導思想，分析哲學是另一種研究中國哲學的主要方法，現象學和詮釋學傳統也開始進入中國哲學研究的領域，此外，語言哲學、結構主義、宗教哲學都對中國哲學的研究產生過或大或小、或長或短的影響。

　　自胡適算起，反向格義這一方法在中國的歷史大約是八九十年，期間產生了很多優秀的學者和著作，但是也存在著一些亟待明確和澄清的問題。比如：

　　為甚麼研究中國哲學一定要有西方哲學的訓練背景？為甚麼反向格義會成為中國哲學研究的普遍性做法？

　　反向格義是否會干擾對中國哲學思想潮流本身的"原原本本"的了解？[②] 反向格義與傳統的歷史學、文獻學、訓詁學的進路是甚麼關係？

————————

　　① 張岱年曾創造"本根論"的概念來代替西方的"本體論"，但為潮流所困，他也放棄了這種用法。見《中國哲學大綱》，北京：中國社會科學出版社，1982。

　　② 這裏的"原原本本"主要是就態度和研究取向來說的，而不是就結果來說的。有人會說"原原本本"地了解古代典籍是不可能的，因而這種提法是沒有意義的。正如上文所指出的，不能完全達到的目標不一定沒有意義。即使沒有人能夠達到理想的健康標準，也不等於我們不應該追求健康的生活。世界上沒有筆直的道路，不等於我們應該完全放棄尋求最短、最快的行車路線的努力。沒有人能夠宣佈自己完全掌握了真理或真相（truth），並不等於大家不應該追求真理和真相。詮釋學本身就是探求文本意義的學問，我們不能放棄探求文本"本義"的努力。

如果反向格義是因為西方哲學在理論水準和表現形態上高於中國哲學，那麼反向格義是否可以或應該如何將西方哲學的高超之處反映在對中國哲學的研究之中？

反向格義有哪些不同的方法或進路？是否所有運用西方哲學理論研究中國哲學的作品都有同等的哲學意義或學術價值？如果不是，如何判斷不同作品的得失成敗或優劣雅俗？是否可以嘗試提出若干參照標準？

所有這些問題都是值得思考，需要回答的，否則，中國哲學的研究只能停留在現有水平的重複和緩慢發展之中，停留於在“數量”上的累積和“範圍”上的擴充，而不能在“品質”和“水準”上有重要的提昇。

這裏無法直接回答或解決上述問題，而是希望以對老子之道的詮釋為例，對反向格義的困難所在以及利弊得失進行一次初步的反思，提出一些初步的思考。作為討論的起點，首先要討論一下反向格義與傳統格義的不同，借以幫助我們了解中國哲學研究中方法論方面的困難所在。

首先，傳統的格義是以自己熟悉的本土的經典和概念來理解和解釋陌生的概念，而在近百年來的中國哲學研究中，在多數情況下，對於大多數中國研究者和讀者來說，卻是以相對來說自己不夠熟悉的西方哲學概念體系來解釋自己更熟悉的中國本土的典籍。這是通過自己不太了解的理論思維框架來重新認識自己比較熟悉的經典或傳統思想。①

---

　①　這種情況正在向相反方向改變，或者說，這裏的總結對現在的青年學者來說可能不大適用。在現代教育體制下，很多青年學者對中國的典籍或文化缺少基本的了解。在當代，越來越多的青年學者先學習和熟悉了西方哲學經典和理論框架，才反過來研究中國哲學。但是，這些青年學者和老一代學者不同。老一代學者，如胡適和馮友蘭，他們從幼年和少年開始已經熟悉了中國本土的經典，有很好的古文獻訓練。因此，當他們學習了西方哲學來研究中國古典文獻時，已經有了基本的文獻學、訓詁學和歷史學的訓練，可以駕輕就熟。而新一代年輕學者，對自己文化傳統缺少基本的知識，因此他們所進行的“反向格義”可能就是以自己相對比較熟悉的術語解釋自己相對不大熟悉的術語，這和前輩學者的做法和結果可能很不相同。這種現象是值得注意的，或許是值得憂慮的。

這樣做有利於中國文化與世界文化的對話、交流，又是改造中國傳統哲學、促進傳統哲學走向現代化、國際化的渠道之一，但是反向格義卻很容易導致對中國哲學的誤解，導致機械地、錯誤地套用西方哲學概念的可能性。古代佛教的格義曾造成對佛經的曲解甚至偽造，[①] 而通過反向格義曲解中國哲學典籍和概念的可能性或許更高，不容視而不見。

　　第二，對於格義產生的誤解的可能性，古代佛教僧侶自身都有清醒的認識，而現代學者對於反向格義產生誤解的可能性估計不足，警惕不夠，討論甚少。古代佛教的格義一開始就是暫時的權宜之計，是在佛教教義不易為中土士人所理解的情況下的權變之策，甚至是推行佛教王國的政治運動的工具，這種權變之策或政治手段在當時就受到過批評，如參與過石虎佛教王國運動的道安在運動失敗、離開後趙之後曾經說過"先舊格義於理多違"，又如鳩摩羅什的學生僧叡曾說過"格義迂而乖本"。[②] 所以，當佛教政治運動消退，特別是當鳩摩羅什進入中國（401，後秦弘始三年）領導佛教經典的翻譯工作進入正軌之後，"格義"之類的權變策略就幾乎壽終正寢，消聲匿跡了。[③] 但是，近代的反向格義的做法則從來就不是權宜之計，而是不斷受到關注和肯定的根本大計。這種反向格義不但沒有受到過嚴重的批評或挑戰，也沒有進行過學術方面的嚴格論證和檢驗，似乎有盲目鼓勵和發展的趨勢。這種情況在中國哲學作為一個學科門類可以和西方哲學等量齊觀之前，恐怕會一直存在。中國哲學界對反向格義的必要性和正當性（legitimacy）一直缺少認真的論證，對於反向格義可能產生的

---

　　① 陳寅恪據《歷代三寶記》云："曇靜亦用格義之說偽造佛經也"，見〈支愍度學說考〉，《陳寅恪史學論文選集》，第 101 頁。

　　② 二語均轉引自上引陳寅恪文，第 97、99 頁。

　　③ 例外當然是有的。《高僧傳·慧遠傳》云："年二十四，便就講說。嘗有客聽講，難實相義，往復移時，彌增疑昧。（慧）遠乃引《莊子》義為連類。於是惑者曉然。是後安公（道安）特聽慧遠不廢俗書。"這裏的"連類"與"格義"相似。不過，這時已經不用"格義"一語。而道安並未鼓勵此舉，只是"不廢俗書"，即允許讀佛經以外的書籍而已。見《高僧傳》（北京：中華書局），第 211—212 頁。

弊病一直缺少必要的警惕。這和歷史上佛教之格義的地位、範圍、作用是很不相同的。

第三，古代佛教格義純粹是一種手段，是為了理解和獲得佛教真義，是為了追求更高的知識體系或思想境界，或者是為了實現某種政治目的，其目標、目的十分鮮明、自覺；而現代的反向格義本身目的性不夠明確，對許多人來說，似乎反向格義本身就是傳播和引進先進的思想理論，或反向格義本身就是一種學術研究，而不是追求更高認識或學術水準或思想境界的手段。

第四，古代佛教之格義，側重於普及教育，是為了爭取更多信徒，是一種宗教活動，有廣泛的社會影響。近代的反向格義卻主要是專業知識份子的行為，是純學術工作，對社會不易產生廣泛的影響。換言之，傳統的格義對於傳播佛教產生過一定的影響，但是近代的反向格義，對於普及中國哲學貢獻甚微。這是因為反向格義的解釋工具是普通中國人更為陌生的西方哲學概念。

簡單地說，除了方向相反以外，傳統的格義是普及性的、啟蒙性的、工具性的，是權宜之計；而反向格義對於中國哲學或中國哲學史的研究來說卻是學術性、專業性的，是提高的需要，是長期的方法，而不是工具性的權宜之計。

十一　反向格義困難舉例之一

反向格義的方法如果自胡適的《中國哲學史大綱》（卷上）開始算起，到現在將近有九十年的歷史。八九十年來，這種方法似乎成為一種無可否認的中國哲學研究的主流方法，但是，中國哲學界對這種方法卻一直沒有認真的反思和探索。而這種方法，特別是狹義的反向格義可能引起的弊端確是不應忽視的。不正視、糾正和防止這種弊端，反向格義的可能的積極作用就蔽而不振，隱而不彰，中國哲學作為一門學科就無法與西方哲學比肩而立，並駕齊驅。

　　這裏先要討論的一個例子是用物質與精神、唯物與唯心的概念來解釋老子之道所產生的困難。很多人可能認為這方面的討論完全是意識形態和政治權力干擾下的鬧劇，根本不是學術問題，根本不值得認真討論。然而，筆者認為，在政治干擾之前，分歧已經存在，政治干擾只是凸顯了、強化了反向格義可能引起的荒謬。剝開政治干擾的外衣，這種關於如何解釋老子之道的爭論，本質上正是一種不折不扣的狹義的反向格義，說荒謬，說可笑，說合理，說深刻，都與反向格義有關，其弊病和局限也都是從反向格義之中產生的，而類似的困境在所謂嚴肅的純學術的反向格義中，也會出現，只是場景和程度不同而已，所以，這段歷史也是值得認真討論和總結的，這樣做才能從曲折中得到教益，有利於現在和今後的發展，不至於讓前人的挫折和心血盡付東流。

　　眾所周知，在很長時期內，在中國研究中國哲學是必須討論和宣判一個哲學家是唯物主義還是唯心主義的，這個原則用到老子哲學就聚焦在"道"是物質還是精神的判別上。如果認為老子之道是"原初物質"，就可以說老子哲學是唯物主義的，是進步的，是值得肯定的。如果認為老子之道是"絕對精神"，就應該說老子哲學是唯心主義的，是應該批判的。1959年，在紀念"五四運動"四十週年而舉行的中國哲學史討論會上，關於老子哲學的性質產生了激烈的爭論。後來，各報刊又陸續發表了許多爭論文章。《哲學研究》編輯部將其中最重要、最有代表性的文章編成了《老子哲學討論集》。① 其中任繼愈的一篇文章題為〈論老子哲學的唯物主義本質〉，湯一介的一篇題為〈老子宇宙觀的唯物主義本質〉，關鋒、林聿時的一篇題為〈論老子哲學的唯心主義本質〉，由此可見當時的爭論針鋒相對，壁壘分明。本文的目的不是介紹或討論這場爭論，而是以任繼愈先生在三個時期的不同觀點的變化為例來分析反向格義可能引起的困境。

　　第一個時期是二十世紀五十年代。當時的任繼愈強調："老子單

----

① 　哲學研究編輯部編輯：《老子哲學討論集》（北京：中華書局，1959）。

獨講到道的時候，更多的時候是指的物質實體；在特定的情況下指的
是規律，如天之道，人之道，坐進此道，天道無親，有道，無道，不
道，大道，善為道者，等等。"① 任的根據之一便是第二十五章"有物
混成"一段，他說："宇宙萬物的起源是混然一體的東西，正是古代
素樸唯物主義的特點。"②

　　然而，在後來的更高的政治權威的影響下，任繼愈接受了他原來
所反對的觀點。這是在二十世紀七十年代，即他的第二個時期的觀
點。他在文化大革命期間主編出版的《中國哲學史簡編》中寫了一節
"唯心主義體系的核心——道"，其文云："老子第一個提出了'道'
作為哲學的最高範疇，它構成了他的整個唯心主義體系的核心。……
老子所說的'道'不是物質實體，恰恰相反，它是整個物質世界的總
根源，是絕對精神之類的東西。"③ 明確地否定和放棄了他原來的
觀點。

　　在二十世紀七十年代末和八十年代初，當最高權威過世，文化大
革命結束之後，學術界出現了相對寬鬆的氛圍，當時的口號是"撥亂
反正"，"還歷史的本來面目"。在這種氣氛下又出現了一次新的關於
老子哲學討論的高潮，對老子哲學作肯定評價的輿論開始反彈和高
漲。這時的任先生似乎采取了一種折中的立場，這是他第三個時期的
觀點。這時他強調："老子哲學到底是唯物主義還是唯心主義？這個
問題還可以繼續爭論。但必須看到老子的哲學本身確有不清楚的地
方。"④ "因為《老子》書中確實有含混不清的概念和字句，可以作出
不同的解釋。……按照人類認識發展的規律來探索，老子的哲學還不
足以達到一種明確的結論。"⑤ 他拒絕再對老子哲學作唯物主義或唯心
主義的判斷，而是說相互爭論的"兩派都不免片面"⑥。"老子提出的

---

① 任繼愈：〈論老子哲學的唯物主義本質〉，見上引《老子哲學討論集》，第 41 頁。
② 同上書，第 42 頁。
③ 任繼愈主編：《中國哲學史簡編》（北京：人民出版社，1973），第 125 頁。
④ 同上書，第 259 頁。
⑤ 同上書，第 260 頁。
⑥ 同上書，第 267 頁。

取代上帝的最高發言權的‘道’，是精神，是物質，他自己沒有講清楚。”① “‘無’既可以給以唯心主義的解釋，也包含著以唯物主義解釋的可能。”②

這第三個時期的觀點似乎有無可奈何的意味，但卻道出了狹義的反向格義的可能的尷尬之處。反向格義可能深刻地揭示古人思想中潛在的意義，或者發現中國古代哲學與西方哲學可能相通的思想觀點或概念，但是，在很多情況下，西方的思想概念無法有效地、準確地對應中國古代的哲學語言或概念。這時一定要作簡單地對應，就有可能遇到鑿枘方圓的困難。任繼愈在第三個時期說，對老子之道既有作出唯心主義解釋的可能，也有作出唯物主義解釋的可能。然而，這也就等於說，無論是唯物主義還是唯心主義的概念都不適合老子哲學，無論原初物質或絕對精神的判斷都不完全適合老子之道的特點。

事實上，老子並不是沒有說清楚，而是根本沒有想過要對他的道作物質實體或絕對精神之類的限定，根本沒有想過要對他的思想作唯物主義或唯心主義的定義。他根本沒有想到兩千年後會有人要他作西方式的物質或精神、唯物或唯心的對立二分（dichotomy）的判斷。所以，我們不應該說老子沒有說清楚他想要戴一頂甚麼樣的帽子，而是應該承認，我們找來的幾頂帽子都不合老子的頭形。他的頭形不是按照兩千年後的西方的帽子的式樣和尺寸而生成的。

我們不應該把任繼愈之觀點的變化簡單地當作意識形態干擾、政治權威壓制的結果。意識形態的壓力，政治人物的介入，只是強化了、凸顯了反向格義所面臨的困難，並不是造成困難的最終根源。困境的根源還是反向格義、特別是狹義的反向格義的做法本身。套用馬列主義哲學或用其他西方哲學的概念體系作理論框架來解釋中國哲學的做法本質上都是反向格義，都可能面臨鑿枘不合的問題。事實上，只要是透過西方的哲學概念，特別是透過笛卡爾以來的西方的對立二分的概念體系來透視中國哲學的思想觀念，即使沒有政治壓力或意識

---

① 任繼愈主編：《中國哲學史簡編》（北京：人民出版社，1973），第 266 頁。
② 同上書，第 265 頁。

形態干擾，也會造成不必要的困擾或尷尬，下面就是另一個實例。

十二　反向格義困難舉例之二

筆者曾將各種對老子之道的詮釋分為四類。第一是客觀實有類的解釋。這一類基本上都將老子之道當作形而上的概念。但是同屬此類的說法也是衆說紛紜，即使同一人前後說法也不一致。如胡適說"道"是"天地萬物的本源"，又說老子的天道就是西洋哲學的自然法（Law of Nature）。[①] 馮友蘭說"道即萬物所以生之總原理"[②]，又說"道或無就是萬物的共相"[③]。侯外盧說"道""是超自然的絕對體"[④]。張岱年早年說"道"是最高的理，即"究竟所以"，中年說過"道""是原始的混然不分的物質存在的總體，即混然一氣"，晚年則回到早年的立場，說"道還是指最高原理而言"。[⑤] 呂振羽說"所謂'道'的內容，並不是物質的東西，而是神化的東西"，"道是創造宇宙、統制宇宙的最高主宰"。[⑥] 楊榮國說："（道）不是物質實體，是虛無，是超時空的絕對精神。"[⑦] 徐復觀說"道"是"創生宇宙萬物的基本動力"[⑧]。勞思光說：道是"形上之實體，是實有義"，又說"道之為言，泛指規律"[⑨]。古棣說："老子的道即是絕對精神……就是在人們頭腦之外獨立存在的、并創造物質世界的精神。"[⑩] 史華滋（B. Schwartz）

---

① 胡適，同上書，第 56，64 頁。

② 馮友蘭：《中國哲學史》上冊（北京：中華書局，1961，新一版），第 219 頁。

③ 馮友蘭：《中國哲學史新編》第一冊（1980 年修訂本，北京：人民出版社，1982 年第 3 版），第 45 頁。

④ 侯外盧：《中國思想通史》（第一卷）（北京：人民出版社，1992 年第六次印刷），第 271 頁。

⑤ 張岱年：《中國哲學發微》（太原：山西人民出版社），第 338 頁。

⑥ 呂振羽：《中國政治思想史》（北京：人民出版社，1955 年第 4 版），第 58 頁。

⑦ 楊榮國：《簡明中國哲學史》（北京：人民出版社，1973），第 38 頁。

⑧ 徐復觀：《中國人性論史》（台北：台灣商務印書館，1969），第 329 頁。

⑨ 勞思光：《中國哲學史》（一）（台北：三民書局，1993），第 252 頁。

⑩ 古棣：《老子通》上冊（長春：吉林人民出版社），序第 23 頁。

說道是不可言說的實相（ineffable reality），① 陳漢生（Chad Hansen）說“道”是“一元論的形而上的絕對，巴門尼德式的存有”（meta-physical monistic absolute - the Chinese equivalent of Parmenidean being）。②

　　第二類可稱之為綜合解說類，即綜合羅列老子之道從形而上到形而下世界的各種意義，如方東美從道體、道用、道相、道徵四個方面解說道。③ 方氏之解釋的特點是認為道貫穿了形而上和形而下、實然與應然，存在與價值等各個方面。據方氏自己的聲明，他到西方講學和用英文寫作的唯一目的就是向西方的支離的二元思維方式挑戰。他關于道的解說就正反映了他反對西方哲學把實然與應然、價值與存在割裂開、對立起來的傾向。此外，陳鼓應有道的三義說，④ 唐君毅有道之六義說，⑤ 陳康也有道的動靜兩面六義說，⑥ 傅偉勳也有一個實相五種表徵的說法。⑦

　　事實上，絕大多數學者對老子之道的理解和解說都屬於上述兩類，而這兩類解說並非相互排斥的，因為綜合解說類都承認道的基本的形而上學的意義，而主張客觀實有類解說的學者大多也不否定道對人生的價值意義。

---

　　① 　Benjamin I. Schwartz, *The World of Thought in Ancient China*, Cambridge, MA：Harvard University Press, 1985. p. 194.

　　② 　Chad Hansen, *A Daoist Theory of Chinese Thought：A Philosophical Interpretation*, New York：Oxford University Press, 1992. p. 13.

　　③ 　此介紹據本人對方氏著作的理解，有提煉和剪裁。在現象學解釋的部分，方氏原有“道之人為屬性”的提法，似無必要，且易被誤解，故略而不提。見方東美《生生之德》（台北：黎明文化事業公司，1979），第 295—299 頁。又見 Thome H. Fang, Chinese Philosophy：Its Spirit and Its Development（Taibei：Lingking Publishing, 1981），pp. 123—127。

　　④ 　陳鼓應：《老子註譯及評介》（北京：中華書局，1985），第 2 頁。

　　⑤ 　唐君毅：《中國哲學原論・導論篇》（台北：學生書局，1986），第 348—365 頁。

　　⑥ 　Chung - Hwan Chen（陳康）："What does Lao - tzu mean by the Term 'Tao'?"《清華學報》（台灣），第四卷第二期（1964），pp. 150—161.

　　⑦ 　Charles Wei - hsun Fu（傅偉勳）："Lao Tzu's Concept of Tao," *Inquiry*, Vol. 16，Islo Unversity Press，1973. pp. 367—394.

最為獨特的是第三類的主觀境界說，牟宗三一人主之。牟氏將一般的形而上學稱之為"實有形態的形上學"，將老子的道規定為與之相反的"境界形態的形上學"。"把境、界連在一起成'境界'一詞，這是從主觀方面的心境上講。主觀上的心境修養到甚麼程度，所看到的一切東西都往上昇，就達到甚麼程度，這就是境界，這個境界就成為主觀的意義。"① "而所謂有昇進、有異趣的世界則都屬於價值層的。"② "我們要知道，道家的無不是西方存有論上的一個存有論的概念，而是修養境界上的一個虛一而靜的境界。"③

總之，牟氏強調老子之道的觀念來自于主體修養所證成的主觀境界，道之創生萬物，不能外在地理解為在客觀世界里有個東西叫"道"或"無"，然後"道"創生了萬物；而必須主觀地落實到具體的生活中，連著這個世界，由聖人"不塞不禁"的沖虛心境，以及物自生自濟的情況，來了解道的創生性。老子賦予道的客觀性、實體性，應當不過是一種姿態而已。我們不應該因為道常常當作主詞使用，就認為在客觀的存在界中有一個實體與之相對應。如果這樣理解，就完全抹煞了老子思想的實踐性格，把老子理解為客觀實有形態的形上學，忽略了老子形上義理的境界形態的性格。④

"境界形態的形上學"是牟宗三的創造，它突出了老子哲學的實踐性格和道的價值意義，其理論融合在牟先生對整個中西哲學及儒釋道傳統的詮釋與重建之中。但是，如果我們集中于對老子的詮釋，特別是主要依據《老子》文本對老子思想進行詮釋時，牟先生的觀點就

---

① Charles Wei‐hsun Fu（傅偉勳），"Lao Tzu's Concept of Tao," *Inquiry*，Vol. 16，Islo Unversity Press，1973. pp. 367—394.

② 同上書，第 131 頁。

③ 同上書，第 131—132 頁。

④ 據袁保新：《老子哲學之詮釋與重建》，第 50 頁。參見牟宗三：《才性與玄理》（台北：學生書局，1985），第 149—164 頁。

仍有推敲斟酌的余地。①

　　對老子之道的第四類解說可以袁保新為代表，筆者稱之為貫通類解說。袁氏的解說主要是針對方東美、唐君毅為代表的傳統的客觀實體類的解說，但就其立論的直接起點來說，似乎主要以修正兩個人的觀點為基礎。一個是對陳康的質疑和修正，一個是對牟宗三的修正。

　　袁保新認為，牟宗三的境界形態說雖然是一種創見，但是"如果因為強調老子的實踐性格，將老子形上概念完全限定在觀念發生過程中來了解，收在主觀親證之下，以'主觀心境'觀'道'，而不能以'道'觀'道'，則未必是老子的本意"②。因此不宜將老子之道的"客觀性"和"實體性"一概視為"姿態"。③ 在這種反省的基礎上，袁氏為老子之道提出了一種新的解說："道"為價值世界的形而上基礎。筆者稱之為貫通性定義，取其力求貫通于存有界與價值界之義。貫通類解說和綜合類解說雖然都承認老子之道既有形而上之義，又有價值之意義，但綜合類解說是分列不同義項，而貫通類解說則努力用一個定義或解說同時貫穿形而上和形而下世界。袁保新的"道為價值世界的形而上基礎"的定義就既肯定了道的形而上意義，又肯定了道的價值意義。

　　其實，以筆者管見，真正引發袁氏之探索熱情的恐怕是陳康的綜合類解說。陳康是袁氏質疑和修正的主要對象。陳康認為老子之道有三個靜態意義，即本源（ultimate source），貯藏之所（storehouse of myriad things），一切之楷式（the ultimate model of things，human and not human）。另有三個動態意義，即生（the agent or the efficient cause），長（the principle by which myriad things maintain their being），反復之歷程（reversion）。陳康說："凡此諸義皆指普遍原理，

────────

　　① 牟先生的"不生之生"的概念似乎需要假設萬物各有自己的種子因，道只要"讓"它們自生自長即可。這和老子思想並不能完全吻合，倒有些接近于郭象的萬物自生自化的理論。此說參見了楊儒賓：《先秦道家道的觀念的發展》（台灣大學《文史叢刊》之七十七），第37頁。

　　② 袁保新：《老子哲學之詮釋與重建》，第74頁。

　　③ 同上書，第76頁。

獨一無偶，不為時空所限。自此觀之，則道為一普遍有效之原理，其拘束力永恆弗替，此道之所以曰‘常’。”接著，陳康提出問題：“然《老子》又言‘大道廢’，大道苟廢，胡可曰常？廢之與常，能無牴牾？此乃一重要問題，乃為解老者所忽視。”陳康這裏雖然沒有提到實然與應然的概念，但所提的問題恰是關於實然與應然的衝突問題。陳康最後的回答是：“道於物體範圍之內，則為具有普遍約束力之原理，而於人事範圍之內，其行其廢，則為人之向背所左右。於是道有總義二焉：一為存有之原理，一為規範之原理。規範之原理可從可違；向背任人自擇。物則不能如是，唯受制於存有原理而已。於是人物之別以明。中國哲學中人之發現，自此始矣。”① 僅就對於老子之道的解釋來說，陳康之說似乎已經比較全面。

　　然而，袁保新感覺不安。他認為“存有原理”和“應然原理”“二者性質明顯屬於不同層次，卻在老子的思想中共同隸屬在‘道’一概念之下，這是否意味老子在思想上混淆了‘存有’與‘應然’之間的區分？”他認為陳康是“默許老子思想存在著內在矛盾”，是“輕率之舉”。② 他認為，如果把道解釋成宇宙發生論中的第一因，或形而上學中的無限實體或自然律則，就把老子思想詮釋成了“破裂的系統”，因為道作為第一因、無限實體或自然律則，都是具有普遍必然性的“存有原理”，都無法與人生實踐的“應然原理”“構成邏輯推導的關係”。如果這樣做就否認了道這一概念的各種涵義之間具有合理的關連性。③ 因而，袁氏的博士論文自始至終討論的就是如何解決道作為存有原理所包含的必然性與作為應然原理所包含的規範性法則之間的矛盾關係。他的結論就是應該將老子之“道”詮釋為“價值世界的形而上基礎”。這種詮釋自有其高明之處，但並非沒有進一步商榷討論的餘地。

　　筆者以為，袁氏對陳康之說感到不安的根源在於他心中的理論前

---

① 見上引陳康文，第 161 頁。
② 袁保新，上引書，第 28—29 頁。
③ 袁保新，上引書，第 99—100 頁。

提 （assumption），而不在於陳康的解釋本身。這種不安正說明"實然—應然"對立兩分的概念不適於對老子之道的詮釋。袁氏在心理上或理論上過份重視了"存有原理"與"應然原理"沒有邏輯推導關係之理論觀點的普遍意義，因此想到老子之道不能同時既是存有論概念，又是價值論概念，否則就會造成"破裂"的詮釋系統。袁氏的理論前提來源於西方自休謨以來的關於價值與事實、實然與應然（is-ought）關係的討論。主流的觀點強調從事實判斷不能推出價值判斷。但是，對於這個結論的爭論始終沒有停止。① 袁保新進一步把從實然"命題"不能推導出應然命題的觀點引申到一個"概念"不能同時有實然和應然意義的角度。但是，對中國古代的思想概念作這樣的引申未必恰當，也並非必要。上帝的觀念、絕對善的觀念、天理的觀念都是既有實然意義，又有應然意義的。所以我們並非必須將這種"實然—應然"、"實有—價值"對立二分的概念結構引入對老子之道的詮釋中來。這可能正是陳康這樣的長期在西方講授歐洲哲學的專家能夠看出道既有客觀意義，又有價值意義，卻絲毫沒有感到不安的根本原因。袁保新的不安恰是他要將這種對立二分的概念結構引入對老子之道的詮釋所引起的，這正說明這種引入並不恰當。

正像老子從來沒有想過要判斷自己的"道"是物質還是精神一樣，老子也不可能想到要將"道"清楚地界定為實有概念或價值概念。如果袁氏要避免"將老子的思想詮釋成破裂的系統"是對袁本人"自己的"詮釋系統的要求，那麼他的追求應該說是無可厚非的，是值得尊重的；但是如果這樣說是要防止"《老子》本身的"概念系統不致破裂，似乎並非必要。比如，如果我們承認"uncle"一詞既可以指叔叔或伯父，又可以指姑夫或舅舅，並不等於將"uncle"當成了一個破裂的系統或邏輯混亂的概念，也不必說"uncle"一詞"混淆"了父系親屬和母系親屬的區別。一些民族使用"uncle"一詞指代所有父輩的男性親屬，而沒有進一步地區分是男方或

---

① 參見 W. D. Hudson ed., *The Is-Ought Question: A Collection of Papers on the Central Problem in Moral Philosohpy*, London: Macmillan, 1969.

女方的親戚，是因為他們沒有意識到這種需要，而不是他們"混淆"了我們華人的叔、伯、姑、舅的概念。同樣，老子沒有清楚地界定他的道是物質還是精神，是實然還是應然，也是因為他沒有意識到這種需要，而不是他創造了一個不合邏輯的概念，或混淆了西方的對立的哲學概念。

當然，從學術研究的發展過程來看，無論討論道是精神還是物質，或者討論道是實然還是應然，對於我們提高對老子之"道"本身的理解，加深我們對中西方哲學的整體的以及具體的特性及其異同的認識，對於推進學術研究的深入，提高中國哲學研究的理論水準來說，都是有借鑒意義的。不過，這種討論最終應該讓我們在方法論方面的認識提高一層，力求在最大程度上擺脫可能的困境，特別是盡可能防止用西方對立二分的哲學概念簡單地對應和說明中國古代哲學術語。當然，這並非意味著物質與精神、實然與應然的區別本身對中國哲學研究完全沒有意義，更不是說研究中國哲學完全不能運用西方的哲學概念，而是說不能簡單地套用西方概念來定義和解釋中國的哲學術語（即狹義的反向格義）。將西方概念用於中國哲學術語時，或者將中國哲學理論與西方哲學作比較時，應該全面了解和分析雙方的異同，避免簡單地為中國哲學作西方式定義或定性，這樣或許可能避免狹義的反向格義所遇到的尷尬。

十三　關於老子之道的新詮釋

任繼愈先認為老子之道是原初物質，後改稱是絕對精神，再指出老子自己沒有講清楚道是物質還是精神。三個時期的不同觀點說明以物質與精神、唯物與唯心的理論架構定義老子之道的困難。其實有此轉變的不只任繼愈一個。馮友蘭在二十世紀三十年代說老子之道為物之所以生之總原理，似乎可以將老子歸入客觀唯心主義。六十年代說老子之道"與阿那克西曼德所說的'無限'是一類的，都是未分化的

物質"。似乎可以將老子劃入唯物主義。八十年代又說老子沒有說明
"道"、"有"、"無"究竟相當於客觀世界中的甚麼東西，所以也即是
一種主觀的虛構，因而也是一種客觀唯心主義。[①] 張岱年早年說"道"
是理，中年說"道"是"混然一氣"，晚年又回到早年的立場。[②] 馮、
張、任三位都是中國哲學研究領域的元老和權威，他們的觀點的猶疑
和轉變說明以物質和精神、唯物和唯心這樣的對立二元的觀點解釋老
子之道是難有確解的。

　　絕大多數學者都採取客觀實有或綜合解說的方式來定義或詮釋老
子之道，這兩種解說大體都承認老子之道既有客觀的、形而上的意
義，又有價值的、社會人生的意義。但牟宗三力排眾議，獨倡老子之
道的主觀境界之義。傳統的客觀實有的觀點與牟的主觀價值的看法之
間構成很大張力。袁保新則匠心獨運，試圖超越客觀與主觀、實體與
境界、形上與形下的對立，或者將其統一起來。三類觀點的並存和對
立，袁保新獨特的不安，都說明西方式的形上與形下、實然與應然、
存有與價值的對立二分的概念用於對老子之道的詮釋或定義也是圓鑿
方枘，難以對應。

　　為甚麼這種狹義的反向格義會有這樣的困難？籠統地說，當然是
文化歷史不同，思維方式不同。具體地說，則可能主要在於西方笛卡
爾以來的 dichotomy（對立二分）式的概念結構與中國哲學思想中的
概念系統不合。中國也有很多的成對的概念，但這些成雙成對的概念
之間是成對的或 pair 的關係，而不是對立分離的關係。因此，用西方
近代的哲學概念來"格"中國古代思想之"義"總是不能契合。

　　中國哲學家講到西方的實體和現象的關係時常戲稱"'實體'
'實'而不現，'現象''現'而不實"，比較有趣地說明了在西方哲學
傳統中實體與現象的分離。類似的情形還有存在與認識，感性與理
性，主觀與客觀，物質與精神，自由與必然，本質與現象，超越與內
在，主體與客體，實體與屬性等等。出現這種情形可能是因為近代西

---

① 詳見拙作《老子——年代新考與思想新詮》，第 185 頁，註 4。

② 張岱年：《中國哲學發微》（太原：山西人民出版社，1981），第 338 頁。

方哲學更重視理論體系的構造，邏輯的推理，因此概念之間的關係比較鮮明，是 A 就不能是非 A。而中國哲學中雖然也有很多成對的概念（in pairs），但成對的概念之間可能是連續的，或者相互之間是有可能轉化的，A 也可能是非 A，或可能轉化為非 A，至少 A 和非 A 不是截然隔絕的。如天與人之間並沒有嚴格的邏輯上的對立界限，所以有時講天人之辨，有時又講天人合一。中國哲學的這種特點可能是因為思想家所關注的課題主要是以社會人生為中心的實際問題，對抽象的純理論、純邏輯的課題興趣不高。而在實際生活和宇宙之中，萬物與人生是一個有機的連續的整體，因此，在多數中國哲學家頭腦中也不存在截然對立、不可調和、不可轉化的對立概念。道與物，心與物，知與行，體與用，本與末，道與器，虛與實，有與無，陰與陽，同與異，性與命，動與靜，人心與道心等等成對的概念都不是嚴格對立的關係，與西方式概念體系很不相同。

綜上所述，以一個現成的現代的（實際上來自西方的）哲學概念來定義或描述老子之道是非常困難的。因為任何一個明確的、分析式的現代哲學概念都無法全面反映或涵蓋這樣一個渾淪無涯、貫穿於形而上和形而下、籠罩於宇宙與社會人生的古老觀念。邏輯分類式的定義更無可能，因為老子之道不屬於任何一類現代學科中已知的知識體系中的概念。面對這種困難，筆者的嘗試是避免用現成的現代的或西方的哲學概念來定義老子之道，而采取對道之功能進行描述的方法來界定道的性質，這或許可以暫時稱之為"功能性、描述性定義"。

道的概念在現代哲學中找不到適當的可以歸屬的領域，宇宙論、本體論、倫理學、政治學、價值論、自然觀、社會學、人生論等都無法恰當對應"道"的複雜意含，然而，道的意義又與這些領域都有某種或多或少的關聯。老子之道究竟是一個甚麼樣的概念呢？是宇宙論概念嗎？是本體論概念嗎？是倫理學概念嗎？是政治學概念嗎？是價值論概念嗎？恐怕都不完全是，但也不能說都完全不是。道實在是一個太廣泛、因而不屬于任何一個具體領域的概念。

道的概念，道的作用實在是貫穿了宇宙、世界、社會與人生各個方面。這里說的"宇宙"是指沒有人類存在的時空，這里所說的"世界"特指包括自然界與生物界的共同存在，"社會"則顯然是人類組成的各種各樣的群體，"人生"則特指有關人類個體存在的領域。這里特別強調宇宙是因為老子反復討論了"帝之先"（第四章）、"天地根"（第六章）、"知古始"（第十四章）、"天下母"（第二十五、五十二章）、"有生于無"（第四十章）等與人類社會無關的問題，這是老子哲學與儒、墨、法諸說明顯不同的方面，是不應忽視的。這也是筆者不同意完全略去老子之道的宇宙論或本體論意義的原因。

　　這里也特別提出"人生"二字是為了標明老子對個體生命也有所關注，主張"貴以身為天下"（第十三章）。突出這一點是為了避免把老子哲學簡化或歸約為一個方面，如政治哲學或"君人南面之術"等。強調從宇宙、世界、社會到人生是為了突出道的概念本身的貫通性和獨特性，但為了行文的簡潔，我們也可以用世界或萬物來代表這四個方面。

　　那麼，道究竟表達了一個甚麼樣的觀念呢？這里筆者嘗試用一些普通的詞匯從總體上來概括道的意含，從而避免"反向格義"所面對的困難。普通的詞語沒有鮮明的西方哲學的特定的意含，能夠從總體上把握老子之道的主要功能和特點，而不把它歸結為哲學的某一個方面或某一個分支。

　　經過反復考慮，筆者認為老子之道可以概括為關於世界之統一性的概念，是貫通於宇宙、世界、社會和人生的統一的根源、性質、規範、規律或趨勢的概念。概括起來，則包括統一的根源和統一的根據兩個方面。也就是說，道的概念所針對的問題是宇宙萬物一切存在有沒有總根源、有沒有總根據的問題。總根源和總根據是似乎形而上的，但也一直貫通到形而下乃至人生之中，或者說是從存有界貫通於價值界。在老子的時代，古代聖哲們還沒有認識到要區分實然與應然，也不認為形而上與形而下之間有甚麼不可逾越的界限。這不一定是中國古代哲學的弱點或錯誤，而是中國古代哲學的特點之一。如果以現代社會面臨的人與大自然的緊張關係和人類面臨的各種社會衝突為思考的背景和救治的對象，道的概念可能更有啟示意義。（參見析評引論 39.2—3；42.2—3。）

　　"道" 已經具有哲學概念的屬性，這一點是沒有疑問的。但是，"道" 並非一般的哲學概念，或者說不是西方哲學式的清晰的理論概念或邏輯概念。《老子》說："未知其名，字之曰道。吾強為之名曰大。"（竹簡本第二十五章）"道" 只是先天地而生的混成之 "物"（通行本、帛書本）或混成之 "狀"（竹簡本），因此不知其名。"道" 只是其表字，如果不得不給一個名字，只好稱之為 "大"，似乎取其無所不包、其大無外之義。因此，我們不能說道就是甚麼，只能說 "道" 是那個不知其為何物的總根源和總根據的一個代號或符號。它的內容是無法確知的。"道生一，一生二，二生三，三生萬物。"（第四十二章）其中 "道"、"一"、"二"、"三" 是甚麼，老子沒有講明，我們也不必將其限定為具體之物或特定概念。老子所要表達的可能正是普遍的抽象的宇宙生成、演化的模式或公式，反映的是對宇宙從無到有、從少到多、從簡到繁的變化過程的推論和認識。這種符號性和模糊性的表達正反映了《老子》作者思想的深邃和謹慎。人類所知的一切都是現實中的某種具體的事物，而任何具體的事物都無法代表產生宇宙萬物、涵蓋社會人生的根本性存在。比如，或將宇宙萬物的總根源定義為地、水、火、風或氣，或將世界的本質解釋為以太或原子，或將宇宙的根據解釋為上帝或絕對理念，所有這些明確的、具體的解說都無法經受歷史和科學的檢驗，而 "道" 的符號意義則可以永存。無論人們對宇宙起源和根據有甚麼新的發現，都無法否定 "道" 或 "大" 作為象徵符號所代表的宇宙總根源和總根據的基本意義，除非完全否認任何形式的宇宙萬物之統一性的存在。[①]

　　將 "道" 詮釋為宇宙萬物的總根源和總根據或世界之統一性的象徵符號，避免了狹義的反向格義的困難，但並沒有拒絕現代哲學或西

———————————

　　① 關於 "道" 之詮釋，請參見拙作《老子——年代新考與思想新詮》第六章（台北：東大圖書公司，2005）修訂第二版。

方哲學思考的洗禮。這一解釋背後仍有宇宙論、存有論、價值論以及形上與形下、實然與應然等理論的背景性關照和思考，也仍然有忠實於古典和著眼於當代之"接轉"的探索。"道"作為世界統一性的象徵符號在現代西方文化主導的世界潮流中彌久而常新，既非陳舊，亦非粗簡。[①] "道"作為宇宙萬物的總根源和總根據而"法自然"更為當代人類提供了一個新的價值目標，有利於我們在全球化的動盪中和大國的強權之下思考各地與全球的新秩序。"人文自然"所追求的社會的和諧、人與宇宙的和諧可能是人類應該追求的一個理想而非空想的宏偉藍圖。所謂古今中西之別，實可以融會於現實的企盼、未來的追求之中。

---

① 參見拙作〈老子之道——超越並兼容宗教與科學〉，載《新亞學術集刊》第十七期（2001）；亦可參見本書析評引論 40.5；47.3—4；81.2—5。

上　编

第 一 章

原文對照

河 1.1　道可道，非常道。　　　傅 1.1　道可道，非常道。

河 1.2　名可名，非常名。　　　傅 1.2　名可名，非常名。

河 1.3　無名，天地之始；　　　傅 1.3　無名，天地之始。

河 1.4　有名，萬物之母。　　　傅 1.4　有名，萬物之母。

河 1.5　故常無欲，以觀其妙。　傅 1.5　故常無欲，以觀其妙：

河 1.6　常有欲，以觀其徼。　　傅 1.6　常有欲，以觀其徼。

河 1.7　此兩者，同出而異名。同　傅 1.7　此兩者同出而異名，同
　　　　謂之玄。　　　　　　　　　　　謂之玄。

河 1.8　玄之又玄，衆妙之門。　傅 1.8　玄之又玄，衆妙之門。

王 1.1　道可道，非常道；　　　帛 1.1　道，可道也，非恆道也。

王 1.2　名可名，非常名。　　　帛 1.2　名，可名也，非恆名也。

王 1.3　無名天地之始，　　　　帛 1.3　无名，萬物之始也。

王 1.4　有名萬物之母。　　　　帛 1.4　有名，萬物之母也。

王 1.5　故常無欲，以觀其妙；　帛 1.5　故恆无欲也，以觀其妙；

王 1.6　常有欲，以觀其徼。　　帛 1.6　恆有欲也，以觀其所噭。

王 1.7　此兩者同出而異名，同　帛 1.7　兩者同出，異名同謂。
　　　　謂之玄。

王 1.8　玄之又玄，衆妙之門。　帛 1.8　玄之又玄，衆妙之門。

對勘舉要

（1）這是三個傳世本（王弼本、河上本、傅奕本）開篇第一章，帛書本下篇第一章。竹簡本無此章文句，其他各本文字略有出入，帛書本之虛詞支持傳統的斷句法。河上本題為“體道”，似得其意。河上本標題並非原有。敦煌殘卷中的河上本有些已經有清楚的分章，但還沒有標明章次（參見程南洲1985，5—13）。《唐玄宗御註道德真經》所據即河上本，其中已經有各章標題和章次，如“道可道章第一”、“天下皆知章第二”、“信言不美章第八十一”等，這是借用各章正文第一句為標題，尚沒有另外的概括該章內容的標題。今傳河上本的二字標題或見於宋代刻本。從竹簡本、帛書本分章不嚴格、不普遍、不明確，到以後明確的分章、排列章序、並擬訂章題，也是後人試圖改善底本的一種努力。這種努力不是完成於一人一時，而是不同時代的人接力式地持續進行的。河上本的標題不一定都切合文義，勞健說：“今傳河上公本有‘體道’、‘養身’諸章名，擬議不倫，殆與偽註同出流俗妄作。”（勞健1941，序3A）儘管這些標題不盡人意，但畢竟反映了前人思考的過程。這裏略作介紹和評點，幫助讀者了解古人的一種認識，同時可以幫助我們看到理解、概括《老子》原文之思想的困難之處。

（2）“道可道，非常道；名可名，非常名。”

本節王弼本、河上本、傅奕本相同，帛書乙本雖有殘缺，與甲種本無明顯不同。三種傳世本作“道可道，非常道；名可名，非常名”，句式短促，意思直接而簡單，基本上是否定可道之道與可名之名，幾乎沒有保留。而帛書本作“道，可道也，非恆道也。名，可名也，非恆名也”。則對道之可道的一面與名之可名的一面似有一定的肯定，意味著道之可道與不可道、名之可名與不可名之間構成的辯證的統一，而不是單純地對一方的否定，這似乎更符合《老子》的辯證思想和自然圓融的風格。可見，"也"字的使用，造成了句意的微妙不同（參見周生春1997，166—183）。

(3) "無名，萬物之始也。有名，萬物之母也。"

本節據帛書本，每行後都有語助詞"也"字，河上本、王弼本、傅奕本都作"無名，天地之始"，以第一句之"天地"與第二句之"萬物"相對應，又兩句末無"也"字。"也"字的使用與否在多數情況下對文義影響不大，但在本章則造成帛書本與三種傳世本在斷句及句意上的不同。

這一節最值得討論的是斷句問題。河上本、王弼本皆以"無名"、"有名"斷句，這是自古以來的讀法，如《史記·日者列傳》："此老子所謂'無名者，萬物之始也'。"古人本來即這樣讀。然千年之後，宋代司馬光、王安石等發明新的句讀法，以"無"、"有"斷句，即"無，名萬物之始也。有，名萬物之母也"。近代以來梁啟超、高亨、嚴靈峰、陳鼓應、古棣（關鋒）等都從此讀。這種讀法似更有哲學思辨意味，作為哲學創造自有其高妙之處，但說古人本來如此，或古本原來如此，則不合事實，明顯拔高古人。蔣錫昌、任繼愈、張揚明則不取此句讀。當然，兩種讀法都能在《老子》原文中找到依據，也都有各自的道理。兩種讀法的分歧與爭論已有近千年之久。陳鼓應、嚴靈峰、古棣力主以"無"、"有"斷句；張揚明、高明力主以"無名"、"有名"斷句。張揚明之論證尤詳，除在《譯釋》中申論，又附有與嚴靈峰論辯的專文（張揚明1973，6—7，429—435）。這兩種讀法的爭論涉及如何標點沒有句讀和註釋的傅奕本以及帛書本的問題（參見析評引論1.4）。

在三種傳世本中，"無名"指涉"天地"，"有名"指涉"萬物"，帛書甲乙本的這兩句則均指涉"萬物"而沒有"天地"二字。上《史記》所引老子語也是"無名者，萬物之始也"，說明帛書本與漢代所見本相同。今王弼本與其他傳世本原文雖然相同，但王弼註卻作"未形無名之時，則為萬物之始；及其有形有名之時……為其母也"，由此看來，王弼本也原作"無名，萬物之始"，同帛書本。可見，帛書本接近古本之舊。從修辭的角度來看，古本重複"萬物"不如傳世本以"天地之始"與"萬物之母"相對仗為好。然而，重複"萬物"則更突出了"有名"與"無名"的主體同是萬物，因而"有名"與"無名"二者的關係就更加明顯是一事之相續，一體之兩面，而不是把"天地"和"萬物"分作兩件事。因此，本章不是從宇宙生成論的角度講萬物之"始"與"母"，而是從認知的角度強調萬物之本根乃有"無名"與"有名"之一體兩面。

(4)"故常無欲，以觀其妙；常有欲，以觀其徼。"

這兩句帛書甲乙本"常"均作"恆"，三種傳世本顯然是避漢文帝劉恆之諱而改。傳世本沒有"恆"字，帛書本雖然多作"恆"，但在第十六章和第五十二章也用"常"字。劉殿爵指出，從帛書本文例看，似乎"恆"字只作修飾語用，如"恆道"、"恆德"、"恆名"、"恆善救人"，而"常"字則作名詞用，如"知常"、"襲常"。惟句末判斷則"常也"（第十六章）、"恆也"（第二章）互用，其語法功能是否不同則難以判斷（劉殿爵 1982，15）。

又傳世本"以觀其徼"，帛書甲乙本均作"以觀其所噭"，高明讀"噭"為"徼"，"所徼"句義為長。"所徼"之徼乃動詞，與"妙"不對應。顯然是後來的編者為了語言的整齊對仗，去掉了"所"字，改變了"徼"之詞性。《老子》在流傳演變過程中，行文越來越整齊。後人每以為不整齊的文字不是古書之舊。而帛書本和竹簡本的出土證明事實恰恰相反。古本文字形式較為質樸，反不如後來編者重視形式之整齊對仗。或曰帛書本之"所"為衍文。此說甚為草率。河上註曰："常有欲之人，可以觀世俗之所歸趣也。"河上本原文本有"所"字。敦煌伯希和 2584 號寫本（索洞玄書本）以及巴黎圖書館敦煌書目 2435 號都有"所"字（鄭良樹 1997B，92—93；1983，44）。可見帛書本之"所"與多種古本一致，絕非衍文。

帛書本對考察這一段的斷句分歧有重要意義。河上公註、王弼註都以"無欲"、"有欲"斷句。然傳世本"欲"字後無"也"字，故也可理解為"常無，欲以觀其妙；常有，欲以觀其徼"。宋代王安石、司馬光首創這種讀法。然而帛書本卻是"故恆無欲也,以觀其妙;恆有欲也,以觀其所徼"。顯然,這裏"也"字的使用證明王安石的發明不合古讀。然而仍有很多學者不肯接受帛書本的讀法,理由是帛書本雖為古本,卻非善本,因此不從帛書本之句讀。這方面以古棣之論辯最為強硬詳盡(古棣1991A,5—11)。筆者主張從帛書本斷句(參見析評引論1.4)。

(5)"此兩者同出而異名,同謂之玄。玄之又玄,衆妙之門。"

這兩句帛書甲乙本均作"兩者同出,異名同謂",比傳世本少四字,句式明顯不同,傳世本多出"此"、"而"、"之玄"四個字。帛書甲本在"異名同謂"之下標有斷句號,可作四字斷句的依據(高明1996,227)。

本段難點在於"此兩者"何所指,歷來註者解釋紛紜,或曰"有欲"與"無欲",或曰"始"與"母",或曰"有"與"無",或曰"常有"與"常無",或曰"其妙"與"其徼",或曰"道"與"名",或曰"恆道"與"可道"或"無名"與"有名"(高明1996,227—228)。傳世本"此兩者"之"此"字似乎是緊承上句指示"恆無欲"與"恆有欲",或者是"觀其妙"與"觀其所徼",但這兩者為甚麼是"同出"、"同謂"則很難理解。帛書本無"此"字,則"兩者"可不限於緊接之上句,對於解釋文義就好像少了一點限制,多了一點推論的餘地(參見析評引論1.5)。

析評引論

1.1 是雜纂、專論,還是……

學者多把這一章看作全書之總綱(丁原植1998,12;張揚明1973,9),並據此章在《老子》全篇之位置判斷老子對形而上學問題的重視程度,認為傳世本的編者對形而上學問題更為重視,而帛書所代表的古本更重視德篇,即更重視社會現實問題(Ames 1989)。這些分析都是把《老子》看作首尾一貫的專論，並據此認為章節的位置都有深意。然而，《老子》大體上是格言、語錄、哲思札記的彙編，分篇分章僅有大致的考慮，並無精心的一貫的安排，故道篇多有論德之章，而德篇也有論道之文。因此不能過份強調這一章所在位置的重要性。把《老子》當作精心安排、一氣呵成的專論，這與先秦古書編纂、傳抄、流傳的歷史不合。竹簡本的出土再次證明古代圖書流傳與演變的複雜性，因而不應以後人謀篇布局之心來揣測、分析古人之作。

　　同時，本章也並非以道或所謂形而上問題本身為中心，因此，各本是否以本章為開篇對《老子》思想的解說不應該構成根本性的不同。再者，竹簡本顯然是摘抄本，因此不必把竹簡本沒有相當於第一章的內容而看作嚴重問題，也不應該認為竹簡本《老子》完全不重視道的概念或所謂形而上問題。竹簡本有相當於今本第二十五章的內容，其中對所謂類似於形而上的問題有完整的討論。〔嚴靈峰認為帛書本的底本原寫在竹簡上（非郭店簡本），因此抄寫中會有簡序倒錯現象。嚴氏推測可能是帛書本的抄寫者從相反的方向依次抄寫的結果。他提出原竹簡存放的多種可能的次序，比如：（1）《老子》乙本道經，（2）《老子》乙本德經，（3）《老子》乙本卷前古佚書，（4）《老子》甲本卷後古佚書，（5）《老子》甲本道經，（6）《老子》甲本德經。如果抄寫者按照從（6）到（1）的順序依次抄寫，就會出現現在所見帛書本的順序（嚴靈峰 1976，11—12）。〕

　　雖然我們強調不應該把《老子》當作精心謀篇、一氣呵成之作，但我們也不認為《老子》是沒有一個主要作者的“集體創作”，或零篇殘簡的撮拾，或戰國中後期的偽托之作。根據《老子》中的韻文部份的句式、修辭和韻式等特點，其“主體”或“核心”部份很可能是春秋末年《詩經》的風格尚有相當影響時的作品，其語言風格的一致性及其似詩非詩的獨特性說明它的主體部份不可能是後人斷斷續續模仿、增補而成的，也不大可能是《楚辭》風格已經流行後的作品（劉笑敢 1997，7—65）。

1.2 言說問題，還是形而上問題？

一般多認為本章談論道與形而上學問題。此說固然有其道理，然仍需深入辨析。本章只有第一句明確講到道，且不是"直接"講宇宙論或本體論問題，而是提出道之可言不可言的問題。"可道"與"可名"，"無名"與"有名"，以及"恆無欲"與"恆有欲"涉及的主要是認知問題中的辯證觀。全文中心似在"萬物之始"與"萬物之母"，因而涉及宇宙起源問題。萬物起源既有無名之始，又有有名之母。無名即不可道、不可名，也就是超越於人類之有限生命與感知能力的。有名即可道、可名，也就是人類可以通過感性、知性或理性來認識與描述的。萬物起源演變既有無名而不可知的一面，又有可知而有名的一面，二者乃一體之兩面，相反而為一，因而是玄之又玄。萬物從無到有，從簡單到複雜，從無名之始到有名之母，人類既知那裏確有一個共同根源，又不知其究竟，因而只能以比喻的方法稱之為衆妙之門。當然，驗之於第二十五、四十二、五十一章，這無名之始和有名之母的和合之體也就是道。

所以，本章的中心是從認知的角度討論宇宙總根源和總根據之"有名"與"無名"的辯證關係和特性，不是直接講所謂本體論或形而上學的問題，當然，也不是一般的所謂認識論或辯證法問題。

1.3 "也"非詩語？

這裏先談一下本章虛詞的使用問題。很明顯，帛書本各句多用"也"字作語助詞，和諸傳世本相比，語氣較為舒緩，更接近口語風格與古本的原貌。張舜徽說："戰國時文體，字句間多有虛助詞如之、乎、也、者諸字以舒緩語氣，如《孟子》《戰國策》諸書皆然。《老子》原文，當亦如此。觀帛書甲、乙本可知。今本虛字皆少，是由傳寫者所刪汰。"（張舜徽1982，98）宋代范應元曾說："古本每句下多有'也'字，文意雍容；世本並無'也'字，……則文意不足。"（范應元1269，上68A）然古棣認為帛書本"多了八個也字，不成其為詩了，《老子》故書必不如此。"（古棣1991A，11，14）古棣之說有些武斷，很多事實說明，以現代人的智慧推斷古人必定如何，往往圓鑿方枘。打開《詩經》，"也"作語助詞之例不可勝數，如《鄘風·牆有茨》"牆有茨，不可埽也。中冓之言，不可道也。所可道也，言之醜也。"此外如《召南·江有汜》、《邶風·柏舟》、《衛風·木瓜》等等用"也"作虛詞者甚多。總起來看，帛書本用語助詞最多，傅奕本次之，王弼本與河上本的語助詞更少，這大致上可以看出從古本到今本的一個演變的線索。竹簡本沒有本章內容，但根據其他章節來看，竹簡本在"也"字類語助詞的使用上明顯與帛書本相近。這可看作是古本的一個特徵，與傳世本明顯不同，傅奕本則介於二者之間。"也"字的使用並未削弱《老子》語言的詩歌特色。在從古本到今本逐步減少虛詞的過程中，想爾註本似乎是一個例外。想爾註本是編者遷就"五千言"之數有意刪掉虛詞的，是早期版本中虛詞最少的一個，是逐漸演變過程中的例外。

顯然，我們也不能真的把《老子》當作詩。說到底，《老子》並不真是詩歌，而是詩之句式與散文相交替、相融合的一種特殊文體。先假定《老子》應該是詩的語言，這本身就是不確切的。

1.4　"無"還是"無名"、"無欲"？

"無名，萬物之始也。有名，萬物之母也"一段，本書採用傳統的句讀，不以"無"、"有"斷句。筆者認為古代讀法並無不妥，且與上句之可道與不可道、可名與不可名之辯有更直接的聯繫。上句所說"可道"和"可名"不僅指"言說"和"命名"，更指認識問題。所謂不可道、不可名，不僅是因為某人語言表達能力或詞彙的運用能力不夠，而是指人類整體的基本認識能力的局限。因此"有名"、"無名"並非僅指有沒有一個名稱。事實上，凡是可以認識的事物一定可以命名，而無名或無法命名的事物往往是因為人們對它還沒有足夠的認識，或不能充分認識。因此我們可以說，"無名"即宇宙起源之不可道、不可名，亦即不可認識的一面或無法回溯的初始階段；"有名"即萬物之宗之可道、可名，亦即可以認識的一面或萬物生發之後的階段。老子認為，宇宙之本根及萬物之演變既有可以認識描述的一面和階段，又有超越常規認知能力，因而不可認識、不可描述的一面或階段。或許我們可以進一步說，"無名"表現了宇宙之無限的特徵，而"有名"則表現了無限中所含之有限。

從《老子》用字來看，"無"字雖然使用一百三十多次，但絕大部份都是副詞或形容詞，如"無為"、"無名"、"無欲"、"無事"、"無隅"等等。"無"作名詞用僅見於第四十章"天下萬物生於有，有生於無"和第十一章"當其無，有車之用"。這兩個"無"雖然都是名詞，是其向名詞概念轉化的開始，但二者都是用於較具體的描述之中，似乎還沒有把"無"當作一個具有普遍的、抽象的專門概念來使用。這樣，第一章以"無"、"有"斷句，把"無"、"有"當作高度抽象的專門性哲學概念的內證就稍嫌不足。事實上，以"無"為明確的專門性哲學概念是從王弼開始的。

同樣，"常無欲也"與"常有欲也"也不應該以"常有"、"常無"斷句。我們沒有足夠的證據說明帛書本的斷句是錯誤的，或說帛書本誤解了最早的《老子》。我們應該相信帛書本、河上公註、王弼註比王安石和司馬光更接近、更能理解《老子》成書時代的語言規則和語言習慣。王安石的讀法的確更有哲學思辨深度，更能體現哲學討論以抽象概念為基本結構的特點，這可以作為哲學的創造性詮釋或發展，卻不能說這是對老子古本的復原。對古籍穿鑿求深的結果，並不符合古代的質樸的語言習慣和思想風貌。如果我們要借《老子》發揮我們喜歡的思想觀念，當然可以用"六經註我"的方式重新解釋《老子》，但是，如果我們希望了解古代《老子》可能有的思想觀念，則應該盡可能按照古本原貌去貼近古代可能有的思想。當然，這並不是反對深入分析與發掘老子思想可能有的深刻內容，而是主張明確自己的努力方向：是以建立新思想體系為主，還是以解釋古人思想為主，這二者雖然可以結合起來，但不自覺地混淆，則可能引起許多不必要的誤解和爭論。如果是以探索古人的思想為主，那就要把握一個界限或分寸，避免以現代哲學論著的標準來要求和拔高、改塑古代的《老子》。

當然，借用古籍建立新的思想體系，那又當別論。

1.5　"兩者"何所指？

在對勘舉要中說到"兩者"所指的內容頗多歧見。原因似乎與諸傳世本中"此兩者"的"此"字有關。如果是"此兩者"，那麼兩者的內容應該緊接上句；如果按照帛書本，沒有"此"字，則"兩者"的內容應該是本章所討論之中心概念。一般都認為本章的中心概念是道。筆者以為不然。本章的中心內容與道有密切關係，但直接討論的卻不是道本身。第一句"道，可道也，非恆道也"提到"道"之可道與不可道，涉及言說或認知問題，帶有起興的意味。下一句就直接轉入認識與表達問題："名，可名也，非恆名也。"第三、第四句緊承上文可名與不可名的問題，進一步討論"無名"與"有名"的問題，二者名稱概念不同，但都是描述宇宙本根之特性的，即"萬物之始"和"萬物之母"的認識論屬性。下面第五、第六句講"觀其妙"與"觀其所徼"更是直接討論對宇宙本原的認識問題。以"恆無欲"之心觀萬物本根"無名"之妙，以"恆有欲"之心觀萬物本根"有名"之所歸。"無名"與"有名"同是宇宙之本根的屬性，概念相反，所指相同，所以是"異名同謂"。相反而相通，可知又不可知，所以是"玄之又玄"，代表了"衆妙之門"的根本特徵。這樣來理解，本章所討論的主要對象就是"萬物之始"和"萬物之母"，而概括其特徵的主要概念就是"無名"與"有名"，"兩者同出"所指就是"無名"與"有名"。

第 二 章

原文對照

河 2.1　天下皆知美之為美,斯惡已;　　　傅 2.1　天下皆知美之為美,斯惡已。

河 2.2　皆知善之為善,斯不善已。　　　傅 2.2　皆知善之為善,斯不善已。

河 2.3　故有無相生,難易相成,　　　傅 2.3　故有無之相生,難易之相成,

河 2.4　長短相形,高下相傾,　　　傅 2.4　長短之相形,高下之相傾,

河 2.5　音聲相和,前後相隨。　　　傅 2.5　音聲之相和,前後之相隨,

河 2.6　是以聖人處無為之事,　　　傅 2.6　是以聖人處無為之事,

河 2.7　行不言之教。　　　傅 2.7　行不言之教。

河 2.8　萬物作焉而不辭。　　　傅 2.8　萬物作而不為始,

河 2.9　生而不有,為而不恃,　　　傅 2.9　生而不有,為而不恃,

河 2.10　功成而弗居。　　　傅 2.10　功成不處。

河 2.11　夫惟弗居,是以不去。　　　傅 2.11　夫惟不處,是以不去。

王 2.1　天下皆知美之為美,斯惡已;　　　帛 2.1　天下皆知美之為美,惡已。

王 2.2　皆知善之為善,斯不善已。　　　帛 2.2　皆知善,斯不善矣。

王 2.3　故有無相生,難易相成,　　　帛 2.3　有、无之相生也,難、易之相成也,

王 2.4　長短相較,高下相傾,　　　帛 2.4　長、短之相形也,高、下之相盈也,

王 2.5　音聲相和,前後相隨。　　　帛 2.5　音、聲之相和也,先、後之相隨,恆也。

王 2.6　是以聖人處無為之事,　　　帛 2.6　是以聖人居无為之事,

王 2.7　行不言之教。　　　帛 2.7　行不言之教。

王 2.8　萬物作焉而不辭,　　　帛 2.8　萬物作而弗始,

王 2.9　生而不有,為而不恃,　　　帛 2.9　為而弗恃也,

王 2.10	功成而弗居。	帛 2.10	成功而弗居也。
王 2.11	夫唯弗居，是以不去。	帛 2.11	夫唯弗居，是以弗去。

竹 2.1　天下皆知美之為美也，惡已；

竹 2.2　皆知善，此其不善已。

竹 2.3　有亡之相生也，難易之相成也，

竹 2.4　長短之相形也，高下之相盈也，

竹 2.5　音聲之相和也，先後之相隨也。

竹 2.6　是以聖人居亡為之事，

竹 2.7　行不言之教。

竹 2.8　萬物作而弗始也，

竹 2.9　為而弗恃也，

竹 2.10　成而弗居。

竹 2.11　夫唯弗居也，是以弗去也。

對勘舉要

（1）本章三個傳世本文字與帛書本及竹簡本略有不同，但主要思想基本一致，而以傅奕本較為接近新出土的帛書本和竹簡本。本章內容在竹簡本甲本第一組竹簡中，前後都有清楚的分章標記，後面有空格。河上公本題為"養身"，易生誤解。

（2）"天下皆知美之為美，斯惡已；皆知善之為善，斯不善已。"

"天下皆知美之為美，斯惡已。"河上本、王弼本、傅奕本都相同，但帛書本和竹簡本都沒有"斯"字。有"斯"字語法功能較完整，意義更明白。此例也說明古本並不十分注意語言形式方面的加工。語法是在語言長期使用的過程中逐步完善的。上古時期語法不夠嚴密也是可以理解的。"皆知善之為善，斯不善已。"三個傳世本也相同，但帛書本和竹簡本前半句都是"皆知善"，沒有後面的"之為善"三字。後來的抄寫和編輯者根據前面的句式增加這三字，以求句式的一致，此即語言形式的趨同現象。這一段也是新出土的竹簡本和帛書本相一致，而與傳世本不一致的一個實例。

不過，竹簡本和帛書本也有一個小差別，那就是帛書本的"斯不善矣"在竹簡本中是"此其不善已"。以"斯"代"此其"，帛書本比竹簡本用字更簡，竹簡本比帛書本句式更為舒緩自如。各本字句雖然有出入，但思想內容卻沒有重要區別，都是在講"美"向"丑（惡）"、"善"向"不善"轉化的情況。

對照帛書本與竹簡本，傳世本的句式更為整齊，如上句"美之為美"與下句"善之為善"相對，"斯惡已"與"斯不善已"相對，而帛書本、竹簡本的語言形式並沒有這種對應結構。魏啟鵬認為，本段"所言美惡、善不善二句，以文氣原為駢列句式，簡本、帛書本後一句皆承上而省略。"（魏啟鵬1999，16）此說至當。傳世本依文義補足了略去的部份，使語言形式更完整和整齊。這種加工並沒有改變原文的基本思想。

(3)"故有無相生，難易相成，長短相形，高下相傾，音聲相和，前
後相隨。"

本節三個傳世本都以"故"字起句，帛書本和竹簡本則不用
"故"字。推敲起來，這裏上下文之間並沒有因果推論關係，用"故"
只是形式上加強上下文聯繫，並沒有內容上的實質性意義。關於長短
的一句，只有王弼本作"相較"，其他各本都作"相形"。帛書甲乙本
之間沒有實質不同。

此外，河上本和王弼本都是四字句，如"長短相形，高下相傾"，
傅奕本以及竹簡本、帛書本都以"之"字在句中作連詞，句式成為
"長短之相形，高下之相傾……"。勞健引王引之《經傳釋詞》云"之
猶則也"，認為句中六個"之"字都應訓為"則"（勞健 1941，上 2B；
古棣 1991A，118）。

傅奕本和帛書本、竹簡本又有不同。傅奕本五字句後無語助詞，
而帛書本和竹簡本則用"也"作語助詞，其句式是"長短之相形也，
高下之相盈也"，語氣也比較平和從容。

三個傳世本之"傾"字，帛書甲乙本作"盈"，竹簡本作"浧"，
整理者讀為"盈"。傳世本作"傾"而不作"盈"，或是避漢惠帝劉盈
之諱的結果。魏啟鵬云："盈"字義勝，《文選・東京賦》"不縮不
盈"，薛註："盈，長（三聲）也"，如山、谷相對立而存在，山愈見
其高，谷愈顯其深（魏啟鵬 1999，16）。劉殿爵推測，大概為了避諱，
先改"盈"為"滿"（傅奕本第四章"盈"作"滿"），後人又以為
"滿"字失韻而改作"傾"。但由於"生"、"成"、"傾"為韻，可謂改
得天衣無縫，所以一直沒有人懷疑原來不是作"傾"的（劉殿爵
1982，14—15）。然而，值得存疑的是為甚麼通行本有時避"盈"，有
時則不避。

河上、王弼、傅奕諸本"前後相隨"在帛書甲乙本和竹簡本中都
是"先後之相隨"。句中"之"字的使用，句末"也"字的使用，
"前"、"先"的不同，這也是帛書本與竹簡本文字風格最為近似，而

與王弼本、河上本不同的例證。

　　當然，帛書本與竹簡本也有不同。帛書甲乙二本"先後之相隨"後均有"恆也"二字，三種傳世本和竹簡本皆無。這可說明雖然帛書甲乙本的母本不同，但二者顯然有共同的、但不同於竹簡本和傳世本的祖本。所有不同版本的《老子》當然有一個共同的最早的祖本，我們姑且稱之為"初祖本"。初祖本中是否有"恆也"二字，實難決斷。在竹簡本出土之前，帛書本是最早的古本，我們可以推論有"恆也"二字乃古本之舊，但更早的竹簡本無此二字，則推翻了原有的推測。如果我們以多數版本沒有"恆也"二字來推測，那麼"恆也"有可能是帛書甲乙本的祖本所加，以強調事物正反相依相生的普遍性。從文義上看，"恆也"並非必要。高明則認為帛書本有"恆也"二字語意完整，且語尾"生"、"成"、"形"、"盈"、"恆"成韻，無"恆也"則失韻（高明 1996，231）。依此說，竹簡本作為最早的古本，在語言形式上不如帛書本考究。如果我們把句式整齊當作一種"考究"，那麼的確是後出的版本更為"考究"，此為"語言趨同"之現象。

(4)"是以聖人處無為之事，行不言之教。"

　　"是以聖人處無為之事"一句，王弼本、河上本、傅奕本相同，但帛書本和竹簡本以"居"代"處"，竹簡本以"亡為"代"無為"，思想內容無別。本句竹簡本"無為"作"亡為"不是個別例句。竹簡本"無"、"亡"混用，以"亡"為主。據丁原植統計，竹簡本用"無"七次，"亡"三十次（丁原植 1998，213）。古文字研究表明，"無"字雖然在甲骨文中就已經出現，但早期表示有無之無的，主要是"亡"字，而不是"無"。到了戰國末年，"亡"、"無"的使用才有了分工，"亡"專指"死亡"、"逃亡"，"無"專指有無之無（劉翔 1996，231—243）。龐樸先生也曾經指出在表達有無之無的字中，"亡"字使用最早（龐樸 1995，273）。竹簡甲乙本多數情況下以"亡"代"無"，正是早期版本的一個特徵。竹簡丙本用"無"，對照抄寫字體，當晚於竹簡甲乙本。另傳世本之"處"，竹簡本、帛書本均作"居"。

(5)"萬物作焉而不辭，生而不有，為而不恃，功成而弗居。夫唯弗
居，是以不去。"

本節王弼、河上本大體相同，與其他本各有一些文字出入，較重
要者是"不辭"二字，傅奕本作"不為始"，帛書甲本殘缺，乙本作
"弗始"，竹簡本作"弗忉"，整理者解作"弗始"，魏啟鵬、李零同。
此段之"居"，惟傅奕本作"處"。簡、帛、河、王諸本均作"居"。

畢沅說"古'始'、'辭'聲同，以此致異"，並認為傅奕本作
"始"為長（畢沅 1781，上 1B）。易順鼎發現王弼註《老子》第十七
章時引過"居無為之事，行不言之教，萬物作焉而不為始"，可見王
弼本第二章"不辭"本應作"不始"（易順鼎 1884，上 2B；高明
1996，233）。這也再次說明今之王弼本非古之王弼本。看來"不始"
或"不為始"應該是古本原貌。鄭良樹據《呂氏春秋》引文，也認為
先秦古本原作"始"，不作"辭"（鄭良樹 1997B，89—90）。當然也
有不同意見（參見丁原植 1998，108—109；張揚明 1973，12）。（關
於"不始"或"不為始"的解釋，參見析評引論 2.4。）

在"萬物作而弗始"之後，三個傳世本都接"生而不有，為而不
恃，功成而弗居"。但帛書甲乙本和竹簡本都沒有"生而不有"一句。
三個古本都一致，顯然不是偶然。據羅振玉和高明，敦煌寫本也沒有
此句；據朱謙之，遂州碑本，以及《群書治要》卷三十四所引均無此
句（朱謙之 1984，11；高明 1996，233）。今本"生而不有"應該是
後人據第五十一或第十章"生而不有，為而不恃，長而不宰，是謂玄
德"而增補。"生而不有，為而不恃，長而不宰，是謂玄德"，這幾句
在今本第十和第五十一章完全相同，但在帛書本並不一樣，這是古籍
流傳中的有意加工而致的"語言趨同"（參見析評引論 51.1）。此外，
各本之間還有一些不太重要的文字出入，讀者很容易從原文對照中發
現，不必一一列舉。以下各章同。

析評引論

2.1 竹簡本的分章

竹簡本有本章內容。竹簡本《老子》分抄在三種長短形制不同的竹簡上，分別稱為甲、乙、丙本，每本又可明顯地分為若干組。相當於傳世本第二章的內容在竹簡甲本第一組中排在相當於第六十三章和第三十二章的文字之間，前後各有一個標明分段的符號"■"，後面還留有空格。其文字內容和傳世本及帛書本相比，相當完整和一致。竹簡本和傳世本分章（不包括排序）一致的情況還有不少，如第九、第十三章等。這說明通行的八十一章本雖非古本之舊，雖非出自一人之精心安排，但分章之事當有相沿已久之根據，說明竹簡本與傳世本有共同的遠祖本。

竹簡本甲本字數最多，約 1090 字，乙本 389 字，丙本 270 字，即使補足殘缺部分，三本一共也只有 1831 字，只有傳世本或帛書本的三分之一（丁原植 1998，序 iii—iv）。其中甲本和丙本中相當於今本第六十四章後半段的部份內容完全是重複的，但個別字句又有明顯不同，可見二者的母本不同。這說明三個竹簡本不是同一母本的有計劃的抄本，而是不同抄手據不同母本分別作的摘抄本（參見陳錫勇 1999，291—310）。竹簡本的形制、字體、用字都證明這一點。把三種竹簡本看作一個完整的或最早的《老子》是沒有根據的。

竹簡本都有明顯的分組，一組簡抄錄若干或一個章節，有完整的開頭和結尾，結尾的竹簡往往留有空白，不續抄其他內容。這些竹簡組之間的原有的順序已經無法還原，本書所依據的是最初的整理者的安排，現在已經有不同的整理本和排序方法，因此竹簡本對於校正其他版本的章節順序沒有太大意義。就一組內部的情況來看，其段落或章節順序與今本或帛書本相比，也全無對應關係，這一點和帛書本完全不同。帛書本除了德篇與道篇的順序與今本不同以外，上下兩篇內部的文句順序與今本是大體一致的，章節順序不同的是個別情況。

　　如果不考慮章節的順序，帛書甲本德篇分章情況與竹簡本也有相通之處，這就是帛書甲本德篇也有一些分章符號，有時與傳世本相似，有時不盡相同。總起來看，《老子》的分章是久已有之的，但在竹簡本或帛書本的抄寫時代，是否分章以及如何分章似乎不大重要，因此抄寫者有時標明分章符號，有時則略去，帛書本略去更多。竹簡本雖可證明《老子》之分章是久已有之，但竹簡本的章節順序可能是摘抄者認真的，也可能是不認真的安排，因此竹簡本不能作為古本章節順序的依據。竹簡本《老子》抄寫的時期，《老子》分章排序的工作是否已經完成和定型，還是未知數。

2.2　竹簡本的分組

　　竹簡本《老子》包括三個版本，整理者分別稱之為甲本、乙本和丙本。每個版本的竹簡又可分為若干組。

　　竹簡甲本包括下列五組：

　　第一組包括相當於傳世本第十九、六十六、四十六、三十、十五、六十四、三十七、六十三、二、三十二章的內容，可見其章節順序與今本上下篇之分或八十一章之分毫無關係。

　　第二組包括相當於傳世本第二十五、五章的內容。

　　第三組只含相當於第十六章的內容。

　　第四組含相當於第六十四、五十六、五十七章的內容。

　　第五組包括相當於第五十五、四十四、四十、九章的內容。

　　竹簡乙本有三組：

　　第一組抄有第五十九、四十八、二十、十三章的內容。

　　第二組只有相當於第四十一章的內容，但最後一簡殘缺嚴重，是否有後續簡不得而知。

　　第三組包含第五十二、四十五、五十四章。

　　竹簡丙本可以分為四組：

　　第一組包括第十七、十八章。

第二組以相當於第三十五章的內容自成一組。

第三、第四組分別以第三十一章和第六十四章的內容獨立成組。

以上甲本內的五組、乙本內的三組、丙本內的四組的順序都是可以互換的，因此，竹簡本的章節順序對於章節順序的校勘意義不大。

李零對郭店楚簡作了新的整理和釋讀，包括竹簡《老子》，先刊於陳鼓應主編的《道家文化研究》第十七輯，郭店楚簡專號，後收入《郭店楚簡校讀記》。

2.3 八十一章分於何時？

儘管通行的八十一章本的分章有許多不合理之處，但從形式上看，卻比竹簡本和帛書本的分章更為完備。排比對照各種版本的異同情況，我們還無法發現《老子》產生流傳的世系。大體說來，各種八十一章本雖然可能各有所依，但最初當有一個共同的八十一章本作祖本，所以河上本、王弼本、傅奕本等傳本分篇分章都完全一致，而不同於帛書本和竹簡本。八十一章本的創始人或者有相當的地位和影響力，或者有特殊的機遇，所以他的分章本才能成為歷史上流傳的定本。但八十一章本究竟起於何時何人，目前還無從考察。據說傅奕本根據的是北齊武平五年（公元 574）彭城人開項羽妾塚所得之本（勞健 1941，序 1），傅奕本沒有篇題，但明確分為八十一章，並標明每章的字數，這是否意味項羽妾塚本已經分為八十一章？如果是這樣，那麼八十一章本就可回溯到西漢以前了。但是，傅奕本加工於唐代，今日所見傅奕本是明刻本，我們不能根據明刻本斷定項羽妾塚原本已分為八十一章。根據現有文獻記載，至少唐代的河上公本已經明確地分為八十一章，並以每章前一句數字作標題並註明第幾章（《唐玄宗御註道德真經》）。敦煌本多為河上本系統，從殘卷來看，大多已經明確以另起行抄寫的方式分章，但都沒有標明章次。如“斯 6453 號”殘卷第三十七章後有“老子道經上”五字，第三十八章前有“老子德經下”五字，可見已經和後來的河上本分章一樣，只是沒有標明章次，更沒有篇名。此卷抄於天寶十年（公元 751）。類似情況還見於敦

煌殘卷 "斯 3926 號"、"斯 2267 號" 等（程南洲 1985，6—12）。

世人或以為王弼本即八十一章本，此乃大誤會。據晁說之政和乙未（公元 1115）記載："（王）弼題是書曰道德經，不析乎道德而上下之，猶近於古歟。"〔《集唐字老子道德經註》（古逸叢書之六）前附〕可見宋代所見王弼本尚未分為上下兩篇，更不會分章。

明代薛蕙（1489—1546）說："老子書，舊分八十一章，或謂出河上公，或以為劉向所定著。然皆無所考，大氐其由來遠矣。故諸家註本多從之。王輔嗣、司馬公本雖不分章，迺其注意實與分章者相合。獨嚴君平分為七十二章，吳幼清分為六十八章。予觀八十一章，其文辭之首尾段次之離合，皆有意義。嚴吳所分，蓋不逮也。要之八十一章者近之矣。"（薛蕙 1530，下 41A—B）依薛蕙所說，至少明代的王弼本尚未分章。

朱得之（1485—1565?）也說："分章莫究其始，至唐玄宗改定章句，是舊有分章而不定者。是以有五十五（韓非）、六十四（孔穎達）、六十八（吳草廬）、七十二（莊君平）、八十一（劉向諸人，或謂河上公）之異，又有不分章（如王輔嗣、司馬君實）。"（朱得之 1565，11B—12A）朱說也證明王弼本到明代中葉尚無八十一章本。從現有文獻來看，八十一章本起於河上本，唐代或更早的時候先有事實上的八十一章本，再有以第一句為題目的八十一章本（唐玄宗御註本），到了宋代才有現在看到的二字標題的八十一章本。王弼本分為八十一章當在明代後期或清代。這一漫長的演變過程也是後人試圖改善古本的足跡。

今天所見《老子》八十一章本經過漫長的演變，可見《老子》並不是精心謀劃的一氣呵成之作，各章的順序並沒有重要意義，因而本書不在各章的順序與聯繫方面多費筆墨。當然，這並不意味著《老子》一書沒有一個大致完整的思想體系，或者我們不應該去從整體上把握老子的哲學思想。我們認為，研究老子哲學應該從最主要的概念、命題、理論出發，從整體上把握老子思想，而不是把《老子》當作一篇完整的哲學論著，拘泥於《老子》的章節順序，分析《老子》

的開篇佈局。筆者認為，研究中國古代思想和哲學，必須對文獻考據
與理論闡發並重。理論研究應該建立在文獻分析的基礎上，而文獻分
析應避免傳統考據學見木不見林的傾向。

2.4　聖人何故"弗始"？

陳鼓應譯"不始"為不加倡導（陳鼓應 1984，64）。勞健說：
"不為始者，謂因其自然而不先為之創也。"（勞健 1941，上 2B）其說
似可從，然仍有可議之處。

考原文是"萬物作而弗始"，既然萬物已作，自然不需創始或倡
導，則"弗始"或"不為始"解釋為"不加倡導"或"不先為之創"
就全無必要而落空，至少句子順序有些問題。勞健曾引《國語》范蠡
諫越王云："人事不起，弗為之始也。""人事不起而創為之始，逆於
天而不和於人。"（勞健 1941，上 2B）兩句都是人事"不起"而"為
之始"如何如何，可見萬物已"作"而講"弗始"，於理不合。如何
理解更為恰當？這裏"不始"應為"弗始"，即"不始之"之義〔關
於"弗"之用法見第四十一章對勘舉要（2）〕。"弗始"當理解為"不
以首創者或起始者自居"，這樣和上下文聯繫起來才能順暢。"始"在
這裏是一種"意動"用法，即"以之為始"的意思。上文是"聖人居
無為之事，行不言之教。"下文是這樣的結果和聖人的態度，這就是
"萬物作而（聖人）弗始也，（萬物）為而（聖人）弗恃也，（萬事）
成功而（聖人）弗居也。"其大意是聖人"無為"、"不言"而輔萬物
之自然，結果萬物興盛勃發，聖人不以首創者或起始者自居；萬物無
所不成，聖人不自恃其有；萬事功成名就，聖人不以功臣自居。聖人
的這種格調和道之作為宇宙總根源和總根據而不自知、不自恃是一致
的。這樣理解，上下文義才通順無滯。（根據竹簡本，這裡的解釋略
去了傳世本中"生而不有"一句。）

萬物之作，必有其始，然其始必有多種因素合力交互作用而成。
聖人或有巨大貢獻，也難以化多因為一尊，更不當以一人為創始者而
自居，歸多種因素於一聖，推多人之力為一人之功。一事之成，如有

人以創始者或最高功臣自居，必有後患。驗之於歷史或現實，查之於邦國大事或人世糾紛，實例層出不窮。老子所稱聖人之玄德，絕非謙虛之美德或虛懷若谷之譽所能盡義，實有更深更根本的智慧與胸襟，值得玩味體會。

2.5　美醜善惡：相依互轉

本章開始說："天下皆知美之為美，斯惡已；皆知善之為善，斯不善已。"這是講正反相生的辯證關係。美與丑（惡），善與不善是一正一反，本來是不相干的。老子卻認為，如果普天下的人都以某之美物為美，那麼這本身就是惡了；如果普天下的人都知道某種善行之為善，那麼這本身就是不善了。

從文字表面來看，由美而有惡，由善而有不善，這就是由正生反，正反相生的意思，這是沒有疑問的。但是深入分析一下，我們可以看到，老子所說的辯證觀念可能涉及三個層面的內容或意義。第一層是美與惡，善與不善之概念本身的關係。美的概念和惡的概念，善的概念和不善的概念都是成對出現的，也就是相對而存在，沒有美的概念就不會有惡的概念，沒有善的概念就不會有不善的概念。這是說相反的概念也是共生和相依的關係。

第二層是美與惡，善與不善之事的互生關係。即有美而有惡，有善而顯不善，二者相對而存在，因而是共生與相依的關係。西施是美，東施效顰則是醜。助人為樂是善，助人求名則是不善。

第三個層面的意思則是說大家皆以一種美為美，這種情況是醜惡的；大家皆以一種善的形式為善，這種風氣恰恰是不善的。大家趨之若鶩的盲從是對美的毀滅，是偽善和假善而售奸的開始。如露肚臍的短上衣是一種時裝之美，但是如果人人都穿，則一定破壞了大家的美感，引起了醜的感覺。又如自發自願地從事慈善事業是一種善，如果僅僅將慈善行為作為報考名牌大學的資本，則是不善。老子敏銳地對盲目追求世俗價值的傾向進行了批評。這一層意思可能最重要，否則，老子只要像下文那樣說"美惡相較，善惡相生"就可以了，無需用這樣比較複雜的表達句式了。

顯然，老子的這種表述也是事實描述和價值判斷的複合。一方面，這是事實描述，揭示天下人都傾向於以一種美為美，以一種善為善的現象；另一方面，這也是價值判斷，認為這種現象或風氣是適得其反的，求美而顯惡，趨善而成不善。作為事實描述，老子批評了世俗的風尚，淺薄的習俗；作為價值判斷，老子表達了自己的追求，即希望達到雖美而不自以為美，實善而不自我標榜之善。這樣的美和善是自然的美，自然的善。自然的美和自然的善必然是活潑的、多樣的、多元的，不會成為千篇一律的"美"和刻板僵化的"善"。這也流露了老子崇尚自然的價值取向。

在今天的學術研究中，特別是在哲學研究中，我們應該區分事實描述和價值判斷，不應該將二者混淆起來。但是在古典文獻中和現代的實際生活中，將主觀見解滲透到事實描述中的情況還是很常見的。對這種現象，我們應該細心分辨，不應一概排斥或肯定。

2.6　有無難易：相生相成

本章還說到"故有無相生，難易相成，長短相形，高下相傾，音聲相和，前後相隨，恆也。"這裡講到六種情況，其中難易相成、長短相形、高下相傾、前後相隨四種情況顯然是揭示難與易，長與短，高與下，前與後相比較而存在的辯證關係。難易、長短、高下、前後這些相反的觀念都是相對而言的。

以難易為例，從事實來說，如果方法得當又積極努力，那麼本來困難的事就可以變得比較容易，反之，如果態度消極，或方法不當，那麼本來不難的事也變得困難和複雜。同時，甲與乙相比可能是難，與丙相比則可能是易。同樣是甲，對於某人來說是難，對於另一人來說則可能是易。難與易沒有各自的確定的標準，完全視具體情況中的比較而言，因此可以說難與易相反相成。就概念本身來說，難的概念是相對於易的概念而言，沒有難就無所謂易，沒有易也就無所謂難，這也是正反相生或正反相依的情況。

在空間關係方面來說，長短、高下、前後等成對的概念以及這些概念所反映的事物也都是這樣相比較而存在的，有長才有短，有高才有下，有前才有後。長短、高下、前後也都可以說是正反相生或正反相依的情況。"恆也"二字更強調這是一種通常的現象，近乎規律，因而是不應忽視的。

"音聲相和"一句講相似之物的和諧，與全文內容不一，只起一種鋪排烘托的作用，這裡可以暫不討論。值得特別注意的是"有無相生"一句。"有無"和上述"難易"等概念有所不同，"難易"等概念完全是程度的，是相對的，但"有無"作為概念則是沒有程度性的，有就是有，無就是無，有很少一點點也是有，只要不是零就不能算無。有與無不因一般的量的增減而改變。從事實來講，已有的事物可以逐漸消失，即有可轉化為無，沒有的事物可以演化誕生，即無可轉化為有。從概念來說，"有"與"無"也是相對而言的，有了"有"的概念才有所謂"無"，沒有"有"就無所謂"無"，反之亦然。這就是有無之相生。

關於有與無相依的關係，老子在第十一章中有精彩的論證：車輪的輻條湊集在圓而中空的車轂之上，車轂有中空之處才能穿過車軸，才能有車的功能。所以說"當其無，有車之用"。製作陶器時，必須保持陶坯中空才能製成器皿，這就是"當其無，有器之用"。造房子或挖窯洞，要有很大的空間和中空的門窗才能構成居室，所以說"當其無，有室之用"。車輛、器皿、居室之有都離不開中空之無，而這種中空之無也離不開車轂、陶坯、牆壁之有。所以說"有之以為利，無之以為用"。"有"能給人們提供便利，"無"才能顯示實際的功用。這裡有無相即不離，也是正反相依的例証。需要說明的是，本章之"有無相生"是就現象界或經驗界來說的，和第四十章"天下萬物生於有，有生於無"從宇宙演化生成的角度討論有無的關係完全不同，二者是不應該混淆的。

本章諸多成對的概念表達了老子的正反相生、相依、互轉的辯證觀念。

第 三 章

原文對照

河 3.1　不尚賢，使民不爭；　　　　傅 3.1　不尚賢，使民不爭。

河 3.2　不貴難得之貨，　　　　　　傅 3.2　不貴難得之貨，

河 3.3　使民不為盜；　　　　　　　傅 3.3　使民不為盜。

河 3.4　不見可欲，使心不亂。　　　傅 3.4　不見可欲，使民心不亂。

河 3.5　是以聖人（之）治，　　　　傅 3.5　是以聖人之治也，

河 3.6　虛其心，實其腹，　　　　　傅 3.6　虛其心，實其腹；

河 3.7　弱其志，強其骨，　　　　　傅 3.7　弱其志，彊其骨。

河 3.8　常使民無知無欲，　　　　　傅 3.8　常使民無知無欲，

河 3.9　使夫智者不敢為也。　　　　傅 3.9　使夫知者不敢為。

河 3.10　為無為，則無不治。　　　傅 3.10　為無為，則無不為矣。

王 3.1　不尚賢，使民不爭；　　　　帛 3.1　不上賢，使民不爭。

王 3.2　不貴難得之貨，　　　　　　帛 3.2　不貴難得之貨，

王 3.3　使民不為盜；　　　　　　　帛 3.3　使民不為盜。

王 3.4　不見可欲，使民心不亂。　　帛 3.4　不見可欲，使民不亂。

王 3.5　是以聖人之治，　　　　　　帛 3.5　是以聖人之治也，

王 3.6　虛其心，實其腹；　　　　　帛 3.6　虛其心，實其腹；

王 3.7　弱其志，強其骨。　　　　　帛 3.7　弱其志，強其骨。

王 3.8　常使民無知無欲，　　　　　帛 3.8　恆使民无知无欲也。

王 3.9　使夫智者不敢為也。　　　　帛 3.9　使夫知不敢，

王 3.10　為無為，則無不治。　　　帛 3.10　弗為而已，則无不治矣。

對勘舉要

（1）竹簡本沒有與本章相對應的文句。諸本之間沒有重要差異。帛書甲本殘缺較多，從殘留的字句看，甲乙本之間沒有明顯不同，與三個傳世本相比僅有個別字的歧異。河上公題為“安民”，似得其意。

（2）“不尚賢，使民不爭，不貴難得之貨，使民不為盜。”

這一段各本沒有重要出入，惟帛書本“尚”作“上”，乃古代通用字。

（3）“不見可欲，使民心不亂。”

這一句王弼、傅奕諸本作“不見可欲，使‘民心’不亂”，帛書甲乙本皆作“使‘民’不亂”，然河上本作“使‘心’不亂”，各本與帛書本均不同。從一般註釋講解的角度來說，各本實際內容並沒有大的區別。“使民不亂”的實質內容是“民心不亂”或“心不亂”。但“心亂”可以表現為行動，也可以不表現為行動，而“民亂”則是形之於外的。可能最初的《老子》關心的主要是形之於外的，即使“心亂”而形不亂，對社會也沒有直接傷害，所以作“使民不亂”。其他各本之“心”字可能是受到儒家理論影響而衍生的。

增一“心”字，從儒家立場來看，可能比較深刻，但是並不符合道家的基本精神，也不適合現代的社會管理原則。從現代社會管理原則來看，只要百姓不暴亂、造反，不管百姓心中多麼不滿，似乎都不必干預，更沒有理由鎮壓。這表面與道家注重社會秩序而不過多關注百姓心中所想相一致，但是，現代社會管理的這種原則和老子“輔萬物之自然”的原則並不相同，也沒有老子的以“慈”為寶的出發點，所以二者也不可簡單地相提並論。道家當然重視精神的提升，但著眼點主要是超越世俗倫理規範的精神境界和價值原則，與儒家直求良心或本心的動機論立場有著或明顯或微妙的不同。

（4）“是以聖人之治，虛其心，實其腹；弱其志，強其骨。”

本段各本差別不大。第一句末帛書甲本殘，乙本和傅奕本都用

"也"字,是古本的特點。另外,傅奕本"強"作"彊"。

(5)"**常使民無知無欲,使夫智者不敢為也。為無為,則無不治。**"

第一句"常使民無知無欲",河上、王弼、傅奕三本相同,帛書本則"常"作"恆",乃古本之舊,又多句末之"也"字,也是帛書本慣例。按王弼本與河上本此句末無"也"字,下句有"也",則此句當連下句讀。帛書本此句有"也"字,當為上段之結。一個"也"字其實影響了對上下文義的理解。

"使夫智者不敢為也"一句,河、王二本相同,傅奕本句末無"也"字。帛書甲本殘,乙本作"使夫知不敢",少"者"、"為也"。下面"為無為,則無不治"一句,河上本、王弼本同,傅奕本有句末之"矣"。帛書甲本殘,乙本作"弗為而已,則無不治矣"。

本章傳世本"常使民無知無欲,使夫智者不敢為也"兩句連讀,自成一體,與帛書本很不相同。帛書本"常使民無知無欲"一句屬上節,原文當讀作"是以聖人之治也,虛其心,實其腹;弱其志,強其骨,恆使民無知無欲也"。"使夫智者不敢為也"一句,帛書本作"使夫知不敢,弗為而已"屬下讀,全句為"使夫知不敢,弗為而已,則無不治矣"。請注意,這裏帛書本的標點與原文對照中的標點不同,因為原文對照時要對應通行本(王弼本和河上本,以下或簡稱通行本)的已有理解和斷句。想爾註本作"使知者不敢不為,則无不治",接近帛書古本之舊。

據朱謙之,敦煌本"敢"下有"不"字,遂州碑亦作"不敢不為也"。"不敢""不為"乃二事,與前文"無知無欲"相對而言(朱謙之1984,16),是敦煌古本"不敢,不為"與帛書本"不敢,弗為"相接近。又勞健曰:景龍碑、敦煌本並少"為無為"三字(勞健1941,上4A)。看來帛書本與敦煌本接近古本之舊。

析評引論

3.1 "尚賢"則晚乎?

本章"尚賢"一詞曾被人作為《老子》晚於《墨子》的根據。此

說曾經有相當的說服力。但是，自大量前無所知的竹簡本、帛書本文
獻出土以後，我們應該看到這種論證方法本身有很大局限或危險。因
為這種論證方法必須假定我們現有的文獻是古代典籍的全部，否則，
此說難以成立。顯然，我們所不知道的古籍太多了。張松如、古棣等
舉例說明"尚賢"的觀念久已有之，如《論語》"賢賢易色"、"舉賢
才"、"君子尊賢而容衆"等（張松如 1987，27；古棣 1991A，127），
因而不能以"尚賢"一詞作為《老子》晚於《墨子》的根據。此種論
證也未必充分或必要。即使老子的主體部份是春秋末年完成的，個別
詞語為後人所加、所改的可能性仍然是存在的。

3.2 "為無為" 與思想聚焦

本章三個傳世本中"為無為"三字應當是後來的編者據第六十三
章而修改。第六十三章竹簡本有"為亡為"，同傳世本"為無為"，說
明最早的《老子》本已有"為無為"的說法，在帛書形成時，相當於
第三章的部份並沒有用"為無為"的概念化（conceptualized）的說
法，而是用普通的陳述形式"弗為而已"。顯然，"為無為"的句式比
"弗為而已"更有概括性、概念化、理論化的特色，但原文的基本思
想並沒有根本性變化。帛書本與其他版本的不同顯然是因為後來的編
者為了突出"無為"的專門概念而對原文作了加工。（這裡的"弗為"
和竹簡本的"亡為"顯然不同，不能看作是"無為"的另一種形式。）

這種加工使得《老子》的中心概念"無為"更加突出，可看作老
子流傳過程中思想的聚焦現象和語言的趨同現象。語言形式的趨同是
指古文獻在流傳中，作品中的語言出現"同化"的趨勢，其語言形式
的主要傾向得到重複、突出和加強。比如，《老子》在演變中，四字
句的比例在增加，各章之間相同文句在增加，造成某種重複。所謂思
想的聚焦現象是指在《老子》流傳的過程中，後來的抄寫者或編者用
較重要的概念代替了原來的較普通的詞語、詞組或短語，使老子的最
重要的哲學概念更為突出，更為鮮明。比如從竹簡本、到帛書本、到
河上本和王弼本，"無為"一詞的使用次數有明顯的增加的**趨勢**；又

比如，在竹簡本中，"無為而無不為"只出現一次，在傳世本中則有兩次或三次。這些中心概念的使用次數的增加使《老子》的哲學觀點更為突出和集中，達到了思想"聚焦"的效果（詳見本書導論一）。

語言的趨同與思想的聚焦現象與古文獻流傳中的趨異現象是同時存在的。語言趨同和思想聚焦在形式上都是版本歧異現象的特殊形式。一般的校勘之作多偏重於個別版本之間的趨異現象，因而不易發現衆多版本流傳中出現的趨同和聚焦現象。

語言的趨同現象使文字更為通順，思想的聚焦現象使概念更為鮮明。帛書本這一段文句顯然不如傳世本順暢明確。古代語言習慣與後代多有不同，從今天的眼光看來，古代作者不可能字字鮮明，句句通順。不夠鮮明、通順可能正是古本之舊，而文句順暢正是後人編輯加工的結果。取其順暢，有利傳播；探索舊貌，有利清源。二者不必絕對互斥。

第 四 章

原文對照

河 4.1　道沖而用之，或不盈。　　　　傳 4.1　道盅，而用之又不滿。

河 4.2　淵乎似萬物之宗。　　　　　　傳 4.2　淵兮似萬物之宗。

河 4.3　挫其銳，解其紛，　　　　　　傳 4.3　挫其銳，解其紛；

河 4.4　和其光，同其塵。　　　　　　傳 4.4　和其光，同其塵。

河 4.5　湛兮似若存。　　　　　　　　傳 4.5　湛兮似或存。

河 4.6　吾不知誰之子，象帝之先。　　傳 4.6　吾不知誰之子，象帝之先。

王 4.1　道沖而用之或不盈，　　　　　帛 4.1　道沖，而用之又弗盈也。

王 4.2　淵兮似萬物之宗。　　　　　　帛 4.2　淵呵似萬物之宗。

王 4.3　挫其銳，解其紛，　　　　　　帛 4.3　挫其銳，解其紛；

王 4.4　和其光，同其塵。　　　　　　帛 4.4　和其光，同其塵。

王 4.5　湛兮似或存。　　　　　　　　帛 4.5　湛呵似或存。

王 4.6　吾不知誰之子，象帝之先。　　帛 4.6　吾不知其誰之子也，象
　　　　　　　　　　　　　　　　　　　　　帝之先。

對勘舉要

（1）竹簡本沒有本章相應文句。各傳世本之間沒有實質性不同，內容分歧較少，理解方面沒有重要困難。河上公名為"無源"，易生歧義。

（2）"道沖而用之，或不盈。淵兮似萬物之宗。"

第一句河上本、王弼本皆作"道沖而用之或不盈"，"沖"字傅奕本作"盅"。《說文·皿部》："盅，器虛也。《老子》曰：'道盅而用之。'"俞樾說："'盅'訓'虛'，與'盈'正相對。作'沖'者，假字也。""盅"當是《老子》古字。"或"字傅奕本作"又"，帛書甲本殘，乙本作"有"，讀為"又"，似乎古本如此，河上本、王弼本改為"或"。高明云，"或"、"又"、"有"三字義本相同，俱見《經傳釋詞》（高明 1996，240）。

王弼本、河上本"盈"字，傅奕本作"滿"，陸德明曰："'盈'，本亦作'滿'。"（朱謙之 1984，18）《文子·微明》引作"滿"，《淮南子·道應》引作"盈"。字句稍有不同，然似異而實同，與第四十五章"大盈若沖，其用不窮"句意相近。有意思的是《太平御覽》三二二引《墨子》曰："善持勝者以強為弱，故老子曰：道沖而用之，有弗盈也。"（鄭良樹 1997B，88 附註）其引文最接近帛書本，當不是巧合。推論起來，古本當同帛書本作"盈"。

第二句帛書本"兮"作"呵"。

（3）"挫其銳，解其紛，和其光，同其塵。"

這幾句各本相同。"解其紛"之"紛"，帛書甲本即作"紛"，乙本作"芬"，整理者讀為"紛"。惟俞樾根據顧歡本、河上註及王註，認為"紛"當作"忿"（俞樾 1934，144；張揚明 1973，23），註者多不取俞說。竹簡甲本相當於第五十六章的部份作"紛"。不過大英博物館所藏敦煌《老子》一種寫本殘卷之第四章、五種寫本之第五十六章皆作"解其忿"（程南洲 1985，19，155），或為傳抄者據本人理解而修改。

在傳世本中，這四句與第五十六章完全一致而重複。譚獻、馬敍倫、陳鼓應等認為這四句為羼誤當刪（馬敍倫 1957，39；陳鼓應 1984，75）。然張揚明、高明認為老子中重複的文句很多，且帛書本如此，因此不當刪（張揚明 1973，24；高明 1996，242）。傳世本中，各章重複相當明顯，有幾處都是字字相同的重複，但查帛書本和竹簡本，其重複則沒有傳世本嚴重，往往是選擇性的或略有變化的重複。如本節"挫其銳，解其紛，和其光，同其塵"帛書第五十六章作"和其光，同其塵，挫其銳而解其紛"，句序、句式並非完全一樣。從帛書本來看，這是思想的再現，而不是語言的重複。竹簡本沒有本章內容，但是有第五十六章的內容，其文句接近帛書本，似乎也不是機械的重複本章文句。由此可見，是傳世本的加工使得古本的思想再現變成了機械的語言重複，這也是語言趨同現象的例子〔詳見第五十六章對勘舉要（3）〕。

(4)"湛兮似或存。吾不知誰之子，象帝之先。"

這最後兩行各本沒有重要差別。惟帛書本"兮"用"呵"。又"或"字，惟河上本作"若"。"吾不知誰之子"，帛書本句中多一"其"，句末多一"也"字，句義更明確，語氣更從容。帛書本虛詞較多，說明傳世本經過了刪改加工。其加工的動機，或為簡潔，或為句式整齊，或為減少字數，以合《道德經》五千言之說。求簡潔者，以想爾註本為最，如本段無"兮"、"之"二字。此外，想爾註本"或存"作"常存"，與衆本不同，句義亦欠佳。

析評引論

4.1　猶疑與理性

奚侗強調本章揭示了道之"可見"與"不可見"兩方面。"道不可見，故云'湛'。《說文》：'湛，沒也。'《小爾雅·廣詁》：'沒，無也。'道若可見，故云'似若存。'十四章'無狀之狀，無物之象'，二十一章'忽兮恍兮，其中有象；恍兮忽兮，其中有物'，即此。"（奚侗 1925，上 4A）此說強調道同時俱有"不可見（湛）"與"似若存"兩方面是非常有見地的。不過這裏所謂可見與不可見不是肉眼觀察的意思，而應當是認知的意思，因為道是不能靠感官來直接認識的，而是靠理性的推論和感性的直覺來把握的。借用第一章的術語，道既是"有名"又是"無名"。

本章多用"似"、"或"、"象"、"不知"等猶疑之詞，其他章中在談到"道"時也常用這種不確定的表達方式。這種表達表面上似乎是不科學的、不精確的、非理性的，實際上卻反映了最接近科學的、理性的、謹慎的態度。宇宙之根本不是任何具體存在，不可能以確切的語言來描述，因此疑似之詞反而是最準確或最恰當的。直到今天，關於宇宙起源的嚴肅的科學研究仍然是以理論假說的形式出現的。關於根本真理的毫不含糊、毫不猶豫的宣示一時貌似精確，卻未必經得起科學發展和時間的檢驗。

4.2　道與上帝之異同

本章直接描述道作為宇宙總根源的特性。本書用總根源、總根據或本根等概念而不用本體、實體等概念是為了避免讀者以相應的西方哲學的特有內容來理解老子之道，也避免學術討論中不必要的爭執。

關於"帝之先"，高亨曰："帝之先"對"誰之子"而言，"象帝之先，猶言似天帝之祖也。古者祖先亦單稱曰先"（高亨 1957，12）。據此，這裏的"先"不是先後的"先"，而是"祖先"之"先"。"象帝之先"說明老子並沒有否定上帝的存在和作用，但是否定了上帝作為萬物主宰的地位。這一否定的根本意義在於否定了任何意志、目的、情感在萬物創生與發展過程中的影響，但又沒有落入否認一切原因和秩序的偶然論。

"帝"在《老子》中僅本章一見，並非西方一神論的上帝。可以和西方"上帝"概念相比較的反而是"道"。"道"作為宇宙萬物的總根源和總根據與一神論的上帝有相似之處，也有不同之處。基督教用來描述上帝的很多詞彙或術語都大體可以用與描述道，如惟一的、純粹之有（Pure Being）、整體的（wholeness）、永恆的（eternal）、不朽的（immortal）、絕對的（absolute）、不受任何影響的（impervious）、無限深遠的（the infinite abyss）、內在於萬物的（immanence）、超越的（transcendent）、不可言說的（ineffable）。顯然，這些詞彙和描述都大體適用於老子之道。此外，基督教也講上帝只能用比喻的語言（analogical）來描述，或類似佛教遮詮式的語言（about what God is not）來形容，老子之道也是如此。除了上述關於上帝與道的特性方面的相似之外，上帝的概念曾引起過無數的紛爭和不同的解釋，老子之道也同樣引發了各種各樣的理論和學說，對道的理解和詮釋更是數不勝數。直到今天，對於上帝和老子之道的新解釋仍在發展和探索之中。這種情況也是極為相似的。道和上帝是兩種民族、兩種傳統中的根本性概念，因而有相似之處。這種相似性似乎是表層的，但是這種表層的相似卻有著深刻的內在根源。上帝和道都是終極性的概念，都是一切事物的根本所繫，卻又與任何具體事物都不相同，所以二者必然表現出許多共同特徵。

　　然而，並不是所有描述上帝的概念都可以用於描述道。某些基督教描述上帝的詞彙就不能用於道，如全知（omniscience）、全能（omnipotence）、人格或位格性（personal or person - like）、博愛（all - loving）、創造者或設計者（cosmic creator or designer）等等。認真研究道的概念與上帝的概念的相似性與不同，不僅有純學術的價值，而且對於我們討論現代人的信仰問題也有重要參照意義（劉笑敢 1997，230—233）。

　　總之，就道與上帝的描述特徵來說，就它們的解釋功能來說，二者都有相似之處。作為世界的總根源和總根據，上帝的偉大之處，上帝的功能和作用與道都有類似之處，但一涉及人格問題、意志問題、目的問題、精神問題，上帝與道就毫無共性可言。我們似乎可以說，道是無意志、無目的、無情感的上帝，而上帝是有意志、有目的、有情感的道。如果此說大體成立，那麼我們就可以進一步推論，如果上帝的人格色彩或精神色彩淡化了，上帝的概念與老子之道就沒有重要區別了。我們或許可以簡單地說，上帝是人格化的道，而道是非人格的上帝。

這裏需要附帶說明的是，上帝是人間道德的源泉和裁判，但道沒有這樣強烈的道德色彩，這也是老子之道不同於儒家之天或理的地方。然而，道也不像一般人所想像的那樣，只是對傳統道德或儒家道德的否定。事實上，老子之道也為人類世界的道德和秩序提出了建設性的根據，這就是自然的和諧與秩序（參見析評引論 25.5—6，34.2—4，35.1，64.4—7）。

4.3 蒂利希：重釋上帝

在猶太教、基督教和伊斯蘭教的神學歷史上，在西方哲學史中，一直有著對上帝的概念重新解釋的傳統，其中不斷有人提出對上帝的人格性進行挑戰或修正的理論。在以經典力學為代表的近代科學的衝擊下，基督教神學受到的外部無神論的挑戰和內部各派神學的相互激盪最值得注意。神學家們對上帝和上帝的功能不斷尋找新的定義或解釋，在種種新理論中，上帝的人格化形象已經開始淡化則是一個可以感覺到，也可以預見的趨勢。有的學者對於永恆的上帝是否可能是人格的表示懷疑，有些神學家則認為上帝僅僅是最合格的道德的代理者。很多神學家都認識到，上帝的人格性是最容易受到質疑和攻擊的。於是有的神學家把上帝解釋為最高存有（Supreme Being），有的則把上帝解釋為無法感受之"無"（Nothing），還有的則把上帝看作天上的長兄一樣的"有"（Being）（Armstrong 1993，352）。

這裏我們重點介紹保羅·蒂利希（Paul Tillich，或譯田力刻，1886—1965）的神學理論。蒂利希是二十世紀一位相當重要的基督教神學家、哲學家和宗教活動家，他的理論著作和佈道活動在歐美都產生過廣泛影響。他認為宗教對人類來說是必要的，但舊的人格化的上帝概念必須取消。他贊成尼采的主張，認為傳統的人格化的上帝概念是有害的（同上，382—383）。他被看作是自由派神學家，正統的或保守的教會並不接受他的理論，但是，他的理論卻極有挑戰性、啟發性和開創性。

蒂利希在反駁愛因斯坦對上帝概念的批評時，也承認傳統的人格化上帝的概念是不合理的。上帝或干預自然界的發展，或作為自然界之外的原因，這使得上帝成了在其他物體之旁或其他物體之中的物體，成了眾物中的一物，即使作為最高的一物，也仍然是一物（Tillich 1959，130）。這不僅是對物理系統的破壞，而且是對任何有意含的（meaningful）上帝觀念的破壞。這樣的上帝好像始終在笨拙地修補著宇宙，這顯然是荒謬的；這樣的上帝干預著人類的自由和創造，這就成了暴君。如果上帝看起來是在自己的世界之中的自我，是可以以"你"相稱的個體，是與其作用結果相分離的原因，那麼"他"就變成了一物（a being）。這樣的無所不能、無所不知的暴君和地球上的獨裁者沒有多少不同，是把每一物、每個人都當成了他所控制的機器上的齒輪（Armstrong 1993，352）。和蒂利希所批判的這種人格化的上帝概念的荒謬性相比，"生而不有"、"為而不恃"的老子之道的合理性就顯而易見了。

蒂利希認為我們應該尋求一個高於人格化上帝的"上帝"。他主張把上帝定義為"存有的根據"（the Ground of being）或"終極的關懷"（ultimate concern）。按照蒂利希的定義，上帝是對蘊涵在人類的有限性之中的問題的回答，是人類最終地關懷著的物件的名稱。這並不是說已經先有了一個上帝，然後要求人類終極地關懷著他。而是說，不論人類所終極地關懷著的是甚麼，那就是他的上帝或神（God），反過來也可以說，人類只會終極地關懷對他們來說是上帝或神的東西（Tillich 1951，211）。這樣的上帝概念完全脫離了基督教的人格神的傳統所面對的困境，給基督教神學帶來了新的生命力。按照這樣的定義，如果老子之道成為某些人的終極關懷的物件，那麼道也就是他們的上帝。

4.4 蒂利希：重釋宗教

蒂利希還特別強調，上帝既是"他"，又是"它"，又超越"他"和"它"。也就是說，上帝是在人之上的，上帝既是人格的，又是非人格的，更是超越人格與非人格的。正如謝林所說，只有人才能治療人。人格性是宗教救治人類困境的必要特點。然而，說到底，人格的上帝只是一個象徵符號，不能是"一物"（Tillich 1959，131—132）。上帝作為象徵符號與道的意含就有了更多溝通的可能。

隨著上帝之定義和特點的改變，宗教的實質也有了改變。一般人所說的宗教是對衆神（gods）或一個上帝的信仰，是為了把自己的思想、奉獻和順從與這些神聯繫起來的一系列活動和制度。蒂利希認為這是狹義的宗教。深層的內在的宗教則是對自己的存有的和全宇宙之存有的關懷。所以宗教性或"是宗教的"（being religious）實質意味著"真切地追問關於我們的存在的意含（meaning）並願意接受答案，包括對自己有傷害的答案"。這是一種縱深向度的無限的關切，不同於我們在工業社會裏的水平向度的關懷。在水平向度上，人們總是說越來越好，越來越大，越來越多。在這樣的層面上，一切都變成了工具，連人自己也變成了沒有目標的工具。按照蒂利希的深層關切或縱深向度的宗教或宗教性的定義，一個具有真切的終極關懷而不相信具體宗教的人可能比一個按時去教堂卻沒有深層關懷的人更有宗教性（Tillich 1987，1—3）。由此我們可以說，老子對天地之根、對萬物之源、對人類的最佳狀態的深切關懷是真正的宗教情懷。

4.5 道之符號意義

蒂利希還特別指出，宗教的語言是符號語言。符號（symbol）和記號（sign）都代表著它們自身以外的東西，但記號不是它所代表的物件的一部分，因而很容易人為地改變或更換，如交通標記就是人為規定並可能根據需要而改換的。而象徵符號卻可以成為它所代表的物件的一部分，它所代表的內容不改變，它本身就不能改變。如國旗代表著一個國家的權力和尊嚴，這個國家不滅亡，國旗就不能改變。象徵符號像藝術作品一樣，可以提升實在內容的水平，而這是科學方法和其他語言都達不到的效果。象徵符號也可以像藝術品一樣開拓靈魂的向度和內在因素，使心靈與它所代表的物件的向度和因素相契合，這也是普通語言或科學方法所無能為力的。此外，象徵符號必須能夠集體地無意識地接受，不是可以隨意創造和更換的，它有自身的生命，可以生長，可以消亡，但卻不是科學的批判或實際的批判的結果，而是它賴以產生的環境變化的結果。上帝的概念、"主"或"父"的概念、十字架、《聖經》等宗教語言都是符號，都不是科學的語言、理性的分析所能代替的（Tillich 1987，41—43）。這又使我們想到，老子之道似乎和上帝一樣，也是一種符號語言，是一般的邏輯語言、科學語言無法代替或批判的。老子之道和上帝的概念一樣可以幫助人們的追求向縱的、深的方向發展，從而避免人類自身的工具化傾向。

　　如果我們認真思考蒂利希的神學理論的內涵，我們會發現老子之道和蒂利希的上帝一樣具有深刻的宗教意義。老子之道也是宇宙萬物存在的根據，是人類生命和萬物存在之意義的根源，它是人類終極關懷的產物，也是人類終極關懷的物件。然而老子之道沒有人格化特點所可能帶來的困擾，它不如人格化的上帝那樣容易理解和接受，但也不容易誤解和歪曲；它所代表的人文之自然的價值既以人的生存狀態為中心，又不以人為宇宙萬物的主宰力量；它既以人際關係之和諧為理想，又不以道德原則為根本，不帶任何說教和強制。這些特點應該引起我們更高的重視，讓它在現代生活中產生更積極、更富於建設性的影響。

第 五 章

原文對照

河 5.1　天地不仁，以萬物為芻狗；　　　傅 5.1　天地不仁，以萬物為芻狗。

河 5.2　聖人不仁，以百姓為芻狗。　　　傅 5.2　聖人不仁，以百姓為芻狗。

河 5.3　天地之間，其猶橐籥乎？　　　　傅 5.3　天地之間，其猶橐籥乎？

河 5.4　虛而不屈，動而愈出。　　　　　傅 5.4　虛而不詘，動而俞出。

河 5.5　多言數窮，不如守中。　　　　　傅 5.5　多言數窮，不如守中。

王 5.1　天地不仁，以萬物為芻狗；　　　帛 5.1　天地不仁，以萬物為芻狗。

王 5.2　聖人不仁，以百姓為芻狗。　　　帛 5.2　聖人不仁，以百姓為芻狗。

王 5.3　天地之間，其猶橐籥乎？　　　　帛 5.3　天地之間，其猶橐籥與？

王 5.4　虛而不屈，動而愈出。　　　　　帛 5.4　虛而不屈，動而愈出。

王 5.5　多言數窮，不如守中。　　　　　帛 5.5　多聞數窮，不若守於中。

竹 5.1　天地之間，其猶橐籥與？

竹 5.2　虛而不屈，動而愈出。

對勘舉要

（1）本章帛書甲乙本及傳世本沒有重要字句不同，但竹簡本只有中間四句，接在甲本相當於第二十五章的最後一枚竹簡上，開始之前有一個分章標誌，結束後又有一分章標誌，並留有一段空白。可見竹簡本的抄寫者是有意以此四句為一單元的。河上公題為"虛用"，差強人意。

（2）"天地不仁，以萬物為芻狗，聖人不仁，以百姓為芻狗。"

此段諸傳世本與帛書本文句相同，惟竹簡本無此段文句。

（3）"天地之間，其猶橐籥與？虛而不屈，動而愈出。"

這幾句在竹簡本中抄於第二十五章"道法自然"之後，似在集中討論宇宙萬物的自然而然的發生過程。

帛書甲乙本及竹簡本"其猶橐籥與"，諸傳世本作"其猶橐籥乎"。"虛而不屈，動而愈出"，傅奕本作"虛而不詘，動而俞出"，文義無別。

（4）"多言數窮，不若守中。"

此為傳世本文句。竹簡本無此句。帛書甲乙本皆作"多聞數窮，不若守於中"，三個傳世本均刪去"於"，似為保持四字句格式。帛書甲乙本"多言"俱作"多聞"，遂州本、想爾註本、倫敦所藏一敦煌本亦作"多聞"，高明主張從帛書（高明 1966，246；程南洲 1985，22）。據焦竑，龍興碑亦作"多聞"，《文子·道原篇》也引作"多聞"（見馬敘倫 1957，41）。作"聞"似為古本之舊。然《淮南子·道應》引為"多言"，嚴遵指歸所述也是多言（王德有 1994，128），可見漢代已經有多種版本（鄭良樹 1997B，90）。

析評引論

5.1 竹簡本是完本嗎？

本章竹簡本只有中間"天地之間，其猶橐籥與？虛而不屈，動而愈出"四句。帛書本和諸傳世本前後的文句是竹簡本抄寫時有而未錄，還是後人增添的，單就這一章來說，似乎很難斷定。筆者主張從總體來看，從竹簡本與帛書本及諸傳世本的關係來看，或者說從對竹簡本的基本估計來看。如果把竹簡本看作較早的完整的老子古本（郭沂 1999），那麼本章竹簡本以外的內容就一定是後人增添的。不過，筆者與多數學者一樣（陳錫勇、唐明邦、王博、王中江、黃釗、丁四新），認為竹簡本作為最早完本的可能性很小，或者應該說是不存在的。我們寧可相信竹簡本是更早的不同祖本的三種摘抄本。最主要的根據是三種竹簡本有三種不同的形制，不同的筆跡，一共不到兩千字，甲本和丙本都有相當於第六十四章的內容，明顯是同一篇章，字句卻有明顯不同，說明竹簡本至少來自兩種不同的母本，沒有一個完整的體系，因此不可能是老子的最早的祖本或完本。要之，竹簡本只有此章部份文句，尚不足以說明《老子》最早的版本就是如此。

5.2 《老子》與《詩經》、《楚辭》

關於《老子》的年代問題，筆者的觀點主要奠基於對帛書本和傳世本的總體研究之上。根據筆者對老子中的韻文部份和《詩經》、《楚辭》的韻文格律的全面分析、統計和比較，老子中韻文部份的句式（靈活多變而以四字句為相對多數）、韻式（句句韻，偶句韻，疊韻，交韻，富韻，密韻）、合韻、迴環往復或復沓的修辭手法（句與句、章與章、頂真、倒字換韻）等方面與《詩經》的風格若合符節，與《楚辭》的風格恰成不同的對照。楚辭句式以六七言為主，少數四言詩風格與《詩經》也有明顯不同；《楚辭》一律是偶句韻，極少例外；

《楚辭》不用迴環式手法，也極少例外。筆者對這些語言特徵的比較統計可以列成下面的表格。

語言學特點		《詩經》	《老子》	《楚辭》
韻式	句句韻	27％	47％	0
	混合韻	48％	35％	0
	偶句韻	25％	18％	100％
修辭	迴環往復	90％	94％	0
句式	四言為主	94％	50％	14％
合韻	之魚	5	2	0
	幽侯	3	1	0
	宵幽	4	1	0
	屋覺	2	1	0
	月質	8	1	0
	真元	1	5	0

　　老子韻文格律自身的一致性，及其與《詩經》語言風格的一致性，說明它的主體部份大體是同一時期、同一作者的作品，應該是在《詩經》風格尚流行時期的產物，後人增添的內容較少，因此沒有影響到它文風的統一性（劉笑敢1997，7—48）。從春秋末年和戰國中期的南北詩歌的風格來看，《詩經》與《楚辭》的風格之不同，主要是時代的不同，而不是地域的不同（劉笑敢1997，49—65）。因此筆者認為，參照司馬遷的記載，假定《老子》是春秋末年大體完成的作品，比其他假說有更多、更客觀、更一致的文獻學、語言學和數據統計的根據。

　　最簡單而輕鬆的反駁就是，後人可以模仿《詩經》的風格，因此與《詩經》風格一致並不能說明它有可能是春秋末年的產物。如果這種反駁是隨便的意氣用事，則無討論的必要。如果是認真的學術探討，那麼我們就要討論下面的問題：為甚麼後來的人要有意模仿早已影響衰微的《詩經》的風格寫一部哲理書？如果是為了便於流傳、記憶，為甚麼不全部寫成詩歌形式？而只將一小部份寫成或嚴格或鬆散的詩句？如果後人有意模仿，為甚麼先秦、漢初所有提到《老子》文句的記載都把它歸之於一個並不存在的老子？如果因為老子有名，所以要託於其名，那麼，這個沒有寫過《老子》的歸隱之人又憑甚麼那麼有名，值得後人假託其名？特別是合韻的特點反映了不同作者的語音習慣，古人讀來押韻的字，後人讀著就不一定押韻，這是極難模仿的，而且我們也看不到任何人要模仿前人語音特點的動機。如果反駁者就這些問題提出有力論證，筆者當會重新考慮和修正上述觀點（參見析評引論 14.1，28.1，35.5，37.3，39.1，44.2）。

竹簡本《老子》的出土，證明《老子》的出現比很多人想像的要早，但還不足以說明《老子》成書的確切年代，因此，整體的全面的語言規律的考察仍然可能是最可靠的方法，而根據一段、一句、一字的比較、推敲、推論，可能只有第二位的和局部的合理性。

第 六 章

原文對照

河 6.1 谷神不死，是謂玄牝。　　傅 6.1 谷神不死，是謂玄牝。

河 6.2 玄牝之門，是謂天地根。　傅 6.2 玄牝之門，是謂天地之根。

河 6.3 綿綿若存，用之不勤。　　傅 6.3 綿綿若存，用之不勤。

王 6.1 谷神不死，是謂玄牝，　　帛 6.1 谷神不死，是謂玄牝。

王 6.2 玄牝之門，是謂天地根。　帛 6.2 玄牝之門，是謂天地之根。

王 6.3 綿綿若存，用之不勤。　　帛 6.3 綿綿呵其若存，用之不勤。

對勘舉要

(1) 本章沒有竹簡本對應文句。其餘各本字句沒有根本性不同。河上公題為"成象"，未得其要。

(2) "谷神不死，是謂玄牝。"

這句各本皆同，惟"谷神不死"，帛書甲乙本原作"浴"，乃"谷"之假借字。

(3) "玄牝之門，是謂天地根。"

此為河上本與王弼本文句。"天地根"，傅奕本、帛書本均作"天地之根"。這兩句在想爾註本、唐玄宗御註本、唐代碑刻和倫敦藏敦煌本中作"玄牝門，天地根"（饒宗頤 1991，9；程南洲 1985，23），句式與一般版本都不同，其始作俑者可能是想爾註本為湊合《史記·老莊列傳》所說五千字的整數，故意刪去很多虛字。想爾註本可能是刪字最早最多的版本。傳世本在流傳中四字句逐步增加，其依據是古本內固有的主要句式。而想爾註本以司馬遷所說五千言為標準，是外在的原則。這或許是想爾註本的刪改難以成為通行之主流版本的重要原因。這裏說四字句為主要句式是相對於三字句、五字句等其他句式來說的，《老子》中並沒有一種超過半數的句式。

(4) "綿綿若存，用之不勤。"

此為河上本、傅奕本文句。王弼本"綿"作"緜"。"綿綿若存"，帛書本作"緜緜呵其若存"。此為帛書本未經嚴格四字句加工的痕跡。傳世本四字句句式明顯多於帛書本和竹簡本（劉笑敢 1997，14—23），說明老子在流傳過程中經過不斷加工，句式漸趨一致，造成古代文獻流傳中的語言趨同現象。

析評引論

6.1　中國的宇宙論概念

本章以谷神開篇。谷神字面意思是山谷之神，喻萬物總根源之虛空而神妙的作用。嚴復說："以其虛，故曰'谷'；以其因應無窮，故曰'神'；以其不屈愈出，故曰'不死'。三者皆道之德也。"（嚴復 1905，6）"不死"其實是因其無生。道家比喻宇宙總根源的大多是無生命之物，有生命的事物就不可能永恆。

"玄牝"是玄虛神秘的雌性之物，不是任何特定的動物或人格化的神。"玄牝之門"就是雌性的生殖器；"天地之根"就是宇宙萬物的總根源和總根據。

本章連續用"谷神"、"玄牝"、"玄牝之門"和"天地之根"逐層深入地比擬、描述宇宙或萬物的起源和根據。"天地之根"的根也是比喻之辭，即後來《莊子·知北遊》中所提到的"本根"，是宇宙之總根源的代稱，不單純是性質的描述。張岱年先生曾以本根論代西方之宇宙論和本體論（張岱年 1982，6—16），頗有深意，可惜先生後來放棄了這一概念。其實，平時常用的"根源"一詞最初也是借喻，但久而久之，其基本內涵已經抽象化了，不再專指木之根與水之源了。同樣，"本根"一詞應該也可以成為反映中國宇宙論特點的哲學詞彙。

谷神直接來源於山谷的形象，其特點是深邃、空寂。"神"雖有鬼神之神的涵義，但在老子思想體系中，這種"神"的作用是受道的制約的。如第三十九章"神得一以靈"，此神即神靈之義，但此神的作用來源於道。老子用它來烘托"一"或"道"之最高、最根本之作用，並沒有神靈的實質性意義。神的另一種意義是神妙難測的作用，與《易·繫辭》"陰陽不測之為神"的神相同。如《老子》第二十九章"天下神器不可為也"，第六十章"其鬼不神"，其中的"神"都不是鬼神之神。本章中的"谷神"之神也不是一般之鬼神，而是用來比喻描述虚空、幽深之物的神秘、玄妙的作用。史華茲（Benjamin Schwartz）認為，山谷的特徵完全是由中空的空間以及對流入的河川溪澗的被動的受容性所決定的，而這些特徵又是和雌性的性別角色和生殖功能相聯繫的（Schwartz 1985，200）。這也就是老子為甚麼要用"玄牝"來進一步定義"谷神"的原因。"玄牝"就是玄妙莫測的雌性之物，比谷神更為抽象，其特點是内部的空間和容受性；而"玄牝之門"則進一步突出"玄牝"的中空、開放、吐納的特性。這些特性也就是"天地之根"的主要特點。

這裏的天地之根是不是永恆的或實體性存在？對此，老子故意不作明確斷定，所以說"綿綿呵其若存"。老子常用"若"字，表達他謹慎的、不肯斷言的態度。這一點，帛書本、竹簡本的句式、語氣比傳世本表現更為明顯。不過，儘管天地之根不一定是永恆的實體，但它確有"綿綿"不絕、"用之"不竭的功能，所以說"用之不勤"，"勤"，盡也（高亨 1957，18）。"用之不勤"就是為萬物所依賴的功能永無盡期。這似乎相當於永恆之義，但這不是實體之永恆，而是功能之不絕；不是靜止之永恆，而是動態作用之無限。

天地之根是中國哲學對宇宙起源、萬物基礎的一種比喻式概括，也就是老子所說的道或"本根"。"玄牝"、"天地之根"、"本根"的比喻都是以現實世界之物比喻宇宙萬物最後、最高的根源和根據。就其最後、最高的意義來說，它們和西方的形而上學的概念有類似之處，但就其與現實世界相貫通而非相隔絕的關係來說，則不能算是西方式形而上學的概念。

6.2 "玄牝"就是生殖崇拜嗎？

《老子》中多用雌性比喻，如"谷神"、"玄牝"、"玄牝之門"等，學者多據以說明老子思想中有女性崇拜，或母性崇拜，或生殖器崇拜，或曰老子思想是母系社會的反映（陳鼓應、白奚 2001，40—43；張智彦 1996，113—121；詹石窗 1990；蕭兵、葉舒憲 1994，551；E. M. Chen 1974；Needham 1956，59）。然而，老子哲學基本上是男

人與男人的對話，並不是替女人講話，也沒有討論男女問題。所有有
關雌雄、男女的詞語都是比喻之詞，並非直接關涉男女的地位問題或
男女的生殖器問題。"谷神"、"玄牝"、"玄牝之門"都是用於描述宇
宙萬物之本根的特徵的比喻之詞，如果說有所推重，那麼所推重的只
是"道"或宇宙本根，而不是"谷神"、"玄牝"本身。當然，這種比
喻體現了老子對"谷神"、"玄牝"的充分肯定的價值判斷，但遠不是
對"谷神"、"玄牝"本身的崇拜。

　　李約瑟（Joseph Needham）可能是上述流行觀點的始作俑者。他
把老子的雌性比喻歸結為古代的母系社會："古代社會極有可能是母
系社會，難道這不是道家極為重要的雌性象徵符號所殘留的最古老的
意義嗎？"在談到道教時他又說："道教思想中諸多（與雌性相聯系
的）方面在儒家和佛教中毫無蹤跡，這些因素一定與古代原始部落集
體主義中的母系社會因素有一些聯系，一定是古代道家哲學中突出的
雌性比喻的反映。"（Needham 1956，105，151）李約瑟是就道家和道
教來講的，不限於對《老子》及其雌性比喻的解說。不過，他的觀點
涵蓋了對《老子》原文的分析，顯然包括並適用於他對《老子》的詮
釋。後來的人大多明確把這種觀點應用於對《老子》的解釋。但是很
多人所羅列的只是世界各民族都可能有生殖崇拜的材料，而這些材料
並不能證明老子思想與生殖崇拜有任何實際關聯。

　　廣泛流行的觀點不一定是正確的。一個基本事實就是通常所謂的
母系社會的說法至今沒有確實的證據。母系社會（matriarchy）是十
九世紀人類學提出的特指女性佔據社會統治地位的社會形態。這一概
念自提出起就處於爭論之中，人類學、社會學、考古學的研究至今沒
有發現確實的證據說明人類原初社會有一個女性在社會政治、經濟生
活中佔據主導地位的社會形態（Abercrombie, Hill, and Turner
1988，150）。施舟人（Kristofer Schipper）強調女性在人體活動中的
主動地位和作用，但是他也指出，不能將道家的這種特點歸之於並不
存在的母系社會的影響（Schipper 1993，125）。至於盡人皆知的中國
古代所謂"知其母而不知其父"的階段只是一種家族制度，是女性家

長制；在家族以外，在社會中從事政治、經濟活動的主要還是男性，這並不是一種特殊的社會形態。所以有人把它叫作"母系繼嗣制"（孟凡夏 1995）。不少考古學學者根據一些挖掘的墓葬資料推定古代的仰韶文化即母權社會。然而，這些墓葬資料並不充分，推理也不夠嚴謹，相反的材料和解釋也很多，很難作為定論（杜正勝 1992，8—15）。

　　然而，既然歷史上有過女性家長的家族制度，那麼是否應該假設老子哲學是女性家長制殘餘的結果呢？這也不恰當。女性在家族內的家長地位不等於社會政治經濟生活中的主導地位，在歷史上很難產生持久的文化影響。至今我們還可以發現某些族群有類似的女性家長，但她們在社會生活中並沒有統治地位。老子哲學關心的是社會的秩序、天下的和諧，說他的思想來源於某種家族制度的影響，是沒有說服力的（參見析評引論 61.2—3）。

6.3　雌性比喻與女性主義

　　女性家長制或生殖器崇拜的證據本身不能證明老子知道它們的存在，更不能證明老子確實受過其影響。歷史上有過甚麼，這和老子是否受過甚麼影響是兩件事，二者之間並沒有必然聯繫。單單拿出大量男性或女性生殖器的石刻、陶器、圖片、遺跡、實物，都不能說明老子的雌性比喻與其有關。如果說可能有關，那麼，老子為甚麼只受女性生殖器崇拜的影響，而不受存在更廣泛的男性生殖器崇拜的影響呢？把老子的雌性比喻歸結為女性家長制或生殖崇拜，說到底都只是揣測之辭，只是大膽聯想的結果，沒有任何確實的證據。因此不能作為學術觀點進行嚴肅的討論。

　　事實上，把老子哲學和上古女性家長制或生殖力崇拜聯繫起來，對於研究、解釋老子哲學不能提供任何有意義的新內容，反而把老子的普遍性的關懷、深刻的哲理引向狹窄的、現實的性別的考慮，從而轉移、淡化、貶低了老子哲學深邃的意境和廣泛的啟示意義，甚至也不利於從女性主義立場出發來利用和發展老子哲學。

　　然而，這並不是說老子哲學與今天的男女平等問題或所謂女權主義毫無關係。筆者認為，老子哲學對於男女平等與和諧的貢獻是在更高、更普遍、更根本的層次上的，而不是在直接的崇拜女性生殖器的層次上。老子哲學與當代女性主義的相關性表現在老子提倡以男人為主的社會多實行類似於女性特點的雌柔之道，從而從根本上減少社會的壓迫、衝突與傷害。老子希望在社會中起主導作用的人，如聖人、王侯、將軍（這些人在古代都是男人），實踐以雌性特點為象徵的自然無為的原則和柔順慈儉之道，從而有利於實現社會的自然和諧，也有利於維護人類與大自然的和諧。從今天的觀點來看，這當然是有利於從根本上糾正對女性以及女性性格特徵的輕視和歧視，有利於男性對女性特點的重新認識與尊重，有利於女性在肯定女性本身價值的基礎上提高自信與自尊，而不是通過拋棄女性特點、盲從膚淺的男性英雄主義而提高自身的社會地位（劉笑敢 2003）。

　　當然，色彩繽紛的女性主義理論是在歐洲和美國的社會現實中產生的，與老子哲學的時代背景沒有任何直接的聯繫。然而，思想理論的相互影響和回應是可以超越時空之界限的。近代德國的海德格爾（Martin Heidegger，1889—1976）就在古代的老子哲學中找到了共鳴和靈感，曹禺的話劇也從古希臘戲劇及挪威作家易卜生那裏借鑒了藝術營養。梁羽生的代表作《七劍下天山》完全是中國風格的，據稱其創作卻受到愛爾蘭女作家伏尼契的《牛虻》的深刻影響（鄭傳鍏 2004）。這都是異域文化可以相互啟迪的實例。從文化象徵的意義來看，而不是從現實的女性特點來看，老子的雌性比喻與女性主義的理論就有了某種相關性。女性主義理論的基本出發點是要改變女性對男性的服從地位，提高女性的自我意識，改變男性單方面主宰人類社會歷史的不合理現象，這當然不是老子哲學的中心課題。但是，老子哲學所關心、所提倡的雌柔原則所體現的自然的秩序、自然的和諧，實質上也包括了對傳統的男性英雄主義或霸權姿態的批評，因此也有可能把女性和男性的關係問題包括進來（參見析評引論 76.1，76.2）。

　　總之，老子哲學的雌性比喻作為文化象徵符號可以從更根本的層次回應和補充當代女性主義的某些理論和主張。雌柔原則所針對的天下的問題，放到今天的世界，對現代的國際關係也可以有重要的啟示意義。套用當今時髦的術語形式，老子哲學可稱為 meta‐feminism 或本體女性主義，可為女性主義提供本體論和方法論的哲學基礎（參見析評引論 76.3），但並不是直接的女性主義的先聲，更不是女性崇拜或女性生殖器崇拜。

第 七 章

原文對照

河 7.1　天長地久，
河 7.2　天地所以能長且久者，
河 7.3　以其不自生，故能長生。
河 7.4　是以聖人後其身，而身先；
河 7.5　外其身，而身存。
河 7.6　非以其無私耶？
河 7.7　故能成其私。

傅 7.1　天長，地久。
傅 7.2　天地所以能長且久者，
傅 7.3　以其不自生，故能長生。
傅 7.4　是以聖人後其身而身先，
傅 7.5　外其身而身存。
傅 7.6　不以其無私邪？
傅 7.7　故能成其私。

王 7.1　天長地久。
王 7.2　天地所以能長且久者，
王 7.3　以其不自生，故能長生。
王 7.4　是以聖人後其身而身先，
王 7.5　外其身而身存。
王 7.6　非以其無私邪？
王 7.7　故能成其私。

帛 7.1　天長，地久。
帛 7.2　天地之所以能長且久者，
帛 7.3　以其不自生也，故能長生。
帛 7.4　是以聖人退其身而身先，
帛 7.5　外其身而身先，
帛 7.6　外其身而身存。
帛 7.7　不以其无私與？
帛 7.8　故能成其私。

對勘舉要

（1）本章沒有竹簡本對應文句，帛書乙本衍“外其身而身先”一句（甲本不衍），句義重複，顯然涉上句“身先”和下句“外其身”而誤綴成句。這種誤抄沒有得到糾正，說明帛書本不是精心抄寫，更沒有經過精心校對。此外各本之間只有個別字的不同，思想內容沒有根本性不同。河上公題為“韜光”，取其皮毛，易生誤會。

（2）“天長地久，天地所以能長且久者，以其不自生，故能長生。”

本書所收各版本基本相同，惟帛書本多一“之”字，作“天地之所以能長且久者”，是帛書本比傳世本多保留虛詞的又一實例。最後“長生”二字，想爾註本、倫敦藏敦煌本等作“長久”（饒宗頤 1991，9；程南洲 1985，24）。

（3）“是以聖人後其身而身先，外其身而身存。”

此為河上本、王弼本、傅奕本文句。帛書甲本“後其身”作“芮其身”，乙本作“退其身”，帛書乙本衍“外其身而身先”一句。

（4）“非以其無私邪？故能成其私。”

此為河上本、王弼本。“非以其”，傅奕本、帛書本則作“不以其”，這是傅奕本接近古本的又一例證。想爾註本“私”作“尸”，遂州道德經碑同之，敦煌本亦有同者（饒宗頤 1991，10；程南洲 1985，24—25）。作“尸”與帛書古本不合，從其註文以“尸行”與“仙士”對照來看，不是偶然筆誤。或初為音近（皆為脂韻）而訛，而後引入道教理論，融為一體。

析評引論

7.1 實然與應然之一體

本章第一句“天長地久”是對宇宙自然界的描述和判斷，是老子立論的公理前提，相當於西方哲學所說之"實然"（is）。下面"天地所以能長且久者，以其不自生，故能長生"是老子從自身思想體系出發對"天長地久"的原因的詮釋（interpretation），是上句的邏輯推論，並根據天長地久的原因提出聖人行事作人的基本原則，體現了老子的價值傾向和理論主張，相當於西方哲學所說之"應然"（ought to be）。按照西方哲學的原則，實然與應然是不能混淆的，但是，在中國哲學中，實然與應然卻是天然統一的。如果以西方哲學為標準，這是中國哲學不成熟的表現；但是，如果不以西方哲學的兩分法（dichotomy）為唯一標準，則實然與必然的統一未必是缺點。從人生論、價值論或宗教學的立場來看，則可能是優點，體現了人與宇宙萬物的和諧與一體。不過，這是從為價值論尋找理論根據或形而上根源的角度來說的。這絕不意味著在具體的思維活動中，作為分析問題的方法和過程，我們可以混同事實判斷與價值判斷。我們從本體論的層次肯定實然與應然統一的理論意義，並不意味著我們在實際生活中或在具體問題的理論分析上，可以不辨事實而妄作價值判斷。這兩者是不應混淆的。

7.2　"後其身"何以"身存"？

老子相信"身先"、"身存"可以是"後其身"、"外其身"的結果，與一般人的直線式的思維方法和做事原則完全不同。"後其身"、"外其身"對聖人來說是自然、本然的做法，對一般人來說則要經過自覺的努力才能養成自然的習慣。所謂"自生"是自己有目的的追求，其結果可能事與願違，甚至必然會有意想不到的結果。"不自生"即自然而然的生，不是刻意地、勉強地追求。老子一向認為，自然而然發生的事物，阻力、代價最小，副作用最少，生命力最強，也最有價值。

老子的主張是一般在世俗漩渦中掙扎的人所無法領會的。"後其身"、"外其身"常被看作膽小、懦弱或無能，其實卻是智慧、毅力與勇氣的體現，是超越世俗的追求，超越一般人的價值取向，超越常規的處事方法的結果。隨波逐流不需要勇氣和智慧，不隨波逐流倒是很需要智慧和勇氣的。在現代全球化的浪潮中放棄獨立思考而隨波逐流，思想就會被淘空，行為會混同於片面追逐時髦的淺薄，這與跟隨時代潮流前進是不可相提並論的。

那麼，超越的立場是否能夠成功呢？首先應該看到，超越世俗的動機或目標不應該是為了直接的世俗的目的，如果是為了直接的世俗的目標，那當然與超越無關。其次，超越的立場在現實生活中也並非毫無實際效果。比如，"後其身"能否"身先"，"外其身"能否"身存"呢？從歷史和現實來看，那些極力追求領導地位的人，多數不能成功，少數成功者也往往因為個人權欲太強而最終把自己引向末路窮途。熟悉歷史和社會的人，不難發現很多"後其身"而"身先"、"外其身"而"身存"的實例，歷史的重擔和光榮往往落在沒有汲汲以求權力的人身上，而一心攫取和控制權力的人即使成功也難免事與願違，難免孤家寡人、身敗名裂的後果。

7.3 此"私"非彼"私"

《老子》這一章突出聖人無我故能成其大我的真諦，並不是教人以表面的無私行為達到自私的目的。句中"無私"之"私"和"成其私"之"私"的意含或所指並不相同。

"以其無私"，"故能成其私"體現了老子的以反求正的辯證原則（劉笑敢 1997，第五章）。這種原則自有其普遍性，但並不是可以機械套用的公式，更不是欲擒故縱的陰謀詭計。今人或曰，老子要以無私達到自私的目的（任繼愈 1985，74），似乎無私是表面的假象，自私才是真實目的。這些是不合《老子》之基本思想的。薛蕙曾談過他對老子思想理解的轉變過程，他說"夫聖人之無私，初非有欲成其私之心也。然而私以之成，此自然之道耳。程子有云：'老子之言竊弄闔闢者也。'予嘗以其言為然，迺今觀之，殆不然矣。如此章者，苟不深原其意，亦正如程子之所訶矣。然要其歸，迺在於無私。夫無私者豈竊弄闔闢之謂哉。"（薛蕙 1530，上 7B）一個大智大悲的哲人被人誤以為是玩弄權術以售其私的陰謀家，實在令人感嘆，薛蕙的體會說明對老子要"深原其意"，不能和一般人的自私行為作浮泛的比較。

　　天長地久，是"以其不自生，故能長生"的結果，長生本不是天地的目的，而是"不自生"的自然結果。"長生"是世俗人所看到的結果，可以看作是成其"私"，但天地並無此私心，並不以此為目的。同樣，聖人"後其身"、"外其身"也是真誠的，而不是為了達到"身先"、"身存"而故施伎倆。這裡的關鍵是真的還是假的"無私"，真的"無私"當然不能以"成其私"為目的。老子所謂"成其私"不是刻意追求或欺騙的結果，而是因其無私而自然獲得的結果，同時"成其私"的"私"和"無私"之"私"意含不同。"無私"之"私"是指自私自利之心；"成其私"之"私"是指個人的價值或目標的實現，是個人能力與成就自然而然地獲得承認，而不是某個孜孜以求的世俗目標。如果"無私"之"私"和"成其私"之"私"是同一個目標，那就是自相矛盾，或者是鼓吹虛偽。然而，從天地不自生的比喻來看，從老子思想的整體來看，老子哲學絕不是主張以世俗的虛偽實現世俗的陰謀。

第 八 章

原文對照

河 8.1　上善若水。

傅 8.1　上善若水。

河 8.2　水善利萬物而不爭，

傅 8.2　水善利萬物而不爭，

河 8.3　處衆人之所惡，故幾於道。

傅 8.3　居衆人之所惡,故幾於道矣。

河 8.4　居善地，心善淵，

傅 8.4　居善地，心善淵，

河 8.5　與善仁，言善信，

傅 8.5　與善人，言善信，

河 8.6　正善治，事善能，動善時。

傅 8.6　政善治，事善能，動善時。

河 8.7　夫唯不爭，故無尤。

傅 8.7　夫惟不爭，故無尤矣。

王 8.1　上善若水。

帛 8.1　上善如水。

王 8.2　水善利萬物而不爭，

帛 8.2　水善利萬物而有〔爭〕，

王 8.3　處衆人之所惡，故幾於道。

帛 8.3　居衆人之所惡,故幾於道矣。

王 8.4　居善地，心善淵，

帛 8.4　居善地，心善淵，

王 8.5　與善仁，言善信，

帛 8.5　予善天，言善信，

王 8.6　正善治，事善能，動善時。

帛 8.6　政善治，事善能，動善時。

王 8.7　夫唯不爭，故無尤。

帛 8.7　夫唯不爭，故无尤。

對勘舉要

（1）本章沒有竹簡本的對應內容，帛書本與傳世本有明顯文字差別，詳見下文。河上公題為"易性"，欠具體。

（2）"上善若水。水善利萬物而不爭，"

此為傳世本文句。帛書甲本第一句作"上善治水"，整理者讀"治"為"似"；乙本作"上善如水"。"若"、"似"、"如"，儘管用字不同，文義無重要區別。句中"而"有作"又"者，如想爾註本，倫敦藏敦煌本（程南洲1985，25），文義無別。

傳世本之"而不爭"，帛書甲乙本分別作"而有靜"和"而有爭"，其意與乙本末句"夫唯不爭"相左，當從傳世本。想爾註本作"又不爭"（饒宗頤1991，10），可作旁證。高明同意帛書本或誤，當從傳世本作"不爭"，但同時指出，一般情況下，帛書甲本或乙本雖常有錯誤，但很少同時發生同樣的錯誤，這裡甲乙本分別作"有靜"和"有爭"，或許原本就是"有靜"（"爭"可通"靜"），"不爭"是後人的修改。河上公註云"衆人惡卑溼垢濁，水獨靜流居之也"或為其證（高明1996，253—254）。高氏所引河上公註文隨下文"處衆人之所惡"一句，不足以證明此處"水善利萬物而不爭"中的"不爭"作"有靜"。不過，高氏所說有值得注意的地方，那就是這裡甲乙本皆作"有"字，這可能說明甲乙本共同的祖本就作"有"。傳世本的"不"字是修改的結果，還是傳世本與帛書本各有不同的祖本，目前還沒有足夠證據作判斷。總起來看，傳世本和帛書甲乙本各有不同祖本的可能性更大。

（3）"處衆人之所惡，故幾於道。"

此為河上本、王弼本。"處衆人之所惡"的"處"，傅奕本、帛書本作"居"，義同；帛書甲本無"人"字，作"處衆之所惡"。"故幾於道"，傅奕本、帛書本句末皆用"矣"作助詞。這是古本虛詞較多、傅奕本接近帛書本的又一例證。

劉殿爵主張上文帛書本之"而有爭"當讀作"而又爭",並連此節一起讀,即"水善利萬物而又爭處衆人之所惡",意為"水不但善利萬物,而且又爭居衆人所惡之處"。劉氏認為帛書本與今本所說的道理微有不同。"今本只是說水不爭,而不爭的表現就是'處衆人之所惡';帛書本則以為水是積極'爭居衆人之所惡'。兩相比較,帛書所說似乎更為深刻一些。"(劉殿爵1982,16—17)其說言之成理,唯不知古本是否確實如此。

(4)"居善地,心善淵,與善仁,言善信,正善治,事善能,動善時。"

此為河上本和王弼本文句。"與善仁,言善信"兩句,帛書乙本作"予善天,言善信",甲本脫"天,言善"三字。王弼本"與善仁"之"仁",河上公註之道藏本作"人",同傅奕本等本。究竟應作"仁"或"人"很難作絕對判斷。論者認為老子不重"仁"之觀念,故此句當刪(嚴靈峰1979,39—40)。然《老子》中也不乏"仁"字,竹簡本更証明《老子》古本並無今本強烈反對仁義的內容〔詳見第十九章對勘舉要(2)〕。我們難以確切知道古本舊貌,最好還是多聞闕疑。

關於通行本"與善仁"與帛書乙本之"予善天",高明說:"經文所謂'予善天',猶言水施惠萬物而功遂身退好如天。且經文多韻讀,'心善淵,予善天,言善信','淵'、'天'、'信'皆真部字,諧韻。今本作'與善仁'者,'仁'乃'天'字之誤,或為後人所改。"(高明1996,257)

"政善治"帛書甲乙本原作"正善治",整理者校改為"政",通行本或作"正"或"政",二者通。

"動善時",帛書甲本作"蹱善時",整理者讀"蹱"為"動"。

(5)"夫唯不爭,故無尤。"

此為河上本與王弼本文句,傅奕本句末用"矣"字,然帛書甲乙本均沒有"矣"字。又帛書甲本"不爭"作"不靜",整理者讀"靜"

為"爭"。

　　張揚明、古棣等人根據陳柱、石田羊一郎之說將本章末句"夫唯不爭，故無尤"移入首句"不爭"之下，作"上善若水，水善利萬物而不爭，夫唯不爭，故無尤。處衆人之所惡，故幾於道……"（張揚明1973，39—40；古棣1991A，183—185）。這樣改似乎文義更為通順。不過，這純屬"理校"，即通過邏輯推理作校勘，缺少徬證，且與劉殿爵之說不合。

析評引論

8.1　"不爭"之積極意義

　　本章與第七十八章集中歌頌和提倡水之德，通過擬人化的水的特性表達和論證自然無為之原則。"水善利萬物而不爭"，"夫唯不爭，故無尤。"水和天地一樣沒有仁愛之心，因此也沒有偏私，於是能夠普遍地惠澤萬物，這是水之德的積極的（positive）利物的一面。水性柔韌，與物無爭，這似乎是被動的（passive）一面。其表現似乎是消極的（不爭），其結果卻是十分積極的，因為不爭才有利於實現和維護整體的合諧與人際間自然的秩序。

　　必須注意，僅僅"善利萬物"是並不能保證"無尤"的。如果"利萬物"後一定要求得到自己所期望的回饋或報答，往往醞釀著衝突和不幸。"善利萬物"難道不應該得到承認（recognition）或報償嗎？按照一般的道德原則和行為標準，當然是應該的。然而老子哲學之超越之處就在這裏，他要求"不爭"，即不要求別人的認可、表揚或回報。同黨相爭、兄弟鬩牆、親朋反目往往不是在共同奮鬥的時候，而恰恰是在大功告成或勝利在望的時候，是在人人希望和爭取得到自己的"一份"的時候。許多情況下，每個人希望得到的往往高於別人願意給予的，因此就有失望、有抱怨、有憤恨、有不平、有抗爭，而且爭鬥總是在追求公平與正義等美好的旗號下進行的。這種爭鬥必然會破壞人類社會的自然的和諧與秩序，而自然的和諧正是老子哲學的中心價值，所以老子非常反對"爭"而提倡"不爭"。可見，"不爭"的確是"無尤"的重要前提。

然而，"不爭"只是老子思想的一個側面，而不是全面。一般論者只強調本章講"不爭"、"處眾人之所惡"的一面，似乎只是消極被動的態度，而忽視了老子所講的"居善地，心善淵，與善仁，言善信，正善治，事善能，動善時"這一系列善於處理實際事務的積極的方面。至於提倡如水一樣"善利萬物"，就更是高尚的理想和原則，絕不消極。忽略了老子哲學的積極的這一面，其價值和現實意義當然會受到漠視和歪曲。

在這一章，水是提倡"不爭"之德的類比論證的重要根據。"不爭"是無為的行為原則的一個重要方面，是保障和實現自然的秩序的重要原則之一。在第七十八章，水則是柔弱勝剛強的例證，是用於論證無為而無不為的比喻。

第 九 章

原文對照

河 9.1　持而盈之，不知其已。　　　傅 9.1　持而盈之，不如其已。

河 9.2　揣而銳之，不可長保。　　　傅 9.2　敝而梲之，不可長保。

河 9.3　金玉滿堂，莫之能守。　　　傅 9.3　金玉滿室，莫之能守。

河 9.4　富貴而驕，自遺其咎。　　　傅 9.4　富貴而驕，自遺其咎。

河 9.5　功成、名遂、身退，天之道。　傅 9.5　成名功遂身退，天之道。

王 9.1　持而盈之，不如其已。　　　帛 9.1　持而盈之，不若其已。

王 9.2　揣而梲之，不可長保。　　　帛 9.2　揣而允之，不可長葆也。

王 9.3　金玉滿堂，莫之能守。　　　帛 9.3　金玉盈室，莫之能守也。

王 9.4　富貴而驕，自遺其咎。　　　帛 9.4　貴富而驕，自遺咎也。

王 9.5　功遂身退，天之道。　　　　帛 9.5　功遂身退，天之道也。

竹 9.1　朱而盈之，不不若已。

竹 9.2　湍而羣之，不可長保也。

竹 9.3　金玉盈室，莫能守也。

竹 9.4　貴富驕，自遺咎也。

竹 9.5　功遂身退，天之道也。

對勘舉要

（1）竹簡本相當於傳世本第九章的內容，文句、分章都很完整。原文抄於竹簡甲本第五組之末、相當於傳世本第四十章內容之後。第四十章末句"天下之物生於有、生於亡"之後有一清楚分章符號。本章末句"天之道"後有一短曲線標誌結束，其後大半支簡為空白，說明抄寫者很清楚地知道這是完整的一章，或有意把這一部分作為一章。這和竹簡本第二章分章的情況相似。

彭浩說，章末之短曲線是一"鉤識"，用作某一大部份結束的標誌，包含著若干章。竹簡中只有甲本有兩個鉤識，除本章末外，另一處在相對於第五十七章"我欲不欲而民自樸"之後。兩個鉤識分別含三章和五章，另一部份大約有十章，卻未見鉤識（彭浩 2000，前言 6）。

本章各本文字都有一點出入。除實詞不同以外，竹簡本和帛書本都慣用"也"作語末助詞，而諸傳世本都已刪去。這種情況也見於第二、十六、十七、三十一、三十五、三十七、四十、四十八、五十五、五十七、五十九、六十四、六十六諸章。從本章來看，就句式和用字來說，竹簡本和帛書本顯然更為接近，可見古本與傳世本的語言風格有一些明顯不同，但思想內容差別不大。

河上公題本章為"運夷"，意義晦澀。

（2）"持而盈之，不如其已。"

第一句河上本、王弼本、傅奕本皆作"持而盈之"。"持"，帛書甲乙本作"植"，整理者解作"殖"，高明認為當作"持"字之別構（高明 1966，259）。竹簡本"持"作"枳"，整理者註曰："從'木''之'聲，疑讀作'殖'，《廣雅·釋詁一》：'殖，積也。'"（荊門市博物館 1998，117，註 76）魏啟鵬是之（魏啟鵬 1999，37）。李零則從傳世本讀為"持"（李零 2002，4）。

鄭良樹指出，或"持"或"殖"，漢代已有兩個源流。據鄭氏，

《文子·微明》、《淮南子·道應》俱引為"持"，《後漢書》〈折象傳〉、〈申屠剛傳〉及〈蔡邕傳〉之註，所據者亦作"持"。以後各註疏及傳本亦皆如此。"持盈"乃古成語。《國語》〈越語下〉："夫國家之事，有持盈……持盈者與天。"〈吳語〉："用能援持盈以沒。"《詩·鳧鷖·序》："能持盈守成。"老子據古成語為說，甚有可能。此外，《黃帝素問·註》引老子亦作"持而盈之"，《管子·白心》亦有"持而盈之"。可見作"持"頗有來歷。然而，宋陳景元《道德真經藏室纂微篇》曰："嚴君平作'殖而盈之'，謂積其財寶也。"是嚴本原作"殖"。"殖"即蕃殖，亦作"蕃植"。如《淮南子》〈俶真〉曰"萬物蕃殖"，〈主術〉則作"五穀蕃植"。而帛書甲乙本皆通"植"（鄭良樹 1997B，92）。加之竹簡本或作"殖"，可見作"植"或"殖"也早有淵源。這或許是在上古口耳相傳之時，因"持"、"殖"韻近（之、職）而記為二字，並產生兩種解釋。

"盈"有作"滿"者，如想爾註本和倫敦藏敦煌本（饒宗頤 1991，11；程南洲 1985，27），用"滿"當是避漢惠帝劉盈諱而改。

"不如其已"之"如"，帛書本、竹簡本皆作"若"，義同。惟河上本作"知"乃形近而誤（張揚明 1973，44）。竹簡本衍一"不"字，脫一"其"字。

(3)"揣而銳之，不可長保。"

此為河上本。"揣而銳之"之"揣"字，傅奕本作"敠"，孫詒讓說"敠"即"揣"之或體。《說文》"揣，量也，一曰'捶之'。"（蔣錫昌 1937，51）帛書甲本闕，乙本原作"敠"，整理者釋為"揣"（馬王堆小組 1976，54；國家文獻 1980，95）；竹簡本作"湍"，魏啟鵬讀為"搏"，李零、丁原植讀為"揣"（魏啟鵬 1999，37；李零 2002，7—8；丁原植 1998，224）。

"銳"字，王弼本、傅奕本作"梲"，各家據王弼註文"既揣末令尖，又銳之令利"改為"銳"（陳鼓應 1984，93）；帛書甲本闕，乙本作"允"或"兌"，高明釋為"銳"（馬王堆小組 1976，54；國家文獻 1980，95；高明 1996，258—259）。"銳"，竹簡本作"䰐"，整理者云：簡文從"羊""君"省（荊門市博物館1998，117，註78）。想爾本作"悅"。魏啟鵬讀"羣"如本字，並云簡文"殖而盈之"言斂財，"摶而群之"言聚眾（魏啟鵬1999，同上）。

竹簡本"揣而群之"，李零認為："此句可能有兩個讀法，一種是以'揣'為控持之義，如《漢書・賈誼傳》'忽然為人，何足控揣'，顏師古註引孟康說訓'揣'為'持'，'群'有聚會之義，含義與'持而盈之'相似，是'藏而聚之'的意思；另一種是以'揣'為揣度之義，'群'讀'捃'，是拾取之義。疑漢以來古本作'允'乃'群'之誤讀，而'允'、'兌'形近易混（如《書・顧命》'銳'字，《說文》從允），又訛為'銳'，皆非原貌。"（李零2002，7—8。）

"不可長保"一句，各本只有通假字和虛詞的不同，想爾本"保"作"寶"。

對於本章前四句，丁原植在研究竹簡本時提出了大膽而新穎的解釋。上文提到陳景元引嚴遵本作"殖"，謂積其財寶也。竹簡本"朱"，整理者疑作"殖"。丁氏取"殖"意，解"殖而盈之，不如其已"為"積藏貨物而充盈之，不如中止不為"。竹簡本"湍而群之"，丁氏云"湍"似借為"揣"，意指衡量、估價。"群"字，意指蒐集聚合。因此"湍而群之，不可長保也"意為衡量貨物的價值，而積聚之，不能保證長久獲利。連同下句"金玉盈室，莫能守也"，丁氏認為這三行是"使用三項從事商業行為的弊端來取譬的"，第四行"貴富驕，自遺咎也"則是對前三行的總結（丁原植1998，223—226）。此說優點在於內容統一，前四句都與積累財富有關。然最後"功遂身退"一句似乎不必與商業活動有關。老子常常博採譬喻，不一定數句皆以一事為譬。不過此說自成一格，值得玩味。

(4) "金玉滿堂，莫之能守。"

此為河上本、王弼本文字。"金玉滿堂"一句之"滿"，帛書甲本、竹簡本皆作"盈"，其義無別（竹簡本原作"涅"）。或曰傳世本避"盈"諱而作"滿"（劉殿爵1982，14），然為何第一句"持而盈之"不避，殊難解釋。"堂"字，傅奕本、帛書甲乙本、竹簡本均作

"室"，意義相同，但作"室"與"守"取諸雙聲（勞健 1941，上 9B；古棣 1991A，193）。想爾本亦作"室"，是古本相近的實例。"莫之能守"一句，帛書甲本作"莫之守也"，乙本作"莫之能守也"，竹簡本作"莫能守也"（竹簡本"守"原作"獸"）。

(5)"富貴而驕，自遺其咎。"

這兩句河上本、王弼本、傅奕本相同。帛書甲乙本均作"貴富而驕，自遺咎也"。竹簡本"自遺咎也"與帛書本同，但前一句作"貴富驕"，漏"而"字，或非有意。想爾本作"自遺咎"，也是有意刪虛詞，以合五千言之數。

(6)"功遂身退，天之道。"

此為王弼本。"功遂身退"一句，帛書本、竹簡本相同；河上本、傅奕本不同。王弼本是較晚的傳世本，卻與竹簡本、帛書本相同，這是少有的情況，是從古本到通行本演變中的例外。"功遂"，河上本作"功成名遂"，傅奕本作"成名功遂"，皆多"成名"二字，當是後人所加；想爾本作"名成功遂"。下面"天之道"後，帛書本、竹簡本仍多"也"字。

鄭良樹對這一句的各種版本有詳細考校。他指出《漢書·疏廣傳》所引和牟子《理惑論》所據為"功遂、身退"；《文子·上德》引作"名成、功遂、身退"，同想爾註本；《淮南子·道應》引作"功成、名遂、身退"，同河上本，《後漢書》之註、唐以後古註、類書所引多同此（鄭良樹 1997B，91）。這些引證頗見功力。對照竹簡本和帛書本，"功遂身退"當為古本之舊。

有人主張後面第十章第一字"載"當為"哉"，應屬本章之末字，如此，本章結束則作"天之道哉"或"天之道也哉"〔見第十章對勘舉要 (1)〕。

析評引論

9.1　何以功成當身退？

功成身退的思想在《老子》中反復出現，如第二章"功成而弗

居"，第三十四章"功成不名有"，第十七章"功成事遂，百姓皆謂我
自然"。

"功成身退"並非只限於有地位的人。王真說"身退者，非謂必
使其避位而去也，但欲其功成而不有之耳。"（王真 809，一 8A）此為
至當之論。"功成身退"不只適用於有官職的人，而且適用於一切有
功之人。這是因為任何有功之人都可能因為要享受功勞、成就及其成
果，而與其他人產生不愉快的衝突，父母養育子女，子女奉養父母；
老師教導學生，學生幫助老師，這都可以當作一種功勞，既看作功勞
就有"權利"或暗中期待回報，或公開要求報答。一旦這期待或要求
超出對方的考慮和意願而不能實現，就有可能成為不快或衝突的導火
線。至於出生入死、共闖天下、同設謀略、齊創大業而後的同志相
殘、手足相逼之事，更是人所共知，舉不勝舉。權力、名譽、地位更
是爭奪的主要對象，求之者所求往往高於予之者所願，於是難免一次
又一次火拼爭鬥。太平天國建都後不斷的內訌殺戮不過是一個比較明
顯的例證罷了。

論功行賞，知恩報德是人人接受的社會規範和道德原則，對這一
點不會有分歧，分歧起源於"賞"多少，如何"報"，其中的數量、
方法或程度通常沒有確切的公道標準，因而就永遠有導致衝突的可
能。因此，功成身退實在是有利於個人身心平和，有利於社會整體和
諧的原則。這是就"有功"者的方面來說的，當然不是提倡有功不
賞，知恩不報。不過別人對自己的功如何賞報是別人的事，既然自己
不能決定，就不必期求較多。當然，就整個社會或團體來說，理應建
立適當的酬勞機制和賞罰機制。不過，任何制度都無法適應千變萬化
的所有情況，也都難以避免漏洞缺失，因而難免出現賞不抵功的事實
或感覺，這時雖然可以表達自己的意願或要求，但是以"不爭"或不
引起爭執為妙，這樣至少可以避免更壞的局面。

值得注意的是，功成身退有可能成為個人一時的權宜之計，可能
是在不得已的情況下按照一種古老的格言做事，這當然比"針鋒相
對，寸土必爭"好得多，但這算不上是在實踐老子哲學。按照老子哲

學，功成身退是建立在對宇宙、社會、人生的根本理解基礎之上的，是自然的、輕鬆的、平靜的。當然，達到這種境界並不容易，但至少是值得欣賞的。如果願意去追求實現這種境界，實在是應該鼓勵的。

第 十 章

原文對照

河 10.1　載營魄抱一，能無離，　　　傅 10.1　載營魄袠一，能無離乎？

河 10.2　專氣致柔，能嬰兒。　　　　傅 10.2　專氣致柔，能如嬰兒乎？

河 10.3　滌除玄覽，能無疵。　　　　傅 10.3　滌除玄覽，能無疵乎？

河 10.4　愛民治國，能無為。　　　　傅 10.4　愛民治國，能無以知乎？

河 10.5　天門開闔，能為雌。　　　　傅 10.5　天門開闔，能為雌乎？

河 10.6　明白四達，能無知。　　　　傅 10.6　明白四達，能無以為乎？

河 10.7　生之、畜之。　　　　　　　傅 10.7　生之，畜之。

河 10.8　生而不有，為而不恃，　　　傅 10.8　生而不有，為而不恃，

河 10.9　長而不宰，是謂玄德。　　　傅 10.9　長而不宰，是謂玄德。

王 10.1　載營魄抱一，能無離乎？　　帛 10.1　戴營魄抱一，能毋離乎？

王 10.2　專氣致柔，能嬰兒乎？　　　帛 10.2　搏氣至柔，能嬰兒乎？

王 10.3　滌除玄覽，能無疵乎？　　　帛 10.3　滌除玄鑒，能毋有疵乎？

王 10.4　愛民治國，能無知乎？　　　帛 10.4　愛民活國，能毋以知乎？

王 10.5　天門開闔，能無雌乎？　　　帛 10.5　天門啟闔，能為雌乎？

王 10.6　明白四達，能無為乎？　　　帛 10.6　明白四達，能毋以知乎？

王 10.7　生之、畜之，　　　　　　　帛 10.7　生之，畜之。

王 10.8　生而不有，為而不恃，　　　帛 10.8　生而弗有，

王 10.9　長而不宰，是謂玄德。　　　帛 10.9　長而弗宰也，是謂玄德。

對勘舉要

（1）竹簡本未錄本章，其他各本稍有文字出入。本章主體是兩句一組的反問句。帛書甲乙本、傅奕本都是以四字句再加一四字句或五字句構成一組（如"搏氣至柔，能嬰兒乎？滌除玄鑒，能毋有疵乎？"各本用字略有不同），王弼本改成整齊的四加四的句式（"專氣致柔，能嬰兒乎？滌除玄覽，能無疵乎？"），河上本則去掉疑問助詞，變成四加三的整齊句式（"專氣致柔，能嬰兒。滌除玄覽，能無疵。"），亦可看作是七字句，是先秦少有的句式。想爾註本與河上本一樣也是四加三的句式。總起來看，傅奕本和帛書本則保留較多虛詞，句式稍參差，較舒緩，當是較古老的語言風格的反映，而河上本、王弼本句式比較嚴格整齊，是流傳過程中有意加工的結果。本章各個不同版本文字、句式都有不同，反映了版本歧異現象。但河上本、王弼本自身的文句變得相當整齊，又是典型的文本趨同現象。

　　河上公題為"能為"，未得要領。

（2）"載營魄抱一，能無離乎？"

　　此為王弼本文句。下面數句，王弼本都用"乎"作語末助詞，傅奕本、帛書乙本也都用"乎"作語末助詞（甲本殘）。然河上本一律略去句末語氣副詞"乎"，獨與想爾註本相同，似與道教傳承有關。

　　帛書乙本第一句原作"戴營柏抱一"，整理者讀為"載營魄抱一"，高明、許抗生從之（高明 1996，263；許抗生 1985，86）。

　　關於"載"字，據記載，唐玄宗天寶五年曾下詔改"載"為"哉"，隸屬上句。或云，不必改字，"載"自可作語助詞。按此說，本句作"營魄抱一"與下面各句句式一律，第九章末句則為"功遂身退，天之道哉"，或按帛書本作"天之道也哉"，正如傳世本第二十章"我愚人之心也哉"，第五十三章"非道也哉！"唐玄宗詔書在開元御註刻石流傳之後，對《老子》原文的流傳未構成重大影響。此說見於元劉惟永《道德真經集義》引褚伯秀語，孫詒讓有詳細考證發揮，今人馬敍倫、蔣錫昌贊其說（馬敍倫 1957，46；蔣錫昌 1937，55—56），古棣力主其說並改過正文（古棣 1991A，365—368）。多數註本不理會此說（陳鼓應 1984，96），反駁此說的有張揚明和高明（張揚明 1973，48；高明 1991，263—264）。唐玄宗之說言之成理，雖無實證，但不失為一說。

劉殿爵說："載"字難通，所以唐玄宗以為是"哉"的假借字，應屬上章。帛書本作"戴"，可見"載"是"戴"的假借字，"戴"是"頂戴"，"抱"是"懷抱"，兩字正相成對文，不用改訂（劉殿爵 1982，36—37）。

傅奕本"魄"、"抱"原用異體字。本章諸"無"字，帛書本一律用"毋"。傳世本以"無"代帛書之"毋"的情況還見於第三十九、七十二章。第三十章則是傳世本以"勿"代帛書本之"毋"。

(3)"專氣致柔，能嬰兒乎？"

這兩句中"專"字，帛書甲本闕，乙本原作"槫"，讀作"摶"。"專"亦通"摶"。《管子·內業》"摶氣如神，萬物備存"，尹註"摶謂結聚也"。高亨說："《老子》之'專氣'與《管子》之'摶氣'同。"（高亨 1957，23—24）"致柔"帛書甲本殘，乙本作"至柔"；"至"應讀為"致"，求也，為動詞（古棣 1991A，370；高明 1996，262）。

"能嬰兒乎"一句，惟傅奕本作"能如嬰兒乎"，多一"如"字，似更順暢。然帛書甲乙本均無"如"字，《莊子·庚桑楚》引作"衛生之經……能兒子乎？"似乎無"如"字為更早原文。想爾註本同之。河上、王弼二本現無"如"字，然推究起來，可能是本來有之，後來刪之。劉惟永《道德真經集義》引王弼本正作"能如嬰兒乎"，河上公章句註文為"能如嬰兒……"，可見二本本來可能有"如"字，《淮南子·道應》所引也有"如"字（鄭良樹 1997B，89）。傳世本似乎經歷過增一"如"又刪一"如"的過程。不過，這種推論並非絕對可靠。因為古人引書並非嚴格逐字抄寫，往往僅憑記憶，因此引用過程中，因文義順暢而增字，或因書寫簡省而略字都是常有的，因此根據註文或他書引文作校勘雖有必不可少的參考價值，但是也不足以作為最後或最可靠的憑據。

(4)"滌除玄覽，能無疵乎？"

這兩句中"滌"字，諸傳世本同，惟帛書兩種原作"脩"，依古註可讀為"滌"（高明1996，265；黃劍1991，49）。"覽"，傳世本同，高亨曰：讀為"鑒"，"覽""鑒"古通用（高亨1957，24），帛書本出土證明高氏此說正確。帛書乙本作"監"，即古之"鑒"，甲本作"藍"，為鑒之借字（高明1996，265）。"能無疵乎"，帛書乙本作"能毋有疵乎"，甲本脫"有"字，句意相同。

(5)"愛民治國，能無知乎？"

第一句"愛民治國"，諸傳世本同；帛書甲本殘，乙本"治"作"栝"，整理者根據河上本有作"活"者，認"栝"作"活"。高明曰："活國"一辭，古籍不見，"栝"與"治"乃聲之轉，應讀作"治"（高明1996，266）。

第二句"能無知乎"，帛書本作"能毋以知乎"，文義完足；傳奕本大體相同，僅"毋"作"無"。事實上，王弼本之"無知"意義已不同於帛書本之"毋以知"。據文義，作"毋以知"為上。"知"應讀作"智"（易順鼎1884，上8B；張揚明1973，50）。作"智"正合第六十五章之意："民之難治，以其智多。故以智治國，國之賊；不以智治國，國之福。"河上本"知"獨作"為"，不當從〔參見下文對勘舉要(7)〕。

(6)"天門開闔，能為雌乎？"

"天門開闔"一句，各傳世本相同，惟帛書乙本"開"作"啟"（甲本殘），傳世本避漢景帝劉啟諱而改之。劉殿爵曰：今本諱"啟"為"開"，不但不影響句子的意思，而且不影響押韻（劉殿爵1982，15）。第二十七、五十三章同此。"能為雌乎"之"為"，王弼本正文作"無"，然根據王弼註文，"無"顯然是"為"之誤，應改為"為"

（樓宇烈 1980，25，註 14）。

（7）"明白四達，能無為乎？"

第一句"明白四達"各本一致。第二句"能無為乎"各本皆有歧異。這兩句要和前面"愛民治國，能無知乎"對照來看。王弼本"愛民治國"下接"無知"，"明白四達"下接"無為"。河上本則反過來，"愛民治國"下接"無為"，"明白四達"下接"無知"。傅奕本與河上本意同，而中間多"以"作連詞。帛書甲本闕，而乙本兩處重複"能毋以知乎"，顯然必有一誤。帛書本的這種錯誤或許是後世版本分歧的來源。對這兩句，學者一般取河上本。然筆者以為傅奕本、王弼本句意為勝。正如上面第（5）點所說"愛民治國，能無以知乎"正合第六十五章之意，十分恰切。如果作"愛民治國，能無為乎"似乎也可，但"明白四達，能無知乎"則不夠通順，因為"明白四達"就是知，後面馬上說"無知"，終嫌不慊。如作"明白四達，能無為乎"意思就是"雖明白通曉，仍能實行無為的原則嗎？"明白通達之人或自以為明白之人自然容易積極作為，雖博聞廣見，卻安於無為，這是更為重要和難能可貴的。

以上各行雖然都是問句，其實是以問句的形式表達了道家對休養、鍛鍊、處事、治國的基本要求。也有依河上本把各行標為感嘆句的，但根據帛書本，並體會《老子》文義，以作問句為好，更合道家知雄守雌的基本風格。

（8）"生之、畜之，生而不有，為而不恃，長而不宰，是謂玄德。"

這幾句傳世本都相同。看起來似乎是帛書甲乙本皆少"為而不恃"一句，實際上應該是傳世本根據第五十一章補此一句。"長而不宰"，帛書乙本作"長而弗宰也"（甲本殘）。

這五句與上面六行句式明顯不同，內容似乎關聯不大，其聯繫可能在於前面六行講的是聖人之德，這裡講的也是聖人之德。《老子》並非一氣呵成的哲學專著，分章排序只有大致安排，沒有嚴格的規則。對照《論語》的內容體例是不難理解這種情況的。很多學者看到這幾句內容與上文不銜接，且與第五十一章重複而主張刪去（馬敍倫

1957，50；陳鼓應 1984，99—100）。但兩個帛書本並非如傳世本那樣機械地相互重複，這幾句話原本可能是作者有意縮寫第五十一章的內容，或者是第五十一章發展了第十章的內容，並非簡單的重複（詳見析評引論 51.1）。

析評引論

10.1　《老子》乃氣功之書？

論者或曰，《老子》乃氣功之書。此說難以成立。《老子》的確提出了道家和道教心身修煉的基本原則，這就是形神相守為一。本章提出的"載營魄抱一"可能是道教修煉傳統的基本原則的最早表述。道家道教各派都提到的"守一"的概念和修煉方法，顯然是老子之"載營魄抱一"說的引申和演變。《莊子·在宥》發展了形神合一相守的理論："無視無聽，抱神以靜，形將自正……目無所見，耳無所聞，心無所知，女神將守形，形乃長生。……慎守女身，物將自壯。我守其一以處其和，故我修身千二百歲矣，吾形未常衰。"這裡的"守其一"就是後來道教"守一"之說的雛形。

《太平經》中收錄了許多關於"守一"的理論和方法，如"守一之法，可以知萬端。萬端者，不能知一。夫守一者，可以度世，可以消災，可以事君，可以不死，可以理家……"下面更是對《老子》第三十九章的發揮："天不守一失其清，地不守一失其寧，日不守一失其明，月不守一失其精，星不守一失其行，山不守一不免崩，水不守一塵土生，神不守一不生成，人不守一不活生。一之為本，萬事皆行。子知一，萬事畢矣。"（王明 1985，743）《抱樸子》更明確地把"守一"當作修煉成仙最基本的原則和最簡便的方法。以後，道教上清派及內丹理論也都繼承和改造"守一"的概念和理論，使"守一"的內容變得異常複雜和多變。從"抱一"到"守一"的發展演變過程可以看出《老子》在道教歷史上確有開源之功，但是它並沒有提供十分具體的修煉方法，因為它的思想中心不在於此，並不是氣功之作。

　　老子的思想萌發於所謂軸心時代，其學說雖有突破性意義，但對於源遠流長的人類文明來說，還是尚未充分發展的萌芽階段。後來才有的各種學術分工，在老子時代並不存在。所以身心修煉和治理天下的事是一體的，因而老子也講到“抱一為天下式”（第二十二章）。“抱一”的意義在那個時代不限於個人的身心合一的修煉。老子的修身仍有關心天下的精神取向，這一點與儒家相通，只是不如儒家那麼執著，那麼不顧一切。莊子則放棄了對天下秩序的關懷，只追求個人與宇宙萬物融為一體的精神體驗，開創了道家發展的新形態。（《莊子》外雜篇中的黃老派和無君派另作別論，參見劉笑敢 1988。）

第 十 一 章

原文對照

河 11.1　三十輻共一轂，　　　　　　傅 11.1　三十輻共一轂；

河 11.2　當其無，有車之用；　　　　傅 11.2　當其無，有車之用。

河 11.3　埏埴以為器，　　　　　　　傅 11.3　埏埴以為器，

河 11.4　當其無，有器之用；　　　　傅 11.4　當其無，有器之用。

河 11.5　鑿戶牖以為室，　　　　　　傅 11.5　鑿戶牖，以為室，

河 11.6　當其無，有室之用。　　　　傅 11.6　當其無，有室之用。

河 11.7　故有之以為利，　　　　　　傅 11.7　故有之以為利，

河 11.8　無之以為用。　　　　　　　傅 11.8　無之以為用。

王 11.1　三十輻共一轂，　　　　　　帛 11.1　卅輻同一轂，

王 11.2　當其無，有車之用。　　　　帛 11.2　當其无有，車之用也。

王 11.3　埏埴以為器，　　　　　　　帛 11.3　埏埴而為器，

王 11.4　當其無，有器之用。　　　　帛 11.4　當其无有，埴器之用也。

王 11.5　鑿戶牖以為室，　　　　　　帛 11.5　鑿戶牖，

王 11.6　當其無，有室之用。　　　　帛 11.6　當其无有，室之用也。

王 11.7　故有之以為利，　　　　　　帛 11.7　故有之以為利，

王 11.8　無之以為用。　　　　　　　帛 11.8　无之以為用。

對勘舉要

(1) 本章諸傳世本文字基本一致，但斷句有分歧。帛書甲本殘缺嚴重，乙本字句與傳世本稍有不同，且三個比喻句末用“也”字助判斷，是古本虛詞較多的又一例證。竹簡本無此章內容。河上公題爲“無用”，顯然意爲“無之用”，但“無用”二字易生誤解。

(2)“三十輻共一轂，當其無，有車之用。”

此節河上、王弼、傅奕諸本相同。“三十輻共一轂”，帛書乙本作“卅輻同一轂”（甲本殘）。

這裏“當其無，有車之用”和下面的兩個比喻都有同樣的句式：“當其無，有×之用”。這裏的“當其無”的“無”是名詞，“有×之用”的“有”是動詞。句子的重點在於一般人所忽略的“無”的部分的功能，這是傳統的讀法。

另一種讀法是清人畢沅提出的，即“當其無有，×之用”，以“無有”連讀。其根據是《考工記》鄭玄註文有云“利轉者，以無有爲用也。”（畢沅 1781，上 4A）對畢說，蔣錫昌、古棣都有反駁（蔣錫昌 1937，64；古棣 1991A，124），陳鼓應、高明等不從畢說。從畢說者有馬敘倫、高亨、朱謙之等人（馬敘倫 1957，50—51；高亨 1957，26；朱謙之 1984，43），以及帛書整理小組。本書帛書本即以整理小組的校讀爲底本，不代表筆者的理解。筆者以爲傳統的讀法更爲平實，按畢沅的讀法則句子無謂語動詞，不完整。按傳統讀作“當其無”，則“無”是名詞，是“無”從修飾詞向概念轉化的開始（詳見析評引論 40.4）。

(3)“埏埴以爲器，當其無，有器之用。”

此節河上、王弼、傅奕諸本同。“埏”，帛書甲本作“然”，乙本作“撚”，整理者讀之爲“埏”。其他版本也有作“挺”者，亦應讀作“埏”（古棣 1991A，123—124）。

（4）"鑿戶牖以為室，當其無，有室之用。"

　　此節河上、王弼、傅奕諸本同。帛書甲乙本皆無"以為室"三字，從內容及語言形式和上下文的關係來看，應該有"以為室"三字。但甲乙兩本都闕此三字，當不是兩個抄書者分別抄漏同樣三個字，而是其共同祖本承上文而省略。傳世本增加"以為室"也是追求句式的統一，是語言趨同現象的反映。

（5）"故有之以為利，無之以為用。"

　　這兩句是全章的總結，各本相同。似乎文句太清楚而整齊，沒有後人增刪修改或誤解的餘地。

析評引論

11.1　"有"如何以"無"為用？

　　本章專門討論"有"、"無"問題，先以車輪、陶器、房屋作實例論證，最後總結"有"、"無"之辯證關係，全文相當完整清晰。值得注意的是，本章所說"有"、"無"是經驗世界或現實世界的，而不是本體論和宇宙論中的"有"、"無"，因此與第四十章"有生於無"中的"有"、"無"不可等同論之。即使在經驗世界中，"有"、"無"也有具體器物的層次和普遍原則的層次。

　　老子說"有之以為利"，"利"字本義為刀之鋒利，引申為有益或利益。"有之以為利"是有形的，是人所共知的。人們在使用有形之物時，往往忘了他們實際使用的或能夠受益的方面其實是無形的部份，是"無"之用。老子哲學強調人們常常忽視的"無"，強調"無之以為用"，並不是要否定"有之以為利"，而是要糾正常識的偏見，照亮認識的盲點，使人們的觀察思考更深刻、更全面。

　　老子所舉之例包括車輪、陶器、房屋，就這三者來說，老子之說的合理性是不言而喻的，沒有人會否認或反駁。但是，老子哲學的真意絕不是日用器物本身，而是為更高的層次提供深入淺出的實例論證。在更高的層次上，很多人難以理解和接受老子的這一深刻思想，因而多產生對"無為"的誤解和批評。

"有之以為利，無之以為用"作為普遍的原則，在老子思想體系中，首先就體現在"無為"的概念上。所以，"無為"不是對"有為"的簡單否定，而是辯證的否定、補充和提高。比如，我們制定法律，似乎是"有為"，似乎是對"無為"的否定，然而實際上，我們所享受的法律所帶來的利益不是法律本身，而是法律所造成的整體的秩序與和諧，是無需終日在監督之下的自由，是政府得以在法律框架內"無為"的好處。法律是"有之以為利"，大多數人在大多數情況下不必擔驚受怕則是"無之以為用"。法律之"利"帶來的是保障自由空間之"用"，是"有為"之利帶來的"無為"之用。法律之"有"本身並不是法律的目的，法律所追求的是在法律之上、無需法律干預的自由空間。老子講"有"、"無"的真意和深刻性正在於這更高更普遍的層次上，是砥礪人類之思維，充實人類之智慧的利器。

第 十 二 章

原文對照

河 12.1　五色令人目盲，　　　　　　傅 12.1　五色令人目盲，

河 12.2　五音令人耳聾，　　　　　　傅 12.2　五音令人耳聾，

河 12.3　五味令人口爽，　　　　　　傅 12.3　五味令人口爽。

河 12.4　馳騁田獵，令人心發狂，　　傅 12.4　馳騁田獵令人心發狂，

河 12.5　難得之貨，令人行妨。　　　傅 12.5　難得之貨，令人行妨。

河 12.6　是以聖人為腹，不為目。　　傅 12.6　是以聖人為腹不為目。

河 12.7　故去彼取此。　　　　　　　傅 12.7　故去彼取此。

王 12.1　五色令人目盲，　　　　　　帛 12.1　五色使人目盲，

王 12.2　五音令人耳聾，　　　　　　帛 12.2　馳騁田獵使人心發狂，

王 12.3　五味令人口爽，　　　　　　帛 12.3　難得之貨使人之行妨。

王 12.4　馳騁畋獵令人心發狂，　　　帛 12.4　五味使人之口爽，

王 12.5　難得之貨令人行妨。　　　　帛 12.5　五音使人之耳聾。

王 12.6　是以聖人為腹不為目，　　　帛 12.6　是以聖人之治也，為腹
　　　　　　　　　　　　　　　　　　　　　　而不為目。

王 12.7　故去彼取此。　　　　　　　帛 12.7　故去彼而取此。

對勘舉要

(1) 本章諸傳世本基本相同，帛書本的句子順序明顯不同，此外也有個別字句的不同。帛書本有明顯不如諸傳世本之處，也有勝於諸本之處。帛書甲乙本之間相當一致，與傳世本的不同也很一致，再次證明帛書甲乙本有共同祖本［參見第八章對勘舉要（2）］。由於帛書甲乙本是在不同時期由不同人所抄，說明甲乙本的共同祖本可能是那個地區（今長沙一帶）在戰國中期的主要流傳本。同樣，竹簡本甲本和丙本的六十四章內容也是相似而不同，可能竹簡本的共同祖本是那個地區（今荊門一帶）在戰國前中期的主要流傳本。即使在全球化成為趨勢的今天，圖書的流行仍有地區特點和時段特點，在戰國時期，圖書的流傳有地區性就更是不難理解了。《老子》的傳本可能是有地區性的，這或許是帛書本和竹簡本有所不同的重要原因。這也是我們很難在眾多版本中找到線性的繼承關係的原因。

帛書甲乙本都比諸傳世本多用四個“之”字，是古本句式比後世傳本句式更舒緩自由的例證。

河上公題本章為“檢欲”，似得其旨。

(2) “五色令人目盲，五音令人耳聾，五味令人口爽。”

這幾句河上本、王弼本、傅奕本相同。帛書甲乙本五處“令人”皆作“使人”，想爾註本、其他敦煌本也均作“令人”，是帛書甲乙本與其他各本之祖本不同之一證，也可說明帛書甲乙本的祖本早已失傳。

帛書甲本“目盲”作“目明”，與上下文內容句式不合，可見抄寫之草率。乙本作“目盲”，不誤。

帛書本與其他各本最明顯的差別是帛書本在“五色使人目盲”後加入“馳騁田獵使人心發狂，難得之貨使人之行妨”，後接“五味使人之口爽，五音使人之耳聾。”從內容看，帛書甲乙本句子順序不合理，或是錯簡所致。然而，就帛書甲乙本自身的文句來看，"……難得之貨使人之行妨，五味使人之口爽，五音使人之耳聾"，幾個"之"字的使用自成一體，與第一句"五色使人目盲"不用"之"字有所不同，則帛書甲乙本未必是一時抄寫疏忽之誤。無論如何，帛書甲乙本共同祖本已經如此是可以肯定的，否則不會在帛書甲乙本中分別出現如此明顯而相同的差錯。如果帛書本代表了古代《老子》的原貌，那麼諸傳世本顯然是有意識地改善了古本，使之更合理、整齊。

(3)"馳騁畋獵令人心發狂。難得之貨令人行妨。"

此為王弼本。"畋"字，其他本多作"田"，《說文》段註云："田即畋字。"帛書甲乙本此兩句順序與傳世本不同，已見上文。又帛書甲乙本"令人"作"使人"，"行妨"前有"之"。

(4)"是以聖人為腹不為目，故去彼取此。"

河上、王弼、傅奕諸本同。帛書甲乙本"聖人"後多"之治也"三字，乙本後句多一"而"字，作"是以聖人之治也，為腹而不為目"。傳世本是刪減之後的結果。相較之下，帛書甲乙本文義比諸傳世本為合理，與第三章"是以聖人之治，虛其心，實其腹；弱其志，強其骨"一致，強調的不是聖人自己"為腹不為目"，而是說明聖人的管理方法應該更重視百姓基本的生活條件，而不是鼓勵百姓去追求感官的刺激和物質享受。

析評引論

12.1　"為腹"與社會需求層次

本章強調"聖人之治也，為腹而不為目"，與第三章強調"虛其心，實其腹；弱其志，強其骨"義同。"為腹"是甚麼意思呢？蔣錫昌說："腹"者，無知無欲，雖外有可欲之境而亦不能見。"目"者，可見外物，易受外物之誘惑而傷自然。故老子以"腹"代表一種簡單清靜、無知無欲之生活；以"目"代表一種巧偽多欲，其結果竟致

"目盲"、"耳聾"、"口爽"、"發狂"、"行妨"之生活。明乎此，則
"為腹"即為無欲之生活，"不為目"，即不為多欲之生活。"去彼取
此"即謂去目（多欲之生活）而取腹（無欲之生活）也（蔣錫昌
1937，67）。

蔣氏之說大體不錯，然以無欲與多欲來分別解釋"為腹"和"為
目"，稍顯簡單。筆者以為，老子所說涉及人類需求的層次問題。"為
腹"當然不是通常的"口腹之慾"，而是最基本的生存需求。"為目"
則是基本需求滿足之後的更多的感官享受及世俗價值的追求。

社會心理學家指出，人類之需求，從最基本的到最高級的，是有
層次的金字塔結構，其中以馬斯洛（A. Maslow）的理論較為著名。
馬斯洛認為，人的需求和動機可以由低到高分為若干層次，最底層的
是生理的需求，如食物、飲水等，較高級的需求依次是安全感，歸屬
感，尊嚴與成就，認知，美感，個人潛能的實現，最高的則是超越的
追求，包括高峰經驗的實現。這樣具體的分類和排列只是一個理想性
的模式，不一定適用於所有的人或所有的場合。然而，誰都無法否
認，人們的需求是有層次的，或者說是有優先程度不同的。當溫飽的
要求不能滿足的時候，個人尊嚴或精神需求的重要性往往下降；而生
存有了保障之後，人們自然會有更高的追求，如尊嚴、知識、成就
等等。

總之，人的基本需求和動機有強度或優先程度的不同。越是基本
的需求，其強度越高，一種較低級需求滿足之後，才會有較高級的需
求。聖人之治"為腹而不為目"就是保障最基本需求的優先地位（為
腹、實其腹、強其骨），而把更高更多的感官享受（五色、五聲、五
味）置於第二位，不作為聖人之治的基本內容（不為目），反對在基
本需求滿足之後的攀比競爭（虛其心、弱其志）。

因此，老子哲學輕視和反對的是世俗的感官享受，按照需求層次
的理論來分析，這些當屬於某些中間層次的需求，如口腹之慾、虛榮
權利等。老子並不反對人們滿足最基本的需求，也不反對追求超越的
目標，如"法自然"、"知天道"等。和最基本的需求相比，某些中間

層次的需求既非必要，又會成為引起爭奪、戰爭、傾軋等人間災禍的根源。釀成持久動亂的社會運動往往和人們對這種中間層次的權利、地位的追求分不開。非典型性肺炎（SARS）之類禍害人類的突發病毒與一些人不滿足於雞鴨魚肉等常規飲食，而不斷追求新奇野味有關。是他們把本來與人類無干的動物病毒帶到人群，引起全球性緊張、不安和經濟災難。

總之，老子重視的是滿足人民最基本的生存需求。老子也重視更高層次的超越性追求，如知天下、見天道、為天下式等，這都是超越於世俗和一般人之目標的更高的追求和境界。或問，難道我們可以越過中間層次的需求，從滿足基本需求直接達到最高追求嗎？回答是當然可以。孔子、釋迦牟尼、蘇格拉底無不如此，聖雄甘地、華盛頓、馬丁·路德·金、德蘭修女（Mother Teresa）都達到了人生境界之高峰，但他們都不追求中間層次或世俗層次的滿足。當然，這也不是說，有了富足生活或掌握權力的人就不能達到超越的人生境界，而是說不以這些世俗的欲望為目標孜孜以求，才能攀登人生境界的高峰。這樣來看，老子的"為腹而不為目"就包含了相當深刻的哲理和對人生境界的追求。

第 十 三 章

原文對照

河 13.1　寵辱若驚，貴大患若身。　　傅 13.1　寵辱若驚，貴大患若身。

河 13.2　何謂寵辱？　　傅 13.2　何謂寵辱若驚？

河 13.3　（寵為上），辱為下。　　傅 13.3　寵為下，

河 13.4　得之若驚，失之若驚，　　傅 13.4　得之若驚，失之若驚，

河 13.5　是謂寵辱若驚。　　傅 13.5　是謂寵辱若驚。

河 13.6　何謂貴大患若身？　　傅 13.6　何謂貴大患若身？

河 13.7　吾所以有大患者，為　　傅 13.7　吾所以有大患者，為
　　　　　吾有身。　　　　　　　　　　　吾有身。

河 13.8　及吾無身，吾有何患？　　傅 13.8　苟吾無身，吾有何患乎？

河 13.9　故貴以身為天下者，　　傅 13.9　故貴以身為天下者，

河 13.10　則可寄於天下，　　傅 13.10　則可以託天下矣；

河 13.11　愛以身為天下者，　　傅 13.11　愛以身為天下者，

河 13.12　乃可以託於天下。　　傅 13.12　則可以寄天下矣。

王 13.1　寵辱若驚，貴大患若身。　　帛 13.1　寵辱若驚，貴大患若身。

王 13.2　何謂寵辱若驚？　　帛 13.2　何謂寵辱若驚？

王 13.3　寵，為下，　　帛 13.3　寵之為下也，

王 13.4　得之若驚，失之若驚，　　帛 13.4　得之若驚，失之若驚，

王 13.5　是謂寵辱若驚。　　帛 13.5　是謂寵辱若驚。

王 13.6　何謂貴大患若身？　　帛 13.6　何謂貴大患若身？

王 13.7　吾所以有大患者，為　　帛 13.7　吾所以有大患者，為吾
　　　　　吾有身，　　　　　　　　　　　有身也。

王 13.8　及吾無身，吾有何患？　　帛 13.8　及吾無身，有何患？

王 13.9　故貴以身為天下，　　帛 13.9　故貴為身於為天下，

王 13.10　若可寄天下；　　帛 13.10　若可以託天下矣；

王 13.11　愛以身為天下，　　帛 13.11　愛以身為天下，

王 13.12　若可託天下。　　帛 13.12　女可以寄天下矣。

竹 13.1　　［人］寵辱若［驚］，貴大患若身。

竹 13.2　　何謂寵辱？

竹 13.3　　寵為下也。

竹 13.4　　得之若驚，失之若驚，

竹 13.5　　是謂寵辱驚。

竹 13.6　　□□□□□若身？

竹 13.7　　吾所以有大患者，為吾有身，

竹 13.8　　及吾亡身，或何□？

竹 13.9　　□□□□□為天下，

竹 13.10　　若可以託天下矣。

竹 13.11　　愛以身為天下，

竹 13.12　　若何以迷天下矣。

對勘舉要

（1）本章情況比較複雜，可能因原本句意不夠清晰明確，造成各本抄者編者或增或減，造成較多差異。竹簡本相當於本章的內容抄於乙本第一組最後，接在相當於第二十章前半段的文句"人之所畏，亦不可以不畏"之後。在"不畏"之後，有一清楚的短橫線，似為簡化的段落標誌，在本章的最後一句"若可以迏天下矣"之後有一個黑方塊作為更正式的分章標誌，後面有相當於一個字的空白。這是竹簡本與今本分章（不包括排序）一致的又一實例。

本章末段帛書甲乙本用字與其他各本均不同，是帛書本祖本與其他各本不同的一個例證［見本章對勘舉要（5）］。河上公題為"厭恥"，較晦澀。

（2）"寵辱若驚，貴大患若身。"

這兩句帛書甲乙本與諸傳世本相同，惟竹簡本在最前面多一"人"字，作"人寵辱若驚"，或為古本之舊，在傳抄中，被有意刪掉。作"人寵辱若驚"，則對人間常態的批評之意似更明顯。竹簡本"驚"原作"纓"，整理者讀為"驚"。裘錫圭認為此字仍可釋為"纓"（荊門市博物館 1998，119），魏啟鵬讀為"攖"，義為"擾亂、侵擾"，並曰"簡本作'纓'（攖）於義為勝"（魏啟鵬 1999，46）。

或曰竹簡本斷句有誤，"人"字當屬上面第二十章末句"人之所畏，亦不可以不畏"之末，則此句同帛書本，作"亦不可以不畏人"（許抗生 1999，98）。

"貴大患若身"，高亨說："此句意不可通。"疑原作"大患有身"，"貴"字涉下文而衍，"有""若"篆形相近而訛（高亨 1957，29）。此說未為帛書本和竹簡本證實，但仍可作解釋之參考。

（3）"何謂寵辱若驚？寵為下，得之若驚，失之若驚，是謂寵辱若驚。"

本段第一句王弼本、傅奕本、帛書甲乙本均作"何謂寵辱若驚"，而河上本與竹簡本"何謂寵辱"後無"若驚"二字。這種河上本與竹簡本相同，而與帛書本、王弼本及傅奕本不同的例子，相當少見。想爾本亦無"若驚"二字，倫敦藏敦煌寫本也有四種無"若驚"二字（程南洲1985，35），很可能古本無此二字，帛書本、王弼本及傅奕本根據下文句式補之。此節雖講"寵辱"，實際只講"寵"，未講"辱"，"寵辱"是偏義複詞，意思就是"寵"。有如"多人，不能無生得失"。（《史記·刺客列傳》）"得失"二字，實指"失"，無關"得"。今天大陸人講"質量"，實際講的就是"質"，不包括"量"。按此說，竹簡本"何謂寵辱"問的就是何謂"寵"，所以下文是講"寵"，不講"辱"。這樣理解文義順暢完足，則此處"若驚"二字不必補。

王弼本"寵為下"，傅奕本相同，帛書本作"寵之為下也"，竹簡本作"寵為下也"，意思相同而虛字多少不同。但河上本原作"辱為下"，或曰據日抄本和陳景元說，本應是"寵為上，辱為下"（王卡1993，50，註8），但對照其他各本，特別是帛書本、竹簡本以及倫敦所藏四種敦煌寫本，都沒有"寵為上"三字，似不當補（參見高明1996，277）。如果原文作"寵為上，辱為下"，則"上"、"下"二字沒有著落。河上本"辱為下"可能是"寵為下"之誤。下面"得之若驚，失之若驚，是謂寵辱若驚"數句，各本只有個別字的細微差別，沒有重要不同。

(4)"何謂貴大患若身？吾所以有大患者，為吾有身，及吾無身，吾有何患？"

此節帛書本和三個傳世本只有個別字的不同，竹簡本有殘缺，但看來文義與傳世本沒有重要區別。

高明曰："貴"字在此為動詞，猶今言重視。經文"身"、"患"二字位置相倒。高氏之說據焦竑所云："貴大患若身"，當云"貴身若大患"。倒而言之，古語類如此（高明1996，279）。

(5)"故貴以身為天下，若可寄天下；愛以身為天下，若可託天下。"

此節為王弼本。"故貴以身為天下"之"以"字，帛書甲乙本均作"為"，竹簡本殘。下面"若可寄天下"、"若可託天下"，"若"字

其他本或作"乃"或作"則",第二句的"若"字帛書甲乙本作
"女",整理者擬讀為"安",義為乃(馬王堆小組 1976,63,註 14),
高明釋為"如"(高明 1996,279)。帛書甲乙本"為"、"女"二字的
用法自成一格,當有共同祖本。

　　這兩句王弼本與河上本都是前面講"寄天下",後面講"託天
下",傅奕本、帛書甲乙本、竹簡本都是"託天下"在前,似古本如
此。據王弼註文,王弼本本來也是"託天下"在前,"寄天下"在後。
可證古本如此。

　　竹簡本末句是"若何以达天下矣","达"字整理者無註,魏啟鵬
疑讀為"弄",掌物、執掌之義。簡文"达"猶言"主天下"(魏啟鵬
1999,48)。丁原植據帛書本疑解作"寄寓"(丁原植 1998,262)。李
零讀為"去天下"(李零 2002,23)。

　　蔣錫昌說"此段經文,諸家紛異,鮮有同者。"(蔣錫昌 1937,
75)然各本文之大意,並沒有重要不同。

析評引論

13.1　利己還是利他?

　　本章先講到:"吾所以有大患者,為吾有身,及吾無身,吾有何
患?"似提倡"忘身"外身。後面又講到:"故貴以身為天下,若可寄
天下;愛以身為天下,若可託天下。"似提倡"貴身"。"忘身"、"貴
身"前後不一,似乎自相矛盾,因此對本章的註釋也頗多歧異。在眾
多解釋中有利己主義的和利他主義的兩種極端的說法。

　　利己主義的解釋以馮友蘭為代表。馮友蘭把"貴以身為天下"一
段與楊朱學說相比附:"'貴以身為天下'者,即以身為貴於天下,即
'不以天下大利,易其脛一毛','輕物重生'之義也。"(馮友蘭 1934,
177)高亨的解釋恰巧相反,認為:"'貴'者,意所尚也,'愛'者,
情所屬也。'以身為天下'者,視其身為天下人也……是無身矣,是

無我矣，是無私矣；方可以天下寄託之。"高亨並引第七十八章、第二十七章、第八十一章進一步論證《老子》"實持無我利物主義"（高亨 1957，30—31）。張松如說，關鍵在如何把握 "及吾無身，吾有何患"。"無身" 之義，是遺失乎？是遺忘乎？遺失此身，是不可能，當然只可作遺忘此身來理會。那麼，便只可判馮說為曲解，高亨之說為符合老子之旨（張松如 1987，92—93）。類似於高亨之利他主義解釋的還有詹劍峰、張揚明（詹劍峰 1982，466；張揚明 1973，68）。

馮友蘭說老子是利己主義的，與老子反復強調功遂身退的思想不合。高亨把 "以身為天下"，解釋為視其身為天下人也，是 "無我"、"無私" 的體現，變成了簡單的利他主義，似乎與老子反對 "以身輕於天下"（第二十六章），重視個體生命的傾向也不吻合。張松如雖然肯定了高亨之說，實際上更贊成蔣錫昌之說，而蔣氏對原文的理解與高亨有重要不同。

對於 "吾所以有大患者，為吾有身" 一段，蔣錫昌說："謂聖人所以有治天下之大患者，以其有此能治天下之身，故天下奉之為主，無所逃也。" 對於 "故貴以身為天下，若可寄天下；愛以身為天下，若可託天下" 一段，蔣氏說：此數語乃倒文。正文當作 "故以身為天下貴者，則可以託天下矣；以身為天下愛者，則可以寄天下矣"。"以身為天下貴"，言聖人以身為天下最貴之物也。"以身為天下愛"，言聖人以身為天下最愛之物也。《莊子·讓王》："道之真以治身，其緒餘以為國家，其土苴以治天下。由此觀之，帝王之功，聖人之餘事也，非所以完身養生也。" 此即《老子》以身為天下貴，以身為天下愛之誼。蓋《老子》以為聖人所最重者為治身，治國則其餘事也。然惟以治身為最重，清靜寡欲，一切聲色貨利之事，皆無所動於中，然後可受天下之重寄，而為萬民所託命也（蔣錫昌 1937，71，75）。

蔣氏之說雖較為穩妥，然仍嫌曲折一些。筆者以為，本章解釋的關鍵在於 "無身" 之 "身" 與 "貴身" 之 "身" 實有不同。"無身" 之 "身" 重在一己之利，是世俗利益之身，必然會引起利益糾葛，禍患纏身，因此與 "大患" 同等。"貴身" 之 "身" 是生命之真，是脫離了世俗利益之糾纏的真身。一個貴身勝於貴天下的人，必定是沒有權欲、沒有野心，不懂貪婪之人。把天下交給這樣的人，才可以放心無虞。以"無身"、"忘身"而"貴身"、"愛身"，以放棄私利糾纏之身而成全生命之真身，這樣解釋符合本章文義，也符合《老子》全書以反求正的思想風格。《老子》中有很多這樣的表達，如"無為而無不為"，"以其無私故能成其私"，"外其身而身存"，其中各句中的兩個"為"，兩個"私"，兩個"身"，都不能作絕對等同的理解，而是在大意相同的情況下，具體內涵稍有不同的側重，這樣才言簡意賅，耐人尋味。如果按照形式邏輯的同一律來解釋老子的這些辯證觀念，難免得出老子思想不合邏輯或陰謀詭計的結論。這樣機械地解讀《老子》，是無法理解老子的充滿辯證觀念的睿智的（參見析評引論 7.2—3）。

順便說明，古棣等將本章的"身"字解釋為"身體"、"肉體"、"軀殼"，認為老子要擺脫肉體之軀，是靈魂不滅論，實在是離題太遠（古棣 1991A，434）。《老子》第十章所說"載營魄抱一，能無離乎"明明是主張形神合一，怎麼會突然主張放棄肉體而要靈魂出竅呢？

第 十 四 章

原文對照

河 14.1 視之不見名曰夷，	傅 14.1 視之不見名曰夷，
河 14.2 聽之不聞名曰希，	傅 14.2 聽之不聞名曰希，
河 14.3 搏之不得名曰微。	傅 14.3 搏之不得名曰微。
河 14.4 此三者不可致詰，	傅 14.4 此三者不可致詰，
河 14.5 故混而為一。	傅 14.5 故混而為一。
河 14.6 其上不皦，其下不昧。	傅 14.6 一者，其上之不皦，其下之不昧。
河 14.7 繩繩不可名，	傅 14.7 繩繩兮不可名，
河 14.8 復歸於無物。	傅 14.8 復歸於無物。
河 14.9 是謂無狀之狀，無物之象，	傅 14.9 是謂無狀之狀，無物之象，
河 14.10 是為忽恍。	傅 14.10 是謂芴芒。
河 14.11 迎之不見其首，	傅 14.11 迎之不見其首，
河 14.12 隨之不見其後，	傅 14.12 隨之不見其後。
河 14.13 執古之道，以御今之有，	傅 14.13 執古之道，可以御之有，
河 14.14 以知古始，是謂道紀。	傅 14.14 能知古始，是謂道紀。
王 14.1 視之不見名曰夷，	帛 14.1 視之而弗見，<u>名之曰微</u>。
王 14.2 聽之不聞名曰希，	帛 14.2 聽之而弗聞，名之曰希。
王 14.3 搏之不得名曰微。	帛 14.3 捪之而弗得，名之曰夷。
王 14.4 此三者不可致詰，	帛 14.4 三者不可致詰，
王 14.5 故混而為一。	帛 14.5 故緒而為一。
王 14.6 其上不皦，其下不昧，	帛 14.6 一者，其上不謬，其下不忽。
王 14.7 繩繩不可名，	帛 14.7 尋尋呵不可名也，

王 14.8　復歸於無物，	帛 14.8　復歸於无物。
王 14.9　是謂無狀之狀，無物之象。	帛 14.9　是謂无狀之狀，无物之象，
王 14.10　是謂惚恍。	帛 14.10　是謂忽恍。
王 14.11　迎之不見其首，	帛 14.11　隨而不見其後，
王 14.12　隨之不見其後。	帛 14.12　迎而不見其首。
王 14.13　執古之道，以御今之有，	帛 14.13　執今之道，以御今之有。
王 14.14　能知古始，是謂道紀。	帛 14.14　以知古始，是謂道紀。

對勘舉要

(1) 本章王弼本與河上公本大體相同，傅奕本與之稍有不同，帛書本與諸傳世本文字差異較大，句式也比傳世本舒緩從容。竹簡本沒有此章內容。河上公題為“贊玄”，差強人意。

(2)“視之不見名曰夷，聽之不聞名曰希，搏之不得名曰微。此三者不可致詰，故混而為一。”

此為王弼本，河上本、傅奕本基本相同；惟“搏”字，傅奕本、河上本作“搏”。這一段帛書甲乙本基本相同，與傳世本有一些明顯不同。一是“搏”作“捪”，二是第一句之“夷”與第三句之“微”相倒換，三是句式明顯不同，帛書本用虛詞“而”和“之”，句式平緩舒放。

以上文字差別對於解釋老子思想沒有根本不同，其差異可能因方言之不同或傳抄者的習慣不同而造成。“搏”、“搏”、“捪”三字都與手摩之意有關。《說文》云：“‘捪’，撫也，摹也。‘搏’，索持也。”段註：“謂摸索而持之。”“搏，以手‘圜’之。”段註：“俗字作團。”三者意思不同，但都可表達“道”觸摸不到的意思。比較起來，帛書本“捪”之意較普通，用在這裏卻更為恰切。

傳世本第一句之“夷”字，馬敍倫據范應元本考證本應作“幾”，其意“微也”，與帛書本作“微”相近。據范應元所引，孫登、王弼本、傅奕本原本均作“幾”（馬敍倫1957，55；高明1996，282—283；黃釗1991，66；古棣1991A，32—33）。是古有“幾”、“微”二本。推敲起來，當以帛書本和今本取“微”為正。而范應元等古本捨“微”取“幾”，或因二者同為微韻，在聽寫傳抄中有所取代。“幾”字有平、上、去三讀，易生誤會，而用“微”則無此弊。從內容上來說，“幾”、“微”、“希”、“夷”在這裏都是形容視覺、聽覺、觸覺諸感官對“道”的無效。張松如說：“惟視、聽、搏之與夷、希、微，

諸本交錯，似無固誼，大約都是幽而不顯的意思，不過就視、聽、搏幾個不同方面言之罷了。”（張松如 1987，95）

從內容來看，帛書本前三句“視”與“微”搭配，“搏”與“夷”搭配更為順暢合理，以後諸本以“夷”、“希”、“微”為序，取代帛書本的“微”、“希”、“夷”，可能是因為“希”、“微”同為微韻，而“夷”為脂韻，雖然脂、微可以合韻，似終不如第二句和第三句同韻更為和諧穩貼。這可能是以後諸本與帛書本不同的原因。

“此三者不可致詰，故混而為一”，帛書本無“此”。如第一章，帛書本是“兩者”，後來各本則作“此兩者”。又第十九章竹簡本“三言以為辨不足”一句，自帛書本以下均加一“此”字，作“此三言”。可見古本用“此”較少，後人加之以求句義明確，但實際不一定必要。“混”，帛書甲本作“困”，乙本作“紺”，整理者皆讀為 hun，或為“混”之借字。“三者”當指“夷”、“希”、“微”，都是感官無法把握的特點，因此是“不可致詰”，即無法究根問底。因此只能把“夷”、“希”、“微”所描述的對象看作是一個無法分辨、不可分析的整體，即“混而為一”，這和本章其他內容一樣，都是描述道之特點。然古棣認為“混而為一”的“一”就是“道生一”之“一”，後面的“無物”才是道（古棣 1991A，34—36）。其說拘泥過深。“混而為一”之“一”顯然是就性質來說，不是就實有來說。“道生一”之“一”是實有類的符號，二者不容混淆。老子從未就“道生一”之“一”作任何確切解釋，我們也不必確指它是甚麼（參見析評引論 42.1）。

(3)“其上不皦，其下不昧。繩繩不可名，復歸於無物。”

此節前兩句河上本、王弼本同，而傅奕本、帛書甲乙本前面均有“一者”二字，文義更明確。可能古本如此，而後來之河上本、王弼本的傳抄者為字句簡練而刪之。這裏的“一者”是上文“混而為一”之“一”，是性質無別、渾淪不分之意，並非“道生一”之“一”（第四十二章），或“天得一以清”的“一”（第三十九章）。

“皦”，帛書甲本作“攸”，乙本作“謬”。“昧”，帛書甲乙本作“忽”。高明說，帛書甲乙本及今本，“三者用字雖異，而古讀音相同。

'攸'、'謬'、'皦'通假，'忽'與'昧'通假。今本用本字，帛書用借字，當從今本"（高明 1996，286）。

後面"繩繩不可名，復歸於無物"二句，傅奕本僅在"繩繩"之後多一"兮"字，帛書乙本作"尋尋呵，不可命也，復歸於無物"。高明說"尋尋"、"繩繩"同音，皆重言形況字，當從今本作"繩繩"為是；乙本假"命"為"名"（高明 1996，286）。河上公註云："繩繩者，動行無窮極也。"（王卡 1993，53）"不可名"不是不可命名的意思，而是無法認知的意思。河上公註曰："不可名者，非一色也，不可以青黃白黑別；非一聲也，不可以宮商角徵羽聽；非一形也，不可以長短大小度之也。"（同上）關於"復歸於無物"，蔣錫昌說其義與第十六章"夫物芸芸，各復歸其根"相近，其說不確。"夫物芸芸"是萬物，"復歸其根"是萬物回歸於道。但這裏卻是就道本身來說的。道之"繩繩"而動，綿延不絕，似有物之形，但無可描摹，終歸還是無物之象。這裏的"復歸於無物"不是物理世界中的運動，而是從性質上進行的歸納。

（4）"是謂無狀之狀，無物之象。是謂惚恍。"

此三句各本沒有重要不同。"無物之象"偶有作"無象之象"者，似與前句"無狀之狀"一律。蔣錫昌說：其實老子自作"無物之象"。第二十一章"惚兮恍兮，其中有象；恍兮惚兮，其中有物"。"物"、"象"對言，即據此文"無物之象"而來。"無狀之狀，無物之象"謂道若有若無，若可見，若不可見；其為物也，無色無體，無聲無響，然可思索而得，意會而知；此思索而得之狀，意會而知之象，無以名之，名之曰"無狀之狀，無物之象"也（蔣錫昌 1937，81）。

"惚恍"，傅奕本作"芴芒"，帛書乙本原作"沕望"，高明云假借字也。蔣錫昌說："惚恍"或作"忽恍"，或作"芴芒"，或作"惚怳"，雙聲疊字，皆可通用。蓋雙聲疊字，以聲為主，苟聲相近，即可通假。"恍惚"亦即"仿佛"。《說文》"仿，仿佛，相似視不諟也。"《老子》必欲以"恍惚"倒成"惚恍"，是因"象""恍"為韻耳。"是謂惚恍"謂道若存若亡，恍惚不定也（蔣錫昌 1937，83）。

(5)　"迎之不見其首，隨之不見其後。執古之道，以御今之有，能知
　　　古始，是謂道紀。"

　　此節前兩句帛書本作"隨而不見其後，迎而不見其首"，其他各本都
相同。傳世本或因後人認為應該先"迎"後"隨"、先"首"後"後"而改。

　　"執古之道，以御今之有，能知古始，是謂道紀"這幾句，帛書
本的最大不同是"古"作"今"，甲乙本均作"執今之道"。或曰，儒
家重視託古御今，道家則"有法無法，因時為業；有度無度，因物與
合"（《太史公自序》），因此帛書本作"執今之道"為是（高明 1996，
289）。此說不合上下文義。如果是"執今之道，以御今之有"，那麼
下文"能知古始，是謂道紀"就唐突而不可解。既然"執今之道"可
以"御今之有"，那麼下文何必提到"能知古始"的意義？另外，老
子常以古為據，並無厚今薄古的思想。如"古之善為道者"（第十五
章、第六十五章），"古之所謂貴此道者"（第六十二章），"是謂配天，
古之極也"（第六十八章），都是以古為據的實例。我們在《老子》原
文中找不到以今為據的例句，相反的例證倒是"今舍其慈，且勇……
則死矣"，顯然對"今"沒有任何好感或肯定之意。從本章上下文和
老子一貫思想來看，當以傳世本"執古之道，以御今之有"為是。然
帛書甲乙本均作"執今之道"，可見不是一時筆誤，而是其來有自。
"有"，劉師培云即"域"字之假借字（劉師培 1936,6B；高明 1996,289）。

　　末兩句或作"能知"，或作"以知"，從上下文來看，帛書本和河
上本作"以御今之有，以知古始，是謂道紀"為順暢。"紀"，總要之
名也（《樂記》鄭玄註；高明 1996，289）。

析評引論

14.1　《老子》乃詩乎？

　　關於本章前三行，古棣認為帛書甲乙本均"破壞了詩的風格"，

"之"字、"而"字的運用"也都是破壞詩律，而把它散文化了"。"老子原貌必不如帛書"。（古棣 1991A，34）古棣的觀點相當獨特，涉及如何理解《老子》之文體的問題。他過份強調《老子》中詩的成份和特點，這一點有相當廣泛的代表性，因此還有深入討論的必要。

　　古棣似乎認為《老子》通篇是詩，而且是古棣所想像和認可的詩，這是試圖以自己所創造的概念來匡正古代文獻。《老子》中有大量韻文，這是事實，但我們沒有任何證據說老子本來就是要寫嚴格的詩。帛書甲乙本和竹簡三種版本的出土說明《老子》古本比今本使用虛詞為多，句式不如後來的版本整齊，句式較舒緩自如，作為詩的特點還不如後來的版本突出，這是不爭的事實。這雖不是最早的《老子》的原貌，但比今本更接近原貌則是肯定的。最早的《老子》未必符合今人的寫作觀念。

　　事實上，我們沒有根據說《老子》就是詩，也沒有根據說《老子》只是散文，如何概括《老子》的文體似乎相當困難。一種說法是哲理詩，這還是基本上把《老子》的形式歸為詩體，這不合事實。筆者目前的看法是非詩非文，亦詩亦文，詩文一體的哲理短論。這是相當獨特的文體，是在《詩經》風格尚有影響時的自由創作。前無古人，後無來者，絕非模仿之作。

　　在中國古代，押韻是詩的重要條件。《老子》中有多少押韻的部份呢？不同人自然有不同的看法。很多人認為《老子》中大多數的章節或絕大多數的章節都包含有押韻的文句，如江有誥找出五十二章，朱謙之找出七十多章，高本漢的說法是百分之七十五。這些學者找的是押韻的句子，而筆者認為，要做《老子》的韻文的比較，不能以句為標準，應該以"文"為單位，即夠一首詩篇幅才夠標準。而一首詩一般應該有三句以上，典型的應該是至少四句，其中至少有兩句或三句押韻。筆者在此的標準是至少有四句，其中至少有兩句或三句押韻才算作韻文。根據這一標準，筆者發現《老子》中有五十一章中包含四句以上的韻文。這五十一章是第二，四，五，六，八，九，十，十二，十四，十五，十六，十七，十九，二十，二十一，二十二，二十四，二十五，二十六，二十七，二十八，二十九，三十，三十二，三十三，三十五，三十六，三十七，三十九，四十一，四十四，四十五，四十七，五十一，五十二，五十四，五十五，五十六，五十七，五十八，五十九，六十二，六十四，六十五，六十六，六十七，六十八，六十九，七十三，七十八，七十九章。這五十一章中的四句以上的韻文就是我們用來和《詩經》作比較的基本依據。這說明《老子》中大約有三十章沒有構成詩的段落，而包含四句以上韻文的五十一章中，全部是詩歌形式的章節很少。

因此，關於《老子》的文體特點，我們要同時看到兩個方面。第一，《老子》從總體來看並不是一般意義上的詩歌。《老子》之詩文自由結合轉換的特點說明其作者不是有意作詩，更不是有意模仿已經有的文體。第二，《老子》中融有相當多的韻文，這些韻文應該受到了同時代的詩歌的影響。我們不能片面強調其中的一個方面而忽視另一個方面，把《老子》完全看做詩歌顯然是不符合《老子》的實際情況的。竹簡本和帛書本都說明，《老子》古本中的詩歌特點並沒有後來版本那樣整齊突出。當然，後來版本與古本的區別只是量或程度上的不同，不是本質上的不同（參見析評引論 5.2）。

14.2　老子如何成教主？

本章總述道之超越感官和空間的特點，視覺、聽覺、觸覺都對它無效。它渾然一體，無可分析，無可辨別。無上無下，無前無後。自古即存，作用於今天。這樣的道是哲學的假設和理性的信念，無關長壽成仙。然而想爾註本對末段"執古之道，以御今之有，能知古始，是謂道紀"，註曰："何以知此道今端有？觀古得仙壽者，悉行之以得，知今俗有不絕也。能以古仙壽若喻，今自勉勵守道真，即得道經紀也。"這樣，道為成仙之保障，《老子》顯然成為道教之經典。

同樣情況見於其他很多章節。如第七章"是以聖人後其身而身先"一句，想爾本註文曰："求長生者，不勞精思求財以養身，不以無功劫君取祿以榮身，不食五味以恣，衣弊履穿，不與俗爭，即為後其身也；而目此得仙壽，獲福在俗人先，即為身先。"這裏又明確地把一般性哲理解釋為求仙壽的方法和原則。第七章末句帛書本作"不以其無私與，故能成其私"。其他各本大同小異。然想爾註本原作"以其無尸，故能成其尸"，註文則曰："不知長生之道，身皆尸行耳。非道所行，悉尸行也。道人所以得仙壽者，不行尸行，與俗別異，故能成其尸，令為仙士也。"這就完全是道教成仙理論了。

　　古代講儒釋道三教，其中道或指老莊道家，或指神仙道教，殊無一定。然近代西方學術概念傳入中國，哲學與宗教判然為二。於是老莊作為道家哲學的代表，道教則是中國惟一的本土宗教。哲學與宗教的地位判若雲泥。哲學工作者尤其希望劃清道家與道教的界限。的確，道家主張超脫生死之別，道教追求長生，實有根本性不同。然而，道教也的確從《老子》和《莊子》中找到了有用的思想資源，儘管這種利用難免有歪曲的成份。現在看來，把道家和道教混為一談顯然是不嚴肅的。然而，將道家與道教分得一清二楚也是沒有必要，不合歷史的。有意思的是西方許多研究道教的學者千方百計為道教爭取宗教的地位，反對將道家與道教截然二分。他們這樣做是為了讓道教成為與佛教、基督教、伊斯蘭教一樣的世界性宗教，從而洗卻道教的迷信之污穢，提高道教研究在比較宗教學或世界宗教研究中的地位。他們的用心及努力已經取得成功，是值得我們讚賞的。

　　老子的道家思想如何成為道教思想的來源之一，老子因其自然的理論如何轉化為孜孜以求長生不老的理論，這是一個很複雜的課題。從現有的文獻來看，顯然，《老子》想爾註本起到了關鍵性的作用。想爾註本怎樣將老子變成道教教主、將《老子》變成道教經典，這是一個重要的思想史課題，也是宗教史的課題，而且也已成為詮釋學的課題，值得有心人深入研究（參見李錦全1995）。

第 十 五 章

原文對照

河 15.1　古之善為士者，

河 15.2　微妙玄通，深不可識。

河 15.3　夫唯不可識，

河 15.4　故強為之容。

河 15.5　與兮若冬涉川，

河 15.6　猶兮若畏四鄰，

河 15.7　儼兮其若客，

河 15.8　渙兮若冰之將釋，

河 15.9　敦兮其若朴，

河 15.10　曠兮其若谷，

河 15.11　渾兮其若濁。

河 15.12　孰能濁以（止）靜之，徐清？

河 15.13　孰能安以久動之，徐生？

河 15.14　保此道者，不欲盈。

河 15.15　夫唯不盈，故能蔽不新成。

王 15.1　古之善為士者，

王 15.2　微妙玄通，深不可識。

王 15.3　夫唯不可識，

王 15.4　故強為之容。

王 15.5　豫焉若冬涉川，

王 15.6　猶兮若畏四鄰，

王 15.7　儼兮其若容，

傅 15.1　古之善為道者，

傅 15.2　微妙玄通，深不可識。

傅 15.3　夫惟不可識，

傅 15.4　故彊為之容，曰：

傅 15.5　豫兮若冬涉川，

傅 15.6　猶兮若畏四鄰，

傅 15.7　儼若客，

傅 15.8　渙若冰將釋，

傅 15.9　敦兮其若樸，

傅 15.10　曠兮其若谷，

傅 15.11　混兮其若濁。

傅 15.12　孰能濁以澄靖之，而徐清。

傅 15.13　孰能安以久動之，而徐生。

傅 15.14　保此道者不欲盈，

傅 15.15　夫惟不盈，是以能散而不成。

帛 15.1　古之□為道者，

帛 15.2　微妙玄達，深不可識。

帛 15.3　夫唯不可識，

帛 15.4　故強為之容，曰：

帛 15.5　與呵其若冬涉水，

帛 15.6　猶呵其若畏四鄰，

帛 15.7　嚴呵其若客，

王 15.8　渙兮若冰之將釋，　　　帛 15.8　渙呵其若凌釋，

王 15.9　敦兮其若樸，　　　　　帛 15.9　沌呵其若樸，

王 15.10　曠兮其若谷，　　　　　帛 15.10　湷呵其若濁，

王 15.11　混兮其若濁。　　　　　帛 15.11　湉呵其若谷。

王 15.12　孰能濁以之徐清？　　　帛 15.12　濁而靜之，徐清。

王 15.13　孰能安以久動之徐生？　帛 15.13　安以動之，徐生。

王 15.14　保此道者不欲盈，　　　帛 15.14　葆此道□不欲盈。

王 15.15　夫唯不盈，故能蔽不　　帛 15.15　是以能敝而不成。
　　　　　新成。

竹 15.1　　［長］古之善為士者，

竹 15.2　　必微溺玄達，深不可識，

竹 15.3　　是以為之容：

竹 15.4　　豫乎若冬涉川，

竹 15.5　　猶乎其若畏四鄰，

竹 15.6　　嚴乎其若客，

竹 15.7　　渙乎其若釋，

竹 15.8　　屯乎其若樸，

竹 15.9　　坉乎其若濁，

竹 15.10　　孰能濁以静者，將徐清。

竹 15.11　　孰能仄以迬者，將徐生。

竹 15.12　　保此道者不欲尚盈。

對勘舉要

（1）竹簡本有本章内容。其序在甲本第一組相當於第三十章和第六十四章的内容之間。在第一字之前有一類似斷句標誌的短線，最後則沒有任何標誌和空格。竹簡本内容比較完整，但和以後諸本相比，有三處各少一句。這一章用韻很密，句式又非常自由多變，是典型的亦詩亦文的自由創作。河上公題爲"顯德"，易生誤解。

（2）"古之善爲士者，微妙玄通，深不可識。夫唯不可識，故強爲之容。"

此爲王弼本、河上本。最值得注意的是第一句傅奕本作"善爲道者"，帛書乙本"善"字殘，甲本全殘。從句式看，帛書乙本應該也是"善爲道者"。而竹簡本卻作"善爲士者"。則王弼本、河上本與傅奕本各有古本的根據，說明歧異產生已久。從年代來講，竹簡本當更接近原始祖本。原始本作"善爲士者"的可能性更高，因爲此章講的主要是個人的修養，用"士"更直接、恰切，作"道"則意思更爲抽象、普遍。第六十八章即有"善爲士者"。范應元古本亦作"善爲士者"。第六十五章"古之善爲道者"講的是治邦之道，不同於此章。可能是因爲道畢竟是《老子》中最重要的概念，有人就根據第六十五章將本章改爲"善爲道者"，成爲帛書本和傅奕本的源頭。此章作"善爲道者"亦通，只是意思不如"善爲士者"更貼切。本書所揭示的大多數情況都是竹簡本、帛書本文字和内容比較接近，代表古本情況；王弼本、河上本文字和風格比較一致，代表了後人長期加工的結果；而傅奕本則介於兩者之間。但是本章竹簡本與王弼本、河上本相同，與帛書本、傅奕本不同，這在八十一章中似乎是很少有的情況，耐人尋味。

竹簡本此章接今本第三十章末句原作"其事好/長古之善爲士者"。"長"之前有一相當於斷句的短線，因此竹簡本整理者以"長"

屬本章第一句。根據文義，"長"當屬上讀，作"其事好長。古之善為士者"（李零 2002，4）。

　　"微妙玄通"一句，河上本、王弼本、傅奕本同。帛書本、竹簡本"通"作"達"，其意通。此外，竹簡本"妙"作"溺"，李零讀為"妙"（同上）。

　　"夫唯不可識，故強為之容"，河上、王弼、傅奕、帛書各本大體相同，惟竹簡本無"夫唯不可識"一句，後面接"是以為之容"，似為古樸之貌。帛書本以後各本加"夫唯不可識"以承上句，又將"是以為之容"改作"故強為之容"，明顯要加重強調意味，當為後人加工的結果。這兩句後，傅奕本、帛書本均有一"曰"字，以引起下文。此為傅奕本接近帛書本之一例證。

(3)　"豫焉若冬涉川，猶兮若畏四鄰，儼兮其若客，渙兮若冰之將釋，敦兮其若樸，曠兮其若谷，混兮其若濁。"

　　此為王弼本。本節各本字句參差頗多。如句中"若"字，王弼本、河上本在單字"客"、"樸"、"谷"、"濁"前作"其若"，在多字"冬涉川"、"畏四鄰"、"冰之將釋"前則作"若"，似有調節音調節奏之考慮。帛書本則一律作"其若"，竹簡本除一例外，皆作"其若"。

　　第一句之"若冬涉川"，衆本相同，惟帛書本作"若冬涉水"。作"水"失韻，或因古代字形相近而訛。後來諸本不從帛書本，說明帛書本在歷史流傳中影響甚微。這一節竹簡本和王弼本、河上本倒比較接近。竹簡本"嚴乎其若客"一句，其他各本大體相同，惟傅奕本作"儼若客"，句式突兀，但倫敦所藏敦煌寫本亦有三種作"儼若客"（程南洲 1985，41），可見不是偶然之誤。王弼本"客"作"容"，或涉及上文"強為之容"而誤，"客"與"釋"同為鐸部韻，作"容"則失韻。倫敦所藏敦煌寫本四種皆作"客"（同上），王弼本當從衆本正之。然王弼註曰："凡此諸若，皆言其容象不可得而形名也。"（樓宇烈 1980，34）是王弼本原文即作"容"而不作"客"，並非一時之誤。范應元本亦作"容"，並謂作"客"誤也。

　　"曠兮其若谷，混兮其若濁"兩句，為王弼本、傅奕本，河上本幾乎相同（只有"混"、"渾"之不同）。帛書本作"涽呵其若濁，湷呵其若谷"，用字差別較大，且句序顛倒。而竹簡本則無"曠兮其若谷"一句，是竹簡本漏抄，還是後人所加，不易斷言。不過，從上節及下節竹簡本所少的句子來看，似乎是後人嫌竹簡本文義不足，而加以補充擴展的可能性比較大。

(4)"孰能濁以靜之徐清？孰能安以久動之徐生？保此道者不欲盈，夫唯不盈，故能蔽不新成。"

此句王弼本及河上本的不同刻本間頗有歧異，此從略。傅奕本作"孰能濁以澄靖之，而徐清。孰能安以久動之，而徐生"。似乎更講究對仗。帛書本作"濁而靜之，徐清。安以動之，徐生"。文字整齊簡明，然意義與竹簡本微有不同。帛書本及以後諸本之"靜"與"清"，"動"與"生"都是並列關係，而竹簡本作"孰能濁以靜者，將徐清。孰能庀以迋者，將徐生"，其句式是明顯的條件關係，較帛書本意義豐富。

竹簡本"將徐清"下原有章號，顯然誤植，可見竹簡本抄寫不是很嚴格的。"庀"，整理者疑為"安"之誤寫（荊門市博物館 1998，114），魏啟鵬贊之（魏啟鵬 1999，10）。"迋"，整理者無釋，裘錫圭云："迋"帛書本作"重"，今本作"動"。"主"與"重"上古音聲母相近，韻部陰陽對轉（荊門市博物館 1998，114），李零讀為"動"（李零 2002，4）。

"保此道者不欲盈，夫唯不盈，故能蔽不新成"三句，王弼本、河上本同。傅奕本少"新"字，虛詞使用也有不同。帛書本作"葆此道（者）不欲盈，是以能敝而不成"，比傳世本少"夫唯不盈"四字。竹簡本僅有"保此道者不欲尚盈"一句，比帛書本又少末一句。此章竹簡本比傳世本少三句（見原文對照三個傳世本之 15.3、15.10、15.15 三行），文句最少最簡，或許接近古本之舊。不過，對照帛書本、竹簡本、傳世本來看，老子早有流傳，譜系及演變情況複雜，一切尚難定斷。應該肯定的一點是，儘管各本文字頗有出入，但思想內容歧異並不很大。

析評引論

15.1　"為士"，"為道"，或"為上"？

本章第一句有"古之善為士者"和"古之善為道者"兩個版本。筆者認為二說皆通，因為按照《老子》思想的標準，善為士者必定是善為道者。陳鼓應說"本章是對體道之士的描寫"（陳鼓應1984，122），包容了二者的分歧。然而筆者認為"為士"更為貼近全文之意，因為本章全文內容都是個人的修養及其外在表現。雖然最後提到"保此道者不欲盈"，但從全文看，這裏的道並沒有涉及個人精神修養以外的內容。

然而，古棣根據俞樾之說，不取"為士"，亦不取"為道"，逕作"古之善為上者"。俞樾的根據是河上公註"古之善為士者"曰"謂得道之君也"，則"善為士者"當作"善為上者"，"上"、"士"形似而誤也。古棣說：此章乃講"人君南面之術"，不應作"善為士者"。而應作"善為上者"，即"是以欲上民"（第六十六章），"以其上食稅之多"（第七十五章）之上，泛指統治者（古棣1991A，343—344）。此說似乎言之成理，然而帛書本、竹簡本均不作"為上"。可見"理校"之難，之險。陳垣談到"理校法"時說："遇無古本可據，或數本或異，而無所適從之時，則須用此法。此法須通識為之，否則魯莽滅裂，以不誤為誤，而糾紛愈甚矣。故最高妙者此法，最危險者亦此法。"（陳垣1997，121—122）俞樾之時尚無帛書本，或不得不用理校，但僅據河上註文，證據薄弱。古棣已見帛書本，今天又有了竹簡本，這類"理校"則為不必。

不過，筆者的討論重點不在這一字之差，而在於對本章及《老子》全文的理解。就本章來說，筆者看不出這章的文字與"君人南面之術"有任何直接的關係。一般人似乎很容易將"深不可識"與韓非子的"術"聯繫起來，實際上是在潛意識中按照韓非子對《老子》的發揮來理解《老子》。《韓非子·難三》說"術者,藏之於胸中,以偶眾端而潛御群臣者也。"然而,這種陰險莫測的權謀心態和《老子》宣稱"俗人昭昭,我獨若昏呵。俗人察察,我獨悶悶呵"(第二十章)相去何止十萬八千里?

本章的重點是描繪"士"之理想境界和外在表現。這種表現不同於任何通常概念,不是任何普通的辭彙可以描述的,我們很難用高尚、仁慈、謙虛、謹慎、曠達、濡弱等辭彙描述之。這些辭彙似乎接近理想之士的某個方面,但講出來,總是有些死板、生硬,掉入世俗的價值體系,不能體現理想之士脫俗的一面。所謂"深不可識"就是這種無可描述的特點。勉強而言,或者可以說是自然,超然,無所牽掛,無所憂慮,卻又好像非常謹慎、自謙,決不狂放。這種境界、這種態度和表現不是刻意遵照某種政治理想或道德原則而行動的結果,更不是為了實現某種具體目的的手段。這種境界和氣功之類的身心結合的修養有某種聯繫:似乎很專注,卻又心無所繫;似乎高度自信,卻又好像極為謙和;似乎心無旁騖,卻又洞悉天下。這種境界不是通常的心態所能理解和欣賞的,也不是通常的語言所能描繪的,這和君人南面之術沒有任何直接關係。

就《老子》全書來說,雖然不乏治天下、取天下的見解原則,但都是作為哲理、智慧來說的,是"學"而不是"術",有理想而無權謀。《老子》思想的中心關切是天下、社會、人文,而不是政治、政權,更不是權術。所謂道家乃"君人南面之術"的說法,只適於興起於戰國中後期、流行於漢初的黃老道家,不適於《老子》,也不適於《莊子》內篇所代表的基本思想。

第 十 六 章

原文對照

河 16.1　至虛極，守靜篤，

河 16.2　萬物並作，吾以觀其復。

河 16.3　夫物芸芸，各復歸其根。

河 16.4　歸根曰靜，是謂復命。

河 16.5　復命曰常，知常曰明。

河 16.6　不知常，妄作，凶。

河 16.7　知常容，容乃公。

河 16.8　公乃王，王乃天。

河 16.9　天乃道，道乃久。

河 16.10　沒身不殆。

傅 16.1　致虛極，守靖篤，

傅 16.2　萬物並作，吾以觀其復。

傅 16.3　凡物紜紜，各歸其根。

傅 16.4　歸根曰靖，靖曰復命。

傅 16.5　復命曰常，知常曰明。

傅 16.6　不知常，妄作，凶。

傅 16.7　知常容，容乃公，

傅 16.8　公乃王，王乃天，

傅 16.9　天乃道，道乃久。

傅 16.10　沒身不殆。

王 16.1　致虛極，守靜篤，

王 16.2　萬物並作，吾以觀復。

王 16.3　夫物芸芸，各復歸其根。

王 16.4　歸根曰靜，是謂復命。

王 16.5　復命曰常，知常曰明，

王 16.6　不知常，妄作，凶。

王 16.7　知常容，容乃公，

王 16.8　公乃王，王乃天，

王 16.9　天乃道，道乃久。

王 16.10　沒身不殆。

帛 16.1　至虛極也，守靜督也。

帛 16.2　萬物並作，吾以觀其復也。

帛 16.3　天物魂魂，各復歸於其根。

帛 16.4　曰靜。靜，是謂復命。

帛 16.5　復命，常也。知常，明也。

帛 16.6　不知常，妄，妄作凶。

帛 16.7　知常容，容乃公，

帛 16.8　公乃王，王乃天，

帛 16.9　天乃道，道乃。

帛 16.10　沒身不殆。

竹 16.1　至虛，恆也；守中，篤也。

竹 16.2　萬物旁作，居以須復也。

竹 16.3　天道員員，各復其根。

對勘舉要

（1）本章竹簡甲本有前三行的內容。其文抄於單獨的竹簡上（24號），最後有黑方塊作為分章標誌，後面還有相當於六七字的空白。整理者把這一枚簡作為甲本第三組。或曰竹簡此章上接第五章"天地之間，其猶橐籥與……"較傳世本合理（廖名春2001，189）。不過，此章單獨抄寫，接於第五章是整理者的編連，雖然可能是正確的，卻也不能由此斷定古本舊貌，因為《老子》並非一氣呵成的專論，加之竹簡本很可能是摘抄本，章節順序沒有絕對意義。帛書甲乙本基本一致，與傳世本文字有所不同。

河上公題為"歸根"，大體得之。

（2）"致虛極，守靜篤，萬物並作，吾以觀復。夫物芸芸，各復歸其根。"

此為王弼本。"致虛極，守靜篤"二句，河上本、帛書本"致"作"至"，傅奕本"靜"作"靖"；帛書本"篤"作"督"，二句末均有"也"字。

竹簡本作"至虛，恆也；守中，篤也"。這是判斷句，是說"至虛"可達到恆常不變之境，"守中"可達篤定不虛之域。而傅奕本以後各本均刪去"也"，於是判斷句變成了簡單的陳述句或祈使句，"極"變成了"虛"的補充成份，"篤"為"靜"的補充成份，句義有變化。帛書本兩句末均有"也"字，故可按竹簡本讀為"至虛，極也；守敬，篤也"。可見傅奕以後諸本刪去虛詞帶來了意義的改變。查王弼之註文作"言致虛，物之極篤；守靜，物之真正也"。（樓宇烈1980，35）似王弼即以判斷句式讀之，不同於現今之通行讀法。

竹簡本"至虛，恆也"。"恆"，原作"亙"，戰國秦漢時"亙"往往與"極"相近而混用（李零2002，6），此說或可解釋帛書本以後各本作"極"之原因。竹簡本之"守中"之"中"，帛書本以後各本作

"靜"，或為韻近而訛。竹簡本意義更為明晰，當以竹簡本文字句式為原貌。"中"當為第五章"不如守中"之"中"，第四十一章"勤能行於其中"之"中"（竹簡本）。或曰"中"為"沖"字之借，故書當作"沖"（廖名春2003，247）。

"萬物並作，吾以觀復"兩句中"觀復"，河上本、傅奕本、帛書甲乙本均作"觀其復"，多"其"字；帛書本句末有"也"字；竹簡本作"萬物旁作，居以須復也"，"旁"本作"方"，整理者讀為"旁"，李零讀為"並"，認為"方"、"旁"皆為"並"之假借字（李零2002，6）。丁原植認為"方作"意指"萬物共同表現的情勢"。"須"，"待"也。"居以須復也"，李零解為"坐待其復"，並認為馬王堆甲乙本和王弼本作"吾"，皆"居"之誤（丁說、李說俱見丁原植1998，153）。

"夫物芸芸，各復歸其根"一句，王弼本、河上本相同。"夫物"二字歧異較多，傅奕本作"凡物"，帛書甲乙本作"天物"，竹簡本作"天道"。帛書本之"天物"或因字形相近而誤為"夫物"，很容易理解，但竹簡本之"天道"如何變成帛書本之"天物"則頗為費解，或為有意改之。"芸芸"二字，帛書甲本作"雲雲"，乙本原作"祏祏"，整理者讀為"魂魂"，竹簡本作"員員"。魏啟鵬讀"員"為"圓"，並云："言其圓轉不已，週而復始，此即天道環周之旨。"（魏啟鵬1999，23）竹簡本有"返也者，道動也"。似乎作"圓"與"道"配合較好，可通。李零讀"員"為"云"（李零2002，6）。廖名春說："'夫'當為'天'字之誤，'物'或'凡物'疑後人涉上文'萬物'改。'員員'或'圓圓'先秦秦漢古書無例證，字當作'云云'，運動不停的樣子。"（廖名春2003，258）作"云云"有"衆盛意也"，又有"運"之意（《釋名·釋天》）。要而言之，作"云云"與其他各本內容較為一致，都有衆多與運動之意，似乎與"天物"配合更好。

儘管各本不同，本節大意則相同，即強調至人應該"至虛"、"守中"，以求恆篤不變，而萬物則必將復歸於天道。以下部份竹簡無。

（3）**"歸根曰靜，是謂復命。復命曰常，知常曰明。"**

此為王弼本、河上本。前兩句帛書甲本殘，乙本作"曰靜。靜，是謂復命"，承上省"歸根"二字。又重一"靜"，似衍，亦通。

"復命曰常，知常曰明"，河上、王弼、傅奕三本同，帛書本意同而句式明顯不同，作"復命，常也。知常，明也"。此處帛書甲乙本均作"常"，似為避諱未周（帛書本第五十五章亦見一"常"）。竹簡本僅見一"常"，卻有四個"恆"字。可見古本"恆"、"常"並用，以"恆"為多。

(4)　"不知常，妄作，凶。知常容，容乃公。公乃王，王乃天。天乃道，道乃久，沒身不殆。"

　　"不知常，妄作，凶"，河上、王弼、傅奕三本同。這兩句帛書甲本作"不知常，芒，芒作凶"。芒當讀作妄。乙本作"不知常，芒，芒作凶"。芒當讀為妄。按傳世本理解，帛書甲乙本似重一"妄"字，義通而稍嫌累贅。然劉殿爵云，帛書本應讀作："不知常，妄，妄作凶；知常，容，容乃公。"句中"不知常"與"知常"相對，"妄"與"容"相對，"妄作凶"與"容乃公"相對。今本把句中字數劃一了，但原來意義上的對比卻被句法的整齊取代了（劉殿爵 1982，16）。此說確有所見，且不管我們是否接受其讀法，我們必須承認的確是後來的版本較注重句式的整齊，傳世本的許多修改、異文都是因求句式整齊而發生的。這也是一種語言趨同現象所造成的版本歧異。

　　傳世本三字句可能涉下面"公乃王，王乃天，天乃道"三句而來。這三句各本皆同。然下面"道乃久"一句，帛書本乙本無"久"字，與下句連讀作"道乃沒身不殆"。帛書甲本殘，無可對照。考察從古本到傳世本演變的一般情況，帛書本可能本來如此，後來的編者為句式的整齊、對仗而補"久"字。這裏的"王"字，各本皆同，然勞健據王弼註文論證"王"為"全"之壞，王淮、陳鼓應、古棣取其說，均改作"公乃全，全乃天"。勞健之說主要根據是王弼註"公乃王"說"蕩然公平，則乃至於無所不周普也"。勞氏認為"周普"所釋應為"全"而不是"王"（勞健 1941，上 20A）。勞說有理，但不足以推翻帛書甲乙本之實證，不當從之（詳見下面析評引論）。

析評引論

16.1　道理與事實必然一致嗎？

上文提到，勞健論證"公乃王，王乃天"中的"王"當作"全"。其根據主要有三。一則王弼註文云："蕩然公平，則乃至於無所不周普也，無所不周普，則乃至於同乎天也。""無所不周普"顯然不是解釋"王"字的，作"全"則合於王本註文。二則"王"、"天"失韻，而"全"、"天"為韻。三則道藏本有作"生"者，也是"全"之訛。此外，他也引用《莊子‧天地》之文作旁證。其說實有所見，也頗有道理。

然歷史與事實是否按照我們的道理而存在呢？帛書甲乙本皆作"王"說明古本並不合乎我們的道理和推論。再者，略早於王弼本的河上本註文作"公正無私，則可以為天下王……能王則德合神明……"可見，作"王"已經有久遠歷史。想爾註本作"公能生，生能天"，註文曰："能行道公政，故長生也。能致長生，則副天也。"頗合道教長生之旨。可見，作"王"作"生"都有古本根據，唯作"全"沒有任何事實根據，只有推理。當然，我們也可以說帛書本仍不足以作為定論，因為可能有更早的古本，更早的古本或許作"全"？單就此例，似乎可以作此保留，因為作"全"更有道理。但是，通過對古本與諸傳世本的大量比較，我們會發現古本不合後人道理的例句實在太多，出土古本證明後人推論的例證相當少，說明"理校"之難。上一章關於"為士"還是"為上"的引論已經有所涉及（參見析評引論 15.1）。

總之，不論古本真相如何，我們還是應該尊重已經有證據的事實，對自己的推理還是採取多聞闕疑的態度為好。對理論推斷不妨姑備一說，但不應輕易改動原文。事實上，勞健本人也只是提出他的假說，他並沒有改動《老子》原文。後人更不應輕易據他人之說而改動

原文，造成更多版本歧異。通過《老子》諸多版本的演變，我們可以
看到，歷史事實與今天的道理邏輯常常會不一致。不能假定古本必定
合乎我們今天確信的邏輯。古人和我們有某些共同的邏輯是不言而喻
的，但歷史往往非常複雜，不合邏輯的事也經常發生。合乎道理的未
必是歷史的事實，而歷史上確實存在發生的事實卻未必總是合乎後人
之理。就校勘學來說，改善原本的邏輯、語言、體例與恢復古本舊貌
往往不可兩全。以我們的邏輯分析去恢復古本舊貌有可能是南轅北
轍，應當非常謹慎。

第十七章

原文對照

河 17.1　太上，下知有之。

河 17.2　其次親之譽之。

河 17.3　其次畏之。其次侮之。

河 17.4　信不足焉，（有不信焉）。

河 17.5　猶兮其貴言。

河 17.6　功成事遂，百姓皆謂我自然。

傅 17.1　太上，下知有之。

傅 17.2　其次，親之。其次，譽之。

傅 17.3　其次，畏之。其次，侮之。

傅 17.4　故信不足，焉有不信。

傅 17.5　猶兮其貴言哉。

傅 17.6　功成事遂，百姓皆曰我自然。

王 17.1　太上，下知有之。

王 17.2　其次，親而譽之。

王 17.3　其次，畏之。其次，侮之。

王 17.4　信不足，焉有不信焉。

王 17.5　悠兮其貴言。

王 17.6　功成事遂，百姓皆謂我自然。

帛 17.1　大上下知有之，

帛 17.2　其次親譽之，

帛 17.3　其次畏之，其下侮之。

帛 17.4　信不足，安有不信。

帛 17.5　猶呵其貴言也。

帛 17.6　成功遂事，而百姓謂我自然。

竹 17.1　大上下知有之，

竹 17.2　其次親譽之，

竹 17.3　其次畏之，其次侮之。

竹 17.4　信不足，安有不信。

竹 17.5　猶乎其貴言也。

竹 17.6　成事遂功，而百姓曰我自然也。

對勘舉要

(1) 本章各本都比較完整。竹簡本抄在丙本第一組第一部份，在相當於第十八章的内容之前，兩章之間沒有標記或空格，第十八章之後恰巧為簡末，有黑方塊作分章標記。第十七、十八章顯然前後相續，同屬一個單元。這種情況還見於第五十六、五十七章。或許由此可見傳世本與古本之間在章節安排上的一些蛛絲馬跡的聯繫。河上公題為"淳風"，未得要領。

(2) "太上，下知有之。其次，親而譽之。其次，畏之。其次，侮之。"

此為王弼本，河上本大致相同。"下知有之"一句，本書所引諸本皆同，但其他版本或作"不知有之"，或為吳澄妄改（鄭良樹 1997B，89）。"親而譽之"一句，帛書本、竹簡本皆作"親譽之"，句式較緊湊，當為古本之舊。以後諸本似求前兩行句式整齊而改之。傅奕本則分之為兩句，作"其次親之，其次譽之"，與下面的"其次"構成整齊的四字句段落。儘管傅奕本的加工内容與河上本、王弼本完全不同，其加工的原則精神卻是一致的，這就是追求句式的整齊。最後的"其次"，帛書甲乙本均作"其下"。從内容上來看，作"其下"更好。一來避免多次重複"其次"，二來突出這是最後最壞的情況。然而，合理的不一定是古本之舊。竹簡本便作"其次"。

(3) "信不足，焉有不信焉。悠兮其貴言。功成事遂，百姓皆謂我自然。"

此為王弼本。"信不足，焉有不信焉"一行各本大體相同，分歧在於斷句。河上本"焉"從上讀。帛書本和竹簡本的整理者都從王弼本，以"安"從下讀，此或自王念孫為始。"焉"、"安"互通。查王弼註，"焉"、"安"當從河上本，從上讀。王弼云："信不足焉，則有不信，此自然之道也。"（樓宇烈 1980，41）這裏的"焉"顯然不可從下讀。據此，帛書本、竹簡本之“安”即“焉”，從上讀，應作“信不足焉，有不信”。

“功成事遂”一句，河上本、王弼本、傅奕本皆同，帛書本作“成功遂事”，竹簡本作“成事遂功”。不同在於竹簡本、帛書本是兩個動賓結構，句子的不同只是兩個動賓結構的賓語互換。但傅奕本及以後的通行本改成了兩個主謂結構。竹簡本、帛書本用動賓結構，句子更有動感，似乎還沒有完成，必須進入下一句才能停住。而諸傳世本用主謂結構，似乎句子可以獨立完成，更為穩定。又此句不入韻。上句末之“言”與下句末之“然”隔句押韻。因此作“功成事遂”或“成功遂事”或“成事遂功”都不影響韻腳。

末句河上本、王弼本作“百姓皆謂我自然”，“皆謂”傅奕本作“皆曰”。帛書本和竹簡本則無“皆”字，前面都有“而”字，與上句聯繫更為密切，當是古本之貌。竹簡作“而百姓曰我自然也”，句式較自由從容，顯然是散文句式。後來的版本則可能受七言詩的影響，去掉前面之“而”增加中間之“皆”，則形成七言詩的二、二、三的句式（百姓、皆謂、我自然），音調鏗鏘。“謂”字，竹簡本同傅奕本作“曰”。估計古本本作“曰”，但按其語意應作“謂”，帛書本始改之（詳見析評引論 17.1）。

析評引論

17.1　百姓皆謂誰自然？

“百姓皆謂我自然”一句，歷來的解釋都是百姓皆謂：“我自然。”（蔣錫昌、陳鼓應、古棣）這種理解以“謂”為“曰”字，因而“我自然”就是“曰”引起的直接引語。河上公似乎是這種理解的先河。其註云：“謂天下太平也。百姓不知君上之德淳厚，反以為己自當然也。”（王卡 1993，69）似乎是君王功成事遂，百姓自謂自然。王弼似乎沒有注意是誰自然。其註云：“居無為之事，行不言之教，不以形立物，故功成事遂，而百姓不知其所以然也。"（樓宇烈 1980，41）這裏是百姓自謂自然還是百姓認為君王自然，則不清楚。想爾本註文則曰："我，仙士也，百姓不學我……而意我自然，當示不肯企及效我也。""我"是仙士，"意我自然"就是百姓認為我之成為仙士是自然而然的，不是修煉的結果。把"我"看作仙士，一般讀者不會贊同。但是，它不把"我"看作百姓，不把自然的主體當作百姓則是對的。

筆者認為，河上公所代表的通行的理解未必符合《老子》全文中"自然"的基本思想。按照這樣理解，自然只是百姓自認為如此的一種陳述。但事實上，"自然"在《老子》中有很高地位，不是一般性的描述性詞語。除本章外，《老子》中"自然"還有四見。第二十五章"道法自然"明確將"自然"推到了最高原則的地位。第五十一章"道之尊，德之貴，莫之命而常自然"，其"自然"亦用於"道"與"德"。第六十四章"（聖人）輔萬物之自然而不敢為"，其"自然"與聖人以及萬物相關。第二十三章"希言自然"一句，"自然"也是相當重要的正面價值。這些例句都說明"自然"不是一般的敘述性辭彙，而是與道、與聖人、與萬物密切相關的普遍性概念和價值。本章之"自然"如果按通行的解釋，就只是百姓不知聖人之作用，而自以為成功的陳述，不合"自然"在《老子》中的最高價值的地位。

把這一章當作特例也不恰當。從本章的內容來看，敘事的主體是聖人，是聖人"猶兮其貴言也"，是聖人"功成事遂"，而不是百姓"功成事遂"。特別是按照竹簡本、帛書本的動賓句式來看，"成事遂功"或"成功遂事"語意均未完，必須緊接下句，與下句的內容必定要貫穿起來，因此下文的內容應該也是關於"聖人"的，不能是只關於百姓自己的，所以其句義應該是百姓稱讚聖人無為而治的管理辦法符合自然的原則。這裡的"我"與第二十章"人皆有餘，而我獨若遺"的"我"是同類的"我"。這種說法表達了百姓對聖人無為而治的推崇，也表達了《老子》對自然的推重。如果說聖人"貴言"，"成事遂功"，百姓卻說是自己如此，文義中斷，難以銜接。

此句，帛書本、河上本、王弼本皆作"謂"。"謂"本義是"論"。

《說文》云："謂，報也。"段註曰："謂者，論人論事得其實也。"謂的本義是評論，正如"子謂公冶長，'可妻也。'"此句不可理解為"子謂：'公冶長可妻也。'"(《論語·公冶長》，下同)同樣，"子謂南容，'邦有道……'"不可理解為"子謂：'南容邦有道……'"。有時，錯誤的理解似乎沒有改變說話人的本義，但從語法上講畢竟是不對的。比如"子謂子賤，'君子哉若人。'"如果理解成"子謂：'子賤，君子哉若人。'"意思似乎沒有變，但語法上畢竟說不過去。同理，"百姓謂我，'自然也。'"不應理解為"百姓謂：'我自然也。'"這種用法和第六十七章"天下皆謂我大"的句式一致。該句也應解釋為"天下人都認為我偉大"，不宜解釋為"天下人都說：'我偉大'"。查《老子》王弼本中"謂"字出現三十三次(帛書本三十五次)，沒有一個以"謂"字引起直接引文的典型例句。在引起直接引文時《老子》總是用"曰"、"云"，或者用"有之"、"有言"("曰"見於第十四、十六、二十四、二十五等章，"云"見於第五十七、七十八章，"有之"見於第四十一章，"有言"見於第六十九章)。

總之，根據"謂"為"評論"、"認為"的意思，"百姓皆謂我自然"一句才能體現自然的中心價值的地位，才能和其他章的"自然"之意相合，也才能符合古漢語中"謂"字的基本語法功能。

然而，竹簡本卻是"而百姓曰我自然也"。竹簡本用"曰"而不用"謂"，以上論證豈不落空？豈不是古本就是"曰"嗎？說"謂"的用法豈不是無的放矢嗎？事實並非如此簡單。古文字和語法有一個逐漸發展的過程。"曰"是先有字，甲骨、金文中都已經發現很多。"謂"是後起字，至今甲骨、金文中還沒有發現。"謂"最早出現在戰國時期的石鼓文中。因此，竹簡本此處沒有用"謂"字是因為那時"曰"與"謂"的分工還不明確，"謂"的使用還不普遍，而帛書本的編者已經意識到了二者的區別，所以用"謂"而不用"曰"字。簡言之，竹簡本用"曰"多於"謂"，而帛書及其以後各本，用"謂"則明顯多於"曰"。這應該不僅是語言習慣問題，而是"曰"的一些語法功能比較明確地被"謂"取代了。

附記：竹簡本之"謂"凡五見，皆作"何謂"與"是謂"，見於第十三、三十、五十五、五十九章，沒有提起引文之例。竹簡本曰字八見，多用於"叫作"之意，如"強為之名曰大"，"知和曰明"。明確提起引文的則常有輔助字表明引用之意，如"故曰"，"是以聖人之言曰"。竹簡本無"云"字。竹簡本中"曰"作"稱為"的意思和"謂"作"稱為"的功能相同。竹簡本用"曰"字多於"謂"字（8：5）。以後諸本則用"謂"字多於"曰"字。如帛書本"曰"字21次，"謂"字35次（21：35）；王弼本"曰"字15次，"謂"字33次（15：33）。可見，自帛書本開始，"謂"字使用頻率明顯高於"曰"字使用頻率。

17.2 "自然" 必排斥外力嗎？

"自"是自己，"然"是如此。自然的字面意思就是自己如此，這一字面意義和它的思想意義是相通的。蔣錫昌反對胡適說自然只是自己如此，強調自然是"自成"（蔣錫昌1937，113）。其實，"自然"可以包括"自成"之意，"自成"卻不可以包括"自然"之意。"成"只是"然"的一種狀態而已。自然的自己如此的意義是無法否定的。

既然是自己如此，那麼外在影響呢？難道有甚麼東西可以與外界隔絕而"如此"嗎？按王弼與河上之註，"自然"並非沒有君主的作用，只是君主的作用是潛移默化的，是百姓不自覺的，或者說是自然而然地接受的。這樣看來，"自然"未必排斥一切外力或外在影響的作用，或者說，某些外在的作用還是必要的，如無為而治的聖人。所以，自然的價值不是要否認外力的作用。事實上，沒有任何存在可以完全不受外在力量的影響，所以，問題的關鍵不在於是否有外力影響，而在於外在力量如何作用於行為的主體。

因此，只要外力的作用不引起人們的直接或強烈的感覺就可以算作自然。這應該是現代人也可以接受的。自然並不一概排斥外力，不排斥可以從容接受的外在影響，而只是排斥外在的強力或直接的干涉。這一點對於理解自然的概念和無為的意含是非常重要的。這樣說來，自然的自己如此的意思並不是絕對的，並不是完全不承認外力的存在和作用，而是排斥直接的強制性的外力作用。簡單地說，自然強調生存個體或行動主體的存在與發展的動因的內在性，與此同時，必然地要強調外在作用和影響的間接性。

困難的是如何從技術上區別直接的強力和間接的外力。老子並沒有自覺地界定和辨別這二者的不同，因為在大多數情況下，人們對直接的強力和間接的外力會有明顯的不同的感受，並不需要特殊的技術性的分辨手段。自然的概念和自由、舒適、和諧等概念一樣，人人可以體會，人人會有自己的感覺，但是很難做一個確切的定義，也很難以技術化的手段去量度它。但這並不妨礙它是一個普遍有用的概念和價值。

就生存主體的存在方式來說，所謂"自然"一定是自己能夠起主導作用的狀態。如果外力或外來影響控制了存在主體的存在方式，"自然"的狀態就不存在了。這並不一概排斥外力的作用或外在影響，而是排斥直接的、強制的外在作用。然而，破壞了自然狀態的外力和沒有破壞自然狀態的外力之間並沒有一條不可逾越的鴻溝。也就是說，自然是一個具有程度性和相對性的概念，而不是一個邊界確定的固定性概念。理論上，我們可以假定有一個純粹自然的狀態，一個純粹不自然的狀態，通常所說的自然應該偏向於純粹自然的狀態，而不可能偏向於另一邊。所謂純粹自然的狀態就是外在作用為零、內在作用為百分之一百的狀況。所謂完全不自然的狀態就是外在作用為百分之一百、內在決定為零的狀態。這是概念化或理論化的兩極。承認這兩極的存在，有利於討論比較現實中非常自然的、比較自然的、不夠自然的以及非常不自然的狀態。

17.3 儒家之"無加諸人"

本章所提倡的思想是社會的治理者盡可能讓百姓安居樂業而不感覺有人在上面領導或控制他們。聖人用這樣的社會治理方式可以"成事遂功"，百姓卻沒有感受到干擾，所以歌頌這樣的社會治理者實現了"自然"的原則。"自然"的原則強調動因的內在性，這就要求將外在作用變成間接的、輔助的功能。這是老子的價值原則，卻是孔子也在自覺實踐的，這就是"無加諸人"的原則。

子貢曾經對孔子說："我不欲人之加諸我也，吾亦欲無加諸人。"孔子回答說："賜也，非爾所及也。"（《論語·公冶長》）"欲無加諸人"之德是很高的，不是一般人可以做到的。朱熹《集註》說："子貢言我所不欲人加于我之事，我亦不欲以此加之于人。此仁者之事，不待勉強，故夫子以為非子貢所及。"朱子解釋未必完全正確，但說"仁者之事，不待勉強"切中正題，點明了其中包含的應該自然而然的意思。自己不願意被人勉強，也就不應該去勉強別人，這種沒有相互勉強的人際關係才是比較自然的關係。"自然"的原則在很多情況下是孔子也接受和實踐的，但是被後儒忘掉的不少。

需要強調的是"自然"或"無加諸人"的原則不僅意味著壞事不應該強加於人，而且好事也不應強加於人，這一點從孔子對待學生的態度上可以充分得到證明。宰我對孔子說："三年之喪，期已久矣。君子三年不為禮，禮必壞；三年不為樂，樂必崩。舊谷既沒，新谷既升；鑽燧取火，期可已矣。"宰我認為父母死後守三年之喪耽誤常規的禮儀活動太多了，守喪一年也就夠了。孔子問他：父母剛死一年，你就"食夫稻，衣夫錦，於女安乎？"宰我說："安。"孔子就說："女安，則為之！夫君子之居喪，食旨不甘，聞樂不樂，居處不安，故不為也。今女安，則為之！"宰我走後，孔子感嘆地說："予之不仁也！子生三年，然後免於父母之懷。夫三年之喪，天下之通喪也，予也有三年之愛於其父母乎！"（《論語·陽貨》）宰我認為守父母之喪，一年就夠了，孔子對此強烈不滿。然而他並沒有直接批評宰我，只是說，君子守孝不夠三年，於心不安，你若心安，你就守孝一年吧。梁漱溟認為，這一段說明孔子態度之和婉，絕不直斥其非，"既從情理上說明，仍聽其反省自覺"（梁漱溟1987，14）。當子貢建議每月初一不要再用活羊告祭祖廟時，孔子只惋嘆地說："賜也，爾愛其羊，我愛其禮。"（《論語·八佾》）梁漱溟強調，孔子僅"指出彼此之觀點不同，而不作任何斷案"(同上)。孔子的態度是讓學生從自己的態度中去體會，去抉擇，而不願強迫學生接受自己認為正確的原則。

值得注意的是：第一，孔子有鮮明的是非標準，他並不贊成宰我和子貢的態度；第二，孔子絲毫不想勉強學生按照自己的判斷行動。孔子為甚麼不直接要求學生按照自己的標準和原則行動呢？難道他對學生不負責任嗎？當然不是。比較合理的回答只能是，孔子認為這樣回答學生、誘導學生是比較好的方法，他習慣於讓別人自己作選擇和決定，而不喜歡強加於人。這種做法，這種態度和道家所提倡的自然的原則，具體內容當然不同，但基本精神是有相通之處的。這基本精神就是重視內在的動因，避免不和諧的衝突。

本章比較了四種社會管理的境界，即"下知有之"、"親而譽之"、"畏之"、"侮之"。這說明道家和儒家一樣，所重視的都是人類社會的生存狀態。雖然道家比儒家更重視人類與自然天道的一致性，但其關注的中心畢竟不在自然界自身。本章"百姓皆謂我自然"與自然界顯然無關。其實，《老子》各章中的自然都不是講自然界，與自然界的適者生存沒有關係，與虎吃狼、狼吃羊、羊吃草、草有賴於動物糞便養料之類的食物鏈也沒有任何關聯。

17.4 霍布斯的"自然狀態"

本章所說"百姓皆謂我自然"顯然是人類社會生活中的事，但是由於現代漢語中"自然"二字的意思太廣泛，人們經常根據現代漢語的習慣對於老子之自然產生各種誤解，比如一般人會將老子之"自然"當成大自然或大自然的狀態，學過歷史的會把"自然"當成文明社會以前的原始狀態，學過生物進化論和社會達爾文主義的會將"自然"當成弱肉強食的自然淘汰，而受過西方哲學訓練的就會將老子之自然與霍布斯（Thomas Hobbes，1588—1679）的"自然狀態"相提並論。為了澄清這種誤會，我們有必要了解一下霍布斯的"自然狀態"究竟是甚麼意思。

霍布斯關於自然狀態的理論是他的全部政治哲學體系的一個理論

起點，一個假設的前提條件。霍布斯所說的自然狀態（the state of nature），是他所假設的沒有國家、法律或公共權力的情況。在這種情況下，每個人都有自己獲得權力的欲望和逃避危險的本能。這是每個人行動的基本目的，而直接的行為動機和決定則來自於為了實現這些目的而進行的更審慎的思考。儘管每個人先天的強弱有所不同，但是這不妨礙一個體弱的人有能力殺死一個強壯的人，因此，每個人都想得到比別人更大的力量或權利來防備或制服別人。當大家都想獲得更多的權利時，必然會發生衝突和鬥爭，在這種情況下，每個人的生命都會受到威脅。而維護生命的安全是人們的自然欲望和權利，因此，每個人都會為了保護自己的生命而把別人當成敵人。這就構成了每一個人對每一個人的戰爭，或者是所有人對所有人的戰爭，這樣每一個人的安全都在危險的威脅之中。幸好，這些"自然狀態"的人並不是原始社會的人，他們都有足夠的高度理性和自制力。為了自身的安全，他們可以達成一個共同的契約，即每個人都把自己的自然權力交出來，由一個或一些人組成最高權力替大家行使權力，保護每一個人的安全。每個人的權利一旦交出，就不能隨意收回。因此最高政權的權力是絕對的，它可以自己決定自己的繼承人。最高權力不是契約的一方，而是制定契約的所有人自願把權力交給它作它的臣民。臣民不能隨意撤消這個契約，而且只要這個最高政權還可以保護大家的生命，每個人就必須服從它，而不能反叛。反叛就要受到懲罰。

顯然，霍布斯所說的自然狀態並不是歷史上的原始社會或野蠻階段，並不是任何實際存在過的社會狀態。人類學家至今沒有發現任何人群存在過"所有人對所有人的戰爭"這種"自然狀態"。在所謂原始社會的部落中，並沒有這種每一個人對每一個人的戰爭關係。相反，這些部落之所以能夠生存都是因為有一定的組織形式以維持合作的關係。很多原始部落的社會生活要比所謂文明社會更為和諧。生物界物競天擇、適者生存的狀況似乎比較接近霍布斯的理論，但是霍布斯所假定的是所有人都有可能殺死其他人的情況，這中間並沒有明顯的強者和弱者，這與自然界的食物鏈式的循環和平衡也是不相干的。

霍布斯提出自然狀態的概念純粹是"科學式"推論的需要，是為了論證專制制度的合理性和必要性。其推論方法受幾何學和伽利略的物理學影響很深，因此要尋求一個不證自明的公理作為推論的起點。他所找到的就是人要趨利避害的本能和共性，這就是他所說的自然狀態下的人性。事實上，這種所謂的自然狀態的人也不是真的純粹的數學式的抽象，而是奠基於他對同時代的資產階級的競爭狀態的觀察，他的權利的等價交換理論反映的正是資產階級的自由競爭、自由交換的市場社會的現實。他的理論不是對"自然狀態"的人所說的，而是對一個不理想的、不能充分保障人們安全的政治社會中的人所說的（Hobbes 1985，38—62）。

17.5　老子與霍布斯

顯然，霍布斯的"自然狀態"和老子的自然是風馬牛不相及的。有人按照霍布斯的自然狀態來批評老子的自然，完全是不著邊際的。不過，為了進一步理解老子的自然，我們還有必要對老子的自然和霍布斯的自然狀態作一些具體的比較和分析。

首先，老子所說的自然是對現實生活的一種可能狀態的提升，霍布斯的自然狀態則是一種純粹的理論假設。如果說老子的自然間接地反映了早期農業社會的最高社會理想，霍布斯的自然狀態則隱晦地反映了他對資本主義早期生活的觀察。老子的自然是一種值得追求的目標，霍布斯的自然狀態則是一種引導讀者接受其結論的可怕的預想。雖然說，老子嚮往的自然而然的和諧的社會生活似乎離我們越來越遙遠，但是，直到今天，我們還是可以發現，某個家庭、某個學府、某個公司、某個地區、某個國家的社會氛圍比其他地方更為自然，較少壓迫感，較少強制性，也就是較符合自然而然的價值原則。因此，似乎高不可攀的自然的價值理想是可以在一個地方、一個時期、一定程度上實現的。只要我們都認識到這種價值的意義和實現的可能性，那麼，只要把一個局部、一個時期的自然氛圍作為理想狀態擴展開來，那麼，在較大範圍、較長時期實現自然的秩序也不是不可想像的，而人類總體的生存狀態就會有所改善。霍布斯的可怕的自然狀態雖非事實的描述，也部份地反映了近代資本主義社會的真相，是值得現代人警惕的，而道家哲學正是對霍布斯所害怕的自然狀態的一種預防和糾正。

其次，和老子追求自然的社會秩序相反，霍布斯追求的是強制的秩序，因為他偏重於資產階級作為個體人的自由競爭帶來的問題，而沒有看到資產階級也有共同的利益和團結的可能性。也就是說，他只強調了問題的一個方面，而沒有看到另一個方面。他只看到強制的秩序對保護自由競爭的意義，卻沒有看到強制的秩序和絕對的權力也可能破壞自由競爭的環境。老子哲學認為，自然的秩序高於強制的秩序。事實上，正常人無不喜歡自然的和諧，沒有人願意到一個強制性社會框架中生活。人們常常誤以為老子講自然的秩序，必然反對法律、反對競爭。事實上，適當的法律制度更是自然秩序的必要條件，而合理的自由競爭也是自然的秩序下的必然的結果。好的法律制度可以實現和維護自然的秩序和良性競爭，而壞的法律則可能破壞自然的秩序，引起社會不安，甚至激起社會動亂。在現代社會，要維持自然的秩序，法律是絕不可少的，然而，法律的功能對多數人來說，可能只是虛懸一格。如果人人每天都感到法律的約束和控制，其社會秩序就不能稱之為自然了。

第三，霍布斯的全部理論以利己主義人性的假設為論證前提，對這種利己主義起調解作用的則是理性和利益的判斷。老子則完全沒有涉及人性問題。推斷起來，老子似乎應該贊成人性善，但不是必須如此。自然的秩序不以人人為堯舜為前提。自然的秩序是普通人所嚮往的秩序，所以"百姓皆謂我自然"。老子似乎確信，自然的價值符合人的本性的需要（參見析評引論 62.1）。

第四，如上文所說，霍布斯的自然狀態只是理論論證的需要，是推論的前提，雖然不是可有可無的，卻絕不是論證的中心或主要結論。老子則把自然作為道所傳達的訊息，是最高的價值，在他的思想中佔有中心地位。老子之道以自然為最高原則，老子之無為以此為最終目標。霍布斯的自然狀態和老子的自然在各自思想體系中的地位是完全不同的。

第五，霍布斯和老子都注重個體的自主和整體秩序之間的平衡。不過，霍布斯的個體自主是以鄰為壑的競爭，而平衡的維持靠至高無上的權力。老子的個體的自主性則表現為"自富"、"自均"、"自化"，而平衡的維持是靠"自知"、"勝己"，社會管理者的角色只是"輔萬物之自然而不敢為"。在老子看來，在上位的過多的控制和過繁的法律規定可能正是社會動亂的根源。無論怎樣，實現自然的秩序都是個體的主動性和自我約束的結合，其結果則是既能保障個體的自主性和生機勃勃的發展，又能維持整體的和諧。

第 十 八 章

原文對照

河 18.1　大道廢，有仁義；　　　　傅 18.1　大道廢，焉有仁義。

河 18.2　智慧出，有大偽；　　　　傅 18.2　智慧出，焉有大偽。

河 18.3　六親不和，有孝慈；　　　傅 18.3　六親不和，有孝慈。

河 18.4　國家昏亂，有忠臣。　　　傅 18.4　國家昏亂，有貞臣。

王 18.1　大道廢，有仁義；　　　　帛 18.1　故大道廢，安有仁義。

王 18.2　慧智出，有大偽；　　　　帛 18.2　智慧出，安有大偽。

王 18.3　六親不和，有孝慈；　　　帛 18.3　六親不和，安有孝慈。

王 18.4　國家昏亂，有忠臣。　　　帛 18.4　國家昏亂，安有貞臣。

竹 18.1　故大道廢，安有仁義。

竹 18.2　六親不和，安有孝慈。

竹 18.3　邦家昏□，安有正臣。

對勘舉要

(1) 竹簡丙本第一組有此章內容。正如上章所說，此章緊接第十七章之後，之間沒有任何標誌或空格，簡末有黑方塊作分章標誌。和其他各本相比，竹簡本少第二行"智慧出，有大偽"。河上公題為"俗薄"，欠佳。

(2) "大道廢，有仁義；慧智出，有大偽。"

這一節河上本、王弼本都是整齊的三字句。竹簡本是整齊的四字句。傅奕本則在二者之間，是三字句與四字句的結合。

此節所引文句是王弼本。此處"智慧出"據樓宇烈校釋本，另有王弼本作"智慧出"（如《古逸叢書》本《集唐字老子道德經註》）。河上本"智慧出"的"慧"字，影宋本原作"惠"，王卡據道藏本、敦煌等本改之（王卡 1993，73—74）。

"有仁義"一句，傅奕本作"焉有仁義"。竹簡本、帛書本都作"安有仁義"。如果是"焉有仁義"，則是大道廢棄，於是需要有仁義之概念。"安"、"焉"相通，故帛書本、竹簡本可作同樣解釋。"安"、"焉"放在句前，可作連詞"於是"，也可作疑問詞"哪裡"、"如何"。"焉"還可以在句末作語氣詞。這樣本章的斷句、解釋就可能有不同版本。竹簡本出土後，人們發現第十九章沒有強烈否定仁義的字句，開始重新反省"安有仁義"的解釋問題，於是有人提出"安"或當作"哪裡"解，則句義變為大道廢棄，哪裡還能有仁義之事呢？這樣，老子之道與儒家仁義就是一致的概念（丁原植 1998，331—332）。此說實有問題。如果老子之道與儒家仁義之道完全一致，那就沒有道家思想了。從其他章節看，《老子》雖然沒有像傳世本第十九章那樣激烈地批判仁義，但明顯是將仁義擺在第二位的（詳見析評引論 19.2）。

帛書本及其以後各個版本都比竹簡本多出"智慧出，安有大偽"一句。查竹簡本原來三行文句（見原文對照竹 18.1—竹 18.3），每行

前一句都是否定意義的句子，如"大道廢"、"六親不和"和"邦家昏
□"，而"智慧出"則沒有明顯的否定意義。這三行的下一句是有
"仁義"、有"孝慈"、有"忠臣"，都是"有"正面意義的概念，而
"大偽"又明顯不在這些概念之列。顯然，"智慧出，安有大偽"一句
與上下文都不合，當是後人增改之句。竹簡本恰無此句，並非偶然。

(3)"六親不和，有孝慈；國家昏亂，有忠臣。"

　　這是王弼本和河上本文句，傅奕本文字略有不同，但句式相同，
都是四字句加三字句。帛書甲乙本此節都是整齊的四字句（竹簡本無
此節）。諸傳世本的三字句顯然是刪去虛詞"安"的結果，而四字句
的保留則是因為沒有虛詞可刪。"國家昏亂"一句，帛書甲本作"邦
家昏亂"，與竹簡本相合。看來先秦原作"邦家"是沒有疑問的〔關
於"邦"與"國"之用法，參見對勘舉要25（5）、59（3），以及本章
析評引論2—4〕。最後一句，王弼本、河上本都作"忠臣"，傅奕本、
帛書本則作"貞臣"，竹簡本"正臣"通"貞臣"。"貞臣"可能是古
本之舊。范應元說"貞"字，世本多作"忠"，蓋避諱也（范應元
1269，上35B）。

析評引論

18.1　三字句還是四字句？

　　在《老子》流傳演變的過程中，句式的變化比較明顯。《老子》
中最多的是四字句，其次是三字句。這兩種句式在流傳過程中都有明
顯的增加。在帛書本中，有四字句段落的有十八章，在王弼本中已經
增加到二十九章。增加幅度高達百分之六十。有三字句段落的在帛書
本有十二章，在王弼本則有十五章。增加幅度達百分之二十五。就句
式演變來說，本章是一個很典型的例子。

　　句式演變是後世編者有意加工的結果。與竹簡本、帛書本相比，
後世編者的加工遵循了兩個比較明顯的原則，一是刪去虛詞，二是增

加四字句。這兩個原則有時不矛盾，刪去虛詞即可構成四字句，如第二章從“難易之相成也”（竹簡、帛書）到“難易之相成”（傅奕），再到“難易相成”（河上、王弼），明顯是從刪虛詞造成整齊的四字句段落的。但是二者也會時有衝突，這時編者的取捨似乎沒有明確的規則。有時為了強化四字句的格式而增加虛詞，如第五十四章從竹簡本、帛書本的“修之身，其德乃真”演變到通行本的“修之於身，其德乃真”，顯然是為了製造四字句而增加虛詞。有時則為了刪省虛詞而破壞了原有的四字句，本章的情況即屬此類。竹簡本、帛書本本來是整齊的四字句（故大道廢，安有仁義），以後河上本、王弼本因刪去虛詞而形成三字句為主的段落（大道廢，有仁義），傅奕本則介於四字句向三字句轉化的過程之中。

句式的變化是《老子》版本演變中比較有規律可循的一種現象，是受某種共同理解支配的一種過程，為我們了解共同理解的可能性提供了難得的實例。

18.2 從“邦家”到“國家”：《老子》歧變

本章“國家昏亂”一句，帛書甲本及竹簡本作“邦家”。通行本還有一處“國家滋昏”，帛書甲本作“而邦家滋昏”（第五十七章，乙本殘），竹簡本作“而邦滋昏”。《老子》的版本歧變有多種原因，其中原因之一是避諱字，本章的“邦”、“國”不同就是一個典型實例。

“邦家”見於《論語》：“惡利口之覆邦家者。”（〈陽貨〉）“夫子之得邦家者。”（〈子張〉）“邦家”似為較早的概念。後來的典籍似乎都作“國家”。如《孟子》：“人有恆言，天下國家。”（〈離婁上〉）《大學》：“長國家而務財用者，必自小人矣。”又如《中庸》：“知所以治人，則知所以治天下國家矣。”“天下國家可均也。”根據上述引文，劉殿爵提出：“今本《老子》的‘國家’，帛書都作‘邦家’，與《論語》相合。問題是《孟子》、《大學》、《中庸》中的‘國家’是原來作‘邦家’因避諱改‘國家’的呢？還是到了《孟子》、《大學》、《中庸》‘國家’一詞與《論語》、《老子》的‘邦家’意義上已有不同，意味

著概念跟隨思想發展而有所轉變呢？這是值得治思想史的學者去研究的。"（劉殿爵 1982，14）

　　劉氏提出的問題很有意義，但是目前資料不足，特別是涉及古書中的"國"字是不是因避諱字而改，恐怕永遠無法徹底查明真相。筆者沒有解決這個問題的奢望。但是帛書本、竹簡本的出土為這個問題提供了新資料，我們不妨作一些盡可能深入的分析，雖不能全部解決問題，至少可以提出一些初步的考察和分析，借以幫助我們更好地理解《老子》思想，希望能為進一步的研究提供千慮一得。

　　要考察"邦家"和"國家"二詞的用法，我們應該先考察一下不同版本中"邦"字和"國"字的用法。下面是一個統計對照表，表中沒有列出河上本和王弼本的統計，因為這兩個通行本中只有"國"字，沒有"邦"字，所以不必列入表中。表中"一"表示竹簡本沒有此章內容，"X"表示帛書本中此字殘缺，"x2"表示該字出現兩次。方括弧中的字表示釋讀尚有爭議（見下表）。

《老子》中"邦"與"國"字統計表

章次	竹簡本	帛書甲本	帛書乙本	傅奕本	參考例句
十	一	X	國	國	愛民活國
十八	邦家	邦家	國家	國家	國家昏亂
二十五	［國］	國	國	域	域中有四大
三十六	一	邦	國	邦	國之利器
五十四	邦 x3	邦 x2 + X	國 x2 + X	邦 x3	以國觀國
五十七	邦 x2	邦家，邦	XX，國	國家，國	以正治國
五十九	國 x2	國 x2	國 x2	國 x2	可以有國
六十	一	X	國	國	治大國若烹小鮮
六十一	一	邦 x8 + X	國 x9	國 x9	大國者下流
六十五	一	邦 x4	國 x4	國 x4	以智治國國之賊
七十八	一	邦 x2	國 x2	國 x2	受國之垢
八十	一	邦 x2	國 x2	國 x2	小國寡民
總計	邦 6；國 3（邦家 1）	邦 22；國 3（邦家 2）	邦 0；國 27（國家 1）	邦 4；國 24（國家 2）	

此表顯示竹簡本和帛書甲本都是"邦"字和"國"字並用，都以"邦"字為主，而且在可以比較的章節內，竹簡本和帛書本用"邦"或用"國"的情況完全一致。竹簡本和帛書甲本代表了目前所知最早的《老子》版本，說明最早的《老子》用"邦"字為主。傅奕本也是"邦"字和"國"字並用，但以"國"字為多。最明顯的是竹簡本和帛書乙本都只用"邦家"一詞，而不用"國家"的概念。傅奕本的底本是項羽妾塚本，應該是不避"邦"字諱的。今天的傅奕本在兩章中保留了"邦"字，這兩章的竹簡本和帛書甲本恰好也用"邦"字，說明傅奕本在一定程度上保留了《老子》古本的原貌。但傅奕本的多數"國"字是項羽妾塚本原來就用"國"字，還是傅奕根據當時的通行本作了校改，則無從考察。

大體看來，竹簡本和帛書甲本代表了《老子》古本以用"邦"字為主的情況，帛書乙本和通行的河上本、王弼本則代表了避劉邦諱以後一律用"國"字的情況。傅奕本則恰好反映了處在這兩種情況之間的特點。按年代，傅奕本加工於唐代，不受避諱字的影響，由於它的底本早於帛書乙本，所以仍然反映了一些較早版本的情況〔參見對勘舉要 59（3）〕。

18.3　從"邦家"到"國家"：文獻考察

《老子》竹簡本、帛書本以用"邦"和"邦家"為主，傅奕本以用"國"和"國家"為主，而通行的王弼本、河上本全部用"國"字明顯是避諱字的關係。如何理解這種現象？"邦"和"國"的不同有沒有思想史上的意義？要回答這一問題，我們還有必要全面地考察一下古代"邦"和"國"的意義和使用情況。

一般認為，甲骨文中只有"邦"字，沒有"國"字。有人提出某個字形應當讀為"國"，但是沒有得到普遍承認。即使將這種有爭議的情況計算在內，在甲骨文中的"國"字也是極少的。有人將"或"釋為"國"，這在古文字研究中仍然是有很大爭議的。

金文中"邦"字的使用明顯多於"國"字。根據張亞初的《殷周

223

金文集成引得》（張亞初 2001）統計，金文中"邦"字出現二百二十次，"國"字出現四十二次，"或"字釋為"國"字的有三十二次。這樣，金文中"邦"字的使用次數是"國"字的五倍（不計"或"）或三倍（計算"或"）。顯然金文中"邦"字比"國"字使用頻率要高得多（這裏暫時不考慮金文的年代分期問題）。

如果我們進一步考察一些重要的古代典籍，就會發現"邦"字使用頻率大大高於"國"字這種情況，經過春秋時期，到了戰國時期有了根本性變化。戰國時期"國"字的使用在傳世文獻中佔有絕對優勢，而"邦"字的使用則主要出現在引文中或作者偶爾用到。請看下面的統計表：

傳世文獻中"邦"與"國"字統計表

分組	著作	邦	國	邦家/家邦	國家/家國
A	《詩經》	49	77	4/2	0/0
A	《尚書》	111	32	1/1	3/0
B	《周易》	7	13	0/0	1/0
B	《左傳》	11	940	2/1	30/0
C	《論語》	48	10	2/0	0/0
C	《老子》(帛書甲本)	22	3	2/0	0/0
D	《墨子》	4	434	0/0	82/0
D	《國語》	4	432	0/1	27/0
D	《孟子》	2	125	0/1	7/0
D	《楚辭》	11	39	0/0	3/0
D	《荀子》	1	353	0/1	20/0
D	《韓非子》	22	591	0/0	11/0
D	《莊子》	0	103	0/0	3/0
D	《呂氏春秋》	1	515	0/0	14/0
D	《禮記》	8	345	0/0	22/0

表上十五部經典分為四組。分組的原則有兩個，一個是傳統上認

為年代較早的排在前面，另一個是使用"邦"字明顯多於"國"字或使用"邦家"明顯多於"國家"的排在前面。這樣兩個標準在 A 組（《詩經》、《尚書》）、C 組（《論語》、《老子》）和 D 組（《墨子》以下九部）的表現是一致的，也就是說傳統上認為較早的《詩經》、《尚書》、《論語》和《老子》中用"邦"字或用"邦家"明顯多於"國"字或"國家"，而傳統上認為稍晚的經典，即《墨子》、《孟子》、《國語》等典籍中"國"字和"國家"的使用都佔到絕對優勢。具體說來：

《詩經》中"邦家"和"家邦"使用六次，而沒有一次使用"國家"。

《尚書》使用"邦"字一百一十一次，而使用"國"字三十二次。

《論語》中使用"邦"字四十八次，使用"國"字十次；使用"邦家"的有兩例，沒有一例"國家"。

《老子》帛書乙本使用"邦"字二十二次，使用"國"字三次；使用"邦家"的有兩例，沒有一例是使用"國家"的。

以上經典的例句可能晚於大部分金文中的例句，但仍然以使用"邦"和"邦家"為主。這體現了向戰國時期以使用"國"和"國家"為主過渡前的狀態。

似乎有些例外的是 B 組的《周易》和《左傳》。這兩部經典歷來認為是比較早的，但使用"邦"和"邦家"都很少。《周易》中用"邦"和"國"都不多，全部見於爻辭、彖傳和象傳，"邦"和"國"各是七次和十三次，只有一次在繫辭中提到"國家"，沒有"邦家"之例。《周易》用"邦"和"國"都不多的情況可能與其占筮書的性質有關。《春秋》經文中完全沒有用到"邦"字，《左傳》中的"邦"字全部是引於《詩》的，恰好反映早期詩作用"邦"字較多的特點，其中三次"邦家"的出現都是引自《小雅·南山有台》"樂只君子，邦家之基"。儘管 B 組的情況和 A 組、C 組相比有些特殊，我們還是可以將這三組一起看作是從以"邦"為主或"邦"、"國"共用到後來"國"字基本取代"邦"的變化階段。

D組經典用"國"和"國家"佔壓倒性多數，表上一目瞭然。如《呂氏春秋》中"邦"與"國"的比率是 1：515；《荀子》中是 1：353；《莊子》中的比率是 0：103；《孟子》中是 2：125。值得稍微一提的是《韓非子》用"邦"字二十二次，明顯高於這一組中的其他經典。然而仔細搜檢就會發現其中十八次出自〈解老〉和〈喻老〉，大部分是《老子》引文。其他的以作者自己的口氣講到"邦"字的段落，仍然是用"國"字明顯高於"邦"字。如果不考慮〈解老〉和〈喻老〉，《韓非子》用到"邦"字不過四次而已，"邦"與"國"的使用比率是 4：591。與本組其他典籍相比還是相當一致。《楚辭》中"邦"與"國"的比率差別沒有那麼大，但也相差三四倍（11：39）之多。總起來，D組經典與 A、B、C 三組相比，差別還是相當明顯的。（這裏"邦"與"國"的使用頻率的統計依據傳世本，其中有些"國"字可能是較晚的編校者根據自己的時代和語言習慣所改，但在沒有證據的情況下只能依從現有文本。）

總起來看，從甲骨文、金文開始，經過春秋時期到戰國後期以下，"邦"字從主要概念和用字讓位給了"國"字；"邦家"讓位給"國家"，這條演變線索是相當清楚的，這是不應該歸之於避"邦"字諱的。

18.4　從"邦家"到"國家"：思想意義

那麼，如何理解這種變化和差別呢？趙伯雄指出："在西周的文獻及金文中，'邦'、'家'二字經常連言，如《小雅·瞻彼洛矣》：'君子萬年，保其家邦。'《大雅·思齊》：'刑于寡妻，至于兄弟，以御于家邦。'以及前所引西周金文《毛公鼎》和《叔向父簋》之'我邦我家'，均是其例。這一現象對於說明邦的內部構成至關重要。本來，邦、家是兩個概念，邦體現的是地緣關係，家則是血緣組織；邦家連言，絕非如現代漢語中'國家'之為雙音節複合詞，然而也絕不僅僅是偶然的綴合。邦與家雖然不同，卻又是統一的，這種統一性表現為：邦實際上是由家組成的，邦就是家所佔據的地盤。"（趙伯雄

1990，71）此說大體可靠。"邦"字最早來源於"封"字，是分封制的產物，"家"則是受封的主體。邦之地域和政治意義與宗族制度有密切關聯，所以邦家連用順理成章。可以說，沒有邦就沒有家，沒有家也不可能有邦。"邦"與"家"二字的關係與後來的國與家的關係是很不同的。

"國"字從春秋時期開始到戰國時期漸漸佔據了主導地位，這個過程恰巧和分封制的瓦解、郡縣制成熟相合，這恐怕不是偶然的。"國"字最主要的意義是地域和都城，與封土和家族的關係沒有"邦"那樣密切。春秋時期，分封制開始瓦解，到了戰國七雄爭霸的時期，政權形式已經和分封制完全沒有關係，和宗法制的關係也日見淡薄，而這時的"國"字主要不是宗法和分封的含義，恰好反映了社會變革的需要，更能反映當時的政治實體的性質和特點，更適合當時的社會實際。這時"國家"連稱，恐怕是沿襲以"國"代"邦"的變化。邦家變成國家，但"國家"二字的關係和"邦家"二字很不同。邦家是邦和家的結合，所以金文中多次說到"我邦我家"，對說話人來說，邦和家基本是一體的，"邦家"和"家邦"可以互換。而"國家"中的"家"則是複合詞的輔助成份，其主要意義就是政治意義的國了，這時文獻只見"國家"的說法，不見"家國"的說法，說明"國家"是比"邦家"更為穩定的詞匯形式，有更明確的含意，因而不能隨意改變詞序。簡單來說，邦君與邦民的關係主要是同氏族關係，而國君和國民的關係已經不以氏族關係為主了。

這樣看來，竹簡本和帛書甲本說"邦家"而不說"國家"，用"邦"字多於"國"字，就不僅僅是用字習慣的不同了，而是社會制度演變的一種反映。

18.5 中國的家族觀念與姓氏

上文說到春秋以前，提到政治實體和區域時多用"邦家"二字，體現了中國古代宗法制度與政治制度相結合的特點。中國人重家族血緣關係的特點雖然一直在弱化，但仍然可以看到這種傳統延續到現代的痕跡，構成中國文化的一種獨特性。

　　大家都知道中國傳統文化非常重視血統關係和家族觀念，但是這在世界上有多麼特殊卻是中國人不一定意識到的。就以姓氏來說，我們大家人人有姓，這是理所當然的，一點不稀奇，世界上絕大多數國家的人都有姓。但是從人類幾千年的歷史來看，人人都有姓卻是最近幾百年的事。中國人在兩千二、三百年前都有姓，實在是非常特殊。這是美國漢學家牟復禮（Frederick W. Mote）的觀察。中國人自己很難意識到這一點。

　　牟氏進一步說：古代希臘人沒有姓氏。古代希伯來人（即猶太人）有部落之稱但各家庭不用姓氏。他們倒是很重視血統關係，但不以家族為組合的基本單位，更談不上崇拜個別家族的祖先。古代羅馬人都可以用一個或者兩個名字；貴族（Patiricians）可以有三個名字。嚴格說來這三個名字原來都不是姓。從歐洲中古時代起（相當於中國的宋元朝代）先是貴族，然後是都市裡上層社會的平民，開始用姓。在英國和法國這兩個較先進的國家裡，一般平民開始普遍有姓是在十三世紀以後。但是英國和法國政府到十六世紀才定了法律，命令國民每一家採用一姓。在歐洲人的眼光中，名字是很重要的，因為名字是受洗時賜予的"聖名"，是借用聖徒的名字。這有很大的宗教意義。平民的姓氏是俗世的東西，沒有宗教上的意義。依法律的規定，名不可以改，但姓是可以隨便改的。

　　在西方諸國，姓氏沒有血統的意義。直系親屬不一定用同一個姓。從中古到近代的西方，名字不但是個人的，與祖先無關，而且名字的宗教意義是家族以外的，由教會所支配。西方人的子女即使用了父母親戚的教名，也沒有崇拜祖先的意味。中西兩方的姓名制度都有宗教和俗世倫理的意義，但不同的是：中國的姓氏制度有利於加強家族的團結精神，西方"聖名"制度則多少有些加強個人意識的意義。有意思的是在亞洲其他民族的姓氏制度也都與西方相似。日本平民普遍有姓是在明治維新（1868 年）以後才開始，明治新法規定每人必採用姓。韓國人民普遍都有姓也較晚。在泰國、印度、土耳其等國姓氏要到二十世紀才普遍（牟復禮 1988，92—94）。

　　直到現在，也不是所有的民族都使用姓，只是我們中國習慣了認為所有人的名字中都必然有一個姓。比如，我們經常提到的"本·拉登"，人們習慣於將"拉登"當作姓，其實"本·拉登"只是"拉登之子"的意思，根本不是他的姓和名。他的名字應該是"奧薩瑪"。

　　了解了中國文化、特別是古代家族特性在中國文化中的深遠影響，才能深刻理解"邦"字與"國"字在古代的意義之不同，才能減少我們對老子的"小邦寡民"的誤解（參見第八十章析評引論）。

第 十 九 章

原文對照

河 19.1	絕聖棄智，民利百倍；	傅 19.1	絕聖棄知，民利百倍。
河 19.2	絕仁棄義，民復孝慈；	傅 19.2	絕仁棄義，民復孝慈。
河 19.3	絕巧棄利，盜賊無有。	傅 19.3	絕巧棄利，盜賊無有。
河 19.4	此三者，以為文不足，	傅 19.4	此三者，以為文而未足也，
河 19.5	故令有所屬。	傅 19.5	故令有所屬。
河 19.6	見素抱朴，少私寡欲。	傅 19.6	見素裒朴，少私寡欲。

王 19.1	絕聖棄智，民利百倍；	帛 19.1	絕聖棄智，而民利百倍。
王 19.2	絕仁棄義，民復孝慈；	帛 19.2	絕仁棄義，而民復孝慈。
王 19.3	絕巧棄利，盜賊無有。	帛 19.3	絕巧棄利，盜賊无有。
王 19.4	此三者，以為文不足，	帛 19.4	此三言也，以為文未足，
王 19.5	故令有所屬，	帛 19.5	故令之有所屬。
王 19.6	見素抱樸，少私寡欲。	帛 19.6	見素抱樸，少私而寡欲。

竹 19.1	絕知弃辯，民利百倍。
竹 19.2	絕巧弃利，盜賊亡有。
竹 19.3	絕偽弃 [慮]，民復 [孝慈]。
竹 19.4	三言以為 [辨] 不足，
竹 19.5	或 [命] 之或乎屬。
竹 19.6	視素保樸，少私寡欲。

對勘舉要

（1）本章有竹簡本，排在甲本第一組第一章。章中有墨丁作斷句標記，末句後的墨丁兼作章號（李零2002，8，下同）。下面抄的是"江海所以為百谷王"（第六十六章），沒有墨丁。顯然本章在竹簡本中是作為一個單元的。就內容來說，這是與帛書本及其以後各本最不同的一章。河上公題為"還淳"，其義尚可。

（2）**"絕聖棄智，民利百倍；絕仁棄義，民復孝慈；絕巧棄利，盜賊無有。"**

這一節河上、王弼、傅奕三本相同。就句式來說，竹簡本、帛書甲本及傅奕本以後各本都是整齊的四字句，只有帛書乙本前兩行多兩"而"字。

"絕聖棄智"一句，竹簡本作"絕智棄辯"。"辯"，裘錫圭按曰："棄"下一字當是"鞭"的古文，"鞭"、"辯"音近，故可通用（荊門市博物館1998，113，註1）。

"絕仁棄義，民復孝慈"原在第二行，竹簡本作"絕偽棄慮"在第三行。"慮"，整理者未註通行字，裘錫圭曾讀之為"作"、李零讀為"詐"。"慮"字從"虘"從心，"虘"從"且"聲，"且"聲又與"乍"聲相通，則此句當讀為"絕偽棄詐"（裘錫圭2000A，186；李零2002，4）。陳偉認為此字可能就是字書中的"虘"字。《說文》："虘，虎不柔不信也。"段註云："剛暴狡詐。"陳曰："虘"的本義看來通指粗暴欺詐的行為，而不是、或者不只是就老虎而言。以此理解簡文，與讀為"詐"略同，但少了一層周折（陳偉1999，11）。

不少人反對這種讀法。"絕偽棄慮"之"偽"，本從"為"從"心"，作"憍"。龐樸主張此句應讀為"絕為棄作"，並說"偽和詐，應該棄絕，本是不待言的道理。只是它和孝慈全無關係……偽、詐從無任何積極意義，從未有誰提倡過，維護過；宣稱要棄絕它，跡近無的放矢。所以這種解釋難以成立。如果定它為'絕為棄作'，便一切通順了。"（龐樸 1999，11）許抗生等許多人認為"偽"指人為。"慮"乃"慮"之誤，應讀為"慮"。《尚書·太甲下》云"弗慮胡獲？弗為胡成？"即其例（許抗生 1999）。裘錫圭指出"憍"釋為"偽"或"心"都是可以的。但不管釋為哪一個字，都應該理解為"背"自然的"人為"，既不能看作一般的"為"，更不能看作"偽詐"的"偽"。裘氏又發展了許抗生的觀點，同意將此句讀為"絕偽棄慮"（裘錫圭 2000B）。廖名春說簡文"慮"只能釋為"慮"（廖名春 2003，11）。這裏的分歧似乎來源於古文字的解讀和思想內容的解讀兩種方法、角度的不同。二說皆有其專業知識的根據，道理都講得通，但說到竹簡或古本原貌，似乎只能存疑。

"民復孝慈"，竹簡本作"民復季子"。研究者多據今本，將"季"讀作"孝"的訛字，將"子"讀作"慈"（李零 2002，4）。崔仁義認為，此句不當從帛書本和傳世本。因為帛書本和傳世本是對"仁義"而言，而竹簡本是對"憍"、"慮"而言。所以，竹簡本"季子"應讀如本字。"季"即"小"，"季子"應指小兒的精神狀態，與"比於赤子"相應。裘錫圭後來也贊成此說（崔仁義 1998，62，註 227；裘錫圭 2000B，29）。廖名春說："孝慈"，當出於後人的改造，故書當作"季子"（廖名春 2003，12）。

就句子順序來說，帛書本及以後諸本的第二行是竹簡本的第三行。這樣調換的原因也可能還是出於句式整齊的考慮，將"民利百倍"與"民復孝慈"相銜接、對應。同時，這樣調換以後，前兩行是關於民的正面行為（聖、智—民利；仁、義—孝慈），第三行是負面行為（巧、利—盜賊）。然竹簡本當更接近古本之舊。

"盜賊無有"中的"無"，竹簡本作"亡"。"無"，竹簡本多作"亡"，有時則"無"、"亡"並用，如竹簡相當於第五十七章的部分有"亡事"、"無事"、"亡為"（丁原植 1998，9—10）。

(3)"此三者，以為文不足，故令有所屬。見素抱樸，少私寡欲。"

此節河上本、王弼本相同。"此三者，以為文不足"一行，"三者"，帛書本、竹簡本作"三言"。"不足"一語，竹簡本同，而帛書本、傅奕本作"未足"。倫敦藏敦煌寫本有一種亦作"未足"（程南洲1985，52）。此行竹簡本作"三言以為辨不足"。"辨"本作"夏"，整理者據李家浩說釋為"弁"，在句中讀為"辨"。魏啟鵬認為於義未安，認為經籍常以"卞"作"弁"，"卞"乃"法"，"法度"。帛書本作"此三言也，以為文未足"，"文"亦有法度之義。魏並引另說，云竹簡中"夏"字數見，皆釋為"使"，即"使"之古文，此句中亦當釋作"使"，謂使民之事（魏啟鵬1999，3—4）。李零認為簡文"吏"、"弁"易混，疑原字當釋"吏"讀為"使"，在簡文中是用的意思（李零2002，8）。陳偉認為此字可釋為"吏"或"史"。如作"史"則有偏重文辭的意思，可以理解為"繁於文采"，則與各種版本的《老子》一致，並同下文"視素抱樸"的說法一致（陳偉1999，12）。

"故令有所屬"，王弼、河上、傅奕三本同。帛書本"令"後有"之"。簡本作"或命之或乎屬"，裘錫圭按此句當分兩句讀，作"或命之，或乎屬"，"命"不必讀為"令"。李零暫讀為"或令之有乎屬"，下點冒號。意思是說，如果憑上面的三條話還不能窮盡其義，則當命之有所依賴，一條是"視素保朴"，一條是"少私寡欲"（轉引自丁原植1998，11—12）。

"見素抱樸"，竹簡本作"視素保樸"。裘錫圭云，"視"在此當讀為"示"，從文義上看，似乎比今本好。"示素"說法比"見素"合理，"保"、"抱"音近可通，但"保樸"比"抱樸"好理解，很可能是《老子》的原貌（裘錫圭2000A，185）。

析評引論

19.1　是"強化"還是"歪曲"？

這一章是竹簡本和帛書本及其以後各種版本歧異最大的一章。不僅文字多有不同，思想歧異也非常明顯。竹簡本中的"絕智棄辯"改成了"絕聖棄智","絕偽棄詐"改成了"絕仁棄義",從一般地批評世俗價值和文化現象,變成了明確地否定儒家的基本思想概念。如何理解和評價這一現象?從《老子》文本演變的歷史來看,這是不是一種"篡改"?從思想發展的角度來看,這是不是對《老子》思想的"歪曲"?單就這一章的文字來看,我們似乎很容易得出這種結論。無論怎樣,"絕智棄辯"變成"絕聖棄智","絕偽棄詐"變成"絕仁棄義"都是竹簡本與以後諸本的最嚴重的不同。然而這種不同的根源何在?難道僅僅是後來的編者要反對儒家道德而作此改動嗎?難道這僅是學派鬥爭的結果嗎?難道這種改動沒有文獻演變的內在理路嗎?

通過對《老子》五種版本的比較研究,我們發現在《老子》文本演變的漫長過程中,存在著語言趨同的現象,表現為句式的整齊化,對偶句與排比句的增加,文句重複的增加等等。與此相適應的是思想聚焦的現象,即強化《老子》中原有的最基本的概念,比如用"道"和"無為"這樣的核心概念去替代一般性的詞語或表述,重新安排句子或語詞的順序、結構,讓關鍵性概念更突出,更醒目。值得注意的是這些現象是由不同的編者在不同時代、不同地域單獨進行的,事先是沒有共同的編輯指令的。出現這種共同的趨勢只能是因為他們對《老子》原文有某種大體一致的理解,並且有按照這種理解去改善原文的願望。這就是進一步改善原來文本的語言表達形式,進一步強化他們所看到、所理解的中心概念和思想。那麼本章的修改是否可以歸之於這種思想聚焦現象呢?如果我們看到《老子》其他章節中也有對儒家思想的某種否定和批評,那麼,我們也可以說本章的修改也是原有思想的強化。比如第十八章"大道廢,安有仁義",第三十八章"失道而後德,失德而後仁,失仁而後義",第五章"天地不仁……聖人不仁"。這些其他章節的例句說明帛書本以後各本對本章的修改不是突兀的,不是完全沒有內在根據的。當然,這種修改是有些過份,現代人都不贊成一個編者有權力這樣改編原典。但是,作為歷史現象來看,這卻是有因可循的,是可以理解的。因此,我們或許還是可以說第十九章的嚴重修改也是一種追求思想強化的意圖的反映,是思想

聚焦過程中的一個特例。〔參見引論 3.2，24.1，37.1，對勘舉要 57
（4）〕。

19.2　儒道互濟還是形同水火？

竹簡本《老子》與儒家經籍一同出土，加之第十九章沒有直接批
評仁義的詞句，這引起很多學者重新思考儒家與道家的關係。很多學
者都指出，早期道家與儒家並沒有後來所想像得那麼對立或水火不
容，這顯然是正確的。但是也有人提出，儒家和道家典籍一同出土，
對研究儒家和道家典籍的關係並沒有特別的意義，而竹簡本《老子》
也不能說明儒道之間沒有根本不同（王博 2001，185—207）。

儒道關係是一個大課題，老課題。郭店竹簡的出土為這個課題提
供了新的刺激和資料。然而，相對於思想史的全貌來看，郭店竹簡並
沒有提供根本推翻原有的儒道關係理論的足夠材料。竹簡本《老子》
中沒有"絕聖棄智"、"絕仁棄義"這樣的詞句，不足以說明《老子》
思想與儒家沒有根本不同。

作為兩大思想流派，儒道關係是相當複雜的，視之為互補固然有
很多文獻材料，視之為對立也有大量文獻依據。但是這樣羅列材料不
能說明很多問題。筆者以為，我們既不能說儒道絕對對立，水火不
容，又不能簡單地說儒道之間就是一種互補的關係，沒有對立。用簡
單的概念描述複雜的文化互動現象可以有提綱挈領之功，但也會有簡
單偏頗之弊。筆者這裏想借用孔子思想不必然完全排斥老子之自然來
說明儒道關係的複雜性和多層次的特點。

首先，孔子之仁德本身要求的就是內在自覺、自發地實踐仁的原
則，不要外在的壓力，也不要自我勉強，這樣的表現才是自然的、真
誠的仁。其次，仁者不僅不能把己所不欲強施於人，而且不能把己之
所欲強施於人。不強加於人，人際關係才能比較自然，比較真誠。第
三，仁德是為己之學，一切所求，都應該通過自身的努力去實現，而
不是直接地強求硬要，這樣的得才是自然之得，不失之得。第四，仁
人有道德修養，但不能保證在世俗生活中可以盡情直遂，因此要能夠

接受潔身自好的自我逍遙。這樣不僅可以保持個人的怡悅，而且不至於破壞社會整體的和諧。總之，孔子重視個人的內在的動因，保證個體的自主性，強調人際關係的和諧，這和道家重視自然之價值的精神是有相通之處的，是道家可以接受的。

孔子思想中有道家可以接受的成份，反過來說，老子的思想中也有可以和儒家學說相容的因素。老子提倡社會的整體的自然和諧，希望社會的管理者盡可能不直接干涉百姓的生活，甚至不讓百姓感到自己的作用，這和仁者以百姓利益為利益並沒有不可調和的對立。一個聖人讓天下百姓安居樂業而不感覺他的存在和偉大，不讓百姓對他感恩戴德，從儒家的角度看，這不也是很高的境界嗎？孔子甚麼時候要求過學生或其他人對他表示感激呢？老子提倡的自然之價值和無為之治，以百姓自在和諧的生活為目標，和孔子的仁學有異曲同工之效，在這一點上，孔子和老子並沒有分歧。

孔子說過：“為政以德，譬如北辰居其所而衆星共之。”（《論語·為政》）又說：“無為而治者其舜也與？夫何為哉？恭己正南面而已矣。”（《論語·衛靈公》）可見，盡管為政的手段不同，學說的重點不同，無為背後的理念不同，但無為之治的理想是儒家也應該可以接受的。孔子以“無為而治”來歌頌舜，這說明當時無為而治已經有正面價值的意義，並且是大家都已熟知的了。無為而治的思想來自於老子，而孔子以此來歌頌他心目中的聖王，說明他對老子的思想並無反感。

總之，雖然老子哲學與孔子思想的重點完全不同，其基本精神也不一樣，但二者並非完全不相容。在一定範圍內，老子不必然反對儒家之道德，而孔子也不必然反對老子之自然。從社會生活實踐的角度來看，老子之自然有利於孔子之仁從心底發出，而避免成為虛假的表現，而儒家之仁德也有利於提高個人修養，從而有利於實現老子所嚮往的自然之秩序，而避免禽獸相殘。筆者認為，儒家道德是維繫社會和諧的必要的、基礎的、深層的價值，但是它不應成為籠罩一切的、帶有普遍強制性的教義。而老子之人文自然正是為了防止儒家道德變成"以理殺人"的工具。當然,這裏所說是老子思想的中心價值與孔子思想中潛在的價值因素相通,並非體系上、或理論概念上的直接的相同。究竟應該如何簡單而全面地概括儒道關係,或者說是否有可能簡單而全面地概括儒道關係,是值得進一步思考的一個課題。

19.3 孔子之自然之得

上文所講是概論儒道關係。這裏我們從一個比較具體的側面說明孔子思想中也有某種"自然而然"的行事原則,具體說來就是追求"自然之得",而不提倡勉強求得。人生在世,對社會、對他人不可能無所求。但求的方法可以大不相同。孔子的原則是求諸於己,而不強求於人。

子禽曾問子貢:"夫子至於是邦也,必聞其政,求之與?抑與之與?"子貢回答說:"夫子溫、良、恭、儉、讓以得之。夫子之求之也,其諸異乎人之求與?"(《論語·學而》)孔子願意參與各國的政事,以便宣傳自己的主張,實現自己的抱負,然而孔子並不強求這種機會。孔子以自己的道德文章贏得了列國諸侯之信任,因而與者自願與之,得者自然得之。雖然有"與"有"受",有"求"有"得",得失與求之間是自然而然的,沒有勉強,更沒有衝突。陸隴其解釋此章說:"聖人以德求,非如人之有心求也。……若不于此體認,而欲與世相接,便不免于求。求之極,便流到巧言令色一途。看來人心風俗之壞病痛都在一求字,所以不能不求者,只是不信有不待求的道理。"(轉引自程樹德 1990,42)不待求之得就是自然之得。孔子之作風,實已體現自然之價值。

不強求於人是多方面的,不僅是有關參與國政的,而且也涉及最一般的人際關係。孔子反復強調的一點就是從容地接受別人對自己的態度,也就是不強求別人對自己的了解。遇到知音固然值得慶幸,然而人生在世,眾人各有所好,一個人不可能有很多知音,因此幾乎每個人都會經常面對別人的不理解甚或是誤解。孔子在世時,他的學說並沒有廣泛流傳,他的學生可能經常面對不被理解的情況,因此孔子反復強調不強求別人對自己的理解。《論語》開篇就說："學而時習之，不亦說乎？有朋自遠方來，不亦樂乎？人不知而不慍，不亦君子乎？"（《論語·學而》）學而能習之，朋友能聚之，這都是正面的一般的情況，是人人都可能有的感受。"人不知而不慍"則是反面的情況，是一般人做不到的，是君子才可能有的修養。朱子強調，"不慍，不是大怒，但心裏略有些不平底意思便是慍了"（朱熹 1986，454）。這就是說，在別人不了解甚或有誤解的時候，不但不應該發怒，而且連不平之心都不該有。孔子所強調的道德境界和精神修養的出發點與老莊思想當然有根本性不同，但這種不因外界得失而動心的心境和道家因任自然的學說畢竟有相通之處，老莊都主張不要因為榮辱得失而干擾心境的寧和，不要因為世俗的追求而破壞內外之和諧。在這一點上，孔子和老子是完全可以相互理解和相互欣賞的。

關於"不己知"即不被了解的問題，孔子講得很多，比如《論語》中還有"不患人之不己知，患不知人也"（《論語·學而》）。"不患人之不己知，患其不能也"（《論語·憲問》）。"君子病無能焉，不病人之不己知也。"（《論語·衛靈公》）"不知而不慍"是說不應該如何。這裏幾段都是說應該如何。概括起來有兩點。一方面應該要求自己了解別人（"患不知人也"），另一方面應該努力改善提高自己的能力、水平和境界（"病無能焉"，"患其不能也"）。孔子的這些說法和老子的思想雖不同卻也有相通之處，《老子》第三十三章說："知人者智，自知者明。勝人者有力，自勝者強。"也是強調自己本身能力水平的提高。

別人對自己如何，別人是否理解自己，是否欣賞自己，是否表揚自己，這是自己不能直接主導的。一意要求別人如何如何，就會流於諂媚迎合，喪失人格；或強橫無理，面目可憎。達不到目的又會怨氣沖沖，憤憤不平，讓別人更加敬而遠之。顯然，強求別人對自己的了解是不理智的。這種不勉強的原則和老子的人文自然的原則是相通的。

19.4　孔子之逍遙理想

歷代統治者和文人所塑造的孔子是嚴肅而精進不已的。但孔子的生活理想中也未嘗沒有和道家相通的因素。孔子說過：“飯疏食飲水，曲肱而枕之，樂亦在其中矣。不義而富且貴，於我如浮雲。”（《論語・述而》）這種超越富貴的精神，安於恬靜、自然、儉樸之生活的態度和道家有明顯的相通之處。這是因為孔子和老子的學說都深刻地切入了人的生存狀態和感受。當然，孔子之超越的具體動因，內在的具體感受不必盡同道家，但從一般的表現來看，很難說完全不相干。儒道之不同，關鍵在於儒者強調道德的力量，道家則要超越世俗之道德表現。但作為個人的最高生活境界來說，特別是就超脫個人之恩怨得失、富貴貧賤來說，二者實有可以相互欣賞之處，不必水火相向。

有一次，孔子問子路、曾點、冉有、公西華四人，如果有人了解他們，如果他們有機會實現自己的抱負，他們會做甚麼。子路說願意治理一個千乘之國，相信三年時間，可使人民“有勇，且知方也”。冉有願意治理一個縱橫六七十里或五六十里的小國，相信“比及三年，可使足民”。公西華則願意主持禮儀。當最後問到曾點時，他的願望是：“莫春者，春服既成；冠者五六人，童子六七人，浴乎沂，風乎舞雩，詠而歸。”孔子喟然嘆曰：“吾與點也！”（《論語・先進》）曾點的回答與其他三人完全不同，他要和同好一起享受河水之暢流，春風之清爽，乘興而去，歌詠而歸。他要超脫世俗之功業，追求逍遙之樂。這和孔門之教是不同的，與道家風格卻有接近之處。

那麼，孔子為甚麼贊成曾點的願望呢？皇侃疏曰：“當時道消世亂，馳競者眾，故諸弟子皆以仕進為心，惟點獨識時變，故與之也。”（轉引自程樹德1990，811）李充云：“善其能樂道知時，逍遙游詠之至也。”（同上）這都是從審時度勢、進退有節的角度來解釋的。蘇轍認為，孔子讚賞曾點的自知之明：“如曾皙之狂，其必有不可施于世者矣。苟不自知而強從事焉，禍必隨之。其欲弟子風乎舞雩，樂以忘老，則其處己也審矣。”（同上，812）這些解釋多在朱子《集註》之前，大體平實，沒有明顯的學派之見。不過，孔子所問的前提是“如或知爾"，即得到理解的情況下，因此曾點的態度並不是不得已的退步，也不是自認不能，而是一種人生的追求。孔子對曾點的讚賞也表達了他本人對人生的一種嚮往。以筆者推測，如果孔子的時代不需要他周遊列國去推行他的政治主張和道德理想，那麼，孔子應該感到更為快慰。

曾點的回答和孔子的讚嘆在孔子的學說體系中是一個偶然的例外，不代表孔子思想學說的主流。然而，不能說這不是孔子思想性格的組成部分。孔子並不像別人所批評的那樣只是"知其不可而為之"（《論語·憲問》），他不想強加於人，也不想強求於人，他當然懂得適可而止，適時而退的道理。他自己雖然沒有真正退而逍遙，但他對曾點的讚嘆表明他可以欣賞，也可以接受超越現實操勞的自我逍遙。孔子的思想性格和孟子不大相同，和宋儒更不同。似乎孔子更能理解道家的精神和境界。

19.5　孔老相通：根源與意義

孔子思想與老子思想之相通是因為他們有共同的思想根源。他們生活的時代是大體一致的，所面對、所思考的問題是基本相同的，他們的目的也有一致之處，那就是如何把社會混亂引向良好秩序，把動盪變成和諧。他們的分歧似乎在於路線和方法的不同。借用中醫的說法，孔子用的是"補法"，希望用仁學重建社會的道德秩序和政治秩序，進而實現社會的安定。老子用的是"瀉法"，希望以自然的價值和無為的方法取消和限制上層的傾軋爭奪和對下層的干涉與控制。這兩種方法看似相反，但實際都是從思想文化入手，而不是訴諸於軍事、政治或法律的手段，所以不可能有立竿見影的效果，在亂世尤其如此。但是，他們的學說都是對人類社會、歷史、生命的深刻觀察、思考和總結，都切中了人類社會發展中的脈搏，揭示了人類社會發展中的問題和需要，因此又都有超越時代與國界的普遍性意義。任何社會都需要一定的倫理道德體系，因此孔子的學說有歷久而常新的價值。任何人類群體都喜歡自然而和諧的人際關係，不喜歡強制性壓迫和干涉，所以老子的人文自然的理想歷久而不衰。

筆者重視孔老相通的課題也有現實的考慮。在市場資本主義的沖擊下，不同文明的文化傳統都受到嚴重挑戰，其中尤以中國文化在二十世紀以來所受沖擊與批判最為嚴重。中國傳統在很多人看來是保守或陳腐的。然而，建設中國的現代文化，特別是現代倫理道德體系以及良好的社會秩序離不開傳統文化的資源，這方面，儒學和道家思想可以提供直接的借鑒和參考。然而，儒學和道家都受到過嚴重的歪曲或誤解。儒學曾被優秀的知識分子批評為"吃人的禮教"，其原因之一就是統治者在利用儒學的道德原則時閹割了孔子學說中重個人體悟，不強加於人，不強求於人的基本精神，使儒學成為單純控制和扼殺生命與靈性的工具。這和後代學者努力劃清孔老界限也不無關係。今天，我們要重建儒學的價值理想而不想重蹈覆轍，那麼在提倡儒學的同時倡導老子的自然就是必要和有益的。

19.6　孔老相通：課題與方法

孔子與老子的關係問題，首先是一個純學術的課題，是一個探求歷史本來面目的問題。正如梁啟超說過的，歷史上的孔子的面貌在不斷變化，孔子漸漸變成董仲舒、何休，漸漸變成馬融、鄭玄，漸漸變成韓愈、歐陽修，漸漸變成程頤、朱熹，漸漸變成陸九淵、王守仁，漸漸變成顧炎武、戴震，漸漸變成康有為、章太炎等等。同樣，我們也可以說老子變成了河上公、嚴君平，變成了王弼、李榮，變成了成玄英、杜光庭，變成了林希逸、釋德清，變成了陳鼓應、古棣等。我們不完全否定這種變化，孔子和老子的思想和形象可以隨著歷史的演化而變化，這說明他們的思想和學說有普遍性意義和歷史性價值，有歷久不衰的生命力。後人對古代經典的詮釋必然會從自己的時代和眼光出發，這是思想發展之長河中無可阻遏的浪潮，也是思想不斷創新、繼續發展的一種動力和形式。然而，從純學術研究的角度來看，我們就要不斷撥開歷史的迷霧去探求老子和孔子的本來面目。本書的原則就是嚴格以經典原文為基礎，在探求思想家的本來面目的基礎上，考察各家思想學說上的異同，同時糾正歷來研究中重儒道之異，略孔老之通的不足。當然，按照現代詮釋學的理論，我們不可能完全回到歷史中去，然而，盡可能逼近經典的歷史時代和文本原意將永遠是學術研究的一個基本的目標、基本的動力，捨此目標，學術研究必將成為沒有方向、沒有標準的任意的自我表達。

關於孔子和老子關係的研究涉及研究方法的問題。學術研究離不開比較，離不開對共性和差異的深入分析，在分析比較的過程中，應該堅持實事求是，客觀準確的原則，有同現同，有異現異，並且善於異中見同，同中見異。這裏我們需要發展分寸感，防止歸約法。所謂歸約法就是把認為次要的內容歸結為主要的內容，把豐富或複雜的研究對象變成單一的同質的假客體。用通俗的說法就是分清七個指頭和三個指頭，或分清主流和支流；一旦自認為發現了主流，就不許再講支流。用這種歸約法曾經描繪出兩千年的"儒法鬥爭史"，其荒謬在今天已是昭然若揭。但歸約法的弊病在一般性的學術研究中還沒有引起足夠警覺。中國古代思想研究中的歸約法，誇大了孔子與老子、儒家與道家的不同和對立，加劇和擴大了學派之爭，加重了人們對儒學和道家的誤解。

當然，我們在強調孔老相通的時候，還要特別強調分寸感，不希望誇大儒道相通之處。孔老的思想體系之間畢竟異大於同，否則他們不會成為兩個不同學派的領袖。此外，我們還要強調，本文所揭示的孔老之通是充分考察了二者之異的。如果對孔老之異沒有深入的了解，那麼對孔老之通的討論就只能是膚淺的，缺乏實際意義的。不斷探求、分析，同中見異、異中見同才能將研究引向深入。

第 二 十 章

原文對照

河 20.1	絕學，無憂。	傅 20.1	絕學無憂。
河 20.2	唯之與阿，相去幾何？	傅 20.2	唯之與阿，相去幾何？
河 20.3	善之與惡，相去何若？	傅 20.3	美之與惡，相去何若？
河 20.4	人之所畏，不可不畏。	傅 20.4	人之所畏，不可不畏。
河 20.5	荒兮其未央哉。	傅 20.5	荒兮其未央。
河 20.6	衆人熙熙，	傅 20.6	衆人熙熙，
河 20.7	如享太牢，如春登臺。	傅 20.7	若享太牢，若春登臺。
河 20.8	我獨怕兮其未兆，	傅 20.8	我獨魄兮其未兆，
河 20.9	如嬰兒之未孩，	傅 20.9	若嬰兒之未咳，
河 20.10	乘乘兮若無所歸。	傅 20.10	儡儡兮其不足以無所歸。
河 20.11	衆人皆有餘，	傅 20.11	衆人皆有餘，
河 20.12	而我獨若遺，	傅 20.12	我獨若遺，
河 20.13	我愚人之心也哉，沌沌兮。	傅 20.13	我愚人之心也哉，沌沌兮。
河 20.14	俗人昭昭，我獨若昏；	傅 20.14	俗人皆昭昭，我獨若昏；
河 20.15	俗人察察，我獨悶悶。	傅 20.15	俗人皆督督，我獨若閔閔。
河 20.16	忽兮若海。漂兮若無所止。	傅 20.16	淡兮其若海，飄兮似無所止。
河 20.17	衆人皆有以，	傅 20.17	衆人皆有以，
河 20.18	而我獨頑似鄙，	傅 20.18	我獨頑且圖。
河 20.19	我獨異於人，而貴食母。	傅 20.19	吾獨欲異於人，而貴食母。

王 20.1　絕學無憂。

帛 20.1　絕學无憂。

王 20.2　唯之與阿，相去幾何？

帛 20.2　唯與呵，其相去幾何？

王 20.3　善之與惡，相去若何？

帛 20.3　美與惡，其相去何若？

王 20.4　人之所畏，不可不畏。

帛 20.4　人之所畏，亦不可以不畏人。

王 20.5　荒兮其未央哉！

帛 20.5　恍呵其未央哉！

王 20.6　衆人熙熙，

帛 20.6　衆人熙熙，

王 20.7　如享太牢，如春登臺。

帛 20.7　若饗於大牢，而春登臺。

王 20.8　我獨泊兮其未兆，

帛 20.8　我泊焉未兆，

王 20.9　如嬰兒之未孩，

帛 20.9　若嬰兒未咳。

王 20.10　儽儽兮若無所歸。

帛 20.10　纍呵似无所歸。

王 20.11　衆人皆有餘，

帛 20.11　衆人皆有餘。

王 20.12　而我獨若遺。

帛 20.12　我愚人之心也，湷湷呵。

王 20.13　我愚人之心也哉！沌沌兮！

帛 20.13　俗人昭昭，我獨若昏呵。

王 20.14　俗人昭昭，我獨昏昏；

帛 20.14　俗人察察，我獨閔閔呵。

王 20.15　俗人察察，我獨悶悶。

帛 20.15　忽呵其若海，恍呵若无所止。

王 20.16　澹兮其若海，飂兮若無止。

帛 20.16　衆人皆有以，

王 20.17　衆人皆有以，

帛 20.17　我獨門頑以鄙。

王 20.18　而我獨頑似鄙。

帛 20.18　吾欲獨異於人，而貴食母。

王 20.19　我獨異於人，而貴食母。

竹 20.1　絕學亡憂。

竹 20.2　唯與呵，相去幾何？

竹 20.3　美與惡，相去何若？

竹 20.4　人之所畏，亦不可以不畏 [人]。

對勘舉要

(1) 竹簡本相當於第二十章第一段的內容在竹簡乙本第一組當中，排在第四十八章之後，第十三章之前。此節前後皆有斷句號，但句中卻無，似以斷句號代分章號。高亨說"本章文句頗多竄亂，無可諟正"（高亨1957，51）。竹簡本、帛書本出土似乎也幫助不大。河上公題為"異俗"，尚可。

(2) "絕學無憂。唯之與阿，相去幾何？善之與惡，相去若何？人之所畏，不可不畏。"

此為王弼本。第一句"絕學無憂"，論者多謂此句當屬第十九章末句"見素抱樸，少私寡欲"之後（蔣錫昌1937，122；高亨1957，44）。然竹簡本"絕學亡憂"接在相當於傳世本第四十八章"亡為而亡不為"之後，且隔有斷句號，此句後則無斷句，說明竹簡本此句本屬下讀，不可能在傳世本第十九章之後。

"唯之與阿，相去幾何"，王弼本、河上本、傅奕本皆同。關於"阿"，劉師培曰："善惡相反，唯、阿二字意同，與善、惡非一律。阿當作訶。《說文》：'訶，大言而怒也。'《廣雅·釋詁》：訶，怒也。訶俗作呵……蓋'唯'為應詞，'訶'為責怒之詞……'唯之與阿'猶言從之與違也。"（劉師培1936，22）帛書甲本正作"訶"，乙本正作"呵"，竹簡本也作"呵"。可見劉氏之推斷正確。"唯之與阿"，帛書本與竹簡本皆作"唯與呵"，以後諸本則加"之"字構成四字句。"相去幾何"，帛書本作"其相去幾何"，多一"其"字。顯然，竹簡本、帛書本不如傳世本講究句式的整齊。

"善之與惡"，王弼本與河上本同，然傅奕本、帛書本、竹簡本皆以"美"與"惡"相對，非以"善"、"惡"相對。考第二章以"美"與"惡"相對，以"善"與"不善"相對，似為老子之習慣，則此章也應作"美"與"惡"相對。王弼註文曰："唯、阿、美、惡，相去何若。"（樓宇烈 1980，47）可見王弼本原以"美"、"惡"相對。河上公註曰："善者稱譽，惡者諫諍，能相去何如?"（王卡 1993，79）可見河上本原以"善"、"惡"相對。此處王弼本的某位校勘者沒有認真推敲王弼註文之意，僅據河上本而妄改王弼本。高亨、蔣錫昌主張王弼本此句當作"美之與惡"，帛書本、竹簡本則提供了確證。（高亨 1957，45；蔣錫昌 1937，124）"相去若何"一句之"若何"，各本皆作"何若"。王弼本改為"若何"，似為與上面"幾何"同字為韻。各本作"何若"，則與上句"惡"字為韻。

"人之所畏，不可不畏"，王弼本、河上本、傅奕本皆同。"不可不畏"，竹簡本作"亦不可以不畏"，帛書甲本殘，乙本句末多一"人"字，作"亦不可以不畏人"。帛書本多一"人"字，引起頗多猜疑和爭議（丁原植 1998，253—254）。帛書整理者註曰："人，各本皆無，疑是衍文。"（馬王堆小組 1976，63，註 22；國家文獻 1980，99，註 22）然竹簡本下接"人寵辱若驚"（第十三章）。"人"字前有短線作斷句符號，故整理者皆從其斷句。許抗生說竹簡本抄寫時斷句有誤，"人"字當屬本章末句"人之所畏，亦不可不畏"之末，則此句同帛書本，作"亦不可以不畏人"（許抗生 1999，98）。愚意以為許說可從。帛書乙本與竹簡本都用"亦"字，較為通順。

此句傳世本與帛書本的不同似乎帶來文義的重要不同。劉殿爵云：通行本的意思是，別人所畏懼的，自己也不可不畏懼。而帛書本的意思卻是：為人所畏懼的，即人君，亦應畏懼怕他的人。兩者意義很不相同，前者是一般的道理，後者則是對人君所說有關治術的道理（劉殿爵 1982，35）。古棣反對其說（古棣 1991A，380）。筆者大體贊成劉說，略有保留的是原文並沒有點明是人君，也不一定限於"治術"，今人如此解釋，雖然未嘗不可，但意義卻太狹窄了。

此節文句似乎不很連貫，可能是格言的鬆散輯合，不必強作貫通之解釋。這一節在古本中可能自成一單元，所以竹簡本無以下部分內容。

(3) "荒兮其未央哉！衆人熙熙，如享太牢，如春登臺。我獨泊兮其未兆，如嬰兒之未孩，"

"荒兮其未央哉"，王弼本、河上本同，傅奕本少虛詞"哉"。"荒兮"，帛書甲本殘，乙本原作"望呵"，"望"乃"望"之古體，整理者讀為"恍"。高明讀如本字，並據《釋名・釋姿容》"望，茫也，遠視茫茫也"認為此處為廣、遠之意（高明 1996，318）。有人認為"望"字的使用證明老子之道與月亮有關（詳見析評引論 21.1）。

"眾人熙熙，如享太牢，如春登臺"，此為王弼本與河上本。"如"，傅奕本作"若"，無實質性區別。"如春登臺"，帛書本作"而春登臺"，按王引之《經傳釋詞》，"而猶如也"，可解作"如"，當以通行本作"如"為上。俞樾云："如春登臺"與第十五章"如冬涉川"一律。河上本有作"如登春台"者，非是（俞樾 1934，147）。

"我獨泊兮其未兆，如嬰兒之未孩"，此為王弼本，各本用字都有所不同，然多屬通假字、古今字，如"泊"、"怕"、"魄"；"如"與"若"等。王弼本、河上本之"孩"，帛書本及傅奕本皆作"咳"。第四十九章"聖人皆孩之"，也是王弼本、河上本作"孩"，帛書本、傅奕本作"咳"，可能是用字習慣不同。《說文》曰："咳，小兒笑也。孩，古文咳。"可見作"孩"或是"咳"意思是一樣的。"嬰兒之未孩"即嬰兒還不會笑的淳樸狀態。這是對簡單、淳樸的追求，不是對無知的追求。這兩句帛書本作"我泊焉未兆，若嬰兒未咳"，比通行本少"獨"字，少語助詞"其"、"之"，句子更簡捷。一般情況下，帛書本總是比通行本用虛詞多一些，句子緩一些，這裡似乎是不多的例外。

（4）**"儽儽兮若無所歸。眾人皆有餘，而我獨若遺。我愚人之心也哉！沌沌兮！"**

此節為王弼本。"儽儽兮若無所歸"一句，各本皆有不同。"儽儽"，河上本作"乘乘"，傅奕本作"儡儡"，帛書本作"纍呵"，似以帛書本與王弼本為好。"若"，帛書本作"似"，意同。傅奕本此句作"儡儡兮其不足以無所歸"，顯有衍誤。"眾人皆有餘，而我獨若遺"，傅奕本脫"而"。"而我獨若遺"，帛書甲本簡化作"我獨遺"，乙本無此句，當為漏抄。"我愚人之心也哉，沌沌兮"，河上本、王弼本、傅奕本同。帛書本無"哉"，"沌沌"作"湷湷"。

(5)　"俗人昭昭，我獨昏昏；俗人察察，我獨悶悶。澹兮其若海，飂兮若無止。"

此節為王弼本。"昏昏"，河上本作"若昏"，傅奕本作"若昏"。"昭昭"，傅奕作"皆昭昭"。"我獨悶悶"，河上本同，傅奕本作"我獨若閔閔"。"悶悶"，帛書本原作"閩閩"，讀如"閔閔"。帛書本在"我獨閔閔"後用語氣詞"呵"。"澹兮其若海，飂兮若無止"，各本都有同音詞或同義詞的不同，如"澹"或作"忽"（河上、帛書）或作"淡"（傅奕），"飂"或作"漂"（河上）、"朢"（恍）（帛書）、"飄"（傅奕）之不同等。

(6)　"衆人皆有以，而我獨頑似鄙。我獨異於人，而貴食母。"

"衆人皆有以，而我獨頑似鄙"一句，王弼本、河上本相同，後句傅奕本作"我獨頑且圖"，帛書本作"我獨門頑以鄙"。"門"疑涉上文"閩閩"而衍（國家文獻1980，99，註24）。"頑"字後有作"似"（王弼、河上）、"以"（帛書）、"且"（傅奕）之不同。俞樾說："似"當讀為"以"，古"以""似"通用（俞樾1934，6A），帛書本證明俞說為是。"頑似鄙"，帛書乙本作"頑以鄙"，"以"可作連詞，猶言"頑而鄙"。高明說：傅奕本"頑且鄙"，則因"以"字古代寫作"㠯"，與"且"形近而誤。帛書本"頑以鄙"當為《老子》故文（高明1996，326）。

"我獨異於人"，王弼本、河上本同。傅奕本"獨"後多"欲"字，作"吾獨欲異於人"，帛書本則作"吾欲獨異於人"。查王弼註文云："食母，生之本也。人皆棄生民之本，貴末飾之華，故曰：'我獨欲異於人'。"（樓宇烈1980，49）可見，王弼本可能原有"欲"字，後人據河上本妄改。就"吾欲獨異於人"與"我獨欲異於人"相比較，前者講未必能夠實現的意志或願望，後者講已然如此的事實。從語言風格來看，帛書本"吾欲獨異於人"與上文"若"、"似"等字更協調。

.

析評引論

20.1　創新與"文本的它在性"

本章語句多撲朔迷離，相當費解。但是有人卻可以作出強有力的清晰的解讀。古棣說："此章所說的'衆人'指奴隸主貴族。春秋以來，他們日益嚴重地互相勾心鬥角，熙熙攘攘，爭權奪利，都心情陶醉，自以為樂，都以為自己有見識、有作為……把個奴隸制天下鬧得大亂。老子站在奴隸主開明派立場，痛恨這些現象，因此帶著深沉的感情反映了這種現象。在他的反映中，表現了他主張實行馬馬胡胡、不要清楚明察的政治，這是屬於沒落階級的心聲，周公時代絕不會有這種政治主張和思想情緒。'不啞不聾，難為家翁'，這是有道理的，一切認真也不行；但蒸蒸日上的階級的政治家，只能是細事馬虎，而大事十分認真。而老子卻不是這樣……"（古棣 1991A，388）相信許多今天的學者看到這種語調和判斷，會目瞪口呆，或者會以為不值一哂。

筆者引用此說是希望留一點歷史的遺跡，不要忘了我們的今天是從這樣充滿真理、充滿自信、充滿判決的時髦話語中掙脫出來的。另一方面，我認為值得思考的是這種解讀的方式會不會換一個理論框架或真理體系而重現？如果今天有人以一種新的時髦的、或離奇的"前見"來看待、解讀《老子》，我們是否可以看穿它不過是換了一種有色眼镜的"創新"？

現代的創新可以有哲學詮釋學做後盾：詮釋離不開"前見"或"偏見"，前見和偏見似乎是天然合理的。這似乎為任意解讀打開了無限的大門。然而，這是一種淺薄的誤解。哲學詮釋學創始人並不鼓勵任意的解釋和隨便甚麼"前見"。海德格爾說過："解釋領會到它的首要的、不斷的和最終的任務始終是不讓向來就有的先行具有、先行視見與先行掌握以偶發奇想和流俗之見的方式出現，它的事情始終是從事情本身出來清理先行具有、先行視見與先行掌握，從而保障課題的科學性。"（海德格爾 1999，179）這裏 "從事情本身出來" 就是從解釋對象出發，從文獻本身出發，而不是從一個時髦的觀點或理論框架出發。要 "保障課題的科學性" 說明詮釋活動不能是任意的。

　　迦達默爾也說過："誰想理解，誰就不能聽任自己隨心所欲的前意見，以便盡可能始終一貫地不聽錯文本的意見——直到不可能不聽到這些意見並且摧毀任意的理解。誰想理解文本，誰就得準備讓文本講話。因此，受過詮釋學訓練的意識必定一開始就感受到文本的它在性。"（迦達默爾 1995，69）"只有讓理解者自己的前提產生作用，理解才是可能的。解釋者創造性的貢獻不可取消地附屬於理解的意義本身。這並非證明主觀偏見的私人性和任意性是合理的。"（同上，122）可見，哲學詮釋學並非忽視文本自身的獨立的地位，並非鼓勵外在的政治的、文化的、社會的權威或個人的偏好來主宰解讀和詮釋活動。創造和創新的詮釋工作也不能脫離 "課題的科學性" 和 "文本的它在性"，詮釋者必須將自己的理解奠基於文本可能有的意義之上。

20.2　"絕學" 之境界

　　本章的內容雖然難以確切把握，但大體上是關於聖人之修養境界則是顯而易見的。問題在於如何理解這種境界。

　　開篇的 "絕學無憂" 四字與上下文聯繫不明，但仔細閱讀下文，我們可以嘗試推測作者的用意。為甚麼要 "絕學" 呢？為甚麼說 "絕學無憂" 呢？似乎答案在於世事難料，沒有一定之規則可以遵循、依靠。你看，唯唯諾諾很容易轉化為怒斥訶責（"唯之與呵，相去幾何"），美與醜之間也沒有絕對界限（"美之與惡，相去何若"），萬人畏懼之人，自己也難免畏懼別人（"人之所畏，亦不可以不畏人"），在這樣模糊莫測的現實中學習如何自處、處人，何其難也！如果索性不理會這一套呢？豈不是輕鬆無憂？

　　這裏涉及這樣一個問題：學富五車是否就會憂慮少一些呢？反過來，不學無術，是否憂慮多一些呢？我們受啟蒙運動的洗禮，一般都相信，知識就是力量，學得越多，就越能所向披靡，越能無所畏懼，無所憂慮。在很多情況下這都是對的。但是，老子哲學常常從常識的反面揭示一些真理。學問多不等於憂慮少，少學少思也可能無憂無慮。比如在一艘巨輪上，有學問、好思考的人在隨時注意任何潛在的危險，探詢避免危險的方法。而很多無知的乘客可能根本不知道有沉船的可能性，因而無憂無慮。如果好學之士幫助巨輪避過了危險，無知的乘客就在一無所知的情況下逃過了大劫。如果好學之士沒有幫助巨輪避過危險，無知的乘客也沒有白受驚恐，沒有因為無可避免的災難而憂慮。在這種情況下豈不真是絕學者無憂嗎？不過，無知畢竟是最低層次的表現，而絕學則相對於看透危險無可改變的情況下的超然，二者實有本質、境界的不同。

顯然，老子所追求、所提倡的絕不是低層次的無知、無識。下文說"俗人昭昭，我獨若昏呵。俗人察察，我獨悶悶呵"。顯然，老子的聖人並不是無知的絕學，而是自覺地與一般人的"昭昭"、"察察"之學劃清界限，不屑於追求那種學。從"不學"到"飽學"，再到"絕學"，這種絕學是否定之否定，是對一般人的學的超越，即經過了學之後的絕學，而不是無知無識的"不學"。

"我獨泊兮其未兆，如嬰兒之未孩。"這是經過大知大識之後的返璞歸真，而不是普通的無知狀態。"吾欲獨異於人，而貴食母。"這說明老子的絕學無知是在對眾人、對眾人之學有了深切了解之後的自覺的疏離、輕視和超越。這是對根本原則的堅持，而不是沒有目的的隨波逐流，也不是提倡混混噩噩的無知無識。

20.3 身、心、意：分與合

聖人之絕學的境界不單純涉及有無學識的側面，而是身、心、意三方面融合為一的超越性境界。是超越了通常的思索、感情、憂慮、煩惱的最高修養所實現的境界。這種境界單從現代人的知識論、倫理學、政治學、方法論、本體論的角度都是難以理解的。它是身體、學養、意志多方面綜合修煉、不斷提升超越的結果。氣功類修煉、宗教式修養、藝術性提高都可能接近這種境界。人的肉體、精神、靈魂、知識是相互作用的一個整體。單純從一個方面修煉、追求，難免變成"器具"類存在，比如徒有完美形體而頭腦簡單的活衣服架，或有計算機般的運算技巧，卻沒有人的豐富情感的機械人，或只知多愁善感、情意綿綿，卻沒有基本意志和生存能力的寄生人。老子的聖人境界是一種全面修養提升的結果，是智慧、意志、身體的綜合性沉潛涵養的狀態。這當然涉及對天下、對社會的態度，但是不應該簡單地把這種境界歸結於君人南面之術，或韜光養晦的謀略。

當然，這是筆者對老子之聖人境界的一種比較理想化的理解，是基於較全面地直接地閱讀文本本身的體會。筆者並不認為這就是唯一正確的理解或解釋。但是，有一點卻是我們可以相當肯定的，那就是單純從人生論、認識論、方法論、本體論、政治學或任何其他一個側面來理解老子的聖人境界都是狹隘的。這並不是說我們可以擺脫現代學術理論的視角或方法，而是說，我們一方面要自覺地運用現代學術理論的概念和方法，另一方面也要對這種概念、方法的長處及局限有清醒的認識。正如我們通過解剖學的方法來觀察人的神經系統、呼吸系統、消化系統、循環系統，以及生殖系統，但是必須明白，解剖學的方法看到的是孤立的、靜止的身體的各個部份，而不是各個部份一起相互作用的一個作為整體的活生生的人。如果只知道解剖學是偉大的發現，而不知解剖學的局限，我們就成了解剖學的奴隸或工具。我們要有剖析的手段，同時不能離開整合的眼光。我們要用現代工具，但是不能為現代工具所用。

20.4　美：多多益善？

《老子》第二章說到："天下皆知美之為美也，惡已。"本章又講到"美與惡，相去何若？"（這裏的惡不是罪惡之惡，而是醜惡之意。）老子認為大家都依從一種美好的標準，就會變成醜陋，美與醜相去不遠，就在瞬息之間、分寸之際。老子認為任何事物都是正反相依、正反相生的。美與醜也不例外。過份的美、無限的美、自以為美，都可能轉化為醜惡。這一點引論 2.5 中已經討論過。對於願意拿起本書瀏覽的讀者來說，這或許不是很難理解和接受的，但是對一般人來說可能就很難理解，更難接受。這裏介紹一個最新的實例。

在 2004 年第二屆"中華小姐環球大賽"決賽時，一位作家評委問一位選手："歐洲作家伯朗寧說過：'過份的美麗就像過多的陽光，是沒有甚麼好處的。'你同意這句話嗎?"那位小姐回答不同意。她認為美麗無所謂過與不過，生活在世界上，每個人都願不斷地追求美，沒有極限。

這位作家評委當然不滿意這種答案。一位記者以〈美，是不可控制的〉為題報導了他的評論：人要的是適度，我們看到過好多美貌絕倫的人，但遇到的事太麻煩了，美麗往往會帶來很多障礙，不適當地讓她做了代言人，不適當地超越了她的知識水平，去做一些她承受不了的事情。由於她的美麗，社會對她的寵愛，對她的呵護，對她的苛求，又超過她內在的素質。美麗是好事，但對人生來說，很多時候人是控制不了它的。美麗的擁有者，自己往往無法控制，而由另一種力量控制了。現在的社會有許多誘惑，使很多美麗的女孩不須用功讀書，容易得到職位，但這職位的性質卻可能是超過她的判斷能力的。她們在找伴侶時也常常遇到這樣的問題，蜂擁而至的男人的熱情，會令她們失去冷靜的判斷力，在選擇伴侶時，往往因為美麗而帶來許多障礙（江迅 2004，50）。

這位作家主要是從紅顏薄命的角度來評論過多的美帶來的不可控制的不良後果。雖然不完全是老子論美醜的觀點，但看到正面的事物可以帶來反面的結果，要講究適度，卻是和老子思想一致的。"過份的美麗就像過多的陽光"，這個比喻也是相當精彩的。

甚麼是美？美學家有很多不同的觀點，或曰美是客觀的，或曰美是主觀的，或曰美是客觀作用於主觀的。筆者無力討論美的性質或定義，但是筆者相信，美是離不開人的感覺的，美的事物失去了相應的條件不但不會引起美感，反而可能引起惡感。相應的條件不是固定不變的，無法寫成公式，只能靠個人的智慧與悟性。比如，西施蹙眉是美，東施效顰就是醜；五官端正、身材姣好是美，搔首弄姿、炫耀矜誇就是不美。一個眉清目秀、面若敷粉的女子會讓人感到美，但是如果一開口卻無知而自負，就會讓人感到嘴臉不美。其中奧妙可能仍然是“自然”二字，不自然的表現可能就不美。即使面目普通，但端莊大方，舉止自然，也會讓人感到愉悅。其實，何止是美，任何好的事物都要適度。糖是人人需要的，但多了就可怕。陽光是生命之源，多了也會令人避之不及。這對一些人來說可能是不言而喻的常識，對另一些人來說可能是玄奧的哲理。無論怎樣，如果那位參賽的小姐聽說過一點老子的思想，答案就可能不同，故事的結局也就可能不同了。

第 二 十 一 章

原文對照

河 21.1　孔德之容，唯道是從。　　傅 21.1　孔德之容，惟道是從。

河 21.2　道之為物，唯恍唯忽。　　傅 21.2　道之為物，惟芒惟芴。

河 21.3　忽兮恍兮，其中有象；　　傅 21.3　芴兮芒兮，其中有象；

河 21.4　恍兮忽兮，其中有物，　　傅 21.4　芒兮芴兮，其中有物；

河 21.5　窈兮冥兮，其中有精，　　傅 21.5　幽兮冥兮，其中有精；

河 21.6　其精甚真，其中有信。　　傅 21.6　其精甚真，其中有信。

河 21.7　自古及今，其名不去，　　傅 21.7　自今及古，其名不去，
　　　　　以閱眾甫。　　　　　　　　　　　　以閱眾甫。

河 21.8　吾何以知眾甫之然哉？　　傅 21.8　吾奚以知眾甫之然哉？
　　　　　以此。　　　　　　　　　　　　　　以此。

王 21.1　孔德之容，惟道是從。　　帛 21.1　孔德之容，唯道是從。

王 21.2　道之為物，惟恍惟惚。　　帛 21.2　道之物，唯恍唯忽。

王 21.3　惚兮恍兮，其中有象；　　帛 21.3　忽呵恍呵，中象呵。

王 21.4　恍兮惚兮，其中有物。　　帛 21.4　恍呵忽呵，中有物呵。

王 21.5　窈兮冥兮，其中有精；　　帛 21.5　窈呵冥呵，其中有精呵。

王 21.6　其精甚真，其中有信。　　帛 21.6　其精甚真，其中有信。

王 21.7　自古及今，其名不去，　　帛 21.7　自今及古，其名不去，
　　　　　以閱眾甫。　　　　　　　　　　　　以順眾父。

王 21.8　吾何以知眾甫之狀哉？　　帛 21.8　吾何以知眾父之然也？
　　　　　以此。　　　　　　　　　　　　　　以此。

對勘舉要

(1) 竹簡本沒有本章文句，其他各本用字有不同，帛書本與傳世本句式不同，但內容大體一致。相較之下，帛書本似乎沒有傳世本那麼自覺的四字句的模式，其句式比較隨意自然，傳世本則一律改為規則的四字句。帛書本此章後接傳世本第二十四章"炊者不立"。

河上公題為"虛心"，未得其旨。

(2) "孔德之容，惟道是從。道之為物，惟恍惟惚。"

此節是王弼本。前兩句各本一致。"道之為物"一句，惟帛書甲乙本俱作"道之物"。帛書甲乙本皆錯的可能性很小，應該相信帛書本可能是古本舊貌。帛書本其義無別。當是傳世本為統一的四字句格式而加"為"字。

王弼本"惟恍惟惚"一句，河上本作"唯怳唯忽"，傅奕本作"惟芒惟芴"，帛書甲本作"唯望唯忽"，乙本原作"唯望唯忽"，整理者讀"望"為"恍"。"恍"、"忽"二字本來意義較為模糊，用字也就難免不同，就其大意來看還是一致的。

(3) "惚兮恍兮，其中有象；恍兮惚兮，其中有物。窈兮冥兮，其中有精；其精甚真，其中有信。"

此節王弼本，各本分歧主要承接上文"恍"、"忽"二字的用字不同，這裏不贅述。關於句子順序，俞樾認為，"恍兮惚兮，其中有物"二句當在前面，直承上文"惟恍惟惚"中"恍"在"忽"先的順序，且不換韻（俞樾1934，148）。此說雖然有理，但未得帛書本證實。其實，作文者不必如俞樾之考慮。上文"惟恍惟惚"，下文接"惚兮恍兮"正成頂真式修辭，讀來別有味道。就韻律來說，本章的韻式正是兩句一換韻，不換韻反而不當。此外，本章還運用了倒字換韻的手法，即"惚兮恍兮，其中有象；恍兮惚兮，其中有物"。前兩句"恍"、"象"為陽部韻，後面"惚"、"恍"顛倒，則以"惚"、"物"

為物部韻。此手法正同《詩經》："顛之倒之，自公召之（宵部）……
倒之顛之，自公令之（真部）。"

(4) "自古及今，其名不去，以閱眾甫。吾何以知眾甫之狀哉？
以此。"

此為王弼本。此節第一句，河上本、王弼本作"自古及今"，帛
書甲乙本同傅奕本作"自今及古"，馬敍倫根據"古"、"去"、"甫"
為韻，認為應作"自今及古"（馬敍倫 1957，79），帛書本證之。范應
元本亦作"自今及古"，且云"嚴遵、王弼同古本"。可見王弼本原來
也是"自今及古"。

"以閱眾甫"，帛書甲乙本作"以順眾父"，意義似更明確。俞樾
等云："甫與父通，眾甫者眾父也。……眾父者，猶云萬物母，天下
母也。"（俞樾 1934，149），帛書甲乙本為其證。又帛書本"狀"作
"然"，與河上本、傅奕本同。

析評引論

21.1　月神宮殿幾根柱？

《老子》文辭簡約，很多文句意思不是很明確，這就為後人留下
了很大的解釋空間（包括誤解的空間）。一般說來，影響越大的作品，
越容易激發不同的解釋，受到誤解的機會也越多。這裏要稍作討論的
是一種十分獨特的觀點，就是認為老子之道與月亮有關，老子哲學與
月神崇拜文化有關。

此說最早見於《老子的月神宗教》一書（杜而未 1978）。作者是
文化人類學者，對西藏、印度、南亞、南美的神話傳說有相當研究。
他發現在許多民族的文字中，月或月神的發音與"道"相似。"道"
在史前語言原指月亮。"道生一"是說道神，即月神造生一個月亮。
"一生二"言黑暗之月體化生為二，月亮的光明部份出現。"二生三"
的三就是指圓月、上弦月和下弦月。在大洋洲的新愛爾蘭，許多月神

像就是由這樣三個部份構成的。由此出發,作者對老子的很多章節、詞語都作了相應的解釋,如"玄牝"是月之黑暗面,"金玉滿堂"中的"金玉"即月形,"滿堂"即滿月。關於"豫焉若冬涉川"一章,作者認為有古傳說依據。北美的一支印地安人傳說,兔子與狼是兩兄弟。一天,狼渡薄冰之河時淹死了。兔子哭之四天四夜,第五天,狼之魂出現,對兔子說:"我的命運就是我們一切朋友的命運,他們必然會死,但是過四天就會復生。"作者說,兔為上弦月形,狼為下弦月形,下弦的白月面沉入黑暗面,就是狼被淹死了。該部落認為,月亮之晦朔時段為四天,第五天下一輪新月出來,即死者之魂出現。

筆者之所以引用這種觀點,是因為這是一個典型的實例,說明一種外在的思想框架確立後可以如何對《老子》作一個驚人的"系統的"、"融貫的"解釋。這種外在思想可以是世界各地的神話民俗,可以是生殖崇拜之類的信仰,也可以是社會歷史發展的某種模式。

杜書影響甚微,但帛書本出土,有人以為找到了新的根據。本章"道之物,唯恍唯忽"一句,"恍"字帛書乙本原作"朢",《說文》解之曰:"月滿也,與日相望以朝君。"可見道與月有關。又"忽"字,《爾雅·釋詁》云:"忽,盡也。字並作惚。"論者據此云:"此與表達月相之'晦'字意義接近。《說文》:'晦,月盡也。'"查《老子》多數版本並無"晦"字,然敦煌本有作"晦"者。另外,上章"忽呵其若海"一句中的"海"字,《釋名·釋水》云:"海,晦也。主承穢濁。其色黑而晦也。"由此可證老子中有"晦"朔之晦。因此,老子形容道體的"忽朢",其實也就是形容月體變化的晦望(王博 1993,162—164)。

此新說的根據似乎是在《老子》文獻本身,與上引杜說引外來文化為據全然不同。然而,推究起來,仍嫌根據不足。其論證完全是借助個別版本的個別字進行推測。如"朢"字,看作者之論似乎言之成理,然而,此字在帛書乙本中為常用字,並沒有獨特的與道相關的意義或用法。如上章"恍呵其未央哉","恍呵若無所止",其中"恍"本是"朢"。上章顯然是在講聖人的境界及其表現,雖然帛書原作

"朢"，仍與月亮或道無關。"鄰國相望，雞犬之聲相聞"一句中的
"望"也是"朢"，也與道和月亮無關。可見，帛書中的"朢"早已經
與月亮無關。根據不同傳本的幾個字推斷老子之道與月亮有關，可見
支撐月神宮殿的支柱實在太少、太單薄了。

論證老子之道與月神崇拜有聯繫，作為一種智力活動很有趣味
性；作為思想的歷史溯源，僅憑某些版本的孤立的個別字作結論，終
嫌推測多於實證；作為思想理論的開拓和發展，老子之道與月亮是否
有關係，似乎沒有重要意義。

21.2 古本善不善？

帛書本和竹簡本的出土讓我們不得不反思一個校勘學上的不成文
的"公理"：古本一定是最好的、最合理的、最合乎邏輯的。雖然早
有人提到古本未必是善本，但此說往往是拒絕接受古本字句的借口，
並不是對上述"公理"的反思。運用這一說法的人，往往是說已經發
現的帛書本或竹簡本不是善本，而最早的古本必定合乎邏輯、句式整
齊、韻律和諧等等。其潛在的論證前提仍然是最早的古本必定是最好
的版本，必定是符合自己現在推理的。

這裏我們就以古棣關於本章的校勘為例。早在二十世紀五十年
代，古棣就與馮友蘭、任繼愈有一場爭論。爭論在於如何理解"道之
為物"一句。馮、任同傳統的解釋，釋此句為"道這一東西"。其
"為"相當於"中庸之為德也"的"為"（《論語·雍也》），是作為某
物的"為"。古棣力排衆議，認為此句中的"為"是"高叟之為詩也"
的"為"，是製作、創造的意思。所以"道之為物"就是"道的創造
物"（古棣1991A，42—45，下同）。這一爭論的要害是對老子之道的
定性。古棣認為老子之道有創生萬物的功能，是客觀唯心主義的絕對
精神之類，是應該徹底批判的。如果不這樣解釋，道的絕對精神的意
義就弱化了。

這兩種解釋都有古漢語語法的例句支持，因此難以定論。然而帛
書本出土，"道之為物"甲乙本均作"道之物"。古本根本沒有"為"

字，也就談不上創造萬物了，似乎應該為這場爭論劃上句號。然而古
棣仍然斷言"老子的道是形而上的，沒有形狀，當然也沒有顏色，它
是絕對精神，談不上形狀、顏色等等。因此，據帛書校'道之為物'
作'道之物'是不對的，帛書本明明抄漏了'為'字。"這種態度不
相信帛書本是善本，本無可厚非，但是假定帛書甲乙本都抄漏了
"為"字實難令人信服。因為不同的抄手在不同的情況下同時漏抄同
一個字的概率應該是極低的。古棣假定最早的版本一定是最完美的，
或者說是最符合自己之理解和標準的。他在校改第二十章時說："校
正後，文從字順，義理條貫，合轍押韻，似為《老子》原貌。"（同
上，378）顯然，他認為最早的必定是最合理的，而最合理的也應該
是最早的原貌。事實上，古人寫作的態度、標準、方法與今人的邏
輯、習慣不可能處處吻合，因此，這種假設是不成立的。這一點本書
中多有引證（參見析評引論 15.1 及 16.1）。

21.3　道是有還是無？

　　關於老子之道是"有"還是"無"也是一個爭論很多的話題。筆
者以為不能簡單地把老子之道解釋為有或者是無，道實際上有而似
無，兼賅有無。說它有，因為它是萬物的總根源，萬物恃之而生，如
果說萬物是真實之有，道則不可能是沒有之無。當然，嚴格說來，也
可以說道只是一個符號，這個符號不是實有，那麼這個符號所指的對
象則應該是實有。只是在一般約定俗成的情況下，我們沒有必要把這
個符號和它的所指區別開來。說道是無，則因為它不是任何具體的實
有，不是任何可確指可證實的有，這種"有"沒有任何規定性，因此
也可稱為無。

　　《老子》第一章說："無名，萬物之始；有名，萬物之母。"道作
為"萬物之始"，抽象而不可名；把它比喻為"萬物之母"，則形象而
可名，故道有可名與不可名兩方面。既可以言說，又不可以言說，既
有名，又無名，可見道既有"有"的一面，又有"無"的一面。所以
說，道兼賅有無。本章所說"惟恍惟惚"，"惚兮恍兮"，"恍兮惚兮"，

"窈兮冥兮"都是讲道的似无的一面，"其中有象"，"其中有物"，"其中有精"，"其精甚真，其中有信"都是讲道似有的一面。道不是任何具体的存在，没有任何具体存在物的特徵，其形象捉摸不定，所以"似无"，但道作為世界的總根源和總根據又不可能是真的虚無，所以"似有"，它又"自今及古，其名不去，以順衆父"，可見歸根結底還是實有。道不是普通所謂的有，也不是普通所謂的無，它實有而似無。把道明確定義為"無"的是王弼，而不是《老子》。

這裏要注意兩類不同的有與無。一類是現實界的，一類是本根界的。就現實界來說，有無相依、相生、互轉，這就是第二章所說的"故有無相生，難易相成，長短相形，高下相傾"。這顯然是就現實的、具體的、現象的或者概念的角度來說的。從經驗世界和概念關係來說，這裏的有與無同難易、長短、高下都是辯證的關係，可以相生、互轉。這種辯證關係和道本身既是有又是無的辯證關係並不相同。道之有無是本根的一體之兩面，是兩種性質的相反相依，而不同於兩種事物或概念的相互轉化。第四十二章說"天下之物生於有，有生於無"，顯然講的是本根界的有與無。本根之有與無沒有相互轉化的關係。兩類有與無的問題不應混為一談。

第 二 十 二 章

原文對照

河 22.1　曲則全，枉則直，

傅 22.1　曲則全，枉則正；

河 22.2　窪則盈，弊則新，

傅 22.2　窪則盈，敝則新；

河 22.3　少則得，多則惑。

傅 22.3　少則得，多則惑。

河 22.4　是以聖人抱一為天下式。

傅 22.4　聖人裹一以為天下式。

河 22.5　不自見，故明；

傅 22.5　不自見故明，

河 22.6　不自是，故彰；

傅 22.6　不自是故彰，

河 22.7　不自伐，故有功；

傅 22.7　不自伐故有功，

河 22.8　不自矜，故長。

傅 22.8　不自矜故長。

河 22.9　夫唯不爭，故天下莫能與之爭。

傅 22.9　夫惟不爭，故天下莫能與之爭。

河 22.10　古之所謂曲則全者，豈虛言哉？

傅 22.10　古之所謂曲則全者，豈虛言也哉？

河 22.11　誠全而歸之。

傅 22.11　誠全而歸之。

王 22.1　曲則全，枉則直，

帛 22.1　曲則全，枉則正，

王 22.2　窪則盈，敝則新，

帛 22.2　洼則盈，敝則新。

王 22.3　少則得，多則惑。

帛 22.3　少則得，多則惑。

王 22.4　是以聖人抱一，為天下式。

帛 22.4　是以聖人執一，以為天下牧。

王 22.5　不自見故明，

帛 22.5　不自示故章，

王 22.6　不自是故彰，

帛 22.6　不自見也故明，

王 22.7　不自伐故有功，

帛 22.7　不自伐故有功，

王 22.8　不自矜故長。

帛 22.8　弗矜故能長。

王 22.9　夫唯不爭，故天下莫　　帛 22.9　夫唯不爭，故莫能與之爭。
　　　　能與之爭。

王 22.10　古之所謂曲則全者，豈　帛 22.10　古之所謂曲全者幾語
　　　　　虛言哉！　　　　　　　　　　　哉，

王 22.11　誠全而歸之。　　　　帛 22.11　誠全歸之。

對勘舉要

（1）本章是傳世本第二十二章，在帛書甲乙本中都排在相當於第二十四章的内容之後。第二十四章有"自示者不章，自見者不明，自伐者無功，自矜者不長"。本章則有"不自示故章，不自見也故明，不自伐故有功，弗矜故能長"。本章恰是第二十四章的否定式表述，排在其後似乎更為合理。竹簡本無此章内容。河上本題為"益謙"，大體中的。

（2）"曲則全，枉則直，窪則盈，敝則新，少則得，多則惑。是以聖人抱一，為天下式。"

此節河上本、王弼本一致。"枉則直"，傅奕本、帛書本作"枉則正"。朱謙之云："直""正"可互訓（朱謙之1984，92）。"是以聖人抱一，為天下式"，河上本、王弼本同，傅奕本"為"作"以為"。帛書本差別較大，"抱一"作"執一"，"天下式"作"天下牧"。高明認為"執一"不同於"抱一"，"牧"為"治"，義勝於"式"。"是以聖人執一，以為天下牧"猶言聖人執一而為天下治（高明1996，340—341）。

'（3）"不自見，故明；不自是，故彰；不自伐，故有功；不自矜，故長。"

此節河上、王弼、傅奕諸本相同。帛書本句式及語次不同，"不自示故章"在"不自見也故明"之前，其順序和帛書本第二十四章"自示者不章，自見者不明"一致。河上、王弼、傅奕諸本句子順序也各自與第二十四章一致。"明"、"彰"皆是陽部韻，句子順序調換對韻腳沒有影響。"自是"帛書本原作"視"，整理者讀作"示"，高明讀作"是"。"不自視"或"不自示"與"不自見"意同，當以作"不自是"為上。又"不自矜，故長"，帛書本作"弗矜故能長"，顯然，"弗"與以上各句之"不"不一致，故為後人改之。然而，作

"弗"有"不……之"的含意，"矜"後應有賓語"之"，指代"矜"之對象，其用法不同於"不"。以後諸本均比帛書本更講究句式整齊。這樣作可以增強語言的形式美，但也可能造成句式死板、單調的結果，甚至以詞害意。

（4）"夫惟不爭，故天下莫能與之爭。古之所謂曲則全者，豈虛言哉。誠全而歸之。"

此節河上、王弼、傅奕三本大體相同。前兩句，帛書甲乙本皆無"天下"二字。作"夫唯不爭，故莫能與之爭"，句義平實。"天下"二字當為後來編者為突出句義的普遍性而加，但並非必要。

"古之所謂曲則全者"，王弼本、河上本、傅奕本同。帛書本"曲則全"作"曲全"。帛書本是以省略方式引用"曲則全"一句，以後諸本則補齊之，實無必要。這種試圖加強原文前後一致的情況在後來諸本中常常出現，是後人編輯加工的一個不成文的共同原則。《莊子·天下》述老子語正作"人皆求福，己獨曲全"。

"豈虛言哉"一句，帛書乙本作"幾語哉"（甲本殘），高明曰"豈"字與"幾"字乃雙聲疊韻，可互為假用。"豈語哉"猶言"豈止一句話"。故"虛"字有無不傷本義（高明 1996，343），其說可從。然通行本意思更明確，語氣也有所不同。"豈虛言哉"，傅奕本作"豈虛言也哉"。

校勘者有一個原則，即盡可能不改變原文。按此原則校讀帛書本，筆者疑"幾"可讀為本字，作"微妙"解。《說文》："幾，微也。"段註引〈繫辭傳〉曰："幾者，動之微。吉凶之先見也。又曰：顏氏之子，其殆庶幾乎。虞曰：幾，神妙也。"可見"幾"有微妙或神妙之意。則帛書本之意不必從通行本，其意或云：古人"曲則全"之說真是微妙之言哪，（遵照其說）確實可以實現"全"的結果。此處"全"即"曲則全"之"全"，似呼應開篇第一句。以後諸本加"而"字，作"誠全而歸之"，則"全"變成了"歸"的附加修飾成份，句義不如帛書本。

析評引論

22.1　後人"改善"古本的努力

在老子版本演變中大量的歧異現象中，我們可以發現後人對古本的修改往往貫穿著一種改善原本的願望和努力。這可以解釋很多版本的字句之不同。以本章為例，我們可以看到從帛書本到以後諸本的改變明顯是遵循著句式盡可能整齊的原則。我們以下面帛書本與傳世本的一段對照為例：

帛書本	傳世本
不自示故章，	不自見故明，
不自見也故明，	不自是故彰，
不自伐故有功，	不自伐故有功，
弗矜故能長。	不自矜故長。

顯然，帛書本不大講究句式的整齊。如第一句中不用"也"，第二句卻用。第二句和第三句同為六字句，但句式並不一致。第四句同第一句同為五字句，句式也完全不同。傳世本則明顯地把第四句"弗矜"改為"不自矜"，造成整齊的以"不自×"開頭的段落。第二句去掉句中的"也"，造成明顯的"不自×故×"的整齊句式。例外只有第三句。對於第三句，要保留"不自×"開頭的排比句式，就只好保留六字句作特例。如果硬要整齊的五字句，則要刪去"自"變成"不伐故有功"。後來的編者顯然很喜歡四句一律以"不自×"開頭，所以容忍了一個六字句作例外。在本章對勘舉要（3）中我們已經說明，以"不自矜"代"弗矜"，對語法和句義有微妙影響。

此外，我們還可以看到一些試圖"改善"原文的做法。如帛書本末句"古之所謂曲全者"，顯然是簡要地引用開篇的"曲則全"，《莊子》所引老子原文即"曲全"［見本章對勘舉要（4）］。後來的編者則改為"曲則全"，以求完整和一律。又比如，帛書本"夫唯不爭，故莫能與之爭"一句，後來諸本皆加"天下"二字以加強句子的份量。

從全書的大量例句來看，後來的編者多數是忽略原意的準確性，追求形式的整齊、一致，甚至一律。或者說，後來的編者似乎沒有體會出原文的微妙意義而僅從形式一律的角度對原文作了增刪。對後來的編者來說，形式的整齊似乎比內容的微妙更重要。更準確地說，後來的編者往往忽視了原作者的微妙的表達。相對而言，原作者是思想家，更注重思想的表達，語言形式的整齊則非首要考慮。後來的編者多是文獻學者，有書匠氣，較注重表面上的語言形式的整齊，對思想和語言意義的細微差別缺乏理解，或不夠重視。不過，後人"改善"的意圖大多是在原有文本的基礎上修補增刪，並不是以外在的標準，如《詩經》或《楚辭》的標準，或當時的政治標準去大幅度改變原文的內容。

這種"改善"的點滴努力是功是過？功多過多？這需要具體分析，而且也會有見仁見智的不同看法。就筆者個人來看，後人的改善往往是有理可循的，但並不是十分必要的。因此，這些"改善"的努力可謂雖無大功，亦無大害。然而，也有例外［詳見第二十三章對勘舉要（3）］。

現在我們對古本作校勘，不可能不參照傳世本，但愚見以為，我們還是應該盡可能按照竹簡本和帛書本的原貌去理解原文，除非十分必要，盡可能避免按照傳世本去修改帛書本和竹簡本。

第 二 十 三 章

原文對照

河 23.1 希言自然。

河 23.2 飄風不終朝,

河 23.3 驟雨不終日。

河 23.4 孰為此者? 天地。

河 23.5 天地尚不能久,

河 23.6 而況於人乎?

河 23.7 故從事於道者,

河 23.8 道者同於道,

河 23.9 德者同於德,

河 23.10 失者同於失。

河 23.11 同於道者,道亦樂得之;

河 23.12 同於德者,德亦樂得之;

河 23.13 同於失者,失亦樂失之。

河 23.14 信不足焉,有不信焉。

傅 23.1 稀言自然。

傅 23.2 故飄風不崇朝,

傅 23.3 驟雨不崇日。

傅 23.4 孰為此者? 天地也。

傅 23.5 天地尚不能久,

傅 23.6 而況於人乎?

傅 23.7 故從事於道者,

傅 23.8 道者同於道,

傅 23.9 從事於得者,

傅 23.10 得者同於得,

傅 23.11 從事於失者,

傅 23.12 失者同於失,

傅 23.13 於道者,道亦得之;

傅 23.14 於得者,得亦得之;

傅 23.15 於失者,失亦得之。

傅 23.16 信不足,焉有不信。

王 23.1 希言自然。

王 23.2 故飄風不終朝,

王 23.3 驟雨不終日。

王 23.4 孰為此者? 天地。

王 23.5 天地尚不能久,

王 23.6 而況於人乎?

帛 23.1 希言自然。

帛 23.2 飄風不終朝,

帛 23.3 暴雨不終日。

帛 23.4 孰為此? 天地,

帛 23.5 而弗能久,

帛 23.6 又況於人乎?

王 23.7　故從事於道者，　　　　帛 23.7　故從事而道者同於道，

王 23.8　道者同於道，　　　　　帛 23.8　得者同於得，

王 23.9　德者同於德，　　　　　帛 23.9　失者同於失。

王 23.10　失者同於失。　　　　帛 23.10　同於得者，道亦得之；

王 23.11　同於道者，道亦樂得之；　帛 23.11　同於失者，道亦失之。

王 23.12　同於德者，德亦樂得之；

王 23.13　同於失者，失亦樂得之。

王 23.14　信不足，焉有不信焉。

對勘舉要

（1）本章內容在帛書甲乙本中皆排在第二十二章之後，第二十五章之前。本章沒有竹簡本可參照。各本文句歧異特別嚴重。帛書文句簡明通順，可正傳世本之衍誤。本章河上本題為“虛無”，似欠確切。

（2）“希言自然。故飄風不終朝，驟雨不終日。孰為此者？天地。天地尚不能久，而況於人乎？”

　　此節為王弼本，各本歧異不大。“希言自然”一句，僅傅奕本“希”作“稀”。“希言自然”一句，姚鼐移為上章末句，高亨從之。奚侗云：“希言”順乎自然，與第五章“多言數窮”相反。然以文例求之，必有偶語，上下或有脫簡（奚侗1925，上19A）。據帛書本，此為古本原貌，說明古本並不像後人所想像、所希望那樣注意語言的整齊對仗。

　　“故飄風不終朝，驟雨不終日”，河上本、帛書甲乙本句前無“故”字。根據文義，不當有“故”字。因為“飄風不終朝”不是“希言自然”的結果。用“故”字反而費解。這兩句的關係較難理解，因此有人主張“希言自然”獨立一章（尹振環1998，344）。愚意以為一句話不必獨立一章，或許可以獨立理解，而不必連下文串講。如果聯繫下文來讀，其大意或許是：少說話（少干預）才符合自然的原則，正如天地尚且不能令狂風暴雨持久不衰，何況人呢？（人怎麼能通過喋喋不休而勉強貫徹如狂風暴雨般的干預行動呢？）“驟雨”，帛書本作“暴雨”。“終”傅奕本作“崇”。

　　“孰為此者？天地。天地尚不能久，而況於人乎”一節，河上本、王弼本同，傅奕本僅多一虛詞“也”。帛書乙本“天地”二字不重，似為誤脫重字符。帛書甲本此句殘，但根據空白可容納的字數，或許有“天地”二字。“尚不能久”，帛書本作“而弗能久”，句義稍有不同。劉殿爵云：今本《老子》無“弗”字，所有“弗”字都改為

"不"字。"弗"與"不"在古漢語用法上是有區別的。"不"字不包含代名詞賓語在內，但用"弗"字時，第三人稱代名詞賓語就必定省略不用，把"弗"字全部改成"不"字，句法便模糊了。帛書乙本"不能久"作"弗能久"（甲本殘）。照今本，"不能久"是指天地自身不能持久不變；而"弗能久"卻是指天地不能使飄風持久終朝，暴雨持久終日，就是承上"孰為此者天地"而言，較今本於義為長（劉殿爵 1982，15）。

(3) "故從事而道者同於道，得者同於得，失者同於失。同於得者，道亦得之；同於失者，道亦失之。"

此節文字為帛書本文句。句義十分清楚。而王弼本、河上本和傅奕本則分別衍出贅句，繁賾難解。對於河上本、王弼本來說，關鍵在於"德"的讀法。"得"字，帛書本原作"德"，根據上下文義，此"德"與"失"相對，顯然應該讀作"得"，全段皆討論得失問題，與道德之德無關。然而後來王弼、河上二本的編者不知就裏，讀"德"為本字，又根據"德者同於德"一句將原文"同於道"（帛 23.7）三字衍生成"道者同於道"（河、王 23.8），下面又衍出"同於道者，道亦樂得之"（河、王 23.11）以與"同於德者，德亦樂得之"（河、王 23.12）相匹配。結果河上、王弼二本既是"道"與"德"的整齊對仗，又附屬著關於"失"的原句，則全文意義殊不可解。其"樂"字亦是不必要的衍文（劉笑敢 2004，180—181）。

關於傳世本"故從事於道者，道者同於道"二句，俞樾據《淮南子》和王弼註文說："下'道者'二字，衍文也。本作'從事於道者，同於道'。"王弼註云："從事於道者，以無為為君……而物得其真，於道同體，故曰'同於道'。是王氏所據本，正作'從事於道者，同於道。'然以河上公註觀之，則二字之衍久矣。"（俞樾 1934，148）帛書本證其辭，堪成校勘史之佳話。然此非呈才氣之結果，而是發現了確實的證據。今人校勘應尋求實證。實證少，推測多，則難免失誤多。

有意思的是傅奕本的編者雖然正確地將"德"讀為"得"，卻又根據"從事於道者"（傅 23.7）一句衍生出"從事於得者"（傅 23.9）和"從事於失者"（傅 23.11）兩句。又把下面"同於得者"、"同於失者"中的"同"字刪去，成為"於得者"（傅 23.14），"於失者"（傅 23.15），並在兩句前面插入"於道者"一句（23.13），變成了最呆板、繁瑣的一個版本（關於此節的分析，可參見導論一）。

筆者曾說後人"改善"古本的努力既無大功，亦無大過。此章或許是例外，是大過，把原文改得無所適從。然推究起來，其追求語言整齊、排比、對仗的意圖仍然非常明顯，其主觀動機並非"歪曲"，而是"改善"。但改善者不自量力，畫犬類貓。今人當戒之。

此章的一個思想值得注意，即道似有得失，並非絕對不變，並非大慈大悲的菩薩，一味許諾降福。"故從事而道者同於道，得者同於得，失者同於失。"此處之得失，當為進退、張弛之類的運動，不一定是利益的得失。聖人從道、順道似因為道本不當違，不能違。這是從根本或終極的角度來說，從道、順道必定福多禍少，利多弊少；但是從具體過程來說，道不能保證事物沒有相反的運動，不能保證時時處處盡遂人意。這會令尋求絕對保障的人失望，卻絕無虛誇不實之詞，是相當客觀、冷靜、誠懇、可靠的態度。

（4）"信不足焉，有不信焉。"

通行本及傅奕本有此二句，帛書本無此句。奚侗云"二句與上文不相應，已見第十七章，此重出。"（奚侗 1925，上 19B），馬敘倫贊其說（馬敘倫 1957，84），帛書本證之。

析評引論

23.1　"自然"乃"大自然"乎？

《老子》中的"自然"是自然而然之意似乎是學術界的共識或常識，本來不必在此討論。但近年出版的專書中還有人鄭重其事地說老子之自然就是大自然，將本章"希言自然"一句譯為"少說關於大自然方面的話"，並云："自然是甚麼？它就是今本《老子》第二十五章法地、法天、法自然之'自然'。它就是大自然——日月星辰、風雨雷電、日蝕月蝕、山崩地裂、萬物的生生滅滅等自然界的種種現象。"（尹振環 1998，344，342）這實在是違背古漢語的常識。如果自然是大自然，法自然就是效法大自然，那麼其内容與法地、法天就沒有區別，變成了同義反復。老子又說"夫莫之命而常自然"。如果自然是大自然，就是名詞，那麼"常自然"就成了副詞修飾名詞，就如"常天空"、"快月亮"、"很山脈"一樣句法不通。這樣明確將《老子》之自然解釋成大自然，令筆者錯愕不已，不得不在此略綴數語。

就現有的經典來看，"自然"一詞最早出現於《老子》。《詩經》、《左傳》、《論語》這些較早期的經典中都沒有"自然"的說法。（《孟子》中無"自然"一詞，《墨子》中一次，《管子》中一次，《荀子》中兩次，《莊子》中約六次，《呂氏春秋》中五次，《韓非子》中八次，《春秋繁露》中十三次。）"自然"一詞的字面意義或基本意義是"自己如此"，最初是一個副詞"自"加形容詞"然"所構成的謂語結構（或謂自然之然是副詞詞尾，此說不確，因為抹殺了"然"字之實義。或謂"自"是名詞，"然"是形容詞，"自然"内部構成主謂關係，但在句中可作謂語成分，此說似可接受，但較迂曲。本文取戴璉璋教授說），但作為哲學概念已經可以作為名詞使用。

值得注意的是，"自然"在作名詞使用時，其意義也還是自然而然的意思。在現代漢語中，"自然"作名詞常指自然界或大自然，在古代漢語中，尤其是在先秦的典籍中，"自然"作名詞時，其意義也還是自然而然的意思，沒有大自然的意思。在古代，相當於自然界的詞是"天"、"天地"或"萬物"。以"自然"指代自然界是很晚的事。究竟起於何時？張岱年師認為始於阮籍《達莊論》"天地生於自然"（張岱年 1989，81）；然戴璉璋認為阮籍"並非說自然是一至大的集合體"（戴璉璋 1993，310）。按戴氏說，"自然"作為自然界更晚。筆者傾向於戴氏之說。"自然"一詞何時開始明確指代大自然，還有待進一步的考察。但顯而易見的是，"自然"在先秦還沒有大自然的意思。

雖然，自然界的存在可以較好地代表自然而然的狀態，但這種自然的
狀態並不能等同於自然界。自然界是實際存在，是和人類社會相對
應、對照或對立的。自然則是事物存在的一種狀態，當我們談到自然
時，可以指自然界的情況，但在更多的情況下，特別是在老子哲學
中，自然顯然是指與人類和人類社會有關的狀態。道家講自然，其關
心的焦點並不是大自然，而是人類社會的生存狀態。所以我們可以
說，《老子》所講之自然是人文之自然，而不是自然界之自然。二者
在某些情況下雖然可以相通，但內涵、意義絕對不同。比如，地震、
火山爆發，都是自然界之自然，但絕對不是老子所說的"道法自然"
之自然，不是"莫之命而常自然"之自然，不是"輔萬物之自然"中
的自然。這一點是淺顯明白的，但人們常常在無意中忽略或混淆。至
於明明白白地將老子之自然講成自然界，實在是不能成立的。

23.2　哲學概念的標準

"自然"在《老子》中是否已經具備了哲學概念的地位？我們知
道，西方哲學一開始就是以概念、命題、推理的形式出現的。哲學家
往往可以明確地提出一些哲學概念，然後展開論證。中國古代哲學則
不然。中國古代哲學家往往是通過類比、舉例，甚至寓言、格言的形
式來表達他們的哲學思想。他們所用的語言不一定是概念化、理論化
的，因此他們所常用的語詞不一定就是哲學概念。如莊子所講的"逍
遙"雖然表達了莊子重要的哲學觀點和哲學追求，但沒有人把"逍
遙"當作莊子的哲學概念來進行研究。為甚麼"天"、"天理"都可以
算是哲學概念，而"逍遙"、"遊"、"惡乎待"、"不爭"、"小國"等語
詞就不能算呢？這裏有一定的道理，只是學術界對此還缺少清楚的
說明。

究竟甚麼樣的語詞可以看作是哲學概念，甚麼樣的語詞不可以
呢？筆者曾經提出這樣幾個標準。第一，具有普遍意義。如"我感覺
不自由"，在這句話裏的"自由"沒有普遍性的含義，因此不具備哲
學概念的意義，而"自由是人的先天權利"一句中的"自由"則顯然

是一個哲學概念。第二，具有固定的語言形式。如"自由"就是不能隨意拆開或顛倒的一個詞，如果"自"和"由"拆開或顛倒一下，"自由"的本意就不存在了。第三，具有名詞的屬性。如"我感覺不自由"，在這句話裏的"自由"是形容詞，不是哲學概念，而"自由是人的先天權利"一句中的"自由"則是名詞。第四，被用作判斷的主詞和賓詞。

前面三個條件是必要的，但具備前三個條件的詞語只具備了成為哲學概念的可能性，還不等於已經被作為哲學概念來使用的現實性。作為哲學概念來使用的語詞往往要用來對其他事物進行判斷，所以必然會成為判斷的賓詞。同時，哲學家也有可能直接對這個哲學概念進行解釋或定義，所以這一概念也很容易成為判斷的主詞。一個概念是否用來作為判斷的賓詞或主詞，這是該概念是否已經作為哲學概念來使用的重要標準。這些標準可能還不夠完善或周密，但學術界對哲學概念的標準問題還沒有專門的討論，我們只能暫時依上述四個標準來考察老子的自然是否具備了哲學概念的意義（劉笑敢 1988，138）。

23.3 作為哲學概念的"自然"

根據上節所提到的哲學概念的四條標準，我們可以考察一下老子之自然是否具有哲學概念的基本特點。《老子》中用到"自然"一詞共五次，這就是：

夫莫之命而常自然。（第五十一章）
以輔萬物之自然而不敢為。（第六十四章）
人法地，地法天，天法道，道法自然。（第二十五章）
功成事遂，百姓皆謂我自然。（第十七章）
希言自然。（第二十三章）

根據上文的討論，上述五個例句討論的都是相當廣泛的問題，不是具體的描述，而且"自然"都是作為固定的詞匯形式來使用的，所以《老子》中"自然"一詞符合第一、第二兩個標準已經很清楚了，我們所要討論的只是第三和第四兩個標準，即考察《老子》中的"自然"一詞是否已經作為名詞使用並作為判斷的賓詞或主詞使用了。

在"夫莫之命而常自然"一句中，"自然"之前有副詞"常"作修飾詞，顯然不是名詞，更不可能是判斷的主詞或賓詞。

在"輔萬物之自然而不敢為"一句中，"自然"是動詞"輔"的賓語，是"萬物之"的中心詞，顯然是名詞，但不是判斷的主詞或賓詞。

在"人法地，地法天，天法道，道法自然"一段中，按照上文所討論的一般的解釋，"自然"是"法"的賓語，顯然是名詞，但不是判斷的主詞或賓詞。

在"功成事遂，百姓皆謂我自然"一句中，按照傳統的解釋（百姓都說"我們自己如此"），"自然"是"我"的謂語，不是名詞，也不是判斷的賓詞。然而，按照筆者的理解，此句應解為"百姓都認為我（聖人）是自然的"，那麼自然就不僅是名詞，而且是對"我"進行判斷的賓詞（參見析評引論 17.1）。

在"希言自然"一句中"自然"是對"希言"的一種判斷，因此是名詞性結構，是判斷的賓詞。

綜上所述，"自然"在《老子》中共出現五次，其中四次可能是作為名詞使用的，其中兩次可能是作為判斷的賓詞使用的，因此我們可以說，老子已經把自然當作哲學概念來使用了。《老子》中的"自然"不僅是一般的副詞或形容詞，而且具有了哲學概念的意義。自然作為哲學概念是老子的首創，和老子以道為宇宙的起源和根源具有同等的重要性。作為哲學概念的自然不同於物理學、生物學的自然，這一點顯而易見，但是常常容易忽略並引起混淆。

23.4　"自然"：動因的內在性

在第十七章的析評引論中，我們簡要討論了自然的一個基本意義，即主體或個體與外界的關係問題。自然的一個必要條件就是動因的內在性。然而，任何事物、群體都不可能是孤立存在的，必定要受到或多或少的外在因素、外來力量的影響，那麼，在外力無可避免的情況下，甚麼樣的狀況才可以稱為自然的呢？顯然，一個事物所受到的外在因素的影響越少、其作用越緩和、越間接，該事物存在的狀況越可以稱為自然的，或者說，該事物的自然的程度越高；相反，如果這個事物受到的外在因素的影響很大、很直接、很強烈，則該事物的存在狀態就是不自然的。對於這一點，我們可以稱之為外在作用的間接性或輔助性。

發展動因的內在性和外在作用的間接性都是就共時性來說的，是"自己如此"所應當包含的內容，還沒有考慮到自然的概念在歷時性方面的意義。如果考慮到任何事物都不可能一成不變，那麼所謂自然的事物也不可能沒有發展變化，那麼，甚麼樣的發展變化才可以稱為自然的，甚麼樣的則不可以稱為自然的呢？老子說過"道之尊，德之貴，夫莫之命而常自然"。這裏的"常"字用得十分貼切，非由外力所決定的事物本來的狀態就是常態，是穩定的狀態。也就是說，自然的狀態就是大體恒常的穩定的狀態。從當下的情況來看，自然的狀態也就是"通常如此"的狀態，而由現在的"通常如此"向回追溯，從該事物的最初狀態來看，應該是沒有根本性變化的，因此可稱為"本來如此"。由現在的狀態向未來推測，自然的狀態應該是很少突變的可能的，如果一個事物充滿意外變化的可能性，那就很難稱為自然的，因此，我們可以推論出，自然的事物在未來的趨向是"勢當如此"。這樣的過程也可以表現為發展軌跡的平穩性，既沒有突然的中斷，也沒有突然的急劇的方向性改變。這一點對於動因的內在性和外力的輔助性是一個限定和補充。如果一個事物的突變不是在外力干預下發生的，但引起了事物發展軌跡的突然中斷或急劇的方向性改變，也不能看作是自然的。

發展軌跡的平穩性是一種長程的外部描述。這種描述會引起一種誤解，以為自然的原則反對任何質變，反對根本性的進步和發展。為了防止這種誤解，我們還要從內部的質變的角度對自然的原則作一補充說明。自然的狀態在自身的演變中也會發生質的變化，不過這種變化是漸進的，逐步的，在一定範圍內是可以預測的。因此，我們在講到發展軌跡的平穩性時，並不排除事物質變的可能性。一個農業國家發展為工業國家，可以說是發生了某種質變，但只要這個過程沒有引起激烈的衝突，或者說這種變化不是在尖銳化的衝突中完成的，我們就仍然傾向於把它看作是自然的或比較自然的。因此我們應該在強調"通常如此"或發展軌跡的平穩性時，需要為事物的質變留下空間，只要事物的由演化而引起的質變沒有造成或伴隨劇烈的衝突，這個事物的狀態就仍然可以看作是自然的。強調質變的漸進特點，是對發展軌跡的平穩性的一種內在描述，同時也是對事物"自己如此"或動因的內在性的限定和補充。如果一個事物的突變主要不是外力干預所引起的，卻是內部激烈衝突鬥爭的結果，那麼這種變化也是不能稱為自然的。因此，我們需要強調質變過程中的漸進性。這種質變的漸進性有兩方面的意義。一方面是承認自然的發展也會引起質變，另一方面是強調不僅外力引起的劇變是不自然的，內部衝突而引起的突變也是不自然的。簡言之，作為哲學概念的"自然"不是籠統地否定質的變化，而是反對突發的質變、引起內部或外部劇烈衝突的質變（參見析評引論 25.3）。

第 二 十 四 章

原文對照

河 24.1　跂者不立，跨者不行，　　傅 24.1　企者不立，跨者不行，

河 24.2　自見者不明，　　　　　　傅 24.2　自見者不明，

河 24.3　自是者不彰，　　　　　　傅 24.3　自是者不彰，

河 24.4　自伐者無功，　　　　　　傅 24.4　自伐者無功，

河 24.5　自矜者不長。　　　　　　傅 24.5　自矜者不長。

河 24.6　其於道也，曰餘食贅行。　傅 24.6　其在道也，曰餘食贅行。

河 24.7　物或惡之，故有道者不　　傅 24.7　物或惡之，故有道者不
　　　　　處也。　　　　　　　　　　　　　　處也。

王 24.1　企者不立，跨者不行，　　帛 24.1　炊者不立。

王 24.2　自見者不明，　　　　　　帛 24.2　自示者不章，

王 24.3　自是者不彰，　　　　　　帛 24.3　自見者不明，

王 24.4　自伐者無功，　　　　　　帛 24.4　自伐者无功，

王 24.5　自矜者不長。　　　　　　帛 24.5　自矜者不長。

王 24.6　其在道也，曰餘食贅行。　帛 24.6　其在道也，曰餘食、贅
　　　　　　　　　　　　　　　　　　　　　行。

王 24.7　物或惡之，故有道者不　　帛 24.7　物或惡之，故有欲者弗
　　　　　處。　　　　　　　　　　　　　　居。

對勘舉要

(1) 本章各本差別不大。惟帛書本此章接第二十一章"吾何以知衆父之然也？以此"之後，第二十二章"曲則全"之前。河上本題為"苦恩"，似講自我克制的益處，但用詞不切。

(2) "企者不立，跨者不行。"

王弼本、傳奕本同此，河上本"企"作"跂"。帛書本僅"炊者不立"一句。整理者疑"炊"讀為"吹"，為導引術一動作，又按文例當有"跨者不行"一句（國家文獻 1980，14，註 34）。高明以為其說"言無實據，亦不足信"。認為"炊"、"企"二字古音通假，可從今本作"企者不立"。又認為老子此句本是單句，不必成偶，此章"炊者不立。自示者不章，自見者不明"正與第二十三章"希言自然。飄風不終朝，暴雨不終日"句式一律，不必另有一句（高明 1996，335）。

(3) "自見者不明，自是者不彰，自伐者無功，自矜者不長。"

傳世本相同，帛書本"自見"與"自是"兩句順序顛倒，且"自是"作"自示"，例同第二十二章"不自是故章，不自見也故明"。

(4) "其在道也，曰餘食贅行。物或惡之，故有道者不處。"

本節及最後兩句"物或惡之，故有道者不處"，傳世本只有虛詞的差別，帛書本的差別較大，甲乙本均作"有欲者弗居"。最關鍵的區別在於"有道者"和"有欲者"的不同，一字之差，意思大不相同。帛書本整理者說："居，儲蓄。此言惡物為人所棄，雖有貪欲之人亦不貯積。"（國家文獻 1980，15，註 36）許抗生認為"有欲者弗居"與老子無為思想不合，並改"欲"為"道"（許抗生 1985，110）。高明認為"欲"當假為"裕"，《方言》卷三，《廣雅》卷四均有"裕，道也"。則帛書"故有裕者弗居"猶今本所言"故有道者不處"也（高明 1996，338，389）。

查帛書本此章及第三十一章均以"有欲者弗居"對應傳世本"有道者不處",第一章又有"常有欲也"的說法,說明老子並不絕對排斥有欲,因此不能輕易地把帛書本的"有欲"視作偶然的錯誤。遺憾的是,與帛書本"有欲"之說相關的這幾章都沒有竹簡本的對應文句,無以對照。

析評引論

24.1 "有道"還是"有欲"?

帛書本第一、二十四、三十一章都出現了"有欲"的說法。後兩章中都有"有欲者弗居"的句子。"有欲"在傳世本中都改成了"有道",似乎更符合《老子》全文的思想,進一步突出了《老子》的中心概念。是思想聚焦的一種體現。然而,我們很難說帛書本中的"有欲"都是錯抄的結果。

"有道"和"有欲"的區別之大是顯而易見的。劉殿爵說:"有欲者"與"有道者"截然不同,所以不居的原因也不一樣。"有欲者"的"欲"即梁惠王所謂"將以求吾所大欲也"的"欲",也就是"辟土地,朝秦楚,莅中國而撫四夷",用現代語言說,就是有統治天下的野心;所以不居物之所惡是因為這樣做會妨礙實現統治天下的目的。今本所提出的是站在"道"與"不道"的區別上,而帛書本所提出的卻是站在能否達成大欲的利害原則上。從這或可窺見《老子》從早期的現實思想逐漸衍變為抽象哲理的痕跡(劉殿爵1982,37)。

劉說肯定帛書本不是誤抄,並提出一種解釋,有啟發性。但細節還可以再推敲。"有欲"之"欲"是"大欲",這是可以接受的,但引《孟子》解釋《老子》之大欲為"統治天下的目的",則嫌不確。我們不能說《老子》中沒有治理天下的思想,比如《老子》多次講到"以無事取天下",但是也不能說《老子》的目的就是統治天下,因為《老子》又安於"小國寡民"的生活。何為《老子》之大欲?《老子》

並未明言。然據“道法自然”一語，《老子》之最高追求顯然不是統治天下，而是天下之自然和諧、安定。如果可以自然而然地取得天下，治理天下，《老子》並不反對；但是如果要處心積慮、窮兵黷武地追求統治天下，《老子》絕不贊成。這樣理解才符合《老子》全文的各個層面，不至於顧此而失彼。

劉說傳世本改“有欲”為“有道”則可見“從早期現實思想逐漸衍變為抽象哲理的痕跡”也不夠準確。其實，早期《老子》中本來就有抽象哲理的闡述，而且不僅僅是“痕跡”，如竹簡本中已經有很多關於道、天道、自然、無為的論述，這些傳世本的中心概念在竹簡本中也是中心概念，二者之間並沒有根本不同。傳世本將“欲”等普通字換成“道”，使“道”字的使用從帛書本的七十一次增加到王弼本的七十六次。這是量的增加和強化，並不意味著內容的演化和轉變。我們不應該輕易地誇大竹簡本、帛書本與以後諸本的不同。簡言之，從古本到今本的演化主要是“量”的增加，而不是“質”的轉化。

第 二 十 五 章

原文對照

河 25.1　有物混成，先天地生。

傅 25.1　有物混成，先天地生。

河 25.2　寂兮寥兮，獨立而不改，

傅 25.2　寂兮寞兮，獨立而不改，

河 25.3　周行而不殆，

傅 25.3　周行而不殆，

河 25.4　可以為天下母，

傅 25.4　可以為天下母。

河 25.5　吾不知其名，字之曰道。

傅 25.5　吾不知其名，故彊字之曰道。

河 25.6　強為之名曰大。

傅 25.6　彊為之名曰大。

河 25.7　大曰逝，逝曰遠，遠曰反，

傅 25.7　大曰逝，逝曰遠，遠曰返。

河 25.8　故道大，天大，地大，王亦大。

傅 25.8　道大，天大，地大，人亦大。

河 25.9　域中有四大，

傅 25.9　域中有四大，

河 25.10　而王居其一焉。

傅 25.10　而王處其一尊。

河 25.11　人法地，地法天，

傅 25.11　人法地，地法天，

河 25.12　天法道，道法自然。

傅 25.12　天法道，道法自然。

王 25.1　有物混成，先天地生，

帛 25.1　有物昆成，先天地生。

王 25.2　寂兮寥兮，獨立不改，

帛 25.2　寂呵寥呵，獨立而不改，

王 25.3　周行而不殆，

帛 25.3　可以為天地母。

王 25.4　可以為天下母。

帛 25.4　吾未知其名也，字之曰道。

王 25.5　吾不知其名，字之曰道，

帛 25.5　吾強為之名曰大。

王 25.6　強為之名曰大。

帛 25.6　大曰逝，逝曰遠，遠曰反。

王 25.7　大曰逝，逝曰遠，遠　　帛 25.7　道大，天大，地大，
　　　　　曰反。　　　　　　　　　　　　　　王亦大。

王 25.8　故道大，天大，地大，　帛 25.8　國中有四大，
　　　　　王亦大。

王 25.9　域中有四大，　　　　　帛 25.9　而王居一焉。

王 25.10　而王居其一焉。　　　　帛 25.10　人法地，地法天，

王 25.11　人法地，地法天，　　　帛 25.11　天法道，道法自然。

王 25.12　天法道，道法自然。

竹 25.1　有〔狀〕蚰成，先天地生，

竹 25.2　敚穆，獨立不改，

竹 25.3　可以為天下母。

竹 25.4　未知其名，字之曰道，

竹 25.5　吾強為之名曰大。

竹 25.6　大曰潛，潛曰遠，遠曰返。

竹 25.7　天大，地大，道大，王亦大。

竹 25.8　〔國〕中有四大安，

竹 25.9　王居一安。

竹 25.10　人法地，地法天，

竹 25.11　天法道，道法自然。

對勘舉要

(1) 帛書本此章接第二十三章"道亦失之"後。竹簡本本章內容在甲本第二組開頭部份，後有分章符號，分章情況與傳世本相當一致。此章在竹簡本出現，說明竹簡本的抄者並非不重視所謂形而上學的問題。河上本題為"象元"，符合本章討論道與天地之母的主旨。

(2) "有物混成，先天地生。寂兮寥兮，獨立不改，周行而不殆，可以為天下母。"

　　"有物混成，先天地生"一行，傳世本大體相同，帛書甲乙本"混"作"昆"，當為假借字。"有物混成"，惟竹簡本作"又牆蟲成"。整理者疑"牆"讀作"道"，認為"蟲"當讀作"蚰"，乃"昆蟲"之"昆"的本字，可讀為"混"（荊門市博物館 1998，116，註 51）。魏啟鵬同意整理者之說，讀"牆"為"道"（魏啟鵬1999，20）。裘錫圭說，如果此字讀為"道"，下文講"字之曰道"就不通了。可見不能讀作道。裘認為"牆"可讀為"狀"，即第十四章"無狀之狀"的"狀"，並云此字作"狀"比作"物"合理（裘錫圭 2000A，187—188）。李零從裘說，亦讀為"狀"（李零2002，6）。"狀"比"物"更有原初、原始的意味，"有狀混成"比以後諸本的"有物混成"更能體現"道"似有非有、似無非無、亦有亦無的特點。本書從之。

　　王弼本"寂兮寥兮，獨立不改，周行而不殆，可以為天下母"與河上本、傅奕本只有個別用字的不同。"寂兮寥兮"，竹簡本作"敓穆"，魏啟鵬讀為"悅穆"，謂莊敬肅穆也（魏啟鵬1999，20）。李零疑竹簡本應從王弼本讀為"寂寥"（李零2002，6，下同）。廖名春認為"敓"即"挩"，與"涗"通。廖疑本字為"清"，同義互用為"涗"，楚簡借為"敓"。廖並云，此處竹簡本沒有語助詞"呵"或"兮"，可能是後人所加，也可能是抄手所省略。如果此處有語助詞，應該是"乎"，因為竹簡本在此類句式中一般不用其他語助詞（廖名春 2003，210—211，下同）。"天下母"，惟帛書本作"天地母"。

最值得注意的是帛書本和竹簡本都沒有"周行而不殆"一句。高明說：帛書本"獨立而不改"一句，今本作"獨立而不改，周行而不殆"，對文成偶。類似的情況，如前文帛書甲乙本"企者不立"一句，今本作"企者不立，跨者不行"，對文成偶。今本第二十三章"希言自然"一句，奚侗、馬敍倫據此疑原為對語，今有脫漏。帛書甲乙本"企者不立"、"希言自然"、"獨立而不改"皆為獨句，而今本多為駢體偶文。驗之帛書本足以說明，類似這種偶體對文，非《老子》原有（高明 1996，349）。許抗生說：通行本多了"周行而不殆"一句，可能是今本對道的理解有誤而造成的。其實道本身是不可能作"周行"的，因為道既是至大無外，又是至小無內的，不可能在空間中作周行，所以竹簡本與帛書本皆無"周行而不殆"一句（許抗生 1999，97）。"返者道之動"是道的運動特點，這是指事物發展會重複回到類似於原點的現象，"周行"的說法會導致機械性圓周運動的誤解，傳世本所加並不準確。

(3)"吾不知其名，字之曰道，強為之名曰大。大曰逝，逝曰遠，遠曰反。"

此節王弼本、河上本相同。"字之曰道"，傅奕本作"故彊字之曰道"，多"故彊"二字，顯據下文"彊為之名"而補，實無必要。

"吾不知其名"，帛書本作"吾未知其名也"，"強為之名"作"吾強為之名"，重"吾"字。相比之下，竹簡本文字最為簡捷，作"未知其名，字之曰道，吾強為之名曰大"。竹簡本只在後句用"吾"，帛書本前後兩句都用"吾"，以後的傳世本似乎是刪去了後面的"吾"。按竹簡本，"吾"只"強為之名曰大"，"未知其名，字之曰道"則是已然的事實，是多數人都知道的，與傳世本意義有所不同。筆者認為當從竹簡本。

"大曰逝，逝曰遠，遠曰反"一句，各本似乎基本相同。帛書甲乙本"逝"原作"筮"，讀為"逝"。"逝"字，竹簡本作"澨"，整理者註"待考"。裘錫圭云：此字左從"水"，右邊所從之字當是聲旁，其異體字屢見於曾侯乙編鍾音律銘文，很可能是與“遣”音近的“衍”。“衍”古訓“溢”、訓“廣”、訓“大”，有“延伸”、“擴大”、“超過”一類的意思。竹簡此字大概也應該讀為“衍”。從文義上看，“大曰衍，衍曰遠”是講得通的（裘錫圭1999，48）。廖名春同之。李零讀為“羨”。

“遠”，竹簡本原作“連”，整理者認為是“遠”之誤。李零不從，但未作釋讀。廖名春認為“連”非“遠”之訛，當讀為“轉”字異構，並云“轉”有變義（廖名春2003，223）。

(4) “故道大，天大，地大，王亦大。域中有四大，而王居其一焉。”

此節王弼本、河上本同，傅奕本、帛書本、竹簡本均無“故”字。當以無“故”為是，上下文並無因果關係。此節竹簡本詞序不當，作“天大，地大，道大，王亦大”。與通行本、帛書本不同，且與下文“人”—“地”—“天”—“道”的順序不合。當是竹簡本的抄寫之誤。“域中”，帛書甲乙本與竹簡本整理者皆作“國中”。裘錫圭認為竹簡的“國”字原作“囻”，與帛書本的“國”一樣，似皆應從今本讀為“域”（裘錫圭1999，49）。李零認為古書“國”、“域”同源，釋“國”釋“域”皆通（李零2002，13—14）。

(5) “人法地，地法天，天法道，道法自然。”

此節各本相同。值得注意的是，竹簡本、帛書本上文都是“王亦大”、“王居其一”，這段都是“人法地”，說明上文“王”，此段“人”都不誤。論者認為“王”或“人”應該統一，或改“王”為“人”，或改“人”為“王”，皆無實據。此處“人”自然包括上文之“王”，因此不必改為一律。上節作“王”，此節作“人”是合理的。上一段古本是就“國中”來講的，以“國中”來講當然是“王”大，而不當說“人”大，這一段是就一般情況來講的，自然應說“人”，而不單說“王”。傳世本把原來的“國”中（帛書甲乙本、竹簡本）改為“域”中，上段特殊的語言環境改變了，其本意也就模糊了。

在帛書乙本和今本作國之處，甲本大部份本來作“邦”，甲本本來作“國”的只有兩章，即本章和第五十九章，竹簡本恰巧在這兩章中也作"國"而不作"邦"。看來《老子》古本用"邦"和"國"本有一定原則，不是在任何情況下都可以替換的〔參見析評引論 18.2—4；對勘舉要 59（3）〕。

析評引論

25.1 "道法自然"如何讀？

關於"人法地，地法天，天法道，道法自然"一節，歷來有不同的讀法。特別是"道法自然"一句歧異更多。不同的讀法就涉及不同的句法結構。

第一種是最普通的讀法，即讀作"主—謂—賓"結構，就是說"人"、"地"、"天"、"道"分別在四句中作主語，"法"分別在四句中作謂語動詞，"地"、"天"、"道"、"自然"在四句中依次作"法"的賓語。這種讀法，在人—地—天—道—自然的系列中，句義不重複，而且是逐層遞進的。

另一種讀法是遵照上面的"主—謂—賓"結構讀前三句，但在末句"道法自然"中，則把"自然"當成形容詞，作謂語。把"道法"當成"道之法則"，作名詞，作主語。這樣"道法—自然"就可以解釋為道的法則實際上是無所法的，道是自己如此的。這是河上公以來常見的解釋。河上公註云："道性自然，無所法也。"（王卡 1993，103）這樣讀從語法上來講則有些不妥。因為在"人法地，地法天，天法道，道法自然"四句中，前三句的"法"都是動詞，惟獨最後一句的"法"突然解釋為名詞，殊為突兀，於理未愜。這樣讀，"人法地，地法天，天法道"的最後結果不過是法自己而已，既然如此，法地、法天、法道的說法豈不都落空了？從思想內容來看，把"道之法"歸結為"自己如此"，實在太簡單了，道如此重要，內容如此豐富，怎可以"道性自然"一語來概括？事實上，這種讀法，不僅把"自然"作為重要的名詞性概念的意義讀丟了，而且也把"道"本身豐富的內容讀丟了。從句法上來看，這種讀法，從人、到地、到天、到道、到自然的系列中，句義重複，完全沒有發展。

還有第三種讀法，即"人法地地，法天天，法道道，法自然"。這是以"人"為全文的主語，四個法字都是這同一個主語的謂語動詞，其賓語則分別是"地地"、"天天"、"道道"、"自然"。這是李約的主張，高亨從之。李云："人法地地，法天天，法道道，法自然。言法上三大之自然理也。其義云'法地地'，如地之無私載。'法天天'，如天之無私覆。'法道道'，如道之無私生而已矣。如君君、臣臣、父父、子子之例也。"（李約 683，序 1）也就是說，人應效法地之所以為地的原則，效法天之所以為天的原則，效法道之所以為道的原則，實際上也就是效法自然的原則。然而，這樣讀的結果，全文說來說去也只不過是自己法自己，按李約的解釋，說來說去，不過"無私"二字。這和上面第二種讀法一樣，句義重複，沒有發展。再者，雖然"君君、臣臣、父父、子子"的句法早已有之，但是把"君君、臣臣、父父、子子"再當作賓語，就是相當奇特的句法了，很難找到旁證。

筆者主張採用通行的第一種讀法。這種讀法將"自然"讀作名詞。然而又有分歧。分歧在於"自然"作名詞是不是就指自然界。有人把"自然"解釋或翻譯成自然界，這是不符合"自然"一詞的古義的（參見析評引論 23.1）。如果"自然"是自然界，那麼"自然"就是包括前面"天"和"地"的最高實體，這樣，重複而不合邏輯。同時，在人—地—天—道—自然的系列中，就不僅是四大，而應該是五"大"，這也不合《老子》原文。此外，把"自然"解作自然界，又抹殺了老子哲學的社會意義，簡單地把老子哲學當成崇尚自然界的理論。筆者要強調的是，這裏的"自然"雖然在語法上是名詞、是賓語，但意義仍然是形容詞的自然而然的意思。用英文翻譯，或可譯為naturalness，突出它的語法功能是名詞概念，但詞意仍然來自於形容詞。這樣讀，"道"和"自然"的意義都最豐富，而且語義層層上推，沒有重複之嫌。

25.2　"自然"何屬何歸?

在第二十三章的引論中,我們說明老子之"自然"已經具有哲學概念的屬性。然而,這是哪一方面的哲學概念呢?按照傳統的西方哲學的分支體系,實在很難給老子之"自然"找到一個恰當的位置。如第二十三章析評引論所述,自然不是大自然或自然界,因此不屬於自然觀、本體論或形而上學,自然也不是一般的倫理學、政治哲學、歷史哲學的概念,更難以歸入認識論或語言哲學或方法論。按照西方哲學的分支體系,老子之"自然"簡直是無家可歸了。有些中國哲學的概念,比如"天"與"道"很容易歸入宇宙論或本體論,"知"與"行"很容易歸入認識論,這種歸屬雖有合理根據,但也很容易造成誤解。事實上,中國哲學中並沒有西方式的分支結構,因此無論如何,中國哲學的概念都很難簡單地劃入西方哲學的分支體系之中。儒家哲學似乎比較接近西方之倫理學,而處理道家哲學就非常困難,"自然"、"無為"就尤其難以歸入西方或所謂現代哲學的某個分支之中。這是學術界、哲學界對"自然"和"無為"研究不足的重要原因之一。經過反復思考、比較,筆者發現將自然定義為中心價值,則比較符合西方哲學中的價值理論,且不會對自然本身造成太多扭曲。

這裏所說的價值是就價值的最一般的意義來說的,即重要、有意義、值得追求等,不涉及任何學派的價值理論。老子之"自然"的價值地位最突出地體現在本章講到的"人法地,地法天,天法道,道法自然"一節之中。人生活在天地之中,而天地又來源於道,道在宇宙萬物中是最高最根本的,但道要效法"自然"的原則。這不明明白白地把"自然"推到了最高價值的地位嗎?

甚麼是法自然呢?王弼說:"法自然者,在方而法方,在圓而法圓,於自然無所違也。自然者,無稱之言,窮極之詞也。"(樓宇烈1980,65)法自然也就是效法自然而然的原則,隨順外物的發展變化,不加干涉。自然是"無稱之言,窮極之詞",這就是說,推到自然也就推到了頭,說到了底,沒有更根本更重要的了。道作為宇宙起源當然是最高的,但道的原則或根本是自然,推崇道其實還是為了突

出自然的價值或原則。所以說自然是老子思想體系的中心價值。這一
點，驗之於其他各章都是若合符節的。

25.3 "自然"何義何謂？

"自然"是現代人生活中、文學作品中、報刊雜誌中使用非常頻
繁的一個詞。這種使用，最初可能與《老子》有關，因為《老子》是
最早將"自然"作為概念使用的經典。但是，日常生活中的使用畢竟
和《老子》本義有根本不同。比如，人們常把"因其自然"當作無所
事事的意思，而這並不是《老子》的意思。"自然"是老子之道所體
現、所效法的最高原則，是對人類社會自然和諧的追求，這是一種很
高的理想，怎麼可能是無所事事呢？

要回答這個問題，要將常識中的自然和老子之自然區別開，為了
避免一般人對自然的誤解，我們有必要將老子之自然的核心意義定義
為"人文自然"，也就是說，老子的自然主要關心的是人類社會的生
存狀態。當然，人類與萬物是一個統一的存在體，人文自然與天地自
然、與道之自然都是一致的，而沒有對立或緊張（劉笑敢2004）。

自然的概念大體涉及行為主體（或存在主體）與外在環境、外在
力量的關係問題，以及行為主體在時間、歷史的演化中的狀態問題。

關於行為主體和外部世界的關係問題，"自然"的表述就是"自
己如此"。"自己如此"是自然的最基本的意含，其他意含都與此有
關。自己如此針對的主要是主體與客體、內因與外因的關係問題。自
然是主體不受外界直接作用或強力影響而存在發展的狀態。"莫之命
而常自然"、"百姓皆謂我自然"就是強調沒有外界的作用或是感覺不
到外界的直接作用。自然的這一意義是指沒有外力直接作用的自發狀
態，或者是外力作用小到可以忽略不計的狀態。

關於行為主體或存在主體在時間延續中的狀態問題是針對變化來
說的，對此，我們可以用"本來如此"和"通常如此"來表述。自然
是原有狀態的平靜的持續，而不是劇烈變化的結果，這就是說，自然
不僅排除外力的干擾，而且排除任何原因的突然變化。因此，自然的

291

狀態和常態是相通的。"莫之命而常自然"就是說它本來就是那樣。自然的這一意義就是固有狀態相對穩定的持續,或者說是自發狀態的保持。這樣看來,並非一切源於內在動因的變化都是自然的,因為突發的內在衝動引起原有存在狀態的突然中斷或改變,也是不自然的。

"勢當如此"是針對未來趨勢而言的,自然的狀態包含著事物自身內在的發展趨勢,如果沒有強力的干擾破壞,它就會大致沿著原有的趨勢演化,這種趨勢是可以預料的,而不是變幻莫測的,所以聖人可以"輔萬物之自然"。自然的這一意義就是原有的自發狀態保持延續的慣性和趨勢。勢當如此是自然之趨勢的一種表現,也是自然狀態的一個標準。凡是不能預料未來趨勢的事物都不是處在自然發展之中的。

綜上所述,"自己如此"強調的是事物的內在動力和發展原因,"本來如此"、"通常如此"、"勢當如此"強調的都是事物存在與延續的狀態,是事物存在與發展的平穩性的問題。不過,"本來如此"側重於原初狀態,"通常如此"側重於現在的狀態的持續,而"勢當如此"側重於未來的趨勢。概括說來,老子所說的自然包括了自發性、原初性、延續性和可預見性四個方面。自然的這四層意含可以概括為兩個要點,即動力的內在性和發展的平穩性。而更概括的說法則是總體狀態的和諧。不和諧的狀態,不論是內部衝突還是對外的衝突都會破壞自然的狀態。自然的這幾層意含是從《老子》中分析出來的,雖符合《老子》之本意,卻不必局限於《老子》原文,它反映了自然一詞的根本內容,適用於不同的文本或場合,是自然的最一般的意含,也可以稱為理論意含或絕對意含。認清自然的理論意含或絕對意含是對自然重新定義,使之適用於現代社會的一個重要條件和步驟(參見析評引論 23.3)。

25.4　追求"自然"是否自然?

我們說"自然"是老子的中心價值,是我們應該追求的最高價值。然而,這樣可能會產生一個悖論:積極追求自然的價值,追求自然和諧的實現本身算不算自然呢？這裏我們就根據上面所說的四層意含來討論這一悖論。

努力追求達到或實現自然的境界是不是符合自然的原則？首先，如果這種努力是出自內在的動力，這種努力就是比較自然的，如果是被迫的，就是不夠自然的。這是從"自己如此"，即動力的內在性出發的判斷。其次，如果這種努力和行為主體的一貫特點、性質是一致的，那就是比較自然的，如果是一種突然的轉變，就是不大自然的。這是從"本來如此"，即事物的原初特點出發所做的判斷。再次，如果這種努力是在一種比較單純的環境中的常態，那就是比較自然的，如果這只是一種偶然的現象，與過去未來都沒有直接的聯繫，那就是不夠自然的。這是從"通常如此"，即事物的延續性的角度所做的判斷。最後，如果這種努力沒有強力的干擾，不會引起劇烈的衝突，因而其未來的發展是平穩的，是可以預料的，那就是比較自然的，反之則是不自然的。這是從"勢當如此"，即事物的可預見性所做的判斷。所以，我們不能籠統地說追求自然的努力是不是自然的，因為目標的自然不意味著手段或過程必定是自然還是不自然的。

自然的概念似乎還會產生另一個悖論。一位美國教授聽筆者宣讀一篇有關老子之自然的論文以後問道：自然災害是不自然的（natural disasters are not natural），這不是很荒謬嗎？他提出這樣的問題是因為他把自然界之自然與老子所說的人文之自然混淆起來了。自然災害是自然界發生的現象，如果我們以地球之自然界為考察對象，把地球當作存在主體，而地震、火山爆發是地球內部發生的，不是外來力量引起的，那麼它符合我們所歸納的自然的第一個標準，即動力的內在性，但不符合其他標準，因為這是一種突然的改變，不是本來如此、通常如此的，不符合發展的平穩性的標準，因而不符合老子所推崇的自然的原則。對於人類社會來說，如果我們把人類社會當作存在或行為主體，地震和火山爆發就是一種外來力量引起的突然改變，它破壞了行為主體存在發展的原有軌跡和常態，因而對於人類社會來說是一種非自然的狀態。

25.5　道是形而上的嗎？

在中文哲學界，說道是本體論概念或形而上的概念，一般是不會有人反對的。然而有些學者則從形而上學（metaphysics）在西方哲學中的本義出發，認為中國根本沒有形而上學，老子之道並不是形而上學的概念。因為，形而上學在西方哲學中的本義和現實的、經驗的、人生的世界是兩個世界，兩個世界是隔絕不通的。而且，西方近代哲學受到休謨（David Hume，1711—1776）的影響，認為實然的世界和應然的世界也是不能相通的，實然就是實然，應然就是應然。然而中國哲學不是遵照這些二分原則發展的。在中國，沒有西方式的純形而上學的概念，實然和應然也是可以相通的（參見析評引論7.1）。這一點在本章所討論的老子之道中體現十分鮮明。

本章說“道”乃“有狀混成，先天地生，寂寥，獨立不改”。這種道似乎是形而上世界的，是實然的，與人的意志、價值似乎無關。然而，下面則說“域中有四大”：“道大，天大，地大，王亦大”。可見，道和現實世界的天、地、人是一以貫通的，毫無隔絕之義。這裏顯然沒有形而上和形而下的壕溝。本章最後又說到：“人法地，地法天，天法道，道法自然。”這樣，道就絕不是純實然之物，而是人所當追求的價值的體現者，是人所應當效法的對象。這裏，道既是宇宙起源之實然，又是人之價值之應然的根源。

如果我們能夠認識到，老子之道不同於柏拉圖的理念、不同於亞理士多德的形式、不同於黑格爾的絕對精神，不是一個純粹的與現實世界無關的形而上學的概念，而是與社會人生有密切關係的最高原則的體現，那麼道所體現的最高原則就值得特別的注意，而這就是自然的價值或曰“人文自然”之原，也就是“道法自然”所要傳達的根本訊息。本章最根本的用意就在於強調人要效法自然的原則，實踐自然的價值，實質是在人類社會生活中實現自然的秩序和自然的和諧。值得注意的是，儘管自然界的秩序比較符合老子所說的自然而然的原則，但是老子的“道法自然”並不是說人要效法自然界或大自然的原則。把老子之自然誤解為沒有人類、沒有人為努力、沒有文化的原始野蠻的狀態，是對老子之自然的最大誤解，是把老子之自然與霍布斯所講的自然狀態混淆起來了（參見析評引論 17.4，17.5）。

在中國哲學家看來，道、天、理等概念都既是形而上的，又貫通到形而下世界，它們既是宇宙根源之實然，又是人類社會應然之原則的根源，這沒有任何困難或問題。然而，從西方哲學的概念體系來看，這卻是思想混亂，不合邏輯。

在今天講中國哲學而完全不用西方哲學的概念是不可能的。如果不求甚解地隨便用，似乎人人可用，也很容易用，但是一認真起來，一從西方哲學概念的本義或原有脈絡出發，就會發現這些西方哲學概念常常和中國古代思想不合。就以形而上學一詞來說，如果是按照《周易》的本義來用，自然沒有問題，但是如果這是西方的形而上學，那就要考慮該不該用。在筆者看來，解決問題似乎只有二途。一是避免使用一些有歧義的西方概念，比如，用本根論而不用本體論，以避免現象與本質二分的錯誤聯想。二是在使用西方哲學概念的同時說明在中國哲學中用此概念只是借用其某個方面的意義，而不是在其原有的全部意義上使用的。比如說老子之道是一個形而上學的概念，但老子並不認為形而上與形而下世界是對立與分離的。這或許是權宜之計。然而，根本大計在哪裡呢？

25.6　道何以難名？

對於"道"，本章特別強調"吾不知其名，字之曰道，強為之名曰大"。道為甚麼沒有名，或者說為甚麼很難命名，為甚麼只能勉強名之曰"大"呢？這是因為"道"是宇宙萬物的根本之"大"，是超出我們個體、乃至全人類的認知能力的。老子對它的認識是模糊的，我們今天對道所指代的宇宙萬物的總根源、總根據的認識也仍然是模糊的。因此，對道的描述只能是大致的，不可能是十分確切的。我們勉強稱之為"道"或"大"，不過是給它一個符號或象徵。借用史華滋（Benjamin Schwarz，1916—1999）的話，老子哲學體現了創造性的模糊性。道的模糊性不是老子哲學的缺點或局限，而恰恰是老子哲學的高妙之處，過人之處。

對於宇宙的總根據和總根源，世界上的各個哲學或宗教體系都有過清楚、確切的解釋。比如基督教相信上帝是萬物的起源和主宰，而且相信上帝的意志可以通過禱告、通過讀《聖經》而知道。然而很多人無法接受這樣確切具體的解說。科學家曾經相信一切存在都是由最微小的分子、原子、基本粒子構成的，而這些細小顆粒的本質和規律是最終可以通過實驗而完全發現的。但是老子卻強調我們無法確切地知道世界的起源和根據的具體內容。二十世紀的科學已經從原則上證明老子是正確的。當我們觀測客觀世界時，我們必須依靠一定的手段和工具，而我們的手段和工具已經影響或改變了觀測對象的存在，這樣，我們實際上無法完全觀測自在的、本來的客觀世界。哲學家和社會科學家曾經相信人類歷史有一個確切的規律，會一步一步地、一個階段一個階段地實現和發展。歷史證明，這樣確切可知的規律也是不存在的。樂觀主義者認為，人類認識的無限積累可以窮盡所有的真理，事實卻是當人們的認識擴大到新疆域的時候，往往所面臨的新的未知領域也擴大了，而原有的已知領域又會發生人類無所知的新情況。比如，人類已經征服各種肺炎和肺結核，但是病菌、病毒自身在變化，又會產生新的變體，使人類常常陷於無可奈何的狀態。即使人類的生命無限延續，而觀測對象中的無數存在個體也在不斷變化之中，因此對宇宙世界的認識永遠不可能最終完成。人類的認識永遠是不足的。

所以，老子之道的"模糊性"並不是老子哲學的缺點，反而是智慧的表現，是意識到了人類對宇宙萬物的終極問題的認識上的局限。道的含義的模糊性與其內涵的豐富性、啟迪性是密切合一的。即使用現代哲學的或科學的概念為道或宇宙萬物之總根源、總根據作定義和描述也仍然是非常困難的，甚至是不可能的。道作為宇宙、世界、社會，以及人類的總根源和總根據，其合理性在於它既肯定世界有其統一性及其根源，又看到人類無法窮盡這種統一性的根源。大千世界，日有升降周轉，月有陰晴圓缺，人有生老病死，物有新舊更替，事有善惡相邊……宇宙萬物之間顯然存在著某種統一性、一致性、和諧性，這中間必然有著共同的基礎和緣由。但我們不知道也不可能確切地知道它究竟是甚麼？如何存在？如何運作？道正是用於指代這個我們不可能完全把握的似乎確實存在的終極之物，代表著這個世界可以依賴卻不可盡知的總根源和總根據。

道與上帝、與科學精神之間有著根本的不同。若承認人類是上帝的產物，就認為上帝賦予了人統治世界的權利，人類知道上帝的意圖，並且相信科學技術可以無限地開發利用周圍的自然界；然而作為萬物總根據的"道"，卻反復強調宇宙、自然界及人類自身有一種無法探明的神秘性或模糊性，這意味著人類對終極存在的認知的局限性。人類不是全知全能的，人類只是宇宙自然的一部份，永遠不可能成為宇宙的絕對主宰者，人類不應該、也不可以不計後果地為所欲為。這是老子的無為理論的最高和最後的根據。人們常說老子是神秘主義者，然而老子的根本性思考卻是相當理性的。

總之，道的特點一方面是真實性，是確實起作用的，是人類無可逃避的；另一方面，道的特點又是模糊的，道對萬物的運動趨向的決定作用又是間接的、不十分確定的，其細節和內容是不可能完全預知的。道是確實性與模糊性的統一，是我們無法確知的世界之總根源和總根據的一個不會過時的象徵符號。對於世界的總根源和總根據的任何確切的解說都會被補充和替代，而總根源和總根據的符號卻可以容納任何新的發現、新的理解，因此永遠不會過時。

25.7 老子有環保理論乎？

本章"道法自然"一句常常被用來作為老子關心生態保護或者說道家有環保思想的證據。然而，這種對道家思想的褒揚常常是建立在誤解基礎之上的，是簡單地把"自然"等同於自然界的結果。在老子的時代，中國人已經有了保護山林和魚獵資源的思想和慣例，然而這不是《老子》思想的內容。那個時代，環境保護還不是一個重要的社會課題，更不是《老子》關切的中心。不過，我們不必對《老子》在今天的生態學意義感到失望。老子哲學和道家思想是當代環境保護運動的天然盟友，只是這種同盟關係不是建立在"道法自然界"的基礎上，而是建立在老子哲學的一系列基本概念和理論上。如果說《老子》中有尊崇"大自然"的思想，那麼引用"人法地，地法天"就足以說明《老子》對大自然的重視。自然的行為、無為的原則，都是有利於環境保護運動的。這裏我們僅承上文所講道的模糊性的問題略作解說。

顯然，老子不是虛無主義者或偶然論者。他確信有一種我們無法完全掌握的力量或作用在一定程度上支援或維繫著這個宇宙、這個世界，這就是道。道的作用是真實的，只是其內容卻有某種模糊性，有著難以完全認識、完全預見的困難。今天我們所面臨的生態環境的惡化就證明老子對世界的發展演變過程的推測是正確的。一方面，似乎我們的宇宙有一種支配性的力量決定著這個世界有大致的規律，另一方面，萬事萬物的發展又不是任何人、任何理論可以完全把握和預見的。生態問題的出現就是人類長期以來毫不覺察、卻又無可避免的一種現象。人們長期相信知識的力量是無窮的，以為人類是大自然的主人，可以從大自然攫取無盡的寶藏。然而，工業革命後剛剛二百年的歷史已經揭示，人類在追求財富和幸福的同時，也在破壞著財富和幸福的根源或基礎，即地球本身。這就是"反者道之動"。人類作為整體，沒有辦法準確地預測自己的行動的後果。即使個別人有先見之明，也很難防患於未然，更不容易扭轉乾坤。

人們的行為通常都是出於良好的願望，然而道的模糊性卻說明良好的願望並不能預見、更不能保證良好的結果。持續多年燃燒的印度尼西亞森林大火就是政府的"良好"願望的結果。政府希望發展本國經濟，希望短時間擺脫貧困，因此組織大批移民到熱帶雨林區去墾植，鼓勵大墾植公司大面積"改造"森林。這些願望當然是正當的。然而，人類的大規模行動總會引起人類自身難以預料的後果。在印尼森林大火的實例中，一個未料到的因素就是地下泥炭的燃燒。1995年，當時的蘇哈托總統宣佈，政府計劃將加里曼丹中部一百萬公頃的泥炭森林平為稻田。在加里曼丹森林地面下的泥炭已有一萬年的歷史，有些地方泥炭層深達二十米。泥炭含有大量腐爛的植物，可燃性有機物高達 50％ 以上，曬乾後可以用作燃料。泥炭燒的火往往沒有火焰，卻會產生大量黑煙。地上火一旦引燃了這些大量積存的泥炭，它就會在地表和地下長年不熄，熏燒不止，煙霧飛騰，大暴雨也難以撲滅。印尼豐饒的熱帶雨林演變成無法撲滅的國際性災難。老子之道的模糊性警示人們，宇宙萬物的根本性存在往往是無法確切認知的，範圍越大，認知越困難。人類應該承認自身認識的局限性。無視這一點，就會自食其果，所以說 "不道早已"。依照老子之道，我們就不應把自己當作大自然的主宰者，把大自然當作我們的砧板上之物。這種思想，當然是有利於生態保護運動的。

第 二 十 六 章

原文對照

河 26.1　重為輕根，靜為躁君。

傅 26.1　重為輕根，靖為躁君。

河 26.2　是以聖人終日行，不離
　　　　輜重。

傅 26.2　是以君子終日行，不離
　　　　其輜重。

河 26.3　雖有榮觀、燕處，超然。

傅 26.3　雖有榮觀，宴處超然。

河 26.4　奈何萬乘之主，

傅 26.4　如之何萬乘之主，

河 26.5　而以身輕天下？

傅 26.5　而以身輕天下？

河 26.6　輕則失臣，躁則失君。

傅 26.6　輕則失本，躁則失君。

王 26.1　重為輕根，靜為躁君，

帛 26.1　重為輕根，靜為躁君。

王 26.2　是以聖人終日行不離輜
　　　　重。

帛 26.2　是以君子終日行，不遠
　　　　其輜重。

王 26.3　雖有榮觀，燕處超然，

帛 26.3　雖有環館，燕處則昭若。

王 26.4　奈何萬乘之主，

帛 26.4　若何萬乘之王，

王 26.5　而以身輕天下？

帛 26.5　而以身輕於天下？

王 26.6　輕則失本，躁則失君。

帛 26.6　輕則失本，躁則失君。

對勘舉要

（1）本章諸傳世本之間有文字差別，帛書本與傳世本之間也有文字差異，帛書甲乙本之間則沒有重要區別。竹簡本沒有本章內容。河上本題為"重德"，差強人意。

（2）"**重為輕根，靜為躁君**。是以聖人終日行不離輜重。**雖有榮觀，燕處超然。**"

同大多數情況一樣，本節河上本、王弼本同，當是王弼本據河上本校改的結果。傅奕本、帛書本"輜重"前均有"其"。"不離"，帛書甲本同，乙本作"不遠"。值得注意的是傅奕本、帛書本"聖人"作"君子"，想爾註本亦作"君子"。據高明說，其他十幾種古本均作"君子"。當以"君子"為古本舊貌。

今河上本、王弼本"聖人"見於二十八章三十二次，比帛書本至少多出四次。可見後來的編者喜歡改換或增加聖人。本章將"君子"改為"聖人"，第八十一章將"人之道"改為"聖人之道"，第六十六章則將帛書本的"居上而民弗重"改為"聖人處上而民不重"，第七十三章又增添一句"是以聖人猶難之"。在《老子》中，"聖人"的概念顯然比"人"更重要，比"君子"使用次數更多，因而改換或增加"聖人"一詞就有了"思想聚焦"的意義。（這裏說通行本至少多出四次，是因為另有三處帛書本殘缺，不能斷定帛書本原來是否作"聖人"。）

"雖有榮觀，燕處超然"，"燕處"，傅奕本作"宴處"。帛書本作"雖有環館，燕處則昭若"。"環館"，帛書甲乙本原作"環官"，整理者云：通行本作"榮觀"，范應元註"觀，一作館"。《說文》："館，客舍。"《周禮·遺人》："五十里有市，市有候館"註"樓可以觀者也"。《倉頡篇》："闤，市門也。"疑"環官"讀為"闤館"，闤與館乃旅行必經之處，極躁之地（國家文獻 1980，15，註 44）。

高明認為："榮觀"又作"榮館"，帛書作"環官"，此三者用字雖不同，詞義完全一致。正如馬敘倫云："榮、營通假。""營"、"環"二字音同通用。"營"在此為動詞，有營筑、營建之義。"觀"、"館"、"官"三字古皆為雙聲疊韻，在此通作"觀"。（因此，原文可讀為）"雖有營觀，燕處超然"，"營觀"與"燕處"互成對語，系指兩種不同規格的居處。甲乙本"昭若"當從今本作"超然"，"昭"、"超"二字同音，"若"、"然"二字義同。經文猶謂：雖有營建之樓臺、亭榭以供享用，彼乃超然物外，樂於燕居，安閒靜處，仍承前文"是以聖人終日行不離輜重"之旨（高明1996，357—358）。

(3)"奈何萬乘之主，而以身輕天下？輕則失本，躁則失君。"

此節河上本、王弼本同。"奈何"，傅奕本作"如之何"，帛書本作"若何"，意同。鄭良樹曰："此種參差，最足以證明本書古本尚未定型之現象。"（鄭良樹1997A，129）說《老子》古本沒有定型是流行之論。然而何為定型？何為定本？尚有討論的餘地。"主"，帛書甲乙本均作"王"。以作"王"為是。高明說，古文字"王"與"主"形近易訛，《老子》也常稱諸侯為"王"或"侯王"（高明1996，359）。"輕天下"，帛書甲乙本均作"輕於天下"。高明曰："以身輕於天下"即輕以身為天下，是第十三章"貴以身為天下"、"愛以身為天下"之反義（高明1996，360，下同）。

"輕則失本，躁則失君"，王弼本、傅奕本、帛書甲乙本同此，惟河上本"本"作"臣"，以"君"、"臣"為對代替"本"、"君"之對。此乃誤改。俞樾以為當據永樂大典作"輕則失根"。劉師培據《韓非子·喻老》主張河上本"輕則失臣"不誤。高明反駁之。筆者以為古人引書並非嚴格逐字抄引，《韓非子·喻老》更是活用《老子》，不能機械地據《韓非子》定《老子》文句。除"君子"一詞之外，《老子》中只有兩章單用"君"字，從無"君"、"臣"對稱之例。本章以"本"對"君"，第七十章則以"宗"對"君"，可見《老子》單講"君"時，是"本"和"宗"的同義詞，大意也是根本之義。本章"輕則失本"之"本"與首句"重為輕根"之"根"相呼應。當以"本"為是。

析評引論

26.1 何謂"定型"? 何時"定型"?

本章"奈何萬乘之主"一句,"奈何"或作"如之何",或作"若何",或作"如何"(想爾註本)。鄭良樹曰:"此種參差,最足以證明本書古本尚未定型之現象。"(鄭良樹 1997A,129)此說提出《老子》定型之問題,值得我們思考的是何謂"定型",何時"定型"?

如果定型意味著《老子》各本文句一致,那麼很難說《老子》是否曾經定型,因為直到近年,仍不斷有人編訂最新的《老子》"校定本"之類。如嚴靈峰有《老子章句新編》(嚴靈峰 1954),陳鼓應有〈老子校定文〉(陳鼓應 1984,442—473),馬敘倫有〈老子核定文〉(馬敘倫 1957,203—216)。此外高亨之《老子正詁》,蔣錫昌之《老子校詁》,朱謙之的《老子校釋》,也在某程度上提供了新的校定本(參見析評引論 40.2)。這些不同的"校定本"不斷出現,是否意味著《老子》至今仍未定型? 我們把常見的八十一章的王弼本、河上本當作所謂"定本",似乎是對其他各種版本的文字差異視若無睹的結果。

如果我們把王弼本、河上本的普遍流傳、其他版本不再通行當作《老子》的定型,並且忽略這些流通版本的不同刻本之間的文字差異,那麼《老子》在清代已經基本定型。然而王弼本、河上本的流行僅是讀書人、刻書人、道教中人篩選、淘汰,以及一些不明因素共同作用的結果,並不真是《老子》文句的"定型",其後各種校定、校詁層出不窮,就是明證。

如果我們以基本概念、基本思想、基本結構的確立為定型,而忽略個別段落、個別字句的不同,那麼,至少帛書本可以代表《老子》已經定型。以後各本的不同都無礙《老子》之為《老子》之大局。

如果我們相信《老子》有一個最初的版本,那麼那個最初的版本就是作者自己的"定型",儘管它有錯字、假借字(即今人之錯別字），儘管它不講究工整對仗，儘管它思想系統不夠嚴密，我們仍須承認，那就是作者的"定本"。

　　然而，一旦作者的"定本"流行起來，它就永無定型之日了。因為古代文字很不統一，印刷術尚未發明，一個文本的流傳靠口耳相授或筆墨傳抄。口耳相授，則難免音同而訛；筆墨傳抄，則難免形近而誤。於是原有的不明之處不斷由後人澄清而形成新的傳本，新的傳本又由於不同理解而引起新的訂正加工，結果，越訂正歧異越多，越改善離古本越遠。但後人總是相信自己的理解和邏輯推理更符合古本原貌，或者自己的道理比原文更合理，於是有不斷加工潤色的必要和餘地，於是進入流傳中的《老子》就永無定本，永無"定型"了。

　　所以，我們要反思和釐清我們關於"定型"和"定本"的觀念。如果說在流傳中有不同版本流傳就是沒有定型，那麼古代的流行著作多數都沒有定本。不一定是最初的作者沒有寫定，而是古代沒有版權觀念和文責自負的觀念，傳抄者、刻印者、研究者、註釋者可以不斷以己意修改加工、增添。於是版本衆多，今人無所適從。如果說今人在衆多版本中找不到一個最完整、最可靠的定本，則是事實。如果說《老子》從無定本，是無數人的"集體創作"則混淆了創作與加工的不同，對最初的作者甚不公允。有些學者認為《老子》本來就沒有一個最初的作者，只是一些格言不斷匯編，滾成了一個大雪球。這種假設無視先秦及漢初關於老子的文獻記載，於是就無法解釋這個"雪球"的核心從何而來，又為何會被貼上一個並不存在的"老子"的標簽（參見析評引論 40.2）。

第 二 十 七 章

原文對照

河 27.1 善行無轍迹，

傅 27.1 善行者無徹迹，

河 27.2 善言無瑕讁，

傅 27.2 善言者無瑕讁。

河 27.3 善計不用籌策，

傅 27.3 善數者無籌策，

河 27.4 善閉無關楗而不可開，

傅 27.4 善閉者無關鍵而不可開，

河 27.5 善結無繩約而不可解。

傅 27.5 善結者無繩約而不可解。

河 27.6 是以聖人常善救人，故無棄人；

傅 27.6 是以聖人常善救人，故人無棄人；

河 27.7 常善救物，故無棄物，是謂襲明。

傅 27.7 常善救物，故物無棄物，是謂襲明。

河 27.8 故善人者，不善人之師；

傅 27.8 故善人者，不善人之師；

河 27.9 不善人者，善人之資。

傅 27.9 不善人者，善人之資。

河 27.10 不貴其師，不愛其資，雖智大迷。

傅 27.10 不貴其師，不愛其資，雖知大迷。

河 27.11 是謂要妙。

傅 27.11 此謂要妙。

王 27.1 善行無轍迹，

帛 27.1 善行者无達迹，

王 27.2 善言無瑕讁。

帛 27.2 善言者无瑕讁，

王 27.3 善數不用籌策，

帛 27.3 善數者不用籌策。

王 27.4 善閉無關楗而不可開，

帛 27.4 善閉者无關籥而不可啟也。

王 27.5 善結無繩約而不可解。

帛 27.5 善結者无纆約而不可解也。

王 27.6 是以聖人常善救人，故無棄人；

帛 27.6 是以聖人恆善救人，而无棄人，

王 27.7 常善救物，故無棄物，是謂襲明。

帛 27.7 物无棄財，是謂愧明。

王 27.8　故善人者，不善人之師；　　帛 27.8　故善人，善人之師；

王 27.9　不善人者，善人之資。　　　帛 27.9　不善人，善人之資也。

王 27.10　不貴其師，不愛其資，　　帛 27.10　不貴其師，不愛其資，
　　　　　雖智大迷。　　　　　　　　　　　　雖智乎大迷。

王 27.11　是謂要妙。　　　　　　　帛 27.11　是謂妙要。

對勘舉要

（1）本章河上本、王弼本大體相同，二者與傅奕本有一些文字出入，與帛書本差別較大。帛書甲乙本則大體相同。竹簡本沒有本章內容。河上公題為"巧用"，有點小氣，然亦不遠。

（2）"**善行無轍迹，善言無瑕讁。善數不用籌策，善閉無關楗而不可開，善結無繩約而不可解。**"

此節河上本、王弼本大體相同，惟"善數"河上本作"善計"。"善行"、"善言"、"善數"、"善閉"、"善結"之後，傅奕本、帛書本都有"者"字。有"者"字，句子的主語顯然是人，無"者"字，主語就是事，句義有所不同。從句義來說，以有"者"為是。當從古本。

"無瑕讁"，傅奕本作"無瑕讁"，帛書本以"適"作"讁"。"開"，帛書本作"啟"，帛書本以後諸本以"開"代"啟"，句義、韻律都不受影響。"繩約"，帛書本作"纆約"，高明曰二者同義。

（3）"**是以聖人常善救人，故無棄人；常善救物，故無棄物，是謂襲明。**"

此段河上本、王弼本同。"故無棄人"，傅奕本作"故人無棄人"，與下文"故物無棄物"整齊對偶，帛書本作"而无棄人"。"常善救物"一句，帛書甲乙本俱無。"故無棄物"，帛書本作"物无棄財"。"襲明"，帛書甲乙本分別作"愧"和"曳"，整理者曰："愧"、"曳"通行本作"襲"。《倉頡篇》：愧，明也。《說文》：愧，習也，從心，曳聲。襲、習古通用（國家文獻 1980，15，註 46）。張丰乾認為，帛書甲乙本之"愧"和"曳"不能簡單地讀為"襲"。張引《說文》曳，臾曳也，從申。丿聲。並引眾多例句論證帛書應讀作"曳明"，"曳明"就是寬容之明，牽引之明、無所遺棄之明（張丰乾 2000，217—219）。其說成理。

此節帛書本作"是以聖人恆善救人，而无棄人，物无棄財，是謂愧明。"劉殿爵說帛書本此處有脫文，疑原作："聖人恆善救人，而无棄人；（恆善救物，而无棄物。人无棄人，）物无棄物，是謂習明。"因蒙兩"棄人"脫去"恆善救物，而无棄物。人无棄人"十二字耳（Lau 2001，306）。劉氏所補之文，十分合理、整齊，然帛書甲乙本不約而同漏抄十二字的可能性極小，或者甲乙本的共同祖本即漏寫了十二字？事實上，古文未必這樣講究整齊、對仗。驗之於帛書本、竹簡本，似乎古本作者或編者遠不如後人講究句式的整齊漂亮。

晁公武說："傅奕謂'常善救人，故無棄人；常善救物，故無棄物'四句古本無有，獨得於河上公耳。"（晁公武1151，三上12A）晁引傅說啟人疑竇。此說是否意味著傅奕本的底本項羽妾塚本也沒有"常善救人，故無棄人；常善救物，故無棄物"四句？此處傅奕本作"常善救人，故人無棄人；常善救物，故物無棄物"。比晁引傅說之第二句多一"人"字，第四句多一"物"字。如果晁引傅說正確，那麼就是項羽妾塚本原沒有傅奕所引的四句話，傅奕根據河上本補上，又根據自己的理解或偏好在第二句和第四句分別增加了一個"人"和一個"物"字。但是，很難想像當時除了河上本以外其他各本都沒有這四句，因為敦煌本大都是有這四句的，僅僅是個別虛字用法不同而已。從帛書甲乙本來看，這四句並不完整。所以劉殿爵懷疑是帛書甲乙本漏抄了三句。按劉說，帛書甲乙本不僅均漏抄三句，而且均將"物无棄物"誤寫為"物无棄財"。

(4)"故善人者，不善人之師；不善人者，善人之資。不貴其師，不愛其資，雖智大迷。是謂要妙。"

此節河上本、王弼本相同，傅奕本亦大體相同。帛書甲乙本兩"善人"後無"者"字。上文帛書有五個"善×者"，通行本刪去"者"。這裏帛書本"善人"後無"者"字，通行本又加上，似求四字句句式。然此"者"並非必要，有"者"字反而易起困惑。帛書本無"者"字，於意為長。"故善人，善人之師；不善人，善人之資也"是以"善人之師"對"善人之資"，"善人"和"不善人"都是"善人"

值得學習和資借的，此義正合上段"故無棄人"之義。

帛書本"雖智大迷"句中有"乎"字，末句"要妙"作"妙要"。無論"要妙"或"妙要"皆不入韻。于省吾認為"要妙"即"幽妙"（于省吾 1962，239）。

析評引論

27.1 聖人即侯王乎？

上一章對勘舉要（2）中講到今河上本、王弼本"聖人"見於二十八章三十二次，帛書本至少也有二十四章二十八次。可見"聖人"一詞之重要。論《老子》者多將聖人等同於王侯，等同於統治者，如說："聖人，往往等於聖上。因此此章的進言對象是國君、為政者。"（尹振環 1998，358）上古"聖人"之稱並不等於後來之"聖上"。以聖人為王侯或統治者是對原文的簡單化的理解。《老子》中的聖人高於統治者，而不等於統治者，說到統治者，《老子》多用"王"、"侯王"（"王侯"）、王公、人主，這些才是現實的統治者。"王"字的使用次數不過十次（王弼本）或十一次（帛書本）（不包括兩次"百谷王"）。顯然，《老子》之"聖人"比"王"更高、更重要。聖人非"王"也。聖人不等於現實的統治者。

"聖"的本意是聰明的意思。《說文》云："聖，通也，從耳，呈聲。"語言學家認為"聖"本是會意字，在甲骨文中像人有大耳，從口，其初意為聽覺官能之敏銳，故引申訓為"通"，又引申為賢聖之義。《尚書·洪範》"睿作聖"一句傳曰"于事無不通謂之聖"，《左傳·文公十八年》"齊聖廣淵"之孔疏云："聖者，通也，博達眾務，庶事盡通也。"這就是說，聖人的第一個基本特點是智慧過人。

聖人的特點還包括他的道德眼光和道德水準。《左傳·成公十四年》："《春秋》……懲惡而勸善，非聖人，誰能修之？"這是說聖人有懲惡勸善的道德力量。聖人道德操守的標準很高，大大地高於君子，

所以孔子說："聖人，吾不得而見之矣；得見君子者，斯可矣。"（《論語·述而》）

此外，聖人也不同於一般的仁人，因為聖人的概念也往往意味著達到了相當的事功標準。子貢曾經問孔子說："如有博施於民而能濟衆，何如？可謂仁乎？"孔子回答說："何事于人，必也聖乎。堯舜其猶病諸。"仁人的概念側重於道德水準，有道德的人不一定能夠濟世救衆，而聖人就必須有益於社會民生。所以《左傳·成公十六年》說："惟聖人能外內無患。"聖人不僅有道德，而且還要實際有功於社會，能給黎民帶來社會安定和實際利益。

顯然，聖人的概念不同於一般在位的統治者的概念。在聖人的睿智、品德和事功三個方面，只有事功一面與在位的統治者的作用和地位可能有部份的重合，在睿智和品德方面與統治者的身份都沒有必然的聯繫。所以，聖人絕不等於侯王。就《老子》原文來看，聖人是道之原則的體現者，可以"為天下式"。而侯王決沒有這種資格。侯王是應該遵守道之原則的，但誰也沒有把握他們一定會遵守之，所以只能說"侯王若能守之"如何如何，"若"字說明他們不必為聖人。

老子的聖人在智慧、道德、功績三方面都是理想化的楷模。在傳統觀念中，堯舜等賢君可以被看做聖人，但是在《老子》中，既沒有一個真實的人物、也沒有一個虛擬的人物被當做聖人的典型。聖人的概念中寄托與表達了老子的理想和主張，它不可能不反映老子對現實的態度和希望，卻不是對現實政治的很直接的批評，更不是現實的政治設計。質言之，老子的政治智慧是"學"而不是"術"，是思想的產物而不是政治的需要，是理論的表達而不是現實的謀略。老子的無為既不是對一般人的要求，也不是對實際在位的統治者的直接批評或直接的出謀劃策。無為的概念對昏庸的或殘暴的統治者當然有一定的批評意義，對在位的統治者也有一定的勸誘、建議的意味，但這都是間接的，並不是《老子》寫作的中心主旨。

總之，聖人代表的是理想的社會人物，侯王是現實的社會統治者，二者高下立判，不應混為一談。學術研究、思想分析應該是越深

入細緻越好，應該避免簡單的歸類、劃線。把一切都分成統治者和被
統治者兩類，似乎十分省事，那是階級鬥爭的需要，不是學術研究的
方法。

第二十八章

原文對照

河 28.1　知其雄,守其雌,為天下谿。

河 28.2　為天下谿，常德不離。

河 28.3　復歸於嬰兒。

河 28.4　知其白,守其黑,為天下式。

河 28.5　為天下式，常德不忒。

河 28.6　復歸於無極。

河 28.7　知其榮,守其辱,為天下谷。

河 28.8　為天下谷，常德乃足，

河 28.9　復歸於朴。

河 28.10　朴散則為器，

河 28.11　聖人用之則為官長，

河 28.12　故大制不割。

王 28.1　知其雄,守其雌,為天下谿。

王 28.2　為天下谿，常德不離。

王 28.3　復歸於嬰兒。

王 28.4　知其白,守其黑,為天下式。

王 28.5　為天下式，常德不忒，

王 28.6　復歸於無極。

王 28.7　知其榮,守其辱,為天下谷。

王 28.8　為天下谷，常德乃足，

王 28.9　復歸於樸。

王 28.10　樸散則為器，

王 28.11　聖人用之則為官長。

王 28.12　故大制不割。

傅 28.1　知其雄,守其雌,為天下谿。

傅 28.2　為天下谿，常德不離。

傅 28.3　復歸於嬰兒。

傅 28.4　知其白,守其黑,為天下式。

傅 28.5　為天下式，常德不忒，

傅 28.6　復歸於無極。

傅 28.7　知其榮,守其辱,為天下谷。

傅 28.8　為天下谷，常德乃足，

傅 28.9　復歸於樸。

傅 28.10　樸散則為器，

傅 28.11　聖人用之則為官長，

傅 28.12　大制無割。

帛 28.1　知其雄,守其雌,為天下溪。

帛 28.2　為天下溪，恆德不离。

帛 28.3　恆德不离，復歸嬰兒。

帛 28.4　知其白,守其辱,為天下谷。

帛 28.5　為天下谷，恆德乃足。

帛 28.6　恆德乃足，復歸於樸。

帛 28.7　知其白,守其黑,為天下式。

帛 28.8　為天下式，恆德不忒。

帛 28.9　恆德不忒,復歸於无極。

帛 28.10　樸散則為器，

帛 28.11　聖人用則為官長，

帛 28.12　夫大制无割。

對勘舉要

（1）本章兩個通行本與傅奕本基本相同，帛書甲乙本的段落順序有明顯不同，甲乙本之間則基本一致。本章沒有竹簡本文句。河上題為"反樸"，有所據。

（2）"知其雄，守其雌，為天下谿。為天下谿，常德不離，復歸於嬰兒。"

此節河上、王弼、傅奕諸本基本相同。"谿"，帛書甲本作"溪"，乙本作"雞"，讀為"溪"。"谿"通"溪"。當以"溪"為正。本章諸"常德"，帛書本均作"恆德"，下同。傳世本只重複"為天下谿"一句，帛書本還重複"恆德不離"一句，以下各段與此類同，三段都重複"恆德"一句，這是帛書本與傳世本重要的不同之處。

（3）"知其白，守其黑，為天下式。為天下式，常德不忒，復歸於無極。"

此節河上、王弼、傅奕諸本基本相同。與傳世本這一段相應的是帛書本第三段。帛書本第三段與傳世本第二段相比較，內容基本相同，但多重複"恆德不忒"一句。

（4）"知其榮，守其辱，為天下谷。為天下谷，常德乃足，復歸於樸。"

此節河上、王弼、傅奕諸本基本相同。與傳世本這一段相應的是帛書本第二段。帛書本重複"恆德乃足"一句。傳世本"知其榮，守其辱"，以"榮"、"辱"相對。帛書本作"知其白，守其辱"，以"白"、"辱"相對。以"白"、"辱"相對，正合第四十一章"大白若辱"之以"白"、"辱"對舉。《莊子·天下》引作"知其白"，《淮南子·道應》引作"知其榮"。可見莊子所引更近古本。後人改"白"、"辱"相對為"榮"、"辱"相對，原因可能有二：一是避免與"白"、"黑"相對的一段重複，二是當時以"白"、"辱"相對已經不夠流行，改"榮"、"辱"相對更為明晰。其實，第二段與第三段都以"知其白"開始，字重複而意義不重複。一個"白"與"黑"對應，一個"白"與"辱"對應，都不錯。高明曰：以"辱"對"白"，此周至漢古義（高明 1996，372）。

這一節和上一節的順序在帛書本是對調的。考其原因，可能在於傳世本的編者注意到這一節的末字是"樸"，而下一句的第一個字也是"樸"，這樣調換順序，兩個"樸"字相續，構成頂真格，似乎內容更緊湊，語言更流暢。這也是"改善"原本的意圖，但似乎並非必要。

以上三節的文字和順序引起很多爭議和校改的主張，比如，認為"為天下式"一節是後人妄增，其根據大多是《莊子》和《淮南子》的引文（參見陳鼓應 1984，179—181；鄭良樹 1997A，141—143）。帛書本出土，證明古書引文並非逐字逐句嚴格整段抄寫，據古書引文作校勘，應該多一層考慮和顧慮。

(5)"樸散則為器，聖人用之則為官長，故大制不割。"

此節河上本、王弼本同。"聖人用之則為官長"，帛書甲乙本皆無"之"字。劉殿爵說："（通行本）聖人用之"的"之"是指"器"。聖人是君子，"君子不器"，但能夠用"樸散"而成的"器"，所以能為官長。帛書本作"聖人用則為官長"，"聖人用"下無"之"字。按語法"聖人用"是被動句，意思是"聖人為人所用"，因而成為官長，這樣便與上句相對。"樸"本來不是器，散了便成器，"聖人"本來不為官長，但為人所用，便成為官長。今本與帛書本意義區別很大（劉殿爵 1982,35）。按劉說，《老子》之聖人不等於現實的統治者之義甚明。

析評引論

28.1　《老子》與《詩經》：典型一例

大體說來，老子中的韻文部份的修辭、句式、韻式都與《詩經》

接近，此章則是《老子》中最典型的詩經式的韻文。本章主體是以三
個"知其×，守其×"為首句的段落（相當於詩經中一首詩的三章），
是典型的詩經式的章與章之間的迴環往復的修辭手法。王力把迴環分
為一章之內的迴環和章與章之間的迴環。認為章與章之間的迴環更是
《詩經》的特色。有的學者則把章與章之間的迴環稱作"連章疊句"。
《詩經》是民歌體，習慣上把一首詩稱為一篇，把一首詩內的反復吟
唱的節或段稱為章，而這正相當於《老子》中的段或節。《老子》中
段或節之間的迴環就相當於《詩經》的章與章之間的迴環（第五十二
章即可看作章與章之間的迴環）。下面 ○ 代表重複的部份，△ 代表韻
腳。

  塞其兌，
  閉其門，
  終身不勤。（文部）

  啟其兌，
  齊其事，
  終身不棘。（之幽合韻）

在《詩經》的章與章之間的迴環中，王力特別標出一類，在這類詩
中，各章除韻腳不同以外，其餘字句則完全相同或幾乎完全相同。如
《鄘風‧牆有茨》：

  牆有茨，不可埽也；
  中冓之言，不可道也。
  所可道也，言之丑也。（幽部）

  牆有茨，不可襄也；
  中冓之言，不可詳也。

所可詳也，言之長也。（陽部）
〇〇△〇　〇〇△〇

牆有茨，不可束也；
〇〇　〇〇△〇
中冓之言，不可讀也。
〇〇　〇〇△〇
所可讀也，言之辱也。（屋部）
〇〇△〇　〇〇△〇

如果我們用"×"代表變化的字，這首詩的三段就可以合寫為下列形式：

牆有茨，不可×也；
中冓之言，不可×也。
所可×也，言之×也。

這種迴環重複的修辭手法在《楚辭》中顯然是沒有的。但是，在《老子》中，除韻腳不同，其餘字句幾乎完全相同的段落卻不少，本章，尤其是帛書本，就是典型的代表。本章前三段就可以合寫成下列格式：

知其×，守其×，為天下×。
為天下×，恆德不×。
恆德不×，復歸于××。

這說明《老子》中也有典型的《詩經》式的章與章之間的迴環，而且不斷重複主要詞語，只更換韻腳的字。此外，第五十四章中的一組句子可以縮寫成"修之×，其德乃×"，第三十六章也有"將欲×之，必固×之"的迴環句，第五十六章也有"不可得而×，亦不可得而×"的句組。這說明《老子》的迴環的句式與《詩經》的相似不是個別的或偶然的。

　　這一章是《老子》中《詩經》風格的典型代表。它是以四字句為主的韻文，但有整齊的三字句，偶有五字句，句式絕不死板，篇幅也不長；文中既有各段之內的反復吟詠，又有段與段之間的重複表現；既有字詞的重複，又有句子的頂真式迴環；在各段之間，除韻腳不同之外，其餘字句基本雷同；其壓韻方式也完全符合《詩經》的疊句和密韻的特點。這都是《詩經》的風格特點，而不同於《楚辭》的形式。

《老子》八十一章中，像本章這樣典型的《詩經》式的章與章之間的迴環只此一例，然而從來沒有人感到其風格與其他各章有何明顯不同和齟齬。這說明《老子》的語言風格和文體特點是渾然一體的，不像是不同人在不同時代的拼湊。同時，這說明《老子》中的《詩經》風格的流露是自然天成的，其語言形式隨表達思想內容的需要而自由變化，或韻或散，亦詩亦文，半詩半文，多變而統一，並非刻意模仿《詩經》之格式。即以本章來說，雖然是典型的《詩經》體，但其獨特的三、三、四的句式和四字句的結合卻是《詩經》中沒有的，連續重複四字句構成頂真句式也是《詩經》中沒有的。末段自然演變為散文或半散文式句子，也過渡自然。這完全是思想自由表達的體現，絕無刻意模仿作詩的痕跡。

28.2 何者"守其雌"？

本章提出了一個相當獨特的命題，這就是"知其雄，守其雌"。這一命題形象而明確地表達了老子的價值性和方法性原則。這是非常值得注意的一個命題。

"知其雄，守其雌"的重點當然是"守其雌"，但正確理解的要害則在於"知其雄"。"知其雄"點明老子的說話對象是"雄"者，而不是"雌"者。"知其雄"不僅僅是認識到"雄"之特點的優勢，而且是實際具有"雄"之優勢的狀況，是對自己的實力之強大、自信之飽滿的充分了解和掌握。然而，正是這樣的"雄者"，應該"守其雌"。老子並不是針對雌者或弱者提倡雌柔之道的。"其雄"是實然已有之優勢，"其雌"則是應當採取的姿態、方法、原則，而不是自身的

"雌"性特點或弱點。"守其雌"就是要以濡弱謙下的姿態面對世界，處理社會政治問題。顯然，這裏的"知其雄"是讓步，相當於"即使"、"儘管"引領的條件，"守其雌"才是主句，是重點。這裏的"雌"、"雄"並不是一個事物的並列或等價的兩個方面。

顯然，老子主張"守其雌"並不是因為不懂得或不具有雄性特點的優勢和價值，更不是來自於吃不到葡萄就說葡萄酸的狐狸式的自我安慰或排遣，而是經過對社會、歷史深入觀察、思考而得出的嚴肅的論題。"知其雄"的說法說明老子所表彰的"守其雌"者不是不懂得或不具有雄性力量和自信的人，而是強者、主導者應該實行雌柔的原則。總之，老子的雌柔原則不是為弱者而設計的權宜策略，而是普遍的、特別值得大國、強者，即"雄"者重視的根本性價值、方法和原則。

"雄者"應該"守雌"，那麼，雌者、弱者呢？老子主張"柔弱勝剛強"，由此看來，老子並不主張雌者、弱者永遠自甘柔順，一味守雌、示弱，而是應該有自強的信心和耐心，以及確實的努力去等待和爭取變化。然而，強者尚且應該守雌，弱者則更不應急於求勝，更不應爭強躁動，這是顯而易見的推論了。

這裏用"雌"、"雄"作比喻，既非講男女問題，亦非與男女問題毫無關涉。《老子》的雌性比喻更充分、更形象地突出了老子提倡的自然、容納、柔韌、柔弱、謙下、虛靜、和諧、無限等概念、價值和方法。這些觀念都接近於傳統習慣所認定的女性的性格特點，而和男性特點適成對照，因此，"知其雄，守其雌"雖然不是直接指涉男女問題，但畢竟隱含了在兩性之間更推重雌性特點的價值取向，正如以鮮花比喻美女必定是承認鮮花之美的。這就是老子的雌性比喻作為文化象徵符號的性別意義。據此，我們也可以將老子對雌性特點的推重稱為雌柔原則或慈柔原則。不過，這種性別傾向畢竟只是"隱含"在文化象徵符號之中的，而不是直指男女之別。因此，我們不必糾纏於女性主義的許多關於現實問題的討論，而應直接從文化價值、從社會整體的角度來討論社會秩序問題，包括男女問題。

28.3　雌雄一體乎？

　　關於《老子》之雌性比喻，流行的觀點是歸之為母系社會或女性生殖崇拜的殘餘影響（見析評引論 6.2）。與流行觀點針鋒相對的是安樂哲（Roger Ames）的論點，他的論證方法相當特別。他先把老子的雌性比喻放在一邊，首先強調老子之道是有機的整體（organistic and holistic），而有機體理論強調各個部份相互決定、相互定義，互為條件。因此，要理解一個部份，就必須理解整體。而道家的真人就是這種永恆之道以及自然之道的具體體現，或者說是道的對等體或摹本（analogue）。根據這個前提，他提出道總是包涵對立雙方的，正如"明道若昧，進道若退，夷道若纇"，而道家的真人也是"大成若缺"、"大盈若沖"、"大直若屈"、"大巧若拙"、"大辯若訥"，據此，道家的完滿人格就一定應該是包涵雌雄對立雙方的和諧體（conciliation of the feminine/masculine dichotomy）。他進而說："知其雄，守其雌"中的"知"就是王陽明所說的"知是行之始，行是知之成"之知，因此"知其雄"就是在行動中體現"雄"之特點（Ames 1981）。這樣，"知其雄，守其雌"的意思就是既要在行動中體現雄性特點，又要體現雌性特點，而不是強調雌柔之道了。其結論就是老子打破了雌雄之二元對立，提倡雌雄同體、陰陽和諧的（androgynous）理想人格。

　　這種論證方法的關鍵在於他不是從直接理解老子中的雌性比喻的文本入手，而是從道為有機整體的前提出發，由此重新解釋老子的文句，把雌雄比喻的意義塞入雌雄一體的框架中。由此而來，"道"之概念的複雜性被歸結為整體論之有機體，真人之道與宇宙本根的關係被簡化為對等體，雌性比喻的意義與巧拙、曲直、成缺之間正反相依的辯證關係都成了同樣的陰陽合體。

　　說道家的理想人格是雌雄同體的，這似乎是無可辯駁的。然而，這和老子哲學的基本理論和基本概念沒有多少關係，和他的雌性比喻也沒有直接的必然的聯繫。安樂哲的詮釋忽略了、跳過了，或者說是抹煞了《老子》中的雌性比喻的可能涵義和意向。不錯，老子是主張社會和諧的，"道法自然"之真意可能就是社會的自然而然的秩序與和諧。老子又講過"萬物負陰而抱陽"，所以認為老子崇尚陰陽和諧是絕對正確的。由此也可以"引申出"或"推導出"男女兩性和諧的思想，以及道家真人自身的陰陽同體的觀念，但這並不是老子雌性比喻本來的意思。在《老子》原文中我們找不出道之陰陽和諧的結論或真人雌雄同體的理想。

如何實現陰陽和諧呢？只有通過雌柔原則來制衡和糾正片面強調雄武扞格、逞強爭鬥的風氣，才有利於實現社會的和諧。在這裏提倡或強調真人雌雄同體的理想並不能對充滿殺伐、爭鬥、弒君、僭越的社會現實提供針鋒相對的直接的救治方案，而"知其雄，守其雌"才是對恃強凌弱、逞強爭霸的社會現實的直接回應、批評和救治。

28.4　雌柔原則：象徵及目標

上文（析評引論 28.2）提出，老子之雌柔原則不直接指涉男女問題，但隱含了在兩性之間更推重雌性特點的價值取向。這意味著我們承認雌柔就是女性之重要特點。一些激進的女性主義者會對這種看法提出強烈抗議：誰說我們女人就應該永遠對男人柔順下去？當然，這種抗議與筆者的立場無關。不過，這種抗議提醒我們思考：應該如何看待傳統社會對男女之別的印象或成見（stereotype）？對傳統社會描述的女性特徵是否應該全盤否定呢？

顯然，老子所描述的雌性的特點必不可免地反映了人們對女性的傳統看法。當代女性主義思潮認為傳統社會中關於女性的描述是女性之受壓迫、受歧視的根源之一。傳統社會認為女性應該溫柔、順從、被動，不應該像男性一樣主動、強悍、獨立。多數女性主義者認為這種所謂的女性美德是男權社會強加在女性身上的精神枷鎖，是女性之所以甘於忍受男權壓迫的社會歷史根源和思想根源。女性的特點完全不是或主要不是生理上的男女之別造成的，而是男權社會的歷史文化為了鞏固男人的利益而塑造出來的。這種分析大體是成立的。

然而，老子哲學告訴我們，"牝恆以靜勝牡"，"柔弱勝剛強"。在老子看來，雌性的柔順特點並不一定是弱點或負面特徵，這不是對女性的限制，而是揭示女性特點優於男性之處。《老子》是一部男人寫給男人看的書，老子絕不是要以傳統的對女人的偏見來壓迫女人，而是要男人，特別是在社會中佔據主導地位的男人，包括大國的管理者、領導者實行雌柔的原則，這樣才可能實現無為而治，實現自然的和諧，即自然的社會秩序以及國際秩序。顯然，這裏的雌柔原則不是現實中的女人的行為原則，而是文化象徵中的原則，因此男人實行這種原則並不等於實行女人的原則。

事實上，現實的女人的特點是無法定義的，女人可以柔情似水、百般溫柔，也可以堅貞不二、寧死不屈，甚至可能因感情破碎而冷若冰霜、出奇地殘忍。這些完全不同的特點都能在歷史或現實生活中找到實例。不從文化象徵的角度，而從現實生活中之男女的角度是無法確定女性特點的。從文化符號、價值象徵的角度考慮傳統社會賦予女性的柔順的特點就可以避免現實的女性特點的複雜性。老子的雌柔原則不是女性的弱點，而是一種正面的價值，是佔主導地位的男性應該採取的原則。在今天提倡這種雌柔原則，應該是有利於提高女性的社會地位，並實現男女的平等與和諧的。和其他各種宗教相比，受到老子哲學影響的道教對女性就較多重視，較少歧視，這當然不是偶然的。

因此，從老子哲學出發，我們可以問，如果推翻了男權的壓迫，或者為了推翻男權的壓迫，是否應該對老子所描述的雌性的美德及其力量全部否定，從而自覺或不自覺地以傳統社會的男性美德、男性英雄主義，甚至男性霸王習氣來改造和塑造現代女性？如果現代女性都以傳統社會的男性英雄主義為解放的標誌和努力方向，是否真的有利於女性的社會地位和生活素質的提高？其實，那樣作正是以傳統社會男性霸權的價值為價值，並不利於糾正男性的征服者、統治者的心理傾向，因此不利於從根本上創造一個適於女性、乃至全人類和諧生存發展的環境。

第 二 十 九 章

原文對照

河 29.1　將欲取天下，而為之，　　傅 29.1　將欲取天下而為之者，

河 29.2　吾見其不得已。　　　　　傅 29.2　吾見其不得已。

河 29.3　天下神器，不可為也。　　傅 29.3　夫天下神器，不可為
　　　　　　　　　　　　　　　　　　　　也。

河 29.4　為者敗之，執者失之。　　傅 29.4　為者敗之，執者失之。

河 29.5　故物或行或隨，或呴　　　傅 29.5　凡物或行或隨，或噤
　　　　　或吹，　　　　　　　　　　　　或吹，

河 29.6　或強或羸，或載或隳。　　傅 29.6　或彊或剉，或培或墮。

河 29.7　是以聖人去甚、去奢、　　傅 29.7　是以聖人去甚，去奢，
　　　　　去泰。　　　　　　　　　　　　去泰。

王 29.1　將欲取天下而為之，　　　帛 29.1　將欲取天下而為之，

王 29.2　吾見其不得已。　　　　　帛 29.2　吾見其弗得已。

王 29.3　天下神器，不可為也。　　帛 29.3　夫天下，神器也，非
　　　　　　　　　　　　　　　　　　　　可為者也。

王 29.4　為者敗之，執者失之。　　帛 29.4　為之者敗之，執之者失之。

王 29.5　故物或行或隨，或歔　　　帛 29.5　物或行或隨，或熱，
　　　　　或吹，

王 29.6　或強或羸，或挫或隳。　　帛 29.6　或坐或培或墮。

王 29.7　是以聖人去甚，去奢，　　帛 29.7　是以聖人去甚，去大，
　　　　　去泰。　　　　　　　　　　　　去奢。

對勘舉要

（1）本章河上、王弼、傅奕各本大同小異。帛書本字句有重要不同，可糾正一些誤解。竹簡本無本章內容。河上本題為“無為”，可算不誤。

（2）“將欲取天下而為之，吾見其不得已。”

這兩句，河上本、王弼本同。傅奕本第一句後衍“者”。“不得已”，帛書本作“弗得已”，意義明確，當從帛書本。“不得已”可誤解為“迫不得已”之義，“弗得已”是“不可得之矣”，沒有誤解的餘地。

（3）“天下神器，不可為也。為者敗之，執者失之。”

此節河上本、王弼本都是整齊的四字句，傅奕本大體同之。帛書甲乙本各有殘缺，但可相互補足。帛書本句式與通行本很不相同，意義則十分明確。表面上看，帛書本用虛詞較多，以後諸本不過刪去虛詞而已，但刪去虛詞後，意義不明確，常引起誤解，不可從之。

通行本“天下神器，不可為也”，似乎神器是“不可為”的主語，神器又解為“樸散則為器”之“器”，意同萬物，句義可疑。而帛書作“夫天下，神器也，非可為者也”，則全句主語是“天下”，“神器”指天下，“非可為者”也是指涉天下，意義甚明。張丰乾論此甚詳（張丰乾2000，213—214）。後人刪去虛詞，造成整齊的四字句，似乎為了突出《老子》原有的主要句式，但卻造成內容歧異，可謂“好心辦壞事”。看來，只有好心是很不夠的，水平和態度也同樣重要。

論者多據《淮南子·原道》引文主張在“不可為也”之後補“不可執也”，以與下文“為者敗之，執者失之”相對應。其說有理，但不合古本，亦非必要。《淮南子》所引已補“不可執也”，或另有所本，或憑記憶合引本章與第六十四章之大意。愚意以為後者可能性更大。

“為者敗之，執者失之”兩句，帛書甲本同，乙本作“為之者敗之，執之者失之”。這兩句也見於第六十四章，論者或曰一處為衍文，或欲合併兩章內容。然這兩句在本章與第六十四章各有上下文，不似衍文或錯簡。

(4)“故物或行或隨，或歔或吹，或強或羸，或挫或隳。是以聖人去甚，去奢，去泰。”

此為王弼本。此節各本用字均有不同。第一句前的“故”字，帛書甲本無，乙本或有（高明釋讀），傅奕本作“凡”。根據上下文義，不應有“故”。作“凡”則於意無礙。“或行或隨”，于省吾說：“行謂先，隨謂後也。”（于省吾 1962，239）

“或歔或吹”一句，“歔”，河上本作“呴”，傅奕本作“噤”，帛書甲本作“炅”，乙本作“熱”，高明皆讀為“噓”。“或吹”二字，帛書甲本殘，乙本作“或炊”，高明讀為“或吹”（高明 1996，379）。

“或強或羸”一句，甲本殘，整理者據通行本補，乙本無此句。“羸”，傅奕本作“剉”，傅奕本接近古本。

“或挫或隳”一句，傅奕本作“或培或墮”，帛書本多用異體字，整理者讀為“或培或墮”。“挫”，河上本作“載”，以“載”為是，與“墮”相對（俞樾 1934，149—150）。

“是以聖人去甚，去奢，去泰”一段，河上本、王弼本、傅奕本相同，帛書甲乙本有異體字，整理者讀為“是以聖人去甚，去大，去奢”，“大”同“泰”。此句不入韻，用詞順序與韻腳無關。

析評引論

29.1　“取”乃“治”乎？

本章“取天下”的“取”，今人多釋為“治”。訓“取”為“治”，根據何在？蔣錫昌云：“《廣雅‧釋詁三》：‘取，為也。’《國語》‘疾不可為也。’韋解，‘為，治也。’是‘取’與‘為’通，‘為’與

'治'通……'將欲取天下而為之，吾見其不得已'言世君將欲治天下而為有為者，吾見其無所得也。"（蔣錫昌 1937，192）蔣氏之考證和推理並不可取。《廣雅‧釋詁》的訓釋原則是以普通字訓特殊字，如"取，屬，役，靡，偽，印，方，為也"。前面的"取，屬，役，靡，偽，印，方"都是特殊的行為或動作，"為也"是說這些特殊的字都是一種動作或行為。如果按照蔣錫昌的推理方法，這些特殊的字都通"為"，而"為"可通"治"，則"屬，役，靡，偽，印，方"諸字都可訓為"治"，這顯然是不能成立的。

蔣錫昌的另一個根據是河上公第四十八章註："取，治也。"（王卡 1993，186）然而奇怪的是本章和第五十七章的"取天下"之"取"，河上公並沒有訓為"治"。第五十七章"以正治國，以奇用兵，以無事取天下"，河上公註為"以無事無為之人，使'取'天下為之主"（同上，220）。這裏似乎還是用"取"字的"獲得"之義，要無事無為之人獲得天下，為天下之主。對於本章"將欲取天下"一句，河上公釋為"欲為天下主也"（同上，118），而不是"將欲'治'天下"，似乎又保留了"取"的"獲取"、"獲得"的本意。這樣看來，以取為治的註釋在其發明者那裏也是孤例，似乎河上公本人對於以取為治的訓釋並不十分認真，他甚至沒有想到對三章中的"取天下"之"取"應該有共同的解釋。

河上公以取為治的註釋在古代影響似乎不大。想爾註本，以及王弼、唐玄宗、宋徽宗、蘇轍、呂惠卿、王雱、林希逸、李嘉謀、薛致玄、吳澄、釋德清、明太祖、李贄等各家註釋均不採以取為治的說法。焦竑則僅在一處有訓"取"為"治"之意。《廣雅》中訓為"治也"的字有十多個，其中並無"取"字。其他古代字書、韻書、辭書，也沒有發現釋"取"為"治"者。

"取"之本義多與取得或獲取有關，如《詩經‧豳風‧七月》"取彼狐狸，為公子裘"，〈小雅‧甫田〉"倬彼甫田，歲取十千"，《左傳‧莊公六年》"而君焉取余"，《論語‧公冶長》"好勇過我，無所取材"。當然，這些"取"字當隨文訓詁，不能以一個固定的解釋套用到所有的句子中，但大體說來，這些句子中的“取”字多與取得有關，如獵取，收取，獲取，選取，求取等。從古代辭書、韻書以及先秦典籍中的用法來看，把“取”解釋為治理之治是沒有根據的。河上公之說只是他個人的一時之說，孤例單解，不足為訓。

　　為甚麼今人多把“取”訓為“治”？其原因似乎在於老子講自然無為，因此不應該去爭取獲得天下。把“取天下”解釋成“治天下”，這個矛盾就解決了。然而，以取為治並無前例和旁證，難以成立。那麼，如果“取”即獲取之義，“取天下”的說法與《老子》自然無為的主張是否有衝突呢？在析評引論 48.2 再作討論。

第 三 十 章

原文對照

河 30.1　以道佐人主者，

傅 30.1　以道佐人主者，

河 30.2　不以兵強天下，其事好
　　　　還，

傅 30.2　不以兵彊天下，其事好
　　　　還。

河 30.3　師之所處，荊棘生焉。

傅 30.3　師之所處，荊棘生焉。

河 30.4　大軍之後，必有凶年。

傅 30.4　大軍之後，必有凶年。

河 30.5　善者果而已，

傅 30.5　故善者果而已矣，

河 30.6　不敢以取強。

傅 30.6　不敢以取彊焉。

河 30.7　果而勿矜，果而勿伐，
　　　　果而勿驕，

傅 30.7　果而勿矜，果而勿伐，
　　　　果而勿驕。

河 30.8　果而不得已，果而勿強。

傅 30.8　果而不得已，是果而勿彊。

河 30.9　物壯則老，是謂不道，
　　　　不道早已。

傅 30.9　物壯則老，是謂非道，
　　　　非道早已。

王 30.1　以道佐人主者，

帛 30.1　以道佐人主，

王 30.2　不以兵強天下，其事好還。

帛 30.2　不以兵強於天下。其□
　　　　□□，

王 30.3　師之所處，荊棘生焉。

帛 30.3　□□所居，楚棘生之。

王 30.4　大軍之後，必有凶年。

帛 30.4　善者果而已矣，

王 30.5　善有果而已，

帛 30.5　毋以取強焉。

王 30.6　不敢以取強。

帛 30.6　果而毋驕，果而勿矜，
　　　　果而□伐，

王 30.7　果而勿矜，果而勿伐，
　　　　果而勿驕。

帛 30.7　果而毋得已居，是謂果
　　　　而強。

王 30.8　果而不得已，果而勿強。

帛 30.8　物壯而老，謂之不道，
　　　　不道早已。

王 30.9　物壯則老，是謂不道，不道早已。

竹 30.1　以道佐人主者，

竹 30.2　不欲以兵強於天下。

竹 30.3　善者果而已，

竹 30.4　不以取強。

竹 30.5　果而弗伐，果而弗驕，果而弗矜，

竹 30.6　是謂果而不強。

竹 30.7　其事好〔還〕。

對勘舉要

（1）竹簡本有本章主要內容，抄在甲本第一組相當於第四十六章之後、第十五章之前。前後及中間都有類似於斷句符號的短線。河上本題為"儉武"，差強人意。

（2）"以道佐人主者，不以兵強天下，其事好還。"

此節王弼本、河上本、傅奕本大體相同。帛書本少一"者"字，"強"後多一"於"字。竹簡本前兩句意思最為完整，作"以道佐人主者，不欲以兵強於天下"，比帛書本和傳世本多一"欲"字，比傳世本多一"於"字。"其事好還"一句，甲乙本皆殘，無"事好還"三字。竹簡本此句卻在章末，與各本均不同。竹簡本此句與相當於第十五章的文字相續，中間有短線斷句，似兼作分章符號。原作"其事好/長古之善為士者"。整理者從其斷句，將斷句號後面的"長"字屬第十五章，作"長古"，相當於"上古"，並以為"其事好"後脫一"還"字〔參見第十五章對勘舉要（2）〕。李零認為竹簡本原斷句有誤，"長"當屬上讀，則原文作"其事好長"，而與"長"相當的字其實是"還"。"長"有遠義，"還"與"遠"通，似本讀為"遠"（李零2002，8）。

"其事好還"的解釋頗為歧異困難。竹簡本"其事好（還）"接上文似乎是說"果而不強"會有好報，似比傳世本意思更為直接。高亨據王弼本云："好"即"孔"，即"甚"。"還"借為"連"，凶危也。"其事好還"者，言其事甚凶危也（高亨1957，70）。古棣贊之。然此說似乎有些迂曲。陳鼓應解"其事好還"云：用兵這件事一定會得到還報（陳鼓應1984，190）。

（3）"師之所處，荊棘生焉。大軍之後，必有凶年。"

這一節河上本、王弼本、傅奕本皆同。帛書甲乙本"師之所處"一句俱殘，明顯沒有"大軍之後，必有凶年"兩句，古本多無此句，倫敦所藏敦煌殘本四種皆無此兩句（程南洲 1985，85）。馬敍倫引述各家，並推敲王弼註，得出結論說：王弼本本無此兩句，成玄英於此兩句無疏，則成本亦無，蓋古註文所以釋上兩句者也（馬敍倫 1957，99）。勞健更引《漢書·卷六十四上》淮南王劉安上書為證："臣聞'軍旅之後，必有凶年'……於是山東之難始興。此《老子》所謂'師之所處，荊棘生之'者也。"可見"軍旅之後，必有凶年"在漢代非《老子》之文。帛書本證明其說。疑後人誤將此句羼入《老子》。本節竹簡本全部付之闕如。考竹簡本文義完足，此節似非必要，或為後人解釋發揮而羼入。

"荊棘生焉"一句，帛書乙本"荊"字殘，甲本作"楚朸生之"。劉殿爵云：秦莊襄王名子楚，今本"荊"字因避諱而改（劉殿爵 1982，12—13）。

(4) "善者果而已，不敢以取強。果而勿矜，果而勿伐，果而勿驕。果而不得已，果而勿強。"

此為河上本。第一句"善者果而已"，河上本、竹簡本同。"善者"，王弼本作"有"，俞樾據王弼註斷定形近而誤，應作"者"，高亨從之（高亨 1957，71）。傅奕本作"故善者果而已矣"，帛書本近之而無"故"字。這句河上本與竹簡本同而與其他版本不同是少見的情況。"不敢以取強"，帛書甲乙本作"毋以取強焉"。竹簡本作"不以取強"，句式最為簡捷。俞樾據唐景龍碑本和王弼註文斷定"敢"字為衍文，乃涉河上公註文"不以果敢取強大之名也"而增（俞樾 1934，150）。帛書本與竹簡本證之。

"果而勿矜，果而勿伐，果而勿驕"三句，傳世本排序相同，帛書本"毋驕"句在"勿矜"、"勿伐"之前，倫敦所藏敦煌殘本四種皆同帛書本（程南洲 1985，87），但不用"毋"，一律用"勿"。竹簡本三句順序與傳世本、帛書本均不同，作"弗伐"、"弗驕"、"弗矜"。

"果而不得已，果而勿強"，王弼本、河上本同，傅奕本第二句前多一"是"字，帛書甲本作"果而毋得已居，是謂果而不強"，乙本脫"不"字，乃誤奪，當補。與帛書本相比，竹簡本只有"是謂果而不強"一句，連接上文，作"果而弗伐，果而弗驕，果而弗矜，是謂果而不強"，文義更為清晰有力。

(5)"物壯則老，是謂不道，不道早已。"

此節王弼本、河上本同，傅奕本、帛書本略有文字出入。竹簡本無此節。此節與第五十五章末段相重複。竹簡本第五十五章有"物壯則老，是謂不道"二句。姚鼐認為此節在本章是衍文（姚鼐1783，上21B）。竹簡本似證之。

析評引論

30.1　"果"與"強"的尺度

論者多認為本章講用兵之道，其實是講限制用兵或反對用兵之道。本章的重點是"善者果而已"和"果而不強"，其用意並不限於軍事行動。如果認真讀竹簡本，這一點就更為明確。對於"果"，註家解釋往往離不開用兵。河上公解"善者果而已矣"曰："善用兵者，當果敢而已，不美之。"（王卡1993，121）王安石謂："果，勝之辭。"高亨云："《左傳‧宣公二年》傳'殺敵為果。'《爾雅‧釋詁》'果，勝也。'果而已猶云勝而止也。"（高亨1956，71）蔣錫昌引左傳孔疏"能殺敵人，是名為果……是軍法務在多殺"云："言善用師者，務在能殺敵人而已。"（蔣錫昌1937，201）這些註釋雖然有文字根據，但殺伐之氣頗重，不合《老子》的道法自然的基本思想格調。

王弼註云："果，猶濟也。言善用師者，趣以濟難而已矣，不以兵力取強於天下也。"（樓宇烈1980，78）其說雖然也講用兵，但是看到了"果"和"強"的區別。司馬光云："果猶成也，功成則已。"（司馬光1086，二4A。高明引文還有"大抵禁暴除亂，不過事濟功成則止"二句，見高明1996，383，未知所據。）司馬光的說法似切中本旨。"果"的意思是"濟"和"成"，不必限於用兵。"果"字即一般"結果"和"果然"之"果"，表示達到了預期目的，如"而果得晉國”（《左傳·僖公二十八年》），“臣荐翟角而謀得果”（《韓非子·外儲說下》），其反義詞即“不果”，如“欲與之伐公，不果”（《左傳·哀公十五年》）。

按照“果”的一般意思，本章的思想就不僅是對用兵的制衡，而且是主張一切行動達到某種效果和目的即可，不應恃能逞強，不應有過份或不必要的行動（善者果而已矣，毋以取強焉），有了成果也不應驕傲自得，不應矜持自夸，不應炫耀自揚（果而毋驕，果而勿矜，果而毋伐），這才是能成功而不逞強的人（是謂果而不強）。

然而，何者為“果”？即以用兵為例，殺多少敵人才算“果”？要不要“宜將剩勇追窮寇”？要不要“痛打落水狗”？老子的說法是：“以道佐人主者，不欲以兵強天下。”“以道佐人主”是原則，其具體內容則是“不欲以兵”和“不欲強天下”兩方面，也就是說，不用兵而強天下也是不好的，所以下文說“不以取強”，提倡“果而不強”。“果”就是達到了實際效果，“強”則是在“果”之外進一步的行動，顯示自己之強，炫耀自己之強，要天下人承認服從，即“強天下”。《老子》並不是甚麼事都不要作。《老子》要的是實力之“果”，只是不要“強天下”之表。

這裏的“果”和“強”之間就有一個分寸、界限或尺度，而分寸不當也會帶來“果”的不同，“質”的不同。孟子曰：“仲尼不為已甚者。”（《孟子·離婁下》）這說明儒家也講分寸、尺度。然而儒家和道家的尺度又不同。儒家倡導正義之師，討逆之戰，道家則不會。按照《老子》的原則，除了百分之百的自衛戰，一切戰爭都是不應該提倡的。即使是自衛戰勝利了，也應該“以喪禮處之”。成功自衛是“果”，開慶功會則是“強”。而儒家和一般人則會認為開慶功會是理所當然的，不能算“強”。

道家不是不講是非，而是以道法自然為最高原則，把人類宇宙的和諧看得更高、更重要。道法自然的意義之一就是強調人類的、社會的自然和諧高於一己、一派的是非，非如此則沒有人類的、社會的自然的秩序，而只能是以己之是非壓迫他人是非的強制的秩序。

第 三 十 一 章

原文對照

河 31.1　夫佳兵（者），不祥之器，　　傅 31.1　夫美兵者，不祥之器。

河 31.2　物或惡之，故有道者　　　傅 31.2　物或惡之，故有道者
　　　　　不處。　　　　　　　　　　　　　　不處。

河 31.3　君子居則貴左，　　　　　傅 31.3　是以君子居則貴左，

河 31.4　用兵則貴右。　　　　　　傅 31.4　用兵則貴右。

河 31.5　兵者，不祥之器，　　　　傅 31.5　兵者，不祥之器，

河 31.6　非君子之器，　　　　　　傅 31.6　非君子之器，

河 31.7　不得已而用之。　　　　　傅 31.7　不得已而用之，

河 31.8　恬惔為上。勝而不美，　　傅 31.8　以恬惔為上，故不美也。

河 31.9　而美之者，是樂殺人。　　傅 31.9　若美必樂之，樂之者是
　　　　　　　　　　　　　　　　　　　　　　樂殺人也。

河 31.10　夫樂殺人者，　　　　　傅 31.10　夫樂人殺人者，

河 31.11　則不可以得志於天下矣。　傅 31.11　不可以得志於天下矣。

河 31.12　吉事尚左，凶事尚右。　傅 31.12　故吉事尚左，凶事尚右。

河 31.13　偏將軍居左，　　　　　傅 31.13　是以偏將軍處左，

河 31.14　上將軍居右，　　　　　傅 31.14　上將軍處右，

河 31.15　言以喪禮處之。　　　　傅 31.15　言居上勢，則以喪禮
　　　　　　　　　　　　　　　　　　　　　　處之。

河 31.16　殺人眾多，以悲哀泣之。　傅 31.16　殺人眾多，則以悲哀
　　　　　　　　　　　　　　　　　　　　　　泣之。

河 31.17　戰勝，以喪禮處之。　　傅 31.17　戰勝者，則以喪禮處
　　　　　　　　　　　　　　　　　　　　　　之。

王 31.1　夫佳兵者，不祥之器。　　帛 31.1　夫兵者，不祥之器也。

王 31.2　物或惡之，故有道者　　　帛 31.2　物或惡之，故有欲者
　　　　　不處。　　　　　　　　　　　　　　弗居。

王 31.3　君子居則貴左，　　　　　帛 31.3　君子居則貴左，

王 31.4　用兵則貴右。
王 31.5　兵者，不祥之器，
王 31.6　非君子之器。
王 31.7　不得已而用之，
王 31.8　恬淡為上，勝而不美。
王 31.9　而美之者，是樂殺人。
王 31.10　夫樂殺人者，
王 31.11　則不可以得志於天下矣。
王 31.12　吉事尚左，凶事尚右。
王 31.13　偏將軍居左，
王 31.14　上將軍居右，
王 31.15　言以喪禮處之。
王 31.16　殺人之衆，以哀悲泣之。
王 31.17　戰勝，以喪禮處之。

帛 31.4　用兵則貴右。
帛 31.5　故兵者非君子之器。
帛 31.6　兵者不祥之器也，
帛 31.7　不得已而用之，
帛 31.8　銛憷為上，勿美也。
帛 31.9　若美之，是樂殺人也。
帛 31.10　夫樂殺人，
帛 31.11　不可以得志於天下矣。
帛 31.12　是以吉事上左,喪事上右;
帛 31.13　是以偏將軍居左，
帛 31.14　而上將軍居右，
帛 31.15　言以喪禮居之也。
帛 31.16　殺人衆，以悲哀莅之;
帛 31.17　戰勝而以喪禮處之。

竹 31.1　君子居則貴左，
竹 31.2　用兵則貴右。
竹 31.3　故曰兵者□□□□□，
竹 31.4　□得已而用之，
竹 31.5　銛纏為上，弗美也。
竹 31.6　美之，是樂殺人。
竹 31.7　夫樂□，
竹 31.8　□□以得志於天下。
竹 31.9　故吉事上左，喪事上右。
竹 31.10　是以偏將軍居左，
竹 31.11　上將軍居右，
竹 31.12　言以喪禮居之也。
竹 31.13　故殺□□，則以哀悲敓之;
竹 31.14　戰勝則以喪禮居之。

對勘舉要

(1) 本章王弼本與河上本只有個別字的不同，傅奕本不同字句稍多。竹簡丙本有本章的相關內容，抄在五根竹簡上，自成一組，整理者將其編為第三組。河上公題為“偃武”，得其旨。

(2) “夫佳兵者，不祥之器，**物或惡之，故有道者不處。**”

此節王弼本、河上本大體同。“佳兵”，傅奕本作“美兵”，“佳”或“美”的解釋相當困難。帛書本出土為這一難題提供了最簡單的答案。帛書甲乙本均作“夫兵者”，無“佳”字，知“佳”字當刪。“故有道者不處”，帛書本作“故有欲者弗居”，“有道”作“有欲”，例同第二十四章，當非偶然〔參見對勘舉要 24（4）及析評引論 24.1〕。竹簡本沒有這一段的內容。

(3) “君子居則貴左，用兵則貴右。兵者，不祥之器，非君子之器。**不得已而用之，恬淡為上，勝而不美。**”

這一段王弼本、河上本相同。傅奕本第一句前面多“是以”二字。帛書本“兵者，非君子之器”在“兵者，不祥之器”前，並重複“兵者”二字，又前加一“故”字。竹簡本“故曰兵者”後只有五字的空格，整理者說：應作“非君子之器”還是“不祥之器也”，疑莫能定（荊門市博物館 1998，122，註 10）。根據下文講到吉凶，似以“不祥之器也”為好。“非君子之器”和“不祥之器”內容稍有重複，竹簡只言其一，更為簡練，或為古本之舊。

“恬淡”，傅奕本作“恬憺”，音義實無區別。帛書甲本作“銛襲”，乙本作“銛憺”，整理者均讀為“恬惔”（國家文獻 1980，15，註 59；99，註 34）；竹簡本作“銛纏”，整理者疑讀為“恬淡”（荊門市博物館 1998，122，註 11）。關於這兩個字，勞健曾曰：諸本異同，自古分歧，循其音義，皆不可通。今考二字乃“銛銳”之訛，謂兵器但取銛銳，無用華飾也。並云：用兵而言恬淡，雖強為之辭，終不成理（勞健 1941，上 40B）。勞說以為"恬淡"之"恬"當作"銛"，已為帛書本和竹簡本證實，可見其功力。

　　然"恬淡"之"淡"作"銳"，卻與古本不合。裘錫圭云：竹簡"銛繻"之"繻"從"糸""龏"聲，與"龔"同音，與"功"同為見母東部字。"繻"似當讀為"功"，功為尖利。此句作"銛功為上"，就是說兵器以尖利為上。帛書乙本之從"心""龍"聲之字，也可讀為"功"。帛書甲本的"襲"應是從"龍"聲之字的訛字（裘錫圭 1999，51）。按照竹簡本與帛書本，根據勞健與裘錫圭的解釋，通行本的"恬淡為上"應為"銛功為上"，是指兵器如果不得不用，當以鋒銳為上，如此，則老子思想並非不切實際的書生之見。

　　"勝而不美"，傅奕本作"故不美也"，後面作"若美必樂之，樂之者是樂殺人也"，增"必樂之，樂"四字，似為編校者所加。帛書本作"勿美也"，竹簡本作"弗美也"，二古本句式都較傳世本為簡潔明快。裘錫圭云："傳世各本及敦煌寫本中，此句有作'故不美'或'故不美也'的。語氣也是緊接上句的。'弗美'猶言'不美之'，疑是《老子》原本之舊，沒有說出來的'之'即指兵器。帛書本改'弗'為'勿'，傳本或改為'不'，與簡文距離不大。王弼本作'勝而不美'，加上'勝而'二字，就把講兵器的話變成講用兵的話了。老子的原意是說，兵器是在不得已的情況下使用的東西，祇要鋒利堅固合於實用就好，不應加以裝飾使之美觀（即勞健所謂'無用華飾'），如果這樣做，那就是以殺人為樂了。老子所處的春秋晚期，正是王公貴族刻意追求兵器精致華美之時，從古書中的吳越鑄劍傳說和徐君羨慕季札寶劍等故事就可以看出來。出土春秋晚期兵器，有的器身有美麗暗紋，有的有黃金或寶石裝飾，正是'美'兵的實例。所以老子會有上引那段話。"（同上，52）裘說從文字講到思想，頗有說服力。

（4）"而美之者，是樂殺人。夫樂殺人者，則不可以得志於天下矣。"

　　此節王弼本與河上本同。"而美之者，是樂殺人"二句，帛書本作"若美之，是樂殺人也"，竹簡本作"美之，是樂殺人"。竹簡本、帛書本的"美之"都是假設條件句，下面"是樂殺人"則是主句。傳世本加"者"，"美之者"就成了"是樂殺人"的主語，原文假設句變成了判斷句。

"夫樂殺人者"及下句，王弼本、河上本同，傅奕本"樂殺人"作"樂人殺人"，其義雖通，卻生枝蔓，實無必要，或為衍誤。"夫樂殺人者"，帛書甲乙本均無"者"，帛書本強調"樂殺人"之事而不是"樂殺人"之人，意義有所不同。竹簡本中缺三字，似應作"殺人，不可"，無"者"字之位，句式應與帛書本同。竹簡本、帛書本意義明確，句式也簡單自由，未入四字句的模式。以後各本用"者"字，實無必要。

(5) "吉事尚左，凶事尚右。偏將軍居左，上將軍居右，言以喪禮
　　處之。"

此節王弼本、河上本同，傅奕本多"故"、"是以"，"居"作"處"。帛書本多兩個"是以"，帛書本和竹簡本"凶事"皆作"喪事"。"言以喪禮處之"，帛書本、竹簡本俱作"言以喪禮居之也"，惟傅奕本增三字，作"言居上勢，則以喪禮處之"，似畫蛇添足，干擾文義。

劉信芳說：楚人上左，出軍征戰，君必左。如是則與"上將軍居右"不合。楚人傳《老子》一書，既然能將"上左"、"上右"之類如實保留，則不可能作其他改動。竹簡《老子》的準確程度應該是極高的（劉信芳 1999，71）。

此處劉說推論不當。《老子》原文說"吉事尚左"與劉說"楚人上左"並無軒輊。劉氏說"楚人上左，出軍征戰，君必左"則是沒有考慮到《老子》所說"凶事尚右"。如果考慮到吉凶之相反，則楚風與《老子》之說完全一致。葉國良說："'吉事尚左，凶事尚右'，乃是先秦時代中原各國的共同禮儀制度，以吉事言，左尊右卑，涵蓋了地理方位、宮室、昭穆、文武、主賓、男女等方面，見於《三禮》及其他相關資料者甚明。"（葉國良 2003，185）

(6) "殺人眾多，以悲哀泣之。戰勝，以喪禮處之。"

此為河上本，傅奕本大體相似，惟王弼本"眾多"作"之眾"，

句意欠佳，驗之於帛書甲本之“殺人衆”，王弼本應從河上本或帛書本正之。竹簡本缺二字，推測起來，和帛書本應大體相同。“戰勝，以喪禮處之”，各本有虛詞和用字之不同，但無關句意。惟傅奕本衍為“戰勝者”，句意滯礙，應正之。要而言之，這一段都是以事件為主語，即“殺人衆多”這件事，“戰勝”這件事，兩個“之”都是指這兩件事，不當指人。

裘錫圭云：竹簡與今本“泣”字相當之字，帛書本作“立”，簡文作“位”，整理者都讀為“莅”，無疑是正確的。羅運賢早在1928年印行的《老子餘義》中，就認為此章“泣”字“當為‘涖’之訛”，可謂卓識（裘錫圭1999，53）。

析評引論

31.1　《老子》乃兵書乎？

自唐代王真作《道德經論兵要義述》以來，關於《老子》是兵書的說法似乎不絕如縷。王真在上奏〈敘表〉中說《老子》“深衷微旨，未嘗有一章不屬意於兵也”（王真809，敘表4A）。據傳毛澤東也說過《老子》是一部兵書（李澤厚1985，77），有人發表〈《老子》是一部兵書〉的文章（翟青1974）據推測就與毛的說法有關。後來李澤厚也發表了〈孫、老、韓合說〉的文章，認為《老子》本身不一定就是講兵的書，但與兵家有密切關係。這關係主要又不在於後世善兵者如何經常運用它，而在於它的思想來源可能與兵家有關（李澤厚1985，77—78）。

《老子》中有十章提到了有關兵、戰的話題，然而，這只是非常表面的現象。實際上，這些有關兵、戰的話題表達的是一種和平主義的立場和反戰的思想。我們怎麼能將一部反戰的書說成是用兵之道或兵書呢？《老子》中的辯證觀念與《孫子兵法》是相通的，但是《孫子兵法》顯然是在講用兵之道，用兵之法，而《老子》顯然是在講“為無為、事無事”，在講“百姓皆謂我自然”，與用兵之道實在相去其遠。

本章說道"兵者，不祥之器"，"故有道者不處"，反對"樂殺人"，把戰爭看作凶事，即使打了勝仗，也要"以喪禮處之"。這是明顯的反戰思想。在其他章節中，這種反對戰爭、限制戰爭、取消戰爭的基本立場也是非常清楚的。如上一章講到"以道佐人主者，不欲以兵強於天下"，反對以武力爭取霸權地位。第六十八章講到"善為士者不武，善戰者不怒，善勝敵者不與"。這是提倡盡可能避免正面的軍事衝突。第六十九章說"用兵有言曰：吾不敢為主而為客，不敢進寸而退尺。"反對在戰爭中採取進攻姿態。第七十三章帛書本說"天之道，不戰而勝"。顯然把戰爭作為不得已的最後手段，反對輕率地用戰爭手段解決問題。第八十章說"雖有甲兵無所陳之"，顯然是嚮往一個沒有戰爭、不需要戰爭的社會秩序。這是一種和平主義的理想。這些都明明白白地說明《老子》的立場是不喜歡戰爭、反對戰爭，籠統地講《老子》和兵家的關係很有誤導性。

《老子》對戰爭的態度和他的"法自然"之道，和他的無為的主張、不敢爭天下先的原則都是一致的。不過，對《老子》的自然無為原則的另一種誤解則是《老子》甚麼事都不想作。這一點我們在討論無為之時再細論，這裏僅就戰爭問題補充一下。《老子》的主張並不是迂腐到甚麼事都不作，戰爭來了就逃跑。第六十七章云："以戰則勝，以守則固。"說明在不得不面對戰爭時，《老子》還是主張爭取勝利的，只是勝利之後不應慶祝。注意，即使在不得不進行戰爭之後，《老子》還是把對方當作"人"，而不是把對方當作"敵人"，所以他說"殺人衆，以悲哀蒞之"。這裏的"殺人衆"，顯然是己方所殺的敵人，至少也包括敵人，而"以悲哀蒞之"，說明他的立場是人類的立場，而不是一軍、一國、一派的立場。這當然不符合階級分析的原則，卻符合人類和平的崇高理想（參見析評引論 69.4）。

31.2　當"自然"面對戰爭

在析評引論 25.1 中我們說過，"道法自然"的說法，把自然推到

了最高價值的地位。然而，自然的原則面對戰爭、面對國際衝突時還
有甚麼意義呢？現在我們就來稍作一些分析。

　　根據自然的原則，自發的秩序與和諧，根源於內在動因的秩序與
和諧就是比較自然的，反之就是不自然或不夠自然的。在一個家庭
中，若父母愛子女，子女尊敬父母，子女與家長有相互的尊重，那麼
家庭作為一個統一的行為個體，其氣氛就可能是和諧的，自然的。如
果全家在一個威嚴的家長控制之下，全家人都懼怕一個嚴厲的家長，
這樣的家庭就形成了控制者和被控制者兩個行為個體，被控制者懼於
家長的權威而遵守家庭秩序，這樣的家庭氣氛就可能是不夠自然或完
全不自然的。一個國家，或者因為外國強權的壓迫，或者內部分裂成
壓迫者和被壓迫者兩個行為主體，一方控制另一方，一方懼怕另一
方，那麼這樣的國家的秩序就是緊張的，就是不自然或不夠自然的。
以經濟發展來說，一個國家認識到自身的落後，主動向發達國家學
習，引進發達國家的技術與管理方法，這種“現代化”的過程就是比
較自然的，反之，在發達的外國強權的船堅炮利的逼迫下而接受所謂
先進的生產方式就是不自然的，甚至是痛苦的，就必然伴隨反彈、反
抗、以及破壞性衝突。

　　以國際關係來說，某些國家以正義的化身自居，以威勢或暴力強
迫別人接受自己的價值觀念和政治原則，就是不自然的，即使這些國
家真的代表了正義，真的要伸張正義，這種強權的做法也不利於正義
原則的傳播與實現。當然，在國際生活中，某些大國有較大的影響，
發揮較大的作用，承擔較多的責任，這是自然的。但是如果這樣的國
家自認為永遠代表正義而有權以武力懲罰其他國家，這樣的國際關係
就絕對是不自然的。在現實的國際衝突中，除了反抗侵略以外，很難
找到絕對正確的一方。令人尷尬的是，對立的雙方都不難找到正義
的、道德的或正確的、神聖的旗幟為自己的立場辯護。一方可能是正
義與人權，另一方可能是民族尊嚴和國家主權，而雙方衝突較量的結
果往往不是道德或正義的勝利，而是軍事力量的勝利，是暴力的勝
利。而依傍暴力的正義很難取得正義本身應有的地位，很可能損害了

正義本身的價值形象。

事實上，除了百分之百的自衛戰爭在道德上是無可厚非的，其他各種長期的血與火的交戰，雙方犧牲的都是無辜的百姓，無數血肉之軀變成了政治領袖的政治資本、甚至是談判桌上交換條件的籌碼。戰爭和暴力把正義與邪惡、善良與殘忍、尊嚴與卑下攪成血肉的混沌，是對人性最粗暴的踐踏，即使是勝利者也會面臨失敗者的命運，因為歷史上沒有永遠的勝利者。這裏所謂正義的原則不但不能制止暴力和強權，反而可能成為殘暴的遮羞布和野心家的工具。

正義、神聖、正確、道德等等概念都可能成為衝突、戰爭、暴力的旗號，成為以暴易暴的歷史循環的催化劑，而自然的原則則不可能成為暴力和強權的工具。自然的原則反對扛著正義的旗幟、把導彈打到人家家裏去"主持正義"的國際強權主義，也反對以"民族大義"或任何藉口鎮壓多數人或少數人的內部的強權主義。如果自然的原則成為一種公認的價值，那麼任何發動戰爭、實施暴力的人都會多一分顧忌，少一分藉口。自然的原則在國際事務或重大政治事件中能否發揮制止戰爭衝突和暴力的作用，取決於有多少人、在多大程度上承認自然的原則是一種應該追求的價值，所以我們應該提倡自然的價值原則。事實上，自然的原則不僅可以避免衝突，而且可以把政治領袖的才能從戰場引導到會議廳，從暴力的較量引導到智慧的展現，從而有利於實現人類總體狀態的和諧。

第三十二章

原文對照

河 32.1　道常無名，	傅 32.1　道常無名，
河 32.2　朴雖小，天下不敢臣。	傅 32.2　樸雖小，天下莫能臣。
河 32.3　侯王若能守之，	傅 32.3　王侯若能守，
河 32.4　萬物將自賓。	傅 32.4　萬物將自賓。
河 32.5　天地相合，以降甘露，	傅 32.5　天地相合，以降甘露，
河 32.6　民莫之令而自均。	傅 32.6　民莫之令而自均焉。
河 32.7　始制有名。	傅 32.7　始制有名。
河 32.8　名亦既有，天亦將知之。	傅 32.8　名亦既有，夫亦將知止，
河 32.9　知之，所以不殆。	傅 32.9　知止所以不殆。
河 32.10　譬道之在天下，	傅 32.10　譬道之在天下，
河 32.11　猶川谷之與江海。	傅 32.11　猶川谷之與江海也。

王 32.1　道常無名，	帛 32.1　道恆无名，
王 32.2　樸雖小，天下莫能臣也。	帛 32.2　樸雖小而天下弗敢臣。
王 32.3　侯王若能守之，	帛 32.3　侯王若能守之，
王 32.4　萬物將自賓。	帛 32.4　萬物將自賓。
王 32.5　天地相合以降甘露，	帛 32.5　天地相合，以俞甘露。
王 32.6　民莫之令而自均。	帛 32.6　民莫之令，而自均焉。
王 32.7　始制有名，	帛 32.7　始制有名，
王 32.8　名亦既有，夫亦將知止。	帛 32.8　名亦既有，夫亦將知止，
王 32.9　知止可以不殆。	帛 32.9　知止所以不殆。
王 32.10　譬道之在天下，	帛 32.10　譬道之在天下也，
王 32.11　猶川谷之於江海。	帛 32.11　猶小谷之與江海也。

竹 32.1　道恆亡名，

竹 32.2　樸雖微，天地弗敢臣，

竹 32.3　侯王如能守之，

竹 32.4　萬物將自賓。

竹 32.5　天地相合也，以逾甘露。

竹 32.6　民莫之令而自均安。

竹 32.7　始制有名。

竹 32.8　名亦既有，夫亦將知止，

竹 32.9　知止所以不殆。

竹 32.10　譬道之在天下也，

竹 32.11　猶小谷之與江海。

對勘舉要

（1）本章各本内容，包括竹簡本的内容都大體一致。竹簡本的内容在甲本第一組最後一部份，接在相當於第二章的内容之後，前有分章符號，並有三四個字的空格。在文中“萬物將自賓”之後有一分章符號，沒有空格，似為一個獨立的段落。章末有分章符號，並留有相當於三四個字的空白簡。本章由“道”講起，由“道”結束，河上公題為“聖德”，似有所偏。

（2）“道常無名，樸雖小，天下莫能臣也。侯王若能守之，萬物將自賓。”

　　此為王弼本，各本沒有重要差異。“莫能臣也”，河上本作“不敢臣”，傅奕本無“也”字，帛書本作“而天下弗敢臣”，竹簡本比帛書本少“而”字，“天下”作“天地”。帛書本、竹簡本“常”作“恆”，傳世本的“常”顯然是避漢文帝劉恆諱的結果。“無名”，竹簡本作“亡名”。“侯王若能守之”，傅奕本作“王侯若能守”，竹簡本“若”作“如”。“道常無名，樸雖小”兩句，陳鼓應讀為“道常無名、樸。雖小……”（陳鼓應 1984，194）

（3）“天地相合，以降甘露，民莫之令而自均。”

　　此段王弼本、河上本相同，傅奕本只增一“焉”字。“降”字，帛書甲乙本均作“俞”，整理者疑讀為“揄”或“輸”（國家文獻 1980，15，註 60），高明認為“俞”當借為“雨”（高明 1996，399）。“降”，竹簡本作“逾”，劉信芳云：“逾”讀如“霣”，《說文》：霣，雨也（劉信芳 1999，20）。此節前竹簡本有分章號，說明兩節不必連讀。

（4）“始制有名。名亦既有，夫亦將知止，知止可以不殆。”

　　王弼本“知止”，河上本作“知之”，驗之於傅奕本、帛書本、竹簡本，王弼本“知止”為是。“夫”字，惟河上本作“天”，亦當從衆本正之。王弼本"可以",其他四本皆作"所以",可從而改之。末句傅奕本、帛書本、竹簡本皆作"知止所以不殆",勝於王弼本和河上本。

(5)"**譬道之在天下,猶川谷之於江海。**"

此為王弼本。"於"字,其他四種本皆作"與"。但是按王弼註文所引,王本原來亦作"與"。"川谷",帛書本、竹簡本作"小谷",大小對照之意更明。或謂"川"、"小"形近而誤。傅奕本下句、帛書本兩句、竹簡本上句句末用"也"字,當從帛書本或竹簡本。有人認為這兩句是第六十六章錯簡(馬敍倫 1957,107;古棣 1991A,111),驗之於帛書竹簡,古本如此,並非錯簡。

析評引論

32.1 "自賓"和"自均"

本章提出了"自賓"和"自均"的說法,這些說法和第三十七章的"自化"、"自定",第五十七章的"自化"、"自正"都涉及了個體和整體的關係,也體現了《老子》對自然之秩序的嚮往。

本章講宇宙總根源和總根據之道的特點和理想的社會管理者的管理方法合為一體。道是無名、質樸,人們幾乎不覺察道的存在(道常無名),所以說它是至柔、至微(樸雖小),但它又是至大的,所以"天下莫能臣"。如果社會管理者順從或實踐道的至微而至大的特性(侯王若能守之),那麼"萬物將自賓",也就是自己賓服於道,自然趨向於和諧,不需要強制。這裏道之無名、至微的特點說明社會的管理者對存在個體的控制、干預是非直接的、非常小的,而天下"莫能臣"則說明這樣的管理原則是最高、最好的,不能代替的。

這樣形成的自然的秩序有如天地化育,雨露滋潤,不需要任何強制的命令,老百姓自己就能達到均等、均衡、協調的境地(天地相合,以降甘露)。社會發展到一定程度就會建立各種制度,確定名分

（始制有名），這是必要的，然而，"亦將知止，知止可以不殆"，就是說不能過份依賴名分制度。過份依賴名分制度就會造成強迫的僵化的社會秩序，失去個人自由和發展的空間，失去社會生活的活力。好的社會管理方式有如百川入海，百姓民心可以自然歸附，社會秩序可以自然形成。

這裏的"自賓"是萬物及百姓對道的服從，是為了社會整體和諧而對自身的一種自覺而非被迫的制約，"自均"則是自然獲得的利益，是不受直接干預的自主性的體現。"自然"的原則、自然的秩序同時意味著個體的自主性和個體的自我約束兩個要素，缺少任何一個要素都無法維持自然的秩序。"自化"、"自定"、"自正"、"自均"、"自賓"、"自樸"、"自富"都有兩方面意義，一方面是就個體來說的，另一方面是就整體來說的。就個體來說，老子主張充分的個人自由與發展空間，主張保護個體的自主與活力，反對外來的控制與干涉；就整體來說，老子主張自然而然的和諧、平靜、均衡與有序，反對社會管理者以自己意志、欲望以及強制性的手段來破壞這種秩序。

老子反復講到的"自化"、"自定"、"自正"、"自均"、"自賓"、"自樸"、"自富"等都是指沒有外力干預的自發的情況，是百姓對自然自足的生活的憧憬和歌頌，是對無為之治的最好描述。這裏諸多的"自"似乎都是就個體來說的，但老子的關注又顯然不局限在個體之狀態，所以他經常提到天下、萬物。顯然，任何個體的極端膨脹都會破壞無為之治。所以自然的原則對己、對外的要求是必然合為一體的。

第 三 十 三 章

原文對照

河 33.1 知人者智，自知者明。 傳 33.1 知人者智也，自知者明也。

河 33.2 勝人者有力，自勝者強。 傳 33.2 勝人者有力也,自勝者彊也。

河 33.3 知足者富。 傳 33.3 知足者富也,

河 33.4 強行者有志。 傳 33.4 彊行者有志也,

河 33.5 不失其所者久。 傳 33.5 不失其所者久也,

河 33.6 死而不亡者壽。 傳 33.6 死而不亡者壽也。

王 33.1 知人者智，自知者明。 帛 33.1 知人者,智也。自知,明也。

王 33.2 勝人者有力，自勝者強。 帛 33.2 勝人者,有力也。自勝者,強也。

王 33.3 知足者富， 帛 33.3 知足者,富也。

王 33.4 強行者有志， 帛 33.4 強行者,有志也。

王 33.5 不失其所者久， 帛 33.5 不失其所者,久也。

王 33.6 死而不亡者壽。 帛 33.6 死而不忘者,壽也。

對勘舉要

(1) 本章各本內容沒有重要不同。帛書甲乙本內容沒有重要差異。河上本、王弼本相同，帛書本的最大差別在於全部用"……者，……也"的判斷句式，行文舒緩，而通行本則刪掉了"也"，語氣較局促。傅奕本與帛書本大致相同。竹簡本沒有本章內容。河上公題為"辯德"，大意尚可。

(2) "知人者智，自知者明。勝人者有力，自勝者強。"

此節河上本、王弼本相同，帛書本每句後均有"也"字。帛書乙本"自知，明也"一句，甲本殘損。與傳世本對照，似脫"者"字，當補。

(3) "知足者富，強行者有志，不失其所者久，死而不亡者壽。"

河上本、王弼本相同，帛書本每句後均有"也"字。帛書甲乙本作"死而不忘者，壽也"，諸傳世本"忘"皆作"亡"。易順鼎說："《意林》'亡'作'妄'，'死而不妄'，謂得正而斃者也。"然他接著引鄭湛侯之說："按'亡'，無也；無，不存也。人雖死，而有可以存者，如三不朽之類，乃為壽也。似無庸依《意林》作'妄'。"（易順鼎 1884，23B）易順鼎對作"妄"或"亡"並無結論。高亨說：《群書治要》、《意林》並引作"妄"。"亡"、"妄"古通用。"死而不亡"猶云"死而不朽"也（高亨 1957，76—77）。高亨似從傳世本讀為"亡"。帛書出土後，高亨似亦接受帛書作"死而不忘"（高亨 1980，79）。然高明反對依帛書讀本字"忘"，理由是老子主張"生而弗有，為而弗恃"（高明 1996，405）。筆者以為，從文義看，此處從傳世本讀本字"亡"或從帛書本讀本字"忘"均無不可。帛書本"死而不忘"與"為而弗恃"並無矛盾。生時"為而弗恃"，身後才可能"死而不忘"，"死而不忘"並非生前自己所求，故與"為而弗恃"毫無矛盾。甲本奪"而"字。

析評引論

33.1 "自知"、"自勝"與自然

本章講"知人者智，自知者明"。以"知人"與"自知"相對，而以自知高於"知人"。又說"勝人者有力，自勝者強"。以"勝人"與"自勝"相對，而以"自勝"高於"勝人"。強調自知、自勝，這是關於存在個體健康發展以及維護自然和諧局面的金科玉律。

《老子》以自然為中心價值，自然的基本意思是自己如此，所以《老子》中講到的"自"的說法特別多。上一章析評引論講到的"自化"、"自定"、"自正"、"自均"、"自賓"、"自樸"，這大多是關於存在個體的自主性的，本章則是從個體與他者的關係入手，強調個體的自我約束。《老子》中類似於個體自我約束的話很多，如第二十二章說："不自見，故明；不自是，故彰；不自伐，故有功；不自矜，故長。"這都是對個人意志與欲望的一種約束。"不自見"、"不自是"、"不自伐"、"不自矜"都是對個人意識過度膨脹的預防和約束。《老子》強調個體有這種自我約束可以自我獲益，其益處大大高於沒有自我約束的結果。第二十四章則說："自見者不明，自是者不彰，自伐者無功，自矜者不長。"從反面說明沒有自我約束的害處，還是為了強調自我約束的必要性。第七章說的"不自生"、"後其身"、"外其身"、"無私"也都是對個體行為的一種限制。

普通社會總是由群體構成的，一般的人群是由個人、家庭或小團體作為存在個體構成的，國際社會則是由大大小小的國家作為存在個體構成的。無論是普通社會還是國際社會，如果其中某些存在個體"自見"、"自是"、"自伐"、"自矜"，其他存在個體就會不舒服，自然和諧的秩序就會受到損害。如果情況發展嚴重，則會起衝突，甚至發生戰爭。戰爭當然和實際的經濟利益、政治利益有密切關係，但是在爆發戰爭的複雜原因中，某些存在個體在意識上的自我膨脹常常是戰

爭的導火線。所以，無論是個人、家庭、小團體和國家，都期望自然和諧的秩序。但失去自我約束，則可能破壞這種對大家都最好的局面，最終會傷害到包括自己在內的很多個體。

　　總起來看，"道法自然"所強調的整體的自然的秩序既是對存在個體的保護，也是對存在個體的一種限制。說它是保護，因為只有在自然的秩序下，存在個體才有發展的自由和空間，在強制的秩序中，存在個體的活力和活動空間必然會受到很大束縛。然而，自然的秩序對個體來說也是一種限制，因為要維持自然的和諧，就不允許整體中的某些個體無限制地膨脹從而影響其他個體的生存和發展。從存在個體來說，自我約束沒有甚麼痛苦，或者痛苦很少，但是它卻有兩方面的好處，一方面是更有利於存在個體自身的生存和發展，另一方面是有利於維護和諧的整體秩序。而和諧的整體秩序歸根到底是符合每一個存在個體自身利益的，所以提倡自然的秩序會帶來每個存在個體都付出較少、而受益較大的局面。

第 三 十 四 章

原文對照

河 34.1　大道氾兮，其可左右。　　　　傳 34.1　大道汎汎兮，其可左右。

河 34.2　萬物恃之而生，而不辭。　　　傳 34.2　萬物恃之以生而不辭。

河 34.3　功成（而）不名有。　　　　　傳 34.3　功成而不居，

河 34.4　愛養萬物而不為主。　　　　　傳 34.4　衣被萬物而不為主。

河 34.5　常無欲，可名於小。　　　　　傳 34.5　故常無欲，可名於小矣。

河 34.6　萬物歸焉而不為主，可　　　　傳 34.6　萬物歸之而不知主，可
　　　　　名為大。　　　　　　　　　　　　　　名於大矣。

河 34.7　是以聖人終不為大，　　　　　傳 34.7　是以聖人能成其□也，

河 34.8　故能成其大。　　　　　　　　傳 34.8　以其終不自大，

　　　　　　　　　　　　　　　　　　　傳 34.9　故能成其大。

王 34.1　大道氾兮，其可左右。　　　　帛 34.1　道，汎呵其可左右也，

王 34.2　萬物恃之而生而不辭。　　　　帛 34.2　成功遂事而弗名有也。

王 34.3　功成不名有，　　　　　　　　帛 34.3　萬物歸焉而弗為主，

王 34.4　衣養萬物而不為主。　　　　　帛 34.4　則恆无欲也，可名於小。

王 34.5　常無欲，可名於小；　　　　　帛 34.5　萬物歸焉而弗為主，可
　　　　　　　　　　　　　　　　　　　　　　　名於大。

王 34.6　萬物歸焉而不為主，可　　　　帛 34.6　是以聖人之能成大也，
　　　　　名為大。

王 34.7　以其終不自為大，　　　　　　帛 34.7　以其不為大也，

王 34.8　故能成其大。　　　　　　　　帛 34.8　故能成大。

對勘舉要

（1）本章沒有竹簡本內容。各本之間文句有明顯不同，是歧異較多的一章，帛書甲乙本之間相當一致，與諸傳世本則有重要差別，文字似有錯亂。河上公題為"任成"，似得道之旨。

（2）"大道氾兮，其可左右。"

　　這起始兩句是本章主題。河上本、王弼本相同，傅奕本"氾"作"汎汎"，帛書甲乙本作"道汎呵，其可左右也"（此句讀不同於整理者）。帛書本句式最為自由從容，河上本、王弼本則納入四字句格式，傅奕本似在向四字句過渡之間。帛書本以後各本都作"大道"，比帛書本多一"大"字，一方面可湊足四個字，另一方面可以突出"道"之最高地位。從尊重古本原貌的角度來看，以後諸本修改似無必要。

（3）"萬物恃之而生而不辭，功成不名有。衣養萬物而不為主。"

　　此節為王弼本。第一句"萬物恃之而生而不辭"，河上本、傅奕本同，帛書本無此句，想爾註本作"萬物恃以生而不辭"。是帛書本漏抄，還是以後各本增衍，似無從判斷。

　　第二句"功成不名有"，傅奕本"不名有"作"而不居"。帛書甲乙本與此句對應的是"成功遂事而弗名有也"，傳世本"功成"，帛書本及想爾註本皆作"成功"（參見第二章、第十七章）。帛書本又多"遂事而"三字，"不"作"弗"，句末用"也"。帛書本與傳世本的這兩句不僅文句之有無、句式之結構明顯不同，內容也有差異。這種不同的原因實難推斷。除這裏的"不辭"以外，河上本、王弼本中第二章的"萬物作焉而不辭"一句，帛書本、竹簡本"不辭"作"弗始"，似乎古本中原沒有"不辭"的說法。

　　第三句"衣養萬物而不為主"，河上本"衣養"作"愛養"，俞樾說"衣"與"愛"，古字通也（俞樾1934，151）。傅奕本及想爾註本作"衣被"。帛書本全句作"萬物歸焉而弗為主"，與傳世本不同，與下文完全重複，疑帛書本涉"弗為主"三字而誤植下文"萬物歸焉"代替"衣被萬物"數字。帛書甲乙本同誤，似其共同母本誤之久矣。高明力主帛書本不誤，認為按文義此句應該完全重複（高明 1996，408）。如果帛書本"萬物歸焉而弗為主"一句的重複是古本原貌，那麼傳世本的不同可能是為了避免重複而借用第二章的"萬物作焉而不辭"演化出本節的第一句"萬物恃之而生而不辭"，又將帛書本原句改動為本節第三句"衣養萬物而不為主"。無論如何，本節帛書本與傳世本的歧異難以得到合理的解說。

（4）"常無欲，可名於小。萬物歸焉而不為主，可名為大。"

此節河上本、王弼本同。第一句"常無欲"，傅奕本句前有"故"，帛書本作"則恆無欲也"，文字稍有不同，意義相同。第三句"萬物歸焉而不為主"，河上本、王弼本同，傅奕本"焉"作"之"，"為"作"知"，帛書本"不"作"弗"。末句"可名為大"，傅奕本句末有語尾詞"矣"，帛書本"為"作"於"。

（5）"以其終不自為大，故能成其大。"

此為王弼本。此節歧異較大。最重要的不同是，與河上本、王弼本相比，傅奕本與帛書本前面都多一句"是以聖人之能成大也"。（此為帛書本，傅奕本無"之"，"成"作"成其"，"大"字闕。）傅奕本與帛書本此節前都多此句，當為古本如此。河上本無此句，或為後人嫌其繁而將此句與下句"以其不為大也"合為一句，故保留"聖人"作此節主語。王弼本僅脫此句，所以下文沒有"聖人"作主語。想爾註本作"是以聖人終不為大，故能成其大"，最為簡潔完整。

"以其終不自為大"，河上本作"是以聖人終不為大"，與王弼本文字差別較大。敦煌本多同河上本。傅奕本作"以其終不自大"。帛書本承上句作"以其不為大也"。"故能成其大"，帛書本無"其"字。

此節王弼本無"聖人"二字，則"以其終不自為大"的主語乃承上文之"道"，其他各本的主語都是"聖人"。以作"聖人"為上。道之特點是"聖人"之楷模，如果此節仍講道，就是重複上文，沒有進展。王本似因脫去古本"是以聖人之能成大也"一句又沒有像河上本

一樣補 "聖人" 而誤。

析評引論

34.1 《老子》是口頭文學嗎?

本章句式參差,三言、四言、五言、六言兼用,相當自由隨意。當然,其中一些句子可以按四言斷句,相比之下,四言句還是稍多。不過,顯然作者無意追求句式的整齊。

本章用韻也很隨意。前面 "大道氾兮,其可左右。萬物恃之而生而不辭" 一段,"右"、"之"、"辭" 為之部韻(帛書本 "右"、"事"、"有" 三字,也是之部)。末段,重複三個或四個(帛書) "大" 字,可看作同字為韻,屬月部。當中則用韻不明顯(古棣說是交韻)。

顯然,本章不是典型的民歌體。《老子》中的大多章節都不能歸為民歌。從總體看,《老子》的作者不是有意要作詩,更不是寫民歌,作者的重點是思想的表達,某些《詩經》特點的出現是時代風格的自然體現,自由運用,而不是有意要寫某種形式的詩或民歌。說老子是詩體或賦體已經有上百年的歷史了。然而此說並沒有經過認真的檢驗。筆者以《老子》中四句以上的韻文部份作根據,就其句式、韻式、修辭手法與《詩經》和《楚辭》作全面的統計比較,其結果讓筆者確信《老子》中的韻文部份是受《詩經》影響而不是受《楚辭》影響,從而排除《老子》從總體上為戰國末期所作的可能,而相信其 "主體" 部份成於春秋末年的可能性。(參見析評引論 5.2)然而,有些學者根據筆者的比較得出了《老子》是《詩經》體或民歌體的結論,認為《老子》是口頭文學。這並不是筆者的意思。筆者認為《老子》中的 "韻文部份" 是《詩經》風格的反映,有《詩經》體的特點,但《老子》中有很多部份不是典型的詩體,不能從總體上說《老子》是《詩經》體、民歌體、或口頭文學。簡言之,《老子》明顯受到了《詩經》風格的影響,但是不能因此而說《老子》就是詩或口頭文學。本章就是明顯的反證。

關於《老子》是不是口頭文學，李若暉有一個值得人們注意的發現。他特別考察了《老子》中"也"的用法。一般說來，帛書本和竹簡本用虛詞較多，而通行本用虛詞較少，這是大家都可以看到的。以本章為例，帛書本五句末都有虛詞"也"，而通行本一例都沒有。傅奕本保留一個"也"，另有兩個"矣"。可見古本虛詞較多，今本虛詞較少，傅奕本在演變之間。李若暉的工作則進一步考察"也"字的用法。他認為，在"也"字的用法中，作"判斷"和"提頓"的用法最有書面體的特點，作"感嘆"和"疑問"的用法最有口語特點，而《老子》中的"也"主要是作"判斷"和"提頓"，佔明顯的壓倒性多數，作者的結論是："無論是郭店簡本、馬王堆帛本，還是傳世諸本，都帶有強烈的書面化傾向。"（李若暉 2001，210—211）

如果李的推斷可靠，那麼我們所看到的《老子》諸本就不是口頭文學。這似乎不能排除最初的《老子》是口頭創作，然而，《老子》畢竟不是民間詩歌，假定《老子》一開始就是口頭創作，很久以後才訴諸文字，並沒有事實根據或文獻根據。

《老子》在流傳過程中很可能有口耳相傳的情況，但是，這不能作為《老子》是口頭文學的根據。《書經》、三禮都可能有口耳相傳的情況　我們不能說它們就是口頭文學。

34.2　道之"大"與道之"小"

本章說到"（道）恆無欲也，可名於小；萬物歸焉而弗為主，可名於大"。"道"既有"小"的一面，又有"大"的一面。

本章"萬物恃之而生"、"功成"、"衣養萬物"、"萬物歸焉"都是講道有重要作用的一面，是道之"大"。"不始"、"不名有"、"不為主"都是講道的自然無心的一面，是道之"小"。

就道的作用之重要、偉大來說，道可與世界上任何一種關於世界起源和根據的觀念相媲美，其意義簡直相當於上帝；但道之謙柔和讓，自然無為，卻是沒有任何概念可以相提並論的。其作用功能至巨至偉，故"可名為大"；其風格、姿態或方式極為平凡，故"可名於小"。

道之"大"在於萬物歸之，而並不自認為是萬物之主；道之"小"在於沒有佔有欲，若有若無，與人無爭。

道之"大"，在於萬物自發的歸向、承認；道之"小"，在於自己的表現、態度。

有了道之"大"，萬物就有所依靠，有歸屬感，有安全感；有了道之"小"，萬物就沒有束縛感，沒有奴役感，沒有卑微感。

道之"大"的真正原因在於"道"實際是萬物之根源和根據，而"道"自己又不宣稱自己是萬物的依靠。所以，所謂"大"與"小"只是道的特性的不同側面。道之"大"名其功能、作用、貢獻，道之"小"名其姿態、表現、特性。

道的這兩方面的特點不是本章偶然提到的，而是貫穿於《老子》很多章的。我們可以將相關資料列成一個表，可見其思想之一貫，亦可見老子之道的兩方面的特點之重要。

章數	第二章			第十章		第七十九章		第三十四章		
道之大	萬物作	為	功成	生	長	為	功成	成功遂事	萬物歸	能成大
道之小	弗始	弗恃	弗居	弗有	弗宰	弗有	弗居	弗名有	弗為主	不為大

研究老子如果只看到道的一方面特點顯然是不全面的（參見析評引論4.2）。

34.3　道之弱性的決定作用

本章"大道氾兮，其可左右"一句通常解釋為道無所不在，但《老子》很少論述道無所不在的特點。此句帛書本作"道汎呵，其可左右也"，意味與傳世本似有不同。筆者以為，這句或可解釋為道氾在萬物，可左可右，這和高明說此句"言道泛濫無所不適，可左，可右，可上，可下"（高明1996，407）相通。筆者認為這是強調道對萬物沒有主宰式的、嚴格的、不可移易的限定作用，換言之，道作為萬物總根源和總根據，對萬物的決定性作用是彈性的、間接的、柔性的或曰弱性的。這樣解釋似乎更符合道飄逸柔順的性格。道雖然對萬物說來似乎有決定性的作用，但這和任何一種決定論所說的決定都不同。老子說"天道無親，常與善人"（第七十九章）。一方面道無情感，另一方面卻能助善為樂。可見道不是冷冰冰的道德律令，不是鐵一般的必然規律，對萬物的存在有柔和的輔助、支援、保障或引導作用，卻沒有直接、具體、嚴格的規定、束縛和限制。道作為一切存在的總根據，沒有無情的決定性作用或強硬的束縛力量，這在"不主"、"不恃"、"不有"以及"弱者道之用"的描述中也有充分的表現。

顯然，道的特點和作用是十分獨特的。道作為世界的總根源不同於所謂的"第一因"或"原初物質"。道的功能並不是在萬物產生之後就消失了，而是繼續發揮著作用，成為萬物存在發展的依憑。道不僅是世界的總根源，而且是萬物的總根據。不過，萬物雖然依憑於道，道卻是自然無為，無心無情，不恃不宰，所以這種類似於決定性的或必然性的作用又不同於"絕對精神"或神祇。

道也不同於自然規律，因為在通常的情況下自然規律是沒有例外的，只要符合一定的條件，必然會出現某種現象或結果，而道卻沒有非常清楚明確的內容，沒有某種條件必然導致某種結果的公式。道所代表的並不是條件和結果，只是一種大致的趨勢。這種大趨勢一方面不可扭轉，另一方面對具體存在又不直接干涉。道是一種自然而然地發生作用的總根據。

道的最終的決定作用相當於道之"大"，而道的作用之間接、弱性相當於道之"小"。

34.4　上帝之強勢形象

陳鼓應很注意道之弱性作用與上帝之強勢形象的不同。在解說本章時他說：道生長萬物，養育萬物，使萬物各得其所需，各適其性，而絲毫不加以主宰……反觀基督教耶和華的作風則大不相同，耶和華創造萬物之後，長而宰之，視若囊中之物（陳鼓應 1984，202）。

　　為了進一步理解道之弱性決定作用的特點，我們不妨看一下《聖經》中關於上帝的描述。上帝在創造世界和人類之後，仍然注意和主宰著人間的活動。他發現了人間的通姦等罪惡而震怒，後悔創造了人，因而決心毀滅人類和一切有血肉的生命。他發現諾亞是可信賴的，便事先通知他製造巨船，攜帶親屬，並選擇乾淨的動物每種七對，不乾淨的每種一對，一起逃避洪水的毀滅之災。大地塌陷，萬物傾覆，加以四十個日夜的傾盆大雨，一百五十天的滔滔洪水，最後只有經過挑選和安排的諾亞方舟上的生靈得以幸存。上帝的震怒表達了上帝之強烈感情，上帝對諾亞的叮囑顯示了上帝的意識和目的，上帝以滔天洪水對他所創造的萬物施以毀滅之災，證明了上帝的絕對意志和絕對能力。在史詩般的記述中，在擬人化的描寫中，上帝是位格化（人格化）的獨一無二的絕對神。

　　上帝不僅創造了萬物與人類，而且主宰、擁有萬物與人類。人類的一切都是上帝的安排。上帝決定人的血肉之軀不能永生（1 Samuel，2：6），人的壽命不能超過一百二十歲（Genesis，6：3）；上帝決定人類不能只有一個民族，一種語言，於是把人類趕散到世界各地，讓他們使用互不相通的語言（Genesis，11）；上帝為人類選擇眾國之王阿伯拉罕，可以與人訂立盟約，祝福、獎勵或懲罰人類（Genesis，12—17），可以接受人的奉獻，可以派遣使者傳遞自己的旨意。《聖經》中反復說到上帝是活生生的（living God），是永恒之王，當他發怒時，大地會顫抖，沒有一個民族能夠承受他的憤懣（Jeremiah，10：10），在他的手中握有萬物之生命，人類之呼吸（Job，12：10）。上帝是惟一的位格神（人格神），具有人一樣的情感、意志、目的，又有超乎人類之上的絕對權力。（這裏所進行的比較是以《老子》原文和《聖經》原文為基礎的，沒有考慮後代對《聖經》和《老子》的重新解釋、批判和發揮。）

　　和主宰宇宙萬物的上帝相比，老子之道在萬物產生之後，雖然也有某種決定性作用，但這種決定性作用是間接的、弱勢的、緩和的，

更重要的是，道的作用是無意識、無目的、無情感的。在《老子》
中，每當提到道作為萬物之根據之作用時總是同時強調兩個方面。一
方面道賦予萬物以秩序，是萬物存在生長發展的依據，萬物不可能離
開道而得到養育和生長，在這方面，道與上帝幾乎同等重要或同樣偉
大；然而道卻不居功、不恃能，不主宰和控制萬物，這是道與上帝的
根本不同（參見析評引論 4.2）。

第 三 十 五 章

原文對照

河 35.1　執大象，天下往。　　　　傅 35.1　執大象者，天下往。

河 35.2　往而不害，安平太。　　　傅 35.2　往而不害，安平泰。

河 35.3　樂與餌，過客止。　　　　傅 35.3　樂與餌，過客止。

河 35.4　道之出口，　　　　　　　傅 35.4　道之出言，

河 35.5　淡乎其無味。　　　　　　傅 35.5　淡兮其無味。

河 35.6　視之不足見，　　　　　　傅 35.6　視之不足見，

河 35.7　聽之不足聞，　　　　　　傅 35.7　聽之不足聞，

河 35.8　用之不可既。　　　　　　傅 35.8　用之不可既。

王 35.1　執大象，天下往；　　　　帛 35.1　執大象，天下往。

王 35.2　往而不害，安平太。　　　帛 35.2　往而不害，安平大。

王 35.3　樂與餌，過客止。　　　　帛 35.3　樂與餌，過客止。

王 35.4　道之出口，　　　　　　　帛 35.4　故道之出言也，曰：

王 35.5　淡乎其無味，　　　　　　帛 35.5　淡呵其无味也。

王 35.6　視之不足見，　　　　　　帛 35.6　視之，不足見也。

王 35.7　聽之不足聞，　　　　　　帛 35.7　聽之，不足聞也。

王 35.8　用之不足既。　　　　　　帛 35.8　用之，不可既也。

竹 35.1　〔執〕大象，天下往。

竹 35.2　往而不害，安平大。

竹 35.3　樂與餌，過客止。

竹 35.4　故道□□□，

竹 35.5　淡呵其無味也。

竹 35.6　視之不足見，

竹 35.7　聽之不足聞，

竹 35.8　而不可既也。

對勘舉要

（1）本章各本有一些文字區別，但思想內容沒有重要出入；竹簡本內容抄在丙本的兩根自成一組的竹簡上，最後有分章符號和一二字的空格，前後與其他各簡都沒有關係。整理者把本章內容列為丙本第二組。本章也是古本分章與今本相一致的典型例證。河上公題為"仁德"，不切。

（2）"執大象，天下往。往而不害，安平太。"

此節河上本、王弼本同，帛書本、竹簡本大體同，然"太"作"大"，其義無別。惟傅奕本增一"者"字，作"執大象者"，似求意思完整，"太"作"泰"，義同。

裘錫圭云：此章第一字，今傳各本及帛書本皆作"執"，祇有簡文作"埶"。"執大象"當然講得通，但"埶大象"也可以講通。"埶"字上古音與"設"相近，殷墟卜辭、馬王堆帛書、武威漢墓所出《儀禮》簡以及《荀子》等書中，都有以"埶"為"設"的用例，"埶大象"也可以讀為"設大象"。《易·繫辭·上》："聖人設卦觀象，繫焉而明吉凶。"《易·觀卦·象傳》："聖人以神道設教而天下服。"《韓詩外傳·卷五》："上設其道而百事得序。""設大象"的"設"，用法跟上舉各例相似。"埶"、"執"形近，在古書和出土文獻中都有互訛之例。《老子》原本究竟作"執大象"抑作"埶大象"，尚難斷定（裘錫圭1999，53）。此字李零從傳世本讀為"執"。或曰"執大象"當讀為"勢大象"（尹振環2001，325）。

"安平大"之"安"，一般理解為"安寧"，但王引之認為應訓為"乃"。他在《經傳釋詞》卷二"安、案"條中說："安，猶於是也，乃也，則也。字或作'案'，或作'焉'，其義一也。……《老子》曰'往而不害，安平大'，言往而不害乃得平泰也。"裘錫圭認為竹簡"安"的寫法可以證成王引之的說法（裘錫圭1999，54）。"安"作

"乃"，可成一説。

（3）"樂與餌，過客止。道之出口，淡乎其無味。"

此節河上本、王弼本同，"道之出口"一句，傅奕本、帛書本
"出口"作"出言"，帛書本、竹簡本句前皆有"故"字，竹簡本"故
道"後缺三字，據帛書本可能是"之出言"。最值得注意的是，此句
帛書甲乙本均作"故道之出言也，曰："多一"曰"字，引領下面四
句，結構與各本不同。從文義來説，"曰"字並非必要，故竹簡本並
無"曰"字。"淡乎其無味"一句，各本只有虚詞之不同。

帛書本"淡呵其無味也"，"呵"原作"可"，李零讀為"兮"。李
云：簡文"可"即古書常見的"兮"字，"兮"從丂聲，與呵通（李
零 2002，27）。

本節第一字"樂"，想爾註本從上節末句讀作"安平大樂"，其註
云："如此之治，甚大樂也。""餌"，想爾註本作"珥"，從其註文來
看，似為天文現象。（"珥"的本義是用玉作器皿之耳。）想爾註以
"客"為"客道"。饒宗頤引《史記・天官書》"客氣"之説證想爾註
"客道"之説，認為"客道"就是指"天之'客氣'及星逆行"（饒宗
頤 1991，45，65）。如此，則"過客"的解釋也需要重新考慮。

（4）"視之不足見，聽之不足聞，用之不足既。"

此節王弼本三句皆作"不足"，其他各本最後一句皆為"不可"，
帛書本三句都用"也"作助詞，竹簡本只有末句用"也"，較大的區
別是竹簡本沒有"用之"二字，句式與上文不一，與各本均有不同。

古棣對"不足"與"不可"的意義有所辨析。其云：上兩句應作
"不足"，"視之不足見，聽之不足聞"，即視之不得見，聽之不得聞。
作"不得"對於道在原則上是否"可見"、"可聞"無所肯定和否定，
只是説眼睛看不見，耳朵聽不見；作"不可"則原則上肯定道不可
見、不可聞。而"用之不可既"則決不能作"用之不足既"（古棣
1991A，102—103）。

裘錫圭云：末句"用之不足既"，他本"不足"（裘文誤刊"不
克"）皆作"不可"。"不足"乃"不可"之誤，前人早已指出。簡文

末句與他本（包括帛書本）有一個重要的不同之處，即開頭無"用之"二字，而有"而"字。這也許合乎《老子》原貌。"不可既"指道之內蘊不可窮盡，似乎不必專從"用"的角度來說這一點（裘錫圭1999，54）。各本末句前作"用之"，或為求句式一律，王弼本末句也作"不足"，也是求句式一律。

劉信芳也認為諸本"用之"為衍文。劉云：上文"故道之出言"，總領以下四句，是乃道的語言表達，言其咸淡不足品味，言其外形不足見到，言其音聲不足聽聞，而（無論如何描述）不可窮盡其道。加以"用之"二字，雖可與"視之"、"聽之"排列，句形整練，然已游離於"道之出言"之外，似是而非矣（劉信芳1999，69）。

關於本章之大意，論者多從王弼註，劉信芳論曰："樂與餌"能令過客止，道之出言，淡而無味，過客當不為所止。此與上文"天下往"相違。王弼本將"故道之出言也"的"故"刪去，則此章行文結構失去上下聯繫，因有此說解之誤。細繹此章文義，"樂與餌，過客止"乃比喻之詞。達於"大象"者，天下為之歸往，呈現"安平大"的治世局面，有如音樂與粉餅，使過客為之止步。"大象"何以如此？老子以"故"字承上啟下，引出解釋："道"雖然不如音樂與粉餅之"足見"、"足聞"，但不可窮盡（簡甲23"虛而不屈，動而愈出"），此所以又勝過音樂與粉餅。蓋極音樂之聽，極粉餅之味，僅達於"大象"之一端，僅使過客為之"止"。惟"大象"之無所不包，故天下為之"往"。此章之文字迴環照應，結構非常嚴謹，讀者當仔細體味（劉信芳1999，70）。可備一說。

析評引論

35.1　道之偉大、平淡與超越

本章講道的作用、特點。有三點值得注意。

第一，"執大象，天下往。往而不害，安平太。"（竹簡本）"大象"即第四十一章"大象無形，道隱無名"之"大象"，即道。道的原則可令天下人歸之，共享太平，而無遺患。道為甚麼可以令天下人嚮往歸附呢？根據《老子》原文，道所體現的原則是"自然"，是提倡自然的和諧，自然的秩序，百姓日享其益，而不知其功，連感謝、歌頌都不需要。聖人踐履道的原則，"輔萬物之自然而不敢為"，在這樣的社會環境下，盡享其利，不受其害，誰人不往而歸之呢？就社會環境來說，有無序的混亂的社會，沒有人願意在這樣的環境下生活；又有高壓之下的有序社會，飽受戰亂之苦、動盪之厄的人們寧可選擇這樣的社會，但長此以往，則會感到束縛多，自在少；然而還有自然而有序的社會，不願長期以壓力換秩序的人當然會選擇這樣的社會。這就是"道法自然"的原則所倡導的社會理想。這一點似乎太普通，所以又有以下說法。

第二，"道之出口，淡乎其無味。"說明道的原則講起來平淡無奇，沒有神聖的外衣，沒有莊嚴的佈道，沒有誘人的許諾，沒有可怖的恐嚇。道之終極關懷與百姓人倫日用相貫通、相融會，人們體會多少，就可以享受多少；實踐多少，就可以得益多少。不必有獻身的承諾，不必有贖罪的憂慮。可以從一己之身做起，可以從家庭做起，也可以擴大到一個機構，一個地區，一個國家，最終的理想是建立全人類的自然的和諧的家園。偉大和平凡、理想和現實、追求與實現之間沒有不可逾越的鴻溝。道的這種特性可能讓人感到太普通，或者太難以捉摸，因此看起來不難，實踐起來不易。不易的原因是道家講自然，靠自己，不會有人引導你、訓練你去實踐道的原則。所以說"吾言甚易知，甚易行。天下莫能知，莫能行"（第七十章）。道家原則的實現只能靠人們自己的、自覺的認知、體驗與實踐。

第三，道"視之不足見，聽之不足聞，而不可既也"（竹簡本）。這裏視之不見，聽之不聞，都是道超越感官作用的特點，也是道的"無"的方面的表現，而"不可既"則是理性的判斷，表現了道的無限之"有"的特點。道作為世界之統一性的根源是不會消失或窮盡的。第十四章也講到道的這一特點。事實上，道是超越一切感官作用的，人的一切通常的感覺能力和認知能力都沒有辦法直接把握形而上之道。如果說老子哲學有神秘性或神秘主義，主要就表現在道的超越感官認知能力方面。從其他方面來說，老子哲學卻反映了很強的理智精神。

道是超越的，是絕對的，普通的認識渠道無法實現對道的認識或把握。因此，認識道的方法只能是直覺體驗。所以說“不出戶，知天下，不窺牖，見天道……是以聖人不行而知，不見而名，不為而成”（第四十七章）。理論上說，一般的認識活動需要實際調查或實驗，需要大量經驗的積累，所以要行千里路，讀萬卷書。然而這些對於認識形而上之道是毫無幫助的，甚至會干擾和破壞直覺的體認，所以最好足不出戶，目不窺牖，潛心修養，以致虛守靜的方式體認道的存在和道之真諦。其實，這種直覺體會也是離不開人生經驗和豐富閱歷的。

道是世界的總根源和總根據，在今天看來，對這樣的總根源和總根據的認識當然有知識論的和科學的意義。但是，這對老子來說是不重要的，老子關心的重心不僅是作為客觀認識對象的道，而更是對人類社會現實有修正意義的實踐性的道。因此，主觀的體認、踐履、親證就更為重要，也更為有效。

35.2　曾有“黃帝之學”否？

本章第一句“執大象”，竹簡本“執”作“埶”，有人將此字讀為“勢”，並慶幸“勢大象”的讀法為法家法、術、勢中“勢”的概念找到了源頭和倡導者（尹振環2001，325）。關於道家和法家的關係，提到的人很多，但是混淆不清的地方也很多，其中的原因也比較複雜。這裏我們不想討論具體的說法，而是追本溯源，澄清一些基本概念，並說明老子思想與黃老之學的關係，以及道家與法家思想的關係。

強調道家與法家關係密切的最早最重要的文獻根據有兩個，其一是韓非子最早系統地解釋過《老子》，其二是《史記》說申、韓之學“歸本於黃老”。

這裏首先需要辨別的是“黃老”一詞。很多人理所當然地認為，

"黃老之學"就是黃帝之學加老子之學，此說似乎順理成章，實際上純粹是望文生義。要知道事實上並沒有一個所謂"黃學"。這裏我們僅考察一下《漢書·藝文志》中涉及黃帝之名的著作就可知道，古代託於黃帝之名的著作、學術和技藝實在多而駁雜，根本不存在一個有具體內容的黃帝之學。請看下表。

《藝文志》中有關黃帝之名的著作統計表

六略	分家（類）	著作	小計
諸子略（十家）	道家（黃老之學）	《黃帝四經》	4
		《黃帝君臣》	
		《黃帝銘》	
		《雜黃帝》	
	陰陽家	《黃帝泰素》	1
	小說家	《黃帝說》	1
兵書略（四類）	兵陰陽	《黃帝》	1
術數略（六類）	天文	《黃帝雜子氣》	1
	曆譜	《黃帝五家曆》	1
	五行	《黃帝陰陽》	2
		《黃帝諸子論陰陽》	
	雜占	《黃帝長柳占夢》	1
方技略（四類）	醫經	《黃帝內經》	1
	經方	《神農黃帝食禁》	1
	房中	《黃帝三王養陽方》	1
	神仙	《黃帝雜子步引》	4
		《黃帝岐伯按摩》	
		《黃帝雜子芝菌》	
		《黃帝雜子十九家方》	
四略	十二家（類）	十九種著作	19

上表說明，託名黃帝的書在《漢書·藝文志》中共記載十九部，

然而這十九部著作竟跨進了六略中的四略，分佈在十二類之中。這說明甚麼呢？一方面，固然說明當時黃帝有較高的權威性，另一方面也說明，當時並沒有一個公認的具體的"黃帝之學"或"黃學"。黃帝之名沒有任何固定的所指，不是任何具體的學科、思想、技藝的代表，因此幾乎無論哪一家都可以採用黃帝之名以壯聲色。借黃帝之名的著作涉及的領域包括思想、軍事、天文、曆法、占卜、醫術、房中、神仙等，說明黃帝名下無專學，所謂"黃學"純屬想像，所謂"黃老之學"也就不可能是黃學和老學的結合。當然黃老之學又不等於老子之學；如果相同，則不必另起一名。這僅是從名稱上考慮。從實際內容來看，所謂黃老之學與老子之學的區別也不容忽視。下面就來考察一下黃老之學的內容。

35.3　何謂"黃老之學"?

事實上，所謂黃老之學就是司馬談論六家要旨時所說的道家，也就是《漢書·藝文志》中所說的道家。那時的道家不是今天所說的道家，也不是今天所說的老莊之學。先秦本無道家之名，也無老莊之稱。道家之名最早見於《史記》，其道家之名與今日所說道家有重要不同。老莊連稱，最早見於《淮南子·要略》："追觀往古之跡，察禍福利害之反，考驗乎老莊之術。"這時已經有"老莊"並提，但將老莊連稱、視為一派在經學盛行的漢代仍未普遍。魏晉時期，"老莊"連稱，特別是"莊老"並稱才成為流行術語。近代以來所說道家明確以老、莊為代表，將漢代《史記》、《漢書》所稱道家視為道家之一支或一種新道家，故有熊鐵基秦漢"新道家"之語，以及裘錫圭"道法家"之說。

總之，漢初所謂道家實是黃老之學、又稱為道德家，名稱雖然不同，所指內容實為一事。也就是說，漢初所謂道家和今天學術界所說道家不大相同。漢初的道家主要指黃老之學，今天所說道家有廣狹二義，狹義的道家專指老子、莊子所代表的思想學說，不包括黃老之學，而廣義的道家則以老莊為核心，並包括楊朱與黃老之學，有時還包括所謂"道法家"。

黃老之學的内容是甚麼？根據甚麼來判斷一部文獻是不是屬於黃老之學呢？關於黃老之學的最早或最權威的描述就是司馬談〈論六家要旨〉。司馬談說："道家使人精神專一，動合無形，贍足萬物。其為術也，因陰陽之大順，采儒墨之善，撮名法之要。"這裏的道家實際就是漢初所理解、所流行的黃老之學，其最重要的特點就是綜合儒、墨、名、法各家，以及陰陽家。顯然這既不是老子之學，也不是《莊子》内篇所代表的思想。"其為術也"的說法，說明黃老之學其實是黃老之術，其重點在於實踐和操作，而不在理論探討和社會批評。

司馬談接著說："與時遷移，應物變化，立俗施事，無所不宜，指約而易操，事少而功多。"這一段的"指約而易操，事少而功多"與老子之無為似有相似之處，但"與時遷移，應物變化"更具體、更講實用。司馬談又說："道家無為，又曰無不為，其實易行，其辭難知。其術以虛無為本，以因循為用。"這裏的"虛無為本"似乎和老子學說相當接近，但強調的仍然是可操作之"術"，而不是思想探索與批評之"學"。下文說："有法無法，因時為業……聖人不朽，時變是守。虛者道之常也，因者君之綱也。群臣並至，使各自明也。"這些和老子思想似乎又是有同有異。同的是因任之道，不同的則是比較明確的君臣之道和理性而具體的"有法無法，因時為業"，"群臣並至，使各自明也"。顯然，黃老之學比老子思想更重視在實際政治領域中的具體運作和效果，因此，其理論視野不如老子思想開闊而深邃，也缺少老子哲學中的批判精神和理想主義的特點。然而，其實踐性又是一大優點和特點。

關於黃老之學的另一個經典性定義是《漢書·藝文志》所說："道家者流，蓋出於史官，歷記成敗存亡禍福古今之道，然後知秉要執本，清虛以自守，卑弱以自持，此君人南面之術也。"將黃老之學概括為"君人南面之術"完全正確，但是將此套到《老子》之聖人身上就有些張冠李戴（參見析評引論 27.1）。〈藝文志〉接著說："（道家）合於堯之克攘，易之嗛嗛，一謙而四益，此其所長也。及放者為之，則欲絕去禮學，兼棄仁義，曰獨任清虛可以為治。"顯然，這裏說道家合於儒家"堯之克攘，易之嗛嗛"也不恰當（參見析評引論70.2），至於這裏所批評的"及放者為之，則欲絕去禮學，兼棄仁義"與老子、莊子的思想倒有不少契合之處。可見，班固所說的道家特指漢代黃老之術，反而將老莊思想視為"放者"之源。

　　總之，《史記》、《漢書》所描寫的道家其實是漢初流行的黃老之學，其特點是綜合儒家和法家思想，提出相對具體的君臣之道和因時為變的思想，比老子思想更有理性的運作的考慮，沒有形而上的探索，也較少對社會現實和統治者的批評。換言之，黃老之學較多操作的考慮，更有"術"的特點；而老子思想側重於理想和理論，更有"學"的特點。馬王堆漢墓帛書的整理者正是根據司馬遷和班固所記將所謂《經法》等帛書定名為黃老帛書或《黃帝四經》，然而這些帛書的法家色彩更為濃厚，所以裘錫圭提議名之為"道法家"，以免混淆。這是看到了所謂黃老帛書的法家色彩過重，與古代關於黃老之學的記載不十分吻合，與今日所說的以老莊為主的道家更不相合，這是很有見地的。但是，如果將黃老帛書（即"道法家"）作為道家思想的標準去衡量其他著作，這種道家與今日通常所說的以老莊所代表的道家就相去更遠了。

35.4　法家源於老子乎？

　　很多人按著司馬遷和班固的說法從君人南面之術的角度解讀老子，往往把老子當作法家的思想源頭。這種觀點有相當的普遍性，幾成流行之見，而很少得到辨析和梳理。其實，蕭公權早在半個多世紀以前就對這種觀點作了比較深入的釐清，可惜他的觀點淹沒在無數新書的海洋之中，已被研究者淡忘。這裏我們要除塵獻寶，介紹他的辨析。

　　蕭說：僅據思想之內容論，道法二家思想之相近者皮毛，而其根本則迥不相同。表面看來，許多法家人物的言論與道家很相似，比如申子論君道曰："鼓不預五音而為五音主"，又曰："惟無為可以規之。"韓非曰："有智而不以慮,使萬物知其處。有賢而不以行,觀臣下之所因。有勇而不以怒,使群臣盡其武。""故至安之世,法如朝露,淳樸不散。心無結怨,口無煩言。"管子也說"虛無無形謂之道","名正法備則聖人無事"。凡此諸語,若置之《道德經》中,未必覺其不類。然而吾人只須略事剖辨,則道法之異顯而易見者至少有三大端。

第一,實現無為之方法不同。老子曰:"損之又損,以至於無為。"仁義孝慈,既無所用,"法令滋章",更非所許。君主以百姓心為心,任天下之自然,而天下治矣。申韓之致無為,則欲由明法飭令,重刑壹教之方法,以臻"明君無為於上,群臣竦懼乎下"之境界。其操術正為老子所說"其次畏之"之第三流政治,其地位尚在儒家仁政之下。老子以放任致無為,申韓以專制致無為。

第二,無為之目的不同。老子講"小國寡民",百姓"甘其食,美其服,安其居,樂其俗"。黃老之無為,其目的在立清淨之治以保人民之康樂。法家諸子則教君主行無為之法術,以鞏固君主之權位而立富強之基礎。其術既行則"臣有其勞,君有其成"。"有功則君有其賢,有過則臣任其罪。"申韓之主無為,一方面在防權臣之侵奪,另一方面在保障君主之專制,與黃老之縮減政府之職權,擴張人民自由者,用意幾乎相反。

第三,無為之實行者的地位不同。吾人曾謂老子無為之思想暗含民主政治之傾向。"聖人無常心,以百姓心為心。"放任寬容之極,則君位等於虛設,故曰:"太上,民知有之。"黃老思想中君主地位殆遜於封建小君之重要威嚴。申韓思想中之君主則為秦始皇統一前夕之專制大君,集威勢於一身,行賞罰於萬衆。這種君主之無為其實是"藏刑匿智"之別名,方寸之間求所以"偶衆端""馭群臣"而運用"疑詔詭使"諸術,殆極盡明察有為之至,不可與老子"歙歙為天下渾其心"者相提並論。

蕭公權最後總結說:《史記》謂申韓源於老莊,漢書以《管子》列於法家,就現存之文獻而論,此皆不揣本而齊末,取形貌而略大體，未足為定論也（蕭公權 1980，250—251）。蕭公權剖辨老子與黃老之不同，道家與法家之不同，否定了漢代將法家思想歸源於老莊的皮相之論，這是相當有見地的。可惜蕭說未引起足夠注意。

回到本章第一句。無論竹簡本"執大象"一句中的"執"如何讀，將法家思想歸之於《老子》都是"不揣本而齊末"之說。事實上，法家所講之"勢"是維護絕對君權的，與老子主張聖人無為、反對侯王專權的基本立場是南轅北轍的。

35.5　《老子》與《詩經》：虛字腳

本章後一段"道之出言也，淡啊其無味也，視之不足見也，聽之不足聞也，用之不可既也"以"言也"、"味也"、"見也"、"聞也"、"既也"為韻，是典型的富韻和虛字腳。根據王力所說，《詩經》中還有一種叫做虛字腳的情況。如果句尾都是同一個虛字，本來已經可以押韻了，但同字壓韻還不夠好，所以要在虛字前再加一個韻字，這樣就構成了兩字的韻腳，所以叫做"富韻"。《詩經》中的虛字腳非常多，如之、也、兮、矣、止、只、焉、哉、乎、與、思、忌、我、女（汝）等等都有虛字腳。讓我們先來看一下之字腳（文中"△""▲"分別代表不同的韻腳）。

　　　　知子之來之，
　　　　　　　△
　　　　雜佩以贈之。（之蒸通韻）
　　　　　　　△
　　　　知子之順之，
　　　　　　　△
　　　　雜佩以問之。（文部）
　　　　　　　△
　　　　知子之好之，
　　　　　　　△
　　　　雜佩以報之。（幽部）（《鄭風·女曰雞鳴》）
　　　　　　　△

再看一下也字腳：
　　　　何其處也，必有與也。（魚部）
　　　　　　△　　　　　△
　　　　何其久也，必有以也。（之部）（《邶風·旄丘》）
　　　　　　△　　　　　△

又如《鄘風·蝃蝀》：

乃如之人也，
懷昏姻也。
大無信也。
不知命也。（真部）

《老子》中也有也字腳，如本章：

道之出言也，
淡啊其無味也，
視之不足見也，
聽之不足聞也，（元文合韻）
用之不可既也。（物部）

《老子》中也字腳比較多，又如第三十三章：

自知者，明也。
勝人者，有力也。
自勝者，強也。（陽部）
知足者，富也。
強行者，有志也。（職部）
不知其所者，久也。
死而不忘者，壽也。（之幽合韻）

《老子》中也有"之"字腳，如第十七章：

大上下知有之，
其次親譽之，
其次畏之，（之微合韻）
其下侮之。（侯魚合韻）

"也"字腳也見於帛書第七十八章。此外《老子》也有乎字腳，
見於第十章。

　　虛字腳也是《詩經》時代的特點。《楚辭》中少量四言詩也有虛
字腳，應該是模仿《詩經》而作，同時《楚辭》中所用的虛字腳只有
兮、些、只、之，其中"些"字腳是《詩經》中沒有的。同時，《楚
辭》中也沒有《詩經》與《老子》共有的"也"字腳。而《老子》
中所有的之字腳、乎字腳和也字腳卻是《詩經》中都有的。就此看
來，《老子》也是近於《詩經》而不同於《楚辭》。總之，《老子》的
韻式完全符合《詩經》中用韻多樣化與密集式的特點，而不同於《楚
辭》的整齊的偶句韻（參見析評引論 5.2）。

第 三 十 六 章

原文對照

河 36.1　將欲噏之，必固張之；　　傅 36.1　將欲翕之，必固張之。

河 36.2　將欲弱之，必固強之；　　傅 36.2　將欲弱之，必固彊之。

河 36.3　將欲廢之，必固興之；　　傅 36.3　將欲廢之，必固興之。

河 36.4　將欲奪之，必固與之，　　傅 36.4　將欲奪之，必固與之。

河 36.5　是謂微明。　　　　　　　傅 36.5　是謂微明。

河 36.6　柔弱勝剛強。　　　　　　傅 36.6　柔之勝剛，弱之勝彊，

河 36.7　魚不可脫於淵。　　　　　傅 36.7　魚不可挩於淵，

河 36.8　國之利器，不可以示人。　傅 36.8　邦之利器不可以示人。

王 36.1　將欲歙之，必固張之；　　帛 36.1　將欲翕之，必固張之。

王 36.2　將欲弱之，必固強之；　　帛 36.2　將欲弱之，必固強之。

王 36.3　將欲廢之，必固興之；　　帛 36.3　將欲去之，必固與之。

王 36.4　將欲奪之，必固與之；　　帛 36.4　將欲奪之，必固予之。

王 36.5　是謂微明。　　　　　　　帛 36.5　是謂微明。

王 36.6　柔弱勝剛強。　　　　　　帛 36.6　柔弱勝強。

王 36.7　魚不可脫於淵，　　　　　帛 36.7　魚不可脫於淵，

王 36.8　國之利器不可以示人。　　帛 36.8　國利器不可以示人。

對勘舉要

（1）本章河上本、王弼本大體相同，傅奕本有句式的不同，帛書本與傳世本有一些文字差異。帛書甲乙本差別不大。竹簡本沒有本章內容。河上本題為"微明"，取文中二字。

（2）"將欲歙之，必固張之。將欲弱之，必固強之。"

此節各本沒有重要差別，第一句之"歙"字，各本都有字形不同，據蔣錫昌，"歙"為本字（蔣錫昌1937，236），其餘都可看作假借字或異體字。"固"，有作"故"者，帛書本作"古"，整理者讀作"固"，說見下文。

（3）"將欲廢之，必固興之。將欲奪之，必固與之。是謂微明。"

此節河上本、王弼本、傅奕本皆同，惟帛書本用字有不同。帛書甲乙本相當一致。

關於"將欲廢之，必固興之"，《韓非子·說林上》引周書曰："將欲敗之，必姑輔之，將欲取之，必姑予之。"或曰《老子》本作"姑"（馬敍倫、高亨），或曰：固、姑、故，互通，意為"先"也（黃釗）。愚意以為作"故"不當，作"姑"，文義雖通，卻強調"暫時"之義，沒有《老子》中事物本來正反相依、正反互轉之義。作"固"為上，"固"有原來、本來的意思，正合事物本來就正反互動的思想。《韓非子·說林上》引作"姑"正合其引用所需之權宜之義，未必合於《老子》古義。再者，《韓非子·喻老》引作"將欲取之，必固興之"，正作"固"，可從。不宜去此取彼。

傳世本"廢之"，帛書本作"去之"；傳世本"興之"，帛書本作"與之"；傳世本"與之"，帛書作"予之"。帛書本"必固與之"與"必固予之"意相重複，高明說："與"通"舉"（高明1996，418）。

傳世本"必固興之"，勞健、高亨等以為"興"應作"舉"，蓋古書多以"廢"、"舉"對稱也（勞健1941，45；高亨1957，81）。可聊備一說。

（4）"柔弱勝剛強。魚不可脫於淵，國之利器不可以示人。"

此節河上本、王弼本同。第一句"柔弱勝剛強"，帛書甲乙本皆作"柔弱勝強"，似以後通行本補"剛"以求"柔弱"與"剛強"對仗。傅奕本作"柔之勝剛，弱之勝彊"，也是求整齊對仗，並拆一句為兩句。末句"國"，傅奕本、帛書甲本作"邦"，又帛書甲乙本"國"字後皆無"之"。

此節"魚不可脫於淵"一句，歷來多按"魚不可離開水"來解釋，將"脫"解為"脫離"。張富祥認為此類解說與下文"邦之利器不可以示人"語意不合。根據《韓非子·內儲說下六微》，張提出"脫"當為"逃脫"之義，"魚"乃權臣之喻。〈六微〉原文說："勢重者，人主之淵也；臣者，勢重之魚也。魚失於淵而不可複得也，人主失其勢重而不可複收也。"（張富祥 2003，120—122）其論甚詳，其說可從。

析評引論

36.1 以反求正之方法

本章講到諸多對立的兩方面，如歙—張，弱—強，廢—興，奪—與，柔弱—剛強，在這些對立的雙方中，老子強調的是從目的的反面入手，這就是筆者所說的以反求正的方法。以反求正是老子思想中最有特色之處，也是最容易被歪曲或誤解之處。

某物將要收縮，必然先會擴張；某物將要衰弱下去，往往會先有增強的過程；將要廢除某物，必讓它先經過興盛的階段；要奪取甚麼，先要給予一些，這些都是以反求正的基本方法和原則。這裡歙、弱、廢、奪都是行為的目的，可以看作是正；張、強、興、與都是與目的看起來相反的行動，故稱為反。以柔弱勝剛強就要先從反面迂迴入手，不能盡情直遂。這種道理隱而不顯，不易為人所知，所以是

"微"；但這種道理又是得到事實不斷證實的，因而是"明"。一般說來，強勝弱，剛勝柔，這都是不言而喻的事實，但是，如果把這種現象當成絕對的規律，那麼弱者就永遠不可能有出頭之日，柔順之道就永遠沒有任何價值。古今中外的事實當然不是這樣。老子也不這樣看，他認為事物的正反轉化是普遍的現象和規律，因而弱者可以利用這一規律以反求正，戰勝強者。而強者也應該懂得這一規律，避免走向自己的反面。

老子關於以反求正的論述很多，如第七章說："天長地久，天地所以能長且久者，以其不自生，故能長生，是以聖人後其身而身先，外其身而身存，非以其無私邪，故能成其私。"以不自生而得長生，以為人之身後而能成人之身先，以置身於外而能存身，這都是以反求正的實例，老子把它們歸結為無一己之私而能成一己之利。當然，老子這裡所說的"私"都是指個人的基本生存，毫無侵犯他人或損人利己之意。

在老子看來，以反求正正是"善於"做事的表現。老子說過："善建者不拔，善抱者不脫。"（第五十四章）"善建"和"善抱"當然不是一般的"建"和"抱"，一般的"建"和"抱"都是徑情直遂，只想到要建得牢，抱得緊，完全沒有更深或更高明的考慮，"善建"者和"善抱"者則不然，他們不僅懂得如何建得牢，抱得緊，更懂得如何要人們根本不想來拔，不想脫去，這樣自然可以"子孫以祭祀不輟"。老子又說："善行無轍跡……善數不用籌策，善閉無關楗而不可開，善結無繩約而不可解。"（第二十七章）這些"善"的做法都是真正擅長之舉，真正的擅長，其做法往往和普通人不一樣，即沒有通常的行跡，不用通常的工具，不採用一般人的方法，這種真正的"正"都包含了某種"反"的因素。

以反求正是玄德的表現或一部份。第六十五章說："玄德深矣，遠矣，與物反矣，然則乃至大順。"這裏的"與物反矣，然則乃至大順"不僅包含以反彰正的意思，還可包括以反求正的思想。看起來與一般的做法相反，結果卻是"大順"，超過了一般做法的效果，這是關於以反求正思想的很好的表達。

　　此外，老子還說到"聖人不積，既以為人己愈有，既以與人己愈多"（第八十一章），"夫唯無以生為者，是賢於貴生"（第七十五章），"是以聖人不行而知，不見而名，不為而成"（第四十七章），"是以聖人終不為大，故能成其大"（第六十三章），"以其終不自為大，故能成其大"（第三十四章），"為無為，則無不治"（第三章），等等。這些說法涉及了為人與為己、給與與獲得、因任生命之自然與養生貴生以及多種手段與目的的關係，但概括起來，都是以反世俗的角度或方法去獲得更高的成果。在老子看來，以反求正比以正求正更為有效，更為自然，也更少副作用。

36.2　智慧乎？陰謀乎？

　　本章是《老子》中受人誤解、詬病最早最多的一部份。韓非子作〈喻老〉，以越王勾踐臥薪嘗膽、事吳滅吳的故事解說"將欲歙之，必固張之，將欲弱之，必固強之"，以"晉獻公將欲襲虞，遺之以璧馬；知伯將襲仇由，遺之以廣車"的故事解說"將欲取之，必固與之"，這是把以反求正的辯證法解釋為陰謀的先河。

　　朱熹也說："老氏之學最忍，它閑時似個虛無卑弱底人，莫教緊要處發出來，更教你支吾不住，如張子房是也。子房皆老氏之學。如嶢關之戰，與秦將連合了，忽乘其懈擊之；鴻溝之約，與項羽講和了，忽回軍殺之，這個便是他柔弱之發處。可畏，可畏。"（朱熹1986，2987）這都是以歷史上的政治和軍事謀略來解釋老子的以反求正的思想，這種解釋自然有它一定的合理性，但卻很容易把人誤導到陰謀詭計的歧路上去。對老子思想的這種解釋一方面忽略了老子講以反求正的歷史環境，另一方面也把以反求正的一般性方法局限到了政治軍事爭鬥之中，把豐富生動的老子哲學引入了狹窄的政治、軍事陰謀之途。

　　以反求正的辯證方法與陰謀詭計有沒有關係呢？我們說，以反求正的方法有可能成為陰謀詭計的工具或被理解運用成狡詐的計謀，但老子的以反求正的思想本身決不是陰謀詭計，而只是根據客觀事物的辯證運動總結出來的一般性方法。這種方法好像是為弱者設計的，實際上可能對強者更有意義，這就是"知其雄，守其雌"的道理。老子哲學有可能被利用成陰謀詭計，老子要不要對此負責呢？一般說來，我們是不應該為此而責備老子的。正如科學家可以發明原子能並用來發電，戰爭狂人卻可以用原子能來製造大規模毀滅的殺人武器；發明刀子可以用來做飯做手術，歹徒則可以用刀子做謀殺的凶器，我們怎能因此而責備發明家呢？

從《老子》全文來看，老子的以反求正的思想全然沒有權術和詭詐的意思。陰謀詭計總是為了達到不可公開的目的，而且往往是為了侵佔別人的利益而主動採取行動。這和老子哲學是毫不相干的。老子沒有甚麼不可告人的目的，他也不是教人如何去"揀便宜底先占了"（朱熹語），也不教人先下手為強。老子哲學的總體精神是"以濡弱謙下為表，以空虛不毀萬物為實"（《莊子·天下》）。老子哲學無非是順著事物正反互轉的自然規律促進和等待事物從不利的狀態轉變到有利的狀態，即以反求正，或者通過預先採取反面的姿態或因素防止事物向反面轉化，即以反保正，或以反彰正。

36.3　智慧與陰謀之間

以反求正到底是一種人生的智慧還是一種陰謀？到底智慧和陰謀之間有沒有界限和標準？這裏我們嘗試提出以下幾點供進一步討論。幾個標準不是各自孤立的，需要聯繫起來運用。

陰謀追求的往往是一時的效果，智慧是一種長期的理論和觀察的積累。陰謀只求一時苟且或便宜，往往沒有長遠的眼光。

然而，大陰謀家也會有長遠的眼光、有自己的一套理論吶！所以，我們還需要第二個標準，要看行為主體的動機是只關心自己一方的利益，還是也關心對方的利益，甚至更關心對方的利益。也就是說，要看施事者是否真正關切受事者的利益。"輔萬物之自然"就是關心到受事者的利益，"戰勝以喪禮處之"，就關心到受事的對方，而不是只從施事者一方考慮的。一般的軍事家一心只求消滅對方，那就難免要用陰謀了。

然而，誰人不宣佈自己的動機是高尚的呢？所以，我們還需要第三個標準，那就是看他的態度是"詐"是"誠"，是"急"是"緩"。施展陰謀的人往往是為了自己的利益而急不可待，也會以各種偽詐的手段達到目的，而誠心為天下、為大家的人則不急於強迫別人接受自己的主張，可以耐心等待說服大家。如果說不服，放棄也無妨，因為大家的利益需要大家來認可。因此，道家是可以講放棄的。這似乎不是道家的專利，佛家也可以講放棄，但那是本來就不問俗事的放棄，和道家的放棄並不相同。

當然，無論理論標準多麼周密，也沒有靈丹妙方識別所有的陰謀家或陰謀詭計，君子可欺之以方，也是無可奈何之事。好人也可能吃虧，壞人也不可能佔盡便宜。但"天道無親，常與善人"還是可以相信的。

36.4　辯證觀念：四層命題

全面考察《老子》中涉及正反之對立統一理論的內容，我們發現《老子》的辯證觀念包括從客觀描述到理論主張之間的很寬的光譜地帶。我們可以簡要地用四層命題描述這個光譜地帶。

第一，正反相依及正反相生，這是對外在世界的純客觀的觀察和描述，比如"有無相生，難易相成"，基本上是描述客觀的事實。

第二，正反互轉，這主要是對客觀事物的觀察和描述，但是已經隱含著價值和方法的意義。比如"禍兮福所依，福兮禍所伏"，這是對人世禍福轉化的觀察，但是也意味著我們應該看到這一規律，接受這一事實，從而避免樂極生悲。這就開始有了價值取向。

第三，正反互彰或以反彰正，這一層命題開始偏向價值判斷和理論主張，比如"大成若缺"，"大巧若拙"。這雖然也有對客觀世界觀察描述的成份，但價值判斷的傾向相當明顯，對於人的行為方式和態度有比較明確的要求。

第四，以反求正，這是本章所討論的內容，基本上完全是方法性的命題，告訴人們基本的行事原則，正是"將欲歙之，必固張之，將欲弱之，必固強之"。

上述四個層次也可以壓縮或簡化為兩個方面，一個方面是側重於對客觀事實或規律之描述，一個方面是側重於方法、價值或主張。顯然，正反相依，正反相生，和正反互轉主要是對事實與規律的陳述，以反彰正和以反求正則是一種主張和方法。相對於老子的主張和方法而言，正反相依和正反互轉是老子辯證法中的客觀基礎和理論基礎，以反彰正和以反求正則是在這一基礎之上的運用和引申。當然這是大致的分析或區分，其中並沒有絕對的界限，尤其是正反相彰和以反彰正融事實與主張於一體，既可以看作是對客觀事實的描述，也可以看作是一種理論主張。不過，從整體來看，老子的辯證法思想中確有側重於客觀描述和側重於思想主張這樣兩個傾向或部分。論者不宜混為一談。

老子的辯證法基本上是在經驗事實上的理性總結，然而老子也為這種建立在經驗觀察基礎上的智慧找到了形而上的根據，這就是第四十章所說："反者道之動，弱者道之用。"以反彰正、以反求正體現了道之"反"和"返"的運動原則，柔弱勝剛強體現了道之用"弱"的功能特點。老子辯證法一方面支持著他的中心價值和原則性方法，另一方面也在世界的最高根源和根據那裏有著強有力的支持（劉笑敢1997，155—175）。老子哲學的觀點和學說大體上是有一個比較連貫的體系的。看不到這個大體完整的體系，就會把老子哲學當成一堆沒有聯繫的格言彙編，貶低了老子哲學的理論價值；反過來，如果把這種體系解釋得非常集中、非常嚴密，則可能是從現代西方哲學的角度"拔高"了老子哲學，或者把老子哲學改塑成西方式的思想體系。

按照西方或現代哲學的思維習慣或理論框架改塑老子思想，從而建立一種新的哲學體系，或許也是有意義的哲學工作，但這不是筆者的追求。筆者認為，中國哲學研究與發展的主要方向和目標應該是從中國哲學的根源處流出，在現代社會的土地上逐漸浸潤、融匯、奔涌，在這個過程中當然也會吸收西方的思想雨露。

第 三 十 七 章

原文對照

河 37.1　道常無為，而無不為。　　　傅 37.1　道常無為而無不為，

河 37.2　侯王若能守（之），　　　　傅 37.2　王侯若能守，

河 37.3　萬物將自化。　　　　　　　傅 37.3　萬物將自化。

河 37.4　化而欲作，　　　　　　　　傅 37.4　化而欲作，

河 37.5　吾將鎮之以無名之朴。　　　傅 37.5　吾將鎮之以無名之樸。

河 37.6　無名之朴，亦將不欲，　　　傅 37.6　無名之樸，夫亦將不欲。

河 37.7　不欲以靜，天下將自定。　　傅 37.7　不欲以靖，天下將自正。

王 37.1　道常無為而無不為，　　　　帛 37.1　道恆无名，

王 37.2　侯王若能守之，　　　　　　帛 37.2　侯王若能守之，

王 37.3　萬物將自化。　　　　　　　帛 37.3　萬物將自化。

王 37.4　化而欲作，　　　　　　　　帛 37.4　化而欲作，

王 37.5　吾將鎮之以無名之樸。　　　帛 37.5　吾將鎮之以无名之樸。

王 37.6　無名之樸，夫亦將無欲。　　帛 37.6　鎮之以无名之樸，夫將不辱。

王 37.7　不欲以靜，天下將自定。　　帛 37.7　不辱以靜，天地將自正。

竹 37.1　道恆亡為也，

竹 37.2　侯王能守之，

竹 37.3　而萬物將自化。

竹 37.4　化而欲作，

竹 37.5　將鎮之以亡名之樸。

竹 37.6　夫亦將知足，

竹 37.7　知［足］以靜，萬物將自定。

對勘舉要

（1）本章竹簡本内容抄在甲本第一組相當於第六十四章的内容之後，前面沒有任何標記，後面有分章符號，無空格，下面緊接相當於第六十三章的内容。竹簡本與第六十四章抄在一起，或漏抄分章號，或因兩章皆講無為而作為一章。本章各本文字、内容均有較大差異。河上公題為"為政"，尚可。

（2）"道常無為而無不為，侯王若能守之，萬物將自化。"

此為河上本、王弼本，傅奕本字句稍有不同。"道常無為而無不為"，帛書甲乙本皆作"道恆无名"，竹簡本作"道恆亡為也"。竹簡本與帛書本不同，這兩種古本與王弼本、河上本、傅奕本很不同。關於這種分歧，詳見析評引論 37.1。"侯王"，傅奕本作"王侯"。"守之"，傅奕本脱"之"。"萬物將自化"，竹簡本前有"而"。

（3）"化而欲作，吾將鎮之以無名之樸。"

此節王弼本、河上本、傅奕本及帛書本相同，"吾將鎮之以無名之樸"，竹簡本缺"吾"，"無"作"亡"。

（4）"無名之樸，夫亦將無欲。不欲以靜，天下將自定。"

此為王弼本，此節各本分歧較大。第一句"無名之樸"，帛書本前多"鎮之以"三字，作"鎮之以无名之樸"，係重複上句，構成頂真句式。竹簡本全無此句，相當此句的位置作"夫亦將知足"。"夫亦將無欲"中"無欲"，河上本、傅奕本作"不欲"，與下句構成頂真句，王弼本作"無欲"，似誤，帛書本作"不辱"，竹簡本作"知足"。"夫亦將無欲"，河上本無"夫"字。"不欲以靜"，帛書本作"不辱以靜"，竹簡本作"知足以靜"（"足"，原簡脱，整理者補之）。"天下將自定"，"自定"，傅奕本作"自正"。"天下"，帛書本作"天地"，竹簡本作"萬物"。"自定"，帛書本作"自正"。

此節王弼等本"無名之樸"乃重複上文，造成頂真效果。竹簡本不重複。帛書本作"鎮之以無名之樸",多"鎮之以"三字。推敲文句,似以竹簡本和帛書本為好。王弼本"無名之樸,夫亦將無欲",句義不明,似乎是無名之樸將無欲,講不通。帛書本"鎮之以無名之樸,夫將不辱","不辱"是"鎮之以無名之樸"的效果,句義明確合理。竹簡本完全不重複"無名之樸",直接接上文"將鎮之以無名之樸",則"夫亦將知足"也是"鎮之以無名之樸"的效果,句義也很清楚。如果假定竹簡本接近最早的原本,那麼帛書本重複"鎮之以無名之樸",可能是因為編者認為上文"而萬物將自化,化而欲作"用了頂真的句式,這裏也應該用。而傳世本編者認為重複太多,故刪去"鎮之以",致使句義不通。

"鎮之以無名之樸"是因為萬物不滿足於"自化",因而"欲作",即為更多的欲望驅使。一般的侯王就會用刑罰或兵刃鎮壓。但守無為之道的侯王則會用"無名之樸"來"鎮"之,而無名之樸怎能真的有鎮壓的效果呢?無名之樸就是道,就是"法自然"的原則的體現,所以,無名之樸的"鎮"實際是使人警醒,重新回到自然無為的立場上,化解大家的不滿和過多的欲望。這種效果,王弼本作"無欲",河上本作"不欲"都不太恰當,因為欲望不能突然沒有。帛書本作"不辱",似乎是因為"無名之樸"不會帶來屈辱,雖然合於情理,但在此突然提到"辱"或"不辱",稍嫌突兀。相比之下,竹簡本作"知足"就比較合理,本來欲望不滿足,有了無名之樸的化解,心意滿足了,就是"知足以靜,萬物將自定"。

從這一節來看,竹簡本用字最簡,帛書本用字最繁,傳世本介乎二者之間。竹簡本似乎思想最簡潔明快。帛書本則不厭重複,喜歡加重迴環往復的效果。看起來,竹簡本、帛書本、傳世本之間都沒有直線的繼承關係。按年代,竹簡本中的文字內容應該比較接近《老子》原貌。

析評引論

37.1　顧此失彼的編者

　　本章第一句，傳世本作"道常無為而無不為"，帛書甲乙本皆作"道恆无名"，竹簡本作"道恆亡為也"。竹簡本與帛書本不同，兩種古本與傳世本又很不同。如何解釋這種分歧呢？

　　如果我們將本章第一句和第三十二章的開頭第一句作一個比較，就會發現一些端倪。帛書第三十二、三十七章皆作"道恆无名"，竹簡本第三十二章作"道恆亡名"，第三十七章作"道恆亡為也"。為了便於比較，我們列表如下：

章數	竹簡	帛書	王弼、河上、傅奕
第三十二章	道恆亡名	道恆无名	道常無名
第三十七章	道恆亡為也	道恆无名	道常無為而無不為

　　從表上看，這裏或許有一個演變過程。如果我們假定竹簡本代表《老子》較早的原貌，那麼帛書本最早的編者可能是根據（竹簡）第三十二章把第三十七章統一為"道恆無名"，以求一律。而傳世本最早的編者如果依據的是類似於竹簡本的底本，則是根據第三十二章的內容把第三十七章統一為"道常無為也"，而更晚的編者又根據第四十八章的"無為而無不為"（亡為而亡不為）的內容將"道常無為也"（道恆亡為也）改為"道常無為而無不為"。（如果傳世本的編者依據的是類似於帛書本的底本，則可能為避免兩個"道恆无名"的重複而修改本章，同時突出"無為而無不為"原則。）這種改動造成了文本的歧異和混亂，讓我們看不到一個統一的或"定型"的《老子》，看不到《老子》的本來面貌。

　　然而有趣和弔詭的是，造成這種歧異和混亂的動機或出發點反而是求文本的統一和一致，是希望改編過的文字和其他章節的內容更一致。不過，顧此失彼，卻造成更嚴重的歧異和混亂。

　　話又說回來，這些改編雖然有些弄巧成拙，但所作變動往往是基於他處原文固有的內容，其用意似在突出原文中最主要最突出的概念或思想，如"無為而無不為"等。這也是一種"思想聚焦"，且不論效果如何。

　　此外，各個版本的第三十二章都很一致，而第三十七章則都不同，這或許是因為古本一直是相當於第三十二章的內容在前，相當於第三十七章的內容在後，後來的編者首先接受第三十二章的文字，然後加工第三十七章的字句。這對於我們了解古本的章節順序或許略有幫助。

37.2　"無為"即無所作為嗎？

　　本章講到"道恆無為也，侯王能守之，而萬物將自化"（竹簡本）。侯王守無為之道，萬物卻能"自化"。這裏的無為是不是甚麼事都不做呢？甚麼都不做，萬物為甚麼會自化呢？甚麼都不做，還要侯王做甚麼呢？顯然，把"無為"理解為甚麼事都不做是太膚淺了。朱熹曾說："老子所謂無為，便是全不事事。"（朱熹1986，537）實在有愧於朱子大名，不過這不是水平問題，而是門戶之見所限。老子講的無為是不是"全不事事"？請看《老子》原文。

　　老子反復講到"功遂身退"（第九章）、"功成事遂"（第十七章）、"功成而不處"（第二章、第七十七章），如果老子真的主張無所事事，怎麼會有"功成"之說？

　　老子又反復講到"生而不有，為而不恃，長而不宰"（第五十一、二、十章）、"為而不爭"（第八十一章），"生"、"為"、"長"怎麼會是"全不事事"呢？

　　老子又講"聖人抱一為天下式"（第二十二章）、"為天下正"（第三十九、四十五章）、"為天下王"（第七十八章），這和儒家所頌揚的

"君之所為，百姓之所從也"（毛奇齡語）不是也很相像嗎？

老子又說過"勝人者有力，自勝者強"（第三十三章）、"勝而不美……戰勝則以喪禮處之"（第三十一章），這和朱子所說"老氏之學最忍"、"只是占便宜"不是恰好相反嗎？

老子又說"夫慈，以戰則勝，以守則固"（第六十七章）、"善戰者不怒，善勝敵者不與"（第六十八章）、"抗兵相若，哀者勝矣"（第六十九章），這怎麼能說"老子所謂無為，只是簡忽"而不是聖人的"付之當然之理"呢？

老子還反復講到"取天下常以無事，及其有事，不足以取天下"（第四十八章）、"以無事取天下"（第五十七章），雖無事而取天下，這和朱子所歌頌的儒家"聖人所謂無為者，未嘗不為"不是正相合嗎？（同上）

老子又說"天之道，不爭而善勝"（第七十三章）、"天之道，利而不害；聖人之道，為而不爭"（第八十一章）、"是以聖人終不為大，故能成其大"（第三十四章）、"是以聖人不行而成，不見而名，不為而成"（第四十七章），這種坦蕩從天，利人而不爭的胸懷和程頤所說"老子之言竊弄闔闢"又有何相干呢？（以上參見劉笑敢 2003）

這些實例足以說明，老子講無為，絕不意味著無所事事、全不做事。所謂無為，字面上看是全稱否定，實際上所否定的只是通常的、常規的行為和行為方式，特別是會造成衝突、必須付出巨大代價而效果又不好的行為。這種否定同時肯定了另一種"為"，即不同方式的"為"，可以減少衝突並能達到更高效果的"為"。也就是以"無事""取天下"，以"不爭"而"善勝"，以"不為"而"成"，概括言之，即"無為而無不為"。"無為"是方法、原則，"無不為"是效果、目的。這與陰謀不同的是，陰謀是利己而害人，無為而無不為是著眼於天下的利益，共同的利益。陰謀是不可告人的，老子的哲學是公開宣示的。陰謀是沒有原則，不擇手段的，老子的方法原則是一以貫之的。老子要"生"而"不有"，"為"而"不恃"，"長"而"不宰"，"功成"而"不處"，又要"為"而"不爭"，"功成"而"身退"，這

哪裡是為個人或小團體謀私利的陰謀詭計呢？（參見析評引論 78.1）

總之，從字面上看，無為是對所有"為"的否定，實際上不可能如此。這是構詞上的困難。有是肯定，無是否定。至於這個"無為"的"無"否定哪些"為"，需要從老子原文中去領會，在實踐中也要自己去把握。這是智慧，而不是具體的行為規則。這裏我們主要針對的是把老子之無為當作無所事事的錯誤理解，所以專門列舉老子之原文來說明老子之無為不是全無作為，而是提倡對常規之為的限定或取消，是以另一類行為方式代替之，以無為之為追求更高的效果。

37.3 《老子》與《詩經》：頂真

迴環往復是《詩經》和《老子》中常見的一種韻文修辭手法。在這種手法之中，有一類比較特殊的手法稱為"頂真"，即下一句的開頭重複上一句結尾的字詞或句子。下面以《衛風·氓》為例，文中"○"代表重複的字句，"●"代表構成頂真的字句，"△"代表韻腳字。

及爾偕老，老使我怨。

淇則有岸，隰則有泮。

……

信誓旦旦，不思其反。（元部）

反是不思，矣已焉哉。（之部）

詩中"老""老"相接，"反""反"相續，這是有意使用的修辭手法，造成詩句連綿緊湊的效果。又如《魏風·汾沮洳》：

彼汾沮如，言采其莫。

彼其之子，美無度；

美無度，殊異乎公路。（魚鐸通韻）

彼汾一方，言采其桑。

彼其之子，美如英；

美如英，殊異乎公行。（陽部）

彼汾一曲，言采其藚。

彼其之子，美如玉；

美如玉，殊異乎公族。（屋部）

詩中每段都重複第四句，即“美無度”，“美如英”，“美如玉”，造成一種平緩舒展，回環往復的節奏美。這種修辭方式在《老子》中也不難找到。如本章（三十七）：

……萬物將自化，

化而欲作，吾將鎮之以無名之樸。

鎮之以無名之樸，夫將不辱。（屋部）

不辱以靜，天地將自正。（耕部）

這裏有意地連續使用頂真的回環手法，藉以強調事物的連續或因果關係。這種手法又見於第六章：

谷神不死，

是謂玄牝。（脂部）

玄牝之門，

是謂天地之根。（文部）

這種頂真的修辭手法也是《老子》和《詩經》共有的，而《楚辭》完全不用（參見析評引論 5.2，39.1）。

下　编

第 三 十 八 章

原文對照

河 38.1　上德不德，是以有德；　　　傅 38.1　上德不德，是以有德。

河 38.2　下德不失德，是以無　　　　傅 38.2　下德不失德，是以無
　　　　　德。　　　　　　　　　　　　　　　　　德。

河 38.3　上德無為，而無以為；　　　傅 38.3　上德無為而無不為。

河 38.4　下德為之，而有以為。　　　傅 38.4　下德為之而無以為。

河 38.5　上仁為之，而無以為；　　　傅 38.5　上仁為之而無以為。

河 38.6　上義為之，而有以為。　　　傅 38.6　上義為之而有以為。

河 38.7　上禮為之，而莫之應，　　　傅 38.7　上禮為之而莫之應，

河 38.8　則攘臂而仍之。　　　　　　傅 38.8　則攘臂而仍之。

河 38.9　故失道而後德，　　　　　　傅 38.9　故失道而後德，

河 38.10　失德而後仁，　　　　　　　傅 38.10　失德而後仁，

河 38.11　失仁而後義，　　　　　　　傅 38.11　失仁而後義，

河 38.12　失義而後禮。　　　　　　　傅 38.12　失義而後禮。

河 38.13　夫禮者，忠信之薄，　　　　傅 38.13　夫禮者，忠信之薄，
　　　　　　而亂之首。　　　　　　　　　　　　　　而亂之首也。

河 38.14　前識者，道之華。而　　　　傅 38.14　前識者，道之華，而
　　　　　　愚之始。　　　　　　　　　　　　　　　愚之始也。

河 38.15　是以大丈夫處其厚，　　　　傅 38.15　是以大丈夫處其厚不
　　　　　　不處其薄；　　　　　　　　　　　　　　處其薄，

河 38.16　處其實，不處其華，　　　　傅 38.16　處其實不處其華。

河 38.17　故去彼取此。　　　　　　　傅 38.17　故去彼取此。

王 38.1　上德不德，是以有德；　　　帛 38.1　上德不德，是以有德。

王 38.2　下德不失德，是以無德。　　帛 38.2　下德不失德，是以无德。

王 38.3　上德無為而無以為，

帛 38.3　上德无為而无以為也。

王 38.4　下德為之而有以為。

帛 38.4　上仁為之而无以為也。

王 38.5　上仁為之而無以為，

帛 38.5　上義為之而有以為也。

王 38.6　上義為之而有以為，

帛 38.6　上禮為之而莫之應也，

王 38.7　上禮為之而莫之應，

帛 38.7　則攘臂而扔之。

王 38.8　則攘臂而扔之。

帛 38.8　故失道而后德，

王 38.9　故失道而後德，

帛 38.9　失德而后仁，

王 38.10　失德而後仁，

帛 38.10　失仁而后義，

王 38.11　失仁而後義，

帛 38.11　失義而后禮。

王 38.12　失義而後禮。

帛 38.12　夫禮者，忠信之薄也，而亂之首也。

王 38.13　夫禮者，忠信之薄而亂之首。

帛 38.13　前識者，道之華也，而愚之首也。

王 38.14　前識者，道之華而愚之始。

帛 38.14　是以大丈夫居其厚而不居其薄，

王 38.15　是以大丈夫處其厚，不居其薄。

帛 38.15　居其實而不居其華。

王 38.16　處其實，不居其華。

帛 38.16　故去彼而取此。

王 38.17　故去彼取此。

對勘舉要

（1）本章是德篇（德經）第一章，在傳世本中排為第三十八章，在帛書中相當於第一章。竹簡本沒有本章內容。本章傳世本之間差異不多，帛書甲乙本之間差別也很小，帛書本比傳世本少一句，文義明暢，可校傳世本之誤衍。河上公題為"論德"，得其旨。

（2）"上德不德，是以有德。下德不失德，是以無德。"

此節各本皆同，這是少有的情況。此節以"上德"、"下德"對舉，提倡無心之德。傳世本模仿此"上德"、"下德"之對比而在下節衍生一句。

（3）"上德無為而無以為，下德為之而有以為。上仁為之而無以為，上義為之而有以為。上禮為之而莫之應，則攘臂而扔之。"

此節河上本、王弼本同，傅奕本第一句"無以為"作"無不為"，第二句"有以為"作"無以為"，帛書本和諸傳世本的最大不同是沒有"下德為之而有以為"一句。從這一段的結構來看，帛書本作"上德"、"上仁"、"上義"、"上禮"，排列整齊有序，與下節"失道—失德—失仁—失義—後禮"的順序若合符節，而傳世本加入"下德"一句，以與"上德"對偶，卻使結構變得不合理。顯然是傳世本摹仿上段"上德"、"下德"之對仗而加入"下德"一句，造成文義混亂（參見高明 1996，3）。"上義"，帛書乙本誤抄作"上德"，據甲本正之。

帛書本的另一重要不同是四句末都用"也"作語氣助詞。看來，傳世本往往刪去帛書本中的虛詞，卻喜歡補上一些句子。

"上德無為而無以為"，"無以為"《韓非子·解老》引為"無不為"，同傅奕本，此外嚴遵、范應元等古本亦作"無不為"。作"無不為"涉第四十八章"無為而無不為"而誤。從韓非子解釋的文句看，其引文當作"無以為"（高明 1996，3—4）。從本章思想脈絡來看，講的是動機問題，當從帛書本作"無以為"，與下文"無以為"、"有以為"相應。

(4) "故失道而後德，失德而後仁，失仁而後義，失義而後禮。"

此節河上本、王弼本、傅奕本相同，帛書甲本有殘損。"後"，帛書本作"后"，其他與傳世本同，乙本"后"作"句"，讀為"后"。帛書甲本"失道"二字似有重文號，有人據整理者注文以為原文當作"則攘臂而扔之。故失道。失道矣而後德……"（尹振環 1998，36—40）其說欠周慮（參見高明 1996，3）。

(5) "夫禮者，忠信之薄而亂之首。前識者，道之華而愚之始。"

此節河上本、王弼本同，傅奕本兩句後用"也"，帛書本則用四個"也"。又"愚之始"，帛書甲乙本皆作"愚之首"。

(6) "是以大丈夫處其厚，不居其薄。處其實，不居其華。故去彼取此。"

此節有兩個對比句。此處所引王弼本兩次皆作"處……不居……"，河上本和傅奕本兩次皆作"處……不處……"，而帛書甲乙本兩次皆作"居……不居……"。"處"和"居"的歧異或因用語習慣不同，但王弼本有意以"處"對"不居"似乎是為了避免四次重複同一個字。既要對仗的工整，又要避免過份重複引起的單調的感覺，可見後來的編者也有細緻的用心。這也是改善古本的努力，卻不是回復古本原貌的嘗試。又帛書本末句句中用"而"作連詞。

析評引論

38.1　自然之精神體現

"道法自然"的論題明確標示自然作為最高原則和最高價值的地位，因而其精神便滲透到《老子》思想的各個方面，而不必處處提到"自然"二字。本章沒有提到"自然"二字，但全篇貫穿了對"自然"的推重之義。

"上德不德，是以有德。下德不失德，是以無德。"上德是最高尚的德，最高的德不自以為有德，不炫耀自己的德性（上德不德），恰恰被人們認為有德（是以有德）。這在今天看起來很像是教人們謙虛，但在老子看來，重要的是品德的自然流露，而不是做作的、勉強的。老子的重點顯然不在於謙虛，而是要提倡自然流露的品德。下德之人生怕失德，小心謹慎地表現自己之有德（下德不失德），這種"如履薄冰，如臨深淵"的態度，對儒家或一般人來說是大德，對道家來說則不夠，故說"是以無德"。"無德"不一定是說沒有儒家仁義道德，而是說沒有自然而然之德。

接下來的文句歧義歷來很多，但是如果按照帛書本的文句來理解就比較順暢。

> 上德無為而無以為，
> 上仁為之而無以為，
> 上義為之而有以為。
> 上禮為之而莫之應，則攘臂而扔之。

這四句的意思是隨著德、仁、義、禮而逐句遞降的。每句都包括兩項作比較的內容，一項在於行動表現，即是否有為，在老子的思想體系中顯然"無為"高於"為之"。另一項在於動機，即是不是有機心，是"無以為"還是"有以為"，顯然，老子認為"無以為"高於"有以為"。上德當然在兩方面都佔了高水平，是"無為而無以為"，不僅無為而且無所求，無企圖。這和某些人故意顯示要無為，故作超脫飄逸是不同的。簡單地說，平淡自然的無為高於有目的的無為。次一等的上仁之人雖然有所行動，但不汲汲於功利，還可以做到無所求，無所為，即"為之而無以為"。再低一等的"上義"之人既"為之"又"有以為"，似乎已經到了最低水平。但更糟的是"上禮"之人，不僅"為之"，而且要強迫別人響應自己的行動，如果別人不聽從，就會硬把別人拉過來，使人不得不跟從自己行動。這是一般人常會有的表

現，卻是老子非常鄙薄的。老子崇尚個人的平淡與超脫，反對把自己
的價值和行為強加於人。所以老子接著說："故失道而後德，失德而
後仁，失仁而後義，失義而後禮。夫禮者，忠信之薄而亂之首。"

　　和傳統的德、仁、義、禮等相比，道是最高的，其高就在於"道
法自然"，不留行跡。做不到這一點的人就只能強調德的標準，達不
到德的水平的就孜孜於仁的原則，達不到仁的標準的就只能退而行
義，連義也不能自然實行的人就只能抱住形式化的禮而不放了。禮本
應是自內而外的，但內在感情不足，卻仍然可以在行為上中規中矩，
這就很容易流於形式，變成沒有感情的行動外殼。禮儀制度本來就是
帶有某種限制性的社會規範，禮的盛行可能激發人的道德情感，但是
也往往伴隨著精神原則的衰落而徒有其表，不必然是社會文明的體
現。所以，到了完全要靠禮並且要"攘臂而扔之"的時候，那已經是
"忠信之薄"的結果，是社會動亂的前兆或開始（"亂之首"）。

38.2　老子反儒乎？

　　歷來的印象是儒、道對立，老子是反對儒家的開山祖。竹簡本第
十九章內容的出土讓我們開始重新反思這一傳統的看法。老子對儒家
的態度究竟怎樣？老子是不是反儒的呢？對此問題我們似乎也不能用
"反儒"或"不反儒"的簡單對立的二元化立場來回答。《老子》中沒
有儒家或孔子的字樣，或許《老子》內容形成的時候，孔子還沒有那
麼大的影響，儒家作為學派之名還沒有出現，所以，老子對儒家的態
度要從它對儒家倫理概念的態度來分析。

　　就本章來說，老子似乎批評了儒家之仁義禮樂，然而根據上文的
分析，老子批評的重點不在於仁義禮樂本身，而在於道德禮儀盛行之
中強制和虛偽的表現。老子針對的是重禮之形式而輕德之實在的傾
向，批評傳統的、世俗的社會標準和價值取向，追求自然的、內在的
和自發的價值標準和社會行為。換言之，老子批評的是傳統道德的實
踐過程中所出現的問題，不一定是傳統的或儒家的倫理道德內容本
身。這樣說來，只要儒家的仁義禮樂的實踐是真誠、自然的，老子應

該是不反對的。

從本章"失道—失德—失仁—失義—後禮"的安排來看，道家之道、德與儒家之仁、義、禮是在同一序列之中的，而不是在對立的兩個派別。從《老子》原文來看，儒、道並不是水火不容的兩極。儒家的價值和道家的價值是連續的序列，只是在重要性或根本性方面排在道家的道德之後，這有一點後來"判教"的味道，然《老子》之時尚無教無派可言，則"判教"之說亦不恰當。毋寧說，老子在尊道貴德的原則下承認、包容了儒家仁義禮樂的價值，但是主張以德性的內在自然為根基，否則，儒家仁義禮樂的價值就會成為漂亮的詞語，僵化的表演，甚至是沽名釣譽的手段。

事實上，儒家本來也是強調內在而自然的道德感情的。孔子在討論"禮之本"時說："禮，與其奢也，寧儉；喪，與其易也，寧戚。"（《論語·八佾》）這顯然是認為內在的道德感情比外在的禮儀形式更重要。孔子還說過："仁者安仁，知者利仁。"（《論語·里仁》）"知之者不如好之者，好之者不如樂之者。"（《論語·雍也》）這也是在強調內在的道德修養，希望一個人的道德行為有深厚的內在基礎，這樣，道德感情就不是表面文章，而是真實的自然流露。就此來說，孔子的立場與老子對自然之品德的追求有可以相通之處，不必完全針鋒相對。

不過，孔子和傳統的道德理論的重心都是從正面強調道德條目自身的重要性，而老子哲學的重心不是倫理學，而是從整體上關切人類社會的秩序與狀態問題，從而也涉及了道德情感是否自然的問題。從一般的原則或儒家的立場出發，一個人自覺地追求某種品德境界是應該受到表揚的，至少是應該受到鼓勵的，但是在道家看來，凡是刻意努力的行為都是不好的，或是不夠水準的。這種評價標準似乎有些苛刻，但卻是道家崇尚自然的傾向的真實反映（關於刻意努力地追求"自然"的境界是不是違背自然的價值，請見析評引論25.4）。

38.3 儒家必反"自然"乎？

老子哲學的中心價值是自然，孔子思想的中心價值則是仁。仁的立場是否必然反對自然的原則呢？上文已經提到，儒家不是必須反對自然的，只是儒家不把自然當作最高原則。這裏再作申論。

仁是一種道德價值，是對人的道德修養的要求；自然則是對一種和諧狀態的描述和嚮往，因此可稱之為狀態價值。仁主要是規範性的概念，直接告訴人們應該如何行動；自然最初則是描述性的概念，主要反映一種包括人的行為效果的客觀狀態。當然，自然作為一種價值，必定有某種規範性的意義，但這種規範性並不是直接告訴人們應該如何做，而是告訴人們的行為不應該破壞自然的和諧，應該有利於實現或維持自然的和諧，其規範性意義是比較間接的。仁的概念大體屬於道德哲學和功夫論，而自然的概念勉強屬於價值哲學和社會哲學。但是，仁德與自然都涉及了人的行為方式以及由此而引起的人際關係和社會狀態，因此二者又必然有某種程度的交叉互涉。

孔子說："不仁者不可以久處約，不可以長處樂。仁者安仁，知者利仁。"（《論語·里仁》）朱子注云："不仁之人失其本心，久約必濫，久樂必淫，惟仁者則安其仁而無適不然，智者則利於仁而不易所守。"（朱熹 1983，69）強調仁要發自"本心"，然後才可以"無適不然"。安仁是最自然的行為表現，沒有任何"仁"以外的目的。利仁是因利而行仁，動機雖在仁外，也是發自內在的行為，因而也是比較自然的。在"安仁""利仁"之外，還有"強仁"。《禮記·表記》記載："子曰：仁有三……仁者安仁，知者利仁，畏罪者強仁。""強仁"即出於壓力、害怕負罪而不得不按照仁德的要求行動。"強仁"完全是不自然的，其行為動機完全是外在的。

孔子特別推重內心自發的行為，他說："知之者不如好之者，好之者不如樂之者。"（《論語·雍也》）知之者"利仁"，以仁為有利而行仁，不是自發的，所以不如"好之者"之"安仁"，而"好"之極致便是"樂仁"，以行仁為樂，則實踐仁德的行為更加自發和主動，完全沒有其他的目的，沒有絲毫的勉強，因此也更為自然。不過，"安仁"與"樂仁"都是以仁本身為目的，而"安仁"自可達到"樂仁"之境界，所以不必在"安仁"之外另立"樂仁"的標準。這樣以道家之自然解釋"安仁"、"利仁"、"強仁"之不同，與孔子的思想契合無間，順理成章，說明孔子之仁的思想中的確隱含或包括了"自然"之行為標準在內。

事實上，以道家之概念解釋孔子之思想並不是我們的發明。有人問朱子"安仁"與"利仁"之別，朱子便說："安仁者不知有仁，如帶之忘腰，履之忘足。"（朱熹1986，643）朱子之說就利用了《莊子·達生》的思想："忘足，履之適也；忘腰，帶之適也；忘是非，心之適也。"《莊子》原文形容能工巧匠的創造達到出神入化的境界，心靈擺脫了任何束縛或掛念，其精熟的創造活動看起來像自然而然的成果。朱子以"帶之忘腰，履之忘足"來形容仁者安仁，說明仁者安仁達到了自然之化，不需要任何意識、目的去支配自己的行為。此外，程樹德也說："無所為而為之謂之安仁，若有所為而為之，是利之也，故止可謂之智，而不可謂之仁。"（程樹德1990，229）這裏"無所為而為之"顯然受《老子》第三十八章"上仁為之而無以為"的影響。"無所為"之為或"無以為"之為就是自然而然之為，安仁就是自然之仁或仁德的自然表現。

仁者安仁強調的是個人的道德感情和道德動機，這不涉及對人的教育問題。仁德的培養當然離不開外在的教化等因素，但是外在的因素不能是強迫性的，被迫實踐仁德，其仁必不可能是孔子所提倡的"安仁"。因此，孔子的"安仁"與老子所提倡的自然的原則有著天然的聯繫。所以，儒家不必反自然。然而，實際生活中，儒、道似乎相當對立。原因何在？這是更為複雜的課題，這裏不能細論。但大體說來，儒家必反自然其實是不察之見。

38.4 儒家必反"無為"乎？

關於儒、道之關係，又涉及儒家對"無為"的態度問題。本章說到"上德無為"，這一點孔子應該也贊成，所以說："無為而治者其舜也與？夫何為哉？恭己正南面而已矣。"（《論語·衛靈公》）可見對於孔子來說，無為也是很高的聖人境界。但是後來的儒者卻千方百計把孔子的無為和老子的無為劃清界限，努力造成孔老不相容的印象。

比如，孔子講過："為政以德，譬如北辰居其所而衆星共之。"（《論語·為政》）本來，用道家之自然無為來解釋孔子這段話應該是十分自然的。"居其所而衆星共之"與"恭己正南面而已"顯然都是無為而治的結果和表現。然而，正如牟宗三所說，宋儒以來的儒家多忌諱講道家，因此極力把無為而治從孔子思想中淡化、消除，或者極力把孔子之無為與老子之無為剖為不相干之二事。

對於這一段，早期的注釋多與無為之治聯繫起來。魏人何晏引漢人包咸曰："德者無為，猶北辰之不移而衆星共之。"（轉引自程樹德1990，64）朱熹的《集注》也說"為政以德，則無為而天下歸之，其象如此"，並引程子曰"為政以德，然後無為"（朱熹1983，53）。朱熹似乎不反對程頤用無為來解釋"為政以德"。不過，朱熹反復強調孔子之無為不是老子的無為。朱子云"老子所謂無為，只是簡忽。聖人所謂無為，卻是付之當然之理。……豈可與老氏同日而語！"（朱熹1986，537—538）這就是儒家對道家的門戶之見。這種情況到了後代更為嚴重。王夫之也說："'為政以德'而云不動，云無為，言其不恃賞勸刑威而民自正也。蓋以施於民者言，而非以君德言也。"（王夫之1975，204）"無為者，治象也，非德體也。"（同上，206）"若更於德上加一'無為'以為化本，則已淫入於老氏'無為自正'之旨……且陷入老氏'輕為重君，靜為躁根'之說。毫釐千里，其可謬與？"（同上）

這種極力撇清孔子之無為與老子之無為的關係的情況，在"無為而治者其舜也與"一段的注釋中也很明顯。朱熹曰："無為而治者，聖人聖德而民化，不待其有所作為也。"（朱熹1983，162）朱熹雖然承認並解釋這裏的無為而治，卻極力強調孔子之無為不同於老子："老子所謂無為，便是全不事事。聖人所謂無為者，未嘗不為。"（朱熹1986，537）王夫之則說："朱子言……則以不言不動、因仍縱弛為無為，此老氏之旨，而非聖人之治也。""聖人與老莊大分判處，不可朦朧叛去。"（王夫之1975，430—431）焦循《論語補疏》也力辯：

"上天之載，無聲無臭，此天之無為而成，即聖人之無為而治。邢疏以無為為老氏之清淨，全與經意相悖。"（轉引自程樹德 1990，1064）這都是刻意強調孔子之無為與老子之無為毫無關係。

雖然同樣的概念在不同的思想體系中可能有某些不同的含義，但在這裏，要把孔子之無為與道家之無為的關係完全撇清是相當勉強的，也是沒有必要的，且不利於全面瞭解孔子思想和早期儒、道兩家的關係。這裏比較複雜的或關鍵的地方是很多人完全從字面意義理解道家之"無為"，把無為看作完全不作事，不負責，不操心，這樣的無為不是慢性自殺術嗎？對於這樣理解的無為，不僅孔子不能贊成，老子也不會贊成。老子何曾主張過完全無所事事呢？（參見析評引論 37.2）

對老子的無為，當代大儒牟宗三的理解倒是比較準確中肯的。他說："道家講'無為而治'，這是一個很高的智慧。有人說：'無為而不治。'那你這個無為，不是道家的無為。你這個無為是在睡覺。無為而治，這當然是最高的智慧，它背後有很多原理把它支撐起來。"（牟宗三 1983，145）顯然，儒家也不是必反"無為"的。

38.5 孔、老"無為"之異同

在上文中，我們反對把老子之無為與孔子所說之無為講成毫無關係的，但是我們也要看到二者的不同。這裏專門分析一下孔、老二者之無為的異同。

關於孔子之無為，歷代的詮釋主要有三種類型。一是包咸、朱熹、王夫之等人所說以德化天下，"不恃賞勸刑威而民自正"，因而可以實現無為之治；二是何晏所說"言任官得其人，故無為而治"（轉引自程樹德 1990，1063）；三是蔡謨所說"三聖相係，舜據其中，承堯授禹，又何為乎？"（同上）三說中的後兩說試圖從歷史事實和歷史環境的角度解說孔子之無為而治，是把孔子的每一句話都當作實有的歷史事實進行解釋，比較拘泥，又無確實的歷史根據。其實，孔子所說的無為是一種他所嚮往的理想境界，"無為而治者其舜也與"是一種揣測與讚嘆，"譬如北辰居其所而衆星共之"是比喻，是對於"為政以德"的效果的讚美，這些都不是在談歷史事件。

在筆者看來，孔子所說的無為基本是一種政治清明的理想，是理想政治的效果。因此，孔子之無為不是一種原則，不是一種方法，孔子雖讚美無為之治，卻沒有認真討論過這種情況是否可以實現以及如何實現，這是無為在孔子思想中和老子之無為的最大差別。至於孔子之無為本身的內容，因為孔子講得很少，因此也不宜作很具體的詮釋。大意說來，孔子的無為應該也不同於一般的行為，不同於一般的統治或社會管理方式，其政治代價、社會震盪應該是最少的，而百姓的滿意程度應該是最高的。就此說來，孔子之無為與老子之無為的大意應該是相通的。孔子也希望看到社會管理者不必事事操勞，天下自然安定和諧的局面，這和老子的理想正相吻合。他們所不同的不是無為的內在含意，而是無為在他們思想體系中的地位。

我們可以把孔、老之無為的不同概括為三個要點。第一，無為在孔子思想中是理想政治的效果或表現，在老子思想中則是實現社會和諧的方法和原則。第二，無為在孔子思想中不過是虛懸一格的理想，並不是關鍵性的觀念和方法，也不是努力的目標，而在老子思想中，無為是非常重要的原則和最基本的方法，是老子要推廣的基本理論之一。孔子不講無為，還是孔子。老子不講無為，則不成其為老子。第三，孔子的無為而治的理想應該是通過德化與仁政等原則和方法來實現的，而老子的無為本身就是原則和方法，仿孔子之說法，我們可以說"我欲無為，斯無為至矣"，要實行無為之治需要的是智慧與決心，而不是其他方法。

這三點不同都不是無為的觀念本身的差異，而是外在的不同。無論誰講無為，都必然是針對常規之為或過份之為作減法，都是要減少付出、代價和衝突，達到比常規之為更好的效果。這一點應該是無為最基本的含意，在這一點上，驗之於《論語》和《老子》，二者沒有根本性分歧。大體說來，宋儒以前的解釋，大都承認孔子之無為與道家相通，以後諸儒則努力清門戶，設分界，造成儒道了不相涉的印象。現代學者也多受這種門戶之見的影響，大多有見於儒道之異，無見於孔老之通，因此牟宗三提出不應該對道家起忌諱是切中時弊的（牟宗三 1983，150）。當然，歷史上的儒家學者極力與佛老劃清界限也有社會歷史的原因或需要，其苦衷是應該同情的。

第 三 十 九 章

原文對照

河 39.1　昔之得一者，

傅 39.1　昔之得一者，

河 39.2　天得一以清，

傅 39.2　天得一以清，

河 39.3　地得一以寧，

傅 39.3　地得一以寧，

河 39.4　神得一以靈，

傅 39.4　神得一以靈，

河 39.5　谷得一以盈，

傅 39.5　谷得一以盈，

河 39.6　萬物得一以生，

傅 39.6　萬物得一以生，

河 39.7　侯王得一以為天下正。

傅 39.7　王侯得一以為天下貞。

河 39.8　其致之，天無以清將恐裂，

傅 39.8　其致之，一也，天無以清將恐裂，

河 39.9　地無以寧將恐發，

傅 39.9　地無以寧將恐發，

河 39.10　神無以靈將恐歇，

傅 39.10　神無以靈將恐歇，

河 39.11　谷無盈將恐竭，

傅 39.11　谷無以盈將恐竭，

河 39.12　萬物無以生將恐滅，

傅 39.12　萬物無以生將恐滅，

河 39.13　侯王無以貴高將恐蹶。

傅 39.13　王侯無以為貞而貴高將恐蹶。

河 39.14　故貴（必）以賤為本，

傅 39.14　故貴以賤為本，

河 39.15　高必以下為基。

傅 39.15　高以下為基。

河 39.16　是以侯王自稱孤寡不穀，

傅 39.16　是以王侯自謂孤寡不穀，

河 39.17　此非以賤為本耶？非乎！

傅 39.17　是其以賤為本也，非歟？

河 39.18　故致數車無車，

傅 39.18　故致數譽無譽，

河 39.19　不欲琭琭如玉，落落如石。

傅 39.19　不欲碌碌若玉，落落若石。

王 39.1　昔之得一者，

帛 39.1　昔得一者，

王 39.2　天得一以清，

帛 39.2　天得一以清，

王 39.3　地得一以寧，

帛 39.3　地得一以寧，

王 39.4　神得一以靈，

帛 39.4　神得一以靈，

王 39.5　谷得一以盈，

帛 39.5　谷得一盈，

王 39.6　萬物得一以生，

帛 39.6　侯王得一以為天下正。

王 39.7　侯王得一以為天下貞。

帛 39.7　其至也，謂天毋已清將恐裂，

王 39.8　其致之。天無以清將恐裂，

帛 39.8　地毋已寧將恐發，

王 39.9　地無以寧將恐發，

帛 39.9　神毋已靈將恐歇，

王 39.10　神無以靈將恐歇，

帛 39.10　谷毋已盈將竭，

王 39.11　谷無以盈將恐竭，

帛 39.11　侯王毋已貴以高將恐蹶。

王 39.12　萬物無以生將恐滅，

帛 39.12　故必貴以賤為本，

王 39.13　侯王無以貴高將恐蹶。

帛 39.13　必高矣而以下為基。

王 39.14　故貴以賤為本，

帛 39.14　夫是以侯王自謂孤寡不穀，

王 39.15　高以下為基。

帛 39.15　此其賤之本與？非也？

王 39.16　是以侯王自謂孤寡不穀。

帛 39.16　故至數輿无輿。

王 39.17　此非以賤為本邪？非乎？

帛 39.17　是故不欲祿祿若玉，硌硌若石。

王 39.18　故致數輿無輿。

王 39.19　不欲球球如玉，珞珞如石。

對勘舉要

(1) 本章諸傳世本有個別文字差別，帛書甲乙本之間有文字不同，與傳世本有較多文字不同。竹簡本沒有本章內容。河上本題為"法本"，似得其旨。

(2) "昔之得一者，天得一以清，地得一以寧，神得一以靈，谷得一以盈，萬物得一以生，侯王得一以為天下貞。"

此為王弼本，河上本、傅奕本略有差別。"昔之得一者"，帛書甲本同，乙本脫"之"字，當據甲本補。"谷得一以盈"一句，帛書甲本同，乙本脫"以"字，當補。末句"侯王"，傅奕本作"王侯"；末字"貞"，河上本作"正"，與帛書甲乙本同，"正"當為本字。

帛書與傳世本的最大不同是沒有"萬物得一以生"一句，相應地也沒有下文"萬物無以生將恐滅"一句。值得注意的是，嚴遵本亦無此句（王德有 1994，9）。

(3) "其致之，天無以清將恐裂，地無以寧將恐發，神無以靈將恐歇，谷無以盈將恐竭，萬物無以生將恐滅，侯王無以貴高將恐蹶。"

此為王弼本，河上本大體相同。第一句"其致之"，帛書甲本作"其致之也"，乙本作"其至也"。"其致之"之後，傅奕本有"一也"二字，許多古本亦有此二字，作"其致之，一也"。此句解釋頗有歧異。王弼註曰："各以其一致此清、寧、靈、盈、生、貞。"（樓宇烈 1980，106）馬敍倫、勞健、蔣錫昌等認為按王註當有"一也"，是承上之文，張舜徽、古棣同之。然高亨云："致猶推也，推而言之如下文也。"（高亨 1957，89）蘇轍云："致之言極也。"（蘇轍 1100，二，4A）如此，此句是啟下，而非承上。張松如從之，認為"一"為衍文，鄭良樹同之。根據帛書二本不當有"一"字，故此句以從下讀為好。乙本作"其至也"，正合蘇轍所說"致之言極也"。此句當為推而言之或推至極點之義。高明根據河上公注云"致，誠也"，訂正此文為："其誠之也。"（高明 1996，14）其說似證據不足。

諸"無以"，帛書本皆作"毋已"。帛書乙本"天毋已清"一句前有"謂"字引起下文，甲本則自此以下每句皆有"謂"引起全句。與上段沒有"萬物得一以生"一句相對應，本段帛書本沒有"萬物無以生將恐滅"一句，帛書甲乙本相當一致，說明不是抄寫之誤。根據河上公注釋，高明力辯傳世本這兩句是後人鋪排增衍的結果（高明1996，9—10），高說可從。然高說之根據卻有不慎。高說河上註有云"謂下五事也"，下五事當指"天"、"地"、"神"、"谷"、"侯王"，如果多出"萬物"一句，則為六事，可見河上本原無"萬物"開頭的兩句。其說有誤。河上註對"萬物"引起的兩句皆有詳註。其註"萬物得一以生"曰："言萬物皆須道以生成也。"（王卡 1993，155）其註"萬物無以生將恐滅"云："言萬物當隨時生死，不可但欲長生無已時，將恐滅亡不為物。"（同上，156）"五事"之說見於影宋本，而道藏本也有作"六事"者。

帛書本"谷毋以盈將恐竭"一句，乙本"恐"字脫，當據上下文和甲本補之。

本節末句，傅奕本作"王侯無以為貞而貴高將恐蹷"，除"王侯"與通行本不同外，有"為貞而"三字，嚴遵本近傅奕本，惟"貞"作"正"。張丰乾認為，傅奕本、指歸本文意為勝。"王侯"失去了"貞"，高貴的地位恐怕會顛覆。這裏的"貞"和上文的"侯王得一天下貞"相呼應。帛書本有缺漏（據張本人手記）。此句帛書本作"侯王毋已貴以高將恐蹷"，文義似較通行本完整，較傅奕本簡明。王弼本、河上本"貴"與"高"之間略去連詞"以"或"而"，文義費解。

關於帛書本"無以"皆作"毋已"，高明認為今本將"已"寫作"以"，一字之差，則經義全非，引起頗多憶測，衆說紛紜。高云："毋已，即無休止，無節制之義。"河上註"天無以清將恐裂"一句云："言天當有陰陽弛張，晝夜更用，不可但欲清明無已時，將恐分裂不為天。"可見，河上本"無以"原作"無已"。再如"地無以寧將恐發"一句，河上公註云："言地當有高下剛柔，節氣五行，不可但欲安靜無已時，將恐發泄不為地。"同理，帛書本"侯王毋已貴以高將恐蹶"一句當按河上註之例解為"侯王當屈己下人，如無節制地但欲貴於一切，高於一切，將恐被人顛覆"（高明 1996，13）。高說有據，值得重視。如高說，這一節的辯證觀念就很鮮明，和下文"故必貴以賤為本，必高矣而以下為基"就完全連貫起來了。按傳世本解釋，上下文就成了不相關的兩個部份，下文"故貴以賤為本"就沒有著落。

(4) "故貴以賤為本，高以下為基。是以侯王自謂孤寡不穀。此非以賤為本邪？非乎？"

　　王弼本一段，河上本在"貴"、"高"二字後都有"必"，帛書本在"貴"、"高"二字前都有"必"。"必"字位置之不同，造成句意不盡相同。前兩句帛書甲本作"故必貴而以賤為本，必高矣而以下為基"，乙本第一句奪"而"。"是以侯王"一句，帛書甲乙本前都有"夫"。"此非以賤為本邪"一句，河上本末字用"耶"，都是直接的反問句式，下面的"非乎"是重複和強調；傅奕本作"是其以賤為本也"形似肯定判斷，靠下面的"非歟"表達反問，句式有所不同。帛書乙本作"此其賤之本與，非也？"句式與傅奕本接近。此外，各本虛詞亦有不同，茲不贅。

(5) "故致數輿無輿。不欲琭琭如玉，珞珞如石。"

　　此為王弼本，各本皆有不同。"數輿無輿"，河上本作"數車無車"，傅奕本作"數譽無譽"，帛書甲本作"數與無與"，帛書乙本作"數輿無輿"。帛書整理者說：通行本多作"輿"，亦或作車。帛書"與"字時寫成"輿"，同音假借，改為車，誤。《淮南子·說山》："求美則不得美，不求美則美矣。"高誘註："心自求美名則不得美名也，而自損則有美名矣。"故《老子》曰："致數輿無輿也。"高誘讀為譽。傅奕、范應元等本作"譽"（國家文獻 1980，93，注 6）。從文義看，讀"譽"可從。鄭良樹云：此文可就字面解之。致，聚也。此謂雖聚有數輿車，當自謙無輿車；猶侯王富有民人，當自謙孤寡不穀也（鄭良樹 1997A，189）。可聊備一說。

"琭琭如玉，珞珞如石"兩句異文頗多。蔣錫昌說："琭琭"或作"祿祿"，或作"碌碌"，或作"錄錄"；"珞珞"或作"落落"，或作"硌硌"；均可。蓋重言形容詞只取其聲，不取其形，皆隨主詞及上下文以見意，不必辨其誰是誰非也。關於句義，蔣云："《後漢書‧馮衍列傳》云：'不碌碌如玉，落落如石。'"註云："玉貌碌碌，為人所貴；石形落落，為人所賤。"以貴賤為釋，正與上文"故貴以賤為本"相應。其言是也。河上註："琭琭喻少，落落喻多。玉少，故見貴；石多，故見賤。"亦以貴賤為釋。"不欲琭琭如玉，珞珞如石"，言不欲琭琭如玉之高貴，寧珞珞如石下賤也（蔣錫昌 1937，265）。

蔣說可從，王淮有更為清楚的申論：老子此文"不欲琭琭如玉，落落如石"，實即"不欲琭琭如玉，而欲落落如石"之省文。所謂"貴必以賤為本，高必以下為基"，老子之思想顯然是有"重點"而有所"取"的（賤與下）……至譽無譽，故不欲如"玉"，而欲如"石"。石者璞也。璞者，玉之在石而未經琢磨者也。第四十一章所謂："明道若昧。"又曰："大白若辱。"第五十六章曰："挫其銳，解其分，和其光，同其塵。"此即聖人被褐懷玉，抱樸同塵之思想，乃老子之本義（王淮 1972，160）。

析評引論

39.1 《老子》與《詩經》：交韻

筆者強調過《老子》中的韻文部份（不是《老子》全部）有《詩經》的風格，而不同於《楚辭》的特點。本章就有一個典型的交韻的實例。所謂交韻，就是兩韻交叉進行，單句與單句押韻，雙句與雙句押韻。比如《詩經‧鄘風‧鶉之奔奔》：

鵲之彊彊，　　　　　　（陽部）
　　　△
　　鶉之奔奔。　　　　（文部）
　　　　　　▲

人之無良， 　　　　　　（陽部）

　　我以為君。　　（文部）

詩中第一句"強"與第三句"良"押韻，第二句"奔"與第四句
"君"押韻，陽部與文部交叉相押。本章第二節即相當整齊的交韻之
例：

天毋已清， 　　　　　　（耕部）

　　將恐裂；　　　（月部）

地毋已寧， 　　　　　　（耕部）

　　將恐發；　　　（月部）

神毋已靈， 　　　　　　（耕部）

　　將恐歇；　　　（月部）

谷毋已盈， 　　　　　　（耕部）

　　將恐竭；　　　（月部）

萬物毋以生， 　　　　　（耕部）

　　將恐滅。　　　（月部）

文中第一、三、五、七、九句的"清"、"寧"、"靈"、"盈"、"生"相
押韻，第二、四、六、八、十句的"裂"、"發"、"歇"、"竭"、"滅"
相押韻，耕部與月部交替進行。這是一種比較複雜的句句韻。比較簡
單短小的見於第六十九章：

是謂行無行， 　　　　　（陽部）

　　攘無臂；　　　（支部）

執無兵， 　　　　　　　（陽部）

　　乃無敵。　　　（支部）

這裏第一句與第三句"行"、"兵"同為陽部，第二句與第四句"臂"、

"敵"同為支部。兩個韻部整齊地間隔出現。

據朱謙之的校釋本,第三十章作:"師之所處,荊棘生焉;大軍之後,必有凶年。"文中"處"、"後"為魚韻;"焉"為元部,"年"為真部,第一句和第三句同韻相押,第二句和第四句合韻。又第十五章:"孰能濁以止,靜之徐清?孰能安以久,動之徐生?"也是交韻的例子。"止"、"久"為之韻,"清"、"生"為耕部。此外,朱謙之還提出許多較為複雜的交韻的例證,這裏就不作介紹了。

這種交韻在《楚辭》中是很難找到的。加上其他句式、韻式、修辭的比較,顯然,《老子》體現的是《詩經》風格,而不是《楚辭》特點。說《老子》是賦體沒有多少證據。

值得我們進一步思考的是,《老子》中的這些交韻之例是否有意模仿以冒充《詩經》體的呢?筆者實在找不出有意模仿的痕跡。如果是有意模仿,為甚麼只模仿這麼幾句?如果是有意模仿,為甚麼韻腳用字和思想內容如此水乳交融,毫無矯揉造作的印記?再者說,甚麼人究竟為甚麼要費盡心機作這樣巧妙的模仿呢?要知道,那時似乎並沒有文字獄,而且是既無稿費、又無版權的。如果是為了便於記憶傳誦,為甚麼不將全書都寫成韻文,為甚麼不用更整齊一致的《詩經》體?

39.2　"一"即道乎?

本章突出了一個"一"的根本性地位。"一"之重要是從自然萬物到人君的一切存在都離不開的:天地、萬物、神靈、河川、侯王的正常狀態或最佳狀態都有賴於道的作用,否則,天不清,地不寧,神不靈,河不盈,萬物難生,侯王不尊,甚至還會天崩,地震,神消,河乾,萬物滅亡,侯王失位。這是以極力鋪排渲染的手法強調自然、社會、神靈以及政治生活中都有一個共同的保障,也就是作為一切存在的總根據的作用,失去這個總根據,宇宙、世界、社會、人生都會脫序而陷入危機。這也非常鮮明地說明老子相信一個本來就是貫穿於形而上與形而下世界之中的最高的存在。

這是通常的解釋。按照高明強調"毋已"即無節制的意思來理解

第二節，那麼，"一"不僅提供了萬物和仁君正面價值和地位的保障，而且要求萬物和仁君理解、重視反面的價值和地位，不能一味追求、佔有正面的或世俗的價值和地位。也就是說，一方面享受天之清、地之寧、神之靈、谷之盈、侯王之貴之高，另一方面則要看到、要懂得天有陰晴日夜，地有河傾山崩，神有不神之時，谷有乾涸之日，侯王有失位之虞。所以"必貴以賤為本，必高矣而以下為基"。也就是說，要重視反面的地位和價值，從而以反彰正，以反求正。

本章的"一"如此重要，顯然不同於第四十二章"道生一"之"一"。這裏的"一"是第一位的、根本的，"道生一"的"一"是派生出來的，是第二位的。就重要性來說，這個"一"顯然等同於"道"。高亨說本章諸一字即道之別名也。其說似不誤，大家也都這樣講，然而值得討論的是，如果道就是一，一就是道，為甚麼在這裏老子不明言"道"而講"一"呢？我們習慣於說道就是道，道的名字就是道。實際上，《老子》說"字之曰道"，"道"是表字，不是本名。本名是甚麼呢？本來沒有，所以"吾強為之名曰大"。所以，道沒有真正的名，只有表字，或勉強稱之曰"大"。

為甚麼老子不給"道"一個更明確、更統一、更響亮的名呢？愚意以為，這正是老子之智慧、謹慎和理性的反映。道實有其功能，卻無法確知、確指它是甚麼。這就是道的模糊性，這不是不合邏輯的模糊，不是糊裏糊塗的模糊，不是頭腦不清的模糊，而是不得不如此的模糊，是深刻洞見之中的模糊，是可以容納任何新發現、新發展的模糊。

這種模糊性包含著確實性和開放性兩個方面。我們無法否認世界應該或可能有一個統一的起源和統一的根據，道就是這個統一性的根源的符號，你不叫它道，對它毫無損傷，你叫它"路"、"月"、"女"，或隨便甚麼，都不能減損它甚麼，也不能增加它甚麼。這就是道的確實性。但是，它只是世界之總根據和總根源的一個符號，你可以不用這個符號，你可以說世界是上帝創造的，你可以說世界是物質的，你可以說世界起源於"大爆炸"，無論你說甚麼，你都不能說世界沒有一個總根源或總根據。這就是道的開放性，"道"作為世界總根源和總根據的符號可以兼容任何關於世界總根源和總根據的理論。所以，老子可以用"道"、用"大"、用"母"、用"始"、用"一"、用"玄牝"來描述這個總根源和總根據，但是不必、也無法確指它一定是甚麼。本章的"一"突出了世界總根源和總根據的統一、惟一的特點，這個特點用"道"這個符號是表達不出來的，所以用"一"字有其必要和新義。

39.3　道：規律乎？必然乎？

關於甚麼是"道"，最常見的解說就是規律或必然性。這樣說似乎也不錯，然而難免有些簡單化。因為這些概念都不能反映上文所說的道的模糊性和符號的特點。我們無法用現代語言準確描述或定義道是甚麼。"道法自然"，"象帝之先"，"天道無親"，這都說明道不是神意或客觀精神。它貫通於宇宙、世界、社會與人生之間，顯然不是自然規律。但我們也不能說它是自然與社會的共同規律，一方面，按照現代學術的要求，決定自然界的客觀規律與人類社會中的規範性原則不應混為一談，另一方面，規律總有其可以重複的具體內容，可以通過理性的方法以及實驗的方法去認識、掌握。道作為萬物的根據卻沒有這樣具體的可以把握、認知的內涵。規律有必然性，但老子說過："同于得者，道亦得之。同于失者，道亦失之。"道本身也有得失收放，可見道本身也不是通常意義的支配性的必然性，老子也從來沒有把道描述為直接決定萬物存在的必然性。不遵守道的原則，自然有不好的結果，就是"不道早死"，但這也只是應該遵守的原則，而不是不可能不遵守的必然性。事實上，人類社會生活中哪裏有甚麼鐵的規律？道不代表嚴格的必然性和規律性豈不正是歷史的寫照？

細致推敲起來，道的作用是自然的，是一種大致的**趨勢**。這種**趨勢**既不是必然，也不是自由，但似乎又隱含著某種程度的必然和自由。說它不是必然，因為"弱者道之用"，它沒有直接的強制性功能。說它隱含著某種程度的必然，因為歸根結底，或發展到最後，還是道在起作用，決定萬物是否能夠生育長養，即"道生之，德畜之"。說它不是自由，因為道的作用是根據，是一種對大趨勢的規定，"夫物芸芸，各復歸其根"（第十六章），這顯然不是一種自由。但是，道的概念所要求和保證的是大範圍的整體的自然的和諧，即"為而不恃，長而不宰"，而不是對行為個體的直接的強制的束縛，因此可以給每一個行為個體留下自由發展的空間；同時，提倡柔弱不爭的原則就要限制一些行為個體對另一些行為個體的干涉，從而為個體之間，包括弱小的個體之間留下相互的自由活動的餘地。這樣，大的和諧的環境就會為每個行為個體留下相當程度的自由空間。這裏所說的行為個體泛指一切可以投入社會行為的個體和單位，如家庭、學校、公司、地區、國家等。

《老子》第五十二章說："天下有始，以為天下母。既得其母，以知其子。即知其子，復守其母，沒身不殆。"這說明在老子看來，萬物之總根源和總根據和萬物的關係是互動的，而不是單方面的決定與被決定的關係。母子之間要有相互的溝通和了解，世界的總根源和總根據與具體的存在也要維持和諧一致的關係，這樣世界才能長期穩定，太平無虞。這就是"即知其子，復守其母"的重要性。如果萬物背離了道的原則，那麼道的作用暫時無效，世界就會陷於混亂。但道的運行終究是萬物的根據，萬物終究要服從道的大趨勢。從根本、長遠來說，道有決定作用，從具體的現實來說，道又為萬物留下了相當大的自由空間。

總之，道的特點是非常獨特的，我們在現代語言中找不到適當的詞彙來概括它、定義它。勉強說來，道的總根據的作用只是一種自然的大趨勢，它既是實然，決定了萬物生存發展的秩序；也是應然，提供了世界上最重要的價值和修養原則。它既為世界規定了某種程度的帶有必然性色彩的方向，又為眾多的社會行為個體留下了相當大的自由發展的空間。

第 四 十 章

原文對照

河 40.1　反者道之動，

河 40.2　弱者道之用。

河 40.3　天下萬物生於有，有
　　　　生於無。

王 40.1　反者，道之動；

王 40.2　弱者，道之用。

王 40.3　天下萬物生於有，有
　　　　生於無。

竹 40.1　返也者，道動也。

竹 40.2　弱也者，道之用也。

竹 40.3　天下之物生於有，生
　　　　於亡。

傅 40.1　反者，道之動。

傅 40.2　弱者，道之用。

傅 40.3　天下之物生於有，有
　　　　生於無。

帛 40.1　反也者，道之動也。

帛 40.2　<u>弱也</u>者，道之用也。

帛 40.3　天下之物生於有，有
　　　　□於无。

對勘舉要

（1）本章各本內容整體上比較接近。本章竹簡本內容抄於甲本第五組三十七號簡上，前接第四十四章，後接第九章，前後都有分章符號，沒有空格，其分章與傳世本一致。帛書本此章內容在第四十一章與第四十二章之間。甲本殘缺嚴重。河上公題為“去用”，或從“弱者道之用”而來。

（2）“反者，道之動；弱者，道之用。”

此節河上、王弼、傅奕諸本同。“反”，竹簡本作“返”，“反”、“返”古通。帛書本句中句末皆有“也”字，作“反也者，道之動也；弱也者，道之用也”，句式舒緩，判斷意味鮮明。竹簡本句式與帛書本一致，似漏一“之”字。

（3）“天下萬物生於有，有生於無。”

此節王弼本、河上本相同。“萬物”，帛書本、竹簡本皆作“之物”，傅奕本接近古本，亦作“之物”。當以“之物”為古本舊貌。馬敍倫說過：王弼註曰“天下之物，皆以有為生。”是王本亦作“之物”。今作萬物者，後人據河上本改也（馬敍倫 1957，125）。這兩句帛書甲本嚴重殘缺，乙本“生”字殘，可據傅奕本補。

此節最重要的區別是竹簡本第二句不重複“有”，作“天下之物生於有，生於亡”。似乎老子主張天下萬物既生於有，又生於無，造成思想上的重要不同（丁原植 1998，216）。多數人斷定竹簡本“有（原作又）”字後漏一重文號，竹簡本應與傳世本一樣作“有生於無”。魏啓鵬指出同墓竹簡《語叢一》中就有“凡物由亡生”，正合“有生於無”之義。《文子·道原》亦有“有形產於無形，故無形者，有形之始也”。根據帛書本和其他古本推定，很可能是竹簡本漏抄重文號。然而，即使假定竹簡本不誤，仍然有兩種讀法。一種是萬物生於“有”，同時也生於“無”。這樣，萬物或天下之物就有了兩個並列的源頭。這樣讀沒有任何旁證，道理上也很難講通，且與第四十二章"道生一，一生二，二生三"說法有衝突。其實，假定竹簡本不誤，仍然可以按照通行本理解，即是"萬物生於有，（又）生於無"。所以有人認為即使沒有重文號，只要把"萬物生於有"的有重讀即可（李若暉 2000，521）。

析評引論

40.1　校勘心態偶議

本章前半傳世本作"反者，道之動；弱者，道之用"。帛書本作"反也者，道之動也；弱也者，道之用也"。對帛書本句式，古棣說：《老子》書中句中、句尾加"也"字，以拖長聲調者極少；而這兩句加四個"也"字，讀起來與下句節奏不合拍，似《老子》原本無四個"也"字（古棣 1991A，28）。

此說本不必辯，竹簡本作"反也者，道（之）動也；弱也者，道之用也"已經是難以辯駁的回答。在學術研究中有這樣快的機會證明一種觀點正誤的情況實在罕見，所以絕大多數的觀點都仍然可以仁者見仁，智者見智，永遠爭論下去，各有自己生存的空間。筆者關心的倒不是誰對誰錯，而是這樣寶貴的機會值得我們重視，我們應該從中總結一點經驗，得到一些教益。值得討論的是，為甚麼有人會有這樣的判斷，對此略作分析對我們改進校勘和閱讀的思路和心態或許不無裨益。

為甚麼會有這樣的判斷呢？

一是論者先熟悉了通行本，就認為《老子》書中很少用"也"，這是根據通行本判斷帛書本，是"前見"太深作怪。

二是認定《老子》原本應該最合節拍的，或者說是最理想的。這是誤把古本認定為文字、思想最合理的本子。本書反復闡明，古本行文往往不合後人的喜好和邏輯。古本原貌與合乎今人的推論、標準是兩回事。

三是認定《老子》是詩，所以每章節拍應該一律。其實《老子》有詩之特點，卻並非篇篇是詩，多數是亦詩亦文，詩文相間。《老子》的作者並不是有意要寫某一種詩。

四是論者不知"也"字使用的功能之一恰好是《詩經》風格富韻和虛字腳的體現。此節帛書本"反也者，道之動也；弱也者，道之用也"。其中動、用為韻，在已經押韻的基礎上，再重複用虛字，就構成了"虛字腳"，這樣，一句後有兩個字入韻，就構成了一種富韻，這正是《詩經》用韻的特點之一。當然，虛字腳可以是不同的，不一定是"也"。但《老子》中"也"字腳較多（參見析評引論1.3）。

40.2　分章、排序合理乎？

鄭良樹說：今本第四十章所論是宇宙本體的道，"萬物生於有，有生於無"；第四十二章所論也是道，"道生一，一生二，二生三"，因此，今本第四十章與第四十二章的文字，極可能就如帛書本一樣，沒有第四十一章的間隔而為一章。今本都把第四十一章插入中間，文義隔絕，又誤分一章為二章矣（鄭良樹1983，194—195）。其說成理。

然而今人之"理"與古人之"行"常不相同。今人習慣根據章節內容考慮章節的分組和順序的排列。但大多數古文獻似乎都沒有這樣周到的安排。《老子》不是嚴格的論文，也不是按內容嚴格分類編排的格言彙編。其章節大多有獨立性，獨立章節的重新組合也有多種可能性。古代《老子》就有很多不同組合，如王弼的不分章本，嚴遵的七十二章本，吳澄的六十八章本，孔穎達的六十四章本，朱得之的六十四章本。今人重新組合《老子》者甚多，如古棣校定為八十三章（古棣1991A）、尹振環校定為一百十二章（尹振環1998）等。洋人也有改編中國古籍者，如葛瑞翰（A. C. Graham）重新組合《莊子》，白牧之、白妙子（E. Bruce Brooks and A. Taeko Brooks）夫婦重新編排《論語》。今人重新組合的古籍都面目各異，但各有說辭、道理，同古代一樣，沒有一個"定型"本。

根據已經出土的古文獻來看，古代文本章節的組合常有不同，如
新出土的《緇衣》、《性自命出》、《五行》皆有分章的不同。這說明章
節的排序、分組對古人來說並非至關重要，其思想意義主要在於各個
獨立的章節本身，也在於各個章節意義之上的內在聯繫，而章節的順
序並沒有很重要的暗示意義。後人有牽合陰陽五行理論對《老子》編
排、分章者。如嚴遵說"陰道八，陽道九，以八行九，故七十二章。
上篇四十，下篇三十二。"敦煌河上公章句殘卷"德經下、卷上"（斯
坦因 S4681）下註云："凡四十五章，德經法地，地在下，故德經為
下。地有五行，五九四十五。"（轉引自嚴靈峰 1976，6）這種理論當
然荒唐，但這種編排對《老子》的思想意義應該沒有很大影響。帛書
本出土後，有人認為德篇在前，道篇在後，說明《老子》本來不重視
形而上學問題，更重視"德"的問題。愚意以為這些推論的意義不
大，因為古人根本沒有在章節順序的意義上有那麼嚴格的思考，我們
不必從章節順序上挖掘太多微言大義。穿鑿過深，反失其真（參見析
評引論 26.1）。

40.3 "反"還是"返"？

本章第一句"反也者，道之動也"說明了"反"在道之運動中的
根本性地位。道的運動的特點，或其功能、作用的特點就是"反"。

"反"究竟是反面之反還是返回之返？兩者在《老子》中都能找
到根據，似乎兩種理解都對。然而，反面之反可以容納返回之返，而
返回之返卻不可以容納相反之反。就以"有無相生"來說，從無生
有，是走向反面，從有到無也可以說是走向反面，甚麼方向都可以說
反，因而意義更廣泛。"返"則不同。"返"要求一個起點或原點，沒
有起點或原點，就無所謂"返"，如果原點是"無"，則從無生有就不
是返，只有從有到無才是返。反之，以"有"為起點，也只是回到起
點的運動才能算"返"，從起點出發的運動則不能算"反"。所以，從
《老子》思想的一般性來說，"反"更能全面反映《老子》的辯證
思想。

"反也者，道之動也"是哲人對宇宙、萬物、社會、人生之觀察結果的一種抽象和概括。這既是對道的特點的描述，也是對人之價值取向的提示或要求。這裏的"反"不是反抗、反對之反，而是相反之反。如果我們通常的、世俗的或常識的價值取向稱為"正"，那麼整部《老子》都反映了與之不同的價值取向，即"反"的價值取向（參見析評引論 69.2）。

本章又講到"弱也者，道之用也"。這是道的另一個特點，但是如果我們把一般人所重視的"強"看作"正"，那麼以弱為用也是一種反。在"剛"與"柔"，"強"與"弱"對比時，老子總是推重和強調"柔"與"弱"的方面，如"柔弱勝剛強"（第三十六章），"天下之至柔，馳騁天下之至堅"（第四十三章），"守柔曰強"（第五十二章），"堅強者死之徒，柔弱者生之徒"（第七十六章），"弱之勝強，柔之勝剛"（第七十八章）等。這種重柔弱的價值取向或方法性原則和一般世俗的傾向也是相反的。

顯而易見，老子的辯證法有一種與世俗、常規相反的傾向，有突出的價值色彩。老子的辯證法雖然有對自然現象的觀察與概括，有對世界普遍規律的關懷，但重心或意向卻在於一種與世俗或常規不同的價值和方法，因此與一般的辯證法理論有鮮明不同。老子哲學的深刻性與此有關，其遭人誤解、批評的地方也與此有關。對老子這種智慧的理解需要大量的歷史、社會和人生經驗作背景，否則，單純從語詞、文本的角度是難有深刻的領會的。

40.4　"無"的概念化

本章的"天下之物生於有，有生於無"是老子哲學中非常重要的一個命題，代表了老子關於宇宙總根源的基本看法。"無"不是無所有，而是無任何具體存在的特徵。的確，任何具體的存在都不可能是宇宙的總根源。就此來說，以"無"作為宇宙的總根源是很高的理論思維水平的產物，比四大（地、水、火、風），比梵天，比上帝都有高明和深刻之處。天體物理學的宇宙大爆炸理論就支持著"有生於無"的理論。這裏的"有"和"無"都是介詞賓語，都是名詞，是關於宇宙起源的概念化、哲學化思考的結晶。"有"和"無"的名詞化、概念化標誌著思考的深入，意味著哲學家的眼界超出了具體存在的萬物，創造了更為抽象、更為普遍的哲學概念。"無"作名詞、概念使用還見於"有無之相生也"（第二章），這裏的"無"不同於本章的最高最抽象的"無"，而是和萬物之"有"相對的無。此外第十一章有三句"當其無"，後面是"有車之用"、"有器之用"、"有室之用"，這裏的"無"指的是實有中的空的部份，顯然也是名詞，是概念。

提出"無"是不是名詞、概念的問題是因為哲學討論離不開概念，而概念必定首先是名詞（參見析評引論 23.2）。一個字是不是名詞，在歐洲語言中一目了然。西方哲學的概念一定是名詞，這是不言而喻的。它們的每一個字都有明確的詞性，名詞自然有名詞的特點和標誌。中文則不同，中文的語言相當靈活。一個字就是一個詞，一個詞往往可以同時既作名詞，又作動詞。其詞性沒有確定的形式特點，因此需要具體分析。

西方哲學從古希臘時期就開始了概念、命題、推理式的論證，而且成為他們的主流。中國哲學在很長時間內都以答問、格言、比喻、類比、寓言等形式為主進行說理和論證。嚴格意義的論文比較少，因此運用概念比較少。然而並不是完全不用。完全沒有概念，就不可能有理論思考。所以中國古代還是有一些概念，而且是逐步明確，逐步增加。一些字詞開始只是普通的詞語，慢慢地變成了概念，以致成為某個人或某個學派的專門概念。

老子把"無"改造成了哲學概念，但是老子並沒有認真討論甚麼是"無"，也沒有多用這個概念。《老子》中把"無"作為概念使用的只有這三處，和一百多個"無"字相比，比例很小。到了王弼，情況就不同了。王弼《老子註》中"無"作名詞概念達二十多次，大大超過了《老子》，而且他提出了"以無為本"、"以無為用"、"以無為心"、"損有以補無"等以"無"為中心的新命題。"無"真正成了王弼哲學的中心概念。王弼對《老子》哲學的發展由此可以清楚地彰顯出來。順便說一下，湯用彤先生提出《老子》主要講宇宙論，王弼才主要講本體論，這從整體上來講的確是正確的，但是我們不能因此而誤以為"以無為本"的"本"就是本體論的"本"。王弼說："天下之物，皆以有為生。有之所始，以無為本。"（樓宇烈 1980，110）這裏的"本"仍然有根源或本根，如"無本之木"的"本"之義，不好簡單地說這就是純粹的本體論之"本"。

40.5　道家與科學：有生於無

老子哲學似乎與科學毫不相干，但是二十世紀以來的天體物理學家卻很容易發現老子之道以及老子的萬物生於無的思想和現代宇宙論是相通相似的。

對道的概念、對有生於無的理論的最有力的支持是現代宇宙學，特別是宇宙創生於無的理論。據董光璧介紹，大爆炸宇宙論（big-bangcosmology）認為宇宙萬物來自於 200 億年以前的一次大爆炸。大爆炸之後，宇宙逐步降溫，基本粒子開始結合成重氫和氦等元素，在溫度從最初的攝氏 100 億度下降到幾千度時，宇宙主要是氣態物質，氣體逐漸凝聚成氣雲，再進一步形成各種各樣的恒星體系，成為我們今天看到的宇宙。大爆炸宇宙論能夠說明較多的觀測事實，但也留下一些困難的問題。美國宇宙學家古斯（A. H. Gus）又提出一個修正大爆炸理論的"膨脹宇宙模型"。這一模型最徹底的改革就是認為可觀測宇宙中的物質和能量可能是從虛空中產生的。儘管這些理論都還不是關於宇宙發生學的最後定論，但毫無疑問的是，這些理論都是當代最優秀的科學家的嚴肅的探索，絕不是玄想或猜測的產物。這些科學研究的最新成果說明我們不能把老子之道的概念看做是無端的猜測或過時的概念。顯然，在關於宇宙起源的問題上，在上帝、精神、理念、物質、道等諸概念中，道的概念毫無疑問地比其他概念更接近現代科學對宇宙發生過程的解釋（董光璧 1991，94—97）。

董光璧比較全面地研究了道家哲學與現代自然科學的關係，雖然他的著作介紹相當簡單，其觀點也許還有爭議，但是大體說來是相當有啓發性的。一般認為老子哲學反對智性的探索，這當然是不利於科學發展的。特別是以牛頓經典力學為代表的近代自然科學似乎與老子之道毫不相干或完全相反，似乎自然科學徹底否定了道的概念，於是不少人認為道家傳統阻礙了科學的發展，似乎道家精神與科學完全是南轅北轍的。

但是，二十世紀以來的自然科學、科學哲學和科學史研究的成果，卻使許多科學家越來越重視道家精神，這方面的重要著作和暢銷書也不時出現。雖然這種情況還沒有引起科學家及人文學界的足夠廣泛的注意，我們也不應過分高估這一現象的歷史意義，也不需要對道家思想的廉價的吹噓和捧場，但是，這一現象的確在提醒我們應該重新思考老子之道與科學的關係，重新發掘老子之道中的有利於科學發展的思想精神（參見析評引論 47.3—4）。

第四十一章

原文對照

河 41.1　上士聞道，勤而行之；　　　傅 41.1　上士聞道，而勤行之。

河 41.2　中士聞道，若存若亡；　　　傅 41.2　中士聞道，若存若亡。

河 41.3　下士聞道，大笑之，　　　傅 41.3　下士聞道，而大笑之。

河 41.4　不笑不足以為道。　　　傅 41.4　不笑，不足以為道。

河 41.5　故建言有之：明道若　　　傅 41.5　故建言有之曰：明道
　　　　　昧，　　　　　　　　　　　　　　　若昧，

河 41.6　進道若退，夷道若纇，　　　傅 41.6　夷道若纇，進道若退。

河 41.7　上德若谷，大白若辱，　　　傅 41.7　上德若谷，大白若黷。

河 41.8　廣德若不足，建德若　　　傅 41.8　廣德若不足。建德若
　　　　　偷，　　　　　　　　　　　　　　　婾，

河 41.9　質直若渝，大方無隅，　　　傅 41.9　質真若輸，大方無隅。

河 41.10　大器晚成，大音希聲，　　　傅 41.10　大器晚成，大音稀聲，

河 41.11　大象無形，道隱無名，　　　傅 41.11　大象無形，道隱無名。

河 41.12　夫唯道，善貸且成。　　　傅 41.12　夫惟道，善貸且成。

王 41.1　上士聞道，勤而行之；　　　帛 41.1　上□□道，〔僅〕能行
　　　　　　　　　　　　　　　　　　　　　　　之。

王 41.2　中士聞道，若存若亡；　　　帛 41.2　中士聞道，若存若亡。

王 41.3　下士聞道，大笑之，　　　帛 41.3　下士聞道，大笑之。

王 41.4　不笑不足以為道。　　　帛 41.4　弗笑□□以為道。

王 41.5　故建言有之：明道若　　　帛 41.5　是以建言有之曰：明
　　　　　昧，　　　　　　　　　　　　　　　道如費，

王 41.6　進道若退，夷道若纇。　　　帛 41.6　進道如退，夷道如纇。

王 41.7　上德若谷，大白若辱，　　　帛 41.7　上德如谷，大白如辱，

王 41.8 廣德若不足，建德若
偷，

王 41.9 質真若渝。大方無隅，

王 41.10 大器晚成，大音希聲，

王 41.11 大象無形。道隱無名，

王 41.12 夫唯道善貸且成。

帛 41.8 廣德如不足。建德如□，

帛 41.9 質□□□，大方无隅。

帛 41.10 大器晚成，大音希聲，

帛 41.11 ［天］象无形，道襃无
名。

帛 41.12 夫唯道，善始且善成。

竹 41.1 上士聞道，［僅］能行
於其中。

竹 41.2 中士聞道，若聞若亡。

竹 41.3 下士聞道，大笑之；

竹 41.4 弗大笑，不足以為道
矣。

竹 41.5 是以建言有之：明道
如曹，

竹 41.6 夷道如纇，□道若退。

竹 41.7 上德如谷，大白如辱，

竹 41.8 廣德如不足，建德如
□，

竹 41.9 □真如愉，大方亡隅，

竹 41.10 大器曼成，大音祇聲，

竹 41.11 天象亡形，道……

對勘舉要

（1）帛書乙本此章接第三十九章後，第四十章前，甲本殘缺嚴重。竹簡本此章內容抄在乙類竹簡上，自成一組，整理者排為第二組。從九號簡開始，結尾之第十二號簡殘斷。河上本題為"同異"，或謂上士、中士、下士之同異，或謂下文中明昧、進退等對立概念之同異。

（2）"上士聞道，勤而行之；中士聞道，若存若亡；下士聞道，大笑之，不笑不足以為道。"

　　此節王弼本、河上本同，傅奕本"勤而"作"而勤"，"大笑之"前多一"而"；帛書甲本全殘，乙本亦有缺字。"勤而行之"，帛書釋文作"勤能行之"，竹簡釋文作"勤能行於其中"。"若存若亡"，竹簡本作"若聞若亡"，亦通，然"聞"、"之"相對似不如"存"、"亡"相比更有力。"不笑"，帛書本作"弗笑"，竹簡本作"弗大笑"。

　　本節值得注意的是帛書本和竹簡本的"勤能行之"一句。"勤"字，帛書本原作"堇"，劉殿爵認為"堇"不當從今本讀為"勤"，而應讀為"僅"，原文當作"僅能行之"。劉氏謂此節作上士、中士、下士循序遞降，但今本上士"勤能行之"，中士為甚麼"若存若亡"，意義不明，令人疑惑。今本第六章有"用之不勤"，第五十二章有"終身不勤"，"勤"字帛書本都寫作"堇"，所以帛書整理者把本章的"堇"也讀作"勤"是很自然的事。"能"、"而"古通，"勤能行之"不成文義，所以把"能"讀作"而"，全句就與通行本一樣了。如果這裏的"堇"讀作"僅"，"僅能行之"表示即使上士，行道也是件大不易的事，這樣，中士"若存若亡"便很合理了（劉殿爵 1982，17）。劉說合理，當從之。

　　竹簡本原文也是"堇能"二字，裘錫圭主張據劉說將竹簡本讀作"僅能行於其中"（荊門市博物館 1998，119）。（竹簡本沒有"用之不勤"和"終身不勤"兩句，無從參考。）顯然，竹簡本句義更為明確、完整。後人為求句式整齊及押韻，將此句改為"僅能行之"的四字句，又誤讀為"勤而行之"，原文意義便模糊了。今當從竹簡本。或謂，從用韻來看，竹簡本"於其中"三字與下文"亡"韻不諧，當受下文"中土聞道"影響而誤書，比較之下，係由"之"字轉寫而來，故書當從通行本作"行之"（廖名春 2003，430）。此說或可從，但其立論根據卻值得商榷。此說背後有一個先驗的假定，即《老子》應該都是韻文，或是盡可能多的整齊的韻文。事實上，這並不符合帛書本和竹簡本所揭示的《老子》古本的原貌。後人根據這種假定校改原文正是造成《老子》版本演變中文字不斷變化、句義模糊的重要原因之一。

簡、帛本的另一勝處是"弗"字。通行本《老子》中"弗"字僅第二章兩見。古本"弗"字後來大部份改成了"不"字。"弗"與"不"字義相同，用法卻是有區別的。先秦時期，與"弗"連用的動詞通常省略代詞賓語，比如"弗如"實際上是"不如之"，"弗受"實際上是"不受之"，有賓語和無賓語意思有所不同。這種區別，漢代以後逐漸模糊，這或許是後人將"弗"改為"不"的原因。簡、帛本"弗笑"一句改為通行本的"不笑"之後，意義有了不同。通行本"下士聞道，大笑之"所笑是道，下面"不笑"只是下士自己不笑，與上文銜接不好。而簡、帛本作"弗大笑"或"弗笑"，意思就是"不笑之"，與上文"大笑之"意思相對，所笑都是道，句義連貫順暢，顯然優於通行本（參見劉殿爵 1982，15）。竹簡本"弗大笑"重複"大"字，帛書本已經刪去，或求精簡。

（3）"故建言有之：明道若昧，進道若退，夷道若纇。"

此節王弼本、河上本同。傅奕本、竹簡本後兩句順序顛倒。而帛書乙本與通行本順序相同（甲本殘）。可見，竹簡本與帛書本之間沒有直接傳承關係。"故"，帛書本、竹簡本作"是以"。"有之"，傅奕本、帛書本作"有之曰"。通行本及傅奕本之"若"字，帛書本皆作"如"。竹簡本則有一處用"若"（□道若退），其餘都用"如"，並非完全一致。可見竹簡本用字或抄寫並不嚴格。大體說來，古本用

"如"之處，後來諸本都用"若"。"夷道若纇"，竹簡釋文原缺後兩字，李家浩據殘簡補為"如纇"，並疑楚簡"纇"當從王弼本讀為"纇"（李家浩1999，339—340）。"夷"字，竹簡本原作"遲"字，整理者讀為"夷"。

（4）"上德若谷，大白若辱，廣德若不足，建德若偷。"

此節為王弼本，其他各本有異體字和虛字的不同。諸"若"字，帛書本、竹簡本皆作"如"。末句"建德若偷"之"偷"字，河上本作"揄"，傅奕本作"婾"，帛書本、竹簡本此字俱殘。

或曰此節第二句"大白若辱"在第一、第三、第四句的"上德"、"廣德"、"建德"之間，似乎凌亂，因此應該將"大白"一句挪移至下面"質真若渝"句後，這樣，上文是"明道"、"夷道"、"進道"，此處是"上德"、"廣德"、"建德"，下文"大白"接"大方"、"大器"、"大音"諸句，讀起來就順當多了（高亨1957，94；張松如1987，275）。從此說而改原文者不少。古棣更讚曰："高說甚是。以類相從，能文善詩的老子，必不會將'大白若辱'羼在四德字句中。"（古棣1991A，608）這些"合理推斷"並不合帛書、竹簡古本的原貌，以此類似之推斷而徑改古文，《老子》就更面目全非了。

或曰，竹簡、帛書古本非善本，故可改之。如此說來，古本自是古本，善本自是善本，則挪改原文者不應假托古人，不能斷言老子或古本"必將"如何如何。再者，今人所改，雖文通字順，句式整齊，明明不合古本，卻可以斷言自己所改才是最合理的，即"定本"或"善本"，這種斷言的根據是今人自己的推斷，將自己的推斷強加於古人，可稱古籍之善本乎？此種"善本"層出不窮，乃古籍之福耶？禍耶？

（5）"質真若渝，大方無隅，大器晚成，大音希聲。"

此為王弼本。"真"字河上本影宋本原作"真"，王卡改為"直"。此字帛書本殘，傅奕本、竹簡本皆作"真"。此外，各本都有異體字或假借字的不同。

本節值得討論的是"大器晚成"一句。"晚"字，帛書甲本殘缺，

乙本原作"免"，整理者依傳世本讀為"晚"。樓宇烈云：經文"大器
晚成"疑已誤。本章言"大方無隅"、"大音希聲"、"大象無形"，第
二十八章言"大制無割"等。一加"大"字則其義相反，"方"為有
隅，"大方"則"無隅"；"音"為有聲，"大音"則"希聲"；"象"為
有形，"大象"則"無形"；"制"為有割，"大制"則"無割"。惟此
"大器"則言晚成，非"器"之反義。帛書老子經文此句甲本殘缺，
乙本作"大器免成"。"免"或為"晚"之借字，然據以上的分析，似
非"晚"之借字，而當以"免"本字解為是。第二十九章經文："天
下神器"，王弼註："神，無形無方也；器，合成也。無形以合，故謂
之神器也。""器"既為合成者，則"大器"則當為"免成"者，亦即
謂"無形以合"而使之成者。如此，"大器晚成"則與"大方無隅"、
"大音希聲"、"大象無形"等文義一致（樓宇烈1980，115）。黃瑞雲
曰：免，去也，去則無也。"大器免成"即大器無形體之義（黃瑞雲
1995，63）。

　　竹簡本"晚"字原作"曼"，整理者建議讀為"晚"，裘錫圭疑讀
為"慢"。陳雄根云："曼"、"晚"、"慢"古音相近。將"曼"讀作
"晚"，則文意同於今本；讀作"慢"，義亦與"晚"近。表面看來，
以"曼"通"慢"或"晚"，合乎古音通假之例，世人於"大器晚成"
一語之通解，亦習而不疑。然而結合《老子》本書的上下文來看，將
"曼"讀作"慢"或"晚"，從句子結構和立意取向來看，則未見穩
妥。此節"大方無隅"，意謂至方正沒有棱角。"大音希聲"即是說大
的音響是無聲的。"天象（或大象）無形"，意謂天象（或大象）看不
見其痕跡。竹簡本"大方亡（隅）"、"大音祇（聲）"、"天象亡（形）"
三句都是以正言若反方式出之，因此"大器晚成"句式亦當如此。竊
以為"曼"當讀"無"。《小爾雅·廣詁》云："曼，無也。"《廣雅·
釋言》亦云："曼、莫，無也。"衡之簡本"大器曼成"一語，"曼"
讀作"無"，與"大方亡（隅）"、"大音祇（聲）"、"天象亡（形）"文
義相協，較"曼"讀作"慢"或"晚"為妥貼（陳雄根2000）。

　　以上諸說皆言之成理。古本似為"大器免成"或"大器無成"，

與今本"大器晚成"意義不同。

(6)"大象無形，道隱無名，夫唯道善貸且成。"

此節河上、王弼、傅奕諸本大體相同。"大象"，帛書乙本原作"天象"（甲本殘），整理者正之為"大"，以帛書本為誤。但竹簡本也作"天象亡形"，似古本原作"天象"。"隱"，帛書本作"褒"。整理者云：褒義為大盛，嚴遵《道德指歸》釋此句云："是知道盛無號，德豐無謐"，蓋其經文作褒，與乙本同，經後人改作隱。隱，蔽也。"道隱"猶言道小，與上文"大方無隅"四句意正相反，疑是誤字（國家文獻1980，93）。"善貸且成"，帛書乙本作"善始且善成"（甲本殘）。竹簡本"道"字以下殘缺，李零云可容七字，疑缺文作"始無名，善始善成"（李零2002，22）。

析評引論

41.1　人文自然之道

老子之道似乎非常玄妙，然而，驗之於真實生活，其理論主張又很平常，很普通。本章開始說："上士聞道，僅能行之；中士聞道，若存若亡；下士聞道，大笑之，弗笑不足以為道。"這是道的玄妙的一面，是說道不易理解、實踐的一面。這個道就是人文自然之道，指涉的是人間之事，人為之事，關乎如何實踐自然之行為原則，落實自然之價值意義，追求的是人生之自然、自適、自足，嚮往的是人世之自然有序與自然和諧。對很多人來說，這是不可能實現的目標，因為人們普遍相信，沒有強權就沒有秩序；沒有拚搏，就沒有自足。

第七十章說："吾言易知也，易行也；而天下莫之能知也，莫之能行也。"這就清楚說明，老子之道有非常普通、易行的一面，也有非常難以落實的一面。其平易可行的原因是不需要特殊的條件，只要你承認自然的和諧高於強制的秩序，只要你認為自然的人生高於拚鬥的人生，你就有辦法逐步從現實的爭鬥、困境中逐步脫身。這不僅有

利於自己擺脫是非利害之束縛，顯然也有利於減輕、緩和社會上的忿
喪不安之氣。其難以實行的原因則在於人們習慣於通常的或曰世俗的
價值觀念，在世俗的攀比爭勝的價值體系中不能超越，不能自拔，不
能退身自適。

　　這裏可以孔子為例。孔子說過："飯疏食飲水，曲肱而枕之，樂
亦在其中矣。"（《論語・述而》）這種超越富貴的精神，安於恬靜、自
然、儉樸之生活的態度和道家有明顯的相通之處。當然，超越的具體
動因，內在的具體感受不必盡同道家，但從一般的表現來看，很難說
完全不相干。孔子曾問子路、曾點、冉有、公西華四人的志向。子
路、冉有想從政，公西華想主持禮儀。只有曾點的願望是"冠者五六
人，童子六七人，浴乎沂，風乎舞雩，詠而歸。"孔子喟然嘆曰："吾
與點也！"（《論語・先進》）

　　這說明，即使被批評為"知其不可而為之"的孔子也可以在某種
程度上欣賞道家的瀟灑，超脫，因任自然。可見孔子思想性格之成熟
與豐富，不是盲目執著、不知超越的人。司馬遷記載孔子說："吾今
日見老子，其猶龍耶！"此應不是空穴來風。孔子不想強加於人，也
不想強求於人，他懂得適可而止，適時而退的道理，這中間就有老子
之道的"易知"、"易行"的因素。孔子有那樣救世濟民的偉大抱負，
尚且可以欣賞逍遙之樂，一般人又有甚麼理由不可以在世俗的奮鬥中
適時超越、退讓、豁達一些呢？

41.2　大正若反的智慧

　　老子有豐富的正反統一的辯證觀念，其最基本的命題形式就是正
反相依（"音聲相和，前後相隨"）、正反相生（"有無相生，難易相
成"）和正反互轉（"曲則全，枉則直"）。這幾個命題都是對外在世界
的對立雙方的依存、相生、互轉的關係的描述。本章的辯證觀念表達
的思維形式可以概括為正反相若和正反互彰，這也是對外在事物中對
立雙方相互關係的描述，但也隱含著以反彰正的方法論意義。

　　老子引用"建言"之說："明道若昧，進道若退，夷道若纇。"真

正的光明之途看起來有些暗昧不明，前進的道路難免有曲折倒退之時，平坦的大道也難免有高低起伏，這些正反相若並存的情況正是歷史與現實中的真實。那些明而無昧，進而無退，平而又平的通天之途大多是幼稚的幻想之物，或者是別有用心的欺騙誘惑。

老子又說"上德若谷，大白若辱，廣德若不足，建德若偷，質真若渝"，這裏說到"大德"、"廣德"、"建德"，代表了老子的基本價值取向。這些高於凡俗的德性都有"大正若反"的特點，都是正面的形態容納了或表現了某種相反的因素。品德高尚，反而能虛懷若谷；真正的清白無需自我洗刷表白，反而好像在含垢忍辱；廣大之德不同於一般人的見識，往往被人看作氣量狹小；強健之德不計較世俗的是非曲直，容易被人看作軟弱；質樸純真之德毫無夸飾之詞，也容易被人當作空虛無物。這些都是正而若反的現象，但正而若反並不是真的反，也不是正反不辨，正反相混，反而是更高的正，更真實的正。所以"若"字恰到好處，值得玩味。

接下去又是"大方無隅，大器晚成，大音希聲，大象無形，道褒無名，夫唯道，善始且善成"。所有這些偉大之事都有它們的反面的表現，而不是直接的偉大或純粹的偉大，最偉大的道反而是無名之物，雖然無名，卻能善始善終。

一方面，這些道理都是生活中常見的現象，是"易知"、"易行"的；另一方面，這些道理與一般人的價值觀念和方法很不相同，所以又是"莫之能知"、"莫之能行"，所以下士聞之則會大笑之。

第 四 十 二 章

原文對照

河 42.1　道生一，一生二，　　　傅 42.1　道生一，一生二，

河 42.2　二生三，三生萬物。　　傅 42.2　二生三，三生萬物。

河 42.3　萬物負陰而抱陽，　　　傅 42.3　萬物負陰而衰陽，

河 42.4　沖氣以為和。　　　　　傅 42.4　沖氣以為和。

河 42.5　人之所惡，唯孤寡不穀，　傅 42.5　人之所惡,惟孤寡不穀,

河 42.6　而王公以為稱。　　　　傅 42.6　而王侯以自稱也。

河 42.7　故物或損之而益，　　　傅 42.7　故物或損之而益，

河 42.8　或益之而損。　　　　　傅 42.8　或益之而損。

河 42.9　人之所教，我亦教之。　傅 42.9　人之所以教我，亦我之
　　　　　　　　　　　　　　　　　　　所以教人。

河 42.10　強梁者，不得其死。　傅 42.10　彊梁者不得其死，

河 42.11　吾將以為教父。　　　傅 42.11　吾將以為學父。

王 42.1　道生一，一生二，　　　帛 42.1　道生一，一生二，

王 42.2　二生三，三生萬物。　　帛 42.2　二生三，三生□□。

王 42.3　萬物負陰而抱陽，　　　帛 42.3　□□□□□□。

王 42.4　沖氣以為和。　　　　　帛 42.4　中氣以為和。

王 42.5　人之所惡，唯孤寡不穀，　帛 42.5　人之所惡,唯孤寡不穀,

王 42.6　而王公以為稱。　　　　帛 42.6　而王公以自名也。

王 42.7　故物，或損之而益，　　帛 42.7　物或□□□損，

王 42.8　或益之而損。　　　　　帛 42.8　損之而益。

王 42.9　人之所教，我亦教之。　帛 42.9　故人□□教，亦議而教
　　　　　　　　　　　　　　　　　　　人。

王 42.10　強梁者不得其死，　　　　帛 42.10　<u>故</u>強梁者不得死，

王 42.11　吾將以為教父。　　　　　帛 42.11　吾將以<u>為學</u>父。

對勘舉要

（1）本章沒有竹簡本內容，河上本、王弼本基本相同，傅奕本與之有文句之不同，帛書甲乙本都有殘破，二者之間略有不同，二者與諸傳世本也有個別文句的不同。帛書本本章內容抄在相當於第四十章的內容之後。河上公題本章為"道化"，或謂道化生萬物之義。

（2）"道生一，一生二，二生三，三生萬物，萬物負陰而抱陽，沖氣以為和。"

此節諸傳世本基本相同。帛書甲本缺損嚴重，乙本也有殘損，相互補充後，大體可見與傳世本相一致。"沖氣"，帛書甲本作"中氣"，乙本殘，范應元云"古本作盅"，從文義看，作"沖"較好。

（3）"人之所惡，唯孤寡不穀，而王公以為稱。"

此節河上本、王弼本同，傅奕本末句作"而王侯以自稱也"，意同文不同。帛書乙本與傳世本比較接近，甲本第一句作"天下之所惡"，末句作"而王公以自名也"，與傳世本沒有實質不同。

（4）"故物，或損之而益，或益之而損。"

此節河上本、王弼本、傅奕本皆同。帛書甲乙本這一段都有損闕，但"損"、"益"二字的位置十分清楚，明顯可見甲乙二本語序不同。甲本較完整，補足闕文當作"物或損之而益，益之而損"，與傳世本句序相同。而乙本補足後則作"物或益之而損，損之而益"，句序與甲本、傳世本明顯不同，但思想內容並無不同，或為抄寫之偶然之差。帛書甲乙本均沒有第一句之"故"字，傳世本加之。然有之不多，無之不少，似非十分必要。傳世本有兩個"或"字，而帛書本則前句有"或"，後句無"或"。顯然，後來的編者比古本更重視句式的對仗。

（5）"人之所教，我亦教之。"

這兩句河上本、王弼本同，但傳世各本歧異紛紜（詳見高明

1996，33），如傅奕本作“人之所以教我，亦我之所以教人”，意義明晰，比其他本增字較多。倫敦藏敦煌殘本有三種第二句皆作“亦我義教之”，“我”後多一“義”字，唐代很多版本同此。帛書乙本這兩句全闕，甲本作“故人□□教，夕議而教人”，高明認為“故”、“夕”、“議”三字皆假借字，應分別讀為“古”、“亦”、“我”，再據傳世本補“之所”二字，則此句即為“古人之所教，亦我而教人”（同前）。

(6)“強梁者不得其死，吾將以為教父。”

這兩句河上本、王弼本同，傅奕本“教父”作“學父”。帛書乙本破損較多，據甲本這兩句是“故強梁者不得死，吾將以為學父”，比傳世本多“故”，脫“其”，“教”作“學”；作“學父”，同傅奕本。諸本或作“教父”，或作“學父”，朱謙之云：教父即學父，猶今言師傅。《方言》六：“凡尊老，南楚謂之父。”（朱謙之 1984，177）

析評引論

42.1　一、二、三何所指？

本章講到“道生一，一生二，二生三，三生萬物”。這裏的一、二、三是甚麼意思？《淮南子·天文》曰：“一而不生，故分而為陰陽，陰陽合而萬物生，故曰：‘一生二，二生三，三生萬物。’”按其說，一是元初之氣，二即陰陽二氣，三是陰、陽及陰陽合氣。河上公對一與二的解釋與之相同，但是對三的解釋比較複雜。其註云：“道始所生者一也，一生陰與陽也。陰陽生和、清、濁三氣，分為天地人也。”（王卡 1993，168—169）則三是和、清、濁三氣，並表現為天地人。王弼強調萬物以無為本，對一、二、三並沒有明確的解說。高亨說“一、二、三者，舉虛數以代實物也。一者天地未分之元素，……二者天地也。三者陰氣、陽氣、和氣也。”（高亨 1957，96）其說與《淮南子》同。這些說法雖不盡相同，但都可以聊備一說。高亨提出一、二、三是虛數，這是正見，但又以之為指代實物，則與古說無異。

奚侗以《易》解《老》，說"道"與"易"異名同體，一即太極，二即兩儀，天地氣合而生和，二生三也，和氣合而生物，三生萬物也（奚侗1925，下5A）。奚說比較牽強。《周易》系統講太極生兩儀、兩儀生四象、四象生八卦，完全沒有三的位置，與老子思想不合。又有人將道解釋為一，如蔣錫昌說："道始所生者一，一即道也。自其名言之，謂之道；自其數而言之，謂之一。"並以第三十九章"天得一以清"為證（蔣錫昌1937，279）。此說不合本章原意。這裏"道生一，一生二，二生三，三生萬物"的"生"字都是同樣的用法，前者生後者，如果我們不能說"二生三"的"二"就是"三"，那麼我們也就不能說"道生一"的道就是"一"。

儘管上面所介紹諸說有高低、當否之不同，事實上卻都是不必要的。很明顯，"道生一，一生二，二生三"的說法並不是對宇宙萬物產生的實際過程的現象的描述，而只是對宇宙生發過程的一個模式化表述。也就是說，這裏的一、二、三都不必有確切的指代對象，一是氣還是道，二是陰陽還是天地，都不影響這一模式所要演示的實質內容。對一、二、三的任何具體的解釋都可能是畫蛇添足。老子完全不解釋甚麼是一、二、三，這是因為他根本不想解釋，不需要解釋，他所要提出的是一個理論化的模式，而不是天體物理學的具體描述。

總之，"道生一，一生二，二生三，三生萬物"就是老子對世界萬物生發演化過程所作的理論假說的抽象化、模式化表述，反映世界有一個共同的起始點，即共同的根源，這個共同的起始階段或最初狀態無法描述，也無法命名，只是勉強、姑且稱之為道，從這個道所指代的那個階段或狀態逐步演化出宇宙最簡單的存在形式，以後，從單一到繁多，從簡樸到複雜，從渾淪到具體，逐步出現了我們所能看到的大千世界。

本章是順著講宇宙從無到有的模式化過程，逆推上去則是第四十章所說的"天下萬物生於有，有生於無"。這裏的"無"應該相當於道，不同於"有無相生"的"無"。道本身既有"無"的特點，又有

"有"的特點，但相對於有形有象的具體存在的世界萬物來說，道只能相當於"無"，相當於萬物尚未出現的原始起點或狀態。

42.2 道如何"生"

本章討論的是不是宇宙論問題？老子思想中有沒有宇宙論之內容？這個問題涉及到本章"道生一，一生二，二生三，三生萬物"諸句中的"生"字應該如何理解。牟宗三據王弼註強調"道生一，一生二，二生三"之"生"都是"不生之生"，是讓萬物自生。牟說："'道生之'者，只是開其源，暢其流，讓物自生也。此是消極意義之生，故亦曰'無生之生'也。……總之，它不是一能生能造之實體。它只是不塞不禁，暢開萬物'自生自濟'之源之沖虛玄德。而沖虛玄德只是一種境界。……故表示'道生之'的那些宇宙論的語句，實非積極的宇宙論語句，而乃是消極的，只表示一種靜觀之貌似的宇宙論語句。"（牟宗三1985，162）牟的解釋力圖消解道的客觀生成之義，把生解釋為消極之生，貌似之生，強調道"不是一能生能造之實體"，以便最終把道納入主觀境界之中，構成與儒家學說一橫一縱的關係，從而突出儒家學說在判教中的地位。

在化解"道"之客觀生成之義方面，傅偉勳與牟宗三是殊途同歸。傅認為《老子》在這裏用的只是比喻性語言，道不是事實上的施事者，只是語言形式上的主語，道本身是自然無為的，不會產生任何事物，所以，這裏僅是從形而上的角度說"道先于一，一先于二，二先于三……"。總之，道不是實體，只是形而上學的符號，是象徵意義下的一切事物的本體論或存有論根據（Fu 1973，369，377－78）。

牟先生和傅先生都強調"道生一，一生二，二生三"之"生"不是實質性的生出或產生。二人皆有思考過人之處，可以刺激我們進一步探討"道"如何"生"的問題。牟宗三將道納入主觀境界，傅偉勳把道理解成一個純粹的語言符號，二者的共同之處是否認"道"之"生"的客觀的宇宙論意義。但是根據本章和第二十五章，老子明顯認為在天地之先有一渾淪之物，它獨立於萬有之外，不受任何存在的影響，是天下一切存在的起始，相當於宇宙之母。道只不過是勉強給它的一個名號。類似的比喻和說法還可見於第六章"玄牝之門"，"天地之根"，第四章"萬物之宗"，第一章"天地之始"，"萬物之母"，這些說法都證明老子確實有一個世界總根源的觀念，我們很難把這些說法完全化作主觀境界或純粹的符號。

牟宗三對"生"的理解奠基於王弼的注釋。王弼對《老子》的解釋大體上是順著《老子》哲學的理論方向進一步發展出來的，雖非歪曲《老子》哲學，但也並不是要原原本本地解釋《老子》原文的基本意義，而是要立足於他的時代創造"以無為本"的新的哲學理論。因此，根據王弼的向本體論轉化的思想傾向理解老子的宇宙論為主的傾向，就很難反映《老子》思想的原有的樸素的面貌。而牟宗三本人通過王弼解釋老子，又是服從於他的儒家道德形而上學體系的構建，也不是以解釋《老子》原文的基本內容為詮釋的定向，因此，牟氏的解釋不足以作為理解老子思想的根據。

傅偉勳對"道"和"生"的解釋明顯是以西方語言分析為工具的。現代人研究中國傳統哲學難以避免使用語言哲學或分析哲學的方法。但是，現代語言分析的方法重視的是語言形式本身，而不重視語言所反映的對象。按照傅的語言分析方法，"生"字的基本的生成、產生的意思沒有了，只剩下了"在先"的意思，這是為了說明老子思想只有象徵意義下的本體論意義，沒有宇宙論、生成論的意義。熟悉古漢語的人不難發現這種分析是不合"生"字的基本意義的。按照《說文》的說法："生，進也，像草木生出土上。""生"在古代有生出、生育、產生、發生等意思。顯然，"生"的最初意義既然是從無到有，從隱藏到顯現的意思，這就包含了在先的意思，但是古漢語中沒有把"生"歸結為僅僅"在先"的抽象意義的用法。傅偉勳對"生"的解讀不是從老子文本出發的，而是從自己先有的本體論觀點出發的。

從古漢語的基本常識和老子的原文出發，"生"顯然不是"母生子"之"生"，而是類似於"有無相生"或"戎馬生於郊"之"生"，

是演化出的意思。這不是"雞生蛋"或"蛋生雞"式的個體生命形式
的轉化，也不是細胞分裂或種子遍布而生的生長。不過，"道生一"
的"生"雖然不是具體的一生多的生殖或分裂過程，但也不是毫無所
生。道之生是從原初的模糊不定的狀態氤氳演化式的生，是從無到
有，從簡到繁，從少到多，逐步繁衍擴散式的生。總之，一方面我們
不必把道生萬物的過程具體化為某種陰陽之氣或天地的產生過程，另
一方面也不應該把它歸結為牟氏的主觀境界的關照或傅氏的完全沒有
生成關係的抽象在先。

42.3　道：實然或應然？

陳康最早、最明確地提出了"道"之作用的"常"與"廢"的問
題。陳康將道之意義分為三種靜態的，三種動態的。三種靜態的意義
包括："一為本源，一為貯藏之所。（奧，藏也，河上註），三為一切
之楷式。"三種動態的意義包括："一則為生，再則為長，三則表示反
復之歷程。"陳康說："凡此諸義皆指普遍原理，獨一無隅，不為時空
所限。自此觀之，則道為一普遍有效之原理，其拘束力永恒弗替，此
道之所以曰'常'。然老子又言'大道廢'，大道苟廢，胡可曰'常'？
廢之與常，能無牴牾？此乃一重要問題，然為解老者所忽視。"（C.
H. Chen 1964，161；下同）

陳康對這一問題的回答是："按老子之意，大道廢弛，乃由於人
之違道。人事範圍而外，道則周行不殆。於是大道廢興，其於人事範
圍之內有待於其他因素而定，則道不復為最高、獨一之原理矣。若試
為解曰：一廢一興，即為道之動。時而暢行，時而陵替，純為道之自
絕。此解固甚辯矣，然於老子書中未見有章節可為之佐證。反之，書
中嘗舉人道以匹天道。捨天道而取人道，或捨人道而取天道，皆由人
之自絕，道於物體範圍之內，則為具有普遍拘束力之原理，而於人事
範圍之內，其行其廢，則為人之向背所左右。"

"於是道有總義二焉：一為存有之原理，一為規範性之原理。規
範性之原理可從可違；向背任人自擇。物則不能如是，唯受制於存有

原理而已。於是人物之別以明。中國哲學中人之發現,自此始矣。"

　　值得注意的是,陳康認為老子之道同時具有存有之原理和規範性原理兩重意義。陳康雖受過嚴格的西方哲學訓練並長期從事西方哲學的研究,但他沒有覺得解釋出道的這兩種意義有甚麼問題。但是,有的學者從西方哲學的原理出發對陳康的做法深感不安,因為"具有普遍必然性的'存有原理'都無法與人生實踐的'應然原理'構成邏輯推導的關聯"。認為陳康的解釋會"將形上之道與人生實踐之道劃分兩層,否認道一概念的各種涵義之間具有合理的關聯性"(袁保新1991,99—100)。這種憂慮的出發點是休謨所提出的實然與應然的問題,也就是能否從實然命題推出應然命題。流行的看法強調從實然命題無法推出應然命題。這一問題的提出對哲學研究有重要影響和貢獻,在西方哲學界也是爭論不斷,沒有最後結論,但是近年來,西方哲學界也已經認識到實然與應然之分不是絕對的。哈佛大學教授普特南(Hilary Putnam)新著之標題即是"事實與價值之分立的坍落"(*The Collapse of the Fact/Value Dichotomy and Other Essays*,Putnam2002)。著名倫理學家辛格(Peter Singer)也論證過實然與應然之爭的瑣屑性(triviality)(Singer2002,17—26)。這說明所謂實然命題與應然命題之間的對立不是絕對的,我們不必將西方近代的實然與應然的對立當作一切哲學討論都必須遵循的戒律。

　　其實,休謨之說乃就命題的邏輯推理而言,主要涉及倫理學和認識論,並非涉及哲學的基本概念,也不涉及宇宙論、本體論等領域,對西方古典哲學沒有回溯效力,對歷史上實際產生過的中國哲學更沒有制約意義。實然命題和應然命題的不同和對立,並不能說明一個概念不可能既是實然的,又是應然的,最明顯的概念是"上帝"。儒家的天、天道、天理、天命之性也都是既有實然的意義,又有應然的意義。承認中國哲學史上的這一基本事實,並不會造成哲學概念或體系的"破裂"。

42.4　陰陽和諧還是男尊女卑

本章說"萬物負陰而抱陽",強調陰陽一體與陰陽和諧,卻沒有區分陰陽的主從貴賤。這與《周易》和儒家強調"陽動陰靜"、"天尊地卑"、"男尊女卑"是不同的。道家並不主張以陽的主導地位保障陰陽之和諧，相反，是希望通過"知雄守雌"來救治男性擴張性行為模式所造成的社會動盪與衝突。相比之下，道家和道教比儒家思想更重視陰陽平等的和諧。這或許可以說明為甚麼道教相對來說較少歧視女性的傳統。

老子哲學並沒有直接涉及男女問題，但他的雌柔原則和陰陽和諧的思想對道教的兩性觀念似乎影響甚大。與其他傳統相比，道教中的女性顯然有較高的地位。就數量來說，道教的神仙譜系中比其他宗教聖徒傳有更多的女神或女仙。成書於東漢的《列仙傳》已經包括女仙的傳記。葛洪著《神仙傳》，其中有七卷的篇幅是著錄女神或女仙的。唐朝杜光庭（850—933）的《墉城集仙錄》可以說是最重要的一部女神仙傳。原文收錄一百零九位女仙的傳說。很多女仙還是俗世帝王之師或受到男性帝王的崇奉，書中所述"九天玄女"，據說是黃帝之師，在黃帝大戰蚩尤時，秘授兵書，助黃帝取勝。元代道士張道一著《歷世真仙體道通鑒後集》也著錄一百二十一位女仙的傳記（詹石窗1990，34）。明清之際，道教影響衰微，但清代仍有《歷代仙史》，其中著錄了一百三十三位女仙。這與道教歷史上女性領袖的作用有關。例如，東漢五斗米教的第二代天師之妻、第三代天師張魯之母盧氏，就是有影響的重要人物；還有魏華存，育有兩子，曾是五斗米道的祭酒，又是上清教派的創始人之一（詹石窗1990，49—50）。此外，早期天師道主持儀式的必須是夫妻，不能有男無女，也不能是隨便的一男一女。道教中至今不乏女性道長。這種事實反映了道教對女性較少歧視的傾向。在男尊女卑的社會中，這是難能可貴的（Schipper 1993，128—129）。這應該與老子哲學的基本思想不無關係。

42.5　諸侯何時始稱王？

本章提到"王公"或"王侯"，第三十二、三十七、三十九諸章提到"王侯"或"侯王"。論者多據此論證《老子》晚出於戰國時期。

此說最先由梁啓超提出。當時一個年輕人張煦馬上寫了〈梁任公提訴《老子》時代一案判決書〉進行反駁。張說：“說某諸侯在春秋後若干年始稱王，才能‘王侯’‘王公’聯用，那話從何見得？考吳子壽夢在《春秋》絕筆前一百零四年已稱王，稍後越亦稱王，楚更在春秋前稱王。老子原籍與楚接壤，或後竟為楚人，豈有不知楚王？在周做官，豈有不知周王（夏商周皆稱王）？何以孔子同時的老子，不會用他？《易‧蠱之上九》‘不事王侯，高尚其事’，不是早已‘王侯’聯用嗎？《易‧坎‧彖》‘王公被險以守其國’，《易‧離‧象》‘六五之吉離王公也’，不是‘王公’聯用嗎？”（張煦1930，317）張文以判絕書的形式回應梁啓超對老子年代問題的公訴，頗得梁氏的讚賞。然而，後人很多沒有注意張文，反而繼續重複梁啓超的觀點和例證。

事實上，諸侯稱王的歷史比張文所說的例證更早。王國維曾寫過《古諸侯稱王說》，他的結論是：“蓋古時天澤之分未嚴，諸侯在其國，自有稱王之俗。”他舉了兩個例證，一是彔伯簋“用作朕皇考釐王寶尊簋”（中國社科院考古所1987，4302），一是乖伯簋“用作朕皇考武乖幾王尊簋”（同上，4331），他指出兩件簋中的“釐王”和“幾王”是諸侯國內自稱（王國維1940，17）。劉雨又補充一例：仲枏父簋“作其皇祖考遲王、監伯尊簋”（中國社科院考古所1987，4188、4189），這個“遲王”不是姬姓，也屬諸侯國內稱王之例，肯定也不是西周十二王之一（劉雨2003，11）。

這些例證常常被人有意無意地忽視，造成後人不斷重複前人已經批評、否定過的論證，造成學術研究中時間和精力的浪費。對此，我們更應該從考證方法上吸收教訓，那就是不能輕易說古代沒有甚麼，並以之作為考證的主要根據。自己沒有見到過或沒有找到，並不能斷言歷史上就一定沒有，博聞強識如梁啟超尚不能避免此等疏漏，何況一般人呢？

第 四 十 三 章

原文對照

河 43.1　天下之至柔，　　　　　傅 43.1　天下之至柔，

河 43.2　馳騁天下之至堅。　　　傅 43.2　馳騁天下之至堅。

河 43.3　無有入（於）無間。　　傅 43.3　出於無有，入於無間。

河 43.4　吾是以知無為之有益。　傅 43.4　吾是以知無為之有益
　　　　　　　　　　　　　　　　　　　　也。

河 43.5　不言之教，無為之益，　傅 43.5　不言之教，無為之益，

河 43.6　天下希及之。　　　　　傅 43.6　天下稀及之矣。

王 43.1　天下之至柔，　　　　　帛 43.1　天下之至柔，

王 43.2　馳騁天下之至堅。　　　帛 43.2　馳騁乎天下之至堅。

王 43.3　無有入無閒，　　　　　帛 43.3　无有入於无間。

王 43.4　吾是以知無為之有益。　帛 43.4　吾是以知无為□□益
　　　　　　　　　　　　　　　　　　　　也。

王 43.5　不言之教，無為之益，　帛 43.5　不□□教，无為之益，

王 43.6　天下希及之。　　　　　帛 43.6　□下希能及之矣。

對勘舉要

（1）第四十三章也是很短小的一章，各本之間，除傅奕本外，差別都不大，帛書甲乙本各有一些殘缺，相互差異不多。本章無竹簡本作對照。河上公題為“遍用”，其意或為“無為”的原則或柔弱勝剛強的原則普遍適用。

（2）“天下之至柔，馳騁天下之至堅。”

這兩句，河上本、王弼本、傅奕本皆同。帛書乙本“馳騁”後有一“乎”，甲本則有一“於”。“乎”可用作“於”。按句法，應有介詞“於”。

（3）“無有入無間，吾是以知無為之有益。”

這兩句是王弼本。第一句前傅奕本增“出於”二字，於是句義為“至柔”“出於無有，入於無間”。范應元本同之，《淮南子·原道》亦明引為“出於無有，入於無間”。嚴遵《指歸》中有“出無間，入無孔”，似嚴遵本原亦同於傅奕本。帛書甲本與通行本同，作“無有入無間”。帛書乙本殘缺嚴重，整理者據傅奕本補。如果整理者的判斷準確，則帛書甲乙本已經不同。但高明所補乙本同於甲本。

總之，漢代已經有兩個版本，其句義略有不同。依通行本，“至柔”本身就是“無有”，可以馳騁於“至堅”之固，“入於無間”之實，句義通順可解，陳鼓應、古棣等皆從之。而傅奕本則是“至柔”本身既“出於無有”，又“入於無間”，句義似乎也可以接受，從之者亦眾。筆者傾向於採用帛書本和通行本的句式，因為“至柔”是“無有”，可以“入於無間”的說法，是連貫地形容“至柔”之力量，和上文連讀是繼續講“至柔”的力量，和下句連讀則是通過“至柔”之神妙作用認識到“無為”之益，文思順暢無礙。按照傅奕本，“至柔”“出於無有”是交待“至柔”之出處及神秘莫測，而不是強調“至柔”的作用效果，那麼與下文認識到“無為”之益就沒有直接聯繫，文詞支蔓，文氣稍滯。此外，帛書甲本是此節最早且未經後人加工過的版本，我們不妨取帛書本為最早原貌。

第一句"入"字後，傅奕本、帛書本皆有"於"，河上本亦有增"於"者。句末"有益"之後，傅奕本、帛書本都有"也"。

(4)"不言之教，無為之益，天下希及之。"

這段河上本、王弼本同。"希及之"，帛書本作"希能及之矣"，傅奕本"希"作"稀"，句末亦有"矣"。上段帛書本與傅奕本句末的"也"字，本段的"矣"字，都再次驗證古本用虛詞較多，更接近口語，句式也較舒緩。

析評引論

43.1　至柔與無為之益

本章通過"至柔"可以馳騁於天下之"至堅"說明無為的意義。與"至柔"、"至堅"相聯繫的是"無有"和"無間"。王淮說："無有者，至虛之謂也；無間者，至實之謂也。至虛是至柔之更進一層，何則？柔弱之用，由於虛無之道故也；至實是至堅之更進一層，何則？以今日物理學言之：物之至堅者乃因其'密度'之大，凡物之'密度'大至極處，必至於無間（空隙），故'至堅'之極，即是'至實'。準此，'無有入無間'，即是上文'天下之至柔馳騁天下至堅'之進一步之發揮與強調。合而言之，即謂虛無柔弱之道，無往不利，無物不克，天道（物理）、人事，兩在不爽。"（王淮 1972，179—180）此說以無有為至虛，是至柔的發展，以無間為至實，是至堅的發展，確有所見。

本章之至柔和至堅可以從外物和人事兩方面來討論。至柔之物可以水為代表，至堅之物可以石為代表。滴水穿石為洞，海浪淘岩為沙，這是大自然中常見的現象。至柔可以克服至堅，所以說"天下之至柔馳騁乎天下至堅"。"無有"之物可以空氣為例，"無間"之物可以鋼鐵為例，空氣可以無所不在，雖鋼鐵之密實無隙也難免空氣的銹蝕；而鋼鐵卻無法改變空氣之普遍存在。所以說"無有入無間"。

然而，作者的用意顯然不在外物，而在人事。物只是用於比喻，其思想觀念的重點卻是人事。氣蓋山河的霸王、殺人如麻的暴君可以傲視一切強敵，卻很可能拜倒在無言的石榴裙下。群雄紛起、鐵馬橫戈之後的太平盛世不是伴隨於嚴密的強權統治，反而是來自於無為而治的寬鬆氣氛。這就是下文的"不言之教"，"無為之益"。這兩句可以分別看作關於言和行兩方面的虛柔之道，但是也可以用"無為"作為總稱，包括不言之教。自然的價值原則和無為的行事方法就是至柔、無有之道，困難複雜的社會矛盾衝突就是至堅、無間之事，只有自然、無為之道可以從根本上化解人世之糾紛，積極有為之壓制雖可以奏一時之效，卻無法取得長治久安的效果。極端的行為更可能激起冤仇相報的連鎖反應，敵人越壓越多，終無寧日。

其實，不言之教、無為之治也就是"輔萬物之自然"的治理方法，萬物各得其所，自然天下太平，此為"無為之益"。然而，自然之利、無為之益，很難為一般人所理解，很多人把老子的無為當作不負責任、無所事事、甩手掌櫃，所以老子要感嘆"天下希能及之矣"（關於無為並非無所作為，見析評引論 37.2）。

43.2　魁奈與無為之益

無為之道雖然不為一般人理解，卻在遙遠的歐洲產生過迴響。世人多謂西方的"自由放任政策"（laissez-faire）與老子思想有關。此說不絕如縷。1999 年 6 月 10 日出版的《遠東經濟評論》（*Far Eastern Economic Review*）就刊登了他們的一位編輯的文章，認為西方自由市場經濟的基本觀念得益於十八世紀耶穌會傳教士對中國的觀察。該文說 "laissez-faire" 一詞是魁奈（Francois Quesnay 1694—1774）在 1758 年創造的。他被稱為歐洲的孔子，其思想資源卻來源於《老子》，是他用 "laissez-faire" 來翻譯老子的 "無為"。他的思想對更有名的經濟學家亞當·斯密（Adam Smith 1723—1790）有重要影響。

據該文，明末清初到中國旅行的西方人佩服中國的高度組織性（如科舉制度）和柔弱的政府管理手段的結合，以及由此結合而產生的經濟自由。是中國人教他們懂得了這種狀態就接近於無為的原則（Vatiki-otis 1999）。該文的依據之一是哲學家克拉克（John James Clarke）的研究。

克拉克指出，魁奈思想的靈感主要來自於 1740—1756 年間經常到中國旅行的波伊維（Pierre Poivre）。波伊維將中國描繪成玫瑰式的圖畫，將中國看成世界上最幸福、組織最健全的國家。中國人的行動最接近於自然界的運行模式，也就是農業運作的模式。國家有意識地支持和維護這種運作模式，鼓勵農業發展，盡可能減少束縛農業自由發展的國家法令和稅收。這種原則的哲學表達就是自然界會自動趨向和諧與均衡，這不需要強力和控制，而是通過遵循自然自身的原則，也就是“道”（Clarke 1997，50）。在現代中國人看來，這些法國人的描述顯然有誤解誇張之處，但是他們對農業發展的最好模式的基本觀察卻是正確的。而我們自己往往看不到這一點，大概是“不識廬山真面目，只緣身在此山中”吧。

魁奈一派的學說習慣上被稱為重農主義。所謂重農主義的法語原文是“physiocratie”，由希臘文字根自然（physis）和主宰（krateo）合成，“意謂自然的統治，由此引申出人類社會須服從自然法則以謀求最高福利的涵義。”（談敏 1992，103）據說此字由魁奈創造，後來亞當·斯密將魁奈及其學派的理論稱為“農業體系”，與重商主義相對照。隨著亞當·斯密學說的流行，“physiocratie”這個字就逐步成為農業體系的代名詞。中日學者又譯之為“重農主義”，並將魁奈的團體稱為“重農學派”。顯然，稱魁奈的學說為重農主義並不恰當，所以有人主張將魁奈的理論直譯為“自然政治派”。的確，這一派的學說重點是“政治社會的自然根本秩序”，而不是農業本身（同上，104）。

魁奈一派的理論特點是從自然秩序中引申出經濟自由主義。法國皇太子曾問魁奈：“如果你是國王，你會幹些什麼呢？”魁奈回答：

"什麼也不幹（nothing）。"皇太子又問："那麼誰來統治呢？"魁奈回答："法則（thelaw）。"（同上，234）這和漢代蕭規曹隨的典故十分相似，不同的是曹參依據的是前代行之有效的政策，魁奈倚靠的是自然而然的法則，而自然法則與老子的"利而不害"的"天之道"是一致的。另有一次，國王對於牧師與議會之間關於統治問題的無休止的爭論感到十分厭倦，一位大臣便向國王獻策說："統治國家的不過是槍戟而已。"魁奈當時便插問："那麼誰來統治槍戟呢？"那位大臣無言以對，魁奈便說："那就是民意。"（陳新友1972，32）魁奈的觀念和《老子》的"愛民治國，能無為乎"（第十章）相一致，與儒家"天聽自我民聽"的傳統也是一致的。

魁奈的思想與當時歐洲流行的觀念很不相同，對後來的西方經濟學理論有重要影響。難怪當時的人稱之為"我們這個時代的最偉大的天才"、"歐洲的孔子"、"現代的蘇格拉底"、"現代的摩西"。斯密提到魁奈時說："整個學派對其始祖——他本身是非常謙遜而樸實的人——的欽佩，絕不下於古代哲學家對體系的創始者的崇拜。"斯密的《國富論》（Wealthof Nations）初稿也準備獻給這位"非常有天才而淵博的作者"，"最謙遜而樸實"的重農學派的創始人，但因魁奈的去世而作罷（陳新友1972，33）。馬克思亦稱魁奈是現代政治經濟學的奠基人。談敏博士的三十萬字的專論即題為《法國重農學派的中國淵源》（談敏1992）。然而，如果魁奈學說沒有受到過《老子》思想的影響，《老子》思想就會暗淡無光嗎？我們就不應該重視它的現代意義嗎？

43.3　改革開放與無為之益

傳統思想文化在二十世紀受到西方現代文明的嚴重挑戰和沖擊，道家思想和儒家思想一樣受到中國精英知識分子的嚴酷批判。這種批判自然有其歷史意義，但是歷史發展至改革開放的今天，我們應該可以比較全面地剖析理解老子思想，比較平心靜氣地評價老子思想了。

表面上看，道家無為而治的理論與現代社會的經濟高速發展格格

不入。但是，西方工業資本主義的高速發展就是限制政府干預、實行
"自由放任政策"的結果。中國的改革首先在農村成功，基本上是放
開了對農民種甚麼、種多少、如何種的限制，是減少政府"指導"、
"控制"的結果。因為農民最知道當地的土壤、氣候適宜種甚麼，最
知道自己需要甚麼。給農民自由，就是"輔萬物之自然"，農村改革
成功就是"無為之益"的體現。城市改革困難得多、複雜得多，但基
本方向也是要讓企業和經營者有更多的主動性和靈活性，而不是規定
他們生產甚麼、生產多少。其方向和"無為而治"也是一致的。

　　鄧小平說過："官僚主義是一種長期存在的、複雜的歷史現象。
我們現在的官僚主義現象，除了同歷史上的官僚主義有共同點以外，
還有自己的特點，既不同於舊中國的官僚主義，也不同於資本主義社
會的官僚主義。它同我們長期認為社會主義制度和計劃管理制度必須
對經濟、政治、文化、社會都實行中央高度集權的管理體制有密切關
係。我們的各級領導機關，都管了很多不該管、管不好、管不了的
事，這些事只要有一定的規章，放在下面，放在企業、事業、社會單
位，讓他們真正按民主集中制自行處理，本來可以很好辦，但是統統
拿到黨政領導機關、拿到中央部門來，就很難辦。誰也沒有這樣的神
通，能夠辦這麼繁重而生疏的事情。這可以說是目前我們所特有的官
僚主義的一個總病根。"　（鄧小平 1983，287—288。著重號為引者
所加）

　　鄧小平這裏所說的"必須對經濟、政治、文化、社會都實行中央
高度集權的管理體制"就是一般人所想像的高度負責的一元化領導的
管理原則，也就是"至堅"、"無間"的管理思想。"各級領導機關，
都管了很多不該管、管不好、管不了的事"就是這種管理原則帶來的
弊病。"放在下面，放在企業、事業、社會單位，讓他們真正按民主
集中制自行處理"就接近於"輔萬物之自然"的原則，類似於"至
柔"、"無有"的管理方法。各種規章制度也應該是輔助和保障各個企
業、事業、社會單位的發展，而不應該是限制其發展。

　　總之，高度集中的管理方法、大有為的政治原則把整個國家、社

會的生存發展繫於少數人的才智和道德，限制了絕大多數生存個體發展的機會和空間。如果這少數人犯了錯誤，則會扼殺、摧殘大多數生存個體的生存機制。這裏所說的生存個體可以是一個人、一個公司、一個工廠、一個地區。如果所有的生存個體在“輔萬物之自然”的原則下蓬勃發展，國家的經濟怎能不好呢？這裏需要再次強調的是，道家的無為之治絕不是不負責任、不做事，而是要以更高的眼光、境界和方法去“輔萬物之自然”，達到表面上的積極有為、強制管理所達不到的效果。

第 四 十 四 章

原文對照

河 44.1 名與身孰親?

河 44.2 身與貨孰多?

河 44.3 得與亡孰病?

河 44.4 甚愛必大費,

河 44.5 多藏必厚亡。

河 44.6 知足不辱,知止不殆,
可以長久。

傅 44.1 名與身孰親?

傅 44.2 身與貨孰多?

傅 44.3 得與亡孰病?

傅 44.4 是故甚愛必大費,

傅 44.5 多藏必厚亡。

傅 44.6 知足不辱,知止不殆,
可以長久。

王 44.1 名與身孰親?

王 44.2 身與貨孰多?

王 44.3 得與亡孰病?

王 44.4 是故甚愛必大費,

王 44.5 多藏必厚亡。

王 44.6 知足不辱,知止不殆,
可以長久。

帛 44.1 名與身孰親?

帛 44.2 身與貨孰多?

帛 44.3 得與亡孰病?

帛 44.4 甚□□□□,

帛 44.5 □□□□亡。

帛 44.6 故知足不辱,知止不
殆,可以長久。

竹 44.1 名與身孰親?

竹 44.2 身與貨孰多?

竹 44.3 得與亡孰病?

竹 44.4 甚愛必大費,

竹 44.5 厚藏必多亡。

竹 44.6 故知足不辱,知止不
殆,可以長久。

對勘舉要

（1）本章竹簡本內容在相當於第五十五章和第四十章的內容之間，前後都有分章符號，前面還有一字的空格。本章帛書乙本殘缺嚴重，僅存第一句前兩個字。此處帛書本多據甲本補。本章內容各本之間相當一致，是少見的情況。河上本定名為"立戒"，大體恰當。

（2）"名與身孰親？身與貨孰多？得與亡孰病？"

本節各本一致，殊為少見。

（3）"是故甚愛必大費，多藏必厚亡。"

此為王弼本與傅奕本。竹簡本、帛書本、河上本無"是故"二字。驗之於竹簡本、帛書本，古本無之。參照下面一節，當是王弼本和傅奕本在此加"是故"二字，並在下節刪去"故"字。河上本最為簡省，此處不用"是故"，下節也不用"故"。上節是三個選擇疑問句，這裏加"是故"二字並不恰當。此節帛書甲本首尾各存一字。

竹簡本"厚"與"多"位置互換，意思不變，韻部也沒有變化。竹簡本與通行本的不同或許是後來聽寫、傳抄時因音韻接近而引起互換，又因音韻相同，所以後來各本的編者也都沒有修改之。推敲起來"厚藏"、"多亡"的搭配似乎比"多藏"、"厚亡"更通順。

（4）"知足不辱，知止不殆，可以長久。"

此節河上本、王弼本、傅奕本同。帛書本、竹簡本前面有"故"字。從全篇來看，上節前面的"是故"並非必要，而此節前有"故"字適可作為全文的總結。總起來看，竹簡本、帛書本較合理。

析評引論

44.1 "重身"還是"無身"?

本章開始提出的疑問句是"名與身孰親?身與貨孰多?"全文隱藏的答案顯然是身比名親,身比貨重。王淮說:"名與貨既是身外之物,皆無益於生。豈只無益於生,甚且為生之累而有害於生。"莊子以為烈士殉名,貪夫殉利,所殉雖不同,其為殉則一。所謂"殉"者,以身從物之謂也。老莊貴生之思想在先秦為一大發明,貴生思想之精義,在視生命本身為一"目的",且為一絕對之"主體",具有絕對之"價格",凡無益於生之身外之物,皆不值得重視(王淮1972,181)。這是強調老子思想有重生或重身的一面,這裏的身或生都是以肉體生命為主,兼及社會生存的。

這一理解當然是正確的,第二十六章批評君主"若何萬乘之王,而以身輕於天下?"第五十九章就講到"長生久視之道",顯然老子思想是有重視肉體生命、自然生命的意思,這也是日後追求長生不老的道教能夠以老子為始祖的根據。然而,老子對身體和生命的態度卻沒有這樣直接簡單。第七章講到"不自生",第十三章講到"無身",第五十章反對"生生之厚",第七十五章主張"無以生為者",似乎與"重身"相矛盾的說法還不少,關於這種矛盾的討論之作很少見到,因此這裏有必要根據《老子》全文,再作進一步的辨析。

察老子直接反對重身或重生的言論大多是以反求正、無為而無不為的辯證思路,並非真的反對重生或重身。第七章說的是:"以其不自生,故能長生。"顯然是以不自生為長生的手段,以長生為目的和效果。第五十章帛書本說:"而民生生,動皆之死地之十有三。夫何故也?以其生生。"末句王弼本作"以其生生之厚"。這是說一般人以生為生,直接求生,這就是求生之厚,也就是狹隘地、直接地過度求生,結果適得其反,是動而之死地。這也不是反對重生,而是反對一般人的直接求生的方法，其實際主張的恐怕還是以反求正式的求生，即不孜孜以求地直接求生，如此，才可能真正養生。第七十五章說："民之輕死也，以其求生之厚也……夫唯無以生為者，是賢貴生。"這也明顯地是反對直接地、狹隘地求生，主張"無以生為"，並非反對重生。至此，我們可以肯定，《老子》與重生似乎相矛盾的說法本質上並不矛盾，只是強調重生的手段或方法與眾不同而已。《莊子》書中也有追求人生自然本性的一面，但也有以殘軀無用之身求全身的一面，更有超越生死或齊生死的一面。道教則以老莊重生、全身的這一方面結合神仙家思想發展出長生不老的追求。

以上所說有一例外。第十三章所說的大患之身則不是自然生命之身，而是利益之身，寵辱若驚之身，這裏的"無身"是去掉私利之身，而不是不要肉體生命，也不是通過不要生命而獲得生命的意思。這要細讀上下文來仔細辨析（參見析評引論13.1）。

本章最後的結論是："知足不辱，知止不殆，可以長久。"長久是立於不敗之地的意思，並非僅限於肉體生命。關於"知足"與"知止"，王淮說：知足，是主觀上之知止；知止，是客觀上之知足。易言之，知足是心理上的一種節制，知止是行為上的一種節制。主觀心理上有節制，故不辱（辱，指心理上之煩惱與窘困）；客觀行為上有節制，故不殆（殆，指行為上之挫折與打擊）。又：知足是治本，知止是治標：標本兼治，故可以長久也（王淮1972，183）。

44.2 《老子》與《詩經》：密韻實例

王力說《詩經》用韻有兩個最大的特點：一是韻式多種多樣為後來歷代所不及，二是韻密，其用韻之密度也是後代所沒有的（王力1980，41）。這一點《老子》明顯地同於《詩經》而不同於《楚辭》。《楚辭》基本上是比較規則的偶句韻，沒有韻式多樣和密韻的特點。（關於《老子》用韻與《詩經》和《楚辭》的全面比較，參見劉笑敢1997，32—48。）韻密的表現之一是句句入韻。在《詩經》中句句入韻的例子隨手可得，如《齊風·盧令》、《豳風·九罭》、《周南·卷

耳》、《邶風·終風》、《邶風·簡兮》等等，這裏無需引證。與《詩
經》相似，《老子》中句句用韻的情況也很多，這裏僅以本章為例。
本章用韻尤密，不僅是句句韻，而且也可看做是句中韻，並且一韻一
換韻，是一個相當典型的密韻實例。

名與身，孰親？　　（真部）

身與貨，孰多？　　（歌部）

得與亡，孰病？　　（陽部）

是故甚愛，必大費。（物部）

多藏，必厚亡。　　（陽部）

故知足，不辱，　　（屋部）

知止，不殆，　　　（之部）

可以長久。　　　　（之部）

這種密韻的情況也見於《詩經》，如〈小雅·賓之初筵〉中“籥舞笙
鼓”、“有壬有林”，其中“舞”、“鼓”為魚部韻，“壬”、“林”為侵部
韻。這種二三字一韻，一韻一換的例證在《楚辭》中是找不到的。關
於《老子》的句中韻，按照朱謙之的分析，第二十三章“希言自然”
中的“言”與“然”是句中韻，屬元聲；第七十八章“正言若反”中
的“言”與“反”為句中韻，也屬元聲；第四十四章“知足不辱，知
止不殆”中的“足”、“辱”、“止”、“殆”也是句中成韻，分別屬屋部
和之部韻。當然，這些例證以本章最為典型。（參見析評引論 5.2，
28.1，35.5，37.3，39.1）

第 四 十 五 章

原文對照

河 45.1　大成若缺，其用不弊；　　　傅 45.1　大成若缺，其用不敝。

河 45.2　大盈若沖，其用不窮。　　　傅 45.2　大滿若盅，其用不窮。

河 45.3　大直若屈，大巧若拙，　　　傅 45.3　大直若詘，大巧若拙。

河 45.4　大辯若訥。　　　　　　　　傅 45.4　大辯若訥，

河 45.5　躁勝寒，靜則熱，　　　　　傅 45.5　躁勝寒，靖勝熱。

河 45.6　清靜為天下正。　　　　　　傅 45.6　知清靖，以為天下正。

王 45.1　大成若缺，其用不弊；　　　帛 45.1　大成若缺，其用不敝。

王 45.2　大盈若沖，其用不窮。　　　帛 45.2　大盈如沖，其用不窘。

王 45.3　大直若屈，大巧若拙，　　　帛 45.3　大直如屈，大巧如拙。

王 45.4　大辯若訥。　　　　　　　　帛 45.4　大贏如絀。

王 45.5　躁勝寒，靜勝熱，　　　　　帛 45.5　躁勝寒，靜勝熱。

王 45.6　清靜為天下正。　　　　　　帛 45.6　清靜，可以為天下正。

竹 45.1　大成若缺，其用不敝。

竹 45.2　大盈若盅，其用不窮。

竹 45.3　大巧若拙，大成若詘，

竹 45.4　大直若屈。

竹 45.5　燥勝滄，清勝熱，

竹 45.6　清靜為天下正。

對勘舉要

（1）本章文字各傳世本之間互有出入，但大體看來，沒有重要不同。帛書乙本殘缺嚴重，大部份據甲本補。竹簡本的內容抄在乙本類竹簡第三組，在相當於第五十二章和第五十四章的內容之間。前有分章符號，沒有空格，"大直若屈"一句在"大巧"、"大成（盛）"兩句之後，後有分章符號，顯然這一部份自成一體，是可以相對獨立的意群。在末句"清靜為天下正"之後無分章符號，無空格，接抄今本第五十四章內容。河上公題為"洪德"，似得其意。

（2）"大成若缺，其用不弊；大盈若沖，其用不窮。"

此節河上本、王弼本同；"沖"，竹簡本、傅奕本作"盅"；"盈"，傅奕本作"滿"，"若"，唯帛書本作"如"。

（3）"大直若屈，大巧若拙，大辯若訥。"

此節河上本、王弼本同。"屈"字，傅奕本作"詘"，帛書甲本也原作"詘"，整理者讀作"屈"。

此節帛書乙本只存"……巧如拙……絀"，馬王堆帛書整理小組1976年本與國家文獻辦公室1980年本補乙本殘句作"（大直如屈，大辯如訥，大）巧如拙，（大贏如）絀"，（括弧中為所補字）比諸本多出一句，理由是嚴遵本有"贏"與"絀"對言，甲本又有"大贏如訥"一句，於是補出"（大贏如）絀"一句。如此多方補綴，比各本及帛書甲本都多出一句，說服力不足。甲本較完整，原文作"大直如屈，大巧如拙，大贏如訥"。毫無疑問是三句。整理者據甲本在乙本多補出一句，又據乙本懷疑甲本少了一句（國家文獻1980，7，注10），徒增困擾，實無必要（參見高明1996，44；廖名春2003，473）。

本書帛書本以乙本為底本，殘缺的部份據甲本補。體例所限，結果與帛書甲本原文和整理者的乙本都不同。請讀者明察。

諸"若"字，帛書本多用"如"，與衆本似有不同［參見第四十一章對勘舉要（3）］。竹簡本三句順序不同，作"大巧若拙，大成若詘，大直若屈"，與帛書本句子也不盡相同。這三句皆以大字開頭，末三字又皆為物部韻，聽寫傳抄易生差錯，產生句序不同。然因為韻部一致，雖有不同，而音調、大意卻相似，所以也較難辨析正誤。

此節竹簡本"大成若詘"與第一句"大成若缺"中的"成"字相重複，或抄寫有誤。此二"成"字原寫作上成下土，即"城"字，整理者皆讀作"成"。李零讀"大成若詘"為"大盛若詘"（李零2002，23）。學者對此二"成"讀法不同，廖名春曾詳加羅列，可參考（廖名春2003，464—474）。

(4)"躁勝寒，靜勝熱，清靜為天下正。"

此為王弼本。第二句"靜勝熱"，河上本作"靜則熱"。前兩句竹簡本作"燥勝滄，清勝熱"。傅奕本以"靖"為"靜"。末句傅奕本作"知清靖，以為天下正"，內容稍有不同。帛書甲本作"清靜，可以為天下正"，比傅奕本多一"可"字，比其他諸本多"可以"二字。

析評引論

45.1　盛德若缺的啓示

此章內容或可概括為盛德若缺。王淮從體、相、用三方面來講這一道理。關於"大成若缺，其用不弊"，他說：此言分別從"體"、"相"、"用"三方面描述盛德之士。"大成"就"體"而言，"若缺"就"相"言，"不弊"就"用"言。謂盛德之士德性圓滿，形容殘缺，然而其所能發生之人格感召之作用，卻是非常之深遠。《莊子·德充符》所述王駘、哀駘它諸人，即其選也（王淮1972，183—184）。關於"大盈若沖，其用不窮"，他說：此亦分別從"體"、"相"、"用"三方面描述盛德之士。"大盈"就"體"而言，"若沖"就"相"而言，"不窮"就"用"而言。謂盛德之士，德性充實而態度謙沖，有若無，實若虛（所謂：上德若谷，實德若虛），其德化之作用亦深遠而無窮（同上，184）。下文“直”與“屈”，“巧”與“拙”，“辯”與“訥”也都可以看作是盛德之“體”與若缺之“相”的關係，其大“用”則都會超過貌似無缺的“直”、“巧”、“辯”。此說甚有見地。

　　盛德若缺也就是正反互彰，以反彰正的理論。比較圓滿的狀態是容納了反面因素的正面形態，正面而包括了反面的成份或特點，這才是更高明的正，更偉大的正，是值得追求的正，是能夠避免失敗的正。此說受岱年師啓發。張岱年說：“正面的狀態，容納了反面的成份，才是比較圓滿的狀態。正面的狀態，預先容納了反面的成份，即可不再轉化為反面了……老子認為，結合了‘反’的正，才是‘正’的圓滿狀態。”（張岱年 1981，345）老子的這種思想後來融入於“相反相成”（《漢書·藝文志》）的成語之中，也成了中華民族的古老智慧之一。

　　這個道理在今天也是有益的。“一個大國有強大的實力卻有小國的溫和謹慎，這顯然比一味炫耀大國之威的國家更能長治久安；一個小國地小人少，卻有大國的風範氣度，當然更能贏得國際社會的尊重。一個剛強的男子漢有女人般的細心與謹慎就更能立於不敗之地，也更能享受美好的人生；一個溫柔體貼的女子有男人般的大度和堅強，就更有人格的魅力，也會有更好的社會成就和家庭幸福。”（劉笑敢 1997，167）

45.2　以反彰正的智慧

　　老子思想中不乏正反相依、正反相生和正反互轉的觀點，這些都是關於辯證法的基本原則的表述，但這是一般的辯證理論的共同內容，而不是老子辯證法的特點。老子辯證觀念中比較獨特的觀點是正反相彰和以反彰正。正反相彰是從對事實描述的角度進行的概括。以反彰正則是作為一種方法或主張的表述。這一點在析評引論 41.2 中已有涉及。這裏就本章進一步申論。

　　本章所說大成、大盈、大直、大巧、大辯、大贏都不是一般的成、盈、直、巧、辯、贏，而是更為完滿的成、盈、直、巧、辯、贏，它們之所以完滿而不敝不窮，之所以未走到反面，就是因為它們若缺、若沖、若屈、若拙、若訥、若絀，也就是說，它們包含了反面的因素，呈現了反面的姿態，因此成為更為圓滿的、更為正面的狀態或價值。這種較完滿的狀態可以防止事物的激烈的突發的變化，維持社會的較穩定的和諧，所以說"清靜為天下正"。

老子把這種正而若反、以反彰正的態度、方法或原則看作是來源於道的最高德性，也是聖人的最高品德，所以老子反復稱頌這種原則是玄德，所謂"玄德"就是"生而不有，為而不恃，長而不宰"之德（第二、十、五十一、六十五章），也就是"與物反矣，然則乃至大順"（第二、六、十五章）。第四十一章把這種態度稱為"大德"、"廣德"、"建德"，在第二十八章則反復闡明這種德是"常德"："知其雄，守其雌……常德不離。""知其白，守其黑……常德不忒。""知其榮，守其辱……常德乃足。"這裏知雄，守雌；知白，守黑；知榮，守辱，都是雖具備常人所期待之價值，卻要守住它的反面，也就是要以它的反面的姿態出現，以常人所不喜歡的特點來鞭策自己。這當然不是要人虛偽，而是要防止志得意滿，沾沾自喜，更要防止得意忘形。這雖然有自我保護的目的和效果，但卻絕不止於此，因為這種常德更可以提高一個人的精神境界，道德修養，從而維護和諧的人際關係，進而可以建立和諧的社會秩序。

老子類似於這種以反彰正或正而似反的說法還有很多，比如"企者不立，跨者不行，自見者不明，自是者不彰"（第二十四章），"聖人方而不割，廉而不劌，直而不肆，光而不耀"（第五十八章），"知者不言，言者不知"（第五十六章），"信言不美……善者不辯……知者不博"（第八十一章），"善為士者不武，善戰者不怒"（第六十八章），"保此道者不欲盈，夫唯不盈，故能蔽而新成"（第十五章）等等，這些都是要在"正"的狀態中保持某種"非正"的因素，從而避免走向正的反面。此外，第七十一章說："知不知，尚矣；不知知，病矣。是以聖人之不病也，以其病病也，是以不病。"第六十三章說：

"聖人猶難之，故終無難矣。"這也是主張要預先採取反面的形態，雖大知而仍知自己有所不知，雖無病，而仍自覺可能患病，從而避免真的變成不知和真的有病；雖為聖人，也不把事情看得很容易，結果可以避免真的意外的困難。

提倡以反彰正，的確有可能導致虛偽的言行出現，然而我們不必因噎廢食。任何正面的價值或道德都會有人實踐，有人模仿，有人偽裝，正如名牌產品常會引出仿製品、冒牌貨。我們不能因為有冒牌貨而禁止生產名牌產品。

第 四 十 六 章

原文對照

河 46.1　天下有道，卻走馬以糞；

河 46.2　天下無道，戎馬生於郊。

河 46.3　罪莫大於可欲。

河 46.4　禍莫大於不知足，

河 46.5　咎莫大於欲得。

河 46.6　故知足之足，常足（矣）。

傅 46.1　天下有道，卻走馬以播。

傅 46.2　天下無道，戎馬生於郊。

傅 46.3　罪莫大於可欲，

傅 46.4　禍莫大於不知足，

傅 46.5　咎莫憯於欲得。

傅 46.6　故知足之足，常足矣。

王 46.1　天下有道，卻走馬以糞；

王 46.2　天下無道，戎馬生於郊。

王 46.3　禍莫大於不知足，

王 46.4　咎莫大於欲得。

王 46.5　故知足之足，常足矣。

帛 46.1　<u>天下有道</u>，卻走馬<u>以</u>**糞**。

帛 46.2　无道，戎馬生於郊。

帛 46.3　罪莫大可欲，

帛 46.4　禍莫大於不知足，

帛 46.5　咎莫憯於欲得。

帛 46.6　□□□□□，<u>恆</u>足矣。

竹 46.1　罪莫厚乎甚欲，

竹 46.2　咎莫憯乎欲得，

竹 46.3　禍莫大乎不知足。

竹 46.4　知足之為足，此恆足矣。

對勘舉要

（1）此章各本之間文句有出入。本章明顯似乎包括兩個部份的內容，或曰"意群"。從開始"天下有道"到"戎馬生於郊"為第一個意群，以下為第二個意群。竹簡本只有第二個意群的內容，抄在甲本第一組第六十六章與第三十章之間，前面沒有任何標記和空格，後面有一墨點，無空格。帛書甲本在"天下有道"和"罪莫大可欲"之前都有分章的圓點，可見這本來就是兩個意群，因為短小，內容又似有關係而合為一章（彭浩 2000，10）。河上本定題為"儉欲"，來自於第二部份的內容，但與第一部份也似有聯繫。

（2）"天下有道，卻走馬以糞；天下無道，戎馬生於郊。"

此節王弼本、河上本相同。第二句"糞"字，傅奕本作"播"，"糞"與"播"皆為治田之義。帛書甲本與王弼本、河上本相同，乙本"天下無道"一句無"天下"二字，或為漏抄，或因從上句"天下"而省。竹簡本無此節。

（3）"罪莫大於可欲，禍莫大於不知足，咎莫大於欲得。"

此為河上本。此節王弼本無第一句，與衆本不同。"罪莫大於可欲"一句，"可欲"二字可疑，"可欲"如指"可欲之物"，則此句則不通，"可欲之物"何罪之有？"可欲"二字，《韓詩外傳》引為"多欲"，意義合理。而竹簡本作"罪莫厚乎甚欲"，恰與《韓詩外傳》所引意義相合。此句帛書乙本"罪莫大可欲"，甲本作"罪莫大於可欲"，可見"可欲"之誤久矣。幸得竹簡本證實《韓詩外傳》所引之文。對照帛書甲本和其他各本，帛書乙本顯然漏抄"於"字。此句帛書本以後皆作"可欲"不通，加之下文兩句句義已經完整，可能是王弼本有意刪去了這不通的一句。

"咎莫大於欲得"一句，傅奕本、帛書本作"咎莫憯於欲得"，《韓非子·喻老》所引正同。竹簡本除虛字用法以外也相同。"憯"

（同“慘”）字當為古本之舊。各本之“於”字，竹簡本皆作“乎”，當是較早的語言習慣。

此節竹簡本整理者讀為“罪莫厚乎甚欲，咎莫憯乎欲得，禍莫大乎不知足”。第一句“厚乎甚欲”，李零讀為“重乎貪欲”，第二句“莫憯乎欲得”之“憯”，原作“僉”，李零讀為“險”。這兩句李零釋文作“罪莫重乎貪欲，咎莫險乎欲得”（李零2002，4，8）。

此節三句的順序，竹簡本第二句與第三句互倒，與各本均不相同。以愚意推敲，似乎竹簡本的語序較佳。竹簡本的三個主語的順序是“罪”—“咎”—“禍”，這似乎是從內心之“罪”到外在之“禍”的順序，而“咎”則介於二者之間，既可是內心之過，也可是外在之禍。再看三者的原因或表現的順序是“甚欲”—“欲得”—“不知足”。“甚欲”純粹是內心的欲望，“欲得”則是欲望見之於外物之“得”，而不知足則是“得”而後仍想再“得”的結果。同時末句“知足”二字與下文“知足”二字造成頂真句［見下文舉要（4）］。古人作文未必處處字斟句酌，但如此分析不是也合情合理嗎？反過來，帛書本及其以後的河上本、傅奕本的句序似乎就不容易找到這樣合理的順序了。

另一個有趣的現象是本段中的“大於”二字。河上本三句皆作“大於”，整齊一律（王弼本少一句）；傅奕本與帛書甲本用兩個“大於”，一個“憯於”；竹簡本則一個“厚乎”，一個“憯乎”，一個“大乎”，比較起來，竹簡本的句式既整齊，又富於變化，河上本則有明顯的一律化的趨勢，傅奕本、帛書本則介乎二者之間。句式的變化和時間的順序又恰巧吻合。這又是後來版本更注意句式整齊而可能造成句式呆板的一例。

（4）“故知足之足，常足矣。”

此節王弼、河上、傅奕諸本相同。帛書甲乙本俱殘損較重，兩本相合，也僅得“恆足矣”三字，因此無從比較。值得注意的是，竹簡本作“知足之為足，此恆足矣”，句式更加散文化，意思更為明確。《韓非子·喻老》所引也恰是“知足之為足”，“為”字自傅奕本以下皆無，變成"知足之足"的同義反復，引起後人很多猜測，以為"之足"二字應該刪去（高亨1957，102）。"知足之為足"說的是以"知足"為"足"，提出"足"的一個新定義，即以個人的具體的滿足為"足"的普遍標準。個人的滿足的具體內容是可以不同的，但只有肯定每個人的自我滿足就是普遍的"足"才能有"恆足"，也就是不以個人欲求量之多少、實際所得多少為標準的"足"。這種說法似乎隱含了郭象的"性足為大"的觀點。看來"知足之為足"的"為"字是不當省的。

　　另外，此節各本都以"故"字開頭，而竹簡本沒有。仔細推敲，這個"故"字用得並不貼切。上文講多欲之弊，這裏接著的就應該是少欲，寡欲，那麼，用"故"字就順當了。但本句的重點是恆足，則上下文的因果關係並不明顯。竹簡本並沒有靠因果關係連繫上下文，而是緊接"不知足"說"知足之為足"，以頂真式修辭手法連繫上下文，讀來更為順暢。這也是竹簡本句序的一個優點。可惜，這個優點被後人的"精心"加工丟棄了。

析評引論

46.1　欲望與戰爭

　　本章先對戰爭作了一個基本判斷：戰爭是天下無道的結果。無道的道不必是儒家之道或道家之道，而是任何道德、道理、道義。任何正確的原則都無效了，解決問題就只有訴諸於武力。戰爭的結果是人禽不安。不僅人類面臨生靈涂炭，牲畜也難逃噩運。懷孕的雌馬也被趕上戰場，馬駒也只能出生在戰場上。僅此一筆，生動地烘托出戰爭的無道。與此相反的是天下有道的情況，牲畜都用於耕田務農，人民自然可以安居樂業。王淮說：凡道家皆為天生之和平主義者，此實緣於其自然主義之基本立場與無為而治之政治哲學。何以言之？蓋宗"自然"則必主"無為"而反"有為"，有為之大且甚者，莫過於戰爭，故凡道家必反對"戰爭"而崇尚"和平"也（王淮 1972，187）。道家的和平主義的立場是值得現代人深入思考、繼續發展的內容。面對無堅不摧的現代戰爭手段，和平主義的主張顯得那麼無力、幼稚。但是，如果和平主義不能成為人類的崇高價值理想，那麼人類毀滅於自己發動的戰爭的危險性就越來越大。現在世界擁有的核武器是可以多次毀滅地球的。這樣的手段掌握在少數強國手裏是危險的，因為其他國家都會處在少數強國的核威懾力之下。但是，如果多數國家都有了核武器又會如何？那豈不是更為可怕的局面？核戰爭爆發的概率豈不會提高無數倍？

本章上半部份直接反戰，下半部份講欲望問題。二者表面關係不大，但深層思考就會發現戰爭都是由欲望支配的，這是反戰與欲望這兩個主題的內容被編到同一章中的深層原因。王淮說：無論就任何觀點言，在人類之社會中戰爭永遠是一種文化現象之病態，老子首先診斷病理，認為病因在於為政者主觀心理之"多欲"、"不知足"與"欲得"。是故釜底抽薪之道，厥為消滅一切可能的戰爭的動機。而老子的處方，則為"知足常足"。知足是一種"智慧"，同時也是一種"德性"之涵養（同上，188）。的確，任何戰爭的驅動力都是欲望，群體的欲望或野心家的欲望，征服的欲望或佔有的欲望，權利的欲望或領土的欲望，青史留名的欲望或榮華富貴的欲望。僅就欲望來講，不能說所有的欲望都是錯誤的。不能排除有些人發動或參加戰爭最初是出於正義的動機，然而動機不可能不受到手段的污染。一旦戰爭爆發，勝利就是一切，不是你死，就是我亡。這時一切人類的生命、尊嚴、文明、道德、紀律都要服從戰爭的需要，手段高於原則，一切不應該發生的事都會發生。美國在珍珠港事件之後，全面參加了反抗德國和日本軍國主義的戰爭，這當然是正義的、正當的。美國為了早日結束戰爭，避免更多的傷亡，終於在廣島和長崎投下兩顆原子彈。率先使用了原子彈，造成大批無辜平民傷亡，這是否仍然可以算正義的行為呢？所以，即使動機、欲望是可以理解的，戰爭也是應該盡可能避免的。如果我們承認正義的原則可以靠戰爭來推行，有哪一個戰爭狂人沒有發動戰爭的"正義"和"神聖"的理由呢？總之，老子希望通過節制欲望來減少戰爭與衝突的思想至今仍然是值得我們深思與回味的。

第 四 十 七 章

原文對照

河 47.1　不出戶（以）知天下，　　　傅 47.1　不出戶，可以知天下。

河 47.2　不窺牖（以）見天道，　　　傅 47.2　不窺牖，可以知天道。

河 47.3　其出彌遠，其知彌少。　　　傅 47.3　其出彌遠，其知彌尟。

河 47.4　是以聖人不行而知，　　　傅 47.4　是以聖人不行而知，

河 47.5　不見而名，不為而成。　　　傅 47.5　不見而名，不為而成。

王 47.1　不出戶，知天下；　　　帛 47.1　不出於戶，以知天下。

王 47.2　不闚牖，見天道。　　　帛 47.2　不窺於牖，以知天道。

王 47.3　其出彌遠，其知彌少。　　　帛 47.3　其出彌遠者，其知彌
　　　　　　　　　　　　　　　　　　　　　□。

王 47.4　是以聖人不行而知，　　　帛 47.4　□□□□□□□□，

王 47.5　不見而名，不為而成。　　　帛 47.5　□□而名，弗為而成。

對勘舉要

（1）本章非常短小，各本思想内容大體相同，但句式有明顯不同，從中可見《老子》流傳中句式的有趣演變。帛書甲乙本都有一些殘破，文字大體一致，竹簡本無此章内容。河上本題爲“鑒遠”，似取意於“知天道”。

（2）“不出於戶，以知天下。不窺於牖，以知天道。”

此節乃帛書本文句，是整齊的四字句。王弼本則删去第一、第三兩句中的“於”、第二、第四兩句中的“以”，將古本的四字句全部變成了三字句。（河上本的影宋本原來和王弼本一樣是四個三字句，但王卡根據《群書治要》、《意林》等補上兩個“以”字，似無必要。見王卡 1993，183—185。）傅奕本句式比較特殊，它也删去了第一、第三句的兩個“於”字，卻在第二、第四兩句前加兩個“可”字，將古本的四字句改爲三、五、三、五的句式。這種情況說明在《老子》版本演變的過程中，加工者各有自己的理解和偏好，沒有統一的指令或標準，但是從長期的歷史演變過程來看，還是有一些建立於共同理解基礎上的原則（見本章析評引論 47.1）。

句式變化之複雜是因爲編校者都有以己意潤色、修飾古本的習慣。本書揭示很多章的句式似乎有一個線性的趨同的演變過程，典型的如第四十八章以及第二、十八、五十四等章。本節則是一個反例。這個反例是較個别的情況，不能推翻大致的趨勢，但足以說明版本的演變並沒有一個所有人統一遵守的計劃原則。如今我們所看到的大趨勢是在很多人在不同時代分别加工中所體現出來的，他們個人的活動是自覺的，但總趨勢的形成卻是自發的。今人仍要以己意修改《老子》，又會給後人平增困惑。不過，雖然各本句式不同，但所幸的是基本思想並沒有改變。

第二句、第四句帛書本和傅奕本均作“知天下”、“知天道”，河上本、王弼本則改作"知天下"、"見天道"，或為避免重複"知"字。但就文義說，"天道"是抽象的，本不能"見"，改為"見天道"就與第十四章所說"視之不見"相衝突，所以並不恰當。

古棣認為帛書本句式是俞樾等所說"倒句例"，順讀之則是"不於戶出"、"不於牖窺"，順讀之則失韻（古棣 1991A，253），可聊備一說。

（3）"其出彌遠，其知彌少。"

這兩句是河上本與王弼本文句，各本之間比較重要的差異是帛書本作"其出彌遠者，其知彌（少）"，則"其知彌少"的主語是人，而傳世本為句式整齊而刪去"者"字，句子主語變成"其出彌遠"之事，句義雖然不會誤解，但從語義的確切完整來說，仍以帛書本為佳。"少"，傅奕本作"尟"。

（4）"是以聖人不行而知，不見而名，不為而成。"

此節河上、傅奕、王弼諸本相同。帛書本甲乙本俱殘損嚴重，乙本"不"字作"弗"，意義稍有不同〔參見第四十一章對勘舉要（2）末段〕。

析評引論

47.1 《老子》演變：原則與例外

本章前一半帛書本是整齊的四字句，王弼本和河上本之影宋本卻刪去第一、第三兩句中的"於"，第二、第四兩句中的"以"，將古本的四字句全部變成了三字句。傅奕本也刪去了第一、第三句的兩個"於"字，又在第二、第四兩句前加兩個"可"字，將四字句改為三、五、三、五的句式。句式變化之複雜說明流傳過程中抄寫者和傳播者都有以己意潤色、修飾古本的習慣，他們應該都是好意，然而使我們離古書原貌越來越遠。

考察《老子》從竹簡本和帛書本到今本的演變過程，有兩個很明顯的大趨勢。一個是虛詞越來越少，一個是整齊的四字句越來越多。本書的很多例證說明，這兩個大趨勢有一個漸變的過程，不是從一個版本到另一個版本突然轉變的。由這個漸變的過程，我們可以發現歷代的編校者大多不約而同地遵循著兩個最主要的編輯加工的原則，這就是刪減虛詞的原則和增加四字句的原則。在很多情況下，這兩個原則各自起作用，互不影響，可以在這裏刪減虛詞，在那裏增加四字句，兩者了無干涉。有時兩個原則可以達到相同的加工目標，也就是通過刪減虛詞達到增加四字句的效果。如第二章帛書本的句式是"難易之相成也"，刪去虛詞"之"和"也"，就造成了"難易相成"的四字句。

但是，有時兩種原則是相互衝突的。要刪虛詞就可能減少四字句，要增加四字句就要加虛詞。在這種情況下，加工者並沒有一定之規，因此會出現違反上述兩個大趨勢的反例或例外。一種例外是為了刪削虛詞而將四字句改成了三字句，如本章前半部分，王弼本將帛書本的四字句"不出於戶，以知天下"改成了"不出戶，知天下"的三字句，第十八章帛書本、竹簡本的"故大道廢，安有仁義"到了王弼本和河上本則變成了"大道廢，有仁義"的三字句。不過這並沒有根本改變《老子》原有的語言風格，一方面，這種將古本四字句改成三字句的情況是極個別的例外；另一方面，三字句也是《老子》原有的主要句式，僅次於四字句而已。可以說三字句是僅次於四字句的句式加工原則。

本章和第十八章的例子是刪減虛詞的原則壓倒了四字句原則。第五十四章則是四字句原則壓倒了刪削虛詞的原則。如竹簡本和帛書本的句子是"修之身，其德乃真"，王弼本和河上本為了湊成四字句則加了虛詞"於"字，原句就變成了典型的四字句格式"修之於身，其德乃真"。

上述例證說明無論是增加四字句的原則還是刪減虛詞的原則都有例外，但例外也有原因可尋。後來的編者有個人的偏好和取捨，但這種偏好和取捨又不完全是個人的、任意的，無論是增加四字句和刪削虛詞的原則都是很多代的加工者共同遵循的，因此造成了《老子》版本演變中的兩大趨勢。削減虛詞是人所共知的事實，從古本到今本，《老子》文本少了三百多字，絕大多數是虛詞。就四字句的增加來說，王弼本中比帛書本四字句明顯增加的有十六章之多。帛書本有明顯四字句段落的只有十九章，而王弼本中有二十七章，增加了八章，即百分之四十二。

總之，在從古本到今本的演變過程中，我們看到一些明顯的大趨勢，也看到一些反例。反例是較個別的情況，不足以改變大致的趨勢，但足以說明版本的演變並沒有一個所有人統一遵守的計劃原則。如今我們所看到的大趨勢是很多人在不同時代分別加工中所體現出來的，他們個人的活動是自覺的，但總趨勢的形成卻是自發的。

雖然各本句式不同，但所幸的是基本思想並沒有改變。對照古本演變的歷史，今人仍要以己意修改《老子》文本，是否必要？是否會給後人的習讀、研究平添困擾呢？

47.2 "天下"與"天道"

本章開始說"不出於戶，以知天下。不窺於牖，以知天道。"這是講的直覺主義的認識方法，其基本特點就是既不需要經驗觀察，又不經過理性思考，這是中國哲學中常見的直覺主義的認識原則和修養方法。然而，王淮對本章的直覺功能又作了進一步的區分。他說："天下"指經驗、事物。"天道"謂原理、法則。"見天道"是"知天下"之基礎與前提；"知天下"是"見天道"之作用與效果。蓋修道者之智慧能夠把握各種原理與法則，因而對於經驗事物可以充份認識而有效處理。"不窺牖，見天道"是謂原理法則的發現，唯是一種智慧之反省與直覺，而可以不假外求；"不出戶，知天下"是謂以道制器，以理制事，完全是一種以靜制動之方式，亦即所謂"處無為之事"也（王淮 1972，189）。如此說來，對經驗世界的認識也可以是直覺的。

經驗性事物當然需要經驗性認識，但道家的認知理論卻非如此。道家認為"道"作為天地宇宙萬物的總根源和總根據也是一切知識的淵藪和代表，因此認識了道以後就可以下推到天下的具體性知識中來。就文義來看，"天道"高於"天下"，而"天下"主要指人類社會在自然界中的總體存在，因此這裏的"天道"不限於"天之道"的意義，不限於自然界的道理，應該和本根之"道"是同義詞，這樣"天道"和"天下"的對比才有意義。如此說來，老子的直覺性智慧實包括兩個方面，一個是根本性的以天道為代表的，一個是在天下之中的較為具體的。

　　就現代人看來，無論哪一種直覺的智慧，恐怕歸根結底還是以經驗世界的生活為素材的，對這些經驗素材的加工既有理性的推理過程，也有直覺的把握，但是老子的理論所強調的主要不是歸納或演繹的理性思維，而是直覺的。老子理論的產生過程離不開理性的推理，也離不開直覺的體會，但是他所建構的理論形態卻是強調直覺的價值，把理性推理的過程推到了意識活動的背後。

　　老子所強調的"不行而知、不見而名"的直覺性知識雖不是任何具體的作事原則和方法，卻對一切具體知識和活動有著根本的指導意義。這種最高的直覺的智慧不是天生的，也不是短期內可以學到的，但也不是完全脫離實際的空想，它應該是大量經驗性觀察、理性思考和直覺體悟相結合之後的結果。換言之，"不出於戶，以知天下。不窺於牖，以知天道"在特定的情況下是可能實現的。

　　基於直覺的根本體認，老子說"其出彌遠，其知彌少"，這似與孟子的主張相反。孟子反對"道在邇而求諸遠，事在易而求諸難"，因為他所說的是道德實踐，也就是"人人親其親、長其長，而天下平"（《孟子·離婁上》）。道家強調對宇宙、世界、人生的總體把握，因而重視最高的直覺體認。儒家強調個人親身的道德實踐，因而反對好高騖遠的玄想。但是，就道德知識的獲得和個人修養來說，儒家也是重視直覺體驗的，與西方的倫理思想體系的特點也是不同的。

47.3　直覺與科學

在理性主義和科學主義主導一切的時代，人們往往認為直覺認識和直覺主義都是反科學、反理性的，因而老子的思想也常常受到誤解。其實，老子的直覺思維並不是一種負面的特點，不應輕視或否定之。對老子的直覺特點的貶低來自於近代西方哲學與科學的傳統。從笛卡爾（Rene Descrates 1596—1650）以來的現代科學與哲學總是強調理性與感性、物質與精神的對立，理性取得了高於一切的地位。這在與中世紀神學信仰相抗爭的時代顯然是有不可抹殺的積極意義的，但是，由於提倡理性而完全忽略或否定直覺的作用和意義則是一種偏頗。二十世紀的科學家已經認識到這一問題，並且開始呼籲重視直覺在科學發展中的作用。如諾貝爾物理學獎的獲獎者、日本著名科學家湯川秀樹反復談到他的親身體驗和見解。他認為理性的抽象不能單獨起作用，在任何富有成果的科學思維中，直覺和抽象總是交互為用的。那些數學式的抽象的理論體系只是科學思維的最後產物，在實際的科學思維中，直覺所起的作用比通常人們所意識到的情況要重要得多（Yukawa 1973）。當然，有意義、有價值的直覺本身實際上也是與知識的積累和理性思維不可分割的。

人類任何重大的思想成就都不可能是純粹的理性抽象的結果，經驗、類比、聯想、直覺都有重要作用。事實上，人類的任何活動都不可能沒有直覺的參與。開汽車就不必靠數學公式計算方向盤要轉多少度才能準確地駛進車庫。愛因斯坦的相對論是以公式推理的方式表達出來的，但最初想到這些公式卻不是推理的結果。如果單靠公式和推理就可以解決一切問題，那麼所有上過中學的人就都可以成為發明家了。高揚理性精神是人類的進步與成就，但貶低和忘記直覺的作用則是人類的淺薄和不幸。道家思想不是純粹直覺的產物，而是理性精神和直覺體驗相結合的結果。對道家思想的理解既需要直覺的功能，也需要理性的思考。道家思想凝聚著理性與直覺的智慧的結晶，體現了當代科學思維的新趨向。

一般認為，老子之道是主觀親證的產物，其他人要認識道，也只有通過個人的直覺體認。這樣說固然不錯。但是，這種說法容易讓人忽略老子哲學中的理性思考的一面。事實上，僅靠直覺體認是不能得出道這樣的概念的。"道可道，非常道；名可名，非常名"，這是深刻的思辨；"反者道之動，弱者道之用"，這是理性的抽象；"功成、名遂、身退，天之道"，這是經驗的概括。這些關於道的說明顯然不是來自於直覺的。在強調老子哲學的直覺特點的同時，忽略或否定老子哲學的理性思考和經驗積累的一面，顯然不符合老子哲學的實際，因而是不妥當的（參見劉笑敢 2001，332—333；董光璧 1991，47—52）。

47.4　道與科學模式之轉換

一般人認為，道家精神與科學精神是完全相反的，梁啓超曾經把中國的落後歸結為道家思想的消極作用。這些認識是不全面的。道家精神與科學的不同實際上是指與牛頓經典力學所代表的科學不同。如果與二十世紀以來的科學的新趨向相比，道家思想與科學思維的方法卻有相當接近的一面。

著名粒子物理學家卡普拉（Fritjof Capra）曾經把現代物理學的發展和轉變總結為五種範式（paradigm）的轉換。首先是從部份到整體的轉換，不再期待從部份的屬性瞭解整體的動態原理，而是強調部份的性質只有通過整體的動態原理才能解釋。其次是結構到過程的轉換，不再把過程看做是由基本結構之間的相互作用決定的，而是把每種結構都看做是一個內在過程的表現。第三，不再把科學描述看做是完全獨立於觀察者和認知過程的純客觀的活動，而是強調對自然的描述中也必然包括著對知識過程的理解。第四，從"建築"觀念到"網路"觀念的轉換，不再把知識看做是由基本定律、基本原理、基本概念等構成的建築，而是看做一個概念和模型相互聯繫的網路，其中並沒有基礎的存在。第五，從真理到似真描述的轉換，不再追求科學知識的確實性，不再追求描述與被描述物件之間精確對應意義上的真理，只討論對實在的有限度的和近似的描述，認為科學並不能提供最後的完備而確定的理解（董光璧 1991，70—71）。

老子之道和上述科學範式的轉換有甚麼關係呢？應該說，沒有任何直接的關係。然而，老子之道不僅對某些科學家有直接的啟示，而且在精神上與這種轉換也是相通的，至少是相容的。從這種轉換的角度來看，老子之道就不再與科學精神相反或無關。老子之道是從整體的動態的角度來概括世界的統一性的，它不是通過部份來解釋整體，而是通過根源和整體來認識部份和個體，這和上述第一點轉換相通。老子之道不是從結構的角度解釋世界的本質，而是從生成過程解釋世界的發生和運動，這和上述第二點轉換相通。老子之道代表的是超越二元對立的一元論，沒有主觀與客觀的對立和分離，這和上述第三點轉換相合。老子之道沒有結構的觀念，沒有固定不變的基質，這和上述第四點轉換相容。老子對道的描述體現了嚴肅的懷疑精神和謹慎的推斷的態度，沒有獨斷論或教條化的氣息，這和上述第五點轉換相一致。

總起來看，至少我們可以說，老子之道所體現的精神或方向與最新的科學趨勢不但沒有必然的衝突，反而有許多相通、相似或相容之處。道的概念應該比上帝的概念更容易獲得科學家的認同和理解。事實上，道與科學的關係不是由道家學者或道教信徒提出來的，而是由科學家提出來的。這和基督教徒從發展或維護宗教傳統的角度不斷尋找《聖經》與科學的相通之處是不同的。

第 四 十 八 章

原文對照

河 48.1　為學日益，為道日損。　　傅 48.1　為學者日益，為道者日損。

河 48.2　損之又損（之），　　傅 48.2　損之又損之，

河 48.3　以至於無為，　　傅 48.3　以至於無為，

河 48.4　無為而無不為。　　傅 48.4　無為則無不為。

河 48.5　取天下常以無事，　　傅 48.5　將欲取天下者，常以無事。

河 48.6　及其有事，不足以取天下。　　傅 48.6　及其有事，又不足以取天下矣。

王 48.1　為學日益，為道日損。　　帛 48.1　為學者日益，聞道者日損，

王 48.2　損之又損，　　帛 48.2　損之又損，

王 48.3　以至於無為，　　帛 48.3　以至於无□，

王 48.4　無為而無不為。　　帛 48.4　□□□□□□□。

王 48.5　取天下常以無事，　　帛 48.5　□□取天下，恆无事，

王 48.6　及其有事，不足以取天下。　　帛 48.6　及其有事也，□□足以取天□□。

竹 48.1　學者日益，為道者日損。

竹 48.2　損之或損，

竹 48.3　以至亡為也，

竹 48.4　亡為而亡不為。

對勘舉要

(1) 本章傳世本之間有一些文字差別，帛書甲本幾乎全部殘損，乙本關鍵處也有殘損。竹簡本相當於本章的內容抄於乙本類竹簡第一組，介於第五十九章和第二十章之間，前有分章號，後有斷句號。河上公題為"忘知"，差強人意。

(2) "為學日益，為道日損。"

這兩句是通行本的句式。從竹簡本到通行本的變化可見老子諸本逐步演化的有趣過程。下面是各本的關鍵字的不同。

竹簡本：　　　學者　　──　　為道者

帛書本：　　為學者　　──　　聞道者

傅奕本：　　為學者　　──　　為道者

通行本：　　為學　　──　　為道

竹簡本以"學者"與"為道者"相對照。依據傳統的校勘方法，以帛書以後的各本為標準，以句式的整齊為原則，一般人往往會判斷"學者"前脫一"為"字（如廖名春2003，391）。但是如果我們換個角度，從版本演變的角度來看，我們就不一定要按照這樣的標準進行校勘，更不必按照後來的版本修改竹簡本。"學者"二字就是從事學習的人，詞義完整，作"為學者"絲毫不能增加任何實質性內容，純粹是為了句式的整齊，而竹簡本的風格總起來看就是比以後的版本樸拙、簡省，所以這裏不一定是脫了"為"字，很可能古本就是如此。

帛書乙本將"學者"改為"為學者"，將"為道者"改為"聞道者"，看來一是為了句式的整齊，二是為了避免重複"為"字。

傅奕本似乎嫌"聞道者"的"聞"字與第十四章"聽之不聞"相衝突，或為了句式更整齊，又將"聞道者"改為"為道者"，則"為學者"與"為道者"對仗相當工整。

今日通行之河上本、王弼本追求更多的整齊的四字句，又將兩句中的"者"字刪去，變成"為學"與"為道"的對應。這樣一來，竹簡本的主語是為學和為道的"人"，而通行本的主語卻變成了為學和為道的"事"，句義有所不同。而這個不同不是某一個版本的"篡改"，而是有相當長的演化過程。（据王弼第二十章註文，王本原文與傅奕本同，現存王本也是演化的结果。）在演化过程中，就個別加工者來說，他們的加工是自覺的、有意識的；就歷史的長過程來說，這種逐漸的演變結果卻不是任何人設計安排的。本章是文獻演變研究中難得的典型的個案。

(3) "損之又損，以至於無為，無為而無不為。"

本節河上本、王弼本相同。"損之又損"，竹簡本作"損之或損"，"或"可作"又"。諸本作"以至於無為"，只有竹簡本無"於"字。是底本沒有，還是無意抄脫，難以遽斷。此外，也只有竹簡本句末有"也"字，與竹簡本整體風格一致。傅奕本第三句中"而"作"則"。

"無為而無不為"，竹簡本作"亡為而亡不為"。帛書甲乙本俱殘，在竹簡本出土前，論者多據帛書本認為老子沒有"無為而無不為"的思想（鄭良樹 1983，7—9；高明 1996，55—56，422—425），竹簡本出土證明了這一推斷不當。竹簡本"無為而無不為"只有一處，河上本、王弼本有二處（傅奕本有三處）。第三十七章傳世本皆作"道常無為而無不為"，而竹簡本作"道恆亡為也"［參見第三十七章對勘舉要 (2)］。可見是通行本將"亡（無）為也"改成了"無為而無不為"，以突出老子的最重要的命題。

在有些傳世本中"無為而無不為"出現三次。除本章與第三十七章以外，還有第三十八章。第三十八章河上本、王弼本"上德無為而無以為"一句，傅奕本作"上德無為而無不為"，諸多學者的刊本都按照傅奕本作"無為而無不為"（如高亨 1957，85；張揚明 1973，195—196；許抗生 1985，5—6；黃劍 1991，198—199；古棣 1991A，269 等）。然而，主張作"無以為"的學者也有不少（如張松如 1987，246—248；陳鼓應 1984，212—215；朱謙之 1984，150—151；嚴靈峰 1979，203）。據帛書本，當作"無以為"（參見析評引論 38.1）。

(4) "取天下常以無事，及其有事，不足以取天下。"

此節河上本、王弼本同，傅奕本用字頗繁，作"將欲取天下者，常以無事。及其有事，又不足以取天下矣"。用字較繁複似乎是傅奕本的特點。此段帛書殘字較多，竹簡本全無。

析評引論

48.1 "無為"何以"無不為"？

本章最重要的命題是無為而無不為。在竹簡本出土之前，一些學者根據殘缺的帛書本斷定《老子》中沒有"無為而無不為"的命題，並認為這個命題是韓非子"以權謀法術加在老子樸素的哲學上"的結果（鄭良樹 1983，8）。這是把"無為而無不為"本身當作一種權謀。對"無為而無不為"作負面理解者頗多，如錢穆說："無為而無不為……此乃完全在人事利害得失上著眼，完全在應付權謀上打算也。"（錢穆 1991，133）這是將"無為而無不為"當作被動的應付的權謀。無論主動還是被動的權謀，都是謀私利的權謀。這是對老子思想的極大誤解。

"無為而無不為"是老子無為理論的一個重要命題。這樣重要的命題必然和他的整個思想體系、價值、追求密切相連，因此不能孤立地就一句話的字面來理解。如果把"無為而無不為"理解為玩弄權術或謀求私利，那就與老子反復強調的"見素抱樸，少私寡欲"（第十九章）相矛盾，與"和其光，同其塵"（第四及五十六章）相衝突，與"我愚人之心也哉"（第二十章）的說法不一致，與"（聖）人恆无心，以百姓之心為心"（第四十九章，帛書本）的主張不協調。如果我們承認老子思想體系不是一堆支離破碎的雜湊，我們就不應該將"無為而無不為"看作是一種耍心機的陰謀論。

應該如何理解"無為而無不為"呢？還是應該從《老子》的原文出發。對此最有幫助的就是"是故聖人能輔萬物之自然而弗能為"

（第六十四章，竹簡甲本）。聖人"弗能為"，就是無為，就是不做通常人所做的事，如控制、操縱等；或不以通常人的方法作事，如急功近利等。那麼"輔萬物之自然"算不算"為"呢？從今天來看，"輔"也是一種"為"，但是，從《老子》原文來看就不算。聖人輔助萬物正常發展、自然發展，萬物興盛，百姓自在，那不就是雖無為而無所不為了嗎？所以，道家之聖人能夠無為而無不為的關鍵是創造萬物自然發展的條件和環境，萬物有了好的發展條件，能夠健康發展，就自然達到了"無不為"的效果。（參見析評引論 64.3）

　　總之，無為是聖人治理天下的方式，無不為是聖人輔萬物之自然的效果。為百姓提供了安居樂業的條件，百姓能夠安心生產，自然可以達到"功成事遂"的"無不為"的目的。

48.2　"無事"何以取天下？

　　在析評引論 29.1 中我們說明以無事取天下的"取"不能解釋為"治理"的意思，因為在古漢語的使用中找不到任何旁證。

　　老子強調自然無為，當然不會提倡爭奪天下。按照現代漢語來理解，"取天下"之"取"難免有奪取、強取之意，顯然不合老子思想的自然與無為的基本精神。這一推理或顧慮是合乎情理的，但是，以"取"為"治"畢竟缺乏訓詁學的依據，應該如何解決這一難題呢？惟一的途徑還是要回到古代的語言環境考察"取"的古代意含。

　　事實上，《老子》中"取天下"之取的用法可以參照《左傳·昭公四年》的註釋："九月，取鄶，言易也。呂亂，著秋公立而不撫鄶，鄶叛而來，故曰取。凡克邑不用師徒曰取。"（楊伯峻 1981，1254）。這是獲取采邑的例子，用"取"字是為了特別強調取得之易，是人家投誠過來，自己未用一兵一卒，既未費心，也未用力。這種"取"與老子的"無事而取天下"的"取"恰巧相合。又如〈襄公十三年·經〉云"夏，取邿。"〈傳〉云："邿亂，分為三，師救邿，遂取之。凡書取，言易也。用大師焉曰滅，弗地曰入。"（同上，998）顯然，春秋時期用"取"字和後來竊取某權，奪取某國的概念毫無關係。

"取"特指非常容易，無須動用武力而強奪硬取的情況。如果用重兵激戰而取得，在當時是用"滅"字的。

"取"的這種特殊含義還見於《左傳‧宣公九年》："秋，取根牟，言易也。"（同上，701）《成公六年》"取鄟，言易也。"（同上，827）楊伯峻注曰："綜合觀之，凡取邑或取國，取之甚易，則言'取'。然有用師徒者，亦有不用師徒者。此取根牟，非如鄟之通叛而來，則用師徒者也。"（同上，701）可見，"取"字用在"取國"、"取邑"中則有容易的意思，不論出兵不出兵，一定是沒有大困難、大阻力的，更沒有激烈的戰鬥或重大犧牲。這在《左傳》中是通則，而不是個例。當然，在其他情況下，"取"的意義仍很豐富，那是另話（劉笑敢 2000）。釋德清註此章說："舊注'取'字訓'為'，攝化之意。應如《春秋》取國之取，言得之易也。"（釋德清 1546，下14A）誠有所見也。

顯然，根據老子的一貫思想，老子的"取天下"之"取"應該是《左傳》中"取邑"、"取國"之"取"，是言其容易、輕易之意。這樣，"以無事取天下"就順理成章了。無事而取，當然是容易的。在《左傳》中只有輕易獲取某邑、某國的例子，而老子則進一步提出了以無事取天下的理想，這是老子思想的獨特之處。以無事"取天下"，也就是自然而然地獲得天下，是沒有激烈爭鬥和重大犧牲的順勢而成的獲得，是貫徹無為的原則而取得的結果，是"無為而無不為"的體現。老子的自然無為是要以更高明的原則和方法去達到超常的理想和目標，而絕不是放棄在現實生活中的理想的追求。把老子思想看成無所事事、無所追求顯然是不對的。

事實上，孟子的仁政中也可以導致"以無事取天下"的效果，或者說，儒家也應該贊成"以無事取天下"的理想。孟子說："如有不嗜殺人者，則天下之民皆引領而望之矣。誠如是也，民歸之，猶水就下也，沛然誰能禦之？"（《孟子‧梁惠王上》）民心歸附如水之就下，不用奪、不用搶就可以取天下，可以給百姓帶來好處，何樂而不為？即使不易實現，作為理想去提倡、去追求又何妨？

第 四 十 九 章

原文對照

河 49.1　聖人無常心，

河 49.2　以百姓心為心。

河 49.3　善者吾善之，

河 49.4　不善者吾亦善之，德善；

河 49.5　信者吾信之，

河 49.6　不信者吾亦信之，德信。

河 49.7　聖人在天下怵怵，

河 49.8　為天下渾其心。

河 49.9　百姓皆注其耳目，

河 49.10　聖人皆孩之。

傅 49.1　聖人無常心，

傅 49.2　以百姓心為心。

傅 49.3　善者吾善之，

傅 49.4　不善者吾亦善之，得善矣。

傅 49.5　信者吾信之，

傅 49.6　不信者吾亦信之，得信矣。

傅 49.7　聖人之在天下，歙歙焉，

傅 49.8　為天下渾渾焉，

傅 49.9　百姓皆注其耳目，

傅 49.10　聖人皆咳之。

王 49.1　聖人無常心，

王 49.2　以百姓心為心。

王 49.3　善者，吾善之；

王 49.4　不善者，吾亦善之，德善。

王 49.5　信者，吾信之；

王 49.6　不信者，吾亦信之，
　　　　德信。

王 49.7　聖人在天下歙歙，

王 49.8　為天下渾其心。

王 49.9　聖人皆孩之。

帛 49.1　□人恆无心，

帛 49.2　以百姓之心為心。

帛 49.3　善者善之，

帛 49.4　不善者亦善□，□善也。

帛 49.5　信者信之，

帛 49.6　不信者亦信之，得信也。

帛 49.7　聖人之在天下也，歙
　　　　歙焉，

帛 49.8　為天下渾心，

帛 49.9　百姓皆注其耳目焉，

帛 49.10　聖人皆咳之。

對勘舉要

(1) 竹簡本沒有本章内容。諸傳世本之間文字有所不同。帛書本與傳世本之間有關鍵的不同。帛書甲乙本各有殘缺，二者内容沒有重要差異。河上公題本章為"任德"，似乎不差。但"德"字容易讓人從儒家道德的角度理解，又非十分恰當。

(2) "聖人無常心，以百姓心為心。"

此兩句，河上、王弼、傅奕諸本皆同。第一句中"無常心"，惟帛書乙本作"恆无心"（甲本殘）。景龍碑、顧歡本以及多數敦煌本也作"聖人無心"（朱謙之1984，194；程南洲1985，133—134）。嚴遵《指歸》云："道德無形而王萬天者，無心之心存也；天地無為而萬物順之者，無慮之慮運也。由此觀之，無心之心，心之主也；不用之用，用之母也。"（王德有1994，39）其文反復以"無形"、"無心"、"無為"、"無慮"、"不用"相對仗，可見嚴遵本原來也是"無心"，而不是"無恆心"或"無常心"。河上公註云："聖人重改更，貴因循，若自無心。"（王卡1993，188）可知河上本原作"無心"，而非今本之"無常心"。衆多證據顯示，古本原作"恆無心"，而不是"無常心"。

從内容上看，也以帛書本作"聖人恆无心"於義為長。高明曰，老子講"知常曰明"（第十六章），故不當講"無常心"（高明1996，58）。據帛書本，"聖人恆无心"，必定可以"以百姓之心為心"。句義沒有任何游移不清之處。但是，如果按常見之傳世本"聖人無常心"，其意義可以有兩種疑問，一是聖人既然無常心，是否可以始終以百姓之心為心呢？二是聖人雖無常心，但仍然是有心，這樣聖人是否能夠真正以百姓心為心呢？這樣，文義就有了動搖的可能。所以，從文義的確切性來看，也是古本為上。從古本的"恆無心"到傳世本的"無常心"到底是傳抄中的無心之失，還是校勘者據己意改之？這一點實難確定。推論起來，以有意改之的可能性為高，因為據以上舉證，唐以前的古本多作"恆無心"，如果是一人無意抄錯，不至於所有人都抄錯。以後各本統一作"無常心"，一方面可能是後來人校勘不精，另一方面也可能是後人認為聖人不可能"無心"而採取了"無常心"的說法。

　　第二句帛書甲乙釋文本均作"以百姓之心為心"，多一"之"字，句法完整，傳世本或為求簡省而刪之。

(3)"善者，吾善之；不善者，吾亦善之，德善。信者，吾信之；不信者，吾亦信之，德信。"

　　此段河上本、王弼本同，傅奕本"德善"、"德信"作"得善矣"、"得信矣"，帛書甲乙本"德"字多殘，惟乙本存"德信也"。似帛書本原寫作"德"。"德"與"得"在古代常相互假借。帛書本整理者從傅奕本讀"德"為"得"是正確的。

　　帛書本與諸本最大不同是各句都不用"吾"字，作"善者善之，不善者亦善之，得善也。信者信之，不信者亦信之，得信也"。一字之差，文義和語氣全然不同。帛書本的句式有更多的對讀者告誡的意味，較為有力；而傳世本僅是聖人對自己的原則的陳述。筆者認為應取帛書本，一來更接近古本原貌，二來句式有力，內容也就更為明確。

(4)"聖人在天下歙歙，為天下渾其心。"

　　這兩句是王弼本。第一句中"歙歙"，河上本作"怵怵"，帛書甲本作"愉愉"，乙本作"欱欱"，整理者讀為"歙歙"。"聖人在天下"，帛書本作"聖人之在天下也"，獨立為句，傅奕本近之。帛書本的句式有提起下文的語法作用，通行本刪去句中"之"字、句末"也"字，句子結構就模糊不清了。"渾其心"，帛書本乙本殘損，甲本無"其"字，傅奕本作"渾渾焉"。

(5)"百姓皆注其耳目，聖人皆孩之。"

　　此兩句為河上本，王弼本脫第一句。然王弼註云"百姓各皆注其耳目焉，吾皆孩之而已"（樓宇烈1980，130），可見王弼本原本有此句，俞樾、朱謙之等皆補之（朱謙之1984，196—197）。"皆注其耳目"，帛書甲本作"皆屬耳目焉"，乙本有殘損，但"屬"作"注"，同河上本。《國語·晉語》"則恐國人之屬耳目於我也"一句，韋昭註云："'屬'猶'注'也。"高明進一步云："'屬'、'注'二字同誼，乃謂百姓皆注意使用耳目體察世情，以智慧判斷是非，猶若王弼註云'各用聰明'。"（高明 1996，63）

"孩之"，傅奕本作"咳之"。帛書乙本殘損，甲本也破損嚴重，但整理者辨讀為"咳之"。"咳"與"孩"通。此字、此句如何理解，頗有分歧。如高亨云："孩借為閡。《說文》'閡，外閉也'……聖人皆孩之者，言聖人皆閉百姓之耳目也。"（高亨 1957，105）朱謙之、高明皆取高亨之說。愚意以為，在"孩"字作本字講得通的情況下不必轉借為"閡"另作解釋。陳鼓應將"聖人皆孩之"解釋為"聖人使他們都回復到嬰孩般純真的狀態"（陳鼓應 1984，255）。這種講法似乎可以，但把"孩"字轉作使動詞的意味過強，試想要把那麼多百姓轉化為嬰孩般純樸何其難也！實際上，高、陳二說均與上文"以百姓心為心"相矛盾。

其實，"孩"字當為意動用法，雖作動詞，但只是意念上的動作，即聖人把百姓當作嬰孩而呵護之，信任之，因任之。這樣理解，才能與上文"以百姓之心為心"，"善者善之，不善者亦善之"融貫一體，辭通意順。

析評引論

49.1 "類同舉例法" 不可靠

本章帛書本"恆無心"在傳世本中作"無常心"。劉殿爵認為這"牽涉到《老子》成書年代問題"。他說：第四十九章今本作"聖人無常心，以百姓之心為心"。"常心"一詞見《莊子·德充符》："以其心得其常心。""常心"就是"恆心"，"恆"字因避諱改為"常"字。"恆心"一詞見《孟子·梁惠王上》："若民則無恆產因無恆心。"（《滕文公上》"無恆產者無恆心"其文約略相同）無論"恆心"也好，"常心"也好，都見於戰國晚期的作品。此詞既然亦見《老子》，則可算是《老子》晚成的一點證據。但帛書乙本原作：□人恆无心，以百姓之心為心。可見《老子》原來不是說聖人沒有"恆心"，而是說聖人無論甚麼時候都是無"心"的（劉殿爵1982，36）。其說提到在帛書本出土以前，按照傳世本的"常心"或"恆心"則可作為《老子》晚出的證據。類同舉例法使用的《老子》晚出的例證還有"侯王"、"萬乘"、"仁義"等等。帛書本推翻了"恆心"這一例證，不會再有人以"常心"二字與《莊子》、《孟子》的相似性來論證《老子》的年代問題。然而，我們不應該僅僅停留在接受這一結果，而應該進一步反思這樣的考證方法是否可靠。這裏不想評論任何人的具體考證，而是想提出一個警醒，那就是以"類同舉例"為考證方法的思想邏輯是很不可靠的。

"類同舉例"是文獻考證中常用的方法，然而，這種方法不能簡單、孤立地運用。在相同的文獻資料之間，必須考慮到多種可能性，並且應該有全面的統計比較，最好能窮盡相關的"類同"的資料，同時輔以相關的文獻記載，從而推出比較可靠的結論。如果只舉若干例子就推出結論，那麼很可能以偏概全，製造許多"冤假錯案"。你的話和孔子相似，你就是"孔老二的孝子賢孫"，你有過類似"國富民窮"的說法，你就是林彪死黨或殘渣餘孽。這不是很可笑、很可怕的推理方法嗎？可見，簡單的或單純的"類同舉例"是極不可靠、極危險的方法。我們在古文獻考證中，在出土簡帛的斷代、分類、命名、辨偽中是不是也有類似的根據簡單的"類同舉例"就作結論的情況呢？你看到出土簡帛的這一段像《荀子》的思想，就說它是荀子學派，我看到另一段與《管子》相似，就說它是稷下學派，他看到此篇與《子思》逸文相似，就說這是子思學派。這樣的討論、爭論有多少學術價值呢？

總之，我們不能簡單地依靠"類同舉例"法來斷定出土簡帛的學派、作者和年代，必須輔以更全面的考察、統計、比較，參照相關的歷史文獻，才可能作出比較可靠的結論。出土簡帛的斷代、歸類、命名都是新課題。這些問題主要靠"類同舉例法"往往不能得到確切的結論。衆說紛紜往往是方法不當，標準不嚴的結果。單純標新立異也不能推動學術發展。在參考文獻不足的情況下，對出土簡帛的命名、歸類均不宜太細、太具體。因爲同樣一派思想家的作品中可能有其他思想派別也認同的成份，純而又純的思想家和學派是不存在的。僅僅根據出土簡帛中的某些段落與其他文獻的類似之處就大膽斷言其師承、派別，結論難得可靠。事實上，由於參照物不足，對簡帛的分類、命名越具體，錯誤的可能性也越大。因此，對一些新出土的簡帛分類命名宜粗不宜細，宜緩不宜急。當然，各抒己見，自由討論可以打開思路，開拓視野，有利於推動研究的深入，但是這種討論還是應該建立在較全面的考察、較深入思考的基礎上，盡可能避免簡單地運用"類同舉例"法，避免因襲自己所反對的觀點所用的不可靠的考證方法。

49.2 明辨是非與和光同塵

本章帛書本說到："善者善之，不善者亦善之，得善也。信者信之，不信者亦信之，得信也。"這樣豈不是不辨是非，混淆善惡嗎？王淮的說法是：近世民主政治之基本精神在於"容忍"；道家無爲政治之基本精神，亦惟是一種兼容並蓄之"智慧"與"德性"。民主政府必允許相反意見之存在，並承認其價值；無爲而治的聖人，則對於百姓之"善"與"不善"，"信"與"不信"者，皆一視同仁，蓋以爲天下既無不是之人，亦無不材之人，故本經第二十七章曰："聖人常善救人，故無棄人。"此種"兼容並蓄"之精神，實爲其"無爲而治"（因循放任）之基礎，而無私之德（無常心）復爲其所以兼容並蓄之根據，故惟無私之德，乃可無爲而治也（王淮 1972，195）。

王淮從現代民主政治的角度爲老子申辯，自然有深刻之處，想來大家都可以接受。然而，老子的時代並無民主政治的觀念，他爲甚麼主張對百姓不分善與不善、信與不信而一視同仁呢？筆者以爲，這是因為他的最高原則是"道法自然"。這一原則希望萬物中的個體都能自然而然地發展自己的潛能，希望群體之間能有和諧的關係，而宇宙萬物的整體狀態也能體現自然而然的秩序與和諧（劉笑敢 2004）。為了實現這種"道法自然"的原則，必然要承認和堅持這樣一個派生的原則，這就是自然的和諧、自然的秩序高於嚴辨是非、懲惡揚善的原則。

　　老子不可能完全不講是非、善惡，他有自己的是非善惡，但是在老子的思想體系中，還有更高、更重要的原則。儒家及各種宗教或政治派別都強調是非善惡之辨，這在很多情況下可以激勵人們提升自己的道德境界與精神追求，維繫社會和諧。但是，過份強調是非善惡的原則就可能引來壓制異端、激化矛盾、分裂社群、摧殘人性的刀光劍影，甚至導致宗教戰爭和國際衝突。比如，宋明理學的本意是高揚主體的尊嚴，人格的獨立，卻無法避免造成"以理殺人"，特別是摧殘婦女的結局。又比如，嚴辨是否擁護黨的領導，造成了錯劃五十幾萬右派分子的反右運動，摧殘了大批精英分子；嚴辨姓社姓資，造成了寧要社會主義的草，不要資本主義的苗的荒誕現實；嚴辨是否堅持毛主席的革命路線，造成了文化大革命中全國範圍的群衆分裂和大規模武鬥。這些事實都說明，嚴辨是非不應該是最高的原則，一旦把一種是非標準當作最高原則，必定會造成社會動盪，造成一部份人對另一部份人的壓迫和歧視。更不要說在很多情況下是非標準是不可能清晰的，比如批評國家領導人究竟算不算不愛國，可能會有很多爭議。甚麼樣的批評算愛國，甚麼樣的批評算不愛國，恐怕也不容易劃清界限。就此來說，老子主張不辨是非、和光同塵在常識的層次似乎不當，但是在更高的層次上是深刻的，是不能忽視的。顯然，老子的思想雖然有利於民主政治的實現，卻大大超出了民主政治的理論視野（參見析評引論 56.2）。

49.3　儒與道：雙峰對峙，山脈相連

　　在本書第十九章和第三十八章的析評引論中，我們討論到了儒家

與道家的關係問題。這一方面是因為竹簡本第十九章與通行本的不同重新提出了這個問題，另一方面也是因為學術界常常宥於傳統的儒道之分，往往習慣性地以儒道對立的思維模式研究儒家和道家學說，忽視了儒家與道家在基礎層面的相通之處。本章再次說明，儘管儒家與道家思想在最高價值層面有根本不同，但是在基礎層面上，二者是有很多相通之處的。

本章開篇即說："聖人恆无心，以百姓之心為心。"強調以民心為社會治理者的行動依歸，這一思想與儒家傳統是相當一致的。《尚書·皋陶謨》說過："天聰明，自我民聰明。"孟子也曾引《尚書·泰誓》之言："天視自我民視，天聽自我民聽。"（《孟子·萬章上》）所謂"天"是儒家傳統中最高原則和意志的代表，是聖人治理天下的行動依歸，而天以民之耳目為耳目，可見民意在儒家傳統中是相當重要的。儒家傳統和道家傳統都重視民意，這是二者在基礎層面上的一致，是山脈蜿蜒相連的一面，是儒道相通的一面。

但是，從較高層面上看，儒道顯然是不同的，二者所設最高價值不同，最高的理想目標不同。儒家以仁義或天理為最高價值，以道德原則為個人生命的意義所在和社會安定的命脈；道家則以個人的自由以及在此基礎上的社會和諧為最高價值，以自然而然的和諧為理想的社會狀態。回過來再看基礎的層次，儒家並不反對"自然而然"的價值意義（見析評引論38.3），而道家也未必反對遵循道德原則的生活。簡單地說，儒道兩家的關係可以說是雙峰對峙，山脈相連。

49.4 儒家、道家與民主政治

上文說到，作為中國文化主流的儒家與道家都有"以百姓之心為心"的信念，按道理說中國應該是比較容易接受和實現所謂民主制了，但是歷史事實並非如此。原因何在？這個問題當然太大、太複雜，不是這裏能夠認真討論的。但避而不談也不是嚴肅的態度，所以這裏僅就儒道兩家的理論本身略作討論，希望能有提示作用。

儒家對民意的尊重是與對天下的統治權相連的，所以強調水能載舟，亦能覆舟。這樣，遵從民意和維持政權二者之間孰輕孰重，孰為本、孰為末就常常混淆不清。就儒學的思想性格來看，不一定必然反對民主制。現代新儒家的代表人物都是積極主張儒學與現代民主相結合的。但是從傳統的儒家的思想性格來看，儒家自信掌握了最高的真理甚至代表天理，這就很容易走向獨斷論並傾向於遵從代表最高真理的集權者。而儒家強調尊卑等級的思想更容易成為專制帝王的意識形態的核心部份，這些都是不利於民主政治的實現的。

相比之下，道家的思想與民主原則更容易協調。但是，從實際運作的角度來看，社會制度的變革最後往往由統治者或政治家來主導。不到萬不得已，沒有一個統治者和政治家願意主動採取消弱自身權利和職能的無為而治。在集權政治的框架下，在統治者把自身權利看成最終目的的時候，道家思想是不可能長期主導社會價值方向的，這就是"文景之治"不能長期維持的原因之一。

從現代社會的發展趨勢來看，無論我們是否真的喜歡民主制，也不管我們是否真正理解和懂得民主政治，民主已經成為一百多年來中國精英分子的前仆後繼的追求。在這個歷史過程中，很多政治人物或政黨往往把民主當作打倒政敵的口號和武器，一旦勝利，有意無意地還會把政權放在第一位，僅把民主當作攫取和鞏固政權的手段。因此，這種上百年追求民主的過程並不是真的為了實現民主政治的理想，而是為了自己掌握政權。在這種情況下，道家思想是很難發揮積極作用的。但是，道家思想畢竟是中國本土文化中最有利於接引民主政治的思想學說，一切真誠地追求民主政治的人都可以而且應該從道家思想中汲取本土的精神資源，創造中國人喜聞樂見的民主思想和民主形式，從而推動真的民主制的實現。總之，道家思想在現代社會的積極意義是一種可能性，是值得認真對待的一種可能性。

第 五 十 章

原文對照

河50.1　出生入死。

傅50.1　出生，入死。

河50.2　生之徒十有三，

傅50.2　生之徒十有三，

河50.3　死之徒十有三。

傅50.3　死之徒十有三。

河50.4　人之生，動之死地十有三。

傅50.4　而民之生生而動，動皆之死地，亦十有三。

河50.5　夫何故？以其求生之厚。

傅50.5　夫何故？以其生生之厚也。

河50.6　蓋聞善攝生者，

傅50.6　蓋聞善攝生者，

河50.7　陸行不遇兕虎，

傅50.7　陸行不遇兕虎，

河50.8　入軍不被甲兵，

傅50.8　入軍不被甲兵。

河50.9　兕無（所）投其角，

傅50.9　兕無所投其角，

河50.10　虎無所措（其）爪，

傅50.10　虎無所措其爪，

河50.11　兵無所容其刃。

傅50.11　兵無所容其刃。

河50.12　夫何故？以其無死地。

傅50.12　夫何故也？以其無死地焉。

王50.1　出生入死。

帛50.1　□生，入死。

王50.2　生之徒十有三，

帛50.2　生之□□有□，

王50.3　死之徒十有三。

帛50.3　□之徒十有三，

王50.4　人之生動之死地，亦十有三。

帛50.4　而民生生，動皆之死地之十有三。

王50.5　夫何故？以其生生之厚。

帛50.5　夫何故也？以其生生。

王50.6　蓋聞善攝生者，

帛50.6　蓋聞善執生者，

王50.7　陸行不遇兕虎，

帛50.7　陵行不避兕虎，

王 50.8　　入軍不被甲兵，　　　　　　　帛 50.8　　入軍不被兵革。

王 50.9　　兕無所投其角，　　　　　　　帛 50.9　　兕无所揣其角，

王 50.10　虎無所措其爪，　　　　　　　帛 50.10　虎无所措其爪，

王 50.11　兵無所容其刃。　　　　　　　帛 50.11　兵无所容□□，

王 50.12　夫何故？以其無死地。　　　　帛 50.12　□何故也？以其无死地
　　　　　　　　　　　　　　　　　　　　　　　　　焉。

對勘舉要

（1）本章各傳世本之間都有一些文字差異。帛書與傅奕本稍近，與河上本、王弼本差別稍多，帛書甲乙本之間沒有重要區別。竹簡本沒有本章內容。河上本題為"貴生"，與正文批評"生生之厚"相齟齬。

（2）"出生入死。生之徒十有三，死之徒十有三。"

此段諸傳世本基本相同，帛書甲乙本皆有殘缺，但與傳世本相比似乎沒有重要不同。

（3）"人之生動之死地，亦十有三。夫何故？以其生生之厚。"

此為王弼本，各本歧異較大。第一句"人之生"，帛書本作"而民生生"，傅奕本作"而民之生生而動"，關鍵是"生"古本作"生生"，意思較明確。"動之死地"，帛書本、傅奕本都作"動皆之死地"，多一"皆"字，則"之"作"到……去"的動詞意義確定不移，沒有"皆"字易生歧義。王弼本"以其生生之厚"，傅奕本大體相同，帛書本僅作"以其生生"，河上本則作"以其求生之厚"。似乎帛書本以後諸本皆據第七十五章"民之輕死也，以其求生之厚也"補"之厚"二字，而河上本把"生生"也改成"求生"，以求全文一致。各本據第七十五章改本章，而不據本章改第七十五章，當是因為本章文義不如第七十五章清晰。比較起來，河上、王弼二本用字簡省，但"人之生動之死地"文義不如"而民生生，動皆之死地"明白。傅奕本意義較明確，但重複"動"字似無必要。

這裏值得注意的第一句第一字是帛書本和傅奕本皆作"民"，而王弼本、河上本皆作"人"。據上引第七十五章"民之輕死也，以其求生之厚也"之文，似以作"民"為是。考《老子》中"人"與"民"的用法，與《論語》大體相同。楊伯峻指出，《論語》中"人"字多作一般意義的人，有時專指不包括"民"的士大夫以上的人，而"民"多指一般老百姓（楊伯峻1980，213—214，231）。《老子》中

“民”多指普通百姓，與聖人等在上位之人對稱，如“愛民治國”、“聖人處上而民不重”。“人”則多泛指各種人，如“善人”、“不善人”、“我愚人之心也”。將“民”改成“人”，其批評的對象則從“民”擴大到一般人。從思想詮釋的角度來看，作“人”並無不妥，從文本校勘的角度來看，則以“民”為是。

(4)“蓋聞善攝生者，陸行不遇兕虎，入軍不被甲兵。”

此段河上、王弼、傅奕諸本相同。“攝生”，帛書甲乙本皆作“執生”，整理者云：執、攝音近相通。“陸行”，帛書甲乙本作“陵行”，古棣說“陵”非“山陵”之“陵”，而是楚語之陸（古棣1991A，401—402）。“不遇兕虎”，帛書甲本闕，乙本作“不辟兕虎”，“辟”通“避”，正與嚴遵本同，可證嚴遵本尚保留古本之舊（鄭良樹1983，205）。“不被甲兵”，帛書甲本同，乙本作“不被兵革”。

(5)“兕無所投其角，虎無所措其爪，兵無所容其刃。夫何故？以其無死地。”

此段為河上本、王弼本。傅奕本僅末兩句用“也”、“焉”作語助詞。“投其角”，帛書乙本殘，甲本作“椯”，整理者讀為“揣”。帛書末兩句與傅奕本似同，惟句前之“夫”字處殘損。

析評引論

50.1　“獨斷的”與“探究的”詮釋

本章文句及意義的理解相當困難，分歧也很大。嚴遵說：“是故，虛、無、清、靜、微、寡、柔、弱、卑、損、時、和、嗇，凡此十三，生之徒；實、有、濁、擾、顯、眾、剛、強、高、滿、過、泰、費，此十三者，死之徒也。夫何故哉？聖人之道，動有所因，靜有所應。四支九竅，凡此十三，死生之外具也；虛實之事，剛柔之變，死生之內數也。故以十三言諸。”（王德有1994，43）這種解說完全不理會“人之生生動之死地，亦十有三”的說法，因此難以服人。對這類解說，朱謙之曾經總結說："'十有三'之說，自韓非子、河上公、碧虛子、葉夢得以四肢九竅為'十三'，已涉附會。乃又有以十惡三業為'十三'者，如杜廣成；以五行生死之數為'十三'者，如范應元；其說皆穿鑿不可信。"（朱謙之1984，199）朱謙之在這裏所批評的都是古代的解釋。這些解釋一方面把"十有三"具體化為四肢九竅等數字，另一方面又把這些數字與人的生死聯繫起來，沒有推論和解說，頗有神秘色彩。這些古代的解釋都有獨斷的宣示的意味，是現代學者很難接受的。

高亨的解釋則有不同。他說："蓋百年壽之大齊……其前三十年，日趨於長益，是生之徒十有三也。其後三十年，日趨於消損，是死之徒十有三也。其中四十年，不長益亦不消損，是不生不死之徒十有四也。然而（因為）生生之厚者，此不長益亦不消損之期亦變為消損之期，此不生不死之徒亦變為死之徒。"（高亨1957，106）此說較為理性化，然而把"人之生生動之死地，亦十有三"解釋為死之徒，似乎與原文不大吻合。

近代學者多取清人高延弟之說："生之徒，謂得天厚者，可以久生。死之徒，謂得天薄者，中道而殀。動而死之者，謂得天本厚，可以久生，而不自保持，自蹈死地。蓋天地之大，人物之蕃，生死紛紜，總不出此三者。……夫天下之人以十分為率，殀死者居其三，自蹈於死者居其三，幸而得遂其生死而常者，僅居十之三耳。吁！此正命之人所由少歟！"（高延弟1880，下12A—B）朱謙之、王淮、高明、陳鼓應等似皆贊成高說。這種解釋似乎也是比較理性化的。

以上朱謙之所批評的古代解釋近乎神秘、牽強與獨斷。近代學者所接受的高延弟和高亨的解釋相對比較理性化。現代學者應該都傾向於接受理性化的解釋，拒絕獨斷的解釋。這裏我們不妨借用西方詮釋學中的兩個概念。蓋爾塞茨（LutzGeldsetzer）曾經提出獨斷型解釋學和探究型解釋學的區別。獨斷型詮釋學重在把文獻中似乎固定的意義應用於我們所要解決的問題上，如歷史上的《聖經》詮釋學和法律詮釋學。而探究型的詮釋學則要探究文本的真正意義，根據歷史資料

推出作者的精神並以作者的精神來進行歷史的解釋（洪漢鼎 2001，
15—17）。這兩種詮釋學的歷史、來源、意義有著比較複雜的歷史背
景，筆者在此不想深入討論，而僅僅是借此分類提出獨斷的詮釋態度
和探究的詮釋態度的不同。嚴遵等古代之說把他們的理解當作理所當
然的權威意見，並要求讀者接受，而不考慮是否與原文的基本意義吻
合，比較接近獨斷型的詮釋態度。而高亨等人的解釋未必是我們都能
接受的，但態度還是符合探究精神的。

　　詮釋學的重點是解釋文本的思想意義。在《老子》這裏，我們首
先要解決文句問題。而本章的文句意義不夠清晰，運用詮釋學理論實
有困難。但是，在解釋《老子》思想時，我們可能還是會不自覺地傾
向於獨斷型的解釋或傾向於探究型的解釋。筆者這裏所要強調的是我
們應該更自覺地、盡可能地採取探究型的詮釋學的態度，避免不自覺
地陷入獨斷型的詮釋學態度。這兩者之間雖然沒有絕對的界限，但態
度和效果的不同在很多情況下還是不難區別的。

第 五 十 一 章

原文對照

河 51.1　道生之，德畜之，

河 51.2　物形之，勢成之。

河 51.3　是以萬物莫不尊道而
　　　　貴德。

河 51.4　道之尊，德之貴，

河 51.5　夫莫之命而常自然。

河 51.6　故道生之，德畜之，

河 51.7　長之育之，成之孰之，
　　　　養之覆之。

河 51.8　生而不有，為而不恃，

河 51.9　長而不宰，是謂玄德。

王 51.1　道生之，德畜之，

王 51.2　物形之，勢成之。

王 51.3　是以萬物莫不尊道而貴德。

王 51.4　道之尊，德之貴，

王 51.5　夫莫之命而常自然。

王 51.6　故道生之，德畜之，

王 51.7　長之、育之、亭之、毒
　　　　之、養之、覆之。

王 51.8　生而不有，為而不恃，

王 51.9　長而不宰，是謂玄德。

傅 51.1　道生之，德畜之，

傅 51.2　物形之，勢成之。

傅 51.3　是以萬物莫不尊道而
　　　　貴德。

傅 51.4　道之尊，德之貴，

傅 51.5　夫莫之爵，而常自然。

傅 51.6　故道生之，德畜之，

傅 51.7　長之育之，亭之毒之，
　　　　蓋之覆之。

傅 51.8　生而不有，為而不恃，

傅 51.9　長而不宰，是謂玄德。

帛 51.1　道生之，德畜之，

帛 51.2　物形之而器成之。

帛 51.3　是以萬物尊道而貴德。

帛 51.4　道之尊也，德之貴也，

帛 51.5　夫莫之爵也，而恆自然
　　　　也。

帛 51.6　道生之，畜之，

帛 51.7　長之，遂之，亭之，
　　　　毒之，養之，覆□。

帛 51.8　□□弗有也，為而弗恃也，

帛 51.9　長而弗宰，是謂玄德。

對勘舉要

(1) 本章傳世本之間略有文字不同，帛書本與傳世本差別較多，帛書甲乙本之間只有個別字的不同。本章帛書甲本章前、章末均有分章符號，在中間“道生之，畜之”之前也有類似的符號。河上公題為“養德”，雖不中，亦不遠。

(2)“道生之，德畜之，物形之，勢成之。是以萬物莫不尊道而貴德。”

　　這段河上、王弼、傅奕諸本相同。唯帛書甲本作“道生之而德畜之，物形之而器成之”。用兩“而”字，句式較連貫，帛書乙本則僅用一個“而”字。傳世本是四個整齊的三字句，是後來編者求句式簡潔、整齊的結果。傳世本“勢成之”，帛書本均作“器成之”。比較起來，帛書本“道、德、物、器”的排列更符合從高到低，從抽象到具體的邏輯順序。又帛書本“是以萬物尊道而貴德”一句，沒有傳世本的“莫不”二字。“莫不”二字當是後人為加強語氣而加。

(3)“道之尊，德之貴，夫莫之命而常自然。”

　　此段河上本與王弼本相同。惟第三句中“莫之命”，傅奕本、帛書本皆作“莫之爵”。帛書本句式與傳世本不同。帛書乙本斷為四句，句句用“也”作語氣助詞，其文為“道之尊也，德之貴也，夫莫之爵也，而恆自然也”，語言節奏悠然而從容。但從內容來看，傳世本刪去“也”對理解文義並無影響。帛書甲本當早於乙本，但句式介於傳世本與乙本之間，每兩句用一個“也”，其文作“道之尊，德之貴也，夫莫之爵而恆自然也。”一般說來，後來的版本使用虛詞較少，古本使用虛詞較多，但不是絕對的規則，而是自然的變化，因此常有少數反例或例外，本章帛書甲本用虛詞少於乙本就是一個例外。

(4)“故道生之，德畜之，長之育之，亭之毒之，養之覆之。”

　　此為王弼本，各本都有些不同。“亭之毒之”，河上本作“成之孰

之"。"養之覆之",傅奕本作"蓋之覆之"。帛書本第一句前沒有
"故"字,所以前面才能有分章或分段的符號。最大的區別在於"德
畜之"一句,帛書甲乙本均作"畜之",沒有"德"字,與下文"長
之,遂之,亭之,毒之……"一以貫之。從文義和句式看,帛書本更
通順。傳世本顯然是根據本章第一段的內容將"畜之"改為"德畜
之",以求一致,卻造成了本段文義的改變。按照傳世本,"德畜之"
以下"長之,遂之,亭之,毒之……"的主語都是"德",而帛書本
的主語自始至終都是"道"。按照傳世本,"道"的作用和"德"的作
用分成兩截,不合老子的基本思想。帛書本這一段"道生之,畜之,
長之,育之……"與第一段"道生之,德畜之"形式上似乎不一致,
但內容上毫無不妥,因為"德"的作用實際上就是"道"的功能的
體現。

(5)"生而不有,為而不恃,長而不宰,是謂玄德。"

此段各傳世本均相同,帛書本只有細微差別,即三個"不"字皆
作"弗";第二句作"為而弗恃也",多一語助詞。

析評引論

51.1 通行本中的機械重複

本章通行本重複了"道生之,德畜之"一句,而從帛書本看,古
本原來並不重複。

本章最後一段內容在通行本中與第十章、第二章明顯重複,造成
《老子》某些文句機械、呆板的印象。然而根據對帛書本和竹簡本的
考察,情況並非如此。本章"道生之,畜之,長之,育之,亭之,毒
之,養之,覆之"一段,第十章簡化為"生之,畜之"四個字。本章
"生而弗有,為而弗恃,長而弗宰,是謂玄德"一段,帛書第十章略
去"為而弗恃"一句。另外,第二章引用"為而弗恃也",並沒有引
用前一句"生而不有",所以老子古本的重複是縮寫式的、扼要的強

調，並沒有整段的重複。請參看下面的對照表。

"生而弗有"一段重複情況對照表

通行本第五十一章	生而不有，為而不恃，長而不宰，是謂玄德。
帛書本第五十一章	生而弗有，為而弗恃，長而弗宰，是謂玄德。
通行本第十章	生而不有，為而不恃，長而不宰，是謂玄德。
帛書本第十章	生而弗有，長而弗宰也，是謂玄德。
通行本第二章	生而不有，為而不恃，功成而弗居。
帛書本第二章	為而弗恃也，成功而弗居也。
竹簡本第二章	為而弗恃也，成而弗居。

　　從表上不難看出，機械重複的情況主要來自於通行本對古本的修改加工。因為通行本第十章根據第五十一章加上了"為而不恃"一句，造成通行本第十章與第五十一章有四句完全重複。類似的情況又見於第二章。帛書本作"為而弗恃也，成功而弗居也"，竹簡本與帛書本類似，通行本又據第五十一章補上了"生而不有"一句。這又造成通行本第二章有兩句與第十章和第五十一章都重複的情況，同樣的兩句話在三章中重複出現。

　　《老子》流傳過程中發生的這種情況，似乎強化了老子的一些基本思想和觀點，同時也造成了《老子》文句不必要的機械重複的情況。從今天看來，這種編輯加工實無必要，反而有損。今人從事校勘當引以為戒（參見析評引論 52.2）。

51.2　道之作用的兩重性

　　研究《老子》，人們難免將道與所謂"第一因"、"原初物質"、"絕對精神"、"自然律"、"上帝"相比較。這種比較對於現代人理解老子思想是有益的，是不可避免的。但是，我們不能滿足於簡單地看到古代與現代、中國與西方的表面相通，而應該看到深層的異同。這裏，我們要強調老子之道的作用的兩個方面或二重性。一方面道賦予萬物以秩序，是萬物存在生長發展的依據，萬物不可能離開道而得到養育和生長，道的這種作用和所謂本體或規律都有相似之處；另一方面道卻不居功、不恃能，不主宰和控制萬物，在這一方面，道不僅不同於上帝和神靈，而且也不同於規律的確切性和決定性。總之，作為世界之最後根據的老子之道有兩方面的特點。一方面是實有其效，的確是萬物的依憑；另一方面是自然而然，非直接之決定。老子常常同時強調道的這兩方面的特點。本章就是一例。

根據帛書本，本章第一句講道生，德畜，物形，器成，描述萬物形成的複雜過程和綜合機制，說明道不是直接地簡單地產出萬物，其所謂“生”其實是抽象因素和具體因素、總體因素和個體因素（道、德、物、器）共同作用的結果，是一個複雜的有機變化的過程。這說明道生萬物的過程不同於母生子或上帝直接創造萬物，道不同於一般的創生實體。後面講道生，畜，長，育，亭，毒，養，覆，但不有、不恃、不宰，是謂玄德，主語都是道，都是講道對萬物存在與發展的重要性，或者說是萬物對道的依附性。雖然說是道生，德畜，物形，器成，但歸根結底還都是道的作用，歸根結底是道生出和畜養萬物，讓萬物生長成熟，並得到保護。這些總括起來說都是道作為萬物之總根源和總根據的作用或表現。而“生而不有，為而不恃，長而不宰”是講道之作用出於自然，是道之玄德，萬物順應道之規範也很自然，生養者與被生養者、引導者和被引導者、依憑者和被依憑者之間的關係和諧而融洽。當然，所謂生養者與被生養者、引導者和被引導者、依憑者和被依憑者的說法也是現代的一種分析，也有比喻的成份，不能以之為老子本來就有的概念。

總之，道的客觀的、實際的、最高的“生成”和決定作用，和道不有、不恃、不宰的玄德是一而二、二而一的。驗之於宇宙自然，這是確定不移的真實或真相（不同於真理）。誰能說這個世界、宇宙沒有一種決定的力量或因素呢？可是這種力量和因素甚麼時候宣稱自己擁有和主宰這個宇宙和世界呢？不錯，如果我們相信“上帝”是宇宙和全世界的生成和決定的最終因素，那麼，上帝的確宣稱過他創造並

擁有人類。但是，要證明上帝全知、全能的確越來越困難，如何能讓
一般人相信上帝能夠安排或控制地震、火山以及恐怖襲擊？從道家立
場看，即使有上帝，上帝也是由一種（姑且稱之為道的）更高、更根
本的力量決定的，而這種力量不會宣稱自己擁有或者控制上帝。道的
這種"客觀"的特點是人類社會治理者的楷模，也就是老子之聖人所
體現的品德。這種理想化的社會治理者似乎很難出現，但是值得提倡
和追求。事實上，在很多情況下，社會的治理者有控制社會變化的某
種能力，但是他們並沒有宣稱自己擁有或主宰治理對象的權利。

51.3　道與德：總體與個體？

本章講到道與德的關係，這就涉及到總體與具體的關係。

本章云："道生之，德畜之，物形之，器成之。"顯然，道、德、
物、器四者是從總體到個體，從抽象到具體的階梯和過程。道是最高
的總體和抽象，器是最後的個體和具體，物介於其間，但偏重於器，
是一切具體之器的共同之物，相當於形、氣、質料、物質一類普遍之
物的存在。德則介於道與物之間，雖比道有更具體的意義，卻比物抽
象，離具體之器較遠。所以，一般說來，講道是全體，德是具體或個
體並不錯，但是，對這種講法不能作教條式的理解，不能簡單地把德
限定在具體之物上。張岱年師云："德是一物所得於道者。德是分，
道是全。一物所得於道以成其體者為德。德實即是一物之本性。"（張
岱年1982，24）這不是張先生個人的看法，而是古已有之的普遍的看
法。《管子·心術上》就講過"德者道之舍"，說"道是全，德是分"
在一般情況下都是正確的，但這種"正確"也不是絕對的。比如，道
本身也有德，道之德並非個體特點。老子並沒有明確地區別個體與全
體的關係。全和分不能完全反映道與德的關係。

就本章來說，德是道之功能的具體體現和保證，所以說"道生
之，德畜之"，這裏的德是道的功能的具體體現和落實，德可以是道
之德，也可以是萬物之德。所以，道與德並不是簡單的總體與個體、
全體與部份的關係。在最初生成的意義上，"德"更不是道的部份或

個體。"道生一"並不是道生德。道生萬物，萬物各有其德。德不體現道的總根源的功能，只體現其總根據及其具體根據的功用。總之，道與德的關係在很多情況下的確可以從總體與個體的角度來理解，這對於現代人理解中國古代思想是有幫助的。但是，將任何現代概念的清晰的分析用於對中國古代哲學的了解都是要付出代價的，這種代價就是失去了對中國古代哲學特有的思維方式和直覺體驗的特點及其複雜性的全面了解。

雖然德在萬物的生成與存在過程中扮演著道之具體體現的重要角色，但德更偏重於道之德性規範的意義，所以有"玄德"之說。甚麼是玄德？玄德就是"生而不有，為而不恃，長而不宰"之德，這既是最高之道本身的品德的體現，又是體現道之品德的聖人之德（第二章，第十章，第六十五章）。雖然道本身就代表了老子的價值取向，但這種價值取向更多地是靠德來體現和表述的。這裏也不能簡單地把道與德的關係確定為總體與個體的關係。

道作為萬物的總根據給世界帶來了自然和諧的秩序。道對萬物來說，無之不可，有之不多。這種道與萬物的關係恰如第十七章所討論的聖人式的社會管理者和百姓的關係。對於最高明的社會管理者（道家之聖人），百姓不感覺他們的存在；對於次一等的（儒家之聖人），百姓才親近他們，歌頌他們；再次一等的（法家之明君），則會畏懼逃避之；更次的（歷史上的暴君），則會污辱之，反抗之；只有聖人式的管理才會被百姓譽為自然之治。這裏道與萬物的實然的關係和聖人與百姓的應然的關係是完全一致的，顯然，這種關係也不能簡單地歸之於總體與個體的關係。矛盾的是，完全拋棄總體與個體這樣的現代思想概念，我們就很難分析和理解中國古代哲學。

51.4 自然與常然

上文說過第十七章強調君主應該讓百姓享受自然的生活，這種自然當然不是指洞居野處、狩獵採集式的原始生活，而是強調不受干擾、優游自得的意思。這是從社會關係，主要是君民關係的角度講自然的。本章則為自然的原則提供了形而上的根據，那就是道本身就體現了自然的原則和價值。

本章開始說："道生之，德畜之，物形之，而器成之。"這是講道之功能作用之偉大。接著說："是以萬物莫不尊道而貴德。"這是強調道的崇高地位，萬物（百姓）對道的態度。下面接著說："道之尊，德之貴，夫莫之命而常自然。"這是強調由於道的崇高地位，道受到百姓的崇敬是自然而然的，不是強求的，不是任何外在力量授予的。這種崇高地位的自然而然的特點的具體表現就是"生而不有，為而不恃，長而不宰，是謂玄德"。

對"道之尊，德之貴，夫莫之命而常自然"一句，王弼無注。其中"命"字帛書本等作"爵"，與成玄英的解釋相一致。成註云"世上尊榮必須品秩，所以非久，而道德尊貴無關爵命，故常自然。"（成玄英 663，四 14B）道和德的地位是自然而來的，不是別人施與的。河上公註則云："道一不命召萬物而常自然，應之如影響。"（王卡 1993，196）是說道和德自然無為，不對萬物發號施令，只是被動地作萬物的影子和回聲。這兩種解釋都通，其分歧在於"莫之命"三字，而不在於"自然"一詞。無論是道不命令萬物，還是沒有別的東西授予道爵位，"自然"都是作者所強調的價值。不過，相比較之下，成玄英的解釋更符合"莫之命而常自然"的語法結構。"莫之命"就是"莫命之"，是沒有爵命而尊貴的意思。

總之，道的崇高地位是自然而然的，不是任何東西可以給予的。道的自然之尊，是萬物的楷模，說明尊貴的地位是不應該刻意追求的。道生養萬物是自然而然的，生養之後也不以生養者自居，不居功自傲，更沒有主宰或佔有的意圖。這樣受到尊重可以處之泰然，不會沾沾自喜，得不到尊重也不會怨天尤人。老子提倡的就是這樣一種因任自然的態度。這裏的"莫之命而常自然"中的自然，其基本意思也是自己如此，不受外力干擾的意思。但"常"字提示我們，不受外界強力干擾的狀態也就是常態，自然狀態與常態是相通的，常態也就意味著大體保持本來的狀態，一般情況下也不改變本來的狀態，因而我們可以說，自然也就隱含了"本來如此"和"通常如此"的意思。所以，自然與常然是相通的、一致的。

51.5　道之自然與人文自然

本章講的顯然是道之自然，但老子的落腳點卻是聖人的玄德，是人應該實行自然而然的原則，即不強求，不靠外在的封爵或命令。也就是說，老子最終強調的是人類社會之自然。從第二十五章人法地、法天、法道、法自然來看，從第十七章"百姓皆謂我自然"來看，從第二十三章"希言自然"來看，從第六十四章"聖人輔萬物之自然"來看，老子的自然的核心意義在於人世，而不在自然界或物質世界，這一點是顯而易見的。所以，我們應該稱老子之"自然"為"價值自然"、"人文自然"，而絕不能將老子之自然看作物質世界的自然，或是與人世無干的客觀自然。有人將道家之自然，包括老子之自然稱為"物自然"是似是而非的，是完全沒有根據的（馮春田 1999，109，104）。

將老子之自然稱之為人文自然似乎是全新的提法，其實，類似的提法已經有人提出。譚宇權曾說：老子講的自然是指"人為世界"的自然（譚宇權 1992，185）。陳榮灼也說過："道家中'自然'義並不是那種與'人文世界'相對立之'野生自然界'。"（陳榮灼 1992，131）這些提法都看到了老子或道家之自然的意義在於人類社會生活，而不是在於回到野蠻狀態或自然界。提出人文自然的概念首先可以防止各種誤解，其次可以幫助我們深入理解老子之自然的全面意義，並開掘老子之自然的現代意義。

那麼，老子之自然難道與自然界等客觀世界或客觀存在沒有關係嗎？當然不是。我們說人文自然是從本質、從核心、從其思想方向的角度來講的，這並不否定老子之自然與道的關係，也不否認它與客觀世界的關係。自然是道的特點之一，是道所推重的價值。自然的核心價值的地位就來自於"道法自然"。所以，人文自然的提法絕不是否定或削弱道之自然的意義，而是要突出道之自然的價值內容和實踐意

義。顯然，人文自然是道之自然的具體體現，道之自然是人文自然的
最終依據。

　　同時，人文自然也不是脫離客觀世界或大自然的。因為老子認為
人是自然及宇宙的一部份，而人、地、天都要效法道之自然，所以人
文自然與自然界雖然意義不同，但並不是對立的。歸根到底，人文自
然和自然界的法則都是以道為根源和根據的。所以，人文自然實際上
是道之自然和天地自然的最高原則的集中體現，並不是要脫離道之自
然或天地自然。

　　老子第七十七章講到"天之道損有餘而益不足，人之道損不足而
奉有餘"（帛書本）。似乎老子是將天與人、自然與人類對立起來的，
其實不然。老子這樣說恰恰是認為人之道應該效法天之道，實行"損
有餘而益不足"的原則。老子並沒有將人文自然和天地自然對立起
來。相反，人文自然與天地自然是一致與和諧的，而人文自然和天地
自然都是道之自然的體現。（參見析評引論 77.1—3）

第 五 十 二 章

原文對照

河 52.1　天下有始，以為天下母。

河 52.2　既知其母，復知其子；

河 52.3　既知其子，復守其母，
　　　　　沒身不殆。

河 52.4　塞其兌，閉其門，終身不勤。

河 52.5　開其兌，濟其事，終身不救。

河 52.6　見小曰明，守柔曰強。

河 52.7　用其光，復歸其明。

河 52.8　無遺身殃，是謂習常。

王 52.1　天下有始，以為天下母。

王 52.2　既得其母，以知其子；

王 52.3　既知其子，復守其母，沒
　　　　　身不殆。

王 52.4　塞其兌，閉其門，終身不勤。

王 52.5　開其兌，濟其事，終身不救。

王 52.6　見小曰明，守柔曰強。

王 52.7　用其光，復歸其明，

王 52.8　無遺身殃，是為習常。

竹 52.1　閉其門，塞其兌，終身不
　　　　　盃。

竹 52.2　啓其兌，賽其事，終身不逑。

傅 52.1　天下有始，可以為天下母。

傅 52.2　既得其母，以知其子，

傅 52.3　既知其子，復守其母，
　　　　　沒身不殆。

傅 52.4　塞其兌，閉其門，終身不勤。

傅 52.5　開其兌，濟其事，終身不救。

傅 52.6　見小曰明，守柔曰彊。

傅 52.7　用其光，復歸其明，

傅 52.8　無遺身殃，是謂襲常。

帛 52.1　天下有始，以為天下母。

帛 52.2　既得其母，以知其子，

帛 52.3　既知其子，復守其母，
　　　　　沒身不殆。

帛 52.4　塞其垸，閉其門，終身不勤。

帛 52.5　啓其垸，齊其事，終身不棘。

帛 52.6　見小曰明，守柔曰強。

帛 52.7　用其光，復歸其明。

帛 52.8　毋遺身殃，是謂襲常。

對勘舉要

（1）本章傳世本與帛書本比較一致，竹簡本只有中間"閉其門……終身不迷"一小段，抄在乙本第三組開頭，後有分章符號，下接第四十五章的內容。帛書甲本在本章開始和結尾都有一代表分章的圓點，在"塞其悅"前也有一圓點，可見本章曾經分為兩章。從內容和句式考慮，本章包括三個部分，竹簡本所有的一段相當於第二個部分。河上本題本章為"歸元"，似合大旨。

（2）"天下有始，以為天下母。"

這兩句河上、王弼、帛書諸本皆同，惟傅奕本"以"作"可以"，增一"可"，實害其意。無"可"字，是對天下之母的客觀描述，無可懷疑。增一"可"字，既無必要，又削弱了原文的確定不疑的語氣，變成了一種主觀的判斷。

（3）"既得其母，以知其子；既知其子，復守其母，沒身不殆。"

此節王弼、傅奕、帛書諸本相同，惟第二句"以知其子"，河上本作"復知其子"，似為呼應第四句"復守其母"。此處不應用"復知"，當從帛書本作"以知"。

（4）"塞其兌，閉其門，終身不勤。開其兌，濟其事，終身不救。"

這段河上、王弼、傅奕諸本同。竹簡本和帛書本奇字較多。"塞其兌"與"開其兌"中的兩個"兌"字，帛書乙本皆作"悅"，甲本則分別作"闒"和"悶"。前兩句"塞其兌，閉其門"，竹簡本作"閉其門，塞其兌"，句序與其他諸本都不同。這兩句帛書本及諸傳世本均在第五十六章重複出現，而竹簡本則並非完全重複，詳見本章析評引論 52.2。第三句"終身不勤"的"勤"，帛書甲乙本均作"堇"，整理者及高明均讀為"勤"。此字竹簡本作"𡘲"，李零說："從矛從山，與《老子》丙本簡一從矛從人讀為'侮'的字構形相似，這裏可能也是讀為'侮'。"（李零 2002，23）廖名春說："疑故書本作'痗'，後人以同義詞'癉'代之，由此又演化出'勤'、'堇'等假借寫法。"
（廖名春 2003，458）第四句"開其兌"之"開"，帛書本與竹簡本均
作"啓"。傳世本避漢景帝之諱，以"開"為"啓"，又見於第十及二
十七章。這不但不影響句子的意義，而且不影響押韻（劉殿爵 1982，
15）。第五句"濟其事"之"濟"，帛書甲本同，乙本作"齊"，乃假
借字。竹簡本此字整理者寫作"賽"，並註云："疑讀為'寒'，實也。
《廣雅·釋詁一》：'安'也。"（荊門市博物館 1998，119，註 19）李
零讀為"塞"，並云："'塞'，原作'賽'，兩見，第一個'賽'字與
'閉'字相對，應讀'塞'，第二個'賽'與'啓'字相對（'啓'、
'閉'是相關概念），疑亦讀為'塞'，不一定要換讀。"（李零 2002，
23）末句"終身不救"的"救"，帛書甲本殘，乙本作"棘"，整理者
說"棘""救"雙聲通假（國家文獻 1980，94，註 15）；"救"，竹簡
本作"逨"，李零讀為"來"（李零 2002，23）。

這一段各本前三句和後三句都是兩個三、三、四的整齊的對偶結
構，相當於上下兩聯。傳世本都以上聯"塞其兌"對下聯"開其兌"。
帛書本也比較接近傳世本，以上聯"塞其㙛"對下聯"啓其㙛"。相較
之下，竹簡本對仗就沒有這樣整齊。竹簡本上聯是"閉其門，塞其
兌"，下聯是"啓其兌，塞其事"，對仗不工，這應該是後來帛書本及
傳世本修改加工的主要理由。

(5)"見小曰明，守柔曰強。用其光，復歸其明，無遺身殃，是為
　　習常。"

本段各本大體相似，有一些同義詞或假借字的不同。王弼本、河
上本"習常"，帛書本和傳奕本作"襲常"。高明說："襲"與"習"
古音相同通用，老子本義乃為"襲常"（高明 1996，77—78）。

比較有趣的是"守柔曰強"一句，獨河上本作"守柔日強"，意
雖不錯，卻可能是誤讀或故意標新的結果。類似情況見於第五十五
章，參見該章對勘舉要（6）。

析評引論

52.1　常與恆

本章結束在"襲常"（帛書、傅奕）或"習常"（王弼、河上），可見"常"字之重要。王弼本中第十九章中有二十八個"常"。"常"顯然也是老子的重要術語。但是，帛書本多用"恆"字，在第十九章中用到二十九處"恆"，而"常"就僅在兩章中用到三處。竹簡本中則"常"字一見，"恆"字四見。今本用"常"是避漢文帝劉恆之諱，其結果是我們看不到"常"與"恆"的區別。

劉殿爵曾說："今本《老子》無'恆'字，只有'常'字，帛書本雖多作'恆'字，但'常'字也並非完全沒有。例如第十六章：'是胃復命，復命常也。知常，明也。不知常，芒；芒作，兇；知常，容；容乃公。'第五十二章：'是胃襲常。'從文例看，似乎'恆'字只作修飾語用，如'恆道'、'恆德'、'恆名'、'恆善救人'，而'常'字則作名詞性詞用，如'知常'、'襲常'。只有在一種句式中，'恆'、'常'互見。上引第十六章：'復命，常也。'又第二章：'先後之相隨，恆也。'（在這兩例中）'常'、'恆'都是單字謂語，至於語法功能上有無差異，便很難判斷了。"（劉殿爵 1982，15。引文有簡化）"常"與"恆"作單字謂語時，無論是不是名詞都不影響其判斷句的功能。值得注意的是劉殿爵指出"恆"只作修飾語，"常"則可作名詞，這是重要的發現。

劉氏所說的作名詞的"常"見於"知常"和"襲常"（"習常"），此外還有一例就是帛書本和竹簡本的"和曰常"（第五十五章），這裏的"常"的語法地位也相當於名詞。竹簡本僅此一處用到"常"，恰好是名詞。竹簡本用四個"恆"："道恆亡為"（第三十七章），"道恆亡名"（第三十二章），"聖人恆無心"（第四十九章）。三例中的"恆"都是副詞修飾語。另一例是"至虛，恆也"（第十六章），按劉說，這

個 "恆" 字不能斷定詞性。總起來看，竹簡本和帛書本對 "常" 與 "恆" 字的使用是一致的。如此說來，"常" 在《老子》中主要是名詞性功能，因此可以看作是老子的名詞或概念，而 "恆" 主要是作修飾語，不是名詞，不能作為老子的思想概念。

"常" 在老子思想中的重要性似乎討論不多。高亨說過 "常" 有自然之義，固有之義，永久之義（高亨 1957，1—2）。張丰乾則說：常之為常就在於它不能損益，只能因襲。"常" 是 "襲" 的對象，"襲" 是對 "常" 應有的態度和正確的做法。聖人之所以能夠 "無為"、"無以為" 而 "無不為"，其原因和根據就在於 "襲常"（張丰乾 2000，217）。就竹簡本和帛書本來說，"常" 字出現不多，但的確有其重要意義。

52.2 異與同

在本書中，我們反復指出通行本在對古本加工的過程中體現出一種 "趨同" 的現象，也就是說後來的編者在對古本加工的時候，常常追求用字、用詞、句式以及相似用語的一致性和整齊性。簡單說就是化異為同。有意思的是這並不僅僅是古代的現象。當前的新一代學者，仍然在自覺或不自覺地遵循這一原則，評價或校定帛書本和竹簡本。

在竹簡本出土之前，各本，包括帛書甲乙本的第五十六章和第五十二章都重複 "塞其兌，閉其門" 兩句，各本所重複的兩句在兩章中用字都一致，如帛書乙本第五十六章和第五十二章都用 "挩"，帛書甲本在兩章中都用 "悶"（閟）。可見各本 "彼此各有所據，非因筆誤而寫錯字"（高明 1996，75）。此乃顯而易見的事實。湊巧的是，竹簡本恰好有第五十六章和第五十二章的這兩句作對照，但在竹簡本的兩章中卻不是簡單的重複。竹簡本第五十六章作 "悶（閉）其兌，塞其門"，與本章 "閉其門，塞其兌" 意同而言不同，或者說是有異有同。顯然，帛書本以後各本第五十二章和第五十六章中這兩句的重複也是後人有意加工的結果。其加工的理據即相似而不同的句子是不合理的，相似的句子本來應該是字句完全相同的。有了這種共同的假設，才有了以後各本的趨同現象和不斷增加的重複現象。

這種假設從修辭的角度來看，有得有失，得的可能是對仗工整，句式整齊。失的可能是句式呆板，重複太多。但是從接近古本原貌的角度來看，則明顯是有失無得，或失大於得。但是，新一代的學者受這種傳統的思想模式的影響仍然很深。比如，有人認為，既然各本相當於"開其兌，濟其事"的順序與竹簡本"啓其兌，塞其事"相一致，則另兩句"塞其兌，閉其門"的順序也應該和竹簡本一致（廖名春 2003，456）。此說以竹簡本為準，筆者並不反對。就本章說，作者的結論可能是對的，但是需要注意的是作者的推理前提："此處同，另處就也應該同"，這種同則全同的推理模式，對於追求古本原貌來說並非恰當可靠。

本章竹簡本"閉其門，塞其兌"見於竹簡乙本，第五十六章的"閉其兌，塞其門"見於竹簡甲本，是上下文不同的兩章內容，有人卻反復申明二者是底本不同的"異文"（丁四新 2000，6；2002，126）。這裏並不想批評作者的粗疏之失，而是想指出作者作判斷的潛在的思想邏輯也仍然是"相似的內容其字句應該完全相同"，不全同就是"異文"。類似的這些推理、判斷的思想模式都不承認同中有異、異中有同的語言文字現象，不承認有同有異是一種自然的、正常的文字風格，按此加工的結果就是趨向呆板的語言模式。通行本的句式越來越整齊、重複，就是這種"相似則應全同"的思考邏輯與加工模式造成的（參見析評引論 51.1，57.1）。

應該看到，律詩絕句固然是一種整齊之美，宋詞元曲的長短句也是一種自然協調的變化之美。不同人、不同時代有不同的文字風格。後人不能以自己的一致性的原則去評價、判斷甚至匡正前人的用語習慣。今人不應繼續盲目地把趨同作為校勘古本的基本原則。一味趨同或許可以達到句式整齊、一致的目的，卻絕不意味著可以接近"古本"、"原貌"。

52.3 父與母

老子以母性比喻道，而不以父親的形象比喻道，這應該不是偶然的。《老子》中，"母"字在五章中出現七次（第一、二十、二十五、五十九、五十二章），其中五次與道作為萬物起始的特性有關。相比之下，"父"字則在通行本僅出現一次，在帛書本中則是兩章中出現三次（見第二十一和第四十二章。第二十一章帛書本"衆父"出現兩次，通行本皆作"衆甫"）。在《老子》中，"父"字、父的概念和形象遠不如母重要，是顯而易見的。

在本章中，"母"字重複三次，也都是指代宇宙的總根源。"天下有始，以為天下母。"這顯然講宇宙萬物的生成和起源，其功能和道的生成意義是一致的。但是，"母"畢竟還是比喻性的概念，不如道的概念更抽象普遍。然而"母"卻有利於說明道的社會性特點，是道的文化性別。首先，"母"的比喻有利於說明道與萬物的關係。"既得其母，以知其子；即知其子，復守其母，沒身不殆。""既得其母"即對宇宙本根之道的理解，也就是對道所代表的價值原則的認識與遵循。"以知其子"說明對道的理解應該運用於對具體事物的認知，包括認識人類行為應該遵守的價值和方法。"復守其母"則強調對具體事物的認識不能脫離對宇宙本根之道的把握。"得母知子，知子守母"的說法形象地闡明了宇宙萬物總根源和總根據與萬物的密切關係。在這方面，中國哲學與西方哲學有一個根本的不同。西方哲學的形而上學固然是講宇宙萬物的來源、本質，但是西方哲學認為萬物的根源或本質與萬物本身分屬兩個領域或世界，彼此隔絕；而中國哲學，不論道家還是儒家，則相信宇宙萬物的根源和衆多萬物是連貫的、連續的。

其次，以"母"譬喻宇宙的總根源是對道的文化性別的肯定，是老子哲學的雌柔原則的表現。"母"的形象與"雌"是一致的。但"雌柔"的特點可以包括母性的特點，因此更有普遍性。在第六章中，老子將天地之根喻作"玄牝"，也表明了道的雌性特點。自然與無為的表現和優點也能從"柔"與"弱"得到說明，比如本章所說"守柔曰強"。而柔弱的原則也很容易使人們想到雌柔原則或女性的特點。在《老子》中，提到"柔"有十一次（第十、三十六、四十三、五十二、五十五章各一次，第七十六章四次，第七十八章兩次），"弱"有十次（第三、四十、五十五章各一次，第三十六、七十八章各兩次，第七十六章中出現三次），絕大多數情況下，老子探討的是柔弱之益（僅第三十六章"將欲弱之"一句除外）。"守柔曰強"說明老子的目的本身不是求柔、守弱，而是要超越世俗的價值和方法，以更高的方法和原則去達到一般人所不理解的"強"（參見析評引論 6.2，28.2，43.1）。

第 五 十 三 章

原文對照

河 53.1　使我介然有知,行於大道。　　傅 53.1　使我介然有知,行於大道,

河 53.2　唯施是畏。　　傅 53.2　惟施是畏。

河 53.3　大道甚夷,而民好徑。　　傅 53.3　大道甚夷,而民好徑。

河 53.4　朝甚除,田甚蕪,倉甚虛。　　傅 53.4　朝甚除,田甚蕪,倉甚虛。

河 53.5　服文綵,帶利劍,　　傅 53.5　服文采,帶利劍,

河 53.6　厭飲食,財貨有餘,　　傅 53.6　厭飲食,貨財有餘,

河 53.7　是謂盜誇。　　傅 53.7　是謂盜夸。

河 53.8　(盜誇),非道(也)哉!　　傅 53.8　盜夸,非道也哉。

王 53.1　使我介然有知,行於
　　　　　大道,　　帛 53.1　使我介有知,行於大道,

王 53.2　唯施是畏。　　帛 53.2　唯施是畏。

王 53.3　大道甚夷,而民好徑。　　帛 53.3　大道甚夷,民甚好解。

王 53.4　朝甚除,田甚蕪,倉
　　　　　甚虛。　　帛 53.4　朝甚除,田甚芜,倉甚虛。

王 53.5　服文綵,帶利劍,　　帛 53.5　服文采,帶利劍,

王 53.6　厭飲食,財貨有餘,　　帛 53.6　厭食而資財□□。

王 53.7　是謂盜夸。　　帛 53.7　□□盜□。

王 53.8　非道也哉!　　帛 53.8　□□,非□也。

對勘舉要

（1）本章傳世本比較一致，帛書本與傳世本略有差別，帛書甲乙本之間則有個別文字的不同，沒有竹簡本作參照。帛書甲本段前有分章標誌，段末殘損。河上本題為"益證"，較晦澀。

（2）"使我介然有知，行於大道，唯施是畏。"

此段，河上、王弼、傅奕諸本一致。"介然有知"，帛書甲本作"撽有知也"，整理者云：撽，即絜之異體，各本皆作介。嚴遵《道德指歸》釋此句云："負達抱通，提聰挈明"，註引經文作"挈然有知"，而正文已改作"介"（國家文獻 1980，7，注 19）。乙本作"介有知"，似同傳世本，但無"然"字。鄭良樹云："帛書乙本'介'字同，甲本作'撽'，並無'然'字。〈指歸〉釋曰：'是以玄聖處士，負達抱通，提聰挈明。'其下引曰：'絜然有知，行於大道者，唯施是畏也。'皆可證嚴本正文'介然'作'絜然'，與帛書甲本合，至為可貴。今嚴本正文及其他各本已作'介然'，蓋後人所改也。"（鄭良樹 1997A，229）

帛書甲本"撽"、乙本"介"，高明皆讀為"挈"。並云："《說文·手部》：'絜，縣持也。'引申為持握或掌握。'使我絜有知'，謂假使我掌握了知識。'絜'、'介'古同為見紐月部字，讀音相同，今本'介'乃'絜'之借字，此當從甲本。"（高明 1996，80）按高明所說，"絜有知"不當作"絜然有知"。"唯施是畏"，帛書甲本殘，乙本作"唯他是畏"，整理者讀為"施"，高明從王念孫讀為"迤"，邪也（同上）。

（3）"大道甚夷，而民好徑。朝甚除，田甚蕪，倉甚虛。"

此段河上、王弼、傅奕諸本相當一致。帛書本只有一句用字與傳世本不同而值得討論。"而民好徑"之"徑"，帛書甲本作"解"，乙本作"懈"。整理者曰：解，疑讀為嶰，指山谷間。一說解讀為徑

（國家文獻 1980，7，註 20）。高明皆讀為"徑"。高明說："甲本
'解'字，乙本作'懈'，……'懈'乃'解'字之古形。'徑'與
'解'字古音相同，可互相假用，在此'徑'為本字。河上公註：
'俓，邪不平正也。'《說文·彳部》：'徑，步道也。'小徐註：'道不
容車，故曰步道。'步道自成，多彎曲不直，俗謂羊腸小道，正與
'大道甚夷'對文。"（高明 1996，81）

(4)"服文綵，帶利劍，厭飲食，財貨有餘，是謂盜夸。非道也哉。"

此段為王弼本。其他各本稍有差異。"綵"，傅奕本、帛書本作
"采"。"厭"，傅奕本、帛書本原作"猒"，乃異體字。"財貨"，傅奕
本作"貨財"，帛書甲本殘，乙本作"資財"。"盜夸"二字，傅奕本
重複一次，帛書甲乙本俱殘，但據乙本殘缺間隔計算，原文似當重複
二字。末句，影宋河上本作"非道哉"，王卡據道藏本補為"道誇，
非道也哉"（王卡 1993，204，206）。

本章"盜夸"二字比較費解，歧見較多。《韓非子·解老》引作
"盜竽"，有從之者，有駁之者。于省吾讀為"盜誇"，盜、誕雙聲，
故可讀為"誕誇"（于省吾 1962，242）。張富祥認為通行本作"夸"
可能是"荂"的省寫或訛寫，即古之"花"之別體。而"盜花"即
"盜華"。"華"與"除"、"虛"、"餘"為韻。"盜華"即不結果實的虛
花、謊花，連下句就是"盜華，非道也哉"與第三十八章"道之華而
愚之始"相應一致。"盜華"即虛假的繁榮，所以是"非道也"（張富
祥 2003，122—124）。張論甚詳，足備一說。

析評引論

53.1 大道與小路

本章前半部份以大道與捷徑相對比，後半部份以政經衰敗與風氣
浮華相對照。兩部分的關係若即若離。《老子》本來就是很多精粹的
雋永之語匯集而成，不能當作專論逐章逐句連續解讀。當然，也不能

當作毫不相干的隻言片語的雜湊。其中分寸，值得體會玩味。

老子說："大道甚夷，民甚好徑。"大道的本義是平坦之途，比喻理想的社會原則和行事原則。"徑"即小徑、曲徑、險徑，即小路，比喻正途之外的方法和途徑。各地都有修好的道路，各地也都可能發現人們在正路之外踩出小路，或因無路可走，或因大路太遠。小徑是人們離不開的便捷之途。走小路，如果是無可選擇，自然可以理解。如果純粹是取巧貪便，不顧公共秩序，不顧惜地上的農作物和花草，那就是不當的，也就是老子所要批評的"民甚好徑"。

從社會秩序的角度來講，大道是人人皆知、通常應該遵循的道理、原則，小徑則是對原則的修正、補充或逃避。老子說，如果自己能夠有足夠的知識，推行正確的原則，那麼最重要的就是警惕自己的"施"，即由自己主動發出的對他人會有影響的治理方法和原則。大道既明，人人遵循，社會自然平安無事，不勞施政者建功立業，青史留名。但是，如果社會的治理者為了享用自己的權利，或為了顯示自己的才幹忠心，或為了積累升遷的資本，因而不斷發號施令，那麼社會是不得安寧的。從百姓的角度來看，如果有平坦的大路不走，專門挑便宜、圖省事、顧己而不顧人，那麼社會也就有了不安定、不平靜的混亂之源。所以老子倡大道，反對走小路。

"朝甚除，田甚蕪，倉甚虛"說明社會政治不清、經濟不振，但是人們的表現卻是"服文綵，帶利劍，厭飲食，財貨有餘"，這就是社會的浮華之氣，當然不合大道原則。經濟繁榮時，尚且不應有浮華之氣，何況經濟不好的時候呢？然而弔詭的是，浮華之氣往往是在經濟並非真正發達，多數人並非真正富足的時候才會出現、流行。浮華是一種炫耀，並非必要；是一種虛榮，並非富足。浮華的社會風氣往往是在一些人暴富、多數人追慕的情況下才會氾濫風靡。多數人的不足恰恰是少數人炫耀其幸運、享受其虛榮的催化劑。如果大多數人都已經過上富足的生活，或者大家一貫生活安樂自得，誰還有必要向他人炫耀自己的財富和成就呢？從更深的意義上來看，追求浮華的虛榮往往還會促使人們不顧一切地追逐短期效益，急功近利，從而對社會生態和自然環境造成破壞並最終瓦解長期穩定發展的基礎。所以說浮華之風非道也。

　　大道即整體自然和諧、個體自由舒暢的社會理想，小路即各自蠅營狗苟、損人利己的社會現象。本章沒有一字講到自然、無為，但是背後所隱含的道理還是社會秩序的自然和諧，社會治理者的無為而治，百姓的樸實無華、自足自樂。

第 五 十 四 章

原文對照

河 54.1　善建者不拔，

傅 54.1　善建者不拔，

河 54.2　善抱者不脫，

傅 54.2　善襄者不脫，

河 54.3　子孫祭祀不輟。

傅 54.3　子孫祭祀不輟。

河 54.4　修之於身，其德乃真；

傅 54.4　修之身，其德乃真。

河 54.5　修之於家，其德乃餘；

傅 54.5　修之家，其德乃餘。

河 54.6　修之於鄉，其德乃長；

傅 54.6　修之鄉，其德乃長。

河 54.7　修之於國，其德乃豐；

傅 54.7　修之邦，其德乃豐。

河 54.8　修之於天下，其德乃普。

傅 54.8　修之天下，其德乃溥。

河 54.9　故以身觀身，以家觀家，

傅 54.9　故以身觀身，以家觀家，

河 54.10　以鄉觀鄉，以國觀國，

傅 54.10　以鄉觀鄉，以邦觀邦，

河 54.11　以天下觀天下。

傅 54.11　以天下觀天下。

河 54.12　（吾）何以知天下之然哉？
　　　　　以此。

傅 54.12　吾奚以知天下之然哉？
　　　　　以此。

王 54.1　善建者不拔，

帛 54.1　善建者□拔，

王 54.2　善抱者不脫，

帛 54.2　□□□□□，

王 54.3　子孫以祭祀不輟。

帛 54.3　子孫以祭祀不絕。

王 54.4　修之於身，其德乃真；

帛 54.4　脩之身，其德乃真。

王 54.5　修之於家，其德乃餘；

帛 54.5　脩之家，其德有餘。

王 54.6　修之於鄉，其德乃長；

帛 54.6　脩之鄉，其德乃長。

王 54.7　修之於國，其德乃豐；

帛 54.7　脩之國，其德乃豐。

王 54.8　修之於天下，其德乃普。

帛 54.8　脩之天下，其德乃溥。

王 54.9　故以身觀身，以家觀家，

帛 54.9　以身觀身，以家觀家，

王 54.10　以鄉觀鄉，以國觀國，　　　帛 54.10　以鄉觀鄉，以邦觀國，

王 54.11　以天下觀天下。　　　　　　帛 54.11　以天下觀天下。

王 54.12　吾何以知天下然哉?以此。　帛 54.12　吾何□知天下之然哉?
　　　　　　　　　　　　　　　　　　　　　　　　　以□。

竹 54.1　善建者不拔，

竹 54.2　善休者不脫，

竹 54.3　子孫以其祭祀不屯。

竹 54.4　修之身，其德乃真。

竹 54.5　修之家，其德有餘。

竹 54.6　修之鄉，其德乃長。

竹 54.7　修之邦，其德乃豐。

竹 54.8　修之天下□□□□。

竹 54.9　□□□家，以鄉觀鄉，

竹 54.10　以邦觀邦，

竹 54.11　以天下觀天下。

竹 54.12　吾何以知天□□□□□。

對勘舉要

（1）竹簡本相當於本章的內容抄在乙本第三組最後一部分，接在第四十五章內容之後，前面沒有明顯的分章標記。在第四十五章末句"清淨為天下正"之後，有一暗墨點，有可能是褪色的斷句號或分章號。最後兩根簡下端殘斷。本章帛書甲乙本都有殘損，甲本較嚴重。

本章帛書乙本無"以鄉觀鄉"一句，當為誤脫，此據甲本補。甲本"以邦觀邦"一句，乙本殘破，只剩最後一"國"字，據文義原文當是"（以國觀）國"。不過，本書體例是帛書以乙本為主，乙本殘缺者據甲本補。因此此處帛書本作"（以邦觀）國"，邦、國不一，乃體例所限。此為個別情況，請讀者鑒察。

河上本題為"修觀"，取文中兩個主要字為題。

（2）"善建者不拔，善抱者不脫，子孫以祭祀不輟。"

此為王弼本。"抱"，竹簡本作"休"。整理者疑是"保"字簡寫。李零讀為"抱"（李零2002，22）。廖名春說"抱"恐係後出，故書當作"保"（廖名春2003，482）。

"子孫以祭祀不輟"一句，河上本、傅奕本俱略"以"字，帛書甲乙本都有"以"字，唯竹簡本"以"作"以其"。有"以其"二字說明子孫後代傳續不絕是因為祖廟祭祀不斷。一旦沒有祖廟祭祀活動作為家族聯絡的禮法，則子孫四散，家統中斷。用"以其"二字因果關係十分明確。略去"其"而單用"以"，仍可表達因為之義，但是容易誤會為連詞"而"。一旦誤作連詞理解，則可省略，於是有傅奕本和河上本的"子孫祭祀不輟"的句子。這樣一來，"祭祀"與"不輟"合為一事，成為上文原因，句義有變。《韓非子·喻老》正引作"子孫以其祭祀，世世不輟"。其引語未必字字準確，但古本之義則明確無誤。從文義確切的角度來看，應從竹簡本用"以其"二字。"不輟"二字，帛書乙本作"不絕"（甲本殘），意義相同。竹簡作"不屯"。竹簡整理者說："屯"，竹簡原文為"屯"之省形。裘錫圭說：
從字形看，似為毛字（荊門市博物館 1998，120，注 27）。李零讀為
"輟"（李零 2002，23）廖名春說："疑字當隸作'中'而讀為'輟'。"
（廖名春 2003，483）

(3) "修之於身，其德乃真；修之於家，其德乃餘；修之於鄉，其德
乃長；修之於國，其德乃豐；修之於天下，其德乃普。"

此段為河上本、王弼本。五個"修之於"，傅奕本、帛書本、竹簡本
皆無"於"，敦煌本多無"於"字。"於"字當是河上本、王弼本的祖本
編者為了四字句的效果而加之。諸本"修之"的"身"、"家"、"鄉"、
"國"、"天下"的排列一致，惟傅奕本和竹簡本"國"作"邦"，傅奕本
通常用"國"。在多數情況下，帛書甲本作"邦"，而乙本作"國"［參見
第二十五章對勘舉要（5），引論 18.2—4］，這一段甲本殘，據下段，甲
本本作"邦"。諸本"其德乃"的"真"、"餘"、"長"、"豐"、"普"的排
列也比較一致，但傅奕本"普"作"溥"，帛書甲本殘，乙本作"博"，
整理者讀為"溥"，高明讀作"博"字（高明 1996，88）。

"其德乃餘"一句，帛書乙本和竹簡本皆作"其德有餘"（帛書甲
本殘）。"餘"在古代一般作修飾語，如"行有餘力"（《論語·學
而》），"農有餘粟，女有餘布"（《孟子·滕文公下》），"餘風未殄"
（《尚書·畢命》），而不單作謂語，所以竹簡本、帛書本都作"其德有
餘"，而不作"其德乃餘"。嚴遵本及多個敦煌本作"其德有餘"。按
河上公註及王弼註也應該作"有餘"。"乃餘"顯然是以後的編校者為
求四句一律而改。這種校改是硬求形式整齊而不知避免以詞害意，當
代學者應引以為戒。王念孫《廣雅疏證·釋詁三下》云："長、餘，
皆久也。"所引證據就是《老子》通行本"修之於家，其德乃餘；修
之於鄉，其德乃長"兩句。"其德乃餘"如按竹簡本和帛書本作"其
德有餘"，則王說未必成立。

(4) "故以身觀身，以家觀家，以鄉觀鄉，以國觀國，以天下觀天下。
吾何以知天下之然哉？以此。"

本段各本大體相近，河上、王弼、傅奕諸本第一句前皆用"故"字，

帛書甲乙本、竹簡本皆無"故"，是古本本無"故"；從文義看，用"故"不錯，但亦非必要。《老子》最初的形式是格言雋語的匯集，後人編輯時求形式上的連貫而加連詞。王弼本脫"天下之然"的"之"，似應補之。"何以知"，傅奕本作"奚以知"，意同。"以鄉觀鄉"一句，帛書乙本脫，此據甲本補。竹簡本沒有"以身觀身"一句，是原本就沒有此句，還是竹簡本誤脫？筆者以為殊難判斷。對這種問題的處理，論者常以句式整齊、一律的原則來判定這種情況，而竹簡本和帛書本的出土則說明，這種一致性的原則往往是後人的一廂情願。

竹簡本末句"吾何以知天"之下簡殘缺，無以判斷原來字數，此處五個空格從整理者釋文。

這裏帛書本之"以邦觀國"是甲乙合本，是維持體例一致的結果。引用時當按甲本作"以邦觀邦"。

析評引論

54.1　《老子》與《詩經》：迴環

筆者曾論證，《老子》中的韻文部份（而不是全部）與《詩經》的句式、韻式、修辭手法相當一致，而與《楚辭》很不相同（劉笑敢1997）。本章的實例就是迴環的修辭手法。《詩經》的特點之一是迴環往復的修辭方式，這種方式在《楚辭》中和以後的文人詩中就很少見了。按照王力的說法，"字句在詩篇中反復出現，叫做迴環。迴環也是一種形式美。"（王力1980，87）下面我們比較一下《老子》和《詩經》在這方面的相似之處。在下列引文中，"○"指示重複的字句，"△"指明韻腳。例如《鄘風·相鼠》：

相鼠有皮，
○○○　△
人而無儀。
○○○　△

人而無儀，
〇 〇 〇 △

不死何為。（歌部）
〇 〇 〇 △

相鼠有齒，
〇 〇 〇 △

人而無止。
〇 〇 〇 △

人而無止，
〇 〇 〇 △

不死何俟。（之部）
〇 〇 〇 △

相鼠有體，
〇 〇 〇 △

人而無禮。
〇 〇 〇 △

人而無禮，
〇 〇 〇 △

胡不遄死。（脂部）
〇 〇 　 △

又如《齊風·雞鳴》：

雞既鳴矣，
〇 〇 △ 〇

朝既盈矣。
〇 〇 △ 〇

匪雞則鳴，
〇 〇 〇 △

蒼蠅之聲。（耕部）
　 〇 △

東方明矣，
〇 〇 △ 〇

朝既昌矣。
〇 〇 △ 〇

匪東方則明，
　 〇 〇 △

月出之光。（陽部）
　　〇　　△

在這些詩中，除韻腳字以外，幾乎所有的字都有重複。這種相同字句反復迴環的句式在《老子》也十分常見。如第五十四章：

修之身，其德乃真；　　　　（真部）
〇〇△　〇〇〇△

修之家，其德有餘；　　　　（魚部）
〇〇△　〇〇〇△

修之鄉，其德乃長；　　　　（陽部）
〇〇△　〇〇〇△

修之邦，其德乃豐；　　　　（東陽合韻）
〇〇△　〇〇〇△

修之天下，其德乃溥。　　　（魚部）
〇〇〇△　〇〇〇△

以身觀身，以家觀家，
〇〇〇〇　〇〇〇〇

以邦觀邦，以天下觀天下。　（魚部）
〇〇〇〇　〇〇〇〇〇△

這裏除韻腳以外的字也幾乎全部有重複，這在後來的詩歌中是很少見的。又如第十四章：

視之而弗見，命之曰微。
〇〇〇　　〇〇〇△

聽之而弗聞，命之曰希。
〇〇〇　　〇〇〇△

搏之而弗得，命之曰夷。　　（脂微合韻）
〇〇〇　　〇〇〇△

這裏的句式也明顯是以大多數重複的字為骨架，而韻腳字必定變換。

這些實例說明《老子》中的韻文部份與《詩經》的風格相當一致，而與《楚辭》不同。筆者的觀點或被錯誤引申。有人認為，既然《老子》與《詩經》一致，說明《老子》也是民間口頭文學，廣泛流傳，最後匯集成《老子》，因此沒有一個作者。這種看法誇大了《老子》與《詩經》的相似性。筆者反復說明,這種相似性只限於《老子》中的韻文部份。從整體上看,《老子》是韻文與散文的融合,而不完全是詩歌。《詩經》是從大量的民間采詩中搜集選編而來,這有明確記載。但《老子》並非如此。不能將《老子》當作《詩經》式的口頭文學作品。至於《老子》與《詩經》之相似性是不是由於後人的有意模仿,可參見析評引論28.1和39.1。

54.2 由身而天下:儒道同異

本章講到:"修之身,其德乃真;修之家,其德有餘;修之鄉,其德乃長;修之邦,其德乃豐;修之天下,其德乃普。""修之身"就是修身,但是"修之家"、"修之鄉"、"修之邦"、"修之天下"則不能理解為修家、修鄉、修邦、修天下,而只能理解為修身之真的擴充。此德之真擴充於家,其德表現為充實有餘;擴充於鄉,則表現為長久不衰;擴充於邦,則表現為豐碩廣被;擴充於天下,則表現為流布天下。這裏從個人修身講起,一直擴充到家、鄉、邦乃至天下,很容易令人想到《禮記·大學》中的說法:"身修而後家齊,家齊而後國治,國治而後天下平。"儒家與道家都重視自身的人格品德的修養,又將個人的品德修養看作家族、社群、邦國以及天下太平的根基,都將個人的修養問題與國家、天下的治理直接聯繫起來。在這方面,儒、道兩家顯然是相通一致的。畢竟儒家、道家都是同一文化土壤上的蒼松翠柏(參見析評引論49.3)。

這裏說儒道相通與相異,而不說儒道相同與相異,一字之差是為了準確。說相同與相異,好像有某些部份完全一樣,某些部份又很不一樣,事實並非這樣簡單。不同的思想學說很難簡單地分成相同和不同的部份。所謂同與異都是要通過分析來彰顯。相通即是說表明上可能不同,但是實質上有可以相互溝通、相容相濟的內容。這種實質上的相通也是需要獨特的視角和深入的分析才能彰顯出來的,而這些可以相通的內容和它們各自不同的思想內容是一個有機的整體,不能簡單地切割加減。

顯然，儒家與道家的個人修養的內容、方法、目的是很不同的。就以《禮記·大學》和本章的內容來說，《老子》中就沒有格物致知、誠意正心的內容。而《老子》說"以身觀身，以家觀家，以鄉觀鄉，以國觀國，以天下觀天下"，似乎不主張以一軀之身直接繫於天下興亡，與儒家"天下興亡，匹夫有責"的教義不同。儒家學說以道德責任為中心，給個人和社會帶來過高的要求和緊張，並且會滋長個人代表絕對正義，因而可以所向披靡的假象。而道家的主張也會給人不負責任、放任自流的錯誤印象。怎樣在現代社會的背景下清理、發展古代的思想遺產是一個很不容易短期見效的課題，但卻是一個很重要並需要更多人不斷地嚴肅思考和創造發展的領域。

54.3　哲學與歷史

《老子》中沒有一個專有名詞，即沒有一個具體的地名、人名等。有人據此認為歷史上根本沒有老子其人，《老子》其書也沒有一個具體的作者。這裏我們不準備討論這種觀點，而是要強調，即使《老子》沒有提到具體的歷史人物和事件，也仍然和中國的歷史與社會生活有著密切聯繫。這是中國哲學與思想的實踐性、歷史性的品格。

本章開篇說："善建者不拔，善抱者不脫，子孫以其祭祀不輟。"王淮說："建，謂建'德'。抱，謂抱'道'。此言善於修道建德者，根基深厚堅固，人生立於不敗之地，福德常留人間，並且延及子孫，宗廟祭祀，可以世代不絕。《史記·管晏列傳》：'鮑叔既進管仲，以身下之。子孫世祿於齊，有封邑者十餘世，常為名大夫。天下不多管仲之賢，而多鮑叔能知人也。'鮑叔牙之為人，即所謂'善建者不拔，善抱者不脫，子孫以祭祀不輟'者矣。"（王淮 1972，215）這是以歷史故事印證《老子》思想的道理。

這種以歷史事件解說老子的傳統開創於韓非子。韓非子的〈解老〉、〈喻老〉都是以具體的歷史事件來解說《老子》。關於本章，〈喻老〉說："楚莊王既勝，狩於河雍，歸而賞孫叔敖。孫叔敖請漢間之地，沙石之處。楚邦之法，祿臣再世而收地，惟孫叔敖獨在。此不以其邦為收者，瘠也，故九世而祀不絕。故曰：'善建不拔，善抱不脫，子孫以其祭祀世世不輟。'孫叔敖之謂也。"鮑叔牙、孫叔敖皆以謙下退讓而長久得益，這是智慧，而不是陰謀。慣於爭強好勝的人是無法領會和實踐這種大智慧的。

以歷史人物和事件闡明哲理和智慧，是中國哲學與文化的一個特色。事實上，更多的時候，哲學家往往是通過對歷史人物和歷史事件的評論引申出哲學和思想理論的，這在《論語》和《孟子》中猶為明顯。中國哲學與思想的這一特點和西方哲學，主要是西方近代哲學構成了鮮明的對照。西方的哲學家，往往不是從歷史事件中引申出自己的哲學理論，而是從一個理論假設和前提出發引申構築龐大的理論體系，如笛卡爾的"我思故我在"，霍布斯的"自然狀態"，以及羅爾斯（John Rawls，1921—2002）的"無知之幕"（veilofignorance）。中國哲學和西方哲學的這種不同似乎很難溝通。然而，在中西交匯之際，西方哲學的純理論的、邏輯的、思辨的傳統對中國哲學是不是有借鑒意義呢？而中國哲學的實踐的、歷史的品格對西方哲學傳統會不會有所啟迪呢？

54.4 詮釋之難

本章的難點在於"以身觀身，以家觀家，以鄉觀鄉，以國觀國，以天下觀天下"一段。

河上公註云："以修道之身觀不修道之身，孰亡孰存也。以修道之家觀不修道之家也。以修道之鄉觀不修道之鄉也。以修道之國觀不修道之國也。以修道之主觀不修道之主也。"（王卡 1993，208）

《管子·牧民》有云："以家為鄉，鄉不可為也。以鄉為國，國不可為也。以國為天下，天下不可為也。以家為家，以鄉為鄉，以國為國，以天下為天下。"高亨認為此說與《老子》大旨相同（高亨 1957，115）。

王淮不贊成河上公和高亨的解釋。他說："此處章句歷來無善解，舊註多無足取者……河上公所註似可解，而末句極不通，蓋既言'天下’，天下無二‘主’，如何‘以修道之主，觀不修道之主’？高亨引管子……不加說明而判曰：‘大恉與此文同’。實則管子此文除‘文法’與老子此文相同外，‘大恉’有何相同，實未易見。今試為之解，所謂‘以身觀身，以家觀家，以鄉觀鄉，以國觀國，以天下觀天下’者，言由一人之言行，可以觀（知）其人之德；以一家之家風，可以觀（知）其家長之德；由一鄉之鄉俗，可以觀（知）其鄉正之德；由一國之國情，可以觀（知）其國君之德；同理，由天下之民風物情即可以觀（知）天下主之德。”（王淮 1972，217—218）

王說自有其見。然而，他對高亨之說似乎否定得有些倉促。筆者認為《管子》之文可能是我們理解《老子》此章的一把鑰匙。此處為甚麼重複說明應當“以身觀身，以家觀家，以鄉觀鄉，以國觀國，以天下觀天下”？應當有其針對性。老子強調的正面是“以 A 觀 A”，那麼其針對的應當是其反面，即不能“以 A 觀 A”。不能“以 A 觀 A”，又可以有兩種情況，一種是以下觀上，即“以身觀家，以家觀鄉……”一種是以上觀下，即“以家觀身，以鄉觀家……”根據《管子》的批評，老子這裏批評的很可能也是以下觀上，即以局部的情況觀察、理解全局的形勢，或從局部的利益出發管理、操縱大局等等。用哲學的語言來說，老子所主張的可能就是以特定的範圍觀察、解決特定範圍內的問題，反對混淆問題的範圍而造成混亂。所以要“修之身……修之家……修之鄉……修之國……修之天下”，而不能僅從“修之身”直接推廣到天下。當然，這種理解也是一種推論與可能，儘管筆者認為這是比較合理的理解。

順便說明，上引《管子》之文與《老子》或道家思想並不相同。《管子》下文緊接著說的是“毋曰不同生，遠者不聽。毋曰不同鄉，遠者不行。毋曰不同國，遠者不從。如地如天何私何親，如月如日，唯君之節。御民之轡，在上者之貴。道民之門，在上之所先。召民之路，在上之所好惡。故君求之，則臣得之。”這裏強調君主的直接榜樣作用，更接近儒家思想。

54.5　面對詮釋之難

上文的討論涉及到經典詮釋中的一個困難的實例。在詮釋古代經典時，常常會遇到一些意義模糊、難以理解的內容。由此產生了中國的章句訓詁之學和西方的詮釋學。二者都是對經典詮釋的實踐以及在實踐基礎上的理論總結。西方詮釋學有悠久的傳統，複雜的演變，以及豐富的理論。它讓我們對經典詮釋有了新的理解和新的思考，但也仍然不能消除實際詮釋工作中的困難。相反，我們對詮釋活動的過程和特點了解越深刻，我們對詮釋對象就越難下絕對的判斷。自然科學似乎不斷回答我們所不知道的問題，但是，在回答問題的同時，也總會開拓出新的未知領域並提出新的問題。同樣，詮釋學在讓我們更深刻地理解詮釋過程的同時，也對我們突顯了詮釋的困難。經典的作者已經作古因而無法回答我們的疑難，經典產生的時代已經過去，經典同時代的著作大多已經失傳，要了解經典的真意或本義似乎完全是不可能的。

就筆者理解，詮釋活動的根本困難就在於我們處於歷史和當代的張力之間。一方面是我們不斷接近歷史文本的"真相"的願望和努力，另一方面是我們受自己的時代需求的召喚以及受限於自己的文化知識背景的追索。任何人都無法擺脫這兩種追求或兩種定向之間的緊張。在這種衝突中，筆者建議的立場是：

第一，儘管我們永遠不可能達到和證明絕對的、惟一的歷史的"真相"，但是我們永遠不能放鬆和放棄盡可能貼近歷史真相的努力，捨此則無學術、無研究，只有自由發揮，或各逞其才。

第二，我們對自己的時代需要和限制、知識背景的長處和短處、以及自己的詮釋工作是側重於歷史的探索還是側重於現實的需求、以及二者之間的衝突和銜接，應該有盡可能自覺的認識和論證。

第三，我們應該盡可能提出創造性的理解，應該認真對照、分析、吸收和批評其他不同的理解，不應該對他人的認真的理解和詮釋視若無睹，同時，永遠不應該也沒有資格宣稱自己已經發現了惟一的歷史的真相。

第 五 十 五 章

原文對照

河 55.1　含德之厚，比於赤子。

傅 55.1　含德之厚者，比之於赤子也。

河 55.2　毒蟲不螫，

傅 55.2　蜂蠆不螫，

河 55.3　猛獸不據，玃鳥不搏。

傅 55.3　猛獸不據，攫鳥不搏。

河 55.4　骨弱筋柔而握固。

傅 55.4　骨弱筋柔而握固。

河 55.5　未知牝牡之合而峻作，精之至也。

傅 55.5　未知牝牡之合而朘作，精之至也。

河 55.6　終日號而不啞，和之至也。

傅 55.6　終日號而嗌不嗄，和之至也。

河 55.7　知和曰常，知常曰明，

傅 55.7　知和曰常，知常曰明，

河 55.8　益生曰祥，心使氣曰強。

傅 55.8　益生曰祥，心使氣則彊。

河 55.9　物壯則老，謂之不道，不道早已。

傅 55.9　物壯則老，謂之不道，不道早已。

王 55.1　含德之厚，比於赤子。

帛 55.1　含德之厚者，比於赤子。

王 55.2　蜂蠆虺蛇不螫，

帛 55.2　蜂蠆虺蛇弗螫，

王 55.3　猛獸不據，攫鳥不搏。

帛 55.3　據鳥猛獸弗搏，

王 55.4　骨弱筋柔而握固，

帛 55.4　骨筋弱柔而握固。

王 55.5　未知牝牡之合而全作，精之至也。

帛 55.5　未知牝牡之會而朘怒，精之至也。

王 55.6　終日號而不嗄，和之至也。

帛 55.6　終日號而不嚘，<u>和之至也</u>。

王 55.7　知和曰常，知常曰明，

帛 55.7　<u>和曰常</u>，知常曰明，

王 55.8　益生曰祥，心使氣曰強。

帛 55.8　益生曰<u>祥</u>，心使氣曰強。

王 55.9 物壯則老，謂之不道，　　帛 55.9 物□則老，謂之不道，
　　　　不道早已。　　　　　　　　　　　　不道早已。

竹 55.1 含德之厚者，比於赤子，

竹 55.2 蚖蠆蟲蛇弗螫。

竹 55.3 攫鳥猛獸弗扣，

竹 55.4 骨弱筋柔而捉固，

竹 55.5 未知牝牡之合然怒，精
　　　　之至也，

竹 55.6 終日乎而不憂，和之至
　　　　也，

竹 55.7 和曰常，知和曰明，

竹 55.8 益生曰祥，心使氣曰強。

竹 55.9 物壯則老，是謂不道。

對勘舉要

（1）本章各本内容大體接近。竹簡本内容抄在甲本第五組最前面，後面有分章符號和空格，本章是古本與傳世本分章相一致的例子。帛書甲乙本各有一些殘缺，内容大體一致。河上本題為"玄符"，或以赤子為玄妙之象徵。

（2）"含德之厚，比於赤子。"

這兩句河上本與王弼本同。第一句"含德之厚"，傅奕本、帛書本、竹簡本都作"含德之厚者"，似古本如此，其主語是人而不是事。河上本、王弼本為句式整齊而刪"者"。從句法及語義的完整合理來說，當從竹簡本、帛書本。第二句"比於赤子"，傅奕本作"比之於赤子也"，增兩字。用字較繁是傅奕本的特點之一。

（3）"毒蟲不螫，猛獸不據，攫鳥不搏。"

此段為河上本，傅奕本句式與之一樣，都是整齊的四字句，唯傅奕本"毒蟲"作"蜂蠆"，並有通假字的不同。王弼本是六、四、四字句型，即"蜂蠆虺蛇不螫，猛獸不據，攫鳥不搏"，帛書甲乙本原字複雜，整理者讀作"蜂蠆虺蛇弗螫，據鳥猛獸弗搏"，竹簡本難以辨認多有歧見。廖名春讀為"蜂蠆虺蛇弗螫，攫鳥猛獸弗搏"（廖名春2003，322），李零讀為"虺蠆蟲蛇弗蟄，攫鳥猛獸弗扣"（李零2002，4）。竹簡本與帛書本一致，都是兩個六字句，句意基本相同。

本章用字冷僻造成各本用字及句型差別很大。除上述河上本和傅奕本的四、四、四字的句型，王弼本的六、四、四字句型，以及帛書本和竹簡本的六、六字句型外，高明先生還舉出遂州本的四、六字句型。經過比較分析，高明先生認定帛書本的兩個六字句為古本之舊（高明1996，90—93）。竹簡本出土證明高先生所論精當。顯然，河上本和傅奕本的編者根據《老子》中原有的四字句較多的特點而加工古本，將兩個六字句改成了三個四字句，而王弼本還保留了一個六字句。

（4）"骨弱筋柔而握固，未知牝牡之合而朘作，精之至也。"

此為傅奕本。"骨弱筋柔"，竹簡本與帛書甲本同，帛書乙本作"骨筋弱柔"，顯為筆誤。"握固"，竹簡本作"捉固"，义同。"筋"字，影宋河上本原作"𥲑"，乃俗字。

"朘作"之"朘"字，《說文》云："'朘'，赤子陰。"切合文義。王弼本作"全作"，俞樾說"全字之義未詳……王註曰'……故能全長也。'說殊未安。"俞樾推測"全"字可能是陰字半邊缺損所引起之誤（俞樾 1934，155）。各本，包括敦煌本，無作"全"字者，王弼本顯誤。河上本作"峻作"，峻即"朘"也。"朘作"，帛書甲本殘，乙本作"朘怒"；竹簡本作"然怒"，"然"字，裘錫圭說：此字之義當與帛書本等之"朘"相當，似非"然"字（荊門市博物館 1998，116，注 71）。李零認為簡文此處與簡文常見之"然"字不同，疑是假"㸐"為"朘"（李零 2002，7）。各本相較，以傅奕本"朘作"和帛書本"朘怒"為上。

（5）"終日號而不嗄，和之至也。"

此為王弼本。"號"字，河上本、帛書本、傅奕本皆同。李零云：竹簡本此字從"虎"從"口"，多用為"呼"或"乎"，故整理者讀為"乎"。但此字在楚簡中還有"號"、"虐"等不同用法，原文以此指小孩啼哭，讀"號"似更合適（李零 2002，7）。

"嗄"字各本多有不同，司馬彪註《莊子·庚桑楚》云：楚人謂啼極無聲曰嗄。作"嗄"切合文義。河上公本作"啞"，意思相同。帛書本作"嚘"、傅奕本作"歇"，皆從"憂"，似與"夏"相混淆的結果。關於"嚘"字，《說文》云："語未定貌。"《玉篇·口部》云："嚘，氣逆也。"顯然，作"嚘"與上下文義不合。傅奕本似衍一"嗢"字。

（6）"知和曰常，知常曰明，益生曰祥，心使氣曰強。"

此為王弼本，河上本後三個曰皆作"日"，例同第五十二章〔見該章對勘舉要（5）〕。末句傅奕本用字有所不同。"知和曰常，知常曰明”兩句有值得討論之處。這兩句帛書乙本作“和……常，知常曰明”殘缺字數不詳。整理者據傅奕本補為“和（之至也，知和曰）常，知常曰明”，結果文句與王弼本、傅奕本完全一樣。然而帛書甲本原作“和曰常，知和曰明”，恰與新出土的竹簡本同，這是巧合嗎？有沒有可能帛書乙本原來也是“和曰常”，而後人為了湊合四字句而改為“知和曰常”呢？此處“和曰常”接上文“和之至也”十分順暢，無須“知”字。“和曰常”可能正是《老子》古本的原貌（參見丁原植 1998，197）。

　　“知常曰明”一句，惟竹簡本作“知‘和’曰明”。二者孰是孰非，很難判斷。按帛書本作“和之至也，和曰常，知‘常’曰明”，主題從“和”轉為“常”。“常”也是老子思想中的重要概念。按竹簡本作“和之至也，和曰常，知‘和’曰明”，則主題始終是“和”。個人以為，竹簡本作“知‘和’曰明”，內容更為一貫而集中。丁四新批評帛書本和通行本“為文而害義”、“捨本逐末”，大意不錯，惟用語過重（丁四新 2002，157）。疑帛書本的“知常曰明”是據第十六章“知常，明也”（通行本“知常曰明”）而修改。按竹簡本“和之至也，和曰常，知‘和’曰明”，則“和”本身是一重要概念，始終是句子討論的中心。“和”本身即常態，知“和”（也就是懂得這種常態）就可以叫作明智。“常”與“明”都是對“和”的判斷。帛書本第十六章“複命，常也。知常，明也。不知常，妄，妄作凶”顯然是以“常”作為中心觀念討論的。而本章似乎是以“和”為中心觀念的，“常”與“明”都是說明“和”的。兩章內容本不相同。竹簡本“知‘和’曰明”很可能就是古本之貌。

　　“益生曰祥”，各本相同，惟“祥”字之義可稍作說明。易順鼎曰：“祥”即不祥。〈書序〉云，“有祥桑穀共生于朝”，與此“祥”同義。王註曰：“生不可益，益之則夭。”“夭”字當作“妖”，蓋以“妖”解“祥”字（易順鼎 1884，下 9B）。奚侗說：《莊子·德充符》篇“常因自然而不益生”蓋以生不可益，益之則反自然而災害至矣（奚侗 1925，下 14b）。蔣錫昌說：“《素問·六元正紀·大論》：‘水迺見祥。'註：'祥，妖祥。'《左氏·僖十六年傳》疏：'惡事亦稱為祥。'《道德真經取善集》引孫登曰，'生生之厚，動之妖祥。'又引舒王曰，'此"祥"者，非作善之祥，乃災異之祥；此"強"者，非守柔之強，乃強梁之強。'是'祥'乃妖祥，'強'乃強梁也。"（蔣錫昌1937，343）

(7)"物壯則老，謂之不道，不道早已。"

此段傳世本與帛書本基本一致，惟竹簡本作"物壯則老，是謂不道"，沒有"不道早已"一句。推敲起來，沒有這一句也無大妨。又帛書本及通行本第三十章末段與本段重複，但竹簡本不重複。

"物壯則老"一句，高亨主張讀"則"為"賊"，即作"物壯賊老"（高亨1957，71）。然帛書本第三十章甲乙本皆作"物壯而老"，本章甲本作"即老"，乙本作"則老"，竹簡本也作"則老"，皆為虛詞。顯然高說不可取（參見劉殿爵1982，35）。"則"字，影宋河上本原作"將"。

"物壯則老"一句，在帛書甲本第三十章和本章中分別作"物壯而老"和"物壯即老"，在乙本中分別作"物壯而老"和"物壯則老"，這再次說明古本並不講究前後出現的相似的句子必須逐字相同，傳世本顯然根據"相似則應全同"的原則將所有類似而不全同的句子改為完全一致。後人和今人假定古本前後用語應當完全一致，實不合古本原貌。

析評引論

55.1 "物壯則老"的啟示

本章前半主要講嬰兒的特點和優點，最後引出"物壯則老"的思想。

嬰兒也是《老子》中常講到的一種形象化的比喻和象徵。第十章說："搏氣至柔，能嬰兒乎？"第二十章說："我泊焉未兆，若嬰兒未咳。"第二十八章說："恆德不離，複歸嬰兒。"嬰兒始終是一種積極的正面的身體狀態、道德狀態和精神狀態。本章則更具體地描述了嬰兒的弱中之強，比如，嬰兒不會主動引來傷害，柔軟之手卻可以握得更緊更牢，嗓子不會哭啞等等。嬰兒單純無邪，富於生命力，在現代社會也常常作為健康和生命向上的象徵。醫學界還發現，嬰兒的血型尚未固定，對不同血型的骨髓不會排斥，因而得了白血病等不治之症時治癒的幾率反而更高。當然，嬰兒的實際優勢只是比喻的基礎，老子要說的並不是這些實際的優點，而是為了比喻"含德之厚者"的意義。

從《老子》原文來看，嬰兒所代表的厚德主要是一個"和"字，"和"本身就體現了"常"，懂得"和"之意義就是"明"（此據竹簡本）。"常"即恆常、穩定的狀態，簡稱常態。"明"即聰明、明智、明理。顯然，這種"和"是一種自然而然的平和與和諧。與之相反的就是造成不良後果的"益生"和"心使氣"。王淮說："益生"即違反自然之生理所作之過份養生之活動……如果過份刻意為之，顯然有害。……凡益生之所為，在心理上皆難免放縱恣肆，任性使氣（飲食男女、聲色犬馬，交引日下，往而不返）。此與恬淡，寧靜，柔弱之道相反（王淮 1972，224）。此處"益生"與"心使氣"的確切意義不很清楚。王淮所說僅備一格。但"益生"與"心使氣"之大意就是違背自然歷程而勉強行事，這一點似乎是沒有疑問的。

老子強調，勉強行事就是不懂得"物壯則老"的道理。物壯則老是宇宙萬物的普遍規律，任何事物都無可逃脫。人們只知道"如日中天，不可一世"，但往往忘記日在正中的時候也正是它下落的開始。人正當壯年之時也正是身體、精力開始衰退的時候。事業所達之頂峰，也正是走向下坡的起點。經濟發展的高峰往往預示著危機爆發的時刻。所以，人們要避免過早衰落，不應該逞強求勝，而應該像嬰兒一樣維持"和"的狀態，也就是合於"道"的狀態。勉強求生、求勝，就會破壞"和"的狀態，因而是"不道"。

"物壯則老"提醒人們的行為不應該破壞自然的和諧和秩序。以破壞社會和諧以及人與自然界之和諧為代價的追求和成功往往得不償失。不尋常的高速發展往往意味著破壞社會和諧、加速消耗自然資源、破壞生態環境，這也就意味著社會生存環境的惡化，預示著更嚴重的生存困境。為了克服更大的困境，人們又會發明更為特殊或更為高效的手段來解決問題，而這同時又不可避免地孕育著新的危機。自然平和的發展似乎較慢，但問題的出現也就比較和緩，對問題的應對也就相對從容。對於人類來說，自然和諧的發展可能提供更好更健康的生存環境，更符合以人為本的原則。

第 五 十 六 章

原文對照

河 56.1　知者不言，言者不知。

傅 56.1　知者不言也，言者不知也。

河 56.2　塞其兌，閉其門，

傅 56.2　塞其兌，閉其門，

河 56.3　挫其銳，解其紛，

傅 56.3　挫其銳，解其紛，

河 56.4　和其光，同其塵，

傅 56.4　和其光，同其塵，

河 56.5　是謂玄同。

傅 56.5　是謂玄同。

河 56.6　故不可得而親，

傅 56.6　不可得而親，

河 56.7　亦不可得而疎；

傅 56.7　亦不可得而疏；

河 56.8　不可得而利，

傅 56.8　不可得而利，

河 56.9　亦不可得而害；

傅 56.9　亦不可得而害；

河 56.10　不可得而貴，

傅 56.10　不可得而貴，

河 56.11　亦不可得而賤，

傅 56.11　亦不可得而賤。

河 56.12　故為天下貴。

傅 56.12　故為天下貴。

王 56.1　知者不言，言者不知。

帛 56.1　知者弗言，言者弗知。

王 56.2　塞其兌，閉其門，

帛 56.2　塞其㙂，閉其門，

王 56.3　挫其銳，解其分，

帛 56.3　和其光，同其塵，

王 56.4　和其光，同其塵，

帛 56.4　挫其銳而解其紛，

王 56.5　是謂玄同。

帛 56.5　是謂玄同。

王 56.6　故不可得而親，

帛 56.6　故不可得而親也，

王 56.7　不可得而疎；

帛 56.7　<u>亦</u>不可得而<u>疏</u>；

王 56.8　不可得而利，

帛 56.8　<u>不可得而利</u>，

王 56.9　不可得而害；

帛 56.9　<u>亦不可得而害</u>；

王 56.10　不可得而貴，

王 56.11　不可得而賤，

王 56.12　故為天下貴。

帛 56.10　不可得而貴，

帛 56.11　亦不可得而賤。

帛 56.12　故為天下貴。

竹 56.1　知之者弗言，言之者弗
　　　　知。

竹 56.2　閉其兌，塞其門，

竹 56.3　和其光，同其塵，

竹 56.4　剉其䤈，解其紛，

竹 56.5　是謂玄同。

竹 56.6　故不可得而親，

竹 56.7　亦不可得而疏；

竹 56.8　不可得而利，

竹 56.9　亦不可得而害；

竹 56.10　不可得而貴，

竹 56.11　亦可不可得而賤。

竹 56.12　故為天下貴。

對勘舉要

（1）本章各本基本相同。竹簡本的内容抄在甲本第四組第六十四章和第五十七章之間，前有墨點，似分章號，後面有明顯的分章符號。本章是竹簡本分章與傳世本基本相同的一例，而且本章分章號後面接抄的也恰巧是傳世本的完整的第五十七章。這兩章在竹簡丙組連續抄寫，但是中間沒有分章符號。這類似於李零所說的"板塊移動"（李零 2002，76），類似的例子還見於相當於傳世本的第十七章、第十八章，連續抄在竹簡丙組開始部份。

帛書甲乙本各有一些殘缺，兩本相互出入不大。河上公本題爲"玄德"，似得其旨。

（2）"知者不言，言者不知。"

這兩句河上本與王弼本同。傅奕本多語末之"也"。"知者"、"言者"，帛書本與傳世本相同，但竹簡本作"知之者"、"言之者"。

"不"，帛書本、竹簡本作"弗"。"不"與"弗"的用法略有區別，已在第四十一章對勘舉要（2）中說明。劉殿爵強調，今本作"不知"、"不言"，都是泛指，但帛書本作"弗知"、"弗言"就是"不知之"、"不言之"，都有實指（劉殿爵 1982，15）。此說完全適用於竹簡本，特別是竹簡本"知之者弗言，言之者弗知"說明劉說正確。竹簡本原文等於"知之者不言之，言之者不知之"。所知與所言均指同一事。但老子畢竟沒有明確說明"之"所代何事，後人就把"之"删掉，以合四字句格式和簡潔的原則，又把"弗"改爲"不"，以適應後來的語言習慣。這樣，原文實有所指之義就完全消失了。按傳世本，"知"與"不知"的對象是一般的知識或智慧，"言"與"不言"也可以是一般的言說或沉默。這種變化似乎有利於《老子》原文的一般化和抽象化，但與古本之義畢竟有所不同。

(3)　"塞其兑，閉其門，挫其銳，解其紛，和其光，同其塵，是謂
　　　玄同。"

　　此段河上、王弼、傅奕三本基本相同，唯"紛"字王弼本作
"分"。"塞其兑，閉其門"見於第五十二章。"挫其銳，解其紛，和其
光，同其塵"見於第四章。易順鼎曾疑此六句乃後人添加復出之文
（易順鼎1884，下10A）。蔣錫昌早有駁證（蔣錫昌1937，345）。

　　值得注意的是，帛書甲乙本和竹簡本的"和其光，同其塵"兩句
在"挫其銳，解其紛"之前，這顯然不是巧合。兩種語序孰是孰非，
實難推斷。單從義理上來講，兩者都有合理之處。竹簡本和帛書本實
有兩個意群。第一個意群是"塞其兑，閉其門，和其光，同其塵"。
這一部份似乎是就個人感官來說的，是封閉感官，將外界的五光十
色、塵俗紛擾視為無別。下一個意群是"挫其銳而解其紛，是謂玄
同"。這是主體對外界紛擾的主動平息，挫敗外界的鋒銳，解絕外在
的糾紛，就能達到玄妙為一的境界。這兩個意群意思連貫，而各有側
重。似乎沒有不當。

　　傳世本的改動意圖可以從形式與內容兩個方面分析。形式上的原
因可能是傳世第五十六章為了取得與第四章的一致。（第四章傳世
本和帛書本的語序都是"挫其銳，解其紛，和其光，同其塵。"）希望
前後一致，這是後來各版本加工時的一個共同的原則。竹簡本的出土
說明帛書本第四章與第五十六章不是機械的重複。傳世本將其改為簡
單重複。有了帛書本和竹簡本，我們不能再說第四章抄襲了第五十六
章，因為文字不完全相同［參見第四章對勘舉要（3）］。為甚麼傳世
本會按照第四章的內容改變第五十六章的句序，而不是反過來按第五
十六章的句序改第四章呢？這可能還是有上下文連接的需要。這就需
要從內容上分析。

　　本章傳世本前四句"塞其兑，閉其門，挫其銳，解其紛"都是否
定的句式，"塞"、"閉"、"挫"、"解"都是要去掉負面的東西。而後
面三句"和其光，同其塵，是謂玄同"都是要爭取和保持的正面的狀
態。這樣變動，自然有其根據和道理（參見丁四新2002，159），不

過，這畢竟不是竹簡本和帛書本所代表的古本之舊。再看第四章，帛書本和傳世本都是"挫其銳，解其紛，和其光，同其塵"四句插入"淵呵似萬物之宗"與"湛呵似或存"之間。沒有這四句，原文很順暢；有了這四句，原文內容似乎更豐富，好像是對"淵呵"、"湛呵"的因果的解釋。"挫其銳，解其紛"兩句主動發出行動的意味比較強，接近於"因"；"和其光，同其塵"一句主動的意味較弱，接近主動行動的"果"。因此第四章的句序不宜反過來。而第五十六章的句序倒過來似乎也可以接受，有人甚至認為更好。這或許是傳世本根據古本第四章改第五十六章的句序而不是反過來改第四章的原因。當然，這都是一種"合理的"推測，不能強作斷言。

在傳世本與竹簡本、帛書本之間，人們難免各有偏好選擇。維護傳世本而又自信心很強的人會辯稱：說不定更早的古本與傳世本的語序是一致的，傳世本語序沒有甚麼不好。抽象地講，我們無法否定這種可能性。可是，那種可能性畢竟是抽象的推理，而帛書本和竹簡本則是現實的證據。筆者以為，在版本校勘的工作中，在邏輯的可能性與現實的證據之間有衝突時，我們應該首先服從現實的證據，將理論的可能性留待以後去檢驗。

竹簡本"𠛱其頯"，整理者註曰"簡文待考"。各種討論、推測頗多，廖名春之引述較詳。廖讀此句為"畜其銳"（廖名春 2003，279—284），李零暫讀為"銼其穎"（李零 2002，13）。

(4)"故不可得而親，亦不可得而疏；不可得而利，亦不可得而害；不可得而貴，亦不可得而賤，故為天下貴。"

本段各本內容大體一致，僅有虛詞使用的不同。第一句傅奕本前沒有"故"字，似有"故"字為順暢。各本多作"不可"與"亦不可"領起的三對句子，分別討論"親"、"疏"，"利"、"害"，"貴"、"賤"的對立。王弼本刪去"亦"字，變成整齊的五字句，句式較單調。帛書乙本第一句後衍一"也"字，甲本無"也"字。竹簡本"亦（可）不可得而賤"明顯衍一"可"字。此證竹簡本、帛書本均不是精抄、嚴校的善本。它們只是古代眾多流傳的版本中偶然埋入地下，又更偶然地被發現的古本。如何評估竹簡本和帛書本的價值與字句的可靠性，需要細緻的分寸之間的推敲和體會。

析評引論

56.1 "不言"與"玄同"

本章內容比較隱晦。大致說來，原文之義似乎是提倡知而不言的玄同境界從而達到超越一切世俗價值的更高目的。

蔣錫昌說：第二章"行不言之教"，第五章"多言數窮，不如守中"，第四十三章"不言之教，無為之益，天下希及之"，是"言"乃政教號令，非言語之意也。"知者"，謂知道之君；"不言"謂行不言之教、無為之政也（蔣錫昌 1937，345）。蔣說大體可從。然蔣氏沒有看到竹簡本。按照竹簡本，原文的意思可能還要複雜一些。"知之者弗言，言之者弗知。"這裏似乎看到了某些事物的複雜性是無法完全用通常的語言表達的。這裏的"之"應該指在通常情況下無法表達的複雜、微妙、變動不居的情況和道理。因此真知者知道無法以日常語言講清楚而不言，而自以為可以講清楚的人其實並沒有看到其中微妙難言之處。就日常生活來說，人的各種感情就是很難用語言表達的，夫妻和諧之道是很難靠別人用語言來教會的，優秀外交家的風度也是無法靠語言傳予他人的，藝術家創造的天賦也是無法用語言傳播的。這也就是優異之境、傑出之事無法普及的原因。就宇宙萬物的總根源和總根據來說，更是無法用語言來描述。基督教宣稱上帝是無法用語言來描述的，而道家的智慧比上帝更抽象，也更難以語言來描述。這正是"道可道，非常道"之奧妙。

"不言"是達到"玄同"的途徑之一和表現之一。"塞兌"、"閉門"、"挫銳"、"解紛"、"和光"、"同塵"都是要泯除現實生活中分辨的智慧和習慣。分辨是非、對錯、善惡、優劣、力求準確、正確，這似乎永遠是正常的、必要的。可是，這些概念之清晰的對立在真實生活中用於對具體事物的評判時卻往往含混不清。比如深愛和寵溺、嚴格與冷酷難以劃清界限。打著正義旗號的人往往借重霸權，反抗霸權的人往往又借重恐怖手段。因此，如果我們相信自己或人類可以靠分辨的智慧達到沒有任何模糊、沒有任何困惑的境地，那就大錯特錯了。分辨一切，認識一切，洞察一切，這固然是值得追求的目標，卻不是人類的最高利益所在，也無法最終實現。人類每到達一個新的知識領域，就意味著面對著更寬廣的新的未知的疆域，而已知的領域也會因為新的發現而改變。分辨、洞察一切的知識無論多麼豐富，都不能完全保證人生的快樂和人類的福祉。

56.2 分辨之智與玄同之境

分辨的智慧到近代發展為分析的、科學的方法，這種方法為人類帶來莫大的利益。從石塊、木棒到刀槍劍戟、斧鉞鉤叉，從火槍大炮到飛機坦克，從火箭導彈到原子彈、氫彈，人類科學技術之進步的速度實在是越來越快，難以預料、難以形容，前景無限。然而，人類是否因此而更幸福、更安全了呢？有原子彈的人是否比沒有原子彈的人更安全了呢？科學家、軍事家、政治家等等辨析入微的人們是否可以預見到9·11事件的發生？靠現有的知識、理論、技術是否可以有效防止各地的劫持人質、殺害人質的事件發生？無辜的百姓、商人、工程師、記者是否能夠得到比流氓、強盜、綁匪更多的安全保障呢？這些在科學技術高度昌明的今天都成了問題，因為這些問題本來就不是單靠分辨之知、科學技術就可以解決的。科學技術為制造更大規模的殺傷武器創造了條件，而這種武器就是引發更多讎恨的導火線和進行報復的最好工具，也是人類社會更加不安定、不安全的原因。先進的殺傷武器逼出了先進的防衛武器，先進的防衛武器又催生了更先進的進攻性武器，後者又引出更有效的防衛武器，於是，道高一尺，魔高一丈，構成了人類社會無止無休的競爭循環。作為競爭中的一方，我們當然會為自己的每一個進步而高興，也必然會為對方的進步而擔憂。然而，人類社會是否應該永遠陷於這種無休止的競爭和循環呢？

　　道家的創始人早在這些問題如此惡化之前就看到了問題所在，因此提倡“玄同”的境界。所謂“挫其銳，解其分，和其光，同其塵”，就是希望從根本上消除人類社會矛盾衝突的根源，超脫“親、疏”，“利、害”，“貴、賤”的對立與區別。當然，這不是通常人們所說的不明事理的阿 Q 精神。阿 Q 何曾想到宇宙、社會、人生的根本問題？所謂“玄同”不是不辨是非，而是在對“是、非”，“親、疏”，“利、害”，“貴、賤”等等人類社會為之奮鬥與爭鬥的價值觀念進行了深入分析與觀察之後的更高的認識境界和價值境界。這種境界不能單純靠語言來傳達，而有賴於有心人、有志者的耐心體會與品味。要之，“玄同之境”是在看到“分辨之智”無能為力之後的更高階段，而不是不辨是非的糊塗階段。“玄同之境”可以幫助我們認識“分辨之智”的局限，幫助我們超越世俗的競爭、對抗和報復，使人類有可能避免或減少由自身製造的危機和不幸（參見析評引論 49.2）。

第 五 十 七 章

原文對照

河 57.1　以正治國，以奇用兵，

傅 57.1　以政治國，以奇用兵，

河 57.2　以無事取天下。

傅 57.2　以無事取天下。

河 57.3　吾何以知其然哉？以此。

傅 57.3　吾奚以知天下其然哉？
　　　　以此。

河 57.4　天下多忌諱而民彌貧。

傅 57.4　夫天下多忌諱，而民
　　　　彌貧。

河 57.5　民多利器，國家滋昏。

傅 57.5　民多利器，國家滋昏。

河 57.6　人多技巧，奇物滋起。

傅 57.6　民多知慧，而衰事滋起。

河 57.7　法物滋彰，盜賊多有。

傅 57.7　法令滋章，盜賊多有。

河 57.8　故聖人云：

傅 57.8　故聖人云：

河 57.9　我無為而民自化，

傅 57.9　我無為而民自化，

河 57.10　我好靜而民自正，

傅 57.10　我好靖而民自正，

河 57.11　我無事而民自富，

傅 57.11　我無事而民自富，

河 57.12　我無欲而民自朴。

傅 57.12　我無欲而民自樸。

河 57.13　（我無情而民自清）。

王 57.1　以正治國，以奇用兵，

帛 57.1　以正治國，以奇用兵，

王 57.2　以無事取天下。

帛 57.2　以無事取天下。

王 57.3　吾何以知其然哉？以此。

帛 57.3　吾何以知其然也哉？

王 57.4　天下多忌諱，而民彌貧；

帛 57.4　夫天下多忌諱，而民
　　　　彌貧。

王 57.5　民多利器，國家滋昏；

帛 57.5　民多利器，而邦家滋昏。

王 57.6　人多伎巧，奇物滋起；

帛 57.6　人多智，而奇物滋□，

王 57.7　法令滋彰，盜賊多有。　　　帛 57.7　□物滋章，而盜賊□□。

王 57.8　故聖人云，　　　　　　　　帛 57.8　是以□人之言曰：

王 57.9　我無為而民自化，　　　　　帛 57.9　我无為而民自化，

王 57.10　我好靜而民自正，　　　　帛 57.10　我好靜而民自正，

王 57.11　我無事而民自富，　　　　帛 57.11　我无事而民自富，

王 57.12　我無欲而民自樸。　　　　帛 57.12　我欲不欲而民自樸。

竹 57.1　以正治邦，以奇用兵，

竹 57.2　以亡事取天下。

竹 57.3　吾何以知其然也？

竹 57.4　夫天多忌諱，而民彌叛。

竹 57.5　民多利器，而邦滋昏。

竹 57.6　人多知而奇物滋起。

竹 57.7　法物滋彰，盜賊多有。

竹 57.8　是以聖人之言曰：

竹 57.9　我無事而民自富，

竹 57.10　我亡為而民自化，

竹 57.11　我好靜而民自正，

竹 57.12　我欲不欲而民自樸。

對勘舉要

（1）本章各本內容都比較完整，內容大同小異。竹簡本本章內容在甲
本第四組第五十六章之後，前有分章符號，後有曲線符號和空白簡。
兩章順序恰與傳世本相同［參見上章對勘舉要（1）］。本章帛書甲乙
本基本相同。河上本題本章"淳風"，側重於社會風氣，未切中聖人
之治的特點。

（2）"以正治國，以奇用兵，以無事取天下。吾何以知其然哉？
　　以此。"

　　本段河上本、王弼本同。"正"字，傅奕本作"政"。"吾何以知
其然哉"一句，傅奕本作"吾奚以知天下其然哉"，補"天下"二字，
似無必要。"然哉"，帛書本作"然也哉"，竹簡本作"然也"。傅奕
本、王弼本、河上本都有"以此"二字，惟帛書甲乙本、竹簡本都沒
有。帛書本出土後，很多人在作校釋時都仍然相信此處應有"以此"
二字（張松如1987，353；陳鼓應1984，284；古棣1991A，320）。
唯高明主張古本此處不當有"以此"二字。高明綜合俞樾與蔣錫昌的
意見，指出第二十一、五十四兩章都以"以此"二字作為"章末結
句"，回答"吾何以知其然哉"的問題。本章此處不是章末，不應有
"以此"二字。本章提出"吾何以知其然哉"的問題，下面"夫天下
多忌諱，而民彌貧"一段就是回答，不需"以此"二字（高明1996，
103）。竹簡本出土證明古本此處沒有"以此"二字，高說正確。（進
一步討論可參見本章析評引論57.1。）

　　這裏值得特別討論的是，"以正治國"的"治"，帛書甲乙本、竹
簡本原文都作"之"，這是偶然的嗎？我們應該按傳世本把它讀為
"治"嗎？丁原植認為"治"只是一種確定的狹義的"作為"，"之"
應該指一種含義更為廣泛的"作為"（丁原植1998，187）。魏啟鵬據
吳昌瑩《經詞衍釋》"之，猶為也"云："之國"猶言"為國"（魏啟

鵬 1999，29）。**廖名春據《戰國策・齊策三》高誘註"之，猶用也"**云："以正之國"即"以正用國"。並云：楚簡、帛書甲乙本皆作"之"，絕非偶然，是"之"字不誤之證。後人不明"之"有"用"義，遂改為"治"，唐人又避唐高宗李治諱改為"理"。原本當作"之"（廖名春 2003，292）。諸說各有所據，然無論作"用"或"為"，其意義與"治"沒有重要區別。高明、李零分別讀帛書甲乙本與竹簡本的"之"為"治"（高明 1996，101；李零 2002，5）。本書從高、李之說。"以正治國"的"國"字，竹簡本和帛書甲本作"邦"。

(3) "天下多忌諱，而民彌貧。民多利器，國家滋昏。人多伎巧，奇物滋起。法令滋彰，盜賊多有。"

此為王弼本。其他各本略有差別。第一句"天下"前，傅奕本、帛書本、竹簡本都有"夫"作發語詞，似為古本之舊。此句竹簡本作"夫天多忌諱"。整理者云：竹簡本似脫"天下"之"下"。李零云："天多忌諱"與"民多利器"對應，或為本來面目（李零 2002，9）。廖名春云：楚簡非脫"下"字。此"天"與"民"相對，乃作君解（廖名春 2003，297）。諸本"民彌貧"，竹簡本作"民爾畔"，"爾"為"彌"之省，畔通叛，作"民彌叛"。廖名春云："忌諱多"指法令嚴酷，故言民"叛"。作"貧"則"忌諱多"不解（同上，299）。

"人多伎巧，奇物滋起"二句，傅奕本作"民多知慧，而邪事滋起"。本句帛書乙本殘，甲本作"人多知，而奇物滋……"，竹簡本正作"人多知而奇物滋起"，當不是偶然，當以竹簡本和帛書本為是。通行本當為求句式整齊而根據文義修改。"伎巧"二字，影宋河上本同，點校者據道藏本改為"技巧"，實非必要。

又"法令滋彰"一句，傅奕本同，似乎老子反對法律制度。但河上本作"法物滋彰"，帛書乙本和竹簡本都作"法物"（帛書甲本殘），說明原本老子沒有反對法令制度的思想。

(4) "故聖人云：我無為而民自化，我好靜而民自正，我無事而民自富，我無欲而民自樸。"

此段王弼本、河上本、傅奕本大體相同。比較大的區別是，"故聖人云"一句,帛書本、竹簡本俱作"是以聖人之言曰",顯然是通行本作了簡化。關於"我無為而民自化"的"化"字,陳偉讀作"風",並云"此字整體與郭店簡中比較確切的'蠆'字,以及其上部被釋作'為'的部份與郭店簡其他眾多'為'字均不相似,原釋恐誤。此字下方為二'虫',右上方則應是'凡',似應是'風'字。'風'有教化的意思。《戰國策•秦策一》'山東之國,以風而服',高誘註:'風,化也。'《詩•關雎•序》:'風,風也,教也。風以動之,教以化之。'傳世本及帛書本《老子》對應語句此字作'化',與竹簡用字不同而意義相通。"(陳偉1999,12)

末句"我無欲而民自樸",帛書本、竹簡本都作"我欲不欲而民自樸";帛書本與竹簡本的一致,當不是偶然。帛書整理者認為通行本可能原作"欲不欲",通行本妄刪前一"欲"字(國家文獻1980,94,注21)。

本段帛書本以後的順序都是"我無為"、"我好靜"、"我無事"、"我無欲",以"無為"領先。惟竹簡本的順序是"我無事"、"我無為"、"我好靜"、"我無欲(欲不欲)"。通行本將"我無為而民自化"挪為第一句似為突出"無為"的重要性。考《老子》原文,"無為"在帛書本中出現九次,在通行本中出現十二次,而"無事"在帛書本和通行本中僅出現四次。"無欲"在帛書本中出現三次,在通行本中出現五次。顯然,"無為"在《老子》思想中比其他概念更為重要。通行本的加工是本著強化原有思想傾向的原則("思想聚焦")突出主要概念和觀點的,這與重視語言形式上的一致化傾向("語言趨同")是相應的。

此段末句道藏等河上本有"我無情而民自清"一句,王卡據補(王卡1993,222)。對照竹簡本、帛書本及多數河上本來看,此句當為後人續貂之作。

析評引論

57.1 相似者必全同乎？

本章"吾何以知其然哉"一句之後，傅奕本及通行本都有"以此"二字，惟帛書甲乙本和竹簡本俱無。劉殿爵對此分析道：

"第五十七章帛書本作：'吾何以知元然也才？'

按今本第五十七章作：'吾何以知其然哉？以此。'此句法在《老子》出現不只一次。

今本第二十一章有：'吾何以知衆甫之然哉？以此。'

又第五十四章有：'吾何以知天下（之）然哉？以此。'

第二十一章（帛書）甲、乙本並有'以此'二字。

第五十四章乙本作：'以天下觀天下。吾何□知天下之然兹？以□。'

則乙本有'以此'。甲本'觀'字下殘缺十三字，以字數算甲本亦應有'以此'二字。既然今本第二十一、五十四、五十七章都有'以此'二字，而第二十一、五十四兩章（帛書）甲、乙本並有'以此'二字，獨第五十七章甲、乙本同缺'以此'二字，見甲、乙本同缺'以此'二字，足見甲、乙本同為誤脫。"（劉殿爵1982，12）劉殿爵的論證說理似乎相當充分。但竹簡本本章內容沒有"以此"二字，說明古本可能就是如此，並非"誤脫"。

根據上面對勘舉要（2）的內容，論者可以說，劉先生忽視了本章此句不是在一章之末。而本文的重點不是這樣具體的問題，而是希望探討學術界常用的公認正確的推理方法是否值得反省。劉先生是語言文字學家，是英國企鵝叢書《老子》的英譯者，也是帛書本的英譯者，其書反復再版，廣受好評與重視。其學術功力之深厚，風格之謹嚴，學術界鮮有能出其右者。劉先生為甚麼會"智者千慮，偶有一失"呢？就推理過程來說，劉先生似乎是沒有錯的。錯誤或問題出在論證推理背後的"公理"或"前提性假設"。這就是：既然和此處相似的他處是那樣，那麼此處也應該是那樣。事實上，這種推理的前提是不可靠的，它只能反映一種或然率，而不能代表一種必然性。本書多次提到，《老子》多種通行本的編校方針似乎遵循了一個原則，那就是"相似的應該完全相同"（"似則全同"）的不成文的共同假定。所以，竹簡本和帛書本中相似的段落、句子經過後來的編校者的不斷修改、補充、挪移，大多變得相當一致了。當代學者在潛意識中仍然無保留地遵循著這一原則（參見析評引論 51.1，52.2）。本章只是另一個例證。這一原則無法幫助我們恢復古本舊貌，但世世代代的編校者卻可以根據這一原則把《老子》改造得整齊而重複。

　　需要說明的是，上面所引劉殿爵語沒有包括他的結論。他的結論亦有參考價值，故補充在此："由上列四例（本書只引一例——引者）可見（帛書）甲、乙本有共同錯誤，這些共同錯誤作為同源的證據較之文字歧異作為不同源的證據遠為有力；因為文字歧異可能由於參照別本修訂所致（這在西方校勘學上稱為'textualcontamination 別本的混雜'）。但參照別本把不錯的文字改成錯的是沒有可能的。為甚麼甲、乙本是否同源一問題這樣重要呢？這是因為甲、乙本都有殘缺，所以如果甲、乙本是源出同一祖本的話，我們便可以用甲、乙兩本互補殘缺，併合成一個比較完整的本子。"（劉殿爵 1982，12）這也是本書帛書本採用乙本為主，補以甲本的根據所在。

57.2　反文明還是文明反思？

　　本章講到："天下多忌諱，而民彌貧；民多利器，國家滋昏；人多伎巧，奇物滋起；法令滋彰，盜賊多有。"一般人常把這些內容解釋為老子反對人類文明的進步，反對法律制度等，這都未必是老子的本意。在我們看來，這裏講的是文明進步帶來的副作用，是對人類發展中出現的新問題的反思，未必是對法律本身或文明進步的全面否定。法律制度、政治的和社會的禁忌、新技術、新器物都是隨著人類社會的進步而出現並發展的，這些新事物是社會發展過程中應需要而出現的，因此有其合理性，也給人類帶來了很多實際利益。但必須承認的是它們也會給人類歷史帶來新的問題或麻煩。"多忌諱"、"多利器"、"多伎巧"、"法令滋彰"都是社會發展進步的結果，"民彌貧（叛）"、"國家滋昏"、"奇物滋起"、"盜賊多有"都是這種進步的副作用或新問題。老子認為這些問題的出現都是過多的控制、壓制、欲望、追求的結果，是人們（尤其是統治者）不知節制收斂的結果。

那麼，如何解決這些問題呢？老子並沒有主張取消一切法律、技術，但也不主張用進一步加強控制的方法來解決問題，相反，他主張統治者改變傳統的管理方法，以自然與和諧的原則來引導社會的發展和進步。我無為、我好靜、我無事、我無欲，這都是要求社會的管理者不追求財富或新奇的享樂，不直接控制人民與社會。這種主張和儒家主張君主以身作則的思想有相似之處，但對君主的期待和要求又顯然不同。

老子所說的民自化、民自正、民自富、民自樸，都是無為之治的效果。或許人們不明白為甚麼無為之治會有這麼神奇的效果，不相信這樣的結果，這是因為老子基本上只提出了自己的理想和價值，並沒有詳細論證如何實行無為之治。老子哲學基本上是"學"而不是"術"，他沒有為我們提供社會管理的具體的方法和細則，然而，這不等於老子哲學是沒有現實可能性的。如果我們不把自化、自正、自富、自樸當作神話，而把它們看作是理想的管理方法的最好效果，那麼我們就不能否定老子哲學至少提出了人類的一種價值理想。至於如何實現這種理想則是下一步的工作。

57.3 何人當無為？

眾所周知的是老子強調"無為"。一般人沒有認真思考的是：何人當無為？誰應該首先實行無為的原則？換言之，老子所說的無為的行為主體是誰？不讀《老子》的人誤以為老子主張所有人都要無為，於是發出責難：大家都無為，誰來種地、生產？學者們多認為《老子》是為君王提供的統治術，因此老子講的是侯王無為。這也是不準確的。《老子》明明講的是聖人無為，聖人才是老子無為理論的最主要的行為主體。本章明確講到："故聖人云：我無為而民自化，我好靜而民自正，我無事而民自富，我無欲而民自樸。"這不僅明確講到是聖人實行無為之治，而且講到讓百姓"自化"、"自正"、"自富"、"自樸"的積極效果。

考《老子》中共有十章講到無為，其中五章講的無為都與聖人有直接關係，無為的主體顯然是聖人。除本章外，第二章講"是以聖人處無為之事，行不言之教"，第三章"是以聖人之治……常使民無知無欲……為無為，則無不治"，第六十四章"是以聖人無為故無敗，無執故無失"，第六十三章"為無為，事無事，味無味，……是以聖人終不為大，故能成其大"。這些章節都明確以聖人為"施事"，這就清楚地說明無為是聖人的行為原則，而不是對一般人的要求和期待。

在下面所要提到的四章中，老子沒有直接說明是誰在實行無為，但從原文中不難看出這些無為也都與聖人有關。第四十三章說"吾是以知無為之有益，不言之教"。這一章雖然沒有直接提出"吾"是誰，沒有說明是誰應該實行無為，但"無為之有益，不言之教"與第二章"聖人處無為之事，行不言之教"完全一致，顯然這一章所主張的無為的實行者也是聖人。第三十八章說："上德無為而無以為，上仁為之而無以為。"這裏的上德之人與聖人也是一類。第四十八章說："為學日益，為道日損，損之又損，以至於無為。"顯然，這裏的為道之人和聖人也是一類或同一層次的人。第十章："愛民治國，能無為乎？天門開闔，能為雌乎？"這裏老子所希望的能以無為的原則來"愛民治國"的人同時也是修養、道德和認識上的楷模，說這樣的人是聖人應該也是可以接受的。

以此看來，《老子》中講到無為的十章中有九章都是與聖人之類的人有關的。而與侯王似乎相關的只有一例。通行本第三十七章云："道常無為而無不為，侯王若能守之，萬物將自化。"帛書本第一句作"道恆無名"，雖然沒有提出無為，但侯王守無名之道而達到"萬物將自化"的效果，其精神與無為還是一致的。這裏提出侯王守無為之道的益處，但一個"若"字透漏出的是勸誘之意。老子希望在位的統治者實行無為之道，但並不期待他們一定可以恪守無為之道，也就是說，無為的原則本不屬於實際在位的統治者，老子也沒有汲汲以求地向當權者推銷自己的無為之道。這一章緊接著講到"化而欲作，吾將鎮之以無名之樸"。這裏的"吾"顯然又是高於侯王的，似乎也是聖人之類的人。老子並沒有期待一個現實的聖君賢主來推行無為之治。強調無為的主體是聖人，一方面是尊重文本的本來內容，另一方面是為了強調無為是聖人所代表的理想。理想既不是空想，也不是現實。不是空想，所以侯王等現實的治理者可以根據聖人的楷模而實現之，如文景之治。不是現實，所以需要我們的理解和努力。當然，聖人是天下的楷模，所以，雖然無為是聖人之德，但並非對一般人毫無意義。

57.4 無為在現代社會

上節強調，無為首先是聖人行為方式，既不是對一般平民的要求，也不是對一般當權者的建議。老子雖然希望當權者接受和實行他的無為之治的理想，但他並沒有直接去向統治者出謀獻策。哲學畢竟不同於政治學，政治學也不同於政治的操作。這一點在現代社會也還是值得注意的。我們只能期望現代的社會管理者像聖人一樣實行無為之治，而不能把無為的理論當做現成的管理方案要求任何人去實行。由於理想中的自然和諧的社會不是普通個人的力量可以實現的，人們就有理由希望各級管理人員首先理解和實行無為之治。老子把無為而治的理想寄托於並不存在的聖人，我們則有理由把實現自然和諧的秩序的責任歸之於社會的管理者。因為管理者的行為方式直接影響到社會的生存和發展狀態。高明的管理可以"有而似無"，拙劣的管理則可能雞飛狗跳。

比如傳統的交通指揮方式是警察站在路口中央，憑自己的經驗和責任感來安排車流的運行，好的警察可以把車輛指揮得有條不紊，而經驗不足或不負責任的警察則可能製造出更多的麻煩。而高速公路和立體交叉橋就沒有這種因人而異的問題。站在路口中央的警察就相當於傳統的有為而治，高速公路就相當於無為而治，高速公路對個體的控制實有似無，一方面非常有效地控制了交通秩序，另一方面又使車輛的行駛方便自如，既從總體上維持了平衡和穩定，又給個體提供了更多的自主選擇的機會。這就使總體的自然有序和個體的自由自主達到了統一。如果我們把無為作為實現社會自然、和平、穩定發展的手段，那麼無為便可以重新定義或解釋為"實有似無的社會管理行為"。具體說來，就是通過最少的、必要的、有效的法律製度和管理程序把社會的干涉行為減少到最低限度，從而實現社會的自然和諧與個人自由的協調發展。

　　無為的一般意義是以反求正、以弱勝強的方法論原則。這對一般人來說也的確是一種智慧，至少提供了"柳暗花明又一村"的可能性。許多當代的有所成就的知名人物都講到過有所不為而後有所為的道理。在人人都爭著擠著走向一個目標的時候，自己是不是也要跟著擠進去呢？這其實是值得每個人深思的。在爭取一個目的實現的時候，以退為進也往往是一個很好的辦法。在強權即公理的局面中，也不見得"硬到底"就是最好的或惟一的選擇。柔弱勝剛強是生活中可以常常見到的現象，不爭而得也並非是不可能的，勉強爭來的成功雖然值得慶幸，其代價也往往令人不堪回首。無為理論也為普通人在世俗的潮流中作不同的選擇提供了一個可能的導向。雖然無為而治的理想主要靠社會的管理者來推行，但被管理者的心態和境界也會影響到社會的實際狀態，這也是不言而喻的。

第 五 十 八 章

原文對照

河 58.1 　其政悶悶，其民醇醇；　　　傅 58.1 　其政閔閔，其民偆偆。

河 58.2 　其政察察，其民缺缺。　　　傅 58.2 　其政督督，其民缺缺。

河 58.3 　禍兮福之所倚，　　　　　　傅 58.3 　禍兮，福之所倚；

河 58.4 　福兮禍之所伏。　　　　　　傅 58.4 　福兮，禍之所伏。

河 58.5 　孰知其極，其無正，　　　　傅 58.5 　孰知其極？其無正衺？

河 58.6 　正復為奇，善復為訞。　　　傅 58.6 　正復為奇，善復為祅。

河 58.7 　人之迷，其日固久。　　　　傅 58.7 　人之迷也，其日固久矣。

河 58.8 　是以聖人方而不割，　　　　傅 58.8 　是以聖人方而不割，

河 58.9 　廉而不害，直而不肆，　　　傅 58.9 　廉而不劌，直而不肆，

河 58.10 　光而不曜。　　　　　　　　傅 58.10 　光而不耀。

王 58.1 　其政悶悶，其民淳淳；　　　帛 58.1 　其政閔閔，其民屯屯。

王 58.2 　其政察察，其民缺缺。　　　帛 58.2 　其政察察，其邦缺缺。

王 58.3 　禍兮福之所倚，　　　　　　帛 58.3 　禍，福之所倚；

王 58.4 　福兮禍之所伏。　　　　　　帛 58.4 　福，禍之所伏。

王 58.5 　孰知其極？其無正？　　　　帛 58.5 　孰知其極？□无正也？

王 58.6 　正復為奇，善復為妖，　　　帛 58.6 　正□□□，善復為□。

王 58.7 　人之迷，其日固久。　　　　帛 58.7 　□之迷也，其日固久矣。

王 58.8 　是以聖人方而不割，　　　　帛 58.8 　是以方而不割，

王 58.9 　廉而不劌，直而不肆，　　　帛 58.9 　廉而不刺，直而不絀，

王 58.10 　光而不燿。　　　　　　　　帛 58.10 　光而不耀。

對勘舉要

（1）本章沒有竹簡本內容。諸傳世本之間，傳世本與帛書本，以及帛書甲乙本之間用字多有不同，然究其思想，並無原則性差別。河上本題為"順化"，似未得要領。

（2）"其政悶悶，其民淳淳；其政察察，其民缺缺。"

此為王弼本。各本用字多有不同。"悶悶"，傅奕本作"閔閔"，帛書甲本殘損，乙本作"閩閩"，整理者讀為"閔閔"，高明讀為"悶悶"，並曰："悶悶"、"閔閔"、"閩閩"，皆重言形況字，讀音相同（高明 1996，109）。

"淳淳"，河上本作"醇醇"，傅奕本作"偆偆"，帛書乙本作"屯屯"（甲本殘），高明曰："屯屯"、"偆偆"、"淳淳"、"醇醇"，亦皆重言形況，音同互用，在此當假借為"惇"（同上）。

"察察"，各本相同，惟傅奕本原作"詧詧"。"缺缺"，帛書乙本殘，甲本作"夬夬"，整理者讀作"缺"，高明讀作"狹"。

"其民缺缺"一句，帛書乙本殘，甲本作"其邦缺缺"。對應上下文並參考其他版本，當知帛書本誤。

（3）"禍兮福之所倚，福兮禍之所伏。孰知其極？其無正？"

此段各本大體相同，惟"禍兮"、"福兮"帛書甲本不用"兮"（乙本殘）。一般說來，竹簡本、帛書本比通行本用虛詞為多，句式較舒緩，這裏是一個特例。"其無正"後傅奕本用"邪"，帛書本用"也"，而通行本則不用虛詞，是常例。

這裏值得順便提到的是索統本此節的句式相當獨特："禍兮！福兮！禍為福所倚，福為禍所伏。"（饒宗頤 1955，39）索統本之名來自於此本卷末所書"建衡二年庚寅五月五日敦煌郡索統寫已"。據此，此本抄於公元 270 年。然而，Boltz 提出了疑問，認為此本卷末所寫"太上玄元道德經卷終"說明此抄本當產生於唐高宗乾封元年（公元

666 年）封老子為"太上玄元皇帝"以後。他還認為索紞本獨特的
"禍為……福為……"的句式來自於《唐玄宗御註道德經》之註文：
"倚，因也。伏，藏也。禍為福之所因也，福為禍之所藏也。"（Boltz
1996，509—512）此公案值得有心人注意。

（4）"正復為奇，善復為妖。人之迷，其日固久。"

此段河上本、王弼本基本相同，惟河上本"妖"作"訞"，其義
同。"人之迷"後傅奕本、帛書本皆用"也"，"其日固久"後傅奕本、
帛書本皆用"矣"。傅奕本、帛書本用虛詞多，又是常例。

（5）"是以聖人方而不割，廉而不劌，直而不肆，光而不燿。"

此為王弼本。此段帛書乙本無"聖人"二字（甲本全殘）。"廉而
不劌"，河上本作"廉而不害"，帛書本作"廉而不刺"。"直而不肆"，
惟帛書本"肆"作"絏"，高明云"絏"字假為"肆"（高明 1996，
113）。末句"燿"，或作"曜"（河上），或作"耀"（傅奕），或作
"眺"（帛書），讀作"耀"。高明曰："割"、"刺"、"肆"、"耀"者，
非刀傷刃刺，皆比喻之言。帛書本無"聖人"二字，似與經文內容更
為貼切（高明 1996，114）。

析評引論

58.1　正反互轉的事實

本章說："禍兮福之所依；福兮禍之所伏。"如果只看這兩句，似
乎老子只講到正反相依的情況，但是下文說"孰知其極？其無正也？
正復為奇，善復為妖"，這就顯然是在談禍福、正奇、善妖的轉化了。
《淮南子·人間》就此發展出了"塞翁失馬"的故事。原文說："夫禍
福之轉而相生，其變難見也。近塞上之人，有善術者，馬無故亡而入
胡，人皆吊之，其父曰：'此何遽不為福乎？'居數月，其馬將胡駿馬
而歸。人皆賀之，其父曰：'此何遽不為禍乎？'家富良馬，其子好
騎，墮而折其髀。人皆吊之，其父曰：'此何遽不為福乎？'居一年，

胡人大入塞，丁壯者引弦而戰。近塞之人，死者十九，此獨以跛之故，父子相保。"這個寓言顯然是為了證明和闡釋老子的思想而推演出來的。故事雖然不是真的，所闡明的道理卻是可信的。當然，這是經驗的歸納，而不是邏輯的推理。沒有人生閱歷或信仰簡單的人會批判這種思想太消極，不相信真理，而經歷過或聽說過滄海桑田之變的人則會承認這是深刻的哲理和人生智慧。

第二十二章還講到"曲則全，枉則直，窪則盈，敝則新，少則多，多則惑"，認為委曲可以達成保全，屈枉之情終將轉向正直的伸張，低窪可以轉為盈滿，破敝之物則能引起舊去新來，少而不足可以變為多而充裕，多而充裕又可以引起人們的困惑和迷惘。這是以各種情況來說明事物的正反與利弊可以互轉的可能性。如果我們把曲、枉、窪、敝、少看作是反面的情況，那麼全、直、盈、新、多就是正面的情況，"曲則全，枉則直，窪則盈，敝則新，少則多"都是講事物從劣勢之反面向優勢之正面轉化的可能性；然而老子接著說到"多則惑"則又是從優勢向劣勢的轉化，這是正反利弊既矛盾又可以相互轉化的關係。

還有"損"、"益"互轉。第四十二章說"故物或損之而益，或益之而損"，大意是強調損和益可以出人意料地互相轉化，走向自己的反面。本來似乎是在損耗中的東西卻可能增長起來，看起來在增益中的事物實際上也可能是在消損之中，人們可能不知道它的原因，但這種情況卻常常發生。除了事物自身的變化外，人們或損或益的動機和效果也可能相反，本來想減損它，結果卻刺激它增長；本來想發展它或增加它，結果卻帶來了相反的後果。這就不僅是損益中的事物或損益之概念本身的辯證關係，而且是或損或益的動機和損益的實際效果之間的複雜關係了。

禍福、曲全、損益的轉化都是具體實例。在這些實例背後隱藏著一個普遍的命題，那就是正反互轉。一切事物都包含正反兩面的現實特點或可能趨勢，而正反兩個方面是不可能長久對立不變的，其相互轉化是不可避免的。認識到這種複雜的情況和辯證發展的道理，人們就不應該一味追求正面情況的迅速壯大，也不應該希望把反面的情況一舉消滅。

58.2　正反互轉的條件

過去人們常常批判老子只強調對立面的相互轉化，而不講轉化的條件。其實，老子並非完全不講轉化的條件。"孰知其極？其無正也？""極"與"正"就相當於轉化的標準、條件或歸宿。問話口氣說明了問題的複雜性，說明轉化的標準或常規不易發現，不易掌握，但是老子並沒有根本否定答案的存在，只是強調"人之迷，其日固久"，感嘆一般人看不到正反互轉的事實，更談不上轉化的規律或標準了。

老子顯然意識到了事物正反相轉的條件問題，那麼，老子思想中的正反互轉的條件是甚麼呢？第三十章說"物壯則老，是謂不道，不道早已"，壯就是由盛而衰轉化的起始點，也就是轉化的條件。壯就是極，就是事物發展的頂峰或頂點，事物發展到自身生命過程的頂點，沒有新的生命動力或機理，就要開始衰頹，一項事物發展到一定程度就可能超出環境所許可的範圍，就不得不面對必須收縮的壓力。"物壯則老，是謂不道"，說明道所維護的是自然的平衡與和諧，一物發展過盛就破壞了整體的自然秩序，所以說"是謂不道"。

《老子》中涉及轉化條件的例子還有很多，比如"甚愛必大費，多藏必厚亡"（第四十四章），"甚愛"、"多藏"就是達到極點或過分之意，太愛財，聚斂太多就會事與願違，走到破費，亡財的反面。又如"持而盈之，不如其已，揣而銳之，不可長保，金玉滿堂，莫之能守，富貴而驕，自遺其咎"（第九章），手裏握得太滿就無法保持不溢出，錘煉的兵器如果鋒刃太尖利，就很容易崩刃，財富至多，本來就可以走向反面，加上驕橫，自然會惹禍上身。這裏"盈"、"銳"、"滿"、"驕"就相當於轉化條件。要避免走向反面，就要避免過滿、過銳、過驕，也就是要適可而止，所以最後的結論是"功遂身退天之道"，要在成功的巔峰時期主動退出，以免盛極而衰，或因樹大招風而成為眾矢之的。又如"大曰逝，逝曰遠，遠曰反"（第二十五章），

"遠"即是"反"的條件。事物不發展到一定程度就不會走向反面。

老子關於正反互轉的思想一方面是對現實的觀察，或曰是對客觀世界發展規律的一種描述，另一方面也是對世俗的富而驕，勝而狂的現象的批評，是提醒人們防止盛極而衰的一種警告，正因為老子所批評或擔憂的情況永遠存在，老子的這一思想就永遠有現實的警示意義。老子關於正反互轉的思想就是後來所說的"物極則反"（《鶡冠子·環流》），"物極必返"（《近思錄·道體》）或"物盛則衰"（《史記·田叔列傳》），這已經成為華人世界共同的智慧和精神財富。

58.3　文明反思：法律的發展

老子哲學所揭示的文明進步中的正反相依、相生、互轉的關係，具體說來也就是利弊相依相轉的關係。今天文明發展所遇到的問題與老子的時代會有一些形式的不同，但正反相生、利弊相參、善惡共進之問題的實質卻是相同的。就以所謂西方現代文明來說，其科學技術、經濟管理、政治制度、思想自由方面的優越性是不必爭論的事實。然而從它誕生的第一天起，就建立在人的各種欲望的釋放之上，除了個人的感官滿足之外，更有無休止的掠奪、積聚、擴張的貪婪，其實現的手段更伴隨著血腥和殘忍。英國曾是最先發展起來的文明國家，但它在十九世紀對中國的強橫態度不是比野蠻人更野蠻嗎？美國在短短的一二百年間發展成世界上最富強、最先進的國家，但最初的開拓不是建立在對北美印第安人的仇殺和驅逐中嗎？我們在這裏舊事重提，不是為了貶低英國和美國，更不是反對現代西方文明，而是為了說明老子的正反相依相生的理論仍然有其啓示意義。

僅就法律來說，法治社會的建立有利於保證國家政權的穩定運作和轉移交接，能夠保障民主制度的確立和實行，能夠保護人民的生命財產的安全；沒有完善的法律體系和法律的權威性，連國家主席的人身自由和生命都沒有保障，何論百姓之利益。中國急需建立健全和完整的法律體系，因此在現階段，過份依賴法律的弊端在中國並不明顯。然而，不能過份依賴法律的問題已經在歐美國家提到議事日程上來。

美國是世界上法律體系最嚴密的國家之一，法律條文之細、之繁、之多，當稱世界之最。美國人能夠享受最充分的個人自由，端賴法律制度之完整和有效。然而，美國的法律制度已經弊病叢生。美國政府和老百姓為法律制度和訴訟案件所花的時間、金錢和精力已經到了荒謬的程度。美國是世界上按人口比例律師最多的國家，但一些律師已經從代表法律、伸張正義的角色轉換成了商業化的以顧客和收入為第一考慮的法律商人。這類律師惟恐天下不亂，專門挑動人們打官司。律師幫助有明顯罪行的客戶或犯罪集團利用法律程序來拖延審判，甚至逃避懲罰已經不是個別的情況。有的律師僅僅為了證明自己的才能而為自己也明知有罪的犯人開脫罪責。任何神聖之物都會走向反面，法律也不例外。對照起來，世界上很多原始部落沒有警察、法庭、監獄，但罪案很少。這不得不使我們再一次想起老子的智慧。

58.4　文明反思：科技的發展

在人類文明的發展中，科學技術的進步是最明顯和客觀的。以交通工具為例，從騎馬，到畜力車，到汽車，到火車，到飛機，到火箭，這是絕對的進步；以計算工具為例，從籌策，到算盤，到手搖計算機，到電腦；從一座樓房式的電子管電腦，到寫字台上的個人電腦，再到筆記本型的電腦；從 XT，到 286，到 386，到 486，到奔騰（Pentium），這都是直線式的進步，而且進步更新的速度愈來愈快。從幾十年一代，到一二十年一代，到幾年一代，再到一兩年一代，令人目不暇接。科學技術的進步的確為人類提供了很多方便，使人類能夠實現許多幻想和神話，如日行千里，如展翼而飛，如嫦娥奔月，使人類真有了主宰一切的感覺和遐想。

然而，科學給人帶來的也是利弊相參的事實。如電腦可給人帶來巨大的方便，卻也給人帶來巨大的依賴性。一個人、一個公司、一個政府部門，幾乎所有動力、秘密、通信、運算、思考、寫作，幾乎一切都被電腦控制和主宰了。一旦電腦或管理電腦的人有些"不痛快"，所有需要它的人就都束手無策，變成了最無能的人。電腦也給頑皮的人或居心不良的人提供了新的機會。中學生也有可能製造電腦病毒給人帶來無數麻煩，高明者可以利用電腦偷盜資料，並把銀行的錢轉入自己名下。科學技術改變了罪犯的身份和手段，也改變了犯罪規模。犯罪者已不再是無生計的鋌而走險之徒，所盜竊的也不再是可以以萬或百萬來計算的了。

　　科學技術一方面在促進人類的智力和能力的進化，另一方面也在促進人的能力退化。要不了多久，人們就可能完全喪失心算的能力，因為從小就開始用計算器了。運用先進的工具的同時也使人的手腳愈來愈笨。人的肉體的某些機能，包括感知能力也在退化。在遠古，人和動物一樣能感受到火山爆發的先兆，而唐山大地震前，從昆虫到一般哺乳動物，都感受到了大自然的異常，只有人，幾百萬人熟睡如常。

　　科學技術的高速發展，一方面在幫助建設人類美好的小家園，另一方面卻在加速破壞人類的大家園。人們借助於科技的力量可以以前所未有的規模利用或掠奪自然資源。非再生性資源，如石油、煤、金屬的儲存量只夠人類繼續開採百年，核能源，如鈾，按照現在的消耗標準可以維持六十年。即使是再生性資源，如魚類、樹木也因過度捕獲和採伐而面臨供不應求的危險。水源和空氣的污染更是盡人皆知的事實。呼吸新鮮空氣在很多大城市已經成了奢侈的要求，而徹底解決的方案至今也還沒有找到。更難以處理的是，先發展的國家是在富強以後才面對環境保護的課題，而後發展國家還沒有發展起來，就要提前面對發達國家造成的環境污染的惡果和保護環境的挑戰。讓人憂心的是，許多後發展國家不以發達國家的教訓為前車之鑑，反而是以更高的速度重蹈覆轍。此外，現代的通訊手段，包括已經投入商業用途的電視電話和電腦通訊，使人們實現了天涯若比鄰的夢想，而與此同時人際關係的疏離也造成了比鄰若天涯的現實和未來。這一切都說明老子的正反相依、相生、互轉的智慧是有預見性、啓示性的。

第 五 十 九 章

原文對照

河 59.1　治人，事天，莫若嗇。　　　傅 59.1　治人事天，莫若嗇。

河 59.2　夫唯嗇，是謂早服。　　　　傅 59.2　夫惟嗇，是以早服。

河 59.3　早服謂之重積德。　　　　　傅 59.3　早服謂之重積德，

河 59.4　重積德則無不剋，　　　　　傅 59.4　重積德則無不克，

河 59.5　無不剋則莫知其極，　　　　傅 59.5　無不克則莫知其極。

河 59.6　莫知其極（則）可　　　　　傅 59.6　莫知其極，可以有國。
　　　　以有國。

河 59.7　有國之母，可以長久。　　　傅 59.7　有國之母，可以長久。

河 59.8　是謂深根固蒂，　　　　　　傅 59.8　是謂深根固柢，

河 59.9　長生久視之道。　　　　　　傅 59.9　長生久視之道。

王 59.1　治人事天莫若嗇。　　　　　帛 59.1　治人事天，莫若嗇。

王 59.2　夫唯嗇，是謂早服。　　　　帛 59.2　夫唯嗇，是以早服。

王 59.3　早服謂之重積德，　　　　　帛 59.3　早服是謂重積□。

王 59.4　重積德則無不克，　　　　　帛 59.4　重□□□□□，

王 59.5　無不克則莫知其極，　　　　帛 59.5　□□□□莫知其□。

王 59.6　莫知其極，可以有國。　　　帛 59.6　莫知其□，可以有國。

王 59.7　有國之母，可以長久。　　　帛 59.7　有國之母，可以長久。

王 59.8　是謂深根固柢，　　　　　　帛 59.8　是謂深根固柢，

王 59.9　長生久視之道。　　　　　　帛 59.9　長生久視之道也。

竹 59.1　治人事天，莫若嗇。

竹 59.2　夫唯嗇，是以早，

竹 59.3　是以早服是謂……

竹 59.4　……不克，

竹 59.5　不克則莫知其極，

竹 59.6　莫知其極，可以有國。

竹 59.7　有國之母，可以長……

竹 59.8　……

竹 59.9　長生久視之道也。

對勘舉要

（1）本章各本大體篇幅相同，但帛書本和竹簡本都有所殘缺。竹簡本抄在乙本第一組起頭部份，最後有分章符號，下接第四十八章的內容。河上本題為"守道"，差強人意。

（2）**"治人事天莫若嗇。夫唯嗇，是謂早服。早服謂之重積德。"**

此段為王弼本、河上本。此節帛書甲本全殘。第三句"是謂早服"，傅奕本、帛書乙本、竹簡本皆作"是以早服"。"是以"是對上句"夫唯嗇"的承繼和發展，"是謂"則是對"夫唯嗇"的同義解釋。顯然"是以"於意為長，並合古本舊貌。

竹簡本"是以早，是以早備是謂……"兩句，整理者認為竹簡本文句有脫有衍。前面"是以早"後漏"備"，後面"是以早備"的"是以"當刪。"備"讀為"服"，如此則簡文當作"是以早（服），早服是謂……"（荊門市博物館1998，118—119）。廖名春從之。李零云：簡文"是以早"三字重複書寫，重複的三字是衍文，應刪去。據此簡文作"是以早服，是謂……"（李零2002，22）。

（3）**"重積德則無不克，無不克則莫知其極，莫知其極，可以有國。有國之母，可以長久。"**

此段王弼本與傅奕本、河上本大體相同，帛書本、竹簡本殘闕較重，但推敲起來，似無重要區別。

劉殿爵特別注意本章的"國"字。他說：甲本不避"邦"字諱。今本在九章中出現"國"字，其中第十、六十兩章甲本殘缺，其餘則只在第五十九章出現"國"字。第五十九章今本作"莫知其極，可以有國。""國"與"極"為韻。甲本與今本同作"國"，但因上句殘缺，所以不能確說是否因為押韻的緣故，但可能性卻很高（劉殿爵1982，14）。參照竹簡本，劉氏關於用"國"以押韻之說可信。然而，劉氏統計或許有失。第二十五章"國中有四大"帛書甲乙本皆作"國"，與竹簡本相合。則帛書甲本當有兩章用"國"字。第二十五章用"國"不能以押韻解釋。如此，帛書本、竹簡本"邦"、"國"並用，或許透露一些"邦"、"國"不同義之線索。古代"國"、"邦"並用，漢代以後諱"邦"為"國"，則老子之"小邦寡民"變成"小國寡民"，就多了一重現代人的誤解（參見析評引論18.2—4）。

(4)"是謂深根固柢，長生久視之道。"

此王弼本、傅奕本與河上本用字略有不同。竹簡本殘第一句，帛書本、竹簡本末句都有"也"作語助詞。

析評引論

59.1　《老子》與《詩經》：疊句疊韻

本章的句式有如《詩經》中的疊句和疊韻。疊句就是重疊相同的兩句，往往是一句承上，一句啟下。如《召南·江有汜》：

江有汜，之子歸，不我以。

不我以，其後也悔。

江有渚，之子歸，不我與。

不我與，其後也處。

江有沱，之子歸，不我過。

不我過，其嘯也歌。

詩中所重複的"不我以"、"不我與"、"不我過"都是帶韻腳的全句。疊韻則是所重複的字不完全相同，如《小雅·裳裳者華》：

左之左之，君子宜之；
  △   △

右之右之，君子有之；
  △   △ ○

維其有之，是以似之。
△ ○   △

“維其有之”重複了“君子有之”一句帶韻腳的兩個字。疊句和疊韻也是增加音樂美的方法（王力 1980，81—88）。疊句疊韻與迴環的不同之處在於迴環所重複的字句不一定總是韻腳，在詩句中的位置不一定相同。在《老子》第二十八章中，三組“為天下×”，“恆德不×”的重複都是帶韻腳的句子，一句承上，一句承下，也就是典型的疊句。本章也是疊句的例子：

治人事天，
    莫若嗇。
      △

夫唯嗇，
  △
    是以早服。
      ○ △

早服，
○ △
    是謂重積德。
      ○ ○ △

重積德，
○ ○ △
    則無不克。
      ○ ○ △

無不克，
○ ○ △
    則莫知其極。
      ○ ○ ○ △

莫知其極，
○ ○ ○ △

可以有國。　　（職部）
    ○ △

有國之母，
○ △ △

可以長久。　　（之部）
　　　　△

　　句中重複的"嗇"、"早服"、"重積德"、"無不克"、"莫知其極"都帶
著韻腳，所以既是迴環也有疊句和疊韻。這也和《詩經》用韻的特點
相一致，是《楚辭》中所沒有的。《老子》與《詩經》中韻式的相似
是自然而靈活的，我們看不到刻意模仿的痕跡。

第 六 十 章

原文對照

河 60.1　治大國若烹小鮮。

河 60.2　以道莅天下，其鬼不神。

河 60.3　非其鬼不神，

河 60.4　其神不傷人。

河 60.5　非其神不傷人，

河 60.6　聖人亦不傷（人）。

河 60.7　夫兩不相傷，

河 60.8　故德交歸焉。

王 60.1　治大國若烹小鮮。

王 60.2　以道莅天下，其鬼不神。

王 60.3　非其鬼不神，

王 60.4　其神不傷人；

王 60.5　非其神不傷人，

王 60.6　聖人亦不傷人。

王 60.7　夫兩不相傷，

王 60.8　故德交歸焉。

傅 60.1　治大國若烹小鮮。

傅 60.2　以道莅天下者，其鬼
　　　　　不神。

傅 60.3　非其鬼不神，

傅 60.4　其神不傷人。

傅 60.5　非其神不傷人，

傅 60.6　聖人亦不傷人。

傅 60.7　夫兩不相傷，

傅 60.8　故德交歸焉。

帛 60.1　治大國若烹小鮮。

帛 60.2　以道莅天下，其鬼不神。

帛 60.3　非其鬼不神也，

帛 60.4　其神不傷人也。

帛 60.5　非其神不傷人也，

帛 60.6　<u>聖人亦弗傷也。</u>

帛 60.7　夫兩<u>不</u>相傷，

帛 60.8　故德交歸焉。

對勘舉要

（1）本章各本大體相同，沒有竹簡本內容。雖有一些用字的不同，但對基本思想沒有重要影響。帛書甲乙本之間也沒有重要區別。河上本題為"居位"，稍迂曲。

（2）"治大國若烹小鮮。以道莅天下，其鬼不神。非其鬼不神，其神不傷人。"

此段河上本、王弼本同。傅奕本"莅"作"蒞"，"天下"後用"者"字。帛書末兩句後有"也"字。

（3）"非其神不傷人，聖人亦不傷人。夫兩不相傷，故德交歸焉。"

此段河上本、傅奕本、王弼諸本基本相同。較大的差別是"聖人亦不傷人"一句，帛書甲乙本都沒有最後的"人"字，影宋河上本亦無"人"字，點校者根據道藏本補之。帛書本"不"作"弗"字，意為"不傷之"。帛書前兩句後都有"也"字。

本章帛書本有四句後都用虛詞"也"，這也是帛書本用虛詞較多，而通行本傾向於刪去虛詞的常例。一般情況下，傅奕本介於竹簡本、帛書本與通行本之間。本章中傅奕本與通行本相同。

此節帛書本"聖人亦弗傷也"是指聖人不傷"人"還是不傷"鬼"？從"亦"字的用法來看似乎應是"聖人也不傷百姓"。但是，"兩不相傷"的是聖人與鬼，還是聖人與百姓？從"相"字的用法來看似乎應該是聖人與鬼，因為上下文完全沒有百姓可以傷聖人或鬼神的意思。無論如何理解，文義都不夠明確、連貫。古書年代久遠，加之《老子》言辭簡短，難以確解，應該不是怪事。我們不妨一邊探索，一邊存疑，不宜強作結論。

析評引論

60.1　有神還是無神？

關於老子哲學是有神論還是無神論，學術界和思想界曾經有過比較激烈的爭論。章太炎、胡適、任繼愈、陳鼓應、張松如等均主張老子是無神論者，郭沫若似乎主張老子是有神論者，而李錦全、古棣等明確主張老子是有神論者（參見古棣 1991B，411—421）。雙方爭論涉及許多章節的訓詁、解釋問題，這裏不能一一討論。根據對《老子》中涉及上帝、神靈、鬼神的所有章節進行的分析，筆者的基本看法是：如果把有神論和無神論看作水火不相容的絕對排斥的兩種思想觀念，那麼老子既不是徹底的有神論者，也不是徹底的無神論者。如果一定要在有神和無神的對立之中給老子一個位置，我以為老子的思想更接近或更同情無神論（參見析評引論 4.2，34.4）。

《老子》中只有一次提到“帝”字，即第四章“吾不知其（道）誰之子，象帝之先”。如果說無意志、無目的的“道”否定了傳統的“帝”的最高地位，老子思想顯然接近無神論。如果強調老子並沒有根本否定上帝的存在，似乎也可以說老子是有神論。

《老子》中有四章講到“神”字，第六章“谷神”，第二十九章“神器”都未必是傳統的神靈之神。作為神靈的神字見於第三十九章“神得一以靈”和本章“其鬼不神”。“鬼”字則只見於本章。“神得一以靈”一句一方面否定了最高神的存在和作用，另一方面也沒有根本否定神的存在和作用。

本章“以道莅天下，其鬼不神。非其鬼不神，其神不傷人”一段比較費解。傳統的韓非子、嚴遵、王弼、河上公等都將鬼神解為客觀存在的鬼神，而王淮主張這裏的鬼神並非實義。“‘鬼’，喻人心術不正，及人間之災禍；‘神’，喻此種災禍之作用與影響，用為動詞。”（王淮 1972，239）竊以為王淮之說可參考，但也有失於籠統。推敲此節文義，"其鬼不神"的"鬼"應該就是鬼神之"鬼"，不是心術不正之義。而"其鬼不神"的"神"是形容詞。合起來看，本節大意是說以法自然之道蒞臨天下、治理天下，則"鬼"的神妙或鬼祟作用似乎就消失了、無效了。這不是說"鬼"的神妙作用完全沒有了（"非其鬼不神"），而是說其神妙作用不再傷害人類（"其神不傷人"）。大意是講以道蒞天下的意義，是再次以"其鬼不神"襯托道之作用自然宏大，有益於天下的。

　　總之，老子的確沒有完全否定上帝的存在和鬼神的作用，因此，似乎不宜簡單地說老子就是一個無神論者。但是，老子不斷以上帝、鬼神來反襯道之自然的根源性和有效性，從思想的方向性來看，他是在把上帝和鬼神的作用推到了邊緣或次要、從屬的地位。就發展的趨勢來說，老子當然不同於一般的有神論者，他是在走向無神論、同情無神論的。我們似乎無法簡單地將他歸之於某一方面。在邏輯上、理論上，我們可以將有神論、無神論這樣對立的概念定義、描述得一清二楚，但真實的世界不是按照思想家的理論框架而存在的。因此，很多理論框架運用於現實的、歷史的存在時會遇到評判與度量的困難，這應該是絲毫不奇怪的。

第 六 十 一 章

原文對照

河 61.1　大國者下流，

河 61.2　天下之交，

河 61.3　天下之牝。

河 61.4　牝常以靜勝牡，

河 61.5　以靜為下。

河 61.6　故大國以下小國，則取小國；

河 61.7　小國以下大國，則取大國。

河 61.8　或下以取，或下而取。

河 61.9　大國不過欲兼畜人，

河 61.10　小國不過欲入事人。

河 61.11　夫兩者各得其所欲，

河 61.12　大者宜為下。

傅 61.1　大國者，天下之下流，

傅 61.2　天下之交。

傅 61.3　天下之牝，

傅 61.4　牝常以靖勝牡。

傅 61.5　以其靖，故為下也。

傅 61.6　故大國以下小國，則取於小國。

傅 61.7　小國以下大國，則取於大國。

傅 61.8　或下以取，或下而取。

傅 61.9　大國不過欲兼畜人，

傅 61.10　小國不過欲入事人。

傅 61.11　兩者各得其所欲，

傅 61.12　故大者宜為下。

王 61.1　大國者下流，

王 61.2　天下之交，

王 61.3　天下之牝。

王 61.4　牝常以靜勝牡，

王 61.5　以靜為下。

王 61.6　故大國以下小國，則取小國；

王 61.7　小國以下大國，則取大國。

帛 61.1　大國者，下流也，

帛 61.2　天下之牝也。

帛 61.3　天下之交也，

帛 61.4　牝恆以靜勝牡。

帛 61.5　為其靜也，故宜為下也。

帛 61.6　故大國以下小國，則取小國。

帛 61.7　小國以下大國，則取於大國。

王 61.8　故或下以取，或下而取。　　　帛 61.8　故或下<u>以取</u>，<u>或</u>下而取。

王 61.9　大國不過欲兼畜人，　　　　　帛 61.9　故大國者不<u>過</u>欲并畜人，

王 61.10　小國不過欲入事人，　　　　帛 61.10　小國不過欲入事人。

王 61.11　夫兩者各得其所欲，　　　　帛 61.11　夫<u>皆</u>得其欲，

王 61.12　大者宜為下。　　　　　　　帛 61.12　則大者宜為下。

對勘舉要

(1) 本章沒有竹簡本作對照，兩個通行本基本一致，傅奕本與之有文字不同，帛書甲乙本之間只有些微的差別。帛書本與通行本有一些看似細微而實際重要的不同，對校正通行本、理解原文意思非常重要。河上本題為"謙德"，差強人意。

(2) "大國者下流，天下之交，天下之牝。牝常以靜勝牡，以靜為下。"

此段河上本、王弼本同。第一句"下流"二字，傅奕本作"天下之下流"，帛書本無"天下之"三字，傅奕本"天下之"三字當為誤衍。

帛書甲乙本與三個傳世本的最大不同是"天下之交，天下之牝"兩句前後互換，從文句來看，似乎並無不同，然而意義確有不同。劉殿爵指出通行本文句極為費解。第一，"天下之交"究竟屬上還是屬下？如果屬上，大國如何能夠是"天下之交"？如果屬下，則"天下之交，天下之牝，牝常以靜勝牡"的"牝"字不應重複。有些本子"牝"字確是不重，但即使"牝"字不重，上面既說"天下之交"，下面"牝"字上何必再加"天下之"三字呢？所以，無論如何很難作出完滿的解釋。帛書甲本作："大邦者，下流也，天下之牝（也）。天下之交也，牝恆以靜勝牡。""天下之交"、"天下之牝"，"交"、"牝"二字互易。乙本"牝"下有"也"字，可見"大國者，下流也，天下之牝也"為一句。"天下之交也，牝恆以靜勝牡"另為一句；這樣解釋上便沒有困難了（劉殿爵1982，35—36）。顯然，帛書本文字清楚、合理，可以校正傳世的不當句序。然而，傅奕本、通行本為甚麼會顛倒古本的句序呢？應該不是誤抄所致。推測起來，可能是編校者誤以為"大國者下流"就應該是百川的"天下之交"，而"天下之牝"與下句"牝常以靜勝牡"又可構成"頂真"式修辭，所以妄改之。要之，通行本的修改多著眼於語言形式，而不能充分體現原文的意義，甚至常有扭曲，造成文義理解上的困難。

　　通行本"以靜為下"一句，傅奕本作"以其靜，故為下也"，帛書本作"為其靜也，故宜為下也"。帛書本句式明確而從容，傅奕本稍有刪節，通行本則多有刪削，可見逐漸演變的痕跡。通行本多求簡省之效。帛書本多數句後有"也"字，都被通行本刪去。帛書本與通行本的這種不同頗有代表性，反過來，帛書本用字簡省，而通行本用字較繁的情況雖有之，但很少。總起來看，帛書本給人的印象是一個智慧老人娓娓而談，通行本給人的印象更接近一個教師在傳誦訓誡。

(3)　"故大國以下小國，則取小國；小國以下大國，則取大國。故或下以取，或下而取。"

　　此段為河上本、王弼本。與傅奕本、帛書本相比，最有趣味的是河上本、王弼本"則取小國"、"則取大國"，兩句皆無"於"字，而傅奕本作"則取於小國"、"則取於大國"，兩句皆有"於"字。按照這兩種版本，"大國以下小國"和"小國以下大國"全無不同，這樣，最後兩句"或下以取，或下而取"就講不通了。帛書本作"故大國以下小國，則取小國；小國以下大國，則取於大國"，前句無"於"，後句有"於"，則文義清明。顯然，帛書本義勝於通行本。馬敍倫曾引陶紹學手稿云：詳文義，似上句應無"於"字，下句應有"於"字（馬敍倫1957，167），帛書本證之。劉殿爵說帛書本"則取大邦"作"則取於大邦"，多一"於"字，這樣被動的性質便極為明顯了（劉殿爵1982，17）。

(4)　"大國不過欲兼畜人，小國不過欲入事人。夫兩者各得所欲，大者宜為下。"

　　此段河上本、王弼本同，傅奕本有細微不同，如"夫兩者"不用"夫"字，末句前有"故"字。帛書本"兼"作"并"，"兩者各得"只有"皆得"二字，末句前用"則"。帛書本"皆得其欲"指上文"大國"、"小國"，意思已經清楚，傳世本加上"兩者"，實無必要。

　　本章之"國"字，帛書乙本皆作"國"，甲本皆作"邦"。

析評引論

61.1 "牝以靜勝牡"的寓意

本章說："大國者，下流也，天下之牝也。天下之交也，牝恒以靜勝牡。為其靜也，故宜為下也。"史華茲（BenjaminI Schwarz 1916—1999）說，雌性在性交活動中表面上是被動的，然而，"牝恒以靜勝牡"，實際上是女性在生育過程中扮演著引導的角色，她們在性交和生育過程中的行為方式都是"無為"之為。所以她們代表著非自我堅持的、非自私精明的、非精心考慮的、非特定目的的生育和生長過程。靠著這樣的過程，空虛引起了充實，安靜引起了行動，"一"引出了"多"。所以，雌性是老子之無為原則的典型體現（史華茲 1985，200）。史華茲的分析精闢地揭示了老子的雌性比喻和他的哲學主張之間的有機聯繫。本章顯然是以雌雄關係來比喻說明大國應該採取的外交原則。老子強調，大國應該甘居下游，以柔弱謙下為國策。在一般的對外交往中，大國通常會炫耀其偉大，展示其強盛，自居於他國之上。老子所說顯然是針對這種現實或一般的態度所作的批評和建議。河流之下游已經是比喻，"天下之牝"則是進一步的比喻，是為了引出"牝恒以靜勝牡"的道理，從實際效果的角度來說明大國柔弱謙下的意義。這顯然是中國哲學通常使用的類比論證。

強調效果似乎是功利主義的論證。然而，狹隘的功利效果絕非老子哲學的最高關切或最高價值。在本章中，老子更關切的是大國、小國各得其欲的自然的、和平的關係和秩序，而不是強權壓迫下的秩序。老子顯然是反對大國恃武力之強而征服小國、統一天下的。下文接著說"夫大國者不過欲並畜人，小國不過欲入事人。夫皆得其欲，則大者宜為下。"這裏的論證不是單從大國或單從小國的立場出發，而是從天下的立場出發，主張大小各得其所，和睦相處。這裏老子並不反對大國"並畜"小國的欲望，只是主張大國以雌柔之道實現此願望，而此願望的實現是自利、利他的雙向互惠，因為小國可以自然依附於濡弱謙下之大國，而沒有喪權辱國的擔憂。與春秋戰國時期的歷史事實相對照，老子的理論似乎是不顧事實的一廂情願，但從人類的共同利益和共同理想來看，暴力征服畢竟不是最佳選擇。大國與小國之間、強國與弱國之間，一切國家、種族之間的自然的、和平的、和諧的世界秩序，畢竟是永遠值得嚮往和追求的。

61.2　牝牡、雌雄與男女

論者多謂《老子》受母系氏族社會或女性生殖崇拜的影響，似乎《老子》涉及男女性別問題。這些論者沒有考慮一個基本事實，那就是《老子》的時代，“男女”已經是很常用的詞語，但在《老子》中卻偏偏一個都沒有。

在春秋戰國時期，“男”、“女”二字都有其他涵義，如“男”可指爵位，“女”可作第二人稱代詞“你”，但作為人之性別的“男”、“女”二字已經使用相當普遍。如《詩經·斯干》：“維熊維羆，男子之祥；維虺維蛇，女子之祥。”《左傳·莊公二十四年》：“今男女同贄是無別也。”《墨子·辭過》：“宮牆之高足以別男女之禮。”此外《論語》、《管子》、《國語》、《孟子》中都有類似的例句。在“男”、“女”二字普遍使用的春秋戰國時期，《老子》中卻一個“男”、“女”都不用，這應該不是偶然的。一般說來，先秦典籍中的“男”、“女”二字都大大多於“牝”、“雌”二字。“牝”、“雌”二字在一般情況下只用來指禽與獸之雌雄，很少用來指人之男女。老子所用的“牝”、“雌”二字在其他典籍中相當少見。如《尚書》中“牝”二見，無“雌”；《左傳》中“雌”二見，無“牝”；《論語》中“雌”一見，無“牝”；《孟子》中“牝”、“雌”皆無。與此相反，老子多用“牝牡”、“雌雄”，而完全不用更為普遍使用的“男”、“女”二字。據此推斷，老子顯然不是要談男女問題，所以他完全不提“男”、“女”二字。我們硬要把他的哲學和男女問題、和女性生殖崇拜、和母系社會拉到一起，顯然是不恰當的。

老子為甚麼用"雌"、"牝"而不用"女"？這裏我們不妨作一些揣測。從消極的方面來說，這樣作是希望可以避免誤解（儘管事實上並沒有避免現代人的誤解）。從積極的角度來看，其意義恐怕在於"雌"、"牝"的說法既可與動物甚至萬物相通，有廣泛的普遍性，又可隱含男女之別，引發人們對社會生活的聯想，對人類的社會生活有較為直接的暗示意義。這樣既有相當的普遍性意義，又有較明確的針對性，正適合表達老子思想的普遍的基本價值和行為原則。雖然，"雌"和"牝"一般用於鳥類和獸類，但並非完全不可以用於人類或物類，如《管子‧霸形》"楚人攻宋鄭……令其人有喪雌雄"，李白詩〈雙燕離〉也有"憔悴在一身，媌雌憶故雄"，都是"雌"字用於人的實例。"牝"字用於事或物可見於《國語‧越語下》："凡陳之道，設右以為牝，益左以為牡。"又《禮記‧月令》"修鍵閉"一語，鄭玄注："鍵，牡；閉，牝也。"孔穎達疏云："凡鎖器入者謂之牡，受者謂之牝。"這說明"牝"、"雌"二字有更普遍的意義，而"男"、"女"二字則僅限於人類之兩性，不可用於動物或事物，缺乏普遍性意義，不適於描述宇宙和社會之普遍特性和原則。這在古代和現代是一樣的（參見析評引論 6.2）。

61.3 牝牡、雌雄與陰陽

如果說，老子用"雌雄"、"牝牡"而不用"男女"二字是為了更普遍的關懷，那麼老子為甚麼不用更有普遍性的"陰陽"二字呢？老子不是提到"萬物負陰而抱陽"嗎？為甚麼不用"陰陽"代替"雌雄"、"牝牡"呢？筆者以為，從特定的層次來講，陰陽的觀念與"雌"、"牝"有異曲同工之妙，但"陰陽"二字的意義又太普遍、太抽象，往往與純粹的自然現象相聯繫，缺乏足夠的與人事有關的形象的聯想意義，因此也不足以表達老子所要表達的思想。比如說"知其雄，守其雌"意思生動而形象，但是如果說"知其陽，守其陰"則意義晦澀不明。又如"牝恒以靜勝牡"一句，人皆知其意，但是如果說"陰恒以靜勝陽"，則無法通過兩性活動的聯想來表達老子在社會生活中提倡柔韌原則的基本主張。

關於“男女”、“陰陽”、“雌雄”等字的用法，《墨子·辭過》有過明確的說明：“四時也，則曰陰陽；人情也，則曰男女；禽獸也，則曰牡牝雄雌也。真天壤之情，雖有先王不能更也。”這說明古代“陰陽”二字主要用於自然現象，“男女”只用於人類自身，而“雌雄”、“牝牡”則用於動物。這就很好地解釋了老子用字的道理。《墨子》講的只是一般情況，因此沒有提到我們所介紹的“牝牡”、“雌雄”偶然用於人或物的情況。“牝牡”、“雌雄”用於人或物最初可能是比喻式說法，並不是最初最基本的詞意。

總之，老子用“雌雄”、“牝牡”的比喻而不用“陰陽”、“男女”的說法與其思想的實際關切和內容是密切配合的，是滿足其思想的適切性的需要。老子關心的是人類社會的最終狀態和日常狀態，這不是以宇宙自然為中心那樣的普遍性問題，所以不適於以“陰陽”為譬喻；這又不是男女之間地位高低那樣具體的問題，所以也不適於使用“男女”這樣具體的辭彙。也就是說，老子的思想命題本身既有普遍性、抽象性特徵，也有一定的具體性、針對性。我們應該準確地把握其普遍性和具體性的實際內容和確切地位，避免走向過份誇大其普遍性的一方，或過份誇大其現實性、具體性的一方。

這裏老子哲學的普遍性指一般的人類的生存狀態，不限於一時一地的人群。從《老子》原文的表達上來看，老子關心的是普遍的人類社會的存在條件和狀況，儘管當時的人並不知道異域的人群是甚麼樣的。而且，這種關切是以宇宙的普遍存在法則為根據的，不完全局限於人類社會本身。老子哲學的具體性是指老子的普遍關切還是以人類社會生活為中心，而不是更為抽象的宇宙演化和萬物的本質。“雌雄”、“牝牡”的比喻超越於男女之事，又隱喻男女之行為，這恰好可以說明老子哲學關切人類之社會行為，又要達到超越具體行為的普遍哲理的層次。而“陰陽”、“男女”都無法恰切表達老子的這種既現實又普遍的關懷和主張。

第 六 十 二 章

原文對照

河 62.1　道者萬物之奧，

傅 62.1　道者，萬物之奧也。

河 62.2　善人之寶，

傅 62.2　善人之所寶。

河 62.3　不善人之所保。

傅 62.3　不善人之所保。

河 62.4　美言可以市，

傅 62.4　美言可以於市，

河 62.5　尊行可以加人。

傅 62.5　尊言可以加於人。

河 62.6　人之不善，何棄之有。

傅 62.6　人之不善，何棄之有？

河 62.7　故立天子，置三公，

傅 62.7　故立天子，置三公，

河 62.8　雖有拱璧以先駟馬，

傅 62.8　雖有拱璧以先駟馬，

河 62.9　不如坐進此道。

傅 62.9　不如進此道也。

河 62.10　古之所以貴此道者，

傅 62.10　古之所以貴此道者
　　　　　何也？

河 62.11　何不日以求得？

傅 62.11　不曰求以得，

河 62.12　有罪以免耶，

傅 62.12　有罪以免邪？

河 62.13　故為天下貴。

傅 62.13　故為天下貴。

王 62.1　道者萬物之奧，

帛 62.1　道者，萬物之注也，

王 62.2　善人之寶，

帛 62.2　善人之寶也，

王 62.3　不善人之所保。

帛 62.3　不善人之所保也。

王 62.4　美言可以市，

帛 62.4　美言可以市，

王 62.5　尊行可以加人。

帛 62.5　尊行可以加人。

王 62.6　人之不善，何棄之有！

帛 62.6　人之不善，何棄□有？

王 62.7　故立天子，置三公，

帛 62.7　故立天子，置三卿，

王 62.8　雖有拱璧以先駟馬，

帛 62.8　雖有共之璧以先四馬，

王 62.9　不如坐進此道。

帛 62.9　不若坐而進此。

王 62.10　古之所以貴此道者何?

帛 62.10　古之所以貴此者何也?

王 62.11　不曰以求得,

帛 62.11　不謂求以得,

王 62.12　有罪以免邪?

帛 62.12　有罪以免與?

王 62.13　故為天下貴。

帛 62.13　故為天下貴。

對勘舉要

（1）本章各本文字有一些差異，理解有些困難，歷來校註者多有不同見解和爭議。帛書本出土為解決紛爭提供了客觀的證據，但並非所有人都同意以帛書本為基本標準，所以爭議仍然存在。本章帛書甲乙本基本相同，沒有竹簡本作對照。本章總體思想不是十分清晰，河上本題為"為道"也是勉為其難。

（2）"道者萬物之奧，善人之寶，不善人之所保。"

這三句河上本、王弼本同，傅奕本僅在第一句後有"也"字。"奧"，帛書甲乙本皆作"注"，讀為"主"，《禮記·禮運》"故人以為奧也"，鄭玄注："奧"猶"主"也（高明1996，127）。帛書本與傳世本字不同而意可通。"寶"，帛書甲乙本皆作"葆"，整理者讀為"寶"。帛書本末句"不善人之所保也"，乙本作"保"，甲本也作"葆"，似誤，整理者讀為"保"。整理者註曰："葆、保字異，義亦不同。葆即寶，珍也。保，養也。"（國家文獻1980，94）

（3）"美言可以市，尊行可以加人。人之不善，何棄之有。"

此段河上本、王弼本同。傅奕本前兩句作"美言可以於市，尊言可以加於人"，與眾本皆不同。帛書本前兩句與河上本、王弼本同，末句稍有殘缺與不同。此節帛書本與通行本基本相同，與傅奕本明顯不同，是比較少見的情況。在多數情況下，傅奕本往往處在帛書本和通行本的變化之間。參見第四十八章對勘舉要（2），另外可見第二、十八、五十四章原文對照。

俞樾云：《淮南子》〈道應篇〉、〈人間篇〉引此文並作"美言可以市尊，美行可以加人"，是今本脫下"美"字（俞樾1934，157；高明，1996，128）。奚侗從其說。帛書本出土，似乎推翻了俞說，然多有學者不贊成以帛書本為據（陳鼓應1984，303；張松如1987，379—380；古棣1991A，499—450）。

　　高明則據王弼註證明帛書本不誤。王弼註曰："美言之，則可以奪衆貨之賈，故曰'美言可以市'也。尊行之，則千里之外應之，故曰'可以加於人'。"（樓宇烈 1980，162）愚意以為，如果古本可通，則不必改古本。對底本改動越少越好，這應是校勘的一個基本原則，否則，古書便會有越來越多的"改正本"，要瞭解古書原貌也會越來越難。

（4）"故立天子，置三公，雖有拱璧以先駟馬，不如坐進此道。"

　　此段為河上本、王弼本。傅奕本末句奪"坐"。"三公"，帛書本作"三卿"。"拱璧以先駟馬"，帛書本作"共之璧以先四馬"。高明曰："共"字當借為"拱"。"拱之璧"即拱抱之璧。與王弼註所云"拱抱寶璧"相合（高明 1996，130）。

　　"不如坐進此道"，帛書乙本作"不若坐而進此"，甲本原作"不善坐而進此"，"善"乃"若"之誤。值得注意的是，甲乙本"此"後皆無"道"字。如果沒有"道"字，"此"字何指？似難推斷。以後諸本據第一句"道者萬物之奧"文義加之，尚可接受。

（5）"古之所以貴此道者何？不曰以求得，有罪以免邪？故為天下貴。"

　　此段為王弼本。第一、二句河上本作"古之所以貴此道者，何不日以求得"。驗之於傅奕本、帛書本，"何"後有"也"，知河上公斷句不對。河上公每以"曰"為"日"，又見於第五十二、五十五章。

　　此段第一句帛書甲本殘，乙本如上段一樣，仍無"道"字。就文義看，當有"道"字，但帛書本為甚麼不用"道"字，頗費思考。如果"此"即指道，為何吝於明言呢？

　　"不曰以求得"的"以求得"三字，傅奕本、帛書本皆作"求以得"，於義為勝。"不曰"，帛書甲乙本皆作"不謂"。古代先有"曰"字，"謂"乃後起字。"謂"字出現後與"曰"有分工。"謂"有評論之義，"曰"通常引起直接引語。此處當從帛書作"謂"（"謂"字用法參見析評引論 17.1）。

　　"有罪以免邪"的"邪"字，或作"耶"（河上），或作"與"（帛書）。

析評引論

62.1 老子的人性觀

本章說到"人之不善，何棄之有"，第二十七章也說"聖人常善救人，故無棄人"，這應該是針對社會上將人分類，將一部份人視為可棄、當棄的現象而言。王淮說：道家非宗教，亦無人格神。然"道"的精神與作用足以普遍的給予免罪，此與佛陀慈悲之與樂拔苦，上帝恩寵之博愛救贖，實為同一之義趣。佛陀唯我獨尊，上帝赫赫在上，道雖亦為天下之至尊貴，然常無心而不自尊貴（王淮 1972，246）。王說有理。然而佛教、基督教都要求信徒追隨，並對信佛不信佛、信主不信主有嚴格區分，信者有信者之好運，不信者有不信者的下場。但老子哲學或"道"的概念則對眾生萬物全無分別，"不善者亦善之……不信者亦信之"（第四十九章），強調不以"善、不善"、"信、不信"來區分百姓。第六十三章更講到"報怨以德"，連恩、怨都不分了。這種態度背後似乎隱含著眾生天然平等並值得同樣尊重的思想（參見析評引論 49.2）。

中國古代有豐富的關於人性的理論，如性善論、性惡論、性無善惡、性超善惡、性三品、性二元等等理論（張岱年 1982，183—253）。奇怪的是，老子卻一個"性"字不提。不過，雖然老子沒有提到過人性的概念，但是從上述不分"善、不善"、"信、不信"的說法來看，從他強調人無棄人，報怨以德的思想來看，他的思想背後有著一種堅定的相信一切人的普遍意義與價值的人性觀。這種人性觀表面上與人性善的理論相似，實際上卻不落於"善"字，與善不善無關。《莊子》〈馬蹄〉、〈駢拇〉諸篇所講的性命之情，似乎比較接近老子的潛在的或可能的人性觀念，即天然本性就是可貴的，它天然就是值得尊重、保護和發展的，其寶貴之處不在於它有任何道德價值或後天獲得的品格、地位。這種人性觀或許可以勉強稱之為性超善惡論（參見劉笑敢

1988，275—280）。這種人性觀是絕對中性的，與任何道德的、宗教的、政治的價值都沒有關係，或者可以稱之為人性本貴論。這是老子堅持自然之價值和無為而治的重要思想基礎。

62.2 馬斯洛的人性觀

在思考老子哲學背後的人性觀基礎的時候，我發現馬斯洛（A. H. Maslow，1908—1970）對人性的一些信念可能與老子的信念一致。這裏我用"信念"二字，是因為馬斯洛也沒有提出明確的或系統的人性理論。馬斯洛是上一世紀美國著名的人文主義的心理學家。他雖然影響很大，卻不屬於西方心理學的主流學派。他對主流的科學主義的實驗心理學有重要的批評。他的人文主義心理學的一個重要特點就是強調對作為研究對象或治療對象的人的信任與尊重。他說：你要了解關於鴨子的知識，就應該去問（ask）鴨子如何如何，而不是去告訴（tell）鴨子如何如何（馬斯洛 1993，14）。同樣，我們應該這樣對待人類的孩子。因為奠基於心理學研究的數據資料支持這樣一種觀點：那就是有機體自身有著自我調控（self-regulation）、自我管理（self-government）、自我選擇（self-choice）的趨向。這種趨向就是選擇健康、成長和生物意義上的成功。這種趨向之強還遠超過十九世紀的人們的想像。總的來說，這些趨向是反威權（anti-authoritarian）、反控制的（anti-controlling）。這些發現讓他再次回到道家的觀點，這就是更加信任兒童自己內在的朝向成長和自我實現的驅動力（impulses），這意味著更多的強調自發性（spontaneity）和自主性（autonomy），而不是強調預測和控制。他宣稱："在任何情況下我都可以肯定地說：健康的人不喜歡被控制。"（同上，13）

馬斯洛並沒有說這就是他的人性論，我們也不應該這樣說。但是，很明顯，馬斯洛對人的自發的健康成長的信心來源於他對人的生物本能的信念。他批評了西方流行的性惡論。他說：由於某些不可思議的原因，"西方文明已普遍相信，文明身上的動物性，是一種惡的動物性，我們大多數的原始衝動是邪惡的、貪婪的、自私的、敵意的。神學家把它叫作原罪，或魔鬼。弗洛伊德主義者把它叫作本我。哲學家、經濟學家以及教育家，也用各種各樣的名稱來稱呼它。達爾文是如此贊同這種觀點，以致他只看到了動物界的競爭，完全忽視了同樣普遍存在的合作。"（馬斯洛 1987，95）

人性是善還是惡的爭論可能不會有一致的結論，繼續爭論或許沒有意義。但是，相信人性善還是相信人性惡，對人的生活態度和社會行為卻是會有實實在在的影響。同樣，將人當作人還是當作物，對人的專業精神也是會有根本影響。比如，政治家眼中看不見人，只能看見數字、選票和官階，醫生眼中看不見人，只能看見器官、細菌和病毒。這樣的政治家和醫生有可能為他們的選民和病人好好服務嗎？

正是對人的本性中選擇成長和自我實現的趨向的堅定信念，決定馬斯洛反對對人採取預測和控制的研究方法。也正是對人可以自發地健康生存以及和諧相處的信念，決定了老子的不汲汲於嚴辨善惡的社會治理的原則。老子相信聖人無為、無事而百姓可以"自化、自正、自富、自樸"（第五十七章），這與馬斯洛相信兒童能自發地向成長、健康和自我實現的趨勢發展是一致的。馬斯洛對於人的類似於本能的信念，或許可以補充老子哲學背後的人性觀念，豐富現代的道家學說（參見呂錫琛 2003）。

62.3　馬斯洛的道家觀

筆者注意到馬斯洛，是因為他創造了許多"道家式（Taoistic）"的概念，如道家式科學、道家式客觀性、道家式的傾聽、道家式接受性、道家式的父母、道家式的教授、道家式的朋友、道家式的情人等等。

馬斯洛的《科學心理學》一書第十章的標題是"道家式科學與控制性科學"。他把傳統的實驗科學稱為控制的科學（controlling-science），這種科學的本性就是傾向於干預、切入、積極安排，甚至擾亂研究對象。實際上科學卻應該是冷靜的、中性的、非干預的，不去改變研究對象的性質，然而事實卻不是這樣。傳統科學無意識地偏

好原子論，因而經常假設你要認識對方，就必須將對方分析切割開
來。這種偏向雖然在減少，但仍然很有勢力。馬斯洛並不認為傳統的
控制性的科學是不好的或不必要的，而是強調傳統的科學不等於科學
本身，其他的研究策略也是可能的。科學家還應有其他方法，有其他
途徑去探索知識。他所要介紹的就是以"道家式的方法"去了解事物
的性質，這是一種高級的方法或者是與控制性科學相匹敵的方法。可
以用兩種方法的科學家，就比只用一種方法的科學家有更強的研究能
力（馬斯洛 1966，95）。

　　馬斯洛還對"道家式客觀性"和"古典式客觀性"作了對照。他
說傳統的客觀性是從對無生命的對象進行的研究中產生的。這時的客
觀意味著在觀察對象時排除了個人的願望、害怕和希望，同時也排除
了上帝有目的的願望和設計。這當然是一個巨大的進步並使得現代科
學成為可能。但是我們不能忽略一個事實，即這種成就只限於對非人
類的對象或事物進行的研究。這種客觀性和超脫的態度對低等生物的
研究也還有效。但是這種研究方法越到高級生物的門類就越有困難。
比如，研究猴子，一個喜歡猴子的人會比一個不喜歡猴子的人研究得
更真、更準，在一定意義上也更客觀和真實（馬斯洛 1993，15—16）。
為甚麼喜歡猴子會導致客觀呢？因為這樣的研究者不是去控制和改變
猴子的生活條件，而是讓猴子在本來的情況下繼續生活。這就是馬斯
洛所提倡的道家式客觀性的大意。

　　為甚麼要用"道家式"這個字？馬斯洛說，這是他所能夠想到的
可以簡要概括人文主義科學家的形象的諸多因素的一個字（同上，
14）。馬斯洛用了許多"道家式"的概念，但是從來沒有解釋他所理
解的道家的確切內容。他在兩本書的參考書目中都列了同一本老子的
英譯本，這本《老子》可能是他的道家知識的主要來源。考察他的道
家式的傾聽、道家式接受性、道家式的父母、道家式的情人等等概
念，其要點都是對對象、對方的基於愛與尊重的不干涉、不干預、不
控制、不操縱、不改造以及注視、聆聽、默想等等。這些因素都是老
子哲學中的基本要素，尤其接近於無為的理論。我們必須承認，他對

老子思想的理解是大體準確的，而他對道家概念的運用之廣、之靈活更是令人驚嘆。的確，實在沒有一個其他字更能表達他的複雜的、難以言喻的思想觀念。他對基督教更為熟悉，他與佛教法師有過更多的接觸，但他只能用"道家式"這個字來表達他的思想，說明道家思想中的確有一種任何其他宗教、哲學理論中都沒有的獨特的智慧。

馬斯洛不懂中文，讀過的道家著作很少。我們懂中文、讀道家的人是否可以比他對道家理解得更深、運用得更好呢？

第 六 十 三 章

原文對照

河 63.1　為無為，事無事，味
　　　　 無味。

傅 63.1　為無為，事無事，味
　　　　 無味。

河 63.2　大小多少。報怨以德。

傅 63.2　大小多少，報怨以德。

河 63.3　圖難於其易，

傅 63.3　圖難乎於其易，

河 63.4　為大於其細。

傅 63.4　為大乎於其細。

河 63.5　天下難事必作於易，

傅 63.5　天下之難事必作於易，

河 63.6　天下大事必作於細。

傅 63.6　天下之大事必作於細。

河 63.7　是以聖人終不為大，

傅 63.7　是以聖人終不為大，

河 63.8　故能成其大。

傅 63.8　故能成其大。

河 63.9　夫輕諾必寡信，

傅 63.9　夫輕諾者必寡信，

河 63.10　多易必多難。

傅 63.10　多易者必多難，

河 63.11　是以聖人猶難之，故終
　　　　　無難。

傅 63.11　是以聖人猶難之，故終
　　　　　無難矣。

王 63.1　為無為，事無事，味
　　　　 無味。

帛 63.1　為无為，事无事，味
　　　　 无味。

王 63.2　大小多少，報怨以德。

帛 63.2　大小多少，報怨以德。

王 63.3　圖難於其易，

帛 63.3　圖難乎□□□，

王 63.4　為大於其細。

帛 63.4　□□乎其細也。

王 63.5　天下難事必作於易，

帛 63.5　天下之難作於易，

王 63.6　天下大事必作於細，

帛 63.6　天下之大作於細。

王 63.7　是以聖人終不為大，

帛 63.7　是以聖人終不為大，

王 63.8　故能成其大。

帛 63.8　故能□□□。

王 63.9　夫輕諾必寡信，

帛 63.9　夫輕諾□□信，

王 63.10　多易必多難，

帛 63.10　多易必多難，

王 63.11　是以聖人猶難之，故終無難矣。

帛 63.11　是以聖人猶難之，故終於无難。

竹 63.1　為亡為，事亡事，味亡味。

竹 63.2　大小之多易必多難。

竹 63.3　是以聖人猶難之，故終亡難。

對勘舉要

(1) 本章帛書甲本前後都有分章符號，竹簡本前後也有分章符號，說明古本分章與今本有一致之處。竹簡本抄在甲本第一組第三十七章與第二章之間，中間無本章主要部份，很可能是抄寫者漏抄了一簡或兩簡。河上本題為"恩始"，意思不夠明晰；其意或從"天下難事必作於易"推演出來，強調重視事情開始的細微之處。

(2) "為無為，事無事，味無味。"

此三句各本相同，惟竹簡本"無"作"亡"，帛書甲乙本"無"作"无"。"無為"在這一節裡明顯作動詞賓語，是名詞化的標誌。說明無為作為思想概念已經比較成熟，已經超出了作為形容詞或動賓詞組的描述功能。

(3) "大小多少，報怨以德。"

這兩句帛書本與傅奕本、王弼本、河上本都一樣，惟竹簡本作"大小之多易必多難"，文句甚為費解。整理者說：有註家認為"大小多少"下有脫字，或以為此句文字有註文摻入，或有他章文字錯入此段。簡文與帛書本的差異，說明帛書本的文字或有其他來源，或據簡文重編（荊門市博物館 1998，115）。整理者的這些說法是較早的看法，提供可能性過多。丁原植說：疑此句讀為"大小之多，易必多難"。意謂：個別事物之殊異雜多，輕忽它，就會有患難，而不得平易（丁原植 1998，93）。筆者以為竹簡本此句更大的可能性是竹簡本漏抄了一簡或二簡。嚴家建說，對此句疑難的"惟一的解釋就是竹簡抄寫者漏抄了一段文字所致，而所漏抄者，據帛書本當作'（大小之）多少，報怨以德。圖難乎其易也，為大乎其細也；天下之難作於易，天下之大作於細。是以聖人終不為大，故能成大。夫輕諾必寡信，（多易必多難……）'。本文認為這是絕對有可能的，因為所漏之五十字，原本可能被抄於底本的兩枝竹簡上，如圖所示（'底簡'指'作為底本的竹簡'）：

> 底簡 A：……………………………為亡為事亡事味亡味大小之
> 底簡 B：多少報怨以德圖難乎其易也為大乎其細也天下之難作於易
> 底簡 C：天下之大作於細是以聖人終不為大故能成大夫輕諾必寡信
> 底簡 D：多易必多難是以聖人猶難之故終亡難……………………

值得注意的是，底簡 B 以及底簡 D 的第一個字都是‘多’，可能竹簡本的抄寫者在謄寫完底簡 A 的文字之後不小心跳過兩簡，誤讀而接著謄寫底簡 D 上以‘多’字為首的文字，結果抄寫成‘為亡為事亡事味亡味大小之多易必多難’。如果上述漏抄之字在原底本中是抄在比較長的竹簡之上而作為一簡之文的話，那麼這個可能性就更大。”（嚴家建 1999，86；另參見廖名春 2003，156）嚴推測竹簡本漏抄了底本的約五十字的一根或兩根竹簡，看起來這種可能性很高。惟底簡 A 末尾的“之”字原底本之有無似難斷定。

依據竹簡本，論者或曰竹簡本文句說明《老子》本來沒有“報怨以德”的思想，此說欠妥。查簡文此句很可能是“大小多少”一句誤抄為“大小之多”，因“多”字而誤接下文“多易必多難”，中間約遺五十個字，因此竹簡本之底本很可能有“報怨以德”的句子。這有點像當年帛書本發表後的情況。當年帛書本發表後，不少學者都根據帛書甲乙本字面上沒有“無為而無不為”一句，而斷定《老子》本沒有“無為而無不為”的思想，認為今本此句是後人所加。筆者推敲帛書本的殘缺情況，認為帛書乙本相當於第四十八章的闕文，按字數計算有可能是“無為而無不為”（劉笑敢 1997，121，注 13；廖名春 1999），竹簡本出土證明古本原有此句。同樣的道理，我們還不應該輕易斷定竹簡本或古本沒有“抱怨以德”的思想［參見第四十八章對勘舉要（3）］。

以下竹簡本的闕文不再一一提及。

本節“大小多少”一句頗為費解，論者多以為有脫文，也有試圖增補者。釋德清解為：“聖人去功與名……是去其大多，而取其少小。”（釋德清 1546，下 33A）林希逸解為：“能大者必能小，能多者必為少。”（林希逸 1260，下 23A）高亨解曰：“大小者，大其小也，小而以為大也。多少者，多其少也，少而以為多也。”（高亨 1957，132）諸說似多迂曲。筆者根據上下文義揣摩，以為此處“大小多少”四字連同下文大意是：無論“大小多少”，不如“報怨以德”。就是說大大小小、多多少少的區別與爭論不可能錙銖必較而得一清二楚，所以不如不去計較，一概以德報之，包括“以德報怨”。這是從根本上消除矛盾糾紛的辦法。

（4）“圖難於其易，為大於其細。天下難事必作於易，天下大事必作於細。”

　　此段河上本、王弼本相同。此節帛書本前兩句有殘缺，以甲本補乙本之後，兩句虛詞的使用和句式基本完整。前兩句傅奕本、帛書本句中兩“於”字前均有“乎”作提頓，即“圖難乎於其易，為大乎於其細”，句義更明確，句式更舒緩。後兩句傅奕本、帛書本在“天下”後均用“之”字，作“天下之難（事必）……天下之大（事必）……”，這是傅奕本與帛書本接近的例證。然而，帛書本比傅奕本又少“事必”二字，在這一點上，傅奕本又與兩個通行本一致，與帛書本不同。這再次說明，傅奕本是處在從古本到今本的演化之間的。後兩句的帛書本倒是在諸本中語言最簡潔的。

　　此節說明老子並非主張逃避一切難作之事和重大之事，更不是全不要作事。

（5）“是以聖人終不為大，故能成其大。”

　　此二句傅奕本、河上本、王弼本相同。帛書本有闕文，估計與今本不會有重要不同。

（6）“夫輕諾必寡信，多易必多難。是以聖人猶難之，故終無難。”

　　此段，河上本、王弼本大體相同。惟“輕諾”、“多易”後，傅奕本增“者”字，推敲帛書本與竹簡本，不應有“者”。“故終無難”後，王弼本、傅奕本有“矣”字，帛書本作“故終於无難”，竹簡本

"無"作"亡"。

析評引論

63.1　"以德報怨"與"以直報怨"

本章"大小多少，報怨以德"兩句也是老子治世的一個重要原則，主張不論大小、多少，應該報怨以德。這好像是逃避是非，不辨是非，或者息事寧人。這樣理解都是從日常生活的實例出發，完全沒有考慮到老子哲學的整體理論和最高關切。其實，在老子的"以德報怨"的背後是有大眼光、大智慧的。

據《論語·憲問》記載，曾有人問孔子："以德報怨，何如？"子曰："何以報德？以直報怨，以德報德。"從現有的文獻看來，孔子所批評的"以德報怨"的觀點應該就是《老子》的觀點。孔子的態度和老子恰巧構成鮮明對照和對立。

孔子主張"以直報怨"，老子主張"以德報怨"，二者孰是孰非？孰高孰低？應該說二者各有根據，各有道理。在通常的情況下，孔子之說主張明辨是非，嚴人禽之別、倡夷夏之異、重義利之辨，講究是非分明，恩怨清楚，不能像鄉愿一樣不辨是非，這是天經地義的道理和道德。在日常生活中，人們多從孔子之說，以維繫道德對人生的引導作用。"以直報怨"應該起到遏止錯誤行為或罪惡的作用，但是因為對錯誤、恩怨的看法往往各不相同，"以直報怨"就常常變成累積新怨。如果道德原則主要用來自律，自然有利於社會和諧，因而有利無弊。但是，現實中往往是責人嚴，待己寬，則道德判斷和道德譴責反而會種下怨懟。特別是在有利害衝突的情況下，"以直報怨，以德報德"只能延續和加劇恩怨讎報，而不能從根本上消除恩怨讎報。

從日常生活的層次來看，"以直報怨，以德報德"的原則讓個人生活在恩怨計較之中，難得安寧平靜。從更高的層次來說，從更大的社會範圍以至於全人類的角度來看，"以直報怨"會加劇種族與種族、國家與國家、地區與地區的衝突，以暴易暴、冤冤相報，永遠不能達致社會的和平，更談不上人類的和諧以及人類與自然界的和諧。這樣看來，人類不僅需要道德、正義等原則，而且需要有更高的原則來協調在道德和道義原則下的衝突（參見析評引論 49.2，56.2）。

筆者以為，"報怨以德"的確可以達到息事寧人的效果，但是老子提出這一思想的根本主張並非如此簡單。"大小多少，報怨以德"兩句前面是"為無為，事無事，味無味"，這是老子一貫的治理天下和處理社會問題的根本原則，不是苟且之計。下文說："天下之難作於易，天下之大作於細。是以聖人終不為大，故能成其大。"顯然也不是逃避難題、迴避天下大事的消極意思。那麼，如何理解"以德報怨"的理論意義和實踐意義呢？

63.2　"以德報怨"的理論意義

如何在老子的理論體系中全面地理解"以德報怨"？

首先要看到，老子的"以德報怨"絕不是無力"以直報怨"的不得已的選擇，而是主動的積極的決定。這是有充分自信以後才可能有的抉擇。作為別人的手下敗將，只能忍辱負重，臥薪嚐膽，或者曲與奉迎，有甚麼資格說"以德報怨"呢？不能自立於世、不能取信於人，憑甚麼以德報怨，憑甚麼平息糾紛、化解恩怨呢？"以德報怨"的最基本的前提就是不受別人的欺負，進一步來講就是有足夠的自信和力量"以德報怨"。能夠"以德報怨"的只能是大國君主、智慧老人或有遠見卓識的年輕人。早年，筆者曾以為老子哲學代表弱者戰勝強者的利益需要（劉笑敢 1988，241），經過近十幾年來的認真研究，發現早年把老子哲學理解為弱者的代表是完全錯誤的。老子是"知其雄，守其雌"而不是"知其'雌'，守其雌"。所謂"柔弱勝剛強"不是無力對抗強者的權宜之計，而是為了"輔萬物之自然"，是因為聖人相信"弗為而已，則無不治矣"。從世俗生活的角度來看，我們往往以為"以德報怨"是消極的息事寧人，如果我們對老子哲學的終極關切和最高價值有了基本了解，就不會再有這樣消極的理解了。

我們還應該看到，"以德報怨"是與老子的整個哲學體系相一致的有機的構成部份，是老子之聖人的一貫原則，而不是不負責任、苟且敷衍、遷就世俗的權宜的做法。以"德"報怨的"德"，也就是"道生之，德畜之"的"德"，就是"玄德"，就是聖人之"德"。這種"德"視萬物為一，生而不有，為而不恃，不會要求萬物報答自己，對萬物的知恩不報、恩將讎報當然也不會計較。因此，這種"以德報怨"是一貫的，而不是權變的或偶爾為之的；是真誠的，而不是虛偽的或邀買人心的；是一視同仁的，而不是偏向的或厚此薄彼的。

這種聖人之德是可能的嗎？我們姑且以母性作比喻。在正常情況下，母親對孩子們是無偏私的，對所有的孩子都是關心、愛護的，即使是不信任自己的孩子，即使是犯了錯、犯了罪的孩子，典型的母性、理想的母親總是無條件地關心著，疼愛著他們。"道"正是這種母性的體現，聖人則是道之德的體現。所以"以德報怨"是老子的道的哲學衍生出來的必然原則。這種原則是一般人難以理解，難以實踐的，但是，這不等於說"以德報怨"的原則對一般人是沒有意義的。一般人雖然不是聖人，不能像聖人一樣視眾生如同一體，但是在有限的範圍內還是可以"以德報怨"。如果這是自己知人明理的一貫原則，而不是不辨是非的糊塗行為，那麼他會有一種自信與自足，必能化解身邊的許多不必要的恩怨糾紛，讓自己以及自己周圍的人生活得更祥和、舒暢。

63.3 "以德報怨"的實踐意義

對現實的社會生活來說，"以德報怨"的直接意義或根本意義在於：這是能夠逐步斬斷人類社會的恩怨相報的鏈環，減輕並減少人類社會的各種衝突和殘害的惟一可能的出路。如果不採取"以德報怨"的原則，那麼可能會採取甚麼其他原則呢？恐怕還是"以直報怨"，或者更通俗形象的說法就是"以牙還牙，以眼還眼"，這樣從道義上講似乎完全正確，而後果又會如何呢？就用以色列和巴勒斯坦的衝突來說吧。從歷史和現狀來說，巴勒斯坦和以色列雙方都有權利要求和平地居住在這塊土地上，但雙方誰都沒有可能實現這基本的要求。巴勒斯坦人要報復以色列的火箭、坦克，以色列人要報復巴勒斯坦人的人體炸彈。在有讎必報的道義原則下，雙方只有主張最堅決地對抗的人才有可能成為領袖，而這樣的領袖又會堅決推動無休無止的報復。因此讎殺的循環就看不到解決的可能。就任何一方來說，報讎都是正確的、正義的，甚至是神聖的。但是，對於雙方的長遠利益與百姓的日常生活來說，永無休止的復讎恐怕就不是最好的出路。對於全世界來說，對於其他類似的衝突雙方來說，又何嘗不是如此呢？要切斷報復的鎖鏈，至少有一方要開始實行"以德報怨"的原則，至少要先停止報復。然而，在以正義為最高原則的指導下，停止報復又如何可能呢？我們是否需要有超越於正義和道義的更高原則才能實現人類的和平呢？（參見析評引論 64.8，64.9）？

值得注意的是，老子還講過："和大怨，必有餘怨……是以聖人執左契，而不以責於人。"（帛書本第七十九章）可見，老子並非主張無原則地強制地壓抑已經產生的怨恨，同時更注意以"不責於人"的態度從根本上防止恩怨的產生。"以德報怨"不是強壓怒火，而是發自內心的有高度自信的主動實行的原則。

當多數人接受"以德報怨"的原則時，人類才可能有真正的可靠的和平與和諧。

63.4　無為：形式與內容的矛盾

本章開篇就是"為無為"。無為是老子哲學獨創、道家獨用的重要哲學概念。其他哲學家可以偶然提到、用到"無為"二字，但是不會以"無為"作為自己的中心概念。對道家的這一獨特概念也需要有獨特的理解。

"無為"二字中的"無"字是一個否定副詞或動詞，"為"字則泛指一切行為，從形式上看，"無為"就是沒有任何行為，就是甚麼都不作，這是一般人最容易產生的誤解。如何全面理解無為的意思，大致可以有兩個途徑：一個是字詞的分析，一個是文本內容的分析。從字詞的分析來說，龐樸曾提出"無"有三個意義，一是"有而後無"的"無"，是與"有"相對的具體的"無"，即最早的"亡"字之義。二是"無形無象"的"無"，看不見、摸不到，卻無處不在，無處不有，字通"巫"與"舞"。三是絕對之無，從來沒有之義（龐樸1995）。古文字學家對龐說有疑義。但是，無論龐氏的古文字考釋是否準確，"無"字有不同意義則是顯而易見的，我們不能籠統地將"無"看作甚麼都沒有的意思。按照龐樸提出的"無"的三個意義，在"無為"中的"無"應該是第二個意思，即無形無象之義，簡單說來就是"實有似無"的"無"，如巫術所面對的鬼神。

然而，將"無為"之"無"定義為實有似無之"無"，不必依賴於文字的考證。從老子原文來看，從實有似無的角度來理解無為之無也是比較恰當、合理的。在析評引論 37.2 中，我們已經列舉很多文句說明老子哲學並非主張甚麼都不作，所謂"功成身退"或"成事遂功"（竹簡本第十七章）、所謂"勝人者力，自勝者強"、所謂"以戰則勝，以守則固"、所謂"取天下常以無事"等等，都說明老子並非真的脫離塵世生活，並非主張甚麼都不作。我們不能孤立地就一個"無"字的通常意義來理解老子之"無為"。如果我們取"無"字的通常意義來理解"無為"，那麼就要看到，"無為"的字面意義和它的實際意義是有矛盾的、不一致的。

總之，從語言形式上來看，無為的概念似乎是全面地否定了人類的一切行為，然而，如果我們回到《老子》的文本中去，就會發現"無為"的"為"是有一個中心指向的，無為否定的重點是社會治理者的直接控制和干涉性行為，同時也在某種程度上否定一般的世俗的價值和方法，但絕不是否定一切行為。無為一詞的字面含意和它在《老子》上下文中的實際含意是分離的。這似乎是一般研究者還沒有明確注意到的。然而，這卻是釐清無為這一概念的基本要求，也是進一步理解老子哲學的一個關鍵性問題。

可是，老子為甚麼不採用比較準確的詞彙形式來避免這種矛盾和誤解的可能性呢？我們是否可以找到更準確、更恰當的語言形式來表達老子的思想呢？看來實在是不容易，對於老子來說不容易，對於今人來說也不容易。即使在今天語言高度發達的背景下來看，我們也找不到更好的詞彙形式來準確地表達老子的思想，也很難創造新的詞彙來表達"無為"的豐富而模糊的含義。"實有似無的行為方式"或許可以比較全面地反映"無為"二字的內在矛盾，但是否能全面地表達老子的智慧，恐怕還是有疑問的。

63.5　無為：概念簇的代表

"無為"二字的實際內容是甚麼？這一問題也很難回答，因為"為"字似乎涵蓋了人的各種行為，是一個模糊的概念集合體，我們很難為它找出一個單一的確切定義。不過，通過《老子》原文對聖人一類的行為的描述，我們還是可以看出無為的一些基本特點。正如《老子》對道的描述多用否定式，總是說"道"無甚麼，不是甚麼，很少說"道"有甚麼，是甚麼樣，《老子》對聖人一類的行為的描述也多是以否定的句式來表達的。如果我們粗略地瀏覽一下《老子》，就會發現至少有三十多章都反復講到了無為之類的以否定形式表達的行為和態度，如"不言"、"不為始"、"不恃"、"弗居"（第二章），"不尚賢"、"無知"、"無欲"（第三章），"不仁"（第五章），"無私"、"不自生"（第七章），"不爭"（第三、八、二十二、六十六、六十八、七十三、八十一等章），"無知"（第十章），"不有"、"不恃"、"不宰"（第十、五十一章），"無身"（第十三章），"不欲盈"（第十五章），"不立"（第二十四章），"勿矜"、"勿伐"、"勿驕"、"勿強"（第三十章），"不美"（第三十一章），"不為主"、"不自為大"（第三十四章），"無欲"（第三十七章），"不德"（第三十八章），"不行"、"不見"、"不為"（第四十七章），"無事"（第四十八、五十七、五十八、六十三章），"無心"（第四十九章），"不拔"、"不脫"（第五十四章），"不言"（第五十六章），"無欲"、"不割"、"不劌"、"不肆"、"不耀"（第五十八章），"無味"、"不為大"（第六十三章），"不欲"、"不學"、"不敢為"（第六十四章），"不武"、"不怒"、"不與"（第六十八章），

"無行"、"無臂"、"無兵"（第六十九章），"不自見"、"不自貴"（第七十二章），"不敢"（第七十三章），"不恃"、"不處"、"不欲見賢"（第七十七章），"不責於人"（第七十九章）等等。

通過上述用語，我們不難看出所謂"無為"不是一個孤立的語言形式；事實上，它只是老子的一系列否定式用語的總代表。否定式用語所否定的包括個人的習慣行為或傾向（欲望，驕傲），常見的社會現象（戰爭，爭奪）等等。無為實際上包括了或代表了無欲、無爭、無事、不居功、不恃強、不尚武、不輕浮、不炫耀等一系列與常識、習慣不同或相反的行為和態度，也可以說是一系列非世俗、非慣例的方法性原則。可見無為不是一個清晰的單獨的概念，而是一個集合式的"簇"概念，借用孟旦（Donald Munro）的術語，可以稱之為"概念簇"（Munro 1977，Chap. 2.）。它包括或代表了一系列與通常觀念不同的處世方法和行為態度，其內容不是單一的詞彙可以定義或包括的。

為甚麼老子以"無為"作為概念簇的代表，而不以"無事"或"無欲"等概念為概念簇的代表呢？這可能和"無為"二字的概括性有關。無名、無事、無欲、無知、不知、不爭、不欲、不敢等等語詞所否定的都是具體的某一方面的行為，因此都不能互相替代或涵蓋，不能反映一個概念簇對世俗的價值和方法的全面的否定，只有"無為"的最寬泛的意義可以代表老子對世俗傳統以及人類文明發展中出現的問題的全面反思和批評。

63.6　作為哲學概念的無為

在第五十七章對勘舉要（4）中，我們提到下面一段的句子順序問題。通行本和帛書本都是："故聖人云：我無為而民自化，我好靜而民自正，我無事而民自富，我無欲而民自樸。"惟竹簡本的順序是"我無事"、"我無為"、"我好靜"、"我無欲（欲不欲）"。對這種句序不同的最合理的解釋，就是帛書本以後各本的編者認識到"無為"一詞在《老子》中的重要性，因而將"我無為而民自化"一句提到第一句。類似情況見於第三章，帛書本"弗為而已"，傅奕本以後各本都改成了"為無為"，顯然是用"無為"這樣比較明確的概念形式來替換一般的語言表達形式。

本章開篇的"為無為"三字是諸傳世本與帛書本、竹簡本都有的，這說明在最古老的版本中，無為已經具有哲學概念的形式。在引論 23.2 中我們已經提出判斷一個詞語是不是哲學概念的四個標準，並討論了"自然"二字已經具有哲學概念的屬性（引論 23.3）；在析評引論 40.4 中，我們也討論了老子的"無"是否具有哲學概念之屬性的問題。這裏我們再來討論一下"無為"是否具哲學概念之屬性的問題。

在本章"為無為，事無事，味無味"的句式中"無為"都是"為"的賓語，顯然是名詞。"為無為"的句式說明老子已經把無為當作一種值得提倡的概念。第四十三章原文是："吾是以知無為之有益。……無為之益，天下希及之。"這裏前一個"無為"是在從句中以"主語＋'之'＋謂語"的形式出現的，"之"起破壞句子獨立性的作用。"無為之有益"作主句"知"的賓語從句，"無為"相當於從句中的主語。這個"無為"顯然是名詞，是判斷的主詞，或曰是判斷的對象。這些例子都說明老子在思想上已經明確地把無為作為哲學概念來運用了。

第 六 十 四 章

原文對照

河 64.1　其安易持，其未兆易謀，　　傅 64.1　其安易持，其未兆易謀，

河 64.2　其脆易破，其微易散。　　　傅 64.2　其脆易判，其微易散。

河 64.3　為之於未有，　　　　　　　傅 64.3　為之乎其未有，

河 64.4　治之於未亂。　　　　　　　傅 64.4　治之乎其未亂。

河 64.5　合抱之木，生於毫末；　　　傅 64.5　合襃之木生於豪末；

河 64.6　九層之臺，起於累土；　　　傅 64.6　九成之臺，起於累土；

河 64.7　千里之行，始於足下。　　　傅 64.7　千里之行，始於足下。

河 64.8　為者敗之，執者失之。　　　傅 64.8　為者敗之，執者失之。

河 64.9　聖人無為故無敗，　　　　　傅 64.9　是以聖人無為故無敗。

河 64.10　无執故無失。　　　　　　　傅 64.10　無執故無失。

河 64.11　民之從事，常於幾成而　　傅 64.11　民之從事，常於其幾成
　　　　　　敗之，　　　　　　　　　　　　　而敗之。

河 64.12　慎終如始，則無敗事。　　傅 64.12　慎終如始，則無敗事矣。

河 64.13　是以聖人欲不欲，　　　　傅 64.13　是以聖人欲不欲，

河 64.14　不貴難得之貨；　　　　　傅 64.14　不貴難得之貨；

河 64.15　學不學，復衆人之所過，　傅 64.15　學不學，以復衆人之
　　　　　　　　　　　　　　　　　　　　　　所過，

河 64.16　以輔萬物之自然，而不　　傅 64.16　以輔萬物之自然，而不
　　　　　　敢為。　　　　　　　　　　　　　敢為也。

王 64.1　其安易持，其未兆易謀，　　帛 64.1　其 安 也，易 持 也。
　　　　　　　　　　　　　　　　　　　　　　□□□□易 謀□，

王 64.2　其脆易泮，其微易散。　　　帛 64.2　……

王 64.3　為之於未有，　　　　　　　帛 64.3　……

王 64.4　治之於未亂。

帛 64.4　……

王 64.5　合抱之木，生於毫末；

帛 64.5　□□□木，作於毫末。

王 64.6　九層之臺，起於累土；

帛 64.6　九成之臺，作於虆土。

王 64.7　千里之行，始於足下。

帛 64.7　百千之高，始於足下。

王 64.8　為者敗之，執者失之。

帛 64.8　為之者敗之，執者失之。

王 64.9　是以聖人無為，故無敗；

帛 64.9　是以聖人无為也，□无敗□；

王 64.10　無執，故無失。

帛 64.10　无執也，故无失也。

王 64.11　民之從事，常於幾成而敗之。

帛 64.11　民之從事也，恆於其成而敗之。

王 64.12　慎終如始，則無敗事。

帛 64.12　故曰：慎終若始，則无敗事矣。

王 64.13　是以聖人欲不欲，

帛 64.13　是以聖人欲不欲，

王 64.14　不貴難得之貨。

帛 64.14　而不貴難得之貨；

王 64.15　學不學，復衆人之所過。

帛 64.15　學不學，復衆人之所過，

王 64.16　以輔萬物之自然，而不敢為。

帛 64.16　能輔萬物之自然，而弗敢為。

竹 64.1　其安也，易持也。其未兆也，易謀也。

竹 64.2　其脆也，易判也。其幾也，易散也。

竹 64.3　為之於其亡有也，

竹 64.4　治之於其未亂。

竹 64.5　合□□□□□□□末，

竹 64.6　九成之臺甲□□□，

竹 64.7　□□□□□□足下。

竹 64.8　為之者敗之，執之者［遠］之，

竹 64.8a　為之者敗之，執之者失之，

竹 64.9　是以聖人亡為故亡敗；

竹 64.9a　聖人無為故無敗也；

竹 64.10　亡執故亡失。

竹 64.10a　無執故□□□。

竹 64.11　臨事之紀，

竹 64.11a　慎終若始，則無敗事矣。

竹 64.12　慎終如始，此亡敗事矣。

竹 64.12a　人之敗也，恆於其且成
也敗之。

竹 64.13　聖人欲不欲，

竹 64.13a　是以□人欲不欲，

竹 64.14　不貴難得之貨，

竹 64.14a　不貴難得之貨，

竹 64.15　教不教，復衆之所過，

竹 64.15a　學不學，復衆之所過，

竹 64.16　是故聖人能輔萬物之自
然，而弗能為。

竹 64.16a　是以能輔萬物之自然，
而弗敢為。

對勘舉要

（1）本章帛書甲本起頭處有分章的圓點，結尾處沒有。本章內容在竹簡本中分為兩個部份。上半部份抄在甲本第四組起頭部份，最後有一墨點，下接第五十六章。因為文中一律沒有斷句號，所以這裏最後的墨點可以視為簡化的分章符號。下半部份有兩個抄本，一個抄在甲本第一組第十五章和第三十七章之間，前後均沒有章節標誌。另一個抄本在丙本，獨立一組，整理者編為第四組。前面獨立開頭，後面有分章符號，並有大半枝簡的空白。同樣一組文字，在丙組明確地作為單獨一章處理，在另一處卻和其他章節抄在一起，沒有任何分章標記，說明古人抄書對章節的分合沒有嚴格的規定或共同習慣。因此，單獨依據一兩個古抄本斷定古本原來的分章情況是不準確的。

　　竹簡本第六十四章後半部份分別在兩種形制的竹簡中出現，且有明顯的文句出入，說明竹簡本《老子》不是由一人有計劃編輯抄寫的，其母本也不只一個。我們不能把竹簡本《老子》當作《老子》的最早的完整傳本。當然，就文字來說，竹簡本是目前所有的最早最可靠的古本，但錯漏也是顯而易見的。

　　河上本題本章為“守微”，取前半之義。

（2）“其安易持，其未兆易謀，其脆易泮，其微易散。”

　　此段河上、王弼、傅奕諸本句式相同，但“其脆易泮”之“泮”各不相同，或作“破”（河上），或作“判”（傅奕）。帛書甲乙本殘缺嚴重。值得注意的是帛書本與竹簡本的句式與傳世本不同，傳世本以四字句為主，帛書本與竹簡本則是兩個三字句合為一句，語氣相當舒緩。如帛書本“其安也，易持也”，傅奕本、王弼本、河上本均簡化為“其安易持”一句，句式相當緊湊。顯然是傳世本將虛詞去掉而合兩個三字句為四字句的。竹簡本“易持也”之“持”字原作“枼”，整理者云：從“木”，“之”聲，讀作“持”（荊門市博物館1998，

116)。李零、廖名春同之。"其微易散",竹簡本"微"作"幾",其義相同。李零云：原作"幾",應從王弼本讀"微"(李零2002,9)。廖名春云："幾"、"微"義同,故可通用。故書當作"幾"(廖名春2003,266)。

(3) "為之於未有,治之於未亂。"

這兩句河上本、王弼本同。帛書本殘闕。竹簡本作"為之於其亡有也,治之於其未亂",是一個七字句,接一個六字句。傅奕本刪去第一句末的"也"字,變成了兩個整齊的六字句("於"改"乎")。河上本和王弼本又刪去兩句中的"其"字,於是原本成為兩個整齊的五字句。這裏可以清楚看到從古本到今本演變的軌跡,一個線索是一步一步刪去虛詞,另一個線索是追求句式整齊。這都是後人改善古本的努力。古本的基本出發點是思想的表達和抒發,後人加工的重點是語言的簡練與整齊。古本對語言形式不如後來的版本講究,但後來版本的加工大體還是按照古本原有的風格和思想進行加工的。不過,後人的加工有時也會以辭害意,有時會造成句義的模糊或改變。

(4) "合抱之木,生於毫末；九層之臺,起於累土；千里之行,始於足下。"

此段河上、王弼、傅奕諸本大體相同。"生於毫末",帛書本為"作於毫末","作"當是涉下句"作於蔂土"而誤。"九層之臺",傅奕本、帛書本、竹簡本作"九成"。李零讀竹簡本為"九層"。廖名春云：成、層義同,竹簡故書當作"成"(廖名春2003,270)。竹簡本"九成之臺"下有一"甲"字,整理者云：疑為"作"之誤(荊門市博物館1998,116)。李零云：古人恆以"起蓋"言營建之事,此字也有可能讀蓋(李零2002,9)。此節較大不同在於"千里之行"一句,帛書甲本作"百仁之高","仁"讀為"仞",乙本作"百千之高"。乙本之"千",整理者認為是"仁"之誤,則帛書本皆作"百仞之高",與嚴遵本相同(參見國家文獻1980,94,注30)。高明同之。"百仞之高"似為古本之舊。

以上是本章上半部份,竹簡本抄在甲本第四組起頭部份,下接第五十六章，與本章下半部份不在一起。末句"始於足下"，李零云：
"足下"下有句讀，似應視為章號（李零2002，9）。

(5)"為者敗之，執者失之。是以聖人無為故無敗。無執故無失。"

此段王弼本、傅奕本相同。第三句河上本闕"是以"二字（竹簡
丙本亦無"是以"二字），驗之於帛書本、竹簡甲本，並考慮文義，
當有"是以"二字。"為者敗之"，帛書本、竹簡本作"為之者敗之"。
"執者失之"，竹簡本作"執之者遠之"（帛書乙本脫一"之"，甲本
殘），"遠"寫作"避"，整理者云：此字楚文字中屢見，皆讀為"失"
（荊門市博物館1998，114）。李零云：作"遠"，應屬誤寫（李零
2002，9）。竹簡本、帛書本的句式是"為之者敗之，執（之）者失
之"。與上文的四字句明顯不同，可見原來有可能不是同一段文字。
傳世本刪去"之"，改為與上文一樣的四字句，則容易使人誤會上下
兩部份是同一段文字。"無執故無失"，帛書甲本作"无執也，故无失
也"（乙本殘）。又竹簡甲本皆以"亡"代"無"，而竹簡丙本則用
"無"，似乎竹簡丙本比甲本更接近於傳世本。

奚侗、馬敍倫認為此節前兩句"為者敗之，執者失之"已見於第二十
九章，後兩句不過是前兩句的引申，這四句與上下文義不聯貫，顯然是別章
文句，因此當刪（見陳鼓應1984，310）。竹簡本繼帛書本之後再次證明此說
不確。

(6)"民之從事，常於幾成而敗之。慎終如始，則無敗事。"

此段河上本、王弼本相同。傅奕本"幾成"前有"其"，末句後
有"矣"。帛書乙本作"民之從事也，恆於其成而敗之。故曰：慎終
若始，則无敗事矣"，句式較鬆散，特別是多出"故曰"二字，明顯
不同。值得注意的是，帛書甲本沒有"故曰"二字，且"恆於其成"
後有"事"字，說明帛書甲乙本有不同的母本。類似情況又見於第六
十五章。

這一段通行本與竹簡本差別更大。竹簡甲本作"臨事之紀，慎終
如始，此亡敗事矣"，多出"臨事之紀"一句。丁原植說，這一句是
竹簡本中唯一不見於通行本的資料（丁原植1998，358）。和通行本

比，竹簡甲本脫"民之從事，常於幾成而敗之"兩句。更為複雜的是，竹簡丙本沒有"臨事之紀"一句，卻有"人之敗也，恆於其且成也敗之"兩句，與通行本大體相應，但句子順序又是顛倒的。通行本是先講經驗事實"民之從事，常於幾成而敗之"，再講格言式結論"慎終如始，則無敗事"，似比竹簡丙本的句序較順暢。竹簡丙本"人之敗也"，帛書本和通行本皆作"民之從事（也）"。從文句看，竹簡丙本"人之敗也"接"恆於其且成也敗之"都是講失敗問題，銜接更密切，但較重複，可能是較早的版本。後來可能因為要避免重複"敗"字並擴大句義，帛書本及其以後的版本就改成了"民之從事（也）"。

竹簡甲本比竹簡丙本少"人之敗也，恆於其且成也敗之"兩句；其他各本也沒有這兩句。這是丙本添了兩句，還是甲本漏抄了兩句，殊難判斷。而甲本多的"臨事之紀"一句，很可能是以後各本刪去的。竹簡甲本和丙本的不同，說明二者底本的不同，不可能是誤抄的不同。

(7)"是以聖人欲不欲，不貴難得之貨。學不學，復衆人之所過。"

此節王弼本、河上本同，傅奕本僅最後一句前面有"以"字。帛書甲乙本"不貴難得之貨"前都有"而"字。第一句前竹簡甲本無"是以"，丙本有；第三句甲本作"教不教"，丙本作"學不學"；整理者說"教"與"學"兩字音形俱近，故易混用（荊門市博物館1998，115，注31）。從這段來看，也是竹簡丙本比甲本更接近通行本。

有論者認為以上文義已經完足，此節與下節內容與上文文義無關，顯是他章錯入（陳鼓應1984，310）。竹簡甲本、丙本證明此說不確。

(8)"以輔萬物之自然，而不敢為。"

這兩句王弼、河上、傅奕諸本基本相同。帛書本"以"作"能"，"不"作"弗"。帛書甲乙本均作"能輔萬物之自然"，語氣似乎比傳世本更強一些。竹簡本與傳世本差別更大，甲本作"是故聖人能輔萬物之自然，而弗能為"，多"是故聖人"四字，"以輔"作"能輔"，

"不敢為"作"弗能為"。竹簡丙本作"是以能輔萬物之自然，而弗敢為"。"是以能"既不同於傳世本，也不同於竹簡甲本，而"弗敢為"則不同於甲本，而接近傳世本。關於這一段的比較與分析，詳見本章析評引論 64.3。

本章後半部份有兩種竹簡本。對照起來，竹簡丙本比甲本更接近傳世本。語言學研究者指出，"無"字雖然在甲骨文中就已經出現，但早期表示"有無"之"無"的，主要是"亡"字，而不是"無"字。到了戰國末年，"亡"、"無"分家，"亡"專指"逃亡""死亡"，"無"專指"有無"之"無"（劉翔 1996，232）。據此，我們似乎可以推測，竹簡甲本抄寫年代比丙本為早，很可能代表了更早的《老子》原貌。

竹簡甲本此段後接抄"道恆無為也……"，即相當於第三十七章的內容。或因皆述"無為"之義而抄在一起。

析評引論

64.1　無為的目的

老子為甚麼主張實行無為？無為就是老子的終極目的嗎？顯然不是。自然是老子哲學的中心價值和根本理想，無為則是實現這一理想和價值的原則性方法。無為是老子哲學中的一個非常重要的概念，老子的思想的許多方面都與無為有關，無為具有原則性的意義。但是，無為實際上是為了實現和保障自然之秩序與和諧的，和自然相比，無為並不是最後目的，而只能是手段。

從根本來說，無為的目的是人類社會的自然之和諧，而從一般形式或一般情況來說，無為的目的就是"無為而無不為"和"無為故無敗"。"無為而無不為"是從積極方面來說的，即通過"無為"實現"無不為"的目的。"無為故無敗"是從消極方面來說的，即通過無為避免有害的結局。本章相當清楚地講到了無為的積極目的和消極目的。

　　從消極的或最低的結果來說，無為也可以防止失敗或走向反面。本章說到："為者敗之，執者失之。是以聖人無為故無敗。無執故無失。"清楚地指出無為的目的或效果之一就是避免為而敗，執而失。老子相信事物往往會走向反面，為了防止走向反面，不如主動居於反面的地位，這也是老子的辯證法思想的反映。老子還說過："夫唯不爭故無憂"（第八章），不爭也是無為的表現，其目的或結果是無憂無慮。再如老子說："是以聖人處無為之事，行不言之教。萬物作焉而不辭，生而不有，為而不恃，功成而弗居。夫唯弗居，是以不去。"（第二章）無為的精神包括不有不恃不自傲，不居功自傲也就不會有失去功名的擔憂。這也體現了以"無為"為手段來防止走向反面的立場。

　　無為之所以能夠無不為，從根本上來說是因為萬物能夠自然而為。水自然而流，草自然而長，農人自然去種地，工匠自然去上工，……結果就是無所不為。無為之所以能夠無敗，也是因為萬物自己在發展，社會的管理者沒有任何干涉性活動，自然也不會有失敗的效果。無為的根本意義就在於維護了萬物的自然發展。本章又說："是以聖人欲不欲，不貴難得之貨。學不學，復眾人之所過。能輔萬物之自然，而不敢為。"聖人"欲不欲"、"學不學"、"不敢為"、"不貴難得之貨"，都是無為的精神體現，而無為的根本目的、根本表現、根本意義都是"能輔萬物之自然"。可見，無為不是無所事事，不是不負責任，不是畏縮不前，而是有著高於常人之為的抱負和理想，也就是維繫和保護天下萬物自然生長、黎民百工自然生產的秩序，也就是維護社會自然和諧的理想狀態。當然，這種自然不是沒有人事活動的意思，而是沒有外力壓迫、沒有衝突鬥爭的狀況。

64.2　無為的絕對意含

　　這裏所說的絕對意含和普遍意義、抽象意義接近，是指"無為"二字本來就有的，但是不限於老子之時代與文本的意義。

　　儘管我們強調"無為"不是甚麼都不作，強調無為實際上是"有而似無"的行為，但它畢竟不同於"有而似有"的行為。無為不同於有為之處就在於它畢竟是對人類的通常的社會行為的一種取消、限制或修正，而不是一般性地、籠統地鼓勵。這就是無為的絕對意含或抽象意含，這可以概括為"對通常社會行為的限制和取消"。我們說無為主要以聖人為"施事"，說無為也有一般的方法論意義，這都是從《老子》原文中歸納和推論出來的。可以說這是老子的無為的意含或特點。"無為是對通常的社會行為的限制和取消"卻不是從任何一段道家的原文中直接導出的，而是從各家無為理論的演變中抽象出來的。它概括了各家無為理論的共同性，卻不等於任何一家對無為的定義。

　　無為的這種絕對意含在今天仍然有相當的價值。或者說，它更容易引入現代社會，因為人類是無法避免犯錯誤的。對人類的某些社會行為的限制和取消有利於減少人為的災難。一般說來，人類的錯誤可以分為兩大類，一類是過份的行為造成的，一類是努力不夠引起的。努力不夠造成的後果可能是嚴重的，但畢竟保存了人力、物力、精力，留下的空白處女地還比較容易"畫最新最美的圖畫"。而過份努力所造成的危害不僅可能損害嚴重，而且更難補救和恢復。因為不僅要拆除和清理原有努力所造成的障礙和廢墟，而且還要承受人類精力、財力和生命的無償而有害的巨大支出所帶來的長期後果。

　　所以，無為的概念有助於防止過份的社會支出和代價，它相當於人類社會"思想上的剎車機制"。任何有動力的車輛都必須有剎車裝置，有動力而沒有剎車機制的車輛無異於自殺的工具，沒有減速和制動機制的社會行為和運動也就是自我毀滅的過程。長期以來，我們的思想主流往往是越大越好、越多越好、越快越好，甚麼事都要堅持到底、進行到底，其實是無底的行為，結果收效甚微，甚至遺患難除。道家的無為的概念作為約束人類社會活動的"思想上的剎車機制"，在今天仍然是有意義的。

　　無為的原則所嚮往的理想狀態是社會整體的自然的和諧，並為個體自由提供適當的空間。今天，我們要不要無為的概念，實際上是要不要以自然和諧為價值的問題。如果我們更希望自然的秩序而不喜歡強制下的秩序，那麼我們就會發現老子之無為的概念是我們實現自然之和諧的一種智慧。

64.3 竹簡本的啟示

這一章最後一段王弼本、河上本和傅奕本大同小異，帛書本略有不同，竹簡本與其他各本均有不同，其中竹簡甲本與竹簡丙本又有所不同。從抄寫字體來看，竹簡丙本當晚於竹簡甲本。據此，我們可以將這一章的不同文句按照從古到近的順序列舉對照如下：

竹簡甲：聖人欲不欲……是故聖人能輔萬物之自然，而弗能為。
竹簡丙：是以聖人欲不欲……是以能輔萬物之自然，而弗敢為。
帛書本：是以聖人欲不欲……能輔萬物之自然，而弗敢為。
王弼本：是以聖人欲不欲……以輔萬物之自然，而不敢為。

從以上對照來看，以竹簡甲本為代表的早期版本與王弼本等通行本的不同相當明顯。竹簡甲本應該是最早的版本，也是最好的版本。理由在於，第一，竹簡甲本開始是“聖人欲不欲”，與上文“無為故無敗”一段相連而沒有直接的因果聯繫，從內容上看更為合理。下面“是故聖人能輔萬物之自然”則以“是故”二字緊承上文聖人“欲不欲，不貴難得之貨，教不教，復衆之所過”，意思相當連貫。因為聖人沒有通常人對難得之貨的欲望，不會犯通常人所犯的過錯，所以才“能輔萬物之自然”，即實踐道家的行為原則。而“不貴難得之貨”，也就是“弗能為”的主要內容。

第二，竹簡甲本作“能輔萬物之自然”與“弗能為”相對照，突出了“能”與“不能”的對立，對比鮮明而一致。竹簡丙本和帛書本以“能”與“弗敢”相對照，則失去了對比雙方的對應性。更糟糕的是，這種以“能”與“弗敢”的對照還可能引起嚴重的誤解。如劉殿爵說帛書本作"弗敢為"則所不敢為的正是"以輔萬物之自然"一事（劉殿爵 1982，15）。這就否定了老子的一個最重要最基本的觀點。這樣一來，聖人真的甚麼都不能作了。通行本雖不至於引起這樣的誤解，但是"能"變成"以"字，"以"與"不敢"沒有任何對比關係，"不敢"二字就顯得相當突兀。

　　第三，竹簡甲本"聖人能輔萬物之自然，而弗能為"，單就文字來說，這裏的"能"與"不能"可以是就能力來說的，也可以是就身份、職責、道德要求來說的。從聖人的地位來說，他應該是有相當能力和權威性去建功立業作大事的，但是這裏說"弗能為"，顯然是道家之聖人的身份、職責限制了他不能像一般人那樣為所欲為，或者是他的道德標準限制了他的行為方式。無論怎樣，這都是從主體發出的主動的決定。但是其他各本均作"弗敢為"則是對外在形勢或行為後果的懼怕而產生的被動的、不得已的態度和方式。竹簡甲本表達的是一種正面的、積極的、主動的態度，而其他各本表現的則是被動的、不得已的、消極的態度。就此來說，竹簡甲本最能代表老子哲學中的積極意義。

　　總之，雖然竹簡甲本和通行本的區別不是很大，但是竹簡甲本的文字更明確說明聖人"輔萬物之自然而弗能為"是主動的、自發的，不是被迫的，這更符合老子以自然為最高價值的基本思想。從而"無為"也是為了實現自然的秩序而主動採取的姿態，並不是"不敢"行動的託辭。這裏的"輔"字和"為"字值得特別注意。我們今天講到"為"往往包括一切行為，似乎"輔"也是一種"為"，"無為"就否定了一切作為，聖人就是甚麼事都不作。但是這顯然不是老子的本義。老子顯然沒有把"輔"當作普通的"弗能為"的"為"而否定掉，也就是說，"無為"的概念並不是要否定一切作為。"輔萬物之自然"是聖人的特殊的行為方式，不是一般人的行為方式。"弗能為"和"無為"否定的只是一般人的通常的行為及其行為方式。這裏"輔萬物之自然"的說法，再次說明老子之自然不是甚麼事都不做，不是沒有人類文明的野蠻狀態（參見析評引論 37.2）。

64.4 為甚麼要講"人文自然"?

在析評引論 51.5 中,我們提出了人文自然的概念。對某些讀者來說,人文自然的提法似乎有點奇怪。通常我們所說的人文和自然往往是相對而言的,有時二者甚至是相反的,把人文和自然合成一個概念,如何可能? 有甚麼必要呢? 答曰: 其基本的必要性在於減少誤解。單講"自然"二字,內涵、意義太複雜。今人看到自然,難免從現代的詞意來理解古人。但是,老子之"自然",莊子所講之"自然",淮南子所講之"自然"都不大相同,宋儒常講"天理自然",其意義又有所不同。現代漢語所講"自然災害"、"保護自然"、"自然狀態"、"自然而然"、"清新自然",其意義各不相同。

僅以筆者所見,關於自然的最常見的誤解包括:

一、將老子之自然誤作自然界或大自然的同義詞;

二、將老子之自然誤作與人類文明隔絕或沒有任何人為努力的狀態;

三、將老子之自然誤作人類歷史上原初社會的狀態;

四、將老子之自然誤作霍布斯所假設的所有人對所有人的戰爭的"自然狀態"(stateofnature)。

這些誤解常常在有意無意之中和老子之自然相混淆,提出"人文自然"則可以杜絕這種概念上的混亂。不先杜絕概念的誤解,就無法深入研究老子哲學。在中國哲學的學術圈子中,老子之自然不是自然界已經是不言而喻的常識。但是這幾年出版的關於老子的著作中,還有人理所當然地把老子之自然解釋成自然界。或許我們可以創造新的現代詞彙來避免誤解? 比如說用"順然"來描述老子之"自然",從而避免將老子之自然理解為自然界。但是"順然"只能表現自然的一個側面,無法表現老子之"自然"豐富而深刻的內容。反復思考,實在很難創造準確的新詞語來表達老子的思想,而又不至於造成新的誤解。"人文自然"是目前所能想到的最好方案。不過,人文自然的概念只是為了突出老子之自然的核心意義,並不是要另外創造一個新概念。

　　杜絕誤解是從消極的方面來說的，但是避免了誤解就可以更鮮明地揭示老子之自然的積極意義，也有利於發掘老子之自然的現代意義。老子之自然表達的主要是對人類群體內外生存狀態的理想和追求，是對自然的和諧、自然的秩序的嚮往。這種價值取向在人類文明的各種價值體系中是相當獨特的，是值得我們重視和開掘的，對現代社會的各種衝突來說更是切中時弊的解毒劑。

64.5　人文自然的三個層次

　　經過仔細推敲，我們發現《老子》中所講到的自然，實際上涵蓋了總體、群體、個體三個層次，也就是揭示了自然的最高層次、中間層次和最基本層次的意義。

　　最高層次的自然代表一種最高價值，是一種蒂利希所說的終極關切的表現，表達了老子對人類以及人與自然宇宙的關係的終極狀態的關切。這就是第二十五章“人法地，地法天，天法道，道法自然”一節所表達的意義。道法自然的道是宇宙萬物的總根源和總根據，而這個總根源和總根據又以自然為價值和效法、體現之對象。道是老子的終極關切的象徵符號，而自然則是這種終極關切所寄託、嚮往的最高價值。這種最高價值所指向的是人類社會的總體上或根本上的自然而然的秩序、自然而然的和諧，而這種人類社會的總體和諧與自然宇宙也必然是和諧的，這一點從人法地、法天的陳述中就可以看出來了。

　　老子之自然的第二個層次的價值體現在人類群體社會。這一層可以第十七章“百姓皆謂我自然”的說法為代表。該章討論的是四種社會管理的方法和效果。聖人實行自然而然的管理原則和管理方法，實現了自然的和諧和自然的秩序，也就是達到了“太上，下知有之”的最高境界。其次的境界或效果則依次是百姓“親而譽之”、“畏之”、“侮之”。顯然，老子所說的“百姓皆謂我自然”中的“自然”不是大自然，不是沒有人類文明的野蠻狀態。人文自然的提法就能比較準確地揭示出老子之自然所涉及的是人類社會的生存狀態問題，而不是自然界或沒有文明的野蠻狀態。

本章涉及的是聖人和衆多百姓之間的關係，也就是如何處理社會管理者與衆多生存個體之間的關係問題，以及衆多生存個體相互之間的關係問題。百姓都讚譽聖人是"自然"的，即符合"道法自然"的原則，也就是實現了自然而然的社會秩序。在這第二個層次上，人文自然追求的價值就是衆多生存個體之間的自然和諧，以及生存個體與社會管理者之間的和諧關係。

本章聖人能"輔萬物之自然"中的萬物可以是統稱，也可以是單稱。"輔萬物之自然"就要落實到萬物中的每一個個體，否則"輔萬物之自然"就是大話、假話、空話。所以，老子之自然作為價值、原則就包括了對一切生存個體的尊重、關心和愛護，這就是老子的自然的第三個層次。"輔萬物之自然"就是不僅照顧、關切整體的發展，而且要讓一草一木、一家一戶、一鄉一邑、一邦一國都有正常發展的環境和空間。這是整體的自然和諧的基礎和條件。"輔"就是創造環境，提供條件，加以愛護，防止干擾、控制。"弗能為"就是不直接設計、掌握、操縱和控制。"輔萬物之自然"與"弗能為"本質上就是一回事，是一體之兩面。它不是一般的行為，所以可以說是無為；但它畢竟對萬物之自然發展產生了輔助的功能，所以也可以說是一種特殊的行為或行為方式。因此，我們也可以說這是一種"實有似無"的行為和行為方式。

老子之人文自然的三個層次可以幫助我們全面地理解老子思想，同時更好地思考老子哲學在現代社會生活的不同層次上的積極意義。這就是下一節所要探討的内容。

64.6 人文自然的現代意義

人文自然的最高層次出於對人生、社會、人類、自然、宇宙的終極關切，是對天地萬物之總根源和總根據的内容的探求和描述，是老子所提出的對世界萬物存在狀態的描述（即自然而然的，而非創造的、非設計與操控的），同時也是對人類生存狀態、人類與宇宙萬物的關係的狀態的期待（自然的和諧、自然的秩序）。其最高目標是人類整體狀態的自然和諧，是人類與宇宙的總體關係的和諧。人文自然作為終極關切是人類整體向上提升的最高目標，也是個人靈魂向上昇華的動力和方向。這種終極關切會對生存個體提供道德上的制約和價值上的引導，為法律的制定、競爭的方式、管理的策略、人生的追求提供根本性的指導。人文自然作為最高的價值原則不會壓制、限定任何生存個體的正常的、或曰與自然生態及人文環境相協調的發展，但是會通過生存個體的內在的價值判斷限制和糾正破壞人類和諧秩序的行為。

　　人文自然的中間層次的出發點是對現實的社會秩序的關懷，是對衆多生存個體的生存狀態及其相互關係的關切。這一層次涉及社會管理的原則，注重管理者與生存個體之間的和諧以及一切生存個體之間的和諧。這裏的生存個體泛指一切相對獨立的存在單位，一個人、一個家庭、一個團體、一個學校、一個公司、一個地區、一個城市、一個國家，甚至大至亞洲、歐洲、拉丁美洲都可以看作是一個生存個體。中間層次的自然關注的是這些生存個體之間的關係和生存狀態，以及特定的生存個體與其管理者之間的關係。人文自然要求實現人類社會秩序的自然和諧。這種自然的和諧是指沒有壓迫、最少控制的和諧，而不是沒有人類文明或沒有社會管理行為的放任。這種自然和諧假設了每個生存單位的平等的生存權利，要求每個生存個體的自尊以及對他者的尊重。這是文明社會的基本要求。這種理想的完全實現的確非常困難，但並非完全不可能。至少可以在較小的範圍或一定時期內實現，比如在幾個人、幾十人、幾百人的生存單元內實現自然的秩序、自然的和諧。很多家庭、學校、公司、地區甚至國家的秩序已經是或曾經是大體自然的。如果我們把自然的秩序當作一種價值、一種目標，自覺地去爭取，那麼自然的秩序以及自然的和諧一定可以在更多的生存個體之間實現。

　　人文自然的最基本的層次關注的是一切生存個體自身的生存狀態。如上所述，任何個人或任何大小的相對獨立的生存單元都是一個生存個體。這個生存個體能否自然而然地成長、發展，一方面取決於外在的管理者是採取"輔"的管理方式還是"控"的管理方式，另一方面也取決於生存個體自身的水平和條件。人文自然的實現歸根結底取決於人的人文素質水平。一個生存個體自身的人文素養水平高，懂得自尊和尊敬他人，懂得如何有效而平和地處人作事，那麼這個生存個體就比較容易在自己的生存環境中創造出自然的秩序和自然的和諧，反之當然相當困難，甚至毫無可能。這種在個體層次上的人文自然要求的是富有情感和理性的人文素質，是有情感、有理性、有效率、有溫暖的人際關係。當然，這需要新的價值標準和道德原則，特別是往往被忽略或誤解的道家式的價值、原則、智慧、態度和方法。

64.7　如何實現人文自然

人文自然關切的是人類社會的自然秩序與自然的和諧，要實現人文自然的理想就意味著承認**自然的秩序高於強制的秩序**，這是關於人文自然的第一條原則。與自然的秩序相對的一邊是高壓下的秩序，另一邊是完全無序的混亂狀態。霍布斯所假設的"自然狀態"，實際上就是無序狀態，是所有人對所有人的戰爭狀態。霍布斯論證說，每個人在這種狀態下都不可能生存，所以大家會選擇每個人都交出自己的一部份自由，成立一個強權政府，保護大家的利益。然而強權政府帶來的高壓的秩序又會壓制個性，這也是大家所不願接受的。

一方是無序狀態，一方是高壓下的秩序，而自然的秩序與自然的和諧則大體處於二者之間，最符合人的本性的要求，最有利於生存個體的存在與發展。但是，道法自然的原則並不純粹是個體的自由放任，一切生存個體都要以總體的自然為最高目標和依歸。所以，人文自然的原則要求的是對生存個體以及群體和總體來說都最有利的狀態。

如果我們承認人文自然的秩序高於強制的秩序，因而想要追求和實現這種理想的秩序，那麼我們就必須接受一個必要條件，這就是**人文自然的原則高於正義的原則**，這是關於人文自然的第二條原則。這當然不是要貶低或廢棄正義的原則，而是希望在堅持正義原則的同時，看到它在理論上以及現實中的某種不足，嘗試從道家人文自然的原則出發對正義原則的運用提出一個補充。如果我們不承認人文自然的原則高於正義的原則，那麼正義就往往被當作指導人們行動的最高的原則，而由此最高原則出發，各種非常手段乃至殘酷手段就都獲得了正當性或合法性（legitimacy）。

這裏所說的正義原則只是一個最高原則的代表，相當於正義原則的可以是神聖的原則、正確的原則、最高利益的原則等等。任何原則一旦提到最高的地位，就有可能成為製造大規模災難的合法借口。奧薩瑪（本·拉登）可以在伊斯蘭聖戰的旗幟下，發動對美國的不分青紅皂白的攻擊。美國的某些政客在保衛國土安全的口號下，就可以用軍隊推翻別人的政權。而人文自然則是為了抵制和剝奪所有這一切"合法"的最高借口。

然而，人文自然本身會不會成為它所反對的最高原則呢？不會的，因為它本身以自然的秩序為最高原則，不能允許以暴力和災難的手段推行所謂自然的秩序。

64.8　道家眼光看衝突

因為不同的人可能有不同的正義原則，在實際生活中，正義就不僅不能保證時時引導人類社會走向和諧，有時反而會成為製造和激化矛盾衝突的旗幟和口號。這與正義理論的創造者的初衷是恰恰相反的。筆者並非為此而歸咎於正義理論本身及其理論家們，而是想說明我們必須考慮到正義等原則在實際生活中可能產生的不利作用，並考慮相應的方案。

最為明顯的例證是以色列人和巴勒斯坦人之間各有各的正義原則，而二者之間的正義原則是無法調和的。以色列人要回到自己失落兩千年的家園，這當然是正當的、正義的；而巴勒斯坦人要捍衛自己居住了上千年的故土及其居住權，這當然也是正當的、正義的。然而，同是捍衛正義原則和權利的雙方卻陷入了似乎永遠無法解脫的非人道的血肉格殺之中。巴勒斯坦人要奪回自己世代居住的家園，以色列人要捍衛回到自己家園的權利。巴勒斯坦人只能以自己的血肉之軀製造"人肉"炸彈，以色列人只能以自己先進的武器裝備無情地打擊"恐怖分子"。雙方都可以攻擊對方破壞了正義的原則，沒有一方可以先停止攻擊或報復。任何一方的停戰都會被看作是放棄自己的正義的旗幟，就是任人宰割，就是恥辱。

一個新的複雜情況出現在以奧薩瑪（本·拉登）為代表的回教激進主義和以布什為代表的美國強權主義之間。奧薩瑪發動9·11事件，殺害數千名無辜的平民百姓，卻可以宣佈自己是"替天行道"；布什揮兵佔領伊拉克，卻可以宣佈自己是為伊拉克人伸張正義。雙方的"正義"旗號將衝突進一步擴大到更多無辜的"人質"和恐怖襲擊的犧牲者。美國不能停止"反恐"，而布什的所謂反恐戰爭不僅不能制止或減少恐怖襲擊的威脅，反而讓更多的國家和地區陷入了恐怖襲擊的陰影之中。而奧薩瑪式的"正義"對邪惡的懲罰不僅不能捆住布什的手腳，反而為他強硬的國際單邊主義政策提供了絕好的借口和機會。這時，正義完全是對立雙方加劇衝突的神聖旗號，完全無法達致和平與和諧。在美國內政中行之有效的程序正義或公正（procedure-justice，fairnessinprocedure）在短時間內根本無法實行到國際社會中來；而即使到了可以建立更強大的國際仲裁機構處理國際糾紛和衝突時，仍可能是大國、強國的利益貼上了正義的標籤，而弱小民族的利益則被國際社會所犧牲。

中東成了國際社會各種衝突的導火索和火藥庫。這一點在當年以色列建國時就有人提出來，但是大國的領袖們完全置之不理。從道家立場來看，中東問題的根源就在於大國倚靠強權人為地、急速地製造了一個以色列國，這是一個非自然的過程，因此隱患無窮。猶太人重返家園的目標是合理的，但建國方法的非自然因素則是不可取的。這是任何政治行為都應該記取的教訓。合理的目的或目標不能保證任何為了達到目標的手段或方法都是合理或正當的。如果以人文自然的觀念作決策的參照和制約，或許可以避免許多遺患無窮的災難。當然，一般人不可能參與中東問題這樣重大的決策過程，但是觀察、處理身邊的各種衝突時，道理卻是一樣的。

64.9　道家原則防衝突

與上文討論的正義原則相當的，還有神聖的原則、正確的原則、民族的利益、國家的尊嚴等等。所有這些好的、似乎絕對正確的原則都可以成為引起人類災難、激起衝突甚至發動戰爭的口號和旗幟。其實，人類歷史上的重大人為災難無不是在正義、神聖或正確等口號的刺激或引誘下發生的。"中世紀綿延二百年的十字軍東征的口號是收回聖地，十七世紀席卷歐洲的三十年戰爭也有上帝的神聖旗幟，希特勒也有國家社會主義工人黨的漂亮招牌，日本軍國主義也有幫助亞洲人趕走歐洲人的口號，造成大饑荒的大躍進是為了早日建成社會主義強國，造成十年浩劫的文化大革命是為了保證社會主義江山永不變色，柬埔寨波爾布特的大屠殺也有人類的崇高信仰作旗幟……如果我們允許因為目標、口號的神聖而不顧一切的魯莽和暴力，那麼高尚就會變成殘忍，神聖就會變成荒謬。"（劉笑敢 1997，100）

歷史事實說明，人類的災難總是在漂亮的口號和神聖的目標引誘下一步一步發生的。當人們發現最終的災難性後果的時候，一切已經無可挽回。如果我們允許正義、正確、神聖等價值原則有最高的不受限制的權威，可以不擇手段地強制推行，那麼，在這些旗號下最活躍的，恰恰可能是最無所顧忌的惡魔及其幫凶，而善良無辜的人則最終成為俎上魚肉或炮灰。無論高舉正義、神聖旗幟的領袖動機是否純潔、道德是否高尚，都不會改變這樣不幸的事實。所以，我們有必要提出更高的價值來補充和限制任何人在正義、正確、神聖等旗號下為所欲為，人文自然則是可供選擇的新的價值原則之一。

道理很簡單，如果我們允許以強力甚至暴力來推行和實現正義、神聖等價值原則，那麼有誰會認為自己要強加於人的"主義"、"信仰"不是正義或正確的呢？有哪一個暴君不能為自己的殘暴找到動聽的藉口？有哪一個戰爭狂人不能為自己發動的戰爭找到神聖的理由？

強調人文自然的原則高於正義的原則，實際上就是強調人類社會的個體的、群體的、總體的自然和平的發展的原則高於任何正義、正確以及神聖的等等原則，限制和防止高尚的或卑鄙的領袖人物利用任何美麗的口號破壞人類社會的自然而然的秩序，並製造災難。這當然不是反對正義、正確或神聖的原則本身，也不是不辨是非的糊塗主義，而是提倡在一切正確的價值和原則之外、之上，還應該考慮到人類的最佳的生存狀態，積極地去創造、維護這種狀態，至少不要破壞這種狀態。這應該是人類的長遠的整體利益所在。

第 六 十 五 章

原文對照

河 65.1　古之善為道者，

河 65.2　非以明民，將以愚之。

河 65.3　民之難治，以其智多。

河 65.4　以智治國，國之賊；

河 65.5　不以智治國，國之福。

河 65.6　知此兩者亦楷式。

河 65.7　常知楷式，是謂玄德。

河 65.8　玄德深矣、遠矣，

河 65.9　與物反矣，乃至大順。

傅 65.1　古之善為道者，

傅 65.2　非以明民，將以愚之。

傅 65.3　民之難治，以其多知也。

傅 65.4　故以知治國，國之賊也；

傅 65.5　不以知治國，國之福也。

傅 65.6　常知此兩者，亦稽式也。

傅 65.7　能知稽式，是謂玄德。

傅 65.8　玄德深矣、遠矣，

傅 65.9　與物反矣，乃復至於大順。

王 65.1　古之善為道者，

王 65.2　非以明民，將以愚之。

王 65.3　民之難治，以其智多。

王 65.4　故以智治國，國之賊；

王 65.5　不以智治國，國之福。

王 65.6　知此兩者，亦稽式。

王 65.7　常知稽式，是謂玄德。

王 65.8　玄德深矣、遠矣，

王 65.9　與物反矣，然後乃至大順。

帛 65.1　古之為道者，

帛 65.2　非以明民也，將以愚之也。

帛 65.3　夫民之難治也，以其智也。

帛 65.4　故以智知國，國之賊也；

帛 65.5　以不智知國，國之德也。

帛 65.6　恆知此兩者，亦稽式也。

帛 65.7　恆知稽式，是謂玄德。

帛 65.8　玄德深矣、遠矣，

帛 65.9　與物反也，乃至大順。

對勘舉要

(1) 本章沒有竹簡本內容。傳世本之間略有差異，帛書本與傳世本之間、帛書甲乙本之間都有一些不很重要的差別。河上本題為"淳德"，得其要旨。

(2) "古之善為道者，非以明民，將以愚之。"

此節河上、王弼、傅奕諸本相同。帛書甲乙本皆無"善"字，後兩句有"也"作語助詞。根據文義，無"善"字似乎語氣更強。"善為道"或不"善為道"是程度或水平的問題，"為道"與不"為道"是根本性不同。"善"字似為蛇足。"古之"，帛書甲本作"故曰"，似為傳抄之誤。

"愚"字，遂州本作"娛"，敦煌壬本作"遇"（參見高明1996，142），似為避"愚"字而妄改。

(3) "民之難治，以其智多。故以智治國，國之賊；不以智治國，國之福。"

此為王弼本。河上本無第三句之"故"。傅奕本"智多"作"多知"，每兩句後有一"也"字。帛書乙本第一句前有"夫"字，後有"也"字，每兩句後也有一"也"字。通行本"以其智多"及傅奕本"以其知多也"，講的似乎是"量"，帛書本作"以其智也"，強調的是"質"；傳世本的抄寫者似乎喜歡增加一些形容詞來加強效果，然而仔細推敲起來，卻可能適得其反。高明說：老子主張存愚棄智……所謂愚者，即憨厚淳樸之謂，而無智多、智少之分別（高明1996，142）。

帛書本與通行本的另一差別是"不以智治國"一句，甲乙本皆作"以不智知國"。"知"當讀為"治"。帛書本以"不智"對"智"，全句"以不智治國"為肯定句，意思更堅定。此外末句"福"字，帛書甲乙本皆作"德"，此"德"當通"得"，似不夠通俗，故傅奕本及通行本改為"福"字。"國"字，帛書甲本作"邦"。

（4）“知此兩者，亦稽式。常知稽式，是謂玄德。玄德深矣，遠矣，
　　與物反矣，然後乃至大順。”

　　此為王弼本。“稽”字，河上本作“楷”。蔣錫昌云：“‘稽’為
‘楷’之借字。‘稽’‘楷’一聲之轉。《廣雅·釋詁一》：‘楷，法也。’
是‘稽式’即法式，三十八章王註所謂‘模則’也。‘知此兩者，亦
稽式也，’言人主知賊與福兩者之利害，而定取捨乎其間，亦可謂知
治國之模則也。‘知此稽式，是謂玄德’，言人主能知此治國之模則
者，合乎無名之道也。”（蔣錫昌1937，399—400）

　　“知此”，傅奕本作“常知此”，帛書本作“恆知此”；“常知”，傅
奕本作“能知”，帛書作“恆知”。“然後”二字，帛書甲乙本與何上
本、傅奕本俱無。“乃至”，傅奕本作“乃復至於”。

析評引論

65.1　老子的不白之冤

　　本章“非以明民，將以愚之”常被當作愚民政策而批判。程頤曾
說：“老氏之學，更挾些權詐……大意在愚其民而自智，然則秦之愚
黔首，其術蓋亦出於此。”（見程顥、程頤1981，152）程頤之說奠定
了宋儒批判老子的基調，並將秦始皇之暴政的根源歸之於老子思想。
這到了朱熹那裏就發展得更為嚴重了。朱熹進一步攻擊老子的動機和
人格，並將老子比之於張良。陳榮捷說：“儒家之教，不肯行一不義，
則其攻擊權術，固是自然。然謂老子以詐為訓，則殊非公平之論。”
（陳榮捷1988，104）

　　對老子的不白之冤，陳榮捷作了有力的澄清。他說：“老子‘古
之善為道者，非以明民，將以愚之’（第六十五章），最受人攻擊。朱
子亦非例外。然此實斷章取義。老子下文即云，‘民之難治，以其智
多。以智治國國之賊，不以智治國國之福’。此所謂智，即權術之智。
是以聖人之治，‘使夫智者不敢為’（第三章），而聖人本人亦‘我愚

人之心也哉'（第二十章）。且老子云，'聖人無常心，以百姓之心為心'（第四十九章）。安得為愚民乎？"（陳榮捷1988，105）陳榮捷引老子之語為老子辯護，說明程、朱乃斷章取義，此說頗為準確。老子絕非如程頤所說是"愚其民而自智"，他的"以不智治國"的聖人就是愚的榜樣。老子是要己愚在先，民愚在後。原文清清楚楚，如果沒有偏見，實在不應誤解。

陳氏又認為吳澄（1249—1333）"最為正確而平允"。並撮吳澄《道德真經註》之大意云："老子言'反者道之動'（第四十章）。又說'玄德深矣，遠矣，與物反矣'（第六十五章）。其道大抵與世俗之見相反……而歸于柔勝剛，弱勝強之旨。孫、吳、申、韓之徒，用其權術陷人于死而不自知，論者皆以為原于老氏之意，天下誰敢受老子之學者哉？"（陳榮捷1988，105）把一個提倡自然、無為的哲學家當成耍權術、玩詭計的陰謀家，老子在宋儒那裏所蒙受的不白之冤可謂久矣、深矣。

65.2 "左派"的批判

和宋儒相比，現代的所謂"馬克思主義左派"以階級鬥爭理論批判老子，誤解更深，也更可怕或更可笑。古棣說："'非以明民，將以愚之'，意思明瞭，就是說：善於以道治國的人，不是使民衆明白，而是使他們愚昧……但舊註有的仍對之進行曲解。如偽河上公註'愚之'曰：'使樸質不詐偽也。'范應元註曰："'將以愚之'使淳樸不散，智詐不生也。"他們這種說法……站在剝削、壓迫階級立場。被壓迫、被剝削的勞動者，吃了智慧果，不愚了，為了自己的利益做起非法鬥爭、合法鬥爭來了，不服從統治了，當然就是淳樸消散，就是詐偽了。舊日地主階級及其官僚，不是把聰明的跟他作鬥爭的農民叫作'刁民'嗎？"（古棣1991A，460）

古棣進一步發揮說："剝削階級都是力求被剝削階級無知愚昧，而害怕被剝削階級覺醒的。對於奴隸主階級說來是這樣，對於地主階級和資產階級說來也是這樣。這是因為剝削階級和被剝削階級的根本

利益相反、敵對之故。被剝削階級愚昧無知才會服服貼貼服從剝削和
壓迫，如果他們覺醒了，就會起而抗爭。因此，歷代統治階級實質上
都是實行愚民政策的。"（同上，465）很多統治者都害怕百姓知道太
多真實情況，這是事實。然而，無論是否應該把這種情況稱之為"愚
民政策"，這與老子的"以不智治國"的主張都是不相干的。

這種階級鬥爭的大批判語言早已進入博物館。這裏舊話重提，一
方面是為了紀錄歷史，另一方面也是希望我們不要忘記，中國有十億
人口正是從那樣的話語作為"真理"人人言之的時代走過來的。需要
思考的是，類似的簡單而是非分明的思維方式在我們頭腦中是否還有
潛在的影響？自以為絕對正確的壁壘分明的政治批判在某些地區或場
合是否還在重演？更重要的是，我們對類似的大批判的病菌是否已經
有了鑑定能力和抵抗力？有了這些思考，痛苦和荒謬才可以轉化為經
驗和智慧，才有可能真正走出不幸的泥淖。

65.3　老子之"愚"何意？

現代人常把"非以明民，將以愚之"中的"愚"字當作"愚弄"，
這是不準確的。"愚"在先秦不等於"愚弄"。《說文》以"愚"、"戇"
互訓。《論語・為政》云"吾與回言終日，不違，如愚。……回也不
愚"，〈先進〉"柴也愚，參也魯，師也辟，由也喭"，《韓非子・顯學》
"非愚則誣"，《墨子・非儒下》"則戇愚甚矣"，諸"愚"皆為形容詞，
沒有"愚弄"之義。先秦作"愚弄"之義，已有"愚弄"的說法：
《左傳・襄公四年》有"施略于外，愚弄其民"。這說明單用"愚"
字，沒有"愚弄"之義。老子此處"將以愚之"中的"愚"當是形容
詞用作使動詞，即"使之如何"的意思。這裏的"愚之"大意是使之
愚鈍、遲緩之義，沒有愚弄之意。更重要的是，無論這裏的"愚"如
何解釋，它和"我愚人之心也"的"愚"都是一個意思，要愚笨都是
愚笨，要淳樸都是淳樸，絕不是自己要聰明，別人要愚笨的意思。

如果不斷章取義的話，本章所說"非以明民，將以愚之。民之難
治，以其智多。……以不智治國，國之福"是無論如何不應該解釋為

單向的愚民政策的。愚民政策是統治者愚弄百姓以利於欺騙的統治方法，是以統治者之智謀來蒙蔽百姓。老子卻從來不主張統治者欺騙任何人。為道者"非以明民，將以愚之"的"愚"不是愚弄，而是"大智若愚"的"愚"，是淳樸之愚。以"不智"治國是統治者自己首先不玩弄權謀，不玩弄權謀才能維持自然的秩序。老子說"我愚人之心也哉，沌沌兮"（第二十章），"沌沌兮"也是愚朴渾沌之義。又說"聖人常無心，以百姓心為心"（第四十九章），"聖人欲不欲"（第六十四章）。這都說明老子不是要以統治者之智來欺蒙被統治者，而是真誠地希望樹立純樸的社會風氣，建立自然的和諧。統治者運用智謀，可以一時欺騙百姓，達到維持統治的目的，但很快就會出現道高一尺，魔高一丈的局面，統治者不得不以新的計謀去欺騙人民，從而陷入無休無止的惡性循環，所以說"以智治國，國之賊"。這和孟子反對統治者與老百姓"上下交徵利"也有相合之處。

如果我們記得老子說過"俗人昭昭，我獨若昏呵；俗人察察，我獨悶悶呵"（第二十章），那麼我們就更沒有理由將老子和那些自以為聰明的愚弄百姓的政客相提並論了。

65.4 玄德：因反而順

本章對下主張"愚之"，對上主張以"不智"治國。這是主張上下都不以心智、謀略相對相交，也就是彼此真誠相待，坦誠而處。這與老子所提倡的無為而治、自然秩序是完全一致的。這種做法和一般的治國方法不同，所以是"反"；但是"反"可以達到大順的結果。所以本章最後說"玄德深矣，遠矣，與物反矣，然後乃至大順"。這裏為"玄德"提出了一個新的側面。前面第十和五十一章所說的玄德都是"長而弗宰"之義，是聖人呵護天下卻無所需求之境界。那是"玄德"的要義之一。本章說的"玄德"則明確包括了"以不智治國"的內容，包括了"因反而順"的涵義。"因反而順"相當於我們所說的"正反互彰"、"以反彰正"以及"以反求正"的辯證觀念。

玄德的根據是道的特性，即"反也者，道之動也"（第四十章）。

與“玄德”類似的還有“上德”、“廣德”、“建德”，這些特殊的“德”都體現了聖人似反實正，因反而順的特徵，即“上德若谷”、“廣德若不足”、“建德若偷”（第四十一章）。“玄德”也稱為“常德”。“玄”與“常（恆）”意思似乎相反，但在老子中“玄德”與“常德”都有以反彰正、因反而順之義，本質並無不同。實同名不同，可能因為以反彰正、因反而順在一般人看來玄妙難言或玄虛難測，而在老子看來則為恆常之態。何謂常德？答曰：“知其雄，守其雌……常德不離。知其白，守其黑……常德不忒。知其榮，守其辱……常德乃足。”（第二十八章）知雄，守雌；知白，守黑；知榮，守辱，都是雖具備常人所期待之價值，卻要守住它的反面，也就是要以它的反面的姿態出現，以常人所不喜歡的特點補充單純正面的特點之不足，或者以反面的狀態來警惕、鞭策自己。這當然不是要人虛偽，而是要防止簡單粗率、片面自信，也可以防止躊躇滿志、沾沾自喜，更要防止得意忘形。這當然有自我保護的目的和效果，但其目的和意境卻絕不止於此。“常德”或“玄德”可以提升一個人的精神境界、道德修養，維護和諧的人際關係和社會秩序。

“玄德”不僅包含以反彰正的意思，還隱含著以反求正的思想。“與物反矣，然後乃至大順”看起來與一般的做法相反，結果卻是“大順”，超過了一般做法的效果。所以，老子的“反”不是簡單地否定“正”或“順”，而是要達到更高水平的“正”或“順”。不是簡單地否定世俗的做法和價值觀念，而是要超越世俗的做法和價值原則，達到世俗之“正”所達不到的更高境界，即“大順”。

總之，老子認為，比較圓滿的狀態是容納了反面因素的正面形態，正面而包括了反面的成份或特點，這才是更高明的正、更偉大的正，是能夠避免失敗的順，是值得追求的大順。

第 六 十 六 章

原文對照

河 66.1　江海所以能為百谷王者，

河 66.2　以其善下之，

河 66.3　故能為百谷王。

河 66.4　是以聖人欲上民，

河 66.5　必以（其）言下之；

河 66.6　欲先民，必以（其）身後之。

河 66.7　是以聖人處上而民不重，

河 66.8　處前而民不害，

河 66.9　是以天下樂推而不厭。

河 66.10　以其不爭，

河 66.11　故天下莫能與之爭。

傅 66.1　江海所以能為百谷王者，

傅 66.2　以其善下之也，

傅 66.3　故能為百谷王。

傅 66.4　是以聖人欲上民，

傅 66.5　必以其言下之；

傅 66.6　欲先民，必以其身後之。

傅 66.7　是以聖人處之上而民弗重，

傅 66.8　處之前而民不害也，

傅 66.9　是以天下樂推而不厭。

傅 66.10　不以其不爭？

傅 66.11　故天下莫能與之爭。

王 66.1　江海所以能為百谷王者，

王 66.2　以其善下之，

王 66.3　故能為百谷王。

王 66.4　是以欲上民，

王 66.5　必以言下之；

王 66.6　欲先民，必以身後之。

王 66.7　是以聖人處上而民不重，

王 66.8　處前而民不害，

帛 66.1　江海所以能為百谷王者，

帛 66.2　以其善下之也，

帛 66.3　是以能為百谷王。

帛 66.4　是以聖人之欲上民也，

帛 66.5　必以其言下之；

帛 66.6　其欲先民也，必以其身後之。

帛 66.7　故居上而民弗重也，

帛 66.8　居前而民弗害，

王 66.9　是以天下樂推而不厭。

王 66.10　以其不爭，

王 66.11　故天下莫能與之爭。

帛 66.9　天下皆樂推而弗厭也。

帛 66.10　不以其无爭與？

帛 66.11　故天下莫能與爭。

竹 66.1　江海所以為百谷王，

竹 66.2　以其能為百谷下，

竹 66.3　是以能為百谷王。

竹 66.4　聖人之在民前也，

竹 66.5　以身後之；

竹 66.6　其在民上也，以言下之。

竹 66.7　其在民上也，民弗厚也；

竹 66.8　其在民前也，民弗害也；

竹 66.9　天下樂進而弗厭。

竹 66.10　以其不爭也，

竹 66.11　故天下莫能與之爭。

對勘舉要

(1) 本章各本内容都比較完整，大體一致，但有文句的不同。帛書甲本和乙本之間也有兩句順序不同。竹簡本的文句與帛書本和通行本相比有相當不同，可謂自成一格。在很多情況下，帛書本與竹簡本比較接近，與通行本不大相同。而本章則是帛書本與通行本相當接近，而竹簡本則自成一格。這兩種情況都可以說明帛書本是介於竹簡本與通行本的演變之間的。

竹簡本抄寫在甲本第一組第十九章之後，第四十六章之前。第一句前面有一墨點，或為上章斷句號，或為分章號，本章行文中沒有斷句號，最後一句後面沒有任何標誌或空格。根據帛書本和竹簡本，古代斷句號、分章號沒有統一標誌，抄寫者或用或不用，或用圓墨點（帛書甲本德篇），或用方墨點，或一短線，或一尖點，或一曲線（竹簡），或空格，或不空格，相當隨意。對其功能要仔細推敲，不能作簡單的一律的判斷。

河上本題為“後己”，似得其旨。

(2) “江海所以能為百谷王者，以其善下之，故能為百谷王。”

這段河上本、王弼本相同。第一句“江海所以能為百谷王者”，竹簡本作“江海所以為百谷王”，無“能”與“者”。關於“者”字當不當有，學者意見不同。主張語法功能完整的，主張“者”乃必要。古棣說：“從文理上看，‘者’字正與‘所以’在語氣上相應，此‘者’字不當少。”（古棣1991A，453）竹簡本無“者”字，似乎證明古棣之說不確（參見廖名春2003，28）。但是，古棣此處之說講的是“文理”，並沒有說“古本必定如此”。從“文理”上講，有“者”為當，這是帛書本以後多數版本都有“者”字的原因。此例再次說明古本未必最“合理”，最“合理”的未必一定是古本原貌。在校勘中，我們應該更自覺地將追尋古本原貌和改善底本現狀的兩個標準加以區別。

這方面還有另一個例子。本章"江海所以能為百谷王者"以"江海"與"百谷"相對應。馬敍倫則根據第三十二章"猶川谷之於江海"及王弼註文推斷本章"百谷"應作"川谷"（馬敍倫1957，177）。然帛書本和竹簡本出土，證明古本原作"百谷"。馬敍倫的推論方法背後就是常見的"語言趨同"原則：彼處如此，此處也應該如此。這是校勘學中常用的推斷方法和原則，但是這種方法在推斷古本原貌時是很有局限的。對這種原則，我們應該有自覺的反省，謹慎地運用。

其實，從意義上說，"百川"和"百谷"並沒有區別。蔣錫昌說："《說文》'泉出通川為谷'，是'百谷'猶百川也。《說文》'王：天下所歸往也'，是'王'即歸往之義。此言江海所以能為百川歸往者，以其善居卑下之地，故能為百川歸往也。六十一章王註，'江海居大而處下，則百川流之'，即據此文而言。"（蔣錫昌1937，402）

"以其善下之"一句，傅奕本和帛書乙本句末有"也"字，甲本沒有。最值得注意的是竹簡本作"以其能為百谷下"，與各本均不同。竹簡本此三句作："江海所以為百谷王，以其能為百谷下，是以能為百谷王。"三句重複"百谷"，兩句重複"百谷王"，實在是太重複了，讀起來有些俚俗不經的感覺。但是就內容來說，竹簡本並無不妥。"以其能為百谷下"是以簡單明確的事實陳述作原因，通行本的"善下之"則隱含了對能力的要求和價值的判斷，擬人化的味道更重。在帛書本和以後的傳世本中，特別是兩個通行本中，文人加工的痕跡越來越明顯。

此外，"故能為百谷王"中的"故"字，帛書甲乙本和竹簡本皆作"是以"。當是通行本追求文字簡省之故。

（3）"是以欲上民，必以言下之；欲先民，必以身後之。"

此段是王弼本，文字最為簡短。其他各本第一句都有"聖人"，"言"、"身"前多用"其"字。第一句帛書本句子最長，甲乙本俱作"是以聖人之欲上民也"，多"聖人之"與句末的"也"。竹簡本語序與帛書本、傳世本不同，先言"在民前"（傳世本之"欲先民"），後言"在民上"（傳世本之"欲上民"）。竹簡本與帛書本及以後各本最不同的是自始至終沒有"欲"字。用"欲"字則是條件句，沒有"欲"字則是描述和判斷，文義有所不同。竹簡本作"聖人之在民前也，以身後之；其在民上也，以言下之"，似乎是對既有的事實作描述和分析。帛書本和傳世本反復用"欲"，是一種條件假設句，強調聖人行為的條件：要上民，就要以言下之；要先民，就要以身後之。聯繫下段來看，竹簡本始終是描述聖人的事實表現，邏輯上是一致的；帛書本和傳世本則是這一段講條件，下面則是對聖人表現的事實的歌頌，邏輯上稍嫌不一致。推敲起來，聖人既然稱之為聖人，應該是已經在民之上、民之先，不應該再假定聖人希望（欲）在上、在先而應該如何。

(4) "是以聖人處上而民不重，處前而民不害，是以天下樂推而不厭。"

此節王弼本、河上本同。第一句"是以"二字，帛書本用"故"，竹簡本既無"是以"也無"故"。帛書本、竹簡本第一句沒有"是以聖人"四字，上一段已經明確講到"聖人"，這裏無須重複"聖人"二字。第三句"是以天下樂推而不厭"，帛書本、竹簡本沒有"是以"二字。通行本上段講"上民"、"先民"，這段講"處上"、"處前"。竹簡本則沒有這種變化，始終講"在民前"、"在民上"。"是以天下樂推而不厭"一句，竹簡本、帛書本都無"是以"二字。惟索紞本增一"民"字，作"是以天下樂推而民不厭"［饒宗頤 1955，49；博爾茨（Boltz）1996，513］。這顯然是抄寫者或編校者根據文義而加。此字之增沒有獲得傳世本的採納，或因索紞本沒有流行，或因沒有必要。由此特殊的增字例，可見版本歧出多變的原因及其是否能夠流行的情況。"處上"、"處前"，傅奕本作"處之上"、"處之前"。王弼本、河上本三句中都用"不"字，竹簡本、帛書本都用"弗"字，傅奕本則一句用"弗"、兩句用"不"，正在從古本到今本的過渡之間。

帛書甲乙本的前兩句順序不同。甲本作"故居前而民弗害也，居上而民弗重也"，與通行本相反；乙本作"故居上而民弗重也，居前而民弗害”，與通行本相一致。此外，帛書乙本“天下皆樂推”一句，甲本沒有“皆”字。這也是帛書甲乙本母本不同的例證。

　　竹簡本句式與通行本很不相同。把這一段與上一段聯繫起來看，竹簡本比通行本思想更明確，邏輯更連貫，句式更整齊，但並不呆板。請讀：

　　A　聖人之在民前也，以身後之，
　　B　其在民上也，以言下之。
　　C　其在民上也，民弗厚也；
　　D　其在民前也，民弗害也；
　　E　天下樂進而弗厭。

竹簡本 A 行開始提出聖人作主語後，後面連續用三個“其”代聖人，一氣貫穿下來（B、C、D 三行），一直到最後“天下樂進而弗厭”，自始至終是以相同的口氣和角度介紹聖人的行為（A、B：“以身後之”、“以言下之”）及其效果（C、D：“民弗厚也”、“民弗害也”），相當連貫，中間沒有轉折和中斷。竹簡本 B 行、C 行重複“其在民上也”，似乎不大好，其句子順序是“在民前”、“在民上”、“在民上”、“在民前”，是否應該調整為“在民前”、“在民上”、“在民前”、“在民上”？這可能是見仁見智的問題，似乎無關大局。這一部份，竹簡本一個“是以”或“故”都沒有用，而傅奕本及通行本則三次用到“是以”，句式也變得比較複雜，這裏來看王弼本：

　　A　是以（聖人）欲上民，必以言下之；
　　B　欲先民，必以其身後之。
　　C　是以聖人處上而民不重，
　　D　處前而民不害，
　　E　是以天下樂推而不厭。

這裏前一半（A、B）講作聖人的條件（"欲……必……"）後面C行插入"是以聖人處上"，E行句前插入"是以"，轉入對事實描述和歌頌，文氣不如竹簡本連貫。仔細玩味，似以竹簡本較為簡單、明晰。

這部份竹簡本一個"是以"都不用，通行本卻用三次，似乎是為了揭示三層的遞進關係，但讀起來不如竹簡本簡潔明快。值得注意的是，帛書本相當於C行的句子沒有中間的"是以聖人"，只用一"故"字代替，相當於E行處也沒有"是以"二字，一共只用一次"是以"和一次"故"，似乎是介於從竹簡本到傅奕本、通行本的轉化之間。

（5）"以其不爭，故天下莫能與之爭。"

這兩句王弼本、河上本同。竹簡本與之接近，只是第一句句末多一"也"字。"爭"字，帛書甲本和竹簡本原作"靜"，讀為"爭"。

傅奕本第一句作"不以其不爭"，似乎有些奇怪；對照帛書本，似乎是來自於帛書本的"不以其无爭與？"，則傅奕本後應有一疑問助詞和問號。帛書本的反問句似為提起注意，但不如通行本和竹簡本之簡捷明快。

這兩句的大意見於第二十二章，但上下文不同。此外，第二十二章沒有竹簡本對照。

析評引論

66.1　何謂"不爭之爭"？

本章貫穿了一個由反而順或以反求正的原則，也可以說就是"不爭而勝"的原則。

"江海所以為百谷王，以其能為百谷下，是以能為百谷王。"（竹簡本）江海雖下於百川，卻能納之，勝之，王之。"下"是反，"王"是正、是順。

"聖人之在民前也，以身後之，其在民上也，以言下之。"是說因後而先，因下而上，即由反而順，因反得正。

"其在民上也，民弗厚也；其在民前也，民弗害也；天下樂進而弗厭。"是說聖人因後而先，因下而上的客觀效果。需要注意的是，這裏的評價效果的出發點是百姓的利益，即聖人雖在上，民不感其有厚重之壓；雖在民前，不覺其有傷害之虞。而聖人在上、在前的利益實際上就是百姓的利益得到滿足的結果。

聖人本來沒有百姓之利以外的私利。聖人能在民前、民上的特殊地位或"成功"、"成就"，是百姓擁戴而自然地獲得的，並不是為了自己的利益而奮鬥得來的，所以"以其不爭也，故天下莫能與之爭"。"莫能與之爭"可能包含事實與後果兩方面。聖人的地位不是與別人爭來的，也就意味著沒有人能與之爭。這樣自然而然地獲得的"地位"、"成就"是最牢靠的。這是事實的方面。從後果來說，由於地位、成就的獲得是衆望所歸、百川歸一的結果，所以是別人沒有可能、沒有辦法奪走的，因而是"莫能與之爭"。這個後果還應該包含心理效應，一方面聖人的地位，不是險勝得來的，所以不擔心別人要來爭，要來搶，也不怕別人真來爭，真來搶。再推一步，即使聖人的地位、榮譽真的失去了，聖人應該也是不怕的，因為他的目的、他的關切並不是個人的地位和榮譽。

聖人沒有實際的權位，卻是社會的精神領袖。精神之廣大會使人感到個人之藐小，因此聖人在百姓面前毫無優越感，也不必故作謙和，"以其言下之"只是"柔弱謙下"的自然表現，與偽君子之邀買人心毫不相干。偽君子一定要爭個人私利，因此其真面目早晚要曝露。

"以其不爭也，故天下莫能與之爭"就是不爭之爭，不爭而勝。

66.2　"不爭而勝"何以可能？

如何才能達到"天下莫能與之爭"的境地？這可能要從兩個途徑來實現：一種途徑是擴充實力，讓自己確實強大到無人可爭、不爭而勝的地步；這種情況是最理想的，卻是不容易實現的。另一種途徑是根本沒有爭的意圖，使得任何人都沒有必要與自己爭；這種情況似乎消極，但是卻容易實現。

在現在競爭越來越激烈的社會講這種"不爭"的哲學，似乎很不合時宜。但是，"競爭"可以有良性的、愉快的，也可以有惡性的、傷害身心的。道家哲學促進良性的、愉快的競爭，反對惡性的、有害身心的競爭。我們要問自己，為甚麼要去競爭？是不是為了生活得更好、更充實、更愉快？如果是，那麼，當競爭讓你感到痛苦時，是否應該退出？是否應該另外尋找能讓你愉快的生活方式？你不爭，別人也就不必與你爭，也就擺脫了競爭的痛苦。如果我們因為勇於拼搏而險勝一次，卻把身邊的人都變成了敵人，這種"成功"難道是值得追求的嗎？

我們都欽佩經過生死搏鬥而達到目的的成功者，九死一生的勝利者更是文學藝術、小說戲劇的最好題材。但是，從社會安定的角度來看，從生活素質的角度來看，我們應該選擇九死一生的勝利，還是應該選擇游刃有餘的成功呢？

游刃有餘的成功就是"天下莫能與之爭"的成功，就是"不爭而勝"。每個人都應該而且可以找到自己游刃有餘的領域或位置。

第 六 十 七 章

原文對照

河 67.1　天下皆謂我大，似不肖。　　　傅 67.1　天下皆謂吾大，似不肖。

河 67.2　夫唯大，故似不肖。　　　　　傅 67.2　夫惟大，故似不肖。

河 67.3　若肖久矣。其細（也夫）。　　傅 67.3　若肖，久矣其細也夫。

河 67.4　我有三寶，持而保之：　　　　傅 67.4　吾有三寶，持而寶之。

河 67.5　一曰慈，二曰儉，　　　　　　傅 67.5　一曰慈，二曰儉，

河 67.6　三曰不敢為天下先。　　　　　傅 67.6　三曰不敢為天下先。

河 67.7　慈故能勇，儉故能廣，　　　　傅 67.7　夫慈，故能勇；儉，故
　　　　　　　　　　　　　　　　　　　　　　　能廣；

河 67.8　不敢為天下先，　　　　　　　傅 67.8　不敢為天下先，

河 67.9　故能成器長。　　　　　　　　傅 67.9　故能成器長。

河 67.10　今舍（其）慈且勇，　　　　傅 67.10　今捨其慈，且勇；

河 67.11　舍（其）儉且廣，　　　　　傅 67.11　捨其儉，且廣；

河 67.12　舍（其）後且先，死矣。　　傅 67.12　捨其後，且先，是謂入
　　　　　　　　　　　　　　　　　　　　　　　死門。

河 67.13　夫慈，以戰則勝，以守　　　傅 67.13　夫慈，以陳則正，以守
　　　　　則固。　　　　　　　　　　　　　　　則固。

河 67.14　天將救之，以慈衛之。　　　傅 67.14　天將救之，以慈衛之。

王 67.1　天下皆謂我道大，似不肖。　　帛 67.1　天下□謂我大，大而不肖。

王 67.2　夫唯大，故似不肖。　　　　　帛 67.2　夫唯不肖，故能大。

王 67.3　若肖，久矣其細也夫。　　　　帛 67.3　若肖，久矣其細也夫。

王 67.4　我有三寶，持而保之。　　　　帛 67.4　我恆有三寶，持而寶之。

王 67.5　一曰慈，二曰儉，　　　　　　帛 67.5　一曰慈，二曰儉，

王 67.6　三曰不敢為天下先。

王 67.7　慈，故能勇；儉，故能廣；

王 67.8　不敢為天下先，

王 67.9　故能成器長。

王 67.10　今舍慈且勇，

王 67.11　舍儉且廣，

王 67.12　舍後且先，死矣！

王 67.13　夫慈，以戰則勝，以守
　　　　　則固，

王 67.14　天將救之，以慈衛之。

帛 67.6　三曰不敢為天下先。

帛 67.7　夫慈，故能勇；儉，故能
　　　　　廣；

帛 67.8　不敢為天下先，

帛 67.9　故能為成器長。

帛 67.10　今舍其慈，且勇；

帛 67.11　舍其儉，且廣；

帛 67.12　舍其後，且先；則死矣。

帛 67.13　夫慈，以戰則勝，以守
　　　　　則固。

帛 67.14　天將建之，如以慈垣之。

對勘舉要

（1）本章内容在帛書甲乙本中均抄在相當於今本第八十與八十一章的文字之後，甲乙本文句有不同，可見甲乙本母本不同。竹簡本沒有本章内容。傅奕本、帛書本與河上本、王弼本互有出入。河上本題為"三寶"，得其要旨。

　　自本章以下沒有竹簡本内容。如何解釋這一現象，有待研究。一個簡單的解釋是，在竹簡本的時代，還沒有第六十七章及其以後各章的内容，另一個簡單的解釋是抄寫者偶然地略過了這十幾章，或因為這十五章的主要内容已經反映在已經抄過的内容中。這樣的解釋背後都可能是自覺或不自覺地把竹簡本《老子》當成了一個首尾完整的論著。事實上，竹簡本《老子》是至少三個人分別抄寫的，抄在三種不同形制的竹簡上，所依據的母本也不相同，抄寫的體例規範也不同，如分章符號、斷句符號的使用沒有一定規則可尋。甲本抄寫的涉及今本二十章，乙本涉及八章，丙本涉及五章，其中相當於今本六十四章的内容出現在三處，丙本和第一次發現的《太一生水》抄在一起。内容最多的甲本抄寫的也不過將近今本的四分之一，因此沒有抄寫今本六十七章以下的内容也許不值得太奇怪。

（2）"天下皆謂我道大，似不肖。夫唯大，故似不肖。若肖，久矣其細也夫。"

　　此為王弼本，河上本、傅奕本、帛書乙本第一句皆無"道"字（甲本殘），意思與下文更能應和。倫敦藏敦煌殘本三種皆無"道"字（程南洲1985，183），嚴遵本、范應元本均無"道"字，索統本亦無"道"字（饒宗頤1955，50）。于省吾云："何氏校勘，羅氏考異，諸本均無'道'字，按無'道'字是也。老子凡言'夫唯'者，多係承上之詞，若作'道大'，下不應單言'夫唯大'矣。"（于省吾1962，243）。于說已為帛書本證實。今本應刪"道"字。

第二句“似不肖”，帛書乙本作“大而不肖”（甲本殘），語氣更肯定有力。

第三、四句“夫唯大，故似不肖”，傅奕本同，帛書甲本近之，作“夫唯（大），故不肖”，僅缺“似”字。惟帛書乙本作“夫唯不肖，故能大”與各本皆異。比較起來，帛書甲本與傳世本句式與內容均重複，去掉衍出的“道”字，就更為明顯。上行是“我（道）大，似不肖”，下行是“唯大，故似不肖”。都是由“大”說到“似不肖”，內容沒有多少變化發展，相當重複。而乙本則是由上行自稱“我大”，引出“不肖”，下句則說正因為“不肖”，才能自稱其大，句子內容比較合理。帛書甲乙本的明顯不同說明其底本來源不同。

朱謙之說：“‘不肖’上不應再有‘似’字。”（朱謙之1984，270）高明贊同，並云：“帛書甲、乙本均無‘似’字，今本中‘似不肖’之‘似’字，顯然是‘肖’字的古註文，後人誤將古註文羼入經內。‘不肖’猶不似，即今語不像。帛書乙本‘天下皆謂我大，大而不肖’，猶言天下皆謂我大，大而又不像。又云：‘夫唯不肖，故能大。若肖，久矣其細也夫。’因為不像，故而能成大。若像，則早已成為細漠了。依此則文暢義順，從而可見帛書乙本確實反映了《老子》本義，而甲本與今本皆有訛誤，均當據帛書乙本訂正”（高明1996，160）。

(3)“我有三寶，持而保之。一曰慈，二曰儉，三曰不敢為天下先。”

此節各本大體相同，有一些用字的不同，但沒有重要文義出入，如“我”，傅奕本作“吾”。“我有三寶”，帛書甲乙本皆作“我恆有三寶”，語意較強。“持而保之”，帛書乙本和傅奕本作“持而寶之”，帛書甲本似漏寫“持而寶”三字，僅有一“之”緊接“三寶”。范應元本亦作“持而寶之”，並云韓非、王弼、傅奕同古本（范應元1269，下56B）。蔣錫昌說：第六十二章“道者……善人之寶”，是老子以“寶”為道（蔣錫昌1937，408）。

(4)“慈故能勇，儉故能廣，不敢為天下先，故能成器長。”

此節河上本、王弼本同。傅奕本、帛書乙本第一句前有發語詞

"夫"（甲本殘）。最後一句"故能成器長"，帛書甲本作"故能為成'事'長"，乙本作"故能為成'器'長"，二本皆多"為"字。

關於"事"與"器"的不同，俞樾說：《韓子·解老》篇作"不敢為天下先，故能為成'事'長"。"事"、"器"異文，或相傳之本異，或彼涉上文"事無不事"句而誤，皆不可知。至"故能"下有"為"字，則當從之。蓋"成器"二字相連為文。《左傳》襄十四年："成國不過半天子之軍"，杜註："成國，大國。"《傳》昭五年"皆成縣也"，"成縣"亦謂大縣。然則，"成器"者，大器也。第二十九章"天下神器，不可為也"，《爾雅·釋詁》："神，重也。""神器"為重器，"成器"為大器，二者並以天下言。質言之，則止是不敢為天下先，故能為天下長耳（俞樾1934，158；高明1996，162）。俞樾之說可以幫助我們理解帛書本，而帛書本也證明俞樾判斷"成器長"前當有"為"字，確有見地。

高明說："成事長"與"成器長"意義相同。但此一分歧，先於馬王堆漢墓帛書出土即已出現。二者究屬孰先，實難裁定。從《老子》書內用語考察，如第二十八章云："樸散則為器，聖人用之則為官長。""為器長"似為《老子》之舊（高明1996，162）。

(5)"今舍慈且勇，舍儉且廣，舍後且先，死矣。"

此為王弼本、河上本。"舍慈"、"舍儉"、"舍後"，傅奕本、帛書本皆作"舍其慈"、"舍其儉"、"舍其後"。顯然，通行本將虛字"其"刪去，以加強四字句為主的效果。包括宋版在內的河上本多不用"其"字，馬敘倫根據河上公註推斷應有"其"字（馬敘倫1957，180），王卡點校時據馬說補之。本書河上本以王卡點校本為底本，故原文括弧中加"其"字。"死矣"二字，傅奕本作"是謂入死門"，帛書乙本作"則死矣"，甲本作"則必死矣"，比較之下，以帛書本為長。

(6)"夫慈，以戰則勝，以守則固。天將救之，以慈衛之。"

此節王弼本、河上本同。"以戰則勝"帛書乙本同（甲本殘），傅奕本作"以陳則正"，各本互有出入。高明說：彼此用字雖不同，而意義無別（高明 1996，164）。"天將救之"，帛書二本皆作"天將建之"。張松如說：建之、助之，皆助之之謂（張松如 1987，409）。高明說："（張說）恐未確。'建'乃立也，與'助'不類。如《周禮·天官·序官》'惟王建國'；《戰國策·秦策》'可建大功'，皆訓'建'為'立'。'天將建之，如以慈垣之'，猶言天將建立之事，則以慈援衛之。似較今本'天將救之'義勝。"（高明 1996，164）"以慈衛之"，帛書本皆作"如以慈垣之"，高明說"垣"與"衛"義近（同上）。

析評引論

67.1 "三寶"：儒道相通之一

本章提出了老子的"三寶"："我有三寶……一曰慈，二曰儉，三曰不敢為天下先。"這裏"慈"、"儉"二字儒家都可以接受，至少不會激烈反對。

先看"慈"字。《論語·為政》中季康子問："使民敬、忠以勸，如之何？"子曰："臨之以莊，則敬；孝慈，則忠；舉善而教不能，則勸。"父慈子孝是達到"使民敬、忠以勸"的途徑之一，相信家庭倫理可以推廣到治理國家。《大學》則說："故君子不出家而成教於國：孝者，所以事君也；弟者，所以事長也；慈者，所以使眾也。"也是希望以家族倫理推之於治理國家以致天下。在古代宗族制度下的社會結構中，邦國、天下都是家族的放大，因此以家庭倫理治理邦國是一種合理的推論和延伸。

"慈"在儒家學說中重要，卻主要是父之德，相比於仁義、忠孝，"慈"並非首要之德。這是因為儒家強調上下尊卑的社會等級，更重視下對上的忠和孝，所以"慈"不可能取得最高地位。以後佛教流行，"慈悲為懷"似乎成了佛家的專利。然而，老子稱"慈"為"三寶"之第一寶，可見"慈"在道家思想中的核心地位。老子要"輔萬物之自然"，這背後就有一個"慈"字，這一點卻常常被忽略。

　　"慈"字的基本意義就是"愛"。《說文》云："慈，愛也。"然而和"愛"相比，"慈"又稍有不同。一是"慈"更側重於上對下，老對小，所以有"慈幼"的說法（《周禮・地官・大司徒》），《管子・形勢》則說："慈者，父母之高行也。"二是"慈"更強調愛之深。《左傳・莊公二十七年》"夫禮、樂、慈、愛，戰所畜也。"孔穎達疏云："慈謂愛之深也。"賈誼《新書・道術》云："親愛利子謂之慈，反慈為嚚。……惻隱憐人謂之慈，反慈為忍。"（賈誼2000，302）"慈"的這兩個特點完全適用於老子思想。一方面"慈"是聖人對天下的悲憫之懷，另一方面聖人之慈之深到了單向而不求回報的境地。老子只講聖人如何治理天下且"不有"、"不恃"、"不長"，從來沒有提到百姓應該如何尊敬或回報聖人，甚至連感謝、歌頌也不需要，就是"太上，下知有之"而已。

　　關於老子之"慈"，蔣錫昌說："老子談戰，談用兵，其目的與方法不外'慈'之一字。人君用兵之目的，在於愛民，在於維護和平，在於防禦他國之侵略；其方法在以此愛民之心感化士兵，務使人人互用慈愛之心，入則守望相助，出則疾病相扶，戰則危難相惜。夫能如此，則用兵不戰則已，戰則無有不勝者矣。"（蔣錫昌1937，409）本章還說到"夫慈，以戰則勝，以守則固。天將救之，以慈衛之"。說明"慈"在戰爭中的重要意義。關於"慈故能勇"，王淮說："'慈'之所以能有'勇'者，猶《論語》所謂'有德者必有勇'也。蓋慈者德之體，有慈故有德，有德則有勇。"（王淮1972，260）蔣、王二說大體完備，無須贅言。值得一提的是，《老子》第十八章云："六親不合，安有孝慈"所反對的是"六親不合"的現象，而不是"孝慈"本身，這似乎無須多言。

67.2　"三寶"：儒道相通之二

　　"儉"也是儒家的道德觀念。《論語・學而》記子貢說："夫子溫、良、恭、儉、讓以得之。夫子之求之也，其諸異乎人之求之與？"〈八佾〉記林放問禮之本，孔子答曰："大哉問！禮，與其奢也，寧儉；

喪，與其易也，寧戚。"〈述而〉則記載孔子說過："奢則不孫，儉則固。與其不孫也，寧固。"可見"儉"也是儒家可以接受的道德原則。

但是，"儉"在老子這裏地位更高，內容也更寬泛，不僅限於節儉之義。《說文》云："儉，約也。"段玉裁註："約者，纏束也，儉者，不敢放侈之意。"《禮記·樂記》有云"恭儉而好禮"，孔穎達疏曰："儉，謂以約自處。"關於"儉"的意義，老子只說到"儉故能廣"。蔣錫昌說："'儉'與'損'、'嗇'等字均文異誼同。儉以治人，則民不勞；儉以治身，則精不虧。"（蔣錫昌 1937，409）王淮說："'儉'之所以能'廣'者，謂重積德則用廣大，重積財則用有餘也。"（王淮 1972，260）蔣、王之說均可參考，然"儉"的基本意義還在於"以約自處"，"不敢放侈"。

因為"慈"，老子之聖人只"輔助"而不"主宰"天下百姓自身之生存。"慈"是老子外向無為的心理基礎和感情基礎。因為"儉"，聖人的欲望和權力總是在約束之中，這是聖人之內向無為，是其外向無為的內在基礎。簡言之，"慈"以對人，"儉"以待己；"慈"而向外，"儉"而向內。對於這一點，有人說得更明快："慈誰？慈人民；儉誰？儉自己。"（杜正勝 1992，90）當然，所謂約束是外人的觀察，對聖人來說則是自然而然，並沒有拘束感。而一般人要實現無為，則是需要先經過自我約束的階段的。

總起來看，老子之三寶中有兩寶是儒家可以在一定程度上接受的，至少是不應該反對的。雙方的分歧恐怕主要在於"慈"與"儉"在各自理論體系中的地位不同。顯然，"慈"與"儉"在儒家思想中遠沒有它們在老子思想中重要。

67.3 "三寶"：儒道相異之一

在老子的"三寶"中，儒家最不能接受、誤解最深的就是第三寶，即"不敢為天下先"。老子之行事、為人、為學與孔子在悲天憫人、律己讓人等方面實有相通之處，但老子主張聖人隱於萬物之後，實行無為而治，以達自然之和諧，孔子主張君主要率先作好榜樣，並且要"道之以政，齊之以刑……道之以德，齊之以禮"（《論語·為政》）。不過，孔子和老子的偉大都不能得到所有人的認同。孔子為實現自己的道德理想和政治抱負的決心與行動，被百姓譏為"知其不可而為之"，老子無私無我的"不敢為天下先"卻被後儒當作權謀來批判。

後儒批判老子當以朱子為最。他把老子的"無為而無不為"、"輔萬物之自然"、"不敢為天下先"都當作陰謀家的後發制人。朱熹批判說："《老子》一書意思都是如此，它只要退步不與你爭……老子心最毒。其所以不與人爭者乃所以深爭之也……閑時他只是如此柔伏。遇著那剛強底人，他便是如此待你。"（朱熹1986，3266）朱熹還將老子的"儉嗇"當作偷懶取巧："老子之術，謙沖儉嗇，全不肯役精神。""老子之術，須自家占得十分穩便，方肯作；才有一毫於己不便，便不肯作。"（同上，2986）這都是對老子的片面的解讀。

陳榮捷曾撰文總結、批評朱熹對老子的誤解，特別是他將老子與張良扯在一起："朱子更進一步，以為老子權詐之訓，不特產出法家之申韓，而實施于漢之張良。張良助漢高祖設立漢家天下……每每利用他人，動之以利，背約反攻。朱子以為此皆出于老子。彼云，'子房之學，出于黃老'。其所以出于老子者，乃因'老子之學，只要退步柔伏，不與你爭。……讓你在高處，他只要在卑下處。……只是他放出無狀來，便不可當。……他取天下便是用此道。如子房之術，便是如此。嶢關之戰，啗秦將以利，與之連和了，即回兵殺之；項羽約和已講解了，即勸高祖追之。漢家始終治天下，全是得此術。'"（陳榮捷1988，103）（參見析評引論65.1）朱熹將張良的軍事策略定義為陰謀，又將其歸之於老子思想，這是雙重的誤解。

孔、老時期，儒道雙方均未成為大宗、大派，彼此對立也不嚴重。但是到了後儒那裡，門戶之見日深，彼此了解也越來越困難了。

67.4　"三寶"：儒道相異之二

宋儒將老子的"不敢為天下先"等思想完全當作用兵制勝之法或

政治權謀，是對老子思想的片面理解和運用。老子思想用於軍事、政治，的確可以轉化為不擇手段、單純求勝的策略和陰謀，但這已經不是本來的老子。老子的"不敢為天下先"僅是第三寶。前兩寶是對天下之慈悲和對己之約束，在這兩個前提下，不敢為天下先怎麼可能是不擇手段的陰謀呢？老子似乎也講到一些用兵之術，但那是在不得已而用兵時的求勝之道。老子並非迂腐得任人宰割。本章即云："夫慈，以戰則勝，以守則固"。老子並非害怕戰爭，而是反對戰爭，極力避免戰爭，然而戰則必勝。不過，"戰勝以喪禮處之"（第三十一章）。這是他的"勇"與"慈"的全面的體現。

查《老子》中的"先"字，有先進、優勝之先（"天下莫柔弱於水，而攻堅彊者莫之能先"，第七十八章），也有先後之先（"先後相隨"，第二章），也有先導之先（"欲先民，必以身後之"，第六十六章）。不敢為天下的"先"字主要是先後之先和先導之先。不敢為先可以有兩種情況，一種情況是雖不先而不爭先，安然於原有的地位，另一種情況是雖先而不自居於先，即"聖人地位雖居人民之先，然應謙退虛弱，清靜自正，而不可為天下之先；第六十六章所謂'欲先民，必以身後之'也。"（蔣錫昌 1937，409）這兩種不為先都是無為精神的外在體現。老子的"不敢為天下先"與陰謀權術毫不相干。

儒家主張先民、導民，這主要出於他們的道德自信心和社會使命感。他們確信自家掌握和代表了最高的真理、體現了最好的道德原則，因此會有極大的道德勇氣，不僅敢於為萬民之先，而且勇於批判一切不贊成自家觀點的人物和學說，而毫無顧忌或愧怍。他們又有極高的社會責任感和使命感，"先天下之憂而憂"。因此，儒家無法理解和接受道家"無為"、"不先"的原則。然而儒家思想也有自己的認識盲點，他們看不到過高的自信心可以轉化為教條主義和獨斷論，過高的使命感可以強化一言堂、支持專制主義。當然，使命感也可以轉化為對專制的反叛，即使如此，反叛者所要建立的還可能是另一種獨裁專制。

儒家堅持的是金字塔形的社會等級結構，因此必須講君君臣臣、父父子子，上下尊卑，不可稍亂，因此儒家聖人必須在萬民之先保障這種秩序。道家心目中的社會是聖人輔助萬物各自自然發展的平面化的社會結構，重視萬物各得其所的自然的和諧和秩序，因此聖人不必為先，不該為先。由此來說，儒家和道家的分歧是相當深刻的。

67.5　"三寶"：兩種詮釋

總起來說，"三寶"的"慈"是對天下萬物、百姓的根本態度和心理基礎；"儉"主要是對自己的約束，表現為內向的無為；"不敢為天下先"是對外物的態度和原則，表現為外向的無為。"三寶"是老子"輔萬物之自然而不能為"等原則的具體化表述。這是嘗試從老子自身理論理解、總結老子的"三寶"，算是對"三寶"的一種道家立場的詮釋。

關於"三寶"，王淮有一個詮釋："'慈'，是德之體，其性質即'大仁不仁'之'仁'；'儉'，是成德達用之工夫，亦即所謂'治人事天莫如嗇'之'嗇'；'不敢為天下先'，是德性作用之表現方式，亦即柔弱不爭之謂也。合而言之：老子之'三寶'實為其'德性'之全體大用。此其所以持以保之，並示以贈人者也。""（三寶）體用一貫，本末不離。無其體而妄求用，則捨本逐末，枉道速禍，故曰：'死矣'。"（王淮 1972，259—260）此說借用宋儒本末體用、德性之說解來釋老子之"三寶"，相當漂亮。

這裏僅介紹兩種對"三寶"的詮釋，應該如何評價這兩種詮釋？還可以有哪些不同的詮釋？應該從甚麼角度或者以甚麼標準來評價這些不同的詮釋？以彼釋此，包括以儒釋道，以道釋佛，都是經典詮釋中常見的方法，也常見碰撞出精彩的思想火花。但產生新思想和解釋原典應該是兩種不同的定向，應該有不同的標準和方法。究竟有多少類不同的詮釋方法，應該如何全面分析、評價以彼釋此的方法，尚無深入的研究，有心人當嘗試為之。

第 六 十 八 章

原文對照

河 68.1　善為士者不武，

河 68.2　善戰者不怒，

河 68.3　善勝敵者不與，

河 68.4　善用人者為下。

河 68.5　是謂不爭之德，

河 68.6　是謂用人之力，

河 68.7　是謂配天，古之極。

傅 68.1　古之善為士者不武也，

傅 68.2　善戰者不怒，

傅 68.3　善勝敵者不爭，

傅 68.4　善用人者為之下。

傅 68.5　是謂不爭之德。

傅 68.6　是謂用人之力，

傅 68.7　是謂配天，古之極也。

王 68.1　善為士者不武，

王 68.2　善戰者不怒，

王 68.3　善勝敵者不與，

王 68.4　善用人者為之下。

王 68.5　是謂不爭之德，

王 68.6　是謂用人之力，

王 68.7　是謂配天古之極。

帛 68.1　故善為士者不武，

帛 68.2　善戰者不怒，

帛 68.3　善勝敵者弗與，

帛 68.4　善用人者為之下。

帛 68.5　是謂不爭之德。

帛 68.6　是謂用人，

帛 68.7　是謂配天，古之極也。

對勘舉要

(1) 本章沒有竹簡本内容。各本之間，包括帛書甲乙本之間都沒有重要差異。河上本題為"配天"，取原文結論二字，尚可。

(2) "善為士者不武，善戰者不怒，善勝敵者不與，善用人者為之下。"

此為王弼本。傳世本前三句每句有一個"不"字。帛書甲乙本則前兩句用"不"，第三句作"弗"。此非偶然用字不同。前兩句的"不武"、"不怒"，都是個人主動的感情和行為，"武"和"怒"不一定需要明確的對象。第三句帛書本作"弗與"，意思即"不與之"，意味著"與"字後面有一個省略的賓語"之"，在這裏就指"敵"。"善勝敵者弗與"，意思是善於勝利的將軍根本不需要與敵人正面接觸對壘。後來的傳世本將"弗"改為"不"，這第三句"不與之"帶有賓語的意思就消失了，"不與"變成了和"不武"、"不怒"同樣的句式。但"不與"沒有賓語則句意不通，於是傅奕本等後來版本的編者就將"不與"改作了"不爭"，"不爭"不需要賓語，和前兩句意思一致。

不僅傅奕本"不與"作"不爭"，其他版本作"不爭"的很多（范應元、司馬光、蘇轍、焦竑、敦煌、景龍碑，等等），但作"不爭"失韻。陶鴻慶云："'與'即'爭'也。《墨子·非儒下篇》云：'若皆仁人也，則無說而相與。'與下文'若兩暴交爭'云云，文義相對，是'相與'即'相爭'也。王氏引之《經義述聞》謂古者相當相敵皆謂之'與'，疏證最詳。"（陶鴻慶1998，6）按陶說，"不與"有"不爭"之義。陶未見古本作"弗與"之原貌，力證"不與"等於"不爭"。

其實，"不與"與"不爭"不能簡單等同。"與"的意思比"爭"更寬泛，如《左傳·襄公二十五年》："一與一，誰能懼我？"從語法上來說，"與"要求後面有賓語。從意義上來說，"與"有敵對、相對、面對之義，未必已達"爭"之地步。則"不與之"有不直接交手、不相對峙之義。因此，此處作"弗與"或"不與之"比"不爭"思想更徹底，也更合理。一旦交鋒而"不爭"，似無可能。

傳世本作"不與"句子不完整，原文當以帛書本"弗與"為正，如果改"弗"為"不"，則需加賓語，作"不與之"句子才完整、清晰，也才符合古本原意。王弼註"不與"說"不與爭也"，隱含不與敵爭的意思，但"爭"字多餘，且有誤導作用。由王弼註可見單作"不與"意不可通，也可見改"弗"為"不"年代已久。

本節第一句帛書乙本多一"故"字（甲本無），或許因不分章抄寫而衍。第一句傅奕本前加"古之"，不當。河上本"為之下"作"為下"，似脫"之"字。

(3) "是謂不爭之德，是謂用人之力，是謂配天，古之極。"

此為王弼本、河上本。傅奕本、帛書本末句用"也"。"是謂用人之力"，帛書甲乙本作"是謂用人"，無"之力"二字。高明論證，上文講"善勝敵者不與，善用人者為之下"，這裏講"是謂不爭"、"是謂用人"，順理成章，講"是謂用人之力"，則顯突兀，故當以帛書無"之力"為是（高明 1996，164）。此處帛書本作"用人"是一般的用人、待人之道，但傳世本作"用人之力"則意義狹窄，變成了僅借用別人之力，又會產生用計謀利用別人的歧義。

後人加工古本的兩個基本趨勢是增加四字句和刪減虛詞。本節則是增加四字句的一個反例。帛書本"是謂用人，是謂配天，古之極也"是三個整齊的四字句。先是傅奕本在"是謂用人"後加"之力"二字，破壞了一個四字句，後來的王弼本和河上本又刪去末句的"也"字，則原來的四字句段落就痕跡全無了（參見析評引論 47.1）。

析評引論

68.1 "不爭之德"與"外向無為"

無為是老子哲學的中心概念之一。我們說過，無為不是一個普通的單一的概念，而是一個概念簇，即代表著一系列以"無"或"不"引起的詞語（析評引論64.5）。這一系列詞語可以分為兩大類。一類是向外、對人的，可以稱之為"外向無為"；一類是内心的、心理的，可以稱之為"内向無為"。本章提出的"不爭之德"就是外向無為的一個典型代表，上一章提到的"三寶"中的"不敢為天下先"也是一種典型的外向無為。本章我們專門討論不爭之德。

按老子所說，"不爭之德"是"善為士者不武，善戰者不怒，善勝敵者弗與，善用人者為之下。""不武"、"不怒"、"弗與"、"為之下"都是無為的具體表現，是"善為士者"、"善戰者"、"善勝敵者"、"善用人者"的特殊表現，即以"無為"達到"有為"甚至超出一般之"有為"的效果。反過來說，為了達到"善為士"、"善戰"、"善勝敵"、"善用人"的目的或效果，就要努力爭取作到"不武"、"不怒"、"弗與"、"為之下"。顯然，這不是任何人都可以作到的，這需要實力、信心和勇氣。

下文說："不爭之德，是謂用人，是謂配天，古之極也。"可見"不爭之德"是用人之道，又符合天之道，也是自古以來的智慧與力量之極致，是善於"用人"、"配天"之極致。在老子看來，無為的原則是貫穿於天人之際，彰顯於古今之間的。所以老子說"天之道，不爭而善勝，不言而善應"（第七十三章），"天之道，利而不害。聖人之道，為而不爭"（第八十一章）。這都是說無為的原則有自然界或宇宙規律的支持，因而有普遍而至高的意義。"不爭而善勝"、"為而不爭"的說法再次明確說明無為、不爭不是無所作為，而是採取與眾不同的行動方式達到更高的目標。

按照老子所說，可以實行不爭之德實際上是自身實力強大、智慧過人，因此可以不戰而屈人之兵。在實力強大、足以戰勝敵人的條件下而選擇不戰是不是很容易呢？從客觀條件來說是更容易一些，因為沒有失敗的憂慮和壓力。但是從決策人的主觀角度考慮卻是更難的，因為有能力、有機會建功立業，卻選擇無為、不爭，是和常人的心理、興趣、利益相衝突的。西諺有云：手裏拿著錘子的人，看甚麼都像釘子。有武力而不用，這絕不是一般人可以作到的。有強大武力而努力避免使用武力的將軍和國君是十分罕見的，這說明實行"不爭之德"的難度，其難就難在克服自己取勝的欲望。這說明外向無為的實現取決於內向無為的根基。

沒有實力的弱者只好避免直接抗爭，是否更容易實現不爭之德呢？不然。無力勝敵的弱者根本沒有資格宣稱自己是在實行不爭之德。武力上的弱者不與敵人正面衝突，靠智慧化解危機，這才稱得上是不爭之德。其武力之弱靠智慧之強補之，才有可能實現不爭之德。

總之，老子哲學不是弱者的哲學，而是真正的強者才可能實行的哲學。這種強者不僅是武力的，更是道德的、智慧的以及意志的，這不僅是能力上的強，而且要有高於常人的精神境界和終極關切。

第 六 十 九 章

原文對照

河 69.1　用兵有言：

河 69.2　吾不敢為主，而為客；

河 69.3　不敢進寸，而退尺。

河 69.4　是謂行無行，攘無臂，

河 69.5　仍無敵，執無兵。

河 69.6　禍莫大於輕敵，

河 69.7　輕敵幾喪吾寶。

河 69.8　故抗兵相加，哀者勝矣。

傅 69.1　用兵有言曰：

傅 69.2　吾不敢為主而為客，

傅 69.3　不敢進寸而退尺。

傅 69.4　是謂行無行，攘無臂，

傅 69.5　執無兵，仍無敵。

傅 69.6　禍莫大於無敵，

傅 69.7　無敵則幾亡吾寶。

傅 69.8　故抗兵相若，則哀者勝矣。

王 69.1　用兵有言，

王 69.2　吾不敢為主而為客，

王 69.3　不敢進寸而退尺。

王 69.4　是謂行無行，攘無臂，

王 69.5　扔無敵，執無兵。

王 69.6　禍莫大於輕敵，

王 69.7　輕敵幾喪吾寶。

王 69.8　故抗兵相加，哀者勝矣。

帛 69.1　用兵有言曰：

帛 69.2　吾不敢為主而為客，

帛 69.3　不敢進寸而退尺。

帛 69.4　是謂行无行，攘无臂，

帛 69.5　執无兵，扔无敵。

帛 69.6　禍莫大於无敵，

帛 69.7　无敵近亡吾寶矣。

帛 69.8　故抗兵相若，而哀者勝矣。

對勘舉要

(1) 本章各本之間有一些比較重要的歧異，帛書甲乙本與傅奕本比較一致，帛書本和通行本之間有關鍵性字句的不同。帛書甲本章前有分章符號。本章河上本題為"玄用"，稍嫌籠統。

(2) "用兵有言，吾不敢為主而為客，不敢進寸而退尺。"

此段王弼本、河上本相同；傅奕本、帛書本相同。傅奕本、帛書本"言"後皆有"曰"。有"曰"字則下文引自他人之意非常明確；刪去"曰"字，則引文之意比較模糊。

(3) "是謂行無行，攘無臂，扔無敵，執無兵。"

此段河上本、王弼本大體同，只有"仍"和"扔"的不同。馬敍倫說："仍"、"扔"音義同（馬敍倫 1957，118）。"扔無敵，執無兵"兩句，帛書甲乙本作"執无兵，乃无敵"（甲本末句用"矣"字），傅奕本句序與帛書本同，似為古本之貌。陶紹學曰："'執無兵'句應在'扔無敵'句上。王弼註曰'猶行無行，攘無臂，執無兵，扔無敵也'，是王弼同此。"（轉引自馬敍倫 1957，182）馬敍倫云："陶說是。行、兵、臂、敵，相間為韻。"帛書本出土，證明陶、馬諸說正確。樓宇烈說："據馬說，則'行無行'意為，欲行陣相對而無陣可行。'攘無臂'意為，欲援臂相鬥而無臂可援。'執無兵'意為，欲執兵相戰而無兵可執。'扔無敵'意為，欲就敵相爭而無敵可就。此均為說明，由於'謙退'、'不敢為物先'，因而使得他人欲戰、欲鬥、欲用兵、欲為敵而都找不到對立之一方。"（樓宇烈 1980，174）據以上諸說，加之帛書甲乙本之證，通行本句序顛倒，應依帛書本正之。

帛書本之"扔無敵"，甲乙本原作"乃"字，整理者均讀為"扔"。樓宇烈說："'扔'字，疑當作'乃'。帛書《老子》甲乙本經文均作'乃'。觀王弼註文說：'言無有與之抗也'之意，正釋經文'乃無敵'之義。故似作'乃無敵'於義為長。作'扔'者，因經文

'執無兵'三字誤在下（當在'攘無臂'下，'乃無敵'上），又因第三十八章'則攘無臂而扔之'句，不明其義者妄改也。第三十八章'攘臂而扔之'之'扔'字，帛書《老子》甲乙本經文亦均作'乃'，此'乃'字為'扔'之借字，而本章註'乃無敵'，當以'乃'本字用。"（樓宇烈1980，174—175）樓說成理。

（4）"禍莫大於輕敵，輕敵幾喪吾寶。故抗兵相加，哀者勝矣。"

此段河上本與王弼本相同，傅奕本與帛書本相近。

通行本兩處"輕敵"，傅奕本、帛書本皆作"無敵"，孰是孰非，頗有爭議。作"無敵"，則下文"禍莫大於無敵"的解釋會比較困難，這或許是通行本修改為"輕敵"的原因。據高明，敦煌本"無敵"有作"侮敵"和"誣敵"者（高明1996，171）。愚意以為可從帛書本作"無敵"，則此處"無敵"和下文之"禍莫大於無敵"中的"無敵"感情色彩不同。

"抗兵相加"，傅奕本、帛書乙本皆作"抗兵相若"，甲本作"稱兵相若"，此處當以帛書本"相若"為是，眾說皆同。這是大家公認的帛書本可糾正通行本之誤的例證。

"哀者勝矣"，傅奕本及帛書甲本前有"則"，帛書乙本用"而"。關於"哀"字，易順鼎說："哀即愛，古字通，詩序'哀窈窕而不淫其色'，'哀'亦當讀為'愛'。'抗兵相加，哀者勝'，即上章'慈以戰即勝也'。"（易順鼎1884，下14B—15A）勞健說："王弼註：'哀者必相惜而不趣利避害，故必勝。'後人相承多誤解哀字如哀傷之義，大失其旨。且與上文不貫。"（勞健1941，下40B）又云："按《漢書·游俠傳》萬章曰：'吾以布衣見哀於石君。'高郵王氏釋云：'哀'者'愛'也，引《呂氏春秋·報更篇》'人主胡可以不務哀士'，《淮南·說林訓》'各哀其所生'，高註並曰'哀'，'愛'也，為證……此句'哀者勝'，正合釋'哀'如'愛'，謂嗇愛務重而不輕舉先發則勝，正與上文相應也。河上註云：'哀者慈仁，士卒不遠死。'其義猶愛也。王弼註'慈以陳（戰）則正（勝）'句云'相慜而不避於難，故正也'，與此句註大同小異。則王弼本意當亦以哀為慈愛而非哀傷，惟與河上同解如仁愛之愛，義未盡合。《孟子》百姓皆以王為愛也，趙註'愛，嗇也，百姓皆謂王嗇愛其財。'老子書中諸言愛者亦多如嗇愛之義，第十三章愛以身為天下，第四十四章甚愛必大費，第七十二章自愛而不目貴，皆是也。"（同上，下40B—41A）據勞說，"哀"即"愛"之義，但不是儒家之"仁愛"，而是老子之"嗇愛"。

蔣錫昌說：《說文》"哀，閔也"。閔者，即第六十七章"慈"也。此言兩方舉兵相當，其結果必慈者勝。第六十七章"慈，以戰，則勝"也。（蔣錫昌1937，420）蔣說對"哀"字讀法與勞說不同，但對句子大意理解則一致，"哀"都是對自己士兵之慈愛。

高亨說："抗兵相加，有樂之者，有哀之者，樂之者敗，哀之者勝。蓋哀之者存不忍殺人之心，處不得不戰之境，在天道人事皆有必勝之理也。"（高亨1957，139）是高亨雖讀"哀"為悲哀，但解釋中與嗇愛之意又相通。但高說之"哀"包括對敵方人民之慈悲，與上述勞說、蔣說猶有不同。愚意以為蔣錫昌解"哀"為"閔"為"慈"最為簡潔明快。

析評引論

69.1　正反之間

本章提出主、客，進、退的對立概念。像這樣成對的概念在《老子》八十一章中比比皆是。《老子》中將近一半的篇章提到成對的或對立的概念，如有無、強弱、損益、巧拙、貴賤、主客、進退、正反、奇正、虛實、寵辱、難易、吉凶等等，總計至少有八十多次。像《老子》這樣繁密地使用和討論成對的概念，在其他同類著作中是絕無僅有的。

《老子》中所提到的成對的概念涉及的範圍非常廣。比如，關於有無的有：有名，無名；有欲，無欲（或曰常有，常無），見於第一章。另外單講有與無的見於第二、十一、四十章。（以下各章簡寫為阿拉伯數字）這些關於有無的概念討論的，多與道或萬物有關，體現了老子對整個世界的基本看法，即整個世界，從整體到具體，都包括有與無兩個方面。這兩個方面相依不離，所以說“有之以為利，無之以為用”。

關於一般之對立的概念有：彼，此（12，38，72）；正，反（78）；正，奇（57，58）；陽，陰（42）；雄，雌（28）；牡，牝（61）。這裏雄雌、牡牝可用於一切動物或生物，而彼此、正反、正奇、陽陰則可以用於一切事物。在這些代表對立雙方的概念中，正反或奇正最能代表老子的辯證法觀點。

關於剛柔的有：強，弱（3，36，78）；剛強，柔弱（36）；至堅，至柔（43）；強，柔（52）；堅強，柔弱；強大，柔弱（76）；剛，柔（78）。《老子》中有六章反復講到剛柔的問題，強調柔弱勝剛強的道理。柔弱勝剛強是老子的辯證法的一個基本命題，代表了老子哲學的價值取向，是老子哲學中最有特色的觀點之一。

關於價值判斷的有：美，惡（2，20）；善，不善（2）；榮，辱（28）；善，妖（58）；貴，賤（36）；寵，辱（13）；吉，凶（30）；福，禍（58）；大白，辱（41）。這是一些有較明顯價值色彩的對立概念，在這些概念中，老子的價值取向與一般或世俗的傾向有明顯不同。

其他有關人事的還有：難，易（2，63）；實，虛（3）；畏，不畏；昭昭，昏昏；察察，悶悶（20）；曲，全（22）；結，解；閉，開（27）；行，隨；嘘，吹；挫，隳（29）；知人，自知；勝人，自勝（33）；奪，與（36）；進，退（41，69）；戰，守（67）；主，客（69）；益，損（42，48）；得，亡，藏，亡（44）；巧，拙；辯，訥；熱，寒（45）；勇，慈；廣，儉（67）。這些對立的概念大多與人的行為或社會生活有關。老子用這些概念表達對立面的普遍的相依不離的聯繫，以及他本人與世俗不同的價值取向。

關於時間、空間和物理特性的有：前，後（2）；先，後（67）；左，右（30）；長，短（2）；上，下（14）；高，下（2，39，77）；重，輕（26）；大，細（63）；音，聲（2）；噭，昧（14）；白，黑

（28）；明，昧（41）；直，枉（22）；直，屈（45）；盈，窪（22）；
多，少（22）；盈，沖（45）；成，缺（45）；新，敝（22）；廢，興
（36）；躁，靜（26，45）；歙，張（36）；夷，類（41）。這些對立的
概念多是對客觀事物或現象的描述，但老子有時也會用來表達他的價
值取向。

上述成對的概念涉及了形而上學、宇宙自然、價值判斷、處事原
則等很多方面，討論的問題包括社會、人生、政治、戰爭等很多內
容，這說明老子的辯證觀念運用得相當廣泛和圓熟。不過，這僅是一
個方面的表現，老子不用形式上整齊對立的概念來表達辯證法思想的
情況也很多。

69.2　正反之間的價值取向

本章說“不敢為主而為客，不敢進寸而退尺”。在主、客之間選
擇客，在進、退之間選擇退，這和通常人的價值傾向明顯不同。在
《老子》中的八十多次使用的成對概念中，將近一半都表達了一種與
世俗不同或相反的價值取向（另一半主要是表達或論證對立面相依不
離的關係）。如果我們把通常的價值取向稱之為“正”，那麼老子的價
值取向就往往是“反”。

如第二十章，一般人取“昭昭”和“察察”，老子獨取“昏昏”
和“悶悶”；

第二十二章，一般人直接追求“全”、“直”、“盈”、“新”、“得”，
老子則傾向於“曲”、“枉”、“窪”、“敝”、“少”；

第二十八章，一般人重視“雄”、“白”、“榮”，老子則強調守
“雌”、守“黑”、守“辱”；

第三十三章，一般人重視“知人”、“勝人”，老子則更重視“自
知”、“自勝”；

第三十九章，一般人推崇“貴”與“高”，老子則強調“賤”與
“下”為基本；

第四十一章，一般人單單追求“明”、“進”、“夷（平）”、“大

白”，老子則強調不應忽視“昧”、“退”、“類（不平）”、“辱”；

第四十四章，一般人要“愛”要“藏”，老子則指出這會導致“費”與“亡”；

第四十五章，一般人喜歡“成”、“盈”、“直”、“巧”、“辯”，老子則強調“缺”、“沖”、“屈”、“拙”、“訥”的意義；

第四十八章，一般人追求“為學”之日“益”，老子追求日“損”之“為道”；

第六十一章，一般人相信“牡”以動勝“牝”，老子則說“牝”可以靜勝“牡”；

第六十三章，一般人重視“難”與“大”，老子則強調應從“易”與“細”入手；

第六十七章，一般人崇尚“勇”、“廣”、“先”，老子卻認為“慈”、“儉”、“後”更重要。

此外，在第三十六、四十三、五十二、七十六、七十八等章中，在“剛”與“柔”，“強”與“弱”對比時，老子總是推重和強調“柔”與“弱”的方面，如“柔弱勝剛強”（36），“天下之至柔，馳騁天下之至堅”（43），“守柔曰強”（52），“堅強者死之徒，柔弱者生之徒”（76），“弱之勝強，柔之勝剛”（78）。這種重柔弱的價值取向或方法性原則和一般世俗的傾向也是相反的。

以上大量例證充分說明老子的辯證觀念有一種非世俗、反常規的傾向，有突出的價值色彩。老子的辯證法雖然有對自然現象的觀察與概括，有對世界普遍規律的關懷，但重心或意向卻在於一種與世俗或常規不同的價值和方法，因此與一般的辯證法理論有鮮明不同。認識這一點，對於我們把握老子之辯證法的特點是有重要意義的。

69.3　辯證法或正反觀

我們知道，自然、無為、道，這些概念都是老子自己提出的，而作為老子哲學的重要組成部份的辯證法卻是我們從現代哲學中借用的概念。為了避免人們用特定的辯證法概念來理解和評價老子的辯證法，也為了更好地反映老子思想的特點，我們似乎可以嘗試用老子自己的術語來指代老子的辯證法。上面提到在《老子》中代表對立概念的最一般性名詞有"彼此"、"正反"、"正奇"、"陽陰"。陰陽的概念當然可以代表最一般的對立面，但陰陽的概念本來與物理現象關係密切，《老子》云"萬物負陰而抱陽"，《周易·繫辭上》也說"一陰一陽之謂道"，顯然均非側重於人事。陰與陽很有普遍性，但如果把老子的辯證法概括為陰陽觀卻不足以反映老子思想的特點，因為陰陽觀涉及中國古代各家各派的學說，尤其更能反映《周易》的辯證法的特點，所以我們不宜採用陰陽的概念來描述老子的辯證法。彼此的概念在《老子》中出現三次，都是重複"故去彼取此"，離開原文來看，彼與此的概念所指意含並不清楚，並不重要。"陰陽"、"彼此"都不適於用來代表老子的辯證法，剩下可以考慮的主要是"正反"和"奇正"。

《老子》書中使用的成對的或相反的概念非常多，但沒有其他概念比正與反或奇與正更為一般化。比如善與惡、有與無、柔弱與剛強也都不如正與反、奇與正更有普遍性。老子說過"正言若反"（第七十八章），也說過"玄德深矣，遠矣，與物反矣，然則乃至大順"。"順"相當於"正"（第六十五章）。正和反的概念很能代表老子關於事物對立雙方的相互關係的理論。上述大量例證都說明老子的辯證法有反對世俗與常規之"正"而注重與強調一般人所忽視之"反"的傾向，因此，我們可以考慮用"正反觀"來描述或代表老子哲學中的辯證法。老子還說過"正復為奇"，奇和正也能代表事物對立雙方的最一般的關係。似乎我們也可以用"奇正觀"來代表老子的辯證法。不過，老子所說之"奇"常有貶意（高亨 1957，120），"正言若反"之"反"則不但毫無貶意，反而有褒義，最適合代表老子之辯證法。

"正"代表一般人所認為的正常的、常規的情況和標準，"反"是與之相反的或超越的情況和標準。"奇"則可以是"正"以外的各種現象或方法，似乎不如"反"的意思明確。再者，《孫子兵法》講"奇"、"正"比老子還多，《孫臏兵法》更有以"奇正"作篇題者，所以用"奇"、"正"代表老子思想的特點不是最佳選擇。相比之下，"正"與"反"是比較能代表老子思想特點的術語。

　　總之，"正反觀"或許可以作為代表老子之辯證觀念的術語。"正"是一切常規的現象，也是世俗的價值、標準或方法，"反"是超越常規或看起來與常規相反的情況，是表面上與世俗觀念相反的價值、標準、觀點和方法。從表面上來說，老子的辯證觀念和價值取向有鮮明的反世俗的特點，就是說，一般世俗的眼光只注重"正"而貶低和排除"反"，老子卻特別能看到"反"的意義與價值。但是，老子絕不是從世俗的層面反對世俗的價值取向，而是從超越世俗價值觀的高度反對世俗的簡單的價值取向。所謂以反彰正，以反求正，就是要超出正反之對立，達到不同於世俗的"正"或曰包容了"反"的"正"。"不戰而善勝"，"柔弱勝剛強"，"無為而無不為"，"與物反矣，然則乃至大順"等等這些老子哲學特有的命題都不是簡單地反對世俗觀念，而是要越過世俗的價值對立，達到世俗的"以正求正"永遠達不到的超拔的層次。支持這種追求的是卓絕的遠見以及"輔萬物之自然"的"慈"心和責任感。

69.4　《老子》與《孫子兵法》

　　在本書析評引論 31.1 中我們討論了《老子》乃兵書的說法。如果說《老子》書中有類似於兵書的內容，本章可能是最典型的一章。本章劈頭就說"用兵有言曰"（帛書本），似乎是引用兵家之言。以下每一句都是關於用兵的，一直到最後一句"抗兵相若，而哀者勝矣"。《老子》講"不敢為主而為客"似乎也符合兵家必要時的後發制人的原則。但是，仔細推敲，本章不過是《老子》一貫思想在兵家之爭中的一種延伸或運用，未必真的是兵家之言，至少不是主流的兵家之言。

　　作為哲學著作，《老子》講的是一家之言，針對的是一種普遍的情況。但是兵家的一家之言卻必須同時考慮戰爭中的各種情況，以不同的策略應對不同的情況。比如《孫子兵法·謀攻》講到"用兵之法，十則圍之，五則攻之，倍則分之……”，必須針對不同情況選擇不同策略。又如〈火攻〉講到“凡火攻，必因五火之變而應之”。下面則依次講到“火發於內”，“火發兵靜者”，“火可發於外”，“火發上風”等各種情況。又如《孫臏兵法‧威王問》中分別討論“我強敵弱，我衆敵寡”，“敵衆我寡，敵強我弱”，“我出敵出，未知衆少”等不同情況下的策略。而《老子》絕沒有這種針對不同情況來討論用兵之道。

兵家其實都講究主動，如“攻其不備，出其不意”（《孫子兵法‧計篇》，《孫臏兵法‧威王問》），“先處戰地而待敵者”（《孫子兵法‧虛實》），“兵之情主速，乘人之不及，由不虞之道，攻其所不戒也”（《孫子兵法‧九地》）。而《老子》只講到“不敢為主而為客，不敢進寸而退尺”，完全不討論其他情況，實在不能構成兵法之作。

這裏說《老子》不是兵書，只是著眼於事實判斷和性質判斷，完全不涉及抬高或貶低《老子》的價值判斷。（關於《老子》與兵家的關係問題，以曹志成的研究較為全面平實，參見曹志成 2004。）

第 七 十 章

原文對照

河 70.1　吾言甚易知，甚易行。

傅 70.1　吾言甚易知，甚易行；

河 70.2　天下莫能知，莫能行。

傅 70.2　而人莫之能知，莫之能
　　　　行。

河 70.3　言有宗，事有君。

傅 70.3　言有宗，事有主。

河 70.4　夫惟無知，是以不我知。

傅 70.4　夫惟無知，是以不吾知
　　　　也。

河 70.5　知我者希，則我者貴。

傅 70.5　知我者稀，則我貴矣。

河 70.6　是以聖人被褐懷玉。

傅 70.6　是以聖人被褐而懷玉。

王 70.1　吾言甚易知，甚易行。

帛 70.1　吾言易知也，易行也；

王 70.2　天下莫能知，莫能行。

帛 70.2　而天下莫之能知也，莫
　　　　之能行也。

王 70.3　言有宗，事有君。

帛 70.3　夫言有宗，事有君。

王 70.4　夫唯無知，是以不我知。

帛 70.4　夫唯无知也，是以不我
　　　　知。

王 70.5　知我者希，則我者貴，

帛 70.5　知者希，則我貴矣。

王 70.6　是以聖人被褐懷玉。

帛 70.6　是以聖人被褐而懷玉。

對勘舉要

（1）本章沒有竹簡本內容，其餘各本都有一些文字不同。帛書甲乙本之間也有很多文字不同。河上本題為"知難"，似取意於"知我者希"，但與"吾言甚易知"不諧。

（2）"吾言甚易知，甚易行。天下莫能知，莫能行。"

　　此段河上本、王弼本同。"甚易知，甚易行"，帛書乙本作"易知也，易行也"，語氣比較平緩。帛書甲本作"甚易知也，甚易行也"，用兩個"甚"字，與傅奕本、通行本相同而與帛書乙本不同，在本書進行的各版本的全面比較中這是很少見的情況。

　　"天下莫能知"，傅奕本作"而人莫之能知"，與帛書甲本"而人莫之能知也"幾乎相同；但帛書乙本"人"作"天下"，與河上本、王弼本接近，但句式不同，作"而天下莫之能知也"。

　　總起來看，帛書甲本前兩句用"甚"，與通行本接近；後面作"人莫之能知"，與傅奕本接近。帛書乙本前兩句不用"甚"，與各本都不同；後面作"天下莫之能知"，與河上本、王弼本接近。這說明現有《老子》各個版本之間沒有簡單的線性的繼承關係，同時說明漢初《老子》之不同版本之間的歧異已經比較嚴重。

（3）"言有宗，事有君。夫唯無知，是以不我知。"

　　此節河上本、王弼本同。"言有宗，事有君"兩句帛書乙本基本相同，惟句前多一"夫"字。帛書甲本作"言有君，事有宗"，"宗"、"君"互換，或為抄寫之誤。"事有君"中的"君"，傅奕本作"主"。"不我知"，傅奕本作"不吾知"。

（4）"知我者希，則我者貴，是以聖人被褐懷玉。"

　　此節河上本、王弼本同。"則我者貴"，傅奕本、帛書甲乙本均無"者"，作"則我貴矣"。"則我者貴"意味著效法我的人很難得（陳鼓應1984，326）。雖然可以講通，但終嫌迂曲，知我者甚少，何言"效法"呢？考王弼古註及帛書本，此處"者"字當刪。樓宇烈說："觀王弼註文之義不當有'者'字。註文之義謂，知我者愈少，於是我就（愈）貴重了。下節註文說：'聖人之所以難知，以其同塵而不殊，懷玉而不渝，故難知而為貴也'，正申述此意。若有'者'字，則'則'字當作'效法'義解，則於上下文義不可通。"（樓宇烈 1980，178，注 8）樓說可從。

"被褐懷玉"，傅奕本、帛書甲乙本均作"被褐而懷玉"，有"而"為長。高明認為"而"字突出"懷玉"，不可省（高明 1996，176）。

本章帛書甲乙本多有不同，說明帛書甲乙本雖然有共同的祖本，但各有自己直接的底本。這也說明到漢初時，《老子》已經有多種流傳，流傳中不同支系相互影響，又產生多種歧變，這種過程到後代一直沒有完結，至今似乎仍在延續。古代每個版本的流傳路徑或在家族譜系（familytree）中的位置恐怕是永遠無法追蹤了。

析評引論

70.1　道家學說："易行"還是"難行"？

依本章之說，道家學說有難、易兩個方面，一方面"易知"、"易行"，另一方面"莫之能知"、"莫之能行"。為甚麼會有這兩方面？老子沒有討論。我們嘗試分析一下。

老子學說中的自然、無為、不敢為天下先等等似乎都是"易知"、"易行"的概念。你可以去"輔"萬物或他物之自然，而不要干預、干涉他們的生存，這不需要承擔很大的責任，不需要特殊的技術、能力，這應該不難作到，因此是"易行"。但是真正理解、重視、實踐自然、無為的人卻很少，要爭天下之先的人卻仍然很多，這是因為人們很容易隨同主流社會的價值和生活方式，並且希望得到主流社會的認同、接納，因此很難實行似乎與現實不協調的道家原則。

老子學說"易行"還因為它有人的本性的內在根據，每個人本性深層中都有希望自由、自然、不受拘束的欲望，"輔萬物之自然"正是發展這種人性本來欲望的主張，因此，一般人都有容易接受、願意接受道家思想的一面。但是，每個人又都有追求現實欲望和世俗利益的本能，這種本能引導人進入惡性競爭的循環中難以自拔。比如，人人都希望有自由，包括謀生和發達的自由，當一個人在運用這種自由時很可能陷入追逐名利的迷夢中而不能自拔，結果變成追逐和創造名利的機器，最終喪失了個人的自由。當人們希望寬鬆、自由時，會很容易理解、接受道家思想，但是當他們陷入主流社會的名利場中而苦鬥、而自得、而徬徨時，他們就很難理解道家的自然、無為的原則。

在當代社會，老子的確有很受歡迎的一面，《老子》的各種註釋、各種文字的翻譯每年層出不窮就是明證。老子思想又很難實行，實際上沒有多少人真正懂得道家精髓並願意實踐道家智慧。這裏首先需要了解的是道家思想與現代社會的關係。道家思想並不必然與現實社會相衝突。道家從來沒有主張推翻現實的社會，不主張全面否定主流的價值，而是要糾正主流社會的偏向、短視，讓更多人生活在更好的社會狀態中。因此，實行道家的原則不是要與現實對抗，而是要改良社會現實，改善大家的生活狀態，提高人的精神境界。道家思想類似於潤滑劑，可以與主流社會的各個方面相協調。道家思想有如剎車裝置，防止社會在習慣的軌道上出現重大災難。明白了這一點，每個人都可以嘗試理解道的意義以及自然、無為的真諦，從而尋找更高的生活目標和新的生活態度，讓自己、讓周圍的人有更好的生活環境。

70.2 "被褐懷玉"：儒道之異

本章最後講到聖人"被褐而懷玉"。由於原文言簡意賅，留下很大的推測、理解、發揮的空間，不同人會從不同的角度理解這句話。

蔣錫昌說："本章言俗君既不知聖人，故聖人亦不求人知。此老子自嘆其道之不行也。"（蔣錫昌 1937，423）按此說，老子似不滿於"被褐懷玉"，此說欠妥。如果聖人"不求人知"，何必感嘆"其道不行"呢？古棣則說："這一章表現了老子因其學說遭到冷遇而形成的內心世界的孤獨和痛苦。"（古棣 1991A，622）蔣、古兩種說法都不合本章全文和老子全文之意。從本章"知者希，則我貴矣"（帛書本）來看，老子並非對"被褐懷玉"的狀況不滿。從第四十一章來看，老子明知"弗大笑，不足以為道矣"（帛書本），所以不會認為"被褐懷玉"是不正常的情況。相反，在老子看來，那些自以為春風得意的人是完全不懂得"上德如谷，大白如辱"的道理，不懂得"知其雄，守其雌"的道理。

《孔子家語》有云："子路問於孔子曰：'有人在此，被褐而懷玉，何如？'子曰：'國無道，隱之可也；國有道，則袞冕而執玉。'"（《孔子家語·三恕篇》）無論此處所記是不是孔子本人的言論，其立場代表了儒家對老子"被褐懷玉"的態度則是顯而易見的。從儒家的角度來看，如果昏君當道，儒者不能施展自己的政治抱負，那麼可以隱居，也就是"被褐而懷玉"；但是，如果國家得明君而有道，則儒者必定可以"袞冕而執玉"。這裏的儒家立場有兩點與道家立場不合。第一，老子將"被褐懷玉"看作道家聖人的常態，而不是不得意時的權宜之行。第二，從道家立場來看，"國有道，則袞冕而執玉"是過份簡單、樂觀的願望。"國有道"和"國無道"在極端的情況下很容易區別，但在一般情況下，"有道"、"無道"的情況往往並存，難以判斷。同時，昇平之世也不一定每個儒家"君子"都可以"袞冕而執玉"，反過來更不能以自己是否受到重用而判定是不是"國有道"。

以上各說都是從儒家或世俗的人生觀、價值觀出發，將"被褐懷玉"看作是不得已的、負面的狀態。這說明在世俗名利、得失進退的思想框架中很難理解道家思想。究竟應該如何理解老子的"被褐而懷玉"呢？王弼註曰："被褐者，同其塵，懷玉者，寶其真也。聖人所以難知，以其同塵而不殊，懷玉而不渝，故難知而為貴也。"（樓宇烈 1980，176）高明則說："'被褐'謂衣著粗陋，與俗人無別。'裏（懷）玉'謂身藏其寶，又與衆異。即所謂和光而不污其體，同塵而不渝其真，形穢而質真。非有志之士而不得識，故而為貴。"（高明 1996，177）王、高二說基本上符合道家立場。以道家角度觀察，"被

褐懷玉”恰恰是聖人的常態，是“太上，下知有之”而已，是“不敢
為天下先”的表現，是“廣德如不足”的外在形象。總之，這正是道
家聖人之超拔、卓越之處。

第 七 十 一 章

原文對照

河 71.1　知不知上，不知知病。

河 71.2　夫唯病病，是以不病。

河 71.3　聖人不病，

河 71.4　以其病病，是以不病。

傅 71.1　知不知，尚矣。不知知，病矣。

傅 71.2　夫惟病病，是以不病。

傅 71.3　聖人之不病，

傅 71.4　以其病病，是以不吾病。

王 71.1　知不知，上；不知知，病。

王 71.2　夫唯病病，是以不病。

王 71.3　聖人不病，

王 71.4　以其病病，是以不病。

帛 71.1　知不知，尚矣；不知知，病矣。

帛 71.2　是以聖人之不病也，

帛 71.3　以其病病也，是以不病。

對勘舉要

（1）這是非常短小的一章。通行本似有衍文，與帛書本相差較大，傅奕本則介於二者之間。帛書本的語言風格比較直接而明確。河上本題為“知病”，得其旨哉。

（2）“知不知，上；不知知，病。”

此為河上本、王弼本。傅奕本和帛書本“上”作“尚”，句末都用“矣”字，全句為“知不知，尚矣。不知知，病矣”，判斷的語氣更明確。“不知知”一句，帛書甲本作“不知不知”，衍一“不”字，是抄者誤加了一個重文號所致（高明1996，177）。

（3）“夫唯病病，是以不病。”

這兩句河上本、王弼本皆同，傅奕本僅有虛字不同。然帛書甲乙本皆無，景龍碑本、多種敦煌本都沒有這兩句（程南洲1985，191；高明1996，178）。其文句與內容與下文最後兩句“以其病病，是以不病”明顯重複，應作衍文刪去。

（4）“聖人不病，以其病病，是以不病。”

此三句王弼本、河上本同。傅奕本第一句多一“之”字，義明；末句衍“吾”字，當刪。帛書乙本作“是以聖人之不病也，以其病病也，是以不病”。句意更明確；甲本略殘，大體相同。

朱謙之也說：“諸本文贅，既云‘夫唯病病，是以不病’，又云‘以其病病，是以不病’。傅（奕）、范（應元）本更贅，絕非《老子》古本之舊。遂州本無‘夫唯病病，是以不病’二句。”（朱謙之1984，283）驗之於帛書本，朱說正確。

俞樾云：“按上文已言‘夫唯病病，是以不病’，此又言‘以其病病，是以不病’，則文複矣。《韓非子·喻老篇》作‘聖人之不病也，以其不病，是以無病’，當從之。蓋上言‘病病’，故‘不病’；此言‘不病’，故‘無病’。兩意相承。‘不病’者，不以為病也。韓非所謂

'越王之霸也，不病宦；武王之王也，不病罟'是也。無病則莫之能病矣，此越王所以霸，武王所以王也。"（俞樾1934，159）俞樾看到上節"夫唯病病，是以不病"與本節兩句重複不當，是正確的，但是主張以《韓非子·喻老》之文替代本節文字則不當。根據帛書本，上節兩句應刪，本節不應按《韓非子》修改。

關於"病病"，朱謙之說："《廣雅·釋詁三》：'病，難也。'《論語》'堯、舜其猶病諸'，孔註：'猶難也。''聖人不病，以其病病，是以不病'，與第六十三章'是以聖人猶難之，故終無難'義同。第六十三章以事言，此則以知言。《莊子·讓王》'學而不能行謂之病'，亦以知言，即此章'病'之本義。"（朱謙之1984，283）高明說："'病病'乃是動賓結構之短語，引申為'懼怕困憂'。經文所言：聖人其所以沒有困憂，因他害怕困憂，故而才避免了困憂。"（高明1996，180）高說恐不確。愚意以為"病病"之第一個"病"字是意動詞，即"以之為……"之意，"病病"即以病為病，即承認缺陷，正視不足之意。

析評引論

71.1　"知不知"：儒道異同

本章說"知不知，上"相當簡短，沒有說話的背景和對象，因此不容易揭示其確切意含。如果我們把它當作一般性的格言，其所讚揚的內容可能就相當廣泛和普遍。就筆者推敲，其內容可能包括三層意義：一是讚賞那種承認自己有所不知的坦然態度，二是欣賞那種了解自己的認知局限的理智水準，三是提倡那種承認人類認知局限的清醒的理性精神。這與老子承認對於"道""不知其誰之子也"，"不知其名"的態度完全一致。"聖人不病，以其病病，是以不病"則說明應該知道自己的局限和不足，包括知道自己之所不知。知道自己的缺點和問題所在，才能避免缺點和問題的不利後果，才能"不病"。

　　老子的說法似乎和孔子的一段話相似。子曰："由！誨女知之乎！知之為知之，不知為不知，是知也。"（《論語·為政》）孔子也強調要老實承認自己有所不知，這是聰明的或明智的態度。似乎孔子和老子都推崇謙虛的態度和精神。再推廣一些，如果說老子和孔子都主張謙和與謙讓，似乎大家也不會反對。

　　然而，儒家的主要出發點是如何作一個君子，即有道德的人。因此"知不知"是一種作人的態度和原則，與道德品質、個人修養密切相關。所以即使內心非常自信、自傲的人，如果他有修養，其言談舉止可能還是非常謙和的。對於一般人來說，這已經近乎完美的人格。對於道家來說，這並非最高境界，因為這樣的君子仍不能將自己放到整個宇宙中去，因此難免對自己的估價太高。儒家人物往往有過高的道德自許，甚至是道德的傲慢，睥睨群倫，這時他就會以道德狂人的形象出現；如果勉強取謙和的外表，則會給人虛偽的印象。

　　但是，老子的"知不知"則不是作為道德原則出現的，不限於"作人"的要求，而是與老子對人、對萬物乃至對宇宙和宇宙之道的根本性觀察和關切直接相聯繫。因此，老子的聖人，從內心到外表，從認識論到人生論，都不會有過高的自許、自信或自期。因此，"謙虛"二字用於老子似乎並不恰當。老子的謙退、守柔、被褐懷玉、不敢為天下先都是本然的、本體的，是出於對整個宇宙、世界的根本性認識，而不是從如何作人、如何修養出發的。同樣的理由，所謂"韜光養晦"用於老子或道家哲學也是不恰當的，因為韜光養晦只是當事人在特殊情況下的一種選擇和決定，並非出自本然的、本體的自然流露。

第 七 十 二 章

原文對照

河 72.1　民不畏威，（則）大威至　　　傅 72.1　民不畏威，則大威至矣。
　　　　　矣。

河 72.2　無狹其所居，　　　　　　　　傅 72.2　無狎其所居，

河 72.3　無厭其所生。　　　　　　　　傅 72.3　無厭其所生。

河 72.4　夫惟不厭，是以不厭。　　　　傅 72.4　夫惟無厭，是以無厭。

河 72.5　是以聖人自知不自見，　　　　傅 72.5　是以聖人自知而不自見，

河 72.6　自愛不自貴，　　　　　　　　傅 72.6　自愛而不自貴。

河 72.7　故去彼取此。　　　　　　　　傅 72.7　故去彼取此。

王 72.1　民不畏威，則大威至，　　　　帛 72.1　民之不畏威，則大威將
　　　　　　　　　　　　　　　　　　　　　　　至矣。

王 72.2　無狎其所居，　　　　　　　　帛 72.2　毋狎其所居，

王 72.3　無厭其所生。　　　　　　　　帛 72.3　毋厭其所生。

王 72.4　夫唯不厭，是以不厭。　　　　帛 72.4　夫惟弗厭，是以不厭。

王 72.5　是以聖人自知，不自見；　　　帛 72.5　是以聖人自知而不自見
　　　　　　　　　　　　　　　　　　　　　　　也，

王 72.6　自愛，不自貴。　　　　　　　帛 72.6　自愛而不自貴也。

王 72.7　故去彼取此。　　　　　　　　帛 72.7　故去彼而取此。

對勘舉要

(1) 本章傳世本基本相同，帛書甲乙本也大體相同，帛書本比兩個通行本保留虛詞較多，句意較完整。帛書甲本"毋狎其所居"前有分章的圓點，章末也有一圓點。可見目前的分章可能與古代分章不完全一樣。河上本題為"愛己"，似取義於"自愛不自貴"，但易生誤解。

(2) "民不畏威，則大威至。"

此為王弼本。河上、傅奕、帛書諸本句末有"矣"。帛書本作"民之不畏威，則大威將至矣"。"民"後多"之"，"至"前多"將"，前後句的條件因果關係更為明顯。高明說："今本雖句型多異，但皆無'將'字。按'威'與'大威'，等級之別。言民不畏威，則大威將要臨至。從經義分析，原文當有'將'字為是。王弼註云：……'天誅將至'即經文'大威將至'。可見王本原亦有'將'字，當從帛書為是。"（高明 1996，181）

此節講"民之不畏威，則大威將至矣"。似乎是在上位的對"民"的警告與恐嚇。但是這樣理解，與下文"毋狎其所居"警告在位者不要壓迫百姓相牴牾。高亨看到這一矛盾，其解決矛盾的辦法是將"大威將至"的"至"解釋為"止"。高說："至者，礙止之義，言民不畏威，則君之威權礙止而不能通行也。正所以為人君用威者警。下文云：'無狹其所居，無厭其所生。'即明告以勿用威權矣。《說文》：'𦤵，鳥飛从高下至地也。从一，一猶地也。象形。'金文及甲骨文至作𝙸，从矢至於一，矢到則止，是至原有止義，其證一也。《說文》又曰：'室屋皆从至，至所止也。'臺亦从至。是至原有止義，其證二也。《荀子·禮論篇》：'社止於諸侯。'《史記·禮書》作：'社至於諸侯。'是至、止同義，其證三也。"（高亨 1957，141）高亨之說可成一家之言。

另一種解釋方法是將"大威"之"威"理解為可畏之事。蔣錫昌說："《左傳·襄公三十一年傳》'有威而可畏謂之威。'此'威'即可畏之事，如貴貨，多欲，尚智，好兵等皆是也。'大威'指禍亂而言。'民不畏威，則大威至'，言人君不畏可畏之事，則禍亂將至也。"（蔣錫昌1937，426）蔣說也可成一家之言。

高、蔣二說的出發點都是將此節兩句與下文當作連貫的一章來解釋，希望避免思想內容的衝突。然而帛書甲本下句"毋狎其所居"前有分章的圓點，這似乎就提供了另一種可能性，即古本這裏和下文原來不屬一章。但是，如果這兩句不屬此章，是否可以屬上一章呢？是否可以獨立成章呢？仍然殊為費解。對此類問題，我們一方面可以尋求一種解決之道，另一方面應該持一種"知不知"的態度，即承認古書年代久遠，無從查對，我們的解釋難免有暫時的、推測的成份，避免作絕對自信的斷言。

(3)"無狎其所居，無厭其所生。夫唯不厭，是以不厭。"

此段各本之間大同小異。"無狎"、"無厭"中的兩個"無"，帛書甲乙本皆作"毋"。後兩句的兩個"不厭"中的"不"，傅奕本皆作"無"，帛書乙本則兼用"弗"與"不"，作"夫唯弗厭，是以不厭"，保留了古代"弗"與"不"有所分工的時代特點（甲本有殘，似與乙本同）。

"無狎其所居"的"狎"，帛書甲本原作"闌"，乙本原作"伊"，整理者皆讀為"狎"，同王弼本和傅奕本；高明皆讀為"狹"，同河上本。朱謙之說："傅（奕）、范（應元）本作'狎'，作'狹'是也。《道藏·宋張太守彙刻四家註》引王弼註：'無狹其所居，無厭其所生，言威力不可任也。'又'自愛不自貴'句，引王註：'自貴則物狹厭居生。'疑王本亦作'狹'。又畢沅疑《說文解字》無'狹'字。奚侗曰：'"狹"即《說文》"陜"字，隘也。隘有迫誼。"厭"，《說文》："笮也。"此言治天下者無狹迫人民之居處，使不得安舒；無厭笮人民之生活，使不能順適。'"（朱謙之1984，285）高明說："（帛書本）與今本勘校，甲本首句'闌'字，乙本作'伊'，王本作'狎'，均當從羅卷與景龍碑等假為'狹'。"（高明1996，182）

本節"夫唯弗厭，是以不厭"中的兩個"厭"字雖字形相同，卻不是同一個字。高亨說"上厭字即上文'無厭其所生'之厭。下厭字乃第六十六章'天下樂推而不厭'之厭。言夫唯君不厭迫其民，是以民不厭惡其君也"（高亨1957，142）。朱謙之論證甚詳："上'厭'字與下'厭'字，今字形雖同，而音義尚異。上'厭'，壓也；下'厭'，惡也。蓋'厭'字四聲轉用，最為分明（參照顧炎武《唐韻正·二十九葉》）。'夫唯不厭'，'厭'，益涉切，則入聲也。'是以不厭'，'厭'，於艷切，則去聲也。……《說文》：'厭，笮也，從厂，猒聲。'徐曰：'笮，鎮也，壓也。'《左傳》昭公二十六年：'將以厭衆。'《後漢·杜鄴傳》：'折衝厭難。'……此云'夫唯不厭'，即'夫唯不壓'也。下一'厭'字，於艷切，當如《論語》'學而不厭'之'厭'，《周禮·大司徒》註疏'有嫌厭'之'厭'，《淮南·主術篇》'是以君臣彌久而不相猒'之'厭'。'是以不厭'，即'是以不惡'也。夫唯為上者無壓笮之政，是以人民亦不厭惡之也。"（朱謙之1984，285—286）

(4)"是以聖人自知不自見；自愛不自貴，故去彼取此。"

此節為王弼本、河上本。傅奕本、帛書本句中多用"而"字，如"自愛而不自貴，故去彼而取此"；帛書本句末多用"也"字。如"是以聖人自知而不自見也，自愛而不自貴也"。此節帛書本用虛詞較多，句式較自由、舒緩，通行本刪去很多虛詞，句式較簡潔，整齊，反映了古本與今本不同之常例。

析評引論

72.1 獨立尊嚴與自我約束

有人誤以為道家只強調個體自在逍遙，不講自我約束，這當然是不對的。本章說"聖人自知而不自見也，自愛而不自貴也"就清楚地說明老子一方面強調個體之尊嚴與自主，另一方面也強調對個體自我的規約。"自知"、"自愛"是強調主體性與個人尊嚴的一面;"不自見"、"不自貴"則是強調個人自我修養、自我約束的一面。只有把這兩方面結合起來,整體的自然的秩序才能實現,才能有保障。老子一方面強調"自化"、"自正"、"自富"、"自樸",要求保障個體的獨立性和自主性;另一方面又強調"不自生"、"不自見"、"不自伐"、"不自貴"、"不自為大",要求限制個體的極度膨脹。這裏集中介紹的是直接講到"自己"的術語,其實,老子的"無為"也包括了對個體的欲望、權利、行為的限制,即内向的無為(參見析評引論 68.1)。

類似的思想也見於第七章:"天地所以能長且久者,以其不自生,故能長生。是以聖人後其身而身先,外其身而身存。非以其無私邪?故能成其私。"這裏的"不自生"、"後其身"、"外其身"、"無私"都是對個體行為的一種限制。老子認為只有對個體的行為主動地加以限制,才能真正實現個體的最好發展,這與老子以反求正的辯證觀念相一致。第二十二章也說:"不自見,故明;不自是,故彰;不自伐,故有功;不自矜,故長。夫唯不爭,故天下莫能與之爭。"這都是防止個人意志欲望膨脹的一種限制。第二十四章則說:"自見者不明,自是者不彰,自伐者無功,自矜者不長。"揭示自我膨脹的害處,還是為了強調自我約束的必要性。第三十三章說:"知人者智,自知者明。勝人者有力,自勝者強。"強調自知、自勝,這是關於自我健康發展的金玉良言。

老子是中國最早的辯證法專家,他可以同時考慮到問題的正反兩個方面。考慮到這樣兩個方面不僅著眼於個體的長遠利益,而且是實現整體之自然和諧的必要條件。在析評引論 64.5 中,我們講到老子的自然涉及了個體、群體與總體三個層次。老子所強調的整體的自然的秩序與和諧既是對個體的保護,也是對個體的一種限制。說它是保護,因為只有在自然的秩序下,個體才有發展的自由和空間;在強制的秩序中,個體的活力會受到很大束縛。然而,自然的秩序對個體來說也是一種限制,因為要維持自然的和諧,就不允許整體中的某些個體無限制地膨脹,從而影響其他個體的生存和發展。

第 七 十 三 章

原文對照

河 73.1　勇於敢則殺，

河 73.2　勇於不敢則活。

河 73.3　此兩者，或利或害。

河 73.4　天之所惡，孰知其故？

河 73.5　是以聖人猶難之。

河 73.6　天之道，不爭而善勝，

河 73.7　不言而善應，

河 73.8　不召而自來，

河 73.9　繟然而善謀。

河 73.10　天網恢恢，疎而不失。

王 73.1　勇於敢則殺，

王 73.2　勇於不敢則活。

王 73.3　此兩者，或利或害。

王 73.4　天之所惡，孰知其故？

王 73.5　是以聖人猶難之。

王 73.6　天之道，不爭而善勝，

王 73.7　不言而善應，

王 73.8　不召而自來，

王 73.9　繟然而善謀。

王 73.10　天網恢恢，疏而不
　　　　　失。

傅 73.1　勇於敢則殺，

傅 73.2　勇於不敢則活。

傅 73.3　此兩者或利或害。

傅 73.4　天之所惡，孰知其故？

傅 73.5　是以聖人猶難之。

傅 73.6　天之道，不爭而善勝，

傅 73.7　不言而善應，

傅 73.8　不召而自來，

傅 73.9　默然而善謀。

傅 73.10　天網恢恢，疏而不失。

帛 73.1　勇於敢則殺，

帛 73.2　勇於不敢則活。

帛 73.3　□兩者或利或害。

帛 73.4　天之所惡，孰知其故？

帛 73.5　天之道，不戰而善勝，

帛 73.6　不言而善應，

帛 73.7　弗召而自來，

帛 73.8　坦而善謀。

帛 73.9　天網袿袿，疏而不失。

對勘舉要

（1）本章傳世本比帛書本多一句，似衍文。其餘部份大體相同。帛書甲乙本之間也沒有重要區別。甲本在第一句之前有代表分章的圓點，章末殘。河上本題為"任為"，意義晦澀。

（2）"勇於敢則殺，勇於不敢則活。此兩者或利或害。天之所惡，孰知其故？"

　　此段河上、王弼、傅奕諸本相同。帛書甲本殘缺較多，乙本僅在"兩者"之前殘一字，據傳世本當為"此"字。"勇於敢則殺，勇於不敢則活"兩句，甲本作"勇於敢者（則殺，勇）於不敢者則活"。多兩個"者"字，語法較完整。

（3）"是以聖人猶難之。"

　　此句河上、王弼、傅奕諸本相同，惟帛書甲乙本皆沒有此句。

　　奚侗認為這一句"誼與上下文不屬，蓋六十三章文複出於此。"（奚侗1925，下26B）馬敍倫也說："'是以'一句乃六十三章錯簡複出者，《易州》本無此句，可證也。"（馬敍倫1957，187）倫敦所藏兩種敦煌殘本亦無此句（程南洲1985，193），嚴遵本等古本亦無此句，參照帛書本，當知古本無此句。從內容看，這一句與上下文沒有關係，去掉後則文通意順。

（4）"天之道，不爭而善勝，不言而善應，不召而自來，繟然而善謀。"

　　此段前四句王弼、河上、傅奕諸本相同。"不爭而善勝"，帛書甲本殘，乙本作"不戰而善勝"。"不召而自來"一句，帛書乙本"不"作"弗"，帛書甲本作"不"。此節歧異較多的是"繟然而善謀"一句中的"繟然"，傅奕本作"默然"，帛書甲本作"彈"，乙本作"單"，整理者皆讀為"坦"；嚴遵本作"坦然"，敦煌本多作"不言"。

　　勞健說："坦然而善謀"，六朝寫本如此。"坦然"，兩唐寫本作

"不言"，傅、范作"默然"，開元與諸王本作"繟然"。《釋文》云，梁王尚、鍾會、孫登、張嗣作"坦"，河上作"墠"，"墠"，寬也。按《論語》鄭注：坦蕩蕩，寬廣貌。"墠"訓寬是假作"坦"。"繟"字蓋又從"墠"字傳寫演變，故今河上本亦作"繟"。《廣雅》："繟"，緩也，詞固可通，然與下文"恢恢"義不相應。作"不言"則涉上句"不言善應"之誤。"默然"又似從不言改作。皆非也。（勞健1941，下44B）據此，各本本來都應作"坦然而善謀。"高明說，帛書甲乙本之"彈"、"單"，均當假為"坦"，作"坦然而善謀"（高明1996，186）。

(5)"天網恢恢，疏而不失。"

這兩句各本用字有所不同。"天網恢恢"，王弼、河上、傅奕諸本相同，"恢"字帛書甲本殘，乙本作"絯"，整理者曰，蓋讀為"絚"，《說文》："絚，大也"，與"恢"音義皆同（國家文獻1980，94，注35）。高明讀為"恢"（高明1996，185—186）。王弼本"疏而不失"的"疏"，帛書甲本殘，乙本同；河上本、傅奕本用字不同，意義無別。

析評引論

73.1　何以"勇於不敢"?

本章有以"勇於敢"和"勇於不敢"相對照的說法。然而"勇於不敢"的句法似乎有些奇怪。"勇"即勇敢，孔子說"勇者不懼"（《論語·子罕》），要"勇敢"或"無所畏懼"地"不敢"作何？豈非自相矛盾？論者多以"剛強"解"勇於敢"，以"柔弱"解"勇於不敢"，這樣，在老子的思想體系中，似乎矛盾全消。王淮說："勇於敢，即好強與好勝之意。老子在主觀的修養方面是以'柔弱'為貴；在客觀的應世方面則是以'剛強'為戒。所謂：'勇於敢則殺'，即本經四十二章'強梁者不得其死'之意。'勇於不敢則活'，即本經二十二章‘曲則全，枉則直’之意。茲不復贅。”（王淮 1972，274）按王淮的說法，“勇於不敢”就是守柔而戒剛強，其中涉及正反相依、互轉的辯證觀念，是符合老子一貫思想的。然而，僅用“柔弱”之道來解釋“勇於不敢”就忽略了實行“柔弱”之道所需要的勇氣。老子推崇“勇於不敢”的精神，而“不敢”就是“無為”的一種具體表現。“勇於不敢”的倡導就說明實行“無為”之道是需要足夠勇氣的，這是一般研究老子思想還沒有注意到的。

　　“無為”、“不敢”需要很高的勇氣，因為需要抵禦世俗潮流。在世俗生活中辨別是非相當困難，因此社會潮流往往不在正確的一方，這時堅持一個“不”字也絕非簡單之事。本章說：“（勇於敢和勇於不敢）此兩者或利或害。天之所惡，孰知其故？”這說明在實際生活中善惡是非並非涇渭分明。老子相信“天道無親，常與善人”。但“常”不是沒有例外的絕對，所以人世間沒有簡單、直接的善惡相報，所以是非、善惡的界限就沒有那麼簡單分明。正如蘇轍所說：“勇於敢則死，勇於不敢則生，此物理之常也。然而敢者或以得生，不敢者或以得死，世遂僥倖其或然而忽其常理。夫天道之遠，其有一或然者，孰知其好惡之所從來哉。”（蘇轍 1100，四 16A）蘇轍以“或然”與“常理”來解釋老子思想是頗得老子之旨的。老子相信常理，但是承認或然，所以老子沒有絕對化的、教主式的佈道或訓誡，他要讀者自己去領會、判斷。

　　關於辨別是非、善惡之困難，王淮說：“世俗淺薄之見，每以‘勇於敢’為有利，‘勇於不敢’為有害，故多好剛強而惡柔弱。以道觀之，其實不然。柔弱之勝剛強，其理深微。天道惡剛強而貴柔弱，非智慧明達固不足以知之，故曰：‘天之所惡，孰知其故’。”（王淮 1972，274—275）王說大體精當。但說“天道惡剛強而貴柔弱”則有擬人化或有神論的色彩，易生誤解。老子相信“天之道損有餘而益不足，人之道損不足而奉有餘”。因此一味“勇於敢”，追求“有餘”則違背天道，必將受到減損，而“勇於不敢”則是堅持在“不足”的一方，從而可以避免天道變化帶來的不幸，也就是本章所說的“殺”或世俗語言所說的"懲罰"。

　　自然之道、無為的原則、柔弱的態度，這些都與"天之道"相合，所以老子對自己的學說有足夠的信心。但是，這些信念和做法有時會與"人之道"相背，所以堅持這些道家原則和方法需要特殊的智慧和勇氣。中國曾經經歷過許許多多的政治大批判，多少文化英才、知識泰斗都自覺地或違心地、無情地批判過、鬥爭過、摧殘過自己的師友、親人、同行，在良心上和歷史上留下抹不掉的污點，這說明在社會風行的潮流中堅持"自然"、"無為"、"柔弱"的原則多麼不易。這也就是"勇於不敢"所需要的非同尋常的智慧和勇氣。

第 七 十 四 章

原文對照

河 74.1　民不畏死，

河 74.2　奈何以死懼之？

河 74.3　若使民常畏死，而為奇
　　　　者，

河 74.4　吾得執而殺之，孰敢？

河 74.5　常有司殺者。

河 74.6　夫代司殺者，

河 74.7　是謂代大匠斲。

河 74.8　夫代大匠斲者，

河 74.9　希有不傷手矣。

王 74.1　民不畏死，

王 74.2　奈何以死懼之！

王 74.3　若使民常畏死，而為奇
　　　　者，

王 74.4　吾得執而殺之，孰敢？

王 74.5　常有司殺者殺，

王 74.6　夫代司殺者殺，

王 74.7　是謂代大匠斲。

王 74.8　夫代大匠斲者，

王 74.9　希有不傷其手矣。

傅 74.1　民常不畏死，

傅 74.2　如之何其以死懼之？

傅 74.3　若使民常畏死，而為奇
　　　　者，

傅 74.4　吾得而殺之，孰敢也！

傅 74.5　常有司殺者殺，

傅 74.6　而代司殺者殺，

傅 74.7　是代大匠斲。

傅 74.8　夫代大匠斲者，

傅 74.9　稀不自傷其手矣。

帛 74.1　若民恆且不畏死，

帛 74.2　若何以殺懼之也？

帛 74.3　使民恆且畏死，而為奇
　　　　者，

帛 74.4　吾得而殺之，夫孰敢矣！

帛 74.5　若民恆且必畏死，則恆
　　　　有司殺者。

帛 74.6　夫代司殺者殺，

帛 74.7　是代大匠斲。

帛 74.8　夫代大匠斲，

帛 74.9　則希不傷其手。

對勘舉要

（1）本章各本之間，帛書本與傳世本之間，以及帛書甲乙本之間都有一些文字的不同，但思想內容沒有重要不同。多數文字差別屬於修辭或風格的不同。河上本題為"制惑"，較費解。

（2）"民不畏死，奈何以死懼之。"

此為王弼本、河上本。"民不畏死"一句，傅奕本作"民常不畏死"，"民"後多一"常"字；帛書甲本殘，乙本作"若民恆且畏不畏死"，前一個"畏"字顯然誤衍，當刪，則帛書本當作"若民恆且不畏死"。"奈何以死懼之"中的"奈何"，傅奕本作"如之何其"，帛書甲本作"奈何"，乙本作"若何"。"以死懼之"，帛書甲乙本俱作"以殺懼之也"。

易順鼎曾論證"民不畏死"的"民"之後當有"常"字。他說："畢氏《考異》：傅奕本作'民常不畏死'。按下云'若使民常畏死'，則此亦當有'常'字矣。《容齋續筆》卷五、卷十兩引皆有'常'字。"（易順鼎1884，下15B）高明根據帛書本有"恆"字贊同易順鼎之說，並認為句前當有"若"字。高氏並云："從經義分析，'民'前當有'若'字，尚可構成前後一致之疑問句型。"（高明1996，188）古棣反對從帛書本，並云："從《老子》詩格律看不應有'常'字或'恆'字……也不應有'若'字。"（古棣1991A，471）筆者認為如果以了解古本真貌為主要目標，就應該盡可能依從帛書本。但是如果以文義通順、韻律和諧、有益現實，則另當別論（詳見本章析評引論74.2）。

（3）"若使民常畏死，而為奇者，吾得執而殺之，孰敢？"

此為河上本、王弼本。"若使民常畏死"，傅奕本同，帛書乙本作"使民恆且畏死"，甲本作"若民恆是死"，"恆是"下脫"畏"字。"而為奇者"一句，帛書甲本前有"則"字，下脫"奇"字。"吾得執而殺之"一句，傅奕本、帛書甲乙本俱無"執"字。高明云："得"字本有執、捕之誼，《史記·秦本紀》"吏逐得，欲法之"之"得"字，與"吾得而殺之"之"得"字誼同，皆可訓"執"或"捕"。不僅於此，"得"字與"執"古之聲韻皆通，又可假用。從而可見，此文當從帛書甲、乙本作"吾得而殺之"為是。"執"字顯為後世註文，當據帛書甲、乙本將其刪去（高明1996，189）。

"孰敢"一句，傅奕本作"孰敢也"，帛書甲乙本作"夫孰敢矣"，句前用"夫"，句末有"矣"。一般說來，帛書本使用虛詞較多，通行本多數刪去，多數情況下沒有改變文義，只是風格、品味的不同。

（4）"常有司殺者殺，夫代司殺者殺，是謂代大匠斲。"

此為王弼本。帛書甲乙本和眾本的最大差異是此節前面有一句"若民恆且必畏死"，從上下文來看，有此句文義較完整。"常有司殺者殺"一句，傅奕本同，河上本、帛書本沒有最末的"殺"字；帛書甲乙本皆作"則恆有司殺者"，多一"則"字。"是謂代大匠斲"一句，傅奕本無"謂"字，帛書甲乙本同之，但甲本句末用"也"字。

高明認為以上全文當如帛書本作："若民恆且不畏死，奈何以殺懼之也？若民恆且畏死，而為奇者吾得而殺之，夫孰敢矣。若民恆且必畏死，則恆有司殺者。"（高明1996，191）這裏三句都有"畏死"的說法。高明說："'不畏死'與'畏死'之'畏'字，皆可訓'懼'，即所謂不懼怕死和懼怕死。民'不畏死'，指官府刑罰酷苛而民不聊生，因生不若死，所以死而不懼，故曰'奈何以殺懼之'。民'畏死'，指教民以道，安居樂生，倘有詭異亂群者，以法執而殺之，故謂'夫孰敢矣'。但是，'必畏死'之'畏'字與前兩個'畏'字意義不同，乃謂犯罪當死之義。如《禮記·檀弓》：'死而不弔者三：畏、厭、溺。'杜佑《通典》卷八十三自註引王肅說：'犯法獄死謂之"畏"。'即本文'必畏死''畏'字本義。'若民恆且必畏死，則恆有司殺者'，謂民有犯罪以律必死者，則常由有司治之。甲、乙本經文'不畏死'、'畏死'與'必畏死'三層意義條理分明，足證《老子》原本當如帛書有'必畏死'一句，世傳今本將此句脫漏，使上下經文

脫節，晦澀難解，顯必有誤，均當據帛書甲、乙本補正。"（同上）

(5) "夫代大匠斲者，希有不傷其手矣。"

此節各本之間略有不同。"夫代大匠斲者"一句，王弼、河上、傅奕諸本相同。帛書乙本作"是代大匠斲"，"夫"作"是"，無句末"者"字，甲本後用"也"字。王弼本"希有不傷其手矣"，河上本省"其"字；傅奕本無"有"字，加"自"字；帛書乙本作"則希不傷其手"，多一"則"字；甲本句末用"矣"。"希"字，傅奕本作"稀"。

析評引論

74.1 "大匠"與司法程序

本章說到"若民恆且必畏死，則恆有司殺者。夫代司殺者殺，是代大匠斲。夫代大匠斲，則希不傷其手"（帛書乙本）。這裏的"大匠"何所指？傳統的說法是"大匠"即天。河上註說："司殺者謂天居高臨下，司察人過。天網恢恢，疏而不失也。天道至明，司殺有常……人君欲代殺之，是猶拙夫代大匠斲木，勞而無功也。人君行刑罰，猶拙夫代大匠斲，則方圓不得其理，還自傷。代天殺者，失紀綱，不得其紀綱，還受其殃也。"（王卡 1993，286）按河上公的說法，天或天道似有意志，不合老子之說。蘇轍也說"司殺者"是天，但人君順天意即"天殺"。蘇說："司殺者，天也。方治之世，而有詭異亂群之人恣行於其間，則天之所棄也。天之所棄而吾殺之，則天殺之，而非我也。非天所殺，而吾自殺之，是代司殺者殺也……則及其身也。"（蘇轍 1100，四 17B）這裏蘇轍沒有說明人君如何得知天意。後來還有很多人沿襲"大匠"為天的說法，如奚侗說："人君不能以道治天下，而以刑戮代天之威，猶拙工代大匠斲也。"（奚侗 1925，下27B）現代蔣錫昌等也從此說，云："人君代天殺者，則災必及其身也。"（蔣錫昌 1937，436）。

　　古棣堅決反對傳統說法，他說："上文明明說'吾得執而殺之'，
'殺'者是現實之人，是'我們'（統治階級），那裏是甚麼指天而言
呢？'司殺者'即指政府主管刑殺的部門。這一點，西漢人還是很清
楚的。例如《淮南子·道應訓》、《文子·上仁篇》引述老子此文，都
是以君道無為，君勿代替臣立論；嚴遵《道德指歸》專解此章的《民
不畏死篇》大體也是這樣，根本與'天'無關。"（古棣 1991A，474）
高明認為"大匠"即刑律機關。他說："'司'即前文'有司'，皆指
主管刑律之機關。民有犯罪以律當死者，則由有司以法執辦，人君守
道無為，不可取而代之……'代大匠斲'，則方圓不得其理，以喻刑
殺不依法律，嚴刑峻法，使民生不若死。民既死而無畏，人君必禍及
己身，故老子曰：'則希不傷其手矣。'"（高明 1996，191—192）從上
下文來看，"則恆有司殺者"中的"有司"不宜當作名詞作主管刑律
之機關。"恆"是修飾詞（參見析評引論 52.1），"有"受"恆"的修
飾，作"恆有"，其賓語是"司殺者"，不能將"有""司"二字當作
一個名詞。如以"有司"為名詞，句末"者"字則無意義。但是，古
棣、高明主張"司殺者"和"大匠"指司法機關而不指天是比較恰當
的。從"匠"字來看，本意即工匠，"大匠"或不是一般工匠，但未
必指天。從原文看"夫代司殺者殺，是代大匠斲"。顯然"是代大匠
斲"是進一步的說明，是比喻的說法，不是實指具體的"司殺者"。

　　如此說來，老子認為聖人或人君不應該直接殺人，而應該由專門
的機構行刑殺之事。這是難能可貴的思想，雖不足以說老子有法制思
想，但至少可以說明老子講"自然"、"無為"並非主張廢除法律制
度。道家哲學之"自然"、"無為"的主張和法律制度也是兼容的。

　　老子主張由"司殺者"執刑，這是建立制度、遵守法律的做法，
朱熹卻把老子之意歪曲為"占便宜"。他說："如所謂'代大匠斲則傷
手'者，謂如人之惡者，不必自去治它，自有別人與它理會。只是占
便宜，不肯自犯手做。"（朱熹 1986，2987）這是不應該有的誤解。如
果惡人都要自己親手去除，一個人能有多大的能力，能除盡天下之
惡？如果人人都自告奮勇，親手除惡，法律制度還有何用？由此亦可

見道家與儒家的一個根本性的分歧。儒家重個人的修養和行為，理解、思考問題時常常從個人的責任和品德出發；道家則更多從全局、效果出發，而不把對個人的道德評價放在第一位。

74.2 校勘的兩重標準

本章文字歧異頗多，如何校定，眾說紛紜。雖然各抒己見是正常情況，但分析一下眾說紛紜的若干原因，探明校勘中的實際標準，對於學術的發展當是有益的。這裏僅以本章第一句為例。王弼本作"民不畏死，奈何以死懼之"。"民"前是否應有"若"，民後是否當有"常"或"恆"（作"若民常不畏死"），就有嚴重分歧。

易順鼎早就考證出"民"後當有"常"字〔見上文對勘舉要（2）〕，高明根據帛書本，認為原書當作"若民恆且不畏死"。古棣極力反對這種看法，反對以帛書本為根據。他的根據是甚麼呢？他說："（帛書乙本）第一句作'若民恆且不畏死'。從《老子》詩格律看不應有'常'字或'恒'字……也不應有'若'字，'民不畏死'，在老子時代、已經是普遍事實。……'民不畏死'則不應加'若'字，乙本這個'若'字，蓋涉下文而衍。"（古棣1991A，471）古棣否定帛書乙本的根據有兩個，一個是"《老子》詩格律"，一個是在老子時代，"民不畏死"已經是"普遍事實"。然而，古棣所謂"《老子》詩格律"是哪裡來的？是古棣依據通行本總結出來的，並非最初《老子》作者的創作準則。《老子》古本的作者未必按照我們的推理行文、造句。所謂"普遍事實"云云，也是古棣的認定。即使"民不畏死"已經是普遍事實，也不妨礙用"若"字，正如現在電腦使用相當普遍，我們也仍然可以說"如果"你要使用電腦算賬就應該如何如何。

其實，古棣的論證是依據自己的或今人的理解、推論作判斷，但是他先是確信自己的理解和判斷符合古本原貌，然後又反過來認為古本就應該如此。在校勘著作中，我們常常看到校勘者舉證、推論之後說："似為《老子》原貌"、"必為古本之舊"之類的話，這說明校勘者在運用自己的知識和邏輯推論古本應該如何，從而復原古本舊貌。

這實際上混淆了兩個不同標準，一個是後人所理解和總結的原則規律，比如，這裏古棣所說之"《老子》詩格律"和"普遍事實"，或者押韻的規律、句式整齊的原則、各章之間用語一致的標準等等，我們可以將這些統稱之為後人的邏輯標準。另一個是回到古本，探求歷史原貌的標準，我們稱之為古本的原貌標準。迄今為止，絕大多數作校勘的學者都認為這兩種標準是合一的：古本原貌必定或應該合乎後人的理解和推論。李零在研究《孫子兵法》時已經發現這種假定是不可靠的。本書所提供的大量例證更進一步說明，我們以後人的邏輯推論判定古本原貌的失誤概率非常高。

74.3　要"原貌"還是要"合理"？

上文說，校勘者心裡隱含著兩個標準，一個是回到歷史舊貌的目標，一個是合乎校勘者所理解的道理或邏輯的原則。我們曾經以為按照後人的理解、推論，就可以接近、還原古本原貌。但是本書的例證說明，越是後來的版本越符合後人的邏輯推論，但是離竹簡本和帛書本所代表的古本卻越來越遠。因此，筆者以為，和通行本相比，帛書本、竹簡本經過後人的加工比較少，更接近最早的版本；在文字沒有明顯錯亂、衍誤、不通等情況下，應該盡可能從竹簡本或帛書本。

關於後人按照自己的理解修改古本，這裏有一個非常典型的實例。本章"是謂代大匠斲"一段，索紞本作"夫代司殺者殺，是謂代天斲。天，大匠也；夫代大匠斲者，希有不傷其手矣。"（饒宗頤 1955，57；Boltz 1996，513）索紞本編者相信原文之"大匠"即指天，所以直接用"天"替換了原文的"大匠"，又加上"天，大匠也"的註語。這個版本的文字本身沒有甚麼重要意義，但是卻讓我們清楚地看到了歷代編校者的思考邏輯和抄校習慣。他們可以很自由地根據自己的理解改換原文。這個版本雖然沒有流傳開來，但他們的理解卻符合古代多數校註者的理解（見本章析評引論 74.1）。這個例子說明多數人認同的理解、規律、原則也不一定符合古本原貌，因此也無法還原古本原貌。也就是說，"合乎邏輯"不等於"舊貌如此"。此例也再次說明，越是後來的版本，經過後人加工修改的成份越大，從了解古本原貌的角度來看，也越不可靠。

校勘者無法避免按照自己的邏輯和道理去判定古書的字句應當如何如何。也就是說，校勘者無法避免回到古本原貌的標準和按照自己的理解進行推論之間的矛盾。因此，校勘者只能更為謹慎、更為開放，不能輕下斷語。如果我們的目標是盡可能了解古本原貌，那麼，一般說來，竹簡本、帛書本的文句包括其筆誤或其他疏漏，比通行本更接近古本原貌，則無可懷疑。

當然，古本不等於是善本，不可能字字正確，這就仍舊離不開另一個標準，即校勘者的推理。哪個字、哪一說最合理，這常是見仁見智的問題。是否"合理"的標準之一是音韻，是否押韻越多越好？古本是不是處處押韻？《老子》的最早作者是不是在有意寫詩？《老子》的作者是不是已經有了一個明確的格律，才開始按照格律寫作？古棣有此類假設，並提出"《老子》詩格律"的說法。對此，筆者持懷疑態度。古代原貌如何與韻律是否完美，這兩個標準在某些情況下可能一致，在某些情況下並不一致。因此，筆者主張認真區別今人的邏輯推理和古本原貌兩個標準。雖然竹簡本和帛書並不能代表古本原貌，但是大體說來，它們顯然比我們的邏輯推論更接近古本原貌。帛書本和竹簡本都不是專家的精校本，有錯漏也是很正常的。即使我們能夠找到最早的《老子》古本，也不可能是字字清楚、句句順暢的。我們應該清楚地認識這一事實。如果要將古本的文字都改得通順明白，那就可能離古本舊貌更遠了。如果有人想編一部更美、更精、更理想的《老子》，當然可以，也值得鼓勵，只是不能宣佈它更接近古本原貌。

第 七 十 五 章

原文對照

河 75.1　民之飢，以其上食稅之多，是以飢。

傅 75.1　民之飢者，以其上食稅之多也，是以飢。

河 75.2　民之難治，

傅 75.2　民之難治者，

河 75.3　以其上有為，是以難治。

傅 75.3　以其上之有為也，是以難治。

河 75.4　民之輕死，

傅 75.4　民之輕死者，

河 75.5　以其求生之厚，是以輕死。

傅 75.5　以其上求生生之厚也，是以輕死。

河 75.6　夫唯無以生為者，

傅 75.6　夫惟無以生為貴者，

河 75.7　是賢於貴生。

傅 75.7　是賢於貴生也。

王 75.1　民之饑，以其上食稅之多，是以饑。

帛 75.1　人之飢也，以其取食跣之多，是以飢。

王 75.2　民之難治，

帛 75.2　百姓之不治也，

王 75.3　以其上之有為，是以難治。

帛 75.3　以其上之有以為也，是以不治。

王 75.4　民之輕死，

帛 75.4　民之輕死也，

王 75.5　以其求生之厚，是以輕死。

帛 75.5　以其求生之厚也，是以輕死。

王 75.6　夫唯無以生為者，

帛 75.6　夫唯无以生為者，

王 75.7　是賢於貴生。

帛 75.7　是賢貴生。

對勘舉要

(1) 本章傅奕本字數較多，帛書甲乙本與通行本之間文字差異較大。帛書本之母本編校不精，或有疏忽。本章帛書甲本前後都有代表分章的圓點，中間"民之輕死"前也有一圓點。河上公題本章為"貪損"，意思欠明。

(2) "民之饑，以其上食稅之多，是以饑。"

此為王弼本。"民"，帛書甲乙本作"人"。"饑"，河上本、傅奕本、帛書甲乙本皆作"飢"。《說文》云"飢，餓也"，又云"穀不熟為饑"。畢沅說：古饑饉字作饑，飢餓字作飢，此應作飢（畢沅1781，下14A；程南洲1985，198）根據文義，作"飢"為是。"民之饑"後，帛書甲乙本用"也"。

本段及下面各段，傅奕本的編者似有意保持整齊的句式，每段第一句後加"者"，第二句後用"也"，第三句後則不用語助詞（末段沒有第三句），其句式是四個"……者……也……"。原文即"民之飢者，以其上食稅之多也，……民之難治者，以其上之有為也，……民之輕死者，以其上求生生之厚也，……夫惟無以生為貴者，是賢於貴生也。"

本段最大的歧異在於"以其上食稅之多"的"上"，帛書甲乙本作"取"，從文義看應有"上"字。下面"以其上之有以為"，甲乙本皆有"上"，後面"以其求生之厚"又皆沒有"上"。這應該不是筆誤。高明相信帛書本作"以其取食稅之多"完全正確，他說：從甲、乙本經文分析，"以"字為介詞，在此表示事之所因；"其"字為代詞，作句中主語；"取"字為動詞；"稅"字為賓詞；"食"字乃"稅"之定語。《漢書·食貨志上》"洪範八政：一曰食……食謂農殖嘉穀可食之物。"《戰國策·西周策》"籍兵乞食於西周"，〈註〉"食，糧也。""食稅"指糧食之稅，經文猶言因國君搾取糧食之稅過多，是以造成飢荒。今本誤"取"字為"上"，以"食"字為動詞，釋為由於統治者吞食的租稅太多，因而陷於飢荒。詞誼牽強……當以帛書勘正（高明 1996，193）。

　　高說大體可從，然而仍然有疑問。這裏的"其"如果指統治者，為甚麼不用"上"字？下文帛書本"以其上之有以為也"，為甚麼又用"上"字？而最後"民之輕死也，以其求生之厚也"句式與這裏"人之飢也，以其取食稅之多"的句式完全一樣，但"其"字或指"上"或指"民"，終嫌不愜。顯然，原文無論通行本還是帛書本都有不夠清楚之處，我們只能姑求一大體合理之解釋。

　　關於這段文義，張舜徽根據帛書本認為"稅"字是誤讀，本字應從帛書甲本之"迯"，其義為途徑，此說極為獨特，中國哲學界很少注意，特錄於此，以期引起古文字專家和老學專家的討論。張舜徽說：此段文字，當以帛書甲、乙本為正，……兩本文句全同，惟"迯"字乙本作"跾"耳。此字雖不見《說文》，而從辵與從足義同。考其聲類，"迯"從兌聲，與"遂"從豙聲音近，古韻又同部，其義當為途徑。傳寫者誤書作"稅"，非其恉也。顧後漢郎顗，在所上章奏中已引《老子》曰："人之飢也，以其上食稅之多也。"（見《後漢書·郎顗傳》）與今本《老子》同，則其致譌亦已舊矣。不有帛書，固無由訂正之也。"人之飢也，以其取食迯之多"，有"取食"二字，意尤明白。此謂人之不得飽食，由於謀生之途不一，未能皆歸農耕也。《管子·治國篇》云："民作一，則田墾……田墾則粟多，粟多則國富。"《商君書·農戰篇》云："明君修政作壹，去無用，止浮學事淫之民，壹之農，然後國家可富，而民力可摶也。"可知周秦諸子言及治道，皆主於一民而農。《老子》言"人之飢，以其取食迯之多"，亦以未能盡歸于農為病耳（張舜徽 1982，157—158）。依張說，老子似乎是重農而反對多種經營，筆者感到相當突兀。

（3）"民之難治，以其上之有為，是以難治。"

　　此段為王弼本，河上本影宋本同，但點校者據一敦煌本刪去"以其上之有為"中的"之"字（王卡 1993，290），作"以其上有為"。根據其他各本，"之"字似不必刪。"民"，帛書甲乙本俱作"百姓"。

前後兩個"難治"，帛書甲乙本俱作"不治"，語意更強。傅奕本、帛書本前兩句後均有語助詞"也"。

高明說：《老子》原本當如帛書甲、乙本作"百姓"為是。帛書甲、乙本"百姓之不治也"與"是以不治"，今本兩句皆作"難治"。"不治"與"難治"詞義不同，"不治"謂不可治也，"難治"謂可治而不好治也。第三章云："使夫知者不敢，弗為而已，則無不治矣。"此又從反面進而闡述為而不治之道理。從而可見，此文當從帛書甲、乙本作"不治"為是，非如今本作"難治"也。河上公於此經所作註文云："民之不可治者，以其君上多欲好有為也。"足證河上公本經文原亦作"不治"，"難治"乃後人所改。河上本首句註文作"民之不可治者"，嚴遵本末句作"是以不治"，皆反映出《老子》舊文之痕跡（高明 1996，194）。

(4)"民之輕死，以其求生之厚，是以輕死。"

這三句河上本、王弼本同，帛書甲乙本僅前兩句後用"也"字，其餘皆同。傅奕本前兩句末用語助詞"者"和"也"。惟傅奕本"求生"二字作"上求生生"，與眾本不同。

高明說：世傳本此段經文可分為兩種句型，如王弼、河上諸本作"以其生生之厚"；而傅奕本作"以其上求生生之厚也"，景龍碑、敦煌辛諸本作"以其生生之厚"。"求生"與"生生"語義不同。易順鼎云："按'求生之厚'當作'生生之厚'。《文選·魏都賦》'生生之所常厚'，張載註引《老子》曰：'人之輕生，以其生生之厚也。'謂通生生之情以自厚也，足證古本原作'生生'。"（高明 1996，195）

"以其求生之厚"一句，傅奕本作"以其上求生生之厚也"。高明說：有人據傅本，在今本"求"前增一"上"字，改作"以其上求生生之厚"。如嚴靈峰云："'上'字原闕，傅奕本、杜道堅本俱有'上'字。……因據傅本並（王弼）註文補正。"今據帛書甲、乙本考察，易（順鼎）氏"生生"之說既不可信，嚴氏增字之舉更加錯誤。帛書甲、乙本此文同作"以其求生之厚也"，"生"字不重，也無"上"字，足證王弼、河上諸本所載經文不誤。從經義分析，如勞健所云："此章'生'

字，義皆如生聚之‘生’。舊說或解如生死、生命之‘生’，非也。”乃謂民求其厚生，雖死而逐利不厭（高明 1996，195—196）。

　　以上三節帛書本分別以“人”、“百姓”、“民”為開端之主語，但其他各本三句都是以“民”為主語。一個常見的說法是唐代避李世民諱，將《老子》中的“民”字一律改為人，後代人又試圖將“人”還原為“民”，這樣，通行本中的“民”字就特別多。此說或許反映了一些真實的情況，但很難一概而論，因為無論通行本還是竹簡本、帛書本中都是“人”、“民”並用的，而且次數都不少。本節的“百姓”二字也被後代改成“民”，不能以避諱字解釋，可能的原因恐怕還是後代編者求句式整齊、一律的結果。

　　關於“人”、“百姓”、“民”的不同，張舜徽有一個說法，頗有特色，值得略作討論。張說：《老子》此章所言“人”、“百姓”、“民”三者分別甚明。“人”蓋統百工技藝而為言；“百姓”謂百官；“民”則專指從事農耕者。老子推原百工技藝之所以乏食，由於謀生之途雜而不務農耕；百官之所以不治其事，由於人君之好任己智，而臣下相率怠廢；農民之所以輕死犯上，由於飢凍已甚，迫於求生，故不惜鋌而走險耳。（張舜徽 1982，157—158）“百姓”在《尚書》、《詩經》中多與黎民對稱，顯指百官。但是，在《論語》中的百姓一般都指庶民。推斷起來，《老子》中的“百姓”也應該指庶民。

（5）“夫唯無以生為者，是賢於貴生。”

　　這兩句河上本、王弼本同。第一句“無以生為”後，傅奕本增“貴”字，句子語法結構不同，但文義沒有大的變化。帛書甲乙本末句中都無“於”字，但從句子結構來說，應該有“於”。

析評引論

75.1　無為：等於“君無為”？

“無為”二字，最早見於《詩經》，《論語》中也有一次提到“無為"。但是，老子是第一個將"無為"作為重要哲學概念的人，這一點應該是沒有疑義的。筆者認為老子的無為不是一個簡單的概念，而是代表一系列否定式概念和術語的"概念簇"（參見析評引論 63.5）；無為所表達的不是甚麼都不作，而是提倡實有似無的行為方式，達到一般行為方式所達不到的更高的效果。老子一貫主張無為的主體是"聖人"（參見析評引論 27.1 與 57.3）。

本章明確提出"百姓之不治也，以其上之有以為也，是以不治"（帛書本），認為在上位的人所求、所作太多，所以天下不太平，這都隱含了一種君主應當無為的思想。這裏說"隱含"是因為《老子》本文從來沒有明確提出君主無為的命題，而聖人只是理想的社會治理者，並不等於現實的君主，所以，我們可以說《老子》中隱含著君主無為的思想，而不應該說《老子》明確提出過君主無為的理論，也不應該將《老子》的無為理論歸結為"君主無為"。一旦將《老子》的無為論歸結為"君主無為"，則抹煞了《老子》思想中包含的更豐富的思想內容，掩蓋了從春秋末年到漢代初年數百年思想演變的過程。這樣作也就簡單地將《老子》思想等同於黃老之學，甚至將《老子》思想歸結為君主的權謀之術。

《老子》中隱含的君主無為的思想，經過戰國和漢代的發展，到了後代被總結成"君無為而臣有為"、"君無事而臣有事"的說法（張舜徽 1982，14）。這兩句話是誰最先概括的，還需要考證，至少漢代以前的文獻中還沒有見到這樣簡單、明確的說法。不過類似的主張君主無為而臣下有為的說法，倒是可以舉出不少。一般人舉例常提到的著作是《管子》、《呂氏春秋》和《淮南子》，也有提到《申子》、《慎子》的。如《慎子·民雜》說："君臣之道，臣事事而君無事，君逸樂而臣任勞。臣盡智力以善其事，而君無與焉，仰成而已。故事無不治，治之正道然也。"這是較早的"君無事而臣事事"的提法。《申子·大體》提出："君設其本，臣操其末；君治其要，臣行其詳。"這是從本、末，要、詳的角度講君臣之不同，接近君無為而臣有為的思想。《呂氏春秋·任數》也說："因者君術也，為者臣道也……君道無知無為，而賢於有知有為，則得之矣。"這裏是以"因"和"為"來對比君、臣之道，雖然提出君無為，卻沒有明確提出臣有為。

據筆者的考察，明確以有為和無為相對照提出君、臣之道之不同的，是莊子之後學。《莊子·在宥》說："何謂道？有天道，有人道。無為而尊者，天道也；有為而累者，人道也。主者，天道也；臣者，人道也。"天道無為，君主應行天道；臣道有為，臣子應行人道，再推一步就是君道無為而臣道有為了。這應該是所謂漢代黃老之學關於君無為而臣有為的最早、最明確的說法（參見劉笑敢 1988，309—314）。

雖然君無為而臣有為的命題隱含在《老子》思想之中，我們並不能將《老子》中的無為歸結為君無為而臣有為。這不僅是因為《老子》字面上沒有提出這個命題，而是這個命題將《老子》思想具體化也狹窄化了。這一命題使老子的無為在政治上多了幾分可操作性和現實性的品格，這是對老子思想的一個重要發展。但是，如果將君無為而臣有為當作老子無為論的精義，將老子哲學等同於黃老之學，從君臣之道和權謀的角度來理解老子思想，就歪曲和閹割了老子哲學中理想性、超越性和學術性的精神。這不符合《老子》文本的全面內容，也會讓我們丟棄《老子》思想中許多豐富而重要的思想精華，如"道法自然"與"輔萬物之自然"等。

75.2　無為：理性化詮釋

老子多次使用"無為"二字，卻沒有對無為作定義或描述，加之"無為"的概念與常識似乎相背，因此對一般人來說，"無為"就有一種模糊的和神秘的色彩。上節所說黃老之學對"無為"的發展，已經向現實性、實踐性的發展走了一大步。這裏包含了某種理性化的精神，使之相對清晰。但這種解釋是局限在政治領域內的。《淮南子》一方面承襲了這種政治化的解釋，另一方面還對無為提出了一種更加理性化、普遍化的解釋。

先看〈詮言〉篇對君道的一個解釋："君道者，非所以為也，所以無為也。何謂無為？智者不以位為事，勇者不以位為暴，仁者不以位為患，可謂無為矣。"這裏非常明確地強調君道無為，而無為的內容重點是不以個人的獨特性為治理天下的出發點，主張智者、勇者、仁者不從個人的特長或特性出發治理天下，這樣才能避免偏頗，抓住根本。常見有些領導人，如果出身於政治，則特別善於發動政治鬥爭；如果出身於經濟計劃，則特別重視計劃的調節作用；如果出身於水電工程，則特別熱衷於修大壩。這些似乎是發揮其所長，但是對於一個全局的領導者來說，卻可能失之於偏頗。

〈原道〉篇對"無為而無不為"作了新的明確的解釋："是故聖人內修其本，而不外飾其末，保其精神，優其智故，漠然無為而無不為也，澹然無治也而無不治也。所謂無為者，不先物為也；所謂無不為者，因物之所為。所謂無治者，不易自然也；所謂無不治者，因物之相然也。"這裏將"無為"定義為"不先物為"，將"無不為"定義為"因物之所為"。這種"無為"的定義比《老子》中的無為清晰了、具體了，但是與《老子》之無為的內容也就很不同了。雖然作者對"無為"和"無不為"分別定義，但"不先物為"與"因物之所為"所指謂的是同一種行為和行為方式，只是描述的角度不同而已。這和《老子》的"無為而無不為"的重要不同在於，老子所說的"無為"是作事的方法和原則，而"無不為"則是這種特殊方法和原則所達到的超越常規的效果。

〈修務〉篇首先對某些人的誤解作了否定："或曰'無為者，寂然無聲，漠然不動，引之不來，推之不往。如此者，乃得道之像。'吾以為不然。"說明無為不是不作事、無行動。接著作者對"無為"作了理性化、普遍化的解釋："若吾所謂無為者，私志不得入公道，嗜欲不得枉正術，循理而舉事，因資而立（功），權自然之勢，而曲故不得容者，事成而身弗伐，功立而名弗有，非謂其感而不應，攻而不動者。若夫以火熯井，以淮灌山，此用己而背自然，故謂之有為。若夫水之用舟，沙之用鳩，泥之用輴，山之用蔂，夏瀆而冬陂，因高為田，因下為池，此非吾所謂為之。聖人之從事也，殊體而合于理，其

所由異路而同歸，其存危定傾若一，志不忘於欲利人也。"（劉文典
1997，634）作者的"無為"定義明確包括了"循理而舉事，因資而
立功"二句。下文舉例將"以火爍井，以淮灌山"定義為"有為"，
將"水之用舟，沙之用鳩"、"因高為田，因下為池"不視作"為"，
亦即"無為"。這裏"有為"是違背實際情況和客觀條件的行為，而
"無為"則是遵從客觀條件、因地制宜的行為。由此看來，作者是將
自然規律的概念引入了對"無為"的解釋，這就是"殊體而合于理"。

《淮南子》所說的"無為"和《老子》中的"無為"似有不同，
但是從"無為"意味著對某種行為方式的否定來說，《淮南子》與
《老子》之"無為"仍然有某種繼承關係。

75.3　無為：理想的社會生態

老子主張的聖人無為有兩層意義。一方面它首先是社會治理者的
無為，而不是普通人的行為原則；另一方面，聖人不僅是社會治理者
的楷模，也是萬民仰慕效法的對象，所以無為的原則對普通人來說也
有指導意義或啟發意義。這兩方面在今天仍然是有意義的，特別是對
領導者有著重要的借鑒和警示意義。

以現代社會的結構來考察，無為的原則對在上位的領導者提出了
問題和挑戰。假設一個國家下面有三十個省，每個省有三十個縣，每
個縣有三十個鄉，那麼，誰應該是最忙的人呢？通常人們會認為，當
然是最高的領導人，是總統或總理。但是他們下面有三十個省長，如
果每個省長都勝任愉快，何需總統到處奔波救急救難呢？同樣，如果
每個縣長都勝任有餘，那麼何勞省長夜以繼日地工作呢？如果每個鄉
的百姓都能安居樂業，那麼何需縣長辛苦操勞呢？同樣，如果家家戶
戶有自己的生活，無須別人給政策、給出路，那麼鄉長也無須操持萬
家生計。同樣，一個國家三十個部委，一個部委十個局，一個局十個
處，如果每一個領導層次的下級都可以自主地安排好自己的工作，那
麼上一級的領導就無須那麼責任重大了。所以，領導人的首要責任是
選人、用人，建立制度，而不是自己的辛苦忙碌。一個校長選好了教

授，就用不著經常費心督促檢查不同領域教授的研究成果和教學水準；一個公司的總裁選好了各級主管，也用不著自己身先士卒，日夜憂心；一個將軍選對了部下，自己就不必準備越俎代庖、衝鋒陷陣。總之，領導人只需制訂大政方針，建立正常的社會生態環境，讓手下人自主作事，需要自己親自處理的應該是例外的、特殊的事件。如果一個領導人需要處理的特殊事件太多，則是這個領導人自身的方針和方法，甚至整個管理系統有了問題。

75.4 無為：現代領導人之鏡

其實，現在很多領導人忙得焦頭爛額是因為他們不斷接到上面的指示，也需要以無所不知的姿態給下面發指示，所以大家都在上下級之間忙得馬不停蹄。今年根據上級指示一起抓科技發展，明年根據新政策一起抓外貿，後年根據新的精神一起抓精神文明，人人根據上級指導忙得團團轉，年復一年，有人陞官，有人獲獎，但是絕大多數人是否因此而生活更愜意、更舒適、更滿足了呢？恐怕事與願違。更多人很可能因為上級層出不窮的新指示而更緊張、更繁忙，卻看不到實際的成就。

比如，某地的教育主管部門曾經發動所有的中小學推動培養語文精英的運動。校長、教師、學生忙碌一年，剛剛有了眉目，下一年的運動卻是培養科技精英。同一批校長、教師、學生不得不在新的運動中爭取好的"表現"（performance），因此上一年培養語文精英所分配的人力、財力、時間等計劃都要改過來，上一年的努力、表現基本付之東流。這樣年復一年地不停地努力、奮鬥與拚搏是值得的嗎？是有意義的嗎？教師需要教育部命令如何教書嗎？學生需要教育部規定如何讀書嗎？事實上，越是高高在上的指示、計劃、規定、運動，越是難以切合真實世界的具體情況。對學校來說，最基本的、最理想的就是教師不受干擾地安心教書，學生可以自得其樂地讀書。不斷的新政策只能逼出新對策，不但不能改進學校的教學，反而構成一種干擾和負擔。

　　"無為"作為現代領導人的一面鏡子提醒我們思考的是，難道現代化的發展、科學技術的進步、最先進的管理就是讓大家從上到下都更緊張、更忙碌嗎？文明的進步最終應該改善絕大多數人的生活品質，還是讓更多人疲於奔命呢？難道我們就應該滿足於有所努力、有所表現，而不必考慮真實的效果嗎？道家的"輔萬物之自然"的原則就是要百姓各事其業，各司其職，各安其居。為了達到這個目的，聖人不需要自呈其才、自顯其能。若一國的老百姓根本不知縣長、州長是誰，也不管總統說了些甚麼，但是他們生活得自在、自足，滿足，這是不是更好的人文生態環境呢？

　　總之，在上位的領導人不一定應該是最忙碌的人。他們輕鬆一些，恐怕正是社會運作良好以及他們善於領導的標誌。不需要領導人忙碌的社會群體可能正是自然和諧的生存單元，其人文生態環境當是值得嚮往和追求的。

第 七 十 六 章

原文對照

河 76.1　人之生也柔弱，　　　　傅 76.1　人之生也柔弱，

河 76.2　其死也堅強。　　　　　傅 76.2　其死也堅彊。

河 76.3　萬物草木之生也柔脆，　傅 76.3　草木之生也柔脆，

河 76.4　其死也枯槁。　　　　　傅 76.4　其死也枯槁。

河 76.5　故堅強者死之徒，　　　傅 76.5　故堅彊者，死之徒也；

河 76.6　柔弱者生之徒。　　　　傅 76.6　柔弱者，生之徒也。

河 76.7　是以兵強則不勝，木　　傅 76.7　是以兵彊者則不勝，
　　　　　強則共。　　　　　　　　　　　木彊則共。

河 76.8　強大處下，柔弱處上。　傅 76.8　故堅彊處下，柔弱處
　　　　　　　　　　　　　　　　　　　上。

王 76.1　人之生也柔弱，　　　　帛 76.1　人之生也柔弱，

王 76.2　其死也堅強。　　　　　帛 76.2　其死也𦢈信堅強，

王 76.3　萬物草木之生也柔脆，　帛 76.3　萬物草木之生也柔脆，

王 76.4　其死也枯槁。　　　　　帛 76.4　其死也枯槁。

王 76.5　故堅強者死之徒，　　　帛 76.5　故曰：堅強，死之徒
　　　　　　　　　　　　　　　　　　　也；

王 76.6　柔弱者生之徒。　　　　帛 76.6　柔弱，生之徒也。

王 76.7　是以兵強則不勝，木　　帛 76.7　□以兵強則不勝，木
　　　　　強則兵。　　　　　　　　　　　強則競。

王 76.8　強大處下，柔弱處上。　帛 76.8　故強大居下，柔弱居
　　　　　　　　　　　　　　　　　　　上。

對勘舉要

(1) 本章各本之間差別不大，帛書甲乙本之間、帛書本與通行本之間有一些文字的不同。本章前帛書甲本有分章符號，自此以下的德經部分全無分章號。河上本題為“戒強”，似得其義。

(2) “人之生也柔弱，其死也堅強。萬物草木之生也柔脆，其死也枯槁。”

　　此節河上本、王弼本同。第二句“其死也堅強”一句，帛書甲本和乙本各多二字，甲本多“蒠仞”二字，乙本多“䐭信”二字，甲本作：“其死也蒠仞堅強”，乙本作“其死也䐭信堅強”。“蒠”、“䐭”二字字書中皆無，“蒠仞”、“䐭信”的意思與“堅強”接近，這或許是傳世本略去這兩個字的原因。

　　整理者註曰：“‘蒠’，乙本作‘䐭’，義為硬。仞，讀為‘肕’。慧琳《一切經音義》卷五十九：‘堅韌’，今作‘肕’，同，而振反。《通俗文》：‘柔堅曰肕。’《管子》曰：‘筋肕而骨強。’是也。”（國家文獻1980，9，注59）高明論證甲乙二本之“蒠仞”、“䐭信”皆可讀為“筋肕”。高明說：“蒠仞”或“䐭信”顯然亦是指人體中兩種不同組織的名稱。“蒠”、“䐭”二字字書皆無，讀音均從“恒”，在此同假為“筋”。古“恒”、“筋”二字同音，“蒠”、“䐭”均與“筋”字通假。“仞”、“信”古音相同，在此均假為“肕”。《管子·內業篇》“筋信而骨強”，〈心術篇〉作“筋肕而骨強”，即其證。〈玉篇〉：“肕，堅肉也。”從而可見，甲本“蒠仞”與乙本“䐭信”，皆當讀作“筋肕”（高明1996，198）。按照帛書本有“筋肕”二字，句意較豐富明確。

　　第三句“萬物草木之生也柔脆”，帛書甲乙本同之，敦煌本多有之，唯傅奕本脫“萬物”，嚴遵本、范應元本等均無。蔣錫昌、嚴靈峰、陳鼓應等均主張“萬物”為衍文，當刪（蔣錫昌1937，442；陳鼓應1984，342）。筆者以為“萬物”二字恰配合“筋肕”二字，不當刪。此節沒有"筋朋"與"萬物"，原文所論就只限於人和草木。而下文所述顯然是以宇宙普遍現象為根據論證人世的道理，所以舉例不應只限於草木。刪去"筋朋"與"萬物"，原文變得過於簡單，舉例、論證不夠豐富、有力。

(3)"故堅強者死之徒，柔弱者生之徒。"

這兩句王弼本、河上本同，傅奕本兩句後皆有"也"。王弼本、河上本以及傅奕本第一句前都是"故"字，而帛書甲乙本都是"故曰"。論者認為，甲乙本的"故曰"說明下文"非《老子》之言，乃是當時衆人皆知之諺語"（高明1996，199），此說未可作定論，"故曰"也可以引起作者自己的推論。從這裏的上下文的內容推斷，此處"故曰"引起的有可能是作者本人的結論。

這兩句帛書本句式不同，乙本作"故曰：'堅強，死之徒也；柔弱，生之徒也。'"比通行本少二"者"字。甲本作"故曰：'堅強者，死之徒也；柔弱微細，生之徒也。'"上句用"者"字，下句不用，比乙本及通行本多"微細"二字，句式完全不對稱。高明認為前文言"堅強"，後文自然當謂"柔弱"，"細微"二字顯為衍文無疑（高明1996，200）。高的判斷根據在於上下文的對稱與一致。筆者以為，此處究竟帛書甲乙本哪一種更接近原貌，殊難判斷。經典在流傳中會產生各種不同的歧異，越是流傳廣泛、長久的經典，歧變越多。有些歧變有思路可尋，有些歧變則原因莫測。要回溯、推測最早的原貌，恐怕是任何人都無法作到的。

(4)"是以兵強則不勝，木強則兵。"

王弼本這兩句，帛書甲本沒有"是以"。"木強則兵"的"兵"，河上本、傅奕本作"共"，於義難通。黃茂材、俞樾、易順鼎等主張根據《列子》等讀為"木強則折"。帛書甲本作"恆"，乙本作"兢"，整理者皆疑為"椬"，《說文》"椬，竟也"，"木強則椬"，猶木強則折（國家文獻1980，9，注59）。然"恆"、"兢"二字，高明根據音韻分析，主張讀為"烘"，"木強則烘"，猶言木強則為樵者伐取，燎之於火灶（高明1996，201—202）。

（5）"**強大處下，柔弱處上。**"

這兩句河上本、王弼本同。帛書乙本及傅奕本前用"故"字。"強大"，傅奕本作"堅強"。"處"，帛書本皆作"居"。又帛書甲本"柔弱"同上文作"柔弱微細"。

析評引論

76.1　雌柔：推翻男性霸權？

本章提出萬物、草木和人都是生時柔弱，死後則枯槁、堅強。也就是"堅強，死之徒也；柔弱，生之徒也"。老子推重柔弱，貶低剛強是一貫的哲學立場。代表柔弱的是嬰兒和雌性特點。老子對柔弱的強調和他對"雌"、"牝"的重視是一致的。老子中的"雌"、"牝"是文化象徵符號，與女性的特徵有關，但並非實指女性。而且老子所強調的雌性特徵是針對男性社會的，是希望以這樣的文化特點來改進人類社會。這並非直接涉及當今的女性主義或女權主義的課題，卻並非毫無關係。事實上，老子的雌柔的觀念可以幫助我們反思男性佔據社會統治地位所帶來的一些問題。這有利於改善男性社會，而不是推翻男性社會。

有些激進的女性主義者不僅對男性佔主導的社會規範和習俗進行了有力的批判，而且認為性別歧視和壓迫並不是一種可以孤立解決的社會現象，而是一切不平等和壓迫的最深層的根源，是比馬克思主義所講的經濟壓迫、階級壓迫更根本的根源。更為極端的觀點認為，社會的政治壓迫、經濟剝削、種族歧視甚至侵略戰爭都與性別歧視和壓迫有一定的聯繫。如 Mc Clintock 指出：沒有性別權力的概念就不可能理解帝國主義。性別權力並不是帝國表面的光輝，不是附加在階級、種族的決定性機制上的短暫的閃光。相反，性別力量從一開始就是保障和維繫帝國事業的基本動力（Mills 1997，79）。如果人類社會的不平等植根於生物性別，那麼男性佔主導地位的社會則無法改善，只能被徹底推翻，代之以女性主導的社會。這是一種嚴重的誤導。

顯然，如果整個社會的價值觀念不改變，女性當權也不一定體現或發揮女性的傾向溫柔的特點，不一定能夠實現天下的某種安定與和平。如古埃及的 Cleopatra 女王，中國的武則天和慈禧太后當政，並沒有體現女性溫柔的特點，並沒有比男性皇帝更慈悲。英國前首相撒切爾夫人（Margaret H. Thatcher）也被稱為"鐵娘子"。事實上，女性掌權也不可能以雌柔的原則來治理國家，因為整個社會的價值體系是男性英雄主義或霸權主義的。反過來，如果社會的價值體系得到修正，那麼男性掌權者也可能實行老子式的無為而治，如中國漢代的文景之治。在傳統的男性主導的社會裏，追逐權力、擴大疆域、炫耀權勢這些霸王式的行為也常常被當作英雄的特質而受到廣泛歌頌和讚美，甚至受到女性的崇拜。這當然會影響女性的行為方式。

這種以男性特徵為主導的價值觀與對異國、異族、異域、他人的佔有欲、統治欲和男性對女性的佔有欲、控制欲是否有本質的相同呢？有些女性主義者認為前者不過是後者的同樣的心理特徵的延伸。由資本主義的全球化無限擴張引起的生態困境也與男性主義的膨脹征服的性向密切相關。從歷史事實的角度來看，這些論證或有問題，但是從文化象徵的角度來看，侵略行為的確和男性特徵有更密切的聯繫。而雌柔原則則是對侵略性、擴張性這些男性的文化象徵的批判與制衡，是有利於改善男性社會，救治男性霸權的。

76.2 雌柔：反對英雄主義？

值得注意的是，男性英雄主義或霸權主義的行為特徵不必限於男性才有。因此，要根本改變女性受壓迫的社會地位，單單批評男人的行為是不夠的，更重要的是要制約和糾正傳統社會鼓吹的男性英雄主義中的侵略性、擴張性的因素，而這又不是軟弱或無條件退讓。這方面，老子哲學不僅提供了批判的武器，而且提供了正面的理論主張和價值體系。比如，老子主張"不戰而善勝"、"善戰者不怒"、"夫慈，以戰則勝，以守則固"、"戰勝以喪禮處之"，這些觀點是和平主義的，屬於雌柔原則的範疇，但絕不是一般意義上的弱者所可能有的自信、決斷和恢弘氣度。

提到雌柔的特點，很多人會很反感，因為中國人在世界上處於弱勢地位很久了，曾經被說成是東亞病夫。現在剛剛改變了這種弱者的處境，難道還要讓中國人自甘柔弱，任人欺凌嗎？當然不是。雌柔的原則主要針對的是社會上的專橫、專制、控制、操縱式的社會管理方法，反對擴張、壓迫、侵略、炫耀、張揚的作風，而這些不應該是男性社會的主要特點，也不應該是英雄主義的主要內容。英雄主義的涵義並不清楚。如果英雄主義意味著粗魯、莽撞、好激動、好武力、好拚命，那麼這種英雄主義絕不會幫助中國的和平崛起。真正的英雄主義應該是愛護生命、救助幼弱、除暴安良。真正的英雄主義也絕不是不管勝負的橫衝直撞，而是善於以最小的生命代價取得最大的勝利，正如老子所說是盡可能 "以無事取天下"。此外，老子的雌柔原則主要是文化意義上的，當然不是反對強壯的體魄和威武有力的身材。但是，雌柔原則顯然更注重大局和長遠效果，而不是個人的表現，或表面上的強大與榮耀。

的確，道家的聖人不是通常意義上的英雄。道家的聖人 "生而不有，為而不恃，功成而弗居"，完全不考慮個人的業績，何論英雄之美名。事實上，道家的理想是 "輔萬物之自然"，是創造一個萬物自然萌生、百姓安居樂業的局面，這是一個完全不需要英雄的人文生態環境。歷史上的各種英雄通常是人類災難時期的產物，英雄往往與災害或動亂相聯繫。或者是抵禦侵略，為國捐軀；或者是消耗國力，開拓疆土，給被征服的地區造成災難。這種英雄輩出的時代是非常好的歷史題材和文學素材，但不是當時之人民的幸福時代。我們不能因為歌頌英雄、仰慕豪傑而忘記應該努力避免社會需要眾多英雄挺身而出的動亂時代。

雌柔原則還容易被誤解為因循無為、懦弱退縮的理論。實際上，在激流巨浪中 "處眾人之所惡" 而不隨波逐流，需要極高的遠見和英雄的勇氣，絕不是弱者的行為。老子所主張的雌柔原則不是懦弱的主張，而是補充、制約、糾正擴張性的男性英雄主義或霸權主義的理論。老子的理論有利於人類的和平、和諧，以及均衡的發展。如果說當代的女性主義理論是以批判男性社會的弊端為主要貢獻，那麼，老子哲學恰巧可以從正面為如何改善男性霸權社會提供建設性的藍圖。

76.3 雌柔：可能的現代貢獻

女性主義運動是從反抗社會現實中的男權壓迫現象出發的，因此側重於實際的訴求，如選舉權、墮胎權、平等就業、性向選擇等等，因而，其訴求是強烈的、具體的，能夠引起社會的廣泛注意，從中也產生了大量的理論著作。然而，這些理論著作也大多是針對社會實際問題的，很少有從哲學本體論出發的論證。這方面，老子哲學又恰可為女性主義理論提供一個參照體系。老子哲學的雌柔原則不是直接的關於男女平等的理論，而是從屬於一個大致完整的哲學體系。正如上文所述，老子認為，世界的總根源和總根據是道，道的形象以雌性的空虛、開放、不有不恃為特徵，是一個相當獨特的本體論體系，適與一神論中的主宰的男性化上帝為對照，有利於我們重新思考應該如何去描述宇宙之本原以及世界之秩序的根據。甚至有利於我們考慮建設女性主義的形而上學或曰本體論女性主義（metafeminism）。

世界是否由一個男性神創造和主宰？這是從老子哲學的本體論出發可以對男權社會提出的根本性挑戰。認真回應這一挑戰就需要重新思考男權社會的神學基礎或本體論基礎，從而有利於從根本上修正男權單獨主宰世界的霸權地位。所以說，老子哲學不是直接的男女平等的理論，卻可以從本體論的高度對男權社會的根本理論基礎作出挑戰和修正，並為女性主義理論提供一個形而上的參照系。這可能是老子哲學對女性主義理論的潛在而巨大的貢獻。

當代社會仍然是男性英雄主義佔主導的社會。一些對女性的讚美也是從男性的欣賞角度出發的。然而，希望男性在剛毅、決斷的同時也具有某種柔性的特徵也是普遍的價值取向。美國著名的籃球運動員麥可·佐敦（Michael Jordan）之所以備受讚賞，不僅僅因為他的球技好，還因為他待人謙虛、友好、和善、周到，從不炫耀或咄咄逼人。著名電影演員施瓦辛格（Arnold Schwarzenegger）能夠扮演有一定深度與柔情的角色之後，他的雄壯男子漢的形象才受到廣泛歡迎。在國際事務中，大國如果一味炫耀自己的強大，要求別人無條件服從，必然遭到冷遇、唾棄甚至反抗；如果大國能夠禮讓小國，必然贏得更多尊重。這些事實說明，老子主張"知其雄，守其雌"是有實際的現實意義的。事實上，老子的雌柔原則絕不是軟弱、退讓，而是高度的自信、自強，高度的智慧，加上博大的人道精神的象徵。如果我們可以通過研究老子哲學，把這些未被充分認識與自覺實踐的原則變成自覺的價值，從而把古老的東方智慧運用到現代世界的社會生活和政治生活中，那麼，我們的世界就多了一分促進和諧、和平、友好的精神力量。

第 七 十 七 章

原文對照

河 77.1　天之道，其猶張弓乎？

河 77.2　高者抑之，下者舉之，

河 77.3　有餘者損之，

河 77.4　不足者益之。

河 77.5　天之道損有餘而補不足，

河 77.6　人之道則不然，

河 77.7　損不足以奉有餘。

河 77.8　孰能有餘以奉天下？

河 77.9　唯有道者。

河 77.10　是以聖人為而不恃，

河 77.11　功成而不處，

河 77.12　其不欲見賢。

傅 77.1　天之道，其猶張弓者歟，

傅 77.2　高者抑之，下者舉之，

傅 77.3　有餘者損之，

傅 77.4　不足者補之。

傅 77.5　天之道，損有餘而補不足；

傅 77.6　人之道則不然，

傅 77.7　損不足以奉有餘。

傅 77.8　孰能損有餘而奉不足於天下者，

傅 77.9　其惟道者乎？

傅 77.10　是以聖人為而不恃，

傅 77.11　功成而不居，

傅 77.12　其不欲見賢邪。

王 77.1　天之道，其猶張弓與！

王 77.2　高者抑之，下者舉之；

王 77.3　有餘者損之，

王 77.4　不足者補之。

王 77.5　天之道，損有餘而補不足。

王 77.6　人之道則不然，

王 77.7　損不足以奉有餘。

帛 77.1　天之道，猶張弓也，

帛 77.2　高者抑之，下者舉之，

帛 77.3　有餘者損之，

帛 77.4　不足者補之。

帛 77.5　故天之道，損有餘而益不足；

帛 77.6　人之道，

帛 77.7　損不足而奉有餘。

王 77.8　孰能有餘以奉天下？

王 77.9　唯有道者。

王 77.10　是以聖人為而不恃，

王 77.11　功成而不處，

王 77.12　其不欲見賢。

帛 77.8　夫孰能有餘而<u>有以</u>奉於
　　　　　天者，

帛 77.9　唯有道者乎？

帛 77.10　是以聖人為而弗有，

帛 77.11　成功而弗居也。

帛 77.12　若此其不欲見賢也。

對勘舉要

（1）本章王弼本、河上本只有個別字的不同。傅奕本、帛書本與王弼本、河上本有一些不太重要的文字差別。帛書甲乙本之間也有一些文字差別。河上本題為"天道"，得其旨。

（2）"天之道，其猶張弓與！高者抑之，下者舉之；有餘者損之，不足者補之。"

此段為王弼本，各本差別不大。"其猶張弓與"一句，帛書本沒有"其"字。從句法來說，"其"字沒有必要；語末助詞"與"，河上本作"乎"、傅奕本作"歟"、帛書本作"也"。末句"補之"，河上本作"益之"。帛書甲本第一句作"天下（之道，猶張弓）者也"，中間括弧部份殘缺，"天下"之"下"似衍文。

此段"張弓"之喻意思較費解。高亨說：《說文》云："張，施弓弦也。"蓋施弦於弓時，弦之位高，則抑之，弦之位下，則舉之，弦之長有餘，則損之，弦之長不足，則補之。天道正如是耳（高亨1957，145）。張揚明說：《詩·小雅·吉日》曰"既張我弓"，《禮·檀弓》"琴瑟張而不平"，可證說文施弦之義。蘇子由云："張弓上筋，弛弓上角。""上筋"，是即施弦也。（張揚明1973，380）嚴遵說："夫弓人之為弓也……弦高急者，寬而緩之；弦弛下者，攝而上之；其有餘者，削而損之；其不足者，補而益之；弦質相任，上下相權，平正為主，調和為常。故弓可抨而矢可行也。"（王德有1994，113）諸說皆可參考。古代弓箭術語，後人難以確解，但無礙理解本章大意。

（3）"天之道，損有餘而補不足。人之道則不然，損不足以奉有餘。"

此段河上本、王弼本、傅奕本皆相同。帛書甲乙本各有殘損，但可互相補足。帛書乙本"天之道"一句殘損，可據甲本補為"故天之道"，比其他本前多一"故"字。根據上下文，有"故"為上。"損有餘而補不足"一句，"補不足"帛書乙本作"益不足"（甲本殘）。"損不足以奉有餘”一句中的“以”字，帛書乙本作“而”（甲本殘）。帛書乙本與通行本的最大差別是“人之道”後沒有“則不然”三字，原文作“故天之道，損有餘而益不足。人之道，損不足而奉有餘”，是成一組整齊的對偶句。以後各本加“則不然”三字，似乎是口語加強語氣的需要，但並非必要。然帛書甲本有“（則）不然”，則其不同由來已久。

(4)“孰能有餘以奉天下？唯有道者。”

這兩句河上本、王弼本同，各本歧異較多。傅奕本作“孰能損有餘而奉不足於天下者，其惟道者乎”。馬敘倫說：此文當作“孰能損有餘以奉不足者，惟有道者”。“於天下”三字涉第七十八章誤衍（馬敘倫1957，194）。朱謙之說：有道者不以有餘自奉，而以奉天下，於意已足，傅本“不足”二字贅（朱謙之1984，299）。

此節第一句，帛書甲本作“孰能有餘而有以取奉於天者乎”，乙本句前有“夫”，句末無“乎”，當中相當於甲本的“有以取”三字處殘損，整理者根據傳世本補為“有以”二字。高明認為整理者少補一“取”字，“則經義全失”（高明1996，205）按高明據帛書甲本補乙本，則帛書甲乙本經文內容一致，“明瞭通暢，遠勝今本多矣，當為《老子》原本之舊”（同前，206）。

高明釋帛書本“取奉於天”為“取法於天”，其論曰：“奉”字古為並紐東部字，“法”字屬幫紐葉部，“幫”、“並”雙聲，“東”、“葉”旁對轉，“奉”、“法”古音相同通假，故“取奉於天”當讀作“取法於天”。“取法”一詞乃古之常語，古籍多見，如《禮記·郊特牲》“取法於天”，《淮南子·泰族》“取法於人”，《莊子·天道篇》“大匠取法”。“取法於天”猶言以天為模範。前文言“天之道，損有餘而補不足。人之道則不然，損不足而奉有餘”，“天道”與“人道”損補各異。故此文則謂“孰能有餘而以取法於天者乎？唯有道者”。前後經義正合。今本經文已經後人竄改，非《老子》本義（高明1996，206）。按高說，文義的確清通可解，或可從之。

(5)“是以聖人為而不恃，功成而不處，其不欲見賢。”

此段河上本、王弼本同。傅奕本大體相同，惟“處”作“居”，末句用語末助詞“邪”。帛書乙本“不恃”作“弗有”，第二句作“成功而不居也”，第三句作“若此其不欲見賢也”。劉殿爵說：（通行本）“是以聖人為而不恃，功成而不處，其不欲見賢”，末句語氣不足，顯然有脫字。乙本（甲本全部殘缺）《老子》作“若此其不欲見賢也”，語氣完備，足以補今本之不足。《孟子》書中也有一個很相似的例子。《萬章下》有“其自任以天下之重也”。語氣亦同樣不足，但《萬章上》作“其自任以天下之重（應補‘也’字）如此”，語氣完備，足以補《萬章下》文句之不足。兩書脫字情形幾乎完全相同，亦可算巧合了（劉殿爵 1982，37）。

析評引論

77.1 何謂“天之道”

本章明確以“天之道”和“人之道”對舉，其意義值得討論。

“道”字在《老子》各種完整本中都出現七十多次。“道”字的最高意義就是宇宙、世界、社會、人生的總根源和總根據，也就是“道生一，一生二，二生三，三生萬物”（第四十二章）之“道”。單用一個“道”字，可以指總根源和總根據，如“道生之，德畜之”（第五十一章）中的“道”；也可以指一般的方法、原則、道理，如“明道若昧，進道若退”（第四十一章）。

老子還講到“大道”，大道可以指本根之道，如“大道汎兮，其可左右”（通行本第三十四章，帛書本作“道，汎呵其可左右也”）；大道也可以指一般的行為原則，如“大道廢，有仁義”（第十八章），這裏的大道不可能是本根之道，本根之道是不可能廢的。此外，第五十三章還講到“使我介然有知，行於大道”，這裏的道有明顯的原則、規範的意義。

老子又多次講到“天道”或“天之道”，這兩種說法的意思應該是一樣的。所謂天道可能是客觀的、與人世無關的規律，如"天道云云，各復其根"（竹簡本第十六章），"不窺於牖，以知天道"（第四十七章）。這裏的天道都比較接近自然界的現象和規律，是不以人的意志為轉移的。但是，中國哲學的一個特點就是從客觀世界尋找人的行為的根據；所以，在有些情況下，"天道"也與人事有關，如"功遂身退，天之道也"（竹簡本、帛書本第九章），"天之道，不戰而善勝"（第七十三章），"天道無親，常與善人"（第七十九章），"天之道，利而不害"（第八十一章）。這些天道都與人事有關，具有規範性的意義。其規範性意義的根據顯然來自於"天"的客觀、獨立特點。所以，天道或天之道一方面是客觀的、實然的，另一方面又體現了人的行為原則。實際上，這些天道所體現的原則正是老子所要提倡的價值標準。

本章所說的"天之道，損有餘而補不足"也是以客觀之天的獨立性來強化、支持人事中應該"損有餘而補不足"的原則。簡單地說，"天之道"就是既獨立於人之外、又給人的行為方式提供規範的價值和原則。具體說來，"天之道"的原則是要維持一個恰當的平衡狀態，對有餘者損之，對不足者補之。大自然的生物鏈就是這種損有餘而補不足的具體表現。這一原則和一般世俗的習慣恰恰相反。一般人往往趨從世俗價值，對富豪笑臉相迎，對窮人卻不屑一顧；對名滿天下的明星，人們趨之若鶩，競相奉獻熱情、獻花和掌聲，對不幸者卻無心關照，唯恐避之不及。"天之道"要維持自然的平衡就要"損有餘而補不足"。當然，按照道家的原則，這種損也是自然之損，補也是自然之補，不會是強奪硬取的重新分配。

77.2　何謂"人之道"

《老子》中明確講"人之道"的只有兩處，一處是本章的"人之道，損不足而奉有餘"，另一處是第八十一章的"人之道，為而弗爭"（帛書乙本，甲本殘）。值得注意的是這兩處"人之道"的性質恰好相反，一個是與天之道相反的、老子所批評的"損不足而奉有餘"的做法，一個是老子所贊同的"為而弗爭"的原則。"為而弗爭"的人之道與"不戰而善勝"的天之道相一致。或許正是看到了這兩種"人之道"不同的矛盾，通行本將"為而弗爭"的"人之道"改成了"聖人之道"。這樣"聖人之道"與"天之道"相一致，而普通的"人之道"與天道相反，概念上就清楚了，邏輯上就沒有矛盾了。無論通行本的修改者當時是否充分地意識到這一點，從效果上來看都是一樣的。

不過，將"聖人之道"和"人之道"明確區別開來，也只是形式上解決了問題。如果我們承認聖人也是人而不是神，那麼仍然存在一個天之道對人究竟有沒有決定作用、或者人是不是必須遵守天之道的問題。這涉及西方哲學中自由與必然的問題。西方哲學家習慣於從概念的體系分析問題，因此他們認為是必然的就意味著沒有意志自由，承認意志自由就不可能接受客觀必然性的概念。從概念上講這的確是對的，不這樣講就會造成邏輯混亂。但是，中國哲學家的思維習慣是圍繞著生活實踐的，是貫通天人之際的。中國哲學家所說的形而上和形而下之間並沒有絕對的隔絕和分離。

從純概念的角度講，中國哲學家似乎分不清自由與必然，形而上與形而下。但是從實踐的角度講，中國哲學家並沒有錯。在人類的實際生活之中的確沒有絕對的自由意志，也沒有絕對的客觀必然性。我們總是在某種外在限制下生活，也總是在某種程度上決定著自己的行為及其方式。回到天之道與人之道的關係來說，一方面，天之道代表了某種外在的權威，預示著人們應該如何，不應該如何。另一方面，天之道並沒有剝奪個人的自由，人的行為有可能偏離天之道所體現的價值和原則，這樣才有天之道和人之道兩個概念。換言之，天和天之道（以及道、理、天理）在中國哲學中有一種弱勢的決定作用，其決定作用體現在宏觀的、長遠的框架上，而不是體現在每一個人的具體言行上。因此，每個人都應該，而且可以對自己的一言一行負責（此處涉及實然與應然的問題，參見析評引論 7.1 及 42.3）。

總之，老子所說的人之道是人類的行為方式和原則。它可以和天之道一致，也可能不一致。人的努力方向和理想追求應該與天之道相一致，聖人的行為或聖人之道就達到了與天之道的一致性。

77.3　道的概念體系

總結以上兩節，老子所說的"道"有一個大致的理論系統和層次。最高的是本根之道，本根之道作為宇宙、世界的起源是絕對的、客觀的、無條件的，與人世、人生沒有任何關係。但是，道不僅產生萬物，而且是萬物存在、發展的總根據。也就是說，萬物和人類產生後，道並沒有消失，它仍在維繫著宇宙、世界、社會以及人生的基本生存條件和演變條件；而這種維繫作用同時提出了人類應該如何生存和生活的問題，這就是道的價值根源的意義。從這方面來說，道也具有規範性意義。

在"道"之下是"天道"或"天之道"。這裏的"天"有天空與大自然的意義。它是道的一種相對具體的表現。天之道也體現了本根之道的兩方面的意義，即客觀的、超越的意義和價值的、規範的意義。由於"天"比較具體地代表了大自然，因此人們習慣於將天之道與大自然的規律等同起來或聯繫起來。這種等同和聯繫既有道理，又不完全正確。"天"在中國古代哲學中的確經常作為超越的大自然的代表；但是，"天"的概念一旦進入古人的哲學論域，它就不再是單純的自然界了，而是帶上了哲學家所賦予它的哲學色彩。所以，儒家的天、墨家的天、道家的天都各不相同。和儒家、墨家的天相比，道家的天完全沒有意志和目的色彩，沒有賞善罰惡的能力（"天道無親，常與善人"不等於有意識的賞罰），所以說，道家的天最接近於自然界的意義。但是，道家的天畢竟不是自然界的概念。即使說道家的"天"是"自然之天"，也不意味著"天"就是藍色的天空或物理學中的自然界。中國哲學家很少考慮純粹的自然界問題。

總之，"天之道"已經是老子哲學系統中的概念，不再是純粹的自然界之道。強調這一點是為了回應有些朋友的問題：為甚麼老子講天之道的時候沒有考慮到大自然的"惡"的一面，比如地震、火災、颱風、海嘯等等，這就是因為老子講的天之道已經不是純粹的自然界

之道。當老子將天當作哲學概念而講天之道時，天的內容已經經過了
他的哲學思考的過濾。

天之道在老子哲學中的地位很高，但畢竟不等於本根之道。天之
道與大自然相聯繫，與天的形象相聯繫，而本根之道則是大自然和天
的根源和根據。所以天之道只能是本根之道的較為具體形象的體現
者，而不是本根之道本身。

天之道之下就是聖人之道，或者說是人之道中與天之道相一致的
部份。聖人之道是本根之道和天之道所體現的價值取向和行為原則的
人格化代表。而一般的"人之道"則又等而下之。如果我們按照傳世
本假定"人之道"不包括"聖人之道"，那麼僅在本章出現的"人之
道"就是"天之道"的"負片"或反面。如果我們按照帛書本，將聖
人之道也看作是"人之道"的一種，那麼人之道既可以體現天之道，
又可以偏離天之道。

所謂"大道"意思較為寬泛，可以指本根之道，又可以指天之道
或聖人之道。

我們可以將《老子》中道的概念體系畫成下面的示意圖：

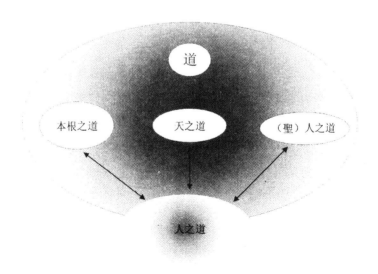

本圖顯示在一般情況下，老子所說的道主要包括本根之道（世界
之總根源和總根據），天之道（利而不害，常與善人），以及聖人之道

（生而不有，為而不恃）。這三個層次也就是逐步從最高本根的層面下降到天地萬物的層面，再下降到人類社會的層面。圖中聖人之道的"（聖）"字在括弧中，是因為第八十一章帛書本作"人之道"，傳世本則作"聖人之道"。傳世本加"聖"字符合原文的意義，因為第八十一章所說的人之道與本章所說的人之道性質不同。按照帛書本，人之道包括與天之道相一致的行為（第八十一章"為而弗爭"）和違背天之道的行為（第七十七章"損不足而奉有餘"）。按照傳世本，與天之道相一致的行為原則就是聖人之道，反之就是普通人的行為方式。無論按照哪一種版本，人之道都可能是與天之道一致的，也可能是與天之道不一致的。因此代表人之道的橢圓形一部份在代表道的橢圓形之內，一部份在外。而聖人之道是本根之道和天之道的價值取向的人格化體現，所以完全在代表道的橢圓形之內。一般的人之道和聖人之道、和天之道、和本根之道都可以有不同的關係，即可以是一致的，也可以是相背的，因此它們之間的箭頭是雙向的。人之道與聖人之道之間的關係更為具體和直接，人們更容易模仿或反對聖人的行為方式和行為原則，因此用較寬的雙向箭頭表示。

第 七 十 八 章

原文對照

河 78.1　天下柔弱莫過於水，

河 78.2　而攻堅強者莫之能勝，

河 78.3　其無以易之。

河 78.4　弱之勝強，柔之勝剛，

河 78.5　天下莫不知，莫能行。

河 78.6　故聖人云：

河 78.7　受國之垢，是謂社稷主；

河 78.8　受國之不祥，是謂天下王。

河 78.9　正言若反。

傅 78.1　天下莫柔弱於水，

傅 78.2　而攻堅彊者莫之能先，

傅 78.3　以其無以易之也。

傅 78.4　柔之勝剛，弱之勝彊，

傅 78.5　天下莫不知，而莫之能行。

傅 78.6　故聖人之言云，

傅 78.7　受國之垢，是謂社稷之主。

傅 78.8　受國之不祥，是謂天下之主。

傅 78.9　正言若反也。

王 78.1　天下莫柔弱於水，

王 78.2　而攻堅強者莫之能勝。

王 78.3　其無以易之。

王 78.4　弱之勝強，柔之勝剛，

王 78.5　天下莫不知，莫能行。

王 78.6　是以聖人云，

王 78.7　受國之垢，是謂社稷主；

王 78.8　受國不祥，是為天下王。

王 78.9　正言若反。

帛 78.1　天下莫柔弱於水，

帛 78.2　□□堅強者莫之能□也，

帛 78.3　以其無以易之也。

帛 78.4　水之勝剛也，弱之勝強也，

帛 78.5　天下莫弗知也，而□□□行也。

帛 78.6　是故聖人之言云，曰：

帛 78.7　受國之詬，是謂社稷之主，

帛 78.8　受國之不祥，是謂天下之王。

帛 78.9　正言若反。

對勘舉要

（1）本章各本之間都有一些文字不同，但文義基本一致。帛書甲乙本之間沒有重要不同。河上公本題為"任信"，用意不明。

（2）"天下莫柔弱於水，而攻堅強者莫之能勝，其無以易之。"

此為王弼本。第一句各本相同，只有河上本作"天下柔弱莫過於水"，意同文不同。第二句"莫之能勝"，傅奕本作"莫之能先"，帛書甲乙本文字不全，沒有"勝"或"先"字，無可參考。高明曰：根據下文"水之勝剛"、"弱之勝強"，此處當作"勝"字，"先"乃"勝"之借字（高明1996，209）。第三句"其無以易之"，傅奕本、帛書乙本作"以其無以易之也"，句前用"以"，句末用"也"；帛書甲本與乙本相同，惟"無"作"无"。

（3）"弱之勝強，柔之勝剛，天下莫不知，莫能行。"

此段河上本、王弼本同。傅奕本、帛書甲乙本前兩句順序顛倒。"柔之勝剛"，帛書乙本誤為"水之勝剛也"，甲本殘。帛書本四句後皆用"也"。"不知"，帛書本作"弗知"。"莫能行"，傅奕本作"而莫之能行"，帛書本有殘，句式近傅奕本。

關於本節"天下莫不知"一句，陶鴻慶說：第七十章云："吾言甚易知，甚易行。天下莫能知，莫能行。"第七十三章云："天之所惡，孰知其故。"此云"天下莫不知"，與前章之旨違戾。而《淮南子·道應訓》引與此同。此"知"字與當訓為"見"，言柔弱之勝剛強，天下莫不見也（陶鴻慶1998，7）。此處"天下莫不知"形式上是與第七十章"天下莫能知"恰好相反，似乎必有一錯。然而這只是文字表面的觀察。從思想內容來看，此處"天下莫不知"與第七十章"吾言甚易知"相一致，因此思想上並沒有矛盾。

（4）"是以聖人云，受國之垢，是謂社稷主；受國不祥，是為天下王。正言若反。"

此為王弼本。"是以"各本不同，或作"故"（河上、傅奕、帛書甲），或作"是故"（帛書乙）。"聖人云"，帛書甲乙本作"聖人之言云曰"。句中兩"國"字，帛書甲本均作"邦"。"受國之垢"的"垢"，帛書甲乙本原作"訽"，讀作"詬"，意同"垢"。"主"、"王"之前，傅奕本、帛書本均有"之"。傅奕本"天下之主"的"主"當為"王"之誤。王弼本"是為天下王"的"為"當為"謂"之誤。

析評引論

78.1　朱熹對老子的誤批

本章再次講到柔弱勝剛強的思想。對老子的這一思想，誤解甚多。這裏集中討論一下朱熹對老子思想的誤解。

朱熹說："老子之學只要退步柔伏，不與你爭。才有一毫主張計較思慮之心，這氣便粗了。故曰……'知其雄，守其雌，為天下谿；知其白，守其黑，為天下谷。'所謂谿，所謂谷，只是低下處。讓你在高處，他只要在卑下處，全不與你爭。他這工夫極離。常見畫本老子便是這般氣象，笑嘻嘻地，便是箇退步占便宜底人。雖未必肖他，然亦是它氣象也。只是他放出無狀來，便不可當。"（朱熹 1986，2996）這是將老子的柔弱、不爭看作陰險手段，目的是"退步占便宜"。讀者只要想到老子主張"我愚人之心也"，"聖人常無心，以百姓心為心"，"聖人欲不欲"，就可以看到，朱熹對老子的這種批評離老子思想的全貌和本意相差何止萬里。這種誤解的原因恐怕相當複雜，難以盡言，在此無法深入討論。這裏比較明顯的做法是抽取若干原文，按照自己以及世俗的理解引申開來。朱熹的這種理解和批評未必是有意或惡意的，唯其如此，才更值得一般人警惕。

當有人向朱熹請教如何理解老子之"反者，道之動；弱者，道之用"時，朱熹說："老子說話都是這樣意思。緣他看得天下事變熟了，都於反處做起。且如人剛強咆哮跳躑之不已，其勢必有時而屈。故他只務為弱。人纔弱時，卻蓄得那精剛完全；及其發也，自然不可當。故張文潛說老子惟靜故能知變，然其勢必至於忍心無情，視天下之人皆如土偶爾。其心都冷冰冰地了，便是殺人也不恤，故其流多入於變詐刑名。"（朱熹 1986，2997—2998）這是將老子的柔弱之道放到人之間的矛盾鬥爭的場景之中所作的分析。然而，老子的雌柔原則恰恰是"道法自然"的體現，是要從根本上減少人與人、群體與群體之間的衝突，達致自然的和諧。朱熹又說老子思想"勢必至於忍心無情"，"心都冷冰冰地了"，這顯然與老子以"慈"為三寶之第一的原則不符，與"輔萬物之自然而不能為"的思想主張不合。

朱熹還批判"老子之學，大抵以虛靜無為、沖退自守為事。故其為說，常以懦弱謙下為表，以空虛不毀萬物為實。其為治，雖曰'我無為而民自化'，然不化者則亦不之問也。其為道每每如此。"（朱熹 1986，2986）這是說老子不負責任。的確，和儒家相比，道家似乎是不夠負責；但是老子承擔了更高的責任，即提出創造萬物自生、自化、自富的目標和條件。在老子看來，社會治理者的責任不是去管很多具體事，而是讓百姓萬物有正常的生存發展的社會生態環境。儒家的責任似乎要把水送到百姓的口中，而老子希望看到百姓有權自己打井找水的環境和局面。事實上，儒家式的過強的責任感可能造成上對下的庇護、驕縱或控制、操縱，有如父母對子女的過份溺愛或過多管束，而下對上的過多的責任感可能造成愚忠和死諫。"先天下之憂而憂"是令人敬佩的情操，但是需要大多數人為天下而憂慮的時代一定是不祥的時代，因為這個時代的領導人無法提供或保護百姓安居樂業的社會生態環境。

此外，朱熹還說過"老子之術，謙沖儉嗇，全不肯役精神"（朱熹 1986，2986）。這是批評老子懶惰。朱子又說："老子之術，須自家占得十分穩便，方肯做；才有一毫於己不便，便不肯做。"（朱熹 1986，2986）這是批評老子自私。認真讀過《老子》全文的讀者應該不難看出，這些批評其實和老子的思想是不相干的。（參見析評引論 37.2）

78.2　朱熹對老子的誤讀

值得注意的是朱熹雖然對老子有許多尖銳的、錯誤的指責和批評，但是他主觀上似乎並不是要一味否定老子。有人問：“老子之言，似有可取處？”朱熹回答：“它做許多言語，如何無可取？如佛氏亦儘有可取，但歸宿門戶都錯了。”（朱熹 1986，2994—2995）這似乎是說，佛家、道家的一些具體說法不無可取之處，但是這些具體的可取之處進錯了門，因此從總體上是要批判的。

那麼，朱熹認為老子思想有甚麼可取之處呢？似乎就是朱熹認為程頤的“生生”之說來自於老子的“谷神不死”。有人問朱熹關於“谷神不死”一段如何理解，朱熹說：“谷之虛也，聲達焉，則響應之，乃神化之自然也。‘是謂玄牝’，玄，妙也；牝，是有所受而能生物者也。至妙之理，有生生之意焉，程子所取老氏之說也。”（朱熹1986，2995）陳榮捷說：“（對於朱熹的這一段語錄）從來中日學者絕少討論。西方學者更無論矣。然而朱子之見，于理學之進展關係滋大。一則可以見朱子之對于老子之極力攻擊並非不留餘地。二則老子並非全然虛靜無為。三則理學‘生生’之重要基本概念竟可謂來自老子。誠如是，則吾人于道家與理學之關係之了解，不能不全然更新。”“此中最堪注意者為朱子將谷神與生生兩觀念聯合在一起，謂為程頤所取于老子者。”（陳榮捷 1988，99）陳氏進一步說：“此處‘取’為收而用之之意，而非只謂老子之言有可取處。若只謂可取，則為讚美之詞，不外謂老子‘谷神不死’之言，對于理學生生之旨，有所補益，而非謂其為此思想之源頭也。而今謂‘程子所取老子之說’，則程子採用老子谷神不死以為即是生生之意明矣。”（陳榮捷 1988，109）“朱子最尊程頤。此處最尊老子。”（陳榮捷 1988，99）

陳氏繼續說：然而，“朱子則不特複述程子‘谷神不死’一章最佳”（卷九十七）之言，而且謂程子有取于老氏生生之意。此中關係有何根據，朱子並未言明。程子所言，並無建立谷神與生生關係之痕跡。吾人敢謂此為朱子本人解釋程子之意而已。老子第六章實兼體用而言。“谷神不死，是謂玄牝。玄牝之門，是謂天地根”，言體也。

"緜緜若存，用之不勤"，言用也。程子先言莊子形容道體，而繼言谷神不死，則老子亦是形容道體。然生生不窮，乃不是體而是用。"上文提程子以老子分道德仁義禮為五為不是，亦是體，是則生生與谷神之關係，實是朱子本人之意，以言乎用，使不至有只言體而不言用之偏，而朱子自以為來自程子者也。"（陳榮捷 1988，110）按照陳榮捷的說法，朱熹將程頤的"生生"之意歸之於老子之"谷神不死"一章是朱熹自己的理解，不是程頤自己的說法。這就是說，朱熹誤解了程頤，也誤解了老子。像陳榮捷這樣老子的歸老子，程頤的歸程頤，朱熹的歸朱熹，是研究經典詮釋的基礎性工作。進行這樣的工作需要認真的精神和扎實的功力，這是值得我們每一個人為之努力的方向。

朱熹還說過："仁是箇溫和柔軟底物事。老子說'柔弱者生之徒，堅強者死之徒。'見得自是。看石頭上如何種物事出！"（朱熹 1986，115）。這也是將老子的柔弱思想和儒家的"生"的觀念聯繫起來。但陳榮捷說："蓋謂仁之能生，以其為柔。從來儒家絕無此說。此處朱子又援老子之意以加強儒家生生觀念。其借重老子，可謂顯然。"（陳榮捷 1988，112）

按陳榮捷之說，朱熹借重老子講儒家之生生觀念，其實包含了某種誤解。如果朱熹對老子的批判是誤解，對老子的讚賞也是出於誤會，我們應該如何看待這種情況呢？我們應該知道，朱熹是一個重視"道問學"的嚴肅的學者，學識之宏富是鮮有可比的。我們不能輕易地用一個"誤解"來抹煞他對老子的理解。這其中應有很多關於理解、詮釋與運用的詮釋學課題值得我們深入思考、研究。

第 七 十 九 章

原文對照

河 79.1　和大怨，必有餘怨，　　　傅 79.1　和大怨，必有餘怨，

河 79.2　安可以為善。　　　　　　傅 79.2　安可以為善？

河 79.3　是以聖人執左契，　　　　傅 79.3　是以聖人執左契，

河 79.4　而不責於人。　　　　　　傅 79.4　而不責於人。

河 79.5　有德司契，無德司徹。　　傅 79.5　故有德司契，無德司
　　　　　　　　　　　　　　　　　　　　徹。

河 79.6　天道無親，常與善人。　　傅 79.6　天道無親，常與善人。

王 79.1　和大怨，必有餘怨，　　　帛 79.1　和大怨，必有餘怨，

王 79.2　安可以為善？　　　　　　帛 79.2　焉可以為善？

王 79.3　是以聖人執左契，　　　　帛 79.3　是以聖人執左契，

王 79.4　而不責於人。　　　　　　帛 79.4　而不以責於人。

王 79.5　有德司契，無德司徹。　　帛 79.5　故有德司契，无德司
　　　　　　　　　　　　　　　　　　　　徹。

王 79.6　天道無親，常與善人。　　帛 79.6　夫天道无親，恒與善
　　　　　　　　　　　　　　　　　　　　人。

對勘舉要

（1）本章短小，通行本和傅奕本之間差別也很少，但帛書甲乙本之間有重要不同。通行本第八十、八十一章在帛書本中排在第六十七章之前，因此本章為帛書本德經之末篇。乙本後有殘損尾題，整理者識讀為“德三千卅一”。河上本題為“任契”，取之於“有德司契”一句。

（2）“和大怨，必有餘怨，安可以為善？是以聖人執左契，而不責於人。”

此段，河上、王弼、傅奕諸本幾乎全同。“安可以為善”，帛書甲本“安”作“焉”，乙本殘。“是以聖人執左契”一句，帛書乙本相同，甲本作“是以聖右介（契）”，高明認為甲本“聖”字下脫“人執”二字，“介”借為“契”，原文當作“是以聖人執右契”。“不責於人”，甲乙本皆作“不以責於人”。

此節傳世本文字是“是以聖人執左契”，帛書甲本作“執右契”，乙本同傳世本作“執左契”。甲乙本孰是孰非，取決於古代以左為上還是以右為上，因為本文聖人應取上位而不責於人，才能無怨。崔述認為古代楚國上左，其他各國上右，學者從之者甚多。據此說，高明認為此處經文應從帛書甲本作“執右契”（高明 1996，214—217）。高說依據帛書甲本之孤證，似難成立。此處甲本抄漏兩字，可見抄寫之粗率，以此粗率抄寫之孤證為正本，令人難安。

高亨說：“《說文》‘契，大約也。券，契也。’古者契券以右為尊。《禮記·曲禮》‘獻粟者執右契。’鄭註：‘契，券要也，右為尊。’《商子·定分篇》：‘以左券予吏之問法令者。主法令之吏，謹臧其右券木柙。以室臧之。’《戰國策·韓策》：‘操右契而為公責德於秦魏之王。’並其證也。聖人所執之契，必是尊者，何以此文云執左契，今諗三十一章曰：‘吉事尚左，凶事尚右。’用契券者，自屬吉事，可證老子必以左契為尊，蓋左契右契孰尊孰卑，因時因地而異，不盡同也。《說文》：'責，求也。'凡貸人者執左契，貸於人者執右契。貸人者可執左契以責貸於人者令其償還。聖人執左契而不責於人，即施而不求報也。"（高亨 1957，149）

關於古代上左還是上右，葉國良有不同意見。他說："吉事尚左，凶事尚右"，乃是先秦時代中原各國的共同禮儀制度，以吉事言，左尊右卑，涵蓋了地理方位、宮室、昭穆、文武、主賓、男女等方面，見於《三禮》及其他相關資料者甚明（葉國良 2003，185）。

無論古代是否有共同的上左或上右的習俗，不管楚國是甚麼習俗，老子第三十一章明言"吉事尚左"，本章聖人"執左契"而不責人與之正合，反映了聖人為而弗有或為而弗爭的特點。

(3) "有德司契，無德司徹。天道無親，常與善人。"

此段王弼本、河上本同，傅奕本、帛書本第一句前有"故"字。"天道無親，常與善人"二句，帛書甲本作"夫天道无親，恆與善人"。乙本殘。關於"無德司徹"的"徹"字，解釋很多，如釋"徹"為"過"、為"失"、為"轍"、為"治"、為"剝"、為"殺"、為"通"、為"稅"等等。高明說：從經義以及與"契"字能成為對文者分析，當以周代稅法之說為義勝（高明 1996，219）。甚麼是周代稅法？張揚明說：《論語·顏淵》"盍徹乎"，鄭註云"周法什一而稅，謂之徹，徹，通也。天下之通法"。《孟子·滕文公》"周人百畝而徹"，趙註"耕百畝者徹取十畝以為賦，徹猶取也"。"有德司契，無德司徹"，兩句對言。"契"既為"契券"，"徹"，當係"徹法"（張揚明 1973，387）。

析評引論

79.1 天道：自然與為善

本章末"天道無親，恒（常）與善人"兩句在古代文獻中多次出現，比如這兩句話又見於《說苑·敬慎》所引之〈金人銘〉，然《孔子家語・觀周》所引〈金人銘〉卻作"天道無親，而能下人"，未知原貌為何。河北定縣出土之定名為〈儒家者言〉的竹簡中有〈金人銘〉的個別文句，但沒有這兩句可資參考。《說苑》和《家語》中的〈金人銘〉都有"執雌持下"的說法，與《老子》觀點近似。〈金人銘〉與《老子》思想、文句類似之處似乎不少，古棣列舉七條，或可參考（古棣 1991B，344—347）。

　　無論這兩句是否從別處引來，它們在老子哲學體系中都是至關緊要的命題。司馬遷在《史記・伯夷列傳》最後引了這兩句話，然後為伯夷、叔齊這樣的善人未得善報鳴不平，他感嘆"天之報施善人，其何如哉？"對天不能保佑善人有善果提出質疑，也就是對"天道無親，恒與善人"的命題也提出了疑問。司馬遷的問題或與他個人的屈辱與不幸有關，但是他的問題卻涉及到一個極為普遍的哲學和宗教學課題，這就是人的善行與惡行是否有相應的果報？善行和惡行是否應該分別受到鼓勵或懲戒？"天道無親，恒與善人"在老子哲學中究竟意味著甚麼？老子對善惡報應的問題究竟是甚麼態度呢？

　　"道法自然"否定了宇宙萬物總根源和總根據的道德性，道不同於上帝，不同於天理。道沒有給人類直接提出應該如何行動的律令。那麼，沒有最高道德引導和制約的世界會不會成為混亂不堪的無道德世界？會不會善有惡報，惡有善報，從而道德淪喪？"天道無親，恒與善人"的說法似乎就是為了回答這個問題。

　　老子相信，整個宇宙、世界、社會、人生的最高、最後的支配力量不是鬼神或上帝，也不是純粹的道德原則或天理，但世界的存在所依循或體現的也絕不是毫無原則的混亂之道，不是弱肉強食的動物之道，不是完全沒有是非、善惡的物理之道。道及天道體現的自然而然的秩序和人文自然的價值意味著人類社會的和諧，意味著人與宇宙萬物的和諧。這種自然和諧的原則和狀態，一方面為一切行為個體提供了相當的自由發展的空間，同時又意味著對行為個體任意的、自我擴張行為的間接的限制。換言之，一切行為個體最終還是應該遵循一定的規範，包括道德規範，儘管這裏的道德規範不具有最高、最後的本體論的屬性。

"天道無親"體現了"道法自然"的原則。類似的說法見於第五章"天地不仁,以萬物為芻狗。聖人不仁,以百姓為芻狗。天地之間,其猶橐籥與?虛而不屈,動而愈出。多聞數窮,不若守於中"。這裏的"不仁"和"無親"一樣說明天道沒有情感、意志、目的、偏私。"聖人不仁"的說法是效法天道或天地之道,特別是萬物生成的自然而然的過程。萬物生成不是任何鬼神或客觀意志的決定作用,而是如風橐鼓風般自然而然地生出一切具體事物。老子由萬物的生成存在原理推論出人類社會的存在狀態也應該是自然的,而不應該是由某種意志規劃、設計的,特別不應該是強制的或勉強維持的狀態。

"天道無親","天地不仁","聖人不仁"諸說法說明老子之聖人與儒家之聖人不同。老子之聖人主要不是靠仁義道德治理天下,而是要效法宇宙萬物自然而然的生成、存在之道,這種原則具體運用於人類社會就體現為人文自然之道。老子之聖人雖然不以傳統的道德或儒家的道德治理天下,卻並非否定和拋棄道德。所謂三寶中的"慈"、"儉",所謂"生而不有"、"為而不恃",所謂"為而不爭",所謂"被褐懷玉"都有道德修養的因素。沒有道德,人類社會的自然和諧就少了一種基本的維繫條件。但是,儘管任何維繫社會自然和諧的因素,包括道德、法律、行政、管理都可以為維繫自然和諧提供積極助力,但錯誤的、不當的運用則可以使它們變成破壞自然和諧、實行社會強制的手段。老子所反對的是破壞自然和諧的各種手段,而不是包括道德在內的維繫社會和諧的各種因素。老子哲學並非籠統地反對道德教化,所以,儘管天道自然,卻是常與善人的。

79.2 天道:自然與報應

既然承認道德的可能的積極作用,那麼在理論上就要承認遵守道德的人,即"善人"的行為應該得到承認和保障,這就是提出天道"常與善人"在理論上的必要性。天道雖然無親無私,但並非對人世毫無作用;天道雖然不會有意識地賞善罰惡,但在事實上、在總體上或最終意義上是對"善人"相與相助的，而不支持或保護不善之人。宇宙、社會、人生最終的發展會體現自然而然的原則，因此，"善人"的行為，為而不爭的道家式實踐活動，也會在自然而然的發展過程中得到支持和保障。這樣，德、福一致，遵守道家原則就有了某種外在保障。當然，這種保障仍然只是一種大趨勢，仍然與個人的智慧與實踐有關，而不是純粹外在的直接的、強制的必然性。

老子理論所說的對"善人"的相與相助是間接的，但最終卻是確定不疑的，因為這是由作為萬物總根據的道來保證的。但是，《老子》中似乎沒有對所謂惡人的懲罰，甚至直接的批評也沒有，他講的是"善者善之，不善者亦善之"（第四十九章），"天之道，利而不害"（第八十一章）。老子似乎並沒有明確的惡人的觀念，因此是相當寬容的。但推究起來，《老子》的思想似乎是相信違背道之原則的人自會承受由自己行為帶來的後果，如"勇於敢則殺，勇於不敢則活……天網恢恢，疏而不失"（第七十三章），"民不畏威，則大威至矣"（第七十二章）。老子似乎認為，和"自化"、"自正"、"自均"、"自富"一樣，對於個人的長期不當的行為所招致的後果，也只能由個人自己承受，無法歸咎於他人的過錯或天意的懲罰。

事實上，老子哲學並沒有直接討論善惡報應的問題。《老子》更多的是教人如何避免事情走向不利的反面，避免對自己不利的後果，比如"夫輕諾必寡信，多易必多難。是以聖人猶難之，故終無難"（第六十三章），主張不要輕諾、不要貪輕易之得，懂得重視事情的困難之處，才可以最終避免難關出現。又如"罪莫大於可欲，禍莫大於不知足，咎莫大於欲得。故知足之足，常足矣"（第四十六章），教導人們知道節制欲望，滿足自己之所有，從而避免"罪"、"禍"、"咎"。又如"果而勿矜，果而勿伐，果而勿驕……物壯則老，是謂不道，不道早已"（第三十章），也是教人適可而止，避免因成功和勝利而走向自己的反面。

總起來看，《老子》哲學相信遵守人文自然之道的人可以減少或避免挫折與災難，而破壞人文自然之道的人最終會承受自己行為的後果。這是道的客觀的最終的決定作用，卻不是直接的對個人行為的懲罰或報應。善惡報應是很多哲學和宗教理論要討論的一個問題。中國傳統的觀念認為天意會賞善罰惡，福善禍淫。但是，人們常見惡人得意猖狂，好人運交華蓋，故而簡單地說善有善報、惡有惡報就無法解釋現實中福與善不一致的情況，因此道教有子孫受報的說法，佛教也有三世報應的理論，基督教則將最終的報應推到了天堂和地獄。相比之下，老子哲學比較簡單，相信天道恆與善人。恆（常）字說明天道有其普遍性和總趨勢，但一個"恆"字不能排除例外。道的作用不是沒有例外的、直接的操縱和控制，但也不意味著對人世行為沒有規範和匡正作用。這就是道的弱性的決定作用的表現（參見析評引論 34.3）。天道不能保證伯夷、叔齊這樣的善人不受冤屈，不能阻止他們選擇死以明志，但可以保證紂王這樣的暴君遲早滅亡，無法善終。從道家的觀點看，違背天道之自然的人可以猖狂一時，不可一世，卻無法避免"物壯則老"的規律；遵循人文自然原則的人雖然不會顯赫一時，卻可以長泰久安，善始善終。

第 八 十 章

原文對照

河 80.1　小國寡民，

河 80.2　使（民）有什伯，人
　　　　之器而不用。

河 80.3　使民重死，而不遠徙。

河 80.4　雖有舟輿，無所乘之；

河 80.5　雖有甲兵，無所陳之，

河 80.6　使民復結繩而用之。

河 80.7　甘其食，美其服，

河 80.8　安其居，樂其俗。

河 80.9　鄰國相望，雞狗之聲
　　　　相聞，

河 80.10　民至老（死）不相往
　　　　　來。

傅 80.1　小國寡民，

傅 80.2　使民有什伯之器而不
　　　　用也，

傅 80.3　使民重死而不遠徙。

傅 80.4　雖有舟輿無所乘之，

傅 80.5　雖有甲兵無所陳之。

傅 80.6　使民復結繩而用之。

傅 80.7　至治之極，民各甘其
　　　　食，美其服，

傅 80.8　安其俗，樂其業。

傅 80.9　鄰國相望，雞犬之聲
　　　　相聞，

傅 80.10　使民至老死不相與往
　　　　　來。

王 80.1　小國寡民，

王 80.2　使有什伯之器而不用，

王 80.3　使民重死而不遠徙。

王 80.4　雖有舟輿，無所乘之；

王 80.5　雖有甲兵，無所陳之；

王 80.6　使人復結繩而用之。

王 80.7　甘其食，美其服，

王 80.8　安其居，樂其俗。

王 80.9　鄰國相望，雞犬之聲

帛 80.1　小國寡民，

帛 80.2　使有十百人器而勿用，

帛 80.3　使民重死而遠徙。

帛 80.4　有舟車无所乘之，

帛 80.5　有甲兵无所陳之。

帛 80.6　使民復結繩而用之。

帛 80.7　甘其食，美其服，

帛 80.8　樂其俗，安其居。

帛 80.9　鄰國相望，雞犬之聲

相聞，　　　　　　　　　　相聞，

王 80.10　民至老死不相往來。　　帛 80.10　民至老死不相往來。

對勘舉要

（1）本章各本之間有一些文字差異。帛書甲乙本之間也有一些出入。帛書本本章內容排在相當於通行本第六十六章的段落之後，通行本第八十一章的內容接在本章之後。河上本題為"獨立"，差強人意。

（2）"小國寡民，使有什伯之器而不用。"

　　此為王弼本。第一句"小國寡民"各本皆同，惟帛書甲本"國"作"邦"。第二句歧異較多。"使"字後，傅奕本有"民"，河上本校點者據河上公註文和強思齊本補之（王卡 1993，303，305）。依據帛書本，此處不當有"民"字。河上本以"使民有什伯"斷句，與衆本明顯不同，根據是河上公註"使民各有部曲什伯，貴賤不相犯也"（王卡 1993，303）。"什伯之器"，河上本作"什伯，人之器"，有"人"字，與帛書甲乙本同，似乎河上本"人"字非衍文，然河上本理解、斷句不當。帛書甲乙本也有些微不同，乙本為"使有十百人器而勿用"，甲本為"使十百人之器毋用"；甲本比乙本多"人"後"之"字，乙本比甲本"使"後多一"有"字。

　　王弼本作"使有什伯之器而不用"，按照傳統的解釋，"什伯之器"即兵器。俞樾說："按'什佰之器'，乃兵器也。《後漢書·宣秉傳》注曰：'軍法：五人為伍，二伍為什，則共其器物，故通謂生生之具為什物。'然則'什佰之器'，猶言'什物'矣。其兼言'伯'者，古軍法以百人為伯。《周書·武順》篇：'五五二十五曰元卒，四卒成衞曰伯。'是其證也。什、伯皆士卒部曲之名。《禮記·祭義》篇曰'軍旅什伍'，彼言'什伍'，此言'什佰'，所稱有大小，而無異義。徐鍇《說文繫傳》於人部'伯'下引《老子》曰：'有什佰之器，每什佰共用器，謂兵革之屬。'得其解矣。"（俞樾 1934，161）

　　俞樾之說影響頗廣，然仍有人從河上本文句按"什佰人之器"作解。如蘇轍云："老子生於衰周，文勝俗弊，將以無為救之，故於其書之終言其所志，願得小國寡民以試焉，而不可得耳。民各安其分，則小有材者，不求於世，'什佰人之器'，則材堪什夫百夫之長者也。事少民樸，雖結繩足矣。內足而外無所慕，故以其所有為美。以其所處為樂，而不復求也。民物繁夥而不相求，則彼此皆足故也。"（蘇轍1100，四 21A—22A）

高明認為，帛書甲乙本同作"十百人之器"絕非偶合。《老子》原本即當如此。他說："十百人之器"，系指十倍百倍（於）人工之器，非如俞樾獨謂兵器也。經之下文云："雖有舟輿，無所乘之；雖有甲兵，無所陳之，使人復結繩而用之。""舟輿"代步之器，跋涉千里可為十百人之工；"甲兵"爭戰之器，披堅執銳可抵十百人之力。可見"十"乃十倍，"百"乃百倍，"十百人之器"系指相當於十、百倍人工之器（高明 1996，152）。

關於"十"與"百"的用法，古棣有更詳盡的論證。古棣說：古文中表示倍數，常常不用倍字，而直接用基數來表示。如《孫子·謀政》："故用兵之法，十則圍之，五則攻之，倍則分之，少則能逃之，不若則能避之。""十則圍之"，即十倍於敵人的兵力則包圍之；"五則攻之"，即五倍於敵人的兵力則攻之。又如《商君書·更法》："利不百，不變法，功不十，不易器。""利不百"即利不到百倍；"功不十"即功效不到十倍。准此解"十百人之器"為：十倍、百倍於人之器，即用上新式工具一人可抵十人、百人之功。這是有語法根據的。帛書甲本、乙本皆作"十百"，即漢初人知道老子這裏的"什伯"即"十百"。"十百"不能解作"軍旅什伍"（《禮記·祭義篇》），不能解作"四卒成伍曰佰"（《周書·武順篇》）。俞樾解為"兵器"之說，當然是無根據的了（古棣 1991A，582—583）。以上例證足以證明帛書本作"什佰人之器"是可通的，應該理解為"十倍、百倍於人之器"。

(3) "使民重死而不遠徙。**雖有舟輿，無所乘之；雖有甲兵，無所陳之。**"

此段河上、王弼、傅奕諸本大體相同，惟帛書甲乙本第一句皆無"不"字，"不遠徙"作"遠徙"，與傳世各本皆異。高明認為，老子主張安居而不徙……所以"遠徙"之"遠"，非遠近之遠，而是"疏"，"離"的意思，如《論語》"遠恥辱也"之遠。又如第二十六章帛書甲本"不離其輜重"（通行本皆作"離"），乙本正作"不遠其輜重"，"遠"即"離"之義。如此，"遠徙"即"不徙"，道藏遂州碑本正作"使民重死而不徙"（高明 1996，152—153）。

"舟輿"，帛書乙本作"舟車"，甲本作"車舟"。帛書甲乙本均無二"雖"字。通行本加二"雖"字，就將兩個七字句變成了《老子》中更常見的四個四字句，這也是語言趨同現象的一個例證。

(4)"使人復結繩而用之。甘其食，美其服，安其居，樂其俗。"

此段為王弼本，第一句開始"使人"之"人"，衆本皆作"民"。此節傅奕本與各本差別最大。在"甘其食，美其服"前，傅奕本多"至治之極，民各"六字；"安其居，樂其俗"，傅奕本作"安其俗，樂其業"，全句作"至治之極，民各甘其食，美其服，安其俗，樂其業"，范應元本與之同。傅奕本的歧出當受《史記・貨殖列傳》影響。該傳開篇即引"《老子》曰：至治之極，鄰國相望，雞狗之聲相聞，民各甘其食，美其服，安其俗，樂其業，至老死不相往來"。傅奕本雖為項羽妾塚本，但經過與當時其他九種版本的校勘，已經不是項羽妾塚本原貌。傅奕本特殊的文句，如"至治之極"，"民各甘其食"，"安其俗，樂其業"等顯然不是來自其他版本的《老子》，而是來自於《史記》。史記所引本章內容似乎是司馬遷的理解和記憶，不是準確地抄自《老子》的某一個版本。這說明以其他古書所引文句來校正某種古書也不一定可靠。因為古人引書往往憑對內容的記憶而不是逐字逐句嚴格抄錄。

王弼本"安其居，樂其俗"兩句順序，帛書甲乙本皆互倒，與嚴遵本相同，這種互倒的原因不明，顯然和押韻沒有關係。

(5)"鄰國相望，雞犬之聲相聞，民至老死不相往來。"

此為王弼本。"犬"，河上本和帛書甲本作"狗"。末句，傅奕本作"使民至老死不相與往來"，衍"使"、"與"二字。本章"國"字，帛書甲本皆作"邦"。

析評引論

80.1 小國寡民：判斷與討論

本章最引人注意的是老子的"小國寡民"的說法。關於小國寡民，論者或謂其為畸形狀態的早期奴隸制（古棣1991A，587），或謂其為農民的平等的理想社會（詹劍峰1982，482—483），或謂其為古代小自耕農的空想，幻想回到沒有壓迫剝削、沒有戰爭的原始公社時代（張松如1987，471），或謂其為人像動物一樣生活的原始社會，是處於危亡階段的氏族貴族把往古回憶作為理想畫圖來救命的表現（李澤厚1985，90—91），或謂其為針對當時的廣土衆民的政策而發，是帶著時代的創傷，逃向原始的樂園，想為時代開倒車（胡寄窗1962，214—215），或謂其為激於對現實的不滿而在當時散落農村生活基礎上所構幻出來的桃花源式的烏托邦（陳鼓應1984，360）。諸說各有其理，有些說法更有可取之處。然《老子》文字簡約，其人其時一去不回，我們要為之作出一個確切可靠的解釋甚至定性式判斷，實在困難。為之戴上現代人發明的政治帽子，對古人似乎未必公平，對今人未必有益。這裏要介紹的是蔣錫昌的說法，其說與上文陳鼓應之說較為接近，也較為平實，可作為討論的起點和參考。

蔣錫昌說：本章乃老子自言其理想國之治績也。蓋老子治國，以無為為惟一政策，以人人能"甘其食，美其服，安其居，樂其俗"為最後之目的。其政策固消極，其目的則積極。曰"甘其食"，曰"美其服"，曰"安其居"，曰"樂其俗"。此四事者，吾人初視之，若甚平常，而毫無奇異高深之可言。然時無論古今，地無論東西，凡屬賢明之君主，有名之政治家，其日夜所勞心焦思而欲求之者，孰不為此四者乎？（蔣錫昌1937，464—467）蔣氏以此四者為小國寡民之主要內容，可謂的論。但"理想國"三字值得推敲，如果這裏的國字是隨便提到，則無重要意義，不必深論；如果這是和柏拉圖的"理想國"

類似的政治概念，則很不恰當。因為老子在這裏並沒有認真討論國家形式和制度問題，小國寡民中除了提到不用軍隊以外，其餘內容全與國家政權問題沒有必然聯繫。

　　蔣氏進而將這種小國寡民與農民的自給自足的生活方式聯繫起來進行分析。《莊子·讓王》中借善卷之口說："余立於宇宙之中，冬日衣皮毛，夏日衣葛絺；春耕種，形足以勞動；秋收斂，身足以休食；日出而作，日入而息，逍遙於天地之間，而心意自得。吾何以天下為哉！"蔣錫昌認為，善卷之言，正乃中國一般農民生活之寫照。自"足以勞動"，而至"足以休食"，再至"心意自得"，人生之意義盡矣，復何求焉。各家之農民，既在經濟上可以自足自給，故與他人自無往來之必要。因人群往來，皆起於經濟上需要互助，或合作。由此，可知老子所謂"老死不相往來"之情境，並非彼個人虛空之理想，實為古時社會上真確之事實。而此事實，乃中國一種天然之經濟組織有以迫成之也。按蔣氏說法，老子之小國寡民不僅是理想，更是社會歷史的反映。筆者以為，一般地說"小國寡民"的說法反映了一些歷史事實，這是無可否認的。但是要將這些歷史的因素納入一個特定的國家形態或政治體系，恐怕需要更多的材料和證據。

　　蔣氏進而認為這種經濟生活的影響造成農民"只掃自家門前雪，不管他人瓦上霜"的心理，以及一盤散沙的組織狀態。因此無公共意識，人與人間極鬆懈、極散漫。各家人可以極端自由自在，不受其他之拘束。總之，有此中國經濟上之條件，乃有此中國農民生活之方式，從而乃有此老子無為之哲學（蔣錫昌1937，464—466）。蔣氏對農民的散漫特點的批評或許是中肯的，但是老子的無為理論是否一定或只能產生於農民自給自足的經濟基礎之上，似乎尚有討論的餘地。無為而治的理想不一定僅是小農經濟的反映，當時的分封制、各國相對獨立的情況可能是無為而治思想更直接的社會基礎。

80.2　小邦寡民：概念乎？術語乎？

　　這裏值得注意的是，小"國"寡民按照帛書甲本原來是小"邦"

寡民。"邦"字與"國"字意義有所不同（參見析評引論18.2—4）。"邦"字說的是分封的家族和地域相結合的政治實體。一個邦君就是一個族長或大家長。"一個邦往往就是以一個大邑為中心，包有一定範圍的田土。""一個邑就應當是一個居民的聚落。"（趙伯雄1990，50）這與後來的郡縣制國家明顯不同，與現代的民族國家更是毫無關係。

小邦寡民的說法雖有理想的成份，但並非認真描繪的社會理想的藍圖。西周時代，雖然有很多小邦、小國，但無論如何，小邦之間不可能只是兩個村落之間的距離。在西周時期，各邦國之間有大片野地，至少也有幾十里，不可能真的"雞犬之聲相聞"。到了戰國時期，小邦國已經被兼併為幾個國土廣袤的大國，"鄰邦相望"的機會已經很少。春秋時期則正是從稀疏分散的小邦國向大國兼併的歷史時期過渡的階段，邦國數量逐步減少，邦國面積逐步擴大，也不可能出現"雞犬之聲相聞"的村落式的邦國相連的局面。所謂"鄰邦相望，雞犬之聲相聞"只能是一種文學誇張的筆法，並非寫實，也並非對任何歷史時代或邦國形式的回憶，也不是一種具體的幻想或設計。

事實上，小邦寡民只是《老子》中偶爾提到的一種說法，並非一個重要的思想概念或理論術語。如果是比較重要的概念或術語，它應該至少重複出現一兩次。正如"無為"在通行本中出現十二次，"自然"出現五次，"道"出現七十多次，"聖人"出現三十二次。但是"小國寡民"只出現一次，不僅四字連用僅此一例，單講"寡民"的也只有這一次，單講"小國"的也僅此一次（第六十一章說"大國不過欲兼畜人，小國不過欲入事人"中的"小國"與小國寡民的"小國"無關）。這說明《老子》作者的心中並沒有將"小邦寡民"當作一個重要概念或術語，所以只是偶爾提過一次就放下了。由此看來，我們沒有必要將"小邦寡民"當作認真的"理想國"之類的設計和構想。

本章有引起全文的三句最重要的話，這就是"使有什伯之器而不用"，"使民重死而不遠徙"，"使人復結繩而用之"。這三句話中的三

個 "使" 字都有假設的意味,可見本章的內容既不是對既有事實的描述,也不是正式提出一個成熟的思想方案。從原文的語氣上來看,本章只是提出一種假設的可能,所表達的不過是作者對現實的一種不滿和願望,並非一個明確的藍圖或方案。因此,我們不應該將 "小邦寡民" 當作一個重要的概念、術語或命題來定義或評價。

把小邦寡民當作歷史描述或政治設計或多或少都是拘泥於一個 "國" 字,並從現代人的政治國家和民族國家的角度來理解 "國" 字的結果。"邦" 既不是 "國",小邦寡民也不是一個重要的政治理念,因此,說老子不了解新的生產關係要求建立 "全國統一的地主政權這一歷史任務"(胡寄窗 1962,214),說小邦寡民不利於國家統一之類的說法,都是一種誤會。

80.3　小邦寡民:不滿與期望

當然,老子對小邦寡民的描述會有某種社會現實的基礎,但不一定是對某種歷史上實有的社會狀態或歷史階段的描述或概括;會有某種想像、期望的成份,但不一定是一種明確的社會理想的設計藍圖。筆者主張,在參考文獻不足的情況下,對古籍的解釋不妨素樸一些。所謂素樸的理解就是盡可能從原文的基本思想出發,盡可能避免以現代人的理論框架規範、界定古人的思想。

如果撇開現代人的社會歷史演變的理論框架和理想國形態的判斷框架,僅從原文的基本內容出發應該如何理解所謂小邦寡民的思想意義呢?首先,我們可以看到,本章的文句可以分為兩大部份:一部份是否定性或批評性的,一部份是肯定性的。從中我們可以看出老子通過小邦寡民的說法所要反對的是甚麼,所要追求的是甚麼。

本章大部份內容是否定式和批評性的。比如,不用 "十百人之器",即是對先進技術及器具的厭煩;"使民重死而不遠徙",則是對頻繁的遷徙旅程的厭倦;"雖有舟輿,無所乘之" 則是對長途跋涉、頻繁往來的反感;"雖有甲兵,無所陳之" 則是對戰爭及其武器的批判;"復結繩而用之" 則似乎是對日益複雜的記憶、紀錄、管理活動的討厭；“民至老死不相往來”則是對交往的反感，同時說明經濟交流、政治往來都不是必須的。這些文句的確切所指很難斷定，但大體說來是對現實狀況的不滿則是顯而易見的，特別是對工具、舟車、兵器的發展帶來的生活環境和生活方式的巨大改變不以為然。老子可能是認為這些新的、先進的技術和器具改變了原有的簡單生活氛圍，因此希望回到單純的生活狀態。本章這些否定性的說法反映的是老子對社會現實及其發展趨勢不滿的一面。

本章對現實表現了不滿，那麼，作者希望得到或維護的又是甚麼呢？原文說到的就只有“甘其食，美其服，安其居，樂其俗”四句，涉及到衣、食、住以及社會習俗。所謂“甘其食，美其服，安其居，樂其俗”中的“甘”、“美”、“安”、“樂”諸字都是意動用法，即以食為甘，以服為美，以居為安，以俗為樂。那麼，這裏的食、服、居、俗是甚麼樣的？理想的？還是粗陋的？原文沒有說，論者則有不同的理解。我們是否有足夠的根據判斷這裏所說的食、服、居、俗的水平？恐怕我們既沒有理由將這裏所說的食、服、居、俗看成鐘鳴鼎食那麼美好，也不能將它們看作是茹毛飲血那麼原始簡陋。大體說來，這應該是一般條件下的正常的食、服、居、俗的情況，是一般人應該而且可以滿足的情況。《老子》五千言沒有主張過錦衣玉食的生活，也沒有提倡過以苦為樂的境界。老子的一貫立場是要滿足百姓的基本生活需求，如第十二章說“聖人之治也，為腹而不為目”，第三章強調“虛其心，實其腹”。可見，本章所說的對食、服、居、俗的滿足，都是從滿足人類的基本需求來說的（參見析評引論 12.1）。這是小邦寡民中的正面的希望或理想的一面。

總之，小邦寡民所表達的對現實的不滿和對社會的期望不應該按照社會歷史發展的階段和國家的政治形態來定性、判斷和評價，而應該放到《老子》全文的思想脈絡中來理解。所謂小邦寡民的理想最重要的是滿足百姓的基本生活條件，而否定兵戎相見、長途跋涉、追巧圖利等文明發展中出現的新情況。這些內容都可以在《老子》原文中得到印證。

80.4　小邦寡民：反動還是反思？

上文講到小邦寡民中所否定的包括"十百人之器"、"舟車"、"遠徙"、"甲兵"等。雖然對老子的小邦寡民的解釋評價分歧很多，但共同的一點則是針對老子反對使用"十百人之器"，批評老子反對技術的進步和發展，是開歷史倒車，甚至是主張社會倒退的反動思想。從古到今，批評科技發展的議論很多，是否都可以稱之為倒退或反動是值得討論的。十九世紀，上海出現的中國第一條營運鐵路，由於保守派全力攻擊及其他原因，終被拆除。這個事件或許可以稱之為非政治意義之"反動"。但是，並非所有對科技發展的批評都變成了對先進的技術產品的實際毀棄，也並不是所有的類似言論都可以歸之於反動。

老子為甚麼會反對"十百人之器"？《莊子·天地》篇有一個故事似乎與這種態度有關。傳說子貢南遊回來過漢陰的時候，看見一個老人"方將為圃畦，鑿隧而入井，抱甕而出灌，搰搰然用力甚多而見功寡"。子貢看見老人家通過隧道到井邊取水太辛苦，就對他說："有械於此，一日浸百畦，用力甚寡而見功多，夫子不欲乎？"老人聽了他對桔槔的說明以後說："有機械者必有機事，有機事者必有機心。機心存於胸中……則神生不定；神生不定者，道之所不載也。吾非不知，羞而不為也。"這個寓言說明有些人反對使用"十百人之器"純粹是出於個人的道德的考慮和選擇，不一定是對社會和科技進步的反抗或反動。漢陰丈人之後代在桔槔普及的時代一定會自然而然地接受它、使用它，而不會感到有任何道德上的內疚。不過，那時還會有人因為更先進的器具出現而考慮道德上是否應該接受它。漢陰丈人如果是因為不願意用桔槔率先搶取井中之水，那麼漢陰丈人的確是有道德的，這裏所討論的也的確是一個道德問題。如果他僅僅是因為個人不習慣或不願意失去個人的淳樸之習性，那麼我們只能說他有些迂腐，談不上反動不反動。

用漢陰丈人的例子來解釋老子反對"十百人之器"的動機似乎是講得通的，老子主張"虛其心，實其腹"，主張"絕知棄辯"、"絕巧棄利"，他應該是贊成漢陰丈人之反對機心的立場的。但是，如果我們將老子的態度與他的整個思想體系聯繫起來看，問題就沒有這樣簡單。老子著眼的主要不是個人的德性和選擇，而是有著社會整體的關照和考慮。《老子》第五十七章對於技術與法律的出現和進步就有比較深刻的反思，原文說："民多利器，國家滋昏；人多伎巧，奇物滋起；法令滋彰，盜賊多有。""利器"、"伎巧"都是人類智慧和文明進步的結果，智力發達，技術進步，新的工具和生活用品不斷出現，這都給人類帶來了利益和方便，然而新的技術和工具也會引起新的麻煩。比如，大夫和國君沉緬於賞玩新的器物，不斷追求更新的享樂用具，就會疏懶於朝政，造成"國家滋昏"；人們的智力不斷發展，可以創造許多有益於人類健康發展的用品和活動，但也會出現不利於人類身體或精神健康的事物，即"奇物滋起"。為了社會生活的安定，通過法律進行管理是必要的，但過多或過於苛刻的法律會造成對人們的壓迫，引起一般人的不滿和反抗，更會讓某些人鑽法律的空子而行騙或盜竊，這就是"法令滋彰，盜賊多有"。這些都是有違人文自然之道的。老子的小邦寡民、老子反對"十百人之器"也應該從這個角度來理解。

論者對老子的小邦寡民批評甚多，但無論如何批評，都贊成老子的反戰的和平主義立場。其實，老子的反戰立場和反對"十百人之器"的立場是一致的。"十百人之器"往往會刺激人們之間的攀比、爭奪之心，而且經常率先被運用於戰爭手段。近代以來更是如此。軍事工業在很多國家都是科技發展的最大客戶和投資者。如果說戰爭是人類最壞的發明，那麼科學技術則為這種最壞的發明提供了最強有力的刺激和催化劑。顯然，人類並沒有因為戰爭武器的不斷發展而變得更安全、更安心。美國有世界上最先進、最完備的戰爭武器和裝備，但是美國人民沒有因此而感到更安全或更安心，這一點在 9 · 11 事件之後更加突顯出來。因此，如何認識、防止"十百人之器"給人類社會帶來的沖擊與傷害是一個永恆的課題。

老子看到了文明發展過程中出現的新情況和新問題，揭示了人類文明演化進步中的二律背反，或正反相生、禍福相依的事實，這是相當深刻的觀察和思考。他提醒人們，任何好的或正面的事物發展到極端都會走向反面，主張在事物走向反面之前就充分考慮到反面的情況。老子是中國歷史上第一個尖銳地提出這一問題的思想家，我們不應輕率地誣之為反對科技進步或開倒車。

第 八 十 一 章

原文對照

河 81.1　信言不美，美言不信。　　　傅 81.1　信言不美，美言不信。

河 81.2　善者不辯，辯者不善。　　　傅 81.2　善言不辯，辯言不善。

河 81.3　知者不博，博者不知。　　　傅 81.3　知者不博，博者不知。

河 81.4　聖人不積，既以為人，　　　傅 81.4　聖人無積，既以為人，
　　　　　　己愈有；　　　　　　　　　　　　己愈有；

河 81.5　既以與人，己愈多。　　　　傅 81.5　既以與人，己愈多。

河 81.6　天之道，利而不害。　　　　傅 81.6　天之道，利而不害；

河 81.7　聖人之道，為而不爭。　　　傅 81.7　聖人之道，為而不爭。

王 81.1　信言不美，美言不信；　　　帛 81.1　信言不美，美言不信。

王 81.2　善者不辯，辯者不善；　　　帛 81.2　知者不博，博者不知。

王 81.3　知者不博，博者不知。　　　帛 81.3　善者不多，多者不善。

王 81.4　聖人不積，既以為人，　　　帛 81.4　聖人无積，既以為人，
　　　　　　己愈有；　　　　　　　　　　　　己愈有；

王 81.5　既以與人，己愈多。　　　　帛 81.5　既以予人矣，己愈多。

王 81.6　天之道，利而不害。　　　　帛 81.6　故天之道，利而不害；

王 81.7　聖人之道，為而不爭。　　　帛 81.7　人之道，為而弗爭。

對勘舉要

（1）本章是傳世本的最後一章，在帛書甲乙本中抄在相當於傳世本的第六十七章之後。帛書本與傳世本的文字有一些重要不同，帛書甲乙本大體相同。河上本題為“顯質”，意思較隱晦。

（2）“信言不美，美言不信；善者不辯，辯者不善；知者不博，博者不知。”

此段王弼本、河上本同，“善者”、“辯者”，傅奕本作“善言”、“辯言”，與上文“信言”、“美言”相重複，顯然有誤。帛書甲乙本“知者”“博者”兩句在“美言不信”之後。“善者不辯，辯者不善”兩句，帛書本作“善者不多，多者不善”，並在“博者不知”之後。高明認為通行本內容重複有誤，應從帛書本（高明1996，156）。

又嚴遵本“善者”引起的兩句在“知者不博，博者不知”之後，順序與帛書本相同，可證嚴遵本保留一些古本之舊。但嚴遵本的文辭與帛書本並不相同，嚴遵本已作“善者不辯，辯者不善”，與通行本相同，與帛書本不同。嚴遵本似處在從帛書本到傳世本之間的演化階段。

（3）“聖人不積，既以為人，己愈有；既以與人，己愈多。”

此段各本大體相同，只有一些同義詞和虛詞的不同，如“不”字，帛書本作“无”，傅奕本作“無”；“與”字，帛書本作“予”。另外，帛書乙本“既以予人矣”用語氣助詞“矣”（甲本殘）。

（4）“天之道，利而不害。聖人之道，為而不爭。”

此段王弼、河上、傅奕諸本相同，惟帛書乙本第一句前面有“故”字。第三句“聖人之道”，帛書乙本作“人之道”，以“天之道”與“人之道”對舉（甲本殘損），與衆本不同。帛書本文辭工整，意義鮮明，文字可從帛書本。然傳世本加“聖”字從理解上並無錯誤，也不會造成混亂，因為這裏“為而弗爭”的“人之道”與天之道一致，而不是與天之道對立的世俗之道，因此這裏的人之道作聖人之道解並無不妥。第七十七章的"人之道，損不足以奉有餘"，恰與"天之道，損有餘而補不足"相對立。顯然本章與天之道一致的人之道，應與第七十七章與天之道相對立的人之道有所區別，故加"聖"字可防困惑和誤解。高明說：《老子》所謂"為而弗爭"，正是指"人之道"而言，"聖人之道"乃是無為不爭，如第二章"是以聖人居無為之事"……今本"聖"字乃為淺人所增（高明 1996，158）。筆者以為，無為並非毫不作事，"為而弗爭"仍是無為的一種表現。本章"人之道"與第七十七章"人之道"有所不同，本章加"聖"字可免一般讀者困惑。此"聖"字並非必須，但加之也不會造成誤解或混亂（參見黃釗 1991，433；另見析評引論 77.2）。

析評引論

81.1　版本演變：同與異

在本書八十一章的對勘中，我們注意的主要是一字一句的差別，是微觀的考察。現在，在八十一章的對勘全部完成以後，我們就應該有一個總體的把握，也就是要對五種版本之間的異與同有一個基本的估計。

一方面，通過逐章對勘，我們發現各本之間文字歧異的確不少，因此，作為認真的學術研究，就應該考慮到各個版本的不同，不能只根據一個版本作研究。即使選定某一個版本為主，也應該隨時考察其他版本，避免一葉障目，盲目武斷。有些內容更要選擇適當的版本。比如關於《老子》對儒家傳統批評的問題一定不能忽略竹簡本；關於"小國寡民"一定要考慮帛書甲本的"邦"字的意義；關於"輔萬物之自然"一句最好依據竹簡甲本的文句；關於本章的內容必須參考帛書本。在目前的條件下，研究《老子》不考慮竹簡本和帛書本的存在以及各個版本的不同顯然是不嚴肅的態度。本書即是我們進行多種版本比較的產物，也是為更多讀者反復比較各主要版本而提供方便之作。

另一方面，我們也必須看到，《老子》各本之間，歧異較大的還是少數章節，而且很多文字的歧異並不影響基本的思想內容，特別是對一些最關鍵的概念的研究，沒有構成根本性的沖擊，本書也為此提供了一個明證。"道"作為宇宙總根源和總根據的特點，"自然"作為老子哲學中心價值的地位，"無為"作為實現中心價值的原則性方法，"正"與"反"之間的辯證關係等，這些老子思想中的基本概念、基本問題，並沒有因為版本的不同而有根本性的變化。這些概念的重要性在不完整的竹簡本也得到了驗證。竹簡本三組加起來只佔帛書本或傳世本字數的百分之三十三左右，但是關鍵性概念出現卻高於這比率一倍以上。帛書本和傳世本中"自然"一詞出現五次，竹簡本出現三次，佔傳世本的百分之六十；無為一詞在帛書本中七章中出現九次，在竹簡本六章中出現七次，佔帛書本的百分之七十七。顯然，不完整的竹簡本也注意到了《老子》原文中的最關鍵的術語。所以，儘管各本之間有同有異，但顯然是以同為主。也就是說，無論以哪一個版本來研究《老子》，其基本觀點和結論不應該僅僅因為版本的不同而有太大的分歧。

此外，本章原作末章，卻在帛書本上篇（德篇）中間，這更引發人們對《老子》分章問題的探索。其實古本分章，並無定規。如薛蕙說《老子》書分八十一章，大抵其由來遠矣，然皆無所考。獨嚴君平分為七十二章，吳幼清分為六十八章。"予觀八十一章，其文辭之首尾段次之離合，皆有意義。嚴吳所分，蓋不逮也。要之八十一章者近之矣。"（薛蕙 1530，下 41A—B）薛蕙認為八十一章本較為合理，但不贊成者甚多。近年仍多有重新編排分章者。此舉或有一定意義，然而會遇到基本標準方面的困難。應該尊重古本原貌，還是服從個人的或今人的思想邏輯，兩個標準各有其根據，但往往彼此衝突。如何結合，恐怕難以得到理想的結果。

古本原貌實難確知，原以為帛書本接近古本，竹簡本出土證明帛書本並非最早原貌，而竹簡本一共只有一千八百餘字，涉及今本三十一章，且分為三組，又有不同祖本，顯然也不是最早的傳本，最早傳本原貌無從探求。我們盼考古再有新發現，為我們提供更多資料，但確定的最早的古本很可能永遠見不到。靠現有的版本只能作大致推測，不能作任何決斷。所謂合理或合乎邏輯的標準更是見仁見智，眾說紛紜，莫衷一是。

筆者並非建議因為困難而放棄探討古本之舊的努力，而是主張不要在章節順序方面過份拘泥或深鑿。《老子》是哲思的集萃，而不是一氣呵成的專論，按照司馬遷記載的傳說，《老子》本是急就章，不可能字斟句酌，不可能有完整的謀篇布局。新發表的郭店楚墓竹簡的大部份作品也都是集萃性的，極少完整的長篇專論，這正是那個時代的哲思的特點，我們不必苛責古人，也不必去改塑古人。如果希望老子哲學在新的時代能夠發揮拾遺補缺或提供精神滋養的作用，或許應該在思想的開掘，概念的闡發，現代的運用等方面多作努力。

81.2 善者不多：對現代發展的啟示

本章通行本"善者不辯，辯者不善"兩句，帛書本作"善者不多，多者不善"。通行本的"辯"字與第一句"信言"、"美言"意思有重疊，從上下文來看，通行本及傅奕本均不如帛書本內容豐富而清晰。此處當從帛書本"善者不多，多者不善"。

第七十八章"正言若反"一句似最能代表老子的辯證觀念或正反觀。"正言若反"可以依據《老子》中的文句推廣為"正者若反"、"大正不正"或"大正若反"，都是解釋事物正反相依與互轉的辯證關係。本章"信言不美"、"知者不博"、"善者不多"都是"大正若反"的具體表述。"信言不美，美言不信"，說明可靠的言語往往簡單質樸，漂亮的許諾往往不可靠。"知者不博，博者不知"，說明有真知灼見的專家不需要炫耀自己的廣博，而炫耀博學的人往往沒有真才實學。"善者不多，多者不善"，說明好的事物並非多多益善，無限多的好事一定會轉化為不善。這最後兩句尤其切中了現代社會發展中的弊病。

　　蒂利希曾批評現代社會的人甚麼事情都是一味追求越大越好，越多越好，越快越好，缺少縱深的思考和追求，缺少對人生意義與價值的追尋。比如，一般人似乎喜歡追求房子住得越大越好，汽車開得越貴越好；政府希望數字化的或明顯的政績越突出越好，廣場修得越大越好，樓房建得越高越好；公司希望擴展得越快越好，盈利越多越好；這一切似乎都是天經地義，完全正確的。但是如果全人類都沿著這個方向無限地跑下去會怎樣呢？老子的回答是"善者不多，多者不善"，這意味著品質與數量的辯證關係。一味追求表面的數量的增加，品質就無法保障；要保證人民生活的品質，就不能一味追求表面的、數量化的成績。因此，在追求發展的同時，要考慮深層的、長遠的影響，要考慮人類的目標究竟何在？人的價值究竟何在？

　　目前在後發展國家最常見的現象就是一味追求物質財富的增長，把教育、道德和環境等問題作為未來的課題或裝飾性課題，或者僅僅重視表面的數量化的成績，如升學率、博士數量、研究經費等，結果造成物質生活條件不斷改善，精神生活卻趨於浮躁和粗淺的局面。面對這種情況，老子的以反彰正和以反求正的方法提示我們，不應該一味"以正求正"地追求經濟指標的增長。要真正改善人類的生活環境和生活條件，還要有人的素質的培養和教育、道德的提高，環境的保護和改進。這些相對於短期的經濟目標來說似乎是"反"，但"反"可以"求正"、"彰正"，在教育、道德、環境等方面的努力不僅可以保證經濟的穩定發展，而且應該是經濟發展的最終目的。離開了人的全面發展和提高，離開了人類生存環境的改善，物質、金錢自身的目的在哪裏？所以，一方面是經濟建設和物質生活的改善，一方面是教育、道德、環境等方面的素質的提高，這兩方面實際上是互為因果，互為手段和目的的。這也是一種正反互轉、互彰的關係。

　　總之，我們既不能因為現代化所帶來的問題而放棄發展經濟的努力，也不應該為了現代物質文明而不顧一切已經出現或可以預見的各種問題。我們需要的是不斷地在這兩者之間尋找平衡，擺脫兩極化的思想方法，尋求自然、平衡、穩定的發展之路。在這方面，老子的辯證法，老子關於文明發展的反思，仍然可以是我們的智慧的一種資源。

81.3　正反相隨：現代發展的警示

在上一個世紀初期，章太炎曾提出著名的俱分進化論，認為人類文明之進化"非由一方直進，而必由雙方並進。專舉一方，惟言智識進化可爾。若以道德言，則善亦進化，惡亦進化；若以生計言，則樂亦進化，苦亦進化；雙方並進，如影之隨形，如罔兩之逐景，非有他也。智識愈高，雖欲舉一廢一而不可得。"（章太炎 1985，386）要之，人類為善的能力不斷提高，而為惡的能力也與日俱增；人類享樂的程度和方式日益發達，而受苦的危險和程度也日益嚴重。用老子的語言方式來說，這也就是正反相隨。

比如，原子能的發現是科學的巨大突破，但核武器卻使人類與地球面臨著整體覆滅的危險；沒有核武器的國家白白受到有核國家的威脅，如果大家都來造核武器就會釀成更大的危險和困境。大工業生產廉價的汽車，造福於無數的人，卻引出了大氣污染和噪音的問題；誰也沒有權力禁止落後國家大量生產或使用汽車，如果世界各國都達到一戶一輛汽車，大氣的污染程度就更難設想、更難改善。抗菌素的廣泛使用拯救了無數人的生命，卻同時提高了病菌對藥物的抵抗力，引發了更難消滅的變異的新病菌，對人類造成新的威脅。化肥有效地提高了農產品的產量，卻嚴重破壞了土壤原有的有機結構，造成土地根本性的退化。農藥保障了農產品的豐收，卻給人類健康帶來威脅。體外受精、借腹懷孕、無性生殖、人體複製都是科學的重大進步，卻對人類社會的倫理原則提出巨大衝擊和挑戰。可見，現代人類面臨的兩難局面比老子的時代更為複雜、多變。這些問題或許可以通過科學技術的提高有所克服，但是要根本擺脫這種二律背反，恐怕是相當困難或根本不可能的。

老子提出道法自然的原則、人文自然的原則正是奠基於對人類文明發展中的正反相隨的二律背反的深刻認識。面對文明發展過程中出現的問題，老子一方面主張保障人民的基本生活要求，另一方面則反對過多的物質欲望和享樂的追求。除了本章的內容以外，老子第十二章還說過："五色令人目盲，五音令人耳聾，五味令人口爽，馳騁畋獵令人心發狂，難得之貨令人行妨。是以聖人為腹不為目，故去彼取此。"這裏的"為腹不為目"就是要保障基本的生活水準，但是不要追求過多的聲色犬馬類的享受，因為五色、五音、五味之類的享受都會對人的身心健康帶來傷害。今天我們研究老子哲學，除了純學術的探索以外，也是為了幫助人們認識文明發展中的普遍的二律背反或弔詭現象，從而採取措施制止或緩解人類文明發展中的矛盾和惡性循環。

　　章太炎的說法曾經被批評為悲觀或反動，但是，回顧二十世紀，特別是近幾十年的歷史，我們不能不說，章氏所言確實為歷史事實所驗證，人類在享受文明進步的成果時，也不得不面對一系列已經浮現或將要出現的危險或麻煩。人類無法擺脫"善、惡""苦、樂"同時進化的困境，這一點隨著科學技術的加速度的發展，其徵兆和趨勢也越來越明顯，也困擾著越來越多的關心人類未來的人們。全球化、一體化與地方化、分裂性兩種趨勢並存激蕩，高速發展與生態破壞與時共進，生物醫學為人類生育帶來福音的同時也帶來傳統家庭倫理的難題，生物複製是科學的新成就，卻也從根本上威脅著人類基本的繁衍方式和家庭制度。隨著科學技術的發展和普及，隨著全球化浪潮的蔓延，這些問題會越來越突出。後發展國家要在幾十年中走完發達國家幾百年中走過的道路，這種前所未有的高速開發帶來的能源危機和污染問題比發達國家所面對的情況更猛烈、更急遽，也更難治理。在這種情況下重溫老子的自然無為的理論應該是不無裨益的。

81.4　自然：在現代的價值意義

　　自然是老子哲學的中心價值，在本書結束前我們應該總結一下這一價值在現代社會的意義。現代大工業的全球化的時代距離老子的社會已經有兩千多年了，老子所推崇的自然仍然有價值嗎？自然的原則還適用於現代社會嗎？

實際上，在日常生活的範圍中，在很多不很自覺的情況下，自然仍然是一種正面的價值。戲劇演員的表演當然以自然生動為標準，以生硬造作為禁忌；書法藝術也以渾淪自然為境界，以刻意模仿為初階；社會以自然的演化痛苦較少，結果也比較穩定；順民意潮流而自然獲得的權力較為穩固，較少得而複失的擔憂；人與人的關係也以自然相契為佳話，以刻意維護為累贅；國與國的關係也是以自然形成的友誼為可貴，以勉強維護的關係為脆弱。一切事物都在變化之中，但自然的變化往往代價較低，痛苦較少，結果較好；而衝突鬥爭引起的變化往往後患隱伏不絕。從道德情操的角度來說，艱苦奮鬥取得的成績當然值得讚佩，但從實際的角度考慮，我們還是希望獲得比較自然、代價較少或不太勉強的成功。

這些實例說明，自然在現代的實際生活中仍然是一種價值，但是，第一，在很多情況下，人們只是不自覺地把自然當作一種價值；第二，人們往往是在較低的層次運用自然的原則，而沒有在較高的、重大領域中運用自然的原則；第三，人們往往是分散地在各自的領域遵循自然的原則，而沒有討論過自然作為一種價值是否具有普遍性意義、是否可以廣泛地運用於不同領域的問題；第四，自然作為價值有越來越削弱的趨勢，道家思想在古代社會沒有取得主流地位，在激烈競爭的現代社會，似乎更難以為人們普遍接受。筆者試圖說明，自然在現代社會可以、而且應該取得普遍性價值的地位，這對於改善現代社會的整體狀況，改善國與國、民族與民族的關係，改善現代社會的生存環境都"可能"有積極的意義。這裏強調的是可能性，不是必然性。因為許多價值是否有意義，是否有實際效果，都取決於人們是否真的把它們當作價值來追求。筆者並不認為人文自然是點石成金的魔杖或包治百病的靈丹妙藥。魔杖和靈丹只存在於神話傳說中，我們根本不能指望發現甚麼神奇的辦法可以輕易地救治和防止現代經濟急劇發展所帶來的各種問題，也不能以魔杖或靈丹的標準來要求道家之自然或其他任何價值原則。

這裏我們要再次強調，老子之自然是人文自然，所提倡的不是沒有人類活動的原始狀態，而是人類社會生活中自然的秩序和自然的演變；老子所反對的不是人類的文化、文明或社會活動，而是沒有節制的欲望追求和無謂的好勝心。不過，老子哲學與一般宗教傳統、倫理體系或禁欲主張所不同的是，老子的主要出發點不是道德原則或個人的利益，而是人類社會的總體狀態和命運，是每個行為個體的生存狀態。自然不是具體的道德原則和倫理規範，而是更為一般化、普遍化的價值。一般的倫理規範著眼於約束個人的相關行為，自然的價值和原則的著眼點則不限於個人的行為，而是適用於一切行為主體，著眼於相互關係和動態變化中的效果。

一般說來，我們的潛意識中都希望自己的家庭、社區、部門、地區、國家的秩序是自然而然的，或者說，我們都希望生活在自然的和諧之中，而不是生活在受外力的約束或壓迫之中。如果我們是自願遵守某種原則的，那就是自然的，就不會有痛苦的感覺。如果是不得不遵守某種秩序或原則，那麼就會有不愉快、不自然的感覺。當然，我們喜歡自然的秩序並不等於我們喜歡混亂無序的狀態，除非是忍受了太多的壓迫而產生了非理性的反彈。自然在現代社會是否仍然應該是一種價值？只要每個人問一問自己，你喜歡自然的和諧還是喜歡強制的秩序？喜歡比較自如舒暢的環境還是喜歡有逼迫感的環境？喜歡真誠的人際關係還是緊張或虛偽的人文環境？如果你對每一個問題的選擇都是前者，那麼你就贊成將老子的人文自然當作現代社會的一種重要的價值，那麼我們就應該為實現這種價值而努力。

81.5　道：超越與兼融科學和宗教

道是老子哲學中最高最重要的概念，在本書最後，對道的意義再作一個總結似乎是必要的。老子似乎在兩千多年前已經看到了殷商以來以神或上帝作為宇宙的終極根源和根據是不夠的，因此提出更高更抽象的道作為世界的總根源和總根據，並認為道"象帝之先"。老子以非人格、非精神的道來解釋世界的統一性，作為超越人類及一切有限之存在的最高的象徵，作為人類的終極關懷之對象，有更高的合理性，更能經受現代性的衝擊和考驗。道的無意識、無目的、無情感的非人格特性使它在現代科學和無神論的衝擊下立於不敗之地。道作為符號語言可以激發人們的想像力，開拓人的襟懷視野，提升人的精神境界，促進人們對終極真理的關切和思考，把科學解釋與宗教情懷融為一體，把人類與自然融為一體，把個體和群體融為一體。更為獨特和寶貴的是，老子相信，所有這些美好的價值和目標，都應該是自然而然地實現的，沒有強迫，沒有暴力，沒有人性的淪喪，這就是老子之道所提倡的人文之自然的原則。

值得注意的是，老子之道與宗教和科學都有某種相通的關係，特別是與宗教和科學中的新趨勢相一致，反過來也可以說，宗教和科學的最新發展都顯現了向道的價值或方法靠近的趨勢。道和宗教相比，沒有人格化或精神性的信仰，較少教條的色彩，沒有自封為真理的傾向。道和經典科學相比，沒有二元對立的思維框架，沒有分割世界的有機聯繫的傾向。和宗教相比，道體現了理性的懷疑精神，更接近科學的探索和推測，不像宗教那樣把主體的信仰放在第一位；和科學相比，道更接近宗教悲天憫人的情懷，重視宇宙、世界、社會與人生的統一和終極狀態，不像傳統的科學那樣只追求可以凝固為永恒的冰冷的規律和公式。

從科學的立場來看，我們不妨把道的存在當作一種理論假設，各科的科學家與學者都可以以道——貫穿於宇宙、世界、社會與人生中之統一性的根據——為共同的研究課題，探索道這種概念所指有沒有實在的基礎，其具體內容可能是甚麼。這或許會為人類認識的發展帶來某些有益的啟示。

從宗教學的立場來看，道相當於脫下了人格外衣和退去精神光圈的上帝，既不嚴厲冷酷，也不慈祥可親。既不給人類以絕對的律令，也不會讓人類長期為所欲為而不面對任何懲罰性的後果。針對所謂"上帝死了"，人類可以為所欲為的想法，我們可以說："不，還有道”，人類還是不應該、不可能為所欲為。

　　總之，道是老子對世界的統一性的根本性解釋，在人類文明史上
與上帝、理念、精神、物質、本體等概念具有同等的地位，卻有更高
的合理性。道的概念介於科學與宗教之間。它沒有創世說，不同於宗
教而接近科學；它提倡終極的關懷和直覺體驗，不同於科學而接近宗
教。它一方面體現了科學的探索精神，另一方面也體現了宗教對宇宙
及人生的終極關懷。可以說，老子之道有科學與宗教最新發展之長，
沒有傳統科學與傳統宗教之弊，在一定程度上體現了科學精神和人文
關懷的融合。

　　當然，我們不是說老子之道可以代替宗教或科學，也不是說道家
哲學高於科學和宗教。這裏只是強調，從宗教和科學的角度來看，老
子之道有一些我們過去沒有認識到的合理的意義。我們應該發掘和發
展老子之道的可能的現代意義，為現代社會提供一些新的精神資源。

參 考 書 目

B

畢沅，1781，《老子道德經考異》（《無求備齋老子集成》續編），台北：藝文印書館。

C

曹志成，2004，〈從"以兵解道"到"以道解兵"——解釋《老子》是否兵書的思路問題〉，載李德建主編《老子研究——2003 年福州·長樂《老子》與現代社會學術研討會論文集》，香港：天馬出版有限公司。（說明：本稿凡用單書名號，均表論文；凡用雙書名號，均表著作。）

晁公武，1151，《郡齋讀書志》，《四庫全書·史部目錄類》，第 674 册，上海：上海古籍出版社。

陳鼓應，1984，《老子注譯及評介》，北京：中華書局。

——、白奚，2001，《老子評傳》，南京：南京大學出版社。

陳偉，1999，〈讀郭店竹書《老子》札記〉，《江漢論壇》10，第 11—12 頁。

陳榮捷，1988，《朱學論集》，台北：學生書局。

陳榮灼，1992，〈王弼與郭象玄學思想之異同〉，《東海學報》三十三卷，第 123—137 頁。

陳錫勇，1999，《老子校正》，台北：里仁書局。

陳新友（譯），1972，《重農學派》，原作 Henry Higg，台北：台灣銀行經濟研究室。

陳雄根，2000，〈郭店楚簡《老子》"大器曼成"試釋〉，《中國文化研究所學報》新第九期，第 237—244 頁。

陳引馳，見陶鴻慶 1998。

陳垣，1997，《校勘學釋例》重印本，上海：上海書店出版社。

成玄英，663，《輯道德經開題序訣義疏》（《無求備齋老子集成》初
　　編），台北：藝文印書館。

程顥、程頤，1981，《二程集》，北京：中華書局。（本書簡稱"程顥
　　1981"。）

程南洲，1985，《倫敦所藏敦煌老子寫本殘卷研究》，台北：文津出版
　　社。

程樹德（撰），1990，《論語集釋》，北京：中華書局。

崔仁義，1998，《荊門郭店楚簡老子研究》，北京：科學出版社。

D

戴璉璋，1993，〈阮籍的自然觀〉，《中國文哲研究集刊》第三期，第
　　305—334 頁。

戴望（校），1986，《管子校正》，石家莊：河北人民出版社。

島邦男，1973，《老子校正》，東京：汲古書院。

鄧小平，1983，〈黨和國家領導制度的改革〉，《鄧小平文選（一九七
　　五——一九八二）》，北京：人民出版社，第 280—302 頁。

丁四新，2000，《郭店楚墓竹簡思想研究》，北京：東方出版社。

——（編），2002，《楚地出土簡帛文獻思想研究》，武漢：湖北教育
　　出版社。

丁原植，1998，《郭店竹簡老子釋析與研究》，台北：萬卷樓圖書有限
　　公司。

董光璧，1991，《當代新道家》，北京：華夏出版社。

杜而未，1978，《老子的月神宗教》，台北：學生書局。

杜正勝，1992，《古代社會與國家》，台北：允晨文化。

F

范應元，1269，《老子道德經古本集註》（《無求備齋老子集成》初
　　編），台北：藝文印書館。

馮春田，1999，〈"自然"與型範——《文心雕龍》與魏晉玄學之比較研究〉，《漢學研究》第 17 卷第 2 期，第 109—136 頁。

馮友蘭，1934，《中國哲學史》，上海：商務印書館。（北京中華書局有 1961 年影印本。）

傅奕，639，《道德經古本篇》（《無求備齋老子集成》初編），台北：藝文印書館。

G

高亨，1957，《重訂老子正詁》，北京：古籍出版社。

——1980，《老子註譯》，河南：河南人民出版社。

高明，1996，《帛書老子校註》，北京：中華書局。

高延弟，1880，《老子證義》（《無求備齋老子集成》續編），台北：藝文印書館。

古棣、周英，1991A，《老子通·上部·老子校詁》，長春：吉林人民出版社。

——1991B，《老子通·下部·老子通論》，長春：吉林人民出版社。

管子，見戴望（校）。

郭化若（譯），曹操等（註），1973，《十一家註孫子》，香港：中華書局。

郭沂，1999，〈楚簡《老子》與老子公案〉，載《郭店楚簡研究》（《中國哲學》第二十輯），第 118—147 頁。

——2001，《郭店竹簡與先秦學術思想》，上海：上海教育出版社。

國家文物局古文獻研究室，1980，《馬王堆漢墓帛書（一）》，北京：文物出版社。（書中簡稱為"國家文獻 1980"。）

H

海德格爾，1999，《存在與時間》修訂譯本，陳嘉映、王慶節合譯，北京：三聯書店。

河上公，見王卡（校），1993。

洪漢鼎（編），2001，《理解與解釋——詮釋學經典文選》，北京：東
　　方出版社。

胡寄窗，1962，《中國經濟思想史》（上），上海：上海人民出版社。

黃瑞云，1995，《老子本原》，北京：人民文學出版社。

黃釗，1991，《帛書老子校註析》，台北：學生書局。

J

迦達默爾，1995，《詮釋學二：真理與方法——補充和索引》，洪漢
　　鼎、夏鎮平譯，台北：時報文化。

賈誼，《新書》，見閻振益、鍾夏 2000。

江迅，2004，〈美，是不可控制的〉，《亞洲週刊》，2004 年 11 月 24
　　日，第 50 頁。

姜廣輝（主編），1999，《郭店楚簡研究》（《中國哲學》第二十輯），遼
　　寧教育出版社。

蔣錫昌，1937，《老子校詁》，上海：商務印書館。

金谷治，1993，〈關於帛書《老子》——其資料性的初步考察〉，載陳
　　鼓應主編《道家文化研究》第三集，第 299—316 頁。（譯自
　　《中國哲學史的展望和摸索》，東京：創文社，1976。）

荊門市博物館，1998，《郭店楚墓竹簡》，北京：文物出版社。

L

勞健，1941，《老子古本考》（《無求備齋老子集成》續編），台北：藝
　　文印書館。

李家浩，1999，〈讀《郭店楚墓竹簡》瑣議〉，見《郭店楚簡研究》
　　（《中國哲學》第二十輯），瀋陽：遼寧教育出版社。第 339—
　　358 頁。

李錦全，1995，〈讀老子《想爾注》斷想〉，載《華學》第一期，饒宗
　　頤主編，廣州：中山大學出版社，第 1—5 頁。

李零，1999，〈郭店楚簡校讀記〉，陳鼓應主編《道家文化研究》第十

七輯，第 455—542 頁。

李零，2002，《郭店楚簡校讀記》（增訂本），北京：北京大學出版社。

李若暉，2000，〈郭店《老子》偶札〉，《郭店楚簡國際學術研討會論文集》，武漢：湖北人民出版社。

——2001，〈《老子》異文例釋——以郭店簡本為中心〉，《華學》（第五輯），廣州：中山大學出版社，第 195—214 頁。

——2004，〈郭店竹書《老子》論考〉，濟南：齊魯書社。

李約，683，《道德真經新註》（《四部要籍註疏叢刊》），北京：中華書局，1998。

李澤厚，1985，《中國古代思想史論》，北京：人民出版社。

梁漱溟，1987，〈孔子在中國歷史上的地位〉，中華孔子研究所（編）《孔子研究論文集》，北京：教育科學出版社，第 12—15 頁。

廖名春，1999，〈老子"無為而無不為"說新證〉，載《郭店楚簡研究》（《中國哲學》第二十輯），第 148—159 頁。

——2001，〈郭店簡《老子》校釋札記〉，《華學》（第五輯），廣州：中山大學出版社，第 182—194 頁。

——2003，《郭店楚簡老子校釋》，北京：清華大學出版社。

林希逸，1260，《老子鬳齋口義齋》（《無求備齋老子集成》初編），台北：藝文印書館。

劉安（《淮南子》），見劉文典 1997。

劉殿爵，1982，〈馬王堆漢墓帛書《老子》初探〉（上）（下），《明報月刊》，1982 年 8 月號，第 11—17 頁；9 月號，第 35—40 頁。

劉瑞符，1983，《老子章句淺釋》，台北：華欣文化事業中心。

劉師培，1936，《老子斠補》，寧武南氏校印本。

劉文典，1997，《淮南鴻烈集解》，北京：中華書局。

劉翔，1996，《中國傳統價值觀念詮釋學》，上海：上海三聯書店。

劉信芳，1999，《荊門郭店竹簡老子解詁》，台北：藝文印書館。

劉笑敢，1988，《莊子哲學及其演變》，北京：中國社會科學出版社。

——1997，《老子：年代新考與思想新詮》，台北：東大圖書公司。

劉笑敢，2000，〈孔子之仁與老子之自然——關於儒道關係的一個新考察〉，《中國哲學史》2000 年第一期，第 41—50 頁。

——2001，〈老子之道——超越並兼融科學與宗教〉，《天人之際與人禽之辨——比較與多元的觀點》（《新亞學術集刊》第十七期），第 17—36 頁。

——2003，〈關於《老子》之雄性比喻的詮釋問題〉，《中央研究院中國文哲研究集刊》2003 年 9 月第二十三期，第 179—209 頁。

——2004，〈人文自然與天地自然〉，《南京師範大學文學院學報》，2004 年 9 月第三期，第 1—12 頁。

劉雨，2003，〈圅公考〉，見《國際簡帛研究通訊》專刊，邢文主編，第 6—15 頁。

樓宇烈（校釋），1980，《王弼集校釋》，北京：中華書局。

呂錫琛，2003，〈試論道家哲學對人本心理學的影響——兼論中國哲學的普遍價值及東西方文化的融會互補〉，《哲學研究》第四期，第 71—76 頁。

M

馬斯洛，1987，《動機與人格》，許金聲等譯，北京：華夏出版社。

馬敘倫，1957，《老子校詁》北京：古籍出版社。

馬王堆漢墓帛書整理小組，1976，《馬王堆漢墓帛書——老子》，北京：文物出版社。（書中簡稱作者為"馬王堆小組"。）

蒙文通，1998，《老子徵文》，台北：萬卷樓圖書公司。

孟凡夏，1995，〈青年學者陳剩勇提出新論——中國上古沒有"母權制"階段〉，《光明日報》1995 年 4 月 3 日，第 2 版。

牟復禮，1988，〈中國歷史的特點〉［《歷史月刊》（台灣）第三期］，第 92—96 頁。

牟宗三，1983，《中國哲學十九講》，台北：學生書局。

——1985，《才性與玄理》，台北：學生書局。

P

龐樸，1995，〈說“無”〉，見龐著《一分為三》，深圳：海天出版社，
　　第 270—283 頁。

——1999，〈古墓新知〉，《郭店楚簡研究》（《中國哲學》第二十輯），
　　第 7—12 頁。

彭浩，2000，〈郭店楚簡《老子》校讀〉，武漢：湖北人民出版社。

Q

錢穆，1991，《莊老通辨》，台北：東大圖書公司。

錢鍾書，1979，《管錐篇》（二），北京：中華書局。

裘錫圭，1999，〈郭店《老子》簡初探〉，《道家文化研究》第十七輯，
　　第 25—63 頁。

——2000A，〈以郭店《老子》為例談談古文字〉，《中國哲學》第二
　　十一輯，瀋陽：遼寧教育出版社，第 180—188 頁。

——2000B，〈糾正我在郭店《老子》簡釋讀中的一個錯誤〉，《郭店楚
　　簡國際學術研討會論文集》，武漢：湖北人民出版社，第 25—
　　30 頁。

R

饒宗頤，1991，《老子想爾注校證》，上海：上海古籍出版社。

——1955，〈吳建衡二年索紞寫本道德經殘卷考證〉，*Journal of Oriental Studies*，2（1），第 1—71 頁。

任繼愈，1985，《老子新譯》（修訂本），上海古籍出版社。

S

釋德清，1546，《老子道德經解》（《無求備齋老子集成》初編），台
　　北：藝文印書館。

司馬光，1086，《道德真經論》，《正統道藏》第 20 冊，台北：新文豐
　　出版公司。

蘇轍（撰），陳繼儒、沈德先（校），1100，《老子解》（《無求備齋老子集成》初編），台北：藝文印書館。

孫詒讓，1905，《札迻》卷四（《無求備齋老子集成》續編），台北：藝文印書館。

T

談敏，1992，《法國重農學派學說的中國淵源》，上海：上海人民出版社。

譚宇權，1992，《老子哲學評論》，台北：文津出版社。

陶鴻慶，陳引馳（校），1998，《陶鴻慶學術論著》，杭州：浙江人民出版社。

W

王弼，《老子註》，見樓宇烈 1980。

王博，1993，《老子思想的史官特色》，台北：文津出版社。

——2001，《簡帛思想文獻論集》，台北：台灣古籍出版有限公司。

王德有（校），1994，嚴遵著《老子指歸》，北京：中華書局。

王夫之，1975，《讀四書大全說》，北京：中華書局。

王國維，1940，〈古諸侯稱王說〉，《觀堂別集》，上海：商務印書館。

王淮，1972，《老子探義》，台北：台灣商務印書館。

王卡（校），1993，《老子道德經河上公章句》，北京：中華書局。

王力，1980，《詩經韻讀》，上海：上海古籍出版社。

王明，1985，《太平經合校》，北京：中華書局。

王肅（註），1987，《孔子家語》，上海：上海古籍出版社。

王真，809，《道德經論兵要義述》（《無求備齋老子集成》初編），台北：藝文印書館。

魏啟鵬，1999，《楚簡老子柬釋》，台北：萬卷樓。

X

蕭兵、葉舒憲，1994，《老子的文化解讀》，武漢：湖北人民出版社。

蕭公權，1980，《中國政治思想史》，台北：中國文化大學出版部。

奚侗，1925，《老子集解》（《無求備齋老子集成》續編），台北：藝文
　　印書館。

許抗生，1985，《帛書老子註譯與研究（增定版）》，杭州：浙江人民
　　出版社。

——1999，〈初讀郭店竹簡老子〉，《郭店楚簡研究》（《中國哲學》第
　　二十輯），第 93—102 頁。

薛蕙，1530，《老子集解》（《無求備齋老子集成》初編），台北：藝文
　　印書館。

Y

閻振益、鍾夏（校注），2000，《新書校註》，賈誼（撰），北京：中華
　　書局。（簡稱賈誼 2000。）

嚴復，1905，《老子道德經評點》（《無求備齋老子集成》續編），台
　　北：藝文印書館。

嚴家建，1999，《郭店竹簡本《老子》初步研究》，新加坡國立大學中
　　文系碩士論文。

嚴靈峰，1954，《老子章句新編》（一）（二），台北：中華文化出版事
　　業委員會。

——1976，《馬王堆帛書老子試探》，台北：河洛圖書出版社。

——1979，《老子達解》，華正書局。

嚴遵，見王德有（校），1994。

楊伯峻，1980，《論語譯注》，北京：中華書局。

——1981，《春秋左傳註》，北京：中華書局。

姚鼐，李大防（撰），1783，《老子姚本集註》（《無求備齋老子集
　　成》續編），台北：藝文印書館。

葉國良，2003，〈從名物制度看經典詮釋〉，《文獻及語言知識與經典

詮釋的關係》，台北：喜瑪拉雅基金會，第 159—189 頁。

易順鼎，1884，《讀老札記》（《無求備齋老子集成》續編），台北：藝文印書館。

尹振環，1998，《帛書老子釋析》，貴陽：貴州人民出版社。

——2001，《楚簡老子辨析》，北京：中華書局。

于省吾，1962，《雙劍誃諸子新證》，北京：中華書局。

俞樾，1934，《諸子平議》，上海：商務印書館。

袁保新，1991，《老子哲學之詮釋與重建》，台北：文津出版社。

Z

詹劍峰，1982，《老子其人其書及其道論》，武漢：湖北人民出版社。

詹石窗，1990，《道教與女性》，上海：上海古籍出版社。

章太炎，1985，《章太炎全集》（四），上海：上海人民出版社。

張岱年，1981，《中國哲學發微》，太原：山西人民出版社。

——1982，《中國哲學大綱》，北京：中國社會科學出版社。

——1989，《中國古典哲學概念範疇要論》，北京：中國社會科學出版社。

張丰乾，2000，〈《老子》索隱（六則）〉，《華學》（第四輯），北京：紫禁城出版社，第 213—224 頁。

張富祥，2003，〈《老子》校釋二題〉，《中國哲學史》（季刊）2003 年第一期。

張舜徽，1982，《周秦道論發微》，北京：中華書局。

張松如，1987，《老子說解》，濟南：齊魯書社。

張煦，1930，〈梁任公提訴《老子》時代一案判決書〉，見羅根澤編著《古史辨》第四冊下編，北京：樸社。

張亞初（編），2001，《殷周金文集成引得》，北京：中華書局。

張揚明，1973，《老子斠證譯釋》，台北：維新書局。

張智彥，1996，《老子與中國文化》，貴陽：貴州人民出版社。

趙伯雄，1990，《周代國家形態研究》，長沙：湖南教育出版社。

翟青，1974，〈《老子》是一部兵書〉，《學習與批判》1974 年第10 期。

鄭傳鍏，2004，〈俠骨文心．孤懷統覽〉，《信報》2004 年 11 月 27 日，
　　第 22 頁。

鄭良樹，1983，《老子論集》，台北：世界書局。

——1997A，《老子新校》，台北：學生書局。

——1997B，〈帛書與西漢《老子》傳本〉，《中文學刊》第一期，香
　　港：香港中文大學中文系，第 87—96 頁。

中國社會科學院考古研究所（編），1987，《殷周金文集成》第八冊。
　　（書中簡稱作者為“中國社科院考古所”。）

周生春，1997，《老子註譯》，西安：太白文藝出版社。

朱得之，1565，《老子通義》（《無求備齋老子集成》初編），台北：藝
　　文印書館。

朱謙之，1984，《老子校釋》，北京：中華書局。

朱熹，1983，《四書章句集註》，北京：中華書局。

——1986，《朱子語類》（黎靖德編），北京：中華書局。

英 文 書 目

Abercrombie, Nicholas, Stephen Hill and Bryan S. Turner, eds. , 1988, *The Penguin Dictionary of Sociology*, London: Penguin Books.

Allan, Sarah and Crispin Williams, eds. 2000, *The Guodian Laozi*, Berkeley: The Society for the Study of Early China and the Institute of East Asian Studies, University of California. 中譯本:《郭店老子:東西方學者的對話》,邢文編譯,北京:學苑出版社,2002。

Ames, Roger, 1981, "Taoism and the Androgynous Ideal", in *Women in China*, eds. Rochard W. Guisso and Stanley Johannesen, Youngstown, NY: Philo Press, 1981, pp. 21—45.

——1989, "Putting the Te Back into Taoism", *Nature in Asian Traditions of Thought*, eds. , J. Baird Callicott and Roger T. Ames.

Armstrong, Karen, 1993, *A History of God*, New York: Ballantine Books.

Boltz, William G. , 1996, "Notes on the Authenticity of the SoTan Manuscript of the 'Lao-Tzu'", *Bulletin of the School of Oriental and African Studies*, *University of London*, Vol. 59, No. 3, pp. 508—515.

Chen, Chung-hwan (陳康、陳忠寰), 1964, "What does Lao-zeu Mean by the term 'Tao'?"《清華學報》(台灣)第四卷第二期。

Chen, Ellen M. , 1974, "Tao as the Great Mother and the Influence of Motherly Love in the Shaping of Chinese Philosophy", *His-*

tory of Religions，14（August），pp. 51—64.

Clarke，J. J.，1997，*Oriental Enlightenment：The Encounterbetween Asianand Western Thought*，London and New York：Routledge.

Fang，Thome H.，1957，*The Chinese Viewof Life*，Hong Kong：The Union Press.

Fu，Charles Wei-hsun（傅偉勳），1973，"Lao Tzu's Conception of Tao"，*Inquiry* 16，pp. 367—394.

Hobbes，Thomas，1985，*Leviathan*，London：Penguin Books.

Lau，D. C.（劉殿爵），trans. 2001，*Tao Te Ching：A Bilingual Edition*，Hong Kong：The Chinese University of Hong Kong Press.

Liu，Xiaogan（劉笑敢），2001，"A Taoist Perspective：Appreciating and Applying the Principle of Femininity，" in *What Men Owe to Women：Men's Voices from World Religions*，eds.，John C. Rains and Daniel C. Maguire，Albany，NY：the State University of New York Press，2001，pp. 239—257.

Marlow，Abraham H.，1966，*The Psychology of Science：A Reconnaissance*，South Bend，Indiana：Gateway Editions，Ltd.

——1993，*The Farther Reaches of Human Nature*，NY：Penguin.

Mills，Sara，1997，*Discourse*，New York：Routledge.

Munro，Donald，1977，*The Concept of Man in Contemporary China*，Ann Arbor：University of Michigan Press.

Needam，Joseph，1956，*Science and Civilization in China*，Vol. 2.，London：Cambridge University Press，

Putnam，Hilary，2002，*The Collapse of the Fact/Value Dichotomy and Other Essays*，Cambridge：Harvard University Press.

Schipper，Kristofer，1993，*The Taoist Body*，trans. Karen C. Duval. Berkeley，CA：Californian University Press， pp. 128—129.

Schwartz，BenjaminI.，1985，*The World of Thought in Ancient China*，Cambridge：Harvard University Press.

Singer，Peter，2002，*Unsanctifying Human Life：Essayson Ethics*，ed.，Helga Kuhse，Oxford：Blackwell Publishers.

Tillich，Paul，1951，*Systematic Theology*，volume1，Chicago：The University of Chicago Press.

——1959，*Theology of Culture*，New York：Oxford University Press.

——1987，*The Essential Tillich：an Anthology of the Writings of Paul Tillich*，ed.，F. Forrester Church，New York：Macmillan Publishing Company.

Vatikiotis，Michael，1999，"Capital Idea"，*Far Eastern Economic Review*，June10.

Yukawa，Hideki，1973，*Creative and Intuition*，Tokyo：Kodansha International.（湯川秀樹：《創造力和直覺：一個物理學家對於東西方的考察》，周東林譯，戈革校，復旦大學出版社，1987。）

索 引 説 明

1. 本書包括三個索引，即"人物與機構"、"文獻及版本"和"主題與概念"。

2. 索引條目按拼音順序，出處按照章節次序。

3.《老子》各章順序均以阿拉伯數字標出，各章對勘舉要的小節用括號數碼標出，析評引論的小節用間隔號加數碼標出，號碼體例與正文一致。如 42（3）代表第四十二章"對勘舉要"第三條，而 42.3 則代表該章"析評引論"第三條。

4. 同一條目在同一小節中多次出現，用"＊"表示。

5. 在各章或大多數章節都出現的條目不再註明具體出處。

6. 同一條目下的細目，用"～"作省略號。如"老子"條下"～校詁"代表"老子校詁"。

7. 相近義項或列為一個條目，用"/"分開，如"實體/實體性"。應互相參照的條目另加說明。

8. "主題與概念索引"所收條目是本書討論較多的概念和主題，而不是所有的概念或範疇。所列條目都是在文中出現的詞語或詞組，如"版本/版本演變/版本歧異"都是正文中出現的詞條，列為索引的條目，而"版本的演變"、"版本歧變"、"版本的加工"、"多種版本"、"版本改動"等說法均列在這一條目之下。

9. 三個索引的內容均不包括本書導論部份的內容。

人物與機構索引

中文人名

A

阿伯拉罕（Abraham）　34.4

愛因斯坦（Albert Einstein）
　　47.2

安樂哲（Roger Ames）　28.3*

奧薩瑪（本·拉登，Usama bin
　　Muhamad Bin Laden）
　　18.5、64.7—8*

B

白妙子（A. Taeko Brooks）
　　40.2

白牧之（E. Bruce Brooks）　40.2

白奚　6.2

班固　35.4

包咸　38.5

鮑叔牙　54.3*

碧虛子　50.1

畢沅　2(5)、11(2)、75(2)

柏拉圖（Plato）　25.5

C

蔡謨　38.5

曹參　43.2

曹志成　69.4

晁公武　27(3)

晁說之　2.3

陳鼓應　1(3)*、2.2、2.4、4(3)、
　　6.2、7.3、9(3)、9.1、
　　10(2)、10(8)、11(2)、
　　15.1、16(4)、17.1、19.6、
　　26.1、28(4)、30(2)、
　　32(2)、34.4、43(3)、
　　48(3)、49(5)、50.1、
　　57(2)、60.1、62(3)、
　　64(5)、64(7)、70(4)、
　　76(2)、80.1

陳景元　9(2)—(3)、13(3)、
　　57(4)

陳康　42.3*

陳榮捷　65.1*、67.3、78.2

陳榮灼　51.5

陳偉　19(2)、19(3)

陳錫勇　2.1、5.1

陳新友　43.2*

陳雄根　41(5)

陳垣　15.1

陳柱　8(5)

成玄英　19.6、30(3)、51.4*

程南洲　1(1)、2.3、4(3)、5(4)、
　　　　6(3)、7(2)、7(4)、8(2)、
　　　　9(2)、13(3)、15(3)、
　　　　19(3)、30(3)—(4)、
　　　　49(2)、67(2)、73(3)、
　　　　75(2)

程樹德　19.4、38.4*、38.5

程頤（程子）　7.3*、19.6、38.4、
　　　　65.1*、78.2

蚩尤　42.4

楚莊王　54.3

褚伯秀　10(2)

慈禧　76.1

崔仁義　19(2)

崔述　79(2)

D

戴璉璋　23.1

戴震　19.6

德蘭修女（Mother Teresa）
　　　　12.1

鄧小平　43.3

笛卡爾（Rene Descartes）　47.3、
　　　　54.3

蒂利希（Paul Tillich）　4.3—5*、
　　　　64.5

丁四新　5.1、52.2、55(6)

丁原植　1.1、2(4)、2(5)、2.1、
　　　　9(3)*、13(5)、16(2)、
　　　　18(2)、19(2)—(3)、
　　　　32(3)、40(3)、55(6)、
　　　　57(2)、63(3)、64(6)

董光璧　40.5、47.3—4*

董仲舒　19.6

杜而未　21.1

杜光庭　19.6

杜廣成　50.1

杜佑　74.4

杜正勝　6.2、67.2

段玉裁　12(3)、14(2)、17.1、
　　　　19(2)、22(4)、67.2

F

范應元　1.3、14(2)*、18(3)、
　　　　42(2)、50.1、65.2、67(3)、
　　　　68(2)

馮春田　51.5

馮友蘭　13.1*、21.2

傅偉勳　42.2*

傅奕　14(2)

G

甘地（Gandy）　12.1

高本漢（Bernhard Karlgren）
　　　　14.1

高亨　1(3)、4.2、10(3)、10(4)、
　　　11(2)、13(2)、13.1*、
　　　20(1)—(2)*、23(2)、
　　　25.1、26.1、30(2)、30(4)、
　　　30.1、33(3)、36(3)*、
　　　39(3)、39.2、41(4)、
　　　42.1*、46(4)、48(3)、
　　　49(5)*、50.1、52.1、
　　　54.4*、55(7)、63(3)、
　　　69(4)*、69.3、72(2)、
　　　79(2)

高明　1(3)—(5)、2(3)、2(5)、
　　　4(3)、5(4)、8(2)*、
　　　9(2)—(3)、10(2)—(5)、
　　　11(2)、13(3)—(5)、
　　　14(2)—(5)*、20(3)、
　　　20(6)、22(2)—(4)、
　　　24(2)、24(4)、25(2)、
　　　26(2)*—(3)*、27(2)、
　　　28(4)、29(4)*、30.1、
　　　32(3)、33(3)、34(3)、
　　　34.3、36(3)、38(3)*、
　　　39(3)*、39.2、42(5)*、
　　　45(3)、48(3)、49(2)、
　　　49(5)*、50.1、52(5)、
　　　52.2、53(2)*、53(3)、
　　　54(3)、55(3)、57(2)*、
　　　58(2)、58(5)*、
　　　62(2)—(4)、64(4)、

65(2)—(3)、67(2)、
67(4)*、67(6)*、68(3)、
69(4)、70(4)、70.2、
71(4)、72(2)—(3)*、
73(4)—(5)、74(2)—(4)、
74.1—2、75(2)—(4)、
76(2)—(4)、77(4)*、
78(2)、79(2)、80(2)

高延弟　50.1

高誘　39(5)*、57(2)

葛洪　42.4

葛瑞翰(A.C.Graham)　40.2

公西華　19.4、41.1*

公冶長　17.1

古棣(關鋒)　1(3)*—(4)、1.4、
　　　2(3)、3.1、8(5)、9(4)、
　　　10(2)—(3)、11(2)—(3)、
　　　13.1、14(2)*、14.1*、
　　　15.1*、16(4)、17.1、19.6、
　　　20(2)、20.1、21.2*、
　　　30(2)、32(5)、34.1、
　　　35(4)、39(3)、40.1—2、
　　　41(4)、43(3)、47(2)、
　　　48(3)、50(4)、57(2)、
　　　60.1、62(3)、65.2*、
　　　66(2)*、70.2、74(2)、
　　　74.1—2、79.1、80(2)、
　　　80.1

古斯(A.H.Gus)　40.5

顧炎武　19.6、72(3)

管仲　54.3*

郭沫若　60.1

郭象　46(4)

郭沂　5.1

國家文獻(國家文物局古文獻研究室)　9(3)*、20(2)、20(6)、24（2）、24（4）、26(2)、27（3）、31（3）、32(3)、39（5）、41（6）、45(3)、52（4）、53（2）—(3)、57(4)、62(2)、64(4)、73(4)、76(2)

H

海德格爾（Heidegger）　6.3、20.1

韓非子　15.1、35.4、36.2、38(3)、48.1、50.1、60.1

韓愈　19.6

漢惠帝劉盈　2(3)、9(2)

漢景帝劉啟　10(6)、52(4)

漢文帝劉恒　1(4)、32(2)、52.1

漢陰丈人　80.4

何休　19.6

何晏　38.4—5

黑格爾（Hegel）　25.5

洪漢鼎　50.1

胡寄窗　80.1—2

胡適　17.1、60.1

華盛頓（Washington）　12.1

淮南王劉安　30(3)

黃帝　42.4*、35.2

黃茂才　76(4)

黃瑞雲　41(5)

黃釗　5.1、10(4)、14(2)、36(3)、48(3)

霍布斯（Hobbes）　17.4—5、25.5、54.3、64.4、64.7

J

季康子　67.1

迦達默爾（Gadamer）　20.1

賈誼　67.1

江迅　20.4*

江有浩　14.1

蔣錫昌　1(3)、9(3)、10(2)、11(2)、12.1、13（5）、13.1*、14（3）—（4）*、17.1*、20（2）*、26.1、29.1*、30.1、36（2）、39(3)、39（5）、42.1、55(6)、56（3）、56.1、57(2)、65（4）、66（2）、67(3)、67.1—2、67.4、69(4)、70.2、74.1、75(2)、80.1*

焦竑　5(4)、13(4)、29.1

焦循　38.4

晉獻公　36.2

荊門市博物館　9（2）—（3）、
　　　13（2）、15（4）*、19（2）、
　　　25（2）、31（3）、41（2）、
　　　54（2）、55（4）、59（2）、
　　　63（3）、64（2）、64（4）—
　　　（5）、64（7）

K

卡普拉（Fritjof Capra）　47.4

康有為　19.6

孔穎達　40.2、61.2、67.1、67.2

孔子（仲尼）　17.3、19.2—6*、
　　　27.1*、 30.1、 38.2*、
　　　38.3*、 38.4*、 38.5*、
　　　41.1*、 43.2、 67.2*、
　　　67.3*、70.2、71.1、73.1

魁奈（Francois　Quesnay）
　　　43.2*

L

勞健　1（1）、2（3）、2.3—4*、
　　　3（5）、9（4）、16（4）、16.1、
　　　30（3）、31（3）*、36（3）、
　　　39（3）、69（4）、73（4）、
　　　75（4）

李白　61.2

李家浩　19（3）、41（3）

李嘉謀　29.1

李錦全　14.2、60.1

李零　2（5）、2.2、9（2）—（3）、
　　　13（5）、15（2）、15（4）、
　　　16（2）*、19（1）—（3）*、
　　　25（2）*、25（3）—（4）、
　　　30（2）、35（3）、41（6）、
　　　46（3）、52（4）*、54（2）*、
　　　55（3）—（5）、56（1）、
　　　56（3）、 57（2）—（3）、
　　　59（2）、64（2）*、64（4）*—
　　　（5）

李榮　19.6

李若暉　34.1*、40（3）

李世民　75（4）

李約　25.1*

李約瑟（Joseph Needham）　6.2

李澤厚　31.1、80.1

李贄　29.1

梁惠王　24.1

梁啟超　1（3）、19.6、42.5*、47.4

梁漱溟　17.3*

梁羽生　6.3

廖名春　16（1）—（2）、19（4）、
　　　25（3）*、41（2）、45（3）*、
　　　48（2）、52（4）、52.2、
　　　54（2）*、55（3）、56（3）、
　　　57（2）—（3）*、59（2）、
　　　63（3）*、64（2）*、64（4）、

66(2)

林希逸　19.6、29.1、63(3)

劉殿爵　1（4）、2（3）、8（3）*、
　　　　9(4)、10（2）、10（6）、
　　　　16(4)、18.2、20（2）、
　　　　23(2)、24.1、27（3）、
　　　　28(5)、30（3）、41（2）、
　　　　49.1、52(4)、52.1、55(7)、
　　　　56（2）、57.1*、59（3）、
　　　　61(2)、64.3、77(5)

劉師培　14(5)、20(2)、26(3)

劉文典　75.2

劉惟永　10(2)—(3)

劉翔　2(4)、64(8)

劉笑敢　1.1、4.2、5.2、6（4）、
　　　　6.2—3、7.3、10.1、23(3)、
　　　　23.2、25.3、36.4、37.2、
　　　　41.1、44.2、47.3、49.2、
　　　　54.1、62.1、63（3）、63.2、
　　　　64.9

劉信芳　31(5)、32(3)、35(4)*

劉雨　42.5

樓宇烈　10(6)、17(3)、20(2)、
　　　　20(6)、25.2、41（5）、
　　　　49(5)、62（3）、69（3）*、
　　　　70(4)、70.2

陸德明　4(2)

陸九淵　19.6

呂惠卿　29.1

呂錫琛　62.2

羅爾斯(John Rawls)　54.3

羅運賢　31(6)

羅振玉　2(5)

M

馬丁・路德・金（Martin Luther
　　　　King）　12.1

馬克思(Marks)　43.2

馬斯洛（A. Maslow）　12.1、
　　　　62.2*、62.3*

馬王堆漢墓帛書整理小組
　　　　9(3)*、11（2）、13（5）、
　　　　20(2)、45(3)

馬敘倫　4（3）、5（4）、10（2）、
　　　　10(8)、11（2）、14（2）、
　　　　21(4)、23（4）、25（2）、
　　　　26.1、30（3）、32（5）、
　　　　36(3)、39（3）、40（3）、
　　　　61(2)、66（2）*、67（5）、
　　　　69(3)*、73(3)、77(4)

毛奇齡　37.2

毛澤東　31.1

孟旦(DonaldJ.Munro)　63.5

孟凡夏　6.2

孟子　30.1、47.1*、48.2*、
　　　　49.3、65.3

明太祖　29.1

摩西(Moses)　43.2

牟復禮（Frederick W. Mote） 18.5

牟子 9(6)

牟宗三 38.4—5、42.2*

N

南容 17.1

諾亞（Noah） 34.4

O

歐陽修 19.6

P

龐樸 2(4)、19(2)、63.4*

彭浩 9(1)、46(1)

Q

錢穆 48.1

秦始皇 65.1

秦莊襄王（子楚） 30(3)

裘錫圭 13(2)、15(4)、19(2)*、19(3)*、25(2)、25(3)、25(4)、31(3)*、31(6)、35(2)、35(4)、35.3、41(2)、41(5)、54(2)、55(4)

仇由 36.2

R

冉有 19.4、41.1*

饒宗頤 6(3)、7(2)、7(4)、8(2)、9(2)、35(3)、58(3)、66(4)、67(2)

任繼愈 1(3)、7.3、21.2、60.1

阮籍 23.1

S

施舟人（Kristofer Schipper） 6.2、42.4

石田羊一郎 8(5)

史華滋（Schwartz） 6.1*、25.6、61.1

釋德清 19.6、29.1、48.2、63(3)

釋迦牟尼 12.1

申不害 35.4

舜 19.2*、27.1*、38.4*、38.5*

司馬彪 55(5)

司馬光 1(3)、1(4)、1.4、30.1*

司馬遷 5.1、6(3)、35.4、41.1

司馬談 35.3

斯坦因（Stein） 40.2

宋徽宗 29.1

蘇格拉底（Socrates） 12.1、43.2

蘇哈托（Suharto） 25.7

蘇轍（蘇子由） 29.1、39(3)*、73.1*、74.1、77(2)、80(2)

孫登 55(6)

孫叔敖　54.3˙

孫詒讓　9(3)、10(2)

T

談敏　43.2˙

譚獻　4(3)

譚宇權　51.5

湯川秀樹　47.3

湯用彤　40.4

唐高宗　57(2)、58(3)

唐明邦　5.1

唐玄宗　2.3、10(2)˙、29.1

陶鴻慶　68(2)

陶紹學　61(2)、69(3)

W

萬章　69(4)

王安石　1(3)—(4)˙、1.4˙、
　　30.1

王博　5.1、21.1

王德有　5(4)、39(2)、49(2)、
　　50.1、77(2)

王夫之　38.4˙、38.5

王國維　42.5

王淮　39(5)、44.1˙、45.1、46.1˙、
　　47.2、49.2˙、50.1、54.3—
　　4、55.1˙、60.1˙、67.1—
　　2、67.5、73.1˙

王卡　13(3)、14(3)、18(2)、

20(2)、25.1、29.1˙、30.1、
42.1、47(2)、53(4)、54.4、
57(4)、62.1、67(5)、74.1、
75(2)、80(2)

王力　28.1、44.2、54.1、59.1

王明　10.1

王念孫　17(3)、53(2)、54(3)、
　　69(4)˙

王雱　29.1

王肅　74(4)

王陽明(王守仁)　19.6、28.3

王引之　20(3)、35(2)˙、68(2)

王真　9.1、31.1

王中江　5.1

韋昭　49(5)

魏華存　42.4

魏啟鵬　2(2)—(5)、9(2)、
　　9(3)˙、13(2)、13(5)、
　　15(4)、16(2)、19(3)˙、
　　25(2)˙、40(3)、57(2)

吳澄　17(2)、29.1、40.2、65.1˙

武則天　76.1

X

希特勒　64.9

奚侗　4.1、23(2)、23(4)、25(2)、
　　42.1、55(6)、62(3)、
　　73(3)、74.1

項羽　36.2、67.3

蕭兵　6.2

蕭公權　35.4*

熊鐵基　35.3

休謨（Hume）　25.5、42.3*

許抗生　10（2）、13（2）、19（2）*、
　　　20（2）、24（4）、25（2）、
　　　48（3）

薛蕙　2.3、7.3*

薛致玄　29.1

Y

亞當・斯密（Adam Smith）
　　　43.2*

亞里斯多德（Aristoteles）　25.5

嚴復　6.1

嚴家建　63（3）

嚴君平　9（2）、19.6

嚴靈峰　1（3）*、1.1、8（4）、26.1、
　　　40.2、48（3）、75（4）、76（2）

嚴遵　40.2*、41（6）、43（3）、
　　　49（2）、50.1、53（2）、
　　　60.1*、77（2）

楊伯峻　48.2*、50（3）

楊朱　13.1

姚鼐　23（2）、30（5）

堯　27.1*、38.5

耶和華（Jehovah）　34.4

葉國良　79（2）

葉夢得　50.1

葉舒憲　6.2

易順鼎　2（5）、10（5）、33（3）、
　　　55（6）、56（3）、69（4）、
　　　74（2）、74.2、76（4）

尹振環　23（2）、23.1、35（2）、
　　　38（4）、40.2

于省吾　20（5）、27（4）、29（4）、
　　　53（4）、67（2）

俞樾　4（2）、4（3）、15.1*、20（3）、
　　　20（6）、21（3）*、21（4）、
　　　23（3）、26（3）、29（4）、
　　　30（4）、34（3）、47（2）、
　　　49（5）、55（4）、57（2）、
　　　62（3）、67（4）*、71（4）、
　　　76（4）、80（2）

禹　38.5

袁保新　42.3

越王勾踐　36.2

Z

宰我　17.3

曾點　19.4*、41.1*

詹劍峰　13.1、80.1

詹石窗　6.2、42.4*

張岱年　6.1、23.1、45.1、51.3、
　　　62.1

張道一　42.4

張丰乾　27（3）、29（3）、39（3）、
　　　52.1

張富祥　36(4)、53(4)

張良（張子房）　36.2、65.1、67.3*

張魯　42.4

張舜徽　1.3、39（3）、75（2）、75（4）*、75.1

張松如　3.1、13.1*、14（2）、39（3）、41（4）、48（3）、57（2）、60.1、62（3）、67（6）、80.1

張煦　42.5

張亞初　18.3

張揚明　1（3）*、1.1、2（5）、4（3）*、8（5）、9（2）、10（2）、10（5）、13.1、48（3）、77（2）、79（3）

張智彥　6.2

章太炎　19.6、60.1

趙伯雄　18.4、80.2

鄭良樹　1(3)、2(5)、4(2)、5(4)、9（2）*、9（6）、10（3）、17(2)、26（3）、26.1、28(4)、39（3）、39（5）、40.2、48(3)、50(4)、53(2)

鄭傳鍏　6.3

鄭玄　11(2)、14(5)、19.6、61.2、62(2)

知伯　36.2

中國社科院考古所　42.5*

周公　20.1

周生春　1(2)

朱得之　2.3、40.2

朱謙之　2（5）、3（5）、4（2）、11(2)、22（2）、26.1、39.1*、39.2、42(6)、44.2、48（3）、49（2）、49（5）*、50.1*、67（2）、71（4）、72(2)—(3)*、77(4)

朱熹（朱子）　17.3、19.2、19.4、19.6、36.2*、37.2*、38.3—5、65.1*、67.3*、74.1、78.1—2

莊子　10.1、23.2*、28(4)、44.1、64.4、78.2

子貢　17.3、27.1、67.2、80.4

子賤　17.1

子路　19.4、41.1*、70.2

英文人名

Abraham（見阿伯拉罕）

Ames，Roger（見安樂哲）

Boltz　58(3)

Brooks，A. Taeko（見白妙子）

Brooks, E. Bruce（見白牡之）

Capra, Fritjof（見卡普拉）

Chen, Ellen M　6.2

Clarke, John James　43.2*

Cleopatra　76.1

Clintock,　Mc　76.1

Descrates, Rene（見笛卡爾）

Gadamer（見迦達默爾）

Gandy（見甘地）

Geldsetzer, Lutz　50.1

Graham, A. C.（見葛瑞翰）

Gus, A. H（見古斯）

Hegel（見黑格爾）

Heidegger（見海德格爾）

Hobbes（見霍布斯）

Hume（見休謨）

Jehovah（見耶和華）

King, Martin Luther（見馬丁・
　　　路德・金）

Marks（見馬克思）

Maslow（見馬斯洛）

Moses（見摩西）

Mote, Frederick W.（見牟復禮）

Munro, Donald J.（見孟旦）

Needham, Joseph（見李約瑟）

Noah（見諾亞）

Plato（見柏拉圖）

Poivre, Pierre　43.2*

Putnam, Hilary　42.3

Schipper, Kristofer（見施舟人）

Schwartz（見史華滋）

Singer, Peter　42.3

Socrates（見蘇格拉底）

Stein（見斯坦因）

Suharto（見蘇哈托）

Teresa, Mother（見德蘭修女）

Tillich, Paul（見蒂利希）

Washington（見華盛頓）

Yukawa, H.（見湯川秀樹）

文獻及版本索引

B

巴黎圖書館敦煌書目 2435 號
    1(4)

抱樸子　10.1

帛書本(見于各章)

C

倉頡篇　26(2)、27(3)

成本(成玄英本)　30(3)

楚　辭　1.1、5.2*、18.3、22.1、
    28.1*、　34.1*、　37.3、
    39.1*、44.2、54.1*、59.1

春秋　18.3、27.1、42.5、48.2

春秋繁露　23.1

D

達莊論　23.1

大學　18.2*、54.2、67.1

道藏　72(3)

道藏本　16.1、80(3)

道德經(參見老子)

～論兵要義述　31.1

道德真經(參見老子)

～藏室纂微篇 9(2)；～集義 10
    (2)、10(3)；～取善集 55

(6)；～註 65.1

道家文化研究　2.2

讀四書大全說　38.4*

敦煌本　2(5)、2.3、3(5)*、7(4)、
    12(2)、21.1、27(3)、
    31(3)、34(5)*、49(2)、
    54(3)、55(4)、68(2)、
    69(4)、73(4)；～伯希
    1(4)；～倫敦 4(3)、5(4)、
    6(3)、7(2)、8(2)、9(2)、
    13(3)*、15(3)*、19(3)、
    30(3)—(4)、42(5)、
    67(2)；～壬本 65(2)；～
    索統本 58(3)*、66(4)、
    67(2)；～索洞玄書本
    1(4)；～辛本 75(4)

E

爾雅　21.1、30.1、67(4)

F

法國重農學派的中國淵源　43.2

范應元本　15(2)—(3)、21(4)、
    38(3)、39(5)、43(3)、
    67(2)—(3)、75(3)

方言　24(4)、42(6)

G

古逸叢書　2.3、18(2)

古諸侯稱王說　42.5

顧歡本　4(3)、49(2)

觀堂集林　42.5

管子　23.1、35.4、49.1、54.4*、61.2、75.1；～霸形 61.2；～牧民 54.4；～內業 10(3)*、75(3)；～心術上 51.3、76（2）；～形勢 67.1；～治國 76(2)

廣雅　24(4)、29.1、73(4)；～釋詁 9（2）、20（2）、29.1、65(4)、71(4)；～釋言 41(5)；～疏證 54(3)

郭店楚簡（見於大部份章節）　～五行 40.2；～性自命出 40.2；～語叢一 40(3)；～緇衣 40.2；～校讀記 2.2

國富論　43.2

國語　2.4、18.3、29.1、61.2；～晉語 49(5)；～吳語 9(2)；～越語下 9(2)、61.2

H

韓非子　15.1、18.3、23.1、26(3)*、35.2；～解老 38(3)、53（4）、54.3、67(4)；～說林上 36(3)*；～內儲說下 36(4)；～外儲說下 30.1；～顯學 65.3；～喻老 26(3)*、36(3)、36.2、46（3）、46(4)、54（2）、54.3*、71(4)

韓詩外傳　46(3)*；～卷五 35(2)

漢書　35.3；～賈誼傳 9.(3)；～卷六十四上 30(3)；～疏廣傳 9（6）；～藝文志 35.2—3、45.1；～遊俠傳 69(4)；～杜鄴傳 72(3)；～食貨志 75(2)

河上本（見于各章）　～道藏本 8(4)、18（2）、39（3）、53(4)、57（3）—（4）、60(3)；～敦煌本 18(2)、40.2、75（3）；～影宋本 18(2)、39（3）、41（5）、47(2)、47.1、53（4）、55(4)、55（7）、57（3）、60(3)、75（3）；～各章篇題：體道 1(1)；養身 2(1)；安民 3(1)；無源 4(1)；虛用 4(1)；成象 6(1)；韜光 7(1)；易性 8(1)；運夷

9(1)；能為 10(1)；無用 11(1)；儉欲 12(1)；厭恥 13(1)；贊玄 14(1)；顯德 15(1)；歸根 16(1)；淳風 17(1)；俗薄 18(1)；還淳 19(1)；異俗 20(1)；虛心 21(1)；益謙 22(1)；虛無 23(1)；苦恩 24(1)；象元 25(1)；重德 26(1)；巧用 27(1)；反樸 28(1)；無為 29(1)；儉武 30(1)；偃武 31(1)；聖德 32(1)；辯德 33(1)；任成 34(1)；仁德 35(1)；微明 36(1)；為政 37(1)；論德 38(1)；法本 39(1)；去用 40(1)；同異 41(1)；道化 42(1)；偏用 43(1)；立戒 44(1)；洪德 45(1)；儉欲 46(1)；鑒遠 47(1)；忘知 48(1)；任德 49(1)；貴生 50(1)；養德 51(1)；歸元 52(1)；益證 53(1)；修觀 54(1)；玄符 55(1)；玄德 56(1)；淳風 57(1)；順化 58(1)；守道 第59(1)；居位 60(1)；謙 德61(1)；為道 62(1)；恩 始63(1)；守微 64(1)；淳 德65(1)；後己 66(1)；三

寶 67(1)；配天 68(1)；玄 用 69(1)；知難 70(1)；知 病 71(1)；愛己 72(1)；任 為 73(1)；制惑 74(1)；貪 損 75(1)；戒強 76(1)；天 道 77(1)；任信 78(1)；任 契 79(1)；獨立 80(1)；顯 質 81(1)

鶡冠子　〜環流 58.2
後漢書　9(6)；〜蔡邕傳 9(2)；〜馮衍列傳 39(5)；〜申屠剛傳 9(2)；〜折象傳 9(2)；〜郎顗傳 75(2)；〜宣秉傳 80(2)

淮南子　23(3)、28(4)、29(3)、75.2；〜俶真 9(2)；〜道應 4(2)、5(4)、9(2)、9(6)、10(3)、28(4)、62(3)、74.1；〜人間 58.1、62(3)；〜說林 69(4)；〜說山 39(5)；〜天文 42.1；〜原道 29(3)、43(3)、75.2；〜主術9(2)、72(3)；〜詮言 75.2；〜修務 75.2；〜泰族 77(4)

黃帝內經　9(2)；〜素問 35(2)、55(6)

黃帝四經　35.2—3

J

甲骨文　2（4）、17.1*、18.3、　27.1、64（8）

金人銘　79.1*

金文　17.1*、18.3—4

近思錄　58.2

經法　35.3

經傳釋詞　2（3）、4（2）、20（3）、　35（2）、68（2）

經詞衍釋　57（2）

經典釋文　73（4）

經義述聞　68（2）

景龍碑本　3（5）、30（4）、49（2）、　68（2）、71（3）、72（3）、　75（4）

K

考工記　11（2）

科學心理學　62.3

孔子家語　70.2、79.1

L

老子（見于各章）　集唐字～道德　經注 2.3、18（2）；～校詁　26.1；～校釋 26.1；～餘　義 31（6）；～章句新編　26.1；～正詁 26.1；～指　歸 5（4）、39（2）、41（6）、　43（3）、49（2）、53（2）；～註

40.4

老子的月神宗教　21.1

理惑論　9（6）

禮記　18.3；～表記 38.3；～祭　義 80（2）；～郊特牲　77（4）；～禮運 62（2）；～　曲禮 79（2）；～檀弓　74（4）、77（2）；～月令　61.2；～樂記 14（5）、　67.2、69（4）

歷世真仙體道通鑒後集　42.4

列仙傳　42.4

龍興碑本　5（4）

呂氏春秋　2（5）、18.3*、23.1、　75.1；～報更 69（4）；～任　數 75.1

論六家要旨　35.3

論語　3.1、10（8）、18.2—3*、　19.2—3*、23.1、38.5、　40.2、50（3）*、61.2*、　71（4）、72（3）、75（4）、　75.1、80（3）；～八佾　17.3、38.2、67.2；～公冶　長 17.1、17.3、29.1；～里　仁 38.2—3；～述而 19.4、　27.1、67.2；～為政 19.2、　38.4、65.3、67.1、71.1；～　衛靈公 19.2—3、38.4；～　先進 19.4、41.1、65.3；～

憲問 19.4、63.1；～學而 19.3、54(3)、67.2；～顏淵 79（3）；～陽貨 17.3、18.2；～雍也 21.2、38.2、38.3；～子張 18.2；～子罕 73.1；～集註 17.3；～補疏 38.4；～集釋 38.4*、38.5；～鄭註 73(4)

M

孟 子　1.3、18.2—3*、23.1、24.1、49.1、54.3、61.2*、69.4、77(5)、79(3)；～離婁上 18.2、47.1；～離婁下 30.1；～梁惠王上 48.2、49.1；～滕文公上 49.1；～滕文公下 54(3)；～萬章上 49.3、77(5)；～萬章下 77(5)

墨子　3.1*、4(2)、18.3*、23.1、61.3；～辭過 61.2、61.3；～非儒下 65.3、68(2)

Q

群書治要　2(5)、33(3)、47(2)

R

日抄本　13(3)

S

商君書　75(2)、79(2)、80(2)

尚書　18.3*、61.2、75(4)；～顧命 9.(3)；～畢命 54(3)；～皋陶謨 49.3；～洪范 27.1；～太甲下 19(2)；～太誓 49.3

申子　75.1；～大體 75.1

神仙傳　42.4

慎子　75.1；～民雜 75.1

聖經　4.5、25.6、34.4*、47.4、50.1

詩經　1—3*、5.2*、14.1*、18.3、21(3)、22.1、23.1—2*、28.1*、34.1*、39.1*、40.1*、44.2*、54.1*、59.1*、75(4)、75.1；～邶風・簡兮 44.2；～邶風・終風 44.2；～豳風・九罭 44.2；～豳風・七月 29.1；～梟鷞・序 9(2)；～關雎・序 57(4)、59.1；～齊風・盧令 44.2；～斯干 61.2；～衛風・木瓜 1.3；～小雅・南山有台 18.3；～小雅・瞻彼洛矣 18.4；～小雅・賓之初筵 44.2；～小雅・甫田 29.1；～小雅・裳裳者華

59.1；～小雅・吉日 77(2)；～大雅・思齊 18.4；～鄘風・柏舟 1.3；～鄘風・鶉之奔奔 39.1；～鄘風・牆有茨 28.1；～鄘風・相鼠 54.1；～召南・江有汜 1.3、59.1；～周南・卷耳 44.2

石鼓文　17.1

史記　1(3)、6(3)、35.2—4、80(4)；～伯夷列傳 79.1；～刺客列傳 13(3)；～管晏列傳 54.3；貨殖列傳 80(4)；～禮書 72(2)；～秦本紀 74(2)；～日者列傳 1(3)*；～田叔列傳 58.2；～太史公自序 14(5)；～天官書 35(3)

釋名　～釋天 16(2)；～釋姿容 20(3)；～釋水 21.1

說文　4.1、9(3)*、12(3)、14(2)、14(4)、17.1、19(2)、20(2)—(3)、21.1*、22(4)、26(2)、27(3)*、27.1、32(3)、42.2、49(5)、55(4)—(5)、65.3、66(2)*、67.1—2、69(4)、72(2)—(3)*、73(4)、75(2)*、76(4)、77(2)、79(2)*；～

彳部 53(3)；～皿部 4(2)；～手部 53(2)；～繫傳 80(2)

說苑　79.1*

四書集註　17.3、19.4、38.4*

遂州碑本　2(5)、3(5)、5(4)、7(4)、55(3)、65(2)、71(4)、80(3)

孫臏兵法　69.3；～威王問 69.4*

孫登本　14(2)

孫子兵法　31.1*、69.3、69.4、74.2；～計篇 69.4；～九地 69.4；～謀攻 69.4；～虛實 69.4

T

太平經　10.1

太平御覽　4(2)

唐韻正　72(3)

通典　74(4)

W

文選　～東京賦 2(3)；～魏都賦 75(4)

文子　～道原篇 5(4)、40(3)；～微明 4(2)、9(2)；～上德 9(6)；～尚仁 74.1

X

想爾注本　1.3、3(5)、4(4)*、
　　5(4)、6(3)*、7(2)、7(4)、
　　8(2)*、9（2）—（6）*、
　　10(1)—(3)、12（2）、
　　13(3)、14.2*、16.1、
　　16(4)、17.1、20（3）、
　　26(2)、26.1、29.1、
　　34(3)*、34(5)、35(3)*

項羽妾塚本　2.3*、18.2*、
　　27(3)*、80(4)

小爾雅　4.1、41(5)

新書　67.1

荀子　18.3*、23.1、35(2)、49.1；
　　～禮論 72(2)

Y

嚴遵本（指歸本）　9(3)、21(4)、
　　38(3)、39(3)*、41(6)、
　　43(3)、45(3)、49（2）、
　　50(4)*、53(2)*、54(3)、
　　64(4)、67(2)、73（3）、
　　74.1、75(3)

儀禮　35(2)

意林　33(3)、47(2)

殷周金文集成　18.3、42.5*

墉城集仙錄　42.4

玉篇　55(5)、76(2)

遠東經濟評論　43.2

Z

戰國策　1.3；～韓策 79(2)；～
　　齊策 57（2）；～秦策
　　57(4)、67(6)；～西周策
　　75(2)

中庸　18.2*

周禮　～地官・大司徒 67.1、
　　72(3)；～地官・遺人
　　26(2)；～天官・序官
　　67(6)

周易　18.3*、25.5、42.1、42.4、
　　69.3；～坎・象 42.5；～
　　離・象 42.5；～蠱之上九
　　42.5；～觀卦・象傳
　　35(2)；～系辭傳 22(4)、
　　35(2)、69.3

朱子語類　19.3、36.2

竹簡本（見于各章）　～甲本
　　1.1*、2(1)、2(4)*、2.1、
　　2.2*、4（3）、5.1、9(1)、
　　12(1)、15（1）、16（1）*、
　　19(1)、25（1）、30（1）、
　　32(1)、35（4）、37（1）、
　　40(1)、46（1）、48.1、
　　57(1)、63(1)、64（1）*、
　　64(4)、64(5)*、64(6)*、
　　64(7)*、64(8)*、64.3*、
　　66(1)、67(1)*；～乙本
　　1.1*、2(4)*、2.1、2.2*、

13（1）、20（1）、45（1）、48（1）、54（1）、59（1）、67（1）；～丙本 2（4）、2.1、2.2*、5.1、12（1）、17（1）、18（1）、31（1）、35（1）*、52（4）、56（1）、64（1）、64（5）*、64（6）*、64（7）*、64（8）*、64.3*、67（1）*

莊子　14.2、15.1、18.3、22.1、23.1、28（4）、35.3、38.3、40.2、44.1、49.1、62.1；～達生 38.3；～德充符 45.1、49.1、55（6）；～庚桑楚 10（3）、55（5）；～馬蹄 62.1；～駢拇 62.1；～讓王 13.1、71（4）、80.1；～天道 77（4）；～天地 16.1、80.4；～天下 22（4）、28（4）、36.2；～外雜篇

10.1；～在宥 10.1、75.1；～知北遊 6.1

子思　49.1

左傳　18.3、23.1、48.2、61.2；～哀十五年 30.1；～成六年 48.2；～成十四年 27.1；～成十六年 27.1；～文十八年 27.1；～僖十六年 55（6）；～僖二十八年 30.1；～襄四年 65.3；～襄十三年 48.2；～襄十四年 67（4）；～襄二十五年 68（2）；～襄三十一年 72（2）；～宣二年 30.1；～宣九年 48.2；～昭四年 48.2；～昭五年 67（4）；～昭二十六年 72（3）；莊六年 29.1；～莊二十四年 61.2；～莊二十七年 67.1

主題與概念索引

B

版本/版本演變/版本歧異（參見
語言趨同） 1.3、2(3)—
(4)、2.1—3、3.2˙、5(4)、
5.1、6(3)˙、7(2)、9(6)、
10(1)、10（7）、11（3）、
12(1)、14.1、15(4)、15.1、
16（4）、16.1˙、17（2）—
（3）、18（2）、18.1—2、
19(3)、19.1˙、21.1—2、
22.1、23（3）、26.1˙、
30(4)、37.1、41（2）、
42(5)、43（3）、46（3）、
47(2)、47.1˙、48（2）、
51(3)、56(3)—(4)、63.6、
64（3）、64（6）、64.3、
66(2)、66(4)、68（2）、
70(2)˙、70(4)、74.3˙、
77.3、80(4)、81.1˙

邦與國 18(2)—(3)、18.2—5˙、
25（5）、36（4）、54（1）、
54.2、54(3)—(4)、57(2)、
58（2）、59（3）、
61(2)—(4)、64.5、65(3)、
67.1、78（4）、80（2）、

80(5)、80.1—4˙、81.1

本根與本體/本根論/本體論
1.2˙、1（3）、1.4—5˙、
4.2、6.1—3、7.1、11.1、
20.3˙、21.3˙、25.2˙、
25.5、40.2、40.4˙、42.2—
3、47.1、51.2、52.3、71.1、
76.3˙、77.1˙、77.3˙、
79.1、81.5

辯證觀念/辯證法/辯證關係（參
見正反觀） 1(2)、1.2、
2.5—6、7.3、11.1˙、
13.1˙、21.3˙、28.3˙、
31.1、36.2—4˙、36.3˙、
40.3˙、41.2˙、44.1、
45.2˙、52.3、55.1、
58.1˙、64.1、65.4、69.1—
3˙、72.1、73.1、80.4、81.1

美丑善惡 2.5、20.4˙、25.6、
79.1—2、81.2

難易 2(3)—(4)、2.6、18.1、
21.3、36.4、40.3—4、
42.1、41.2、47.1、69.1、
79.1—2

有無 1.4—5˙、2(3)—(4)、2.6、

11.1、12.6、21.3、25(2)、
36.4、 40.3—4、 41.2、
42.1、64(8)、69.1

帛書本(見于各章)

～不精 7(1)、8(2)、10(7)、
12(2)、14(5)、58(2)、
75(1)、79(2)

～共同祖本 2(3)、12(1)、
27(3)、34(3)

～甲本分章符號 2.1、46(1)、
51(1)、53(1)、63(1)、
64(1)、69(1)、72(1)、
73(1)、75(1)、76(1)

甲乙本不同 53(1)、79(1)、
80(1)

C

雌性比喻 6.1—3、10(6)—(7)、
28.2—4*、 42.4、 45.2、
52.3、55.1、57.3、61.1—
3*、63.2、65.4、69.1—2、
76.1—3*、79.1

雌柔原則 8.1、28.2—4*、31.1、
36.1、 40.3、 43.1—3、
46.1*、52.3、76.1—3*、
78.1—2

存有/存有論 4.3—4*、
42.2—3*

D

道(見于大部份章節)

～的兩重意義 1.4—5、21.3、
25(2)、25.6—7、34.2—3、
35.1、39.2、42.3、51.2、
79.2

～法自然(見自然)

～與德 17.1、23(3)*、23.4、
51(4)、51.2—4、54.3

～與上帝/神祇(參見老子與宗
教) 4.2*、25.6、34.3—4、
39.2、40.4、42.3、47.4、
51.2*、56.1、60.1、62.1、
64.9、76.3、79.1、81.5

～作為總根據和總根源 1.2、
2.4、 21.3、 25.5—6、
32.1、34.2—3*、35.1、
47.2、 51.2—5、 52.3、
56.1、 64.5—6、 76.3、
77.1、 77.3、 79.1—2、
81.1、81.5

道家(見于大部份章節)

～與兵家/戰爭 12.1、17.4—5、
30.1、 31.1—2、 33.1、
36.2、46.1*、49.2、56.2、
63.5、 64.4—9、 67.1、
67.4、69.1、69.4*、76.1、
80.1、80.4

～與法家 35.2—4*、51.3、

67.3、75.1—2

～與法律 7.2—4、11.1、17.5、
35.2—4、50.1、57（3）、
58.3—4、 64.6、 74.1、
79.1、80.4

～與管理 3(3)、12(4)、
17.1—5、 19.2、 28.4、
31.2、32.1*、38.5、43.2—
3、51.3—4、53.1、57.2、
57.4、 58.3—4、 62.2、
64.1、64.5—6、75.2—4、
76.2、79.1、80.4

～與科學 4.1、4.3、4.5、20.1、
25.6、35.1、36.2、40.5、
47.3—4、 54.5、 56.2、
58.4、 62.2—3、 80.4、
81.3—5

～與儒家（見儒道異同）

～與生態 25.7*、53.1、55.1、
64.6—9、 75.3—4、
76.1—2、78.1、80.4、
81.3

～與現代 1.3—4、2.5、4.2、4.5、
6.3、7.2、17.2、17.4—5、
18.4—5、19.1、19.5—6、
20.1、20.3、23.1、24.1、
25.2—7、 28.4、 31.2、
36.4、47.2、48.2、49.3—
4、53.1、55.1、56.1—2、

57.4、64.6、75.4、76.3、
80.1—4、81.2—5

～與政治 17.5、18.4—5、
19.2—4、27.1、29.1、
31.2、35.4、43.2—3、
42.5、46.1、49.2—4、
53.1、 56.2、 57.2、
57.4、58.3、62.1—3、
64.8、65.2、67.3—4、
69.1、 70.2、 73.1、
75.1—2、 76.1—3、
79.1、80.1—2

道家式概念 62.3*、64.6、79.2

德（見于大部份章節，參見道與
德、正反觀、辯證觀）

常～ 45.2*、65.4*

盛～ 45.1—2*、55.1

玄～ 2（5）*、2.4*、10（8）、
36.1*、 45.2、 51.1—5、
56(1)、63.2、65.1、69.3

定型/定本 2.1、2.3、26（3）、
26.1*、37.1、40.2、41（4）、
52.2

獨斷論 47.4、49.4、67.4

對仗/對偶（參見語言趣同）
1(3)—(4)、15(4)、16(4)、
19.1、23(2)、28(3)、36(4)、
38(3)、 38（6）、 42（4）、
48(2)、49(2)、52(4)、52.2、

77(3)

F

發展軌跡的平穩性　23.4*、
　　25.3—4*

方法論　6.3、20.3*、25.2、41.2、
　　57.4、64.2

分寸/分寸感　1.4、19.6*、20.4、
　　30.1、53.1、56(4)

"弗"字用法　2(5)、3(5)、10(8)、
　　22（3）、22.1、23（2）、
　　29(2)、31（3）、41（2）、
　　47(4)、51（5）、51.1、
　　60(3)、68(2)、72(3)

G

概念（見于大部份章節）

～化　3.1、17.2、23.2、40.4、
　　51.3、56(2)、80.2

～簇　63.5*、68.1*、75.1*

個體（參見自我）　19.2、23.4、
　　25.6*、31.2*、32.1*、
　　33.1*、39.3*、42.2—3*、
　　49.2、51.2—3*、53.1、
　　64.2、64.5—6*、64.9、
　　72.1*

～自主　17.5*、19.2、32.1*、
　　33.1、57.4、62.2、72.1

共同理解（參見語言趨同）

18.1、28(3)、47(2)、47.1

古本（見于各章）　～定型（見定
　　型/定本）

～原貌　1.3—4、2(5)、12(2)、
　　14.1、16(2)、16.1、18.2、
　　19(2)—(3)、21.2、22.1、
　　23（2）、26（2）、26.1、
　　34(2)—(3)、35（4）、
　　37(4)、37.1、41（4）、
　　49(3)、50（4）、52.2、
　　55(3)、55（6）—（7）、
　　64(8)、66（2）、68（2）、
　　74(2)、74.2—3*、76(3)、
　　80(4)、81(2)、81.1

改善～　2.3、12（2）、22.1*、
　　23(3)、26.1、28（4）、
　　35(6)、38(6)、47（2）、
　　47.1、64(3)、66(2)

歸約法　19.6*

H

和平與戰爭（見道家與兵家）

和平主義（參見雌柔原則）
　　31.1*、46.1*、76.2、
　　80.4

和諧（參見自然）　6.2*、8.1*、
　　9.1、11.1*、14(2)、17.2、
　　19.2*、24.1、25.3—6、
　　28.2—4*、　30.1—2*、

31.2、 32.1*、 33.1*、
35.1*、 38.3*、 38.5*、
39.3*、 41.1、 42.4*、
43.2、45.2*、49.2—3*、
53.1*、 55.1*、 56.1、
57.2、58.2、61.1、62.1、
63.1*、64.1—2*、64.4—
8*、65.3—4、67.3、79.1

黃老學/黃帝学
　　10.1、 15.1、 35.2—4*、
　　67.3、75.1—2*

J
價值（價值觀/價值論） 2.5、
　　7.1、17.2、28.2*、31.2、
　　38.1、40.3、41.1*、49.3—
　　4*、51.4—5、56.1、70.2、
　　81.2—4

～取向（參見正反觀） 2.5、7.2、
　　28.2、28.4、36.4、38.2、
　　40.3*、41.2、51.3、64.4、
　　69.1—3*、76.3、77.3*

～原則（參見自然—人文自然）
　　3（3）、17.3、17.5、31.2、
　　43.1、52.3、64.6、64.9*、
　　65.4、81.4

中心～ 8.1、17.1、19.2、25.2、
　　25.4、33.1、36.4、38.3、
　　64.1、81.1、81.4

校勘（見于各章）

～心態 22（4）、40.1*、48（2）、
　　51.1

理校 8（5）、15.1*、16.1、21.2、
　　26.1、29.1、49.1、32.2、
　　52.2、56（3）、57.1、74.2
　　—3

兩重標準 74.2—3*

類同舉例 49.1*

邏輯與事實 8（5）、16.1、21.2、
　　25.1、25.5、26.1、40.1、
　　51.2、56（3）、74.2、81.1

解釋/解釋學（見詮釋（詮釋學））

境界 9.1、12.1*、15.1*、19.2、
　　20.2—3*、 25.4、 38.2、
　　38.5、42.2*、45.2、49.2、
　　56.2、57.3、64.5、65.4*、
　　68.1、70.1、71.1、80.3、
　　81.4

決定/決定性/決定論 23.4、
　　25.6—7、 28.3、 34.3、
　　39.3、51.2、63.2、64.3、
　　72.2、77.2、79.1

絕對精神 21.2*、25.5、34.3、
　　51.2

K
客觀/客觀性 51.2*、51.5*、
　　52（2）、58.2、62.3*、68.1、

69.1

可能性/可能性與現實性　17.5、
　　23.2、23.4、49.4、56(3)、
　　57.2、57.4、58.1、61.3、
　　63(3)、75.1—2、81.4

L

老子與詩經/老子的韻文特點
　　5.2、14.1、28.1、34.1、
　　35.5、37.3、39.1、40.1、
　　44.2、54.1

疊韻　5.2、59.1*

疊句和密韻　5.2、28.1、44.2*

頂真　5.2、21(3)、28(4)、28.1、
　　37(4)、37.3*、46(3)—
　　(4)、61(2)

富韻　5.2、35.5、40.1*

格律　5.2*、74(2)、74.2—3

合韻　5.2*、14(2)*、28.1、
　　35.5、39.1、54.1

換韻　5.2*、21(3)*、28.1、44.2

迴環　5.2*、28.1*、35(4)、
　　37(4)、37.3*、54.1*、
　　59.1*

集體創作　1.1、26.1、54.1

交韻　5.2、34.1、39.1*

口頭文學　34.1*、54.1*

似詩非詩　1.1、14.1、54.1

虛字腳　35.5、40.1

亦詩亦文　1.3、15(1)、28.1*、
　　40.1

語言風格近似　1.1、54.1

韻文　1.1、5.2*、14.1*、28.1*、
　　34.1*、37.3、39.1、
　　41(2)*、46(3)*、54.1*

老子與楚辭(見老子與詩經)

老子與宗教(參見道——道與上
　　帝/神祇)　4.3—5、7.1、
　　14.2、18.5、20.3、25.6、
　　28.4、47.4、49.2、62.1—
　　2、79.1—2、81.5

老子與道教　6.2*、7(4)、10(2)、
　　10.1*、14.2*、16.1、
　　26.1、28.4、44.1、42.4*、
　　47.4、79.2

老子與月神宗教　21.1*

理性/理性與直覺　1.2、4.1*、
　　4.5、14.2、35.1*、39.2—
　　3、47.2—3*、50.1*、
　　51.3、64.6、81.5

M

母本(見祖本)

N

男性霸權(參見雌性比喻)　6.3、
　　28.4、42.4、76.1—2*

女性主義(參見雌性比喻)　6.3、

28.2—4*、42.4、76.1—3

O

偶然論　4.2、25.7

P

譜系　15(4)、42.4

家族～　70(4)

Q

詮釋(詮釋學)　1.4、4.2、6.2、
　　7.1、14.2、19.6、20.1*、
　　28.3、38.5、42.2、50(3)、
　　54.4—5*、67.5、75.2、
　　78.2

～的創造性　1.4、20.1、50.1*、
　　54.5

～的科學性　20.1

獨斷的與探究的～　50.1*

兩種定向　42.2、54.5

六經註我　1.4

文本的它在性　20.1*

R

人生論　7.1、20.3、70.2

人文主義(參見道家式概念)
　　62.1*、62.3

人性/人性觀/人性論　17.4—5、
　　31.2、49.2、62.1—2*、

70.1、81.5；

人性本貴論　62.1

性超善惡論　62.1

性惡論　62.1、62.2

性善論　62.1

認識/認知/認識論　1(3)、1.1—
　　2*、1.4—5、4.1、6.2、
　　11.1、12.1、13(3)、14(3)、
　　20.3、25.2*、25.5—7*、
　　28.2、31.2、35.1*、39.3、
　　42.3、47.2—3、52.3、
　　54.5、56.1—2*、57.3、
　　71.1

儒道異同　3(3)、4.2、10.1、
　　12.1、13(4)、17.3、19.1—
　　6*、27.1、30.1、38.2—5、
　　41.1、43.2—3、47.2、
　　48.2、49.2—4、54.2—4、
　　67.1—4、71.1、79.1、80.4

朱熹論老子　36.2*、37.2*、
　　38.3—5、65.1*、67.3*、
　　72.1、74.1、78.1—2

S

生存主體/生存個體　13.1、
　　17.2、25.4、42.2、43.3、
　　64.6—7*、75.2

生殖崇拜(見雌性比喻)

神秘/神秘性/神秘主義　6.1*、

25.6*、35.1、43（3）、50.1、
75.2

聖人　2（4）*、2.4*、3（4）、
5（2）*、6.2、7（3）、7.1—
3*、10（8）、12（4）*、
12.1*、13.1*、14.2、
17.1—2、19.1—2、20.2—
3*、22（2）*、23（3）、23.2、
25.3、26（2）*、27（3）*、
27.1*、28（5）*、29（4）*、
34（5）*、35（2）*、35.1*、
35.4、36.1*、37.2、
38.4*、39（5）、45.2*、
47（4）、48.1*、49（2）—
（5）*、49.1—3、50（3）*、
50.1*、51.1—4、52.1、
57（1）、57（4）*、57.3*、
58（5）*、60（3）*、62.1—
2、63（3）*、63.1—3、
63.5—6、64（8）、64.1*、
64.3*、64.5*、65.1*、
65.4*、66（3）—（4）*、
66.1、67.1—4*、68.1、
70（4）*、70.2*、75.2、
76.2、77.2、79（2）、79.1、
80.3、81（4）

使動用法（參見意動用法）
49（5）、65.3

實然與應然　2.5*、7.1*、25.5*、

28.2、39.3、42.3*、51.3、
77.2

實體/實體性　4.2、6.1、25.1、
42.2*、51.2

順然　64.4*

事實描述與價值判斷（見實然與
應然）

思想聚焦/思想再現　3.2*、
4（3）、19.1*、24.1、
26（2）、37.1、57（4）

T

天道　12.1、16（2）*、24.1、34.3、
35.1、36.3、39.3、42.3*、
43.1、47（1）—（2）*、
47.1*、69（4）、73.1*、
74.1、75.1、77（1）—（2）、
77（4）、77.1、77.3、79（3）、
79.1—2

W

王弼本（見于各章）　～原貌
13（5）、20（2）、20（6）、
21（4）、23（3）

無為（亡為）　2（4）*、2.4*、
3（5）*、3.2*、6.2、8.1*、
10（7）*、11.1*、17.1—
2*、19（2）、19.1—2*、
20（2）—（3）、23（3）、

24.1ˇ、 25.6、 27.1ˇ、
29(1)、 29.1ˇ、 31.1ˇ、
32.1ˇ、 34.2—3、 35.4、
36.1、 37（1）—（2）ˇ、
37(4)ˇ、37.1—2ˇ、38(3)ˇ、
38.1ˇ、38.4—5ˇ、42(3)ˇ、
42.2、43（1）、43（4）、
43.1—3ˇ、44.1、46.1ˇ、
47.1、48(3)ˇ、48.1—2ˇ、
49（2）、49.2ˇ、49.4、
51.2—4、 52.1、 52.3、
53.1ˇ、57(4)ˇ、57.2—3ˇ、
61.1ˇ、62.1—3、63(2)—
（3）ˇ、63.1、63.4—6ˇ、
64(8)ˇ、64.1—5、65.1、
65.4、67.2—5ˇ、68.1ˇ、
70.1ˇ、75.1—4ˇ、80.1

～的現實性 75(2)—(3)、75.2

～而無不為 13.1、35.3、37(2)、
37.1、 38（3）、 44.1、
48(3)ˇ、48.1—2ˇ、52.1、
57.3、63(2)—(3)、64.1ˇ、
67.3、69.3、75.2ˇ

～與不敢 3(5)、17.1、17.5、
23.3、30(4)、31.1ˇ、35.1、
63.5、64(8)、64.1、64.3ˇ、
65.1、67(3)—(4)、67.1—
8、 68.1、 69(2)—（3）、
69.2、 69.4、 70.1—2、

71.1、73(2)、73.1、75(3)、
79.2

君主～ 75.1ˇ

實有似無 57.4ˇ、63.4ˇ、64.5、
75.1

外向～ 68.1ˇ

為～ 3(5)、3.2ˇ、31.1、36.1、
38.4、57.3、63（2）、63.1、
63.4、63.6、79(2)

內向～ 67.5、68.1ˇ、72.1

有為和～ 11.1ˇ、29.1、35.4、
38.1、43.1、43.3、46.1、
57.4、64.2、68.1、75.1—2

X

現實性（見可能性與現實性）

形而上/形而下/形而上與形而
下/形上學 1.1—2ˇ、
7.1、21.1、25（1）、25.2、
25.5ˇ、 35.1ˇ、 36.3、
40.2、 42.2—3、 51.4、
69.1、76.3

虛詞（見于各章）

～用法 1.2、2(1)、4(4)、7(2)、
11(1)、 12(1)、 14(2)、
18(2)、 18.1、 23（2）、
24(4)、 27（2）—（3）、
28(5)、31(6)、32（4）—
(5)、34(3)—(5)、34.1、

35(3)—(4)、 41 （2）、
43(2)—(4)、 44 （4）、
46(3)—(4)、 47 （2）、
51(2)—（ 4 ）、 52.1、
54(2)—(4)、 56 （4）、
58(3)—(4)、 60 （3）、
63(4)、75 （2）、76 （3）、
77(3)—(4)、78(2)—(4)、
79(2)—(3)、81(3)—(4)

～增刪 1（1）、8（2）—(3)、
9(5)—(6)、12(4)、13(3)、
16(2)、 17 （3）、 18.1、
25(3)、27 （4）、 29 （3）、
33(1)—(3)、34.1、37(4)、
38 （3）、44 （3）、47 （3）、
47.1*、 48 （2）—（3）、
49(2)—(3)、51(2)—(3)、
52（2）、55 （2）、56 （2）、
56(4)、60 （3）、 61 （2）、
64(2)—(3)、 64 （ˑ5）、
67(5)、68 （3）、69 （2）、
70(4)、 72 （1）—（4）、
73(2)、 74 （3）—（4）、
75(3)、76(3)、80(2)—(3)

語助詞用法 1.3、2(3)、3(4)—
(5)、8(5)、9(1)、20(3)、
20(5)、22 （4）、25 （2）、
35(4)、38 （3）、 40.1、
50(5)、51(3)—(5)、59(4)、

65 （2）、75 （2）—（4）、
77(2)—(3)、77(5)

虛無主義 25.7

Y

演變例外(參見版本演變) 1.3、
5.2、9（6）、15（3）、18.3、
20(3)、22.1*、 23 （3）、
44.1、47.1*、51(3)

意動用法(參見使動用法) 2.4、
49(3)、71(4)、80.3

意群 45(1)、46(1)*、56(3)*

應然(見實然與應然)

宇宙/宇宙論 1.2、1(3)、6.1*、
11.1、 25.2、 40.4—5*、
42.1—3、51.2

語言趨同(參見版本演變)
2(2)—(3)、2(5)、3.2*、
4(3)、6(4)、10(3)、11(4)、
12 （2）、16 （4）、 19.1、
21(1)、 23 （3）、 37.1、
46(3)、 47 （2）、 47.1、
48(2)、 50 （3）、 51.1、
52(4)、52.2*、 55 （7）、
57(4)、66(2)、80(3)

句式整齊/句式整齊化(參見對
仗) 1(4)、2(2)—(3)、
4(4)、10 （1）*、11 （5）、
12(2)、14.1、 15 （3）、

16(4)ˊ、17(2)、18(2)—
(3)、18.1、19(2)、20(2)、
19.1、21.2、22.1ˊ、
23(2)—(3)、28（3）、
29(3)、34.1、35(4)、
35.5、36（4）、38（3）、
39.1、41（2）、41（4）、
46(3)、47(2)—(3)、47.1、
48（2）、51（2）、52(4)、
52.2、54（3）—（4）、
55(2)—(4)、56（4）、
57(3)、57.1、64（3）、
66(4)、68（3）、69.1、
72(4)、74.2、75（2）、
75(4)、77(3)

三字句　6(3)、18(2)—(3)、
18.1、28.1、47(2)、47.1ˊ、
51(2)、64(2)

四字句　2(3)、3.2、6(3)、10(1)、
17(2)、18(2)—(3)、18.1、
19（2）、21（1）—（2）、
27(4)、28.1、29（3）、
31(4)、34(2)、34.1、
41(2)、47（2）、47.1、
48(2)、54（3）、55（3）、
55(6)、56（2）、64（2）、
64(5)、67（5）、68（3）ˊ、
80(3)

同則全同　52.2ˊ

五字句　2(3)、6(3)、10（1）、
22.1ˊ、28.1、56(4)、
64(3)

相似則應全同　52.2、55（7）、
57.1

Z

哲學概念的屬性、標準　1.4—5、
23.1—3ˊ、25.2、25.5、
40.4、42.3、63.4、63.6ˊ、
77.3、81.1

正反觀（參見辯證法）　25.7、
36.1—4ˊ、41.2、44.1、
58.1—4ˊ、69.1—4ˊ、
81.2—3ˊ

大正若反　41(5)、41.2ˊ、44.2、
45.2ˊ、69.3ˊ

物極必反　58.2ˊ

以反求正　7.3、13.1、36.1—3ˊ、
39.2、40.3、41.2ˊ、
44.1ˊ、45.1—2ˊ、65.4ˊ、
66.1

正反相生/互轉　2(3)、2.5—6ˊ、
20.4、28.3、36(3)、36.1、
41.2ˊ、45.2、58.1—4ˊ、
65.4、73.1、80.4、81.2—3

正義　8.1、30.1、31.2ˊ、46.1ˊ、
54.2、56.1、58.3、63.1、
63.3ˊ、64.7—9ˊ

智 慧　2.4、7.2、11.1、20.3、
　　25.6、27.1*、31.2、37.2、
　　41.2、 45.1—2、 46.1、
　　56.1—2、73.1、79.2

～與陰謀　7.3、13.1、15.1、
　　36.2—3、54.3

終極關切

　　4.3—5、 35.1、 63.2、
　　64.5—6*、68.1、81.5

竹簡本（見于大部份章節）

～不精　15(4)、30(2)、45(3)

～非完本　5.1

～接近通行本　15(2)—(3)、
　　30(4)

～與帛書本最接近　2(3)

～原貌（見古本原貌）

斷句符號　30(1)—(2)、48(1)、
　　64(1)、66(1)、67(1)

分章標記　2(1)、2.1、5(1)、9.(1)、
　　13(1)、16(1)、17(1)、18(1)、
　　19(1)、20(1)、25(1)、32(1)、
　　35(1)、37(1)、40(1)、44(1)、
　　45(1)、48(1)、52(1)、54(1)、
　　55(1)、56(1)、57(1)、59(1)、
　　64(1)、66(1)、67(1)

自 然　1(2)、2.4*、5(3)、6.2*、
　　7.2—3、 8.1*、 9.1*、
　　10.1*、12.1、14.2、15.1、
　　17 （ 3 ）*、 17.1—5*、

19(2)、19.2—4*、22(1)*、
　　22(3)*、22.1*、23（2）*、
　　23.1—4*、24.1*、25(2)*、
　　25 （ 5 ）*、 25.1—5*、
　　25.7*、 28.2、 29.1*、
　　30.1*、31.1—2*、32.1*、
　　33.1*、34.2—3*、35.1*、
　　36.—2、38.1—4*、39.2—
　　3*、 41.1*、 42.2、 43.1—
　　3*、44.1—2、46.1*、48.1—
　　2*、 49.2—3、 51 （ 3 ）*、
　　51.2—5*、 52.1、 52.3、
　　53.1*、 55.1*、 57.2、
　　58.2*、 60.1*、 61.1、
　　62.1、63.2、63.6、64(8)*、
　　64.1—7*、 64.9*、 65.1、
　　65.3*、 65.4、 67.1—5、
　　69.3*、70.1*、73.1、79.1

～的三個層次　72.1

～的秩序（參見和諧）　4.2、8.1、
　　17.5、 25.5、 28.2—4、
　　30.1、 31.1—2、 32.1*、
　　33.1*、34.4、35.1、38.2、
　　39.3、43.2*、45.2、49.2、
　　51.2—3、 53.1、 55.1、
　　57.4、 58.2、 61.1、
　　64.1—9*、65.3—4、67.4、
　　72.1*、76.3、79.1、81.4

～是狀態價值　38.2—3、51.5

～為最高價值(參見價值——中心價值) 17.1、17.5˙、25.1—2、25.4、30.1、38.1˙—4˙、49.2—3、61.1、63.2、64.3—5

～意含(本來如此、勢當如此、自己如此、通常如此) 23.4、25.3˙、51.4

～與常然 51.4˙

動因的內在性 17.2—3、23.4˙、25.3—4

霍布斯的"自然狀態" 17.4—5˙、64.4

人文～ 4.5、19.2—3、19.5、23.1、25.3—5˙、41.1˙、51.5˙、64.4—9˙、79.1—2、81.3—5

自我(參見個體) 2.5、4.3、19.2˙、24（1）、28.2、33.1˙、45.2、46(4)、61.1、62.2—3˙、79.1

～約束 17.5、30.1、32.1、33.1˙、62.2—3、67.2、67.5、72.1

自由/自由主義 4.3、11.1˙、17.2、17.4—5、23.2、32.1、35.4、39.3˙、43.2、49.1、49.3、53.1、57.4、58.3、64.2、64.7˙、70.1˙、72.1、77.2、80.1

宗法制度 18.5

祖本 2(3)˙、2.1、2.3˙、5.1˙、8(2)˙、11(4)、12(1)—(2)˙、13（1）、13（5）、15（2）、28(3)、34（3）、54（3）、64(1)、64（6）、67（1）˙、70(4)、81.1

當代中國學者代表作文庫

THE REPRESENTATIVE WORKS OF
THE CONTEMPORARY CHINESE SCHOLARS

老子古今

五種對勘與析評引論

劉笑敏 著

修訂版 下卷

中國社會科學出版社

目　　錄

（下卷）

附編說明 / 1

一　《老子》五種原文對照 / 821

二　《老子》五種原文對照逐字通檢 / 913

三　《老子》竹簡本釋文 / 1437

（1）竹簡本分句釋文 / 1439

（2）竹簡本分章釋文 / 1452

（3）竹簡本原釋文與通行本分章對照表 / 1458

（4）竹簡本原整理者釋文（附太一生水） / 1459

四　《老子》帛書本釋文 / 1465

（1）帛書本分句釋文 / 1467

（2）帛書本分章釋文 / 1502

（3）帛書甲本原整理者釋文 / 1513

（4）帛書乙本原整理者釋文 / 1524

五　筆劃與拼音、註音對照表 / 1535

附 編 説 明

一、本書附編第一部份是〈《老子》五種原文對照〉。這裏的原文對照與下面的〈《老子》五種逐字對照通檢〉相配合，供檢索時參考，內容比較穩定，不採納近年來對出土簡帛解讀研究的不同人的新說法，沒有標明據帛書本據甲本補足的部份。

二、附編第二部份是《老子》五種對照逐字通檢。《老子》索引，最早的可能是葉廷幹所著《老解老附串珠》（臺北文史哲出版社改名為《老子索引》於 1979 年影印出版）。最完備的可能是香港中文大學的《老子逐字索引》，該書收王弼、河上本正文及河上註編成逐字索引。此外，任繼愈、盧育三的書後也附有重要概念索引。本書之〈逐字對照通檢〉與以上諸書明顯不同。其一，此書將五種版本對照，不同於一般索引僅以一二種版本為根據。其二，此書是各種版本全部字詞的通檢，相當於英文之 concordance，而不同於 index，查找五種版本中的任何一個字都可以找到相關的句子、章節以及其他版本的相對應的句子。其三，為便於不同版本的對照，本書原文斷句單位是句義大體完整的句子或意群，避免機械地按照標點斷句而造成二三個字的句義不明的檢索單位。

三、對照通檢部份以漢語拼音排序，同音字則按起筆的"橫、豎、點（捺）、撇、折"的順序排列，讀音不明的疑難字則附於最後，個別有讀音的冷僻字既按音序排列，也附於疑難字之中，以便查找。此外，本書也附有筆劃與拼音、註音對照表，以便查找不知讀音的字。多音字盡可能取該字在《老子》原文中的讀音，有兩種以上讀音或讀音難以確定的，則取常用讀音。如"重"作"zhong"不作"chong"，"長"作"chang"，不作"zhang"。要之，定音僅為操作和使用方便，不是嚴格的正音正字，一些疑難字、冷僻字、通假字的定音更為複雜，在對勘舉要部份或有討論，在通檢部份則不能反映其中的曲折。

　　重要的雙音詞概念如"自然"、"無為"等都隨第一字單獨列出，以便檢索。

　　四、附編分別匯集《老子》帛書本與竹簡本的多種釋文。

　　〈竹簡本分句釋文〉與〈帛書本分句釋文〉將原文斷句分行按通行本的八十一章順序排列，斷句分行及每行編號與〈原文對照〉和〈對照通檢〉完全相同，頗便查找。不同的是在括弧中標出古字、異體字、疑難字，以補〈原文對照〉和〈對照通檢〉之不足。

　　〈竹簡本分章釋文〉與〈帛書本分章釋文〉為便於讀者根據通行本之分章查閱原釋文而設計。與文物出版社出版的釋文不同的是加上了通行本的章號，並將古字、異體字、疑難字置於括弧之中。〈帛書本分章釋文〉以乙本為底本，闕文以甲本補之，下標底線，甲乙本俱殘者，一律不補。

　　〈竹簡本原釋文與通行本分章對照表〉為方便讀者根據通行本之章序查找竹簡原整理者釋文而設計。

　　楚簡〈太一生水〉原與楚簡《老子》丙本抄在同樣形制的竹簡上，內容與《老子》似有關聯，字數又很少，故在原釋文後附有〈太一生水〉。

　　〈竹簡本原整理者釋文〉、〈帛書甲本原整理者釋文〉、〈帛書乙本原整理者釋文〉都是文物出版社發表的最早、最基本的研究依據，也是本書的帛書本、竹簡本的底本，故略去註釋，保留竹簡編號或帛書行數，一併附上。

附　編

一　《老子》五種原文對照

《老子》第一章

原文對照

河 1.1　道可道，非常道。

傅 1.1　道可道，非常道。

河 1.2　名可名，非常名。

傅 1.2　名可名，非常名。

河 1.3　無名，天地之始；

傅 1.3　無名，天地之始。

河 1.4　有名，萬物之母。

傅 1.4　有名，萬物之母。

河 1.5　故常無欲，以觀其妙。

傅 1.5　故常無欲，以觀其妙：

河 1.6　常有欲，以觀其徼。

傅 1.6　常有欲，以觀其徼。

河 1.7　此兩者，同出而異名。同謂之玄。

傅 1.7　此兩者同出而異名，同謂之玄。

河 1.8　玄之又玄，衆妙之門。

傅 1.8　玄之又玄，衆妙之門。

王 1.1　道可道，非常道；

帛 1.1　道，可道也，非恆道也。

王 1.2　名可名，非常名。

帛 1.2　名，可名也，非恆名也。

王 1.3　無名天地之始，

帛 1.3　无名，萬物之始也。

王 1.4　有名萬物之母。

帛 1.4　有名，萬物之母也。

王 1.5　故常無欲，以觀其妙；

帛 1.5　故恆无欲也，以觀其妙；

王 1.6　常有欲，以觀其徼。

帛 1.6　恆有欲也，以觀其所噭。

王 1.7　此兩者同出而異名，同謂之玄。

帛 1.7　兩者同出，異名同謂。

王 1.8　玄之又玄，衆妙之門。

帛 1.8　玄之又玄，衆妙之門。

《老子》第二章

原文對照

河 2.1　天下皆知美之為美，斯惡已；

河 2.2　皆知善之為善，斯不善已。

河 2.3　故有無相生，難易相成，

河 2.4　長短相形，高下相傾，

河 2.5　音聲相和，前後相隨。

河 2.6　是以聖人處無為之事，

河 2.7　行不言之教。

河 2.8　萬物作焉而不辭。

河 2.9　生而不有，為而不恃，

河 2.10　功成而弗居。

河 2.11　夫惟弗居，是以不去。

王 2.1　天下皆知美之為美，斯惡已；

王 2.2　皆知善之為善，斯不善已。

王 2.3　故有無相生，難易相成，

王 2.4　長短相較，高下相傾，

王 2.5　音聲相和，前後相隨。

傅 2.1　天下皆知美之為美，斯惡已。

傅 2.2　皆知善之為善，斯不善已。

傅 2.3　故有無之相生，難易之相成，

傅 2.4　長短之相形，高下之相傾，

傅 2.5　音聲之相和，前後之相隨，

傅 2.6　是以聖人處無為之事，

傅 2.7　行不言之教。

傅 2.8　萬物作而不為始，

傅 2.9　生而不有，為而不恃，

傅 2.10　功成不處。

傅 2.11　夫惟不處，是以不去。

帛 2.1　天下皆知美之為美，惡已。

帛 2.2　皆知善，斯不善矣。

帛 2.3　有、无之相生也，難、易之相成也，

帛 2.4　長、短之相形也，高、下之相盈也，

帛 2.5　音、聲之相和也，先、後之相隨，恆也。

王2.6　是以聖人處無為之事，　　帛2.6　是以聖人居无為之事，

王2.7　行不言之教。　　　　　　帛2.7　行不言之教。

王2.8　萬物作焉而不辭，　　　　帛2.8　萬物作而弗始，

王2.9　生而不有，為而不恃，　　帛2.9　為而弗恃也，

王2.10　功成而弗居。　　　　　　帛2.10　成功而弗居也。

王2.11　夫唯弗居，是以不去。　　帛2.11　夫唯弗居，是以弗去。

竹2.1　天下皆知美之為美也，惡已；

竹2.2　皆知善，此其不善已。

竹2.3　有亡之相生也，難易之相成也，

竹2.4　長短之相形也，高下之相盈也，

竹2.5　音聲之相和也，先後之相隨也。

竹2.6　是以聖人居亡為之事，

竹2.7　行不言之教。

竹2.8　萬物作而弗始也，

竹2.9　為而弗恃也，

竹2.10　成而弗居。

竹2.11　夫唯弗居也，是以弗去也。

《老子》第三章

原文對照

河3.1　不尚賢，使民不爭；　　　傅3.1　不尚賢，使民不爭。

河3.2　不貴難得之貨，　　　　　傅3.2　不貴難得之貨，

河3.3　使民不為盜；　　　　　　傅3.3　使民不為盜。

河3.4　不見可欲，使心不亂。　　傅3.4　不見可欲，使民心不亂。

河3.5　是以聖人（之）治，　　　傅3.5　是以聖人之治也，

河 3.6　虛其心，實其腹，　　　　傅 3.6　虛其心，實其腹；

河 3.7　弱其志，強其骨，　　　　傅 3.7　弱其志，彊其骨。

河 3.8　常使民無知無欲，　　　　傅 3.8　常使民無知無欲，

河 3.9　使夫智者不敢為也。　　　傅 3.9　使夫知者不敢為。

河 3.10　為無為，則無不治。　　　傅 3.10　為無為，則無不為矣。

王 3.1　不尚賢，使民不爭；　　　帛 3.1　不上賢，使民不爭。

王 3.2　不貴難得之貨，　　　　　帛 3.2　不貴難得之貨，

王 3.3　使民不為盜；　　　　　　帛 3.3　使民不為盜。

王 3.4　不見可欲，使民心不亂。　帛 3.4　不見可欲，使民不亂。

王 3.5　是以聖人之治，　　　　　帛 3.5　是以聖人之治也，

王 3.6　虛其心，實其腹；　　　　帛 3.6　虛其心，實其腹；

王 3.7　弱其志，強其骨。　　　　帛 3.7　弱其志，強其骨。

王 3.8　常使民無知無欲，　　　　帛 3.8　恆使民无知无欲也。

王 3.9　使夫智者不敢為也。　　　帛 3.9　使夫知不敢，

王 3.10　為無為，則無不治。　　　帛 3.10　弗為而已，則无不治矣。

《老子》第四章

原文對照

河 4.1　道沖而用之，或不盈。　　傅 4.1　道盅，而用之又不滿。

河 4.2　淵乎似萬物之宗。　　　　傅 4.2　淵兮似萬物之宗。

河 4.3　挫其銳，解其紛，　　　　傅 4.3　挫其銳，解其紛；

河 4.4　和其光，同其塵，　　　　傅 4.4　和其光，同其塵。

河 4.5　湛兮似若存。　　　　　　傅 4.5　湛兮似或存。

河 4.6　吾不知誰之子，象帝之　　傅 4.6　吾不知誰之子，象帝之
　　　　先。　　　　　　　　　　　　　　先。

王 4.1　道沖而用之或不盈，　　　帛 4.1　道沖，而用之又弗盈也。

王 4.2　淵兮似萬物之宗。　　　　帛 4.2　淵呵似萬物之宗。

王 4.3　挫其銳，解其紛，　　　　帛 4.3　挫其銳，解其紛；

王 4.4　和其光，同其塵。　　　　帛 4.4　和其光，同其塵。

王 4.5　湛兮似或存。　　　　　　帛 4.5　湛呵似或存。

王 4.6　吾不知誰之子，象帝之　　帛 4.6　吾不知其誰之子也，象
　　　　先。　　　　　　　　　　　　　帝之先。

《老子》第五章

原文對照

河 5.1　天地不仁，以萬物為芻　　傅 5.1　天地不仁，以萬物為芻
　　　　狗；　　　　　　　　　　　　狗。

河 5.2　聖人不仁，以百姓為芻　　傅 5.2　聖人不仁，以百姓為芻
　　　　狗。　　　　　　　　　　　　狗。

河 5.3　天地之間，其猶橐籥乎？　傅 5.3　天地之間，其猶橐籥乎？

河 5.4　虛而不屈，動而愈出。　　傅 5.4　虛而不詘，動而俞出。

河 5.5　多言數窮，不如守中。　　傅 5.5　多言數窮，不如守中。

王 5.1　天地不仁，以萬物為芻　　帛 5.1　天地不仁，以萬物為芻
　　　　狗；　　　　　　　　　　　　狗。

王 5.2　聖人不仁，以百姓為芻　　帛 5.2　聖人不仁，以百姓為芻
　　　　狗。　　　　　　　　　　　　狗。

王 5.3　天地之間，其猶橐籥乎？　帛 5.3　天地之間，其猶橐籥與？

王 5.4　虛而不屈，動而愈出。　　帛 5.4　虛而不屈，動而愈出。

王 5.5　多言數窮，不如守中。　　帛 5.5　多聞數窮，不若守於中。

竹 5.1　天地之間，其猶橐籥與？

竹 5.2　虛而不屈，動而愈出。

《老子》第六章

原文對照

河 6.1 谷神不死，是謂玄牝。　　　傅 6.1 谷神不死，是謂玄牝。

河 6.2 玄牝之門，是謂天地根。　　傅 6.2 玄牝之門，是謂天地之根。

河 6.3 綿綿若存，用之不勤。　　　傅 6.3 綿綿若存，用之不勤。

王 6.1 谷神不死，是謂玄牝，　　　帛 6.1 谷神不死，是謂玄牝。

王 6.2 玄牝之門，是謂天地根。　　帛 6.2 玄牝之門，是謂天地之根。

王 6.3 縣縣若存，用之不勤。　　　帛 6.3 縣縣呵其若存，用之不勤。

《老子》第七章

原文對照

河 7.1 天長地久，　　　　　　　　傅 7.1 天長，地久。

河 7.2 天地所以能長且久者，　　　傅 7.2 天地所以能長且久者，

河 7.3 以其不自生，故能長生。　　傅 7.3 以其不自生，故能長生。

河 7.4 是以聖人後其身，而身先；　傅 7.4 是以聖人後其身而身先，

河 7.5 外其身，而身存。　　　　　傅 7.5 外其身而身存。

河 7.6 非以其無私耶？　　　　　　傅 7.6 不以其無私邪？

河 7.7 故能成其私。　　　　　　　傅 7.7 故能成其私。

王 7.1　天長地久。

帛 7.1　天長，地久。

王 7.2　天地所以能長且久者，

帛 7.2　天地之所以能長且久者，

王 7.3　以其不自生，故能長生。

帛 7.3　以其不自生也，故能長生。

王 7.4　是以聖人後其身而身先，

帛 7.4　是以聖人退其身而身先，

王 7.5　外其身而身存。

帛 7.5　外其身而身先，

王 7.6　非以其無私邪？

帛 7.6　外其身而身存。

王 7.7　故能成其私。

帛 7.7　不以其无私與？

帛 7.8　故能成其私。

《老子》第八章

原文對照

河 8.1　上善若水。

傅 8.1　上善若水。

河 8.2　水善利萬物而不爭，

傅 8.2　水善利萬物而不爭，

河 8.3　處眾人之所惡，故幾於道。

傅 8.3　居眾人之所惡，故幾於道矣。

河 8.4　居善地，心善淵，

傅 8.4　居善地，心善淵，

河 8.5　與善仁，言善信，

傅 8.5　與善人，言善信，

河 8.6　正善治，事善能，動善時。

傅 8.6　政善治，事善能，動善時。

河 8.7　夫唯不爭，故無尤。

傅 8.7　夫惟不爭，故無尤矣。

王 8.1　上善若水。

帛 8.1　上善如水。

王 8.2　水善利萬物而不爭，

帛 8.2　水善利萬物而有爭，

王 8.3　處眾人之所惡，故幾於道。

帛 8.3　居眾人之所惡，故幾於道矣。

王 8.4　居善地，心善淵，　　　　帛 8.4　居善地，心善淵，

王 8.5　與善仁，言善信，　　　　帛 8.5　予善天，言善信，

王 8.6　正善治，事善能，動善　　帛 8.6　政善治，事善能，動善
　　　　時。　　　　　　　　　　　　　　時。

王 8.7　夫唯不爭，故無尤。　　　帛 8.7　夫唯不爭，故无尤。

《老子》第九章

原文對照

河 9.1　持而盈之，不知其已。　　傅 9.1　持而盈之，不如其已。

河 9.2　揣而銳之，不可長保。　　傅 9.2　攲而梲之，不可長保。

河 9.3　金玉滿堂，莫之能守。　　傅 9.3　金玉滿室，莫之能守。

河 9.4　富貴而驕，自遺其咎。　　傅 9.4　富貴而驕，自遺其咎。

河 9.5　功成、名遂、身退，天　　傅 9.5　成名功遂身退，天之道。
　　　　之道。

王 9.1　持而盈之，不如其已。　　帛 9.1　持而盈之，不若其已。

王 9.2　揣而梲之，不可長保。　　帛 9.2　揣而允之，不可長葆也。

王 9.3　金玉滿堂，莫之能守。　　帛 9.3　金玉盈室，莫之能守也。

王 9.4　富貴而驕，自遺其咎。　　帛 9.4　貴富而驕，自遺咎也。

王 9.5　功遂身退，天之道。　　　帛 9.5　功遂身退，天之道也。

竹 9.1　杽而盈之，不不若已。

竹 9.2　湍而羣之，不可長保也。

竹 9.3　金玉盈室，莫能守也。

竹 9.4　貴富驕，自遺咎也。

竹 9.5　功遂身退，天之道也。

《老子》第十章

原文對照

河 10.1　載營魄抱一，能無離，　　　傅 10.1　載營魄裒一，能無離乎？

河 10.2　專氣致柔，能嬰兒。　　　傅 10.2　專氣致柔，能如嬰兒乎？

河 10.3　滌除玄覽，能無疵。　　　傅 10.3　滌除玄覽，能無疵乎？

河 10.4　愛民治國，能無為。　　　傅 10.4　愛民治國，能無以知乎？

河 10.5　天門開闔，能為雌。　　　傅 10.5　天門開闔，能為雌乎？

河 10.6　明白四達，能無知。　　　傅 10.6　明白四達，能無以為乎？

河 10.7　生之、畜之。　　　傅 10.7　生之，畜之。

河 10.8　生而不有，為而不恃，　　　傅 10.8　生而不有，為而不恃，

河 10.9　長而不宰，是謂玄德。　　　傅 10.9　長而不宰，是謂玄德。

王 10.1　載營魄抱一，能無離乎？　　　帛 10.1　戴營魄抱一，能毋離乎？

王 10.2　專氣致柔，能嬰兒乎？　　　帛 10.2　搏氣至柔，能嬰兒乎？

王 10.3　滌除玄覽，能無疵乎？　　　帛 10.3　滌除玄鑒，能毋有疵乎？

王 10.4　愛民治國，能無知乎？　　　帛 10.4　愛民活國，能毋以知乎？

王 10.5　天門開闔，能無雌乎？　　　帛 10.5　天門啟闔，能為雌乎？

王 10.6　明白四達，能無為乎？　　　帛 10.6　明白四達，能毋以知乎？

王 10.7　生之、畜之，　　　帛 10.7　生之，畜之。

王 10.8　生而不有，為而不恃，　　　帛 10.8　生而弗有，

王 10.9　長而不宰，是謂玄德。　　　帛 10.9　長而弗宰也，是謂玄德。

《老子》第十一章

原文對照

河 11.1　三十輻共一轂，

河 11.2　當其無，有車之用；

河 11.3　埏埴以為器，

河 11.4　當其無，有器之用；

河 11.5　鑿戶牖以為室，

河 11.6　當其無，有室之用。

河 11.7　故有之以為利，

河 11.8　無之以為用。

王 11.1　三十輻共一轂，

王 11.2　當其無，有車之用。

王 11.3　埏埴以為器，

王 11.4　當其無，有器之用。

王 11.5　鑿戶牖以為室，

王 11.6　當其無，有室之用。

王 11.7　故有之以為利，

王 11.8　無之以為用。

傅 11.1　三十輻共一轂；

傅 11.2　當其無，有車之用。

傅 11.3　埏埴以為器，

傅 11.4　當其無，有器之用。

傅 11.5　鑿戶牖，以為室，

傅 11.6　當其無，有室之用。

傅 11.7　故有之以為利，

傅 11.8　無之以為用。

帛 11.1　卅輻同一轂，

帛 11.2　當其无有，車之用也。

帛 11.3　埏埴而為器，

帛 11.4　當其无有，埴器之用也。

帛 11.5　鑿戶牖，

帛 11.6　當其无有，室之用也。

帛 11.7　故有之以為利，

帛 11.8　无之以為用。

《老子》第十二章

原文對照

河 12.1	五色令人目盲，	傅 12.1	五色令人目盲，
河 12.2	五音令人耳聾，	傅 12.2	五音令人耳聾，
河 12.3	五味令人口爽，	傅 12.3	五味令人口爽。
河 12.4	馳騁田獵，令人心發狂，	傅 12.4	馳騁田獵令人心發狂，
河 12.5	難得之貨，令人行妨。	傅 12.5	難得之貨，令人行妨。
河 12.6	是以聖人為腹，不為目。	傅 12.6	是以聖人為腹不為目。
河 12.7	故去彼取此。	傅 12.7	故去彼取此。
王 12.1	五色令人目盲，	帛 12.1	五色使人目盲，
王 12.2	五音令人耳聾，	帛 12.2	馳騁田獵使人心發狂，
王 12.3	五味令人口爽，	帛 12.3	難得之貨使人之行妨。
王 12.4	馳騁畋獵令人心發狂，	帛 12.4	五味使人之口爽，
王 12.5	難得之貨令人行妨。	帛 12.5	五音使人之耳聾。
王 12.6	是以聖人為腹不為目，	帛 12.6	是以聖人之治也，為腹而不為目。
王 12.7	故去彼取此。	帛 12.7	故去彼而取此。

《老子》第十三章

原文對照

河 13.1　寵辱若驚，貴大患若身。

河 13.2　何謂寵辱？

河 13.3　（寵為上），辱為下。

河 13.4　得之若驚，失之若驚，

河 13.5　是謂寵辱若驚。

河 13.6　何謂貴大患若身？

河 13.7　吾所以有大患者，為吾有身。

河 13.8　及吾無身，吾有何患？

河 13.9　故貴以身為天下者，

河 13.10　則可寄於天下，

河 13.11　愛以身為天下者，

河 13.12　乃可以託於天下。

王 13.1　寵辱若驚，貴大患若身。

王 13.2　何謂寵辱若驚？

王 13.3　寵，為下，

王 13.4　得之若驚，失之若驚，

王 13.5　是謂寵辱若驚。

王 13.6　何謂貴大患若身？

王 13.7　吾所以有大患者，為吾有身，

傅 13.1　寵辱若驚，貴大患若身。

傅 13.2　何謂寵辱若驚？

傅 13.3　寵為下，

傅 13.4　得之若驚，失之若驚，

傅 13.5　是謂寵辱若驚。

傅 13.6　何謂貴大患若身？

傅 13.7　吾所以有大患者，為吾有身。

傅 13.8　苟吾無身，吾有何患乎？

傅 13.9　故貴以身為天下者，

傅 13.10　則可以託天下矣；

傅 13.11　愛以身為天下者，

傅 13.12　則可以寄天下矣。

帛 13.1　寵辱若驚，貴大患若身。

帛 13.2　何謂寵辱若驚？

帛 13.3　寵之為下也，

帛 13.4　得之若驚，失之若驚，

帛 13.5　是謂寵辱若驚。

帛 13.6　何謂貴大患若身？

帛 13.7　吾所以有大患者，為吾有身也。

王 13.8　及吾無身，吾有何患？　　　帛 13.8　及吾無身，有何患？

王 13.9　故貴以身為天下，　　　　　帛 13.9　故貴為身於為天下，

王 13.10　若可寄天下；　　　　　　　帛 13.10　若可以託天下矣；

王 13.11　愛以身為天下，　　　　　　帛 13.11　愛以身為天下，

王 13.12　若可託天下。　　　　　　　帛 13.12　女可以寄天下矣。

竹 13.1　人寵辱若驚，貴大患若身。

竹 13.2　何謂寵辱？

竹 13.3　寵為下也。

竹 13.4　得之若驚，失之若驚，

竹 13.5　是謂寵辱驚。

竹 13.6　□□□□□若身？

竹 13.7　吾所以有大患者，為吾有身，

竹 13.8　及吾亡身，或何□？

竹 13.9　□□□□□為天下，

竹 13.10　若可以託天下矣。

竹 13.11　愛以身為天下，

竹 13.12　若何以迲天下矣。

《老子》第十四章

原文對照

河 14.1　視之不見名曰夷，　　　　　傅 14.1　視之不見名曰夷，

河 14.2　聽之不聞名曰希，　　　　　傅 14.2　聽之不聞名曰希，

河 14.3　搏之不得名曰微。　　　　　傅 14.3　搏之不得名曰微。

河 14.4　此三者不可致詰，　　　　　傅 14.4　此三者不可致詰，

河 14.5　故混而為一。　　　　　　　傅 14.5　故混而為一。

河 14.6	其上不皦，其下不昧。	傅 14.6	一者，其上之不皦，其下之不昧。
河 14.7	繩繩不可名，	傅 14.7	繩繩兮不可名，
河 14.8	復歸於無物。	傅 14.8	復歸於無物。
河 14.9	是謂無狀之狀，無物之象，	傅 14.9	是謂無狀之狀，無物之象，
河 14.10	是為忽恍。	傅 14.10	是謂芴芒。
河 14.11	迎之不見其首，	傅 14.11	迎之不見其首，
河 14.12	隨之不見其後，	傅 14.12	隨之不見其後。
河 14.13	執古之道，以御今之有，	傅 14.13	執古之道，可以御今之有，
河 14.14	以知古始，是謂道紀。	傅 14.14	能知古始，是謂道紀。

王 14.1	視之不見名曰夷，	帛 14.1	視之而弗見，名之曰微。
王 14.2	聽之不聞名曰希，	帛 14.2	聽之而弗聞，名之曰希。
王 14.3	搏之不得名曰微。	帛 14.3	揗之而弗得，名之曰夷。
王 14.4	此三者不可致詰，	帛 14.4	三者不可致詰，
王 14.5	故混而為一。	帛 14.5	故緄而為一。
王 14.6	其上不皦，其下不昧，	帛 14.6	一者，其上不謬，其下不忽。
王 14.7	繩繩不可名，	帛 14.7	尋尋呵不可名也，
王 14.8	復歸於無物，	帛 14.8	復歸於无物。
王 14.9	是謂無狀之狀，無物之象。	帛 14.9	是謂无狀之狀，无物之象，
王 14.10	是謂惚恍。	帛 14.10	是謂忽恍。
王 14.11	迎之不見其首，	帛 14.11	隨而不見其後，
王 14.12	隨之不見其後。	帛 14.12	迎而不見其首。
王 14.13	執古之道，以御今之有，	帛 14.13	執今之道，以御今之有。
王 14.14	能知古始，是謂道紀。	帛 14.14	以知古始，是謂道紀。

《老子》第十五章

原文對照

河 15.1　古之善為士者，　　　　傅 15.1　古之善為道者，

河 15.2　微妙玄通，深不可識。　傅 15.2　微妙玄通，深不可識。

河 15.3　夫唯不可識，　　　　　傅 15.3　夫惟不可識，

河 15.4　故強為之容。　　　　　傅 15.4　故彊為之容，曰：

河 15.5　與兮若冬涉川，　　　　傅 15.5　豫兮若冬涉川，

河 15.6　猶兮若畏四鄰，　　　　傅 15.6　猶兮若畏四鄰，

河 15.7　儼兮其若客，　　　　　傅 15.7　儼若客，

河 15.8　渙兮若冰之將釋，　　　傅 15.8　渙若冰將釋，

河 15.9　敦兮其若朴，　　　　　傅 15.9　敦兮其若樸，

河 15.10　曠兮其若谷，　　　　傅 15.10　曠兮其若谷，

河 15.11　渾兮其若濁。　　　　傅 15.11　混兮其若濁。

河 15.12　孰能濁以（止）靜之，　傅 15.12　孰能濁以澄靖之，而
　　　　　徐清？　　　　　　　　　　　　徐清。

河 15.13　孰能安以久動之，徐　傅 15.13　孰能安以久動之，而
　　　　　生？　　　　　　　　　　　　　徐生。

河 15.14　保此道者，不欲盈。　傅 15.14　保此道者不欲盈，

河 15.15　夫唯不盈，故能蔽不　傅 15.15　夫惟不盈，是以能散
　　　　　新成。　　　　　　　　　　　　而不成。

王 15.1　古之善為士者，　　　　帛 15.1　古之□為道者，

王 15.2　微妙玄通，深不可識。　帛 15.2　微妙玄達，深不可識。

王 15.3　夫唯不可識，　　　　　帛 15.3　夫唯不可識，

王 15.4　故強為之容。　　　　　帛 15.4　故強為之容，曰：

王 15.5	豫焉若冬涉川，	帛 15.5	與呵其若冬涉水，
王 15.6	猶兮若畏四鄰，	帛 15.6	猶呵其若畏四鄰，
王 15.7	儼兮其若容，	帛 15.7	嚴呵其若客，
王 15.8	渙兮若冰之將釋，	帛 15.8	渙呵其若凌釋，
王 15.9	敦兮其若樸，	帛 15.9	沌呵其若樸，
王 15.10	曠兮其若谷，	帛 15.10	湷呵其若濁，
王 15.11	混兮其若濁。	帛 15.11	莊呵其若谷。
王 15.12	孰能濁以靜之徐清？	帛 15.12	濁而靜之，徐清。
王 15.13	孰能安以久動之徐生？	帛 15.13	安以動之，徐生。
王 15.14	保此道者不欲盈，	帛 15.14	葆此道□不欲盈。
王 15.15	夫唯不盈，故能蔽不新成。	帛 15.15	是以能敝而不成。

竹 15.1	長古之善為士者，
竹 15.2	必微溺玄達，深不可識，
竹 15.3	是以為之容：
竹 15.4	豫乎若冬涉川，
竹 15.5	猶乎其若畏四鄰，
竹 15.6	嚴乎其若客，
竹 15.7	渙乎其若釋，
竹 15.8	屯乎其若樸，
竹 15.9	坉乎其若濁，
竹 15.10	孰能濁以靜者，將徐清。
竹 15.11	孰能仄以迁者，將徐生。
竹 15.12	保此道者不欲尚盈。

《老子》第十六章

原文對照

河 16.1　至虛極，守靜篤，　　　　傅 16.1　致虛極，守靖篤，

河 16.2　萬物並作，吾以觀其復。　傅 16.2　萬物並作，吾以觀其復。

河 16.3　夫物芸芸，各復歸其根。　傅 16.3　凡物紜紜，各歸其根。

河 16.4　歸根曰靜。是謂復命。　　傅 16.4　歸根曰靖，靖曰復命，

河 16.5　復命曰常。知常曰明。　　傅 16.5　復命曰常，知常曰明。

河 16.6　不知常，妄作，凶。　　　傅 16.6　不知常，妄作，凶。

河 16.7　知常容。容乃公。　　　　傅 16.7　知常容，容乃公，

河 16.8　公乃王。王乃天。　　　　傅 16.8　公乃王，王乃天，

河 16.9　天乃道。道乃久。　　　　傅 16.9　天乃道，道乃久。

河 16.10　沒身不殆。　　　　　　　傅 16.10　沒身不殆。

王 16.1　致虛極，守靜篤，　　　　帛 16.1　至虛極也，守靜督也。

王 16.2　萬物並作，吾以觀復。　　帛 16.2　萬物並作，吾以觀其復
　　　　　　　　　　　　　　　　　　　　　也。

王 16.3　夫物芸芸，各復歸其　　　帛 16.3　天物魂魂，各復歸於其
　　　　　根。　　　　　　　　　　　　　　根。

王 16.4　歸根曰靜，是謂復命。　　帛 16.4　曰靜。靜，是謂復命。

王 16.5　復命曰常，知常曰明，　　帛 16.5　復命，常也。知常，明
　　　　　　　　　　　　　　　　　　　　　也。

王 16.6　不知常，妄作，凶。　　　帛 16.6　不知常，妄，妄作凶。

王 16.7　知常容，容乃公，　　　　帛 16.7　知常容，容乃公，

王 16.8　公乃王，王乃天，　　　　帛 16.8　公乃王，王乃天，

王 16.9　天乃道，道乃久。　　　　帛 16.9　天乃道，道乃。

王 16.10　沒身不殆。　　　　　帛 16.10　沒身不殆。

竹 16.1　至虛，恆也；守中，篤也。

竹 16.2　萬物旁作，居以須復也。

竹 16.3　天道員員，各復其根。

《老子》第十七章

原文對照

河 17.1　太上，下知有之。　　　傅 17.1　太上，下知有之。

河 17.2　其次親之譽之。　　　　傅 17.2　其次，親之。其次，譽之。

河 17.3　其次畏之。其次侮之。　傅 17.3　其次，畏之。其次，侮之。

河 17.4　信不足焉，（有不信焉）。　傅 17.4　故信不足，焉有不信。

河 17.5　猶兮其貴言。　　　　　傅 17.5　猶兮其貴言哉。

河 17.6　功成事遂，百姓皆謂我自然。　　傅 17.6　功成事遂，百姓皆曰我自然。

王 17.1　太上，下知有之。　　　帛 17.1　大上下知有之，

王 17.2　其次，親而譽之。　　　帛 17.2　其次親譽之，

王 17.3　其次，畏之。其次，侮之。　帛 17.3　其次畏之，其下侮之。

王 17.4　信不足，焉有不信焉。　帛 17.4　信不足，安有不信。

王 17.5　悠兮其貴言。　　　　　帛 17.5　猶呵其貴言也。

王 17.6　功成事遂，百姓皆謂我自然。　　帛 17.6　成功遂事，而百姓謂我自然。

竹 17.1　大上下知有之，

竹 17.2　其次親譽之，

竹 17.3　其次畏之，其次侮之。

竹 17.4　信不足，安有不信。

竹 17.5　猶乎其貴言也。

竹 17.6　成事遂功，而百姓曰我自然也。

《老子》第十八章

原文對照

河 18.1　大道廢，有仁義；　　　　傅 18.1　大道廢，焉有仁義。

河 18.2　智慧出，有大偽；　　　　傅 18.2　智慧出，焉有大偽。

河 18.3　六親不和，有孝慈；　　　傅 18.3　六親不和，有孝慈。

河 18.4　國家昏亂，有忠臣。　　　傅 18.4　國家昏亂，有貞臣。

王 18.1　大道廢，有仁義；　　　　帛 18.1　故大道廢，安有仁義。

王 18.2　慧智出，有大偽；　　　　帛 18.2　智慧出，安有大偽。

王 18.3　六親不和，有孝慈；　　　帛 18.3　六親不和，安有孝慈。

王 18.4　國家昏亂，有忠臣。　　　帛 18.4　國家昏亂，安有貞臣。

竹 18.1　故大道廢，安有仁義。

竹 18.2　六親不和，安有孝慈。

竹 18.3　邦家昏□，安有正臣。

《老子》第十九章

原文對照

河 19.1	絕聖棄智，民利百倍；	傅 19.1	絕聖棄知，民利百倍。
河 19.2	絕仁棄義，民復孝慈；	傅 19.2	絕仁棄義，民復孝慈。
河 19.3	絕巧棄利，盜賊無有。	傅 19.3	絕巧棄利，盜賊無有。
河 19.4	此三者，以為文不足，	傅 19.4	此三者，以為文而未足也，
河 19.5	故令有所屬。	傅 19.5	故令有所屬。
河 19.6	見素抱朴，少私寡欲。	傅 19.6	見素裹朴，少私寡欲。
王 19.1	絕聖棄智，民利百倍；	帛 19.1	絕聖棄智，而民利百倍。
王 19.2	絕仁棄義，民復孝慈；	帛 19.2	絕仁棄義，而民復孝慈。
王 19.3	絕巧棄利，盜賊無有。	帛 19.3	絕巧棄利，盜賊无有。
王 19.4	此三者，以為文不足，	帛 19.4	此三言也，以為文未足，
王 19.5	故令有所屬，	帛 19.5	故令之有所屬。
王 19.6	見素抱樸，少私寡欲。	帛 19.6	見素抱樸，少私而寡欲。
竹 19.1	絕知弃辯，民利百倍。		
竹 19.2	絕巧弃利，盜賊亡有。		
竹 19.3	絕偽弃慮，民復孝慈。		
竹 19.4	三言以為辨不足，		
竹 19.5	或命之或乎屬。		
竹 19.6	視素保樸，少私寡欲。		

《老子》第二十章

原文對照

河 20.1	絕學，無憂。	傅 20.1	絕學無憂。
河 20.2	唯之與阿，相去幾何？	傅 20.2	唯之與阿，相去幾何？
河 20.3	善之與惡，相去何若？	傅 20.3	美之與惡，相去何若？
河 20.4	人之所畏，不可不畏。	傅 20.4	人之所畏，不可不畏。
河 20.5	荒兮其未央哉。	傅 20.5	荒兮其未央。
河 20.6	衆人熙熙，	傅 20.6	衆人熙熙，
河 20.7	如享太牢，如春登臺。	傅 20.7	若享太牢，若春登臺。
河 20.8	我獨怕兮其未兆，	傅 20.8	我獨魄兮其未兆，
河 20.9	如嬰兒之未孩，	傅 20.9	若嬰兒之未咳，
河 20.10	乘乘兮若無所歸。	傅 20.10	儽儽兮其不足以無所歸。
河 20.11	衆人皆有餘，	傅 20.11	衆人皆有餘，
河 20.12	而我獨若遺，	傅 20.12	我獨若遺，
河 20.13	我愚人之心也哉，沌沌兮。	傅 20.13	我愚人之心也哉，沌沌兮。
河 20.14	俗人昭昭，我獨若昏；	傅 20.14	俗人皆昭昭，我獨若昏；
河 20.15	俗人察察，我獨悶悶。	傅 20.15	俗人皆詧詧，我獨若閔閔。
河 20.16	忽兮若海。漂兮若無所止。	傅 20.16	淡兮其若海，飄兮似無所止。
河 20.17	衆人皆有以，	傅 20.17	衆人皆有以，
河 20.18	而我獨頑似鄙，	傅 20.18	我獨頑且圖。
河 20.19	我獨異於人，而貴食母。	傅 20.19	吾獨欲異於人，而貴食母。

王 20.1	絕學無憂。	帛 20.1	絕學无憂。	
王 20.2	唯之與阿，相去幾何？	帛 20.2	唯與呵，其相去幾何？	
王 20.3	善之與惡，相去若何？	帛 20.3	美與惡，其相去何若？	
王 20.4	人之所畏，不可不畏。	帛 20.4	人之所畏，亦不可以不畏人。	
王 20.5	荒兮其未央哉！	帛 20.5	恍呵其未央哉！	
王 20.6	衆人熙熙，	帛 20.6	衆人熙熙，	
王 20.7	如享太牢，如春登臺。	帛 20.7	若饗於大牢，而春登臺。	
王 20.8	我獨泊兮其未兆，	帛 20.8	我泊焉未兆，	
王 20.9	如嬰兒之未孩，	帛 20.9	若嬰兒未咳。	
王 20.10	儽儽兮若無所歸。	帛 20.10	纍呵似无所歸。	
王 20.11	衆人皆有餘，	帛 20.11	衆人皆有餘。	
王 20.12	而我獨若遺。	帛 20.12	我愚人之心也，湷湷呵。	
王 20.13	我愚人之心也哉！沌沌兮！	帛 20.13	俗人昭昭，我獨若昏呵。	
王 20.14	俗人昭昭，我獨昏昏；	帛 20.14	俗人察察，我獨閔閔呵。	
王 20.15	俗人察察，我獨悶悶。	帛 20.15	忽呵其若海，恍呵若无所止。	
王 20.16	澹兮其若海，飂兮若無止。	帛 20.16	衆人皆有以，	
王 20.17	衆人皆有以，	帛 20.17	我獨門頑以鄙。	
王 20.18	而我獨頑似鄙。	帛 20.18	吾欲獨異於人，而貴食母。	
王 20.19	我獨異於人，而貴食母。			

竹 20.1	絕學亡憂。
竹 20.2	唯與呵，相去幾何？
竹 20.3	美與惡，相去何若？
竹 20.4	人之所畏，亦不可以不畏。

《老子》第二十一章

原文對照

河 21.1　孔德之容，唯道是從。

傅 21.1　孔德之容，惟道是從。

河 21.2　道之為物，唯恍唯惚。

傅 21.2　道之為物，惟芒惟芴。

河 21.3　惚兮恍兮，其中有象；

傅 21.3　芴兮芒兮，其中有象；

河 21.4　恍兮惚兮，其中有物，

傅 21.4　芒兮芴兮，其中有物；

河 21.5　窈兮冥兮，其中有精，

傅 21.5　幽兮冥兮，其中有精；

河 21.6　其精甚真，其中有信。

傅 21.6　其精甚真，其中有信。

河 21.7　自古及今，其名不去，
　　　　　以閱眾甫。

傅 21.7　自今及古，其名不去，
　　　　　以閱眾甫。

河 21.8　吾何以知眾甫之然哉？
　　　　　以此。

傅 21.8　吾奚以知眾甫之然哉？
　　　　　以此。

王 21.1　孔德之容，惟道是從。

帛 21.1　孔德之容，唯道是從。

王 21.2　道之為物，惟恍惟惚。

帛 21.2　道之物，唯恍唯忽。

王 21.3　惚兮恍兮，其中有象；

帛 21.3　忽呵恍呵，中有象呵。

王 21.4　恍兮惚兮，其中有物。

帛 21.4　恍呵忽呵，中有物呵。

王 21.5　窈兮冥兮，其中有精；

帛 21.5　窈呵冥呵，其中有精
　　　　　呵。

王 21.6　其精甚真，其中有信。

帛 21.6　其精甚真，其中有信。

王 21.7　自古及今，其名不去，
　　　　　以閱眾甫。

帛 21.7　自今及古，其名不去，
　　　　　以順眾父。

王 21.8　吾何以知眾甫之狀哉？
　　　　　以此。

帛 21.8　吾何以知眾父之然也？
　　　　　以此。

《老子》第二十二章

原文對照

河 22.1　曲則全，枉則直，	傅 22.1　曲則全，枉則正；
河 22.2　窪則盈，弊則新，	傅 22.2　窪則盈，敝則新；
河 22.3　少則得，多則惑。	傅 22.3　少則得，多則惑。
河 22.4　是以聖人抱一為天下式。	傅 22.4　聖人袌一以為天下式。
河 22.5　不自見，故明；	傅 22.5　不自見故明，
河 22.6　不自是，故彰；	傅 22.6　不自是故彰，
河 22.7　不自伐，故有功；	傅 22.7　不自伐故有功，
河 22.8　不自矜，故長。	傅 22.8　不自矜故長。
河 22.9　夫唯不爭，故天下莫能與之爭。	傅 22.9　夫惟不爭，故天下莫能與之爭。
河 22.10　古之所謂曲則全者，豈虛言哉？	傅 22.10　古之所謂曲則全者，豈虛言也哉？
河 22.11　誠全而歸之。	傅 22.11　誠全而歸之。
王 22.1　曲則全，枉則直，	帛 22.1　曲則全，枉則正，
王 22.2　窪則盈，敝則新，	帛 22.2　洼則盈，敝則新。
王 22.3　少則得，多則惑。	帛 22.3　少則得，多則惑。
王 22.4　是以聖人抱一，為天下式。	帛 22.4　是以聖人執一，以為天下牧。
王 22.5　不自見故明，	帛 22.5　不自示故章，
王 22.6　不自是故彰，	帛 22.6　不自見也故明，
王 22.7　不自伐故有功，	帛 22.7　不自伐故有功，
王 22.8　不自矜故長。	帛 22.8　弗矜故能長。

王 22.9	夫唯不爭，故天下莫能與之爭。	帛 22.9	夫唯不爭，故莫能與之爭。
王 22.10	古之所謂曲則全者，豈虛言哉！	帛 22.10	古之所謂曲全者幾語哉，
王 22.11	誠全而歸之。	帛 22.11	誠全歸之。

《老子》第二十三章

原文對照

河 23.1	希言自然。	傅 23.1	稀言自然。
河 23.2	飄風不終朝，	傅 23.2	故飄風不崇朝，
河 23.3	驟雨不終日。	傅 23.3	驟雨不崇日。
河 23.4	孰為此者？天地。	傅 23.4	孰為此者？天地也。
河 23.5	天地尚不能久，	傅 23.5	天地尚不能久，
河 23.6	而況於人乎？	傅 23.6	而況於人乎？
河 23.7	故從事於道者，	傅 23.7	故從事於道者，
河 23.8	道者同於道，	傅 23.8	道者同於道，
河 23.9	德者同於德，	傅 23.9	從事於得者，
河 23.10	失者同於失。	傅 23.10	得者同於得，
河 23.11	同於道者，道亦樂得之；	傅 23.11	從事於失者，
河 23.12	同於德者，德亦樂得之；	傅 23.12	失者同於失，
河 23.13	同於失者，失亦樂失之。	傅 23.13	於道者，道亦得之；
河 23.14	信不足焉，有不信焉。	傅 23.14	於得者，得亦得之；
		傅 23.15	於失者，失亦得之。
		傅 23.16	信不足，焉有不信。

王 23.1　希言自然。　　　　　　帛 23.1　希言自然。

王 23.2　故飄風不終朝，　　　　帛 23.2　飄風不終朝，

王 23.3　驟雨不終日。　　　　　帛 23.3　暴雨不終日。

王 23.4　孰為此者？天地。　　　帛 23.4　孰為此？天地，

王 23.5　天地尚不能久，　　　　帛 23.5　而弗能久，

王 23.6　而況於人乎？　　　　　帛 23.6　又況於人乎？

王 23.7　故從事於道者，　　　　帛 23.7　故從事而道者同於道，

王 23.8　道者同於道，　　　　　帛 23.8　得者同於得，

王 23.9　德者同於德，　　　　　帛 23.9　失者同於失。

王 23.10　失者同於失。　　　　帛 23.10　同於得者，道亦得之；

王 23.11　同於道者，道亦樂得
之；　　　　　　　　帛 23.11　同於失者，道亦失之。

王 23.12　同於德者，德亦樂得之；

王 23.13　同於失者，失亦樂得之。

王 23.14　信不足，焉有不信焉。

《老子》第二十四章

原文對照

河 24.1　跂者不立，跨者不行，　　傅 24.1　企者不立，跨者不行，

河 24.2　自見者不明，　　　　　傅 24.2　自見者不明，

河 24.3　自是者不彰，　　　　　傅 24.3　自是者不彰，

河 24.4　自伐者無功，　　　　　傅 24.4　自伐者無功，

河 24.5　自矜者不長。　　　　　傅 24.5　自矜者不長。

河 24.6　其於道也，曰餘食贅
行。　　　　　　　　傅 24.6　其在道也，曰餘食贅
行。

河 24.7　物或惡之，故有道者不
　　　　　處也。

傅 24.7　物或惡之，故有道者不
　　　　　處也。

王 24.1　企者不立，跨者不行，

帛 24.1　炊者不立。

王 24.2　自見者不明，

帛 24.2　自示者不章，

王 24.3　自是者不彰，

帛 24.3　自見者不明，

王 24.4　自伐者無功，

帛 24.4　自伐者无功，

王 24.5　自矜者不長。

帛 24.5　自矜者不長。

王 24.6　其在道也，曰餘食贅
　　　　　行。

帛 24.6　其在道也，曰餘食、贅
　　　　　行。

王 24.7　物或惡之，故有道者
　　　　　不處。

帛 24.7　物或惡之，故有欲者弗
　　　　　居。

《老子》第二十五章

原文對照

河 25.1　有物混成，先天地生。

傅 25.1　有物混成，先天地生。

河 25.2　寂兮寥兮，獨立而不改，

傅 25.2　寂兮寞兮，獨立而不改，

河 25.3　周行而不殆，

傅 25.3　周行而不殆，

河 25.4　可以為天下母，

傅 25.4　可以為天下母。

河 25.5　吾不知其名，字之曰
　　　　　道。

傅 25.5　吾不知其名，故彊字之
　　　　　曰道。

河 25.6　強為之名曰大。

傅 25.6　彊為之名曰大。

河 25.7　大曰逝，逝曰遠，遠曰
　　　　　反，

傅 25.7　大曰逝，逝曰遠，遠曰
　　　　　返。

河 25.8　故道大，天大，地大，
　　　　　王亦大。

傅 25.8　道大，天大，地大，人
　　　　　亦大。

河 25.9　域中有四大，

傅 25.9　域中有四大，

傅 25.10　而王處其一尊。

河 25.10　而王居其一焉。

河 25.11　人法地，地法天，

河 25.12　天法道，道法自然。

傅 25.11　人法地，地法天，

傅 25.12　天法道，道法自然。

王 25.1　有物混成，先天地生，

王 25.2　寂兮寥兮，獨立不改，

王 25.3　周行而不殆，

王 25.4　可以為天下母。

王 25.5　吾不知其名，字之曰道，

王 25.6　強為之名曰大。

王 25.7　大曰逝，逝曰遠，遠曰反。

王 25.8　故道大，天大，地大，王亦大。

王 25.9　域中有四大，

王 25.10　而王居其一焉。

王 25.11　人法地，地法天，

王 25.12　天法道，道法自然。

帛 25.1　有物昆成，先天地生。

帛 25.2　寂呵寥呵，獨立而不改，

帛 25.3　可以為天地母。

帛 25.4　吾未知其名也，字之曰道。

帛 25.5　吾強為之名曰大。

帛 25.6　大曰逝，逝曰遠，遠曰反。

帛 25.7　道大，天大，地大，王亦大。

帛 25.8　國中有四大，

帛 25.9　而王居一焉。

帛 25.10　人法地，地法天，

帛 25.11　天法道，道法自然。

竹 25.1　有狀蟲成，先天地生，

竹 25.2　敓穆，獨立不改，

竹 25.3　可以為天下母。

竹 25.4　未知其名，字之曰道，

竹 25.5　吾強為之名曰大。

竹 25.6　大曰潛，潛曰遠，遠曰返。

竹 25.7　天大，地大，道大，王亦大。

竹 25.8　國中有四大安，

竹 25.9　王居一安。

竹 25.10　人法地，地法天，

竹 25.11　天法道，道法自然。

《老子》第二十六章

原文對照

河 26.1　重為輕根，靜為躁君。　　傅 26.1　重為輕根，靖為躁君。

河 26.2　是以聖人終日行，不離　　傅 26.2　是以君子終日行，不離
　　　　輜重。　　　　　　　　　　　　　其輜重。

河 26.3　雖有榮觀、燕處，超　　傅 26.3　雖有榮觀，宴處超然。
　　　　然。

河 26.4　奈何萬乘之主，　　　　傅 26.4　如之何萬乘之主，

河 26.5　而以身輕天下？　　　　傅 26.5　而以身輕天下？

河 26.6　輕則失臣，躁則失君。　傅 26.6　輕則失本，躁則失君。

王 26.1　重為輕根，靜為躁君，　帛 26.1　重為輕根，靜為躁君。

王 26.2　是以聖人終日行不離輜　帛 26.2　是以君子終日行，不遠
　　　　重。　　　　　　　　　　　　　其輜重，

王 26.3　雖有榮觀，燕處超然，　帛 26.3　雖有環館，燕處則昭
　　　　　　　　　　　　　　　　　　　若。

王 26.4　奈何萬乘之主，　　　　帛 26.4　若何萬乘之王，

王 26.5　而以身輕天下？　　　　帛 26.5　而以身輕於天下？

王 26.6　輕則失本，躁則失君。　帛 26.6　輕則失本，躁則失君。

《老子》第二十七章

原文對照

河 27.1　善行無轍迹，　　　　　傅 27.1　善行者無徹迹，

河 27.2　善言無瑕讁，　　　　　傅 27.2　善言者無瑕謫。

河 27.3　善計不用籌策，　　　　傅 27.3　善數者無籌策，

河 27.4　善閉無關楗而不可開，　傅 27.4　善閉者無關鍵而不可開，

河 27.5　善結無繩約而不可解。　傅 27.5　善結者無繩約而不可解。

河 27.6　是以聖人常善救人，　　傅 27.6　是以聖人常善救人，
　　　　　故無棄人；　　　　　　　　　　故人無棄人；

河 27.7　常善救物，故無棄物，　傅 27.7　常善救物，故物無棄物，
　　　　　是謂襲明。　　　　　　　　　　是謂襲明。

河 27.8　故善人者，不善人之師；傅 27.8　故善人者，不善人之師；

河 27.9　不善人者，善人之資。　傅 27.9　不善人者，善人之資。

河 27.10　不貴其師，不愛其資，　傅 27.10　不貴其師，不愛其資，
　　　　　雖智大迷。　　　　　　　　　　雖知大迷。

河 27.11　是謂要妙。　　　　　傅 27.11　此謂要妙。

王 27.1　善行無轍迹，　　　　　帛 27.1　善行者无達迹，

王 27.2　善言無瑕讁。　　　　　帛 27.2　善言者无瑕謫，

王 27.3　善數不用籌策，　　　　帛 27.3　善數者不用籌策。

王 27.4　善閉無關楗而不可開，　帛 27.4　善閉者无關籥而不可啓也。

王 27.5　善結無繩約而不可解。　帛 27.5　善結者无繩約而不可解也。

王 27.6　是以聖人常善救人，　　帛 27.6　是以聖人恆善救人，
　　　　　故無棄人；　　　　　　　　　　而无棄人，

王 27.7　常善救物，故無棄物，　帛 27.7　物无棄財，是謂悕明。
　　　　　是謂襲明。

王 27.8　故善人者，不善人之師；　　　帛 27.8　故善人，善人之師；

王 27.9　不善人者，善人之資。　　　　帛 27.9　不善人，善人之資也。

王 27.10　不貴其師，不愛其資，　　　　帛 27.10　不貴其師，不愛其資，
　　　　　雖智大迷。　　　　　　　　　　　　　雖智乎大迷。

王 27.11　是謂要妙。　　　　　　　　　帛 27.11　是謂妙要。

《老子》第二十八章

原文對照

河 28.1　知其雄，守其雌，為天　　　　傅 28.1　知其雄，守其雌，為天
　　　　　下谿。　　　　　　　　　　　　　　下谿。

河 28.2　為天下谿，常德不離。　　　　傅 28.2　為天下谿，常德不離。

河 28.3　復歸於嬰兒。　　　　　　　　傅 28.3　復歸於嬰兒。

河 28.4　知其白，守其黑，為　　　　　傅 28.4　知其白，守其黑，為
　　　　　天下式。　　　　　　　　　　　　　天下式。

河 28.5　為天下式，常德不忒。　　　　傅 28.5　為天下式，常德不忒，

河 28.6　復歸於無極。　　　　　　　　傅 28.6　復歸於無極。

河 28.7　知其榮，守其辱，為　　　　　傅 28.7　知其榮，守其辱，為
　　　　　天下谷。　　　　　　　　　　　　　天下谷。

河 28.8　為天下谷，常德乃足，　　　　傅 28.8　為天下谷，常德乃足，

河 28.9　復歸於朴。　　　　　　　　　傅 28.9　復歸於樸。

河 28.10　朴散則為器，　　　　　　　傅 28.10　樸散則為器，

河 28.11　聖人用之則為官長，　　　　傅 28.11　聖人用之則為官長，

河 28.12　故大制不割。　　　　　　　傅 28.12　大制無割。

王 28.1　知其雄，守其雌，為天　　　　帛 28.1　知其雄，守其雌，為
　　　　　下谿。　　　　　　　　　　　　　天下溪。

王 28.2　為天下谿，常德不離。　　　　帛 28.2　為天下溪，恆德不离。

王 28.3	復歸於嬰兒。	帛 28.3	恆德不离，復歸嬰兒。
王 28.4	知其白，守其黑，為天下式。	帛 28.4	知其白，守其辱，為天下谷。
王 28.5	為天下式，常德不忒，	帛 28.5	為天下谷，恆德乃足。
王 28.6	復歸於無極。	帛 28.6	恆德乃足，復歸於樸。
王 28.7	知其榮，守其辱，為天下谷。	帛 28.7	知其白，守其黑，為天下式。
王 28.8	為天下谷，常德乃足，	帛 28.8	為天下式，恆德不忒。
王 28.9	復歸於樸。	帛 28.9	恆德不忒，復歸於无極。
王 28.10	樸散則為器，	帛 28.10	樸散則為器，
王 28.11	聖人用之則為官長。	帛 28.11	聖人用則為官長，
王 28.12	故大制不割。	帛 28.12	夫大制无割。

《老子》第二十九章

原文對照

河 29.1	將欲取天下，而為之，	傅 29.1	將欲取天下而為之者，
河 29.2	吾見其不得已。	傅 29.2	吾見其不得已。
河 29.3	天下神器，不可為也。	傅 29.3	夫天下神器，不可為也。
河 29.4	為者敗之，執者失之。	傅 29.4	為者敗之，執者失之。
河 29.5	故物或行或隨，或呴或吹，	傅 29.5	凡物或行或隨，或嘘或吹，
河 29.6	或強或羸，或載或隳。	傅 29.6	或彊或剉，或培或墮。
河 29.7	是以聖人去甚、去奢、去泰。	傅 29.7	是以聖人去甚，去奢，去泰。
王 29.1	將欲取天下而為之，	帛 29.1	將欲取天下而為之，
王 29.2	吾見其不得已。	帛 29.2	吾見其弗得已。

王 29.3	天下神器，不可為也。	帛 29.3	夫天下，神器也，非可為者也。
王 29.4	為者敗之，執者失之。	帛 29.4	為之者敗之，執之者失之。
王 29.5	故物或行或隨，或歔或吹，	帛 29.5	物或行或隨，或熱，
王 29.6	或強或羸，或挫或隳。	帛 29.6	或𢭏或培或墮。
王 29.7	是以聖人去甚，去奢，去泰。	帛 29.7	是以聖人去甚，去大，去奢。

《老子》第三十章

原文對照

河 30.1	以道佐人主者，	傅 30.1	以道佐人主者，
河 30.2	不以兵強天下，其事好還，	傅 30.2	不以兵彊天下，其事好還。
河 30.3	師之所處，荊棘生焉。	傅 30.3	師之所處，荊棘生焉。
河 30.4	大軍之後，必有凶年。	傅 30.4	大軍之後，必有凶年。
河 30.5	善者果而已，	傅 30.5	故善者果而已矣，
河 30.6	不敢以取強。	傅 30.6	不敢以取彊焉。
河 30.7	果而勿矜，果而勿伐，果而勿驕，	傅 30.7	果而勿矜，果而勿伐，果而勿驕。
河 30.8	果而不得已，果而勿強。	傅 30.8	果而不得已，是果而勿彊。
河 30.9	物壯則老，是謂不道，不道早已。	傅 30.9	物壯則老，是謂非道，非道早已。
王 30.1	以道佐人主者，	帛 30.1	以道佐人主，
王 30.2	不以兵強天下，其事	帛 30.2	不以兵強於天下。其

好還。

		□□□，
王 30.3	師之所處，荊棘生焉。	帛 30.3	□□所居，楚棘生之。
王 30.4	大軍之後，必有凶年。	帛 30.4	善者果而已矣，
王 30.5	善有果而已，	帛 30.5	毋以取強焉。
王 30.6	不敢以取強。	帛 30.6	果而毋驕，果而勿矜，果而□伐，
王 30.7	果而勿矜，果而勿伐，果而勿驕。	帛 30.7	果而毋得已居，是謂果而強。
王 30.8	果而不得已，果而勿強。	帛 30.8	物壯而老，謂之不道，不道早已。
王 30.9	物壯則老，是謂不道，不道早已。		

竹 30.1　以道佐人主者，

竹 30.2　不欲以兵強於天下。

竹 30.3　善者果而已，

竹 30.4　不以取強。

竹 30.5　果而弗伐，果而弗驕，果而弗矜，

竹 30.6　是謂果而不強。

竹 30.7　其事好（還）。

《老子》三十一章

原文對照

河 31.1	夫佳兵（者），不祥之器，	傅 31.1	夫美兵者，不祥之器。
河 31.2	物或惡之，故有道者不處。	傅 31.2	物或惡之，故有道者不處。
河 31.3	君子居則貴左，	傅 31.3	是以君子居則貴左，
河 31.4	用兵則貴右。	傅 31.4	用兵則貴右。

河 31.5　兵者，不祥之器，　　　　傅 31.5　兵者，不祥之器，

河 31.6　非君子之器，　　　　　　傅 31.6　非君子之器，

河 31.7　不得已而用之。　　　　　傅 31.7　不得已而用之，

河 31.8　恬惔為上。勝而不美，　　傅 31.8　以恬憺為上，故不美也。

河 31.9　而美之者，是樂殺人。　　傅 31.9　若美必樂之，樂之者是
　　　　　　　　　　　　　　　　　　　　樂殺人也。

河 31.10　夫樂殺人者，　　　　　傅 31.10　夫樂人殺人者，

河 31.11　則不可以得志於天下矣。　傅 31.11　不可以得志於天下矣。

河 31.12　吉事尚左，凶事尚右。　傅 31.12　故吉事尚左，凶事尚右。

河 31.13　偏將軍居左，　　　　　傅 31.13　是以偏將軍處左，

河 31.14　上將軍居右，　　　　　傅 31.14　上將軍處右，

河 31.15　言以喪禮處之。　　　　傅 31.15　言居上勢，則以喪禮處之。

河 31.16　殺人眾多，以悲哀泣之。　傅 31.16　殺人眾多，則以悲哀泣之。

河 31.17　戰勝，以喪禮處之。　　傅 31.17　戰勝者，則以喪禮處之。

王 31.1　夫佳兵者，不祥之器。　帛 31.1　夫兵者，不祥之器也。

王 31.2　物或惡之，故有道者不　帛 31.2　物或惡之，故有欲者弗
　　　　處。　　　　　　　　　　　　　居。

王 31.3　君子居則貴左，　　　　帛 31.3　君子居則貴左，

王 31.4　用兵則貴右。　　　　　帛 31.4　用兵則貴右。

王 31.5　兵者，不祥之器，　　　帛 31.5　故兵者非君子之器。

王 31.6　非君子之器。　　　　　帛 31.6　兵者不祥之器也，

王 31.7　不得已而用之，　　　　帛 31.7　不得已而用之，

王 31.8　恬淡為上，勝而不美。　帛 31.8　銛襲為上，勿美也。

王 31.9　而美之者，是樂殺人。　帛 31.9　若美之，是樂殺人也。

王 31.10　夫樂殺人者，　　　　帛 31.10　夫樂殺人，

王 31.11　則不可以得志於天下矣。　帛 31.11　不可以得志於天下矣。

王 31.12　吉事尚左，凶事尚右。　帛 31.12　是以吉事上左，喪事上右；

王 31.13　偏將軍居左，　　　　帛 31.13　是以偏將軍居左，

王 31.14　上將軍居右，　　　　帛 31.14　而上將軍居右，

王 31.15　言以喪禮處之。　　　　帛 31.15　言以喪禮居之也。

王 31.16　殺人之衆，以哀悲泣之。　帛 31.16　殺人衆，以悲哀莅之；

王 31.17　戰勝，以喪禮處之。　　　帛 31.17　戰勝而以喪禮處之。

竹 31.1　君子居則貴左，

竹 31.2　用兵則貴右。

竹 31.3　故曰兵者□□□□□，

竹 31.4　□得已而用之，

竹 31.5　銛䤭為上，弗美也。

竹 31.6　美之，是樂殺人。

竹 31.7　夫樂□，

竹 31.8　□□以得志於天下。

竹 31.9　故吉事上左，喪事上右。

竹 31.10　是以偏將軍居左，

竹 31.11　上將軍居右，

竹 31.12　言以喪禮居之也。

竹 31.13　故殺□□，則以哀悲敓之；

竹 31.14　戰勝則以喪禮居之。

《老子》第三十二章

原文對照

河 32.1　道常無名，　　　　　　傅 32.1　道常無名，

河 32.2　朴雖小，天下不敢臣。　傅 32.2　樸雖小，天下莫能臣。

河 32.3　侯王若能守之，　　　　傅 32.3　王侯若能守，

河 32.4　萬物將自賓。　　　　　傅 32.4　萬物將自賓。

河 32.5　天地相合，以降甘露，　傅 32.5　天地相合，以降甘露，

河 32.6　民莫之令而自均。

河 32.7　始制有名。

河 32.8　名亦既有，天亦將知之。

河 32.9　知之，所以不殆。

河 32.10　譬道之在天下，

河 32.11　猶川谷之與江海。

傅 32.6　民莫之令而自均焉。

傅 32.7　始制有名。

傅 32.8　名亦既有，夫亦將知止，

傅 32.9　知止所以不殆。

傅 32.10　譬道之在天下，

傅 32.11　猶川谷之與江海也。

王 32.1　道常無名，

王 32.2　樸雖小，天下莫能臣也。

王 32.3　侯王若能守之，

王 32.4　萬物將自賓。

王 32.5　天地相合以降甘露，

王 32.6　民莫之令而自均。

王 32.7　始制有名，

王 32.8　名亦既有，夫亦將知止。

王 32.9　知止可以不殆。

王 32.10　譬道之在天下，

王 32.11　猶川谷之於江海。

帛 32.1　道恆无名，

帛 32.2　樸雖小而天下弗敢臣。

帛 32.3　侯王若能守之，

帛 32.4　萬物將自賓。

帛 32.5　天地相合，以俞甘露。

帛 32.6　民莫之令，而自均焉。

帛 32.7　始制有名，

帛 32.8　名亦既有，夫亦將知止，

帛 32.9　知止所以不殆。

帛 32.10　譬道之在天下也，

帛 32.11　猶小谷之與江海也。

竹 32.1　道恆亡名，

竹 32.2　樸雖微，天地弗敢臣，

竹 32.3　侯王如能守之，

竹 32.4　萬物將自賓。

竹 32.5　天地相合也，以逾甘露。

竹 32.6　民莫之令而自均安。

竹 32.7　始制有名。

竹 32.8　名亦既有，夫亦將知止，

竹 32.9　知止所以不殆。

竹 32.10　譬道之在天下也，

竹 32.11　猶小谷之與江海。

《老子》第三十三章

原文對照

河 33.1　知人者智，自知者明。　　傳 33.1　知人者智也，自知者明也。

河 33.2　勝人者有力，自勝者強。　　傳 33.2　勝人者有力也，自勝者彊也。

河 33.3　知足者富。　　傳 33.3　知足者富也，

河 33.4　強行者有志。　　傳 33.4　彊行者有志也，

河 33.5　不失其所者久。　　傳 33.5　不失其所者久也，

河 33.6　死而不亡者壽。　　傳 33.6　死而不亡者壽也。

王 33.1　知人者智，自知者明。　　帛 33.1　知人者，智也。自知，明也。

王 33.2　勝人者有力，自勝者強。　　帛 33.2　勝人者，有力也。自勝者，強也。

王 33.3　知足者富，　　帛 33.3　知足者，富也。

王 33.4　強行者有志，　　帛 33.4　強行者，有志也。

王 33.5　不失其所者久，　　帛 33.5　不失其所者，久也。

王 33.6　死而不亡者壽。　　帛 33.6　死而不忘者，壽也。

《老子》第三十四章

原文對照

河 34.1　大道氾兮，其可左右。　　傳 34.1　大道汎汎兮，其可左右。

河 34.2　萬物恃之而生，而不辭。　　傳 34.2　萬物恃之以生而不辭。

河 34.3　功成（而）不名有。

傅 34.3　功成而不居，

河 34.4　愛養萬物而不為主。

傅 34.4　衣被萬物而不為主。

河 34.5　常無欲，可名於小。

傅 34.5　故常無欲，可名於小矣。

河 34.6　萬物歸焉而不為主，
　　　　可名為大。

傅 34.6　萬物歸之而不知主，
　　　　可名於大矣。

河 34.7　是以聖人終不為大，

傅 34.7　是以聖人能成其□也，

河 34.8　故能成其大。

傅 34.8　以其終不自大，

傅 34.9　故能成其大。

王 34.1　大道氾兮，其可左右。

帛 34.1　道，汎呵其可左右也，

王 34.2　萬物恃之而生而不辭。

帛 34.2　成功遂事而弗名有也。

王 34.3　功成不名有，

帛 34.3　萬物歸焉而弗為主，

王 34.4　衣養萬物而不為主。

帛 34.4　則恆无欲也，可名於小。

王 34.5　常無欲，可名於小；

帛 34.5　萬物歸焉而弗為主，可
　　　　名於大。

王 34.6　萬物歸焉而不為主，可
　　　　名為大。

帛 34.6　是以聖人之能成大也，

王 34.7　以其終不自為大，

帛 34.7　以其不為大也，

王 34.8　故能成其大。

帛 34.8　故能成大。

《老子》第三十五章

原文對照

河 35.1　執大象，天下往。

傅 35.1　執大象者，天下往。

河 35.2　往而不害，安平太。

傅 35.2　往而不害，安平泰。

河 35.3　樂與餌，過客止。

傅 35.3　樂與餌，過客止。

河 35.4　道之出口，

傅 35.4　道之出言，

河 35.5　淡乎其無味。　　　　　　傳 35.5　淡兮其無味。

河 35.6　視之不足見，　　　　　　傳 35.6　視之不足見，

河 35.7　聽之不足聞，　　　　　　傳 35.7　聽之不足聞，

河 35.8　用之不可既。　　　　　　傳 35.8　用之不可既。

王 35.1　執大象，天下往；　　　　帛 35.1　執大象，天下往。

王 35.2　往而不害，安平太。　　　帛 35.2　往而不害，安平大。

王 35.3　樂與餌，過客止。　　　　帛 35.3　樂與餌，過客止。

王 35.4　道之出口，　　　　　　　帛 35.4　故道之出言也，曰：

王 35.5　淡乎其無味，　　　　　　帛 35.5　淡呵其无味也。

王 35.6　視之不足見，　　　　　　帛 35.6　視之，不足見也。

王 35.7　聽之不足聞，　　　　　　帛 35.7　聽之，不足聞也。

王 35.8　用之不足既。　　　　　　帛 35.8　用之，不可既也。

竹 35.1　執大象，天下往。

竹 35.2　往而不害，安平大。

竹 35.3　樂與餌，過客止。

竹 35.4　故道□□□，

竹 35.5　淡呵其無味也。

竹 35.6　視之不足見，

竹 35.7　聽之不足聞，

竹 35.8　而不可既也。

《老子》第三十六章

原文對照

河 36.1　將欲噏之，必固張之；　　傳 36.1　將欲翕之，必固張之。

河 36.2　將欲弱之，必固強之；　　傅 36.2　將欲弱之，必固彊之。

河 36.3　將欲廢之，必固興之；　　傅 36.3　將欲廢之，必固興之。

河 36.4　將欲奪之，必固與之，　　傅 36.4　將欲奪之，必固與之。

河 36.5　是謂微明。　　　　　　　傅 36.5　是謂微明。

河 36.6　柔弱勝剛強。　　　　　　傅 36.6　柔之勝剛，弱之勝彊，

河 36.7　魚不可脫於淵。　　　　　傅 36.7　魚不可悅於淵，

河 36.8　國之利器，不可以示人。　傅 36.8　邦之利器不可以示人。

王 36.1　將欲歙之，必固張之；　　帛 36.1　將欲翕之，必固張之。

王 36.2　將欲弱之，必固強之；　　帛 36.2　將欲弱之，必固強之。

王 36.3　將欲廢之，必固興之；　　帛 36.3　將欲去之，必固與之。

王 36.4　將欲奪之，必固與之；　　帛 36.4　將欲奪之，必固予之。

王 36.5　是謂微明。　　　　　　　帛 36.5　是謂微明。

王 36.6　柔弱勝剛強。　　　　　　帛 36.6　柔弱勝強。

王 36.7　魚不可脫於淵，　　　　　帛 36.7　魚不可脫於淵，

王 36.8　國之利器不可以示人。　　帛 36.8　國利器不可以示人。

《老子》三十七章

原文對照

河 37.1　道常無為，而無不為。　　傅 37.1　道常無為而無不為，

河 37.2　侯王若能守（之），　　　傅 37.2　王侯若能守，

河 37.3　萬物將自化。　　　　　　傅 37.3　萬物將自化。

河 37.4　化而欲作，　　　　　　　傅 37.4　化而欲作，

河 37.5　吾將鎮之以無名之朴。　　傅 37.5　吾將鎮之以無名之樸。

河 37.6　無名之朴，亦將不欲，　　傅 37.6　無名之樸，夫亦將不欲。

河 37.7　不欲以靜，天下將自定。　傅 37.7　不欲以靖，天下將自正。

王 37.1　道常無為而無不為，　　　帛 37.1　道恆无名，

王 37.2　侯王若能守之，　　　　　帛 37.2　侯王若能守之，

王 37.3　萬物將自化。　　　　　　帛 37.3　萬物將自化。

王 37.4　化而欲作，　　　　　　　帛 37.4　化而欲作，

王 37.5　吾將鎮之以無名之樸。　　帛 37.5　吾將鎮之以无名之樸。

王 37.6　無名之樸，夫亦將無欲。　帛 37.6　鎮之以无名之樸，夫
　　　　　　　　　　　　　　　　　　　　　將不辱。

王 37.7　不欲以靜，天下將自定。　帛 37.7　不辱以靜，天地將自正。

竹 37.1　道恆亡為也，

竹 37.2　侯王能守之，

竹 37.3　而萬物將自化。

竹 37.4　化而欲作，

竹 37.5　將鎮之以亡名之樸。

竹 37.6　夫亦將知足，

竹 37.7　知（足）以靜，萬物將自定。

《老子》第三十八章

原文對照

河 38.1　上德不德，是以有德；　　傅 38.1　上德不德，是以有德。

河 38.2　下德不失德，是以無德。　傅 38.2　下德不失德，是以無德。

河 38.3　上德無為，而無以為；　　傅 38.3　上德無為而無不為。

河 38.4　下德為之，而有以為。　　傅 38.4　下德為之而無以為。

河 38.5　上仁為之，而無以為；　　傅 38.5　上仁為之而無以為。

河 38.6　上義為之，而有以為。　　傅 38.6　上義為之而有以為。

河 38.7　上禮為之，而莫之應，　　傅 38.7　上禮為之而莫之應，

河 38.8　則攘臂而仍之。　　　　　傅 38.8　則攘臂而仍之。

河 38.9　故失道而後德，　　　　　傅 38.9　故失道而後德，

河 38.10　失德而後仁，　　　　　傅 38.10　失德而後仁，

河 38.11　失仁而後義，　　　　　傅 38.11　失仁而後義，

河 38.12　失義而後禮。　　　　　傅 38.12　失義而後禮。

河 38.13　夫禮者，忠信之薄，　　傅 38.13　夫禮者，忠信之薄，
　　　　　　而亂之首。　　　　　　　　　　　而亂之首也。

河 38.14　前識者，道之華。而　　傅 38.14　前識者，道之華，而
　　　　　　愚之始。　　　　　　　　　　　　愚之始也。

河 38.15　是以大丈夫處其厚，　　傅 38.15　是以大丈夫處其厚不
　　　　　　不處其薄；　　　　　　　　　　　處其薄，

河 38.16　處其實，不處其華，　　傅 38.16　處其實不處其華。

河 38.17　故去彼取此。　　　　　傅 38.17　故去彼取此。

王 38.1　上德不德，是以有德；　帛 38.1　上德不德，是以有德。

王 38.2　下德不失德，是以無德。帛 38.2　下德不失德，是以无德。

王 38.3　上德無為而無以為，　　帛 38.3　上德无為而无以為也。

王 38.4　下德為之而有以為。　　帛 38.4　上仁為之而无以為也。

王 38.5　上仁為之而無以為，　　帛 38.5　上義為之而有以為也。

王 38.6　上義為之而有以為，　　帛 38.6　上禮為之而莫之應也，

王 38.7　上禮為之而莫之應，　　帛 38.7　則攘臂而扔之。

王 38.8　則攘臂而扔之。　　　　帛 38.8　故失道而后德，

王 38.9　故失道而後德，　　　　帛 38.9　失德而后仁，

王 38.10　失德而後仁，　　　　帛 38.10　失仁而后義，

王 38.11　失仁而後義，　　　　帛 38.11　失義而后禮。

王 38.12　失義而後禮。　　　　帛 38.12　夫禮者，忠信之薄也，
　　　　　　　　　　　　　　　　　　　　　而亂之首也。

王 38.13　夫禮者，忠信之薄而　帛 38.13　前識者，道之華也，
　　　　　　亂之首。　　　　　　　　　　　而愚之首也。

王 38.14　前識者，道之華而愚　　　帛 38.14　是以大丈夫居其厚而
之始。　　　　　　　　　　　　　　　　不居其薄，

王 38.15　是以大丈夫處其厚，　　　帛 38.15　居其實而不居其華。
不居其薄。

王 38.16　處其實，不居其華。　　　帛 38.16　故去彼而取此。

王 38.17　故去彼取此。

《老子》第三十九章

原文對照

河 39.1　昔之得一者，　　　　　　傅 39.1　昔之得一者，

河 39.2　天得一以清，　　　　　　傅 39.2　天得一以清，

河 39.3　地得一以寧，　　　　　　傅 39.3　地得一以寧，

河 39.4　神得一以靈，　　　　　　傅 39.4　神得一以靈，

河 39.5　谷得一以盈，　　　　　　傅 39.5　谷得一以盈，

河 39.6　萬物得一以生，　　　　　傅 39.6　萬物得一以生，

河 39.7　侯王得一以為天下正。　　傅 39.7　王侯得一以為天下貞。

河 39.8　其致之，天無以清將恐　　傅 39.8　其致之，一也，天無以
裂，　　　　　　　　　　　　　　　　清將恐裂，

河 39.9　地無以寧將恐發，　　　　傅 39.9　地無以寧將恐發，

河 39.10　神無以靈將恐歇，　　　　傅 39.10　神無以靈將恐歇，

河 39.11　谷無盈將恐竭，　　　　　傅 39.11　谷無以盈將恐竭，

河 39.12　萬物無以生將恐滅，　　　傅 39.12　萬物無以生將恐滅，

河 39.13　侯王無以貴高將恐蹶。　　傅 39.13　王侯無以為貞而貴高
將恐蹶。

河 39.14　故貴（必）以賤為本，　　傅 39.14　故貴以賤為本，

河 39.15　高必以下為基。　　　　　傅 39.15　高以下為基。

河 39.16　是以侯王自稱孤寡不穀，

河 39.17　此非以賤為本耶？非乎！

河 39.18　故致數車無車，

河 39.19　不欲琭琭如玉，落落如石。

王 39.1　昔之得一者，

王 39.2　天得一以清，

王 39.3　地得一以寧，

王 39.4　神得一以靈，

王 39.5　谷得一以盈，

王 39.6　萬物得一以生，

王 39.7　侯王得一以為天下貞。

王 39.8　其致之。天無以清將恐裂，

王 39.9　地無以寧將恐發，

王 39.10　神無以靈將恐歇，

王 39.11　谷無以盈將恐竭，

王 39.12　萬物無以生將恐滅，

王 39.13　侯王無以貴高將恐蹶。

王 39.14　故貴以賤為本，

王 39.15　高以下為基。

王 39.16　是以侯王自謂孤寡不穀。

王 39.17　此非以賤為本邪？非乎？

王 39.18　故致數輿無輿。

王 39.19　不欲琭琭如玉，珞珞如石。

傅 39.16　是以王侯自謂孤寡不穀，

傅 39.17　是其以賤為本也，非歟？

傅 39.18　故致數譽無譽，

傅 39.19　不欲碌碌若玉，落落若石。

帛 39.1　昔得一者，

帛 39.2　天得一以清，

帛 39.3　地得一以寧，

帛 39.4　神得一以靈，

帛 39.5　谷得一盈，

帛 39.6　侯王得一以為天下正。

帛 39.7　其至也，謂天毋已清將恐裂，

帛 39.8　地毋已寧將恐發，

帛 39.9　神毋已靈將恐歇，

帛 39.10　谷毋已盈將恐竭，

帛 39.11　侯王毋已貴以高將恐蹶。

帛 39.12　故必貴以賤為本，

帛 39.13　必高矣而以下為基。

帛 39.14　夫是以侯王自謂孤寡不穀，

帛 39.15　此其賤之本與？非也？

帛 39.16　故至數輿无輿。

帛 39.17　是故不欲祿祿若玉，硌硌若石。

《老子》第四十章

原文對照

河 40.1　反者道之動，　　　　　　傅 40.1　反者，道之動。

河 40.2　弱者道之用。　　　　　　傅 40.2　弱者，道之用。

河 40.3　天下萬物生於有，有生　　傅 40.3　天下之物生於有，有生
　　　　　於無。　　　　　　　　　　　　　於無。

王 40.1　反者，道之動；　　　　　帛 40.1　反也者，道之動也。

王 40.2　弱者，道之用。　　　　　帛 40.2　弱也者，道之用也。

王 40.3　天下萬物生於有，有生　　帛 40.3　天下之物生於有，有□
　　　　　於無。　　　　　　　　　　　　　於无。

竹 40.1　返也者，道動也。

竹 40.2　弱也者，道之用也。

竹 40.3　天下之物生於有，生於亡。

《老子》第四十一章

原文對照

河 41.1　上士聞道，勤而行之；　　傅 41.1　上士聞道，而勤行之。

河 41.2　中士聞道，若存若亡；　　傅 41.2　中士聞道，若存若亡。

河 41.3　下士聞道，大笑之，　　　傅 41.3　下士聞道，而大笑之。

河 41.4　不笑不足以為道。　　　　傅 41.4　不笑，不足以為道。

河 41.5　故建言有之：明道若昧，

河 41.6　進道若退，夷道若纇，

河 41.7　上德若谷，大白若辱，

河 41.8　廣德若不足，建德若偷，

河 41.9　質直若渝，大方無隅，

河 41.10　大器晚成，大音希聲，

河 41.11　大象無形，道隱無名，

河 41.12　夫唯道善貸且成。

王 41.1　上士聞道，勤而行之；

王 41.2　中士聞道，若存若亡；

王 41.3　下士聞道，大笑之，

王 41.4　不笑不足以為道。

王 41.5　故建言有之：明道若昧，

王 41.6　進道若退，夷道若纇。

王 41.7　上德若谷，大白若辱，

王 41.8　廣德若不足，建德若偷，

王 41.9　質真若渝。大方無隅，

王 41.10　大器晚成，大音希聲，

王 41.11　大象無形。道隱無名，

王 41.12　夫唯道善貸且成。

竹 41.1　上士聞道，勤能行於其中。

竹 41.2　中士聞道，若聞若亡。

竹 41.3　下士聞道，大笑之；

竹 41.4　弗大笑，不足以為道矣。

竹 41.5　是以建言有之：明道如曹，

竹 41.6　夷道如纇，□道若退。

傅 41.5　故建言有之曰：明道
　　　　若昧，

傅 41.6　夷道若纇，進道若退。

傅 41.7　上德若谷，大白若黷。

傅 41.8　廣德若不足。建德若媮，

傅 41.9　質真若輪，大方無隅。

傅 41.10　大器晚成，大音稀聲，

傅 41.11　大象無形，道隱無名。

傅 41.12　夫惟道，善貸且成。

帛 41.1　上□□道，勤能行之。

帛 41.2　中士聞道，若存若亡。

帛 41.3　下士聞道，大笑之。

帛 41.4　弗笑□□以為道。

帛 41.5　是以建言有之曰：明道
　　　　如費，

帛 41.6　進道如退，夷道如纇。

帛 41.7　上德如谷，大白如辱，

帛 41.8　廣德如不足。建德如□，

帛 41.9　質□□□，大方无隅。

帛 41.10　大器晚成，大音希聲，

帛 41.11　大象无形，道襃无名。

帛 41.12　夫唯道，善始且善成。

竹 41.7　上德如谷，大白如辱，

竹 41.8　廣德如不足，建德如□，

竹 41.9　□真如愉，大方亡隅，

竹 41.10　大器曼成，大音祇聲，

竹 41.11　天象亡形，道……

《老子》第四十二章

原文對照

河 42.1　道生一，一生二，　　　　傅 42.1　道生一，一生二，

河 42.2　二生三，三生萬物。　　　傅 42.2　二生三，三生萬物。

河 42.3　萬物負陰而抱陽，　　　　傅 42.3　萬物負陰而袌陽，

河 42.4　沖氣以為和。　　　　　　傅 42.4　沖氣以為和。

河 42.5　人之所惡，唯孤寡不穀，　傅 42.5　人之所惡，惟孤寡不穀，

河 42.6　而王公以為稱。　　　　　傅 42.6　而王侯以自稱也。

河 42.7　故物或損之而益，　　　　傅 42.7　故物或損之而益，

河 42.8　或益之而損。　　　　　　傅 42.8　或益之而損。

河 42.9　人之所教，我亦教之。　　傅 42.9　人之所以教我，亦我
　　　　　　　　　　　　　　　　　　　　　之所以教人。

河 42.10　強梁者，不得其死。　　傅 42.10　彊梁者不得其死，

河 42.11　吾將以為教父。　　　　傅 42.11　吾將以為學父。

王 42.1　道生一，一生二，　　　　帛 42.1　道生一，一生二，

王 42.2　二生三，三生萬物。　　　帛 42.2　二生三，三生□□。

王 42.3　萬物負陰而抱陽，　　　　帛 42.3　□□□□□□□。

王 42.4　沖氣以為和。　　　　　　帛 42.4　中氣以為和。

王 42.5　人之所惡，唯孤寡不穀，　帛 42.5　人之所惡，唯孤寡不穀，

王 42.6	而王公以為稱。	帛 42.6	而王公以自名也。
王 42.7	故物，或損之而益，	帛 42.7	物或□□□損，
王 42.8	或益之而損。	帛 42.8	損之而益。
王 42.9	人之所教，我亦教之。	帛 42.9	故人□□教，亦議而教人。
王 42.10	強梁者不得其死，	帛 42.10	故強梁者不得死，
王 42.11	吾將以為教父。	帛 42.11	吾將以為學父。

《老子》第四十三章

原文對照

河 43.1	天下之至柔，	傅 43.1	天下之至柔，
河 43.2	馳騁天下之至堅。	傅 43.2	馳騁天下之至堅。
河 43.3	無有入（於）無間。	傅 43.3	出於無有，入於無間。
河 43.4	吾是以知無為之有益。	傅 43.4	吾是以知無為之有益也。
河 43.5	不言之教，無為之益，	傅 43.5	不言之教，無為之益，
河 43.6	天下希及之。	傅 43.6	天下稀及之矣。

王 43.1	天下之至柔，	帛 43.1	天下之至柔，
王 43.2	馳騁天下之至堅，	帛 43.2	馳騁乎天下之至堅。
王 43.3	無有入無間，	帛 43.3	无有入於无間。
王 43.4	吾是以知無為之有益。	帛 43.4	吾是以知无為□□益也。
王 43.5	不言之教，無為之益，	帛 43.5	不□□教，无為之益，
王 43.6	天下希及之。	帛 43.6	□下希能及之矣。

《老子》第四十四章

原文對照

河 44.1　名與身孰親？

河 44.2　身與貨孰多？

河 44.3　得與亡孰病？

河 44.4　甚愛必大費，

河 44.5　多藏必厚亡。

河 44.6　知足不辱，知止不殆，
　　　　可以長久。

傅 44.1　名與身孰親？

傅 44.2　身與貨孰多？

傅 44.3　得與亡孰病？

傅 44.4　是故甚愛必大費，

傅 44.5　多藏必厚亡。

傅 44.6　知足不辱，知止不殆，
　　　　可以長久。

王 44.1　名與身孰親？

王 44.2　身與貨孰多？

王 44.3　得與亡孰病？

王 44.4　是故甚愛必大費，

王 44.5　多藏必厚亡。

王 44.6　知足不辱，知止不殆，
　　　　可以長久。

帛 44.1　名與身孰親？

帛 44.2　身與貨孰多？

帛 44.3　得與亡孰病？

帛 44.4　甚□□□□，

帛 44.5　□□□□亡。

帛 44.6　故知足不辱，知止不殆，
　　　　可以長久。

竹 44.1　名與身孰親？

竹 44.2　身與貨孰多？

竹 44.3　得與亡孰病？

竹 44.4　甚愛必大費，

竹 44.5　厚藏必多亡。

竹 44.6　故知足不辱，知止不殆，可以長久。

《老子》第四十五章

原文對照

河 45.1　大成若缺，其用不弊；　　　傅 45.1　大成若缺，其用不敝。

河 45.2　大盈若沖，其用不窮。　　　傅 45.2　大滿若盅，其用不窮。

河.45.3　大直若屈，大巧若拙，　　　傅 45.3　大直若詘，大巧若拙。

河 45.4　大辯若訥。　　　　　　　　傅 45.4　大辯若訥，

河 45.5　躁勝寒，靜則熱，　　　　　傅 45.5　躁勝寒，靖勝熱。

河 45.6　清靜為天下正。　　　　　　傅 45.6　知清靖，以為天下正。

王 45.1　大成若缺，其用不弊；　　　帛 45.1　大成若缺，其用不敝。

王 45.2　大盈若沖，其用不窮。　　　帛 45.2　大盈如沖，其用不窘。

王 45.3　大直若屈，大巧若拙，　　　帛 45.3　大直如屈，大巧如拙。

王 45.4　大辯若訥。　　　　　　　　帛 45.4　大贏如絀。

王 45.5　躁勝寒，靜勝熱，　　　　　帛 45.5　躁勝寒，靜勝熱。

王 45.6　清靜為天下正。　　　　　　帛 45.6　清靜，可以為天下正。

竹 45.1　大成若缺，其用不敝。

竹 45.2　大盈若盅，其用不窮。

竹 45.3　大巧若拙，大成若詘，

竹 45.4　大直若屈。

竹 45.5　燥勝滄，清勝熱，

竹 45.6　清靜為天下正。

《老子》第四十六章

原文對照

河 46.1　天下有道，卻走馬以糞；

河 46.2　天下無道，戎馬生於郊。

河 46.3　罪莫大於可欲。

河 46.4　禍莫大於不知足，

河 46.5　咎莫大於欲得，

河 46.6　故知足之足，常足（矣）。

傅 46.1　天下有道，卻走馬以播。

傅 46.2　天下無道，戎馬生於郊。

傅 46.3　罪莫大於可欲，

傅 46.4　禍莫大於不知足。

傅 46.5　咎莫憯於欲得。

傅 46.6　故知足之足，常足矣。

王 46.1　天下有道，卻走馬以糞；

王 46.2　天下無道，戎馬生於郊。

王 46.3　禍莫大於不知足，

王 46.4　咎莫大於欲得。

王 46.5　故知足之足，常足矣。

帛 46.1　天下有道，卻走馬以糞。

帛 46.2　无道，戎馬生於郊。

帛 46.3　罪莫大可欲，

帛 46.4　禍莫大於不知足，

帛 46.5　咎莫憯於欲得。

帛 46.6　□□□□□，恆足矣。

竹 46.1　罪莫厚乎甚欲，

竹 46.2　咎莫憯乎欲得，

竹 46.3　禍莫大乎不知足。

竹 46.4　知足之為足，此恆足矣。

《老子》第四十七章

原文對照

河 47.1　不出戶（以）知天下，　　傳 47.1　不出戶，可以知天下。

河 47.2　不窺牖（以）見天道，　　傳 47.2　不窺牖，可以知天道。

河 47.3　其出彌遠，其知彌少。　　傳 47.3　其出彌遠，其知彌尠。

河 47.4　是以聖人不行而知，　　傳 47.4　是以聖人不行而知，

河 47.5　不見而名，不為而成。　　傳 47.5　不見而名，不為而成。

王 47.1　不出戶，知天下；　　帛 47.1　不出於戶，以知天下。

王 47.2　不闚牖，見天道。　　帛 47.2　不窺於牖，以知天道。

王 47.3　其出彌遠，其知彌少。　　帛 47.3　其出彌遠者，其知彌□。

王 47.4　是以聖人不行而知，　　帛 47.4　□□□□□□□，

王 47.5　不見而名，不為而成。　　帛 47.5　□□而名，弗為而成。

《老子》第四十八章

原文對照

河 48.1　為學日益，為道日損。　　傳 48.1　為學者日益，為道者日損。

河 48.2　損之又損（之），　　傳 48.2　損之又損之，

河 48.3　以至於無為，　　傳 48.3　以至於無為，

河 48.4　無為而無不為。　　傳 48.4　無為則無不為。

河 48.5 取天下常以無事，　　　　傅 48.5 將欲取天下者，常以
　　　　　　　　　　　　　　　　　　　　無事。

河 48.6 及其有事，不足以取天　　傅 48.6 及其有事，又不足以
　　　　下。　　　　　　　　　　　　　　取天下矣。

王 48.1 為學日益，為道日損。　　帛 48.1 為學者日益，聞道者
　　　　　　　　　　　　　　　　　　　　日損，

王 48.2 損之又損，　　　　　　　帛 48.2 損之又損，

王 48.3 以至於無為，　　　　　　帛 48.3 以至於无□，

王 48.4 無為而無不為。　　　　　帛 48.4 □□□□□□□。

王 48.5 取天下常以無事，　　　　帛 48.5 □□取天下，恆无事，

王 48.6 及其有事，不足以取天　　帛 48.6 及其有事也，□□足
　　　　下。　　　　　　　　　　　　　　以取天□□。

竹 48.1 學者日益，為道者日損。

竹 48.2 損之或損，

竹 48.3 以至亡為也，

竹 48.4 亡為而亡不為。

《老子》第四十九章

原文對照

河 49.1 聖人無常心，　　　　　　傅 49.1 聖人無常心，

河 49.2 以百姓心為心。　　　　　傅 49.2 以百姓心為心。

河 49.3 善者吾善之，　　　　　　傅 49.3 善者吾善之，

河 49.4 不善者吾亦善之，德善；　傅 49.4 不善者吾亦善之，得善
　　　　　　　　　　　　　　　　　　　　矣。

河 49.5 信者吾信之，　　　　　　傅 49.5 信者吾信之，

河 49.6　不信者吾亦信之，德　　　傅 49.6　不信者吾亦信之，得信
　　　　　信。　　　　　　　　　　　　　　　　　矣。

河 49.7　聖人在天下怵怵，　　　　傅 49.7　聖人之在天下，歙歙焉，

河 49.8　為天下渾其心。　　　　　傅 49.8　為天下渾渾焉，

河 49.9　百姓皆註其耳目，　　　　傅 49.9　百姓皆註其耳目，

河 49.10　聖人皆孩之。　　　　　傅 49.10　聖人皆咳之。

王 49.1　聖人無常心，　　　　　　帛 49.1　□人恆无心，

王 49.2　以百姓心為心。　　　　　帛 49.2　以百姓之心為心。

王 49.3　善者，吾善之；　　　　　帛 49.3　善者善之，

王 49.4　不善者，吾亦善之，德善。　帛 49.4　不善者亦善□，□善也。

王 49.5　信者，吾信之；　　　　　帛 49.5　信者信之，

王 49.6　不信者，吾亦信之，　　　帛 49.6　不信者亦信之，得信也。
　　　　　德信。

王 49.7　聖人在天下歙歙，　　　　帛 49.7　聖人之在天下也，歙歙
　　　　　　　　　　　　　　　　　　　　　焉，

王 49.8　為天下渾其心。　　　　　帛 49.8　為天下渾心，

王 49.9　聖人皆孩之。　　　　　　帛 49.9　百姓皆註其耳目焉，

　　　　　　　　　　　　　　　　　帛 49.10　聖人皆咳之。

《老子》第五十章

原文對照

河 50.1　出生入死。　　　　　　　傅 50.1　出生，入死。

河 50.2　生之徒十有三，　　　　　傅 50.2　生之徒十有三，

河 50.3　死之徒十有三，　　　　　傅 50.3　死之徒十有三，

河 50.4　人之生，動之死地十有　　傅 50.4　而民之生生而動，動皆
　　　　　三。　　　　　　　　　　　　　　　之死地，亦十有三。

河 50.5　夫何故? 以其求生之厚。

傅 50.5　夫何故? 以其生生之厚也。

河 50.6　蓋聞善攝生者，

傅 50.6　蓋聞善攝生者，

河 50.7　陸行不遇兕虎，

傅 50.7　陸行不遇兕虎，

河 50.8　入軍不被甲兵，

傅 50.8　入軍不被甲兵，

河 50.9　兕無（所）投其角，

傅 50.9　兕無所投其角，

河 50.10　虎無所措（其）爪，

傅 50.10　虎無所措其爪，

河 50.11　兵無所容其刃。

傅 50.11　兵無所容其刃。

河 50.12　夫何故? 以其無死地。

傅 50.12　夫何故也? 以其無死地焉。

王 50.1　出生入死。

帛 50.1　□生，入死。

王 50.2　生之徒十有三，

帛 50.2　生之□□有□，

王 50.3　死之徒十有三。

帛 50.3　□之徒十有三，

王 50.4　人之生動之死地，亦十有三。

帛 50.4　而民生生，動皆之死地之十有三。

王 50.5　夫何故? 以其生生之厚。

帛 50.5　夫何故也? 以其生生。

王 50.6　蓋聞善攝生者，

帛 50.6　蓋聞善執生者，

王 50.7　陸行不遇兕虎，

帛 50.7　陵行不避兕虎，

王 50.8　入軍不被甲兵，

帛 50.8　入軍不被兵革，

王 50.9　兕無所投其角，

帛 50.9　兕无所揣其角，

王 50.10　虎無所措其爪，

帛 50.10　虎无所措其爪，

王 50.11　兵無所容其刃。

帛 50.11　兵无所容□□，

王 50.12　夫何故? 以其無死地。

帛 50.12　□何故也? 以其无死地焉。

《老子》第五十一章

原文對照

河 51.1　道生之，德畜之，
河 51.2　物形之，勢成之。
河 51.3　是以萬物莫不尊道而貴德。
河 51.4　道之尊，德之貴，
河 51.5　夫莫之命而常自然。
河 51.6　故道生之，德畜之，
河 51.7　長之育之，成之孰之，養之覆之。
河 51.8　生而不有，為而不恃，
河 51.9　長而不宰，是謂玄德。

傅 51.1　道生之，德畜之，
傅 51.2　物形之，勢成之。
傅 51.3　是以萬物莫不尊道而貴德。
傅 51.4　道之尊，德之貴，
傅 51.5　夫莫之爵，而常自然。
傅 51.6　故道生之，德畜之，
傅 51.7　長之育之，亭之毒之，蓋之覆之。
傅 51.8　生而不有，為而不恃，
傅 51.9　長而不宰，是謂玄德。

王 51.1　道生之，德畜之，
王 51.2　物形之，勢成之。
王 51.3　是以萬物莫不尊道而貴德。
王 51.4　道之尊，德之貴，
王 51.5　夫莫之命而常自然。
王 51.6　故道生之，德畜之，
王 51.7　長之、育之、亭之、毒之、養之、覆之。
王 51.8　生而不有，為而不恃，
王 51.9　長而不宰，是謂玄德。

帛 51.1　道生之，德畜之，
帛 51.2　物形之而器成之。
帛 51.3　是以萬物尊道而貴德。
帛 51.4　道之尊也，德之貴也。
帛 51.5　夫莫之爵也,而恆自然也。
帛 51.6　道生之，畜之，
帛 51.7　長之，遂之，亭之，毒之，養之，覆□。
帛 51.8　□□弗有也，為而弗恃也，
帛 51.9　長而弗宰，是謂玄德。

《老子》第五十二章

原文對照

河 52.1　天下有始，以為天下母。

傅 52.1　天下有始，可以為天下母。

河 52.2　既知其母，復知其子；

傅 52.2　既得其母，以知其子，

河 52.3　既知其子，復守其母，沒身不殆。

傅 52.3　既知其子，復守其母，沒身不殆。

河 52.4　塞其兌，閉其門，終身不勤。

傅 52.4　塞其兌，閉其門，終身不勤。

河 52.5　開其兌，濟其事，終身不救。

傅 52.5　開其兌，濟其事，終身不救。

河 52.6　見小曰明，守柔曰強。

傅 52.6　見小曰明，守柔曰彊。

河 52.7　用其光，復歸其明。

傅 52.7　用其光，復歸其明，

河 52.8　無遺身殃，是謂習常。

傅 52.8　無遺身殃，是謂襲常。

王 52.1　天下有始，以為天下母。

帛 52.1　天下有始，以為天下母。

王 52.2　既得其母，以知其子；

帛 52.2　既得其母，以知其子，

王 52.3　既知其子，復守其母，沒身不殆。

帛 52.3　既知其子，復守其母，沒身不殆。

王 52.4　塞其兌，閉其門，終身不勤。

帛 52.4　塞其悅，閉其門，終身不勤。

王 52.5　開其兌，濟其事，終身不救。

帛 52.5　啟其悅，齊其事，終身不棘。

王 52.6　見小曰明，守柔曰強。

帛 52.6　見小曰明，守柔曰強。

王 52.7　用其光，復歸其明，

帛 52.7　用其光，復歸其明。

王 52.8　無遺身殃，是為習常。

帛 52.8　毋遺身殃，是謂襲常。

竹 52.1　閉其門，塞其兌，終身不瓬。

竹 52.2　啓其兌，賽其事，終身不逨。

《老子》第五十三章

原文對照

河 53.1　使我介然有知，行於大道。

傅 53.1　使我介然有知，行於大道，

河 53.2　唯施是畏。

傅 53.2　惟施是畏。

河 53.3　大道甚夷，而民好徑。

傅 53.3　大道甚夷，而民好徑。

河 53.4　朝甚除，田甚蕪，倉甚虛，

傅 53.4　朝甚除，田甚蕪，倉甚虛。

河 53.5　服文綵，帶利劍，

傅 53.5　服文采，帶利劍，

河 53.6　厭飲食，財貨有餘，

傅 53.6　厭飲食，貨財有餘，

河 53.7　是謂盜夸。

傅 53.7　是謂盜夸，

河 53.8　（盜夸），非道（也）哉！

傅 53.8　盜夸，非道也哉。

王 53.1　使我介然有知，行於大道，

帛 53.1　使我介有知，行於大道，

王 53.2　唯施是畏。

帛 53.2　唯施是畏。

王 53.3　大道甚夷，而民好徑。

帛 53.3　大道甚夷，民甚好懈。

王 53.4　朝甚除，田甚蕪，倉甚虛。

帛 53.4　朝甚除，田甚芜，倉甚虛。

王 53.5　服文綵，帶利劍，

帛 53.5　服文采，帶利劍，

王 53.6　厭飲食，財貨有餘，

帛 53.6　厭食而資財□□。

王 53.7　是謂盜夸。

帛 53.7　□□盜□。

王 53.8　非道也哉！

帛 53.8　□□，非□也。

《老子》第五十四章

原文對照

河 54.1　善建者不拔，	傅 54.1　善建者不拔，
河 54.2　善抱者不脫，	傅 54.2　善裹者不脫，
河 54.3　子孫祭祀不輟。	傅 54.3　子孫祭祀不輟。
河 54.4　修之於身，其德乃真；	傅 54.4　修之身，其德乃真。
河 54.5　修之於家，其德乃餘；	傅 54.5　修之家，其德乃餘。
河 54.6　修之於鄉，其德乃長；	傅 54.6　修之鄉，其德乃長。
河 54.7　修之於國，其德乃豐；	傅 54.7　修之邦，其德乃豐。
河 54.8　修之於天下，其德乃普。	傅 54.8　修之天下，其德乃溥。
河 54.9　故以身觀身，以家觀家，	傅 54.9　故以身觀身，以家觀家，
河 54.10　以鄉觀鄉，以國觀國，	傅 54.10　以鄉觀鄉，以邦觀邦，
河 54.11　以天下觀天下。	傅 54.11　以天下觀天下。
河 54.12　（吾）何以知天下之 　　　　然哉？以此。	傅 54.12　吾奚以知天下之然哉？ 　　　　以此。

王 54.1　善建者不拔，	帛 54.1　善建者□拔，
王 54.2　善抱者不脫，	帛 54.2　□□□□□，
王 54.3　子孫以祭祀不輟。	帛 54.3　子孫以祭祀不絕。
王 54.4　修之於身，其德乃真；	帛 54.4　脩之身，其德乃真。
王 54.5　修之於家，其德乃餘；	帛 54.5　脩之家，其德有餘。
王 54.6　修之於鄉，其德乃長；	帛 54.6　脩之鄉，其德乃長。
王 54.7　修之於國，其德乃豐；	帛 54.7　脩之國，其德乃豐。
王 54.8　修之於天下，其德乃普。	帛 54.8　脩之天下，其德乃溥。
王 54.9　故以身觀身，以家觀家，	帛 54.9　以身觀身，以家觀家，

王 54.10　以鄉觀鄉，以國觀國，　　　帛 54.10　以鄉觀鄉，以邦觀國，

王 54.11　以天下觀天下。　　　　　　帛 54.11　以天下觀天下。

王 54.12　吾何以知天下然哉？　　　　帛 54.12　吾何□知天下之然哉？
　　　　　以此。　　　　　　　　　　　　　　　以□。

竹 54.1　善建者不拔，

竹 54.2　善休者不脫，

竹 54.3　子孫以其祭祀不屯。

竹 54.4　修之身，其德乃真。

竹 54.5　修之家，其德有餘。

竹 54.6　修之鄉，其德乃長。

竹 54.7　修之邦，其德乃豐。

竹 54.8　修之天下□□□□。

竹 54.9　□□□家，以鄉觀鄉，

竹 54.10　以邦觀邦，

竹 54.11　以天下觀天下。

竹 54.12　吾何以知天□□□□□。

《老子》第五十五章

原文對照

河 55.1　含德之厚，比於赤子。　　　傅 55.1　含德之厚者，比之於赤
　　　　　　　　　　　　　　　　　　　　　　子也。

河 55.2　毒蟲不螫，　　　　　　　　傅 55.2　蜂蠆不螫，

河 55.3　猛獸不據，攫鳥不搏。　　　傅 55.3　猛獸不據，攫鳥不搏，

河 55.4　骨弱筋柔而握固。　　　　　傅 55.4　骨弱筋柔而握固。

河 55.5　未知牝牡之合而朘作，　　　傅 55.5　未知牝牡之合而朘作，
　　　　　精之至也。　　　　　　　　　　　　精之至也。

河 55.6　終日號而不啞，和之至也。

傅 55.6　終日號而嗌不嚘，和之至也。

河 55.7　知和曰常，知常曰明，

傅 55.7　知和曰常，知常曰明，

河 55.8　益生曰祥，心使氣曰強。

傅 55.8　益生曰祥，心使氣則彊。

河 55.9　物壯則老，謂之不道，不道早已。

傅 55.9　物壯則老，謂之不道，不道早已。

王 55.1　含德之厚，比於赤子。

帛 55.1　含德之厚者，比於赤子。

王 55.2　蜂蠆虺蛇不螫，

帛 55.2　蜂蠆虺蛇弗螫，

王 55.3　猛獸不據，攫鳥不搏。

帛 55.3　據鳥猛獸弗搏，

王 55.4　骨弱筋柔而握固，

帛 55.4　骨筋弱柔而握固。

王 55.5　未知牝牡之合而全作，精之至也。

帛 55.5　未知牝牡之會而朘怒，精之至也。

王 55.6　終日號而不嗄，和之至也。

帛 55.6　終日號而不嚘，和之至也。

王 55.7　知和曰常，知常曰明，

帛 55.7　和曰常，知常曰明，

王 55.8　益生曰祥，心使氣曰強。

帛 55.8　益生曰祥，心使氣曰強。

王 55.9　物壯則老，謂之不道，不道早已。

帛 55.9　物□則老，謂之不道，不道早已。

竹 55.1　含德之厚者，比於赤子，

竹 55.2　蛾蠆蟲蛇弗蓳。

竹 55.3　攫鳥猛獸弗扣，

竹 55.4　骨弱筋柔而捉固，

竹 55.5　未知牝牡之合然怒，精之至也，

竹 55.6　終日乎而不憂，和之至也；

竹 55.7　和曰常，知和曰明，

竹 55.8　益生曰祥，心使氣曰強。

竹 55.9　物壯則老，是謂不道。

《老子》第五十六章

原文對照

河 56.1　知者不言，言者不知。　　　　傅 56.1　知者不言也，言者不知也。

河 56.2　塞其兌，閉其門，　　　　　　傅 56.2　塞其兌，閉其門，

河 56.3　挫其銳，解其紛，　　　　　　傅 56.3　挫其銳，解其紛，

河 56.4　和其光，同其塵，　　　　　　傅 56.4　和其光，同其塵，

河 56.5　是謂玄同。　　　　　　　　　傅 56.5　是謂玄同。

河 56.6　故不可得而親，　　　　　　　傅 56.6　不可得而親，

河 56.7　亦不可得而疏；　　　　　　　傅 56.7　亦不可得而疏；

河 56.8　不可得而利，　　　　　　　　傅 56.8　不可得而利，

河 56.9　亦不可得而害；　　　　　　　傅 56.9　亦不可得而害；

河 56.10　不可得而貴，　　　　　　　傅 56.10　不可得而貴，

河 56.11　亦不可得而賤，　　　　　　傅 56.11　亦不可得而賤。

河 56.12　故為天下貴。　　　　　　　傅 56.12　故為天下貴。

王 56.1　知者不言，言者不知。　　　　帛 56.1　知者弗言，言者弗知。

王 56.2　塞其兌，閉其門，　　　　　　帛 56.2　塞其垸，閉其門，

王 56.3　挫其銳，解其分，　　　　　　帛 56.3　和其光，同其塵，

王 56.4　和其光，同其塵，　　　　　　帛 56.4　挫其銳而解其紛，

王 56.5　是謂玄同。　　　　　　　　　帛 56.5　是謂玄同。

王 56.6　故不可得而親，　　　　　　　帛 56.6　故不可得而親也，

王 56.7　不可得而疏；　　　　　　　　帛 56.7　亦不可得而疏；

王 56.8　不可得而利，　　　　　　　　帛 56.8　不可得而利，

王 56.9　不可得而害；　　　　　　　　帛 56.9　亦不可得而害；

王 56.10　不可得而貴，　　　　帛 56.10　不可得而貴，

王 56.11　不可得而賤，　　　　帛 56.11　亦不可得而賤。

王 56.12　故為天下貴。　　　　帛 56.12　故為天下貴。

竹 56.1　知之者弗言，言之者弗知。

竹 56.2　閉其兌，塞其門，

竹 56.3　和其光，同其塵，

竹 56.4　剉其顏，解其紛，

竹 56.5　是謂玄同。

竹 56.6　故不可得而親，

竹 56.7　亦不可得而疏；

竹 56.8　不可得而利，

竹 56.9　亦不可得而害；

竹 56.10　不可得而貴，

竹 56.11　亦可不可得而賤。

竹 56.12　故為天下貴。

《老子》第五十七章

原文對照

河 57.1　以正治國，以奇用兵，　　　傅 57.1　以政治國，以奇用兵，

河 57.2　以無事取天下。　　　　　　傅 57.2　以無事取天下。

河 57.3　吾何以知其然哉？以　　　　傅 57.3　吾奚以知天下其然哉？
　　　　此。　　　　　　　　　　　　　　　以此。

河 57.4　天下多忌諱而民彌貧。　　　傅 57.4　夫天下多忌諱，而民彌
　　　　　　　　　　　　　　　　　　　貧。

河 57.5　民多利器，國家滋昏。　　　傅 57.5　民多利器，國家滋昏。

河 57.6 　人多技巧，奇物滋起。　　　傅 57.6 　民多知慧，而衰事滋起。

河 57.7 　法物滋彰，盜賊多有。　　　傅 57.7 　法令滋章，盜賊多有。

河 57.8 　故聖人云：　　　　　　　　傅 57.8 　故聖人云：

河 57.9 　我無為而民自化，　　　　　傅 57.9 　我無為而民自化，

河 57.10 　我好靜而民自正，　　　　傅 57.10 　我好靖而民自正，

河 57.11 　我無事而民自富，　　　　傅 57.11 　我無事而民自富，

河 57.12 　我無欲而民自朴。　　　　傅 57.12 　我無欲而民自樸。

河 57.13 　（我無情而民自清）。

王 57.1 　以正治國，以奇用兵，　　　帛 57.1 　以正治國，以奇用兵，

王 57.2 　以無事取天下。　　　　　　帛 57.2 　以無事取天下。

王 57.3 　吾何以知其然哉？以此。　　帛 57.3 　吾何以知其然也哉？

王 57.4 　天下多忌諱，而民彌貧；　　帛 57.4 　夫天下多忌諱，而民彌貧。

王 57.5 　民多利器，國家滋昏；　　　帛 57.5 　民多利器，而邦家滋昏。

王 57.6 　人多伎巧，奇物滋起；　　　帛 57.6 　人多智，而奇物滋□，

王 57.7 　法令滋彰，盜賊多有。　　　帛 57.7 　□物滋章，而盜賊□□。

王 57.8 　故聖人云，　　　　　　　　帛 57.8 　是以□人之言曰：

王 57.9 　我無為而民自化，　　　　　帛 57.9 　我无為而民自化，

王 57.10 　我好靜而民自正，　　　　帛 57.10 　我好靜而民自正，

王 57.11 　我無事而民自富，　　　　帛 57.11 　我无事而民自富，

王 57.12 　我無欲而民自樸。　　　　帛 57.12 　我欲不欲而民自樸。

竹 57.1 　以正治邦，以奇用兵，

竹 57.2 　以亡事取天下。

竹 57.3 　吾何以知其然也？

竹 57.4 　夫天多忌諱，而民彌叛。

竹 57.5 　民多利器，而邦滋昏。

竹 57.6 　人多知而奇物滋起。

竹 57.7　法物滋彰，盜賊多有。

竹 57.8　是以聖人之言曰：

竹 57.9　我無事而民自富，

竹 57.10　我亡為而民自化，

竹 57.11　我好静而民自正，

竹 57.12　我欲不欲而民自樸。

《老子》第五十八章

原文對照

河 58.1　其政悶悶，其民醇醇；　　　傅 58.1　其政閔閔，其民偆偆。

河 58.2　其政察察，其民缺缺。　　　傅 58.2　其政督督，其民缺缺。

河 58.3　禍兮福之所倚，　　　　　　傅 58.3　禍兮，福之所倚；

河 58.4　福兮禍之所伏。　　　　　　傅 58.4　福兮，禍之所伏，

河 58.5　孰知其極，其無正，　　　　傅 58.5　孰知其極？其無正衺？

河 58.6　正復為奇，善復為訞。　　　傅 58.6　正復為奇，善復為祆。

河 58.7　人之迷，其日固久。　　　　傅 58.7　人之迷也，其日固久矣。

河 58.8　是以聖人方而不割，　　　　傅 58.8　是以聖人方而不割，

河 58.9　廉而不害，直而不肆，　　　傅 58.9　廉而不劌，直而不肆，

河 58.10　光而不曜。　　　　　　　傅 58.10　光而不耀。

王 58.1　其政悶悶，其民淳淳；　　　帛 58.1　其政閔閔，其民屯屯。

王 58.2　其政察察，其民缺缺。　　　帛 58.2　其政察察，其邦缺缺。

王 58.3　禍兮福之所倚，　　　　　　帛 58.3　禍，福之所倚；

王 58.4　福兮禍之所伏。　　　　　　帛 58.4　福，禍之所伏，

王 58.5　孰知其極？其無正？　　　　帛 58.5　孰知其極？□无正也？

王 58.6　正復為奇，善復為妖，　　　帛 58.6　正□□□，善復為□。

王 58.7　人之迷，其日固久。　　　帛 58.7　□之迷也，其日固久矣。

王 58.8　是以聖人方而不割，　　　帛 58.8　是以方而不割，

王 58.9　廉而不劌，直而不肆，　　　帛 58.9　廉而不刺，直而不絏，

王 58.10　光而不燿。　　　帛 58.10　光而不燿。

《老子》第五十九章

原文對照

河 59.1　治人，事天，莫若嗇。　　　傅 59.1　治人事天，莫若嗇。

河 59.2　夫唯嗇，是謂早服。　　　傅 59.2　夫惟嗇，是以早服。

河 59.3　早服謂之重積德。　　　傅 59.3　早服謂之重積德，

河 59.4　重積德則無不剋，　　　傅 59.4　重積德則無不克，

河 59.5　無不剋則莫知其極，　　　傅 59.5　無不克則莫知其極，

河 59.6　莫知其極（則）可以有國。　　　傅 59.6　莫知其極，可以有國。

河 59.7　有國之母，可以長久。　　　傅 59.7　有國之母，可以長久。

河 59.8　是謂深根固蒂，　　　傅 59.8　是謂深根固柢，

河 59.9　長生久視之道。　　　傅 59.9　長生久視之道。

王 59.1　治人事天莫若嗇。　　　帛 59.1　治人事天，莫若嗇。

王 59.2　夫唯嗇，是謂早服。　　　帛 59.2　夫唯嗇，是以早服。

王 59.3　早服謂之重積德，　　　帛 59.3　早服是謂重積□，

王 59.4　重積德則無不克，　　　帛 59.4　重□□□□□□□，

王 59.5　無不克則莫知其極，　　　帛 59.5　□□□□莫知其□，

王 59.6　莫知其極，可以有國。　　　帛 59.6　莫知其□，可以有國。

王 59.7　有國之母，可以長久。　　　帛 59.7　有國之母，可以長久。

王 59.8　是謂深根固柢，　　　帛 59.8　是謂深根固柢，

王 59.9　長生久視之道。　　　帛 59.9　長生久視之道也。

竹 59.1　治人事天，莫若嗇。

竹 59.2　夫唯嗇，是以早，

竹 59.3　是以早服是謂……

竹 59.4　……不克，

竹 59.5　不克則莫知其極，

竹 59.6　莫知其極，可以有國。

竹 59.7　有國之母，可以長……

竹 59.8　……

竹 59.9　長生久視之道也。

《老子》第六十章

原文對照

河 60.1　治大國若烹小鮮。　　　　傅 60.1　治大國若烹小鮮。

河 60.2　以道莅天下，其鬼不　　　傅 60.2　以道蒞天下者，其鬼不
　　　　神。　　　　　　　　　　　　　　　神。

河 60.3　非其鬼不神，　　　　　　傅 60.3　非其鬼不神，

河 60.4　其神不傷人。　　　　　　傅 60.4　其神不傷人。

河 60.5　非其神不傷人，　　　　　傅 60.5　非其神不傷人，

河 60.6　聖人亦不傷（人）。　　　傅 60.6　聖人亦不傷人。

河 60.7　夫兩不相傷，　　　　　　傅 60.7　夫兩不相傷，

河 60.8　故德交歸焉。　　　　　　傅 60.8　故德交歸焉。

王 60.1　治大國若烹小鮮。　　　　帛 60.1　治大國若烹小鮮。

王 60.2　以道莅天下，其鬼不神。　帛 60.2　以道莅天下，其鬼不神。

王 60.3　非其鬼不神，　　　　　　帛 60.3　非其鬼不神也，

王 60.4　其神不傷人；　　　　　　帛 60.4　其神不傷人也。

王 60.5　非其神不傷人，　　　　帛 60.5　非其神不傷人也，

王 60.6　聖人亦不傷人。　　　　帛 60.6　聖人亦弗傷也。

王 60.7　夫兩不相傷，　　　　　帛 60.7　夫兩不相傷，

王 60.8　故德交歸焉。　　　　　帛 60.8　故德交歸焉。

《老子》第六十一章

原文對照

河 61.1　大國者下流，　　　　　傅 61.1　大國者，天下之下流，

河 61.2　天下之交，　　　　　　傅 61.2　天下之交。

河 61.3　天下之牝。　　　　　　傅 61.3　天下之牝，

河 61.4　牝常以靜勝牡，　　　　傅 61.4　牝常以靖勝牡。

河 61.5　以靜為下。　　　　　　傅 61.5　以其靖，故為下也。

河 61.6　故大國以下小國，則取　傅 61.6　故大國以下小國，則取
　　　　　小國；　　　　　　　　　　　於小國。

河 61.7　小國以下大國，則取大　傅 61.7　小國以下大國，則取於
　　　　　國。　　　　　　　　　　　　大國。

河 61.8　或下以取，或下而取。　傅 61.8　或下以取，或下而取。

河 61.9　大國不過欲兼畜人，　　傅 61.9　大國不過欲兼畜人，

河 61.10　小國不過欲入事人。　傅 61.10　小國不過欲入事人。

河 61.11　夫兩者各得其所欲，　傅 61.11　兩者各得其所欲，

河 61.12　大者宜為下。　　　　傅 61.12　故大者宜為下。

王 61.1　大國者下流，　　　　　帛 61.1　大國者，下流也，

王 61.2　天下之交，　　　　　　帛 61.2　天下之牝也。

王 61.3　天下之牝。　　　　　　帛 61.3　天下之交也，

王 61.4　牝常以靜勝牡，　　　　帛 61.4　牝恆以靜勝牡。

王 61.5	以靜為下。	帛 61.5	為其靜也，故宜為下也。
王 61.6	故大國以下小國，則取小國；	帛 61.6	故大國以下小國，則取小國。
王 61.7	小國以下大國，則取大國。	帛 61.7	小國以下大國，則取於大國。
王 61.8	故或下以取，或下而取。	帛 61.8	故或下以取，或下而取。
王 61.9	大國不過欲兼畜人，	帛 61.9	故大國者不過欲并畜人，
王 61.10	小國不過欲入事人，	帛 61.10	小國不過欲入事人。
王 61.11	夫兩者各得其所欲，	帛 61.11	夫皆得其欲，
王 61.12	大者宜為下。	帛 61.12	則大者宜為下。

《老子》第六十二章

原文對照

河 62.1	道者萬物之奧，	傅 62.1	道者，萬物之奧也。
河 62.2	善人之寶，	傅 62.2	善人之所寶。
河 62.3	不善人之所保。	傅 62.3	不善人之所保。
河 62.4	美言可以市，	傅 62.4	美言可以於市，
河 62.5	尊行可以加人。	傅 62.5	尊言可以加於人。
河 62.6	人之不善，何棄之有。	傅 62.6	人之不善，何棄之有？
河 62.7	故立天子，置三公，	傅 62.7	故立天子，置三公，
河 62.8	雖有拱璧以先駟馬，	傅 62.8	雖有拱璧以先駟馬，
河 62.9	不如坐進此道。	傅 62.9	不如進此道也。
河 62.10	古之所以貴此道者，	傅 62.10	古之所以貴此道者何也？
河 62.11	何不日以求得？	傅 62.11	不日求以得，
河 62.12	有罪以免耶，	傅 62.12	有罪以免邪？
河 62.13	故為天下貴。	傅 62.13	故為天下貴。

王 62.1	道者萬物之奧，	帛 62.1	道者，萬物之注也，
王 62.2	善人之寶，	帛 62.2	善人之寶也，
王 62.3	不善人之所保。	帛 62.3	不善人之所保也。
王 62.4	美言可以市，	帛 62.4	美言可以市，
王 62.5	尊行可以加人。	帛 62.5	尊行可以加人。
王 62.6	人之不善，何棄之有！	帛 62.6	人之不善，何棄□有？
王 62.7	故立天子，置三公，	帛 62.7	故立天子，置三卿，
王 62.8	雖有拱璧以先駟馬，	帛 62.8	雖有共之璧以先四馬，
王 62.9	不如坐進此道。	帛 62.9	不若坐而進此。
王 62.10	古之所以貴此道者何？	帛 62.10	古之所以貴此者何也？
王 62.11	不曰以求得，	帛 62.11	不謂求以得，
王 62.12	有罪以免邪？	帛 62.12	有罪以免與？
王 62.13	故為天下貴。	帛 62.13	故為天下貴。

《老子》第六十三章

原文對照

河 63.1	為無為，事無事，味無味。	傅 63.1	為無為，事無事，味無味。
河 63.2	大小多少。報怨以德。	傅 63.2	大小多少，報怨以德。
河 63.3	圖難於其易，	傅 63.3	圖難乎於其易，
河 63.4	為大於其細。	傅 63.4	為大乎於其細。
河 63.5	天下難事必作於易，	傅 63.5	天下之難事必作於易，
河 63.6	天下大事必作於細。	傅 63.6	天下之大事必作於細。
河 63.7	是以聖人終不為大，	傅 63.7	是以聖人終不為大，
河 63.8	故能成其大。	傅 63.8	故能成其大。
河 63.9	夫輕諾必寡信，	傅 63.9	夫輕諾者必寡信，

河 63.10　多易必多難。

傅 63.10　多易者必多難，

河 63.11　是以聖人猶難之，故
　　　　　終無難。

傅 63.11　是以聖人猶難之，故
　　　　　終無難矣。

王 63.1　為無為，事無事，味無
　　　　味。

帛 63.1　為无為，事无事，味
　　　　无味。

王 63.2　大小多少，報怨以德。

帛 63.2　大小多少，報怨以德。

王 63.3　圖難於其易，

帛 63.3　圖難乎□□□，

王 63.4　為大於其細。

帛 63.4　□□乎其細也。

王 63.5　天下難事必作於易，

帛 63.5　天下之難作於易，

王 63.6　天下大事必作於細，

帛 63.6　天下之大作於細。

王 63.7　是以聖人終不為大，

帛 63.7　是以聖人終不為大，

王 63.8　故能成其大。

帛 63.8　故能□□□。

王 63.9　夫輕諾必寡信，

帛 63.9　夫輕諾□□信，

王 63.10　多易必多難，

帛 63.10　多易必多難，

王 63.11　是以聖人猶難之。故
　　　　　終無難矣。

帛 63.11　是以聖人猶難之，故
　　　　　終於无難。

竹 63.1　為亡為，事亡事，味亡味。

竹 63.2　大小之多易必多難。

竹 63.3　是以聖人猶難之，故終亡難。

《老子》第六十四章

原文對照

河 64.1　其安易持，其未兆易謀，

傅 64.1　其安易持，其未兆易謀，

河 64.2　其脆易破，其微易散。

傅 64.2　其脆易判，其微易散。

河 64.3　為之於未有，

傅 64.3　為之乎其未有，

河 64.4　治之於未亂。

傅 64.4　治之乎其未亂。

河 64.5　合抱之木，生於毫末；

傅 64.5　合袌之木生於豪末；

河 64.6　九層之臺，起於累土；

傅 64.6　九成之臺，起於累土；

河 64.7　千里之行，始於足下。

傅 64.7　千里之行，始於足下。

河 64.8　為者敗之，執者失之。

傅 64.8　為者敗之，執者失之。

河 64.9　聖人無為故無敗，

傅 64.9　是以聖人無為故無敗。

河 64.10　无執故無失。

傅 64.10　無執故無失。

河 64.11　民之從事，常於幾成而敗之，

傅 64.11　民之從事，常於其幾成而敗之。

河 64.12　慎終如始，則無敗事。

傅 64.12　慎終如始，則無敗事矣。

河 64.13　是以聖人欲不欲，

傅 64.13　是以聖人欲不欲，

河 64.14　不貴難得之貨；

傅 64.14　不貴難得之貨；

河 64.15　學不學，復衆人之所過，

傅 64.15　學不學，以復衆人之所過；

河 64.16　以輔萬物之自然，而不敢為。

傅 64.16　以輔萬物之自然，而不敢為也。

王 64.1　其安易持，其未兆易謀，

帛 64.1　其安也，易持也。□□□□易謀□，

王 64.2　其脆易泮，其微易散。

帛 64.2　……

王 64.3　為之於未有，

帛 64.3　……

王 64.4　治之於未亂。

帛 64.4　……

王 64.5　合抱之木，生於毫末；

帛 64.5　□□□木，作於毫末。

王 64.6　九層之臺，起於累土；

帛 64.6　九成之臺，作於蔂土

王 64.7　千里之行，始於足下。

帛 64.7　百千之高，始於足下。

王 64.8　為者敗之，執者失之。

帛 64.8　為之者敗之，執者失之。

王 64.9　是以聖人無為，故無敗；

帛 64.9　是以聖人无為也，□無敗□；

王 64.10　無執，故無失。

帛 64.10　无執也，故无失也。

王 64.11　民之從事，常於幾成而敗之。

帛 64.11　民之從事也，恆於其成而敗之。

王 64.12　慎終如始，則無敗事。

帛 64.12　故曰：慎終若始，則
　　　　　无敗事矣。

帛 64.13　是以聖人欲不欲，

王 64.13　是以聖人欲不欲，

帛 64.14　而不貴難得之貨；

王 64.14　不貴難得之貨。

帛 64.15　學不學，復衆人之所過；

王 64.15　學不學，復衆人之所過。

帛 64.16　能輔萬物之自然，而
　　　　　弗敢為。

王 64.16　以輔萬物之自然，而
　　　　　不敢為。

竹 64.1　其安也，易持也。其未兆也，易謀也。

竹 64.2　其脆也，易判也。其幾也，易散也。

竹 64.3　為之於其亡有也，

竹 64.4　治之於其未亂。

竹 64.5　合□□□□□□末，

竹 64.6　九成之臺甲□□□，

竹 64.7　□□□□□□足下。

竹 64.8　為之者敗之，執之者遠
　　　　之，

竹 64.8a　為之者敗之，執之者
　　　　　失之，

竹 64.9　是以聖人亡為故亡敗；

竹 64.9a　聖人無為故無敗也；

竹 64.10　亡執故亡失。

竹 64.10a　無執故□□□。

竹 64.11　臨事之紀，

竹 64.11a　慎終若始，則無敗事矣。

竹 64.12　慎終如始，此亡敗事矣。

竹 64.12a　人之敗也，恆於其
　　　　　且成也敗之。

竹 64.13　聖人欲不欲，

竹 64.13a　是以□人欲不欲，

竹 64.14　不貴難得之貨，

竹 64.14a　不貴難得之貨，

竹 64.15　教不教，復衆之所
　　　　過。

竹 64.15a　學不學，復衆之所過。

竹 64.16　是故聖人能輔萬物之
　　　　自然，而弗能為。

竹 64.16a　是以能輔萬物之自
　　　　　然，而弗敢為。

《老子》第六十五章

原文對照

河 65.1　古之善為道者，

河 65.2　非以明民，將以愚之。

河 65.3　民之難治，以其智多。

河 65.4　以智治國，國之賊；

河 65.5　不以智治國，國之福。

河 65.6　知此兩者亦楷式。

河 65.7　常知楷式，是謂玄德。

河 65.8　玄德深矣、遠矣，

河 65.9　與物反矣。乃至大順。

傅 65.1　古之善為道者，

傅 65.2　非以明民，將以愚之。

傅 65.3　民之難治，以其多知也。

傅 65.4　故以知治國，國之賊也；

傅 65.5　不以知治國，國之福也；

傅 65.6　常知此兩者，亦稽式也。

傅 65.7　能知稽式，是謂玄德。

傅 65.8　玄德深矣、遠矣，

傅 65.9　與物反矣，乃復至於大順。

王 65.1　古之善為道者，

王 65.2　非以明民，將以愚之。

王 65.3　民之難治，以其智多。

王 65.4　故以智治國，國之賊；

王 65.5　不以智治國，國之福。

王 65.6　知此兩者，亦稽式。

王 65.7　常知稽式，是謂玄德。

王 65.8　玄德深矣，遠矣，

王 65.9　與物反矣，然後乃至大順。

帛 65.1　古之為道者，

帛 65.2　非以明民也，將以愚之也。

帛 65.3　夫民之難治也，以其智也。

帛 65.4　故以智知國，國之賊也；

帛 65.5　以不智知國，國之德也；

帛 65.6　恆知此兩者，亦稽式也。

帛 65.7　恆知稽式，是謂玄德。

帛 65.8　玄德深矣、遠矣，

帛 65.9　與物反也，乃至大順。

《老子》第六十六章

原文對照

河 66.1　江海所以能為百谷王者，　　　　傅 66.1　江海所以能為百谷王者，

河 66.2　以其善下之，　　　　　　　　　傅 66.2　以其善下之也，

河 66.3　故能為百谷王。　　　　　　　　傅 66.3　故能為百谷王。

河 66.4　是以聖人欲上民，　　　　　　　傅 66.4　是以聖人欲上民，

河 66.5　必以（其）言下之；　　　　　　傅 66.5　必以其言下之；

河 66.6　欲先民，必以（其）身　　　　　傅 66.6　欲先民，必以其身後之。
　　　　　後之。

河 66.7　是以聖人處上而民不重，　　　　傅 66.7　是以聖人處之上而民弗
　　　　　　　　　　　　　　　　　　　　　　　　重，

河 66.8　處前而民不害，　　　　　　　　傅 66.8　處之前而民不害也。

河 66.9　是以天下樂推而不厭。　　　　　傅 66.9　是以天下樂推而不厭，

河 66.10　以其不爭，　　　　　　　　　傅 66.10　不以其不爭。

河 66.11　故天下莫能與之爭。　　　　　傅 66.11　故天下莫能與之爭。

王 66.1　江海所以能為百谷王者，　　　　帛 66.1　江海所以能為百谷王者，

王 66.2　以其善下之，　　　　　　　　　帛 66.2　以其善下之也，

王 66.3　故能為百谷王。　　　　　　　　帛 66.3　是以能為百谷王。

王 66.4　是以欲上民，　　　　　　　　　帛 66.4　是以聖人之欲上民也，

王 66.5　必以言下之；　　　　　　　　　帛 66.5　必以其言下之；

王 66.6　欲先民，必以身後之。　　　　　帛 66.6　其欲先民也，必以其身
　　　　　　　　　　　　　　　　　　　　　　　　後之。

王 66.7　是以聖人處上而民不重，　　　　帛 66.7　故居上而民弗重也，

王 66.8　處前而民不害，　　　　　　　　帛 66.8　居前而民弗害。

王 66.9　是以天下樂推而不厭。　　帛 66.9　天下皆樂推而弗厭也，

王 66.10　以其不爭，　　　　　　　帛 66.10　不以其无爭與？

王 66.11　故天下莫能與之爭。　　　帛 66.11　故天下莫能與爭。

竹 66.1　江海所以為百谷王，

竹 66.2　以其能為百谷下，

竹 66.3　是以能為百谷王。

竹 66.4　聖人之在民前也，

竹 66.5　以身後之；

竹 66.6　其在民上也，以言下之。

竹 66.7　其在民上也，民弗厚也；

竹 66.8　其在民前也，民弗害也；

竹 66.9　天下樂進而弗厭。

竹 66.10　以其不爭也，

竹 66.11　故天下莫能與之爭。

《老子》第六十七章

原文對照

河 67.1　天下皆謂我大，似不肖。　　傅 67.1　天下皆謂吾大，似不肖。

河 67.2　夫唯大，故似不肖。　　　　傅 67.2　夫惟大，故似不肖。

河 67.3　若肖久矣。其細（也夫）。　傅 67.3　若肖，久矣其細也夫。

河 67.4　我有三寶，持而保之：　　　傅 67.4　吾有三寶，持而寶之。

河 67.5　一曰慈，二曰儉，　　　　　傅 67.5　一曰慈，二曰儉，

河 67.6　三曰不敢為天下先。　　　　傅 67.6　三曰不敢為天下先。

河 67.7　慈故能勇，儉故能廣，　　　傅 67.7　夫慈，故能勇；儉，故能廣；

河 67.8 不敢為天下先，	傅 67.8 不敢為天下先，
河 67.9 故能成器長。	傅 67.9 故能成器長。
河 67.10 今舍（其）慈且勇，	傅 67.10 今捨其慈，且勇；
河 67.11 舍（其）儉且廣，	傅 67.11 捨其儉，且廣；
河 67.12 舍（其）後且先，死矣，	傅 67.12 捨其後，且先，是謂入死門。
河 67.13 夫慈，以戰則勝，以守則固。	傅 67.13 夫慈，以陳則正，以守則固。
河 67.14 天將救之，以慈衛之。	傅 67.14 天將救之，以慈衛之。
王 67.1 天下皆謂我道大，似不肖。	帛 67.1 天下□謂我大，大而不肖。
王 67.2 夫唯大，故似不肖。	帛 67.2 夫唯不肖，故能大。
王 67.3 若肖，久矣其細也夫。	帛 67.3 若肖，久矣其細也夫。
王 67.4 我有三寶，持而保之。	帛 67.4 我恆有三寶，持而寶之。
王 67.5 一曰慈，二曰儉，	帛 67.5 一曰慈，二曰儉，
王 67.6 三曰不敢為天下先。	帛 67.6 三曰不敢為天下先。
王 67.7 慈，故能勇；儉，故能廣；	帛 67.7 夫慈，故能勇；儉，故能廣；
王 67.8 不敢為天下先，	帛 67.8 不敢為天下先，
王 67.9 故能成器長。	帛 67.9 故能為成器長。
王 67.10 今舍慈且勇，	帛 67.10 今舍其慈，且勇；
王 67.11 舍儉且廣，	帛 67.11 舍其儉，且廣；
王 67.12 舍後且先，死矣！	帛 67.12 舍其後，且先；則死矣。
王 67.13 夫慈，以戰則勝，以守則固，	帛 67.13 夫慈，以戰則勝，以守則固。
王 67.14 天將救之，以慈衛之。	帛 67.14 天將建之，如以慈垣之。

《老子》第六十八章

原文對照

河 68.1　善為士者不武，　　　　傅 68.1　古之善為士者不武也，

河 68.2　善戰者不怒，　　　　　傅 68.2　善戰者不怒，

河 68.3　善勝敵者不與，　　　　傅 68.3　善勝敵者不爭，

河 68.4　善用人者為下。　　　　傅 68.4　善用人者為之下。

河 68.5　是謂不爭之德，　　　　傅 68.5　是謂不爭之德。

河 68.6　是謂用人之力，　　　　傅 68.6　是謂用人之力，

河 68.7　是謂配天，古之極。　　傅 68.7　是謂配天，古之極也。

王 68.1　善為士者不武，　　　　帛 68.1　故善為士者不武，

王 68.2　善戰者不怒，　　　　　帛 68.2　善戰者不怒，

王 68.3　善勝敵者不與，　　　　帛 68.3　善勝敵者弗與，

王 68.4　善用人者為之下。　　　帛 68.4　善用人者為之下。

王 68.5　是謂不爭之德，　　　　帛 68.5　是謂不爭之德。

王 68.6　是謂用人之力，　　　　帛 68.6　是謂用人，

王 68.7　是謂配天古之極。　　　帛 68.7　是謂配天，古之極也。

《老子》第六十九章

原文對照

河 69.1　用兵有言：　　　　　傅 69.1　用兵有言曰：

河 69.2　吾不敢為主，而為客；　　傅 69.2　吾不敢為主而為客，

河 69.3　不敢進寸，而退尺。　　　傅 69.3　不敢進寸而退尺。

河 69.4　是謂行無行，攘無臂，　　傅 69.4　是謂行無行，攘無臂，

河 69.5　仍無敵，執無兵。　　　　傅 69.5　執無兵，仍無敵。

河 69.6　禍莫大於輕敵，　　　　　傅 69.6　禍莫大於無敵，

河 69.7　輕敵幾喪吾寶。　　　　　傅 69.7　無敵則幾亡吾寶。

河 69.8　故抗兵相加，哀者勝矣。　傅 69.8　故抗兵相若，則哀者勝矣。

王 69.1　用兵有言，　　　　　　　帛 69.1　用兵有言曰：

王 69.2　吾不敢為主而為客，　　　帛 69.2　吾不敢為主而為客，

王 69.3　不敢進寸而退尺。　　　　帛 69.3　不敢進寸而退尺。

王 69.4　是謂行無行，攘無臂，　　帛 69.4　是謂行无行，攘无臂，

王 69.5　扔無敵，執無兵。　　　　帛 69.5　執无兵，扔无敵。

王 69.6　禍莫大於輕敵，　　　　　帛 69.6　禍莫大於无敵，

王 69.7　輕敵幾喪吾寶。　　　　　帛 69.7　无敵近亡吾寶矣。

王 69.8　故抗兵相加，哀者勝矣。　帛 69.8　故抗兵相若，而哀者勝矣。

《老子》第七十章

原文對照

河 70.1　吾言甚易知，甚易行。　　傅 70.1　吾言甚易知，甚易行；

河 70.2　天下莫能知，莫能行。　　傅 70.2　而人莫之能知，莫之能行。

河 70.3　言有宗，事有君。　　　　傅 70.3　言有宗，事有主。

河 70.4　夫惟無知，是以不我知。　傅 70.4　夫惟無知，是以不吾知也。

河 70.5　知我者希，則我者貴。　　　傅 70.5　知我者稀，則我貴矣。

河 70.6　是以聖人被褐懷玉。　　　　傅 70.6　是以聖人被褐而懷玉。

王 70.1　吾言甚易知，甚易行。　　　帛 70.1　吾言易知也，易行也；

王 70.2　天下莫能知，莫能行。　　　帛 70.2　而天下莫之能知也，莫
　　　　　　　　　　　　　　　　　　　　　　 之能行也。

王 70.3　言有宗，事有君。　　　　　帛 70.3　夫言有宗，事有君。

王 70.4　夫唯無知，是以不我知。　　帛 70.4　夫唯无知也，是以不我知。

王 70.5　知我者希，則我者貴，　　　帛 70.5　知者希，則我貴矣。

王 70.6　是以聖人被褐懷玉。　　　　帛 70.6　是以聖人被褐而懷玉。

《老子》第七十一章

原文對照

河 71.1　知不知上，不知知病。　　　傅 71.1　知不知，尚矣。不知知，
　　　　　　　　　　　　　　　　　　　　　　 病矣。

河 71.2　夫唯病病，是以不病。　　　傅 71.2　夫惟病病，是以不病。

河 71.3　聖人不病，　　　　　　　　傅 71.3　聖人之不病，

河 71.4　以其病病，是以不病。　　　傅 71.4　以其病病，是以不吾病。

王 71.1　知不知，上；不知知，病。　帛 71.1　知不知，尚矣；不知知，
　　　　　　　　　　　　　　　　　　　　　　 病矣。

王 71.2　夫唯病病，是以不病。　　　帛 71.2　是以聖人之不病也，

王 71.3　聖人不病，　　　　　　　　帛 71.3　以其病病也，是以不病。

王 71.4　以其病病，是以不病。

《老子》第七十二章

原文對照

河 72.1　民不畏威,(則)大威至矣。　　　傅 72.1　民不畏威,則大威至矣。

河 72.2　無狹其所居,　　　　　　　　　傅 72.2　無狎其所居,

河 72.3　無厭其所生。　　　　　　　　　傅 72.3　無厭其所生。

河 72.4　夫惟不厭,是以不厭。　　　　　傅 72.4　夫惟無厭,是以無厭。

河 72.5　是以聖人自知不自見,　　　　　傅 72.5　是以聖人自知而不自見,

河 72.6　自愛不自貴,　　　　　　　　　傅 72.6　自愛而不自貴。

河 72.7　故去彼取此。　　　　　　　　　傅 72.7　故去彼取此。

王 72.1　民不畏威,則大威至,　　　　　帛 72.1　民之不畏威,則大威將
　　　　　　　　　　　　　　　　　　　　　　　　　至矣。

王 72.2　無狎其所居,　　　　　　　　　帛 72.2　毋狎其所居,

王 72.3　無厭其所生。　　　　　　　　　帛 72.3　毋厭其所生。

王 72.4　夫唯不厭,是以不厭。　　　　　帛 72.4　夫唯弗厭,是以不厭。

王 72.5　是以聖人自知,不自見;　　　　帛 72.5　是以聖人自知而不自見
　　　　　　　　　　　　　　　　　　　　　　　　　也,

王 72.6　自愛,不自貴。　　　　　　　　帛 72.6　自愛而不自貴也。

王 72.7　故去彼取此。　　　　　　　　　帛 72.7　故去彼而取此。

《老子》第七十三章

原文對照

河 73.1 　勇於敢則殺，　　　　　傅 73.1 　勇於敢則殺，

河 73.2 　勇於不敢則活。　　　　傅 73.2 　勇於不敢則活，

河 73.3 　此兩者，或利或害。　　傅 73.3 　此兩者或利或害。

河 73.4 　天之所惡，孰知其故？　傅 73.4 　天之所惡，孰知其故？

河 73.5 　是以聖人猶難之。　　　傅 73.5 　是以聖人猶難之。

河 73.6 　天之道，不爭而善勝，　傅 73.6 　天之道，不爭而善勝，

河 73.7 　不言而善應，　　　　　傅 73.7 　不言而善應，

河 73.8 　不召而自來，　　　　　傅 73.8 　不召而自來，

河 73.9 　繟然而善謀。　　　　　傅 73.9 　默然而善謀。

河 73.10 　天網恢恢，踈而不失。　傅 73.10 　天網恢恢，疏而不失。

王 73.1 　勇於敢則殺，　　　　　帛 73.1 　勇於敢則殺，

王 73.2 　勇於不敢則活。　　　　帛 73.2 　勇於不敢則活，

王 73.3 　此兩者，或利或害。　　帛 73.3 　□兩者或利或害。

王 73.4 　天之所惡，孰知其故？　帛 73.4 　天之所惡，孰知其故？

王 73.5 　是以聖人猶難之。　　　帛 73.5 　天之道，不戰而善勝，

王 73.6 　天之道，不爭而善勝，　帛 73.6 　不言而善應，

王 73.7 　不言而善應，　　　　　帛 73.7 　弗召而自來，

王 73.8 　不召而自來，　　　　　帛 73.8 　坦而善謀。

王 73.9 　繟然而善謀。　　　　　帛 73.9 　天網祏祏，疏而不失。

王 73.10 　天網恢恢，疏而不失。

《老子》第七十四章

原文對照

河 74.1　民不畏死，　　　　　　傅 74.1　民常不畏死，

河 74.2　奈何以死懼之？　　　　傅 74.2　如之何其以死懼之？

河 74.3　若使民常畏死，而為奇　傅 74.3　若使民常畏死，而為奇
　　　　　者，　　　　　　　　　　　　　者，

河 74.4　吾得執而殺之，孰敢？　傅 74.4　吾得而殺之，孰敢也！

河 74.5　常有司殺者。　　　　　傅 74.5　常有司殺者殺，

河 74.6　夫代司殺者，　　　　　傅 74.6　而代司殺者殺，

河 74.7　是謂代大匠斲。　　　　傅 74.7　是代大匠斲。

河 74.8　夫代大匠斲者，　　　　傅 74.8　夫代大匠斲者，

河 74.9　希有不傷手矣。　　　　傅 74.9　稀不自傷其手矣。

王 74.1　民不畏死，　　　　　　帛 74.1　若民恆且不畏死，

王 74.2　奈何以死懼之！　　　　帛 74.2　若何以殺懼之也？

王 74.3　若使民常畏死，而為奇　帛 74.3　使民恆且畏死，而為奇
　　　　　者，　　　　　　　　　　　　　者，

王 74.4　吾得執而殺之，孰敢？　帛 74.4　吾得而殺之，夫孰敢矣！

王 74.5　常有司殺者殺，　　　　帛 74.5　若民恆且必畏死，則恆
　　　　　　　　　　　　　　　　　　　　有司殺者。

王 74.6　夫代司殺者殺，　　　　帛 74.6　夫代司殺者殺，

王 74.7　是謂代大匠斲。　　　　帛 74.7　是代大匠斲。

王 74.8　夫代大匠斲者，　　　　帛 74.8　夫代大匠斲，

王 74.9　希有不傷其手矣。　　　帛 74.9　則希不傷其手。

《老子》第七十五章

原文對照

河 75.1　民之飢，以其上食稅之　　傅 75.1　民之飢者，以其上食稅
　　　　　多，是以飢。　　　　　　　　　　　之多也，是以飢。

河 75.2　民之難治，　　　　　　　傅 75.2　民之難治者，

河 75.3　以其上有為，是以難治。　傅 75.3　以其上之有為也，是以
　　　　　　　　　　　　　　　　　　　　　難治。

河 75.4　民之輕死，　　　　　　　傅 75.4　民之輕死者，

河 75.5　以其求生之厚，是以輕　　傅 75.5　以其上求生生之厚也，
　　　　　死。　　　　　　　　　　　　　　是以輕死。

河 75.6　夫唯無以生為者，　　　　傅 75.6　夫惟無以生為貴者，

河 75.7　是賢於貴生。　　　　　　傅 75.7　是賢於貴生也。

王 75.1　民之饑，以其上食稅之　　帛 75.1　人之飢也，以其取食跳
　　　　　多，是以饑。　　　　　　　　　　　之多，是以飢。

王 75.2　民之難治，　　　　　　　帛 75.2　百姓之不治也，

王 75.3　以其上之有為，是以難　　帛 75.3　以其上之有以為也，是
　　　　　治。　　　　　　　　　　　　　　以不治。

王 75.4　民之輕死，　　　　　　　帛 75.4　民之輕死也，

王 75.5　以其求生之厚，是以輕　　帛 75.5　以其求生之厚也，是以
　　　　　死。　　　　　　　　　　　　　　輕死。

王 75.6　夫唯無以生為者，　　　　帛 75.6　夫唯无以生為者，

王 75.7　是賢於貴生。　　　　　　帛 75.7　是賢貴生。

《老子》第七十六章

原文對照

河 76.1　人之生也柔弱，

河 76.2　其死也堅強。

河 76.3　萬物草木之生也柔脆，

河 76.4　其死也枯槁。

河 76.5　故堅強者死之徒，

河 76.6　柔弱者生之徒。

河 76.7　是以兵強則不勝，木強
　　　　則共。

河 76.8　強大處下，柔弱處上。

王 76.1　人之生也柔弱，

王 76.2　其死也堅強。

王 76.3　萬物草木之生也柔脆，

王 76.4　其死也枯槁。

王 76.5　故堅強者死之徒，

王 76.6　柔弱者生之徒。

王 76.7　是以兵強則不勝，木強
　　　　則兵。

王 76.8　強大處下，柔弱處上。

傅 76.1　人之生也柔弱，

傅 76.2　其死也堅彊。

傅 76.3　草木之生也柔脆，

傅 76.4　其死也枯槁。

傅 76.5　故堅彊者，死之徒也；

傅 76.6　柔弱者，生之徒也。

傅 76.7　是以兵彊者則不勝，木
　　　　彊則共。

傅 76.8　故堅彊處下，柔弱處上。

帛 76.1　人之生也柔弱，

帛 76.2　其死也䯌信堅強，

帛 76.3　萬物草木之生也柔脆，

帛 76.4　其死也枯槁。

帛 76.5　故曰：堅強，死之徒也；

帛 76.6　柔弱，生之徒也。

帛 76.7　□以兵強則不勝，木強
　　　　則兢。

帛 76.8　故強大居下，柔弱居上。

《老子》第七十七章

原文對照

河 77.1　天之道，其猶張弓乎？　　　傅 77.1　天之道，其猶張弓者歟，

河 77.2　高者抑之，下者舉之，　　　傅 77.2　高者抑之，下者舉之，

河 77.3　有餘者損之，　　　　　　　傅 77.3　有餘者損之，

河 77.4　不足者益之。　　　　　　　傅 77.4　不足者補之。

河 77.5　天之道損有餘而補不　　　　傅 77.5　天之道，損有餘而補不
　　　　　足，　　　　　　　　　　　　　　　足；

河 77.6　人之道則不然，　　　　　　傅 77.6　人之道則不然，

河 77.7　損不足以奉有餘。　　　　　傅 77.7　損不足以奉有餘。

河 77.8　孰能有餘以奉天下？　　　　傅 77.8　孰能損有餘而奉不足於
　　　　　　　　　　　　　　　　　　　　　　天下者，

河 77.9　唯有道者。　　　　　　　　傅 77.9　其惟道者乎？

河 77.10　是以聖人為而不恃，　　　傅 77.10　是以聖人為而不恃，

河 77.11　功成而不處，　　　　　　傅 77.11　功成而不居，

河 77.12　其不欲見賢。　　　　　　傅 77.12　其不欲見賢邪。

王 77.1　天之道，其猶張弓與！　　　帛 77.1　天之道，猶張弓也，

王 77.2　高者抑之，下者舉之；　　　帛 77.2　高者抑之，下者舉之，

王 77.3　有餘者損之，　　　　　　　帛 77.3　有餘者損之，

王 77.4　不足者補之。　　　　　　　帛 77.4　不足者補之。

王 77.5　天之道，損有餘而補不　　　帛 77.5　故天之道，損有餘而益
　　　　　足。　　　　　　　　　　　　　　　不足；

王 77.6　人之道則不然，　　　　　　帛 77.6　人之道，

王 77.7　損不足以奉有餘。　　　　　帛 77.7　損不足而奉有餘。

王 77.8　孰能有餘以奉天下？　　　　帛 77.8　夫孰能有餘而有以奉
　　　　　　　　　　　　　　　　　　　　　　　　於天者，

王 77.9　唯有道者。　　　　　　　　帛 77.9　唯有道者乎？

王 77.10　是以聖人為而不恃，　　　　帛 77.10　是以聖人為而弗有，

王 77.11　功成而不處，　　　　　　　帛 77.11　成功而弗居也。

王 77.12　其不欲見賢。　　　　　　　帛 77.12　若此其不欲見賢也。

《老子》第七十八章

原文對照

河 78.1　天下柔弱莫過於水，　　　　傅 78.1　天下莫柔弱於水，

河 78.2　而攻堅強者莫之能勝，　　　　傅 78.2　而攻堅彊者莫之能先，

河 78.3　其無以易之。　　　　　　　傅 78.3　以其無以易之也。

河 78.4　弱之勝強，柔之勝剛，　　　傅 78.4　柔之勝剛，弱之勝彊，

河 78.5　天下莫不知，莫能行，　　　傅 78.5　天下莫不知，而莫之能
　　　　　　　　　　　　　　　　　　　　　　　　行。

河 78.6　故聖人云：　　　　　　　傅 78.6　故聖人之言云，

河 78.7　受國之垢，是謂社稷主；　　傅 78.7　受國之垢，是謂社稷之
　　　　　　　　　　　　　　　　　　　　　　　　主。

河 78.8　受國之不祥，　　　　　　傅 78.8　受國之不祥，是謂天下
　　　　　　　　　　　　　　　　　　　　　　　　之主。

河 78.9　是謂天下王。　　　　　　傅 78.9　正言若反也。

河 78.10　正言若反。

王 78.1　天下莫柔弱於水，　　　　帛 78.1　天下莫柔弱於水，

王 78.2　而攻堅強者莫之能勝。　　　帛 78.2　□□堅強者莫之能□也，

王 78.3　其無以易之。　　　　　　帛 78.3　以其無以易之也。

王 78.4　弱之勝強，柔之勝剛，　　帛 78.4　水之勝剛也，弱之勝強也，

王 78.5　天下莫不知，莫能行。　　　帛 78.5　天下莫弗知也，而□□
　　　　　　　　　　　　　　　　　　　　　　□行也。

王 78.6　是以聖人云，　　　　　　　帛 78.6　是故聖人之言云，曰：

王 78.7　受國之垢，是謂社稷主；　　帛 78.7　受國之詬，是謂社稷之
　　　　　　　　　　　　　　　　　　　　　　主，

王 78.8　受國不祥，是為天下王。　　帛 78.8　受國之不祥，是謂天下
　　　　　　　　　　　　　　　　　　　　　　之王。

王 78.9　正言若反。　　　　　　　　帛 78.9　正言若反。

《老子》第七十九章

原文對照

河 79.1　和大怨，必有餘怨，　　　　傅 79.1　和大怨，必有餘怨，

河 79.2　安可以為善。　　　　　　　傅 79.2　安可以為善？

河 79.3　是以聖人執左契，　　　　　傅 79.3　是以聖人執左契，

河 79.4　而不責於人。　　　　　　　傅 79.4　而不責於人。

河 79.5　有德司契，無德司徹。　　　傅 79.5　故有德司契，無德司徹。

河 79.6　天道無親，常與善人。　　　傅 79.6　天道無親，常與善人。

王 79.1　和大怨，必有餘怨，　　　　帛 79.1　和大怨，必有餘怨，

王 79.2　安可以為善？　　　　　　　帛 79.2　焉可以為善？

王 79.3　是以聖人執左契，　　　　　帛 79.3　是以聖人執左契，

王 79.4　而不責於人。　　　　　　　帛 79.4　而不以責於人。

王 79.5　有德司契，無德司徹。　　　帛 79.5　故有德司契，无德司徹。

王 79.6　天道無親，常與善人。　　　帛 79.6　夫天道无親，恒與善人。

《老子》第八十章

原文對照

河 80.1　小國寡民，	傅 80.1　小國寡民，
河 80.2　使（民）有什伯，人之器而不用。	傅 80.2　使民有什伯之器而不用也，
河 80.3　使民重死，而不遠徙。	傅 80.3　使民重死而不遠徙。
河 80.4　雖有舟輿，無所乘之；	傅 80.4　雖有舟輿無所乘之，
河 80.5　雖有甲兵，無所陳之，	傅 80.5　雖有甲兵無所陳之。
河 80.6　使民復結繩而用之。	傅 80.6　使民復結繩而用之。
河 80.7　甘其食，美其服，	傅 80.7　至治之極，民各甘其食，美其服，
河 80.8　安其居，樂其俗。	傅 80.8　安其俗，樂其業。
河 80.9　鄰國相望，雞狗之聲相聞，	傅 80.9　鄰國相望，雞犬之聲相聞，
河 80.10　民至老（死）不相往來。	傅 80.10　使民至老死不相與往來。
王 80.1　小國寡民，	帛 80.1　小國寡民，
王 80.2　使有什伯之器而不用，	帛 80.2　使有十百人器而勿用，
王 80.3　使民重死而不遠徙。	帛 80.3　使民重死而遠徙。
王 80.4　雖有舟輿，無所乘之；	帛 80.4　有舟車无所乘之，
王 80.5　雖有甲兵，無所陳之；	帛 80.5　有甲兵无所陳之。
王 80.6　使人復結繩而用之。	帛 80.6　使民復結繩而用之。
王 80.7　甘其食，美其服，	帛 80.7　甘其食，美其服，
王 80.8　安其居，樂其俗。	帛 80.8　樂其俗，安其居。
王 80.9　鄰國相望，雞犬之聲相聞，	帛 80.9　鄰國相望，雞犬之聲相聞，

王 80.10　民至老死不相往來。　　　帛 80.10　民至老死不相往來。

《老子》第八十一章

原文對照

河 81.1　信言不美，美言不信。　　　傅 81.1　信言不美，美言不信。

河 81.2　善者不辯，辯者不善。　　　傅 81.2　善言不辯，辯言不善。

河 81.3　知者不博，博者不知。　　　傅 81.3　知者不博，博者不知。

河 81.4　聖人不積，既以為人，
　　　　　己愈有；

傅 81.4　聖人無積，既以為人，
　　　　　己愈有；

河 81.5　既以與人，己愈多。　　　傅 81.5　既以與人，己愈多。

河 81.6　天之道，利而不害。　　　傅 81.6　天之道，利而不害；

河 81.7　聖人之道，為而不爭。　　　傅 81.7　聖人之道，為而不爭。

王 81.1　信言不美，美言不信；　　　帛 81.1　信言不美，美言不信。

王 81.2　善者不辯，辯者不善；　　　帛 81.2　知者不博，博者不知。

王 81.3　知者不博，博者不知。　　　帛 81.3　善者不多，多者不善。

王 81.4　聖人不積，既以為人，
　　　　　己愈有；

帛 81.4　聖人无積，既以為人，
　　　　　己愈有；

王 81.5　既以與人，己愈多。　　　帛 81.5　既以予人矣，己愈多。

王 81.6　天之道，利而不害。　　　帛 81.6　故天之道，利而不害；

王 81.7　聖人之道，為而不爭。　　　帛 81.7　人之道，為而弗爭。

二　《老子》五種原文對照逐字通檢

阿 a

> 唯之與阿，相去幾何？　　　　　　　王、河、傅 20.2

哀 ai

> 故殺□□，則以哀悲莅之；　　　　　竹 31.13

> 殺人之衆，以哀悲泣之。　　　　　　王 31.16

> 殺人衆，以悲哀莅之；　　　　　　　帛 31.16

> 殺人衆多，以悲哀泣之。　　　　　　河 31.16

> 殺人衆多，則以悲哀泣之。　　　　　傅 31.16

> 故抗兵相加，哀者勝矣。　　　　　　王、河 69.8

> 故抗兵相若，而哀者勝矣。　　　　　帛 69.8

> 故抗兵相若，則哀者勝矣。　　　　　傅 69.8

嗌 ai

> 終日號而嗌不嚘，和之至也。　　　　傅 55.6

愛 ai

> 愛民治國，能無以知乎？　　　　　　傅 10.4

> 愛民治國，能無知乎？　　　　　　　王 10.4

> 愛民治國，能無為。　　　　　　　　河 10.4

> 愛民活國，能毋以知乎？　　　　　　帛 10.4

> 愛以身為天下，　　　　　　　　　　王、竹、帛 13.11

> 愛以身為天下者，　　　　　　　　　河、傅 13.11

> 不貴其師，不愛其資，雖知大迷。　　傅 27.10

> 不貴其師，不愛其資，雖智大迷。　　王、河 27.10

> 不貴其師，不愛其資，雖智乎大迷。　帛 27.10

> 愛養萬物而不為主。　　　　　　　　河 34.4

> 是故甚愛必大費，　　　　　　　　　王、傅 44.4

> 甚愛必大費，　　　　　　　　　　　竹、河 44.4

> 自愛，不自貴。　　　　　　　　　　王、河 72.6

自愛而不自貴。	傅 72.6
自愛而不自貴也。	帛 72.6

安 an

安以動之，徐生。	帛 15.13
孰能安以久動之，而徐生。	傅 15.13
孰能安以久動之徐生？	王、河 15.13
信不足，安有不信。	竹、帛 17.4
故大道廢，安有仁義。	竹、帛 18.1
六親不和，安有孝慈。	竹 18.2，帛 18.3
智慧出，安有大偽。	帛 18.2
邦家昏□，安有正臣。	竹 18.3
國家昏亂，安有貞臣。	帛 18.4
國中有四大安，	竹 25.8
王居一安。	竹 25.9
民莫之令而自均安。	竹 32.6
往而不害，安平大。	竹、帛 35.2
往而不害，安平太。	王、河 35.2
往而不害，安平泰。	傅 35.2
其安也，易持也。□□□□易謀□，	帛 64.1
其安也，易枲也。其未兆也，易謀也。	竹 64.1
其安易持，其未兆易謀，	王、河、傅 64.1
安可以為善？	王、河、傅 79.2
安其居，樂其俗。	王、河 80.8
安其俗，樂其業。	傅 80.8
樂其俗，安其居。	帛 80.8

奧 ao

道者，萬物之奧也。	傅 62.1
道者萬物之奧，	王、河 62.1

拔 ba

善建者□拔，	帛 54.1
善建者不拔，	王、竹、河、傅 54.1

白 bai

明白四達，能毋以知乎？	帛 10.6
明白四達，能無以為乎？	傅 10.6
明白四達，能無知。	河 10.6
明白四達，能無為乎？	王 10.6
知其白，守其辱，為天下谷。	帛 28.4
知其白，守其黑，為天下式。	王、河、傅 28.4，帛 28.7
上德如谷，大白如辱，	竹、帛 41.7
上德若谷，大白若辱，	王、河 41.7
上德若谷，大白若黷。	傅 41.7

百 bai

聖人不仁，以百姓為芻狗。	王、帛、河、傅 5.2
功成事遂，百姓皆曰我自然。	傅 17.6
功成事遂，百姓皆謂我自然。	王、河 17.6
成功遂事，而百姓謂我自然。	帛 17.6
成事遂功，而百姓曰我自然也。	竹 17.6
絕知弃辯，民利百倍。	竹 19.1
絕聖棄知，民利百倍。	傅 19.1
絕聖棄智，民利百倍；	王、河 19.1
絕聖棄智，而民利百倍。	帛 19.1
以百姓之心為心。	帛 49.2
以百姓心為心。	王、河、傅 49.2
百姓皆註其耳目，	河、傅 49.9
百姓皆註其耳目焉，	帛 49.9
百千之高，始於足下。	帛 64.7

江海所以為百谷王，	竹 66.1
江海所以能為百谷王者，	王、帛、河、傅 66.1
以其能為百谷下，	竹 66.2
故能為百谷王。	王、河、傅 66.3
是以能為百谷王。	竹、帛 66.3
百姓之不治也，	帛 75.2
使有十百人器而勿用，	帛 80.2

敗 bai

為之者敗之，執之者失之。	帛 29.4
為者敗之，執者失之。	王、河、傅 29.4，王、河、傅 64.8
為之者敗之，執之者遠之，	竹 64.8
為之者敗之，執者失之。	帛 64.8
是以聖人亡為故亡敗；	竹 64.9
是以聖人無為，故無敗；	王、傅 64.9
是以聖人无為也，□无敗□；	帛 64.9
聖人無為故無敗，	河 64.9
民之從事，常於其幾成而敗之。	傅 64.11
民之從事，常於幾成而敗之。	王、河 64.11
民之從事也，恆於其成而敗之。	帛 64.11
故曰：慎終若始，則无敗事矣。	帛 64.12
慎終如始，此亡敗事矣。	竹 64.12
慎終如始，則無敗事。	王、河 64.12
慎終如始，則無敗事矣。	傅 64.12

邦 bang

邦家昏□，安有正臣。	竹 18.3
邦之利器不可以示人。	傅 36.8
修之邦，其德乃豐。	竹、傅 54.7
以邦觀邦，	竹 54.10

以鄉觀鄉，以邦觀國，	帛 54.10
以鄉觀鄉，以邦觀邦，	傅 54.10
以正治邦，以奇用兵，	竹 57.1
民多利器，而邦家滋昏。	帛 57.5
民多利器，而邦滋昏。	竹 57.5
其政察察，其邦缺缺。	帛 58.2

褒 bao

大象无形，道褒无名。	帛 41.11

葆 bao

揣而允之，不可長葆也。	帛 9.2
葆此道□不欲盈。	帛 15.14

保 bao

揣而梲之，不可長保。	王 9.2
揣而銳之，不可長保。	河 9.2
湍而羣之，不可長保也。	竹 9.2
敽而梲之，不可長保。	傅 9.2
保此道者不欲尚盈。	竹 15.12
保此道者不欲盈，	王、河、傅 15.14
視素保樸，少私寡欲。	竹 19.6
不善人之所保。	王、河、傅 62.3
不善人之所保也。	帛 62.3
我有三寶，持而保之。	王、河 67.4

寶 bao

善人之所寶。	傅 62.2
善人之寶，	王、河 62.2
善人之寶也，	帛 62.2
吾有三寶，持而寶之。	傅 67.4

我有三寶，持而保之。　　　　　　王、河 67.4

我恆有三寶，持而寶之。　　　　　帛 67.4

无敵近亡吾寶矣。　　　　　　　　帛 69.7

無敵則幾亡吾寶。　　　　　　　　傅 69.7

輕敵幾喪吾寶。　　　　　　　　　王、河 69.7

報 bao（參見"襃"）

大小多少，報怨以德。　　　　　　王、帛、河、傅 63.2

抱 bao

載營魄抱一，能無離，　　　　　　河 10.1

載營魄抱一，能無離乎？　　　　　王 10.1

戴營魄抱一，能毋離乎？　　　　　帛 10.1

見素抱朴，少私寡欲。　　　　　　河 19.6

見素抱樸，少私而寡欲。　　　　　帛 19.6

見素抱樸，少私寡欲。　　　　　　王 19.6

是以聖人抱一，為天下式。　　　　王、河 22.4

萬物負陰而抱陽，　　　　　　　　王、河 42.3

善抱者不脫，　　　　　　　　　　王、河 54.2

合抱之木，生於毫末；　　　　　　王、河 64.5

暴 bao

暴雨不終日。　　　　　　　　　　帛 23.3

襃 bao（參見"抱"）

載營魄襃一，能無離乎？　　　　　傅 10.1

見素襃朴，少私寡欲。　　　　　　傅 19.6

聖人襃一以為天下式。　　　　　　傅 22.4

萬物負陰而襃陽，　　　　　　　　傅 42.3

善襃者不脫，　　　　　　　　　　傅 54.2

合襃之木生於豪末；　　　　　　　傅 64.5

悲 bei

故殺□□，則以哀悲泣之；	竹 31.13
殺人之衆，以哀悲泣之。	王 31.16
殺人衆，以悲哀泣之；	帛 31.16
殺人衆多，以悲哀泣之。	河 31.16
殺人衆多，則以悲哀泣之。	傅 31.16

倍 bei

絶知弃辯，民利百倍。	竹 19.1
絶聖棄知，民利百倍。	傅 19.1
絶聖棄智，民利百倍；	王、河 19.1
絶聖棄智，而民利百倍。	帛 19.1

被 bei

衣被萬物而不為主。	傅 34.4
入軍不被甲兵，	王、河、傅 50.8
入軍不被兵革。	帛 50.8
是以聖人被褐而懷玉。	帛、傅 70.6
是以聖人被褐懷玉。	王、河 70.6

本 ben

輕則失本，躁則失君。	王、帛、傅 26.6
故必貴以賤為本，	帛 39.12
故貴（必）以賤為本，	河 39.14
故貴以賤為本，	王、傅 39.14
此其賤之本與？非也？	帛 39.15
此非以賤為本邪？非乎？	王 39.17
此非以賤為本耶？非乎！	河 39.17
是其以賤為本也，非歟？	傅 39.17

比 bi

含德之厚，比於赤子。　　　　　　　　王、河 55.1

含德之厚者，比之於赤子也。　　　　　傅 55.1

含德之厚者，比於赤子，　　　　　　　竹、帛 55.1

鄙 bi

我獨閂頑以鄙。　　　　　　　　　　　帛 20.17

而我獨頑似鄙。　　　　　　　　　　　王、河 20.18

彼 bi

故去彼而取此。　　　　　　　　　　　帛 12.7，帛 38.16，帛 72.7

故去彼取此 。　　　　　　　　　　　　王、河、傅 12.7，王、河、傅
　　　　　　　　　　　　　　　　　　　38..17，王、河、傅 72.7

蔽 bi

夫唯不盈，故能蔽不新成。　　　　　　王、河 15.15

必 bi

必微溺玄達，深不可識，　　　　　　　竹 15.2

大軍之後，必有凶年。　　　　　　　　王、河、傅 30.4

若美必樂之，樂之者是樂殺人也。　　　傅 31.9

將欲翕之，必固張之。　　　　　　　　帛、傅 36.1

將欲歙之，必固張之；　　　　　　　　王 36.1

將欲噏之，必固張之；　　　　　　　　河 36.1

將欲弱之，必固強之；　　　　　　　　王、帛、河 36.2

將欲弱之，必固彊之。　　　　　　　　傅 36.2

將欲去之，必固與之。　　　　　　　　帛 36.3

將欲廢之，必固興之；　　　　　　　　王、河、傅 36.3

將欲奪之，必固予之。　　　　　　　　帛 36.4

將欲奪之，必固與之，　　　　　　　　王、河、傅 36.4

故必貴以賤為本，　　　　　　　　　　帛 39.12

必高矣而以下為基。	帛 39.13
故貴（必）以賤為本，	河 39.14
高必以下為基。	河 39.15
是故甚愛必大費，	王、傅 44.4
甚愛必大費，	竹、河 44.4
多藏必厚亡。	王、河、傅 44.5
厚藏必多亡。	竹 44.5
大小之多易必多難。	竹 63.2
天下之難事必作於易，	傅 63.5
天下難事必作於易，	王、河 63.5
天下大事必作於細，	王、河 63.6
天下之大事必作於細。	傅 63.6
夫輕諾必寡信，	王、河 63.9
夫輕諾者必寡信，	傅 63.9
多易必多難，	王、帛、河 63.10
多易者必多難，	傅 63.10
必以言下之；	王 66.5
必以其言下之；	帛、河、傅 66.5
其欲先民也，必以其身後之。	帛 66.6
欲先民，必以身後之。	王 66.6
欲先民，必以其身後之。	河、傅 66.6
若民恆且必畏死，則恆有司殺者。	帛 74.5
和大怨，必有餘怨，	王、帛、河、傅 79.1

敝 bi

夫惟不盈，是以能敝而不成。	傅 15.15
是以能敝而不成。	帛 15.15
洼則盈，敝則新。	帛 22.2
窪則盈，敝則新，	王、傅 22.2
大成若缺，其用不敝。	竹、帛、傅 45.1

弊 bi

窪則盈，弊則新，	河 22.2
大成若缺，其用不弊；	王、河 45.1

閉 bi

善閉者無關鍵而不可開，	傅 27.4
善閉者无關闥而不可啓也。	帛 27.4
善閉無關楗而不可開，	王、河 27.4
閉其門，塞其兌，終身不孞。	竹 52.1
塞其兌，閉其門，終身不勤。	王、河、傅 52.4
塞其垸，閉其門，終身不勤。	帛 52.4
閉其兌，塞其門，	竹 56.2
塞其兌，閉其門，	王、河、傅 56.2
塞其垸，閉其門，	帛 56.2

璧 bi

雖有共之璧以先四馬，	帛 62.8
雖有拱璧以先駟馬，	王、河、傅 62.8

臂 bi

則攘臂而扔之。	帛 38.7，王 38.8
則攘臂而仍之。	河、傅 38.8
是謂行無行，攘無臂，	王、河、傅 69.4
是謂行无行，攘无臂，	帛 69.4

避 bi

陵行不避兕虎，	帛 50.7

辯 bian

絕知弃辯，民利百倍。	竹 19.1
大辯若訥。	王、河、傅 45.4

善者不辯，辯者不善；	王、河 81.2
善言不辯，辯言不善；	傅 81.2

辨 bian

三言以為辨不足，	竹 19.4

賓 bin

萬物將自賓。	王、竹、帛、河、傅 32.4

兵 bing

不以兵強天下，其事好還，	王、河 30.2
不以兵強於天下。其□□□，	帛 30.2
不以兵彊天下，其事好還。	傅 30.2
不欲以兵強於天下。	竹 30.2
夫兵者，不祥之器也。	帛 31.1
夫佳兵者，不祥之器。	王、河 31.1
夫美兵者，不祥之器。	傅 31.1
用兵則貴右。	竹 31.2，王、帛、河、傅 31.4
故曰兵者□□□□□，	竹 31.3
兵者，不祥之器，	王、河、傅 31.5
故兵者非君子之器。	帛 31.5
兵者不祥之器也，	帛 31.6
入軍不被甲兵，	王、河、傅 50.8
入軍不被兵革。	帛 50.8
兵無所容其刃。	王、河、傅 50.11
兵无所容□□，	帛 50.11
以正治邦，以奇用兵，	竹 57.1
以正治國，以奇用兵，	王、帛、河 57.1
以政治國，以奇用兵，	傅 57.1
用兵有言，	王、河 69.1

用兵有言曰：　　　　　　　　　帛、傅 69.1

仍無敵，執無兵。　　　　　　　河 69.5

扔無敵，執無兵。　　　　　　　王 69.5

執無兵，仍無敵。　　　　　　　傅 69.5

執无兵，扔无敵。　　　　　　　帛 69.5

故抗兵相加，哀者勝矣。　　　　王、河 69.8

故抗兵相若，而哀者勝矣。　　　帛 69.8

故抗兵相若，則哀者勝矣。　　　傅 69.8

□以兵強則不勝，木強則兢。　　帛 76.7

是以兵強則不勝，木強則共。　　河 76.7

是以兵強則不勝，木強則兵。　　王 76.7

是以兵彊者則不勝，木彊則共。　傅 76.7

有甲兵无所陳之。　　　　　　　帛 80.5

雖有甲兵，無所陳之；　　　　　王、河、傅 80.5

冰 bing

渙兮若冰之將釋，　　　　　　　王、河 15.8

渙若冰將釋，　　　　　　　　　傅 15.8

病 bing

得與亡孰病？　　　　　　　　　王、竹、帛、河、傅
　　　　　　　　　　　　　　　　44.3

知不知，上；不知知，病。　　　王、河 71.1

知不知，尚矣；不知知，病矣。　帛、傅 71.1

夫唯病病，是以不病。　　　　　王、河 71.2

夫惟病病，是以不病。　　　　　傅 71.2

是以聖人之不病也，　　　　　　帛 71.2

以其病病也，是以不病。　　　　帛 71.3

聖人不病，　　　　　　　　　　王、河 71.3

聖人之不病，　　　　　　　　　傅 71.3

以其病病，是以不吾病。　　　　傅 71.4

以其病病，是以不病。 王、河 71.4

并 bing

故大國者不過欲并畜人， 帛 61.9

並 bing

萬物並作，吾以觀其復。 河、傅 16.2

萬物並作，吾以觀其復也。 帛 16.2

萬物並作，吾以觀復。 王 16.2

博 bo

知者不博，博者不知。 帛 81.2，王、河、傅
81.3

薄 bo

夫禮者，忠信之薄也，而亂之首也。 帛 38.12

夫禮者，忠信之薄，而亂之首也。 傅 38.13

夫禮者，忠信之薄而亂之首。 王、河 38.13

是以大丈夫居其厚而不居其薄， 帛 38.14

是以大丈夫處其厚，不居其薄。 王 38.15

是以大丈夫處其厚，不處其薄； 河、傅 38.15

搏 bo

搏之不得名曰微。 王 14.3

猛獸不據，攫鳥不搏。 王 55.3

猛獸不據，玃鳥不搏。 河 55.3

據鳥猛獸弗搏， 帛 55.3

伯 bo

使（民）有什伯，人之器而不用。 河 80.2

使民有什伯之器而不用也， 傅 80.2

使有什伯之器而不用， 王 80.2

泊 bo

我泊焉未兆，	帛 20.8
我獨泊兮其未兆，	王 20.8

補 bu

不足者補之。	王、帛、傅 77.4
天之道，損有餘而補不足。	王、河、傅 77.5

不 bu

(參見 不道 budao、不敢 bugan、不為 buwei、不言 buyan、不有 buyou、不欲 buyu、不爭 buzheng、不知 buzhi)

皆知善，此其不善已。	竹 2.2
皆知善，斯不善矣。	帛 2.2
皆知善之為善，斯不善已。	王、河、傅 2.2
萬物作焉而不辭，	王、河 2.8
功成不處。	傅 2.10
夫唯弗居，是以不去。	王 2.11
夫惟不處，是以不去。	傅 2.11
夫惟弗居，是以不去。	河 2.11
不貴難得之貨；	王、帛、河、傅 3.2，王、竹、河、傅 64.14
不見可欲，使心不亂。	河 3.4
不見可欲，使民不亂。	帛 3.4
不見可欲，使民心不亂。	王、傅 3.4
弗為而已，則无不治矣。	帛 3.10
為無為，則無不治。	王、河 3.10
道沖而用之，或不盈。	王、河 4.1
道盅，而用之又不滿。	傅 4.1
天地不仁，以萬物為芻狗。	王、帛、河、傅 5.1
聖人不仁，以百姓為芻狗。	王、帛、河、傅 5.2

虛而不屈，動而愈出。	竹 5.2，王、帛、河 5.4
虛而不詘，動而俞出。	傅 5.4
多言數窮，不如守中。	王、河、傅 5.5
多聞數窮，不若守於中。	帛 5.5
谷神不死，是謂玄牝，	王、帛、河、傅 6.1
綿綿若存，用之不勤。	河、傅 6.3
縣縣呵其若存，用之不勤。	帛 6.3
縣縣若存，用之不勤。	王 6.3
以其不自生，故能長生。	王、河、傅 7.3
以其不自生也，故能長生。	帛 7.3
不以其無私邪？	傅 7.6
不以其无私與？	帛 7.7
持而盈之，不如其已。	王、傅 9.1
持而盈之，不若其已。	帛 9.1
秅而盈之，不不若已。	竹 9.1
揣而允之，不可長葆也。	帛 9.2
揣而梲之，不可長保。	王 9.2
揣而銳之，不可長保。	河 9.2
湍而羣之，不可長保也。	竹 9.2
敲而梲之，不可長保。	傅 9.2
長而不宰，是謂玄德。	王、河、傅 10.9，王、河、傅 51.9
視之不見名曰夷，	王、河、傅 14.1
聽之不聞名曰希，	王、河、傅 14.2
搏之不得名曰微。	王 14.3
搏之不得名曰微。	河、傅 14.3
三者不可致詰，	帛 14.4
此三者不可致詰，	王、河、傅 14.4
一者，其上不謬，其下不忽。	帛 14.6
一者，其上之不曒，其下之不昧。	傅 14.6

其上不皦，其下不昧，	王、河 14.6
尋尋呵不可名也，	帛 14.7
繩繩不可名，	王、河 14.7
繩繩兮不可名，	傅 14.7
迎之不見其首，	王、河、傅 14.11
隨而不見其後，	帛 14.11
迎而不見其首。	帛 14.12
隨之不見其後，	王、河、傅 14.12
必微溺玄達，深不可識，	竹 15.2
微妙玄通，深不可識。	王、河、傅 15.2
微妙玄達，深不可識。	帛 15.2
夫唯不可識，	王、帛、河 15.3
夫惟不可識，	傅 15.3
夫唯不盈，故能蔽不新成。	王、河 15.15
夫惟不盈，是以能敝而不成。	傅 15.15
是以能敝而不成。	帛 15.15
沒身不殆。	王、帛、河、傅 16.10
信不足，安有不信。	竹、帛 17.4
故信不足，焉有不信。	傅 17.4
信不足，焉有不信焉。	王 17.4，王 23.14
信不足焉，有不信焉。	河 17.4，河 23.14
六親不和，安有孝慈。	竹 18.2，帛 18.3
六親不和，有孝慈；	王、河、傅 18.3
三言以為辨不足，	竹 19.4
此三者，以為文不足，	王、河 19.4
人之所畏，不可不畏。	王、河、傅 20.4
人之所畏，亦不可以不畏。	竹 20.4
人之所畏，亦不可以不畏人。	帛 20.4
儡儡兮其不足以無所歸。	傅 20.10

自今及古，其名不去，以順衆父。　　　帛 21.7

自今及古，其名不去，以閱衆甫。　　　傅 21.7

自古及今，其名不去，以閱衆甫。　　　王、河 21.7

不自示故章，　　　　　　　　　　　　帛 22.5

不自見，故明；　　　　　　　　　　　王、河、傅 22.5

不自見也故明，　　　　　　　　　　　帛 22.6

不自是，故彰；　　　　　　　　　　　王、河、傅 22.6

不自伐，故有功；　　　　　　　　　　王、帛、河、傅 22.7

不自矜，故長。　　　　　　　　　　　王、河、傅 22.8

故飄風不崇朝，　　　　　　　　　　　傅 23.2

故飄風不終朝，　　　　　　　　　　　王 23.2

飄風不終朝，　　　　　　　　　　　　帛、河 23.2

暴雨不終日。　　　　　　　　　　　　帛 23.3

驟雨不崇日。　　　　　　　　　　　　傅 23.3

驟雨不終日。　　　　　　　　　　　　王、河 23.3

天地尚不能久，　　　　　　　　　　　王、河、傅 23.5

信不足，焉有不信。　　　　　　　　　傅 23.16

企者不立，跨者不行，　　　　　　　　王、傅 24.1

炊者不立。　　　　　　　　　　　　　帛 24.1

跂者不立，跨者不行，　　　　　　　　河 24.1

自示者不章，　　　　　　　　　　　　帛 24.2

自見者不明，　　　　　　　　　　　　王、河、傅 24.2，帛 24.3

自是者不彰，　　　　　　　　　　　　王、河、傅 24.3

自矜者不長。　　　　　　　　　　　　王、帛、河、傅 24.5

物或惡之，故有道者不處也。　　　　　河、傅 24.7

物或惡之，故有道者不處。　　　　　　王 24.7，王、河、傅 31.2

寂兮寞兮，獨立而不改，　　　　　　　傅 25.2

寂兮寥兮，獨立不改，　　　　　　　　王 25.2

寂兮寥兮，獨立而不改，　　　　　　　河 25.2

寂呵寥呵，獨立而不改，　　　　　　　帛 25.2

敩穆，獨立不改，　　　　　　　　　　竹 25.2

周行而不殆，　　　　　　　　　　　　王、河、傅 25.3

是以君子終日行，不遠其輜重，　　　　帛 26.2

是以君子終日行，不離其輜重。　　　　傅 26.2

是以聖人終日行，不離輜重。　　　　　王、河 26.2

善計不用籌策，　　　　　　　　　　　河 27.3

善數不用籌策，　　　　　　　　　　　王 27.3

善數者不用籌策。　　　　　　　　　　帛 27.3

善閉者無關鍵而不可開，　　　　　　　傅 27.4

善閉者无關籥而不可啓也。　　　　　　帛 27.4

善閉無關楗而不可開，　　　　　　　　王、河 27.4

善結者無繩約而不可解。　　　　　　　傅 27.5

善結者无纆約而不可解也。　　　　　　帛 27.5

善結無繩約而不可解。　　　　　　　　王、河 27.5

故善人者，不善人之師；　　　　　　　王、河、傅 27.8

不善人，善人之資也。　　　　　　　　帛 27.9

不善人者，善人之資。　　　　　　　　王、河、傅 27.9

不貴其師，不愛其資，雖知大迷。　　　傅 27.10

不貴其師，不愛其資，雖智大迷。　　　王、河 27.10

不貴其師，不愛其資，雖智乎大迷。　　帛 27.10

為天下溪，恆德不离。　　　　　　　　帛 28.2

為天下谿，常德不離。　　　　　　　　王、河、傅 28.2

恆德不离，復歸嬰兒。　　　　　　　　帛 28.3

為天下式，常德不忒，　　　　　　　　王、河、傅 28.5

為天下式，恆德不忒。　　　　　　　　帛 28.8

恆德不忒，復歸於无極。　　　　　　　帛 28.9

故大制不割。　　　　　　　　　　　　王、河 28.12

吾見其不得已。　　　　　　　　　　　王、河、傅 29.2

天下神器，不可為也。	王、河 29.3
夫天下神器，不可為也。	傅 29.3
不以兵強天下，其事好還，	王、河 30.2
不以兵強於天下。其□□□，	帛 30.2
不以兵彊天下，其事好還。	傅 30.2
不以取強。	竹 30.4
是謂果而不強。	竹 30.6
果而不得已，果而勿強。	王、河 30.8
果而不得已，是果而勿彊。	傅 30.8
夫兵者，不祥之器也。	帛 31.1
夫佳兵者，不祥之器。	王、河 31.1
夫美兵者，不祥之器。	傅 31.1
兵者，不祥之器，	王、河、傅 31.5
兵者不祥之器也，	帛 31.6
不得已而用之，	王、帛、河、傅 31.7
以恬憺為上，故不美也。	傅 31.8
恬淡為上，勝而不美。	王 31.8
恬惔為上。勝而不美，	河 31.8
不可以得志於天下矣。	帛、傅 31.11
則不可以得志於天下矣。	王、河 31.11
知之，所以不殆。	河 32.9
知止可以不殆。	王 32.9
知止所以不殆。	竹、帛、傅 32.9
不失其所者，久也。	帛、傅 33.5
不失其所者久，	王、河 33.5
死而不亡者壽。	王、河 33.6
死而不亡者壽也。	傅 33.6
死而不忘者，壽也。	帛 33.6
萬物恃之以生而不辭。	傅 34.2

萬物恃之而生，而不辭。	王、河 34.2
功成（而）不名有。	河 34.3
功成不名有，	王 34.3
功成而不居，	傅 34.3，傅 77.11
以其終不自為大，	王 34.7
以其終不自大，	傅 34.8
往而不害，安平大。	竹、帛 35.2
往而不害，安平太。	王、河 35.2
往而不害，安平泰。	傅 35.2
視之，不足見也。	帛 35.6
視之不足見，	王、竹、河、傅 35.6
聽之，不足聞也。	帛 35.7
聽之不足聞，	王、竹、河、傅 35.7
用之，不可既也。	帛 35.8
用之不可既。	河、傅 35.8
用之不足既。	王 35.8
而不可既也。	竹 35.8
魚不可侻於淵，	傅 36.7
魚不可脫於淵，	王、帛、河 36.7
邦之利器不可以示人。	傅 36.8
國之利器，不可以示人。	王、河 36.8
國利器不可以示人。	帛 36.8
鎮之以无名之樸，夫將不辱。	帛 37.6
不辱以靜，天地將自正。	帛 37.7
上德不德，是以有德。	王、帛、河、傅 38.1
下德不失德，是以無德。	王、河、傅 38.2
下德不失德，是以无德。	帛 38.2
是以大丈夫居其厚而不居其薄，	帛 38.14
居其實而不居其華。	帛 38.15

是以大丈夫處其厚，不居其薄。　　　　王 38.15

是以大丈夫處其厚，不處其薄；　　　　河、傅 38.15

處其實，不居其華。　　　　　　　　　王 38.16

處其實，不處其華，　　　　　　　　　河、傅 38.16

夫是以侯王自謂孤寡不穀，　　　　　　帛 39.14

是以王侯自謂孤寡不穀，　　　　　　　傅 39.16

是以侯王自稱孤寡不穀，　　　　　　　河 39.16

是以侯王自謂孤寡不穀。　　　　　　　王 39.16

不笑，不足以為道。　　　　　　　　　王、河、傅 41.4

弗大笑，不足以為道矣。　　　　　　　竹 41.4

廣德如不足，建德如□，　　　　　　　竹、帛 41.8

廣德若不足，建德若偷，　　　　　　　王 41.8

廣德若不足，建德若揄，　　　　　　　河 41.8

廣德若不足。建德若媮，　　　　　　　傅 41.8

人之所惡，唯孤寡不穀，　　　　　　　王、帛 42.5

人之所惡，唯孤寡不穀，　　　　　　　河 42.5

人之所惡，惟孤寡不穀，　　　　　　　傅 42.5

故強梁者不得死，　　　　　　　　　　帛 42.10

強梁者，不得其死。　　　　　　　　　王、河 42.10

彊梁者不得其死，　　　　　　　　　　傅 42.10

不□□教，无為之益，　　　　　　　　帛 43.5

知足不辱，知止不殆，可以長久。　　　王、河、傅 44.6

故知足不辱，知止不殆，可以長久。　　竹、帛 44.6

大成若缺，其用不敝。　　　　　　　　竹、帛、傅 45.1

大成若缺，其用不弊；　　　　　　　　王、河 45.1

大盈如沖，其用不窘。　　　　　　　　帛 45.2

大盈若沖，其用不窮。　　　　　　　　王、河 45.2

大盈若盅，其用不窮。　　　　　　　　竹 45.2

大滿若盅，其用不窮。　　　　　　　　傅 45.2

不出戶（以）知天下，	河 47.1
不出戶，可以知天下。	傅 47.1
不出戶，知天下；	王 47.1
不出於戶，以知天下。	帛 47.1
不窺於牖，以知天道。	帛 47.2
不窺牖（以）見天道，	河 47.2
不窺牖，可以知天道。	傅 47.2
不闚牖，見天道。	王 47.2
是以聖人不行而知，	王、河、傅 47.4
及其有事，又不足以取天下矣。	傅 48.6
及其有事，不足以取天下。	王、河 48.6
不善者，吾亦善之，德善。	王、河 49.4
不善者亦善□，□善也。	帛 49.4
不善者吾亦善之，得善矣。	傅 49.4
不信者，吾亦信之，德信。	王、河 49.6
不信者亦信之，得信也。	帛 49.6
不信者吾亦信之，得信矣。	傅 49.6
陵行不避兕虎，	帛 50.7
陸行不遇兕虎，	王、河、傅 50.7
入軍不被甲兵，	王、河、傅 50.8
入軍不被兵革。	帛 50.8
是以萬物莫不尊道而貴德。	王、河、傅 51.3
閉其門，塞其兌，終身不柔。	竹 52.1
啟其兌，賽其事，終身不遠。	竹 52.2
既知其子，復守其母，沒身不殆。	王、帛、河、傅 52.3
塞其兌，閉其門，終身不勤。	王、河、傅 52.4
塞其挽，閉其門，終身不勤。	帛 52.4
啟其挽，齊其事，終身不棘。	帛 52.5
開其兌，濟其事，終身不救。	王、河、傅 52.5

善建者不拔，　　　　　　　　　　　王、竹、河、傅 54.1

善抱者不脫，　　　　　　　　　　　王、河 54.2

善裒者不脫，　　　　　　　　　　　傅 54.2

善休者不脫，　　　　　　　　　　　竹 54.2

子孫以其祭祀不屯。　　　　　　　　竹 54.3

子孫以祭祀不絕。　　　　　　　　　帛 54.3

子孫以祭祀不輟。　　　　　　　　　王 54.3

子孫祭祀不輟。　　　　　　　　　　河、傅 54.3

毒蟲不螫，　　　　　　　　　　　　河 55.2

蜂薑不螫，　　　　　　　　　　　　傅 55.2

蜂薑虺蛇不螫，　　　　　　　　　　王 55.2

猛獸不據，攫鳥不搏。　　　　　　　王 55.3

猛獸不據，攫鳥不搏。　　　　　　　傅 55.3

猛獸不據，玃鳥不搏。　　　　　　　河 55.3

終日乎而不憂，和之至也；　　　　　竹 55.6

終日號而不啞，和之至也。　　　　　河 55.6

終日號而不嗄，和之至也。　　　　　王 55.6

終日號而不嚘，和之至也。　　　　　帛 55.6

終日號而嗌不嗄，和之至也。　　　　傅 55.6

不可得而親，　　　　　　　　　　　傅 56.6

故不可得而親，　　　　　　　　　　王、竹、河 56.6

故不可得而親也，　　　　　　　　　帛 56.6

不可得而疎；　　　　　　　　　　　王 56.7

亦不可得而疏；　　　　　　　　　　竹、帛 56.7

亦不可得而疏；　　　　　　　　　　傅 56.7

亦不可得而疎；　　　　　　　　　　河 56.7

不可得而利，　　　　　　　　　　　王、竹、帛、河、傅 56.8

不可得而害；　　　　　　　　　　　王 56.9

亦不可得而害；　　　　　　　　　　竹、帛、河、傅 56.9

不可得而貴，	王、竹、帛、河、傅 56.10
不可得而賤，	王 56.11
亦不可得而賤，	帛、河、傅 56.11
亦可不可得而賤。	竹 56.11
是以方而不割，	帛 58.8
是以聖人方而不割，	王、河、傅 58.8
廉而不刺，直而不絉，	帛 58.9
廉而不害，直而不肆，	河 58.9
廉而不劌，直而不肆，	王、傅 58.9
光而不曜。	河 58.10
光而不燿。	王 58.10
光而不耀。	帛、傅 58.10
……不克，	竹 59.4
重積德則無不克，	王、傅 59.4
重積德則無不剋，	河 59.4
不克則莫知其極，	竹 59.5
無不克則莫知其極，	王、傅 59.5
無不剋則莫知其極，	河 59.5
以道蒞天下者，其鬼不神。	傅 60.2
以道莅天下，其鬼不神。	王、帛、河 60.2
非其鬼不神，	王、河、傅 60.3
非其鬼不神也，	帛 60.3
其神不傷人。	王、河、傅 60.4
其神不傷人也。	帛 60.4
非其神不傷人，	王、河、傅 60.5
非其神不傷人也，	帛 60.5
聖人亦不傷人。	王、河、傅 60.6
夫兩不相傷，	王、帛、河、傅 60.7
大國不過欲兼畜人，	王、河、傅 61.9

故大國者不過欲并畜人，	帛 61.9
小國不過欲入事人，	王、帛、河、傅 61.10
不善人之所保。	王、河、傅 62.3
不善人之所保也。	帛 62.3
人之不善，何棄□有？	帛 62.6
人之不善，何棄之有！	王、河、傅 62.6
不如坐進此道。	王、河 62.9
不如進此道也。	傅 62.9
不若坐而進此。	帛 62.9
不曰以求得，	王 62.11
不曰求以得，	傅 62.11
不謂求以得，	帛 62.11
何不日以求得？	河 62.11
而不貴難得之貨；	帛 64.14
教不教，復衆之所過。	竹 64.15
學不學，以復衆人之所過；	傅 64.15
學不學，復衆人之所過，	王、帛、河 64.15
不以知治國，國之福也；	傅 65.5
不以智治國，國之福。	王、河 65.5
以不智知國，國之德也；	帛 65.5
是以聖人處上而民不重，	王、河 66.7
處之前而民不害也。	傅 66.8
處前而民不害，	王、河 66.8
是以天下樂推而不厭，	王、河、傅 66.9
不以其无爭與？	帛 66.10
天下□謂我大，大而不肖。	帛 67.1
天下皆謂吾大，似不肖。	傅 67.1
天下皆謂我大，似不肖。	河 67.1
天下皆謂我道大，似不肖。	王 67.1

夫唯大，故似不肖。	王、河 67.2
夫唯不肖，故能大。	帛 67.2
夫惟大，故似不肖。	傅 67.2
古之善爲士者不武也，	傅 68.1
故善爲士者不武，	帛 68.1
善爲士者不武，	王、河 68.1
善戰者不怒，	王、帛、河、傅 68.2
善勝敵者不與，	王、河 68.3
夫唯無知，是以不我知。	王 70.4
夫唯无知也，是以不我知。	帛 70.4
夫惟無知，是以不吾知也。	傅 70.4
夫惟無知，是以不我知。	河 70.4
夫唯病病，是以不病。	王、河 71.2
夫惟病病，是以不病。	傅 71.2
是以聖人之不病也，	帛 71.2
以其病病也，是以不病。	帛 71.3
聖人不病，	王、河 71.3
聖人之不病，	傅 71.3
以其病病，是以不吾病。	傅 71.4
以其病病，是以不病。	王、河 71.4
民不畏威，則大威至，	王 72.1
民不畏威，則大威至矣。	河、傅 72.1
民之不畏威，則大威將至矣。	帛 72.1
夫唯不厭，是以不厭。	王 72.4
夫惟弗厭，是以不厭。	帛 72.4
夫惟不厭，是以不厭。	河 72.4
是以聖人自知，不自見；	王、河 72.5
是以聖人自知而不自見，	傅 72.5
是以聖人自知而不自見也，	帛 72.5

自愛，不自貴。　　　　　　　　王、河 72.6

自愛而不自貴。　　　　　　　　傅 72.6

自愛而不自貴也。　　　　　　　帛 72.6

天之道，不戰而善勝，　　　　　帛 73.5

不召而自來，　　　　　　　　　王、河、傅 73.8

天網袿袿，疏而不失。　　　　　帛 73.9

天網恢恢，疏而不失。　　　　　王 73.10

天網恢恢，疏而不失。　　　　　傅 73.10

天網恢恢，踈而不失。　　　　　河 73.10

民不畏死，　　　　　　　　　　王、河 74.1

民常不畏死，　　　　　　　　　傅 74.1

若民恆且不畏死，　　　　　　　帛 74.1

希有不傷手矣。　　　　　　　　河 74.9

希有不傷其手矣。　　　　　　　王 74.9

則希不傷其手。　　　　　　　　帛 74.9

稀不自傷其手矣。　　　　　　　傅 74.9

百姓之不治也，　　　　　　　　帛 75.2

以其上之有以為也，是以不治。　帛 75.3

□以兵強則不勝，木強則兢。　　帛 76.7

是以兵強則不勝，木強則共。　　河 76.7

是以兵強則不勝，木強則兵。　　王 76.7

是以兵彊者則不勝，木彊則共。　傅 76.7

不足者益之。　　　　　　　　　河 77.4

不足者補之。　　　　　　　　　王、帛、傅 77.4

天之道，損有餘而補不足；　　　王、河、傅 77.5

故天之道，損有餘而益不足；　　帛 77.5

人之道則不然，　　　　　　　　王、河、傅 77.6

損不足以奉有餘。　　　　　　　王、河、傅 77.7

損不足而奉有餘。　　　　　　　帛 77.7

孰能損有餘而奉不足於天下者，	傅 77.8
是以聖人為而不恃，	王、河、傅 77.10
功成而不處，	王、河 77.11
受國不祥，是為天下王。	王 78.8
受國之不祥，	河 78.8
受國之不祥，是謂天下之王。	帛 78.8
受國之不祥，是謂天下之主。	傅 78.8
而不以責於人。	帛 79.4
而不責於人。	王、河、傅 79.4
使（民）有什伯，人之器而不用。	河 80.2
使民有什伯之器而不用也，	傅 80.2
使有什伯之器而不用，	王 80.2
使民重死，而不遠徙。	王、河、傅 80.3
民至老死不相往來。	王、帛、河 80.10
使民至老死不相與往來。	傅 80.10
信言不美，美言不信。	王、帛、河、傅 81.1
善言不辯，辯言不善。	傅 81.2
善者不辯，辯者不善。	王、河 81.2
善者不多，多者不善。	帛 81.3
聖人不積，既以為人，己愈有；	王、河 81.4
天之道，利而不害。	王、河、傅 81.6
故天之道，利而不害；	帛 81.6

不道 budao

物壯而老，謂之不道，不道早已。	帛 30.8
物壯則老，是謂不道，不道早已。	王、河 30.9
物壯則老，是謂不道。	竹 55.9
物□則老，謂之不道，不道早已。	帛 55.9
物壯則老，謂之不道，不道早已。	王、河、傅 55.9

不敢 bugan

使夫知不敢，	帛 3.9
使夫知者不敢為。	傅 3.9
使夫智者不敢為也。	王、河 3.9
不敢以取強。	王、河 30.6
不敢以取疆焉。	傅 30.6
朴雖小，天下不敢臣。	河 32.2
以輔萬物之自然，而不敢為。	王、河 64.16
以輔萬物之自然，而不敢為也。	傅 64.16
三曰不敢為天下先。	王、帛、河、傅 67.6
不敢為天下先，	王、帛、河、傅 67.8
吾不敢為主，而為客；	王、帛、河、傅 69.2
不敢進寸，而退尺。	王、帛、河、傅 69.3
勇於不敢則活，	王、帛、河、傅 73.2

不為 buwei

萬物作而不為始，	傅 2.8
使民不為盜；	王、帛、河、傅 3.3
為無為，則無不為矣。	傅 3.10
是以聖人為腹，不為目。	王、河、傅 12.6
是以聖人之治也，為腹而不為目。	帛 12.6
衣被萬物而不為主。	傅 34.4
衣養萬物而不為主。	王 34.4
愛養萬物而不為主。	河 34.4
萬物歸焉而不為主，可名為大。	王、河 34.6
以其不為大也，	帛 34.7
是以聖人終不為大，	河 34.7，王、帛、河、傅 63.7
道常無為，而無不為。	王、河、傅 37.1
上德無為而無不為。	傅 38.3

不見而名，不為而成。	王、河、傅 47.5
亡為而亡不為。	竹 48.4
無為而無不為。	王、河 48.4
無為則無不為。	傅 48.4

不言 buyan

行不言之教。	王、竹、帛、河、傅 2.7
不言之教，無為之益，	王、河、傅 43.5
知者不言，言者不知。	王、河 56.1
知者不言也，言者不知也。	傅 56.1
不言而善應，	帛 73.6，王、河、傅 73.7

不有 buyou

生而不有，為而不恃，	王、河、傅 2.9，王、河、傅 10.8，王、河、傅 51.8

不欲 buyu

保此道者不欲尚盈。	竹 15.12
保此道者，不欲盈。	王、河、傅 15.14
葆此道□不欲盈。	帛 15.14
不欲以兵強於天下。	竹 30.2
無名之朴，亦將不欲，	河 37.6
無名之樸，夫亦將不欲。	傅 37.6
不欲以靖，天下將自正。	傅 37.7
不欲以靜，天下將自定。	王、河 37.7
是故不欲祿祿若玉，硌硌若石。	帛 39.17
不欲琭琭如玉，珞珞如石。	王 39.19
不欲琭琭如玉，落落如石。	河 39.19
不欲碌碌若玉，落落若石。	傅 39.19
我欲不欲而民自樸。	竹、帛 57.12
是以聖人欲不欲，	王、帛、河、傅 64.13

聖人欲不欲，	竹 64.13
其不欲見賢。	王、河 77.12
其不欲見賢邪。	傅 77.12
若此其不欲見賢也。	帛 77.12

不爭 buzheng

不上賢，使民不爭。	帛 3.1
不尚賢，使民不爭；	王、河、傅 3.1
水善利萬物而不爭，	王、河、傅 8.2
夫惟不爭，故無尤矣。	傅 8.7
夫唯不爭，故無尤。	王、河 8.7
夫唯不爭，故无尤。	帛 8.7
夫惟不爭，故天下莫能與之爭。	傅 22.9
夫唯不爭，故天下莫能與之爭。	王、河 22.9
夫唯不爭，故莫能與之爭。	帛 22.9
不以其不爭。	傅 66.10
以其不爭，	王、河 66.10
以其不爭也，	竹 66.10
善勝敵者不爭，	傅 68.3
是謂不爭之德，	王、帛、河、傅 68.5
天之道，不爭而善勝，	王、河、傅 73.6
聖人之道，為而不爭。	王、河、傅 81.7

不知 buzhi

吾不知其誰之子也，象帝之先。	帛 4.6
吾不知誰之子，象帝之先。	王、河、傅 4.6
持而盈之，不知其已。	河 9.1
不知常，妄，妄作凶。	帛 16.6
不知常，妄作，凶。	王、河、傅 16.6
吾不知其名，字之曰道，	王、河 25.5

吾不知其名，故彊字之曰道。	傅 25.5
萬物歸之而不知主，可名於大矣。	傅 34.6
禍莫大乎不知足。	竹 46.3
禍莫大於不知足，	王 46.3，帛、河、傅 46.4
知者不言，言者不知。	王、河 56.1
知者不言也，言者不知也。	傅 56.1
知不知，上；不知知，病。	王、河 71.1
知不知，尚矣。不知知，病矣。	帛、傅 71.1
天下莫不知，而莫之能行。	傅 78.5
天下莫不知，莫能行，	王、河 78.5
知者不博，博者不知。	帛 81.2，王、河、傅 81.3

財 cai

物无棄財，是謂愧明。	帛 27.7
厭食而資財□□。	帛 53.6
厭飲食，財貨有餘，	王、河 53.6
厭飲食，貨財有餘，	傅 53.6

采 cai

服文采，帶利劍，	帛、傅 53.5

綵 cai

服文綵，帶利劍，	王、河 53.5

憯 can

咎莫憯乎欲得，	竹 46.2
咎莫憯於欲得。	帛、傅 46.5

倉 cang

朝甚除，田甚蕪，倉甚虛。	王、河、傅 53.4
朝甚除，田甚芫，倉甚虛。	帛 53.4

滄 cang

　　燥勝滄，清勝熱，　　　　　　　　　　竹 45.5

藏 cang

　　多藏必厚亡。　　　　　　　　　　　　王、河、傅 44.5

　　厚藏必多亡。　　　　　　　　　　　　竹 44.5

草 cao

　　草木之生也柔脆，　　　　　　　　　　傅 76.3

　　萬物草木之生也柔脆，　　　　　　　　王、帛、河 76.3

策 ce

　　善計不用籌策，　　　　　　　　　　　河 27.3

　　善數不用籌策，　　　　　　　　　　　王 27.3

　　善數者不用籌策。　　　　　　　　　　帛 27.3

　　善數者無籌策，　　　　　　　　　　　傅 27.3

層 ceng

　　九層之臺，起於累土；　　　　　　　　王、河 64.6

督 cha

　　俗人皆督督，我獨若閡閡。　　　　　　傅 20.15

　　其政督督，其民缺缺。　　　　　　　　傅 58.2

察 cha

　　俗人察察，我獨閡閡呵。　　　　　　　帛 20.14

　　俗人察察，我獨悶悶。　　　　　　　　王、河 20.15

　　其政察察，其民缺缺。　　　　　　　　王、河 58.2

　　其政察察，其邦缺缺。　　　　　　　　帛 58.2

蠆 chai

　　蜂蠆不螫，　　　　　　　　　　　　　傅 55.2

　　蜂蠆虺蛇不螫，　　　　　　　　　　　王 55.2

蜂蠆虺蛇弗螫，　　　　　　　　　帛 55.2

蝮蠆蟲蛇弗羞。　　　　　　　　　竹 55.2

繟 chan

繟然而善謀。　　　　　　　　　　王、河 73.9

長 chang

長、短之相形也，高、下之相盈也，　帛、竹 2.4

長短之相形，高下之相傾，　　　　傅 2.4

長短相形，高下相傾，　　　　　　河 2.4

長短相較，高下相傾，　　　　　　王 2.4

天長地久。　　　　　　　　　　　王、帛、河、傅 7.1

天地之所以能長且久者，　　　　　帛 7.2

天地所以能長且久者，　　　　　　王、河、傅 7.2

以其不自生，故能長生。　　　　　王、河、傅 7.3

以其不自生也，故能長生。　　　　帛 7.3

揣而允之，不可長葆也。　　　　　帛 9.2

揣而梲之，不可長保。　　　　　　王 9.2

揣而銳之，不可長保。　　　　　　河 9.2

湍而羣之，不可長保也。　　　　　竹 9.2

敧而梲之，不可長保。　　　　　　傅 9.2

長而弗宰也，是謂玄德。　　　　　帛 10.9

長而不宰，是謂玄德。　　　　　　王、河、傅 10.9，王、河、
　　　　　　　　　　　　　　　　傅 51.9

長古之善為士者，　　　　　　　　竹 15.1

不自矜故長。　　　　　　　　　　王、河、傅 22.8

弗矜故能長。　　　　　　　　　　帛 22.8

自矜者不長。　　　　　　　　　　王、帛、河、傅 24.5

聖人用之則為官長。　　　　　　　王、河 28.11

聖人用之則為官長，　　　　　　　傅 28.11

聖人用則為官長，　　　　　　　　帛 28.11

知足不辱，知止不殆，可以長久。　　　王、河、傅 44.6

故知足不辱，知止不殆，可以長久。　　竹、帛 44.6

長之，遂之，亭之，毒之，養之，覆□。帛 51.7

長之、育之、亭之、毒之、養之、覆之。王 51.7

長之育之，成之孰之，養之覆之。　　　河 51.7

長之育之，亭之毒之，蓋之覆之。　　　傅 51.7

長而弗宰，是謂玄德。　　　　　　　　帛 51.9

修之於鄉，其德乃長；　　　　　　　　王、河 54.6

修之鄉，其德乃長。　　　　　　　　　竹、傅 54.6

脩之鄉，其德乃長。　　　　　　　　　帛 54.6

有國之母，可以長……　　　　　　　　竹 59.7

有國之母，可以長久。　　　　　　　　王、帛、河、傅 59.7

長生久視之道。　　　　　　　　　　　王、河、傅 59.9

長生久視之道也。　　　　　　　　　　竹、帛 59.9

故能為成器長。　　　　　　　　　　　帛 67.9

故能成器長。　　　　　　　　　　　　王、河、傅 67.9

常 chang（參見"恆"）

道可道，非常道；　　　　　　　　　　王、河、傅 1.1

名可名，非常名。　　　　　　　　　　王、河、傅 1.2

故常無欲，以觀其妙；　　　　　　　　王、河、傅 1.5

常有欲，以觀其徼。　　　　　　　　　王、河、傅 1.6

常使民無知無欲，　　　　　　　　　　王、河、傅 3.8

復命，常也。知常，明也。　　　　　　帛 16.5

復命曰常，知常曰明，　　　　　　　　王、河、傅 16.5

不知常，妄，妄作凶。　　　　　　　　帛 16.6

不知常，妄作，凶。　　　　　　　　　王、河、傅 16.6

知常容，容乃公，　　　　　　　　　　王、帛、河、傅 16.7

是以聖人常善救人，故人無棄人；　　　傅 27.6

是以聖人常善救人，故無棄人；　　　　王、河 27.6

常善救物，故物無棄物，是謂襲明。　　傅 27.7

常善救物，故無棄物，是謂襲明。　　　王、河 27.7

為天下谿，常德不離。　　　　　　　　王、河、傅 28.2

為天下式，常德不忒，　　　　　　　　王、河、傅 28.5

為天下谷，常德乃足，　　　　　　　　王、河、傅 28.8

道常無名，　　　　　　　　　　　　　王、河、傅 32.1

故常無欲，可名於小矣。　　　　　　　傅 34.5

常無欲，可名於小；　　　　　　　　　王、河 34.5

道常無為而無不為，　　　　　　　　　王、河、傅 37.1

故知足之足，常足矣。　　　　　　　　王 46.5，河、傅 46.6

取天下常以無事，　　　　　　　　　　王、河 48.5

將欲取天下者，常以無事。　　　　　　傅 48.5

聖人無常心，　　　　　　　　　　　　王、河、傅 49.1

夫莫之命而常自然。　　　　　　　　　王、河 51.5

夫莫之爵，而常自然。　　　　　　　　傅 51.5

毋遺身殃，是謂襲常。　　　　　　　　帛 52.8

無遺身殃，是為習常。　　　　　　　　王 52.8

無遺身殃，是謂習常。　　　　　　　　河 52.8

無遺身殃，是謂襲常。　　　　　　　　傅 52.8

和曰常，知常曰明，　　　　　　　　　帛 55.7

和曰常，知和曰明。　　　　　　　　　竹 55.7

知和曰常，知常曰明，　　　　　　　　河 55.7

知和曰常，知常曰明，　　　　　　　　王、傅 55.7

牝常以靖勝牡。　　　　　　　　　　　傅 61.4

牝常以靜勝牡，　　　　　　　　　　　王、河 61.4

民之從事，常於其幾成而敗之。　　　　傅 64.11

民之從事，常於幾成而敗之。　　　　　王、河 64.11

常知此兩者，亦稽式也。　　　　　　　傅 65.6

常知楷式，是謂玄德。　　　　　　　　河 65.7

常知稽式，是謂玄德。　　　　　　　　王 65.7

民常不畏死，　　　　　　　　　　　傅 74.1

若使民常畏死，而為奇者，　　　　　王、河、傅 74.3

常有司殺者。　　　　　　　　　　　河 74.5

常有司殺者殺，　　　　　　　　　　王、傅 74.5

天道無親，常與善人。　　　　　　　王、河、傅 79.6

超 chao

雖有榮觀，宴處超然。　　　　　　　傅 26.3

雖有榮觀，燕處超然，　　　　　　　王、河 26.3

車 che

當其無，有車之用；　　　　　　　　王、河、傅 11.2

當其无有，車之用也。　　　　　　　帛 11.2

故致數車無車，　　　　　　　　　　河 39.18

有舟車无所乘之，　　　　　　　　　帛 80.4

徹 che

善行者無徹迹，　　　　　　　　　　傅 27.1

有德司契，無德司徹。　　　　　　　王、河 79.5

故有德司契，无德司徹。　　　　　　帛 79.5

故有德司契，無德司徹。　　　　　　傅 79.5

臣 chen

邦家昏□，安有正臣。　　　　　　　竹 18.3

國家昏亂，安有貞臣。　　　　　　　帛 18.4

國家昏亂，有忠臣。　　　　　　　　王 18.4

國家昏亂，有忠臣。　　　　　　　　河 18.4

國家昏亂，有貞臣。　　　　　　　　傅 18.4

輕則失臣，躁則失君。　　　　　　　河 26.6

朴雖小，天下不敢臣。　　　　　　　河 32.2

樸雖微，天地弗敢臣，	竹 32.2
樸雖小，天下莫能臣。	傅 32.2
樸雖小，天下莫能臣也。	王 32.2
樸雖小而天下弗敢臣。	帛 32.2

塵 chen

和其光，同其塵，	王、帛、河、傅 4.4，竹、帛 56.3，王、河、傅 56.4

陳 chen

夫慈，以陳則正，以守則固。	傅 67.13
有甲兵无所陳之。	帛 80.5
雖有甲兵，無所陳之；	王、河、傅 80.5

稱 cheng

是以侯王自稱孤寡不穀，	河 39.16
而王公以為稱。	王、河 42.6
而王侯以自稱也。	傅 42.6

成 cheng

有、无之相生也，難、易之相成也，	帛 2.3
有亡之相生也，難易之相成也，	竹 2.3
故有無之相生，難易之相成，	傅 2.3
故有無相生，難易相成，	王、河 2.3
功成不處。	傅 2.10
功成而弗居。	王、河 2.10
成而弗居。	竹 2.10
成功而弗居也。	帛 2.10，帛 77.11
故能成其私。	王、河、傅 7.7，帛 7.8
功成、名遂、身退，天之道。	河 9.5
成名功遂身退，天之道。	傅 9.5

夫唯不盈，故能蔽不新成。　　　　王、河 15.15

夫惟不盈，是以能敝而不成。　　　傅 15.15

是以能敝而不成。　　　　　　　　帛 15.15

功成事遂，百姓皆曰我自然。　　　傅 17.6

功成事遂，百姓皆謂我自然。　　　王、河 17.6

成功遂事，而百姓謂我自然。　　　帛 17.6

成事遂功，而百姓曰我自然也。　　竹 17.6

有狀蚰成，先天地生，　　　　　　竹 25.1

有物昆成，先天地生。　　　　　　帛 25.1

有物混成，先天地生，　　　　　　王、河、傅 25.1

成功遂事而弗名有也。　　　　　　帛 34.2

功成（而）不名有。　　　　　　　河 34.3

功成不名有，　　　　　　　　　　王 34.3

功成而不居，　　　　　　　　　　傅 34.3，傅 77.11

是以聖人之能成大也，　　　　　　帛 34.6

是以聖人能成其□也，　　　　　　傅 34.7

故能成大。　　　　　　　　　　　帛 34.8

故能成其大。　　　　　　　　　　王、河 34.8，傅 34.9，
　　　　　　　　　　　　　　　　王、河、傅 63.8

大器曼成，大音祇聲，　　　　　　竹 41.10

大器晚成，大音希聲，　　　　　　王、帛、河 41.10

大器晚成，大音稀聲，　　　　　　傅 41.10

夫唯道，善始且善成。　　　　　　帛 41.12

夫唯道善貸且成。　　　　　　　　王、河 41.12

夫惟道，善貸且成。　　　　　　　傅 41.12

大成若缺，其用不敝。　　　　　　竹、帛、傅 45.1

大成若缺，其用不弊；　　　　　　王、河 45.1

大巧若拙，大成若詘，　　　　　　竹 45.3

□□而名，弗為而成。　　　　　　帛 47.5

不見而名，不為而成。　　　　　　王、河、傅 47.5

物形之，勢成之。　　　　　　　　　　王、河、傅 51.2

物形之而器成之。　　　　　　　　　　帛 51.2

長之育之，成之執之，養之覆之。　　　河 51.7

九成之臺甲□□□，　　　　　　　　　竹 64.6

九成之臺，作於蔂土。　　　　　　　　帛 64.6

九成之臺，起於累土；　　　　　　　　傅 64.6

民之從事，常於其幾成而敗之。　　　　傅 64.11

民之從事，常於幾成而敗之，　　　　　王、河 64.11

民之從事也，恆於其成而敗之。　　　　帛 64.11

故能成器長。　　　　　　　　　　　　王、河、傅 67.9

故能為成器長。　　　　　　　　　　　帛 67.9

功成而不處，　　　　　　　　　　　　王、河 77.11

乘 cheng

乘乘兮若無所歸。　　　　　　　　　　河 20.10

如之何萬乘之主，　　　　　　　　　　傅 26.4

奈何萬乘之主，　　　　　　　　　　　王、河 26.4

若何萬乘之王，　　　　　　　　　　　帛 26.4

有舟車无所乘之，　　　　　　　　　　帛 80.4

雖有舟輿，無所乘之；　　　　　　　　王、河、傅 80.4

誠 cheng

誠全而歸之。　　　　　　　　　　　　王、河、傅 22.11

誠全歸之。　　　　　　　　　　　　　帛 22.11

澄 cheng

孰能濁以澄靖之，而徐清。　　　　　　傅 15.12

騁 cheng

馳騁田獵使人心發狂，　　　　　　　　帛 12.2

馳騁田獵，令人心發狂，　　　　　　　河、傅 12.4

馳騁畋獵令人心發狂，	王 12.4
馳騁天下之至堅，	王、河、傅 43.2
馳騁乎天下之至堅。	帛 43.2

持 chi

持而盈之，不如其已。	王、傅 9.1
持而盈之，不知其已。	河 9.1
持而盈之，不若其已。	帛 9.1
其安也，易持也。□□□□易謀□，	帛 64.1
其安易持，其未兆易謀，	王、河、傅 64.1
吾有三寶，持而寶之。	傅 67.4
我有三寶，持而保之。	王、河 67.4
我恆有三寶，持而寶之。	帛 67.4

馳 chi

馳騁田獵使人心發狂，	帛 12.2
馳騁田獵，令人心發狂，	河、傅 12.4
馳騁畋獵令人心發狂，	王 12.4
馳騁天下之至堅，	王、河、傅 43.2
馳騁乎天下之至堅。	帛 43.2

尺 chi

不敢進寸，而退尺。	王、帛、河、傅 69.3

赤 chi

含德之厚，比於赤子。	王、河 55.1
含德之厚者，比之於赤子也。	傅 55.1
含德之厚者，比於赤子，	竹、帛 55.1

沖 chong

道沖，而用之又弗盈也。	帛 4.1
道沖而用之，或不盈。	王、河 4.1

沖氣以為和。	王、河、傅 42.4
大盈如沖，其用不窘。	帛 45.2
大盈若沖，其用不窮。	王、河 45.2

蟲 chong

毒蟲不螫，	河 55.2
蜮蠆蟲蛇弗蓳。	竹 55.2

重 chong，見重 zhong

崇 chong

故飄風不崇朝，	傅 23.2
驟雨不崇日。	傅 23.3

寵 chong

人寵辱若驚，貴大患若身。	竹 13.1
寵辱若驚，貴大患若身。	王、帛、河、傅 13.1
何謂寵辱？	竹、河 13.2
何謂寵辱若驚？	王、帛、傅 13.2
（寵為上），辱為下。	河 13.3
寵，為下，	王、傅 13.3
寵之為下也，	帛 13.3
寵為下也。	竹 13.3
是謂寵辱若驚。	王、帛、河、傅 13.5
是謂寵辱驚。	竹 13.5

籌 chou

善計不用籌策，	河 27.3
善數不用籌策，	王 27.3
善數者不用籌策。	帛 27.3
善數者無籌策，	傅 27.3

出 chu

此兩者同出而異名，同謂之玄。 王、河、傅 1.7

兩者同出，異名同謂。 帛 1.7

虛而不屈，動而愈出。 竹 5.2，王、帛、河 5.4

虛而不詘，動而俞出。 傅 5.4

智慧出，安有大偽。 帛 18.2

智慧出，有大偽； 河 18.2

智慧出，焉有大偽。 傅 18.2

慧智出，有大偽； 王 18.2

故道之出言也，曰： 帛 35.4

道之出口， 王、河 35.4

道之出言， 傅 35.4

出於無有，入於無間。 傅 43.3

不出戶（以）知天下， 河 47.1

不出戶，可以知天下。 傅 47.1

不出戶，知天下； 王 47.1

不出於戶，以知天下。 帛 47.1

其出彌遠，其知彌少。 王、河 47.3

其出彌遠，其知彌尠。 傅 47.3

其出彌遠者，其知彌□。 帛 47.3

出生入死。 王、河、傅 50.1

芻 chu

天地不仁，以萬物為芻狗； 王、帛、河、傅 5.1

聖人不仁，以百姓為芻狗。 王、帛、河、傅 5.2

除 chu

滌除玄覽，能無疵。 河 10.3

滌除玄覽，能無疵乎？ 王、傅 10.3

滌除玄鑒，能毋有疵乎？ 帛 10.3

朝甚除，田甚蕪，倉甚虛。　　　　　　王、河、傅 53.4

朝甚除，田甚芜，倉甚虛。　　　　　　帛 53.4

楚 chu

□□所居，楚棘生之。　　　　　　　　帛 30.3

處 chu

是以聖人處無為之事，　　　　　　　　王、河、傅 2.6

功成不處。　　　　　　　　　　　　　傅 2.10

夫惟不處，是以不去。　　　　　　　　傅 2.11

處衆人之所惡，故幾於道。　　　　　　王、河 8.3

物或惡之，故有道者不處也。　　　　　河、傅 24.7

物或惡之，故有道者不處。　　　　　　王 24.7，王、河、傅 31.2

而王處其一尊。　　　　　　　　　　　傅 25.10

雖有榮觀，宴處超然。　　　　　　　　傅 26.3

雖有榮觀，燕處超然，　　　　　　　　王、河 26.3

雖有環館，燕處則昭若。　　　　　　　帛 26.3

師之所處，荊棘生焉。　　　　　　　　王、河、傅 30.3

是以偏將軍處左，　　　　　　　　　　傅 31.13

上將軍處右，　　　　　　　　　　　　傅 31.14

言以喪禮處之。　　　　　　　　　　　王、河 31.15

言居上勢，則以喪禮處之。　　　　　　傅 31.15

戰勝，以喪禮處之。　　　　　　　　　王、河 31.17

戰勝而以喪禮處之。　　　　　　　　　帛 31.17

戰勝者，則以喪禮處之。　　　　　　　傅 31.17

是以大丈夫處其厚，不居其薄。　　　　王 38.15

是以大丈夫處其厚，不處其薄；　　　　河、傅 38.15

處其實，不居其華。　　　　　　　　　王 38.16

處其實，不處其華，　　　　　　　　　河、傅 38.16

是以聖人處上而民不重，　　　　　　　王、河 66.7

是以聖人處之上而民弗重，	傅 66.7
處之前而民不害也。	傅 66.8
處前而民不害，	王、河 66.8
故堅彊處下，柔弱處上。	傅 76.8
強大處下，柔弱處上。	王、河 76.8
功成而不處，	王、河 77.11

畜 chu，見 畜 xu

怵 chu

聖人在天下怵怵，	河 49.7

絀 chu

大贏如絀。	帛 45.4

揣 chuai

揣而允之，不可長葆也。	帛 9.2
揣而梲之，不可長保。	王 9.2
揣而銳之，不可長保。	河 9.2
兕无所揣其角，	帛 50.9

敪 chuai

敪而梲之，不可長保。	傅 9.2

川 chuan

豫乎若冬涉川，	竹 15.4
與兮若冬涉川，	河 15.5
豫兮若冬涉川，	傅 15.5
豫焉若冬涉川，	王 15.5
猶川谷之於江海。	王 32.11
猶川谷之與江海。	河 32.11
猶川谷之與江海也。	傅 32.11

吹 chui

凡物或行或隨，或噤或吹，	傅 29.5
故物或行或隨，或呴或吹，	河 29.5
故物或行或隨，或歔或吹，	王 29.5

炊 chui

炊者不立。	帛 24.1

春 chun

如享太牢，如春登臺。	王、河 20.7
若享太牢，若春登臺。	傅 20.7
若饗於大牢，而春登臺。	帛 20.7

醇 chun

其政悶悶，其民醇醇；	河 58.1

淳 chun

其政悶悶，其民淳淳；	王 58.1

偆 chun

其政閔閔，其民偆偆。	傅 58.1

輟 chuo

子孫以祭祀不輟。	王 54.3
子孫祭祀不輟。	河、傅 54.3

疵 ci

滌除玄覽，能無疵。	河 10.3
滌除玄覽，能無疵乎？	王、傅 10.3
滌除玄鑒，能毋有疵乎？	帛 10.3

雌 ci

天門啓闔，能為雌乎？	帛 10.5
天門開闔，能為雌。	河 10.5
天門開闔，能無雌乎？	王、傅 10.5
知其雄，守其雌，為天下溪。	帛 28.1
知其雄，守其雌，為天下谿。	王、河、傅 28.1

辭 ci

萬物作焉而不辭，	王、河 2.8
萬物恃之以生而不辭。	傅 34.2
萬物恃之而生而不辭。	王、河 34.2

慈 ci

六親不和，安有孝慈。	竹 18.2，帛 18.3
六親不和，有孝慈；	王、河、傅 18.3
絕仁棄義，民復孝慈；	王、河、傅 19.2
絕仁棄義，而民復孝慈。	帛 19.2
絕偽弃慮，民復孝慈。	竹 19.3
一曰慈，二曰儉，	王、帛、河、傅 67.5
夫慈，故能勇；儉，故能廣；	帛、傅 67.7
慈，故能勇；儉，故能廣；	王、河 67.7
今舍其慈，且勇；	帛、河 67.10
今舍慈且勇，	王 67.10
今捨其慈，且勇；	傅 67.10
夫慈，以陳則正，以守則固。	傅 67.13
夫慈，以戰則勝，以守則固，	王、帛、河 67.13
天將建之，如以慈垣之。	帛 67.14
天將救之，以慈衛之。	王、河、傅 67.14

此 ci

此兩者，同出而異名。同謂之玄。	王、河、傅 1.7
皆知善，此其不善已。	竹 2.2
故去彼而取此。	帛 12.7，帛 38.16，帛 72.7
故去彼取此 。	王、河、傅 12.7，王、河、傅 38.17，王、河、傅 72.7
此三者不可致詰，	王、河、傅 14.4
保此道者不欲尚盈。	竹 15.12
保此道者，不欲盈，	王、河、傅 15.14
葆此道□不欲盈。	帛 15.14
此三言也，以為文未足，	帛 19.4
此三者，以為文不足，	王、河 19.4
此三者，以為文而未足也，	傅 19.4
吾何以知衆父之然也？以此。	帛 21.8
吾何以知衆甫之狀哉？以此。	王 21.8
吾何以知衆甫之然哉？以此。	河 21.8
吾奚以知衆甫之然哉？以此。	傅 21.8
孰為此？天地，	帛 23.4
孰為此者？天地。	王、河 23.4
孰為此者？天地也。	傅 23.4
此謂要妙。	傅 27.11
此其賤之本與？非也？	帛 39.15
此非以賤為本邪？非乎？	王 39.17
此非以賤為本耶？非乎！	河 39.17
知足之為足，此恆足矣。	竹 46.4
（吾）何以知天下之然哉？以此。	河 54.12
吾何以知天下然哉？以此。	王 54.12
吾奚以知天下之然哉？以此。	傅 54.12
吾何以知其然哉？以此。	王、河 57.3

吾奚以知天下其然哉？以此。 傅 57.3

不如坐進此道。 王、河 62.9

不如進此道也。 傅 62.9

不若坐而進此。 帛 62.9

古之所以貴此者何也？ 帛 62.10

古之所以貴此道者， 河 62.10

古之所以貴此道者何？ 王 62.10

古之所以貴此道者何也？ 傅 62.10

慎終如始，此亡敗事矣。 竹 64.12

知此兩者，亦稽式。 王 65.6

知此兩者亦楷式。 河 65.6

恆知此兩者，亦稽式也。 帛 65.6

常知此兩者，亦稽式也。 傅 65.6

此兩者，或利或害。 王、河、傅 73.3

若此其不欲見賢也。 帛 77.12

刺 ci

廉而不刺，直而不絏， 帛 58.9

次 ci

其次，親而譽之。 王 17.2

其次，親之。其次，譽之。 傅 17.2

其次親之譽之。 河 17.2

其次親譽之， 竹、帛 17.2

其次，畏之。其次，侮之。 王、竹、河、傅 17.3

其次畏之，其下侮之。 帛 17.3

從 cong

孔德之容，唯道是從。 帛、河 21.1

孔德之容，惟道是從。 王、傅 21.1

故從事而道者同於道， 帛 23.7

故從事於道者，　　　　　　　　　王、河、傅 23.7

從事於得者，　　　　　　　　　　傅 23.9

從事於失者，　　　　　　　　　　傅 23.11

民之從事，常於其幾成而敗之。　　傅 64.11

民之從事，常於幾成而敗之。　　　王、河 64.11

民之從事也，恆於其成而敗之。　　帛 64.11

脆 cui

其脆也，易判也。其幾也，易散也。　竹 64.2

其脆易判，其微易散。　　　　　　傅 64.2

其脆易泮，其微易散。　　　　　　王 64.2

其脆易破，其微易散。　　　　　　河 64.2

草木之生也柔脆，　　　　　　　　傅 76.3

萬物草木之生也柔脆，　　　　　　王、帛、河 76.3

存 cun

湛兮似或存。　　　　　　　　　　王、傅 4.5

湛兮似若存。　　　　　　　　　　河 4.5

湛呵似或存。　　　　　　　　　　帛 4.5

綿綿若存，用之不勤。　　　　　　河、傅 6.3

縣縣呵其若存，用之不勤。　　　　帛 6.3

縣縣若存，用之不勤。　　　　　　王 6.3

外其身而身存。　　　　　　　　　王、河、傅 7.5，帛 7.6

中士聞道，若存若亡；　　　　　　王、帛、河、傅 41.2

寸 cun

不敢進寸，而退尺。　　　　　　　王、帛、河、傅 69.3

矬 cuo

或矬或培或墮。　　　　　　　　　帛 29.6

措 cuo

| 虎無所措其爪， | 王、河、傳 50.10 |
| 虎无所措其爪， | 帛 50.10 |

挫 cuo

挫其銳，解其紛，	王、帛、河、傳 4.3， 河、傳 56.3
或強或羸，或挫或隳。	王 29.6
挫其銳，解其分，	王 56.3
挫其銳而解其紛，	帛 56.4

剉 cuo

| 或彊或剉，或培或墮。 | 傳 29.6 |

達 da

明白四達，能毋以知乎？	帛 10.6
明白四達，能無以為乎？	傳 10.6
明白四達，能無知。	河 10.6
明白四達，能無為乎？	王 10.6
必微溺玄達，深不可識，	竹 15.2
微妙玄達，深不可識。	帛 15.2
善行者无達迹，	帛 27.1

大 da（參見 大道 dadao）

人寵辱若驚，貴大患若身。	竹 13.1
寵辱若驚，貴大患若身。	王、帛、河、傳 13.1
何謂貴大患若身？	王、帛、河、傳 13.6
吾所以有大患者，為吾有身，	王、竹、河、傳 13.7
吾所以有大患者，為吾有身也。	帛 13.7
大上下知有之，	竹、帛 17.1
智慧出，安有大偽。	帛 18.2

智慧出，有大偽；	河 18.2
智慧出，焉有大偽。	傅 18.2
慧智出，有大偽；	王 18.2
若饗於大牢，而春登臺。	帛 20.7
吾強為之名曰大。	竹、帛 25.5
大曰濟，濟曰遠，遠曰返。	竹 25.6
強為之名曰大。	王、河 25.6
彊為之名曰大。	傅 25.6
大曰逝，逝曰遠，遠曰反，	帛 25.6，王、河 25.7
大曰逝，逝曰遠，遠曰返。	傅 25.7
天大，地大，道大，王亦大。	竹 25.7
道大，天大，地大，王亦大。	帛 25.7
故道大，天大，地大，王亦大。	王、河 25.8
國中有四大，	帛 25.8
國中有四大安，	竹 25.8
道大，天大，地大，人亦大。	傅 25.8
域中有四大，	王、河、傅 25.9
不貴其師，不愛其資，雖知大迷。	傅 27.10
不貴其師，不愛其資，雖智大迷。	王、河 27.10
不貴其師，不愛其資，雖智乎大迷。	帛 27.10
大制無割。	傅 28.12
夫大制无割。	帛 28.12
故大制不割。	王、河 28.12
是以聖人去甚，去大，去奢。	帛 29.7
大軍之後，必有凶年。	王、河、傅 30.4
萬物歸焉而弗為主，可名於大。	帛 34.5
是以聖人之能成大也，	帛 34.6
萬物歸之而不知主，可名於大矣。	傅 34.6
萬物歸焉而不為主，可名為大。	王、河 34.6

以其不為大也,	帛 34.7
以其終不自為大,	王 34.7
是以聖人終不為大,	河 34.7，王、帛、河、傅 63.7
以其終不自大,	傅 34.8
故能成大。	帛 34.8
故能成其大。	王、河 34.8，傅 34.9，王、河、傅 63.8
執大象，天下往。	王、竹、帛、河 35.1
執大象者，天下往。	傅 35.1
往而不害，安平大。	竹、帛 35.2
是以大丈夫居其厚而不居其薄,	帛 38.14
是以大丈夫處其厚，不居其薄。	王 38.15
是以大丈夫處其厚，不處其薄;	河、傅 38.15
下士聞道，大笑之;	王、竹、帛、河 41.3
下士聞道，而大笑之。	傅 41.3
弗大笑，不足以為道矣。	竹 41.4
上德如谷，大白如辱,	竹、帛 41.7
上德若谷，大白若辱,	王、河 41.7
上德若谷，大白若黥。	傅 41.7
□真如愉，大方亡隅,	竹 41.9
質□□□，大方无隅。	帛 41.9
質直若渝，大方無隅,	河 41.9
質真若渝。大方無隅,	王 41.9
質真若輪，大方無隅。	傅 41.9
大器曼成，大音祇聲,	竹 41.10
大器晚成，大音希聲,	王、帛、河 41.10
大器晚成，大音稀聲,	傅 41.10
大象無形，道隱無名,	王、河、傅 41.11
大象无形，道襃无名。	帛 41.11

是故甚愛必大費，　　　　　　　　　　王、傅 44.4

甚愛必大費，　　　　　　　　　　　　竹、河 44.4

大成若缺，其用不敝。　　　　　　　　竹、帛、傅 45.1

大成若缺，其用不弊；　　　　　　　　王、河 45.1

大盈如沖，其用不窘。　　　　　　　　帛 45.2

大盈若沖，其用不窮。　　　　　　　　王、河 45.2

大盈若盅，其用不窮。　　　　　　　　竹 45.2

大滿若盅，其用不窮。　　　　　　　　傅 45.2

大巧若拙，大成若詘，　　　　　　　　竹 45.3

大直如屈，大巧如拙。　　　　　　　　帛 45.3

大直若屈，大巧若拙，　　　　　　　　王、河 45.3

大直若詘，大巧若拙。　　　　　　　　傅 45.3

大直若屈。　　　　　　　　　　　　　竹 45.4

大贏如絀。　　　　　　　　　　　　　帛 45.4

大辯若訥，　　　　　　　　　　　　　王、河、傅 45.4

罪莫大可欲，　　　　　　　　　　　　帛 46.3

罪莫大於可欲，　　　　　　　　　　　河、傅 46.3

禍莫大乎不知足。　　　　　　　　　　竹 46.3

禍莫大於不知足，　　　　　　　　　　王 46.3，帛、河、傅 46.4

咎莫大於欲得，　　　　　　　　　　　王 46.4，河 46.5

治大國若烹小鮮。　　　　　　　　　　王、帛、河、傅 60.1

大國者，下流也，　　　　　　　　　　帛 61.1

大國者，天下之下流，　　　　　　　　傅 61.1

大國者下流，　　　　　　　　　　　　王、河 61.1

故大國以下小國，則取小國；　　　　　王、帛、河 61.6

故大國以下小國，則取於小國。　　　　傅 61.6

小國以下大國，則取大國。　　　　　　王、河 61.7

小國以下大國，則取於大國。　　　　　帛、傅 61.7

大國不過欲兼畜人，　　　　　　　　　王、河、傅 61.9

故大國者不過欲并畜人，   帛 61.9

大者宜為下。   王、河 61.12

則大者宜為下。   帛 61.12

故大者宜為下。   傅 61.12

大小之多易必多難。   竹 63.2

大小多少，報怨以德。   王、帛、河、傅 63.2

為大乎於其細。   傅 63.4

為大於其細。   王、河 63.4

天下大事必作於細，   王、河 63.6

天下之大作於細。   帛 63.6

天下之大事必作於細。   傅 63.6

與物反也，乃至大順。   帛 65.9

與物反矣，乃復至於大順。   傅 65.9

與物反矣，然後乃至大順。   王 65.9

與物反矣。乃至大順。   河 65.9

天下□謂我大，大而不肖。   帛 67.1

天下皆謂吾大，似不肖。   傅 67.1

天下皆謂我大，似不肖。   河 67.1

天下皆謂我道大，似不肖。   王 67.1

夫唯大，故似不肖。   王、河 67.2

夫唯不肖，故能大。   帛 67.2

夫惟大，故似不肖。   傅 67.2

禍莫大於无敵，   帛 69.6

禍莫大於無敵，   傅 69.6

禍莫大於輕敵，   王、河 69.6

民不畏威，（則）大威至矣。   河、傅 72.1

民不畏威，則大威至，   王 72.1

民之不畏威，則大威將至矣。   帛 72.1

是代大匠斲。   帛、傅 74.7

是謂代大匠斲。　　　　　　　　　王、河 74.7

夫代大匠斲，　　　　　　　　　　帛 74.8

夫代大匠斲者，　　　　　　　　　王、河、傅 74.8

故強大居下，柔弱居上。　　　　　帛 76.8

強大處下，柔弱處上。　　　　　　王、河 76.8

和大怨，必有餘怨，　　　　　　　王、帛、河、傅 79.1

大道 dadao

大道廢，有仁義；　　　　　　　　王、河 18.1

故大道廢，安有仁義。　　　　　　竹、帛 18.1

大道廢，焉有仁義。　　　　　　　傅 18.1

大道氾兮，其可左右。　　　　　　王、河 34.1

大道汎汎兮，其可左右。　　　　　傅 34.1

使我介有知，行於大道，　　　　　帛 53.1

使我介然有知，行於大道，　　　　王、河、傅 53.1

大道甚夷，民甚好懈。　　　　　　帛 53.3

大道甚夷，而民好徑。　　　　　　王、河、傅 53.3

戴 dai

戴營魄抱一，能毋離乎？　　　　　帛 10.1

帶 dai

服文采，帶利劍，　　　　　　　　帛、傅 53.5

服文綵，帶利劍，　　　　　　　　王、河 53.5

殆 dai

沒身不殆。　　　　　　　　　　　王、帛、河、傅 16.10

周行而不殆，　　　　　　　　　　王、河、傅 25.3

知之，所以不殆。　　　　　　　　河 32.9

知止可以不殆。　　　　　　　　　王 32.9

知止所以不殆。　　　　　　　　　竹、帛、傅 32.9

知足不辱，知止不殆，可以長久。　　　　王、河、傅 44.6

故知足不辱，知止不殆，可以長久。　　　竹、帛 44.6

既知其子，復守其母，沒身不殆。　　　　王、帛、河、傅 52.3

代 dai

夫代司殺者，　　　　　　　　　　　　　河 74.6

夫代司殺者殺，　　　　　　　　　　　　王、帛 74.6

而代司殺者殺，　　　　　　　　　　　　傅 74.6

是代大匠斲。　　　　　　　　　　　　　帛、傅 74.7

是謂代大匠斲。　　　　　　　　　　　　王、河 74.7

夫代大匠斲，　　　　　　　　　　　　　帛 74.8

夫代大匠斲者，　　　　　　　　　　　　王、河、傅 74.8

貸 dai

夫唯道善貸且成。　　　　　　　　　　　王、河 41.12

夫惟道，善貸且成。　　　　　　　　　　傅 41.12

憺 dan

以恬憺為上，故不美也。　　　　　　　　傅 31.8

惔 dan

恬惔為上。勝而不美，　　　　　　　　　河 31.8

澹 dan

澹兮其若海，飂兮若無止。　　　　　　　王 20.16

淡 dan

淡兮其若海，飂兮似無所止。　　　　　　傅 20.16

恬淡為上，勝而不美。　　　　　　　　　王 31.8

淡乎其無味，　　　　　　　　　　　　　王、河 35.5

淡兮其無味，　　　　　　　　　　　　　傅 35.5

淡呵其無味也。　　　　　　　　　　　　竹 35.5

淡呵其无味也。　　　　　　　　帛 35.5

當 dang

當其無，有車之用。　　　　　　王、河、傅 11.2

當其无有，車之用也。　　　　　帛 11.2

當其無，有器之用。　　　　　　王、河、傅 11.4

當其无有，埴器之用也。　　　　帛 11.4

當其無，有室之用。　　　　　　王、河、傅 11.6

當其无有，室之用也。　　　　　帛 11.6

盜 dao

使民不為盜；　　　　　　　　　王、帛、河、傅 3.3

絕巧弃利，盜賊亡有。　　　　　竹 19.2

絕巧棄利，盜賊无有。　　　　　帛 I9.3

絕巧棄利，盜賊無有。　　　　　王、河、傅 19.3

□□盜□。　　　　　　　　　　帛 53.7

是謂盜夸。　　　　　　　　　　王、傅 53.7

是謂盜誇。　　　　　　　　　　河 53.7

（盜誇），非道（也）哉！　　　河 53.8

盜夸，非道也哉。　　　　　　　傅 53.8

□物滋章，而盜賊□□。　　　　帛 57.7

法令滋章，盜賊多有。　　　　　傅 57.7

法令滋彰，盜賊多有。　　　　　王 57.7

法物滋彰，盜賊多有。　　　　　竹、河 57.7

道 dao

道，可道也，非恆道也。　　　　帛 1.1

道可道，非常道；　　　　　　　王、河、傅 1.1

道沖，而用之又弗盈也。　　　　帛 4.1

道沖而用之或不盈，　　　　　　王、河 4.1

道盅，而用之又不滿。　　　　　傅 4.1

居衆人之所惡，故幾於道矣。	帛、傅 8.3
處衆人之所惡，故幾於道。	王、河 8.3
功成、名遂、身退，天之道。	河 9.5
功遂身退，天之道。	王 9.5
功遂身退，天之道也。	竹、帛 9.5
成名功遂身退，天之道。	傅 9.5
執今之道，以御今之有。	帛 14.13
執古之道，以御今之有，	王、河 14.13
執古之道，可以御今之有，	傅 14.13
以知古始，是謂道紀。	帛、河 14.14
能知古始，是謂道紀。	王、傅 14.14
古之□為道者，	帛 15.1
古之善為道者，	傅 15.1，王、河、傅 65.1
保此道者不欲尚盈。	竹 15.12
保此道者不欲盈，	王、河、傅 15.14
葆此道□不欲盈。	帛 15.14
天道員員，各復其根。	竹 16.3
天乃道，道乃。	帛 16.9
天乃道，道乃久。	王、河、傅 16.9
大道廢，有仁義；	王、河 18.1
大道廢，焉有仁義。	傅 18.1
故大道廢，安有仁義。	竹、帛 18.1
孔德之容，唯道是從。	帛、河 21.1
孔德之容，惟道是從。	王、傅 21.1
道之物，唯恍唯忽。	帛 21.2
道之為物，唯恍唯忽。	河 21.2
道之為物，惟芒惟芴。	傅 21.2
道之為物，惟恍惟惚。	王 21.2
故從事而道者同於道，	帛 23.7

故從事於道者，	王、河、傅 23.7
道者同於道，	王、河、傅 23.8
同於得者，道亦得之；	帛 23.10
同於失者，道亦失之。	帛 23.11
同於道者，道亦樂得之；	王、河 23.11
於道者，道亦得之；	傅 23.13
其在道也，曰餘食贅行。	王、帛、傅 24.6
其於道也，曰餘食贅行。	河 24.6
物或惡之，故有道者不處也。	河、傅 24.7
物或惡之，故有道者不處。	王 24.7，王、河、傅 31.2
未知其名，字之曰道，	竹 25.4
吾未知其名也，字之曰道。	帛 25.4
吾不知其名，字之曰道，	王、河 25.5
吾不知其名，故彊字之曰道。	傅 25.5
天大，地大，道大，王亦大。	竹 25.7
道大，天大，地大，王亦大。	帛 25.7
故道大，天大，地大，王亦大。	王、河 25.8
道大，天大，地大，人亦大。	傅 25.8
天法道，道法自然。	竹、帛 25.11，王、河、傅 25.12
以道佐人主，	帛 30.1
以道佐人主者，	王、竹、河、傅 30.1
物壯而老，謂之不道，不道早已。	帛 30.8
物壯則老，是謂不道，不道早已。	王、河 30.9
物壯則老，是謂非道，非道早已。	傅 30.9
道恆亡名，	竹 32.1
道常無名，	王、河、傅 32.1
道恆无名，	帛 32.1，帛 37.1
譬道之在天下，	王、河、傅 32.10
譬道之在天下也，	竹、帛 32.10

大道氾兮，其可左右。　　　　　　　　王、河 34.1

大道汎汎兮，其可左右。　　　　　　　傅 34.1

道，汎呵其可左右也，　　　　　　　　帛 34.1

故道□□□，　　　　　　　　　　　　竹 35.4

故道之出言也，曰：　　　　　　　　　帛 35.4

道之出口，　　　　　　　　　　　　　王、河 35.4

道之出言，　　　　　　　　　　　　　傅 35.4

道恆亡為也，　　　　　　　　　　　　竹 37.1

道常無為而無不為，　　　　　　　　　王、河、傅 37.1

故失道而后德，　　　　　　　　　　　帛 38.8

故失道而後德，　　　　　　　　　　　王、河、傅 38.9

前識者，道之華也，而愚之首也。　　　帛 38.13

前識者，道之華，而愚之始也。　　　　傅 38.14

前識者，道之華而愚之始。　　　　　　王、河 38.14

反也者，道之動也。　　　　　　　　　帛 40.1

反者，道之動；　　　　　　　　　　　王、河、傅 40.1

返也者，道動也。　　　　　　　　　　竹 40.1

弱也者，道之用也。　　　　　　　　　竹、帛 40.2

弱者，道之用。　　　　　　　　　　　王、河、傅 40.2

上士聞道，而勤行之。　　　　　　　　傅 41.1

上士聞道，勤而行之；　　　　　　　　王、河 41.1

上士聞道，勤能行於其中。　　　　　　竹 41.1

上□□道，勤能行之。　　　　　　　　帛 41.1

中士聞道，若存若亡；　　　　　　　　王、帛、河、傅 41.2

中士聞道，若聞若亡。　　　　　　　　竹 41.2

下士聞道，大笑之，　　　　　　　　　王、竹、帛、河 41.3

下士聞道，而大笑之。　　　　　　　　傅 41.3

不笑不足以為道。　　　　　　　　　　王、河、傅 41.4

弗大笑，不足以為道矣。　　　　　　　竹 41.4

弗笑□□以為道。	帛 41.4
故建言有之：明道若昧，	王、河 41.5
故建言有之曰：明道若昧，	傅 41.5
是以建言有之：明道如費，	竹 41.5
是以建言有之曰：明道如費，	帛 41.5
夷道如纇，□道若退。	竹 41.6
夷道若纇，進道若退。	傅 41.6
進道如退，夷道如纇。	帛 41.6
進道若退，夷道若纇，	河 41.6
進道若退，夷道若纇。	王 41.6
大象無形。道隱無名，	王、河、傅 41.11
大象无形，道褒无名。	帛 41.11
天象亡形，道……	竹 41.11
夫唯道，善始且善成。	帛 41.12
夫唯道善貸且成。	王、河 41.12
夫惟道，善貸且成。	傅 41.12
道生一，一生二，	王、帛、河、傅 42.1
天下有道，卻走馬以糞；	王、帛、河 46.1
天下有道，卻走馬以播。	傅 46.1
天下無道，戎馬生於郊。	王、河、傅 46.2
无道，戎馬生於郊。	帛 46.2
不窺於牖，以知天道。	帛 47.2
不窺牖（以）見天道，	河 47.2
不窺牖，可以知天道。	傅 47.2
不闚牖，見天道。	王 47.2
為學日益，為道日損。	王、河 48.1
為學者日益，為道者日損，	傅 48.1
為學者日益，聞道者日損，	帛 48.1
學者日益，為道者日損。	竹 48.1

道生之，德畜之，	王、帛、河、傅 51.1
是以萬物莫不尊道而貴德。	王、河、傅 51.3
是以萬物尊道而貴德。	帛 51.3
道之尊，德之貴，	王、河、傅 51.4
道之尊也，德之貴也，	帛 51.4
故道生之，德畜之，	王、河、傅 51.6
道生之，畜之，	帛 51.6
使我介有知，行於大道，	帛 53.1
使我介然有知，行於大道，	王、河、傅 53.1
大道甚夷，民甚好徑。	帛 53.3
大道甚夷，而民好徑。	王、河、傅 53.3
（盜誇），非道（也）哉！	河 53.8
非道也哉！	王 53.8
盜夸，非道也哉。	傅 53.8
物□則老，謂之不道，不道早已。	帛 55.9
物壯則老，是謂不道。	竹 55.9
物壯則老，謂之不道，不道早已。	王、河、傅 55.9
長生久視之道。	王、河、傅 59.9
長生久視之道也。	竹、帛 59.9
以道莅天下者，其鬼不神。	傅 60.2
以道莅天下，其鬼不神。	王、帛、河 60.2
道者，萬物之註也，	帛 62.1
道者，萬物之奧也。	傅 62.1
道者萬物之奧，	王、河 62.1
不如坐進此道。	王、河 62.9
不如進此道也。	傅 62.9
古之所以貴此道者，	河 62.10
古之所以貴此道者何？	王 62.10
古之所以貴此道者何也？	傅 62.10

古之為道者，	帛 65.1
天下皆謂我道大，似不肖。	王 67.1
天之道，不戰而善勝，	帛 73.5
天之道，不爭而善勝，	王、河、傅 73.6
天之道，其猶張弓乎？	河 77.1
天之道，其猶張弓者歟，	傅 77.1
天之道，其猶張弓與！	王 77.1
天之道，猶張弓也，	帛 77.1
天之道，損有餘而補不足。	王、河、傅 77.5
故天之道，損有餘而益不足；	帛 77.5
人之道，	帛 77.6
人之道則不然，	王、河、傅 77.6
其惟道者乎？	傅 77.9
唯有道者。	王、河 77.9
唯有道者乎？	帛 77.9
天道無親，常與善人。	王、河、傅 79.6
夫天道无親，恆與善人。	帛 79.6
天之道，利而不害。	王、河、傅 81.6
故天之道，利而不害；	帛 81.6
人之道，為而弗爭。	帛 81.7
聖人之道，為而不爭。	王、河、傅 81.7

德 de

長而弗宰也，是謂玄德。	帛 10.9
長而不宰，是謂玄德。	王、河、傅 10.9，王、河、傅 51.9
孔德之容，唯道是從。	帛、河 21.1
孔德之容，惟道是從。	王、傅 21.1
德者同於德，	王、河 23.9
同於德者，德亦樂得之；	王、河 23.12

為天下溪，恆德不离。　　　　　　　帛 28.2

為天下谿，常德不離。　　　　　　　王、河、傳 28.2

恆德不离，復歸嬰兒。　　　　　　　帛 28.3

為天下式，常德不忒，　　　　　　　王、河、傳 28.5

為天下谷，恆德乃足。　　　　　　　帛 28.5

恆德乃足，復歸於樸。　　　　　　　帛 28.6

為天下式，恆德不忒。　　　　　　　帛 28.8

為天下谷，常德乃足，　　　　　　　王、河、傳 28.8

恆德不忒，復歸於无極。　　　　　　帛 28.9

上德不德，是以有德；　　　　　　　王、帛、河、傳 38.1

下德不失德，是以無德。　　　　　　王、河、傳 38.2

下德不失德，是以无德。　　　　　　帛 38.2

上德無為而無不為。　　　　　　　　傳 38.3

上德無為而無以為，　　　　　　　　王、河 38.3

上德无為而无以為也。　　　　　　　帛 38.3

下德為之而有以為。　　　　　　　　王、河 38.4

下德為之而無以為。　　　　　　　　傳 38.4

故失道而后德，　　　　　　　　　　帛 38.8

失德而后仁，　　　　　　　　　　　帛 38.9

故失道而後德，　　　　　　　　　　王、河、傳 38.9

失德而後仁，　　　　　　　　　　　王、河、傳 38.10

上德如谷，大白如辱，　　　　　　　竹、帛 41.7

上德若谷，大白若辱，　　　　　　　王、河 41.7

上德若谷，大白若黷。　　　　　　　傳 41.7

廣德如不足，建德如□，　　　　　　竹、帛 41.8

廣德若不足，建德若偷，　　　　　　王 41.8

廣德若不足，建德若揄，　　　　　　河 41.8

廣德若不足。建德若愉，　　　　　　傳 41.8

不善者，吾亦善之，德善。　　　　　王、河 49.4

不信者，吾亦信之，德信。	王、河 49.6
道生之，德畜之，	王、帛、河、傅 51.1
是以萬物莫不尊道而貴德。	王、河、傅 51.3
是以萬物尊道而貴德。	帛 51.3
道之尊，德之貴，	王、河、傅 51.4
道之尊也，德之貴也，	帛 51.4
故道生之，德畜之，	王、河、傅 51.6
長而弗宰，是謂玄德。	帛 51.9
修之身，其德乃真。	竹、傅 54.4
修之於身，其德乃真；	王、河 54.4
脩之身，其德乃真。	帛 54.4
修之於家，其德乃餘；	王、河 54.5
修之家，其德乃餘。	傅 54.5
修之家，其德有餘。	竹 54.5
脩之家，其德有餘。	帛 54.5
修之於鄉，其德乃長；	王、河 54.6
修之鄉，其德乃長。	竹、傅 54.6
脩之鄉，其德乃長。	帛 54.6
修之邦，其德乃豐。	竹、傅 54.7
修之於國，其德乃豐；	王、河 54.7
脩之國，其德乃豐。	帛 54.7
修之天下，其德乃溥。	傅 54.8
修之於天下，其德乃普。	王、河 54.8
脩之天下，其德乃溥。	帛 54.8
含德之厚，比於赤子。	王、河 55.1
含德之厚者，比之於赤子也。	傅 55.1
含德之厚者，比於赤子，	竹、帛 55.1
早服謂之重積德，	王、河、傅 59.3
重積德則無不克，	王、傅 59.4

重積德則無不剋，	河 59.4
故德交歸焉。	王、帛、河、傅 60.8
大小多少，報怨以德。	王、帛、河、傅 63.2
以不智知國，國之德也；	帛 65.5
恆知稽式，是謂玄德。	帛 65.7
能知稽式，是謂玄德。	傅 65.7
常知楷式，是謂玄德。	河 65.7
常知稽式，是謂玄德。	王 65.7
玄德深矣，遠矣，	王、帛、河、傅 65.8
是謂不爭之德，	王、帛、河、傅 68.5
有德司契，無德司徹。	王、河 79.5
故有德司契，无德司徹。	帛 79.5
故有德司契，無德司徹。	傅 79.5

得 de

不貴難得之貨，	王、帛、河、傅 3.2，王、竹、河、傅 64.14
難得之貨使人之行妨。	帛 12.3
難得之貨令人行妨。	王、河、傅 12.5
得之若驚，失之若驚，	王、竹、帛、河、傅 13.4
搏之不得名曰微。	王 14.3
搏之不得名曰微。	河、傅 14.3
捪之而弗得，名之曰夷。	帛 14.3
少則得，多則惑。	王、帛、河、傅 22.3
得者同於得，	帛 23.8，傅 23.10
從事於得者，	傅 23.9
同於得者，道亦得之；	帛 23.10
同於道者，道亦樂得之；	王、河 23.11
同於德者，德亦樂得之；	王、河 23.12
同於失者，失亦樂得之。	王 23.13

於道者，道亦得之；	傅 23.13
於得者，得亦得之；	傅 23.14
於失者，失亦得之。	傅 23.15
吾見其不得已。	王、河、傅 29.2
吾見其弗得已。	帛 29.2
果而毋得已居，是謂果而強。	帛 30.7
果而不得已，果而勿強。	王、河 30.8
果而不得已，是果而勿彊。	傅 30.8
□得已而用之，	竹 31.4
不得已而用之，	王、帛、河、傅 31.7
□□以得志於天下。	竹 31.8
不可以得志於天下矣。	帛、傅 31.11
則不可以得志於天下矣。	王、河 31.11
昔之得一者，	王、河、傅 39.1
昔得一者，	帛 39.1
天得一以清，	王、帛、河、傅 39.2
地得一以寧，	王、帛、河、傅 39.3
神得一以靈，	王、帛、河、傅 39.4
谷得一以盈，	王、河、傅 39.5
谷得一盈，	帛 39.5
萬物得一以生，	王、河、傅 39.6
侯王得一以為天下正。	帛 39.6，河 39.7
王侯得一以為天下貞。	傅 39.7
侯王得一以為天下貞。	王 39.7
故強梁者不得死，	帛 42.10
強梁者不得其死，	王、河 42.10
彊梁者不得其死，	傅 42.10
得與亡孰病？	王、竹、帛、河、傅 44.3
咎莫憯乎欲得，	竹 46.2

咎莫大於欲得。	王 46.4，河 46.5
咎莫憯於欲得。	帛、傅 46.5
不善者吾亦善之，得善矣。	傅 49.4
不信者亦信之，得信也。	帛 49.6
不信者吾亦信之，得信矣。	傅 49.6
既得其母，以知其子；	王、帛、傅 52.2
不可得而親，	傅 56.6
故不可得而親，	王、竹、河 56.6
故不可得而親也，	帛 56.6
不可得而疎；	王 56.7
亦不可得而疏；	竹、帛 56.7
亦不可得而疏；	傅 56.7
亦不可得而疎；	河 56.7
不可得而利，	王、竹、帛、河、傅 56.8
不可得而害；	王 56.9
亦不可得而害；	竹、帛、河、傅 56.9
不可得而貴，	王、竹、帛、河、傅 56.10
不可得而賤，	王 56.11
亦不可得而賤。	帛、河、傅 56.11
亦可不可得而賤。	竹 56.11
夫兩者各得其所欲，	王、河 61.11
夫皆得其欲，	帛 61.11
兩者各得其所欲，	傅 61.11
不曰以求得，	王 62.11
不曰求以得，	傅 62.11
不謂求以得，	帛 62.11
何不曰以求得？	河 62.11
而不貴難得之貨；	帛 64.14
吾得而殺之，夫孰敢矣！	帛 74.4

吾得而殺之，孰敢也！	傅 74.4
吾得執而殺之，孰敢？	王、河 74.4

登 deng

如享太牢，如春登臺。	王、河 20.7
若享太牢，若春登臺。	傅 20.7
若饗於大牢，而春登臺。	帛 20.7

敵 di

善勝敵者不爭，	傅 68.3
善勝敵者不與，	王、河 68.3
善勝敵者弗與，	帛 68.3
仍無敵，執無兵。	河 69.5
扔無敵，執無兵。	王 69.5
執無兵，仍無敵。	傅 69.5
執无兵，扔无敵。	帛 69.5
禍莫大於无敵，	帛 69.6
禍莫大於無敵，	傅 69.6
禍莫大於輕敵，	王、河 69.6
无敵近亡吾寶矣。	帛 69.7
無敵則幾亡吾寶。	傅 69.7
輕敵幾喪吾寶。	王、河 69.7

滌 di

滌除玄覽，能無疵。	河 10.3
滌除玄覽，能無疵乎？	王、傅 10.3
滌除玄鑒，能毋有疵乎？	帛 10.3

柢 di

是謂深根固柢，	王、帛、傅 59.8

地 di

無名，天地之始。	王、河、傅 1.3
天地不仁，以萬物為芻狗。	王、帛、河、傅 5.1
天地之間，其猶橐籥與？	竹 5.1，帛 5.3
天地之間，其猶橐籥乎？	王、河、傅 5.3
玄牝之門，是謂天地之根。	帛、傅 6.2
玄牝之門，是謂天地根。	王、河 6.2
天長，地久。	王、帛、河、傅 7.1
天地之所以能長且久者，	帛 7.2
天地所以能長且久者，	王、河、傅 7.2
居善地，心善淵，	王、帛、河、傅 8.4
孰為此？天地，	帛 23.4
孰為此者？天地。	王、河 23.4
孰為此者？天地也。	傅 23.4
天地尚不能久，	王、河、傅 23.5
有狀蟲成，先天地生，	竹 25.1
有物昆成，先天地生。	帛 25.1
有物混成，先天地生，	王、河、傅 25.1
可以為天地母。	帛 25.3
天大，地大，道大，王亦大。	竹 25.7
道大，天大，地大，王亦大。	帛 25.7
故道大，天大，地大，王亦大。	王、河 25.8
道大，天大，地大，人亦大。	傅 25.8
人法地，地法天，	竹、帛 25.10，王、河、傅 25.11
樸雖微，天地弗敢臣，	竹 32.2
天地相合，以俞甘露。	帛 32.5
天地相合，以降甘露，	王、河、傅 32.5
天地相合也，以逾甘露。	竹 32.5

不辱以靜，天地將自正。　　　　　帛 37.7

地得一以寧，　　　　　　　　　　王、帛、河、傅 39.3

地毋已寧將恐發，　　　　　　　　帛 39.8

地無以寧將恐發，　　　　　　　　王、河、傅 39.9

人之生，動之死地十有三。　　　　河 50.4

人之生動之死地，亦十有三。　　　王 50.4

而民之生生而動，動皆之死地，亦十有三。　傅 50.4

而民生生，動皆之死地之十有三。　帛 50.4

夫何故？以其無死地。　　　　　　王、河 50.12

夫何故也？以其無死地焉。　　　　傅 50.12

□何故也？以其无死地焉。　　　　帛 50.12

蒂 di

是謂深根固蒂，　　　　　　　　　河 59.8

帝 di

吾不知其誰之子也，象帝之先。　　帛 4.6

吾不知誰之子，象帝之先。　　　　王、河、傅 4.6

定 ding

不欲以靜，天下將自定。　　　　　王、河 37.7

知（足）以靜，萬物將自定。　　　竹 37.7

冬 dong

豫乎若冬涉川，　　　　　　　　　竹 15.4

與兮若冬涉川，　　　　　　　　　河 15.5

與呵其若冬涉水，　　　　　　　　帛 15.5

豫兮若冬涉川，　　　　　　　　　傅 15.5

豫焉若冬涉川，　　　　　　　　　王 15.5

動 dong

虛而不屈，動而愈出。　　　　　　竹 5.2，王、帛、河 5.4

虛而不詘，動而俞出。 　　　　　傅 5.4

正善治，事善能，動善時。 　　　　王、河 8.6

政善治，事善能，動善時。 　　　　帛、傅 8.6

安以動之，徐生。 　　　　　　　　帛 15.13

孰能安以久動之，而徐生。 　　　　傅 15.13

孰能安以久動之徐生？ 　　　　　　王、河 15.13

反也者，道之動也。 　　　　　　　帛 40.1

反者，道之動； 　　　　　　　　　王、河、傅 40.1

返也者，道動也。 　　　　　　　　竹 40.1

人之生，動之死地十有三。 　　　　河 50.4

人之生動之死地，亦十有三。 　　　王 50.4

而民之生生而動，動皆之死地，
亦十有三。 　　　　　　　　　　　傅 50.4

而民生生，動皆之死地之十有三。 　帛 50.4

督 du

至虛極也，守靜督也。 　　　　　　帛 16.1

毒 du

長之，遂之，亭之，毒之，養之，覆□。帛 51.7

長之、育之、亭之、毒之、養之、覆之。王 51.7

長之育之，亭之毒之，蓋之覆之。 　傅 51.7

毒蟲不螫， 　　　　　　　　　　　河 55.2

獨 du

我獨怕兮其未兆， 　　　　　　　　河 20.8

我獨泊兮其未兆， 　　　　　　　　王 20.8

我獨魄兮其未兆， 　　　　　　　　傅 20.8

而我獨若遺。 　　　　　　　　　　王、河 20.12

我獨若遺， 　　　　　　　　　　　傅 20.12

俗人昭昭，我獨若昏呵。 　　　　　帛 20.13

俗人昭昭，我獨昏昏；　　　　　　　王 20.14

俗人昭昭，我獨若；　　　　　　　　河 20.14

俗人皆昭昭，我獨若昏；　　　　　　傅 20.14

俗人察察，我獨閔閔呵。　　　　　　帛 20.14

俗人皆詧詧，我獨若閔閔。　　　　　傅 20.15

俗人察察，我獨悶悶。　　　　　　　王、河 20.15

我獨門頑以鄙。　　　　　　　　　　帛 20.17

而我獨頑似鄙。　　　　　　　　　　王、河 20.18

吾欲獨異於人，而貴食母。　　　　　帛 20.18

我獨頑且圖。　　　　　　　　　　　傅 20.18

吾獨欲異於人，而貴食母。　　　　　傅 20.19

我獨異於人，而貴食母。　　　　　　王、河 20.19

寂兮寞兮，獨立而不改，　　　　　　傅 25.2

寂兮寥兮，獨立不改，　　　　　　　王 25.2

寂兮寥兮，獨立而不改，　　　　　　河 25.2

寂呵寥呵，獨立而不改，　　　　　　帛 25.2

敓穆，獨立不改，　　　　　　　　　竹 25.2

篤 du

至虛，恆也；守中，篤也。　　　　　竹 16.1

至虛極，守靜篤，　　　　　　　　　河 16.1

致虛極，守靜篤，　　　　　　　　　王 16.1

致虛極，守靖篤，　　　　　　　　　傅 16.1

短 duan

長短之相形，高下之相傾，　　　　　傅 2.4

長短之相形也，高下之相盈也，　　　竹、帛 2.4

長短相形，高下相傾，　　　　　　　河 2.4

長短相較，高下相傾，　　　　　　　王 2.4

坑 dui

    塞其坑，閉其門，終身不勤。 帛 52.4

    啓其坑，齊其事，終身不棘。 帛 52.5

    塞其坑，閉其門， 帛 56.2

兌 dui

    閉其門，塞其兌，終身不柔。 竹 52.1

    啓其兌，賽其事，終身不逨。 竹 52.2

    塞其兌，閉其門，終身不勤。 王、河、傅 52.4

    開其兌，濟其事，終身不救。 王、河、傅 52.5

    閉其兌，塞其門， 竹 56.2

    塞其兌，閉其門， 王、河、傅 56.2

敦 dun

    敦兮其若朴， 河 15.9

    敦兮其若樸， 王、傅 15.9

坉 dun

    坉乎其若濁， 竹 15.9

沌 dun

    沌呵其若樸， 帛 15.9

    我愚人之心也哉！沌沌兮！ 王、河、傅 20.13

多 duo

    多言數窮，不如守中。 王、河、傅 5.5

    多聞數窮，不若守於中。 帛 5.5

    少則得，多則惑。 王、帛、河、傅 22.3

    殺人衆多，以悲哀泣之。 河 31.16

    殺人衆多，則以悲哀泣之。 傅 31.16

    身與貨孰多？ 王、竹、帛、河、傅 44.2

多藏必厚亡。	王、河、傅 44.5
厚藏必多亡。	竹 44.5
天下多忌諱，而民彌貧；	王、河 57.4
夫天下多忌諱，而民彌貧。	帛、傅 57.4
夫天多忌諱，而民彌叛。	竹 57.4
民多利器，而邦家滋昏。	帛 57.5
民多利器，而邦滋昏。	竹 57.5
民多利器，國家滋昏；	王、傅 57.5
民多利器，國家滋昬。	河 57.5
人多伎巧，奇物滋起；	王 57.6
人多技巧，奇物滋起。	河 57.6
人多知而奇物滋起。	竹 57.6
人多智，而奇物滋□，	帛 57.6
民多知慧，而衺事滋起。	傅 57.6
法令滋章，盜賊多有。	傅 57.7
法令滋彰，盜賊多有。	王 57.7
法物滋彰，盜賊多有。	竹、河 57.7
大小之多易必多難。	竹 63.2
大小多少，報怨以德。	王、帛、河、傅 63.2
多易必多難，	王、帛、河 63.10
多易者必多難，	傅 63.10
民之難治，以其多知也。	傅 65.3
民之難治，以其智多。	王、河 65.3
人之飢也，以其取食梲之多，是以飢。	帛 75.1
民之飢，以其上食稅之多，是以飢。	河 75.1
民之飢者，以其上食稅之多也，是以飢。	傅 75.1
民之饑，以其上食稅之多，是以饑。	王 75.1
善者不多，多者不善。	帛 81.3
既以予人矣，己愈多。	帛 81.5

既以與人，己愈多。 王、河、傅 81.5

奪 duo

將欲奪之，必固予之。 帛 36.4

將欲奪之，必固與之； 王、河、傅 36.4

敓 duo

敓穆，獨立不改， 竹 25.2

墮 duo

或彊或剉，或培或墮。 傅 29.6

或碎或培或墮。 帛 29.6

惡 e，見 惡 wu

而 er

此兩者，同出而異名。同謂之玄。 王、河、傅 1.7

萬物作而不為始， 傅 2.8

萬物作而弗始， 帛 2.8

萬物作而弗始也， 竹 2.8

萬物作焉而不辭， 王、河 2.8

為而弗恃也， 竹、帛 2.9

生而不有，為而不恃， 王、河、傅 2.9，王、河、傅 10.8，王、河、傅 51.8

功成而弗居。 王、河 2.10

成而弗居。 竹 2.10

成功而弗居也。 帛 2.10，帛 77.11

弗為而已，則无不治矣。 帛 3.10

道沖，而用之又弗盈也。 帛 4.1

道沖而用之，或不盈， 王、河 4.1

道盅，而用之又不滿。 傅 4.1

虛而不屈，動而愈出。 竹 5.2，王、帛、河 5.4

虛而不詘，動而俞出。	傅 5.4
是以聖人後其身，而身先；	王、河、傅 7.4
是以聖人退其身而身先，	帛 7.4
外其身而身先，	帛 7.5
外其身，而身存。	王、河、傅 7.5，帛 7.6
水善利萬物而不爭，	王、河、傅 8.2
水善利萬物而有爭，	帛 8.2
持而盈之，不如其已。	王、傅 9.1
持而盈之，不知其已。	河 9.1
持而盈之，不若其已。	帛 9.1
𣢸而盈之，不不若已。	竹 9.1
揣而允之，不可長葆也。	帛 9.2
揣而梲之，不可長保。	王 9.2
揣而銳之，不可長保。	河 9.2
湍而羣之，不可長保也。	竹 9.2
𢱧而梲之，不可長保。	傅 9.2
富貴而驕，自遺其咎。	王、河、傅 9.4
貴富而驕，自遺咎也。	帛 9.4
生而弗有，	帛 10.8
長而弗宰也，是謂玄德。	帛 10.9
長而不宰，是謂玄德。	王、河、傅 10.9，王、河、傅 51.9
埏埴而為器，	帛 11.3
是以聖人之治也，為腹而不為目。	帛 12.6
故去彼而取此。	帛 12.7，帛 38.16，帛 72.7
視之而弗見，名之曰微。	帛 14.1
聽之而弗聞，名之曰希。	帛 14.2
捪之而弗得，名之曰夷。	帛 14.3
故混而為一。	王、河、傅 14.5
故絪而為一。	帛 14.5

隨而不見其後，	帛 14.11
迎而不見其首。	帛 14.12
孰能濁以澄靖之，而徐清。	傅 15.12
濁而靜之，徐清。	帛 15.12
孰能安以久動之，而徐生。	傅 15.13
夫惟不盈，是以能敝而不成。	傅 15.15
是以能敝而不成。	帛 15.15
其次，親而譽之。	王 17.2
成功遂事，而百姓謂我自然。	帛 17.6
成事遂功，而百姓曰我自然也。	竹 17.6
絕聖棄智，而民利百倍。	帛 19.1
絕仁棄義，而民復孝慈。	帛 19.2
此三者，以為文而未足也，	傅 19.4
見素抱樸，少私而寡欲。	帛 19.6
若饗於大牢，而春登臺。	帛 20.7
而我獨若遺，	王、河 20.12
而我獨頑似鄙，	王、河 20.18
吾欲獨異於人，而貴食母。	帛 20.18
吾獨欲異於人，而貴食母。	傅 20.19
我獨異於人，而貴食母。	王、河 20.19
誠全而歸之。	王、河、傅 22.11
而弗能久，	帛 23.5
而況於人乎？	王、河、傅 23.6
故從事而道者同於道，	帛 23.7
寂兮寞兮，獨立而不改，	傅 25.2
寂兮寥兮，獨立而不改，	河 25.2
寂呵寥呵，獨立而不改，	帛 25.2
周行而不殆，	王、河、傅 25.3
而王居一焉。	帛 25.9

而王居其一焉。	王、河 25.10
而王處其一尊。	傅 25.10
而以身輕天下？	王、河、傅 26.5
而以身輕於天下？	帛 26.5
善閉者無關鍵而不可開，	傅 27.4
善閉者无關籥而不可啓也。	帛 27.4
善閉無關楗而不可開，	王、河 27.4
善結者無繩約而不可解。	傅 27.5
善結者无繹約而不可解也。	帛 27.5
善結無繩約而不可解。	王、河 27.5
是以聖人恆善救人，而无棄人，	帛 27.6
將欲取天下，而為之，	王、帛、河 29.1
將欲取天下而為之者，	傅 29.1
善者果而已，	竹 30.3，河 30.5
善者果而已矣，	帛 30.4
果而弗伐，果而弗驕，果而弗矜，	竹 30.5
故善者果而已矣，	傅 30.5
善有果而已，	王 30.5
果而毋驕，果而勿矜，果而□伐，	帛 30.6
是謂果而不強。	竹 30.6
果而勿矜，果而勿伐，果而勿驕，	王、河、傅 30.7
果而毋得已居，是謂果而強。	帛 30.7
果而不得已，果而勿強。	王、河 30.8
果而不得已，是果而勿彊。	傅 30.8
物壯而老，謂之不道，不道早已。	帛 30.8
□得已而用之，	竹 31.4
不得已而用之，	王、帛、河、傅 31.7
恬淡為上，勝而不美。	王 31.8
恬惔為上。勝而不美，	河 31.8

而美之者，是樂殺人。	王、河 31.9
而上將軍居右，	帛 31.14
戰勝而以喪禮處之。	帛 31.17
樸雖小而天下弗敢臣。	帛 32.2
民莫之令，而自均焉。	帛、傅 32.6
民莫之令而自均。	王、河 32.6
民莫之令而自均安。	竹 32.6
死而不亡者壽。	王、河 33.6
死而不亡者壽也。	傅 33.6
死而不忘者，壽也。	帛 33.6
成功遂事而弗名有也。	帛 34.2
萬物恃之以生而不辭。	傅 34.2
萬物恃之而生，而不辭。	王、河 34.2
功成（而）不名有。	河 34.3
萬物歸焉而弗為主，	帛 34.3
功成而不居，	傅 34.3，傅 77.11
衣被萬物而不為主。	傅 34.4
衣養萬物而不為主。	王 34.4
愛養萬物而不為主。	河 34.4
萬物歸焉而弗為主，可名於大。	帛 34.5
萬物歸之而不知主，可名於大矣。	傅 34.6
萬物歸焉而不為主，可名為大。	王、河 34.6
往而不害，安平大。	竹、帛 35.2
往而不害，安平太。	王、河 35.2
往而不害，安平泰。	傅 35.2
而不可既也。	竹 35.8
道常無為，而無不為，	王、河、傅 37.1
而萬物將自化。	竹 37.3
化而欲作，	王、竹、帛、河、傅 37.4

上德無為，而無以為；　　　　　　　　王、河 38.3

上德無為而無不為。　　　　　　　　　傅 38.3

上德无為而无以為也。　　　　　　　　帛 38.3

下德為之而有以為。　　　　　　　　　王、河 38.4

下德為之而無以為。　　　　　　　　　傅 38.4

上仁為之而无以為也。　　　　　　　　帛 38.4

上仁為之，而無以為；　　　　　　　　王、河、傅 38.5

上義為之而有以為也。　　　　　　　　帛 38.5

上義為之，而有以為。　　　　　　　　王、河、傅 38.6

上禮為之而莫之應也，　　　　　　　　帛 38.6

上禮為之而莫之應，　　　　　　　　　王、河、傅 38.7

則攘臂而扔之。　　　　　　　　　　　帛 38.7，王 38.8

則攘臂而仍之。　　　　　　　　　　　河、傅 38.8

故失道而后德，　　　　　　　　　　　帛 38.8

失德而后仁，　　　　　　　　　　　　帛 38.9

故失道而後德，　　　　　　　　　　　王、河、傅 38.9

失仁而后義，　　　　　　　　　　　　帛 38.10

失德而後仁，　　　　　　　　　　　　王、河、傅 38.10

失仁而後義，　　　　　　　　　　　　王、河、傅 38.11

失義而后禮。　　　　　　　　　　　　帛 38.11

夫禮者，忠信之薄也，而亂之首也。　　帛 38.12

失義而後禮。　　　　　　　　　　　　王、河、傅 38.12

夫禮者，忠信之薄，而亂之首。　　　　王、河 38.13

夫禮者，忠信之薄，而亂之首也。　　　傅 38.13

前識者，道之華也，而愚之首也。　　　帛 38.13

前識者，道之華，而愚之始也。　　　　傅 38.14

前識者，道之華。而愚之始。　　　　　王、河 38.14

是以大丈夫居其厚而不居其薄，　　　　帛 38.14

居其實而不居其華。　　　　　　　　　帛 38.15

王侯無以為貞而貴高將恐蹶。 傅 39.13

必高矣而以下為基。 帛 39.13

上士聞道，而勤行之。 傅 41.1

上士聞道，勤而行之； 王、河 41.1

下士聞道，而大笑之。 傅 41.3

萬物負陰而抱陽， 王、河 42.3

萬物負陰而裹陽， 傅 42.3

而王公以自名也。 帛 42.6

而王公以為稱。 王、河 42.6

而王侯以自稱也。 傅 42.6

故物，或損之而益， 王、河、傅 42.7

或益之而損。 王、河、傅 42.8

損之而益。 帛 42.8

故人□□教，亦議而教人。 帛 42.9

是以聖人不行而知， 王、河、傅 47.4

□□而名，弗為而成。 帛 47.5

不見而名，不為而成。 王、河、傅 47.5

亡為而亡不為。 竹 48.4

無為而無不為。 王、河 48.4

而民之生生而動，動皆之死地， 亦十有三。 傅 50.4

而民生生，動皆之死地之十有三。 帛 50.4

物形之而器成之。 帛 51.2

是以萬物莫不尊道而貴德。 王、河、傅 51.3

是以萬物尊道而貴德。 帛 51.3

夫莫之命而常自然。 王、河 51.5

夫莫之爵，而常自然。 傅 51.5

夫莫之爵也，而恆自然也。 帛 51.5

□□弗有也，為而弗恃也， 帛 51.8

長而弗宰，是謂玄德。　　　　　　　　帛 51.9

大道甚夷，而民好徑。　　　　　　　　王、河、傅 53.3

厭食而資財□□。　　　　　　　　　　帛 53.6

骨弱筋柔而捉固，　　　　　　　　　　竹 55.4

骨弱筋柔而握固，　　　　　　　　　　王、河、傅 55.4

骨筋弱柔而握固。　　　　　　　　　　帛 55.4

未知牝牡之合而全作，精之至也。　　　王 55.5

未知牝牡之合而脧作，精之至也。　　　傅 55.5

未知牝牡之合而㕙作，精之至也。　　　河 55.5

未知牝牡之會而脧怒，精之至也。　　　帛 55.5

終日乎而不憂，和之至也；　　　　　　竹 55.6

終日號而不啞，和之至也。　　　　　　河 55.6

終日號而不嚘，和之至也。　　　　　　王 55.6

終日號而不嗄，和之至也。　　　　　　帛 55.6

終日號而嗌不嚘，和之至也。　　　　　傅 55.6

挫其銳而解其紛，　　　　　　　　　　帛 56.4

不可得而親，　　　　　　　　　　　　傅 56.6

故不可得而親，　　　　　　　　　　　王、竹、河 56.6

故不可得而親也，　　　　　　　　　　帛 56.6

不可得而疏；　　　　　　　　　　　　王 56.7

亦不可得而疏；　　　　　　　　　　　竹、帛 56.7

亦不可得而疏；　　　　　　　　　　　傅 56.7

亦不可得而疏；　　　　　　　　　　　河 56.7

不可得而利，　　　　　　　　　　　　王、竹、帛、河、傅 56.8

不可得而害；　　　　　　　　　　　　王 56.9

亦不可得而害；　　　　　　　　　　　竹、帛、河、傅 56.9

不可得而貴，　　　　　　　　　　　　王、竹、帛、河、傅 56.10

不可得而賤，　　　　　　　　　　　　王 56.11

亦不可得而賤，　　　　　　　　　　　帛、河、傅 56.11

亦可不可得而賤。	竹 56.11
天下多忌諱，而民彌貧；	王、河 57.4
夫天下多忌諱，而民彌貧。	帛、傅 57.4
夫天多忌諱，而民彌叛。	竹 57.4
民多利器，而邦家滋昏。	帛 57.5
民多利器，而邦滋昏。	竹 57.5
人多知而奇物滋起。	竹 57.6
人多智，而奇物滋□，	帛 57.6
民多知慧，而衺事滋起。	傅 57.6
□物滋章，而盜賊□□。	帛 57.7
我無為而民自化，	王、河、傅 57.9
我无為而民自化，	帛 57.9
我無事而民自富，	竹 57.9，王、河、傅 57.11
我亡為而民自化，	竹 57.10
我好靖而民自正，	傅 57.10
我好靜而民自正，	王、帛、河 57.10，竹 57.11
我无事而民自富，	帛 57.11
我欲不欲而民自樸。	竹、帛 57.12
我無欲而民自朴。	河 57.12
我無欲而民自樸。	王、傅 57.12
（我無情而民自清）。	河 57.13
是以方而不割，	帛 58.8
是以聖人方而不割，	王、河、傅 58.8
廉而不刺，直而不紲，	帛 58.9
廉而不害，直而不肆，	河 58.9
廉而不劌，直而不肆，	王、傅 58.9
光而不曜。	河 58.10
光而不燿。	王 58.10
光而不耀。	帛、傅 58.10

或下以取，或下而取。　　　　　　　河、傅 61.8

故或下以取，或下而取。　　　　　　王、帛 61.8

不若坐而進此。　　　　　　　　　　帛 62.9

民之從事，常於其幾成而敗之。　　　傅 64.11

民之從事，常於幾成而敗之，　　　　王、河 64.11

民之從事也，恆於其成而敗之。　　　帛 64.11

而不貴難得之貨；　　　　　　　　　帛 64.14

以輔萬物之自然，而不敢為。　　　　王、河 64.16

以輔萬物之自然，而不敢為也。　　　傅 64.16

是故聖人能輔萬物之自然，而弗能為。竹 64.16

能輔萬物之自然，而弗敢為。　　　　帛 64.16

故居上而民弗重也，　　　　　　　　帛 66.7

是以聖人處上而民不重，　　　　　　王、河 66.7

是以聖人處之上而民弗重，　　　　　傅 66.7

居前而民弗害。　　　　　　　　　　帛 66.8

處之前而民不害也。　　　　　　　　傅 66.8

處前而民不害，　　　　　　　　　　王、河 66.8

天下皆樂推而弗厭也，　　　　　　　帛 66.9

天下樂進而弗厭。　　　　　　　　　竹 66.9

是以天下樂推而不厭，　　　　　　　王、河、傅 66.9

天下□謂我大，大而不肖。　　　　　帛 67.1

吾有三寶，持而寶之。　　　　　　　傅 67.4

我有三寶，持而保之。　　　　　　　王、河 67.4

我恆有三寶，持而寶之。　　　　　　帛 67.4

吾不敢為主，而為客；　　　　　　　王、帛、河、傅 69.2

不敢進寸，而退尺。　　　　　　　　王、帛、河、傅 69.3

故抗兵相若，而哀者勝矣。　　　　　帛 69.8

而人莫之能知，莫之能行。　　　　　傅 70.2

而天下莫之能知也，莫之能行也。　　帛 70.2

是以聖人被褐而懷玉。	帛、傅 70.6
是以聖人自知而不自見,	傅 72.5
是以聖人自知而不自見也,	帛 72.5
自愛而不自貴。	傅 72.6
自愛而不自貴也。	帛 72.6
天之道,不戰而善勝,	帛 73.5
天之道,不爭而善勝,	王、河、傅 73.6
不言而善應,	帛 73.6,王、河、傅 73.7
弗召而自來,	帛 73.7
不召而自來,	王、河、傅 73.8
坦而善謀。	帛 73.8
天網裋裋,疏而不失。	帛 73.9
默然而善謀。	傅 73.9
繟然而善謀。	王、河 73.9
天網恢恢,疏而不失。	王 73.10
天網恢恢,疏而不失。	傅 73.10
天網恢恢,疎而不失。	河 73.10
使民恆且畏死,而為奇者,	帛 74.3
若使民常畏死,而為奇者,	王、河、傅 74.3
吾得而殺之,夫孰敢矣!	帛 74.4
吾得而殺之,孰敢也!	傅 74.4
吾得執而殺之,孰敢?	王、河 74.4
而代司殺者殺,	傅 74.6
天之道,損有餘而補不足;	王、河、傅 77.5
故天之道,損有餘而益不足;	帛 77.5
損不足而奉有餘。	帛 77.7
夫孰能有餘而有以奉於天者,	帛 77.8
孰能損有餘而奉不足於天下者,	傅 77.8
是以聖人為而不恃,	王、河、傅 77.10

是以聖人為而弗有，	帛 77.10
功成而不處，	王、河 77.11
而攻堅強者莫之能勝，	王、河 78.2
而攻堅彊者莫之能先，	傅 78.2
天下莫不知，而莫之能行。	傅 78.5
天下莫弗知也，而□□□行也。	帛 78.5
而不以責於人。	帛 79.4
而不責於人。	王、河、傅 79.4
使（民）有什伯，人之器而不用。	河 80.2
使民有什伯之器而不用也，	傅 80.2
使有十百人器而勿用，	帛 80.2
使有什伯之器而不用，	王 80.2
使民重死而不遠徙。	王、河、傅 80.3
使民重死而遠徙。	帛 80.3
使人復結繩而用之。	王 80.6
使民復結繩而用之。	帛、河、傅 80.6
天之道，利而不害。	王、河、傅 81.6
故天之道，利而不害；	帛 81.6
人之道，為而弗爭。	帛 81.7
聖人之道，為而不爭。	王、河、傅 81.7

兒 er

專氣致柔，能如嬰兒乎？	傅 10.2
專氣致柔，能嬰兒。	河 10.2
專氣致柔，能嬰兒乎？	王 10.2
摶氣至柔，能嬰兒乎？	帛 10.2
如嬰兒之未孩，	王、河 20.9
若嬰兒之未咳，	傅 20.9
若嬰兒未咳。	帛 20.9
恆德不离，復歸嬰兒。	帛 28.3

復歸於嬰兒。　　　　　　　　　王、河、傅 28.3

耳 er

五音令人耳聾，　　　　　　　　王、河、傅 12.2

五音使人之耳聾。　　　　　　　帛 12.5

百姓皆註其耳目，　　　　　　　河、傅 49.9

百姓皆註其耳目焉，　　　　　　帛 49.9

餌 er

樂與餌，過客止。　　　　　　　王、竹、帛、河、傅 35.3

二 er

道生一，一生二，　　　　　　　王、帛、河、傅 42.1

二生三，三生□□。　　　　　　帛 42.2

二生三，三生萬物。　　　　　　王、河、傅 42.2

一曰慈，二曰儉，　　　　　　　王、帛、河、傅 67.5

發 fa

馳騁田獵使人心發狂，　　　　　帛 12.2

馳騁田獵，令人心發狂，　　　　河、傅 12.4

馳騁畋獵令人心發狂，　　　　　王 12.4

地毋已寧將恐發，　　　　　　　帛 39.8

地無以寧將恐發，　　　　　　　王、河、傅 39.9

伐 fa

不自伐故有功，　　　　　　　　王、帛、河、傅 22.7

自伐者無功，　　　　　　　　　王、河、傅 24.4

自伐者无功，　　　　　　　　　帛 24.4

果而弗伐，果而弗驕，果而弗矜，　竹 30.5

果而毋驕，果而勿矜，果而□伐，　帛 30.6

果而勿矜，果而勿伐，果而勿驕，　王、河、傅 30.7

法 fa

　　人法地，地法天，　　　　　　　　竹、帛 25.10，王、河、傅
　　　　　　　　　　　　　　　　　　25.11

　　天法道，道法自然。　　　　　　　　竹、帛 25.11，王、河、傅
　　　　　　　　　　　　　　　　　　25.12

　　法令滋章，盗贼多有。　　　　　　　傅 57.7

　　法令滋彰，盗贼多有。　　　　　　　王 57.7

　　法物滋彰，盗贼多有。　　　　　　　竹、河 57.7

凡 fan

　　凡物纭纭，各归其根。　　　　　　　傅 16.3

　　凡物或行或随，或嘘或吹，　　　　　傅 29.5

反 fan

　　大曰逝，逝曰远，远曰反，　　　　　帛 25.6，王、河 25.7

　　反也者，道之动也。　　　　　　　　帛 40.1

　　反者，道之动。　　　　　　　　　　王、河、傅 40.1

　　与物反也，乃至大顺。　　　　　　　帛 65.9

　　与物反矣，乃复至於大顺。　　　　　傅 65.9

　　与物反矣，然後乃至大顺。　　　　　王 65.9

　　与物反矣。乃至大顺。　　　　　　　河 65.9

　　正言若反也。　　　　　　　　　　　傅 78.9

　　正言若反。　　　　　　　　　　　　王、帛 78.9，河 78.10

返 fan

　　大曰逝，逝曰远，远曰返。　　　　　傅 25.7

　　大曰潏，潏曰远，远曰返。　　　　　竹 25.6

　　返也者，道动也。　　　　　　　　　竹 40.1

汎 fan

　　大道汎汎兮，其可左右。　　　　　　傅 34.1

　　道，汎呵其可左右也，　　　　　　　帛 34.1

氾 fan

大道氾兮，其可左右。	王、河 34.1

方 fang

□真如愉，大方亡隅，	竹 41.9
質□□□，大方无隅。	帛 41.9
質直若渝，大方無隅，	河 41.9
質真若渝。大方無隅，	王 41.9
質真若輪，大方無隅。	傅 41.9
是以方而不割，	帛 58.8
是以聖人方而不割，	王、河、傅 58.8

妨 fang

難得之貨使人之行妨。	帛 12.3
難得之貨，令人行妨。	王、河、傅 12.5

非 fei

道，可道也，非恆道也。	帛 1.1
道可道，非常道；	王、河、傅 1.1
名，可名也，非恆名也。	帛 1.2
名可名，非常名。	王、河、傅 1.2
非以其無私邪？	王 7.6
非以其無私耶？	河 7.6
夫天下，神器也，非可為者也。	帛 29.3
物壯則老，是謂非道，非道早已。	傅 30.9
故兵者非君子之器。	帛 31.5
非君子之器。	王、河、傅 31.6
此其賤之本與？非也？	帛 39.15
此非以賤為本邪？非乎？	王 39.17
此非以賤為本耶？非乎！	河 39.17

是其以賤為本也，非歟？	傅 39.17
（盜誇），非道（也）哉！	河 53.8
□□，非□也。	帛 53.8
非道也哉！	王 53.8
盜夸，非道也哉。	傅 53.8
非其鬼不神，	王、河、傅 60.3
非其鬼不神也，	帛 60.3
非其神不傷人，	王、河、傅 60.5
非其神不傷人也，	帛 60.5
非以明民，將以愚之。	王、河、傅 65.2
非以明民也，將以愚之也。	帛 65.2

廢 fei

大道廢，有仁義；	王、河 18.1
大道廢，焉有仁義。	傅 18.1
故大道廢，安有仁義。	竹、帛 18.1
將欲廢之，必固興之；	王、河、傅 36.3

曹 fei

是以建言有之：明道如曹，	竹 41.5

費 fei

是以建言有之曰：明道如費，	帛 41.5
是故甚愛必大費，	王、傅 44.4
甚愛必大費，	竹、河 44.4

分 fen

挫其銳，解其分，	王 56.3

紛 fen

挫其銳，解其紛，	王、帛、河、傅 4.3，河、傅 56.3

挫其銳而解其紛，　　　　　　　　帛 56.4

劃其鎖，解其紛，　　　　　　　　竹 56.4

糞 fen

天下有道，卻走馬以糞；　　　　王、帛、河 46.1

豐 feng

修之邦，其德乃豐。　　　　　　竹、傅 54.7

修之於國，其德乃豐；　　　　　王、河 54.7

脩之國，其德乃豐。　　　　　　帛 54.7

蜂 feng

蜂蠆不螫，　　　　　　　　　　傅 55.2

蜂蠆虺蛇不螫，　　　　　　　　王 55.2

蜂蠆虺蛇弗螫，　　　　　　　　帛 55.2

風 feng

故飄風不崇朝，　　　　　　　　傅 23.2

故飄風不終朝，　　　　　　　　王 23.2

飄風不終朝，　　　　　　　　　帛、河 23.2

奉 feng

損不足以奉有餘。　　　　　　王、河、傅 77.7

損不足而奉有餘。　　　　　　帛 77.7

夫孰能有餘而有以奉於天者，　帛 77.8

孰能有餘以奉天下？　　　　　王、河 77.8

孰能損有餘而奉不足於天下者，　傅 77.8

夫 fu

夫唯弗居，是以不去。　　　　王 2.11

夫唯弗居，是以弗去。　　　　帛 2.11

夫唯弗居也，是以弗去也。　　竹 2.11

夫惟不處，是以不去。	傅 2.11
夫惟弗居，是以不去。	河 2.11
使夫知不敢，	帛 3.9
使夫知者不敢為。	傅 3.9
使夫智者不敢為也。	王、河 3.9
夫唯不爭，故無尤。	王、河 8.7
夫唯不爭，故无尤。	帛 8.7
夫惟不爭，故無尤矣。	傅 8.7
夫唯不可識，	王、帛、河 15.3
夫惟不可識，	傅 15.3
夫唯不盈，故能蔽不新成。	王、河 15.15
夫惟不盈，是以能敝而不成。	傅 15.15
夫物芸芸，各復歸其根。	王、河 16.3
夫唯不爭，故天下莫能與之爭。	王、河 22.9
夫唯不爭，故莫能與之爭。	帛 22.9
夫惟不爭，故天下莫能與之爭。	傅 22.9
夫大制无割。	帛 28.12
夫天下，神器也，非可為者也。	帛 29.3
夫天下神器，不可為也。	傅 29.3
夫兵者，不祥之器也。	帛 31.1
夫佳兵者，不祥之器。	王、河 31.1
夫美兵者，不祥之器。	傅 31.1
夫樂□，	竹 31.7
夫樂人殺人者，	傅 31.10
夫樂殺人，	帛 31.10
夫樂殺人者，	王、河 31.10
名亦既有，夫亦將知止，	王、竹、帛、傅 32.8
夫亦將知足，	竹 37.6
無名之樸，夫亦將不欲。	傅 37.6

無名之樸，夫亦將無欲。	王 37.6
鎮之以无名之樸，夫將不辱。	帛 37.6
夫禮者，忠信之薄也，而亂之首也。	帛 38.12
夫禮者，忠信之薄而亂之首。	王、河 38.13
夫禮者，忠信之薄，而亂之首也。	傅 38.13
是以大丈夫居其厚而不居其薄，	帛 38.14
是以大丈夫處其厚，不居其薄。	王 38.15
是以大丈夫處其厚，不處其薄；	河、傅 38.15
夫是以侯王自謂孤寡不穀，	帛 39.14
夫唯道，善始且善成。	帛 41.12
夫唯道善貸且成。	王、河 41.12
夫惟道，善貸且成。	傅 41.12
夫何故？以其生生之厚。	王 50.5
夫何故？以其生生之厚也。	傅 50.5
夫何故？以其求生之厚。	河 50.5
夫何故也？以其生生。	帛 50.5
夫何故？以其無死地。	王、河 50.12
夫何故也？以其無死地焉。	傅 50.12
夫莫之命而常自然。	王、河 51.5
夫莫之爵，而常自然。	傅 51.5
夫莫之爵也，而恆自然也。	帛 51.5
夫天下多忌諱，而民彌貧。	帛、傅 57.4
夫天多忌諱，而民彌叛。	竹 57.4
夫唯嗇，是以早，	竹 59.2
夫唯嗇，是以早服。	帛 59.2
夫唯嗇，是謂早服。	王、河 59.2
夫惟嗇，是以早服。	傅 59.2
夫兩不相傷，	王、帛、河、傅 60.7
夫兩者各得其所欲，	王、河 61.11

夫皆得其欲，	帛 61.11
夫輕諾□□信，	帛 63.9
夫輕諾必寡信，	王、河 63.9
夫輕諾者必寡信，	傅 63.9
夫民之難治也，以其智也。	帛 65.3
夫唯大，故似不肖。	王、河 67.2
夫唯不肖，故能大。	帛 67.2
夫惟大，故似不肖。	傅 67.2
若肖，久矣其細也夫。	王、帛、傅 67.3
若肖久矣。其細（也夫）。	河 67.3
夫慈，故能勇；儉，故能廣；	帛、傅 67.7
夫慈，以陳則正，以守則固。	傅 67.13
夫慈，以戰則勝，以守則固，	王、帛、河 67.13
夫言有宗，事有君。	帛 70.3
夫唯無知，是以不我知。	王 70.4
夫唯无知也，是以不我知。	帛 70.4
夫惟無知，是以不吾知也。	傅 70.4
夫惟無知，是以不我知。	河 70.4
夫惟病病，是以不病。	傅 71.2
夫唯病病，是以不病。	王、河 71.2
夫唯不厭，是以不厭。	王 72.4
夫唯弗厭，是以不厭。	帛 72.4
夫惟不厭，是以不厭。	河 72.4
夫惟無厭，是以無厭。	傅 72.4
吾得而殺之，夫孰敢矣！	帛 74.4
夫代司殺者，	河 74.6
夫代司殺者殺，	王、帛 74.6
夫代大匠斲，	帛 74.8
夫代大匠斲者，	王、河、傅 74.8

夫唯無以生為者，　　　　　　　王、河 75.6

夫唯无以生為者，　　　　　　　帛 75.6

夫惟無以生為貴者，　　　　　　傅 75.6

夫孰能有餘而有以奉於天者，　　帛 77.8

夫天道无親，恆與善人。　　　　帛 79.6

輻 fu

三十輻共一轂，　　　　　　　　王、河、傅 11.1

卅輻同一轂，　　　　　　　　　帛 11.1

伏 fu

福，禍之所伏，　　　　　　　　帛 58.4

福兮禍之所伏。　　　　　　　　王、河、傅 58.4

服 fu

服文采，帶利劍，　　　　　　　帛、傅 53.5

服文綵，帶利劍，　　　　　　　王、河 53.5

夫唯嗇，是以早服。　　　　　　帛 59.2

夫唯嗇，是謂早服。　　　　　　王、河 59.2

夫惟嗇，是以早服。　　　　　　傅 59.2

早服是謂重積□。　　　　　　　帛 59.3

早服謂之重積德，　　　　　　　王、河、傅 59.3

是以早服是謂……　　　　　　　竹 59.3

甘其食，美其服，　　　　　　　王、帛、河 80.7

至治之極，民各甘其食，美其服，　傅 80.7

福 fu

禍，福之所倚；　　　　　　　　帛 58.3

禍兮福之所倚，　　　　　　　　王、河、傅 58.3

福，禍之所伏，　　　　　　　　帛 58.4

福兮禍之所伏。　　　　　　　　王、河、傅 58.4

不以知治國，國之福也；　　　　　　傅 65.5

不以智治國，國之福。　　　　　　　王、河 65.5

弗 fu

萬物作而弗始，　　　　　　　　　　帛 2.8

萬物作而弗始也，　　　　　　　　　竹 2.8

為而弗恃也，　　　　　　　　　　　竹、帛 2.9

功成而弗居。　　　　　　　　　　　王、河 2.10

成而弗居。　　　　　　　　　　　　竹 2.10

成功而弗居也。　　　　　　　　　　帛 2.10，帛 77.11

夫唯弗居，是以不去。　　　　　　　王 2.11

夫唯弗居，是以弗去。　　　　　　　帛 2.11

夫唯弗居也，是以弗去也。　　　　　竹 2.11

夫惟弗居，是以不去。　　　　　　　河 2.11

弗為而已，則无不治矣。　　　　　　帛 3.10

道沖，而用之又弗盈也。　　　　　　帛 4.1

生而弗有，　　　　　　　　　　　　帛 10.8

長而弗宰也，是謂玄德。　　　　　　帛 10.9

視之而弗見，名之曰微。　　　　　　帛 14.1

聽之而弗聞，名之曰希。　　　　　　帛 14.2

捪之而弗得，名之曰夷。　　　　　　帛 14.3

弗矜故能長。　　　　　　　　　　　帛 22.8

而弗能久，　　　　　　　　　　　　帛 23.5

物或惡之，故有欲者弗居。　　　　　帛 24.7，帛 31.2

吾見其弗得已。　　　　　　　　　　帛 29.2

果而弗伐，果而弗驕，果而弗矜，　　竹 30.5

銛襲為上，弗美也。　　　　　　　　竹 31.5

樸雖微，天地弗敢臣，　　　　　　　竹 32.2

樸雖小而天下弗敢臣。　　　　　　　帛 32.2

成功遂事而弗名有也。　　　　　　　帛 34.2

萬物歸焉而弗為主，	帛 34.3
萬物歸焉而弗為主，可名於大。	帛 34.5
弗大笑，不足以為道矣。	竹 41.4
弗笑□□以為道。	帛 41.4
□□而名，弗為而成。	帛 47.5
□□弗有也，為而弗恃也，	帛 51.8
長而弗宰，是謂玄德。	帛 51.9
蜂蠆虺蛇弗螫，	帛 55.2
蝡蠆蟲蛇弗蓫。	竹 55.2
據鳥猛獸弗搏，	帛 55.3
攫鳥猛獸弗扣，	竹 55.3
知之者弗言，言之者弗知。	竹 56.1
知者弗言，言者弗知。	帛 56.1
聖人亦弗傷也。	帛 60.6
是故聖人能輔萬物之自然，而弗能為。	竹 64.16
能輔萬物之自然，而弗敢為。	帛 64.16
其在民上也，民弗厚也；	竹 66.7
故居上而民弗重也，	帛 66.7
是以聖人處之上而民弗重，	傅 66.7
其在民前也，民弗害也；	竹 66.8
居前而民弗害。	帛 66.8
天下皆樂推而弗厭也，	帛 66.9
天下樂進而弗厭。	竹 66.9
善勝敵者弗與，	帛 68.3
夫唯弗厭，是以不厭。	帛 72.4
弗召而自來，	帛 73.7
是以聖人為而弗有，	帛 77.10
天下莫弗知也，而□□□行也。	帛 78.5
人之道，為而弗爭。	帛 81.7

輔 fu

以輔萬物之自然，而不敢為。　　　　　王、河 64.16

以輔萬物之自然，而不敢為也。　　　　傅 64.16

是故聖人能輔萬物之自然，而弗能為。　竹 64.16

能輔萬物之自然，而弗敢為。　　　　　帛 64.16

甫 fu

自今及古，其名不去，以閱衆甫。　　　傅 21.7

自古及今，其名不去，以閱衆甫。　　　王、河 21.7

吾何以知衆甫之狀哉？以此。　　　　　王 21.8

吾何以知衆甫之然哉？以此。　　　　　河 21.8

吾奚以知衆甫之然哉？以此。　　　　　傅 21.8

覆 fu

長之，遂之，亭之，毒之，養之，覆□。帛 51.7

長之，育之，亭之，毒之，養之，覆之。王 51.7

長之育之，成之孰之，養之覆之。　　　河 51.7

長之育之，亭之毒之，蓋之覆之。　　　傅 51.7

復 fu

復歸於無物，　　　　　　　　　　　　王、河、傅 14.8

復歸於无物。　　　　　　　　　　　　帛 14.8

萬物並作，吾以觀其復。　　　　　　　河、傅 16.2

萬物並作，吾以觀其復也。　　　　　　帛 16.2

萬物並作，吾以觀復。　　　　　　　　王 16.2

萬物旁作，居以須復也。　　　　　　　竹 16.2

天物魂魂，各復歸於其根。　　　　　　帛 16.3

夫物芸芸，各復歸其根。　　　　　　　王、河 16.3

天道員員，各復其根。　　　　　　　　竹 16.3

曰靜。靜，是謂復命。　　　　　　　　帛 16.4

歸根曰靖，靖曰復命。　　　　　　　　傅 16.4

歸根曰靜，是謂復命。　　　　　　　　王、河 16.4

復命，常也。知常，明也。　　　　　　帛 16.5

復命曰常，知常曰明，　　　　　　　　王、河、傅 16.5

絕仁棄義，民復孝慈；　　　　　　　　王、河、傅 19.2

絕仁棄義，而民復孝慈。　　　　　　　帛 19.2

絕偽弃慮，民復孝慈。　　　　　　　　竹 19.3

恆德不离，復歸嬰兒。　　　　　　　　帛 28.3

復歸於嬰兒。　　　　　　　　　　　　王、河、傅 28.3

恆德乃足，復歸於樸。　　　　　　　　帛 28.6

復歸於無極。　　　　　　　　　　　　王、河、傅 28.6

恆德不忒，復歸於極。　　　　　　　　帛 28.9

復歸於朴。　　　　　　　　　　　　　河 28.9

復歸於樸。　　　　　　　　　　　　　王、傅 28.9

既知其母，復知其子；　　　　　　　　河 52.2

既知其子，復守其母，沒身不殆。　　　王、帛、河、傅 52.3

用其光，復歸其明，　　　　　　　　　王、帛、河、傅 52.7

正□□□，善復為□。　　　　　　　　帛 58.6

正復為奇，善復為妖，　　　　　　　　王 58.6

正復為奇，善復為訞。　　　　　　　　河 58.6

正復為奇，善復為祅。　　　　　　　　傅 58.6

教不教，復衆之所過。　　　　　　　　竹 64.15

學不學，以復衆人之所過；　　　　　　傅 64.15

學不學，復衆人之所過。　　　　　　　王、帛、河 64.15

與物反矣，乃復至於大順。　　　　　　傅 65.9

使人復結繩而用之。　　　　　　　　　王 80.6

使民復結繩而用之。　　　　　　　　　帛、河、傅 80.6

父 fu

自今及古，其名不去，以順衆父。　　　帛 21.7

吾何以知衆父之然也？以此。　　　　　帛 21.8

吾將以為教父。　　　　　　　　王、河 42.11

吾將以為學父。　　　　　　　　帛、傅 42.11

腹 fu

虛其心，實其腹；　　　　　　　王、帛、河、傅 3.6

是以聖人之治也，為腹而不為目。　帛 12.6

是以聖人為腹不為目，　　　　　王、河、傅 12.6

負 fu

萬物負陰而抱陽，　　　　　　　王、河 42.3

萬物負陰而裹陽，　　　　　　　傅 42.3

富 fu

富貴而驕，自遺其咎。　　　　　王、河、傅 9.4

貴富而驕，自遺咎也。　　　　　帛 9.4

貴富驕，自遺咎也。　　　　　　竹 9.4

知足者，富也。　　　　　　　　帛、傅 33.3

知足者富，　　　　　　　　　　王、河 33.3

我無事而民自富，　　　　　　　竹 57.9，王、河、傅 57.11

我无事而民自富，　　　　　　　帛 57.11

改 gai

寂兮寞兮，獨立而不改，　　　　傅 25.2

寂兮寥兮，獨立不改，　　　　　王 25.2

寂兮寥兮，獨立而不改，　　　　河 25.2

寂呵寥呵，獨立而不改，　　　　帛 25.2

敓穆，獨立不改，　　　　　　　竹 25.2

蓋 gai

蓋聞善執生者，　　　　　　　　帛 50.6

蓋聞善攝生者，　　　　　　　　王、河、傅 50.6

長之育之，亭之毒之，蓋之覆之。　傅 51.7

甘 gan

天地相合，以俞甘露。	帛 32.5
天地相合，以降甘露，	王、河、傅 32.5
天地相合也，以逾甘露。	竹 32.5
甘其食，美其服，	王、帛、河 80.7
至治之極，民各甘其食，美其服，	傅 80.7

敢 gan

使夫知不敢，	帛 3.9
使夫知者不敢為。	傅 3.9
使夫智者不敢為也。	王、河 3.9
不敢以取強。	王、河 30.6
不敢以取彊為。	傅 30.6
朴雖小，天下不敢臣。	河 32.2
樸雖微，天地弗敢臣，	竹 32.2
樸雖小而天下弗敢臣。	帛 32.2
以輔萬物之自然，而不敢為。	王、河 64.16
以輔萬物之自然，而不敢為也。	傅 64.16
能輔萬物之自然，而弗敢為。	帛 64.16
三曰不敢為天下先。	王、帛、河、傅 67.6
不敢為天下先，	王、帛、河、傅 67.8
吾不敢為主而為客，	王、帛、河、傅 69.2
不敢進寸而退尺。	王、帛、河、傅 69.3
勇於敢則殺，	王、帛、河、傅 73.1
勇於不敢則活。	王、帛、河、傅 73.2
吾得而殺之，夫孰敢矣！	帛 74.4
吾得而殺之，孰敢也！	傅 74.4
吾得執而殺之，孰敢？	王、河 74.4

剛 gang

柔弱勝剛強。　　　　　　　　　　　　　　王、河 36.6

柔之勝剛，弱之勝彊，　　　　　　　　　　傅 36.6，傅 78.4

水之勝剛也，弱之勝強也，　　　　　　　　帛 78.4

弱之勝強，柔之勝剛，　　　　　　　　　　王、河 78.4

高 gao

長、短之相形也，高、下之相盈也，　　　　帛、竹 2.4

長短之相形，高下之相傾，　　　　　　　　傅 2.4

長短相形，高下相傾，　　　　　　　　　　河 2.4

長短相較，高下相傾，　　　　　　　　　　王 2.4

侯王毋已貴以高將恐蹶。　　　　　　　　　帛 39.11

王侯無以為貞而貴高將恐蹷。　　　　　　　傅 39.13

必高矣而以下為基。　　　　　　　　　　　帛 39.13

侯王無以貴高將恐蹶。　　　　　　　　　　王 39.13

侯王無以貴高將恐蹷。　　　　　　　　　　河 39.13

高以下為基。　　　　　　　　　　　　　　王、傅 39.15

高必以下為基。　　　　　　　　　　　　　河 39.15

百千之高，始於足下。　　　　　　　　　　帛 64.7

高者抑之，下者舉之；　　　　　　　　　　王、帛、河、傅 77.2

槁 gao

其死也枯槁。　　　　　　　　　　　　　　王、帛、河、傅 76.4

割 ge

大制無割。　　　　　　　　　　　　　　　傅 28.12

夫大制无割。　　　　　　　　　　　　　　帛 28.12

故大制不割。　　　　　　　　　　　　　　王、河 28.12

是以方而不割，　　　　　　　　　　　　　帛 58.8

是以聖人方而不割，　　　　　　　　　　　王、河、傅 58.8

革 ge

入軍不被兵革。	帛 50.8

各 ge

凡物紜紜，各歸其根。	傅 16.3
天物魂魂，各復歸於其根。	帛 16.3
天道員員，各復其根。	竹 16.3
夫物芸芸，各復歸其根。	王、河 16.3
夫兩者各得其所欲，	王、河 61.11
兩者各得其所欲，	傅 61.11
至治之極，民各甘其食，美其服，	傅 80.7

根 gen

玄牝之門，是謂天地之根。	帛、傅 6.2
玄牝之門；是謂天地根。	王、河 6.2
凡物紜紜，各歸其根。	傅 16.3
天物魂魂，各復歸於其根。	帛 16.3
夫物芸芸，各復歸其根。	王、河 16.3
天道員員，各復其根。	竹 16.3
歸根曰靖，靖曰復命。	傅 16.4
歸根曰靜，是謂復命。	王、河 16.4
重為輕根，靖為躁君。	傅 26.1
重為輕根，靜為躁君，	王、帛、河 26.1
是謂深根固柢，	王、帛、傅 59.8
是謂深根固蒂，	河 59.8

攻 gong

而攻堅強者莫之能勝，	王、河 78.2
而攻堅彊者莫之能先，	傅 78.2

功 gong

功成不處。	傅 2.10
功成而弗居。	王、河 2.10
成功而弗居也。	帛 2.10，帛 77.11
功成、名遂、身退，天之道。	河 9.5
功遂身退，天之道。	王 9.5
功遂身退，天之道也。	竹、帛 9.5
成名功遂身退，天之道。	傅 9.5
功成事遂，百姓皆曰我自然。	傅 17.6
功成事遂，百姓皆謂我自然。	王、河 17.6
成功遂事，而百姓謂我自然。	帛 17.6
成事遂功，而百姓曰我自然也。	竹 17.6
不自伐故有功，	王、帛、河、傅 22.7
自伐者無功，	王、河、傅 24.4
自伐者无功，	帛 24.4
成功遂事而弗名有也。	帛 34.2
功成（而）不名有。	河 34.3
功成不名有，	王 34.3
功成而不居，	傅 34.3，傅 77.11
功成而不處，	王、河 77.11

公 gong

知常容，容乃公，	王、帛、河、傅 16.7
公乃王，王乃天，	王、帛、河、傅 16.8
而王公以自名也。	帛 42.6
而王公以為稱。	王、河 42.6
故立天子，置三公，	王、河、傅 62.7

宮 gong

聖人用之則為宮長，	傅 28.11

弓 gong

天之道，其猶張弓乎？　　　　　　　河 77.1

天之道，其猶張弓者歟，　　　　　　傅 77.1

天之道，其猶張弓與！　　　　　　　王 77.1

天之道，猶張弓也，　　　　　　　　帛 77.1

拱 gong

雖有拱璧以先駟馬，　　　　　　　　王、河、傅 62.8

共 gong

三十輻共一轂，　　　　　　　　　　王、河、傅 11.1

雖有共之璧以先四馬，　　　　　　　帛 62.8

是以兵強則不勝，木強則共。　　　　河 76.7

是以兵彊者則不勝，木彊則共。　　　傅 76.7

苟 gou

苟吾無身，吾有何患乎？　　　　　　傅 13.8

狗 gou

天地不仁，以萬物為芻狗；　　　　　王、帛、河、傅 5.1

聖人不仁，以百姓為芻狗。　　　　　王、帛、河、傅 5.2

鄰國相望，雞狗之聲相聞，　　　　　河 80.9

垢 gou

受國之垢，是謂社稷之主。　　　　　傅 78.7

受國之垢，是謂社稷主；　　　　　　王、河 78.7

詬 gou

受國之詬，是謂社稷之主，　　　　　帛 78.7

孤 gu

夫是以侯王自謂孤寡不穀，　　　　　帛 39.14

是以王侯自謂孤寡不穀，	傅 39.16
是以侯王自稱孤寡不穀，	河 39.16
是以侯王自謂孤寡不穀。	王 39.16
人之所惡，唯孤寡不穀，	王、帛 42.5
人之所惡，唯孤寡不穀，	河 42.5
人之所惡，惟孤寡不穀，	傅 42.5

轂 gu

三十輻共一轂，	王、河、傅 11.1
卅輻同一轂，	帛 11.1
是以侯王自稱孤寡不穀，	河 39.16
人之所惡，唯孤寡不穀，	河 42.5

穀 gu

夫是以侯王自謂孤寡不穀，	帛 39.14
是以侯王自謂孤寡不穀。	王 39.16
人之所惡，唯孤寡不穀，	王、帛 42.5

穀 gu

| 是以王侯自謂孤寡不穀， | 傅 39.16 |
| 人之所惡，惟孤寡不穀， | 傅 42.5 |

古 gu

執古之道，以御今之有，	王、河 14.13
執古之道，可以御今之有，	傅 14.13
以知古始，是謂道紀。	帛、河 14.14
能知古始，是謂道紀。	王、傅 14.14
古之善為士者，	王、河 15.1
長古之善為士者，	竹 15.1
古之□為道者，	帛 15.1
古之善為道者，	傅 15.1，王、河、傅 65.1

自今及古，其名不去，以順衆父。　　　帛 21.7

自今及古，其名不去，以閱衆甫。　　　傅 21.7

自古及今，其名不去，以閱衆甫。　　　王、河 21.7

古之所謂曲則全者，豈虛言也哉？　　　傅 22.10

古之所謂曲全者幾語哉，　　　　　　　帛 22.10

古之所謂曲則全者，豈虛言哉！　　　　王、河 22.10

古之所以賁此者何也？　　　　　　　　帛 62.10

古之所以賁此道者，　　　　　　　　　河 62.10

古之所以賁此道者何？　　　　　　　　王 62.10

古之所以賁此道者何也？　　　　　　　傅 62.10

古之為道者，　　　　　　　　　　　　帛 65.1

古之善為士者不武也，　　　　　　　　傅 68.1

是謂配天，古之極。　　　　　　　　　王、河 68.7

是謂配天，古之極也。　　　　　　　　帛、傅 68.7

骨 gu

弱其志，強其骨。　　　　　　　　　　王、帛、河 3.7

弱其志，彊其骨。　　　　　　　　　　傅 3.7

骨弱筋柔而捉固，　　　　　　　　　　竹 55.4

骨弱筋柔而握固，　　　　　　　　　　王、河、傅 55.4

骨筋弱柔而握固。　　　　　　　　　　帛 55.4

谷 gu

谷神不死，是謂玄牝，　　　　　　　　王、帛、河、傅 6.1

曠兮其若谷，　　　　　　　　　　　　王、河、傅 15.10

湛呵其若谷。　　　　　　　　　　　　帛 15.11

知其白，守其辱，為天下谷。　　　　　帛 28.4

為天下谷，恆德乃足。　　　　　　　　帛 28.5

知其榮，守其辱，為天下谷。　　　　　王、河、傅 28.7

為天下谷，常德乃足，　　　　　　　　王、河、傅 28.8

猶小谷之與江海。	竹 32.11
猶小谷之與江海也。	帛 32.11
猶川谷之於江海。	王 32.11
猶川谷之與江海。	河 32.11
猶川谷之與江海也。	傅 32.11
谷得一以盈，	王、河、傅 39.5
谷得一盈，	帛 39.5
谷毋已盈將竭，	帛 39.10
谷無以盈將恐竭，	王、傅 39.11
谷無盈將恐竭，	河 39.11
上德如谷，大白如辱，	竹、帛 41.7
上德若谷，大白若辱，	王、河 41.7
上德若谷，大白若黷。	傅 41.7
江海所以為百谷王，	竹 66.1
江海所以能為百谷王者，	王、帛、河、傅 66.1
以其能為百谷下，	竹 66.2
故能為百谷王。	王、河、傅 66.3
是以能為百谷王。	竹、帛 66.3

故 gu

故恆无欲也，以觀其妙；	帛 1.5
故常無欲，以觀其妙；	王、河、傅 1.5
故有無之相生，難易之相成，	傅 2.3
故有無相生，難易相成，	王、河 2.3
以其不自生，故能長生。	王、河、傅 7.3
以其不自生也，故能長生。	帛 7.3
故能成其私。	王、河、傅 7.7，帛 7.8
居眾人之所惡，故幾於道矣。	帛、傅 8.3
處眾人之所惡，故幾於道。	王、河 8.3
夫唯不爭，故無尤。	王、河 8.7

夫唯不爭，故无尤。	帛 8.7
夫惟不爭，故無尤矣。	傅 8.7
故有之以為利，	王、帛、河、傅 11.7
故去彼而取此。	帛 12.7，帛 38.16，帛 72.7
故去彼取此 。	王、河、傅 12.7，王、河、傅 38.17，王、河、傅 72.7
故貴以身為天下，	王 13.9
故貴以身為天下者，	河、傅 13.9
故貴為身於為天下，	帛 13.9
故混而為一。	王、河、傅 14.5
故絪而為一。	帛 14.5
故強為之容，曰：	帛 15.4
故強為之容。	王、河 15.4
故彊為之容，曰：	傅 15.4
夫唯不盈，故能蔽不新成。	王、河 15.15
故信不足，焉有不信。	傅 17.4
故大道廢，安有仁義。	竹、帛 18.1
故令之有所屬。	帛 19.5
故令有所屬，	王、河、傅 19.5
不自示故章，	帛 22.5
不自見故明，	王、河、傅 22.5
不自見也故明，	帛 22.6
不自是故彰，	王、河、傅 22.6
不自伐故有功，	王、帛、河、傅 22.7
不自矜故長。	王、河、傅 22.8
弗矜故能長。	帛 22.8
夫唯不爭，故天下莫能與之爭。	王、河 22.9
夫唯不爭，故莫能與之爭。	帛 22.9
夫惟不爭，故天下莫能與之爭。	傅 22.9
故飄風不崇朝，	傅 23.2

故飄風不終朝，	王 23.2
故從事而道者同於道，	帛 23.7
故從事於道者，	王、河、傅 23.7
物或惡之，故有道者不處也。	河、傅 24.7
物或惡之，故有欲者弗居。	帛 24.7，帛 31.2
物或惡之，故有道者不處。	王 24.7，王、河、傅 31.2
吾不知其名，故彊字之曰道。	傅 25.5
故道大，天大，地大，王亦大。	王、河 25.8
是以聖人常善救人，故人無棄人；	傅 27.6
是以聖人常善救人，故無棄人；	王、河 27.6
常善救物，故物無棄物，是謂襲明。	傅 27.7
常善救物，故無棄物，是謂襲明。	王、河 27.7
故善人，善人之師；	帛 27.8
故善人者，不善人之師；	王、河、傅 27.8
故大制不割。	王、河 28.12
故物或行或隨，或呴或吹，	河 29.5
故物或行或隨，或歔或吹，	王 29.5
故善者果而已矣，	傅 30.5
故曰兵者□□□□□，	竹 31.3
故兵者非君子之器。	帛 31.5
以恬惔為上，故不美也。	傅 31.8
故吉事上左，喪事上右。	竹 31.9
故吉事尚左，凶事尚右。	傅 31.12
故殺□□，則以哀悲蒞之；	竹 31.13
故常無欲，可名於小矣。	傅 34.5
故能成大。	帛 34.8
故能成其大。	王、河 34.8，傅 34.9， 王、河、傅 63.8
故道□□□，	竹 35.4
故道之出言也，曰：	帛 35.4

故失道而后德，	帛 38.8
故失道而後德，	王、河、傅 38.9
故必貴以賤為本，	帛 39.12
故貴（必）以賤為本，	河 39.14
故貴以賤為本，	王、傅 39.14
故至數輿无輿。	帛 39.16
是故不欲祿祿若玉，硌硌若石。	帛 39.17
故致數車無車，	河 39.18
故致數輿無輿。	王 39.18
故致數轝無轝，	傅 39.18
故建言有之：明道若昧，	王、河 41.5
故建言有之曰：明道若昧，	傅 41.5
故物，或損之而益，	王、河、傅 42.7
故人□□教，亦議而教人。	帛 42.9
故強梁者不得死，	帛 42.10
是故甚愛必大費，	王、傅 44.4
故知足不辱，知止不殆，可以長久。	竹、帛 44.6
故知足之足，常足矣。	王 46.5，河、傅 46.6
夫何故？以其生生之厚。	王 50.5
夫何故？以其生生之厚也。	傅 50.5
夫何故？以其求生之厚。	河 50.5
夫何故也？以其生生。	帛 50.5
夫何故？以其無死地。	王、河 50.12
夫何故也？以其無死地焉。	傅 50.12
□何故也？以其无死地焉。	帛 50.12
故道生之，德畜之，	王、河、傅 51.6
故以身觀身，以家觀家，	王、河、傅 54.9
故不可得而親，	王、竹、河 56.6
故不可得而親也，	帛 56.6

故為天下貴。	王、竹、帛、河、傅 56.12，王、帛、河、傅 62.13
故聖人云，	王、河、傅 57.8，河 78.6
故德交歸焉。	王、帛、河、傅 60.8
以其靖，故為下也。	傅 61.5
為其靜也，故宜為下也。	帛 61.5
故大國以下小國，則取小國；	王、帛、河 61.6
故大國以下小國，則取於小國。	傅 61.6
故或下以取，或下而取。	王、帛 61.8
故大國者不過欲并畜人，	帛 61.9
故大者宜為下。	傅 61.12
故立天子，置三公，	王、河、傅 62.7
故立天子，置三卿，	帛 62.7
是以聖人猶難之，故終亡難。	竹 63.3
故能□□□。	帛 63.8
是以聖人猶難之，故終於无難。	帛 63.11
是以聖人猶難之，故終無難。	河 63.11
是以聖人猶難之。故終無難矣。	王、傅 63.11
是以聖人亡為故亡敗；	竹 64.9
是以聖人無為，故無敗；	王、傅 64.9
聖人無為故無敗，	河 64.9
亡執故亡失。	竹 64.10
無執，故無失。	王、傅 64.10
无執也，故无失也。	帛 64.10
无執故無失。	河 64.10
故曰：慎終若始，則无敗事矣。	帛 64.12
是故聖人能輔萬物之自然，而弗能為。	竹 64.16
故以知治國，國之賊也；	傅 65.4
故以智治國，國之賊；	王 65.4
故以智知國，國之賊也；	帛 65.4

故能為百谷王。	王、河、傅 66.3
故居上而民弗重也，	帛 66.7
故天下莫能與之爭。	王、竹、河、傅 66.11
故天下莫能與爭。	帛 66.11
夫唯大，故似不肖。	王、河 67.2
夫唯不肖，故能大。	帛 67.2
夫惟大，故似不肖。	傅 67.2
夫慈，故能勇；儉，故能廣；	帛、傅 67.7
慈，故能勇；儉，故能廣；	王、河 67.7
故能成器長。	王、河、傅 67.9
故能為成器長。	帛 67.9
故善為士者不武，	帛 68.1
故抗兵相加，哀者勝矣。	王、河 69.8
故抗兵相若，而哀者勝矣。	帛 69.8
故抗兵相若，則哀者勝矣。	傅 69.8
天之所惡，孰知其故？	王、帛、河、傅 73.4
故曰：堅強，死之徒也；	帛 76.5
故堅強者死之徒，	王、河 76.5
故堅彊者，死之徒也；	傅 76.5
故堅彊處下，柔弱處上。	傅 76.8
故強大居下，柔弱居上。	帛 76.8
故天之道，損有餘而益不足；	帛 77.5
故聖人之言云，	傅 78.6
是故聖人之言云，曰：	帛 78.6
故有德司契，无德司徹。	帛 79.5
故有德司契，無德司徹。	傅 79.5
故天之道，利而不害；	帛 81.6

固 gu

將欲翕之，必固張之。	帛、傅 36.1

將欲歙之，必固張之；	王 36.1
將欲噏之，必固張之；	河 36.1
將欲弱之，必固強之；	王、帛、河 36.2
將欲弱之，必固彊之。	傅 36.2
將欲去之，必固與之。	帛 36.3
將欲廢之，必固興之；	王、河、傅 36.3
將欲奪之，必固予之。	帛 36.4
將欲奪之，必固與之；	王、河、傅 36.4
骨弱筋柔而捉固，	竹 55.4
骨弱筋柔而握固，	王、河、傅 55.4
骨筋弱柔而握固。	帛 55.4
人之迷，其日固久。	王、河 58.7
人之迷也，其日固久矣。	傅 58.7
□之迷也，其日固久矣。	帛 58.7
是謂深根固柢，	王、帛、傅 59.8
是謂深根固蔕，	河 59.8
夫慈，以陳則正，以守則固。	傅 67.13
夫慈，以戰則勝，以守則固，	王、帛、河 67.13

寡 gua

見素抱朴，少私寡欲。	河 19.6
見素抱樸，少私而寡欲。	帛 19.6
見素抱樸，少私寡欲。	王 19.6
見素裒朴，少私寡欲。	傅 19.6
視素保樸，少私寡欲。	竹 19.6
夫是以侯王自謂孤寡不穀，	帛 39.14
是以王侯自謂孤寡不穀，	傅 39.16
是以侯王自稱孤寡不穀，	河 39.16
是以侯王自謂孤寡不穀。	王 39.16
人之所惡，唯孤寡不穀，	王、帛 42.5

人之所惡，唯孤寡不穀，	河 42.5
人之所惡，惟孤寡不穀，	傅 42.5
夫輕諾必寡信，	王、河 63.9
夫輕諾者必寡信，	傅 63.9
小國寡民，	王、帛、河、傅 80.1

觀 guan

故恆无欲也，以觀其妙；	帛 1.5
故常無欲，以觀其妙；	王、河、傅 1.5
恆有欲也，以觀其所噭。	帛 1.6
常有欲，以觀其徼。	王、河、傅 1.6
萬物並作，吾以觀其復。	河、傅 16.2
萬物並作，吾以觀其復也。	帛 16.2
萬物並作，吾以觀復。	王 16.2
雖有榮觀，宴處超然。	傅 26.3
雖有榮觀，燕處超然，	王、河 26.3
□□□家，以鄉觀鄉，	竹 54.9
以身觀身，以家觀家，	帛 54.9
故以身觀身，以家觀家，	王、河、傅 54.9
以邦觀邦，	竹 54.10
以鄉觀鄉，以邦觀國，	帛 54.10
以鄉觀鄉，以邦觀邦，	傅 54.10
以鄉觀鄉，以國觀國，	王、河 54.10
以天下觀天下。	王、竹、帛、河、傅 54.11

官 guan

聖人用之則為官長。	王、河 28.11
聖人用則為官長，	帛 28.11

關 guan

善閉者無關鍵而不可開，	傅 27.4

善閉者无關鑰而不可啓也。　　　　帛 27.4

善閉無關楗而不可開，　　　　　　王、河 27.4

館 guan

雖有環館，燕處則昭若。　　　　　帛 26.3

光 guang

和其光，同其塵，　　　　　　　　王、帛、河、傅 4.4，竹、
　　　　　　　　　　　　　　　　帛 56.3，王、河、傅 56.4

用其光，復歸其明，　　　　　　　王、帛、河、傅 52.7

光而不曜。　　　　　　　　　　　河 58.10

光而不燿。　　　　　　　　　　　王 58.10

光而不耀。　　　　　　　　　　　帛、傅 58.10

廣 guang

廣德如不足，建德如□，　　　　　竹、帛 41.8

廣德若不足，建德若偷，　　　　　王 41.8

廣德若不足，建德若揄，　　　　　河 41.8

廣德若不足。建德若婾，　　　　　傅 41.8

夫慈，故能勇；儉，故能廣；　　　帛、傅 67.7

慈，故能勇；儉，故能廣；　　　　王、河 67.7

舍其儉，且廣；　　　　　　　　　帛、河 67.11

舍儉且廣，　　　　　　　　　　　王 67.11

捨其儉，且廣；　　　　　　　　　傅 67.11

歸 gui

復歸於無物，　　　　　　　　　　王、河、傅 14.8

復歸於无物。　　　　　　　　　　帛 14.8

凡物紜紜，各歸其根。　　　　　　傅 16.3

天物魂魂，各復歸於其根。　　　　帛 16.3

夫物芸芸，各復歸其根。　　　　　王、河 16.3

歸根曰靖，靖曰復命。	傅 16.4
歸根曰靜，是謂復命。	王、河 16.4
乘乘兮若無所歸。	河 20.10
儡儡兮其不足以無所歸。	傅 20.10
纍呵似无所歸。	帛 20.10
儽儽兮若無所歸。	王 20.10
誠全而歸之。	王、河、傅 22.11
誠全歸之。	帛 22.11
恆德不离，復歸嬰兒。	帛 28.3
復歸於嬰兒。	王、河、傅 28.3
恆德乃足，復歸於樸。	帛 28.6
復歸於無極。	王、河、傅 28.6
恆德不忒，復歸於无極。	帛 28.9
復歸於朴。	河 28.9
復歸於樸。	王、傅 28.9
萬物歸焉而弗為主，	帛 34.3
萬物歸焉而弗為主，可名於大。	帛 34.5
萬物歸之而不知主，可名於大矣。	傅 34.6
萬物歸焉而不為主，可名為大。	王、河 34.6
用其光，復歸其明，	王、帛、河、傅 52.7
故德交歸焉。	王、帛、河、傅 60.8

鬼 gui

以道蒞天下者，其鬼不神。	傅 60.2
以道莅天下，其鬼不神。	王、帛、河 60.2
非其鬼不神，	王、河、傅 60.3
非其鬼不神也，	帛 60.3

劌 gui

廉而不劌，直而不肆，	王、傅 58.9

貴 gui

不貴難得之貨。	王、帛、河、傅 3.2，王、竹、河、傅 64.14
富貴而驕，自遺其咎。	王、河、傅 9.4
貴富而驕，自遺咎也。	帛 9.4
貴富驕，自遺咎也。	竹 9.4
人寵辱若驚，貴大患若身。	竹 13.1
寵辱若驚，貴大患若身。	王、帛、河、傅 13.1
何謂貴大患若身？	王、帛、河、傅 13.6
故貴以身為天下，	王 13.9
故貴以身為天下者，	河、傅 13.9
故貴為身於為天下，	帛 13.9
悠兮其貴言。	王 17.5
猶兮其貴言。	河 17.5
猶兮其貴言哉。	傅 17.5
猶乎其貴言也。	竹 17.5
猶呵其貴言也。	帛 17.5
吾欲獨異於人，而貴食母。	帛 20.18
吾獨欲異於人，而貴食母。	傅 20.19
我獨異於人，而貴食母。	王、河 20.19
不貴其師，不愛其資，雖知大迷。	傅 27.10
不貴其師，不愛其資，雖智大迷。	王、河 27.10
不貴其師，不愛其資，雖智乎大迷。	帛 27.10
君子居則貴左，	竹 31.1，王、帛、河 31.3
用兵則貴右。	竹 31.2，王、帛、河、傅 31.4
是以君子居則貴左，	傅 31.3
侯王毋已貴以高將恐蹶。	帛 39.11
故必貴以賤為本，	帛 39.12
王侯無以為貞而貴高將恐蹶。	傅 39.13

侯王無以貴高將恐蹶。	王 39.13
侯王無以貴高將恐蹷。	河 39.13
故貴（必）以賤為本，	河 39.14
故貴以賤為本，	王、傅 39.14
是以萬物莫不尊道而貴德。	王、河、傅 51.3
是以萬物尊道而貴德。	帛 51.3
道之尊，德之貴，	王、河、傅 51.4
道之尊也，德之貴也，	帛 51.4
不可得而貴，	王、竹、帛、河、傅 56.10
故為天下貴。	王、竹、帛、河、傅 56.12, 王、帛、河、傅 62.13
古之所以貴此者何也？	帛 62.10
古之所以貴此道者，	河 62.10
古之所以貴此道者何？	王 62.10
古之所以貴此道者何也？	傅 62.10
而不貴難得之貨；	帛 64.14
知我者希，則我者貴，	王、河 70.5
知我者稀，則我貴矣。	傅 70.5
知者希，則我貴矣。	帛 70.5
自愛，不自貴。	王、河 72.6
自愛而不自貴。	傅 72.6
自愛而不自貴也。	帛 72.6
夫惟無以生為貴者，	傅 75.6
是賢於貴生。	王、河 75.7
是賢於貴生也。	傅 75.7
是賢貴生。	帛 75.7

蛫 gui

蛫蠆蟲蛇弗螫。	竹 55.2

國 guo

愛民治國，能無以知乎？	傅 10.4
愛民治國，能無知乎？	王 10.4
愛民治國，能無為。	河 10.4
愛民活國，能毋以知乎？	帛 10.4
國家昏亂，安有貞臣。	帛 18.4
國家昏亂，有忠臣。	王 18.4
國家昏亂，有忠臣。	河 18.4
國家昏亂，有貞臣。	傅 18.4
國中有四大，	帛 25.8
國中有四大安，	竹 25.8
國之利器不可以示人。	王、河 36.8
國利器不可以示人。	帛 36.8
修之於國，其德乃豐；	王、河 54.7
脩之國，其德乃豐。	帛 54.7
以鄉觀鄉，以邦觀國，	帛 54.10
以鄉觀鄉，以國觀國，	王、河 54.10
以正治國，以奇用兵，	王、帛、河 57.1
以政治國，以奇用兵，	傅 57.1
民多利器，國家滋昏；	王、傅 57.5
民多利器，國家滋昏。	河 57.5
莫知其□，可以有國。	帛 59.6
莫知其極（則）可以有國。	河 59.6
莫知其極，可以有國。	王、竹、傅 59.6
有國之母，可以長……	竹 59.7
有國之母，可以長久。	王、帛、河、傅 59.7
治大國若烹小鮮。	王、帛、河、傅 60.1
大國者，下流也，	帛 61.1
大國者，天下之下流，	傅 61.1

大國者下流，	王、河 61.1
故大國以下小國，則取小國；	王、帛、河 61.6
故大國以下小國，則取於小國。	傅 61.6
小國以下大國，則取大國。	王、河 61.7
小國以下大國，則取於大國。	帛、傅 61.7
大國不過欲兼畜人，	王、河、傅 61.9
故大國者不過欲并畜人，	帛 61.9
小國不過欲入事人，	王、帛、河、傅 61.10
以智治國，國之賊；	河 65.4
故以知治國，國之賊也；	傅 65.4
故以智治國，國之賊；	王 65.4
故以智知國，國之賊也；	帛 65.4
不以知治國，國之福也；	傅 65.5
不以智治國，國之福。	王、河 65.5
以不智知國，國之德也；	帛 65.5
受國之垢，是謂社稷之主。	傅 78.7
受國之垢，是謂社稷主；	王、河 78.7
受國之詬，是謂社稷之主，	帛 78.7
受國不祥，是為天下王。	王 78.8
受國之不祥，	河 78.8
受國之不祥，是謂天下之王。	帛 78.8
受國之不祥，是謂天下之主。	傅 78.8
小國寡民，	王、帛、河、傅 80.1
鄰國相望，雞犬之聲相聞，	王、帛、傅 80.9
鄰國相望，雞狗之聲相聞，	河 80.9

果 guo

善者果而已，	竹 30.3，河 30.5
善者果而已矣，	帛 30.4
果而弗伐，果而弗驕，果而弗矜，	竹 30.5

故善者果而已矣，　　　　　　　　　傅 30.5

善有果而已，　　　　　　　　　　　王 30.5

果而毋驕，果而勿矜，果而□伐，　　帛 30.6

是謂果而不強。　　　　　　　　　　竹 30.6

果而勿矜，果而勿伐，果而勿驕。　　王、河、傅 30.7

果而毋得已居，是謂果而強。　　　　帛 30.7

果而不得已，果而勿強。　　　　　　王、河 30.8

果而不得已，是果而勿彊。　　　　　傅 30.8

過 guo

樂與餌，過客止。　　　　　　　　　王、竹、帛、河、傅 35.3

大國不過欲兼畜人，　　　　　　　　王、河、傅 61.9

故大國者不過欲并畜人，　　　　　　帛 61.9

小國不過欲入事人，　　　　　　　　王、帛、河、傅 61.10

教不教，復衆之所過。　　　　　　　竹 64.15

學不學，以復衆人之所過；　　　　　傅 64.15

學不學，復衆人之所過。　　　　　　王、帛、河 64.15

天下柔弱莫過於水，　　　　　　　　河 78.1

咳 hai

若嬰兒之未咳，　　　　　　　　　　傅 20.9

若嬰兒未咳。　　　　　　　　　　　帛 20.9

聖人皆咳之。　　　　　　　　　　　帛、傅 49.10

孩 hai

如嬰兒之未孩，　　　　　　　　　　王、河 20.9

聖人皆孩之。　　　　　　　　　　　王 49.9，河 49.10

海 hai

忽呵其若海，恍呵若无所止。　　　　帛 20.15

忽兮若海。漂兮若無所止。　　　　　河 20.16

淡兮其若海，飄兮似無所止。 傅 20.16

澹兮其若海，飂兮若無止。 王 20.16

猶小谷之與江海。 竹 32.11

猶小谷之與江海也。 帛 32.11

猶川谷之於江海。 王 32.11

猶川谷之與江海。 河 32.11

猶川谷之與江海也。 傅 32.11

江海所以為百谷王， 竹 66.1

江海所以能為百谷王者， 王、帛、河、傅 66.1

害 hai

往而不害，安平大。 竹、帛 35.2

往而不害，安平太。 王、河 35.2

往而不害，安平泰。 傅 35.2

不可得而害； 王 56.9

亦不可得而害； 竹、帛、河、傅 56.9

廉而不害，直而不肆， 河 58.9

其在民前也，民弗害也； 竹 66.8

居前而民弗害。 帛 66.8

處之前而民不害也。 傅 66.8

處前而民不害， 王、河 66.8

□兩者或利或害。 帛 73.3

此兩者，或利或害。 王、河、傅 73.3

天之道，利而不害。 王、河、傅 81.6

故天之道，利而不害； 帛 81.6

含 han

含德之厚，比於赤子。 王、河 55.1

含德之厚者，比之於赤子也。 傅 55.1

含德之厚者，比於赤子， 竹、帛 55.1

寒 han

躁勝寒 ，靜則熱，	河 45.5
躁勝寒，靖勝熱。	傅 45.5
躁勝寒，靜勝熱，	王、帛 45.5

號 hao

終日號而不啞，和之至也。	河 55.6
終日號而不嗄，和之至也。	王 55.6
終日號而不嚘，和之至也。	帛 55.6
終日號而嗌不嚘，和之至也。	傅 55.6

豪 hao

合袌之木生於豪末；	傅 64.5

毫 hao

□□□木，作於毫末。	帛 64.5
合抱之木，生於毫末；	王、河 64.5

好 hao

不以兵強天下，其事好還，	王、河 30.2
不以兵彊天下，其事好還。	傅 30.2
其事好（還）。	竹 30.7
大道甚夷，民甚好徼。	帛 53.3
大道甚夷，而民好徑。	王、河、傅 53.3
我好靖而民自正，	傅 57.10
我好靜而民自正，	王、帛、河 57.10，竹 57.11

呵 he

淵呵似萬物之宗。	帛 4.2
湛呵似或存。	帛 4.5
縣縣呵其若存，用之不勤。	帛 6.3
尋尋呵不可名也，	帛 14.7

與呵其若冬涉水，	帛 15.5
猶呵其若畏四鄰，	帛 15.6
嚴呵其若客，	帛 l5.7
渙呵其若凌釋，	帛 15.8
沌呵其若樸，	帛 15.9
湷呵其若濁，	帛 15.10
湛呵其若谷。	帛 15.11
猶呵其貴言也。	帛 17.5
唯與呵，其相去幾何？	帛 20.2
唯與呵，相去幾何？	竹 20.2
恍呵其未央哉！	帛 20.5
纍呵似无所歸。	帛 20.10
我愚人之心也，湷湷呵。	帛 20.12
俗人昭昭，我獨若昏呵。	帛 20.13
俗人察察，我獨閔閔呵。	帛 20.14
忽呵其若海，恍呵若无所止。	帛 20.15
忽呵恍呵，中有象呵。	帛 21.3
恍呵忽呵，中有物呵。	帛 21.4
窈呵冥呵，其中有精呵。	帛 21.5
寂呵寥呵，獨立而不改，	帛 25.2
道，汎呵其可左右也，	帛 34.1
淡呵其無味也。	竹 35.5
淡呵其无味也。	帛 35.5

和 he

音、聲之相和也，先、後之相隨，恒也。	帛 2.5
音聲之相和，前後之相隨，	傅 2.5
音聲之相和也，先後之相隨也。	竹 2.5
音聲相和，前後相隨。	王、河 2.5
和其光，同其塵，	王、帛、河、傅 4.4，竹、

	帛 56.3，王、河、傅 56.4
六親不和，安有孝慈。	竹 18.2，帛 18.3
六親不和，有孝慈；	王、河、傅 18.3
中氣以為和。	帛 42.4
沖氣以為和。	王、河、傅 42.4
終日乎而不憂，和之至也；	竹 55.6
終日號而不啞，和之至也。	河 55.6
終日號而不嘎，和之至也。	王 55.6
終日號而不嚘，和之至也。	帛 55.6
終日號而嗌不嗄，和之至也。	傅 55.6
和曰常，知常曰明，	帛 55.7
和曰常，知和曰明。	竹 55.7
知和曰常，知常曰明，	河 55.7
知和曰常，知常曰明，	王、傅 55.7
和大怨，必有餘怨，	王、帛、河、傅 79.1

何 he

何謂寵辱？	竹、河 13.2
何謂寵辱若驚？	王、帛、傅 13.2
何謂貴大患若身？	王、帛、河、傅 13.6
及吾亡身，或何□？	竹 13.8
及吾無身，有何患？	帛 13.8
及吾無身，吾有何患？	王、河 13.8
苟吾無身，吾有何患乎？	傅 13.8
若何以迭天下矣。	竹 13.12
唯之與阿，相去幾何？	王、河、傅 20.2
唯與呵，其相去幾何？	帛 20.2
唯與呵，相去幾何？	竹 20.2
美之與惡，相去何若？	傅 20.3
美與惡，其相去何若？	帛 20.3

美與惡，相去何若？	竹 20.3
善之與惡，相去何若？	河 20.3
善之與惡，相去若何？	王 20.3
吾何以知衆父之然也？以此。	帛 21.8
吾何以知衆甫之狀哉？以此。	王 21.8
吾何以知衆甫之然哉？以此。	河 21.8
如之何萬乘之主，	傅 26.4
奈何萬乘之主，	王、河 26.4
若何萬乘之王，	帛 26.4
夫何故？以其生生之厚。	王 50.5
夫何故？以其生生之厚也。	傅 50.5
夫何故？以其求生之厚。	河 50.5
夫何故也？以其生生。	帛 50.5
夫何故？以其無死地。	王、河 50.12
夫何故也？以其無死地焉。	傅 50.12
□何故也？以其无死地焉。	帛 50.12
（吾）何以知天下之然哉？以此。	河 54.12
吾何□知天下之然哉？以□。	帛 54.12
吾何以知天下然哉？以此。	王 54.12
吾何以知天□□□□□。	竹 54.12
吾何以知其然也？	竹 57.3
吾何以知其然也哉？	帛 57.3
吾何以知其然哉？以此。	王、河 57.3
人之不善，何棄□有？	帛 62.6
人之不善，何棄之有！	王、河、傅 62.6
古之所以貴此者何也？	帛 62.10
古之所以貴此道者何？	王 62.10
古之所以貴此道者何也？	傅 62.10
何不日以求得？	河 62.11

如之何其以死懼之？	傅 74.2
奈何以死懼之！	王、河 74.2
若何以殺懼之也？	帛 74.2

合 he

天地相合，以俞甘露。	帛 32.5
天地相合，以降甘露，	王、河、傅 32.5
天地相合也，以逾甘露。	竹 32.5
未知牝牡之合而全作，精之至也。	王 55.5
未知牝牡之合而朘作，精之至也。	傅 55.5
未知牝牡之合而峻作，精之至也。	河 55.5
未知牝牡之合然怒，精之至也，	竹 55.5
合□□□□□末，	竹 64.5
合抱之木，生於毫末；	王、河 64.5
合襃之木生於豪末；	傅 64.5

闔 he

天門啓闔，能為雌乎？	帛 10.5
天門開闔，能為雌。	河 10.5
天門開闔，能為雌乎？	傅 10.5
天門開闔，能無雌乎？	王 10.5

褐 he

是以聖人被褐而懷玉。	帛、傅 70.6
是以聖人被褐懷玉。	王、河 70.6

黑 hei

知其白，守其黑，為天下式。	王、河、傅 28.4，帛 28.7

恆 heng（參見“常”）

道，可道也，非恆道也。	帛 1.1
名，可名也，非恆名也。	帛 1.2

故恆无欲也，以觀其妙；　　　　　　帛 1.5

恆有欲也，以觀其所噭。　　　　　　帛 1.6

音、聲之相和也，先、後之相隨，恆也。　帛 2.5

恆使民无知无欲也。　　　　　　　　帛 3.8

至虛，恆也；守中，篤也。　　　　　竹 16.1

是以聖人恆善救人，而无棄人，　　　帛 27.6

為天下溪，恆德不离。　　　　　　　帛 28.2

恆德不离，復歸嬰兒。　　　　　　　帛 28.3

為天下谷，恆德乃足。　　　　　　　帛 28.5

恆德乃足，復歸於樸。　　　　　　　帛 28.6

為天下式，恆德不忒。　　　　　　　帛 28.8

恆德不忒，復歸於无極。　　　　　　帛 28.9

道恆亡名，　　　　　　　　　　　　竹 32.1

道恆无名，　　　　　　　　　　　　帛 32.1，帛 37.1

則恆无欲也，可名於小。　　　　　　帛 34.4

道恆亡為也，　　　　　　　　　　　竹 37.1

知足之為足，此恆足矣。　　　　　　竹 46.4

□□□□□，恆足矣。　　　　　　　帛 46.6

□□取天下，恆无事，　　　　　　　帛 48.5

□人恆无心，　　　　　　　　　　　帛 49.1

夫莫之爵也，而恆自然也。　　　　　帛 51.5

牝恆以靜勝牡。　　　　　　　　　　帛 61.4

民之從事也，恆於其成而敗之。　　　帛 64.11

恆知此兩者，亦稽式也。　　　　　　帛 65.6

恆知稽式，是謂玄德。　　　　　　　帛 65.7

我恆有三寶，持而寶之。　　　　　　帛 67.4

若民恆且不畏死，　　　　　　　　　帛 74.1

使民恆且畏死，而為奇者，　　　　　帛 74.3

若民恆且必畏死，則恆有司殺者。　　帛 74.5

夫天道无親，恆與善人。　　　　　　　帛 79.6

侯 hou

侯王如能守之，　　　　　　　　　　　竹 32.3

王侯若能守，　　　　　　　　　　　　傅 32.3，傅 37.2

侯王若能守之，　　　　　　　　　　　王、帛、河 32.3，王、帛、河 37.2

侯王能守之，　　　　　　　　　　　　竹 37.2

侯王得一以為天下正。　　　　　　　　帛 39.6，河 39.7

王侯得一以為天下貞。　　　　　　　　傅 39.7

侯王得一以為天下貞。　　　　　　　　王 39.7

侯王毋已貴以高將恐蹶。　　　　　　　帛 39.11

王侯無以為貞而貴高將恐蹙。　　　　　傅 39.13

侯王無以貴高將恐蹶。　　　　　　　　王 39.13

侯王無以貴高將恐蹙。　　　　　　　　河 39.13

夫是以侯王自謂孤寡不穀，　　　　　　帛 39.14

是以王侯自謂孤寡不穀，　　　　　　　傅 39.16

是以侯王自稱孤寡不穀，　　　　　　　河 39.16

是以侯王自謂孤寡不穀。　　　　　　　王 39.16

而王侯以自稱也。　　　　　　　　　　傅 42.6

厚 hou

是以大丈夫居其厚而不居其薄，　　　　帛 38.14

是以大丈夫處其厚，不居其薄。　　　　王 38.15

是以大丈夫處其厚，不處其薄；　　　　河、傅 38.15

多藏必厚亡。　　　　　　　　　　　　王、河、傅 44.5

厚藏必多亡。　　　　　　　　　　　　竹 44.5

罪莫厚乎甚欲，　　　　　　　　　　　竹 46.1

夫何故？以其生生之厚。　　　　　　　王 50.5

夫何故？以其生生之厚也。　　　　　　傅 50.5

夫何故？以其求生之厚。　　　　　　　河 50.5

含德之厚，比於赤子。 　　　　　　　王、河 55.1

含德之厚者，比之於赤子也。 　　　　　傅 55.1

含德之厚者，比於赤子， 　　　　　　　竹、帛 55.1

其在民上也，民弗厚也； 　　　　　　　竹 66.7

以其上求生生之厚也，是以輕死。 　　　傅 75.5

以其求生之厚，是以輕死。 　　　　　　王、河 75.5

以其求生之厚也，是以輕死。 　　　　　帛 75.5

后 hou

故失道而后德， 　　　　　　　　　　　帛 38.8

失德而后仁， 　　　　　　　　　　　　帛 38.9

失仁而后義， 　　　　　　　　　　　　帛 38.10

失義而后禮。 　　　　　　　　　　　　帛 38.11

後 hou

音聲之相和也，先後之相隨也。 　　　　竹 2.5

音、聲之相和也，先、後之相隨，恆也。帛 2.5

音聲之相和，前後之相隨， 　　　　　　傅 2.5

音聲相和，前後相隨。 　　　　　　　　王、河 2.5

是以聖人後其身而身先， 　　　　　　　王、河、傅 7.4

隨而不見其後， 　　　　　　　　　　　帛 14.11

隨之不見其後。 　　　　　　　　　　　王、河、傅 14.12

大軍之後，必有凶年。 　　　　　　　　王、河、傅 30.4

故失道而後德， 　　　　　　　　　　　王、河、傅 38.9

失德而後仁， 　　　　　　　　　　　　王、河、傅 38.10

失仁而後義， 　　　　　　　　　　　　王、河、傅 38.11

失義而後禮。 　　　　　　　　　　　　王、河、傅 38.12

與物反矣，然後乃至大順。 　　　　　　王 65.9

以身後之； 　　　　　　　　　　　　　竹 66.5

其欲先民也，必以其身後之。 　　　　　帛 66.6

欲先民，必以身後之。　　　　　　王 66.6

欲先民，必以其身後之。　　　　　河、傅 66.6

舍（其）後且先，死矣，　　　　　河 67.12

舍其後，且先；則死矣。　　　　　帛 67.12

舍後且先，死矣！　　　　　　　　王 67.12

捨其後，且先，是謂入死門。　　　傅 67.12

乎 hu

淵乎似萬物之宗。　　　　　　　　河 4.2

天地之間，其猶橐籥乎？　　　　　王、河、傅 5.3

載營魄抱一，能無離乎？　　　　　王 10.1

載營魄袌一，能無離乎？　　　　　傅 10.1

戴營魄抱一，能毋離乎？　　　　　帛 10.1

專氣致柔，能如嬰兒乎？　　　　　傅 10.2

專氣致柔，能嬰兒乎？　　　　　　王 10.2

摶氣至柔，能嬰兒乎？　　　　　　帛 10.2

滌除玄覽，能無疵乎？　　　　　　王、傅 10.3

滌除玄鑒，能毋有疵乎？　　　　　帛 10.3

愛民治國，能無以知乎？　　　　　傅 10.4

愛民治國，能無知乎？　　　　　　王 10.4

愛民活國，能毋以知乎？　　　　　帛 10.4

天門啓闔，能為雌乎？　　　　　　帛 10.5

天門開闔，能為雌乎？　　　　　　傅 10.5

天門開闔，能無雌乎？　　　　　　王 10.5

明白四達，能毋以知乎？　　　　　帛 10.6

明白四達，能無以為乎？　　　　　傅 10.6

明白四達，能無為乎？　　　　　　王 10.6

苟吾無身，吾有何患乎？　　　　　傅 13.8

豫乎若冬涉川，　　　　　　　　　竹 15.4

猶乎其若畏四鄰，　　　　　　　　竹 15.5

嚴乎其若客，　　　　　　　　　　竹 15.6

渙乎其若釋，　　　　　　　　　　竹 15.7

屯乎其若樸，　　　　　　　　　　竹 15.8

坉乎其若濁，　　　　　　　　　　竹 15.9

猶乎其貴言也。　　　　　　　　　竹 17.5

或命之或乎屬。　　　　　　　　　竹 19.5

又況於人乎？　　　　　　　　　　帛 23.6

而況於人乎？　　　　　　　　　　王、河、傅 23.6

不貴其師，不愛其資，雖智乎大迷。　帛 27.10

淡乎其無味，　　　　　　　　　　王、河 35.5

此非以賤為本邪？非乎？　　　　　王 39.17

此非以賤為本耶？非乎！　　　　　河 39.17

馳騁乎天下之至堅。　　　　　　　帛 43.2

罪莫厚乎甚欲，　　　　　　　　　竹 46.1

咎莫憯乎欲得，　　　　　　　　　竹 46.2

禍莫大乎不知足。　　　　　　　　竹 46.3

終日乎而不憂，和之至也；　　　　竹 55.6

圖難乎□□□，　　　　　　　　　帛 63.3

圖難乎於其易，　　　　　　　　　傅 63.3

□□乎其細也。　　　　　　　　　帛 63.4

為大乎於其細。　　　　　　　　　傅 63.4

為之乎其未有，　　　　　　　　　傅 64.3

治之乎其未亂。　　　　　　　　　傅 64.4

天之道，其猶張弓乎？　　　　　　河 77.1

其惟道者乎？　　　　　　　　　　傅 77.9

唯有道者乎？　　　　　　　　　　帛 77.9

忽 hu

一者，其上不謬，其下不忽。　　　帛 14.6

是為忽恍。　　　　　　　　　　　河 14.10

是謂忽恍。　　　　　　　　　　　　帛 14.10

忽呵其若海，恍呵若无所止。　　　　帛 20.15

忽兮若海。漂兮若無所止。　　　　　河 20.16

道之物，唯恍唯忽。　　　　　　　　帛 21.2

道之為物，唯恍唯忽。　　　　　　　河 21.2

忽兮恍兮，其中有象；　　　　　　　河 21.3

忽呵恍呵，中有象呵。　　　　　　　帛 21.3

恍兮忽兮，其中有物，　　　　　　　河 21.4

恍呵忽呵，中有物呵。　　　　　　　帛 21.4

惚 hu

是謂惚恍。　　　　　　　　　　　　王 14.10

道之為物，惟恍惟惚。　　　　　　　王 21.2

惚兮恍兮，其中有象；　　　　　　　王 21.3

恍兮惚兮，其中有物。　　　　　　　王 21.4

虎 hu

陵行不避兕虎，　　　　　　　　　　帛 50.7

陸行不遇兕虎，　　　　　　　王、河、傅 50.7

虎無所措其爪，　　　　　　　王、河、傅 50.10

虎无所措其爪，　　　　　　　　　　帛 50.10

戶 hu

鑿戶牖，　　　　　　　　　　　　　帛 11.5

鑿戶牖，以為室，　　　　　　王、河、傅 11.5

不出戶（以）知天下，　　　　　　　河 47.1

不出戶，可以知天下。　　　　　　　傅 47.1

不出戶，知天下；　　　　　　　　　王 47.1

不出於戶，以知天下。　　　　　　　帛 47.1

華 hua

前識者，道之華也，而愚之首也。	帛 38.13
前識者，道之華，而愚之始也。	傅 38.14
前識者，道之華而愚之始。	王、河 38.14
居其實而不居其華。	帛 38.15
處其實，不居其華。	王 38.16
處其實，不處其華，	河、傅 38.16

化 hua

而萬物將自化。	竹 37.3
萬物將自化。	王、帛、河、傅 37.3
化而欲作，	王、竹、帛、河、傅 37.4
我無為而民自化，	王、河、傅 57.9
我无為而民自化，	帛 57.9
我亡為而民自化，	竹 57.10

懷 huai

是以聖人被褐而懷玉。	帛、傅 70.6
是以聖人被褐懷玉。	王、河 70.6

環 huan

雖有環館，燕處則昭若。	帛 26.3

還 huan

不以兵強天下，其事好還。	王、河 30.2
不以兵彊天下，其事好還。	傅 30.2
其事好（還）。	竹 30.7

患 huan

人寵辱若驚，貴大患若身。	竹 13.1
寵辱若驚，貴大患若身。	王、帛、河、傅 13.1

何謂貴大患若身？ 　　　　　王、帛、河、傅 13.6

吾所以有大患者，為吾有身，　　王、竹、河、傅 13.7

吾所以有大患者，為吾有身也。　帛 13.7

及吾無身，有何患？ 　　　　　帛 13.8

及吾無身，吾有何患？ 　　　　王、河 13.8

苟吾無身，吾有何患乎？ 　　　傅 13.8

渙 huan

渙乎其若釋，　　　　　　　　竹 15.7

渙兮若冰之將釋，　　　　　　王、河 15.8

渙呵其若凌釋，　　　　　　　帛 15.8

渙若冰將釋，　　　　　　　　傅 15.8

荒 huang

荒兮其未央。　　　　　　　　傅 20.5

荒兮其未央哉！ 　　　　　　王、河 20.5

怳 huang

道之為物，唯怳唯忽。　　　　河 21.2

忽兮怳兮，其中有象；　　　　河 21.3

怳兮忽兮，其中有物，　　　　河 21.4

恍 huang

是為忽恍。　　　　　　　　　河 14.10

是謂忽恍。　　　　　　　　　帛 14.10

是謂惚恍。　　　　　　　　　王 14.10

恍呵其未央哉！ 　　　　　　帛 20.5

忽呵其若海，恍呵若无所止。　帛 20.15

道之物，唯恍唯忽。　　　　　帛 21.2

道之為物，惟恍惟惚。　　　　王 21.2

忽呵恍呵，中有象呵。　　　　帛 21.3

惚兮恍兮，其中有象；　　　　　王 21.3

恍兮惚兮，其中有物。　　　　　王 21.4

恍呵忽呵，中有物呵。　　　　　帛 21.4

恢 hui

天網恢恢，疏而不失。　　　　　王 73.10

天網恢恢，疏而不失。　　　　　傅 73.10

天網恢恢，踈而不失。　　　　　河 73.10

隳 hui

或強或羸，或挫或隳。　　　　　王 29.6

或強或羸，或載或隳。　　　　　河 29.6

虺 hui

蜂蠆虺蛇不螫，　　　　　　　　王 55.2

蜂蠆虺蛇弗螫，　　　　　　　　帛 55.2

慧 hui

智慧出，安有大偽。　　　　　　帛 18.2

智慧出，有大偽；　　　　　　　河 18.2

智慧出，焉有大偽。　　　　　　傅 18.2

慧智出，有大偽；　　　　　　　王 18.2

民多知慧，而衺事滋起。　　　　傅 57.6

會 hui

未知牝牡之會而朘怒，精之至也。　帛 55.5

諱 hui

天下多忌諱，而民彌貧；　　　王、河 57.4

夫天下多忌諱，而民彌貧。　　帛、傅 57.4

夫天多忌諱，而民彌叛。　　　竹 57.4

繢 hui

夷道如繢，□道若退。　　　　　　　　　竹 41.6

昏 hun

邦家昏□，安有正臣。　　　　　　　　　竹 18.3

國家昏亂，安有貞臣。　　　　　　　　　帛 18.4

國家昏亂，有忠臣。　　　　　　　　　　王 18.4

國家昏亂，有貞臣。　　　　　　　　　　傅 18.4

俗人昭昭，我獨若昏呵。　　　　　　　　帛 20.13

俗人昭昭，我獨昏昏；　　　　　　　　　王 20.14

俗人皆昭昭，我獨若昏；　　　　　　　　傅 20.14

民多利器，而邦家滋昏。　　　　　　　　帛 57.5

民多利器，而邦滋昏。　　　　　　　　　竹 57.5

民多利器，國家滋昏；　　　　　　　　　王、傅 57.5

昬 hun

國家昬亂，有忠臣。　　　　　　　　　　河 18.4

俗人昭昭，我獨若昬；　　　　　　　　　河 20.14

民多利器，國家滋昬。　　　　　　　　　河 57.5

魂 hun

天物魂魂，各復歸於其根。　　　　　　　帛 16.3

渾 hun

渾呵其若濁，　　　　　　　　　　　　　帛 15.10

我愚人之心也，渾渾呵。　　　　　　　　帛 20.12

渾 hun

渾兮其若濁。　　　　　　　　　　　　　河 15.11

為天下渾心，　　　　　　　　　　　　　帛 49.8

為天下渾其心。　　　　　　　　　　　　王、河 49.8

為天下渾渾焉，　　　　　　　　　　傅 49.8

混 hun

故混而為一。　　　　　　　　　　王、河、傅 14.5

混兮其若濁。　　　　　　　　　　王、傅 15.11

有物混成，先天地生，　　　　　王、河、傅 25.1

活 huo

愛民活國，能毋以知乎？　　　　帛 10.4

勇於不敢則活。　　　　　　　　王、帛、河、傅 73.2

或 huo

道沖而用之或不盈，　　　　　　王、河 4.1

湛兮似或存。　　　　　　　　　王、傅 4.5

湛呵似或存。　　　　　　　　　帛 4.5

及吾亡身，或何□？　　　　　　竹 13.8

或命之或乎屬。　　　　　　　　竹 19.5

物或惡之，故有道者不處也。　河、傅 24.7

物或惡之，故有欲者弗居。　　帛 24.7，帛 31.2

物或惡之，故有道者不處。　　王 24.7，王、河、傅 31.2

凡物或行或隨，或嘘或吹，　　傅 29.5

物或行或隨，或熱，　　　　　帛 29.5

故物或行或隨，或呴或吹，　　河 29.5

故物或行或隨，或歔或吹，　　王 29.5

或強或羸，或挫或隳。　　　　王 29.6

或強或羸，或載或隳。　　　　河 29.6

或彊或剉，或培或墮。　　　　傅 29.6

或挫或培或墮。　　　　　　　帛 29.6

故物，或損之而益，　　　　　王、河、傅 42.7

或益之而損。　　　　　　　　王、河、傅 42.8

損之或損，　　　　　　　　　竹 48.2

或下以取，或下而取。	河、傅 61.8
故或下以取，或下而取。	王、帛 61.8
□兩者或利或害。	帛 73.3
此兩者，或利或害。	王、河、傅 73.3

惑 huo

少則得，多則惑。	王、帛、河、傅 22.3

貨 huo

不貴難得之貨。	王、帛、河、傅 3.2，王、竹、河、傅 64.14
難得之貨使人之行妨。	帛 12.3
難得之貨令人行妨。	王、河、傅 12.5
身與貨孰多？	王、竹、帛、河、傅 44.2
厭飲食，財貨有餘，	王、河 53.6
厭飲食，貨財有餘，	傅 53.6
而不貴難得之貨；	帛 64.14

禍 huo

禍莫大乎不知足。	竹 46.3
禍莫大於不知足，	王 46.3，帛、河、傅 46.4
禍，福之所倚；	帛 58.3
禍兮福之所倚，	王、河、傅 58.3
福，禍之所伏，	帛 58.4
福兮禍之所伏。	王、河、傅 58.4
禍莫大於无敵，	帛 69.6
禍莫大於無敵，	傅 69.6
禍莫大於輕敵，	王、河 69.6

基 ji

必高矣而以下為基。	帛 39.13

高以下為基。　　　　　　　　　　　　王、傅 39.15

高必以下為基。　　　　　　　　　　　河 39.15

積 ji

早服是謂重積□。　　　　　　　　　　帛 59.3

早服謂之重積德，　　　　　　　　　　王、河、傅 59.3

重積德則無不克，　　　　　　　　　　王、傅 59.4

重積德則無不剋，　　　　　　　　　　河 59.4

聖人不積，既以為人，己愈有；　　　　王、河 81.4

聖人無積，既以為人，己愈有；　　　　傅 81.4

聖人无積，既以為人，己愈有；　　　　帛 81.4

稽 ji

知此兩者，亦稽式。　　　　　　　　　王 65.6

恆知此兩者，亦稽式也。　　　　　　　帛 65.6

常知此兩者，亦稽式也。　　　　　　　傅 65.6

恆知稽式，是謂玄德。　　　　　　　　帛 65.7

能知稽式，是謂玄德。　　　　　　　　傅 65.7

常知稽式，是謂玄德。　　　　　　　　王 65.7

飢 ji

人之飢也，以其取食稅之多，是以飢。　帛 75.1

民之飢，以其上食稅之多，是以飢。　　河 75.1

民之飢者，以其上食稅之多也，是以飢。傅 75.1

饑 ji

民之饑，以其上食稅之多，是以饑。　　王 75.1

雞 ji

鄰國相望，雞犬之聲相聞，　　　　　　王、帛、傅 80.9

鄰國相望，雞狗之聲相聞，　　　　　　河 80.9

迹 ji

善行者無徹迹，	傅 27.1
善行者无達迹，	帛 27.1
善行無轍迹，	王、河 27.1

吉 ji

故吉事上左，喪事上右。	竹 31.9
吉事尚左，凶事尚右。	王、河 31.12
故吉事尚左，凶事尚右。	傅 31.12
是以吉事上左，喪事上右；	帛 31.12

極 ji

至虛極，守靜篤，	河 16.1
至虛極也，守靜督也。	帛 16.1
致虛極，守靜篤，	王 16.1
致虛極，守靖篤，	傅 16.1
復歸於無極。	王、河、傅 28.6
恆德不忒，復歸於无極。	帛 28.9
孰知其極？□无正也？	帛 58.5
孰知其極？其無正？	王、河 58.5
孰知其極？其無正衺？	傅 58.5
不克則莫知其極，	竹 59.5
無不克則莫知其極，	王、傅 59.5
無不剋則莫知其極，	河 59.5
莫知其極（則）可以有國。	河 59.6
莫知其極，可以有國。	王、竹、傅 59.6
是謂配天，古之極也。	帛、傅 68.7
是謂配天古之極。	王、河 68.7
至治之極，民各甘其食，美其服，	傅 80.7

棘 ji

□□所居，楚棘生之。 帛 30.3

師之所處，荊棘生焉。 王、河、傅 30.3

啟其垅，齊其事，終身不棘。 帛 52.5

及 ji

及吾亡身，或何□？ 竹 13.8

及吾無身，有何患？ 帛 13.8

及吾無身，吾有何患？ 王、河 13.8

自今及古，其名不去，以順眾父。 帛 21.7

自今及古，其名不去，以閱眾甫。 傅 21.7

自古及今，其名不去，以閱眾甫。 王、河 21.7

□下希能及之矣。 帛 43.6

天下希及之。 王、河 43.6

天下稀及之矣。 傅 43.6

及其有事，又不足以取天下矣。 傅 48.6

及其有事，不足以取天下。 王、河 48.6

及其有事也，□□足以取天□□。 帛 48.6

己 ji

聖人不積，既以為人，己愈有； 王、河 81.4

聖人無積，既以為人，己愈有； 傅 81.4

聖人无積，既以為人，己愈有； 帛 81.4

既以予人矣，己愈多。 帛 81.5

既以與人，己愈多。 王、河、傅 81.5

幾 ji

居眾人之所惡，故幾於道矣。 帛、傅 8.3

處眾人之所惡，故幾於道。 王、河 8.3

唯之與阿，相去幾何？ 王、河、傅 20.2

唯與呵，其相去幾何？　　　　　　　帛 20.2

唯與呵，相去幾何？　　　　　　　　竹 20.2

古之所謂曲全者幾語哉，　　　　　　帛 22.10

其脆也，易判也。其幾也，易散也。　竹 64.2

民之從事，常於其幾成而敗之。　　　傅 64.11

民之從事，常於幾成而敗之。　　　　王、河 64.11

無敵則幾亡吾寶。　　　　　　　　　傅 69.7

輕敵幾喪吾寶。　　　　　　　　　　王、河 69.7

技 ji

人多技巧，奇物滋起。　　　　　　　河 57.6

稷 ji

受國之垢，是謂社稷之主。　　　　　傅 78.7

受國之垢，是謂社稷主；　　　　　　王、河 78.7

受國之詬，是謂社稷之主，　　　　　帛 78.7

伎 ji

人多伎巧，奇物滋起；　　　　　　　王 57.6

祭 ji

子孫以其祭祀不屯。　　　　　　　　竹 54.3

子孫以祭祀不絕。　　　　　　　　　帛 54.3

子孫以祭祀不輟。　　　　　　　　　王 54.3

子孫祭祀不輟。　　　　　　　　　　河、傅 54.3

計 ji

善計不用籌策，　　　　　　　　　　河 27.3

寄 ji

則可寄於天下，　　　　　　　　　　河 13.10

若可寄天下；　　　　　　　　　　　王 13.10

女可以寄天下矣。 　　　　　　　帛 13.12

則可以寄天下矣。 　　　　　　　傅 13.12

寂 ji

寂兮寞兮，獨立而不改， 　　　　傅 25.2

寂兮寥兮，獨立不改， 　　　　　王 25.2

寂兮寥兮，獨立而不改， 　　　　河 25.2

寂呵寥呵，獨立而不改， 　　　　帛 25.2

濟 ji

開其兌，濟其事，終身不救。 　　王、河、傅 52.5

既 ji

名亦既有，天亦將知之。 　　　　河 32.8

名亦既有，夫亦將知止。 　　　　王、竹、帛、傅 32.8

用之，不可既也。 　　　　　　　帛 35.8

用之不可既。 　　　　　　　　　河、傅 35.8

用之不足既。 　　　　　　　　　王 35.8

而不可既也。 　　　　　　　　　竹 35.8

既知其母，復知其子； 　　　　　河 52.2

既得其母，以知其子； 　　　　　王、帛、傅 52.2

既知其子，復守其母，沒身不殆。 　王、帛、河、傅 52.3

聖人不積，既以為人，己愈有； 　王、河 81.4

聖人無積，既以為人，己愈有； 　傅 81.4

聖人无積，既以為人，己愈有； 　帛 81.4

既以予人矣，己愈多。 　　　　　帛 81.5

既以與人，己愈多。 　　　　　　王、河、傅 81.5

忌 ji

天下多忌諱，而民彌貧； 　　　　王、河 57.4

夫天下多忌諱，而民彌貧。 　　　帛、傅 57.4

夫天多忌諱，而民彌叛。　　　　　竹 57.4

紀 ji

以知古始，是謂道紀。　　　　　帛、河 14.14

能知古始，是謂道紀。　　　　　王、傅 14.14

臨事之紀，　　　　　竹 64.11

佳 jia

夫佳兵者，不祥之器。　　　　　王、河 31.1

家 jia

邦家昏□，安有正臣。　　　　　竹 18.3

國家昏亂，安有貞臣。　　　　　帛 18.4

國家昏亂，有忠臣。　　　　　王 18.4

國家昏亂，有忠臣。　　　　　河 18.4

國家昏亂，有貞臣。　　　　　傅 18.4

修之於家，其德乃餘；　　　　　王、河 54.5

修之家，其德乃餘。　　　　　傅 54.5

修之家，其德有餘。　　　　　竹 54.5

脩之家，其德有餘。　　　　　帛 54.5

□□□家，以鄉觀鄉，　　　　　竹 54.9

以身觀身，以家觀家，　　　　　帛 54.9

故以身觀身，以家觀家，　　　　　王、河、傅 54.9

民多利器，而邦家滋昏。　　　　　帛 57.5

民多利器，國家滋昏；　　　　　王、傅 57.5

民多利器，國家滋昏。　　　　　河 57.5

加 jia

尊行可以加人。　　　　　王、帛、河 62.5

尊言可以加於人。　　　　　傅 62.5

故抗兵相加，哀者勝矣。　　　　　王、河 69.8

甲 jia

入軍不被甲兵，	王、河、傅 50.8
九成之臺甲□□□，	竹 64.6
有甲兵无所陳之。	帛 80.5
雖有甲兵，無所陳之；	王、河、傅 80.5

堅 jian

馳騁天下之至堅，	王、河、傅 43.2
馳騁乎天下之至堅。	帛 43.2
其死也堅強。	王、河 76.2
其死也堅彊。	傅 76.2
其死也朘信堅強，	帛 76.2
故曰：堅強，死之徒也；	帛 76.5
故堅強者死之徒，	王、河 76.5
故堅彊者，死之徒也；	傅 76.5
故堅彊處下，柔弱處上。	傅 76.8
□□堅強者莫之能□也，	帛 78.2
而攻堅強者莫之能勝。	王、河 78.2
而攻堅彊者莫之能先，	傅 78.2

兼 jian

大國不過欲兼畜人，	王、河、傅 61.9

間 jian

天地之間，其猶橐籥與？	竹 5.1，帛 5.3
天地之間，其猶橐籥乎？	王、河、傅 5.3
出於無有，入於無間。	傅 43.3
無有入（於）無間。	河 43.3
无有入於无間。	帛 43.3

俭 jian

一曰慈，二曰俭，	王、帛、河、傅 67.5
夫慈，故能勇；俭，故能廣；	帛、傅 67.7
慈，故能勇；俭，故能廣；	王、河 67.7
舍其俭，且廣；	帛、河 67.11
舍俭且廣，	王 67.11
捨其俭，且廣；	傅 67.11

楗 jian

善閉無關楗而不可開，	王、河 27.4

鑒 jian

滌除玄鑒，能毋有疵乎？	帛 10.3

賤 jian

故必貴以賤為本，	帛 39.12
故貴（必）以賤為本，	河 39.14
故貴以賤為本，	王、傅 39.14
此其賤之本與？非也？	帛 39.15
此非以賤為本邪？非乎？	王 39.17
此非以賤為本耶？非乎！	河 39.17
是其以賤為本也，非歟？	傅 39.17
不可得而賤，	王 56.11
亦不可得而賤，	河、帛、傅 56.11
亦可不可得而賤。	竹 56.11

見 jian

不見可欲，使心不亂。	河 3.4
不見可欲，使民不亂。	帛 3.4
不見可欲，使民心不亂。	王、傅 3.4
視之不見名曰夷，	王、河、傅 14.1

視之而弗見，名之曰微。	帛 14.1
迎之不見其首，	王、河、傅 14.11
隨而不見其後，	帛 14.11
迎而不見其首。	帛 14.12
隨之不見其後，	王、河、傅 14.12
見素抱朴，少私寡欲。	河 19.6
見素抱樸，少私而寡欲。	帛 19.6
見素抱樸，少私寡欲。	王 19.6
見素裦朴，少私寡欲。	傅 19.6
不自見，故明；	王、河、傅 22.5
不自見也故明，	帛 22.6
自見者不明，	王、河、傅 24.2，帛 24.3
吾見其不得已。	王、河、傅 29.2
吾見其弗得已。	帛 29.2
視之，不足見也。	帛 35.6
視之不足見，	王、竹、河、傅 35.6
不窺牖（以）見天道，	河 47.2
不闚牖，見天道。	王 47.2
不見而名，不為而成。	王、河、傅 47.5
見小曰明，守柔曰強。	河 52.6
見小曰明，守柔曰強。	王、帛 52.6
見小曰明，守柔曰彊 。	傅 52.6
是以聖人自知，不自見；	王、河 72.5
是以聖人自知而不自見，	傅 72.5
是以聖人自知而不自見也，	帛 72.5
其不欲見賢。	王、河 77.12
其不欲見賢邪。	傅 77.12
若此其不欲見賢也。	帛 77.12

鍵 jian

    善閉者無關鍵而不可開，   傅 27.4

劍 jian

    服文采，帶利劍，   帛、傅 53.5

    服文綵，帶利劍，   王、河 53.5

建 jian

    故建言有之：明道若昧，   王、河 41.5

    故建言有之曰：明道若昧，   傅 41.5

    是以建言有之：明道如費，   竹 41.5

    是以建言有之曰：明道如費，   帛 41.5

    廣德如不足，建德如□，   竹、帛 41.8

    廣德若不足，建德若偷，   王 41.8

    廣德若不足，建德若揄，   河 41.8

    廣德若不足。建德若媮，   傅 41.8

    善建者□拔，   帛 54.1

    善建者不拔，   王、竹、河、傅 54.1

    天將建之，如以慈垣之。   帛 67.14

江 jiang

    猶小谷之與江海。   竹 32.11

    猶小谷之與江海也。   帛 32.11

    猶川谷之於江海。   王 32.11

    猶川谷之與江海。   河 32.11

    猶川谷之與江海也。   傅 32.11

    江海所以為百谷王，   竹 66.1

    江海所以能為百谷王者，   王、帛、河、傅 66.1

將 jiang

    渙兮若冰之將釋，   王、河 15.8

渙若冰將釋，	傅 15.8
孰能濁以靜者，將徐清。	竹 15.10
孰能庀以迮者，將徐生。	竹 15.11
將欲取天下而為之，	王、帛、河 29.1
將欲取天下而為之者，	傅 29.1
是以偏將軍居左，	竹 31.10，帛 31.13
上將軍居右，	竹 31.11，王、河 31.14
是以偏將軍處左，	傅 31.13
偏將軍居左，	王、河 31.13
上將軍處右，	傅 31.14
而上將軍居右，	帛 31.14
萬物將自賓。	王、竹、帛、河、傅 32.4
名亦既有，天亦將知之。	河 32.8
名亦既有，夫亦將知止。	王、竹、帛、傅 32.8
將欲翕之，必固張之。	帛、傅 36.1
將欲歙之，必固張之；	王 36.1
將欲噏之，必固張之；	河 36.1
將欲弱之，必固強之；	王、帛、河 36.2
將欲弱之，必固彊之。	傅 36.2
將欲去之，必固與之。	帛 36.3
將欲廢之，必固興之；	王、河、傅 36.3
將欲奪之，必固予之。	帛 36.4
將欲奪之，必固與之；	王、河、傅 36.4
而萬物將自化。	竹 37.3
萬物將自化。	王、帛、河、傅 37.3
吾將鎮之以無名之朴。	河 37.5
吾將鎮之以無名之樸。	王、傅 37.5
吾將鎮之以无名之樸。	帛 37.5
將鎮之以亡名之樸。	竹 37.5

夫亦將知足，	竹 37.6
無名之樸，亦將不欲，	河 37.6
無名之樸，夫亦將不欲。	傅 37.6
無名之樸，夫亦將無欲。	王 37.6
鎮之以无名之樸，夫將不辱。	帛 37.6
不辱以靜，天地將自正。	帛 37.7
不欲以靖，天下將自正。	傅 37.7
不欲以靜，天下將自定。	王、河 37.7
知（足）以靜，萬物將自定。	竹 37.7
其至也，謂天毋已清將恐裂，	帛 39.7
地毋已寧將恐發，	帛 39.8
其致之，一也，天無以清將恐裂，	傅 39.8
其致之。天無以清將恐裂，	王、河 39.8
地無以寧將恐發，	王、河、傅 39.9
神毋已靈將恐歇，	帛 39.9
谷毋已盈將竭，	帛 39.10
神無以靈將恐歇，	王、河、傅 39.10
谷無以盈將恐竭，	王、傅 39.11
谷無盈將恐竭，	河 39.11
侯王毋已貴以高將恐蹶。	帛 39.11
萬物無以生將恐滅，	王、河、傅 39.12
王侯無以為貞而貴高將恐蹙。	傅 39.13
侯王無以貴高將恐蹶。	王 39.13
侯王無以貴高將恐蹙。	河 39.13
吾將以為教父。	王、河 42.11
吾將以為學父。	帛、傅 42.11
將欲取天下者，常以無事。	傅 48.5
非以明民，將以愚之。	王、河、傅 65.2
非以明民也，將以愚之也。	帛 65.2

天將建之，如以慈垣之。　　　　　　　帛 67.14

天將救之，以慈衛之。　　　　　　　　王、河、傅 67.14

民之不畏威，則大威將至矣。　　　　　帛 72.1

匠 jiang

是代大匠斲。　　　　　　　　　　　　帛、傅 74.7

是謂代大匠斲。　　　　　　　　　　　王、河 74.7

夫代大匠斲，　　　　　　　　　　　　帛 74.8

夫代大匠斲者，　　　　　　　　　　　王、河、傅 74.8

降 jiang

天地相合以降甘露，　　　　　　　　　王、河、傅 32.5

驕 jiao

富貴而驕，自遺其咎。　　　　　　　　王、河、傅 9.4

貴富而驕，自遺咎也。　　　　　　　　帛 9.4

貴富驕，自遺咎也。　　　　　　　　　竹 9.4

果而弗伐，果而弗驕，果而弗矜，　　　竹 30.5

果而毋驕，果而勿矜，果而□伐，　　　帛 30.6

果而勿矜，果而勿伐，果而勿驕。　　　王、河、傅 30.7

教 jiao

行不言之教。　　　　　　　　　　　　王、竹、帛、河、傅 2.7

人之所以教我，亦我之所以教人。　　　傅 42.9

人之所教，我亦教之。　　　　　　　　王、河 42.9

故人□□教，亦議而教人。　　　　　　帛 42.9

吾將以為教父。　　　　　　　　　　　王、河 42.11

不□□教，无為之益，　　　　　　　　帛 43.5

不言之教，無為之益，　　　　　　　　王、河、傅 43.5

教不教，復衆之所過。　　　　　　　　竹 64.15

交 jiao

故德交歸焉。	王、帛、河、傅 60.8
天下之交，	王、河、傅 61.2
天下之交也，	帛 61.3

郊 jiao

天下無道，戎馬生於郊。	王、河、傅 46.2
无道，戎馬生於郊。	帛 46.2

嶠 jiao

一者，其上之不嶠，其下之不昧。	傅 14.6
其上不嶠，其下不昧，	王、河 14.6

徼 jiao

常有欲，以觀其徼。	王、河、傅 1.6

角 jiao

兕無所投其角，	王、河、傅 50.9
兕无所揣其角，	帛 50.9

較 jiao

長短相較，高下相傾，	王 2.4

噭 jiao

恆有欲也，以觀其所噭。	帛 1.6

皆 jie

天下皆知美之為美，惡已。	帛 2.1
天下皆知美之為美，斯惡已；	王、河、傅 2.1
天下皆知美之為美也，惡已；	竹 2.1
皆知善，此其不善已。	竹 2.2
皆知善，斯不善矣。	帛 2.2

皆知善之為善，斯不善已。　　　　　　王、河、傅 2.2

功成事遂，百姓皆曰我自然。　　　　　傅 17.6

功成事遂，百姓皆謂我自然。　　　　　王、河 17.6

衆人皆有餘，　　　　　　　　　　　　王、帛、河、傅 20.11

俗人皆昭昭，我獨若昏；　　　　　　　傅 20.14

俗人皆督督，我獨若閔閔。　　　　　　傅 20.15

衆人皆有以，　　　　　　　　　　　　帛 20.16，王、河、傅 20.17

百姓皆註其耳目，　　　　　　　　　　河、傅 49.9

百姓皆註其耳目焉，　　　　　　　　　帛 49.9

聖人皆孩之。　　　　　　　　　　　　王 49.9，河 49.10

聖人皆咳之。　　　　　　　　　　　　帛、傅 49.10

而民之生生而動，動皆之死地，

亦十有三。　　　　　　　　　　　　　傅 50.4

而民生生，動皆之死地之十有三。　　　帛 50.4

夫皆得其欲，　　　　　　　　　　　　帛 61.11

天下皆樂推而弗厭也，　　　　　　　　帛 66.9

天下皆謂吾大，似不肖。　　　　　　　傅 67.1

天下皆謂我大，似不肖。　　　　　　　河 67.1

天下皆謂我道大，似不肖。　　　　　　王 67.1

詰 jie

三者不可致詰，　　　　　　　　　　　帛 14.4

此三者不可致詰，　　　　　　　　　　王、河、傅 14.4

竭 jie

谷毋已盈將竭，　　　　　　　　　　　帛 39.10

谷無以盈將恐竭，　　　　　　　　　　王、傅 39.11

谷無盈將恐竭，　　　　　　　　　　　河 39.11

結 jie

善結者無繩約而不可解。　　　　　　　傅 27.5

善結者无纆約而不可解也。	帛 27.5
善結無繩約而不可解。	王、河 27.5
使人復結繩而用之。	王 80.6
使民復結繩而用之。	帛、河、傅 80.6

偰 jie

大道甚夷，民甚好偰。	帛 53.3

解 jie

挫其銳，解其紛，	王、帛、河、傅 4.3，河、傅 56.3
善結者無繩約而不可解。	傅 27.5
善結者无纆約而不可解也。	帛 27.5
善結無繩約而不可解。	王、河 27.5
挫其銳，解其分，	王 56.3
挫其銳而解其紛，	帛 56.4
副其䌛，解其紛，	竹 56.4

介 jie

使我介有知，行於大道，	帛 53.1
使我介然有知，行於大道，	王、河、傅 53.1

筋 jin

骨弱筋柔而捉固，	竹 55.4
骨弱筋柔而握固，	王、河、傅 55.4
骨筋弱柔而握固。	帛 55.4

金 jin

金玉盈室，莫之能守也。	帛 9.3
金玉盈室，莫能守也。	竹 9.3
金玉滿室，莫之能守。	傅 9.3
金玉滿堂，莫之能守。	王、河 9.3

今 jin

执今之道，以御今之有。　　　　　　　　帛 14.13

执古之道，以御今之有，　　　　　　　　王、河 14.13

执古之道，可以御今之有，　　　　　　　傅 14.13

自今及古，其名不去，以順衆父。　　　　帛 21.7

自今及古，其名不去，以閱衆甫。　　　　傅 21.7

自古及今，其名不去，以閱衆甫。　　　　王、河 21.7

今舍其慈，且勇；　　　　　　　　　　　帛、河 67.10

今舍慈且勇，　　　　　　　　　　　　　王 67.10

今捨其慈，且勇；　　　　　　　　　　　傅 67.10

矜 jin

不自矜故長。　　　　　　　　　　　　　王、河、傅 22.8

弗矜故能長。　　　　　　　　　　　　　帛 22.8

自矜者不長。　　　　　　　　　　　　　王、帛、河、傅 24.5

果而弗伐，果而弗驕，果而弗矜，　　　　竹 30.5

果而毋驕，果而勿矜，果而□伐，　　　　帛 30.6

果而勿矜，果而勿伐，果而勿驕。　　　　王、河、傅 30.7

噤 jin

凡物或行或隨，或噤或吹，　　　　　　　傅 29.5

進 jin

夷道若類，進道若退。　　　　　　　　　傅 41.6

進道如退，夷道如類。　　　　　　　　　帛 41.6

進道若退，夷道若類，　　　　　　　　　河 41.6

進道若退，夷道若纇。　　　　　　　　　王 41.6

不如坐進此道。　　　　　　　　　　　　王、河 62.9

不如進此道也。　　　　　　　　　　　　傅 62.9

不若坐而進此。　　　　　　　　　　　　帛 62.9

天下樂進而弗厭。　　　　　　　　竹 66.9

不敢進寸而退尺。　　　　　　　　王、帛、河、傅 69.3

近 jin

无敵近亡吾寶矣。　　　　　　　　帛 69.7

兢 jing

□以兵強則不勝，木強則兢。　　　帛 76.7

荊 jing

師之所處，荊棘生焉。　　　　　　王、河、傅 30.3

驚 jing

人寵辱若驚，貴大患若身。　　　　竹 13.1

寵辱若驚，貴大患若身。　　　　　王、帛、河、傅 13.1

何謂寵辱若驚？　　　　　　　　　王、帛、傅 13.2

得之若驚，失之若驚，　　　　　　王、竹、帛、河、傅 13.4

是謂寵辱若驚。　　　　　　　　　王、帛、河、傅 13.5

是謂寵辱驚。　　　　　　　　　　竹 13.5

精 jing

幽兮冥兮，其中有精；　　　　　　傅 21.5

窈兮冥兮，其中有精；　　　　　　王、河 21.5

窈呵冥呵，其中有精呵。　　　　　帛 21.5

其精甚真，其中有信。　　　　　　王、帛、河、傅 21.6

未知牝牡之合而全作，精之至也。　王 55.5

未知牝牡之合而朘作，精之至也。　傅 55.5

未知牝牡之合而峻作，精之至也。　河 55.5

未知牝牡之合然怒，精之至也，　　竹 55.5

未知牝牡之會而朘怒，精之至也。　帛 55.5

靜 jing

孰能濁以靜者，將徐清。	竹 15.10
孰能濁以靜之徐清？	王 15.12
孰能濁以（止）靜之，徐清？	河 15.12
濁而靜之，徐清。	帛 15.12
至虛極，守靜篤，	河 16.1
至虛極也，守靜督也。	帛 16.1
致虛極，守靜篤，	王 16.1
曰靜。靜，是謂復命	帛 16.4
歸根曰靜，是謂復命。	王、河 16.4
重為輕根，靜為躁君，	王、帛、河 26.1
知（足）以靜，萬物將自定。	竹 37.7
不辱以靜，天地將自正。	帛 37.7
不欲以靜，天下將自定。	王、河 37.7
躁勝寒，靜則熱，	河 45.5
躁勝寒，靜勝熱，	王、帛 45.5
清靜，可以為天下正。	帛 45.6
清靜為天下正。	王、竹、河 45.6
我好靜而民自正，	王、帛、河 57.10，竹 57.11
牝恆以靜勝牡。	帛 61.4
牝常以靜勝牡，	王、河 61.4
以靜為下。	王、河 61.5
為其靜也，故宜為下也。	帛 61.5

徑 jing

大道甚夷，而民好徑。	王、河、傅 53.3

靖 jing

孰能濁以澄靖之，而徐清。	傅 15.12
致虛極，守靖篤，	傅 16.1

歸根曰靖，靖曰復命。	傅 16.4
重為輕根，靖為躁君。	傅 26.1
不欲以靖，天下將自正。	傅 37.7
躁勝寒，靖勝熱。	傅 45.5
知清靖，以為天下正。	傅 45.6
我好靖而民自正，	傅 57.10
牝常以靖勝牡。	傅 61.4
以其靖，故為下也。	傅 61.5

窘 jiong

大盈如沖，其用不窘。	帛 45.2

久 jiu

天長，地久。	王、帛、河、傅 7.1
天地之所以能長且久者，	帛 7.2
天地所以能長且久者，	王、河、傅 7.2
孰能安以久動之，而徐生。	傅 15.13
孰能安以久動之，徐生？	王、河 15.13
天乃道，道乃久。	王、河、傅 16.9
天地尚不能久，	王、河、傅 23.5
而弗能久，	帛 23.5
不失其所者，久也。	帛、傅 33.5
不失其所者久，	王、河 33.5
知足不辱，知止不殆，可以長久。	王、河、傅 44.6
故知足不辱，知止不殆，可以長久。	竹、帛 44.6
人之迷，其日固久。	王、河 58.7
人之迷也，其日固久矣。	傅 58.7
□之迷也，其日固久矣。	帛 58.7
有國之母，可以長久。	王、帛、河、傅 59.7
長生久視之道。	王、河、傅 59.9

長生久視之道也。 竹、帛 59.9

若肖,久矣其細也夫。 王、帛、傅 67.3

若肖久矣。其細（也夫）。 河 67.3

九 jiu

九成之臺甲□□□, 竹 64.6

九成之臺,作於虆土。 帛 64.6

九成之臺,起於累土; 傅 64.6

九層之臺,起於累土; 王、河 64.6

救 jiu

是以聖人恆善救人,而无棄人, 帛 27.6

是以聖人常善救人,故人無棄人; 傅 27.6

是以聖人常善救人,故無棄人; 王、河 27.6

常善救物,故物無棄物,是謂襲明。 傅 27.7

常善救物,故無棄物,是謂襲明。 王、河 27.7

開其兌,濟其事,終身不救。 王、河、傅 52.5

天將救之,以慈衛之。 王、河、傅 67.14

咎 jiu

富貴而驕,自遺其咎。 王、河、傅 9.4

貴富而驕,自遺咎也。 帛 9.4

貴富驕,自遺咎也。 竹 9.4

咎莫憯乎欲得, 竹 46.2

咎莫大於欲得, 王 46.4,河 46.5

咎莫憯於欲得。 帛、傅 46.5

居 ju

是以聖人居亡為之事, 竹 2.6

是以聖人居无為之事, 帛 2.6

功成而弗居。 王、河 2.10

成而弗居。	竹 2.10
成功而弗居也。	帛 2.10，帛 77.11
夫唯弗居，是以不去。	王 2.11
夫唯弗居，是以弗去。	帛 2.11
夫唯弗居也，是以弗去也。	竹 2.11
夫惟弗居，是以不去。	河 2.11
居衆人之所惡，故幾於道矣。	帛、傅 8.3
居善地，心善淵，	王、帛、河、傅 8.4
萬物旁作，居以須復也。	竹 16.2
物或惡之，故有欲者弗居。	帛 24.7，帛 31.2
王居一安。	竹 25.9
而王居一焉。	帛 25.9
而王居其一焉。	王、河 25.10
□□所居，楚棘生之。	帛 30.3
果而毋得已居，是謂果而強。	帛 30.7
君子居則貴左，	竹 31.1，王、帛、河 31.3
是以君子居則貴左，	傅 31.3
是以偏將軍居左，	竹 31.10，帛 31.13
上將軍居右，	竹 31.11，王、河 31.14
言以喪禮居之也。	竹 31.12，帛 31.15
偏將軍居左，	王、河 31.13
而上將軍居右，	帛 31.14
言居上勢，則以喪禮處之。	傅 31.15
功成而不居，	傅 34.3，傅 77.11
是以大丈夫居其厚而不居其薄，	帛 38.14
居其實而不居其華。	帛 38.15
是以大丈夫處其厚，不居其薄。	王 38.15
處其實，不居其華。	王 38.16
故居上而民弗重也，	帛 66.7

居前而民弗害。　　　　　　　　帛 66.8

毋狎其所居，　　　　　　　　　帛 72.2

無狎其所居，　　　　　　　　　王、傅 72.2

無狹其所居，　　　　　　　　　河 72.2

故強大居下，柔弱居上。　　　　帛 76.8

安其居，樂其俗。　　　　　　　王、河 80.8

樂其俗，安其居。　　　　　　　帛 80.8

舉 ju

高者抑之，下者舉之；　　　　　王、帛、河、傅 77.2

據 ju

猛獸不據，攫鳥不搏。　　　　　王 55.3

猛獸不據，攫鳥不搏，　　　　　傅 55.3

猛獸不據，玃鳥不搏。　　　　　河 55.3

據鳥猛獸弗搏，　　　　　　　　帛 55.3

懼 ju

如之何其以死懼之？　　　　　　傅 74.2

奈何以死懼之！　　　　　　　　王、河 74.2

若何以殺懼之也？　　　　　　　帛 74.2

攫 jue

猛獸不據，攫鳥不搏。　　　　　王 55.3

猛獸不據，攫鳥不搏，　　　　　傅 55.3

攫鳥猛獸弗扣，　　　　　　　　竹 55.3

蹷 jue

侯王無以貴高將恐蹷。　　　　　河 39.13

王侯無以為貞而貴高將恐蹷。　　傅 39.13

蹶 jue

侯王毋已貴以高將恐蹶。	帛 39.11
侯王無以貴高將恐蹶。	王 39.13

玃 jue

猛獸不據，玃鳥不搏。	河 55.3

爵 jue

夫莫之爵，而常自然。	傅 51.5
夫莫之爵也，而恆自然也。	帛 51.5

絕 jue

絕知弃辯，民利百倍。	竹 19.1
絕聖棄知，民利百倍。	傅 19.1
絕聖棄智，民利百倍；	王、河 19.1
絕聖棄智，而民利百倍。	帛 19.1
絕仁棄義，民復孝慈；	王、河、傅 19.2
絕仁棄義，而民復孝慈。	帛 19.2
絕巧弃利，盜賊亡有。	竹 19.2
絕巧棄利，盜賊無有。	王、河、傅 19.3
絕偽弃慮，民復孝慈。	竹 19.3
絕巧棄利，盜賊无有。	帛 19.3
絕學亡憂。	竹 20.1
絕學無憂。	王、河、傅 20.1
絕學无憂。	帛 20.1
子孫以祭祀不絕。	帛 54.3

均 jun

民莫之令，而自均焉。	帛、傅 32.6
民莫之令而自均。	王、河 32.6
民莫之令而自均安。	竹 32.6

軍 jun

大軍之後，必有凶年。	王、河、傅 30.4
是以偏將軍居左，	竹 31.10，帛 31.13
上將軍居右，	竹 31.11，王、河 31.14
是以偏將軍處左，	傅 31.13
偏將軍居左，	王、河 31.13
上將軍處右，	傅 31.14
而上將軍居右，	帛 31.14
入軍不被甲兵，	王、河、傅 50.8
入軍不被兵革。	帛 50.8

君 jun

重為輕根，靖為躁君。	傅 26.1
重為輕根，靜為躁君，	王、帛、河 26.1
是以君子終日行，不遠其輜重，	帛 26.2
是以君子終日行，不離其輜重。	傅 26.2
輕則失本，躁則失君。	王、帛、傅 26.6
輕則失臣，躁則失君。	河 26.6
君子居則貴左，	竹 31.1，王、帛、河 31.3
是以君子居則貴左，	傅 31.3
故兵者非君子之器。	帛 31.5
非君子之器，	王、河、傅 31.6
夫言有宗，事有君。	帛 70.3
言有宗，事有君。	王、河 70.3

開 kai

天門開闔，能為雌。	河 10.5
天門開闔，能為雌乎？	傅 10.5
天門開闔，能無雌乎？	王 10.5
善閉者無關鍵而不可開，	傅 27.4

善閉無關楗而不可開，　　　　　王、河 27.4

開其兌，濟其事，終身不救。　　王、河、傅 52.5

楷 kai

知此兩者亦楷式。　　　　　　　河 65.6

常知楷式，是謂玄德。　　　　　河 65.7

抗 kang

故抗兵相加，哀者勝矣。　　　　王、河 69.8

故抗兵相若，而哀者勝矣。　　　帛 69.8

故抗兵相若，則哀者勝矣。　　　傅 69.8

可 ke

道，可道也，非恆道也。　　　　帛 1.1

道可道，非常道；　　　　　　　王、河、傅 1.1

名，可名也，非恆名也。　　　　帛 1.2

名可名，非常名。　　　　　　　王、河、傅 1.2

不見可欲，使心不亂。　　　　　河 3.4

不見可欲，使民不亂。　　　　　帛 3.4

不見可欲，使民心不亂。　　　　王、傅 3.4

揣而允之，不可長葆也。　　　　帛 9.2

揣而梲之，不可長保。　　　　　王 9.2

揣而銳之，不可長保。　　　　　河 9.2

湍而羣之，不可長保也。　　　　竹 9.2

鐵而梲之，不可長保。　　　　　傅 9.2

則可以託天下矣；　　　　　　　傅 13.10

則可寄於天下，　　　　　　　　河 13.10

若可以託天下矣。　　　　　　　竹、帛 13.10

若可寄天下；　　　　　　　　　王 13.10

乃可以託於天下。　　　　　　　河 13.12

女可以寄天下矣。　　　　　　　帛 13.12

則可以寄天下矣。	傅 13.12
若可託天下。	王 13.12
三者不可致詰，	帛 14.4
此三者不可致詰，	王、河、傅 14.4
尋尋呵不可名也，	帛 14.7
繩繩不可名，	王、河 14.7
繩繩兮不可名，	傅 14.7
執古之道，可以御今之有，	傅 14.13
必微溺玄達，深不可識，	竹 15.2
微妙玄通，深不可識。	王、河、傅 15.2
微妙玄達，深不可識。	帛 15.2
夫唯不可識，	王、帛、河 15.3
夫惟不可識，	傅 15.3
人之所畏，不可不畏。	王、河、傅 20.4
人之所畏，亦不可以不畏。	竹 20.4
人之所畏，亦不可以不畏人。	帛 20.4
可以為天地母。	帛 25.3
可以為天下母。	竹 25.3，王、河、傅 25.4
善閉者無關鍵而不可開，	傅 27.4
善閉者无關籥而不可啓也。	帛 27.4
善閉無關楗而不可開，	王、河 27.4
善結者無繩約而不可解。	傅 27.5
善結者无纆約而不可解也。	帛 27.5
善結無繩約而不可解。	王、河 27.5
天下神器，不可為也。	王、河 29.3
夫天下，神器也，非可為者也。	帛 29.3
夫天下神器，不可為也。	傅 29.3
不可以得志於天下矣。	帛、傅 31.11
則不可以得志於天下矣。	王、河 31.11

知止可以不殆。	王 32.9
大道氾兮，其可左右。	王、河 34.1
大道汎汎兮，其可左右。	傅 34.1
道，汎呵其可左右也，	帛 34.1
則恆无欲也，可名於小。	帛 34.4
故常無欲，可名於小矣。	傅 34.5
常無欲，可名於小；	王、河 34.5
萬物歸焉而弗為主，可名於大。	帛 34.5
萬物歸之而不知主，可名於大矣。	傅 34.6
萬物歸焉而不為主，可名為大。	王、河 34.6
用之，不可既也。	帛 35.8
用之不可既。	河、傅 35.8
而不可既也。	竹 35.8
魚不可俔於淵，	傅 36.7
魚不可脫於淵，	王、帛、河 36.7
邦之利器不可以示人。	傅 36.8
國之利器不可以示人。	王、河 36.8
國利器不可以示人。	帛 36.8
知足不辱，知止不殆，可以長久。	王、河、傅 44.6
故知足不辱，知止不殆，可以長久。	竹、帛 44.6
清靜，可以為天下正。	帛 45.6
罪莫大可欲，	帛 46.3
罪莫大於可欲。	河、傅 46.3
不出戶，可以知天下。	傅 47.1
不窺牖，可以知天道。	傅 47.2
天下有始，可以為天下母。	傅 52.1
不可得而親，	傅 56.6
故不可得而親，	王、竹、河 56.6
故不可得而親也，	帛 56.6

不可得而疎；	王 56.7
亦不可得而疏；	竹、帛 56.7
亦不可得而疏；	傅 56.7
亦不可得而疎；	河 56.7
不可得而利，	王、竹、帛、河、傅 56.8
不可得而害；	王 56.9
亦不可得而害；	竹、帛、河、傅 56.9
不可得而貴，	王、竹、帛、河、傅 56.10
不可得而賤，	王 56.11
亦不可得而賤，	帛、河、傅 56.11
亦可不可得而賤。	竹 56.11
莫知其□，可以有國。	帛 59.6
莫知其極（則）可以有國。	河 59.6
莫知其極，可以有國。	王、竹、傅 59.6
有國之母，可以長……	竹 59.7
有國之母，可以長久。	王、帛、河、傅 59.7
美言可以市，	王、帛、河 62.4
美言可以於市，	傅 62.4
尊行可以加人。	王、帛、河 62.5
尊言可以加於人。	傅 62.5
安可以為善？	王、河、傅 79.2
焉可以為善？	帛 79.2

克 ke

……不克，	竹 59.4
重積德則無不克，	王、傅 59.4
無不克則莫知其極，	王、傅 59.5
不克則莫知其極，	竹 59.5

剋 ke

重積德則無不剋，	河 59.4
無不剋則莫知其極，	河 59.5

客 ke

嚴乎其若客，	竹 15.6
嚴呵其若客，	帛 15.7
儼兮其若客，	河 15.7
儼若客，	傅 15.7
樂與餌，過客止。	王、竹、帛、河、傅 35.3
吾不敢為主而為客，	王、帛、河、傅 69.2

恐 kong

其至也，謂天毋已清將恐裂，	帛 39.7
地毋已寧將恐發，	帛 39.8
其致之，一也，天無以清將恐裂，	傅 39.8
其致之。天無以清將恐裂，	王、河 39.8
地無以寧將恐發，	王、河、傅 39.9
神毋已靈將恐歇，	帛 39.9
神無以靈將恐歇，	王、河、傅 39.10
谷無以盈將恐竭，	王、傅 39.11
谷無盈將恐竭，	河 39.11
侯王毋已貴以高將恐蹶。	帛 39.11
萬物無以生將恐滅，	王、河、傅 39.12
王侯無以為貞而貴高將恐蹙。	傅 39.13
侯王無以貴高將恐蹶。	王 39.13
侯王無以貴高將恐蹙。	河 39.13

孔 kong

孔德之容，唯道是從。	帛、河 21.1

孔德之容，惟道是從。　　　　　　王、傅 21.1

口 kou

五味令人口爽，　　　　　　　　王、河、傅 12.3

五味使人之口爽，　　　　　　　帛 12.4

道之出口，　　　　　　　　　　王、河 35.4

扣 kou

攫鳥猛獸弗扣，　　　　　　　　竹 55.3

枯 ku

其死也枯槁。　　　　　　　　　王、帛、河、傅 76.4

夸 kua

是謂盜夸，　　　　　　　　　　王、傅 53.7

盜夸，非道也哉。　　　　　　　傅 53.8

誇 kua

是謂盜誇。　　　　　　　　　　河 53.7

（盜誇），非道（也）哉！　　　河 53.8

跨 kua

企者不立，跨者不行，　　　　　王、傅 24.1

跂者不立，跨者不行，　　　　　河 24.1

狂 kuang

馳騁田獵使人心發狂，　　　　　帛 12.2

馳騁田獵，令人心發狂，　　　　河、傅 12.4

馳騁畋獵令人心發狂，　　　　　王 12.4

曠 kuang

曠兮其若谷，　　　　　　　　　王、河、傅 15.10

況 kuang

又況於人乎？　　　　　　　　　帛 23.6

而況於人乎？　　　　　　　　　王、河、傅 23.6

窺 kui

不窺於牖，以知天道。　　　　　帛 47.2

不窺牖（以）見天道，　　　　　河 47.2

不窺牖，可以知天道。　　　　　傅 47.2

闚 kui

不闚牖，見天道。　　　　　　　王 47.2

昆 kun

有物昆成，先天地生。　　　　　帛 25.1

蚰 kun

有狀蚰成，先天地生，　　　　　竹 25.1

來 lai

弗召而自來，　　　　　　　　　帛 73.7

不召而自來，　　　　　　　　　王、河、傅 73.8

民至老死不相往來。　　　　　　王、帛、河 80.10

使民至老死不相與往來。　　　　傅 80.10

逨 lai

啓其兌，賽其事，終身不逨。　　竹 52.2

覽 lan

滌除玄覽，能無疵。　　　　　　河 10.3

滌除玄覽，能無疵乎？　　　　　王、傅 10.3

牢 lao

如享太牢，如春登臺。　　　　　王、河 20.7

　　若享太牢，若春登臺。　　　　　　　傅 20.7

　　若饗於大牢，而春登臺。　　　　　　帛 20.7

老 lao

　　物壯而老，謂之不道，不道早已。　　帛 30.8

　　物壯則老，是謂不道，不道早已。　　王、河 30.9

　　物壯則老，是謂非道，非道早已。　　傅 30.9

　　物□則老，謂之不道，不道早已。　　帛 55.9

　　物壯則老，是謂不道。　　　　　　　竹 55.9

　　物壯則老，謂之不道，不道早已。　　王、河、傅 55.9

　　民至老死不相往來。　　　　　　　　王、帛、河 80.10

　　使民至老死不相與往來。　　　　　　傅 80.10

樂 le

　　同於道者，道亦樂得之；　　　　　　王、河 23.11

　　同於德者，德亦樂得之；　　　　　　王、河 23.12

　　同於失者，失亦樂失之。　　　　　　河 23.13

　　同於失者，失亦樂得之。　　　　　　王 23.13

　　美之，是樂殺人。　　　　　　　　　竹 31.6

　　夫樂□，　　　　　　　　　　　　　竹 31.7

　　而美之者，是樂殺人。　　　　　　　王、河 31.9

　　若美之，是樂殺人也。　　　　　　　帛 31.9

　　若美必樂之，樂之者是樂殺人也。　　傅 31.9

　　夫樂人殺人者，　　　　　　　　　　傅 31.10

　　夫樂殺人，　　　　　　　　　　　　帛 31.10

　　夫樂殺人者，　　　　　　　　　　　王、河 31.10

　　樂與餌，過客止。　　　　　　　　　王、竹、帛、河、傅 35.3

　　天下皆樂推而弗厭也，　　　　　　　帛 66.9

　　天下樂進而弗厭。　　　　　　　　　竹 66.9

　　是以天下樂推而不厭。　　　　　　　王、河、傅 66.9

安其居，樂其俗。　　　　　　　　　王、河 80.8

安其俗，樂其業。　　　　　　　　　傅 80.8

樂其俗，安其居。　　　　　　　　　帛 80.8

虆 lei（參見"累"）

九成之臺，作於虆土。　　　　　　　帛 64.6

儽 lei

儽儽兮若無所歸。　　　　　　　　　王 20.10

羸 lei

或強或羸，或挫或隳。　　　　　　　王 29.6

或強或羸，或載或隳。　　　　　　　河 29.6

纍 lei

纍呵似无所歸。　　　　　　　　　　帛 20.10

累 lei（參見"虆"）

九成之臺，起於累土；　　　　　　　傅 64.6

九層之臺，起於累土；　　　　　　　王、河 64.6

儡 lei

儡儡兮其不足以無所歸。　　　　　　傅 20.10

類 lei

夷道若類，進道若退。　　　　　　　傅 41.6

進道如退，夷道如類。　　　　　　　帛 41.6

進道若退，夷道若類，　　　　　　　河 41.6

纇 lei

進道若退，夷道若纇。　　　　　　　王 41.6

离 li

為天下溪，恆德不离。	帛 28.2
恆德不离，復歸嬰兒。	帛 28.3

離 li

載營魄抱一，能無離，	河 10.1
載營魄抱一，能無離乎？	王 10.1
載營魄袌一，能無離乎？	傅 10.1
戴營魄抱一，能毋離乎？	帛 10.1
是以君子終日行，不離其輜重。	傅 26.2
是以聖人終日行不離輜重。	王、河 26.2
為天下谿，常德不離。	王、河、傅 28.2

里 li

千里之行，始於足下。	王、河、傅 64.7

禮 li

言以喪禮居之也。	竹 31.12，帛 31.15
戰勝則以喪禮居之。	竹 31.14
言以喪禮處之。	王、河 31.15
言居上勢，則以喪禮處之。	傅 31.15
戰勝，以喪禮處之。	王、河 31.17
戰勝而以喪禮處之。	帛 31.17
戰勝者，則以喪禮處之。	傅 31.17
上禮為之而莫之應也，	帛 38.6
上禮為之而莫之應，	王、河、傅 38.7
失義而后禮。	帛 38.11
夫禮者，忠信之薄也，而亂之首也。	帛 38.12
失義而後禮。	王、河、傅 38.12
夫禮者，忠信之薄，而亂之首也。	傅 38.13

夫禮者，忠信之薄而亂之首。　　　　　王、河 38.13

珞 li

不欲琭琭如玉，珞珞如石。　　　　　　王 39.19

莅 li

故殺□□，則以哀悲莅之；　　　　　　竹 31.13

殺人衆，以悲哀莅之；　　　　　　　　帛 31.16

以道莅天下，其鬼不神。　　　　　　　王、帛、河 60.2

涖 li

以道涖天下者，其鬼不神。　　　　　　傅 60.2

利 li

水善利萬物而不爭，　　　　　　　　　王、河、傅 8.2

水善利萬物而有爭，　　　　　　　　　帛 8.2

故有之以為利，　　　　　　　　　　　王、帛、河、傅 11.7

絕知弃辯，民利百倍。　　　　　　　　竹 19.1

絕聖棄知，民利百倍。　　　　　　　　傅 19.1

絕聖棄智，民利百倍；　　　　　　　　王、河 19.1

絕聖棄智，而民利百倍。　　　　　　　帛 19.1

絕巧弃利，盜賊亡有。　　　　　　　　竹 19.2

絕巧棄利，盜賊無有。　　　　　　　　王、河、傅 19.3

絕巧棄利，盜賊无有。　　　　　　　　帛 l9.3

邦之利器不可以示人。　　　　　　　　傅 36.8

國之利器不可以示人。　　　　　　　　王、河 36.8

國利器不可以示人。　　　　　　　　　帛 36.8

服文采，帶利劍，　　　　　　　　　　帛、傅 53.5

服文綵，帶利劍，　　　　　　　　　　王、河 53.5

不可得而利，　　　　　　　　　　　　王、竹、帛、河、傅 56.8

民多利器，而邦家滋昏。　　　　　　　帛 57.5

民多利器，而邦滋昏。	竹 57.5
民多利器，國家滋昏。	王、傅 57.5
民多利器，國家滋昏。	河 57.5
□兩者或利或害。	帛 73.3
此兩者，或利或害。	王、河、傅 73.3
天之道，利而不害。	王、河、傅 81.6
故天之道，利而不害；	帛 81.6

立 li

企者不立，跨者不行，	王、傅 24.1
炊者不立。	帛 24.1
跂者不立，跨者不行，	河 24.1
寂兮寞兮，獨立而不改，	傅 25.2
寂兮寥兮，獨立不改，	王 25.2
寂兮寥兮，獨立而不改，	河 25.2
寂呵寥呵，獨立而不改，	帛 25.2
敚穆，獨立不改，	竹 25.2
故立天子，置三公，	王、河、傅 62.7
故立天子，置三卿，	帛 62.7

力 li

勝人者，有力也。自勝者，強也。	帛 33.2
勝人者有力，自勝者強。	王、河 33.2
勝人者有力也，自勝者彊也。	傅 33.2
是謂用人之力，	王、河、傅 68.6

廉 lian

廉而不刺，直而不絑，	帛 58.9
廉而不害，直而不肆，	河 58.9
廉而不劌，直而不肆，	王、傅 58.9

寥 liao

寂兮寥兮，獨立不改，	王 25.2
寂兮寥兮，獨立而不改，	河 25.2
寂呵寥呵，獨立而不改，	帛 25.2

梁 liang

故強梁者不得死，	帛 42.10
強梁者不得其死，	王、河 42.10
彊梁者不得其死，	傅 42.10

兩 liang

此兩者，同出而異名。同謂之玄。	王、河、傅 1.7
兩者同出，異名同謂。	帛 1.7
夫兩不相傷，	王、帛、河、傅 60.7
夫兩者各得其所欲，	王、河 61.11
兩者各得其所欲，	傅 61.11
知此兩者，亦稽式。	王 65.6
知此兩者亦楷式。	河 65.6
恆知此兩者，亦稽式也。	帛 65.6
常知此兩者，亦稽式也。	傅 65.6
□兩者或利或害。	帛 73.3
此兩者，或利或害。	王、河、傅 73.3

裂 lie

其至也，謂天毋已清將恐裂，	帛 39.7
其致之，一也，天無以清將恐裂，	傅 39.8
其致之。天無以清將恐裂，	王、河 39.8

獵 lie

馳騁田獵使人心發狂，	帛 12.2
馳騁田獵，令人心發狂，	河、傅 12.4

馳騁畋獵令人心發狂，	王 12.4

臨 lin

臨事之紀，	竹 64.11

鄰 lin

猶乎其若畏四鄰，	竹 15.5
猶兮若畏四鄰，	王、河、傅 15.6
猶呵其若畏四鄰，	帛 15.6
鄰國相望，雞犬之聲相聞，	王、帛、傅 80.9
鄰國相望，雞狗之聲相聞，	河 80.9

靈 ling

神得一以靈，	王、帛、河、傅 39.4
神毋已靈將恐歇，	帛 39.9
神無以靈將恐歇，	王、河、傅 39.10

凌 ling

渙呵其若凌釋，	帛 15.8

陵 ling

陵行不避兕虎，	帛 50.7

令 ling

五色令人目盲，	王、河、傅 12.1
五音令人耳聾，	王、河、傅 12.2
五味令人口爽，	王、河、傅 12.3
馳騁田獵，令人心發狂，	河、傅 12.4
馳騁畋獵令人心發狂，	王 12.4
難得之貨，令人行妨。	王、河、傅 12.5
故令有所屬，	王、河、傅 19.5
故令之有所屬。	帛 19.5

民莫之令，而自均焉。　　　　　　　帛、傅 32.6

民莫之令而自均。　　　　　　　　　王、河 32.6

民莫之令而自均安。　　　　　　　　竹 32.6

法令滋章，盜賊多有。　　　　　　　傅 57.7

法令滋彰，盜賊多有。　　　　　　　王 57.7

流 liu

大國者，下流也，　　　　　　　　　帛 61.1

大國者，天下之下流，　　　　　　　傅 61.1

大國者下流，　　　　　　　　　　　王、河 61.1

飂 liu

澹兮其若海，飂兮若無止。　　　　　王 20.16

六 liu

六親不和，安有孝慈。　　　　　　　竹 18.2，帛 18.3

六親不和，有孝慈；　　　　　　　　王、河、傅 18.3

聾 long

五音令人耳聾，　　　　　　　　　　王、河、傅 12.2

五音使人之耳聾。　　　　　　　　　帛 12.5

憾 long

銛憾為上，勿美也。　　　　　　　　帛 31.8

露 lu

天地相合，以俞甘露。　　　　　　　帛 32.5

天地相合也，以逾甘露。　　　　　　竹 32.5

天地相合以降甘露，　　　　　　　　王、河、傅 32.5

琭 lu

不欲琭琭如玉，珞珞如石。　　　　　王 39.19

不欲琭琭如玉，落落如石。　　　　　河 39.19

碌 lu

不欲碌碌若玉，落落若石。 傅 39.19

禄 lu

是故不欲禄禄若玉，硌硌若石。 帛 39.17

陸 lu

陸行不遇兕虎， 王、河、傅 50.7

亂 luan

不見可欲，使心不亂。 河 3.4

不見可欲，使民不亂。 帛 3.4

不見可欲，使民心不亂。 王、傅 3.4

國家昏亂，安有貞臣。 帛 18.4

國家昏亂，有忠臣。 王 18.4

國家昏亂，有忠臣。 河 18.4

國家昏亂，有貞臣。 傅 18.4

夫禮者，忠信之薄也，而亂之首也。 帛 38.12

夫禮者，忠信之薄，而亂之首也。 傅 38.13

夫禮者，忠信之薄而亂之首。 王、河 38.13

治之乎其未亂。 傅 64.4

治之於未亂。 王、河 64.4

治之於其未亂。 竹 64.4

珞 luo，見 珞 li

落 luo

不欲琭琭如玉，落落如石。 河 39.19

不欲碌碌若玉，落落若石。 傅 39.19

硌 luo

是故不欲禄禄若玉，硌硌若石。 帛 39.17

馬 ma

天下有道，卻走馬以糞；	王、帛、河 46.1
天下有道，卻走馬以播。	傅 46.1
天下無道，戎馬生於郊。	王、河、傅 46.2
一无道，戎馬生於郊。	帛 46.2
雖有共之璧以先四馬，	帛 62.8
雖有拱璧以先駟馬，	王、河、傅 62.8

滿 man

道盅，而用之又不滿。	傅 4.1
金玉滿室，莫之能守。	傅 9.3
金玉滿堂，莫之能守。	王、河 9.3
大滿若盅，其用不窮。	傅 45.2

曼 man

| 大器曼成，大音祇聲， | 竹 41.10 |

芒 mang

是謂芴芒。	傅 14.10
道之為物，惟芒惟芴。	傅 21.2
芴兮芒兮，其中有象；	傅 21.3
芒兮芴兮，其中有物；	傅 21.4

盲 mang

| 五色令人目盲， | 王、河、傅 12.1 |
| 五色使人目盲， | 帛 12.1 |

美 mei

天下皆知美之為美，惡已。	帛 2.1
天下皆知美之為美，斯惡已；	王、河、傅 2.1
天下皆知美之為美也，惡已；	竹 2.1

美之與惡，相去何若？　　　　　　傅 20.3

美與惡，其相去何若？　　　　　　帛 20.3

美與惡，相去何若？　　　　　　　竹 20.3

夫美兵者，不祥之器。　　　　　　傅 31.1

銛䤵為上，弗美也。　　　　　　　竹 31.5

美之，是樂殺人。　　　　　　　　竹 31.6

以恬憺為上，故不美也。　　　　　傅 31.8

恬淡為上，勝而不美。　　　　　　王 31.8

恬惔為上。勝而不美，　　　　　　河 31.8

銛愧為上，勿美也。　　　　　　　帛 31.8

而美之者，是樂殺人。　　　　　　王、河 31.9

若美之，是樂殺人也。　　　　　　帛 31.9

若美必樂之，樂之者是樂殺人也。　傅 31.9

美言可以市，　　　　　　　　　　王、帛、河 62.4

美言可以於市，　　　　　　　　　傅 62.4

甘其食，美其服，　　　　　　　　王、帛、河 80.7

至治之極，民各甘其食，美其服，　傅 80.7

信言不美，美言不信；　　　　　　王、帛、河、傅 81.1

昧 mei

一者，其上之不皦，其下之不昧。　傅 14.6

其上不皦，其下不昧，　　　　　　王、河 14.6

故建言有之：明道若昧，　　　　　王、河 41.5

故建言有之曰：明道若昧，　　　　傅 41.5

門 men

玄之又玄，眾妙之門。　　　　　　王、帛、河、傅 1.8

玄牝之門，是謂天地之根。　　　　帛、傅 6.2

玄牝之門，是謂天地根。　　　　　王、河 6.2

天門啓闔，能為雌乎？　　　　　　帛 10.5

天門開闔，能為雌。 河 10.5

天門開闔，能為雌乎？ 傅 10.5

天門開闔，能無雌乎？ 王 10.5

我獨閉頑以鄙。 帛 20.17

閉其門，塞其兌，終身不柔。 竹 52.1

塞其兌，閉其門，終身不勤。 王、河、傅 52.4

塞其垸，閉其門，終身不勤。 帛 52.4

閉其兌，塞其門， 竹 56.2

塞其兌，閉其門， 王、河、傅 56.2

塞其垸，閉其門， 帛 56.2

捨其後，且先，是謂入死門。 傅 67.12

悶 men

俗人察察，我獨悶悶。 王、河 20.15

其政悶悶，其民淳淳； 王 58.1

其政悶悶，其民醇醇； 河 58.1

猛 meng

猛獸不據，攫鳥不搏。 王 55.3

猛獸不據，攫鳥不搏， 傅 55.3

猛獸不據，玃鳥不搏。 河 55.3

據鳥猛獸弗搏， 帛 55.3

攫鳥猛獸弗扣， 竹 55.3

迷 mi

不貴其師，不愛其資，雖知大迷。 傅 27.10

不貴其師，不愛其資，雖智大迷。 王、河 27.10

不貴其師，不愛其資，雖智乎大迷。 帛 27.10

人之迷，其日固久。 王、河 58.7

人之迷也，其日固久矣。 傅 58.7

□之迷也，其日固久矣。 帛 58.7

彌 mi

其出彌遠，其知彌少。　　　　　王、河 47.3

其出彌遠，其知彌尟。　　　　　傅 47.3

其出彌遠者，其知彌□。　　　　帛 47.3

天下多忌諱，而民彌貧；　　　　王、河 57.4

夫天下多忌諱，而民彌貧。　　　帛、傅 57.4

夫天多忌諱，而民彌叛。　　　　竹 57.4

縣 mian

縣縣呵其若存，用之不勤。　　　帛 6.3

縣縣若存，用之不勤。　　　　　王 6.3

綿 mian

綿綿若存，用之不勤。　　　　　河、傅 6.3

免 mian

有罪以免邪？　　　　　　　　　王、傅 62.12

有罪以免耶，　　　　　　　　　河 62.12

有罪以免與？　　　　　　　　　帛 62.12

妙 miao

故恆无欲也，以觀其妙；　　　　帛 1.5

故常無欲，以觀其妙。　　　　　王、河、傅 1.5

玄之又玄，衆妙之門。　　　　　王、帛、河、傅 1.8

微妙玄通，深不可識。　　　　　王、河、傅 15.2

微妙玄達，深不可識。　　　　　帛 15.2

此謂要妙。　　　　　　　　　　傅 27.11

是謂妙要。　　　　　　　　　　帛 27.11

是謂要妙。　　　　　　　　　　王、河 27.11

滅 mie

萬物無以生將恐滅，   王、河、傳 39.12

捪 min

捪之而弗得，名之曰夷。   帛 14.3

民 min

不上賢，使民不爭。   帛 3.1

不尚賢，使民不爭；   王、河、傳 3.1

使民不為盜；   王、帛、河、傳 3.3

不見可欲，使民不亂。   帛 3.4

不見可欲，使民心不亂。   王、傳 3.4

恆使民无知无欲也。   帛 3.8

常使民無知無欲，   王、河、傳 3.8

愛民治國，能無以知乎？   傳 10.4

愛民治國，能無知乎？   王 10.4

愛民治國，能無為。   河 10.4

愛民活國，能毋以知乎？   帛 10.4

絕知弃辯，民利百倍。   竹 19.1

絕聖棄知，民利百倍。   傳 19.1

絕聖棄智，民利百倍；   王、河 19.1

絕聖棄智，而民利百倍。   帛 19.1

絕仁棄義，民復孝慈；   王、河、傳 19.2

絕仁棄義，而民復孝慈。   帛 19.2

絕偽弃慮，民復孝慈。   竹 19.3

民莫之令，而自均焉。   帛、傳 32.6

民莫之令而自均。   王、河 32.6

民莫之令而自均安。   竹 32.6

而民之生生而動，動皆之死地，
亦十有三。   傅 50.4

而民生生，動皆之死地之十有三。	帛 50.4
大道甚夷，民甚好儌。	帛 53.3
大道甚夷，而民好徑。	王、河、傅 53.3
天下多忌諱，而民彌貧；	王、河 57.4
夫天下多忌諱，而民彌貧。	帛、傅 57.4
夫天多忌諱，而民彌叛。	竹 57.4
民多利器，而邦家滋昏。	帛 57.5
民多利器，而邦滋昏。	竹 57.5
民多利器，國家滋昏。	王、傅 57.5
民多利器，國家滋昬。	河 57.5
民多知慧，而衰事滋起。	傅 57.6
我無為而民自化，	王、河、傅 57.9
我無事而民自富，	竹 57.9，王、河、傅 57.11
我无為而民自化，	帛 57.9
我好靜而民自正，	王、帛、河 57.10，竹 57.11
我亡為而民自化，	竹 57.10
我好靖而民自正，	傅 57.10
我无事而民自富，	帛 57.11
我欲不欲而民自樸。	竹、帛 57.12
我無欲而民自朴。	河 57.12
我無欲而民自樸。	王、傅 57.12
（我無情而民自清）。	河 57.13
其政悶悶，其民淳淳；	王 58.1
其政悶悶，其民醇醇；	河 58.1
其政閔閔，其民屯屯。	帛 58.1
其政閔閔，其民偆偆。	傅 58.1
其政察察，其民缺缺。	王、河 58.2
其政詧詧，其民缺缺。	傅 58.2
民之從事，常於其幾成而敗之。	傅 64.11

民之從事，常於幾成而敗之，	王、河 64.11
民之從事也，恆於其成而敗之。	帛 64.11
非以明民，將以愚之。	王、河、傅 65.2
非以明民也，將以愚之也。	帛 65.2
夫民之難治也，以其智也。	帛 65.3
民之難治，以其多知也。	傅 65.3
民之難治，以其智多。	王、河 65.3
是以欲上民，	王 66.4
是以聖人之欲上民也，	帛 66.4
是以聖人欲上民，	河、傅 66.4
聖人之在民前也，	竹 66.4
其在民上也，以言下之。	竹 66.6
其欲先民也，必以其身後之。	帛 66.6
欲先民，必以身後之。	王 66.6
欲先民，必以其身後之。	河、傅 66.6
其在民上也，民弗厚也；	竹 66.7
故居上而民弗重也，	帛 66.7
是以聖人處上而民不重，	王、河 66.7
是以聖人處之上而民弗重，	傅 66.7
其在民前也，民弗害也；	竹 66.8
居前而民弗害。	帛 66.8
處之前而民不害也。	傅 66.8
處前而民不害，	王、河 66.8
民不畏威，則大威至，	王 72.1
民不畏威，則大威至矣。	河、傅 72.1
民之不畏威，則大威將至矣。	帛 72.1
民不畏死，	王、河 74.1
民常不畏死，	傅 74.1
若民恆且不畏死，	帛 74.1

使民恆且畏死，而為奇者，　　　　　帛 74.3

若使民常畏死，而為奇者，　　　　　王、河、傅 74.3

若民恆且必畏死，則恆有司殺者。　　帛 74.5

民之飢，以其上食稅之多，是以飢。　河 75.1

民之飢者，以其上食稅之多也，是以飢。傅 75.1

民之饑，以其上食稅之多，是以饑。　王 75.1

民之難治，　　　　　　　　　　　　王、河 75.2

民之難治者，　　　　　　　　　　　傅 75.2

民之輕死，　　　　　　　　　　　　王、河 75.4

民之輕死也，　　　　　　　　　　　帛 75.4

民之輕死者，　　　　　　　　　　　傅 75.4

小國寡民，　　　　　　　　　　　　王、帛、河、傅 80.1

使（民）有什伯，人之器而不用。　　河 80.2

使民有什伯之器而不用也，　　　　　傅 80.2

使民重死，而不遠徙。　　　　　　　王、河、傅 80.3

使民重死而遠徙。　　　　　　　　　帛 80.3

使民復結繩而用之。　　　　　　　　帛、河、傅 80.6

至治之極，民各甘其食，美其服，　　傅 80.7

民至老死不相往來。　　　　　　　　王、帛、河 80.10

使民至老死不相與往來。　　　　　　傅 80.10

閔 min

俗人察察，我獨閔閔呵。　　　　　　帛 20.14

俗人皆督督，我獨若閔閔。　　　　　傅 20.15

其政閔閔，其民屯屯。　　　　　　　帛 58.1

其政閔閔，其民偆偆。　　　　　　　傅 58.1

明 ming

明白四達，能毋以知乎？　　　　　　帛 10.6

明白四達，能無以為乎？　　　　　　傅 10.6

明白四達，能無知。	河 10.6
明白四達，能無為乎？	王 10.6
復命，常也。知常，明也。	帛 16.5
復命曰常，知常曰明，	王、河、傅 16.5
不自見故明，	王、河、傅 22.5
不自見也故明，	帛 22.6
自見者不明，	王、河、傅 24.2，帛 24.3
物无棄財，是謂悃明。	帛 27.7
常善救物，故物無棄物，是謂襲明。	傅 27.7
常善救物，故無棄物，是謂襲明。	王、河 27.7
知人者，智也。自知，明也。	帛 33.1
知人者智，自知者明。	王、河 33.1
知人者智也，自知者明也。	傅 33.1
是謂微明。	王、帛、河、傅 36.5
故建言有之：明道若昧，	王、河 41.5
故建言有之曰：明道若昧，	傅 41.5
是以建言有之 ：明道如曹，	竹 41.5
是以建言有之曰：明道如費，	帛 41.5
見小曰明，守柔曰強。	河 52.6
見小曰明，守柔曰強。	王、帛 52.6
見小曰明，守柔曰彊 。	傅 52.6
用其光，復歸其明，	王、帛、河、傅 52.7
和曰常，知常曰明，	帛 55.7
和曰常，知和曰明。	竹 55.7
知和曰常，知常曰明，	河 55.7
知和曰常，知常曰明，	王、傅 55.7
非以明民，將以愚之。	王、河、傅 65.2
非以明民也，將以愚之也。	帛 65.2

冥 ming

幽兮冥兮，其中有精；	傅 21.5
窈兮冥兮，其中有精；	王、河 21.5
窈呵冥呵，其中有精呵。	帛 21.5

名 ming

名，可名也，非恆名也。	帛 1.2
名可名，非常名。	王、河、傅 1.2
無名，天地之始。	王、河、傅 1.3
无名，萬物之始也。	帛 1.3
有名，萬物之母。	王、河、傅 1.4
有名，萬物之母也。	帛 1.4
此兩者同出而異名，同謂之玄。	王、河、傅 1.7
兩者同出，異名同謂。	帛 1.7
功成、名遂、身退，天之道。	河 9.5
成名功遂身退，天之道。	傅 9.5
視之不見名曰夷，	王、河、傅 14.1
視之而弗見，名之曰微。	帛 14.1
聽之不聞名曰希，	王、河、傅 14.2
聽之而弗聞，名之曰希。	帛 14.2
搏之不得名曰微。	王 14.3
搏之不得名曰微。	河、傅 14.3
揗之而弗得，名之曰夷。	帛 14.3
尋尋呵不可名也，	帛 14.7
繩繩不可名，	王、河 14.7
繩繩兮不可名，	傅 14.7
自今及古，其名不去，以順衆父。	帛 21.7
自今及古，其名不去，以閱衆甫。	傅 21.7
自古及今，其名不去，以閱衆甫。	王、河 21.7

未知其名，字之曰道，	竹 25.4
吾未知其名也，字之曰道。	帛 25.4
吾不知其名，字之曰道，	王、河 25.5
吾不知其名，故彊字之曰道。	傅 25.5
吾強為之名曰大。	竹、帛 25.5
強為之名曰大。	王、河 25.6
彊為之名曰大。	傅 25.6
道恆亡名，	竹 32.1
道常無名，	王、河、傅 32.1
道恆无名，	帛 32.1，帛 37.1
始制有名，	王、竹、帛、河、傅 32.7
名亦既有，天亦將知之。	河 32.8
名亦既有，夫亦將知止，	王、竹、帛、傅 32.8
成功遂事而弗名有也。	帛 34.2
功成（而）不名有。	河 34.3
功成不名有，	王 34.3
則恆无欲也，可名於小。	帛 34.4
故常無欲，可名於小矣。	傅 34.5
常無欲，可名於小。	王、河 34.5
萬物歸焉而弗為主，可名於大。	帛 34.5
萬物歸之而不知主，可名於大矣。	傅 34.6
萬物歸焉而不為主，可名為大。	王、河 34.6
吾將鎮之以無名之朴。	河 37.5
吾將鎮之以無名之樸。	王、傅 37.5
吾將鎮之以无名之樸。	帛 37.5
將鎮之以亡名之樸。	竹 37.5
無名之朴，亦將不欲，	河 37.6
無名之樸，夫亦將不欲。	傅 37.6
無名之樸，夫亦將無欲。	王 37.6

鎮之以无名之樸，夫將不辱。　　　帛 37.6

大象無形，道隱無名，　　　　　　王、河、傅 41.11

大象无形，道褒无名。　　　　　　帛 41.11

而王公以自名也。　　　　　　　　帛 42.6

名與身孰親？　　　　　　　　　　王、竹、帛、河、傅 44.1

□□而名，弗爲而成。　　　　　　帛 47.5

不見而名，不爲而成。　　　　　　王、河、傅 47.5

命 ming

曰靜。靜，是謂復命。　　　　　　帛 16.4

歸根曰靖，靖曰復命。　　　　　　傅 16.4

歸根曰靜，是謂復命。　　　　　　王、河 16.4

復命，常也。知常，明也。　　　　帛 16.5

復命曰常，知常曰明，　　　　　　王、河、傅 16.5

或命之或乎屬。　　　　　　　　　竹 19.5

夫莫之命而常自然。　　　　　　　王、河 51.5

謬 miu

一者，其上不謬，其下不忽。　　　帛 14.6

末 mo

□□□木，作於毫末。　　　　　　帛 64.5

合□□□□□末，　　　　　　　　竹 64.5

合抱之木，生於毫末；　　　　　　王、河 64.5

合裒之木生於豪末；　　　　　　　傅 64.5

莫 mo

金玉盈室，莫之能守也。　　　　　帛 9.3

金玉盈室，莫能守也。　　　　　　竹 9.3

金玉滿室，莫之能守。　　　　　　傅 9.3

金玉滿堂，莫之能守。　　　　　　王、河 9.3

夫唯不爭，故天下莫能與之爭。　　　　王、河 22.9

夫唯不爭，故莫能與之爭。　　　　　　帛 22.9

夫惟不爭，故天下莫能與之爭。　　　　傅 22.9

樸雖小，天下莫能臣。　　　　　　　　傅 32.2

樸雖小，天下莫能臣也。　　　　　　　王 32.2

民莫之令，而自均焉。　　　　　　　　帛、傅 32.6

民莫之令而自均。　　　　　　　　　　王、河 32.6

民莫之令而自均安。　　　　　　　　　竹 32.6

上禮為之而莫之應也，　　　　　　　　帛 38.6

上禮為之而莫之應，　　　　　　　　　王、河、傅 38.7

罪莫厚乎甚欲，　　　　　　　　　　　竹 46.1

咎莫憯乎欲得，　　　　　　　　　　　竹 46.2

罪莫大可欲，　　　　　　　　　　　　帛 46.3

罪莫大於可欲。　　　　　　　　　　　河、傅 46.3

禍莫大乎不知足。　　　　　　　　　　竹 46.3

禍莫大於不知足，　　　　　　　　　　王 46.3，帛、河、傅 46.4

咎莫大於欲得。　　　　　　　　　　　王 46.4，河 46.5

咎莫憯於欲得。　　　　　　　　　　　帛、傅 46.5

是以萬物莫不尊道而貴德。　　　　　　王、河、傅 51.3

夫莫之命而常自然。　　　　　　　　　王、河 51.5

夫莫之爵，而常自然。　　　　　　　　傅 51.5

夫莫之爵也，而恆自然也。　　　　　　帛 51.5

治人事天莫若嗇。　　　　　　　　　　王、竹、帛、河、傅 59.1

□□□□莫知其□。　　　　　　　　　帛 59.5

不克則莫知其極，　　　　　　　　　　竹 59.5

無不克則莫知其極，　　　　　　　　　王、傅 59.5

無不剋則莫知其極，　　　　　　　　　河 59.5

莫知其□，可以有國。　　　　　　　　帛 59.6

莫知其極（則）可以有國。　　　　　　河 59.6

莫知其極，可以有國。 王、竹、傅 59.6

故天下莫能與之爭。 王、竹、河、傅 66.11

故天下莫能與爭。 帛 66.11

禍莫大於无敵， 帛 69.6

禍莫大於無敵， 傅 69.6

禍莫大於輕敵， 王、河 69.6

天下莫能知，莫能行。 王、河 70.2

而人莫之能知，莫之能行。 傅 70.2

而天下莫之能知也，莫之能行也。 帛 70.2

天下柔弱莫過於水， 河 78.1

天下莫柔弱於水， 王、帛、傅 78.1

□□堅強者莫之能□也， 帛 78.2

而攻堅強者莫之能勝。 王、河 78.2

而攻堅疆者莫之能先， 傅 78.2

天下莫不知，而莫之能行。 傅 78.5

天下莫不知，莫能行。 王、河 78.5

天下莫弗知也，而□□□行也。 帛 78.5

默 mo

默然而善謀。 傅 73.9

窦 mo

寂兮窦兮，獨立而不改， 傅 25.2

沒 mo

沒身不殆。 王、帛、河、傅 16.10

既知其子，復守其母，沒身不殆。 王、帛、河、傅 52.3

繩 mo

善結者无繩約而不可解也。 帛 27.5

謀 mou

其安也，易持也。□□□□易謀□，	帛 64.1
其安也，易枲也。其未兆也，易謀也。	竹 64.1
其安易持，其未兆易謀，	王、河、傅 64.1
坦而善謀。	帛 73.8
默然而善謀。	傅 73.9
繟然而善謀。	王、河 73.9

牡 mu

未知牝牡之合而全作，精之至也。	王 55.5
未知牝牡之合而朘作，精之至也。	傅 55.5
未知牝牡之合而峻作，精之至也。	河 55.5
未知牝牡之合然怒，精之至也，	竹 55.5
未知牝牡之會而朘怒，精之至也。	帛 55.5
牝恆以靜勝牡。	帛 61.4
牝常以靖勝牡。	傅 61.4
牝常以靜勝牡，	王、河 61.4

母 mu

有名，萬物之母。	王、河、傅 1.4
有名，萬物之母也。	帛 1.4
吾欲獨異於人，而貴食母。	帛 20.18
吾獨欲異於人，而貴食母。	傅 20.19
我獨異於人，而貴食母。	王、河 20.19
可以為天地母。	帛 25.3
可以為天下母，	竹 25.3，王、河、傅 25.4
天下有始，以為天下母。	王、帛、河 52.1
天下有始，可以為天下母。	傅 52.1
既知其母，復知其子；	河 52.2
既得其母，以知其子；	王、帛、傅 52.2

既知其子，復守其母，沒身不殆。	王、帛、河、傅 52.3
有國之母，可以長……	竹 59.7
有國之母，可以長久。	王、帛、河、傅 59.7

木 mu

□□□木，作於毫末。	帛 64.5
合抱之木，生於毫末；	王、河 64.5
合裹之木生於豪末；	傅 64.5
草木之生也柔脆，	傅 76.3
萬物草木之生也柔脆，	王、帛、河 76.3
□以兵強則不勝，木強則兢。	帛 76.7
是以兵強則不勝，木強則共。	河 76.7
是以兵強則不勝，木強則兵。	王 76.7
是以兵彊者則不勝，木彊則共。	傅 76.7

目 mu

五色令人目盲，	王、河、傅 12.1
五色使人目盲，	帛 12.1
是以聖人之治也，為腹而不為目。	帛 12.6
是以聖人為腹不為目，	王、河、傅 12.6
百姓皆註其耳目，	河、傅 49.9
百姓皆註其耳目焉，	帛 49.9

牧 mu

| 是以聖人執一，以為天下牧。 | 帛 22.4 |

穆 mu

| 敓穆，獨立不改， | 竹 25.2 |

乃 nai

| 乃可以託於天下。 | 河 13.12 |
| 知常容，容乃公， | 王、帛、河、傅 16.7 |

公乃王，王乃天，	王、帛、河、傅 16.8
天乃道，道乃。	帛 16.9
天乃道，道乃久。	王、河、傅 16.9
為天下谷，恆德乃足。	帛 28.5
恆德乃足，復歸於樸。	帛 28.6
為天下谷，常德乃足，	王、河、傅 28.8
修之身，其德乃真。	竹、傅 54.4
修之於身，其德乃真；	王、河 54.4
脩之身，其德乃真。	帛 54.4
修之於家，其德乃餘；	王、河 54.5
修之家，其德乃餘。	傅 54.5
修之於鄉，其德乃長；	王、河 54.6
修之鄉，其德乃長。	竹、傅 54.6
脩之鄉，其德乃長。	帛 54.6
修之邦，其德乃豐。	竹、傅 54.7
修之於國，其德乃豐；	王、河 54.7
脩之國，其德乃豐。	帛 54.7
修之天下，其德乃溥。	傅 54.8
修之於天下，其德乃普。	王、河 54.8
脩之天下，其德乃溥。	帛 54.8
與物反也，乃至大順。	帛 65.9
與物反矣，乃復至於大順。	傅 65.9
與物反矣，然後乃至大順。	王 65.9
與物反矣。乃至大順。	河 65.9

奈 nai

奈何萬乘之主，	王、河 26.4
奈何以死懼之！	王、河 74.2

難 nan

有、无之相生也，難、易之相成也，	帛 2.3
有亡之相生也，難易之相成也，	竹 2.3
故有無之相生，難易之相成，	傅 2.3
故有無相生，難易相成，	王、河 2.3
不貴難得之貨。	王、帛、河、傅 3.2，王、竹、河、傅 64.14
難得之貨使人之行妨。	帛 12.3
難得之貨令人行妨。	王、河、傅 12.5
大小之多易必多難。	竹 63.2
是以聖人猶難之，故終亡難。	竹 63.3
圖難乎□□□，	帛 63.3
圖難乎於其易，	傅 63.3
圖難於其易，	王、河 63.3
天下之難作於易，	帛 63.5
天下之難事必作於易，	傅 63.5
天下難事必作於易，	王、河 63.5
多易必多難，	王、帛、河 63.10
多易者必多難，	傅 63.10
是以聖人猶難之，故終於无難。	帛 63.11
是以聖人猶難之，故終無難。	河 63.11
是以聖人猶難之。故終無難矣。	王、傅 63.11
而不貴難得之貨；	帛 64.14
夫民之難治也，以其智也。	帛 65.3
民之難治，以其多知也。	傅 65.3
民之難治，以其智多。	王、河 65.3
是以聖人猶難之。	王、河、傅 73.5
民之難治，	王、河 75.2
民之難治者，	傅 75.2

以其上之有為，是以難治。　　　　　　　王 75.3

以其上之有為也，是以難治。　　　　　　傅 75.3

以其上有為，是以難治。　　　　　　　　河 75.3

訥 ne

大辯若訥。　　　　　　　　　　　　王、河、傅 45.4

能 neng

天地之所以能長且久者，　　　　　　　　帛 7.2

天地所以能長且久者，　　　　　　　王、河、傅 7.2

以其不自生，故能長生。　　　　　　王、河、傅 7.3

以其不自生也，故能長生。　　　　　　　帛 7.3

故能成其私。　　　　　　　　王、河、傅 7.7，帛 7.8

正善治，事善能，動善時。　　　　　　　王、河 8.6

政善治，事善能，動善時。　　　　　　　帛、傅 8.6

金玉盈室，莫之能守也。　　　　　　　　帛 9.3

金玉盈室，莫能守也。　　　　　　　　　竹 9.3

金玉滿室，莫之能守。　　　　　　　　　傅 9.3

金玉滿堂，莫之能守。　　　　　　　　王、河 9.3

載營魄抱一，能無離，　　　　　　　　　河 10.1

載營魄抱一，能無離乎？　　　　　　　　王 10.1

載營魄衺一，能無離乎？　　　　　　　　傅 10.1

戴營魄抱一，能毋離乎？　　　　　　　　帛 10.1

專氣致柔，能如嬰兒乎？　　　　　　　　傅 10.2

專氣致柔，能嬰兒。　　　　　　　　　　河 10.2

專氣致柔，能嬰兒乎？　　　　　　　　　王 10.2

摶氣至柔，能嬰兒乎？　　　　　　　　　帛 10.2

滌除玄覽，能無疵。　　　　　　　　　　河 10.3

滌除玄覽，能無疵乎？　　　　　　　　王、傅 10.3

滌除玄鑒，能毋有疵乎？　　　　　　　　帛 10.3

愛民治國，能無以知乎？	傅 10.4
愛民治國，能無知乎？	王 10.4
愛民治國，能無為。	河 10.4
愛民活國，能毋以知乎？	帛 10.4
天門啓闔，能為雌乎？	帛 10.5
天門開闔，能為雌。	河 10.5
天門開闔，能為雌乎？	傅 10.5
天門開闔，能無雌乎？	王 10.5
明白四達，能毋以知乎？	帛 10.6
明白四達，能無以為乎？	傅 10.6
明白四達，能無知。	河 10.6
明白四達，能無為乎？	王 10.6
能知古始，是謂道紀。	王、傅 14.14
孰能濁以靜者，將徐清。	竹 15.10
孰能庀以迬者，將徐生。	竹 15.11
孰能濁以（止）靜之，徐清？	河 15.12
孰能濁以澄靖之，而徐清。	傅 15.12
孰能濁以靜之徐清？	王 15.12
孰能安以久動之，而徐生。	傅 15.13
孰能安以久動之徐生？	王、河 15.13
夫唯不盈，故能蔽不新成。	王、河 15.15
夫惟不盈，是以能敝而不成。	傅 15.15
是以能敝而不成。	帛 15.15
弗矜故能長。	帛 22.8
夫唯不爭，故天下莫能與之爭。	王、河 22.9
夫唯不爭，故莫能與之爭。	帛 22.9
夫惟不爭，故天下莫能與之爭。	傅 22.9
天地尚不能久，	王、河、傅 23.5
而弗能久，	帛 23.5

樸雖小，天下莫能臣。	傅 32.2
樸雖小，天下莫能臣也。	王 32.2
王侯若能守，	傅 32.3，傅 37.2
侯王如能守之，	竹 32.3
侯王若能守之，	王、帛、河 32.3，王、帛、河 37.2
是以聖人之能成大也，	帛 34.6
是以聖人能成其□也，	傅 34.7
故能成其大。	王、河 34.8，傅 34.9，王、河、傅 63.8
故能成大。	帛 34.8
侯王能守之，	竹 37.2
上士聞道，勤能行於其中。	竹 41.1
上□□道，勤能行之。	帛 41.1
□下希能及之矣。	帛 43.6
故能□□□。	帛 63.8
是故聖人能輔萬物之自然，而弗能為。	竹 64.16
能輔萬物之自然，而弗敢為。	帛 64.16
能知稽式，是謂玄德。	傅 65.7
江海所以能為百谷王者，	王、帛、河、傅 66.1
以其能為百谷下，	竹 66.2
故能為百谷王。	王、河、傅 66.3
是以能為百谷王。	竹、帛 66.3
故天下莫能與之爭。	王、竹、河、傅 66.11
故天下莫能與爭。	帛 66.11
夫唯不肖，故能大。	帛 67.2
夫慈，故能勇；儉，故能廣；	帛、傅 67.7
慈，故能勇；儉，故能廣；	王、河 67.7
故能成器長。	王、河、傅 67.9
故能為成器長。	帛 67.9

天下莫能知，莫能行。　　　　　　王、河 70.2

而人莫之能知，莫之能行。　　　　傅 70.2

而天下莫之能知也，莫之能行也。　帛 70.2

夫孰能有餘而有以奉於天者，　　　帛 77.8

孰能有餘以奉天下?　　　　　　　王、河 77.8

孰能損有餘而奉不足於天下者，　　傅 77.8

□□堅強者莫之能□也，　　　　　帛 78.2

而攻堅強者莫之能勝。　　　　　　王、河 78.2

而攻堅彊者莫之能先，　　　　　　傅 78.2

天下莫不知，而莫之能行。　　　　傅 78.5

天下莫不知，莫能行。　　　　　　王、河 78.5

溺 ni

必微溺玄達，深不可識，　　　　　竹 15.2

年 nian

大軍之後，必有凶年。　　　　　　王、河、傅 30.4

鳥 niao

猛獸不據，攫鳥不搏。　　　　　　王 55.3

猛獸不據，攫鳥不搏，　　　　　　傅 55.3

猛獸不據，玃鳥不搏。　　　　　　河 55.3

據鳥猛獸弗搏，　　　　　　　　　帛 55.3

攫鳥猛獸弗扣，　　　　　　　　　竹 55.3

寧 ning

地得一以寧，　　　　　　　　　　王、帛、河、傅 39.3

地毋已寧將恐發，　　　　　　　　帛 39.8

地無以寧將恐發，　　　　　　　　王、河、傅 39.9

怒 nu

未知牝牡之合然怒，精之至也，　　竹 55.5

未知牝牡之會而朘怒，精之至也。　　　帛 55.5

善戰者不怒，　　　　　　　　　王、帛、河、傅 68.2

女 nu

女可以寄天下矣。　　　　　　　帛 13.12

諾 nuo

夫輕諾□□信，　　　　　　　　帛 63.9

夫輕諾必寡信，　　　　　　　　王、河 63.9

夫輕諾者必寡信，　　　　　　　傅 63.9

怕 pa

我獨怕兮其未兆，　　　　　　　河 20.8

判 pan

其脆也，易判也。其幾也，易散也。　竹 64.2

其脆易判，其微易散。　　　　　傅 64.2

叛 pan

夫天多忌諱，而民彌叛。　　　　竹 57.4

泮 pan

其脆易泮，其微易散。　　　　　王 64.2

旁 pang

萬物旁作，居以須復也。　　　　竹 16.2

培 pei

或彊或剉，或培或墮。　　　　　傅 29.6

或剉或培或墮。　　　　　　　　帛 29.6

配 pei

是謂配天，古之極也。　　　　　帛、傅 68.7

是謂配天古之極。 王、河 68.7

烹 peng

治大國若烹小鮮。 王、帛、河、傅 60.1

被 pi，見 被 bei

庀 pi

孰能庀以迬者，將徐生。 竹 15.11

譬 pi

譬道之在天下， 王、河、傅 32.10

譬道之在天下也， 竹、帛 32.10

偏 pian

是以偏將軍居左， 竹 31.10，帛 31.13

是以偏將軍處左， 傅 31.13

偏將軍居左， 王、河 31.13

飄 piao

淡兮其若海，飄兮似無所止。 傅 20.16

故飄風不崇朝， 傅 23.2

故飄風不終朝， 王 23.2

飄風不終朝， 帛、河 23.2

漂 piao

忽兮若海。漂兮若無所止。 河 20.16

貧 pin

天下多忌諱，而民彌貧； 王、河 57.4

夫天下多忌諱，而民彌貧。 帛、傅 57.4

牝 pin

谷神不死，是謂玄牝，	王、帛、河、傅 6.1
玄牝之門，是謂天地之根。	帛、傅 6.2
玄牝之門，是謂天地根。	王、河 6.2
未知牝牡之合而全作，精之至也。	王 55.5
未知牝牡之合而朘作，精之至也。	傅 55.5
未知牝牡之合而峻作，精之至也。	河 55.5
未知牝牡之合然怒，精之至也，	竹 55.5
未知牝牡之會而朘怒，精之至也。	帛 55.5
天下之牝也。	帛 61.2
天下之牝。	王、河、傅 61.3
牝恆以靜勝牡。	帛 61.4
牝常以靖勝牡。	傅 61.4
牝常以靜勝牡，	王、河 61.4

平 ping

往而不害，安平大。	竹、帛 35.2
往而不害，安平太。	王、河 35.2
往而不害，安平泰。	傅 35.2

破 po

其脆易破，其微易散。	河 64.2

魄 po

載營魄抱一，能無離，	河 10.1
載營魄抱一，能無離乎？	王 10.1
戴營魄抱一，能毋離乎？	帛 10.1
載營魄裒一，能無離乎？	傅 10.1
我獨魄兮其未兆，	傅 20.8

朴 pu

敦兮其若朴，	河 15.9
見素抱朴，少私寡欲。	河 19.6
見素裦朴，少私寡欲。	傅 19.6
復歸於朴。	河 28.9
朴散則為器，	河 28.10
朴雖小，天下不敢臣。	河 32.2
吾將鎮之以無名之朴。	河 37.5
無名之朴，亦將不欲，	河 37.6
我無欲而民自朴。	河 57.12

樸 pu

屯乎其若樸，	竹 15.8
沌呵其若樸，	帛 15.9
敦兮其若樸，	王、傅 15.9
見素抱樸，少私而寡欲。	帛 19.6
見素抱樸，少私寡欲。	王 19.6
視素保樸，少私寡欲。	竹 19.6
恆德乃足，復歸於樸。	帛 28.6
復歸於樸。	王、傅 28.9
樸散則為器，	王、帛、傅 28.10
樸雖小，天下莫能臣。	傅 32.2
樸雖小，天下莫能臣也。	王 32.2
樸雖微，天地弗敢臣，	竹 32.2
樸雖小而天下弗敢臣。	帛 32.2
吾將鎮之以無名之樸。	王、傅 37.5
吾將鎮之以无名之樸。	帛 37.5
將鎮之以亡名之樸。	竹 37.5
無名之樸，夫亦將不欲。	傅 37.6

無名之樸，夫亦將無欲。	王 37.6
鎮之以无名之樸，夫將不辱。	帛 37.6
我欲不欲而民自樸。	竹、帛 57.12
我無欲而民自樸。	王、傅 57.12

溥 pu

修之天下，其德乃溥。	傅 54.8
脩之天下，其德乃溥。	帛 54.8

普 pu

修之於天下，其德乃普。	王、河 54.8

其 qi

故恆无欲也，以觀其妙；	帛 1.5
故常無欲，以觀其妙。	王、河、傅 1.5
恆有欲也，以觀其所噭。	帛 1.6
常有欲，以觀其徼。	王、河、傅 1.6
皆知善，此其不善已。	竹 2.2
虛其心，實其腹；	王、帛、河、傅 3.6
弱其志，強其骨，	王、帛、河 3.7
弱其志，彊其骨。	傅 3.7
挫其銳，解其紛，	王、帛、河、傅 4.3，河、傅 56.3
和其光，同其塵，	王、帛、河、傅 4.4，竹、帛 56.3，王、河、傅 56.4
吾不知其誰之子也，象帝之先。	帛 4.6
天地之間，其猶橐籥與？	竹 5.1，帛 5.3
天地之間，其猶橐籥乎？	王、河、傅 5.3
緜緜呵其若存，用之不勤。	帛 6.3
以其不自生，故能長生。	王、河、傅 7.3
以其不自生也，故能長生。	帛 7.3

是以聖人後其身，而身先；	王、河、傅 7.4
是以聖人退其身而身先，	帛 7.4
外其身而身先，	帛 7.5
外其身，而身存。	王、河、傅 7.5，帛 7.6
不以其無私邪？	傅 7.6
非以其無私邪？	王 7.6
非以其無私耶？	河 7.6
不以其无私與？	帛 7.7
故能成其私。	王、河、傅 7.7，帛 7.8
持而盈之，不如其已。	王、傅 9.1
持而盈之，不知其已。	河 9.1
持而盈之，不若其已。	帛 9.1
富貴而驕，自遺其咎。	王、河、傅 9.4
當其無，有車之用；	王、河、傅 11.2
當其无有，車之用也。	帛 11.2
當其無，有器之用。	王、河、傅 11.4
當其无有，埴器之用也。	帛 11.4
當其無，有室之用。	王、河、傅 11.6
當其无有，室之用也。	帛 11.6
一者，其上不謬，其下不忽。	帛 14.6
一者，其上之不皦，其下之不昧。	傅 14.6
其上不皦，其下不昧，	王、河 14.6
迎之不見其首，	王、河、傅 14.11
隨而不見其後，	帛 14.11
迎而不見其首。	帛 14.12
隨之不見其後，	王、河、傅 14.12
猶乎其若畏四鄰，	竹 15.5
與呵其若冬涉水，	帛 15.5
猶呵其若畏四鄰，	帛 15.6

嚴乎其若客，　　　　　　　　　　竹 15.6

渙乎其若釋，　　　　　　　　　　竹 15.7

儼兮其若客，　　　　　　　　　　河 15.7

儼兮其若容，　　　　　　　　　　王 15.7

嚴呵其若客，　　　　　　　　　　帛 15.7

屯乎其若樸，　　　　　　　　　　竹 15.8

渙呵其若凌釋，　　　　　　　　　帛 15.8

沌呵其若樸，　　　　　　　　　　帛 15.9

地乎其若濁，　　　　　　　　　　竹 15.9

敦兮其若朴，　　　　　　　　　　河 15.9

敦兮其若樸，　　　　　　　　　　王、傅 15.9

曠兮其若谷，　　　　　　　　　　王、河、傅 15.10

湷呵其若濁，　　　　　　　　　　帛 15.10

混兮其若濁。　　　　　　　　　　王、傅 15.11

渾兮其若濁。　　　　　　　　　　河 15.11

澱呵其若谷。　　　　　　　　　　帛 15.11

萬物並作，吾以觀其復。　　　　　河、傅 16.2

萬物並作，吾以觀其復也。　　　　帛 16.2

凡物紜紜，各歸其根。　　　　　　傅 16.3

天物魂魂，各復歸於其根。　　　　帛 16.3

夫物芸芸，各復歸其根。　　　　　王、河 16.3

天道員員，各復其根。　　　　　　竹 16.3

其次，親而譽之。　　　　　　　　王 17.2

其次，親之。其次，譽之。　　　　傅 17.2

其次親之譽之。　　　　　　　　　河 17.2

其次親譽之，　　　　　　　　　　竹、帛 17.2

其次，畏之。其次，侮之。　　　　王、竹、河、傅 17.3

其次畏之，其下侮之。　　　　　　帛 17.3

悠兮其貴言。　　　　　　　　　　王 17.5

猶兮其貴言。	河 17.5
猶兮其貴言哉。	傅 17.5
猶乎其貴言也。	竹 17.5
猶呵其貴言也。	帛 17.5
唯與呵，其相去幾何？	帛 20.2
美與惡，其相去何若？	帛 20.3
恍呵其未央哉！	帛 20.5
荒兮其未央。	傅 20.5
荒兮其未央哉！	王、河 20.5
我獨怕兮其未兆，	河 20.8
我獨泊兮其未兆，	王 20.8
我獨魄兮其未兆，	傅 20.8
儽儽兮其不足以無所歸。	傅 20.10
忽呵其若海，恍呵若无所止。	帛 20.15
淡兮其若海，飂兮似無所止。	傅 20.16
澹兮其若海，颲兮若無止。	王 20.16
忽兮怳兮，其中有象；	河 21.3
芴兮芒兮，其中有象；	傅 21.3
惚兮恍兮，其中有象；	王 21.3
芒兮芴兮，其中有物；	傅 21.4
怳兮忽兮，其中有物，	河 21.4
恍兮惚兮，其中有物。	王 21.4
幽兮冥兮，其中有精；	傅 21.5
窈兮冥兮，其中有精，	王、河 21.5
窈呵冥呵，其中有精呵。	帛 21.5
其精甚真，其中有信。	王、帛、河、傅 21.6
自今及古，其名不去，以順衆父。	帛 21.7
自今及古，其名不去，以閱衆甫。	傅 21.7
自古及今，其名不去，以閱衆甫。	王、河 21.7

其於道也，曰餘食贅行。	河 24.6
其在道也，曰餘食贅行。	王、帛、傅 24.6
未知其名，字之曰道，	竹 25.4
吾未知其名也，字之曰道。	帛 25.4
吾不知其名，字之曰道，	王、河 25.5
吾不知其名，故彊字之曰道。	傅 25.5
而王居其一焉。	王、河 25.10
而王處其一尊。	傅 25.10
是以君子終日行，不遠其輜重，	帛 26.2
是以君子終日行，不離其輜重。	傅 26.2
不貴其師，不愛其資，雖知大迷。	傅 27.10
不貴其師，不愛其資，雖智大迷。	王、河 27.10
不貴其師，不愛其資，雖智乎大迷。	帛 27.10
知其雄，守其雌，為天下溪。	帛 28.1
知其雄，守其雌，為天下谿。	王、河、傅 28.1
知其白，守其辱，為天下谷。	帛 28.4
知其白，守其黑，為天下式。	王、河、傅 28.4，帛 28.7
知其榮，守其辱，為天下谷。	王、河、傅 28.7
吾見其不得已。	王、河、傅 29.2
吾見其弗得已。	帛 29.2
不以兵強天下，其事好還。	王、河 30.2
不以兵強於天下。其□□□，	帛 30.2
不以兵彊天下，其事好還。	傅 30.2
其事好（還）。	竹 30.7
不失其所者，久也。	帛、傅 33.5
不失其所者久，	王、河 33.5
大道氾兮，其可左右。	王、河 34.1
大道汎汎兮，其可左右。	傅 34.1
道，汎呵其可左右也，	帛 34.1

以其不為大也，	帛 34.7
以其終不自為大，	王 34.7
是以聖人能成其□也，	傅 34.7
以其終不自大，	傅 34.8
故能成其大。	王、河 34.8，傅 34.9，王、河、傅 63.8
淡兮其無味。	傅 35.5
淡乎其無味，	王、河 35.5
淡呵其無味也。	竹 35.5
淡呵其无味也。	帛 35.5
是以大丈夫居其厚而不居其薄，	帛 38.14
居其實而不居其華。	帛 38.15
是以大丈夫處其厚，不居其薄。	王 38.15
是以大丈夫處其厚，不處其薄；	河、傅 38.15
處其實，不居其華。	王 38.16
處其實，不處其華，	河、傅 38.16
其至也，謂天毋已清將恐裂，	帛 39.7
其致之，一也，天無以清將恐裂，	傅 39.8
其致之，天無以清將恐裂，	王、河 39.8
此其賤之本與？非也？	帛 39.15
是其以賤為本也，非歟？	傅 39.17
上士聞道，勤能行於其中。	竹 41.1
強梁者，不得其死。	王、河 42.10
彊梁者不得其死，	傅 42.10
大成若缺，其用不敝。	竹、帛、傅 45.1
大成若缺，其用不弊；	王、河 45.1
大盈如沖，其用不窘。	帛 45.2
大盈若沖，其用不窮。	王、河 45.2
大盈若盅，其用不窮。	竹 45.2
大滿若盅，其用不窮。	傅 45.2

其出彌遠，其知彌少。　　　　　　　　王、河 47.3

其出彌遠，其知彌尟。　　　　　　　　傅 47.3

其出彌遠者，其知彌□。　　　　　　　帛 47.3

及其有事，又不足以取天下矣。　　　　傅 48.6

及其有事，不足以取天下。　　　　　　王、河 48.6

及其有事也，□□足以取天□□。　　　帛 48.6

為天下渾其心。　　　　　　　　　　　王、河 49.8

百姓皆註其耳目，　　　　　　　　　　河、傅 49.9

百姓皆註其耳目焉，　　　　　　　　　帛 49.9

夫何故？以其生生之厚。　　　　　　　王 50.5

夫何故？以其生生之厚也。　　　　　　傅 50.5

夫何故？以其求生之厚。　　　　　　　河 50.5

夫何故也？以其生生。　　　　　　　　帛 50.5

兕無所投其角，　　　　　　　　　　　王、河、傅 50.9

兕无所揣其角，　　　　　　　　　　　帛 50.9

虎無所措其爪，　　　　　　　　　　　王、河、傅 50.10

虎无所措其爪，　　　　　　　　　　　帛 50.10

兵無所容其刃。　　　　　　　　　　　王、河、傅 50.11

夫何故？以其無死地。　　　　　　　　王、河 50.12

夫何故也？以其無死地焉。　　　　　　傅 50.12

□何故也？以其无死地焉。　　　　　　帛 50.12

閉其門，塞其兌，終身不柔。　　　　　竹 52.1

既知其母，復知其子；　　　　　　　　河 52.2

既得其母，以知其子；　　　　　　　　王、帛、傅 52.2

啓其兌，賽其事，終身不逨。　　　　　竹 52.2

既知其子，復守其母，沒身不殆。　　　王、帛、河、傅 52.3

塞其兌，閉其門，終身不勤。　　　　　王、河、傅 52.4

塞其坮，閉其門，終身不勤。　　　　　帛 52.4

啓其坮，齊其事，終身不棘。　　　　　帛 52.5

開其兌，濟其事，終身不救。　　　　　王、河、傅 52.5

用其光，復歸其明，　　　　　　　　　王、帛、河、傅 52.7

子孫以其祭祀不屯。　　　　　　　　　竹 54.3

修之身，其德乃真。　　　　　　　　　竹、傅 54.4

修之於身，其德乃真；　　　　　　　　王、河 54.4

脩之身，其德乃真。　　　　　　　　　帛 54.4

修之於家，其德乃餘；　　　　　　　　王、河 54.5

修之家，其德乃餘。　　　　　　　　　傅 54.5

修之家，其德有餘。　　　　　　　　　竹 54.5

脩之家，其德有餘。　　　　　　　　　帛 54.5

修之於鄉，其德乃長；　　　　　　　　王、河 54.6

修之鄉，其德乃長。　　　　　　　　　竹、傅 54.6

脩之鄉，其德乃長。　　　　　　　　　帛 54.6

修之邦，其德乃豐。　　　　　　　　　竹、傅 54.7

修之於國，其德乃豐；　　　　　　　　王、河 54.7

脩之國，其德乃豐。　　　　　　　　　帛 54.7

修之天下，其德乃溥。　　　　　　　　傅 54.8

修之於天下，其德乃普。　　　　　　　王、河 54.8

脩之天下，其德乃溥。　　　　　　　　帛 54.8

閉其兌，塞其門，　　　　　　　　　　竹 56.2

塞其兌，閉其門，　　　　　　　　　　王、河、傅 56.2

塞其㙥，閉其門，　　　　　　　　　　帛 56.2

挫其銳，解其分，　　　　　　　　　　王 56.3

挫其銳而解其紛，　　　　　　　　　　帛 56.4

剆其䫰，解其紛，　　　　　　　　　　竹 56.4

吾何以知其然也？　　　　　　　　　　竹 57.3

吾何以知其然也哉？　　　　　　　　　帛 57.3

吾何以知其然哉？以此。　　　　　　　王、河 57.3

吾奚以知天下其然哉？以此。　　　　　傅 57.3

其政悶悶，其民淳淳；	王 58.1
其政悶悶，其民醇醇；	河 58.1
其政関関，其民屯屯。	帛 58.1
其政閔閔，其民偆偆。	傅 58.1
其政察察，其民缺缺。	王、河 58.2
其政察察，其邦缺缺。	帛 58.2
其政督督，其民缺缺。	傅 58.2
孰知其極，其無正，	王、河 58.5
孰知其極？□无正也？	帛 58.5
孰知其極？其無正衰？	傅 58.5
人之迷，其日固久。	王、河 58.7
人之迷也，其日固久矣。	傅 58.7
□之迷也，其日固久矣。	帛 58.7
□□□□莫知其□。	帛 59.5
不克則莫知其極，	竹 59.5
無不克則莫知其極，	王、傅 59.5
無不剋則莫知其極，	河 59.5
莫知其□，可以有國。	帛 59.6
莫知其極（則）可以有國。	河 59.6
莫知其極，可以有國。	王、竹、傅 59.6
以道莅天下者，其鬼不神。	傅 60.2
以道莅天下，其鬼不神。	王、帛、河 60.2
非其鬼不神，	王、河、傅 60.3
非其鬼不神也，	帛 60.3
其神不傷人。	王、河、傅 60.4
其神不傷人也。	帛 60.4
非其神不傷人，	王、河、傅 60.5
非其神不傷人也，	帛 60.5
以其靖，故為下也。	傅 61.5

為其靜也，故宜為下也。	帛 61.5
夫兩者各得其所欲，	王、河 61.11
夫皆得其欲，	帛 61.11
兩者各得其所欲，	傅 61.11
圖難乎於其易，	傅 63.3
圖難於其易，	王、河 63.3
□□乎其細也。	帛 63.4
為大乎於其細。	傅 63.4
為大於其細。	王、河 63.4
其安也，易持也。□□□□□易謀□，	帛 64.1
其安也，易柒也。其未兆也，易謀也。	竹 64.1
其安易持，其未兆易謀，	王、河、傅 64.1
其脆也，易判也。其幾也，易散也。	竹 64.2
其脆易判，其微易散。	傅 64.2
其脆易泮，其微易散。	王 64.2
其脆易破，其微易散。	河 64.2
為之乎其未有，	傅 64.3
為之於其亡有也，	竹 64.3
治之乎其未亂。	傅 64.4
治之於其未亂。	竹 64.4
民之從事，常於其幾成而敗之。	傅 64.11
民之從事也，恆於其成而敗之。	帛 64.11
夫民之難治也，以其智也。	帛 65.3
民之難治，以其多知也。	傅 65.3
民之難治，以其智多。	王、河 65.3
以其能為百谷下，	竹 66.2
以其善下之，	王、河 66.2
以其善下之也，	帛、傅 66.2
必以其言下之；	帛、河、傅 66.5

其在民上也，以言下之。	竹 66.6
其欲先民也，必以其身後之。	帛 66.6
欲先民，必以其身後之。	河、傅 66.6
其在民上也，民弗厚也；	竹 66.7
其在民前也，民弗害也；	竹 66.8
不以其不爭。	傅 66.10
不以其无爭與？	帛 66.10
以其不爭，	王、河 66.10
以其不爭也，	竹 66.10
若肖，久矣其細也夫。	王、帛、傅 67.3
若肖久矣。其細（也夫）。	河 67.3
今舍其慈，且勇；	帛、河 67.10
今捨其慈，且勇；	傅 67.10
舍其儉，且廣；	帛、河 67.11
捨其儉，且廣；	傅 67.11
舍（其）後且先，死矣，	河 67.12
舍其後，且先；則死矣。	帛 67.12
捨其後，且先，是謂入死門。	傅 67.12
以其病病也，是以不病。	帛 71.3
以其病病，是以不吾病。	傅 71.4
以其病病，是以不病。	王、河 71.4
毋狎其所居，	帛 72.2
無狎其所居，	王、傅 72.2
無狹其所居，	河 72.2
毋厭其所生。	帛 72.3
無厭其所生。	王、河、傅 72.3
天之所惡，孰知其故？	王、帛、河、傅 73.4
如之何其以死懼之？	傅 74.2
希有不傷其手矣。	王 74.9

則希不傷其手。　　　　　　　　　　帛 74.9

稀不自傷其手矣。　　　　　　　　　　傅 74.9

人之飢也，以其取食跣之多，是以飢。帛 75.1

民之飢，以其上食稅之多，是以飢。　河 75.1

民之飢者，以其上食稅之多也，是以飢。傅 75.1

民之饑，以其上食稅之多，是以饑。　王 75.1

以其上之有以為也，是以不治。　　　帛 75.3

以其上之有為，是以難治。　　　　　王 75.3

以其上之有為也，是以難治。　　　　傅 75.3

以其上有為，是以難治。　　　　　　河 75.3

以其上求生生之厚也，是以輕死。　　傅 75.5

以其求生之厚，是以輕死。　　　　　王、河 75.5

以其求生之厚也，是以輕死。　　　　帛 75.5

其死也堅強。　　　　　　　　　　　王、河 76.2

其死也堅彊。　　　　　　　　　　　傅 76.2

其死也䰏信堅強，　　　　　　　　　帛 76.2

其死也枯槁。　　　　　　　　　　　王、帛、河、傅 76.4

天之道，其猶張弓乎？　　　　　　　河 77.1

天之道，其猶張弓者歟，　　　　　　傅 77.1

天之道，其猶張弓與！　　　　　　　王 77.1

其惟道者乎？　　　　　　　　　　　傅 77.9

其不欲見賢。　　　　　　　　　　　王、河 77.12

其不欲見賢邪。　　　　　　　　　　傅 77.12

若此其不欲見賢也。　　　　　　　　帛 77.12

以其無以易之也。　　　　　　　　　帛、傅 78.3

其無以易之。　　　　　　　　　　　王、河 78.3

甘其食，美其服，　　　　　　　　　王、帛、河 80.7

至治之極，民各甘其食，美其服，　　傅 80.7

安其居，樂其俗。　　　　　　　　　王、河 80.8

安其俗，樂其業。	傅 80.8
樂其俗，安其居。	帛 80.8

奇 qi

以正治邦，以奇用兵，	竹 57.1
以正治國，以奇用兵，	王、帛、河 57.1
以政治國，以奇用兵，	傅 57.1
人多伎巧，奇物滋起；	王 57.6
人多技巧，奇物滋起。	河 57.6
人多知而奇物滋起。	竹 57.6
人多智，而奇物滋□，	帛 57.6
正復為奇，善復為妖，	王 58.6
正復為奇，善復為訞。	河 58.6
正復為奇，善復為祅。	傅 58.6
使民恆且畏死，而為奇者，	帛 74.3
若使民常畏死，而為奇者，	王、河、傅 74.3

齊 qi

啓其垸，齊其事，終身不棘。	帛 52.5

起 qi

人多伎巧，奇物滋起；	王 57.6
人多技巧，奇物滋起。	河 57.6
人多知而奇物滋起。	竹 57.6
民多知慧，而衺事滋起。	傅 57.6
九成之臺，起於累土；	傅 64.6
九層之臺，起於累土；	王、河 64.6

跂 qi

跂者不立，跨者不行，	河 24.1

企 qi

　　企者不立，跨者不行，　　　　　　　王、傅 24.1

啓 qi

　　天門啓闔，能為雌乎？　　　　　　　帛 10.5

　　善閉者无關籥而不可啓也。　　　　　帛 27.4

　　啓其兌，賽其事，終身不逨。　　　　竹 52.2

　　啓其堄，齊其事，終身不棘。　　　　帛 52.5

豈 qi

　　古之所謂曲則全者，豈虛言也哉？　　傅 22.10

　　古之所謂曲則全者，豈虛言哉！　　　王、河 22.10

契 qi

　　是以聖人執左契，　　　　　　　　　王、帛、河、傅 79.3

　　有德司契，無德司徹。　　　　　　　王、河 79.5

　　故有德司契，无德司徹。　　　　　　帛 79.5

　　故有德司契，無德司徹。　　　　　　傅 79.5

器 qi

　　埏埴以為器，　　　　　　　　　　　王、河、傅 11.3

　　埏埴而為器，　　　　　　　　　　　帛 11.3

　　當其無，有器之用。　　　　　　　　王、河、傅 11.4

　　當其无有，埴器之用也。　　　　　　帛 11.4

　　朴散則為器，　　　　　　　　　　　河 28.10

　　樸散則為器，　　　　　　　　　　　王、帛、傅 28.10

　　天下神器，不可為也。　　　　　　　王、河 29.3

　　夫天下，神器也，非可為者也。　　　帛 29.3

　　夫天下神器，不可為也。　　　　　　傅 29.3

　　夫兵者，不祥之器也。　　　　　　　帛 31.1

　　夫佳兵者，不祥之器。　　　　　　　王、河 31.1

夫美兵者，不祥之器。	傅 31.1
兵者，不祥之器，	王、河、傅 31.5
故兵者非君子之器。	帛 31.5
兵者不祥之器也，	帛 31.6
非君子之器。	王、河、傅 31.6
邦之利器不可以示人。	傅 36.8
國之利器不可以示人。	王、河 36.8
國利器不可以示人。	帛 36.8
大器曼成，大音祇聲，	竹 41.10
大器晚成，大音希聲，	王、帛、河 41.10
大器晚成，大音稀聲，	傅 41.10
物形之而器成之。	帛 51.2
民多利器，而邦家滋昏。	帛 57.5
民多利器，而邦滋昏。	竹 57.5
民多利器，國家滋昏；	王、傅 57.5
民多利器，國家滋昏。	河 57.5
故能成器長。	王、河、傅 67.9
故能為成器長。	帛 67.9
使（民）有什伯，人之器而不用。	河 80.2
使民有什伯之器而不用也，	傅 80.2
使有十百人器而勿用，	帛 80.2
使有什伯之器而不用，	王 80.2

氣 qi

專氣致柔，能如嬰兒乎？	傅 10.2
專氣致柔，能嬰兒。	河 10.2
專氣致柔，能嬰兒乎？	王 10.2
摶氣至柔，能嬰兒乎？	帛 10.2
中氣以為和。	帛 42.4
沖氣以為和。	王、河、傅 42.4

益生曰祥，心使氣曰強。　　　　　　河 55.8

益生曰祥，心使氣曰強。　　　　　　王、竹、帛 55.8

益生曰祥，心使氣則彊。　　　　　　傅 55.8

弃 qi

絕知弃辯，民利百倍。　　　　　　　竹 19.1

絕巧弃利，盜賊亡有。　　　　　　　竹 19.2

絕偽弃慮，民復孝慈。　　　　　　　竹 19.3

棄 qi

絕聖棄知，民利百倍。　　　　　　　傅 19.1

絕聖棄智，民利百倍；　　　　　　　王、河 19.1

絕聖棄智，而民利百倍。　　　　　　帛 19.1

絕仁棄義，民復孝慈；　　　　　　　王、河、傅 19.2

絕仁棄義，而民復孝慈。　　　　　　帛 19.2

絕巧棄利，盜賊無有。　　　　　　　王、河、傅 19.3

絕巧棄利，盜賊无有。　　　　　　　帛 19.3

是以聖人恆善救人，而无棄人，　　　帛 27.6

是以聖人常善救人，故人無棄人；　　傅 27.6

是以聖人常善救人，故無棄人；　　　王、河 27.6

物无棄財，是謂愧明。　　　　　　　帛 27.7

常善救物，故物無棄物，是謂襲明。　傅 27.7

常善救物，故無棄物，是謂襲明。　　王、河 27.7

人之不善，何棄□有？　　　　　　　帛 62.6

人之不善，何棄之有！　　　　　　　王、河、傅 62.6

泣 qi

殺人之衆，以哀悲泣之。　　　　　　王 31.16

殺人衆多，以悲哀泣之。　　　　　　河 31.16

殺人衆多，則以悲哀泣之。　　　　　傅 31.16

千 qian

千里之行，始於足下。	王、河、傅 64.7
百千之高，始於足下。	帛 64.7

前 qian

音聲之相和，前後之相隨，	傅 2.5
音聲相和，前後相隨。	王、河 2.5
前識者，道之華也，而愚之首也。	帛 38.13
前識者，道之華，而愚之始也。	傅 38.14
前識者，道之華而愚之始。	王、河 38.14
聖人之在民前也，	竹 66.4
其在民前也，民弗害也；	竹 66.8
居前而民弗害。	帛 66.8
處之前而民不害也。	傅 66.8
處前而民不害，	王、河 66.8

彊 qiang

弱其志，彊其骨。	傅 3.7
故彊為之容，曰：	傅 15.4
吾不知其名，故彊字之曰道。	傅 25.5
彊為之名曰大。	傅 25.6
或彊或剉，或培或墮。	傅 29.6
不以兵彊天下，其事好還。	傅 30.2
不敢以取彊焉。	傅 30.6
果而不得已，是果而勿彊。	傅 30.8
勝人者有力也，自勝者彊也。	傅 33.2
彊行者有志也，	傅 33.4
將欲弱之，必固彊之。	傅 36.2
柔之勝剛，弱之勝彊，	傅 36.6，傅 78.4
彊梁者不得其死，	傅 42.10

見小曰明，守柔曰彊。　　　　　　傳 52.6

益生曰祥，心使氣則彊。　　　　　傳 55.8

其死也堅彊。　　　　　　　　　　傳 76.2

故堅彊者，死之徒也；　　　　　　傳 76.5

是以兵彊者則不勝，木彊則共。　　傳 76.7

故堅彊處下，柔弱處上。　　　　　傳 76.8

而攻堅彊者莫之能先，　　　　　　傳 78.2

強 qiang

弱其志，強其骨。　　　　　　　　王、帛、河 3.7

故強為之容，曰：　　　　　　　　帛 15.4

故強為之容。　　　　　　　　　　王、河 15.4

吾強為之名曰大。　　　　　　　　竹、帛 25.5

強為之名曰大。　　　　　　　　　王、河 25.6

或強或羸，或挫或隳。　　　　　　王 29.6

或強或羸，或載或隳。　　　　　　河 29.6

不以兵強天下，其事好還。　　　　王、河 30.2

不以兵強於天下。其□□□，　　　帛 30.2

不欲以兵強於天下。　　　　　　　竹 30.2

不以取強。　　　　　　　　　　　竹 30.4

毋以取強焉。　　　　　　　　　　帛 30.5

不敢以取強。　　　　　　　　　　王、河 30.6

是謂果而不強。　　　　　　　　　竹 30.6

果而毋得已居，是謂果而強。　　·　帛 30.7

果而不得已，果而勿強。　　　　　王、河 30.8

勝人者，有力也。自勝者，強也。　帛 33.2

勝人者有力，自勝者強。　　　　　王、河 33.2

強行者，有志也。　　　　　　　　帛 33.4

強行者有志，　　　　　　　　　　王、河 33.4

將欲弱之，必固強之；　　　　　　王、帛、河 36.2

柔弱勝剛強。	王、河 36.6
柔弱勝強。	帛 36.6
故強梁者不得死，	帛 42.10
強梁者不得其死，	王、河 42.10
見小曰明，守柔曰強。	河 52.6
見小曰明，守柔曰強。	王、帛 52.6
益生曰祥，心使氣曰強。	河 55.8
益生曰祥，心使氣曰強。	王、竹、帛 55.8
其死也堅強。	王、河 76.2
其死也䐠信堅強，	帛 76.2
故曰：堅強，死之徒也；	帛 76.5
故堅強者死之徒，	王、河 76.5
□以兵強則不勝，木強則兢。	帛 76.7
是以兵強則不勝，木強則共。	河 76.7
是以兵強則不勝，木強則兵。	王 76.7
故強大居下，柔弱居上。	帛 76.8
強大處下，柔弱處上。	王、河 76.8
□□堅強者莫之能□也，	帛 78.2
而攻堅強者莫之能勝。	王、河 78.2
水之勝剛也，弱之勝強也，	帛 78.4
弱之勝強，柔之勝剛，	王、河 78.4

巧 qiao

絕巧弃利，盜賊亡有。	竹 19.2
絕巧棄利，盜賊無有。	王、河、傅 19.3
絕巧棄利，盜賊无有。	帛 19.3
大巧若拙，大成若詘，	竹 45.3
大直如屈，大巧如拙。	帛 45.3
大直若屈，大巧若拙，	王、河 45.3
大直若詘，大巧若拙。	傅 45.3

人多伎巧，奇物滋起；　　　　　　王 57.6

人多技巧，奇物滋起。　　　　　　河 57.6

且 qie

天地之所以能長且久者，　　　　　帛 7.2

天地所以能長且久者，　　　　　　王、河、傅 7.2

我獨頑且圖。　　　　　　　　　　傅 20.18

夫唯道，善始且善成。　　　　　　帛 41.12

夫唯道善貸且成。　　　　　　　　王、河 41.12

夫惟道，善貸且成。　　　　　　　傅 41.12

今舍其慈，且勇；　　　　　　　　帛、河 67.10

今舍慈且勇，　　　　　　　　　　王 67.10

今捨其慈，且勇；　　　　　　　　傅 67.10

舍其儉，且廣；　　　　　　　　　帛、河 67.11

舍儉且廣，　　　　　　　　　　　王 67.11

捨其儉，且廣；　　　　　　　　　傅 67.11

舍（其）後且先，死矣，　　　　　河 67.12

舍其後，且先；則死矣。　　　　　帛 67.12

舍後且先，死矣！　　　　　　　　王 67.12

捨其後，且先，是謂入死門。　　　傅 67.12

若民恆且不畏死，　　　　　　　　帛 74.1

使民恆且畏死，而為奇者，　　　　帛 74.3

若民恆且必畏死，則恆有司殺者。　帛 74.5

親 qin

其次，親而譽之。　　　　　　　　王 17.2

其次，親之。其次，譽之。　　　　傅 17.2

其次親之譽之。　　　　　　　　　河 17.2

其次親譽之，　　　　　　　　　　竹、帛 17.2

六親不和，安有孝慈。　　　　　　竹 18.2，帛 18.3

六親不和，有孝慈；	王、河、傅 18.3
名與身孰親？	王、竹、帛、河、傅 44.1
不可得而親，	傅 56.6
故不可得而親，	王、竹、河 56.6
故不可得而親也，	帛 56.6
天道無親，常與善人。	王、河、傅 79.6
夫天道无親，恆與善人。	帛 79.6

勤 qin

綿綿若存，用之不勤。	河、傅 6.3
緜緜呵其若存，用之不勤。	帛 6.3
緜緜若存，用之不勤。	王 6.3
上士聞道，而勤行之。	傅 41.1
上士聞道，勤而行之；	王、河 41.1
上士聞道，勤能行於其中。	竹 41.1
上□□道，勤能行之。	帛 41.1
塞其兌，閉其門，終身不勤。	王、河、傅 52.4
塞其垸，閉其門，終身不勤。	帛 52.4

輕 qing

重為輕根，靖為躁君。	傅 26.1
重為輕根，靜為躁君，	王、帛、河 26.1
而以身輕天下？	王、河、傅 26.5
而以身輕於天下？	帛 26.5
輕則失本，躁則失君。	王、帛、傅 26.6
輕則失臣，躁則失君。	河 26.6
夫輕諾□□信，	帛 63.9
夫輕諾必寡信，	王、河 63.9
夫輕諾者必寡信，	傅 63.9
禍莫大於輕敵，	王、河 69.6

輕敵幾喪吾寶。	王、河 69.7
民之輕死,	王、河 75.4
民之輕死也,	帛 75.4
民之輕死者,	傅 75.4
以其上求生生之厚也,是以輕死。	傅 75.5
以其求生之厚,是以輕死。	王、河 75.5
以其求生之厚也,是以輕死。	帛 75.5

傾 qing

長短之相形,高下之相傾,	傅 2.4
長短相形,高下相傾,	河 2.4
長短相較,高下相傾,	王 2.4

卿 qing

故立天子,置三卿,	帛 62.7

清 qing

孰能濁以靜者,將徐清。	竹 15.10
孰能濁以澄靖之,而徐清。	傅 15.12
孰能濁以靜之徐清?	王 15.12
孰能濁以(止)靜之,徐清?	河 15.12
濁而靜之,徐清。	帛 15.12
天得一以清,	王、帛、河、傅 39.2
其至也,謂天毋已清將恐裂,	帛 39.7
其致之,一也,天無以清將恐裂,	傅 39.8
其致之。天無以清將恐裂,	王、河 39.8
燥勝滄,清勝熱,	竹 45.5
知清靖,以為天下正。	傅 45.6
清靜,可以為天下正。	帛 45.6
清靜為天下正。	王、竹、河 45.6
(我無情而民自清)。	河 57.13

情 qing

　　（我無情而民自清）。　　　　　　　　　河 57.13

窮 qiong

　　多言數窮，不如守中。　　　　　　　　　王、河、傅 5.5

　　多聞數窮，不若守於中。　　　　　　　　帛 5.5

　　大盈若沖，其用不窮。　　　　　　　　　王、河 45.2

　　大盈若盅，其用不窮。　　　　　　　　　竹 45.2

　　大滿若盅，其用不窮。　　　　　　　　　傅 45.2

求 qiu

　　夫何故？以其求生之厚。　　　　　　　　河 50.5

　　不日以求得，　　　　　　　　　　　　　王 62.11

　　不日求以得，　　　　　　　　　　　　　傅 62.11

　　不謂求以得，　　　　　　　　　　　　　帛 62.11

　　何不日以求得？　　　　　　　　　　　　河 62.11

　　以其上求生生之厚也，是以輕死。　　　　傅 75.5

　　以其求生之厚，是以輕死。　　　　　　　王、河 75.5

　　以其求生之厚也，是以輕死。　　　　　　帛 75.5

曲 qu

　　曲則全，枉則正；　　　　　　　　　　　帛、傅 22.1

　　曲則全，枉則直，　　　　　　　　　　　王、河 22.1

　　古之所謂曲則全者，豈虛言也哉？　　　　傅 22.10

　　古之所謂曲全者幾語哉，　　　　　　　　帛 22.10

　　古之所謂曲則全者，豈虛言哉！　　　　　王、河 22.10

詘 qu

　　虛而不詘，動而俞出。　　　　　　　　　傅 5.4

　　大巧若拙，大成若詘，　　　　　　　　　竹 45.3

　　大直若詘，大巧若拙。　　　　　　　　　傅 45.3

屈 qu

虛而不屈，動而愈出。　　　　　竹 5.2，王、帛、河 5.4

大直若屈，大巧若拙，　　　　　王、河 45.3

大直如屈，大巧如拙。　　　　　帛 45.3

大直若屈。　　　　　　　　　　竹 45.4

取 qu

故去彼取此 。　　　　　　　　王、河、傅 12.7，王、河、
　　　　　　　　　　　　　　　傅 38.17，王、河、傅 72.7

故去彼而取此。　　　　　　　　帛 12.7，帛 38.16，帛 72.7

將欲取天下，而為之，　　　　　王、帛、河 29.1

將欲取天下而為之者，　　　　　傅 29.1

不以取強。　　　　　　　　　　竹 30.4

毋以取強焉。　　　　　　　　　帛 30.5

不敢以取強。　　　　　　　　　王、河 30.6

不敢以取彊焉。　　　　　　　　傅 30.6

□□取天下，恆无事，　　　　　帛 48.5

取天下常以無事，　　　　　　　王、河 48.5

將欲取天下者，常以無事。　　　傅 48.5

及其有事，又不足以取天下矣。　傅 48.6

及其有事，不足以取天下。　　　王、河 48.6

及其有事也，□□足以取天□□。　帛 48.6

以亡事取天下。　　　　　　　　竹 57.2

以無事取天下。　　　　　　　　王、帛、河、傅 57.2

故大國以下小國，則取小國；　　王、帛、河 61.6

故大國以下小國，則取於小國。　傅 61.6

小國以下大國，則取大國。　　　王、河 61.7

小國以下大國，則取於大國。　　帛、傅 61.7

或下以取，或下而取。　　　　　河、傅 61.8

故或下以取，或下而取。　　　　王、帛 61.8

人之飢也，以其取食跜之多，是以飢。　　　帛 75.1

去 qu

夫唯弗居，是以不去。	王 2.11
夫唯弗居，是以弗去。	帛 2.11
夫唯弗居也，是以弗去也。	竹 2.11
夫惟不處，是以不去。	傅 2.11
夫惟弗居，是以不去。	河 2.11
故去彼而取此。	帛 12.7，帛 38.16，帛 72.7
故去彼取此。	王、河、傅 12.7，王、河、傅 38.17，王、河、傅 72.7
唯之與阿，相去幾何？	王、河、傅 20.2
唯與呵，其相去幾何？	帛 20.2
唯與呵，相去幾何？	竹 20.2
美之與惡，相去何若？	傅 20.3
美與惡，其相去何若？	帛 20.3
美與惡，相去何若？	竹 20.3
善之與惡，相去何若？	河 20.3
善之與惡，相去若何？	王 20.3
自今及古，其名不去，以順衆父。	帛 21.7
自今及古，其名不去，以閲衆甫。	傅 21.7
自古及今，其名不去，以閲衆甫。	王、河 21.7
是以聖人去甚，去大，去奢。	帛 29.7
是以聖人去甚，去奢，去泰。	王、河、傅 29.7
將欲去之，必固與之。	帛 36.3

全 quan

曲則全，枉則正；	帛、傅 22.1
曲則全，枉則直，	王、河 22.1
古之所謂曲則全者，豈虛言也哉？	傅 22.10
古之所謂曲全者幾語哉，	帛 22.10

古之所謂曲則全者，豈虛言哉！　　　　王、河 22.10

誠全而歸之。　　　　　　　　　　　王、河、傅 22.11

誠全歸之。　　　　　　　　　　　　帛 22.11

未知牝牡之合而全作，精之至也。　　王 55.5

犬 quan

鄰國相望，雞犬之聲相聞，　　　　　王、帛、傅 80.9

缺 que

大成若缺，其用不敝。　　　　　　　竹、帛、傅 45.1

大成若缺，其用不弊；　　　　　　　王、河 45.1

其政察察，其民缺缺。　　　　　　　王、河 58.2

其政察察，其邦缺缺。　　　　　　　帛 58.2

其政督督，其民缺缺。　　　　　　　傅 58.2

卻（郤）que

天下有道，卻走馬以糞；　　　　　　王、帛、河 46.1

天下有道，郤走馬以播。　　　　　　傅 46.1

羣 qun

湍而羣之，不可長保也。　　　　　　竹 9.2

然 ran

功成事遂，百姓皆曰我自然。　　　　傅 17.6

功成事遂，百姓皆謂我自然。　　　　王、河 17.6

成功遂事，而百姓謂我自然。　　　　帛 17.6

成事遂功，而百姓曰我自然也。　　　竹 17.6

吾何以知衆父之然也？以此。　　　　帛 21.8

吾何以知衆甫之然哉？以此。　　　　河 21.8

吾奚以知衆甫之然哉？以此。　　　　傅 21.8

希言自然。　　　　　　　　　　　　王、帛、河 23.1

稀言自然。　　　　　　　　　　　　傅 23.1

天法道，道法自然。	竹、帛 25.11，王、河、傅 25.12
雖有榮觀，宴處超然。	傅 26.3
雖有榮觀，燕處超然，	王、河 26.3
夫莫之命而常自然。	王、河 51.5
夫莫之爵，而常自然。	傅 51.5
夫莫之爵也，而恆自然也。	帛 51.5
使我介然有知，行於大道，	王、河、傅 53.1
（吾）何以知天下之然哉？以此。	河 54.12
吾何□知天下之然哉？以□。	帛 54.12
吾何以知天下然哉？以此。	王 54.12
吾奚以知天下之然哉？以此。	傅 54.12
未知牝牡之合然怒，精之至也，	竹 55.5
吾何以知其然也？	竹 57.3
吾何以知其然也哉？	帛 57.3
吾何以知其然哉？以此。	王、河 57.3
吾奚以知天下其然哉？以此。	傅 57.3
以輔萬物之自然，而不敢為。	王、河 64.16
以輔萬物之自然，而不敢為也。	傅 64.16
是故聖人能輔萬物之自然，而弗能為。	竹 64.16
能輔萬物之自然，而弗敢為。	帛 64.16
與物反矣，然後乃至大順。	王 65.9
默然而善謀。	傅 73.9
繟然而善謀。	王、河 73.9
人之道則不然，	王、河、傅 77.6

攘 rang

則攘臂而扔之。	帛 38.7，王 38.8
則攘臂而仍之。	河、傅 38.8
是謂行無行，攘無臂，	王、河、傅 69.4

是謂行无行，攘无臂，　　　　　帛 69.4

熱 re

物或行或隨，或熱，　　　　　　帛 29.5

燥勝滄，清勝熱，　　　　　　　竹 45.5

躁勝寒 ，靜則熱，　　　　　　　河 45.5

躁勝寒，靖勝熱。　　　　　　　傅 45.5

躁勝寒，靜勝熱，　　　　　　　王、帛 45.5

仁 ren

天地不仁，以萬物為芻狗。　　　王、帛、河、傅 5.1

聖人不仁，以百姓為芻狗。　　　王、帛、河、傅 5.2

與善仁，言善信，　　　　　　　王、河 8.5

大道廢，有仁義；　　　　　　　王、河 18.1

大道廢，焉有仁義。　　　　　　傅 18.1

故大道廢，安有仁義。　　　　　竹、帛 18.1

絕仁棄義，民復孝慈；　　　　　王、河、傅 19.2

絕仁棄義，而民復孝慈。　　　　帛 19.2

上仁為之而无以為也。　　　　　帛 38.4

上仁為之；而無以為；　　　　　王、河、傅 38.5

失德而后仁，　　　　　　　　　帛 38.9

失仁而后義，　　　　　　　　　帛 38.10

失德而後仁，　　　　　　　　　王、河、傅 38.10

失仁而後義，　　　　　　　　　王、河、傅 38.11

人 ren

是以聖人居亡為之事，　　　　　竹 2.6

是以聖人居无為之事，　　　　　帛 2.6

是以聖人處無為之事，　　　　　王、河、傅 2.6

是以聖人之治，　　　　　　　　王、河 3.5

是以聖人之治也，　　　　　　　帛、傅 3.5

聖人不仁，以百姓為芻狗。　　　　　王、帛、河、傳 5.2

是以聖人後其身，而身先；　　　　　王、河、傳 7.4

是以聖人退其身而身先，　　　　　　帛 7.4

居眾人之所惡，故幾於道矣。　　　　帛、傳 8.3

處眾人之所惡，故幾於道。　　　　　王、河 8.3

與善人，言善信，　　　　　　　　　傳 8.5

五色令人目盲，　　　　　　　　　　王、河、傳 12.1

五色使人目盲。　　　　　　　　　　帛 12.1

五音令人耳聾，　　　　　　　　　　王、河、傳 12.2

馳騁田獵使人心發狂，　　　　　　　帛 12.2

五味令人口爽，　　　　　　　　　　王、河、傳 12.3

難得之貨使人之行妨。　　　　　　　帛 12.3

五味使人之口爽，　　　　　　　　　帛 12.4

馳騁田獵，令人心發狂，　　　　　　河、傳 12.4

馳騁畋獵令人心發狂，　　　　　　　王 12.4

五音使人之耳聾。　　　　　　　　　帛 12.5

難得之貨，令人行妨。　　　　　　　王、河、傳 12.5

是以聖人之治也，為腹而不為目。　　帛 12.6

是以聖人為腹，不為目。　　　　　　王、河、傳 12.6

人寵辱若驚，貴大患若身。　　　　　竹 13.1

人之所畏，不可不畏。　　　　　　　王、河、傳 20.4

人之所畏，亦不可以不畏。　　　　　竹 20.4

人之所畏，亦不可以不畏人。　　　　帛 20.4

眾人熙熙，　　　　　　　　　　　　王、帛、河、傳 20.6

眾人皆有餘，　　　　　　　　　　　王、帛、河、傳 20.11

我愚人之心也，湷湷呵。　　　　　　帛 20.12

我愚人之心也哉！沌沌兮！　　　　　王、河、傳 20.13

俗人昭昭，我獨若昏呵。　　　　　　帛 20.13

俗人昭昭，我獨昏昏；　　　　　　　王 20.14

俗人昭昭，我獨若昏；	河 20.14
俗人皆昭昭，我獨若昏；	傅 20.14
俗人察察，我獨閔閔呵。	帛 20.14
俗人皆詧詧，我獨若閔閔。	傅 20.15
俗人察察，我獨悶悶。	王、河 20.15
衆人皆有以，	帛 20.16，王、河、傅 20.17
吾欲獨異於人，而貴食母。	帛 20.18
吾獨欲異於人，而貴食母。	傅 20.19
我獨異於人，而貴食母。	王、河 20.19
是以聖人抱一，為天下式。	王、河 22.4
是以聖人執一，以為天下牧。	帛 22.4
聖人襃一以為天下式。	傅 22.4
又況於人乎？	帛 23.6
而況於人乎？	王、河、傅 23.6
道大，天大，地大，人亦大。	傅 25.8
人法地，地法天，	王、河、竹、帛 25.10，王、河、傅 25.11
是以聖人終日行，不離輜重。	王、河 26.2
是以聖人恆善救人，而无棄人，	帛 27.6
是以聖人常善救人，故人無棄人；	傅 27.6
是以聖人常善救人，故無棄人；	王、河 27.6
故善人，善人之師；	帛 27.8
故善人者，不善人之師；	王、河、傅 27.8
不善人，善人之資也。	帛 27.9
不善人者，善人之資。	王、河、傅 27.9
聖人用之則為官長，	王、河 28.11
聖人用之則為宮長，	傅 28.11
聖人用則為官長，	帛 28.11
是以聖人去甚，去大，去奢。	帛 29.7
是以聖人去甚，去奢，去泰。	王、河、傅 29.7

以道佐人主，	帛 30.1
以道佐人主者，	王、竹、河、傅 30.1
美之，是樂殺人。	竹 31.6
而美之者，是樂殺人。	王、河 31.9
若美之，是樂殺人也。	帛 31.9
若美必樂之，樂之者是樂殺人也。	傅 31.9
夫樂人殺人者，	傅 31.10
夫樂殺人，	帛 31.10
夫樂殺人者，	王、河 31.10
殺人之衆，以哀悲泣之。	王 31.16
殺人衆，以悲哀莅之；	帛 31.16
殺人衆多，以悲哀泣之。	河 31.16
殺人衆多，則以悲哀泣之。	傅 31.16
知人者，智也。自知，明也。	帛 33.1
知人者智，自知者明。	王、河 33.1
知人者智也，自知者明也。	傅 33.1
勝人者，有力也。自勝者，強也。	帛 33.2
勝人者有力，自勝者強。	王、河 33.2
勝人者有力也，自勝者彊也。	傅 33.2
是以聖人之能成大也，	帛 34.6
是以聖人終不為大，	河 34.7，王、帛、河、傅 63.7
是以聖人能成其□也，	傅 34.7
邦之利器不可以示人。	傅 36.8
國之利器，不可以示人。	王、河 36.8
國利器不可以示人。	帛 36.8
人之所惡，唯孤寡不穀，	王、帛 42.5
人之所惡，唯孤寡不轂，	河 42.5
人之所惡，惟孤寡不穀，	傅 42.5
人之所以教我，亦我之所以教人。	傅 42.9

人之所教，我亦教之。	王、河 42.9
故人□□教，亦議而教人。	帛 42.9
是以聖人不行而知，	王、河、傅 47.4
□人恆无心，	帛 49.1
聖人無常心，	王、河、傅 49.1
聖人之在天下，歙歙焉，	傅 49.7
聖人之在天下也，歙歙焉，	帛 49.7
聖人在天下怵怵，	河 49.7
聖人在天下歙歙，	王 49.7
聖人皆孩之。	王 49.9，河 49.10
聖人皆咳之。	帛、傅 49.10
人之生，動之死地十有三。	河 50.4
人之生動之死地，亦十有三。	王 50.4
人多伎巧，奇物滋起；	王 57.6
人多技巧，奇物滋起。	河 57.6
人多知而奇物滋起。	竹 57.6
人多智，而奇物滋□，	帛 57.6
是以□人之言曰：	帛 57.8
是以聖人之言曰：	竹 57.8
故聖人云，	王、河、傅 57.8，河 78.6
人之迷，其日固久。	王、河 58.7
人之迷也，其日固久矣。	傅 58.7
是以聖人方而不割，	王、河、傅 58.8
治人，事天，莫若嗇。	王、竹、帛、河、傅 59.1
其神不傷人。	王、河、傅 60.4
其神不傷人也。	帛 60.4
非其神不傷人，	王、河、傅 60.5
非其神不傷人也，	帛 60.5
聖人亦不傷（人）。	王、河、傅 60.6

聖人亦弗傷也。	帛 60.6
大國不過欲兼畜人，	王、河、傅 61.9
故大國者不過欲并畜人，	帛 61.9
小國不過欲入事人，	王、帛、河、傅 61.10
善人之所寶。	傅 62.2
善人之寶，	王、河 62.2
善人之寶也，	帛 62.2
不善人之所保。	王、河、傅 62.3
不善人之所保也。	帛 62.3
尊行可以加人。	王、帛、河 62.5
尊言可以加於人。	傅 62.5
人之不善，何棄□有？	帛 62.6
人之不善，何棄之有！	王、河、傅 62.6
是以聖人猶難之，故終亡難。	竹 63.3
是以聖人猶難之，故終於无難。	帛 63.11
是以聖人猶難之，故終無難。	河 63.11
是以聖人猶難之，故終無難矣。	王、傅 63.11
是以聖人亡為故亡敗；	竹 64.9
是以聖人無為，故無敗；	王、傅 64.9
是以聖人无為也，□无敗□；	帛 64.9
聖人無為故無敗，	河 64.9
是以聖人欲不欲，	王、帛、河、傅 64.13
聖人欲不欲，	竹 64.13
學不學，以復衆人之所過；	傅 64.15
學不學，復衆人之所過，	王、帛、河 64.15
是故聖人能輔萬物之自然，而弗能為。	竹 64.16
是以聖人之欲上民也，	帛 66.4
是以聖人欲上民，	河、傅 66.4
聖人之在民前也，	竹 66.4

是以聖人處上而民不重，　　　　　　王、河 66.7

是以聖人處之上而民弗重，　　　　　傅 66.7

善用人者為下。　　　　　　　　　　河 68.4

善用人者為之下。　　　　　　　　　王、帛、傅 68.4

是謂用人，　　　　　　　　　　　　帛 68.6

是謂用人之力，　　　　　　　　　　王、河、傅 68.6

而人莫之能知，莫之能行。　　　　　傅 70.2

是以聖人被褐而懷玉。　　　　　　　帛、傅 70.6

是以聖人被褐懷玉。　　　　　　　　王、河 70.6

是以聖人之不病也，　　　　　　　　帛 71.2

聖人不病，　　　　　　　　　　　　王、河 71.3

聖人之不病，　　　　　　　　　　　傅 71.3

是以聖人自知，不自見；　　　　　　王、河 72.5

是以聖人自知而不自見，　　　　　　傅 72.5

是以聖人自知而不自見也，　　　　　帛 72.5

是以聖人猶難之。　　　　　　　　　王、河、傅 73.5

人之飢也，以其取食蚡之多，是以飢。帛 75.1

人之生也柔弱，　　　　　　　　　　王、帛、河、傅 76.1

人之道，　　　　　　　　　　　　　帛 77.6

人之道則不然，　　　　　　　　　　王、河、傅 77.6

是以聖人為而不恃，　　　　　　　　王、河、傅 77.10

是以聖人為而弗有，　　　　　　　　帛 77.10

故聖人之言云，　　　　　　　　　　傅 78.6

是以聖人云，　　　　　　　　　　　王 78.6

是故聖人之言云，曰：　　　　　　　帛 78.6

是以聖人執左契，　　　　　　　　　王、帛、河、傅 79.3

而不以責於人。　　　　　　　　　　帛 79.4

而不責於人。　　　　　　　　　　　王、河、傅 79.4

天道無親，常與善人。　　　　　　　王、河、傅 79.6

夫天道无親，恆與善人。　　　　　　　帛 79.6

使（民）有什伯，人之器而不用。　　　河 80.2

使有十百人器而勿用，　　　　　　　　帛 80.2

使人復結繩而用之。　　　　　　　　　王 80.6

聖人不積，既以為人，己愈有；　　　　王、河 81.4

聖人無積，既以為人，己愈有；　　　　傅 81.4

聖人无積，既以為人，己愈有；　　　　帛 81.4

既以予人矣，己愈多。　　　　　　　　帛 81.5

既以與人，己愈多。　　　　　　　　　王、河、傅 81.5

人之道，為而弗爭。　　　　　　　　　帛 81.7

聖人之道，為而不爭。　　　　　　　　王、河、傅 81.7

刃 ren

兵無所容其刃。　　　　　　　　　　　王、河、傅 50.11

扔 reng

則攘臂而扔之。　　　　　　　　　　　帛 38.7，王 38.8

執无兵，扔无敵。　　　　　　　　　　帛 69.5

扔無敵，執無兵。　　　　　　　　　　王 69.5

仍 reng

則攘臂而仍之。　　　　　　　　　　　河、傅 38.8

仍無敵，執無兵。　　　　　　　　　　河 69.5

執無兵，仍無敵。　　　　　　　　　　傅 69.5

日 ri

暴雨不終日。　　　　　　　　　　　　帛 23.3

驟雨不崇日。　　　　　　　　　　　　傅 23.3

驟雨不終日。　　　　　　　　　　　　王、河 23.3

是以君子終日行，不遠其輜重，　　　　帛 26.2

是以君子終日行，不離其輜重。　　　　傅 26.2

是以聖人終日行，不離輜重。　　　王、河 26.2

為學日益，為道日損。　　　　　　王、河 48.1

為學者日益，為道者日損。　　　　傅 48.1

為學者日益，聞道者日損，　　　　帛 48.1

學者日益，為道者日損。　　　　　竹 48.1

見小曰明，守柔曰強。　　　　　　河 52.6

終日乎而不憂，和之至也；　　　　竹 55.6

終日號而不啞，和之至也。　　　　河 55.6

終日號而不嚘，和之至也。　　　　王 55.6

終日號而不嚘，和之至也。　　　　帛 55.6

終日號而嗌不嗄，和之至也。　　　傅 55.6

知和曰常，知常曰明，　　　　　　河 55.7

益生曰祥，心使氣曰強。　　　　　河 55.8

人之迷，其日固久。　　　　　　　王、河 58.7

人之迷也，其日固久矣。　　　　　傅 58.7

□之迷也，其日固久矣。　　　　　帛 58.7

何不日以求得？　　　　　　　　　河 62.11

戎 rong

天下無道，戎馬生於郊。　　　　　王、河、傅 46.2

无道，戎馬生於郊。　　　　　　　帛 46.2

容 rong

是以為之容：　　　　　　　　　　竹 l5.3

故強為之容，曰：　　　　　　　　帛 15.4

故強為之容。　　　　　　　　　　王、河 15.4

故彊為之容，曰：　　　　　　　　傅 15.4

儼兮其若容，　　　　　　　　　　王 15.7

知常容，容乃公，　　　　　　　　王、帛、河、傅 16.7

孔德之容，唯道是從。　　　　　　帛、河 21.1

孔德之容，惟道是從。　　　　　　　　王、傅 21.1

兵無所容其刃。　　　　　　　　　　　王、河、傅 50.11

兵无所容□□，　　　　　　　　　　　帛 50.11

榮 rong

雖有榮觀，宴處超然。　　　　　　　　傅 26.3

雖有榮觀，燕處超然，　　　　　　　　王、河 26.3

知其榮，守其辱，為天下谷。　　　　　王、河、傅 28.7

柔 rou

專氣致柔，能如嬰兒乎？　　　　　　　傅 10.2

專氣致柔，能嬰兒。　　　　　　　　　河 10.2

專氣致柔，能嬰兒乎？　　　　　　　　王 10.2

摶氣至柔，能嬰兒乎？　　　　　　　　帛 10.2

柔弱勝剛強。　　　　　　　　　　　　王、河 36.6

柔弱勝強。　　　　　　　　　　　　　帛 36.6

柔之勝剛，弱之勝彊，　　　　　　　　傅 36.6，傅 78.4

天下之至柔，　　　　　　　　　　　　王、帛、河、傅 43.1

見小曰明，守柔曰強。　　　　　　　　河 52.6

見小曰明，守柔曰強。　　　　　　　　王、帛 52.6

見小曰明，守柔曰彊。　　　　　　　　傅 52.6

骨弱筋柔而捉固，　　　　　　　　　　竹 55.4

骨弱筋柔而握固，　　　　　　　　　　王、河、傅 55.4

骨筋弱柔而握固。　　　　　　　　　　帛 55.4

人之生也柔弱，　　　　　　　　　　　王、帛、河、傅 76.1

草木之生也柔脆，　　　　　　　　　　傅 76.3

萬物草木之生也柔脆，　　　　　　　　王、帛、河 76.3

柔弱，生之徒也。　　　　　　　　　　帛 76.6

柔弱者，生之徒也。　　　　　　　　　傅 76.6

柔弱者生之徒。　　　　　　　　　　　王、河 76.6

故堅彊處下，柔弱處上。　　　　　　傅 76.8

故強大居下，柔弱居上。　　　　　　帛 76.8

強大處下，柔弱處上。　　　　　　　王、河 76.8

天下柔弱莫過於水，　　　　　　　　河 78.1

天下莫柔弱於水，　　　　　　　　　王、帛、傅 78.1

弱之勝強，柔之勝剛，　　　　　　　王、河 78.4

如 ru

多言數窮，不如守中。　　　　　　　王、河、傅 5.5

上善如水。　　　　　　　　　　　　帛 8.1

持而盈之，不如其已。　　　　　　　王、傅 9.1

專氣致柔，能如嬰兒乎？　　　　　　傅 10.2

如享太牢，如春登臺。　　　　　　　王、河 20.7

如嬰兒之未孩，　　　　　　　　　　王、河 20.9

如之何萬乘之主，　　　　　　　　　傅 26.4

侯王如能守之，　　　　　　　　　　竹 32.3

不欲琭琭如玉，珞珞如石。　　　　　王 39.19

不欲琭琭如玉，落落如石。　　　　　河 39.19

是以建言有之：明道如曹，　　　　　竹 41.5

是以建言有之曰：明道如費，　　　　帛 41.5

夷道如纇，□道若退。　　　　　　　竹 41.6

進道如退，夷道如纇。　　　　　　　帛 41.6

上德如谷，大白如辱，　　　　　　　竹、帛 41.7

廣德如不足，建德如□，　　　　　　竹、帛 41.8

□真如愉，大方亡隅，　　　　　　　竹 41.9

大盈如沖，其用不窮。　　　　　　　帛 45.2

大直如屈，大巧如拙，　　　　　　　帛 45.3

大贏如絀。　　　　　　　　　　　　帛 45.4

不如坐進此道。　　　　　　　　　　王、河 62.9

不如進此道也。　　　　　　　　　　傅 62.9

慎終如始，此亡敗事矣。	竹 64.12
慎終如始，則無敗事。	王、河 64.12
慎終如始，則無敗事矣。	傅 64.12
天將建之，如以慈垣之。	帛 67.14
如之何其以死懼之？	傅 74.2

辱 ru

人寵辱若驚，貴大患若身。	竹 13.1
寵辱若驚，貴大患若身。	王、帛、河、傅 13.1
何謂寵辱？	竹、河 13.2
何謂寵辱若驚？	王、帛、傅 13.2
（寵為上），辱為下。	河 13.3
是謂寵辱若驚。	王、帛、河、傅 13.5
是謂寵辱驚。	竹 13.5
知其白，守其辱，為天下谷。	帛 28.4
知其榮，守其辱，為天下谷。	王、河、傅 28.7
鎮之以无名之樸，夫將不辱。	帛 37.6
不辱以靜，天地將自正。	帛 37.7
上德如谷，大白如辱，	竹、帛 41.7
上德若谷，大白若辱，	王、河 41.7
知足不辱，知止不殆，可以長久。	王、河、傅 44.6
故知足不辱，知止不殆，可以長久。	竹、帛 44.6

黷 ru

上德若谷，大白若黷。	傅 41.7

入 ru

出於無有，入於無間。	傅 43.3
無有入（於）無間。	河 43.3
無有入無閒，	王 43.3
无有入於无間。	帛 43.3

□生，入死。	帛 50.1
出生，入死。	王、河、傅 50.1
入軍不被甲兵，	王、河、傅 50.8
入軍不被兵革。	帛 50.8
小國不過欲入事人，	王、帛、河、傅 61.10
捨其後，且先，是謂入死門。	傅 67.12

梲 rui

揣而梲之，不可長保。	王 9.2
敲而梲之，不可長保。	傅 9.2

銳 rui

挫其銳，解其紛，	王、帛、河、傅 4.3，河、傅 56.3
揣而銳之，不可長保。	河 9.2
挫其銳，解其分，	王 56.3
挫其銳而解其紛，	帛 56.4

若 ruo

湛兮似若存。	河 4.5
多聞數窮，不若守於中。	帛 5.5
綿綿若存，用之不勤。	河、傅 6.3
縣縣呵其若存，用之不勤。	帛 6.3
縣縣若存，用之不勤。	王 6.3
上善若水。	王、河、傅 8.1
持而盈之，不若其已。	帛 9.1
耑而盈之，不不若已。	竹 9.1
人寵辱若驚，貴大患若身。	竹 13.1
寵辱若驚，貴大患若身。	王、帛、河、傅 13.1
何謂寵辱若驚？	王、帛、傅 13.2
得之若驚，失之若驚，	王、竹、帛、河、傅 13.4

是謂寵辱若驚。　　　　　　　　王、帛、河、傅 13.5

□□□□□若身？　　　　　　　　竹 13.6

何謂貴大患若身？　　　　　　　王、帛、河、傅 13.6

若可以託天下矣；　　　　　　　竹、帛 13.10

若可寄天下；　　　　　　　　　王 13.10

若何以迲天下矣。　　　　　　　竹 13.12

若可託天下。　　　　　　　　　王 13.12

豫乎若冬涉川，　　　　　　　　竹 15.4

猶乎其若畏四鄰，　　　　　　　竹 15.5

與兮若冬涉川，　　　　　　　　河 15.5

與呵其若冬涉水，　　　　　　　帛 15.5

豫兮若冬涉川，　　　　　　　　傅 15.5

豫焉若冬涉川，　　　　　　　　王 15.5

猶兮若畏四鄰，　　　　　　　　王、河、傅 15.6

猶呵其若畏四鄰，　　　　　　　帛 15.6

嚴乎其若客，　　　　　　　　　竹 15.6

渙乎其若釋，　　　　　　　　　竹 15.7

儼兮其若客，　　　　　　　　　河 15.7

儼兮其若容，　　　　　　　　　王 15.7

儼若客，　　　　　　　　　　　傅 15.7

嚴呵其若客，　　　　　　　　　帛 15.7

屯乎其若樸，　　　　　　　　　竹 15.8

渙兮若冰之將釋，　　　　　　　王、河 15.8

渙呵其若凌釋，　　　　　　　　帛 15.8

渙若冰將釋，　　　　　　　　　傅 15.8

沌呵其若樸，　　　　　　　　　帛 15.9

坉乎其若濁，　　　　　　　　　竹 15.9

敦兮其若朴，　　　　　　　　　河 15.9

敦兮其若樸，　　　　　　　　　王、傅 15.9

曠兮其若谷，	王、河、傅 15.10
湭呵其若濁，	帛 15.10
混兮其若濁。	王、傅 15.11
渾兮其若濁。	河 15.11
湷呵其若谷。	帛 15.11
美之與惡，相去何若？	傅 20.3
美與惡，其相去何若？	帛 20.3
美與惡，相去何若？	竹 20.3
善之與惡，相去何若？	河 20.3
善之與惡，相去若何？	王 20.3
若享太牢，若春登臺。	傅 20.7
若饗於大牢，而春登臺。	帛 20.7
若嬰兒之未咳，	傅 20.9
若嬰兒未咳。	帛 20.9
乘乘兮若無所歸。	河 20.10
儽儽兮若無所歸。	王 20.10
而我獨若遺。	王、河 20.12
我獨若遺，	傅 20.12
俗人昭昭，我獨若昏呵。	帛 20.13
俗人昭昭，我獨若昏；	河 20.14
俗人皆昭昭，我獨若昏；	傅 20.14
忽呵其若海，恍呵若无所止。	帛 20.15
俗人皆詧詧，我獨若悶悶。	傅 20.15
忽兮若海。漂兮若無所止。	河 20.16
淡兮其若海，飂兮似無所止。	傅 20.16
澹兮其若海，飂兮若無止。	王 20.16
雖有環館，燕處則昭若。	帛 26.3
若何萬乘之王，	帛 26.4
若美之，是樂殺人也。	帛 31.9

若美必樂之，樂之者是樂殺人也。	傅 31.9
王侯若能守，	傅 32.3，傅 37.2
侯王若能守之，	王、帛、河 32.3，王、帛、河 37.2
是故不欲祿祿若玉，硌硌若石。	帛 39.17
不欲碌碌若玉，落落若石。	傅 39.19
中士聞道，若存若亡；	王、帛、河、傅 41.2
中士聞道，若聞若亡。	竹 41.2
故建言有之：明道若昧，	王、河 41.5
故建言有之曰：明道若昧，	傅 41.5
夷道如纇，□道若退。	竹 41.6
夷道若纇，進道若退。	傅 41.6
進道若退，夷道若纇，	河 41.6
進道若退，夷道若纇。	王 41.6
上德若谷，大白若辱，	王、河 41.7
上德若谷，大白若黥。	傅 41.7
廣德若不足，建德若偷，	王 41.8
廣德若不足，建德若揄，	河 41.8
廣德若不足。建德若媮，	傅 41.8
質直若渝，大方無隅，	河 41.9
質真若渝。大方無隅，	王 41.9
質真若輸，大方無隅。	傅 41.9
大成若缺，其用不敝。	竹、帛、傅 45.1
大成若缺，其用不弊；	王、河 45.1
大盈若沖，其用不窮。	王、河 45.2
大盈若盅，其用不窮。	竹 45.2
大滿若盅，其用不窮。	傅 45.2
大巧若拙，大成若詘，	竹 45.3
大直若屈，大巧若拙，	王、河 45.3
大直若詘，大巧若拙。	傅 45.3

大直若屈。　　　　　　　　　　　　竹 45.4

大辯若訥。　　　　　　　　　　　　王、河、傅 45.4

治人事天莫若嗇。　　　　　　　　　王、竹、帛、河、傅 59.1

治大國若烹小鮮。　　　　　　　　　王、帛、河、傅 60.1

不若坐而進此。　　　　　　　　　　帛 62.9

故曰：慎終若始，則无敗事矣。　　　帛 64.12

若肖，久矣其細也夫。　　　　　　　王、帛、傅 67.3

若肖久矣。其細（也夫）。　　　　　河 67.3

故抗兵相若，而哀者勝矣。　　　　　帛 69.8

故抗兵相若，則哀者勝矣。　　　　　傅 69.8

若民恆且不畏死，　　　　　　　　　帛 74.1

若何以殺懼之也？　　　　　　　　　帛 74.2

若使民常畏死，而為奇者，　　　　　王、河、傅 74.3

若民恆且必畏死，則恆有司殺者。　　帛 74.5

若此其不欲見賢也。　　　　　　　　帛 77.12

正言若反也。　　　　　　　　　　　傅 78.9

正言若反。　　　　　　　　　　　　王、帛 78.9，河 78.10

弱 ruo

弱其志，強其骨。　　　　　　　　　王、帛、河 3.7

弱其志，彊其骨。　　　　　　　　　傅 3.7

將欲弱之，必固強之；　　　　　　　王、帛、河 36.2

將欲弱之，必固彊之。　　　　　　　傅 36.2

柔弱勝剛強。　　　　　　　　　　　王、河 36.6

柔弱勝強。　　　　　　　　　　　　帛 36.6

柔之勝剛，弱之勝彊，　　　　　　　傅 36.6，傅 78.4

弱也者，道之用也。　　　　　　　　竹、帛 40.2

弱者，道之用。　　　　　　　　　　王、河、傅 40.2

骨弱筋柔而捉固，　　　　　　　　　竹 55.4

骨弱筋柔而握固，　　　　　　　　　王、河、傅 55.4

骨筋弱柔而握固。　　　　　　　　　帛 55.4

人之生也柔弱，　　　　　　　　　　王、帛、河、傅 76.1

柔弱，生之徒也。　　　　　　　　　帛 76.6

柔弱者，生之徒也。　　　　　　　　傅 76.6

柔弱者生之徒。　　　　　　　　　　王、河 76.6

故堅彊處下，柔弱處上。　　　　　　傅 76.8

故強大居下，柔弱居上。　　　　　　帛 76.8

強大處下，柔弱處上。　　　　　　　王、河 76.8

天下柔弱莫過於水，　　　　　　　　河 78.1

天下莫柔弱於水，　　　　　　　　　王、帛、傅 78.1

水之勝剛也，弱之勝強也，　　　　　帛 78.4

弱之勝強，柔之勝剛，　　　　　　　王、河 78.4

卅 sa

卅輻同一轂，　　　　　　　　　　　帛 11.1

塞 sai

閉其門，塞其兌，終身不𦟼。　　　　竹 52.1

塞其兌，閉其門，終身不勤。　　　　王、河、傅 52.4

塞其垗，閉其門，終身不勤。　　　　帛 52.4

閉其兌，塞其門，　　　　　　　　　竹 56.2

塞其兌，閉其門，　　　　　　　　　王、河、傅 56.2

塞其垗，閉其門，　　　　　　　　　帛 56.2

賽 sai

啓其兌，賽其事，終身不逨。　　　　竹 52.2

三 san

三十輻共一轂，　　　　　　　　　　王、河、傅 11.1

三者不可致詰，　　　　　　　　　　帛 14.4

此三者不可致詰，　　　　　　　　　王、河、傅 14.4

三言以為辨不足， 竹 19.4

此三言也，以為文未足， 帛 19.4

此三者，以為文不足， 王、河 19.4

此三者，以為文而未足也， 傅 19.4

二生三，三生□□。 帛 42.2

二生三，三生萬物。 王、河、傅 42.2

生之徒十有三， 王、河、傅 50.2

□之徒十有三， 帛 50.3

死之徒十有三， 王、河、傅 50.3

人之生，動之死地十有三。 河 50.4

人之生動之死地，亦十有三。 王 50.4

而民之生生而動，動皆之死地，
亦十有三。 傅 50.4

而民生生，動皆之死地之十有三。 帛 50.4

故立天子，置三公， 王、河、傅 62.7

故立天子，置三卿， 帛 62.7

吾有三寶，持而寶之。 傅 67.4

我有三寶，持而保之。 王、河 67.4

我恆有三寶，持而寶之。 帛 67.4

三曰不敢為天下先。 王、帛、河、傅 67.6

散 san

朴散則為器， 河 28.10

樸散則為器， 王、帛、傅 28.10

其脆也，易判也。其幾也，易散也。 竹 64.2

其脆易判，其微易散。 傅 64.2

其脆易泮，其微易散。 王 64.2

其脆易破，其微易散。 河 64.2

喪 sang

故吉事上左，喪事上右。 竹 31.9

言以喪禮居之也。　　　　　　　　竹 31.12，帛 31.15

是以吉事上左，喪事上右；　　　　帛 31.12

戰勝則以喪禮居之。　　　　　　　竹 31.14

言以喪禮處之。　　　　　　　　　王、河 31.15

言居上勢，則以喪禮處之。　　　　傅 31.15

戰勝，以喪禮處之。　　　　　　　王、河 31.17

戰勝而以喪禮處之。　　　　　　　帛 31.17

戰勝者，則以喪禮處之。　　　　　傅 31.17

輕敵幾喪吾寶。　　　　　　　　　王、河 69.7

嗇 se

治人事天莫若嗇。　　　　　　　　王、竹、帛、河、傅 59.1

夫唯嗇，是以早，　　　　　　　　竹 59.2

夫唯嗇，是以早服。　　　　　　　帛 59.2

夫唯嗇，是謂早服。　　　　　　　王、河 59.2

夫惟嗇，是以早服。　　　　　　　傅 59.2

色 se

五色令人目盲，　　　　　　　　　王、河、傅 12.1

五色使人目盲，　　　　　　　　　帛 12.1

塞 se，見 塞 sai

殺 sha

美之，是樂殺人。　　　　　　　　竹 31.6

而美之者，是樂殺人。　　　　　　王、河 31.9

若美之，是樂殺人也。　　　　　　帛 31.9

若美必樂之，樂之者是樂殺人也。　傅 31.9

夫樂人殺人者，　　　　　　　　　傅 31.10

夫樂殺人，　　　　　　　　　　　帛 31.10

夫樂殺人者，　　　　　　　　　　王、河 31.10

故殺□□，則以哀悲莅之；　　　　　　竹 31.13

殺人之衆，以哀悲泣之。　　　　　　　王 31.16

殺人衆，以悲哀莅之；　　　　　　　　帛 31.16

殺人衆多，以悲哀泣之。　　　　　　　河 31.16

殺人衆多，則以悲哀泣之。　　　　　　傅 31.16

勇於敢則殺，　　　　　　　　　　　　王、帛、河、傅 73.1

若何以殺懼之也？　　　　　　　　　　帛 74.2

吾得而殺之，夫孰敢矣！　　　　　　　帛 74.4

吾得而殺之，孰敢也！　　　　　　　　傅 74.4

吾得執而殺之，孰敢？　　　　　　　　王、河 74.4

若民恆且必畏死，則恆有司殺者。　　　帛 74.5

常有司殺者。　　　　　　　　　　　　河 74.5

常有司殺者殺，　　　　　　　　　　　王、傅 74.5

夫代司殺者，　　　　　　　　　　　　河 74.6

夫代司殺者殺，　　　　　　　　　　　王、帛 74.6

而代司殺者殺，　　　　　　　　　　　傅 74.6

嘎 sha

終日號而不嘎，和之至也。　　　　　　王 55.6

善 shan

皆知善，此其不善已。　　　　　　　　竹 2.2

皆知善，斯不善矣。　　　　　　　　　帛 2.2

皆知善之為善，斯不善已。　　　　　　王、河、傅 2.2

上善如水。　　　　　　　　　　　　　帛 8.1

上善若水。　　　　　　　　　　　　　王、河、傅 8.1

水善利萬物而不爭，　　　　　　　　　王、河、傅 8.2

水善利萬物而有爭，　　　　　　　　　帛 8.2

居善地，心善淵，　　　　　　　　　　王、帛、河、傅 8.4

予善天，言善信，　　　　　　　　　　帛 8.5

與善人，言善信，	傅 8.5
與善仁，言善信，	王、河 8.5
正善治，事善能，動善時。	王、河 8.6
政善治，事善能，動善時。	帛、傅 8.6
古之善爲士者，	王、河 15.1
古之善爲道者，	傅 15.1，王、河、傅 65.1
長古之善爲士者，	竹 15.1
善之與惡，相去何若？	河 20.3
善之與惡，相去若何？	王 20.3
善行者無徹迹，	傅 27.1
善行者无達迹，	帛 27.1
善行無轍迹，	王、河 27.1
善言者無瑕讁。	傅 27.2
善言者无瑕讁，	帛 27.2
善言無瑕讁。	王、河 27.2
善計不用籌策，	河 27.3
善數不用籌策，	王 27.3
善數者不用籌策。	帛 27.3
善數者無籌策，	傅 27.3
善閉者無關鍵而不可開，	傅 27.4
善閉者无關闌而不可啓也。	帛 27.4
善閉無關楗而不可開，	王、河 27.4
善結者無繩約而不可解。	傅 27.5
善結者无繩約而不可解也。	帛 27.5
善結無繩約而不可解。	王、河 27.5
是以聖人恆善救人，而无棄人，	帛 27.6
是以聖人常善救人，故人無棄人；	傅 27.6
是以聖人常善救人，故無棄人；	王、河 27.6
常善救物，故物無棄物，是謂襲明。	傅 27.7

常善救物，故無棄物，是謂襲明。	王、河 27.7
故善人，善人之師；	帛 27.8
故善人者，不善人之師；	王、河、傅 27.8
不善人，善人之資也。	帛 27.9
不善人者，善人之資。	王、河、傅 27.9
善者果而已，	竹 30.3，河 30.5
善者果而已矣，	帛 30.4
故善者果而已矣，	傅 30.5
善有果而已，	王 30.5
夫唯道，善始且善成。	帛 41.12
夫唯道善貸且成。	王、河 41.12
夫惟道，善貸且成。	傅 41.12
善者，吾善之；	王、河、傅 49.3
善者善之，	帛 49.3
不善者，吾亦善之，德善。	王、河 49.4
不善者亦善□，□善也。	帛 49.4
不善者吾亦善之，得善矣。	傅 49.4
蓋聞善執生者，	帛 50.6
蓋聞善攝生者，	王、河、傅 50.6
善建者□拔，	帛 54.1
善建者不拔，	王、竹、河、傅 54.1
善抱者不脫，	王、河 54.2
善褱者不脫，	傅 54.2
善仳者不脫，	竹 54.2
正□□□，善復為□。	帛 58.6
正復為奇，善復為妖，	王 58.6
正復為奇，善復為訞。	河 58.6
正復為奇，善復為祆。	傅 58.6
善人之所寶。	傅 62.2

善人之寶，	王、河 62.2
善人之寶也，	帛 62.2
不善人之所保。	王、河、傅 62.3
不善人之所保也。	帛 62.3
人之不善，何棄□有？	帛 62.6
人之不善，何棄之有！	王、河、傅 62.6
以其善下之，	王、河 66.2
以其善下之也，	帛、傅 66.2
古之善為士者不武也，	傅 68.1
故善為士者不武，	帛 68.1
善為士者不武，	王、河 68.1
善戰者不怒，	王、帛、河、傅 68.2
善勝敵者不爭，	傅 68.3
善勝敵者不與，	王、河 68.3
善勝敵者弗與，	帛 68.3
善用人者為下。	河 68.4
善用人者為之下。	王、帛、傅 68.4
天之道，不戰而善勝，	帛 73.5
不言而善應，	帛 73.6，王、河、傅 73.7
天之道，不爭而善勝，	王、河、傅 73.6
坦而善謀。	帛 73.8
默然而善謀。	傅 73.9
繟然而善謀。	王、河 73.9
安可以為善？	王、河、傅 79.2
焉可以為善？	帛 79.2
天道無親，常與善人。	王、河、傅 79.6
夫天道无親，恆與善人。	帛 79.6
善言不辯，辯言不善。	傅 81.2
善者不辯，辯者不善；	王、河 81.2

善者不多，多者不善。 帛 81.3

傷 shang

其神不傷人； 王、河、傅 60.4

其神不傷人也。 帛 60.4

非其神不傷人， 王、河、傅 60.5

非其神不傷人也， 帛 60.5

聖人亦不傷人。 王、河、傅 60.6

聖人亦弗傷也。 帛 60.6

夫兩不相傷， 王、帛、河、傅 60.7

希有不傷手矣。 河 74.9

希有不傷其手矣。 王 74.9

則希不傷其手。 帛 74.9

稀不自傷其手矣。 傅 74.9

上 shang

不上賢，使民不爭。 帛 3.1

上善如水。 帛 8.1

上善若水。 王、河、傅 8.1

（寵為上），辱為下。 河 13.3

一者，其上不謬，其下不忽。 帛 14.6

一者，其上之不皦，其下之不昧。 傅 14.6

其上不皦，其下不昧， 王、河 14.6

大上下知有之， 竹、帛 17.1

太上，下知有之。 王、河、傅 17.1

銛緟為上，弗美也。 竹 31.5

以恬憺為上，故不美也。 傅 31.8

恬淡為上，勝而不美。 王、河 31.8

銛襲為上，勿美也。 帛 31.8

故吉事上左，喪事上右。 竹 31.9

上將軍居右，　　　　　　　　　　　竹 31.11，王、河 31.14

是以吉事上左，喪事上右；　　　　　帛 31.12

上將軍處右，　　　　　　　　　　　傅 31.14

而上將軍居右，　　　　　　　　　　帛 31.14

言居上勢，則以喪禮處之。　　　　　傅 31.15

上德不德，是以有德。　　　　　　　王、帛、河、傅 38.1

上德無為，而無以為；　　　　　　　王、河 38.3

上德無為而無不為。　　　　　　　　傅 38.3

上德无為而无以為也。　　　　　　　帛 38.3

上仁為之而无以為也。　　　　　　　帛 38.4

上仁為之，而無以為；　　　　　　　王、河、傅 38.5

上義為之而有以為也。　　　　　　　帛 38.5

上義為之，而有以為。　　　　　　　王、河、傅 38.6

上禮為之而莫之應也，　　　　　　　帛 38.6

上禮為之，而莫之應，　　　　　　　王、河、傅 38.7

上士聞道，而勤行之。　　　　　　　傅 41.1

上士聞道，勤而行之；　　　　　　　王、河 41.1

上士聞道，勤能行於其中。　　　　　竹 41.1

上□□道，勤能行之。　　　　　　　帛 41.1

上德如谷，大白如辱，　　　　　　　竹、帛 41.7

上德若谷，大白若辱。　　　　　　　王、河 41.7

上德若谷，大白若黷。　　　　　　　傅 41.7

是以欲上民，　　　　　　　　　　　王 66.4

是以聖人之欲上民也，　　　　　　　帛 66.4

是以聖人欲上民，　　　　　　　　　河、傅 66.4

其在民上也，以言下之。　　　　　　竹 66.6

其在民上也，民弗厚也；　　　　　　竹 66.7

故居上而民弗重也，　　　　　　　　帛 66.7

是以聖人處上而民不重，　　　　　　王、河 66.7

是以聖人處之上而民弗重，　　　　　傅 66.7

知不知，上；不知知，病。　　　　　王、河 71.1

民之飢，以其上食稅之多，是以飢。　河 75.1

民之飢者，以其上食稅之多也，是以飢。傅 75.1

民之饑，以其上食稅之多，是以饑。　王 75.1

以其上之有以為也，是以不治。　　　帛 75.3

以其上之有為，是以難治。　　　　　王 75.3

以其上之有為也，是以難治。　　　　傅 75.3

以其上有為，是以難治。　　　　　　河 75.3

以其上求生生之厚也，是以輕死。　　傅 75.5

故堅彊處下，柔弱處上。　　　　　　傅 76.8

故強大居下，柔弱居上。　　　　　　帛 76.8

強大處下，柔弱處上。　　　　　　　王、河 76.8

尚 shang

不尚賢，使民不爭；　　　　　　　　王、河、傅 3.1

保此道者不欲尚盈。　　　　　　　　竹 15.12

天地尚不能久，　　　　　　　　　　王、河、傅 23.5

吉事尚左，凶事尚右。　　　　　　　王、河 31.12

故吉事尚左，凶事尚右。　　　　　　傅 31.12

知不知，尚矣；不知知，病矣。　　　帛、傅 71.1

少 shao

見素抱朴，少私寡欲。　　　　　　　河 19.6

見素抱樸，少私而寡欲。　　　　　　帛 19.6

見素抱樸，少私寡欲。　　　　　　　王 19.6

見素袌樸，少私寡欲。　　　　　　　傅 19.6

視素保樸，少私寡欲。　　　　　　　竹 19.6

少則得，多則惑。　　　　　　　　　王、帛、河、傅 22.3

其出彌遠，其知彌少。　　　　　　　王、河 47.3

大小多少，報怨以德。 王、帛、河、傅 63.2

奢 she

是以聖人去甚，去大，去奢。 帛 29.7

是以聖人去甚，去奢，去泰。 王、河、傅 29.7

蛇 she

蜂蠆虺蛇不螫， 王 55.2

蜂蠆虺蛇弗螫， 帛 55.2

蜂蠆蟲蛇弗蓋。 竹 55.2

捨 she

今捨其慈，且勇； 傅 67.10

捨其儉，且廣； 傅 67.11

捨其後，且先，是謂入死門。 傅 67.12

舍 she

今舍其慈，且勇； 帛、河 67.10

今舍慈且勇， 王 67.10

舍其儉，且廣； 帛、河 67.11

舍儉且廣， 王 67.11

舍（其）後且先，死矣， 河 67.12

舍其後，且先；則死矣。 帛 67.12

舍後且先，死矣！ 王 67.12

攝 she

蓋聞善攝生者， 王、河、傅 50.6

涉 she

豫乎若冬涉川， 竹 15.4

與兮若冬涉川， 河 15.5

與呵其若冬涉水， 帛 15.5

豫兮若冬涉川， 傅 15.5

豫焉若冬涉川， 王 15.5

社 she

受國之垢，是謂社稷之主。 傅 78.7

受國之垢，是謂社稷主； 王、河 78.7

受國之訽，是謂社稷之主， 帛 78.7

誰 shei

吾不知其誰之子也，象帝之先。 帛 4.6

吾不知誰之子，象帝之先。 王、河、傅 4.6

身 shen

是以聖人後其身而身先， 王、河、傅 7.4

是以聖人退其身而身先， 帛 7.4

外其身而身先， 帛 7.5

外其身，而身存。 王、河、傅 7.5，帛 7.6

功成、名遂、身退，天之道。 河 9.5

功遂身退，天之道。 王 9.5

功遂身退，天之道也。 竹、帛 9.5

成名功遂身退，天之道。 傅 9.5

人寵辱若驚，貴大患若身。 竹 13.1

寵辱若驚，貴大患若身。 王、帛、河、傅 13.1

□□□□□若身？ 竹 13.6

何謂貴大患若身？ 王、帛、河、傅 13.6

吾所以有大患者，為吾有身， 王、竹、河、傅 13.7

吾所以有大患者，為吾有身也。 帛 13.7

及吾亡身，或何□？ 竹 13.8

及吾無身，有何患？ 帛 13.8

及吾無身，吾有何患？ 王、河 13.8

苟吾無身，吾有何患乎？ 傅 13.8

故貴以身為天下，	王 13.9
故貴以身為天下者，	河、傅 13.9
故貴為身於為天下，	帛 13.9
愛以身為天下，	王、竹、帛 13.11
愛以身為天下者，	河、傅 13.11
沒身不殆。	王、帛、河、傅 16.10
而以身輕天下?	王、河、傅 26.5
而以身輕於天下?	帛 26.5
名與身孰親?	王、竹、帛、河、傅 44.1
身與貨孰多?	王、竹、帛、河、傅 44.2
閉其門，塞其兌，終身不否。	竹 52.1
啓其兌，賽其事，終身不逨。	竹 52.2
既知其子，復守其母，沒身不殆。	王、帛、河、傅 52.3
塞其兌，閉其門，終身不勤。	王、河、傅 52.4
塞其垝，閉其門，終身不勤。	帛 52.4
啓其垝，齊其事，終身不棘。	帛 52.5
開其兌，濟其事，終身不救。	王、河、傅 52.5
毋遺身殃，是謂襲常。	帛 52.8
無遺身殃，是為習常。	王 52.8
無遺身殃，是謂習常。	河 52.8
無遺身殃，是謂襲常。	傅 52.8
修之身，其德乃真。	竹、傅 54.4
修之於身，其德乃真；	王、河 54.4
脩之身，其德乃真。	帛 54.4
以身觀身，以家觀家，	帛 54.9
故以身觀身，以家觀家，	王、河、傅 54.9
以身後之；	竹 66.5
其欲先民也，必以其身後之。	帛 66.6
欲先民，必以身後之。	王 66.6

欲先民，必以其身後之。　　　　　　　　河、傅 66.6

深 shen

必微溺玄達，深不可識，　　　　　　　　竹 15.2

微妙玄通，深不可識。　　　　　　　　　王、河、傅 15.2

微妙玄達，深不可識。　　　　　　　　　帛 15.2

是謂深根固柢，　　　　　　　　　　　　王、帛、傅 59.8

是謂深根固蒂，　　　　　　　　　　　　河 59.8

玄德深矣，遠矣，　　　　　　　　　　　王、帛、河、傅 65.8

神 shen

谷神不死，是謂玄牝，　　　　　　　　　王、帛、河、傅 6.1

天下神器，不可為也。　　　　　　　　　王、河 29.3

夫天下，神器也，非可為者也。　　　　　帛 29.3

夫天下神器，不可為也。　　　　　　　　傅 29.3

神得一以靈，　　　　　　　　　　　　　王、帛、河、傅 39.4

神毋已靈將恐歇，　　　　　　　　　　　帛 39.9

神無以靈將恐歇，　　　　　　　　　　　王、河、傅 39.10

以道蒞天下者，其鬼不神。　　　　　　　傅 60.2

以道莅天下，其鬼不神。　　　　　　　　王、帛、河 60.2

非其鬼不神，　　　　　　　　　　　　　王、河、傅 60.3

非其鬼不神也，　　　　　　　　　　　　帛 60.3

其神不傷人；　　　　　　　　　　　　　王、河、傅 60.4

其神不傷人也。　　　　　　　　　　　　帛 60.4

非其神不傷人，　　　　　　　　　　　　王、河、傅 60.5

非其神不傷人也，　　　　　　　　　　　帛 60.5

甚 shen

其精甚真，其中有信。　　　　　　　　　王、帛、河、傅 21.6

是以聖人去甚，去大，去奢。　　　　　　帛 29.7

是以聖人去甚，去奢，去泰。　　　　　　王、河、傅 29.7

是故甚愛必大費，　　　　　　　　　王、傅 44.4

甚□□□□，　　　　　　　　　　　帛 44.4

甚愛必大費，　　　　　　　　　　　竹、河 44.4

罪莫厚乎甚欲，　　　　　　　　　　竹 46.1

大道甚夷，民甚好徑。　　　　　　　帛 53.3

大道甚夷，而民好徑。　　　　　　　王、河、傅 53.3

朝甚除，田甚蕪，倉甚虛。　　　　　王、河、傅 53.4

朝甚除，田甚芜，倉甚虛。　　　　　帛 53.4

吾言甚易知，甚易行。　　　　　　　王、河、傅 70.1

慎 shen

故曰：慎終若始，則无敗事矣。　　　帛 64.12

慎終如始，此亡敗事矣。　　　　　　竹 64.12

慎終如始，則無敗事。　　　　　　　王、河 64.12

慎終如始，則無敗事矣。　　　　　　傅 64.12

聲 sheng

音、聲之相和也，先、後之相隨，恆也。帛 2.5

音聲之相和，前後之相隨，　　　　　傅 2.5

音聲之相和也，先後之相隨也。　　　竹 2.5

音聲相和，前後相隨。　　　　　　　王、河 2.5

大器曼成，大音祇聲，　　　　　　　竹 41.10

大器晚成，大音希聲，　　　　　　　王、帛、河 41.10

大器晚成，大音稀聲，　　　　　　　傅 41.10

鄰國相望，雞犬之聲相聞，　　　　　王、帛、傅 80.9

鄰國相望，雞狗之聲相聞，　　　　　河 80.9

生 sheng

故有無相生，難易相成，　　　　　　王、河 2.3

有亡之相生也，難易之相成也，　　　竹 2.3

有、无之相生也，難、易之相成也，　帛 2.3

故有無之相生，難易之相成，	傅 2.3
生而不有，為而不恃，	王、河、傅 2.9，王、河、傅 10.8，王、河、傅 51.8
以其不自生，故能長生。	王、河、傅 7.3
以其不自生也，故能長生。	帛 7.3
生之，畜之。	王、帛、河、傅 10.7
生而弗有，	帛 10.8
孰能庀以迬者，將徐生。	竹 15.11
孰能安以久動之，徐生？	王、河 15.13
安以動之，徐生。	帛 15.13
孰能安以久動之，而徐生。	傅 15.13
有物混成，先天地生，	王、河、傅 25.1
有狀蚰成，先天地生，	竹 25.1
有物昆成，先天地生。	帛 25.1
師之所處，荊棘生焉。	王、河、傅 30.3
□□所居，楚棘生之。	帛 30.3
萬物恃之而生，而不辭。	王、河 34.2
萬物恃之以生而不辭。	傅 34.2
萬物得一以生，	王、河、傅 39.6
萬物無以生將恐滅，	王、河、傅 39.12
天下萬物生於有，有生於無。	王、河 40.3
天下之物生於有，生於亡。	竹 40.3
天下之物生於有，有□於无。	帛 40.3
天下之物生於有，有生於無。	傅 40.3
道生一，一生二，	王、帛、河、傅 42.1
二生三，三生萬物。	王、河、傅 42.2
二生三，三生□□。	帛 42.2
天下無道，戎馬生於郊。	王、河、傅 46.2
无道，戎馬生於郊。	帛 46.2
出生，入死。	王、河、傅 50.1

□生，入死。	帛 50.1
生之徒十有三，	王、河、傅 50.2
生之□□有□，	帛 50.2
人之生動之死地，亦十有三。	王 50.4
而民生生，動皆之死地之十有三。	帛 50.4
人之生，動之死地十有三。	河 50.4
而民之生生而動，動皆之死地，亦十有三。	傅 50.4
夫何故？以其生生之厚。	王 50.5
夫何故也？以其生生。	帛 50.5
夫何故？以其求生之厚。	河 50.5
夫何故？以其生生之厚也。	傅 50.5
蓋聞善攝生者，	王、河、傅 50.6
蓋聞善執生者，	帛 50.6
道生之，德畜之，	王、帛、河、傅 51.1
故道生之，德畜之，	王、河、傅 51.6
道生之，畜之，	帛 51.6
益生曰祥，心使氣曰強，	王、竹、帛 55.8
益生曰祥，心使氣曰強。	河 55.8
益生曰祥，心使氣則彊。	傅 55.8
長生久視之道。	王、河、傅 59.9
長生久視之道也。	竹、帛 59.9
合抱之木，生於毫末；	王、河 64.5
合裹之木生於豪末；	傅 64.5
無厭其所生。	王、河、傅 72.3
毋厭其所生。	帛 72.3
以其求生之厚，是以輕死。	王、河 75.5
以其求生之厚也，是以輕死。	帛 75.5
以其上求生生之厚也，是以輕死。	傅 75.5
夫唯無以生為者，	王、河 75.6

夫唯无以生為者，　　　　　　　　　帛 75.6

夫惟無以生為貴者，　　　　　　　　傅 75.6

是賢於貴生。　　　　　　　　　　　王、河 75.7

是賢貴生。　　　　　　　　　　　　帛 75.7

是賢於貴生也。　　　　　　　　　　傅 75.7

人之生也柔弱，　　　　　　　　　　王、帛、河、傅 76.1

萬物草木之生也柔脆，　　　　　　　王、帛、河 76.3

草木之生也柔脆，　　　　　　　　　傅 76.3

柔弱者生之徒。　　　　　　　　　　王、河 76.6

柔弱，生之徒也。　　　　　　　　　帛 76.6

柔弱者，生之徒也。　　　　　　　　傅 76.6

繩 sheng

繩繩不可名，　　　　　　　　　　　王、河 14.7

繩繩兮不可名，　　　　　　　　　　傅 14.7

善結者無繩約而不可解。　　　　　　傅 27.5

善結無繩約而不可解。　　　　　　　王、河 27.5

使人復結繩而用之。　　　　　　　　王 80.6

使民復結繩而用之。　　　　　　　　帛、河、傅 80.6

聖 sheng（參見 聖人 shengren）

絕聖棄知，民利百倍。　　　　　　　傅 19.1

絕聖棄智，民利百倍；　　　　　　　王、河 19.1

絕聖棄智，而民利百倍。　　　　　　帛 19.1

聖人 shengren

是以聖人居亡為之事，　　　　　　　竹 2.6

是以聖人居无為之事，　　　　　　　帛 2.6

是以聖人處無為之事，　　　　　　　王、河、傅 2.6

是以聖人之治，　　　　　　　　　　王、河 3.5

是以聖人之治也，　　　　　　　　　帛、傅 3.5

聖人不仁，以百姓為芻狗。	王、帛、河、傅 5.2
是以聖人後其身而身先，	王、河、傅 7.4
是以聖人退其身而身先，	帛 7.4
是以聖人之治也，為腹而不為目。	帛 12.6
是以聖人為腹不為目，	王、河、傅 12.6
是以聖人抱一，為天下式。	王、河 22.4
是以聖人執一，以為天下牧。	帛 22.4
聖人袌一以為天下式。	傅 22.4
是以聖人終日行不離輜重。	王、河 26.2
是以聖人恆善救人，而无棄人，	帛 27.6
是以聖人常善救人，故人無棄人；	傅 27.6
是以聖人常善救人，故無棄人；	王、河 27.6
聖人用之則為官長。	王、河 28.11
聖人用之則為官長，	傅 28.11
聖人用則為官長，	帛 28.11
是以聖人去甚，去大，去奢。	帛 29.7
是以聖人去甚，去奢，去泰。	王、河、傅 29.7
是以聖人之能成大也，	帛 34.6
是以聖人能成其□也，	傅 34.7
是以聖人終不為大，	河 34.7，王、帛、河、傅 63.7
是以聖人不行而知，	王、河、傅 47.4
聖人無常心，	王、河、傅 49.1
聖人之在天下，歙歙焉，	傅 49.7
聖人之在天下也，歙歙焉，	帛 49.7
聖人在天下怵怵，	河 49.7
聖人在天下歙歙，	王 49.7
聖人皆孩之。	王 49.9，河 49.10
聖人皆咳之。	帛、傅 49.10
是以聖人之言曰：	竹 57.8

故聖人云，	王、河、傅 57.8，河 78.6
是以聖人方而不割，	王、河、傅 58.8
聖人亦不傷人。	王、河、傅 60.6
聖人亦弗傷也。	帛 60.6
是以聖人猶難之，故終亡難。	竹 63.3
是以聖人猶難之，故終於无難。	帛 63.11
是以聖人猶難之，故終無難。	河 63.11
是以聖人猶難之。故終無難矣。	王、傅 63.11
是以聖人亡為故亡敗；	竹 64.9
是以聖人無為，故無敗；	王、傅 64.9
是以聖人无為也，□无敗□；	帛 64.9
聖人無為故無敗，	河 64.9
是以聖人欲不欲，	王、帛、河、傅 64.13
聖人欲不欲，	竹 64.13
是故聖人能輔萬物之自然，而弗能為。	竹 64.16
是以聖人之欲上民也，	帛 66.4
是以聖人欲上民，	河、傅 66.4
聖人之在民前也，	竹 66.4
是以聖人處上而民不重，	王、河 66.7
是以聖人處之上而民弗重，	傅 66.7
是以聖人被褐而懷玉。	帛、傅 70.6
是以聖人被褐懷玉。	王、河 70.6
是以聖人之不病也，	帛 71.2
聖人不病，	王、河 71.3
聖人之不病，	傅 71.3
是以聖人自知，不自見；	王、河 72.5
是以聖人自知而不自見，	傅 72.5
是以聖人自知而不自見也，	帛 72.5
是以聖人猶難之。	王、河、傅 73.5

是以聖人為而不恃， 王、河、傅 77.10

是以聖人為而弗有， 帛 77.10

故聖人之言云， 傅 78.6

是以聖人云， 王 78.6

是故聖人之言云，曰： 帛 78.6

是以聖人執左契， 王、帛、河、傅 79.3

聖人不積，既以為人，已愈有； 王、河 81.4

聖人無積，既以為人，已愈有； 傅 81.4

聖人无積，既以為人，已愈有； 帛 81.4

聖人之道，為而不爭。 王、河、傅 81.7

乘 sheng，見 乘 cheng

勝 sheng

恬淡為上，勝而不美。 王 31.8

恬惔為上。勝而不美， 河 31.8

戰勝則以喪禮居之。 竹 31.14

戰勝，以喪禮處之。 王、河 31.17

戰勝而以喪禮處之。 帛 31.17

戰勝者，則以喪禮處之。 傅 31.17

勝人者，有力也。自勝者，強也。 帛 33.2

勝人者有力，自勝者強。 王、河 33.2

勝人者有力也，自勝者彊也。 傅 33.2

柔弱勝剛強。 王、河 36.6

柔弱勝強。 帛 36.6

柔之勝剛，弱之勝彊， 傅 36.6，傅 78.4

燥勝凔，清勝熱， 竹 45.5

躁勝寒，靜則熱， 河 45.5

躁勝寒，靖勝熱。 傅 45.5

躁勝寒，靜勝熱， 王、帛 45.5

牝恆以靜勝牡。	帛 61.4
牝常以靖勝牡。	傅 61.4
牝常以靜勝牡，	王、河 61.4
夫慈，以戰則勝，以守則固，	王、帛、河 67.13
善勝敵者不爭，	傅 68.3
善勝敵者不與，	王、河 68.3
善勝敵者弗與，	帛 68.3
故抗兵相加，哀者勝矣。	王、河 69.8
故抗兵相若，而哀者勝矣。	帛 69.8
故抗兵相若，則哀者勝矣。	傅 69.8
天之道，不戰而善勝，	帛 73.5
天之道，不爭而善勝，	王、河、傅 73.6
□以兵強則不勝，木強則兢。	帛 76.7
是以兵強則不勝，木強則共。	河 76.7
是以兵強則不勝，木強則兵。	王 76.7
是以兵彊者則不勝，木彊則共。	傅 76.7
而攻堅強者莫之能勝。	王、河 78.2
水之勝剛也，弱之勝強也，	帛 78.4
弱之勝強，柔之勝剛，	王、河 78.4

失 shi

得之若驚，失之若驚，	王、竹、帛、河、傅 13.4
失者同於失。	帛 23.9，王、河 23.10，傅 23.12
同於失者，道亦失之。	帛 23.11
從事於失者，	傅 23.11
同於失者，失亦樂失之。	河 23.13
同於失者，失亦樂得之。	王 23.13
於失者，失亦得之。	傅 23.15
輕則失本，躁則失君。	王、帛、傅 26.6

輕則失臣，躁則失君。　　　　　　　　河 26.6

為之者敗之，執之者失之。　　　　　　帛 29.4

為者敗之，執者失之。　　　　　　　　王、河、傅 29.4，王、河、
　　　　　　　　　　　　　　　　　　傅 64.8

不失其所者，久也。　　　　　　　　　帛、傅 33.5

不失其所者久，　　　　　　　　　　　王、河 33.5

下德不失德，是以無德。　　　　　　　王、河、傅 38.2

下德不失德，是以无德。　　　　　　　帛 38.2

故失道而后德，　　　　　　　　　　　帛 38.8

失德而后仁，　　　　　　　　　　　　帛 38.9

故失道而後德，　　　　　　　　　　　王、河、傅 38.9

失仁而后義，　　　　　　　　　　　　帛 38.10

失德而後仁，　　　　　　　　　　　　王、河、傅 38.10

失仁而後義，　　　　　　　　　　　　王、河、傅 38.11

失義而后禮。　　　　　　　　　　　　帛 38.11

失義而後禮。　　　　　　　　　　　　王、河、傅 38.12

為之者敗之，執者失之。　　　　　　　帛 64.8

亡執故亡失。　　　　　　　　　　　　竹 64.10

無執，故無失。　　　　　　　　　　　王、傅 64.10

无執也，故无失也。　　　　　　　　　帛 64.10

无執故無失。　　　　　　　　　　　　河 64.10

天網徑徑，疏而不失。　　　　　　　　帛 73.9

天網恢恢，疏而不失。　　　　　　　　王 73.10

天網恢恢，疏而不失。　　　　　　　　傅 73.10

天網恢恢，疏而不失。　　　　　　　　河 73.10

師 shi

故善人，善人之師；　　　　　　　　　帛 27.8

故善人者，不善人之師；　　　　　　　王、河、傅 27.8

不貴其師，不愛其資，雖知大迷。　　　傅 27.10

不貴其師，不愛其資，雖智大迷。　　　王、河 27.10

不貴其師，不愛其資，雖智乎大迷。　　帛 27.10

師之所處，荊棘生焉。　　　　　　　　王、河、傅 30.3

施 shi

唯施是畏。　　　　　　　　　　　　　王、帛、河 53.2

惟施是畏。　　　　　　　　　　　　　傅 53.2

十 shi

三十輻共一轂，　　　　　　　　　　　王、河、傅 11.1

生之徒十有三，　　　　　　　　　　　王、河、傅 50.2

□之徒十有三，　　　　　　　　　　　帛 50.3

死之徒十有三，　　　　　　　　　　　王、河、傅 50.3

人之生，動之死地十有三。　　　　　　河 50.4

人之生動之死地，亦十有三。　　　　　王 50.4

而民之生生而動，動皆之死地，

亦十有三。　　　　　　　　　　　　　傅 50.4

而民生生，動皆之死地之十有三。　　　帛 50.4

使有十百人器而勿用，　　　　　　　　帛 80.2

石 shi

是故不欲祿祿若玉，硌硌若石。　　　　帛 39.17

不欲琭琭如玉，珞珞如石。　　　　　　王 39.19

不欲琭琭如玉，落落如石。　　　　　　河 39.19

不欲碌碌若玉，落落若石。　　　　　　傅 39.19

時 shi

正善治，事善能，動善時。　　　　　　王、河 8.6

政善治，事善能，動善時。　　　　　　帛、傅 8.6

什 shi

使（民）有什伯，人之器而不用。　　　河 80.2

使民有什伯之器而不用也，	傅 80.2
使有什伯之器而不用，	王 80.2

食 shi

吾欲獨異於人，而貴食母。	帛 20.18
吾獨欲異於人，而貴食母。	傅 20.19
我獨異於人，而貴食母。	王、河 20.19
其在道也，曰餘食贅行。	王、帛、傅 24.6
其於道也，曰餘食贅行。	河 24.6
厭食而資財□□。	帛 53.6
厭飲食，財貨有餘，	王、河 53.6
厭飲食，貨財有餘，	傅 53.6
人之飢也，以其取食跣之多，是以飢。	帛 75.1
民之飢，以其上食稅之多，是以飢。	河 75.1
民之飢者，以其上食稅之多也，是以飢。	傅 75.1
民之饑，以其上食稅之多，是以饑。	王 75.1
甘其食，美其服，	王、帛、河 80.7
至治之極，民各甘其食，美其服，	傅 80.7

實 shi

虛其心，實其腹；	王、帛、河、傅 3.6
居其實而不居其華。	帛 38.15
處其實，不居其華。	王 38.16
處其實，不處其華，	河、傅 38.16

使 shi

不上賢，使民不爭。	帛 3.1
不尚賢，使民不爭；	王、河、傅 3.1
使民不為盜；	王、帛、河、傅 3.3
不見可欲，使心不亂。	河 3.4
不見可欲，使民不亂。	帛 3.4

不見可欲，使民心不亂。　　　　　　　　王、傅 3.4

恆使民无知无欲也。　　　　　　　　　　帛 3.8

常使民無知無欲，　　　　　　　　　　　王、河、傅 3.8

使夫知不敢，　　　　　　　　　　　　　帛 3.9

使夫知者不敢為。　　　　　　　　　　　傅 3.9

使夫智者不敢為也。　　　　　　　　　　王、河 3.9

五色使人目盲，　　　　　　　　　　　　帛 12.1

馳騁田獵使人心發狂，　　　　　　　　　帛 12.2

難得之貨使人之行妨。　　　　　　　　　帛 12.3

五味使人之口爽，　　　　　　　　　　　帛 12.4

五音使人之耳聾。　　　　　　　　　　　帛 12.5

使我介有知，行於大道，　　　　　　　　帛 53.1

使我介然有知，行於大道，　　　　　　　王、河、傅 53.1

益生曰祥，心使氣曰強。　　　　　　　　河 55.8

益生曰祥，心使氣曰強，　　　　　　　　王、竹、帛 55.8

益生曰祥，心使氣則彊。　　　　　　　　傅 55.8

使民恆且畏死，而為奇者，　　　　　　　帛 74.3

若使民常畏死，而為奇者，　　　　　　　王、河、傅 74.3

使（民）有什伯，人之器而不用。　　　　河 80.2

使民有什伯之器而不用也，　　　　　　　傅 80.2

使有十百人器而勿用，　　　　　　　　　帛 80.2

使有什伯之器而不用，　　　　　　　　　王 80.2

使民重死而不遠徙。　　　　　　　　　　王、河、傅 80.3

使民重死而遠徙。　　　　　　　　　　　帛 80.3

使人復結繩而用之。　　　　　　　　　　王 80.6

使民復結繩而用之。　　　　　　　　　　帛、河、傅 80.6

使民至老死不相與往來。　　　　　　　　傅 80.10

始 shi

無名，天地之始。　　　　　　　　　　　王、河、傅 1.3

无名，萬物之始也。　　　　　　　帛 1.3

萬物作而不為始，　　　　　　　　傅 2.8

萬物作而弗始，　　　　　　　　　帛 2.8

萬物作而弗始也，　　　　　　　　竹 2.8

以知古始，是謂道紀。　　　　　　帛、河 14.14

能知古始，是謂道紀。　　　　　　王、傅 14.14

始制有名，　　　　　　　　　　　王、竹、帛、河、傅 32.7 ·

前識者，道之華，而愚之始也。　　傅 38.14

前識者，道之華而愚之始。　　　　王、河 38.14

夫唯道，善始且善成。　　　　　　帛 41.12

天下有始，以為天下母。　　　　　王、帛、河 52.1

天下有始，可以為天下母。　　　　傅 52.1

千里之行，始於足下。　　　　　　王、河、傅 64.7

百千之高，始於足下。　　　　　　帛 64.7

故曰：慎終若始，則无敗事矣。　　帛 64.12

慎終如始，此亡敗事矣。　　　　　竹 64.12

慎終如始，則無敗事。　　　　　　王、河 64.12

慎終如始，則無敗事矣。　　　　　傅 64.12

式 shi

是以聖人抱一，為天下式。　　　　王、河 22.4

聖人袌一以為天下式。　　　　　　傅 22.4

知其白，守其黑，為天下式。　　　王、河、傅 28.4，帛 28.7

為天下式，常德不忒，　　　　　　王、河、傅 28.5

為天下式，恆德不忒。　　　　　　帛 28.8

知此兩者，亦稽式。　　　　　　　王 65.6

知此兩者亦楷式。　　　　　　　　河 65.6

恆知此兩者，亦稽式也。　　　　　帛 65.6

常知此兩者，亦稽式也。　　　　　傅 65.6

恆知稽式，是謂玄德。　　　　　　帛 65.7

能知稽式，是謂玄德。	傅 65.7
常知楷式，是謂玄德。	河 65.7
常知稽式，是謂玄德。	王 65.7

示 shi

不自示故章，	帛 22.5
自示者不章，	帛 24.2
邦之利器不可以示人。	傅 36.8
國之利器，不可以示人。	王、河 36.8
國利器不可以示人。	帛 36.8

士 shi

古之善為士者，	王、河 15.1
長古之善為士者，	竹 15.1
上士聞道，而勤行之。	傅 41.1
上士聞道，勤而行之；	王、河 41.1
上士聞道，勤能行於其中。	竹 41.1
中士聞道，若存若亡；	王、帛、河、傅 41.2
中士聞道，若聞若亡。	竹 41.2
下士聞道，大笑之；	王、竹、河、帛 41.3
下士聞道，而大笑之。	傅 41.3
古之善為士者不武也，	傅 68.1
故善為士者不武，	帛 68.1
善為士者不武，	王、河 68.1

螫 shi

毒蟲不螫，	河 55.2
蜂蠆不螫，	傅 55.2
蜂蠆虺蛇不螫，	王 55.2
蜂蠆虺蛇弗螫，	帛 55.2

勢 shi

言居上勢，則以喪禮處之。　　　　傅 31.15

物形之，勢成之。　　　　　　　　王、河、傅 51.2

逝 shi

大曰逝，逝曰遠，遠曰反。　　　　帛 25.6，王、河 25.7

大曰逝，逝曰遠，遠曰返。　　　　傅 25.7

事 shi

是以聖人居亡為之事，　　　　　　竹 2.6

是以聖人居无為之事，　　　　　　帛 2.6

是以聖人處無為之事，　　　　　　王、河、傅 2.6

正善治，事善能，動善時。　　　　王、河 8.6

政善治，事善能，動善時。　　　　帛、傅 8.6

功成事遂，百姓皆曰我自然。　　　傅 17.6

功成事遂，百姓皆謂我自然。　　　王、河 17.6

成功遂事，而百姓謂我自然。　　　帛 17.6

成事遂功，而百姓曰我自然也。　　竹 17.6

故從事而道者同於道，　　　　　　帛 23.7

故從事於道者，　　　　　　　　　王、河、傅 23.7

從事於得者，　　　　　　　　　　傅 23.9

從事於失者，　　　　　　　　　　傅 23.11

不以兵強天下，其事好還，　　　　王、河 30.2

不以兵彊天下，其事好還。　　　　傅 30.2

其事好（還）。　　　　　　　　　竹 30.7

故吉事上左，喪事上右。　　　　　竹 31.9

吉事尚左，凶事尚右。　　　　　　王、河 31.12

故吉事尚左，凶事尚右。　　　　　傅 31.12

是以吉事上左，喪事上右；　　　　帛 31.12

成功遂事而弗名有也。　　　　　　帛 34.2

□□取天下，恆无事，	帛 48.5
取天下常以無事，	王、河 48.5
將欲取天下者，常以無事。	傅 48.5
及其有事，又不足以取天下矣。	傅 48.6
及其有事，不足以取天下。	王、河 48.6
及其有事也，□□足以取天□□。	帛 48.6
啓其兌，賽其事，終身不逑。	竹 52.2
啓其垸，齊其事，終身不棘。	帛 52.5
開其兌，濟其事，終身不救。	王、河、傅 52.5
以亡事取天下。	竹 57.2
以無事取天下。	王、帛、河、傅 57.2
民多知慧，而衺事滋起。	傅 57.6
我無事而民自富，	竹 57.9，王、河、傅 57.11
我无事而民自富，	帛 57.11
治人，事天，莫若嗇。	王、竹、帛、河、傅 59.1
小國不過欲入事人，	王、帛、河、傅 61.10
為亡為，事亡事，味亡味。	竹 63.1
為無為，事無事，味無味。	王、河、傅 63.1
為无為，事无事，味无味。	帛 63.1
天下之難事必作於易，	傅 63.5
天下難事必作於易，	王、河 63.5
天下大事必作於細，	王、河 63.6
天下之大事必作於細。	傅 63.6
民之從事，常於其幾成而敗之。	傅 64.11
民之從事，常於幾成而敗之，	王、河 64.11
民之從事也，恆於其成而敗之。	帛 64.11
臨事之紀，	竹 64.11
故曰：慎終若始，則无敗事矣。	帛 64.12
慎終如始，此亡敗事矣。	竹 64.12

慎終如始，則無敗事。	王、河 64.12
慎終如始，則無敗事矣。	傅 64.12
夫言有宗，事有君。	帛 70.3
言有宗，事有主。	傅 70.3
言有宗，事有君。	王、河 70.3

是 shi

（參見 是謂 shiwei、是以 shiyi）

是為忽恍。	河 14.10
孔德之容，唯道是從。	帛、河 21.1
孔德之容，惟道是從。	王、傅 21.1
不自是故彰，	王、河、傅 22.6
自是者不彰，	王、河、傅 24.3
果而不得已，是果而勿彊。	傅 30.8
美之，是樂殺人。	竹 31.6
而美之者，是樂殺人。	王、河 31.9
若美之，是樂殺人也。	帛 31.9
若美必樂之，樂之者是樂殺人也。	傅 31.9
是其以賤為本也，非歟？	傅 39.17
是故不欲祿祿若玉，硌硌若石。	帛 39.17
是故甚愛必大費，	王、傅 44.4
無遺身殃，是為習常。	王 52.8
唯施是畏。	王、帛、河 53.2
惟施是畏。	傅 53.2
是故聖人能輔萬物之自然，而弗能為。	竹 64.16
是代大匠斲。	帛、傅 74.7
是賢於貴生。	王、河 75.7
是賢於貴生也。	傅 75.7
是賢貴生。	帛 75.7
是故聖人之言云，曰：	帛 78.6

受國不祥，是為天下王。 　　　　王 78.8

是謂 shiwei

谷神不死，是謂玄牝， 　　　　王、帛、河、傅 6.1

玄牝之門，是謂天地之根。 　　　　帛、傅 6.2

玄牝之門，是謂天地根。 　　　　王、河 6.2

長而弗宰也，是謂玄德。 　　　　帛 10.9

長而不宰，是謂玄德。 　　　　王、河、傅 10.9，王、河、
　　　　傅 51.9

是謂寵辱若驚。 　　　　王、帛、河、傅 13.5

是謂寵辱驚。 　　　　竹 13.5

是謂無狀之狀，無物之象。 　　　　王、河、傅 14.9

是謂无狀之狀，无物之象， 　　　　帛 14.9

是謂忽恍。 　　　　帛 14.10

是謂芴芒。 　　　　傅 14.10

是謂惚恍。 　　　　王 14.10

以知古始，是謂道紀。 　　　　帛、河 14.14

能知古始，是謂道紀。 　　　　王、傅 14.14

曰靜。靜，是謂復命。 　　　　帛 16.4

歸根曰靜，是謂復命。 　　　　王、河 16.4

物无棄財，是謂愗明。 　　　　帛 27.7

常善救物，故物無棄物，是謂襲明。 　　　　傅 27.7

常善救物，故無棄物，是謂襲明。 　　　　王、河 27.7

是謂妙要。 　　　　帛 27.11

是謂要妙。 　　　　王、河 27.11

是謂果而不強。 　　　　竹 30.6

果而毋得已居，是謂果而強。 　　　　帛 30.7

物壯則老，是謂不道，不道早已。 　　　　王、河 30.9

物壯則老，是謂非道，非道早已。 　　　　傅 30.9

是謂微明。 　　　　王、帛、河、傅 36.5

長而弗宰，是謂玄德。	帛 51.9
毋遺身殃，是謂襲常。	帛 52.8
無遺身殃，是謂習常。	河 52.8
無遺身殃，是謂襲常。	傅 52.8
是謂盜夸。	王、傅 53.7
是謂盜誇。	河 53.7
物壯則老，是謂不道。	竹 55.9
是謂玄同。	王、竹、帛、河、傅 56.5
夫唯嗇，是謂早服。	王、河 59.2
早服是謂重積□。	帛 59.3
是以早服是謂……	竹 59.3
是謂深根固柢，	王、帛、傅 59.8
是謂深根固蒂，	河 59.8
恆知稽式，是謂玄德。	帛 65.7
能知稽式，是謂玄德。	傅 65.7
常知楷式，是謂玄德。	河 65.7
常知稽式，是謂玄德。	王 65.7
捨其後，且先，是謂入死門。	傅 67.12
是謂不爭之德，	王、帛、河、傅 68.5
是謂用人，	帛 68.6
是謂用人之力，	王、河、傅 68.6
是謂配天，古之極也。	帛、傅 68.7
是謂配天古之極。	王、河 68.7
是謂行無行，攘無臂，	王、河、傅 69.4
是謂行无行，攘无臂，	帛 69.4
是謂代大匠斲。	王、河 74.7
受國之垢，是謂社稷之主。	傅 78.7
受國之垢，是謂社稷主；	王、河 78.7
受國之詬，是謂社稷之主，	帛 78.7

受國之不祥，是謂天下之王。	帛 78.8
受國之不祥，是謂天下之主。	傅 78.8
是謂天下王。	河 78.9

是以 shiyi

是以聖人居亡為之事，	竹 2.6
是以聖人居无為之事，	帛 2.6
是以聖人處無為之事，	王、河、傅 2.6
夫唯弗居，是以不去。	王 2.11
夫唯弗居，是以弗去。	帛 2.11
夫唯弗居也，是以弗去也。	竹 2.11
夫惟不處，是以不去。	傅 2.11
夫惟弗居，是以不去。	河 2.11
是以聖人之治，	王、河 3.5
是以聖人之治也，	帛、傅 3.5
是以聖人後其身而身先，	王、河、傅 7.4
是以聖人退其身而身先，	帛 7.4
是以聖人之治也，為腹而不為目。	帛 12.6
是以聖人為腹不為目，	王、河、傅 12.6
是以為之容：	竹 15.3
夫惟不盈，是以能敝而不成。	傅 15.15
是以能敝而不成。	帛 15.15
是以聖人抱一，為天下式。	王、河 22.4
是以聖人執一，以為天下牧。	帛 22.4
是以君子終日行，不遠其輜重，	帛 26.2
是以君子終日行，不離其輜重。	傅 26.2
是以聖人終日行不離輜重。	王、河 26.2
是以聖人恆善救人，而无棄人，	帛 27.6
是以聖人常善救人，故人無棄人；	傅 27.6
是以聖人常善救人，故無棄人；	王、河 27.6

是以聖人去甚，去大，去奢。	帛 29.7
是以聖人去甚，去奢，去泰。	王、河、傅 29.7
是以君子居則貴左，	傅 31.3
是以偏將軍居左，	竹 31.10，帛 31.13
是以吉事上左，喪事上右；	帛 31.12
是以偏將軍處左，	傅 31.13
是以聖人之能成大也，	帛 34.6
是以聖人能成其□也，	傅 34.7
是以聖人終不為大，	河 34.7，王、帛、河、傅 63.7
上德不德，是以有德；	王、帛、河、傅 38.1
下德不失德，是以無德。	王、河、傅 38.2
下德不失德，是以无德。	帛 38.2
是以大丈夫居其厚而不居其薄，	帛 38.14
是以大丈夫處其厚，不居其薄。	王 38.15
是以大丈夫處其厚，不處其薄；	河、傅 38.15
夫是以侯王自謂孤寡不穀，	帛 39.14
是以王侯自謂孤寡不穀，	傅 39.16
是以侯王自稱孤寡不穀，	河 39.16
是以侯王自謂孤寡不穀。	王 39.16
是以建言有之：明道如曹，	竹 41.5
是以建言有之曰：明道如費，	帛 41.5
吾是以知無為之有益。	王、河 43.4
吾是以知無為之有益也。	傅 43.4
吾是以知无為□□益也。	帛 43.4
是以聖人不行而知，	王、河、傅 47.4
是以萬物莫不尊道而貴德。	王、河、傅 51.3
是以萬物尊道而貴德。	帛 51.3
是以□人之言曰：	帛 57.8
是以聖人之言曰：	竹 57.8

是以方而不割，	帛 58.8
是以聖人方而不割，	王、河、傅 58.8
夫唯嗇，是以早，	竹 59.2
夫唯嗇，是以早服。	帛 59.2
夫惟嗇，是以早服。	傅 59.2
是以早服是謂……	竹 59.3
是以聖人猶難之，故終亡難。	竹 63.3
是以聖人猶難之，故終於无難。	帛 63.11
是以聖人猶難之，故終無難。	河 63.11
是以聖人猶難之。故終無難矣。	王、傅 63.11
是以聖人亡為故亡敗；	竹 64.9
是以聖人無為，故無敗；	王、傅 64.9
是以聖人无為也，□无敗□；	帛 64.9
是以聖人欲不欲，	王、帛、河、傅 64.13
是以能為百谷王。	竹、帛 66.3
是以欲上民，	王 66.4
是以聖人之欲上民也，	帛 66.4
是以聖人欲上民，	河、傅 66.4
是以聖人處上而民不重，	王、河 66.7
是以聖人處之上而民弗重，	傅 66.7
是以天下樂推而不厭。	王、河、傅 66.9
夫唯無知，是以不我知。	王 70.4
夫唯无知也，是以不我知。	帛 70.4
夫惟無知，是以不吾知也。	傅 70.4
夫惟無知，是以不我知。	河 70.4
是以聖人被褐而懷玉。	帛、傅 70.6
是以聖人被褐懷玉。	王、河 70.6
夫唯病病，是以不病。	王、河 71.2
夫惟病病，是以不病。	傅 71.2

是以聖人之不病也，	帛 71.2
以其病病也，是以不病。	帛 71.3
以其病病，是以不吾病。	傅 71.4
以其病病，是以不病。	王、河 71.4
夫唯不厭，是以不厭。	王 72.4
夫唯弗厭，是以不厭。	帛 72.4
夫惟不厭，是以不厭。	河 72.4
夫惟無厭，是以無厭。	傅 72.4
是以聖人自知，不自見；	王、河 72.5
是以聖人自知而不自見，	傅 72.5
是以聖人自知而不自見也，	帛 72.5
是以聖人猶難之。	王、河、傅 73.5
人之飢也，以其取食蹧之多，是以飢。	帛 75.1
民之飢，以其上食稅之多，是以飢。	河 75.1
民之飢者，以其上食稅之多也，是以飢。	傅 75.1
民之饑，以其上食稅之多，是以饑。	王 75.1
以其上之有以為也，是以不治。	帛 75.3
以其上之有為，是以難治。	王 75.3
以其上之有為也，是以難治。	傅 75.3
以其上有為，是以難治。	河 75.3
以其上求生生之厚也，是以輕死。	傅 75.5
以其求生之厚，是以輕死。	王、河 75.5
以其求生之厚也，是以輕死。	帛 75.5
是以兵強則不勝，木強則共。	河 76.7
是以兵強則不勝，木強則兵。	王 76.7
是以兵彊者則不勝，木彊則共。	傅 76.7
是以聖人為而不恃，	王、河、傅 77.10
是以聖人為而弗有，	帛 77.10
是以聖人云，	王 78.6

是以聖人執左契， 王、帛、河、傅 79.3

釋 shi

渙乎其若釋， 竹 15.7

渙兮若冰之將釋， 王、河 15.8

渙呵其若凌釋， 帛 15.8

渙若冰將釋， 傅 15.8

識 shi

必微溺玄達，深不可識， 竹 15.2

微妙玄通，深不可識。 王、河、傅 15.2

微妙玄達，深不可識。 帛 15.2

夫唯不可識， 王、帛、河 15.3

夫惟不可識， 傅 15.3

前識者，道之華也，而愚之首也。 帛 38.13

前識者，道之華，而愚之始也。 傅 38.14

前識者，道之華而愚之始。 王、河 38.14

市 shi

美言可以市， 王、帛、河 62.4

美言可以於市， 傅 62.4

恃 shi

為而弗恃也， 竹、帛 2.9

生而不有，為而不恃， 王、河、傅 2.9，王、河、傅 10.8，王、河、傅 51.8

萬物恃之以生而不辭。 傅 34.2

萬物恃之而生而不辭。 王、河 34.2

□□弗有也，為而弗恃也， 帛 51.8

是以聖人為而不恃， 王、河、傅 77.10

室 shi

金玉盈室，莫之能守也。	帛 9.3
金玉盈室，莫能守也。	竹 9.3
金玉滿室，莫之能守。	傅 9.3
鑿戶牖以為室，	王、河、傅 11.5
當其無，有室之用。	王、河、傅 11.6
當其无有，室之用也。	帛 11.6

視 shi

視之不見名曰夷，	王、河、傅 14.1
視之而弗見，名之曰微。	帛 14.1
視素保樸，少私寡欲。	竹 19.6
視之，不足見也。	帛 35.6
視之不足見，	王、竹、河、傅 35.6
長生久視之道。	王、河、傅 59.9
長生久視之道也。	竹、帛 59.9

手 shou

希有不傷手矣。	河 74.9
希有不傷其手矣。	王 74.9
則希不傷其手。	帛 74.9
稀不自傷其手矣。	傅 74.9

守 shou

多言數窮，不如守中。	王、河、傅 5.5
多聞數窮，不若守於中。	帛 5.5
金玉盈室，莫之能守也。	帛 9.3
金玉盈室，莫能守也。	竹 9.3
金玉滿室，莫之能守。	傅 9.3
金玉滿堂，莫之能守。	王、河 9.3

至虛，恆也；守中，篤也。	竹 16.1
至虛極，守靜篤，	河 16.1
至虛極也，守靜督也。	帛 16.1
致虛極，守靜篤，	王 16.1
致虛極，守靖篤，	傅 16.1
知其雄，守其雌，為天下溪。	帛 28.1
知其雄，守其雌，為天下谿。	王、河、傅 28.1
知其白，守其辱，為天下谷。	帛 28.4
知其白，守其黑，為天下式。	王、河、傅 28.4，帛 28.7
知其榮，守其辱，為天下谷。	王、河、傅 28.7
侯王如能守之，	竹 32.3
王侯若能守，	傅 32.3，傅 37.2
侯王若能守之，	王、帛、河 32.3，王、帛、河 37.2
侯王能守之，	竹 37.2
既知其子，復守其母，沒身不殆。	王、帛、河、傅 52.3
見小曰明，守柔曰強。	河 52.6
見小曰明，守柔曰強。	王、帛 52.6
見小曰明，守柔曰彊。	傅 52.6
夫慈，以陳則正，以守則固。	傅 67.13
夫慈，以戰則勝，以守則固，	王、帛、河 67.13

首 shou

迎之不見其首，	王、河、傅 14.11
迎而不見其首。	帛 14.12
夫禮者，忠信之薄也，而亂之首也。	帛 38.12
夫禮者，忠信之薄而亂之首。	王、河 38.13
夫禮者，忠信之薄，而亂之首也。	傅 38.13
前識者，道之華也，而愚之首也。	帛 38.13

壽 shou

死而不亡者壽。　　　　　　　　王、河 33.6

死而不亡者壽也。　　　　　　　傅 33.6

死而不忘者，壽也。　　　　　　帛 33.6

獸 shou

猛獸不據，攫鳥不搏。　　　　　王 55.3

猛獸不據，攫鳥不搏，　　　　　傅 55.3

猛獸不據，玃鳥不搏。　　　　　河 55.3

據鳥猛獸弗搏，　　　　　　　　帛 55.3

攫鳥猛獸弗扣，　　　　　　　　竹 55.3

受 shou

受國之垢，是謂社稷之主。　　　傅 78.7

受國之垢，是謂社稷主；　　　　王、河 78.7

受國之詬，是謂社稷之主，　　　帛 78.7

受國不祥，是為天下王。　　　　王 78.8

受國之不祥，　　　　　　　　　河 78.8

受國之不祥，是謂天下之王。　　帛 78.8

受國之不祥，是謂天下之主。　　傅 78.8

輸 shu

質真若輸，大方無隅。　　　　　傅 41.9

踈 shu

亦不可得而踈；　　　　　　　　河 56.7

天網恢恢，踈而不失。　　　　　河 73.10

疏 shu

亦不可得而疏；　　　　　　　　傅 56.7

天網恢恢，疏而不失。　　　　　傅 73.10

疎 shu

不可得而疎；	王 56.7

疏 shu

亦不可得而疏；	竹、帛 56.7
天網恎恎，疏而不失。	帛 73.9
天網恢恢，疏而不失。	王 73.10

孰 shu

孰能濁以靜者，將徐清。	竹 15.10
孰能仄以迬者，將徐生。	竹 15.11
孰能濁以靜之徐清？	王 15.12
孰能濁以（止）靜之，徐清？	河 15.12
孰能濁以澄靖之，而徐清。	傅 15.12
孰能安以久動之，而徐生。	傅 15.13
孰能安以久動之徐生？	王、河 15.13
孰為此？天地，	帛 23.4
孰為此者？天地。	王、河 23.4
孰為此者？天地也。	傅 23.4
名與身孰親？	王、竹、帛、河、傅 44.1
身與貨孰多？	王、竹、帛、河、傅 44.2
得與亡孰病？	王、竹、帛、河、傅 44.3
長之育之，成之孰之，養之覆之。	河 51.7
孰知其極？□无正也？	帛 58.5
孰知其極？其無正？	王、河 58.5
孰知其極？其無正衺？	傅 58.5
天之所惡，孰知其故？	王、帛、河、傅 73.4
吾得而殺之，夫孰敢矣！	帛 74.4
吾得而殺之，孰敢也！	傅 74.4
吾得執而殺之，孰敢？	王、河 74.4

夫孰能有餘而有以奉於天者，	帛 77.8
孰能有餘以奉天下？	王、河 77.8
孰能損有餘而奉不足於天下者，	傅 77.8

屬 shu

或命之或乎屬。	竹 19.5
故令之有所屬。	帛 19.5
故令有所屬，	王、河、傅 19.5

數 shu

多言數窮，不如守中。	王、河、傅 5.5
多聞數窮，不若守於中。	帛 5.5
善數不用籌策，	王 27.3
善數者不用籌策。	帛 27.3
善數者無籌策，	傅 27.3
故至數輿无輿。	帛 39.16
故致數車無車，	河 39.18
故致數輿無輿。	王 39.18
故致數譽無譽，	傅 39.18

爽 shuang

五味令人口爽，	王、河、傅 12.3
五味使人之口爽，	帛 12.4

誰 shui，見 誰 shei

水 shui

上善如水。	帛 8.1
上善若水。	王、河、傅 8.1
水善利萬物而不爭，	王、河、傅 8.2
水善利萬物而有爭，	帛 8.2
與呵其若冬涉水，	帛 15.5

天下柔弱莫過於水， 河 78.1

天下莫柔弱於水， 王、帛、傅 78.1

水之勝剛也，弱之勝強也， 帛 78.4

稅 shui（說 yue）

民之飢，以其上食稅之多，是以飢。 河 75.1

民之飢者，以其上食稅之多也，是以飢。傅 75.1

民之饑，以其上食稅之多，是以饑。 王 75.1

人之飢也，以其取食說之多，是以飢。帛 75.1

順 shun

自今及古，其名不去，以順衆父。 帛 21.7

與物反也，乃至大順。 帛 65.9

與物反矣，乃復至於大順。 傅 65.9

與物反矣，然後乃至大順。 王 65.9

與物反矣。乃至大順。 河 65.9

斯 si

天下皆知美之為美，斯惡已； 王、河、傅 2.1

皆知善，斯不善矣。 帛 2.2

皆知善之為善，斯不善已。 王、河、傅 2.2

私 si

不以其無私邪？ 傅 7.6

非以其無私邪？ 王 7.6

非以其無私耶？ 河 7.6

不以其无私與？ 帛 7.7

故能成其私。 王、河、傅 7.7，帛 7.8

見素抱朴，少私寡欲。 河 19.6

見素抱樸，少私而寡欲。 帛 19.6

見素抱樸，少私寡欲。 王 19.6

見素襃朴，少私寡欲。	傅 19.6
視素保樸，少私寡欲。	竹 19.6

司 si

若民恆且必畏死，則恆有司殺者。	帛 74.5
常有司殺者。	河 74.5
常有司殺者殺，	王、傅 74.5
夫代司殺者，	河 74.6
夫代司殺者殺，	王、帛 74.6
而代司殺者殺，	傅 74.6
有德司契，無德司徹。	王、河 79.5
故有德司契，无德司徹。	帛 79.5
故有德司契，無德司徹。	傅 79.5

死 si

谷神不死，是謂玄牝，	王、帛、河、傅 6.1
死而不亡者壽。	王、河 33.6
死而不亡者壽也。	傅 33.6
死而不忘者，壽也。	帛 33.6
故強梁者不得死，	帛 42.10
強梁者不得其死，	王、河 42.10
彊梁者不得其死，	傅 42.10
□生，入死。	帛 50.1
出生入死。	王、河、傅 50.1
死之徒十有三，	王、河、傅 50.3
人之生，動之死地十有三。	河 50.4
人之生動之死地，亦十有三。	王 50.4
而民之生生而動，動皆之死地，亦十有三。	傅 50.4
而民生生，動皆之死地之十有三。	帛 50.4
夫何故？以其無死地。	王、河 50.12

夫何故也？以其無死地焉。　　　　　傅 50.12

□何故也？以其无死地焉。　　　　　帛 50.12

舍（其）後且先，死矣，　　　　　　河 67.12

舍其後，且先；則死矣。　　　　　　帛 67.12

舍後且先，死矣！　　　　　　　　　王 67.12

捨其後，且先，是謂入死門。　　　　傅 67.12

民不畏死，　　　　　　　　　　　　王、河 74.1

民常不畏死，　　　　　　　　　　　傅 74.1

若民恆且不畏死，　　　　　　　　　帛 74.1

如之何其以死懼之？　　　　　　　　傅 74.2

奈何以死懼之！　　　　　　　　　　王、河 74.2

使民恆且畏死，而為奇者，　　　　　帛 74.3

若使民常畏死，而為奇者，　　　　　王、河、傅 74.3

若民恆且必畏死，則恆有司殺者。　　帛 74.5

民之輕死，　　　　　　　　　　　　王、河 75.4

民之輕死也，　　　　　　　　　　　帛 75.4

民之輕死者，　　　　　　　　　　　傅 75.4

以其上求生生之厚也，是以輕死。　　傅 75.5

以其求生之厚，是以輕死。　　　　　王、河 75.5

以其求生之厚也，是以輕死。　　　　帛 75.5

其死也堅強。　　　　　　　　　　　王、河 76.2

其死也堅彊。　　　　　　　　　　　傅 76.2

其死也𦢓信堅強，　　　　　　　　　帛 76.2

其死也枯槁。　　　　　　　　　　　王、帛、河、傅 76.4

故曰：堅強，死之徒也；　　　　　　帛 76.5

故堅強者死之徒，　　　　　　　　　王、河 76.5

故堅彊者，死之徒也；　　　　　　　傅 76.5

使民重死，而不遠徙。　　　　　　　王、河、傅 80.3

使民重死而遠徙。　　　　　　　　　帛 80.3

民至老死不相往來。	王、帛、河 80.10
使民至老死不相與往來。	傅 80.10

肆 si

廉而不害，直而不肆，	河 58.9
廉而不劌，直而不肆，	王、傅 58.9

駟 si

雖有拱璧以先駟馬，	王、河、傅 62.8

兕 si

陵行不避兕虎，	帛 50.7
陸行不遇兕虎，	王、河、傅 50.7
兕無所投其角，	王、河、傅 50.9
兕无所揣其角，	帛 50.9

四 si

明白四達，能毋以知乎？	帛 10.6
明白四達，能無以為乎？	傅 10.6
明白四達，能無知。	河 10.6
明白四達，能無為乎？	王 10.6
猶乎其若畏四鄰，	竹 15.5
猶兮若畏四鄰，	王、河、傅 15.6
猶呵其若畏四鄰，	帛 15.6
國中有四大，	帛 25.8
國中有四大安，	竹 25.8
域中有四大，	王、河、傅 25.9
雖有共之璧以先四馬，	帛 62.8

似 si

淵兮似萬物之宗。	王、傅 4.2
淵乎似萬物之宗。	河 4.2

淵呵似萬物之宗。 帛 4.2

湛兮似或存。 王、傅 4.5

湛兮似若存。 河 4.5

湛呵似或存。 帛 4.5

㷇呵似无所歸。 帛 20.10

淡兮其若海，飄兮似無所止。 傅 20.16

而我獨頑似鄙， 王、河 20.18

天下皆謂吾大，似不肖。 傅 67.1

天下皆謂我大，似不肖。 河 67.1

天下皆謂我道大，似不肖。 王 67.1

夫唯大，故似不肖。 王、河 67.2

夫惟大，故似不肖。 傅 67.2

祀 si

子孫以其祭祀不屯。 竹 54.3

子孫以祭祀不絕。 帛 54.3

子孫以祭祀不輟。 王 54.3

子孫祭祀不輟。 河、傅 54.3

俗 su

俗人昭昭，我獨若昏呵。 帛 20.13

俗人昭昭，我獨昏昏； 王 20.14

俗人昭昭，我獨若昏； 河 20.14

俗人皆昭昭，我獨若昏； 傅 20.14

俗人察察，我獨閔閔呵。 帛 20.14

俗人皆督督，我獨若閔閔。 傅 20.15

俗人察察，我獨悶悶。 王、河 20.15

安其居，樂其俗。 王、河 80.8

安其俗，樂其業。 傅 80.8

樂其俗，安其居。 帛 80.8

素 su

見素抱朴，少私寡欲。　　　　　　　河 19.6

見素抱樸，少私而寡欲。　　　　　　帛 19.6

見素抱樸，少私寡欲。　　　　　　　王 19.6

見素裹朴，少私寡欲。　　　　　　　傅 19.6

視素保樸，少私寡欲。　　　　　　　竹 19.6

雖 sui

雖有榮觀，宴處超然。　　　　　　　傅 26.3

雖有榮觀，燕處超然，　　　　　　　王、河 26.3

雖有環館，燕處則昭若。　　　　　　帛 26.3

不貴其師，不愛其資，雖知大迷。　　傅 27.10

不貴其師，不愛其資，雖智大迷。　　王、河 27.10

不貴其師，不愛其資，雖智乎大迷。　帛 27.10

朴雖小，天下不敢臣。　　　　　　　河 32.2

樸雖微，天地弗敢臣，　　　　　　　竹 32.2

樸雖小，天下莫能臣。　　　　　　　傅 32.2

樸雖小，天下莫能臣也。　　　　　　王 32.2

樸雖小而天下弗敢臣。　　　　　　　帛 32.2

雖有共之璧以先四馬，　　　　　　　帛 62.8

雖有拱璧以先駟馬，　　　　　　　　王、河、傅 62.8

雖有舟輿，無所乘之；　　　　　　　王、河、傅 80.4

雖有甲兵，無所陳之；　　　　　　　王、河、傅 80.5

隨 sui

音、聲之相和也，先、後之相隨，恆也。帛 2.5

音聲之相和，前後之相隨，　　　　　傅 2.5

音聲之相和也，先後之相隨也。　　　竹 2.5

音聲相和，前後相隨。　　　　　　　王、河 2.5

隨而不見其後，　　　　　　　　　　帛 14.11

隨之不見其後。 王、河、傅 14.12

凡物或行或隨，或噤或吹， 傅 29.5

物或行或隨，或熱， 帛 29.5

故物或行或隨，或呴或吹， 河 29.5

故物或行或隨，或歔或吹， 王 29.5

遂 sui

功成、名遂、身退，天之道。 河 9.5

功遂身退，天之道。 王 9.5

功遂身退，天之道也。 竹、帛 9.5

成名功遂身退，天之道。 傅 9.5

功成事遂，百姓皆曰我自然。 傅 17.6

功成事遂，百姓皆謂我自然。 王、河 17.6

成功遂事，而百姓謂我自然。 帛 17.6

成事遂功，而百姓曰我自然也。 竹 17.6

成功遂事而弗名有也。 帛 34.2

長之，遂之，亭之，毒之，養之，覆□。帛 51.7

孫 sun

子孫以其祭祀不屯。 竹 54.3

子孫以祭祀不絕。 帛 54.3

子孫以祭祀不輟。 王 54.3

子孫祭祀不輟。 河、傅 54.3

損 sun

物或□□□損， 帛 42.7

故物，或損之而益， 王、河、傅 42.7

或益之而損。 王、河、傅 42.8

損之而益。 帛 42.8

為學日益，為道日損。 王、河 48.1

為學者日益，為道者日損。 傅 48.1

為學者日益，聞道者日損，	帛 48.1
學者日益，為道者日損。	竹 48.1
損之又損，	王、帛 48.2
損之又損之，	河、傅 48.2
損之或損，	竹 48.2
有餘者損之，	王、帛、河、傅 77.3
天之道，損有餘而補不足。	王、河、傅 77.5
故天之道，損有餘而益不足；	帛 77.5
損不足以奉有餘。	王、河、傅 77.7
損不足而奉有餘。	帛 77.7
孰能損有餘而奉不足於天下者，	傅 77.8

所 suo

恆有欲也，以觀其所噭。	帛 1.6
天地之所以能長且久者，	帛 7.2
天地所以能長且久者，	王、河、傅 7.2
居衆人之所惡，故幾於道矣。	帛、傅 8.3
處衆人之所惡，故幾於道。	王、河 8.3
吾所以有大患者，為吾有身，	王、竹、河、傅 13.7
吾所以有大患者，為吾有身也。	帛 13.7
故令之有所屬。	帛 19.5
故令有所屬，	王、河、傅 19.5
乘乘兮若無所歸。	河 20.10
儡儡兮其不足以無所歸。	傅 20.10
纍呵似无所歸。	帛 20.10
儽儽兮若無所歸。	王 20.10
忽呵其若海，恍呵若无所止。	帛 20.15
忽兮若海。漂兮若無所止。	河 20.16
淡兮其若海，飄兮似無所止。	傅 20.16
人之所畏，不可不畏。	王、河、傅 20.4

人之所畏，亦不可以不畏。　　　　　竹 20.4

人之所畏，亦不可以不畏人。　　　　帛 20.4

古之所謂曲全者幾語哉，　　　　　　帛 22.10

古之所謂曲則全者，豈虛言也哉？　　傅 22.10

古之所謂曲則全者，豈虛言哉！　　　王、河 22.10

□□所居，楚棘生之。　　　　　　　帛 30.3

師之所處，荊棘生焉。　　　　　　　王、河、傅 30.3

知之，所以不殆。　　　　　　　　　河 32.9

知止所以不殆。　　　　　　　　　　竹、帛、傅 32.9

不失其所者，久也。　　　　　　　　帛、傅 33.5

不失其所者久，　　　　　　　　　　王、河 33.5

人之所惡，唯孤寡不穀，　　　　　　王、帛 42.5

人之所惡，唯孤寡不轂，　　　　　　河 42.5

人之所惡，惟孤寡不穀，　　　　　　傅 42.5

人之所以教我，亦我之所以教人。　　傅 42.9

人之所教，我亦教之。　　　　　　　王、河 42.9

兕無所投其角，　　　　　　　　　　王、河、傅 50.9

兕无所揣其角，　　　　　　　　　　帛 50.9

虎無所措其爪，　　　　　　　　　　王、河、傅 50.10

虎无所措其爪，　　　　　　　　　　帛 50.10

兵無所容其刃。　　　　　　　　　　王、河、傅 50.11

兵无所容□□，　　　　　　　　　　帛 50.11

禍，福之所倚；　　　　　　　　　　帛 58.3

禍兮福之所倚，　　　　　　　　　　王、河、傅 58.3

福，禍之所伏，　　　　　　　　　　帛 58.4

福兮禍之所伏。　　　　　　　　　　王、河、傅 58.4

夫兩者各得其所欲，　　　　　　　　王、河 61.11

兩者各得其所欲，　　　　　　　　　傅 61.11

善人之所寶。　　　　　　　　　　　傅 62.2

不善人之所保。　　　　　　　　　　王、河、傅 62.3

不善人之所保也。　　　　　　　　　　帛 62.3

古之所以貴此者何也？　　　　　　　　帛 62.10

古之所以貴此道者，　　　　　　　　　河 62.10

古之所以貴此道者何？　　　　　　　　王 62.10

古之所以貴此道者何也？　　　　　　　傅 62.10

教不教，復衆之所過。　　　　　　　　竹 64.15

學不學，以復衆人之所過；　　　　　　傅 64.15

學不學，復衆人之所過。　　　　　　　王、河、帛 64.15

江海所以為百谷王，　　　　　　　　　竹 66.1

江海所以能為百谷王者，　　　　　　　王、帛、河、傅 66.1

毋狎其所居，　　　　　　　　　　　　帛 72.2

無狎其所居，　　　　　　　　　　　　王、傅 72.2

無狹其所居，　　　　　　　　　　　　河 72.2

毋厭其所生。　　　　　　　　　　　　帛 72.3

無厭其所生。　　　　　　　　　　　　王、河、傅 72.3

天之所惡，孰知其故？　　　　　　　　王、帛、河、傅 73.4

有舟車无所乘之，　　　　　　　　　　帛 80.4

雖有舟輿，無所乘之；　　　　　　　　王、河、傅 80.4

有甲兵无所陳之。　　　　　　　　　　帛 80.5

雖有甲兵，無所陳之；　　　　　　　　王、河、傅 80.5

臺 tai

如享太牢，如春登臺。　　　　　　　　王、河 20.7

若享太牢，若春登臺。　　　　　　　　傅 20.7

若饗於大牢，而春登臺。　　　　　　　帛 20.7

九成之臺甲□□□，　　　　　　　　　竹 64.6

九成之臺，作於虆土。　　　　　　　　帛 64.6

九成之臺，起於累土；　　　　　　　　傅 64.6

九層之臺，起於累土；　　　　　　　　王、河 64.6

泰 tai

是以聖人去甚，去奢，去泰。　　　　王、河、傅 29.7

往而不害，安平泰。　　　　　　　　傅 35.2

太 tai

太上，下知有之。　　　　　　　　　王、河、傅 17.1

若享太牢，若春登臺。　　　　　　　傅 20.7

如享太牢，如春登臺。　　　　　　　王、河 20.7

往而不害，安平太。　　　　　　　　王、河 35.2

坦 tan

坦而善謀。　　　　　　　　　　　　帛 73.8

堂 tang

金玉滿堂，莫之能守。　　　　　　　王、河 9.3

忒 te

為天下式，常德不忒，　　　　　　　王、河、傅 28.5

為天下式，恆德不忒。　　　　　　　帛 28.8

恆德不忒，復歸於无極。　　　　　　帛 28.9

天 tian

（參見 天道 tiandao、天地 tiandi、天下 tianxia）

天長，地久。　　　　　　　　　　　王、帛、河、傅 7.1

予善天，言善信，　　　　　　　　　帛 8.5

功成、名遂、身退，天之道。　　　　河 9.5

功遂身退，天之道。　　　　　　　　王 9.5

功遂身退，天之道也。　　　　　　　竹、帛 9.5

成名功遂身退，天之道。　　　　　　傅 9.5

天門啓闔，能為雌乎？　　　　　　　帛 10.5

天門開闔，能為雌。　　　　　　　　河 10.5

天門開闔，能為雌乎？　　　　　　　　王、傅 10.5

天物魂魂，各復歸於其根。　　　　　　帛 16.3

公乃王，王乃天，　　　　　　　　　　王、帛、河、傅 16.8

天乃道，道乃。　　　　　　　　　　　帛 16.9

天乃道，道乃久。　　　　　　　　　　王、河、傅 16.9

天大，地大，道大，王亦大。　　　　　竹 25.7

道大，天大，地大，王亦大。　　　　　帛 25.7

故道大，天大，地大，王亦大。　　　　王、河 25.8

道大，天大，地大，人亦大。　　　　　傅 25.8

人法地，地法天，　　　　　　　　　　竹、帛 25.10，王、河、傅
　　　　　　　　　　　　　　　　　　25.11

天法道，道法自然。　　　　　　　　　竹、帛 25.11，王、河、傅
　　　　　　　　　　　　　　　　　　25.12

名亦既有，天亦將知之。　　　　　　　河 32.8

天得一以清，　　　　　　　　　　　　王、帛、河、傅 39.2

其至也，謂天毋已清將恐裂，　　　　　帛 39.7

其致之，一也，天無以清將恐裂，　　　傅 39.8

其致之，天無以清將恐裂，　　　　　　王、河 39.8

天象亡形，道……　　　　　　　　　　竹 41.11

及其有事也，□□足以取天□□。　　　帛 48.6

吾何以知天□□□□□。　　　　　　　竹 54.12

夫天多忌諱，而民彌叛。　　　　　　　竹 57.4

治人，事天，莫若嗇。　　　　　　　　王、竹、帛、河、傅 59.1

故立天子，置三公，　　　　　　　　　王、河、傅 62.7

故立天子，置三卿，　　　　　　　　　帛 62.7

天將建之，如以慈垣之。　　　　　　　帛 67.14

天將救之，以慈衛之。　　　　　　　　王、河、傅 67.14

是謂配天，古之極。　　　　　　　　　王、河 68.7

是謂配天，古之極也。　　　　　　　　帛、傅 68.7

天之所惡，孰知其故？　　　　　　　　王、帛、河、傅 73.4

天之道，不戰而善勝，	帛 73.5
天之道，不爭而善勝，	王、河、傅 73.6
天網袿袿，疏而不失。	帛 73.9
天網恢恢，疏而不失。	王 73.10
天網恢恢，踈而不失。	傅 73.10
天網恢恢，踈而不失。	河 73.10
天之道，其猶張弓乎？	河 77.1
天之道，其猶張弓者歟，	傅 77.1
天之道，其猶張弓與！	王 77.1
天之道，猶張弓也，	帛 77.1
天之道，損有餘而補不足；	王、河、傅 77.5
故天之道，損有餘而益不足；	帛 77.5
夫孰能有餘而有以奉於天者，	帛 77.8
天之道，利而不害。	王、河、傅 81.6
故天之道，利而不害；	帛 81.6

天道 tiandao

天道員員，各復其根。	竹 16.3
不窺於牖，以知天道。	帛 47.2
不窺牖（以）見天道，	河 47.2
不窺牖，可以知天道。	傅 47.2
不闚牖，見天道。	王 47.2
天道無親，常與善人。	王、河、傅 79.6
夫天道无親，恆與善人。	帛 79.6

天地 tiandi

無名，天地之始。	王、河、傅 1.3
天地不仁，以萬物為芻狗。	王、帛、河、傅 5.1
天地之間，其猶橐籥與？	竹 5.1，帛 5.3
天地之間，其猶橐籥乎？	王、河、傅 5.3

玄牝之門，是謂天地之根。	帛、傅 6.2
玄牝之門，是謂天地根。	王、河 6.2
天地之所以能長且久者，	帛 7.2
天地所以能長且久者，	王、河、傅 7.2
孰為此？天地，	帛 23.4
孰為此者？天地。	王、河 23.4
孰為此者？天地也。	傅 23.4
天地尚不能久，	王、河、傅 23.5
有狀蟲成，先天地生，	竹 25.1
有物昆成，先天地生。	帛 25.1
有物混成，先天地生，	王、河、傅 25.1
可以為天地母。	帛 25.3
樸雖微，天地弗敢臣，	竹 32.2
天地相合，以俞甘露。	帛 32.5
天地相合，以降甘露，	王、河、傅 32.5
天地相合也，以逾甘露。	竹 32.5
不辱以靜，天地將自正。	帛 37.7

天下 tianxia

天下皆知美之為美，惡巳。	帛 2.1
天下皆知美之為美，斯惡巳；	王、河、傅 2.1
天下皆知美之為美也，惡巳；	竹 2.1
□□□□□為天下，	竹 13.9
故貴以身為天下，	王 13.9
故貴以身為天下者，	河、傅 13.9
故貴為身於為天下，	帛 13.9
若可以託天下矣；	竹、帛 13.10
若可寄天下；	王 13.10
則可以託天下矣；	傅 13.10
則可寄於天下，	河 13.10

愛以身為天下，	王、竹、帛 13.11
愛以身為天下者，	河、傅 13.11
乃可以託於天下。	河 13.12
女可以寄天下矣。	帛 13.12
若何以寄天下矣。	竹 13.12
若可託天下。	王 13.12
則可以寄天下矣。	傅 13.12
是以聖人抱一，為天下式。	王、河 22.4
是以聖人執一，以為天下牧。	帛 22.4
聖人袌一以為天下式。	傅 22.4
夫唯不爭，故天下莫能與之爭。	王、河 22.9
夫惟不爭，故天下莫能與之爭。	傅 22.9
可以為天下母，	竹 25.3，王、河、傅 25.4
而以身輕天下？	王、河、傅 26.5
而以身輕於天下？	帛 26.5
知其雄，守其雌，為天下溪。	帛 28.1
知其雄，守其雌，為天下谿。	王、河、傅 28.1
為天下溪，恆德不离。	帛 28.2
為天下谿，常德不離。	王、河、傅 28.2
知其白，守其辱，為天下谷。	帛 28.4
知其白，守其黑，為天下式。	王、河、傅 28.4，帛 28.7
為天下式，常德不忒，	王、河、傅 28.5
為天下谷，恆德乃足。	帛 28.5
知其榮，守其辱，為天下谷。	王、河、傅 28.7
為天下式，恆德不忒。	帛 28.8
為天下谷，常德乃足，	王、河、傅 28.8
將欲取天下，而為之，	王、帛、河 29.1
將欲取天下而為之者，	傅 29.1
天下神器，不可為也。	王、河 29.3

夫天下，神器也，非可為者也。	帛 29.3
夫天下神器，不可為也。	傅 29.3
不以兵強天下，其事好還，	王、河 30.2
不以兵強於天下。其□□□，	帛 30.2
不以兵彊天下，其事好還。	傅 30.2
不欲以兵強於天下。	竹 30.2
□□以得志於天下。	竹 31.8
朴雖小，天下不敢臣。	河 32.2
樸雖小，天下莫能臣。	傅 32.2
樸雖小，天下莫能臣也。	王 32.2
樸雖小而天下弗敢臣。	帛 32.2
譬道之在天下，	王、河、傅 32.10
譬道之在天下也，	竹、帛 32.10
執大象，天下往。	王、竹、帛、河 35.1
執大象者，天下往。	傅 35.1
不欲以靖，天下將自正。	傅 37.7
不欲以靜，天下將自定。	王、河 37.7
侯王得一以為天下正。	帛 39.6，河 39.7
王侯得一以為天下貞。	傅 39.7
侯王得一以為天下貞。	王 39.7
天下之物生於有，生於亡。	竹 40.3
天下之物生於有，有□於无。	帛 40.3
天下之物生於有，有生於無。	傅 40.3
天下萬物生於有，有生於無。	王、河 40.3
天下之至柔，	王、帛、河、傅 43.1
馳騁天下之至堅，	王、河、傅 43.2
馳騁乎天下之至堅。	帛 43.2
天下希及之。	王、河 43.6
天下稀及之矣。	傅 43.6

知清靖，以為天下正。	傅 45.6
清靜，可以為天下正。	帛 45.6
清靜為天下正。	王、竹、河 45.6
天下有道，卻走馬以糞；	王、帛、河 46.1
天下有道，卻走馬以播。	傅 46.1
天下無道，戎馬生於郊。	王、河、傅 46.2
不出戶（以）知天下，	河 47.1
不出戶，可以知天下。	傅 47.1
不出戶，知天下；	王 47.1
不出於戶，以知天下。	帛 47.1
□□取天下，恆无事，	帛 48.5
取天下常以無事，	王、河 48.5
將欲取天下者，常以無事。	傅 48.5
及其有事，又不足以取天下矣。	傅 48.6
及其有事，不足以取天下。	王、河 48.6
聖人之在天下，歙歙焉，	傅 49.7
聖人之在天下也，歙歙焉，	帛 49.7
聖人在天下怵怵，	河 49.7
聖人在天下歙歙，	王 49.7
為天下渾心，	帛 49.8
為天下渾其心。	王、河 49.8
為天下渾渾焉，	傅 49.8
天下有始，以為天下母。	王、帛、河 52.1
天下有始，可以為天下母。	傅 52.1
修之天下，其德乃溥。	傅 54.8
修之天下□□□□。	竹 54.8
修之於天下，其德乃普。	王、河 54.8
脩之天下，其德乃溥。	帛 54.8
以天下觀天下。	王、竹、帛、河、傅 54.11

（吾）何以知天下之然哉？以此。	河 54.12
吾何□知天下之然哉？以□。	帛 54.12
吾何以知天下然哉？以此。	王 54.12
吾奚以知天下之然哉？以此。	傅 54.12
故為天下貴。	王、竹、帛、河、傅 56.12，王、帛、河、傅 62.13
以亡事取天下。	竹 57.2
以無事取天下。	王、帛、河、傅 57.2
吾奚以知天下其然哉？以此。	傅 57.3
天下多忌諱，而民彌貧；	王、河 57.4
夫天下多忌諱，而民彌貧。	帛、傅 57.4
以道蒞天下者，其鬼不神。	傅 60.2
以道莅天下，其鬼不神。	王、帛、河 60.2
大國者，天下之下流，	傅 61.1
天下之交，	王、河、傅 61.2
天下之牝也。	帛 61.2
天下之交也，	帛 61.3
天下之牝，	王、河、傅 61.3
天下之難作於易，	帛 63.5
天下之難事必作於易，	傅 63.5
天下難事必作於易，	王、河 63.5
天下大事必作於細，	王、河 63.6
天下之大作於細。	帛 63.6
天下之大事必作於細。	傅 63.6
天下皆樂推而弗厭也，	帛 66.9
天下樂進而弗厭。	竹 66.9
是以天下樂推而不厭，	王、河、傅 66.9
故天下莫能與之爭。	王、竹、河、傅 66.11
故天下莫能與爭。	帛 66.11
天下□謂我大，大而不肖。	帛 67.1

天下皆謂吾大，似不肖。	傅 67.1
天下皆謂我大，似不肖。	河 67.1
天下皆謂我道大，似不肖。	王 67.1
三曰不敢為天下先。	王、帛、河、傅 67.6
不敢為天下先，	王、帛、河、傅 67.8
天下莫能知，莫能行。	王、河 70.2
而天下莫之能知也，莫之能行也。	帛 70.2
孰能有餘以奉天下？	王、河 77.8
孰能損有餘而奉不足於天下者，	傅 77.8
天下柔弱莫過於水，	河 78.1
天下莫柔弱於水，	王、帛、傅 78.1
天下莫不知，而莫之能行。	傅 78.5
天下莫不知，莫能行，	王、河 78.5
天下莫弗知也，而□□□行也。	帛 78.5
受國不祥，是為天下王。	王 78.8
受國之不祥，是謂天下之王。	帛 78.8
受國之不祥，是謂天下之主。	傅 78.8
是謂天下王。	河 78.9

田 tian

馳騁田獵使人心發狂，	帛 12.2
馳騁田獵，令人心發狂，	河、傅 12.4
朝甚除，田甚蕪，倉甚虛，	王、河、傅 53.4
朝甚除，田甚芜，倉甚虛。	帛 53.4

畋 tian

馳騁畋獵令人心發狂，	王 12.4

恬 tian

以恬憺為上，故不美也。	傅 31.8
恬淡為上，勝而不美。	王 31.8

恬惔為上。勝而不美，　　　　　　　河 31.8

銛 tian

銛繏為上，弗美也。　　　　　　　　竹 31.5

銛憪為上，勿美也。　　　　　　　　帛 31.8

聽 ting

聽之不聞名曰希，　　　　　　　　　王、河、傅 14.2

聽之而弗聞，名之曰希。　　　　　　帛 14.2

聽之，不足聞也。　　　　　　　　　帛 35.7

聽之不足聞，　　　　　　　　　　　王、竹、河、傅 35.7

亭 ting

長之，遂之，亭之，毒之，養之，覆□。　帛 51.7

長之、育之、亭之、毒之、養之、覆之。　王 51.7

長之育之，亭之毒之，蓋之覆之。　　傅 51.7

通 tong

微妙玄通，深不可識。　　　　　　　王、河、傅 15.2

同 tong

此兩者同出而異名，同謂之玄。　　　王、河、傅 1.7

兩者同出，異名同謂。　　　　　　　帛 1.7

和其光，同其塵，　　　　　　　　　王、帛、河、傅 4.4，竹、
　　　　　　　　　　　　　　　　　帛 56.3，王、河、傅 56.4

卅輻同一轂，　　　　　　　　　　　帛 11.1

故從事而道者同於道，　　　　　　　帛 23.7

道者同於道，　　　　　　　　　　　王、河、傅 23.8

得者同於得，　　　　　　　　　　　帛 23.8，傅 23.10

德者同於德，　　　　　　　　　　　王、河 23.9

失者同於失。　　　　　　　　　　　帛 23.9，王、河 23.10，
　　　　　　　　　　　　　　　　　傅 23.12

同於得者，道亦得之；	帛 23.10
同於失者，道亦失之。	帛 23.11
同於道者，道亦樂得之；	王、河 23.11
同於德者，德亦樂得之；	王、河 23.12
同於失者，失亦樂失之。	河 23.13
同於失者，失亦樂得之。	王 23.13
是謂玄同。	王、竹、帛、河、傅 56.5

偷 tou

廣德若不足，建德若偷，	王 41.8

媮 tou

廣德若不足。建德若媮，	傅 41.8

投 tou

兕無所投其角，	王、河、傅 50.9

圖 tu

我獨頑且圖。	傅 20.18
圖難乎□□□，	帛 63.3
圖難乎於其易，	傅 63.3
圖難於其易，	王、河 63.3

徒 tu

生之徒十有三，	王、河、傅 50.2
□之徒十有三，	帛 50.3
死之徒十有三。	王、河、傅 50.3
故曰：堅強，死之徒也；	帛 76.5
故堅強者死之徒，	王、河 76.5
故堅彊者，死之徒也；	傅 76.5
柔弱，生之徒也。	帛 76.6
柔弱者，生之徒也。	傅 76.6

柔弱者生之徒。　　　　　　　　　王、河 76.6

土 tu

九成之臺，作於蔂土。　　　　　　帛 64.6

九成之臺，起於累土；　　　　　　傅 64.6

九層之臺，起於累土；　　　　　　王、河 64.6

湍 tuan

湍而羣之，不可長保也。　　　　　竹 9.2

搏 tuan

搏氣至柔，能嬰兒乎？　　　　　　帛 10.2

搏之不得名曰微。　　　　　　　　河、傅 14.3

猛獸不據，攫鳥不搏，　　　　　　傅 55.3

推 tui

天下皆樂推而弗厭也，　　　　　　帛 66.9

是以天下樂推而不厭。　　　　　　王、河、傅 66.9

退 tui

是以聖人退其身而身先，　　　　　帛 7.4

功成、名遂、身退，天之道。　　　河 9.5

功遂身退，天之道。　　　　　　　王 9.5

功遂身退，天之道也。　　　　　　竹、帛 9.5

成名功遂身退，天之道。　　　　　傅 9.5

夷道如纇，□道若退。　　　　　　竹 41.6

夷道若纇，進道若退。　　　　　　傅 41.6

進道如退，夷道如纇。　　　　　　帛 41.6

進道若退，夷道若纇，　　　　　　河 41.6

進道若退，夷道若纇。　　　　　　王 41.6

不敢進寸而退尺。　　　　　　　　王、帛、河、傅 69.3

屯 tun，見 屯 zhun

佻 tuo

    魚不可佻於淵，   傅 36.7

脫 tuo

    魚不可脫於淵，   王、帛、河 36.7

    善抱者不脫，   王、河 54.2

    善袌者不脫，   傅 54.2

    善仳者不脫，   竹 54.2

託 tuo

    則可以託天下矣；   傅 13.10

    若可以託天下矣；   竹、帛 13.10

    乃可以託於天下。   河 13.12

    若可託天下。   王 13.12

橐 tuo

    天地之間，其猶橐籥與？   竹 5.1，帛 5.3

    天地之間，其猶橐籥乎？   王、河、傅 5.3

窪 wa

    窪則盈，敝則新，   王、傅 22.2

    窪則盈，弊則新，   河 22.2

洼 wa

    洼則盈，敝則新。   帛 22.2

外 wai

    外其身而身先，   帛 7.5

    外其身而身存。   王、河、傅 7.5，帛 7.6

頑 wan

我獨門頑以鄙。	帛 20.17
而我獨頑似鄙。	王、河 20.18
我獨頑且圖。	傅 20.18

晚 wan

大器晚成，大音希聲，	王、帛、河 41.10
大器晚成，大音稀聲，	傅 41.10

萬 wan（參見 萬物 wanwu）

如之何萬乘之主，	傅 26.4
奈何萬乘之主，	王、河 26.4
若何萬乘之王，	帛 26.4

萬物 wanwu

无名，萬物之始也。	帛 1.3
有名，萬物之母也。	帛 1.4
有名萬物之母。	王、河、傅 1.4
萬物作而不為始，	傅 2.8
萬物作而弗始，	帛 2.8
萬物作而弗始也，	竹 2.8
萬物作焉而不辭，	王、河 2.8
淵兮似萬物之宗。	王、傅 4.2
淵乎似萬物之宗。	河 4.2
淵呵似萬物之宗。	帛 4.2
天地不仁，以萬物為芻狗；	王、帛、河、傅 5.1
水善利萬物而不爭，	王、河、傅 8.2
水善利萬物而有爭，	帛 8.2
萬物並作，吾以觀其復。	河、傅 16.2
萬物並作，吾以觀其復也。	帛 16.2

萬物並作，吾以觀復。	王 16.2
萬物旁作，居以須復也。	竹 16.2
萬物將自賓。	王、竹、帛、河、傅 32.4
萬物恃之以生而不辭。	傅 34.2
萬物恃之而生而不辭。	王、河 34.2
萬物歸焉而弗為主，	帛 34.3
衣被萬物而不為主。	傅 34.4
衣養萬物而不為主。	王 34.4
愛養萬物而不為主。	河 34.4
萬物歸焉而弗為主，可名於大。	帛 34.5
萬物歸之而不知主，可名於大矣。	傅 34.6
萬物歸焉而不為主，可名為大。	王、河 34.6
而萬物將自化。	竹 37.3
萬物將自化。	王、帛、河、傅 37.3
知（足）以靜，萬物將自定。	竹 37.7
萬物得一以生，	王、河、傅 39.6
萬物無以生將恐滅，	王、河、傅 39.12
天下萬物生於有，有生於無。	王、河 40.3
二生三，三生萬物。	王、河、傅 42.2
萬物負陰而抱陽，	王、河 42.3
萬物負陰而裹陽，	傅 42.3
是以萬物莫不尊道而貴德。	王、河、傅 51.3
是以萬物尊道而貴德。	帛 51.3
道者，萬物之註也，	帛 62.1
道者，萬物之奧也。	傅 62.1
道者萬物之奧，	王、河 62.1
以輔萬物之自然，而不敢為。	王、河 64.16
以輔萬物之自然，而不敢為也。	傅 64.16
是故聖人能輔萬物之自然，而弗能為。	竹 64.16

能輔萬物之自然，而弗敢為。　　　　　帛 64.16

萬物草木之生也柔脆，　　　　　　　　王、帛、河 76.3

王 wang

公乃王，王乃天，　　　　　　　　　　王、帛、河、傅 16.8

天大，地大，道大，王亦大。　　　　　竹 25.7

道大，天大，地大，王亦大。　　　　　帛 25.7

故道大，天大，地大，王亦大。　　　　王、河 25.8

王居一安。　　　　　　　　　　　　　竹 25.9

而王居一焉。　　　　　　　　　　　　帛 25.9

而王居其一焉。　　　　　　　　　　　王、河 25.10

而王處其一尊。　　　　　　　　　　　傅 25.10

若何萬乘之王，　　　　　　　　　　　帛 26.4

侯王如能守之，　　　　　　　　　　　竹 32.3

王侯若能守，　　　　　　　　　　　　傅 32.3，傅 37.2

侯王若能守之，　　　　　　　　　　　王、帛、河 32.3，王、帛、
　　　　　　　　　　　　　　　　　　河 37.2

侯王能守之，　　　　　　　　　　　　竹 37.2

侯王得一以為天下正。　　　　　　　　帛 39.6，河 39.7

王侯得一以為天下貞。　　　　　　　　傅 39.7

侯王得一以為天下貞。　　　　　　　　王 39.7

侯王毋已貴以高將恐蹶。　　　　　　　帛 39.11

王侯無以為貞而貴高將恐蹶。　　　　　傅 39.13

侯王無以貴高將恐蹶。　　　　　　　　王 39.13

侯王無以貴高將恐蹶。　　　　　　　　河 39.13

夫是以侯王自謂孤寡不穀，　　　　　　帛 39.14

是以王侯自謂孤寡不穀，　　　　　　　傅 39.16

是以侯王自稱孤寡不穀，　　　　　　　河 39.16

是以侯王自謂孤寡不穀。　　　　　　　王 39.16

而王公以自名也。　　　　　　　　　　帛 42.6

而王公以為稱。	王、河 42.6
而王侯以自稱也。	傅 42.6
江海所以為百谷王，	竹 66.1
江海所以能為百谷王者，	王、帛、河、傅 66.1
故能為百谷王。	王、河、傅 66.3
是以能為百谷王。	竹、帛 66.3
受國不祥，是為天下王。	王 78.8
受國之不祥，是謂天下之王。	帛 78.8
是謂天下王。	河 78.9

亡 wang（参见 "无"、"無"）

有亡之相生也，難易之相成也，	竹 2.3
是以聖人居亡為之事，	竹 2.6
及吾亡身，或何□？	竹 13.8
絕巧弃利，盜賊亡有。	竹 19.2
絕學亡憂。	竹 20.1
道恆亡名，	竹 32.1
死而不亡者壽。	王、河 33.6
死而不亡者壽也。	傅 33.6
道恆亡為也，	竹 37.1
將鎮之以亡名之樸。	竹 37.5
天下之物生於有，生於亡。	竹 40.3
中士聞道，若存若亡；	王、河、帛、傅 41.2
中士聞道，若聞若亡。	竹 41.2
□真如愉，大方亡隅，	竹 41.9
天象亡形，道……	竹 41.11
得與亡孰病？	王、竹、帛、河、傅 44.3
□□□□亡。	帛 44.5
多藏必厚亡。	王、河、傅 44.5
厚藏必多亡。	竹 44.5

以至亡為也，　　　　　　　　　　　竹 48.3

亡為而亡不為。　　　　　　　　　　竹 48.4

以亡事取天下。　　　　　　　　　　竹 57.2

我亡為而民自化，　　　　　　　　　竹 57.10

為亡為，事亡事，味亡味。　　　　　竹 63.1

是以聖人猶難之，故終亡難。　　　　竹 63.3

為之於其亡有也，　　　　　　　　　竹 64.3

是以聖人亡為故亡敗；　　　　　　　竹 64.9

亡執故亡失。　　　　　　　　　　　竹 64.10

慎終如始，此亡敗事矣。　　　　　　竹 64.12

无敵近亡吾寶矣。　　　　　　　　　帛 69.7

無敵則幾亡吾寶。　　　　　　　　　傅 69.7

枉 wang

曲則全，枉則正，　　　　　　　　　帛、傅 22.1

曲則全，枉則直，　　　　　　　　　王、河 22.1

往 wang

執大象，天下往；　　　　　　　　　王、竹、帛、河 35.1

執大象者，天下往。　　　　　　　　傅 35.1

往而不害，安平大。　　　　　　　　竹、帛 35.2

往而不害，安平太。　　　　　　　　王、河 35.2

往而不害，安平泰。　　　　　　　　傅 35.2

民至老死不相往來。　　　　　　　　王、帛、河 80.10

使民至老死不相與往來。　　　　　　傅 80.10

網 wang

天網裎裎，疏而不失。　　　　　　　帛 73.9

天網恢恢，疏而不失。　　　　　　　王 73.10

天網恢恢，踈而不失。　　　　　　　傅 73.10

天網恢恢，踈而不失。　　　　　　　河 73.10

迬 wang

　　孰能庀以迬者，將徐生。　　　　　　竹 15.11

望 wang

　　鄰國相望，雞犬之聲相聞，　　　　　王、帛、傅 80.9

　　鄰國相望，雞狗之聲相聞，　　　　　河 80.9

忘 wang

　　死而不忘者，壽也。　　　　　　　　帛 33.6

妄 wang

　　不知常，妄，妄作凶。　　　　　　　帛 16.6

　　不知常，妄作，凶。　　　　　　　　王、河、傅 16.6

威 wei

　　民不畏威，則大威至，　　　　　　　王 72.1

　　民不畏威，則大威至矣。　　　　　　河、傅 72.1

　　民之不畏威，則大威將至矣。　　　　帛 72.1

微 wei

　　視之而弗見，名之曰微。　　　　　　帛 14.1

　　搏之不得名曰微。　　　　　　　　　王 14.3

　　搏之不得名曰微。　　　　　　　　　河、傅 14.3

　　必微溺玄達，深不可識，　　　　　　竹 15.2

　　微妙玄通，深不可識。　　　　　　　王、河、傅 15.2

　　微妙玄達，深不可識。　　　　　　　帛 15.2

　　樸雖微，天地弗敢臣，　　　　　　　竹 32.2

　　是謂微明。　　　　　　　　　　　　王、帛、河、傅 36.5

唯 wei

　　夫唯弗居，是以不去。　　　　　　　王 2.11

　　夫唯弗居，是以弗去。　　　　　　　帛 2.11

夫唯弗居也，是以弗去也。	竹 2.11
夫唯不爭，故無尤。	王、河 8.7
夫唯不爭，故无尤。	帛 8.7
夫唯不可識，	王、帛、河 15.3
夫唯不盈，故能蔽不新成。	王、河 15.15
唯之與阿，相去幾何？	王、河、傅 20.2
唯與呵，其相去幾何？	帛 20.2
唯與呵，相去幾何？	竹 20.2
孔德之容，唯迴是從。	帛、河 21.1
道之物，唯恍唯忽。	帛 21.2
道之為物，唯恍唯忽。	河 21.2
夫唯不爭，故天下莫能與之爭。	王、河 22.9
夫唯不爭，故莫能與之爭。	帛 22.9
夫唯道，善始且善成。	帛 41.12
夫唯道善貸且成。	王、河 41.12
人之所惡，唯孤寡不穀，	王、帛 42.5
人之所惡，唯孤寡不穀，	河 42.5
唯施是畏。	王、帛、河 53.2
夫唯嗇，是以早，	竹 59.2
夫唯嗇，是以早服。	帛 59.2
夫唯嗇，是謂早服。	王、河 59.2
夫唯大，故似不肖。	王、河 67.2
夫唯不肖，故能大。	帛 67.2
夫唯無知，是以不我知。	王 70.4
夫唯无知也，是以不我知。	帛 70.4
夫唯病病，是以不病。	王、河 71.2
夫唯不厭，是以不厭。	王 72.4
夫唯弗厭，是以不厭。	帛 72.4
夫唯無以生為者，	王、河 75.6

夫唯无以生為者，	帛 75.6
唯有道者。	王、河 77.9
唯有道者乎？	帛 77.9

為 wei

（參見 為道 weidao、為士 weishi）

天下皆知美之為美，惡已。	帛 2.1
天下皆知美之為美，斯惡已；	王、河、傅 2.1
天下皆知美之為美也，惡已；	竹 2.1
皆知善之為善，斯不善已。	王、河、傅 2.2
是以聖人居亡為之事，	竹 2.6
是以聖人居无為之事，	帛 2.6
是以聖人處無為之事，	王、河、傅 2.6
萬物作而不為始，	傅 2.8
為而弗恃也，	竹、帛 2.9
生而不有，為而不恃，	王、河、傅 2.9，王、河、傅 10.8，王、河、傅 51.8
使民不為盜；	王、帛、河、傅 3.3
使夫知者不敢為。	傅 3.9
使夫智者不敢為也。	王、河 3.9
弗為而已，則无不治矣。	帛 3.10
為無為，則無不治。	王、河 3.10
為無為，則無不為矣。	傅 3.10
天地不仁，以萬物為芻狗；	王、帛、河、傅 5.1
聖人不仁，以百姓為芻狗。	王、帛、河、傅 5.2
愛民治國，能無為。	河 10.4
天門啟闔，能為雌乎？	帛 10.5
天門開闔，能為雌。	河 10.5
天門開闔，能為雌乎？	傅 10.5
明白四達，能無以為乎？	傅 10.6

明白四達，能無為乎？	王 10.6
埏埴以為器，	王、河、傅 11.3
埏埴而為器，	帛 11.3
鑿戶牖以為室，	王、河、傅 11.5
故有之以為利，	王、帛、河、傅 11.7
無之以為用。	王、河、傅 11.8
无之以為用。	帛 11.8
是以聖人之治也，為腹而不為目。	帛 12.6
是以聖人為腹不為目，	王、河、傅 12.6
（寵為上），辱為下。	河 13.3
寵，為下，	王、傅 13.3
寵之為下也，	帛 13.3
寵為下也。	竹 13.3
吾所以有大患者，為吾有身，	王、竹、河、傅 13.7
吾所以有大患者，為吾有身也。	帛 13.7
□□□□□為天下，	竹 13.9
故貴以身為天下，	王 13.9
故貴以身為天下者，	河、傅 13.9
故貴為身於為天下，	帛 13.9
愛以身為天下，	王、竹、帛 13.11
愛以身為天下者，	河、傅 13.11
故混而為一。	王、河、傅 14.5
故緄而為一。	帛 14.5
是為忽恍。	河 14.10
是以為之容：	竹 15.3
故強為之容，曰：	帛 15.4
故強為之容。	王、河 15.4
故彊為之容，曰：	傅 15.4
三言以為辨不足，	竹 19.4

此三言也，以為文未足，　　　　　　　帛 19.4

此三者，以為文不足，　　　　　　　　王、河 19.4

此三者，以為文而未足也，　　　　　　傅 19.4

道之為物，唯怳唯忽。　　　　　　　　河 21.2

道之為物，惟芒惟芴。　　　　　　　　傅 21.2

道之為物，惟恍惟惚。　　　　　　　　王 21.2

是以聖人抱一，為天下式。　　　　　　王、河 22.4

是以聖人執一，以為天下牧。　　　　　帛 22.4

聖人袌一以為天下式。　　　　　　　　傅 22.4

孰為此？天地，　　　　　　　　　　　帛 23.4

孰為此者？天地。　　　　　　　　　　王、河 23.4

孰為此者？天地也。　　　　　　　　　傅 23.4

可以為天地母。　　　　　　　　　　　帛 25.3

可以為天下母。　　　　　　　竹 25.3，王、河、傅 25.4

吾強為之名曰大。　　　　　　　　　　竹、帛 25.5

強為之名曰大。　　　　　　　　　　　王、河 25.6

彊為之名曰大。　　　　　　　　　　　傅 25.6

重為輕根，靖為躁君。　　　　　　　　傅 26.1

重為輕根，靜為躁君，　　　　　　　　王、帛、河 26.1

知其雄，守其雌，為天下溪。　　　　　帛 28.1

知其雄，守其雌，為天下谿。　　　　　王、河、傅 28.1

為天下溪，恆德不离。　　　　　　　　帛 28.2

為天下谿，常德不離。　　　　　　　　王、河、傅 28.2

知其白，守其辱，為天下谷。　　　　　帛 28.4

知其白，守其黑，為天下式。　　　王、河、傅 28.4，帛 28.7

為天下式，常德不忒，　　　　　　　　王、河、傅 28.5

為天下谷，恆德乃足。　　　　　　　　帛 28.5

知其榮，守其辱，為天下谷。　　　　　王、河、傅 28.7

為天下式，恆德不忒。　　　　　　　　帛 28.8

為天下谷，常德乃足，　　　　　　王、河、傅 28.8

樸散則為器，　　　　　　　　　　王、帛、傅 28.10

朴散則為器，　　　　　　　　　　河 28.10

聖人用之則為官長。　　　　　　　王、河 28.11

聖人用之則為官長，　　　　　　　傅 28.11

聖人用則為官長，　　　　　　　　帛 28.11

將欲取天下而為之，　　　　　　　王、帛、河 29.1

將欲取天下而為之者，　　　　　　傅 29.1

天下神器，不可為也。　　　　　　王、河 29.3

夫天下，神器也，非可為者也。　　帛 29.3

夫天下神器，不可為也。　　　　　傅 29.3

為之者敗之，執之者失之。　　　　帛 29.4

為者敗之，執者失之。　　　　　　王、河、傅 29.4，王、河、傅 64.8

銛綻為上，弗美也。　　　　　　　竹 31.5

以恬憺為上，故不美也。　　　　　傅 31.8

恬淡為上，勝而不美。　　　　　　王 31.8

恬惔為上。勝而不美，　　　　　　河 31.8

銛襲為上，勿美也。　　　　　　　帛 31.8

萬物歸焉而弗為主，　　　　　　　帛 34.3

衣被萬物而不為主。　　　　　　　傅 34.4

衣養萬物而不為主。　　　　　　　王 34.4

愛養萬物而不為主。　　　　　　　河 34.4

萬物歸焉而弗為主，可名於大。　　帛 34.5

萬物歸焉而不為主，可名為大。　　王、河 34.6

以其不為大也，　　　　　　　　　帛 34.7

以其終不自為大，　　　　　　　　王 34.7

是以聖人終不為大，　　　　　　　河 34.7，王、帛、河、傅 63.7

道恆亡為也，　　　　　　　　　　竹 37.1

道常無為而無不為，	王、河、傅 37.1
上德無為而無不為。	傅 38.3
上德無為而無以為，	王、河 38.3
上德无為而无以為也。	帛 38.3
下德為之而有以為。	王、河 38.4
下德為之而無以為。	傅 38.4
上仁為之而无以為也。	帛 38.4
上仁為之而無以為，	王、河、傅 38.5
上義為之而有以為也。	帛 38.5
上義為之而有以為，	王、河、傅 38.6
上禮為之而莫之應也，	帛 38.6
上禮為之而莫之應，	王、河、傅 38.7
侯王得一以為天下正。	帛 39.6，河 39.7
王侯得一以為天下貞。	傅 39.7
侯王得一以為天下貞。	王 39.7
故必貴以賤為本，	帛 39.12
王侯無以為貞而貴高將恐蹶。	傅 39.13
必高矣而以下為基。	帛 39.13
故貴（必）以賤為本，	河 39.14
故貴以賤為本，	王、傅 39.14
高以下為基。	王、傅 39.15
高必以下為基。	河 39.15
此非以賤為本邪？非乎？	王 39.17
此非以賤為本耶？非乎！	河 39.17
是其以賤為本也，非歟？	傅 39.17
中氣以為和。	帛 42.4
沖氣以為和。	王、河、傅 42.4
而王公以為稱。	王、河 42.6
吾將以為教父。	王、河 42.11

吾將以為學父。	帛、傅 42.11
吾是以知無為之有益。	王、河 43.4
吾是以知無為之有益也。	傅 43.4
吾是以知无為□□益也。	帛 43.4
不□□教，无為之益，	帛 43.5
不言之教，無為之益，	王、河、傅 43.5
知清靖，以為天下正。	傅 45.6
清靜，可以為天下正。	帛 45.6
清靜為天下正。	王、竹、河 45.6
知足之為足，此恆足矣。	竹 46.4
□□而名，弗為而成。	帛 47.5
不見而名，不為而成。	王、河、傅 47.5
為學者日益，閏道者日損，	帛 48.1
以至亡為也，	竹 48.3
以至於無為，	王、河、傅 48.3
亡為而亡不為。	竹 48.4
無為而無不為。	王、河 48.4
無為則無不為。	傅 48.4
以百姓之心為心。	帛 49.2
以百姓心為心。	王、河、傅 49.2
為天下渾心，	帛 49.8
為天下渾其心。	王、河 49.8
為天下渾渾焉，	傅 49.8
□□弗有也，為而弗恃也，	帛 51.8
天下有始，以為天下母。	王、帛、河 52.1
天下有始，可以為天下母。	傅 52.1
無遺身殃，是為習常。	王 52.8
故為天下貴。	王、竹、帛、河、傅 56.12， 王、帛、河、傅 62.13
我無為而民自化，	王、河、傅 57.9

我无為而民自化，　　　　　　　帛 57.9

我亡為而民自化，　　　　　　　竹 57.10

正□□□，善復為□。　　　　　帛 58.6

正復為奇，善復為妖，　　　　　王 58.6

正復為奇，善復為訞。　　　　　河 58.6

正復為奇，善復為祆。　　　　　傅 58.6

以其靖，故為下也。　　　　　　傅 61.5

以靜為下。　　　　　　　　　　王、河 61.5

為其靜也，故宜為下也。　　　　帛 61.5

大者宜為下。　　　　　　　　　王、河 61.12

則大者宜為下。　　　　　　　　帛 61.12

故大者宜為下。　　　　　　　　傅 61.12

為亡為，事亡事，味亡味。　　　竹 63.1

為無為，事無事，味無味。　　　王、河、傅 63.1

為无為，事无事，味无味。　　　帛 63.1

為大乎於其細。　　　　　　　　傅 63.4

為大於其細。　　　　　　　　　王、河 63.4

為之乎其未有，　　　　　　　　傅 64.3

為之於未有，　　　　　　　　　王、河 64.3

為之於其亡有也，　　　　　　　竹 64.3

為之者敗之，執之者遠之，　　　竹 64.8

為之者敗之，執者失之。　　　　帛 64.8

是以聖人亡為故亡敗；　　　　　竹 64.9

是以聖人無為，故無敗；　　　　王、傅 64.9

是以聖人无為也，□无敗□；　　帛 64.9

聖人無為故無敗，　　　　　　　河 64.9

以輔萬物之自然，而不敢為。　　王、河 64.16

以輔萬物之自然，而不敢為也。　傅 64.16

是故聖人能輔萬物之自然，而弗能為。竹 64.16

能輔萬物之自然，而弗敢為。	帛 64.16
江海所以為百谷王，	竹 66.1
江海所以能為百谷王者，	王、帛、河、傅 66.1
以其能為百谷下，	竹 66.2
故能為百谷王。	王、河、傅 66.3
是以能為百谷王。	竹、帛 66.3
三曰不敢為天下先。	王、帛、河、傅 67.6
不敢為天下先，	王、帛、河、傅 67.8
故能為成器長。	帛 67.9
善用人者為下。	河 68.4
善用人者為之下。	王、帛、傅 68.4
吾不敢為主而為客，	王、帛、河、傅 69.2
使民恆且畏死，而為奇者，	帛 74.3
若使民常畏死，而為奇者，	王、河、傅 74.3
以其上之有以為也，是以不治。	帛 75.3
以其上之有為，是以難治。	王 75.3
以其上之有為也，是以難治。	傅 75.3
以其上有為，是以難治。	河 75.3
夫唯無以生為者，	王、河 75.6
夫唯无以生為者，	帛 75.6
夫惟無以生為貴者，	傅 75.6
是以聖人為而不恃，	王、河、傅 77.10
是以聖人為而弗有，	帛 77.10
受國不祥，是為天下王。	王 78.8
安可以為善？	王、河、傅 79.2
焉可以為善？	帛 79.2
聖人不積，既以為人，己愈有；	王、河 81.4
聖人無積，既以為人，己愈有；	傅 81.4
聖人无積，既以為人，己愈有；	帛 81.4

人之道，為而弗爭。	帛 81.7
聖人之道，為而不爭。	王、河、傅 81.7

為道 weidao

古之□為道者，	帛 15.1
古之善為道者，	傅 15.1，王、河、傅 65.1
不笑不足以為道。	王、河、傅 41.4
弗大笑，不足以為道矣。	竹 41.4
弗笑□□以為道。	帛 41.4
為學日益，為道日損。	王、河 48.1
為學者日益，為道者日損。	傅 48.1
學者日益，為道者日損。	竹 48.1
古之為道者，	帛 65.1

為士 weishi

古之善為士者，	王、河 15.1
長古之善為士者，	竹 15.1
古之善為士者不武也，	傅 68.1
善為士者不武，	王、河 68.1
故善為士者不武，	帛 68.1

惟 wei

夫惟不處，是以不去。	傅 2.11
夫惟弗居，是以不去。	河 2.11
夫惟不爭，故無尤矣。	傅 8.7
夫惟不可識，	傅 15.3
夫惟不盈，是以能敝而不成。	傅 15.15
孔德之容，惟道是從。	王、傅 21.1
道之為物，惟芒惟芴。	傅 21.2
道之為物，惟恍惟惚。	王 21.2
夫惟不爭，故天下莫能與之爭。	傅 22.9

夫惟道，善貸且成。　　　　　　傅 41.12

人之所惡，惟孤寡不穀，　　　　傅 42.5

惟施是畏。　　　　　　　　　　傅 53.2

夫惟嗇，是以早服。　　　　　　傅 59.2

夫惟大，故似不肖。　　　　　　傅 67.2

夫惟無知，是以不吾知也。　　　傅 70.4

夫惟無知，是以不我知。　　　　河 70.4

夫惟病病，是以不病。　　　　　傅 71.2

夫惟不厭，是以不厭。　　　　　河 72.4

夫惟無厭，是以無厭。　　　　　傅 72.4

夫惟無以生為貴者，　　　　　　傅 75.6

其惟道者乎？　　　　　　　　　傅 77.9

偽 wei

智慧出，安有大偽。　　　　　　帛 18.2

智慧出，有大偽；　　　　　　　河 18.2

智慧出，焉有大偽。　　　　　　傅 18.2

慧智出，有大偽；　　　　　　　王 18.2

絕偽弃慮，民復孝慈。　　　　　竹 19.3

未 wei

此三言也，以為文未足，　　　　帛 19.4

此三者，以為文而未足也，　　　傅 19.4

恍呵其未央哉！　　　　　　　　帛 20.5

荒兮其未央。　　　　　　　　　傅 20.5

荒兮其未央哉！　　　　　　　　王、河 20.5

我泊焉未兆，　　　　　　　　　帛 20.8

我獨怕兮其未兆，　　　　　　　河 20.8

我獨泊兮其未兆，　　　　　　　王 20.8

我獨魄兮其未兆，　　　　　　　傅 20.8

如嬰兒之未孩，	王、河 20.9
若嬰兒之未咳，	傅 20.9
若嬰兒未咳。	帛 20.9
未知其名，字之曰道，	竹 25.4
吾未知其名也，字之曰道。	帛 25.4
未知牝牡之合而全作，精之至也。	王 55.5
未知牝牡之合而朘作，精之至也。	傅 55.5
未知牝牡之合而峻作，精之至也。	河 55.5
未知牝牡之合然怒，精之至也，	竹 55.5
未知牝牡之會而朘怒，精之至也。	帛 55.5
其安也，易柒也。其未兆也，易謀也。	竹 64.1
其安易持，其未兆易謀，	王、河、傅 64.1
為之乎其未有，	傅 64.3
為之於未有，	王、河 64.3
治之乎其未亂。	傅 64.4
治之於其未亂。	竹 64.4
治之於未亂。	王、河 64.4

味 wei

五味令人口爽，	王、河、傅 12.3
五味使人之口爽，	帛 12.4
淡兮其無味。	傅 35.5
淡乎其無味，	王、河 35.5
淡呵其無味也。	竹 35.5
淡呵其无味也。	帛 35.5
為亡為，事亡事，味亡味。	竹 63.1
為無為，事無事，味無味。	王、河、傅 63.1
為无為，事无事，味无味。	帛 63.1

畏 wei

猶乎其若畏四鄰，	竹 15.5
猶兮若畏四鄰，	王、河、傅 15.6
猶呵其若畏四鄰，	帛 15.6
其次，畏之。其次，侮之。	王、竹、河、傅 17.3
其次畏之，其下侮之。	帛 17.3
人之所畏，不可不畏。	王、河、傅 20.4
人之所畏，亦不可以不畏。	竹 20.4
人之所畏，亦不可以不畏人。	帛 20.4
唯施是畏。	王、帛、河 53.2
惟施是畏。	傅 53.2
民不畏威，則大威至，	王 72.1
民不畏威，則大威至矣。	河、傅 72.1
民之不畏威，則大威將至矣。	帛 72.1
民不畏死，	王、河 74.1
民常不畏死，	傅 74.1
若民恆且不畏死，	帛 74.1
使民恆且畏死，而為奇者，	帛 74.3
若使民常畏死，而為奇者，	王、河、傅 74.3
若民恆且必畏死，則恆有司殺者。	帛 74.5

衛 wei

天將救之，以慈衛之。	王、河、傅 67.14

謂 wei

此兩者同出而異名，同謂之玄。	王、河、傅 1.7
兩者同出，異名同謂。	帛 1.7
谷神不死，是謂玄牝，	王、帛、河、傅 6.1
玄牝之門，是謂天地之根。	帛、傅 6.2
玄牝之門，是謂天地根。	王、河 6.2

長而弗宰也，是謂玄德。	帛 10.9
長而不宰，是謂玄德。	王、河、傅 10.9，王、河、傅 51.9
何謂寵辱？	竹、河 13.2
何謂寵辱若驚？	王、帛、傅 13.2
是謂寵辱若驚。	王、帛、河、傅 13.5
是謂寵辱驚。	竹 13.5
何謂貴大患若身？	王、帛、河、傅 13.6
是謂無狀之狀，無物之象。	王、河、傅 14.9
是謂无狀之狀，无物之象，	帛 14.9
是謂忽恍。	帛 14.10
是謂芴芒。	傅 14.10
是謂惚恍。	王 14.10
以知古始，是謂道紀。	帛、河 14.14
能知古始，是謂道紀。	王、傅 14.14
曰靜。靜，是謂復命。	帛 16.4
歸根曰靜，是謂復命。	王、河 16.4
功成事遂，百姓皆謂我自然。	王、河 17.6
成功遂事，而百姓謂我自然。	帛 17.6
古之所謂曲全者幾語哉，	帛 22.10
古之所謂曲則全者，豈虛言也哉？	傅 22.10
古之所謂曲則全者，豈虛言哉！	王、河 22.10
物无棄財，是謂愧明。	帛 27.7
常善救物，故物無棄物，是謂襲明。	傅 27.7
常善救物，故無棄物，是謂襲明。	王、河 27.7
此謂要妙。	傅 27.11
是謂妙要。	帛 27.11
是謂要妙。	王、河 27.11
是謂果而不強。	竹 30.6
果而毋得已居，是謂果而強。	帛 30.7

物壯而老，謂之不道，不道早已。	帛 30.8
物壯則老，是謂不道，不道早已。	王、河 30.9
物壯則老，是謂非道，非道早已。	傅 30.9
是謂微明。	王、帛、河、傅 36.5
其至也，謂天毋已清將恐裂，	帛 39.7
夫是以侯王自謂孤寡不穀，	帛 39.14
是以王侯自謂孤寡不穀，	傅 39.16
是以侯王自謂孤寡不穀。	王 39.16
長而弗宰，是謂玄德。	帛 51.9
毋遺身殃，是謂襲常。	帛 52.8
無遺身殃，是謂習常。	河 52.8
無遺身殃，是謂襲常。	傅 52.8
是謂盜夸。	王、傅 53.7
是謂盜誇。	河 53.7
物□則老，謂之不道，不道早已。	帛 55.9
物壯則老，是謂不道。	竹 55.9
物壯則老，謂之不道，不道早已。	王、河、傅 55.9
是謂玄同。	王、竹、帛、河、傅 56.5
夫唯嗇，是謂早服。	王、河 59.2
早服是謂重積□。	帛 59.3
早服謂之重積德，	王、河、傅 59.3
是以早服是謂……	竹 59.3
是謂深根固柢，	王、帛、傅 59.8
是謂深根固蒂，	河 59.8
不謂求以得，	帛 62.11
恆知稽式，是謂玄德。	帛 65.7
能知稽式，是謂玄德。	傅 65.7
常知楷式，是謂玄德。	河 65.7
常知稽式，是謂玄德。	王 65.7

天下□謂我大，大而不肖。	帛 67.1
天下皆謂吾大，似不肖。	傅 67.1
天下皆謂我大，似不肖。	河 67.1
天下皆謂我道大，似不肖。	王 67.1
捨其後，且先，是謂入死門。	傅 67.12
是謂不爭之德，	王、帛、河、傅 68.5
是謂用人，	帛 68.6
是謂用人之力，	王、河、傅 68.6
是謂配天，古之極也。	帛、傅 68.7
是謂配天古之極。	王、河 68.7
是謂行無行，攘無臂，	王、河、傅 69.4
是謂行无行，攘无臂，	帛 69.4
是謂代大匠斲。	王、河 74.7
受國之垢，是謂社稷之主。	傅 78.7
受國之垢，是謂社稷主；	王、河 78.7
受國之詬，是謂社稷之主，	帛 78.7
受國之不祥，是謂天下之王。	帛 78.8
受國之不祥，是謂天下之主。	傅 78.8
是謂天下王。	河 78.9

文 wen

此三言也，以為文未足，	帛 19.4
此三者，以為文不足，	王、河 19.4
此三者，以為文而未足也，	傅 19.4
服文采，帶利劍，	帛、傅 53.5
服文綵，帶利劍，	王、河 53.5

聞 wen

多聞數窮，不若守於中。	帛 5.5
聽之不聞名曰希，	王、河、傅 14.2

聽之而弗聞,名之曰希。	帛 14.2
聽之,不足聞也。	帛 35.7
聽之不足聞,	王、竹、河、傅 35.7
上士聞道,而勤行之。	傅 41.1
上士聞道,勤而行之;	王、河 41.1
上士聞道,勤能行於其中。	竹 41.1
中士聞道,若存若亡;	王、帛、河、傅 41.2
中士聞道,若聞若亡。	竹 41.2
下士聞道,大笑之,	王、竹、河、帛 41.3
下士聞道,而大笑之。	傅 41.3
為學者日益,聞道者日損,	帛 48.1
蓋聞善執生者,	帛 50.6
蓋聞善攝生者,	王、河、傅 50.6
鄰國相望,雞犬之聲相聞,	王、帛、傅 80.9
鄰國相望,雞狗之聲相聞,	河 80.9

我 wo

功成事遂,百姓皆曰我自然。	傅 17.6
功成事遂,百姓皆謂我自然。	王、河 17.6
成功遂事,而百姓謂我自然。	帛 17.6
成事遂功,而百姓曰我自然也。	竹 17.6
我泊焉未兆,	帛 20.8
我獨怕兮其未兆,	河 20.8
我獨泊兮其未兆,	王 20.8
我獨魄兮其未兆,	傅 20.8
而我獨若遺,	王、河 20.12
我愚人之心也,湷湷呵。	帛 20.12
我獨若遺,	傅 20.12
我愚人之心也哉!沌沌兮!	王、河、傅 20.13
俗人昭昭,我獨若昏呵。	帛 20.13

俗人昭昭，我獨昏昏；　　　　　　　　王 20.14

俗人昭昭，我獨若昏；　　　　　　　　河 20.14

俗人皆昭昭，我獨若昏；　　　　　　　傅 20.14

俗人察察，我獨閔閔呵。　　　　　　　帛 20.14

俗人皆督督，我獨若閔閔。　　　　　　傅 20.15

俗人察察，我獨悶悶。　　　　　　　　王、河 20.15

我獨門頑以鄙。　　　　　　　　　　　帛 20.17

而我獨頑似鄙，　　　　　　　　　　　王、河 20.18

我獨頑且圖。　　　　　　　　　　　　傅 20.18

我獨異於人，而貴食母。　　　　　　　王、河 20.19

人之所以教我，亦我之所以教人。　　　傅 42.9

人之所教，我亦教之。　　　　　　　　王、河 42.9

使我介有知，行於大道，　　　　　　　帛 53.1

使我介然有知，行於大道，　　　　　　王、河、傅 53.1

我無為而民自化，　　　　　　　　　　王、河、傅 57.9

我无為而民自化，　　　　　　　　　　帛 57.9

我無事而民自富，　　　　　　　　　　竹 57.9，王、河、傅 57.11

我亡為而民自化，　　　　　　　　　　竹 57.10

我好靖而民自正，　　　　　　　　　　傅 57.10

我好靜而民自正，　　　　　　　　　　王、帛、河 57.10，竹 57.11

我无事而民自富，　　　　　　　　　　帛 57.11

我欲不欲而民自樸。　　　　　　　　　竹、帛 57.12

我無欲而民自朴。　　　　　　　　　　河 57.12

我無欲而民自樸。　　　　　　　　　　王、傅 57.12

（我無情而民自清）。　　　　　　　　河 57.13

天下□謂我大，大而不肖。　　　　　　帛 67.1

天下皆謂我大，似不肖。　　　　　　　河 67.1

天下皆謂我道大，似不肖。　　　　　　王 67.1

我有三寶，持而保之。　　　　　　　　王、河 67.4

我恆有三寶，持而寶之。	帛 67.4
夫唯無知，是以不我知。	王 70.4
夫唯无知也，是以不我知。	帛 70.4
夫惟無知，是以不我知。	河 70.4
知我者希，則我者貴，	王、河 70.5
知我者稀，則我貴矣。	傅 70.5
知者希，則我貴矣。	帛 70.5

握 wo

骨弱筋柔而握固，	王、河、傅 55.4
骨筋弱柔而握固。	帛 55.4

无 wu

（參見无名 wuming、无事 wushi、无為 wuwei、无形 wuxing、无以為 wuyiwei、无欲 wuyu、无知 wuzhi，另見"無"與"亡"）

有、无之相生也，難、易之相成也，	帛 2.3
弗為而已，則无不治矣。	帛 3.10
不以其无私與？	帛 7.7
夫唯不爭，故无尤。	帛 8.7
當其无有，車之用也。	帛 11.2
當其无有，埴器之用也。	帛 11.4
當其无有，室之用也。	帛 11.6
无之以為用。	帛 11.8
復歸於无物。	帛 14.8
是謂无狀之狀，无物之象，	帛 14.9
絕巧棄利，盜賊无有。	帛 19.3
絕學无憂。	帛 20.1
纍呵似无所歸。	帛 20.10
忽呵其若海，恍呵若无所止。	帛 20.15

自伐者无功， 帛 24.4

善行者无達迹， 帛 27.1

善言者无瑕讁 ， 帛 27.2

善閉者无關籥而不可啓也。 帛 27.4

善結者无繩約而不可解也。 帛 27.5

是以聖人恆善救人，而无棄人， 帛 27.6

物无棄財，是謂愧明。 帛 27.7

恆德不忒，復歸於无極。 帛 28.9

夫大制无割。 帛 28.12

淡呵其无味也。 帛 35.5

下德不失德，是以无德。 帛 38.2

故至數輿无輿。 帛 39.16

天下之物生於有，有□於无。 帛 40.3

質□□□，大方无隅。 帛 41.9

无有入於无間。 帛 43.3

无道，戎馬生於郊。 帛 46.2

以至於无□， 帛 48.3

□人恆无心， 帛 49.1

兕无所揣其角， 帛 50.9

虎无所措其爪， 帛 50.10

兵无所容□□， 帛 50.11

□何故也？以其无死地焉。 帛 50.12

孰知其極？□无正也？ 帛 58.5

是以聖人猶難之，故終於无難。 帛 63.11

无執也，故无失也。 帛 64.10

无執故無失。 河 64.10

故曰：慎終若始，則无敗事矣。 帛 64.12

不以其无爭與？ 帛 66.10

是謂行无行，攘无臂， 帛 69.4

執无兵，扔无敵。	帛 69.5
禍莫大於无敵，	帛 69.6
无敵近亡吾寶矣。	帛 69.7
夫唯无以生為者，	帛 75.6
故有德司契，无德司徹。	帛 79.5
夫天道无親，恆與善人。	帛 79.6
有舟車无所乘之，	帛 80.4
有甲兵无所陳之。	帛 80.5
聖人无積，既以為人，己愈有；	帛 81.4

无名 wuming

无名，萬物之始也。	帛 1.3
道恆无名，	帛 32.1，帛 37.1
吾將鎮之以无名之樸。	帛 37.5
鎮之以无名之樸，夫將不辱。	帛 37.6
大象无形，道襃无名。	帛 41.11

无事 wushi

□□取天下，恆无事，	帛 48.5
我无事而民自富，	帛 57.11
為无為，事无事，味无味。	帛 63.1

无為 wuwei（参见“無爲”、“亡爲”）

是以聖人居无為之事，	帛 2.6
上德无為而无以為也。	帛 38.3
吾是以知无為□□益也。	帛 43.4
不□□教，无為之益，	帛 43.5
我无為而民自化，	帛 57.9
為无為，事无事，味无味。	帛 63.1
是以聖人无為也，□无敗□；	帛 64.9

无形 wuxing

大象无形，道褒无名。 帛 41.11

无以為 wuyiwei

上德无為而无以為也。 帛 38.3

上仁為之而无以為也。 帛 38.4

无欲 wuyu

故恆无欲也，以觀其妙； 帛 1.5

恆使民无知无欲也。 帛 3.8

則恆无欲也，可名於小。 帛 34.4

无知 wuzhi

恆使民无知无欲也。 帛 3.8

夫唯无知也，是以不我知。 帛 70.4

芜 wu

朝甚除，田甚芜，倉甚虛。 帛 53.4

蕪 wu

朝甚除，田甚蕪，倉甚虛。 王、河、傅 53.4

吾 wu

吾不知其誰之子也，象帝之先。 帛 4.6

吾不知誰之子，象帝之先。 王、河、傅 4.6

吾所以有大患者，為吾有身， 王、竹、河、傅 13.7

吾所以有大患者，為吾有身也。 帛 13.7

及吾亡身，或何□？ 竹 13.8

及吾無身，有何患？ 帛 13.8

及吾無身，吾有何患？ 王、河 13.8

苟吾無身，吾有何患乎？ 傅 13.8

萬物並作，吾以觀其復。 河、傅 16.2

萬物並作，吾以觀其復也。	帛 16.2
萬物並作，吾以觀復。	王 16.2
吾欲獨異於人，而貴食母。	帛 20.18
吾獨欲異於人，而貴食母。	傅 20.19
吾何以知衆父之然也？以此。	帛 21.8
吾何以知衆甫之狀哉？以此。	王 21.8
吾何以知衆甫之然哉？以此。	河 21.8
吾奚以知衆甫之然哉？以此。	傅 21.8
吾未知其名也，字之曰道。	帛 25.4
吾不知其名，字之曰道，	王、河 25.5
吾不知其名，故彊字之曰道。	傅 25.5
吾強為之名曰大。	竹、帛 25.5
吾見其不得已。	王、河、傅 29.2
吾見其弗得已。	帛 29.2
吾將鎮之以無名之朴。	河 37.5
吾將鎮之以無名之樸。	王、傅 37.5
吾將鎮之以无名之樸。	帛 37.5
吾將以為教父。	王、河 42.11
吾將以為學父。	帛、傅 42.11
吾是以知無為之有益。	王、河 43.4
吾是以知無為之有益也。	傅 43.4
吾是以知无為□□益也。	帛 43.4
善者，吾善之；	王、河、傅 49.3
不善者，吾亦善之，德善。	王、河 49.4
不善者吾亦善之，得善矣。	傅 49.4
信者，吾信之；	王、河、傅 49.5
不信者，吾亦信之，德信。	王、河 49.6
不信者吾亦信之，得信矣。	傅 49.6
（吾）何以知天下之然哉？以此。	河 54.12

吾何□知天下之然哉？以□。　　　　　帛 54.12

吾何以知天下然哉？以此。　　　　　　王 54.12

吾何以知天□亡□□□。　　　　　　　竹 54.12

吾奚以知天下之然哉？以此。　　　　　傅 54.12

吾何以知其然也？　　　　　　　　　　竹 57.3

吾何以知其然也哉？　　　　　　　　　帛 57.3

吾何以知其然哉？以此。　　　　　　　王、河 57.3

吾奚以知天下其然哉？以此。　　　　　傅 57.3

天下皆謂吾大，似不肖。　　　　　　　傅 67.1

吾有三寶，持而寶之。　　　　　　　　傅 67.4

吾不敢為主，而為客；　　　　　　王、帛、河、傅 69.2

无敵近亡吾寶矣。　　　　　　　　　　帛 69.7

無敵則幾亡吾寶。　　　　　　　　　　傅 69.7

輕敵幾喪吾寶。　　　　　　　　　　　王、河 69.7

吾言易知也，易行也；　　　　　　　　帛 70.1

吾言甚易知，甚易行；　　　　　　　王、河、傅 70.1

夫惟無知，是以不吾知也。　　　　　　傅 70.4

以其病病，是以不吾病。　　　　　　　傅 71.4

吾得而殺之，夫孰敢矣！　　　　　　　帛 74.4

吾得而殺之，孰敢也！　　　　　　　　傅 74.4

吾得執而殺之，孰敢？　　　　　　　　王、河 74.4

無 wu

**（參見 無不為 wubuwei、無名 wuming、
無事 wushi、無為 wuwei、無形 wuxing、
無以為 wuyiwei、無欲 wuyu、無知 wuzhi，
另見 "无"、"亡"）**

故有無之相生，難易之相成，　　　　　傅 2.3

故有無相生，難易相成，　　　　　　　王、河 2.3

非以其無私邪？　　　　　　　　　　　王 7.6

非以其無私耶？　　　　　　　　　　　河 7.6

不以其無私邪？	傅 7.6
夫唯不爭，故無尤。	王、河 8.7
夫惟不爭，故無尤矣。	傅 8.7
載營魄抱一，能無離，	河 10.1
載營魄抱一，能無離乎？	王 10.1
載營魄裹一，能無離乎？	傅 10.1
滌除玄覽，能無疵。	河 10.3
滌除玄覽，能無疵乎？	王、傅 10.3
愛民治國，能無以知乎？	傅 10.4
天門開闔，能無雌乎？	王 10.5
當其無，有車之用。	王、河、傅 11.2
當其無，有器之用。	王、河、傅 11.4
當其無，有室之用。	王、河、傅 11.6
無之以為用。	王、河、傅 11.8
及吾無身，有何患？	帛 13.8
及吾無身，吾有何患？	王、河 13.8
苟吾無身，吾有何患乎？	傅 13.8
復歸於無物，	王、河、傅 14.8
是謂無狀之狀，無物之象。	王、河、傅 14.9
絕巧棄利，盜賊無有。	王、河、傅 19.3
絕學無憂。	王、河、傅 20.1
乘乘兮若無所歸。	河 20.10
儡儡兮其不足以無所歸。	傅 20.10
儽儽兮若無所歸。	王 20.10
忽兮若海。漂兮若無所止。	河 20.16
淡兮其若海，飂兮似無所止。	傅 20.16
澹兮其若海，飂兮若無止。	王 20.16
自伐者無功，	王、河、傅 24.4
善行者無徹迹，	傅 27.1

善行無轍迹，　　　　　　　　　　王、河 27.1

善言者無瑕讁。　　　　　　　　　傳 27.2

善言無瑕讁。　　　　　　　　　　王、河 27.2

善數者無籌策，　　　　　　　　　傳 27.3

善閉者無關鍵而不可開，　　　　　傳 27.4

善閉無關楗而不可開，　　　　　　王、河 27.4

善結者無繩約而不可解。　　　　　傳 27.5

善結無繩約而不可解。　　　　　　王、河 27.5

是以聖人常善救人，故人無棄人；　傳 27.6

是以聖人常善救人，故無棄人；　　王、河 27.6

常善救物，故物無棄物，是謂襲明。　傳 27.7

常善救物，故無棄物，是謂襲明。　王、河 27.7

復歸於無極。　　　　　　　　　　王、河、傳 28.6

大制無割。　　　　　　　　　　　傳 28.12

淡兮其無味。　　　　　　　　　　傳 35.5

淡乎其無味，　　　　　　　　　　王、河 35.5

淡呵其無味也。　　　　　　　　　竹 35.5

下德不失德，是以無德。　　　　　王、河、傳 38.2

其致之，一也，天無以清將恐裂，　傳 39.8

其致之。天無以清將恐裂，　　　　王、河 39.8

地無以寧將恐發，　　　　　　　　王、河、傳 39.9

神無以靈將恐歇，　　　　　　　　王、河、傳 39.10

谷無以盈將恐竭，　　　　　　　　王、傳 39.11

谷無盈將恐竭，　　　　　　　　　河 39.11

萬物無以生將恐滅，　　　　　　　王、河、傳 39.12

侯王無以貴高將恐蹶。　　　　　　王 39.13

侯王無以貴高將恐蹙。　　　　　　河 39.13

故致數車無車，　　　　　　　　　河 39.18

故致數輿無輿。　　　　　　　　　王 39.18

故致數譽無譽，	傅 39.18
天下之物生於有，有生於無。	傅 40.3
天下萬物生於有，有生於無。	王、河 40.3
質直若渝，大方無隅，	河 41.9
質真若渝。大方無隅，	王 41.9
質真若輸，大方無隅。	傅 41.9
出於無有，入於無間。	傅 43.3
無有入（於）無間。	河 43.3
無有入無閒，	王 43.3
天下無道，戎馬生於郊。	王、河、傅 46.2
聖人無常心，	王、河、傅 49.1
兕無所投其角，	王、河、傅 50.9
虎無所措其爪，	王、河、傅 50.10
兵無所容其刃。	王、河、傅 50.11
夫何故？以其無死地。	王、河 50.12
夫何故也？以其無死地焉。	傅 50.12
無遺身殃，是為習常。	王 52.8
無遺身殃，是謂習常。	河 52.8
無遺身殃，是謂襲常。	傅 52.8
（我無情而民自清）。	河 57.13
孰知其極？其無正？	王、河 58.5
孰知其極？其無正衺？	傅 58.5
重積德則無不克，	王、傅 59.4
重積德則無不剋，	河 59.4
無不克則莫知其極，	王、傅 59.5
無不剋則莫知其極，	河 59.5
是以聖人猶難之，故終無難。	河 63.11
是以聖人猶難之。故終無難矣。	王、傅 63.11
無執，故無失。	王、傅 64.10

无執故無失。	河 64.10
慎終如始，則無敗事。	王、河 64.12
慎終如始，則無敗事矣。	傅 64.12
是謂行無行，攘無臂，	王、河、傅 69.4
仍無敵，執無兵。	河 69.5
扔無敵，執無兵。	王 69.5
執無兵，仍無敵。	傅 69.5
禍莫大於無敵，	傅 69.6
無敵則幾亡吾寶。	傅 69.7
無狎其所居，	王、傅 72.2
無狹其所居，	河 72.2
無厭其所生。	王、河、傅 72.3
夫惟無厭，是以無厭。	傅 72.4
夫唯無以生為者，	王、河 75.6
夫惟無以生為貴者，	傅 75.6
以其無以易之也。	帛、傅 78.3
其無以易之。	王、河 78.3
有德司契，無德司徹。	王、河 79.5
故有德司契，無德司徹。	傅 79.5
天道無親，常與善人。	王、河、傅 79.6
雖有舟輿，無所乘之；	王、河、傅 80.4
雖有甲兵，無所陳之；	王、河、傅 80.5
聖人無積，既以為人，己愈有；	傅 81.4

無不為 wubuwei

為無為，則無不為矣。	傅 3.10
道常無為而無不為，	王、河、傅 37.1
上德無為而無不為。	傅 38.3
無為而無不為。	王、河 48.4
無為則無不為。	傅 48.4

無名 wuming

無名天地之始，	王、河、傅 1.3
道常無名，	王、河、傅 32.1
吾將鎮之以無名之朴。	河 37.5
吾將鎮之以無名之樸。	王、傅 37.5
無名之朴，亦將不欲，	河 37.6
無名之樸，夫亦將不欲。	傅 37.6
無名之樸，夫亦將無欲。	王 37.6
大象無形。道隱無名，	王、河、傅 41.11

無事 wushi

取天下常以無事，	王、河 48.5
將欲取天下者，常以無事。	傅 48.5
以無事取天下。	王、帛、河、傅 57.2
我無事而民自富，	竹 57.9，王、河、傅 57.11
為無為，事無事，味無味。	王、河、傅 63.1

無為 wuwei（參見"无爲"、"亡爲"）

是以聖人處無為之事，	王、河、傅 2.6
為無為，則無不治。	王、河 3.10
為無為，則無不為矣。	傅 3.10
愛民治國，能無為。	河 10.4
明白四達，能無為乎？	王 10.6
道常無為而無不為，	王、河、傅 37.1
吾是以知無為之有益。	王、河 43.4
吾是以知無為之有益也。	傅 43.4
不言之教，無為之益，	王、河、傅 43.5
以至於無為，	王、河、傅 48.3
無為而無不為。	王、河 48.4
無為則無不為。	傅 48.4

我無為而民自化，　　　　　　　王、河、傅 57.9

為無為，事無事，味無味。　　　王、河、傅 63.1

是以聖人無為，故無敗；　　　　王、傅 64.9

聖人無為故無敗，　　　　　　　河 64.9

無形 wuxing

大象無形。道隱無名，　　　　　王、河、傅 41.11

無以為 wuyiwei

明白四達，能無以為乎？　　　　傅 10.6

上德無為而無以為，　　　　　　王、河 38.3

下德為之而無以為。　　　　　　傅 38.4

上仁為之而無以為，　　　　　　王、河、傅 38.5

王侯無以為貞而貴高將恐蹶。　　傅 39.13

無欲 wuyu

故常無欲，以觀其妙；　　　　　王、河、傅 1.5

常使民無知無欲，　　　　　　　王、河、傅 3.8

故常無欲，可名於小矣。　　　　傅 34.5

常無欲，可名於小；　　　　　　王、河 34.5

無名之樸，夫亦將無欲。　　　　王 37.6

我無欲而民自朴。　　　　　　　河 57.12

我無欲而民自樸。　　　　　　　王、傅 57.12

無知 wuzhi

常使民無知無欲，　　　　　　　王、河、傅 3.8

愛民治國，能無知乎？　　　　　王 10.4

明白四達，能無知。　　　　　　河 10.6

夫唯無知，是以不我知。　　　　王 70.4

夫惟無知，是以不吾知也。　　　傅 70.4

夫惟無知，是以不我知。　　　　河 70.4

毋 wu

戴營魄抱一，能毋離乎？	帛 10.1
滌除玄鑒，能毋有疵乎？	帛 10.3
愛民活國，能毋以知乎？	帛 10.4
明白四達，能毋以知乎？	帛 10.6
毋以取強焉。	帛 30.5
果而毋驕，果而勿矜，果而□伐，	帛 30.6
果而毋得已居，是謂果而強。	帛 30.7
其至也，謂天毋已清將恐裂，	帛 39.7
地毋已寧將恐發，	帛 39.8
神毋已靈將恐歇，	帛 39.9
谷毋已盈將竭，	帛 39.10
侯王毋已貴以高將恐蹶。	帛 39.11
毋遺身殃，是謂襲常。	帛 52.8
毋狎其所居，	帛 72.2
毋厭其所生。	帛 72.3

武 wu

古之善為士者不武也，	傅 68.1
故善為士者不武，	帛 68.1
善為士者不武，	王、河 68.1

五 wu

五色令人目盲，	王、河、傅 12.1
五色使人目盲，	帛 12.1
五音令人耳聾，	王、河、傅 12.2
五味令人口爽，	王、河、傅 12.3
五味使人之口爽，	帛 12.4
五音使人之耳聾。	帛 12.5

侮 wu

其次，畏之。其次，侮之。　　　　　王、竹、河、傅 17.3

其次畏之，其下侮之。　　　　　　　帛 17.3

惡 wu

天下皆知美之為美，惡已。　　　　　帛 2.1

天下皆知美之為美，斯惡已；　　　　王、河、傅 2.1

天下皆知美之為美也，惡已；　　　　竹 2.1

居衆人之所惡，故幾於道矣。　　　　帛、傅 8.3

處衆人之所惡，故幾於道。　　　　　王、河 8.3

美之與惡，相去何若？　　　　　　　傅 20.3

美與惡，其相去何若？　　　　　　　帛 20.3

美與惡，相去何若？　　　　　　　　竹 20.3

善之與惡，相去何若？　　　　　　　河 20.3

善之與惡，相去若何？　　　　　　　王 20.3

物或惡之，故有道者不處也。　　　　河、傅 24.7

物或惡之，故有欲者弗居。　　　　　帛 24.7，帛 31.2

物或惡之，故有道者不處。　　　　　王 24.7，王、河、傅 31.2

人之所惡，唯孤寡不穀，　　　　　　王、帛 42.5

人之所惡，唯孤寡不穀，　　　　　　河 42.5

人之所惡，惟孤寡不穀，　　　　　　傅 42.5

天之所惡，孰知其故？　　　　　　　王、帛、河、傅 73.4

芴 wu

是謂芴芒。　　　　　　　　　　　　傅 14.10

道之為物，惟芒惟芴。　　　　　　　傅 21.2

芴兮芒兮，其中有象；　　　　　　　傅 21.3

芒兮芴兮，其中有物；　　　　　　　傅 21.4

物 wu

无名，萬物之始也。　　　　　　　　帛 1.3

有名，萬物之母也。	帛 1.4
有名萬物之母。	王、河、傅 1.4
萬物作而不為始，	傅 2.8
萬物作而弗始，	帛 2.8
萬物作而弗始也，	竹 2.8
萬物作焉而不辭，	王、河 2.8
淵兮似萬物之宗。	王、傅 4.2
淵乎似萬物之宗。	河 4.2
淵呵似萬物之宗。	帛 4.2
天地不仁，以萬物為芻狗；	王、帛、河、傅 5.1
水善利萬物而不爭，	王、河、傅 8.2
水善利萬物而有爭，	帛 8.2
復歸於無物，	王、河、傅 14.8
復歸於无物。	帛 14.8
是謂無狀之狀，無物之象。	王、河、傅 14.9
是謂无狀之狀，无物之象，	帛 14.9
萬物並作，吾以觀其復。	河、傅 16.2
萬物並作，吾以觀其復也。	帛 16.2
萬物並作，吾以觀復。	王 16.2
萬物旁作，居以須復也。	竹 16.2
凡物紜紜，各歸其根。	傅 16.3
天物魂魂，各復歸於其根。	帛 16.3
夫物芸芸，各復歸其根。	王、河 16.3
道之物，唯恍唯忽。	帛 21.2
道之為物，唯恍唯忽。	河 21.2
道之為物，惟芒惟芴。	傅 21.2
道之為物，惟恍惟惚。	王 21.2
芒兮芴兮，其中有物；	傅 21.4
恍兮忽兮，其中有物，	河 21.4

恍兮惚兮，其中有物。　　　　　　　王 21.4

恍呵忽呵，中有物呵。　　　　　　　帛 21.4

物或惡之，故有欲者弗居。　　　　　帛 24.7，帛 31.2

物或惡之，故有道者不處。　　　　　王 24.7，王、河、傅 31.2

物或惡之，故有道者不處也。　　　　河、傅 24.7

有物昆成，先天地生。　　　　　　　帛 25.1

有物混成，先天地生，　　　　　　　王、河、傅 25.1

物无棄財，是謂悃明。　　　　　　　帛 27.7

常善救物，故物無棄物，是謂襲明。　傅 27.7

常善救物，故無棄物，是謂襲明。　　王、河 27.7

凡物或行或隨，或噤或吹，　　　　　傅 29.5

物或行或隨，或熱，　　　　　　　　帛 29.5

故物或行或隨，或呴或吹，　　　　　河 29.5

故物或行或隨，或歔或吹，　　　　　王 29.5

物壯而老，謂之不道，不道早已。　　帛 30.8

物壯則老，是謂不道，不道早已。　　王、河 30.9

物壯則老，是謂非道，非道早已。　　傅 30.9

萬物將自賓。　　　　　　　　　　　王、竹、帛、河、傅 32.4

萬物恃之以生而不辭。　　　　　　　傅 34.2

萬物恃之而生而不辭。　　　　　　　王、河 34.2

萬物歸焉而弗為主，　　　　　　　　帛 34.3

衣被萬物而不為主。　　　　　　　　傅 34.4

衣養萬物而不為主。　　　　　　　　王 34.4

愛養萬物而不為主。　　　　　　　　河 34.4

萬物歸焉而弗為主，可名於大。　　　帛 34.5

萬物歸之而不知主，可名於大矣。　　傅 34.6

萬物歸焉而不為主，可名為大。　　　王、河 34.6

而萬物將自化。　　　　　　　　　　竹 37.3

萬物將自化。　　　　　　　　　　　王、帛、河、傅 37.3

知（足）以靜，萬物將自定。	竹 37.7
萬物得一以生，	王、河、傅 39.6
萬物無以生將恐滅，	王、河、傅 39.12
天下之物生於有，生於亡。	竹 40.3
天下之物生於有，有□於无。	帛 40.3
天下之物生於有，有生於無。	傅 40.3
天下萬物生於有，有生於無。	王、河 40.3
二生三，三生萬物。	王、河、傅 42.2
萬物負陰而抱陽，	王、河 42.3
萬物負陰而裒陽，	傅 42.3
故物，或損之而益，	王、河、傅 42.7
物形之，勢成之。	王、河、傅 51.2
物形之而器成之。	帛 51.2
是以萬物莫不尊道而貴德。	王、河、傅 51.3
是以萬物尊道而貴德。	帛 51.3
物□則老，謂之不道，不道早已。	帛 55.9
物壯則老，是謂不道。	竹 55.9
物壯則老，謂之不道，不道早已。	王、河、傅 55.9
人多伎巧，奇物滋起；	王 57.6
人多技巧，奇物滋起。	河 57.6
人多知而奇物滋起。	竹 57.6
人多智，而奇物滋□，	帛 57.6
□物滋章，而盜賊□□。	帛 57.7
法物滋彰，盜賊多有。	竹、河 57.7
道者，萬物之註也，	帛 62.1
道者，萬物之奧也。	傅 62.1
道者萬物之奧，	王、河 62.1
以輔萬物之自然，而不敢為。	王、河 64.16
以輔萬物之自然，而不敢為也。	傅 64.16

是故聖人能輔萬物之自然，而弗能為。　竹 64.16

能輔萬物之自然，而弗敢為。　　　　　帛 64.16

與物反也，乃至大順。　　　　　　　　帛 65.9

與物反矣，乃復至於大順。　　　　　　傅 65.9

與物反矣，然後乃至大順。　　　　　　王 65.9

與物反矣。乃至大順。　　　　　　　　河 65.9

萬物草木之生也柔脆，　　　　　　　　王、帛、河 76.3

勿 wu

果而毋驕，果而勿矜，果而□伐，　　　帛 30.6

果而勿矜，果而勿伐，果而勿驕，　　　王、河、傅 30.7

果而不得已，果而勿強。　　　　　　　王、河 30.8

果而不得已，是果而勿彊。　　　　　　傅 30.8

銛襲為上，勿美也。　　　　　　　　　帛 31.8

使有十百人器而勿用，　　　　　　　　帛 80.2

昔 xi

昔之得一者，　　　　　　　　　　　　王、河、傅 39.1

昔得一者，　　　　　　　　　　　　　帛 39.1

熙 xi

衆人熙熙，　　　　　　　　　　　　　王、帛、河、傅 20.6

噏 xi

將欲噏之，必固張之；　　　　　　　　河 36.1

稀 xi

稀言自然。　　　　　　　　　　　　　傅 23.1

大器晚成，大音稀聲，　　　　　　　　傅 41.10

天下稀及之矣。　　　　　　　　　　　傅 43.6

知我者稀，則我貴矣。　　　　　　　　傅 70.5

稀不自傷其手矣。　　　　　　　　　　傅 74.9

歙 xi

將欲歙之，必固張之；	王 36.1
聖人之在天下，歙歙焉，	傅 49.7
聖人之在天下也，歙歙焉，	帛 49.7
聖人在天下歙歙，	王 49.7

希 xi

聽之不聞名曰希，	王、河、傅 14.2
聽之而弗聞，名之曰希。	帛 14.2
希言自然。	王、帛、河 23.1
大器晚成，大音希聲，	王、帛、河 41.10
□下希能及之矣。	帛 43.6
天下希及之。	王、河 43.6
知我者希，則我者貴，	王、河 70.5
知者希，則我貴矣。	帛 70.5
則希不傷其手。	帛 74.9
希有不傷手矣。	河 74.9
希有不傷其手矣。	王 74.9

翕 xi

將欲翕之，必固張之。	帛、傅 36.1

兮 xi

淵兮似萬物之宗。	王、傅 4.2
湛兮似或存。	王、傅 4.5
湛兮似若存。	河 4.5
繩繩兮不可名，	傅 14.7
與兮若冬涉川，	河 15.5
豫兮若冬涉川，	傅 15.5
猶兮若畏四鄰，	王、河、傅 15.6

儼兮其若客，	河 15.7
儼兮其若容，	王 15.7
渙兮若冰之將釋，	王、河 15.8
敦兮其若朴，	河 15.9
敦兮其若樸，	王、傅 15.9
曠兮其若谷，	王、河、傅 15.10
混兮其若濁。	王、傅 15.11
渾兮其若濁。	河 15.11
悠兮其貴言。	王 17.5
猶兮其貴言。	河 17.5
猶兮其貴言哉。	傅 17.5
荒兮其未央。	傅 20.5
荒兮其未央哉！	王、河 20.5
我獨怕兮其未兆，	河 20.8
我獨泊兮其未兆，	王 20.8
我獨魄兮其未兆，	傅 20.8
乘乘兮若無所歸。	河 20.10
儡儡兮其不足以無所歸。	傅 20.10
儽儽兮若無所歸。	王 20.10
我愚人之心也哉！沌沌兮！	王、河、傅 20.13
忽兮若海。漂兮若無所止。	河 20.16
淡兮其若海，飂兮似無所止。	傅 20.16
澹兮其若海，飂兮若無止。	王 20.16
忽兮恍兮，其中有象；	河 21.3
芴兮芒兮，其中有象；	傅 21.3
惚兮恍兮，其中有象；	王 21.3
芒兮芴兮，其中有物；	傅 21.4
恍兮忽兮，其中有物，	河 21.4
恍兮惚兮，其中有物。	王 21.4

幽兮冥兮，其中有精；　　　　　　傅 21.5

窈兮冥兮，其中有精，　　　　　　王、河 21.5

寂兮寞兮，獨立而不改，　　　　　傅 25.2

寂兮寥兮，獨立不改，　　　　　　王 25.2

寂兮寥兮，獨立而不改，　　　　　河 25.2

大道氾兮，其可左右。　　　　　　王、河 34.1

大道汎汎兮，其可左右。　　　　　傅 34.1

淡兮其無味。　　　　　　　　　　傅 35.5

禍兮，福之所倚；　　　　　　　　王、河、傅 58.3

福兮，禍之所伏，　　　　　　　　王、河、傅 58.4

奚 xi

吾奚以知衆甫之然哉？以此。　　　傅 21.8

吾奚以知天下之然哉？以此。　　　傅 54.12

吾奚以知天下其然哉？以此。　　　傅 57.3

谿 xi

知其雄，守其雌，為天下谿。　　　王、河、傅 28.1

為天下谿，常德不離。　　　　　　王、河、傅 28.2

溪 xi

知其雄，守其雌，為天下溪。　　　帛 28.1

為天下溪，恆德不离。　　　　　　帛 28.2

襲 xi

常善救物，故物無棄物，是謂襲明。　傅 27.7

常善救物，故無棄物，是謂襲明。　王、河 27.7

毋遺身殃，是謂襲常。　　　　　　帛 52.8

無遺身殃，是謂襲常。　　　　　　傅 52.8

習 xi

無遺身殃，是為習常。　　　　　　王 52.8

無遺身殃，是謂習常。　　　　　　河 52.8

徙 xi

使民重死而不遠徙。　　　　　　王、河、傅 80.3

使民重死而遠徙。　　　　　　　　帛 80.3

細 xi

□□乎其細也。　　　　　　　　　帛 63.4

為大乎於其細。　　　　　　　　　傅 63.4

為大於其細。　　　　　　　　　　王、河 63.4

天下大事必作於細，　　　　　　　王、河 63.6

天下之大作於細。　　　　　　　　帛 63.6

天下之大事必作於細。　　　　　　傅 63.6

若肖，久矣其細也夫。　　　　　　王、帛、傅 67.3

若肖久矣。其細（也夫）。　　　　河 67.3

瑕 xia

善言者無瑕讁。　　　　　　　　　傅 27.2

善言者无瑕讁，　　　　　　　　　帛 27.2

善言無瑕讁。　　　　　　　　　　王、河 27.2

狹 xia

無狹其所居，　　　　　　　　　　河 72.2

狎 xia

毋狎其所居，　　　　　　　　　　帛 72.2

無狎其所居，　　　　　　　　　　王、傅 72.2

下 xia

天下皆知美之為美，惡已。　　　　帛 2.1

天下皆知美之為美，斯惡已；　　　王、河、傅 2.1

天下皆知美之為美也，惡已；　　　竹 2.1

長、短之相形也，高、下之相盈也，	竹、帛 2.4
長短之相形，高下之相傾，	傅 2.4
長短相形，高下相傾，	河 2.4
長短相較，高下相傾，	王 2.4
（寵為上），辱為下。	河 13.3
寵，為下，	王、傅 13.3
寵之為下也，	帛 13.3
寵為下也。	竹 13.3
□□□□□為天下，	竹 13.9
故貴以身為天下，	王 13.9
故貴以身為天下者，	河、傅 13.9
故貴為身於為天下，	帛 13.9
則可以託天下矣；	傅 13.10
則可寄於天下，	河 13.10
若可以託天下矣；	竹、帛 13.10
若可寄天下；	王 13.10
愛以身為天下，	王、竹、帛 13.11
愛以身為天下者，	河、傅 13.11
乃可以託於天下。	河 13.12
女可以寄天下矣。	帛 13.12
則可以寄天下矣。	傅 13.12
若何以託天下矣。	竹 13.12
若可託天下。	王 13.12
一者，其上不謬，其下不忽。	帛 14.6
一者，其上之不曒，其下之不昧。	傅 14.6
其上不曒，其下不昧，	王、河 14.6
大上下知有之，	竹、帛 17.1
太上，下知有之。	王、河、傅 17.1
其次畏之，其下侮之。	帛 17.3

是以聖人抱一，為天下式。　　　　　王、河 22.4

是以聖人執一，以為天下牧。　　　　帛 22.4

聖人袌一以為天下式。　　　　　　　傅 22.4

夫唯不爭，故天下莫能與之爭。　　　王、河 22.9

夫惟不爭，故天下莫能與之爭。　　　傅 22.9

可以為天下母，　　　　　　　　　　竹 25.3，王、河、傅 25.4

而以身輕天下？　　　　　　　　　　王、河、傅 26.5

而以身輕於天下？　　　　　　　　　帛 26.5

知其雄，守其雌，為天下溪。　　　　帛 28.1

知其雄，守其雌，為天下谿。　　　　王、河、傅 28.1

為天下溪，恆德不忒。　　　　　　　帛 28.2

為天下谿，常德不離。　　　　　　　王、河、傅 28.2

知其白，守其黑，為天下式。　　　　王、河、傅 28.4，帛 28.7

知其白，守其辱，為天下谷。　　　　帛 28.4

為天下式，常德不忒，　　　　　　　王、河、傅 28.5

為天下谷，恆德乃足。　　　　　　　帛 28.5

知其榮，守其辱，為天下谷。　　　　王、河、傅 28.7

為天下式，恆德不忒。　　　　　　　帛 28.8

為天下谷，常德乃足，　　　　　　　王、河、傅 28.8

將欲取天下，而為之，　　　　　　　王、帛、河 29.1

將欲取天下而為之者，　　　　　　　傅 29.1

天下神器，不可為也。　　　　　　　王、河 29.3

夫天下，神器也，非可為者也。　　　帛 29.3

夫天下神器，不可為也。　　　　　　傅 29.3

不以兵強天下，其事好還，　　　　　王、河 30.2

不以兵強於天下。其□□□，　　　　帛 30.2

不以兵彊天下，其事好還。　　　　　傅 30.2

不欲以兵強於天下。　　　　　　　　竹 30.2

□□以得志於天下。　　　　　　　　竹 31.8

不可以得志於天下矣。	帛、傅 31.11
則不可以得志於天下矣。	王、河 31.11
朴雖小，天下不敢臣。	河 32.2
樸雖小，天下莫能臣。	傅 32.2
樸雖小，天下莫能臣也。	王 32.2
樸雖小而天下弗敢臣。	帛 32.2
譬道之在天下，	王、河、傅 32.10
譬道之在天下也，	竹、帛 32.10
執大象，天下往。	王、竹、帛、河 35.1
執大象者，天下往。	傅 35.1
不欲以靖，天下將自正。	傅 37.7
不欲以靜，天下將自定。	王、河 37.7
下德不失德，是以無德。	王、河、傅 38.2
下德不失德，是以无德。	帛 38.2
下德為之，而有以為。	王、河 38.4
下德為之而無以為。	傅 38.4
侯王得一以為天下正。	帛 39.6，河 39.7
王侯得一以為天下貞。	傅 39.7
侯王得一以為天下貞。	王 39.7
必高矣而以下為基。	帛 39.13
高以下為基。	王、傅 39.15
高必以下為基。	河 39.15
天下之物生於有，生於亡。	竹 40.3
天下之物生於有，有□於无。	帛 40.3
天下之物生於有，有生於無。	傅 40.3
天下萬物生於有，有生於無。	王、河 40.3
下士聞道，大笑之；	王、竹、帛、河 41.3
下士聞道，而大笑之。	傅 41.3
天下之至柔，	王、帛、河、傅 43.1

馳騁天下之至堅，	王、河、傅 43.2
馳騁乎天下之至堅。	帛 43.2
□下希能及之矣。	帛 43.6
天下希及之。	王、河 43.6
天下稀及之矣。	傅 43.6
知清靖，以為天下正。	傅 45.6
清靜，可以為天下正。	帛 45.6
清靜為天下正。	王、竹、河 45.6
天下有道，卻走馬以糞；	王、帛、河 46.1
天下有道，郤走馬以播。	傅 46.1
天下無道，戎馬生於郊。	王、河、傅 46.2
不出戶（以）知天下，	河 47.1
不出戶，可以知天下。	傅 47.1
不出戶，知天下；	王 47.1
不出於戶，以知天下。	帛 47.1
□□取天下，恆无事，	帛 48.5
取天下常以無事，	王、河 48.5
將欲取天下者，常以無事。	傅 48.5
及其有事，又不足以取天下矣。	傅 48.6
及其有事，不足以取天下。	王、河 48.6
聖人之在天下，歙歙焉，	傅 49.7
聖人之在天下也，歙歙焉，	帛 49.7
聖人在天下怵怵，	河 49.7
聖人在天下歙歙，	王 49.7
為天下渾心，	帛 49.8
為天下渾其心。	王、河 49.8
為天下渾渾焉，	傅 49.8
天下有始，以為天下母。	王、帛、河 52.1
天下有始，可以為天下母。	傅 52.1

修之天下，其德乃溥。	傅 54.8
修之天下□□□□。	竹 54.8
修之於天下，其德乃普。	王、河 54.8
脩之天下，其德乃溥。	帛 54.8
以天下觀天下。	王、竹、帛、河、傅 54.11
（吾）何以知天下之然哉？以此。	河 54.12
吾何□知天下之然哉？以□。	帛 54.12
吾何以知天下然哉？以此。	王 54.12
吾奚以知天下之然哉？以此。	傅 54.12
故為天下貴。	王、竹、帛、河、傅 56.12， 王、帛、河、傅 62.13
以亡事取天下。	竹 57.2
以無事取天下。	王、帛、河、傅 57.2
吾奚以知天下其然哉？以此。	傅 57.3
天下多忌諱，而民彌貧；	王、河 57.4
夫天下多忌諱，而民彌貧。	帛、傅 57.4
以道涖天下者，其鬼不神。	傅 60.2
以道莅天下，其鬼不神。	王、帛、河 60.2
大國者，下流也，	帛 61.1
大國者，天下之下流，	傅 61.1
大國者下流，	王、河 61.1
天下之交，	王、河、傅 61.2
天下之牝也。	帛 61.2
天下之交也，	帛 61.3
天下之牝，	王、河、傅 61.3
以其靖，故為下也。	傅 61.5
以靜為下。	王、河 61.5
為其靜也，故宜為下也。	帛 61.5
故大國以下小國，則取小國；	王、帛、河 61.6
故大國以下小國，則取於小國。	傅 61.6

小國以下大國，則取大國。	王、河 61.7
小國以下大國，則取於大國。	帛、傅 61.7
或下以取，或下而取。	河、傅 61.8
故或下以取，或下而取。	王、帛 61.8
大者宜為下。	王、河 61.12
則大者宜為下。	帛 61.12
故大者宜為下。	傅 61.12
天下之難作於易，	帛 63.5
天下之難事必作於易，	傅 63.5
天下難事必作於易，	王、河 63.5
天下大事必作於細，	王、河 63.6
天下之大作於細。	帛 63.6
天下之大事必作於細。	傅 63.6
千里之行，始於足下。	王、河、傅 64.7
□□□□□□足下。	竹 64.7
百千之高，始於足下。	帛 64.7
以其能為百谷下，	竹 66.2
以其善下之，	王、河 66.2
以其善下之也，	帛、傅 66.2
必以言下之；	王 66.5
必以其言下之；	帛、河、傅 66.5
其在民上也，以言下之。	竹 66.6
天下皆樂推而弗厭也，	帛 66.9
天下樂進而弗厭。	竹 66.9
是以天下樂推而不厭，	王、河、傅 66.9
故天下莫能與之爭。	王、竹、河、傅 66.11
故天下莫能與爭。	帛 66.11
天下□謂我大，大而不肖。	帛 67.1
天下皆謂吾大，似不肖。	傅 67.1

天下皆謂我大，似不肖。　　　　　　　河 67.1

天下皆謂我道大，似不肖。　　　　　　王 67.1

三曰不敢為天下先。　　　　　　　王、帛、河、傅 67.6

不敢為天下先，　　　　　　　　　王、帛、河、傅 67.8

善用人者為下。　　　　　　　　　　　河 68.4

善用人者為之下。　　　　　　　　王、帛、傅 68.4

天下莫能知，莫能行。　　　　　　　王、河 70.2

而天下莫之能知也，莫之能行也。　　帛 70.2

故堅彊處下，柔弱處上。　　　　　　傅 76.8

故強大居下，柔弱居上。　　　　　　帛 76.8

強大處下，柔弱處上。　　　　　　　王、河 76.8

高者抑之，下者舉之；　　　　　王、帛、河、傅 77.2

孰能有餘以奉天下？　　　　　　　　王、河 77.8

孰能損有餘而奉不足於天下者，　　　傅 77.8

天下柔弱莫過於水，　　　　　　　　河 78.1

天下莫柔弱於水，　　　　　　　　王、帛、傅 78.1

天下莫不知，而莫之能行。　　　　　傅 78.5

天下莫不知，莫能行，　　　　　　　王、河 78.5

天下莫弗知也，而□□□行也。　　　帛 78.5

受國不祥，是為天下王。　　　　　　王 78.8

受國之不祥，是謂天下之王。　　　帛、傅 78.8

是謂天下王。　　　　　　　　　　　河 78.9

憪 xian

其出彌遠，其知彌憪。　　　　　　　傅 47.3

先 xian

音、聲之相和也，先、後之相隨，恆也。帛 2.5

音聲之相和也，先後之相隨也。　　　竹 2.5

吾不知其誰之子也，象帝之先。　　　帛 4.6

吾不知誰之子，象帝之先。　　　　　王、河、傅 4.6

是以聖人後其身而身先，　　　　　　王、河、傅 7.4

是以聖人退其身而身先，　　　　　　帛 7.4

外其身而身先，　　　　　　　　　　帛 7.5

有狀蚰成，先天地生，　　　　　　　竹 25.1

有物昆成，先天地生。　　　　　　　帛 25.1

有物混成，先天地生，　　　　　　　王、河、傅 25.1

雖有共之璧以先四馬，　　　　　　　帛 62.8

雖有拱璧以先駟馬，　　　　　　　　王、河、傅 62.8

其欲先民也，必以其身後之。　　　　帛 66.6

欲先民，必以身後之。　　　　　　　王 66.6

欲先民，必以其身後之。　　　　　　河、傅 66.6

三曰不敢為天下先。　　　　　　　　王、帛、河、傅 67.6

不敢為天下先，　　　　　　　　　　王、帛、河、傅 67.8

舍（其）後且先，死矣，　　　　　　河 67.12

舍其後，且先；則死矣。　　　　　　帛 67.12

舍後且先，死矣！　　　　　　　　　王 67.12

捨其後，且先，是謂入死門。　　　　傅 67.12

而攻堅彊者莫之能先，　　　　　　　傅 78.2

鮮 xian

治大國若烹小鮮。　　　　　　　　　王、帛、河、傅 60.1

賢 xian

不上賢，使民不爭。　　　　　　　　帛 3.1

不尚賢，使民不爭；　　　　　　　　王、河、傅 3.1

是賢於貴生。　　　　　　　　　　　王、河 75.7

是賢於貴生也。　　　　　　　　　　傅 75.7

是賢貴生。　　　　　　　　　　　　帛 75.7

其不欲見賢。　　　　　　　　　　　王、河 77.12

其不欲見賢邪。　　　　　　　　　傅 77.12

若此其不欲見賢也。　　　　　　　帛 77.12

閒 xian

無有入無閒，　　　　　　　　　　王 43.3

相 xiang

有、无之相生也，難、易之相成也，　帛 2.3

有亡之相生也，難易之相成也，　　竹 2.3

故有無之相生，難易之相成，　　　傅 2.3

故有無相生，難易相成，　　　　　王、河 2.3

長短之相形，高下之相傾，　　　　傅 2.4

長短之相形也，高下之相盈也，　　竹、帛 2.4

長短相形，高下相傾，　　　　　　河 2.4

長短相較，高下相傾，　　　　　　王 2.4

音、聲之相和也，先、後之相隨，恆也。帛 2.5

音聲之相和，前後之相隨，　　　　傅 2.5

音聲之相和也，先後之相隨也。　　竹 2.5

音聲相和，前後相隨。　　　　　　王、河 2.5

唯之與阿，相去幾何？　　　　　　王、河、傅 20.2

唯與呵，其相去幾何？　　　　　　帛 20.2

唯與呵，相去幾何？　　　　　　　竹 20.2

美之與惡，相去何若？　　　　　　傅 20.3

美與惡，其相去何若？　　　　　　帛 20.3

美與惡，相去何若？　　　　　　　竹 20.3

善之與惡，相去何若？　　　　　　河 20.3

善之與惡，相去若何？　　　　　　王 20.3

天地相合，以俞甘露。　　　　　　帛 32.5

天地相合也，以逾甘露。　　　　　竹 32.5

天地相合以降甘露，　　　　　　　王、河、傅 32.5

夫兩不相傷， 王、帛、河、傅 60.7

故抗兵相加，哀者勝矣。 王、河 69.8

故抗兵相若，而哀者勝矣。 帛 69.8

故抗兵相若，則哀者勝矣。 傅 69.8

鄰國相望，雞犬之聲相聞， 王、帛、傅 80.9

鄰國相望，雞狗之聲相聞， 河 80.9

民至老死不相往來。 王、帛、河 80.10

使民至老死不相與往來。 傅 80.10

鄉 xiang

修之於鄉，其德乃長； 王、河 54.6

修之鄉，其德乃長。 竹、傅 54.6

脩之鄉，其德乃長。 帛 54.6

□□□家，以鄉觀鄉， 竹 54.9

以鄉觀鄉，以邦觀國， 帛 54.10

以鄉觀鄉，以邦觀邦， 傅 54.10

以鄉觀鄉，以國觀國， 王、河 54.10

祥 xiang

夫兵者，不祥之器也。 帛 31.1

夫佳兵者，不祥之器。 王、河 31.1

夫美兵者，不祥之器。 傅 31.1

兵者，不祥之器， 王、河、傅 31.5

兵者不祥之器也， 帛 31.6

益生曰祥，心使氣曰強。 河 55.8

益生曰祥，心使氣曰強。 王、竹、帛 55.8

益生曰祥，心使氣則彊。 傅 55.8

受國不祥，是為天下王。 王 78.8

受國之不祥， 河 78.8

受國之不祥，是謂天下之王。 帛 78.8

受國之不祥，是謂天下之主。　　　　傅 78.8

享 xiang

如享太牢，如春登臺。　　　　王、河 20.7

若享太牢，若春登臺。　　　　傅 20.7

饗 xiang

若饗於大牢，而春登臺。　　　　帛 20.7

象 xiang

吾不知其誰之子也，象帝之先。　　　　帛 4.6

吾不知誰之子，象帝之先。　　　　王、河、傅 4.6

是謂無狀之狀，無物之象。　　　　王、河、傅 14.9

是謂无狀之狀，无物之象，　　　　帛 14.9

忽兮恍兮，其中有象；　　　　河 21.3

忽呵恍呵，中有象呵。　　　　帛 21.3

芴兮芒兮，其中有象；　　　　傅 21.3

惚兮恍兮，其中有象；　　　　王 21.3

執大象，天下往；　　　　王、竹、帛、河 35.1

執大象者，天下往。　　　　傅 35.1

大象無形。道隱無名，　　　　王、河、傅 41.11

大象无形，道褒无名。　　　　帛 41.11

天象亡形，道……　　　　竹 41.11

小 xiao

朴雖小，天下不敢臣。　　　　河 32.2

樸雖小，天下莫能臣。　　　　傅 32.2

樸雖小，天下莫能臣也。　　　　王 32.2

樸雖小而天下弗敢臣。　　　　帛 32.2

猶小谷之與江海。　　　　竹 32.11

猶小谷之與江海也。　　　　帛 32.11

則恆无欲也，可名於小。　　　　　　帛 34.4

故常無欲，可名於小矣。　　　　　　傅 34.5

常無欲，可名於小。　　　　　　　　王、河 34.5

見小曰明，守柔曰強。　　　　　　　河 52.6

見小曰明，守柔曰強。　　　　　　　王、帛 52.6

見小曰明，守柔曰彊 。　　　　　　傅 52.6

治大國若烹小鮮。　　　　　　　　　王、帛、河、傅 60.1

故大國以下小國，則取小國；　　　　王、帛、河 61.6

故大國以下小國，則取於小國。　　　傅 61.6

小國以下大國，則取大國。　　　　　王、河 61.7

小國以下大國，則取於大國。　　　　帛、傅 61.7

小國不過欲入事人，　　　　　　　　王、帛、河、傅 61.10

大小之多易必多難。　　　　　　　　竹 63.2

大小多少，報怨以德。　　　　　　　王、帛、河、傅 63.2

小國寡民，　　　　　　　　　　　　王、帛、河、傅 80.1

孝 xiao

六親不和，安有孝慈。　　　　　　　竹 18.2，帛 18.3

六親不和，有孝慈；　　　　　　　　王、河、傅 18.3

絕仁棄義，民復孝慈；　　　　　　　王、河、傅 19.2

絕仁棄義，而民復孝慈。　　　　　　帛 19.2

絕偽弃慮，民復孝慈。　　　　　　　竹 19.3

笑 xiao

下士聞道，大笑之，　　　　　　　　王、竹、帛、河 41.3

下士聞道，而大笑之。　　　　　　　傅 41.3

不笑不足以為道。　　　　　　　　　王、河、傅 41.4

弗大笑，不足以為道矣。　　　　　　竹 41.4

弗笑□□以為道。　　　　　　　　　帛 41.4

肖 xiao

天下□謂我大，大而不肖。	帛 67.1
天下皆謂吾大，似不肖。	傅 67.1
天下皆謂我大，似不肖。	河 67.1
天下皆謂我道大，似不肖。	王 67.1
夫唯大，故似不肖。	王、河 67.2
夫唯不肖，故能大。	帛 67.2
夫惟大，故似不肖。	傅 67.2
若肖，久矣其細也夫。	王、帛、傅 67.3
若肖久矣。其細（也夫）。	河 67.3

歇 xie

神毋已靈將恐歇，	帛 39.9
神無以靈將恐歇，	王、河、傅 39.10

衺 xie

民多知慧，而衺事滋起。	傅 57.6
孰知其極？其無正衺？	傅 58.5

紲 xie

廉而不刺，直而不紲，	帛 58.9

新 xin

夫唯不盈，故能蔽不新成。	王、河 15.15
洼則盈，敝則新。	帛 22.2
窪則盈，敝則新，	王、傅 22.2
窪則盈，弊則新，	河 22.2

心 xin

不見可欲，使心不亂。	河 3.4
不見可欲，使民心不亂。	王、傅 3.4

虛其心，實其腹；　　　　　　　　　　王、帛、河、傅 3.6

居善地，心善淵，　　　　　　　　　　王、帛、河、傅 8.4

馳騁田獵使人心發狂，　　　　　　　　帛 12.2

馳騁田獵，令人心發狂，　　　　　　　河、傅 12.4

馳騁畋獵令人心發狂，　　　　　　　　王 12.4

我愚人之心也，湷湷呵。　　　　　　　帛 20.12

我愚人之心也哉！沌沌兮！　　　　　　王、河、傅 20.13

□人恆无心，　　　　　　　　　　　　帛 49.1

聖人無常心，　　　　　　　　　　　　王、河、傅 49.1

以百姓之心為心。　　　　　　　　　　帛 49.2

以百姓心為心。　　　　　　　　　　　王、河、傅 49.2

為天下渾心，　　　　　　　　　　　　帛 49.8

為天下渾其心。　　　　　　　　　　　王、河 49.8

益生曰祥，心使氣曰強。　　　　　　　河 55.8

益生曰祥，心使氣曰強，　　　　　　　王、竹、帛 55.8

益生曰祥，心使氣則彊。　　　　　　　傅 55.8

信 xin

予善天，言善信，　　　　　　　　　　帛 8.5

與善人，言善信，　　　　　　　　　　傅 8.5

與善仁，言善信，　　　　　　　　　　王、河 8.5

信不足，安有不信。　　　　　　　　　竹、帛 17.4

信不足，焉有不信焉。　　　　　　　　王 17.4，王 23.14

信不足焉，有不信焉。　　　　　　　　河 17.4，河 23.14

故信不足，焉有不信。　　　　　　　　傅 17.4

其精甚真，其中有信。　　　　　　　　王、帛、河、傅 21.6

信不足，焉有不信。　　　　　　　　　傅 23.16

夫禮者，忠信之薄也，而亂之首也。　　帛 38.12

夫禮者，忠信之薄，而亂之首也。　　　傅 38.13

夫禮者，忠信之薄而亂之首。　　　　　王、河 38.13

信者，吾信之；	王、河、傅 49.5
信者信之，	帛 49.5
不信者，吾亦信之，德信。	王、河 49.6
不信者亦信之，得信也。	帛 49.6
不信者吾亦信之，得信矣。	傅 49.6
夫輕諾□□信，	帛 63.9
夫輕諾必寡信，	王、河 63.9
夫輕諾者必寡信，	傅 63.9
其死也髓信堅強，	帛 76.2
信言不美，美言不信；	王、帛、河、傅 81.1

興 xing

將欲廢之，必固興之；	王、河、傅 36.3

形 xing

長、短之相形也，高、下之相盈也，	竹、帛 2.4
長短之相形，高下之相傾，	傅 2.4
長短相形，高下相傾，	河 2.4
大象無形，道隱無名，	王、河、傅 41.11
大象无形，道褒无名。	帛 41.11
天象亡形，道……	竹 41.11
物形之，勢成之。	王、河、傅 51.2
物形之而器成之。	帛 51.2

行 xing

行不言之教。	王、竹、帛、河、傅 2.7
難得之貨使人之行妨。	帛 12.3
難得之貨，令人行妨。	王、河、傅 12.5
企者不立，跨者不行，	王、傅 24.1
跂者不立，跨者不行，	河 24.1
其在道也，曰餘食贅行。	王、帛、傅 24.6

其於道也，曰餘食贅行。	河 24.6
周行而不殆，	王、河、傅 25.3
是以君子終日行，不遠其輜重，	帛 26.2
是以君子終日行，不離其輜重。	傅 26.2
是以聖人終日行不離輜重。	王、河 26.2
善行者無徹迹，	傅 27.1
善行者无達迹，	帛 27.1
善行無轍迹，	王、河 27.1
凡物或行或隨，或嘘或吹，	傅 29.5
物或行或隨，或熱，	帛 29.5
故物或行或隨，或呴或吹，	河 29.5
故物或行或隨，或歔或吹，	王 29.5
強行者，有志也。	帛 33.4
強行者有志，	王、河 33.4
彊行者有志也，	傅 33.4
上士聞道，而勤行之。	傅 41.1
上士聞道，勤而行之；	王、河 41.1
上士聞道，勤能行於其中。	竹 41.1
上□□道，勤能行之。	帛 41.1
是以聖人不行而知，	王、河、傅 47.4
陵行不避兕虎，	帛 50.7
陸行不遇兕虎，	王、河、傅 50.7
使我介有知，行於大道，	帛 53.1
使我介然有知，行於大道，	王、河、傅 53.1
尊行可以加人。	王、帛、河 62.5
千里之行，始於足下。	王、河、傅 64.7
是謂行無行，攘無臂，	王、河、傅 69.4
是謂行无行，攘无臂，	帛 69.4
吾言易知也，易行也；	帛 70.1

吾言甚易知，甚易行；	王、河、傅 70.1
天下莫能知，莫能行。	王、河 70.2
而人莫之能知，莫之能行。	傅 70.2
而天下莫之能知也，莫之能行也。	帛 70.2
天下莫不知，而莫之能行。	傅 78.5
天下莫不知，莫能行，	王、河 78.5
天下莫弗知也，而□□□行也。	帛 78.5

姓 xing

聖人不仁，以百姓為芻狗。	王、帛、河、傅 5.2
功成事遂，百姓皆曰我自然。	傅 17.6
功成事遂，百姓皆謂我自然。	王、河 17.6
成功遂事，而百姓謂我自然。	帛 17.6
成事遂功，而百姓曰我自然也。	竹 17.6
以百姓之心為心。	帛 49.2
以百姓心為心。	王、河、傅 49.2
百姓皆註其耳目，	河、傅 49.9
百姓皆註其耳目焉，	帛 49.9
百姓之不治也，	帛 75.2

凶 xiong

不知常，妄，妄作凶。	帛 16.6
不知常，妄作，凶。	王、河、傅 16.6
大軍之後，必有凶年。	王、河、傅 30.4
吉事尚左，凶事尚右。	王、河 31.12
故吉事尚左，凶事尚右。	傅 31.12

雄 xiong

知其雄，守其雌，為天下溪。	帛 28.1
知其雄，守其雌，為天下谿。	王、河、傅 28.1

修 xiu

修之身，其德乃真。	竹、傅 54.4
修之於身，其德乃真；	王、河 54.4
修之於家，其德乃餘；	王、河 54.5
修之家，其德乃餘。	傅 54.5
修之家，其德有餘。	竹 54.5
修之於鄉，其德乃長；	王、河 54.6
修之鄉，其德乃長。	竹、傅 54.6
修之邦，其德乃豐。	竹、傅 54.7
修之於國，其德乃豐；	王、河 54.7
修之天下，其德乃溥。	傅 54.8
修之天下□□□□。	竹 54.8
修之於天下，其德乃普。	王、河 54.8

脩 xiu

脩之身，其德乃真。	帛 54.4
脩之家，其德有餘。	帛 54.5
脩之鄉，其德乃長。	帛 54.6
脩之國，其德乃豐。	帛 54.7
脩之天下，其德乃溥。	帛 54.8

虛 xu

虛其心，實其腹；	王、帛、河、傅 3.6
虛而不屈，動而愈出。	竹 5.2，王、帛、河 5.4
虛而不詘，動而俞出。	傅 5.4
至虛，恆也；守中，篤也。	竹 16.1
至虛極，守靜篤，	河 16.1
至虛極也，守靜督也。	帛 16.1
致虛極，守靜篤，	王 16.1
致虛極，守靖篤，	傅 16.1

古之所謂曲則全者，豈虛言也哉？　　　傅 22.10

古之所謂曲則全者，豈虛言哉！　　　　王、河 22.10

朝甚除，田甚蕪，倉甚虛。　　　　　　王、河、傅 53.4

朝甚除，田甚芜，倉甚虛。　　　　　　帛 53.4

歔 xu

故物或行或隨，或歔或吹，　　　　　　王 29.5

須 xu

萬物旁作，居以須復也。　　　　　　　竹 16.2

徐 xu

孰能濁以靜者，將徐清。　　　　　　　竹 15.10

孰能庀以迬者，將徐生。　　　　　　　竹 15.11

孰能濁以（止）靜之，徐清？　　　　　河 15.12

孰能濁以靜之徐清？　　　　　　　　　王 15.12

孰能濁以澄靖之，而徐清。　　　　　　傅 15.12

濁而靜之，徐清。　　　　　　　　　　帛 15.12

安以動之，徐生。　　　　　　　　　　帛 15.13

孰能安以久動之，而徐生。　　　　　　傅 15.13

孰能安以久動之徐生？　　　　　　　　王、河 15.13

呴 xu

故物或行或隨，或呴或吹，　　　　　　河 29.5

畜 xu

生之、畜之，　　　　　　　　　　　　王、帛、河、傅 10.7

道生之，德畜之，　　　　　　　　　　王、帛、河、傅 51.1

故道生之，德畜之，　　　　　　　　　王、河、傅 51.6

道生之，畜之，　　　　　　　　　　　帛 51.6

大國不過欲兼畜人，　　　　　　　　　王、河、傅 61.9

故大國者不過欲并畜人，　　　　　　　帛 61.9

玄 xuan（參見 玄德 xuande）

此兩者同出而異名，同謂之玄。	王、河、傅 1.7
玄之又玄，衆妙之門。	王、帛、河、傅 1.8
谷神不死，是謂玄牝，	王、帛、河、傅 6.1
玄牝之門，是謂天地之根。	帛、傅 6.2
玄牝之門，是謂天地根。	王、河 6.2
滌除玄覽，能無疵。	河 10.3
滌除玄覽，能無疵乎？	王、傅 10.3
滌除玄鑒，能毋有疵乎？	帛 10.3
必微溺玄達，深不可識，	竹 15.2
微妙玄通，深不可識。	王、河、傅 15.2
微妙玄達，深不可識。	帛 15.2
是謂玄同。	王、竹、帛、河、傅 56.5

玄德 xuande

長而弗宰也，是謂玄德。	帛 10.9
長而不宰，是謂玄德。	王、河、傅 10.9，王、河、傅 51.9
長而弗宰，是謂玄德。	帛 51.9
恆知稽式，是謂玄德。	帛 65.7
能知稽式，是謂玄德。	傅 65.7
常知楷式，是謂玄德。	河 65.7
常知稽式，是謂玄德。	王 65.7
玄德深矣，遠矣，	王、帛、河、傅 65.8

學 xue

絕學亡憂。	竹 20.1
絕學無憂。	王、河、傅 20.1
絕學无憂。	帛 20.1
吾將以為學父。	帛、傅 42.11

為學日益，為道日損。	王、河 48.1
為學者日益，為道者日損。	傅 48.1
為學者日益，聞道者日損，	帛 48.1
學者日益，為道者日損。	竹 48.1
學不學，以復衆人之所過；	傅 64.15
學不學，復衆人之所過。	王、帛、河 64.15

尋 xun

尋尋呵不可名也，	帛 14.7

啞 ya

終日號而不啞，和之至也。	河 55.6

焉 yan

萬物作焉而不辭，	王、河 2.8
豫焉若冬涉川，	王 15.5
信不足，焉有不信焉。	王 17.4，王 23.14
信不足焉，有不信焉。	河 17.4，河 23.14
故信不足，焉有不信。	傅 17.4
大道廢，焉有仁義。	傅 18.1
智慧出，焉有大偽。	傅 18.2
我泊焉未兆，	帛 20.8
信不足，焉有不信。	傅 23.16
而王居一焉。	帛 25.9
而王居其一焉。	王、河 25.10
師之所處，荊棘生焉。	王、河、傅 30.3
毋以取強焉。	帛 30.5
不敢以取彊焉。	傅 30.6
民莫之令，而自均焉。	帛、傅 32.6
萬物歸焉而弗為主，	帛 34.3
萬物歸焉而弗為主，可名於大。	帛 34.5

萬物歸焉而不為主，可名為大。	王、河 34.6
聖人之在天下，歙歙焉，	傅 49.7
聖人之在天下也，歙歙焉，	帛 49.7
為天下渾渾焉，	傅 49.8
百姓皆註其耳目焉，	帛 49.9
夫何故也？以其無死地焉。	傅 50.12
□何故也？以其无死地焉。	帛 50.12
故德交歸焉。	王、帛、河、傅 60.8
焉可以為善？	帛 79.2

埏 yan

埏埴以為器，	王、河、傅 11.3
埏埴而為器，	帛 11.3

嚴 yan

嚴乎其若客，	竹 15.6
嚴呵其若客，	帛 15.7

儼 yan

儼兮其若客，	河 15.7
儼兮其若容，	王 15.7
儼若客，	傅 15.7

言 yan

行不言之教。	王、竹、帛、河、傅 2.7
多言數窮，不如守中。	王、河、傅 5.5
予善天，言善信，	帛 8.5
與善人，言善信，	傅 8.5
與善仁，言善信，	王、河 8.5
悠兮其貴言。	王 17.5
猶兮其貴言。	河 17.5

猶兮其貴言哉。	傅 17.5
猶乎其貴言也。	竹 17.5
猶呵其貴言也。	帛 17.5
三言以為辨不足，	竹 19.4
此三言也，以為文未足，	帛 19.4
古之所謂曲則全者，豈虛言也哉？	傅 22.10
古之所謂曲則全者，豈虛言哉！	王、河 22.10
希言自然。	王、帛、河 23.1
稀言自然。	傅 23.1
善言者無瑕讁。	傅 27.2
善言者无瑕讁，	帛 27.2
善言無瑕讁，	王、河 27.2
言以喪禮居之也。	竹 31.12，帛 31.15
言以喪禮處之。	王、河 31.15
言居上勢，則以喪禮處之。	傅 31.15
故道之出言也，曰：	帛 35.4
道之出言，	傅 35.4
故建言有之：明道若昧，	王、河 41.5
故建言有之曰：明道若昧，	傅 41.5
是以建言有之：明道如曹，	竹 41.5
是以建言有之曰：明道如費，	帛 41.5
不言之教，無為之益，	王、河、傅 43.5
知之者弗言，言之者弗知。	竹 56.1
知者不言，言者不知。	王、河 56.1
知者不言也，言者不知也。	傅 56.1
知者弗言，言者弗知。	帛 56.1
是以□人之言曰：	帛 57.8
是以聖人之言曰：	竹 57.8
美言可以市，	王、帛、河 62.4

美言可以於市，	傅 62.4
尊言可以加於人。	傅 62.5
必以言下之；	王 66.5
必以其言下之；	河、帛、傅 66.5
其在民上也，以言下之。	竹 66.6
用兵有言，	王、河 69.1
用兵有言曰：	帛、傅 69.1
吾言易知也，易行也；	帛 70.1
吾言甚易知，甚易行；	王、河、傅 70.1
夫言有宗，事有君。	帛 70.3
言有宗，事有主。	傅 70.3
言有宗，事有君。	王、河 70.3
不言而善應，	帛 73.6，王、河、傅 73.7
故聖人之言云，	傅 78.6
是故聖人之言云，曰：	帛 78.6
正言若反也。	傅 78.9
正言若反。	王、帛 78.9，河 78.10
信言不美，美言不信。	王、帛、河、傅 81.1
善言不辯，辯言不善。	傅 81.2

燕 yan

雖有榮觀，燕處超然，	王、河 26.3
雖有環館，燕處則昭若。	帛 26.3

厭 yan

厭食而資財□□。	帛 53.6
厭飲食，財貨有餘，	王、河 53.6
厭飲食，貨財有餘，	傅 53.6
天下皆樂推而弗厭也，	帛 66.9
天下樂進而弗厭。	竹 66.9

是以天下樂推而不厭。	王、河、傅 66.9
毋厭其所生。	帛 72.3
無厭其所生。	王、河、傅 72.3
夫唯不厭，是以不厭。	王 72.4
夫唯弗厭，是以不厭。	帛 72.4
夫惟不厭，是以不厭。	河 72.4
夫惟無厭，是以無厭。	傅 72.4

宴 yan

雖有榮觀，宴處超然。	傅 26.3

殃 yang

毋遺身殃，是謂襲常。	帛 52.8
無遺身殃，是為習常。	王 52.8
無遺身殃，是謂習常。	河 52.8
無遺身殃，是謂襲常。	傅 52.8

央 yang

恍呵其未央哉！	帛 20.5
荒兮其未央。	傅 20.5
荒兮其未央哉！	王、河 20.5

陽 yang

萬物負陰而抱陽，	王、河 42.3
萬物負陰而裹陽，	傅 42.3

養 yang

衣養萬物而不為主。	王 34.4
愛養萬物而不為主。	河 34.4
長之，遂之，亭之，毒之，養之，覆□。	帛 51.7
長之、育之、亭之、毒之、養之、覆之。	王 51.7
長之育之，成之孰之，養之覆之。	河 51.7

訞 yao

　　正復為奇，善復為訞。　　　　　　河 58.6

妖 yao

　　正復為奇，善復為妖，　　　　　　王 58.6

窈 yao

　　窈兮冥兮，其中有精；　　　　　　王、河 21.5
　　窈呵冥呵，其中有精呵。　　　　　帛 21.5

要 yao

　　此謂要妙。　　　　　　　　　　　傅 27.11
　　是謂妙要。　　　　　　　　　　　帛 27.11
　　是謂要妙。　　　　　　　　　　　王、河 27.11

曜 yao

　　光而不曜。　　　　　　　　　　　河 58.10

耀 yao

　　光而不耀。　　　　　　　　　　　帛、傅 58.10

燿 yao

　　光而不燿。　　　　　　　　　　　王 58.10

耶 ye

　　非以其無私耶？　　　　　　　　　河 7.6
　　此非以賤為本耶？非乎！　　　　　河 39.17
　　有罪以免耶，　　　　　　　　　　河 62.12

邪 ye

　　不以其無私邪？　　　　　　　　　傅 7.6
　　非以其無私邪？　　　　　　　　　王 7.6

此非以賤為本邪？非乎？	王 39.17
有罪以免邪？	王、傅 62.12
其不欲見賢邪。	傅 77.12

也 ye

道，可道也，非恆道也。	帛 1.1
名，可名也，非恆名也。	帛 1.2
无名，萬物之始也。	帛 1.3
有名，萬物之母也。	帛 1.4
故恆无欲也，以觀其妙；	帛 1.5
恆有欲也，以觀其所噭。	帛 1.6
天下皆知美之為美也，惡已；	竹 2.1
有、无之相生也，難、易之相成也，	帛 2.3
有亡之相生也，難易之相成也，	竹 2.3
長、短之相形也，高、下之相盈也，	竹、帛 2.4
音、聲之相和也，先、後之相隨，恆也。	帛 2.5
音聲之相和也，先後之相隨也。	竹 2.5
萬物作而弗始也，	竹 2.8
為而弗恃也，	竹、帛 2.9
成功而弗居也。	帛 2.10，帛 77.11
夫唯弗居也，是以弗去也。	竹 2.11
是以聖人之治也，	帛、傅 3.5
恆使民无知无欲也。	帛 3.8
使夫智者不敢為也。	王、河 3.9
道沖，而用之又弗盈也。	帛 4.1
吾不知其誰之子也，象帝之先。	帛 4.6
以其不自生也，故能長生。	帛 7.3
揣而允之，不可長葆也。	帛 9.2
湍而羣之，不可長保也。	竹 9.2
金玉盈室，莫之能守也。	帛 9.3

金玉盈室，莫能守也。	竹 9.3
貴富而驕，自遺咎也。	帛 9.4
貴富驕，自遺咎也。	竹 9.4
功遂身退，天之道也。	竹、帛 9.5
長而弗宰也，是謂玄德。	帛 10.9
當其无有，車之用也。	帛 11.2
當其无有，埴器之用也。	帛 11.4
當其无有，室之用也。	帛 11.6
是以聖人之治也，為腹而不為目。	帛 12.6
寵之為下也，	帛 13.3
寵為下也。	竹 13.3
吾所以有大患者，為吾有身也。	帛 13.7
尋尋呵不可名也，	帛 14.7
至虛，恆也；守中，篤也。	竹 16.1
至虛極也，守靜督也。	帛 16.1
萬物並作，吾以觀其復也。	帛 16.2
萬物旁作，居以須復也。	竹 16.2
復命，常也。知常，明也。	帛 16.5
猶乎其貴言也。	竹 17.5
猶呵其貴言也。	帛 17.5
成事遂功，而百姓曰我自然也。	竹 17.6
此三言也，以為文未足，	帛 19.4
此三者，以為文而未足也，	傅 19.4
我愚人之心也，湷湷呵。	帛 20.12
我愚人之心也哉！沌沌兮！	王、河、傅 20.13
吾何以知衆父之然也？以此。	帛 21.8
不自見也故明，	帛 22.6
古之所謂曲則全者，豈虛言也哉？	傅 22.10
孰為此者？天地也。	傅 23.4

其在道也，曰：餘食、贅行。	王、帛、傅 24.6
其於道也，曰餘食贅行。	河 24.6
物或惡之，故有道者不處也。	河、傅 24.7
吾未知其名也，字之曰道。	帛 25.4
善閉者无關籥而不可啓也。	帛 27.4
善結者无纆約而不可解也。	帛 27.5
不善人，善人之資也。	帛 27.9
天下神器，不可為也。	王、河 29.3
夫天下，神器也，非可為者也。	帛 29.3
夫天下神器，不可為也。	傅 29.3
夫兵者，不祥之器也。	帛 31.1
銛緁為上，弗美也。	竹 31.5
兵者不祥之器也，	帛 31.6
以恬憺為上，故不美也。	傅 31.8
銛憺為上，勿美也。	帛 31.8
若美之，是樂殺人也。	帛 31.9
若美必樂之，樂之者是樂殺人也。	傅 31.9
言以喪禮居之也。	竹 31.12，帛 31.15
樸雖小，天下莫能臣也。	王 32.2
天地相合也，以逾甘露。	竹 32.5
譬道之在天下也，	竹、帛 32.10
猶小谷之與江海也。	帛 32.11
猶川谷之與江海也。	傅 32.11
知人者，智也。自知，明也。	帛 33.1
知人者智也，自知者明也。	傅 33.1
勝人者，有力也。自勝者，強也。	帛 33.2
勝人者有力也，自勝者彊也。	傅 33.2
知足者，富也。	帛、傅 33.3
強行者，有志也。	帛 33.4

彊行者有志也,	傅 33.4
不失其所者,久也。	帛、傅 33.5
死而不亡者壽也。	傅 33.6
死而不忘者,壽也。	帛 33.6
道,汎呵其可左右也,	帛 34.1
成功遂事而弗名有也。	帛 34.2
則恆无欲也,可名於小。	帛 34.4
是以聖人之能成大也,	帛 34.6
以其不為大也,	帛 34.7
是以聖人能成其□也,	傅 34.7
故道之出言也,曰:	帛 35.4
淡呵其無味也。	竹 35.5
淡呵其无味也。	帛 35.5
視之,不足見也。	帛 35.6
聽之,不足聞也。	帛 35.7
用之,不可既也。	帛 35.8
而不可既也。	竹 35.8
道恆亡為也,	竹 37.1
上德无為而无以為也。	帛 38.3
上仁為之而无以為也。	帛 38.4
上義為之而有以為也。	帛 38.5
上禮為之而莫之應也,	帛 38.6
夫禮者,忠信之薄也,而亂之首也。	帛 38.12
夫禮者,忠信之薄,而亂之首也。	傅 38.13
前識者,道之華也,而愚之首也。	帛 38.13
前識者,道之華,而愚之始也。	傅 38.14
其至也,謂天毋已清將恐裂,	帛 39.7
其致之,一也,天無以清將恐裂,	傅 39.8
此其賤之本與?非也?	帛 39.15

是其以賤為本也，非歟？	傅 39.17
反也者，道之動也。	帛 40.1
返也者，道動也。	竹 40.1
弱也者，道之用也。	竹、帛 40.2
而王公以自名也。	帛 42.6
而王侯以自稱也。	傅 42.6
吾是以知無為之有益也。	傅 43.4
吾是以知无為□□益也。	帛 43.4
以至亡為也，	竹 48.3
及其有事也，□□足以取天□□。	帛 48.6
不善者亦善□，□善也。	帛 49.4
不信者亦信之，得信也。	帛 49.6
聖人之在天下也，歙歙焉，	帛 49.7
夫何故？以其生生之厚也。	傅 50.5
夫何故也？以其生生。	帛 50.5
夫何故也？以其無死地焉。	傅 50.12
□何故也？以其无死地焉。	帛 50.12
道之尊也，德之貴也，	帛 51.4
夫莫之爵也，而恆自然也。	帛 51.5
□□弗有也，為而弗恃也，	帛 51.8
（盜誇），非道（也）哉！	河 53.8
□□，非□也。	帛 53.8
非道也哉！	王 53.8
盜夸，非道也哉。	傅 53.8
含德之厚者，比之於赤子也。	傅 55.1
未知牝牡之合而全作，精之至也。	王 55.5
未知牝牡之合而朘作，精之至也。	傅 55.5
未知牝牡之合而峻作，精之至也。	河 55.5
未知牝牡之合然怒，精之至也，	竹 55.5

未知牝牡之會而朘怒，精之至也。　　　帛 55.5

終日乎而不憂，和之至也；　　　　　　竹 55.6

終日號而不啞，和之至也。　　　　　　河 55.6

終日號而不嗄，和之至也。　　　　　　王 55.6

終日號而不嚘，和之至也。　　　　　　帛 55.6

終日號而嗌不嗄，和之至也。　　　　　傅 55.6

知者不言也，言者不知也。　　　　　　傅 56.1

故不可得而親也，　　　　　　　　　　帛 56.6

吾何以知其然也？　　　　　　　　　　竹 57.3

吾何以知其然也哉？　　　　　　　　　帛 57.3

孰知其極？□无正也？　　　　　　　　帛 58.5

人之迷也，其日固久矣。　　　　　　　傅 58.7

□之迷也，其日固久矣。　　　　　　　帛 58.7

長生久視之道也。　　　　　　　　　　竹、帛 59.9

非其鬼不神也，　　　　　　　　　　　帛 60.3

其神不傷人也。　　　　　　　　　　　帛 60.4

非其神不傷人也，　　　　　　　　　　帛 60.5

聖人亦弗傷也。　　　　　　　　　　　帛 60.6

大國者，下流也，　　　　　　　　　　帛 61.1

天下之牝也。　　　　　　　　　　　　帛 61.2

天下之交也，　　　　　　　　　　　　帛 61.3

以其靖，故為下也。　　　　　　　　　傅 61.5

為其靜也，故宜為下也。　　　　　　　帛 61.5

道者，萬物之註也，　　　　　　　　　帛 62.1

道者，萬物之奧也。　　　　　　　　　傅 62.1

善人之寶也，　　　　　　　　　　　　帛 62.2

不善人之所保也。　　　　　　　　　　帛 62.3

不如進此道也。　　　　　　　　　　　傅 62.9

古之所以貴此者何也？　　　　　　　　帛 62.10

古之所以貴此道者何也？　　　　　　傅 62.10

□□乎其細也。　　　　　　　　　　帛 63.4

其安也，易持也。□□□□易謀□，　帛 64.1

其安也，易枼也。其未兆也，易謀也。竹 64.1

其脆也，易判也。其幾也，易散也。　竹 64.2

為之於其亡有也，　　　　　　　　　竹 64.3

是以聖人无為也，□无敗□；　　　　帛 64.9

无執也，故无失也。　　　　　　　　帛 64.10

民之從事也，恆於其成而敗之。　　　帛 64.11

以輔萬物之自然，而不敢為也。　　　傅 64.16

非以明民也，將以愚之也。　　　　　帛 65.2

夫民之難治也，以其智也。　　　　　帛 65.3

民之難治，以其多知也。　　　　　　傅 65.3

故以知治國，國之賊也；　　　　　　傅 65.4

故以智知國，國之賊也；　　　　　　帛 65.4

不以知治國，國之福也；　　　　　　傅 65.5

以不智知國，國之德也；　　　　　　帛 65.5

恆知此兩者，亦稽式也。　　　　　　帛 65.6

常知此兩者，亦稽式也。　　　　　　傅 65.6

與物反也，乃至大順。　　　　　　　帛 65.9

以其善下之也，　　　　　　　　　　帛、傅 66.2

是以聖人之欲上民也，　　　　　　　帛 66.4

聖人之在民前也，　　　　　　　　　竹 66.4

其在民上也，以言下之。　　　　　　竹 66.6

其欲先民也，必以其身後之。　　　　帛 66.6

其在民上也，民弗厚也；　　　　　　竹 66.7

故居上而民弗重也，　　　　　　　　帛 66.7

其在民前也，民弗害也；　　　　　　竹 66.8

處之前而民不害也。　　　　　　　　傅 66.8

天下皆樂推而弗厭也，　　　　　　　帛 66.9

以其不爭也，　　　　　　　　　　　竹 66.10

若肖，久矣其細也夫。　　　　　　　王、帛、傅 67.3

若肖久矣。其細（也夫）。　　　　　河 67.3

古之善為士者不武也，　　　　　　　傅 68.1

是謂配天，古之極也。　　　　　　　帛、傅 68.7

吾言易知也，易行也；　　　　　　　帛 70.1

而天下莫之能知也，莫之能行也。　　帛 70.2

夫唯无知也，是以不我知。　　　　　帛 70.4

夫惟無知，是以不吾知也。　　　　　傅 70.4

是以聖人之不病也，　　　　　　　　帛 71.2

以其病病也，是以不病。　　　　　　帛 71.3

是以聖人自知而不自見也，　　　　　帛 72.5

自愛而不自貴也。　　　　　　　　　帛 72.6

若何以殺懼之也？　　　　　　　　　帛 74.2

吾得而殺之，孰敢也！　　　　　　　傅 74.4

人之飢也，以其取食蹬之多，是以飢。帛 75.1

民之飢者，以其上食稅之多也，是以飢。傅 75.1

百姓之不治也，　　　　　　　　　　帛 75.2

以其上之有以為也，是以不治。　　　帛 75.3

以其上之有為也，是以難治。　　　　傅 75.3

民之輕死也，　　　　　　　　　　　帛 75.4

以其上求生生之厚也，是以輕死。　　傅 75.5

以其求生之厚也，是以輕死。　　　　帛 75.5

是賢於貴生也。　　　　　　　　　　傅 75.7

人之生也柔弱，　　　　　　　　　　王、帛、河、傅 76.1

其死也堅強。　　　　　　　　　　　王、河 76.2

其死也堅彊。　　　　　　　　　　　傅 76.2

其死也䐃信堅強，　　　　　　　　　帛 76.2

草木之生也柔脆，　　　　　　　　　　傅 76.3

萬物草木之生也柔脆，　　　　　　　　王、帛、河 76.3

其死也枯槁。　　　　　　　　　　　　王、帛、河、傅 76.4

故曰：堅強，死之徒也；　　　　　　　帛 76.5

故堅彊者，死之徒也；　　　　　　　　傅 76.5

柔弱，生之徒也。　　　　　　　　　　帛 76.6

柔弱者，生之徒也。　　　　　　　　　傅 76.6

天之道，猶張弓也，　　　　　　　　　帛 77.1

若此其不欲見賢也。　　　　　　　　　帛 77.12

□□堅強者莫之能□也，　　　　　　　帛 78.2

以其無以易之也。　　　　　　　　　　帛、傅 78.3

水之勝剛也，弱之勝強也，　　　　　　帛 78.4

天下莫弗知也，而□□□行也。　　　　帛 78.5

正言若反也。　　　　　　　　　　　　傅 78.9

使民有什伯之器而不用也，　　　　　　傅 80.2

業 ye

安其俗，樂其業。　　　　　　　　　　傅 80.8

一 yi

載營魄抱一，能無離，　　　　　　　　河 10.1

載營魄抱一，能無離乎？　　　　　　　王 10.1

載營魄裒一，能無離乎？　　　　　　　傅 10.1

戴營魄抱一，能毋離乎？　　　　　　　帛 10.1

三十輻共一轂，　　　　　　　　　　　王、河、傅 11.1

卅輻同一轂，　　　　　　　　　　　　帛 11.1

故混而為一。　　　　　　　　　　　　王、河、傅 14.5

故緒而為一。　　　　　　　　　　　　帛 14.5

一者，其上不謬，其下不忽。　　　　　帛 14.6

一者，其上之不曒，其下之不昧。　　　傅 14.6

是以聖人抱一，為天下式。	王、河 22.4
是以聖人執一，以為天下牧。	帛 22.4
聖人袌一以為天下式。	傅 22.4
王居一安。	竹 25.9
而王居一焉。	帛 25.9
而王居其一焉。	王、河 25.10
而王處其一尊。	傅 25.10
昔之得一者，	王、河、傅 39.1
昔得一者，	帛 39.1
天得一以清，	王、帛、河、傅 39.2
地得一以寧，	王、帛、河、傅 39.3
神得一以靈，	王、帛、河、傅 39.4
谷得一以盈，	王、河、傅 39.5
谷得一盈，	帛 39.5
萬物得一以生，	王、河、傅 39.6
侯王得一以為天下正。	帛 39.6，河 39.7
王侯得一以為天下貞。	傅 39.7
侯王得一以為天下貞。	王 39.7
其致之，一也，天無以清將恐裂，	傅 39.8
道生一，一生二，	王、帛、河、傅 42.1
一曰慈，二曰儉，	王、帛、河、傅 67.5

衣 yi

衣被萬物而不為主。	傅 34.4
衣養萬物而不為主。	王 34.4

夷 yi

視之不見名曰夷，	王、河、傅 14.1
搢之而弗得，名之曰夷。	帛 14.3
夷道如纇，□道若退。	竹 41.6

夷道若類，進道若退。　　　　　　傅 41.6

進道如退，夷道如類。　　　　　　帛 41.6

進道若退，夷道若類，　　　　　　河 41.6

進道若退，夷道若類。　　　　　　王 41.6

大道甚夷，民甚好僻。　　　　　　帛 53.3

大道甚夷，而民好徑。　　　　　　王、河、傅 53.3

遺 yi

富貴而驕，自遺其咎。　　　　　　王、河、傅 9.4

貴富而驕，自遺咎也。　　　　　　帛 9.4

貴富驕，自遺咎也。　　　　　　　竹 9.4

而我獨若遺。　　　　　　　　　　王、河 20.12

我獨若遺，　　　　　　　　　　　傅 20.12

毋遺身殃，是謂襲常。　　　　　　帛 52.8

無遺身殃，是為習常。　　　　　　王 52.8

無遺身殃，是謂習常。　　　　　　河 52.8

無遺身殃，是謂襲常。　　　　　　傅 52.8

宜 yi

為其靜也，故宜為下也。　　　　　帛 61.5

大者宜為下。　　　　　　　　　　王、河 61.12

則大者宜為下。　　　　　　　　　帛 61.12

故大者宜為下。　　　　　　　　　傅 61.12

以 yi

故恆无欲也，以觀其妙；　　　　　帛 1.5

故常無欲，以觀其妙；　　　　　　王、河、傅 1.5

恆有欲也，以觀其所噭。　　　　　帛 1.6

常有欲，以觀其徼。　　　　　　　王、河、傅 1.6

是以聖人居亡為之事，　　　　　　竹 2.6

是以聖人居无為之事，　　　　　　帛 2.6

是以聖人處無為之事，　　　　　　王、河、傅 2.6

夫唯弗居，是以不去。　　　　　　王 2.11

夫唯弗居，是以弗去。　　　　　　帛 2.11

夫唯弗居也，是以弗去也。　　　　竹 2.11

夫惟不處，是以不去。　　　　　　傅 2.11

夫惟弗居，是以不去。　　　　　　河 2.11

是以聖人之治，　　　　　　　　　王、河 3.5

是以聖人之治也，　　　　　　　　帛、傅 3.5

天地不仁，以萬物為芻狗；　　　　王、帛、河、傅 5.1

聖人不仁，以百姓為芻狗。　　　　王、帛、河、傅 5.2

天地之所以能長且久者，　　　　　帛 7.2

天地所以能長且久者，　　　　　　王、河、傅 7.2

以其不自生，故能長生。　　　　　王、河、傅 7.3

以其不自生也，故能長生。　　　　帛 7.3

是以聖人後其身而身先，　　　　　王、河、傅 7.4

是以聖人退其身而身先，　　　　　帛 7.4

不以其無私邪？　　　　　　　　　傅 7.6

非以其無私邪？　　　　　　　　　王 7.6

非以其無私耶？　　　　　　　　　河 7.6

不以其无私與？　　　　　　　　　帛 7.7

愛民治國，能無以知乎？　　　　　傅 10.4

愛民活國，能毋以知乎？　　　　　帛 10.4

明白四達，能毋以知乎？　　　　　帛 10.6

明白四達，能無以為乎？　　　　　傅 10.6

埏埴以為器，　　　　　　　　　　王、河、傅 11.3

鑿戶牖以為室，　　　　　　　　　王、河、傅 11.5

故有之以為利，　　　　　　　　　王、帛、河、傅 11.7

無之以為用。　　　　　　　　　　王、河、傅 11.8

□之以為用。　　　　　　　　　　帛 11.8

是以聖人之治也，為腹而不為目。　　　帛 12.6

是以聖人為腹不為目，　　　　　　　　王、河、傅 12.6

吾所以有大患者，為吾有身，　　　　　王、竹、河、傅 13.7

吾所以有大患者，為吾有身也。　　　　帛 13.7

故貴以身為天下，　　　　　　　　　　王 13.9

故貴以身為天下者，　　　　　　　　　河、傅 13.9

則可以託天下矣；　　　　　　　　　　傅 13.10

若可以託天下矣；　　　　　　　　　　竹、帛 13.10

愛以身為天下，　　　　　　　　　　　王、竹、帛 13.11

愛以身為天下者，　　　　　　　　　　河、傅 13.11

女可以寄天下矣。　　　　　　　　　　帛 13.12

則可以寄天下矣。　　　　　　　　　　傅 13.12

若何以託天下矣。　　　　　　　　　　竹 13.12

乃可以託於天下。　　　　　　　　　　河 13.12

執今之道，以御今之有。　　　　　　　帛 14.13

執古之道，以御今之有，　　　　　　　王、河 14.13

執古之道，可以御今之有，　　　　　　傅 14.13

以知古始，是謂道紀。　　　　　　　　帛、河 14.14

是以為之容：　　　　　　　　　　　　竹 15.3

孰能濁以靜者，將徐清。　　　　　　　竹 15.10

孰能厇以迬者，將徐生。　　　　　　　竹 15.11

孰能濁以（止）靜之，徐清？　　　　　河 15.12

孰能濁以澄靖之，而徐清。　　　　　　傅 15.12

孰能濁以靜之徐清？　　　　　　　　　王 15.12

安以動之，徐生。　　　　　　　　　　帛 15.13

孰能安以久動之，而徐生。　　　　　　傅 15.13

孰能安以久動之徐生？　　　　　　　　王、河 15.13

夫惟不盈，是以能敝而不成。　　　　　傅 15.15

是以能敝而不成。　　　　　　　　　　帛 15.15

萬物並作，吾以觀其復。　　　　　　　　河、傅 16.2

萬物並作，吾以觀其復也。　　　　　　　帛 16.2

萬物並作，吾以觀復。　　　　　　　　　王 16.2

萬物旁作，居以須復也。　　　　　　　　竹 16.2

三言以為辨不足，　　　　　　　　　　　竹 19.4

此三言也，以為文未足，　　　　　　　　帛 19.4

此三者，以為文不足，　　　　　　　　　王、河 19.4

此三者，以為文而未足也，　　　　　　　傅 19.4

人之所畏，亦不可以不畏。　　　　　　　竹 20.4

人之所畏，亦不可以不畏人。　　　　　　帛 20.4

儡儡兮其不足以無所歸。　　　　　　　　傅 20.10

衆人皆有以，　　　　　　　　帛 20.16，王、河、傅 20.17

我獨門頑以鄙。　　　　　　　　　　　　帛 20.17

自今及古，其名不去，以順衆父。　　　　帛 21.7

自今及古，其名不去，以閱衆甫。　　　　傅 21.7

自古及今，其名不去，以閱衆甫。　　　　王、河 21.7

吾何以知衆父之然也？以此。　　　　　　帛 21.8

吾何以知衆甫之狀哉？以此。　　　　　　王 21.8

吾何以知衆甫之然哉？以此。　　　　　　河 21.8

吾奚以知衆甫之然哉？以此。　　　　　　傅 21.8

是以聖人抱一，為天下式。　　　　　　　王、河 22.4

是以聖人執一，以為天下牧。　　　　　　帛 22.4

聖人裒一以為天下式。　　　　　　　　　傅 22.4

可以為天地母。　　　　　　　　　　　　帛 25.3

可以為天下母。　　　　　　　竹 25.3，王、河、傅 25.4

是以君子終日行，不遠其輜重，　　　　　帛 26.2

是以君子終日行，不離其輜重。　　　　　傅 26.2

是以聖人終日行不離輜重。　　　　　　　王、河 26.2

而以身輕天下？　　　　　　　　　　　　王、河、傅 26.5

而以身輕於天下？	帛 26.5
是以聖人恆善救人，而无棄人，	帛 27.6
是以聖人常善救人，故人無棄人；	傅 27.6
是以聖人常善救人，故無棄人；	王、河 27.6
是以聖人去甚，去大，去奢。	帛 29.7
是以聖人去甚，去奢，去泰。	王、河、傅 29.7
以道佐人主，	帛 30.1
以道佐人主者，	王、竹、河、傅 30.1
不以兵強天下，其事好還。	王、河 30.2
不以兵強於天下。其□□□，	帛 30.2
不以兵彊天下，其事好還。	傅 30.2
不欲以兵強於天下。	竹 30.2
不以取強。	竹 30.4
毋以取強焉。	帛 30.5
不敢以取強。	王、河 30.6
不敢以取彊焉。	傅 30.6
是以君子居則貴左，	傅 31.3
□□以得志於天下。	竹 31.8
以恬憺為上，故不美也。	傅 31.8
是以偏將軍居左，	竹 31.10，帛 31.13
不可以得志於天下矣。	帛、傅 31.11
則不可以得志於天下矣。	王、河 31.11
是以吉事上左，喪事上右；	帛 31.12
言以喪禮居之也。	竹 31.12，帛 31.15
故殺□□，則以哀悲莅之；	竹 31.13
是以偏將軍處左，	傅 31.13
戰勝則以喪禮居之。	竹 31.14
言以喪禮處之。	王、河 31.15
言居上勢，則以喪禮處之。	傅 31.15

殺人之衆，以哀悲泣之。　　　　　王 31.16

殺人衆，以悲哀莅之；　　　　　　帛 31.16

殺人衆多，以悲哀泣之。　　　　　河 31.16

殺人衆多，則以悲哀泣之。　　　　傅 31.16

戰勝，以喪禮處之。　　　　　　　王、河 31.17

戰勝而以喪禮處之。　　　　　　　帛 31.17

戰勝者，則以喪禮處之。　　　　　傅 31.17

天地相合，以俞甘露。　　　　　　帛 32.5

天地相合，以降甘露，　　　　　　王、河、傅 32.5

天地相合也，以逾甘露。　　　　　竹 32.5

知之，所以不殆。　　　　　　　　河 32.9

知止可以不殆。　　　　　　　　　王 32.9

知止所以不殆。　　　　　　　　　竹、帛、傅 32.9

萬物恃之以生而不辭。　　　　　　傅 34.2

是以聖人之能成大也，　　　　　　帛 34.6

是以聖人終不為大，　　　　　　　河 34.7，王、帛、河、傅
　　　　　　　　　　　　　　　　63.7

以其不為大也，　　　　　　　　　帛 34.7

以其終不自為大，　　　　　　　　王 34.7

是以聖人能成其□也，　　　　　　傅 34.7

以其終不自大，　　　　　　　　　傅 34.8

邦之利器不可以示人。　　　　　　傅 36.8

國之利器不可以示人。　　　　　　王、河 36.8

國利器不可以示人。　　　　　　　帛 36.8

吾將鎮之以無名之朴。　　　　　　河 37.5

吾將鎮之以無名之樸。　　　　　　王、傅 37.5

吾將鎮之以无名之樸。　　　　　　帛 37.5

將鎮之以亡名之樸。　　　　　　　竹 37.5

鎮之以□名之樸，夫將不辱。　　　帛 37.6

不辱以靜，天地將自正。　　　　　帛 37.7

不欲以靖，天下將自正。	傅 37.7
不欲以靜，天下將自定。	王、河 37.7
知（足）以靜，萬物將自定。	竹 37.7
上德不德，是以有德；	王、帛、河、傅 38.1
下德不失德，是以無德。	王、河、傅 38.2
下德不失德，是以无德。	帛 38.2
上德無為而無以為，	王、河 38.3
上德无為而无以為也。	帛 38.3
下德為之而有以為。	王、河 38.4
下德為之而無以為。	傅 38.4
上仁為之而无以為也。	帛 38.4
上仁為之，而無以為；	王、河、傅 38.5
上義為之而有以為也。	帛 38.5
上義為之而有以為，	王、河、傅 38.6
是以大丈夫居其厚而不居其薄，	帛 38.14
是以大丈夫處其厚，不居其薄。	王 38.15
是以大丈夫處其厚，不處其薄；	河、傅 38.15
天得一以清，	王、帛、河、傅 39.2
地得一以寧，	王、帛、河、傅 39.3
神得一以靈，	王、帛、河、傅 39.4
谷得一以盈，	王、河、傅 39.5
萬物得一以生，	王、河、傅 39.6
侯王得一以為天下正。	帛 39.6，河 39.7
王侯得一以為天下貞。	傅 39.7
侯王得一以為天下貞。	王 39.7
其致之，一也，天無以清將恐裂，	傅 39.8
其致之。天無以清將恐裂，	王、河 39.8
地無以寧將恐發，	王、河、傅 39.9
神無以靈將恐歇，	王、河、傅 39.10

谷無以盈將恐竭， 王、傅 39.11

侯王毋已貴以高將恐蹷。 帛 39.11

故必貴以賤為本， 帛 39.12

萬物無以生將恐滅， 王、河、傅 39.12

王侯無以為貞而貴高將恐蹷。 傅 39.13

必高矣而以下為基。 帛 39.13

侯王無以貴高將恐蹶。 王 39.13

侯王無以貴高將恐蹷。 河 39.13

夫是以侯王自謂孤寡不穀， 帛 39.14

故貴（必）以賤為本， 河 39.14

故貴以賤為本， 王、傅 39.14

高必以下為基。 河 39.15

高以下為基。 王、傅 39.15

是以王侯自謂孤寡不穀， 傅 39.16

是以侯王自稱孤寡不穀， 河 39.16

是以侯王自謂孤寡不穀。 王 39.16

此非以賤為本邪？非乎？ 王 39.17

此非以賤為本耶？非乎！ 河 39.17

是其以賤為本也，非歟？ 傅 39.17

不笑不足以為道。 王、河、傅 41.4

弗大笑，不足以為道矣。 竹 41.4

弗笑□□以為道。 帛 41.4

是以建言有之：明道如曹， 竹 41.5

是以建言有之曰：明道如費， 帛 41.5

中氣以為和。 帛 42.4

沖氣以為和。 王、河、傅 42.4

而王公以自名也。 帛 42.6

而王公以為稱。 王、河 42.6

而王侯以自稱也。 傅 42.6

人之所以教我，亦我之所以教人。	傅 42.9
吾將以為教父。	王、河 42.11
吾將以為學父。	帛、傅 42.11
吾是以知無為之有益。	王、河 43.4
吾是以知無為之有益也。	傅 43.4
吾是以知无為□□益也。	帛 43.4
知足不辱，知止不殆，可以長久。	王、河、傅 44.6
故知足不辱，知止不殆，可以長久。	竹、帛 44.6
知清靖，以為天下正。	傅 45.6
清靜，可以為天下正。	帛 45.6
天下有道，卻走馬以糞；	王、帛、河 46.1
天下有道，卻走馬以播。	傅 46.1
不出戶（以）知天下，	河 47.1
不出戶，可以知天下。	傅 47.1
不出於戶，以知天下。	帛 47.1
不窺於牖，以知天道。	帛 47.2
不窺牖（以）見天道，	河 47.2
不窺牖，可以知天道。	傅 47.2
是以聖人不行而知，	王、河、傅 47.4
以至亡為也，	竹 48.3
以至於無為，	王、河、傅 48.3
以至於无□，	帛 48.3
取天下常以無事，	王、河 48.5
將欲取天下者，常以無事。	傅 48.5
及其有事，又不足以取天下矣。	傅 48.6
及其有事，不足以取天下。	王、河 48.6
及其有事也，□□足以取天□□。	帛 48.6
以百姓之心為心。	帛 49.2
以百姓心為心。	王、河、傅 49.2

夫何故？以其生生之厚。　　　　　　　王 50.5

夫何故？以其生生之厚也。　　　　　　傅 50.5

夫何故？以其求生之厚。　　　　　　　河 50.5

夫何故也？以其生生。　　　　　　　　帛 50.5

夫何故？以其無死地。　　　　　　　　王、河 50.12

夫何故也？以其無死地焉。　　　　　　傅 50.12

□何故也？以其无死地焉。　　　　　　帛 50.12

是以萬物莫不尊道而貴德。　　　　　　王、河、傅 51.3

是以萬物尊道而貴德。　　　　　　　　帛 51.3

天下有始，以為天下母。　　　　　　　王、帛、河 52.1

天下有始，可以為天下母。　　　　　　傅 52.1

既得其母，以知其子；　　　　　　　　王、帛、傅 52.2

子孫以其祭祀不屯。　　　　　　　　　竹 54.3

子孫以祭祀不絕。　　　　　　　　　　帛 54.3

子孫以祭祀不輟。　　　　　　　　　　王 54.3

□□□家，以鄉觀鄉，　　　　　　　　竹 54.9

以身觀身，以家觀家，　　　　　　　　帛 54.9

故以身觀身，以家觀家，　　　　　　　王、河、傅 54.9

以邦觀邦，　　　　　　　　　　　　　竹 54.10

以鄉觀鄉，以邦觀國，　　　　　　　　帛 54.10

以鄉觀鄉，以邦觀邦，　　　　　　　　傅 54.10

以鄉觀鄉，以國觀國，　　　　　　　　王、河 54.10

以天下觀天下。　　　　　　　　　　　王、竹、帛、河、傅 54.11

（吾）何以知天下之然哉？以此。　　　河 54.12

吾何□知天下之然哉？以□。　　　　　帛 54.12

吾何以知天下然哉？以此。　　　　　　王 54.12

吾何以知天□□□□□。　　　　　　　竹 54.12

吾奚以知天下之然哉？以此。　　　　　傅 54.12

以正治邦，以奇用兵，　　　　　　　　竹 57.1

以正治國，以奇用兵，	王、帛、河 57.1
以政治國，以奇用兵，	傅 57.1
以亡事取天下。	竹 57.2
以無事取天下。	王、帛、河、傅 57.2
吾何以知其然也？	竹 57.3
吾何以知其然也哉？	帛 57.3
吾何以知其然哉？以此。	王、河 57.3
吾奚以知天下其然哉？以此。	傅 57.3
是以□人之言曰：	帛 57.8
是以聖人之言曰：	竹 57.8
是以方而不割，	帛 58.8
是以聖人方而不割，	王、河、傅 58.8
夫唯嗇，是以早，	竹 59.2
夫唯嗇，是以早服。	帛 59.2
夫惟嗇，是以早服。	傅 59.2
是以早服是謂……	竹 59.3
莫知其□，可以有國。	帛 59.6
莫知其極（則）可以有國。	河 59.6
莫知其極，可以有國。	王、竹、傅 59.6
有國之母，可以長……	竹 59.7
有國之母，可以長久。	王、帛、河、傅 59.7
以道蒞天下者，其鬼不神。	傅 60.2
以道莅天下，其鬼不神。	王、帛、河 60.2
牝恆以靜勝牡。	帛 61.4
牝常以靖勝牡。	傅 61.4
牝常以靜勝牡，	王、河 61.4
以其靖，故為下也。	傅 61.5
以靜為下。	王、河 61.5
故大國以下小國，則取小國；	王、河、帛 61.6

故大國以下小國，則取於小國。　　　傅 61.6

小國以下大國，則取大國。　　　　　王、河 61.7

小國以下大國，則取於大國。　　　　帛、傅 61.7

或下以取，或下而取。　　　　　　　河、傅 61.8

故或下以取，或下而取。　　　　　　王、帛 61.8

美言可以市，　　　　　　　　　　　王、帛、河 62.4

美言可以於市，　　　　　　　　　　傅 62.4

尊行可以加人。　　　　　　　　　　王、帛、河 62.5

尊言可以加於人。　　　　　　　　　傅 62.5

雖有共之璧以先四馬，　　　　　　　帛 62.8

雖有拱璧以先駟馬，　　　　　　　　王、河、傅 62.8

古之所以貴此者何也？　　　　　　　帛 62.10

古之所以貴此道者，　　　　　　　　河 62.10

古之所以貴此道者何？　　　　　　　王 62.10

古之所以貴此道者何也？　　　　　　傅 62.10

不曰以求得，　　　　　　　　　　　王 62.11

不曰求以得，　　　　　　　　　　　傅 62.11

不謂求以得，　　　　　　　　　　　帛 62.11

何不曰以求得？　　　　　　　　　　河 62.11

有罪以免邪？　　　　　　　　　　　王、傅 62.12

有罪以免耶，　　　　　　　　　　　河 62.12

有罪以免與？　　　　　　　　　　　帛 62.12

大小多少，報怨以德。　　　　　　　王、帛、河、傅 63.2

是以聖人猶難之，故終亡難。　　　　竹 63.3

是以聖人猶難之，故終於无難。　　　帛 63.11

是以聖人猶難之，故終無難。　　　　河 63.11

是以聖人猶難之。故終無難矣。　　　王、傅 63.11

是以聖人亡為故亡敗；　　　　　　　竹 64.9

是以聖人無為，故無敗；　　　　　　王、傅 64.9

是以聖人无為也，□无敗□；	帛 64.9
是以聖人欲不欲，	王、帛、河、傅 64.13
學不學，以復衆人之所過；	傅 64.15
以輔萬物之自然，而不敢為。	王、河 64.16
以輔萬物之自然，而不敢為也。	傅 64.16
非以明民，將以愚之。	王、河、傅 65.2
非以明民也，將以愚之也。	帛 65.2
夫民之難治也，以其智也。	帛 65.3
民之難治，以其多知也。	傅 65.3
民之難治，以其智多。	王、河 65.3
以智治國，國之賊；	河 65.4
故以知治國，國之賊也；	傅 65.4
故以智治國，國之賊；	王 65.4
故以智知國，國之賊也；	帛 65.4
不以知治國，國之福也；	傅 65.5
不以智治國，國之福。	王、河 65.5
以不智知國，國之德也；	帛 65.5
江海所以為百谷王，	竹 66.1
江海所以能為百谷王者，	王、帛、河、傅 66.1
以其能為百谷下，	竹 66.2
以其善下之，	王、河 66.2
以其善下之也，	帛、傅 66.2
是以能為百谷王。	竹、帛 66.3
是以欲上民，	王 66.4
是以聖人之欲上民也，	帛 66.4
是以聖人欲上民，	河、傅 66.4
以身後之；	竹 66.5
必以言下之；	王 66.5
必以其言下之；	帛、河、傅 66.5

其在民上也，以言下之。	竹 66.6
其欲先民也，必以其身後之。	帛 66.6
欲先民，必以身後之。	王 66.6
欲先民，必以其身後之。	河、傅 66.6
是以聖人處上而民不重，	王、河 66.7
是以聖人處之上而民弗重，	傅 66.7
是以天下樂推而不厭。	王、河、傅 66.9
不以其不爭。	傅 66.10
不以其无爭與？	帛 66.10
以其不爭，	王、河 66.10
以其不爭也，	竹 66.10
夫慈，以陳則正，以守則固。	傅 67.13
夫慈，以戰則勝，以守則固，	王、帛、河 67.13
天將建之，如以慈垣之。	帛 67.14
天將救之，以慈衛之。	王、河、傅 67.14
夫唯無知，是以不我知。	王 70.4
夫唯无知也，是以不我知。	帛 70.4
夫惟無知，是以不吾知也。	傅 70.4
夫惟無知，是以不我知。	河 70.4
是以聖人被褐而懷玉。	帛、傅 70.6
是以聖人被褐懷玉。	王、河 70.6
夫唯病病，是以不病。	王、河 71.2
夫惟病病，是以不病。	傅 71.2
是以聖人之不病也，	帛 71.2
以其病病也，是以不病。	帛 71.3
以其病病，是以不吾病。	傅 71.4
以其病病，是以不病。	王、河 71.4
夫唯不厭，是以不厭。	王 72.4
夫唯弗厭，是以不厭。	帛 72.4

夫惟不厭，是以不厭。　　　　　　　河 72.4

夫惟無厭，是以無厭。　　　　　　　傅 72.4

是以聖人自知，不自見；　　　　　　王、河 72.5

是以聖人自知而不自見，　　　　　　傅 72.5

是以聖人自知而不自見也，　　　　　帛 72.5

是以聖人猶難之。　　　　　　　　　王、河、傅 73.5

如之何其以死懼之？　　　　　　　　傅 74.2

奈何以死懼之！　　　　　　　　　　王、河 74.2

若何以殺懼之也？　　　　　　　　　帛 74.2

人之飢也，以其取食稅之多，是以飢。帛 75.1

民之飢，以其上食稅之多，是以飢。　河 75.1

民之飢者，以其上食稅之多也，是以飢。傅 75.1

民之饑，以其上食稅之多，是以饑。　王 75.1

以其上之有以為也，是以不治。　　　帛 75.3

以其上之有為，是以難治。　　　　　王 75.3

以其上之有為也，是以難治。　　　　傅 75.3

以其上有為，是以難治。　　　　　　河 75.3

以其上求生生之厚也，是以輕死。　　傅 75.5

以其求生之厚，是以輕死。　　　　　王、河 75.5

以其求生之厚也，是以輕死。　　　　帛 75.5

夫唯無以生為者，　　　　　　　　　王、河 75.6

夫唯无以生為者，　　　　　　　　　帛 75.6

夫惟無以生為貴者，　　　　　　　　傅 75.6

□以兵強則不勝，木強則兢。　　　　帛 76.7

是以兵強則不勝，木強則共。　　　　河 76.7

是以兵強則不勝，木強則兵。　　　　王 76.7

是以兵彊者則不勝，木彊則共。　　　傅 76.7

損不足以奉有餘。　　　　　　　　　王、河、傅 77.7

夫孰能有餘而有以奉於天者，　　　　帛 77.8

孰能有餘以奉天下? 　　　　　　王、河 77.8

是以聖人為而不恃, 　　　　　　王、河、傅 77.10

是以聖人為而弗有, 　　　　　　帛 77.10

以其無以易之也。 　　　　　　　帛、傅 78.3

其無以易之。 　　　　　　　　　王、河 78.3

是以聖人云, 　　　　　　　　　王 78.6

安可以為善? 　　　　　　　　　王、河、傅 79.2

焉可以為善? 　　　　　　　　　帛 79.2

是以聖人執左契, 　　　　　　　王、帛、河、傅 79.3

而不以責於人。 　　　　　　　　帛 79.4

聖人不積,既以為人,己愈有; 　王、河 81.4

聖人無積,既以為人,己愈有; 　傅 81.4

聖人无積,既以為人,己愈有; 　帛 81.4

既以予人矣,己愈多。 　　　　　帛 81.5

既以與人,己愈多。 　　　　　　王、河、傅 81.5

倚 yi

禍,福之所倚; 　　　　　　　　帛 58.3

禍兮福之所倚, 　　　　　　　　王、河、傅 58.3

已 yi

天下皆知美之為美,惡已。 　　　帛 2.1

天下皆知美之為美,斯惡已; 　　王、河、傅 2.1

天下皆知美之為美也,惡已; 　　竹 2.1

皆知善,此其不善已。 　　　　　竹 2.2

皆知善之為善,斯不善已。 　　　王、河、傅 2.2

弗為而已,則无不治矣。 　　　　帛 3.10

持而盈之,不如其已。 　　　　　王、傅 9.1

持而盈之,不知其已。 　　　　　河 9.1

持而盈之,不若其已。 　　　　　帛 9.1

枺而盈之，不不若已。	竹 9.1
吾見其不得已。	王、河、傅 29.2
吾見其弗得已。	帛 29.2
善者果而已，	竹 30.3，河 30.5
善者果而已矣，	帛 30.4
故善者果而已矣，	傅 30.5
善有果而已，	王 30.5
果而毋得已居，是謂果而強。	帛 30.7
果而不得已，果而勿強。	王、河 30.8
果而不得已，是果而勿彊。	傅 30.8
物壯而老，謂之不道，不道早已。	帛 30.8
物壯則老，是謂不道，不道早已。	王、河 30.9
物壯則老，是謂非道，非道早已。	傅 30.9
□得已而用之，	竹 31.4
不得已而用之，	王、帛、河、傅 31.7
其至也，謂天毋已清將恐裂，	帛 39.7
地毋已寧將恐發，	帛 39.8
神毋已靈將恐歇，	帛 39.9
谷毋已盈將竭，	帛 39.10
侯王毋已貴以高將恐蹶。	帛 39.11
物□則老，謂之不道，不道早已。	帛 55.9
物壯則老，謂之不道，不道早已。	王、河、傅 55.9

矣 yi

皆知善，斯不善矣。	帛 2.2
弗為而已，則无不治矣。	帛 3.10
為無為，則無不為矣。	傅 3.10
居眾人之所惡，故幾於道矣。	帛、傅 8.3
夫惟不爭，故無尤矣。	傅 8.7
則可以託天下矣；	傅 13.10

若可以託天下矣；	竹、帛 13.10
女可以寄天下矣。	帛 13.12
則可以寄天下矣。	傅 13.12
若何以迲天下矣。	竹 13.12
善者果而已矣，	帛 30.4
故善者果而已矣，	傅 30.5
不可以得志於天下矣。	帛、傅 31.11
則不可以得志於天下矣。	王、河 31.11
故常無欲，可名於小矣。	傅 34.5
萬物歸之而不知主，可名於大矣。	傅 34.6
必高矣而以下為基。	帛 39.13
弗大笑，不足以為道矣。	竹 41.4
□下希能及之矣。	帛 43.6
天下稀及之矣。	傅 43.6
知足之為足，此恆足矣。	竹 46.4
故知足之足，常足矣。	王 46.5，河、傅 46.6
□□□□□，恆足矣。	帛 46.6
及其有事，又不足以取天下矣。	傅 48.6
不善者吾亦善之，得善矣。	傅 49.4
不信者吾亦信之，得信矣。	傅 49.6
人之迷也，其日固久矣。	傅 58.7
□之迷也，其日固久矣。	帛 58.7
是以聖人猶難之，故終無難矣。	王、傅 63.11
故曰：慎終若始，則无敗事矣。	帛 64.12
慎終如始，此亡敗事矣。	竹 64.12
慎終如始，則無敗事矣。	傅 64.12
玄德深矣，遠矣，	王、帛、河、傅 65.8
與物反矣，乃復至於大順。	傅 65.9
與物反矣，然後乃至大順。	王 65.9

與物反矣。乃至大順。	河 65.9
若肖，久矣其細也夫。	王、帛、傅 67.3
若肖久矣。其細（也夫）。	河 67.3
舍（其）後且先，死矣，	河 67.12
舍其後，且先；則死矣。	帛 67.12
舍後且先，死矣！	王 67.12
无敵近亡吾寶矣。	帛 69.7
故抗兵相加，哀者勝矣。	王、河 69.8
故抗兵相若，而哀者勝矣。	帛 69.8
故抗兵相若，則哀者勝矣。	傅 69.8
知我者稀，則我貴矣。	傅 70.5
知者希，則我貴矣。	帛 70.5
知不知，尚矣。不知知，病矣。	帛、傅 71.1
民不畏威，則大威至矣。	河、傅 72.1
民之不畏威，則大威將至矣。	帛 72.1
吾得而殺之，夫孰敢矣！	帛 74.4
希有不傷手矣。	河 74.9
希有不傷其手矣。	王 74.9
稀不自傷其手矣。	傅 74.9
既以予人矣，己愈多。	帛 81.5

抑 yi

高者抑之，下者舉之；	王、帛、河、傅 77.2

易 yi

有、无之相生也，難、易之相成也，	帛 2.3
有亡之相生也，難易之相成也，	竹 2.3
故有無之相生，難易之相成，	傅 2.3
故有無相生，難易相成，	王、河 2.3
大小之多易必多難。	竹 63.2

圖難乎於其易，　　　　　　　　　　傅 63.3

圖難於其易，　　　　　　　　　　　王、河 63.3

天下之難作於易，　　　　　　　　　帛 63.5

天下之難事必作於易，　　　　　　　傅 63.5

天下難事必作於易，　　　　　　　　王、河 63.5

多易必多難，　　　　　　　　　　　王、帛、河 63.10

多易者必多難，　　　　　　　　　　傅 63.10

其安也，易持也。□□□□易謀□，　帛 64.1

其安也，易楪也。其未兆也，易謀也。竹 64.1

其安易持，其未兆易謀，　　　　　　王、河、傅 64.1

其脆也，易判也。其幾也，易散也。　竹 64.2

其脆易判，其微易散。　　　　　　　傅 64.2

其脆易泮，其微易散。　　　　　　　王 64.2

其脆易破，其微易散。　　　　　　　河 64.2

吾言易知也，易行也；　　　　　　　帛 70.1

吾言甚易知，甚易行。　　　　　　　王、河、傅 70.1

以其無以易之也。　　　　　　　　　帛、傅 78.3

其無以易之。　　　　　　　　　　　王、河 78.3

異 yi

此兩者同出而異名，同謂之玄。　　　王、河、傅 1.7

兩者同出，異名同謂。　　　　　　　帛 1.7

吾欲獨異於人，而貴食母。　　　　　帛 20.18

吾獨欲異於人，而貴食母。　　　　　傅 20.19

我獨異於人，而貴食母。　　　　　　王、河 20.19

議 yi

故人□□教，亦議而教人。　　　　　帛 42.9

亦 yi

人之所畏，亦不可以不畏。　　　　　竹 20.4

人之所畏，亦不可以不畏人。　　　　帛 20.4

同於得者，道亦得之；　　　　　　　帛 23.10

同於失者，道亦失之。　　　　　　　帛 23.11

同於道者，道亦樂得之；　　　　　　王、河 23.11

同於德者，德亦樂得之；　　　　　　王、河 23.12

同於失者，失亦樂失之。　　　　　　河 23.13

同於失者，失亦樂得之。　　　　　　王 23.13

於道者，道亦得之；　　　　　　　　傅 23.13

於得者，得亦得之；　　　　　　　　傅 23.14

於失者，失亦得之。　　　　　　　　傅 23.15

天大，地大，道大，王亦大。　　　　竹 25.7

道大，天大，地大，王亦大。　　　　帛 25.7

故道大，天大，地大，王亦大。　　　王、河 25.8

道大，天大，地大，人亦大。　　　　傅 25.8

名亦既有，天亦將知之。　　　　　　河 32.8

名亦既有，夫亦將知止，　　　　　　王、竹、帛、傅 32.8

夫亦將知足，　　　　　　　　　　　竹 37.6

無名之朴，亦將不欲，　　　　　　　河 37.6

無名之樸，夫亦將不欲。　　　　　　傅 37.6

無名之樸，夫亦將無欲。　　　　　　王 37.6

人之所以教我，亦我之所以教人。　　傅 42.9

人之所教，我亦教之。　　　　　　　王、河 42.9

故人□□教，亦議而教人。　　　　　帛 42.9

不善者，吾亦善之，德善。　　　　　王、河 49.4

不善者亦善□，□善也。　　　　　　帛 49.4

不善者吾亦善之，得善矣。　　　　　傅 49.4

不信者，吾亦信之，德信。　　　　　王、河 49.6

不信者亦信之，得信也。　　　　　　帛 49.6

不信者吾亦信之，得信矣。　　　　　傅 49.6

人之生動之死地，亦十有三。	王 50.4
而民之生生而動，動皆之死地， 亦十有三。	傅 50.4
亦不可得而疏；	竹、帛 56.7
亦不可得而疏；	傅 56.7
亦不可得而踈；	河 56.7
亦不可得而害；	竹、河、帛、傅 56.9
亦不可得而賤，	河、帛、傅 56.11
亦可不可得而賤。	竹 56.11
聖人亦不傷人。	王、河、傅 60.6
聖人亦弗傷也。	帛 60.6
知此兩者，亦稽式。	王 65.6
知此兩者亦楷式。	河 65.6
恆知此兩者，亦稽式也。	帛 65.6
常知此兩者，亦稽式也。	傅 65.6

愧 yi

物愧棄財，是謂愧明。	帛 27.7

義 yi

大道廢，有仁義；	王、河 18.1
大道廢，焉有仁義。	傅 18.1
故大道廢，安有仁義。	竹、帛 18.1
絕仁棄義，民復孝慈；	王、河、傅 19.2
絕仁棄義，而民復孝慈。	帛 19.2
上義為之而有以為也。	帛 38.5
上義為之而有以為，	王、河、傅 38.6
失仁而后義，	帛 38.10
失仁而後義，	王、河、傅 38.11
失義而后禮。	帛 38.11
失義而後禮。	王、河、傅 38.12

益 yi

故物，或損之而益，	王、河、傅 42.7
或益之而損。	王、河、傅 42.8
損之而益。	帛 42.8
吾是以知無為之有益。	王、河 43.4
吾是以知無為之有益也。	傅 43.4
吾是以知无為□□益也。	帛 43.4
不□□教，无為之益，	帛 43.5
不言之教，無為之益，	王、河、傅 43.5
為學日益，為道日損。	王、河 48.1
為學者日益，為道者日損。	傅 48.1
為學者日益，聞道者日損，	帛 48.1
學者日益，為道者日損。	竹 48.1
益生曰祥，心使氣曰強。	河 55.8
益生曰祥，心使氣曰強。	王、竹、帛 55.8
益生曰祥，心使氣則彊。	傅 55.8
不足者益之。	河 77.4
故天之道，損有餘而益不足；	帛 77.5

音 yin

音、聲之相和也，先、後之相隨，恆也。	帛 2.5
音聲之相和，前後之相隨，	傅 2.5
音聲之相和也，先後之相隨也。	竹 2.5
音聲相和，前後相隨。	王、河 2.5
五音令人耳聾，	王、河、傅 12.2
五音使人之耳聾。	帛 12.5
大器曼成，大音祗聲，	竹 41.10
大器晚成，大音希聲，	王、帛、河 41.10
大器晚成，大音稀聲，	傅 41.10

陰 yin

萬物負陰而抱陽，	王、河 42.3
萬物負陰而裹陽，	傅 42.3

飲 yin

厭飲食，財貨有餘，	王、河 53.6
厭飲食，貨財有餘，	傅 53.6

隱 yin

大象無形。道隱無名，	王、河、傅 41.11

嬰 ying

專氣致柔，能如嬰兒乎？	傅 10.2
專氣致柔，能嬰兒。	河 10.2
專氣致柔，能嬰兒乎？	王 10.2
搏氣至柔，能嬰兒乎？	帛 10.2
如嬰兒之未孩，	王、河 20.9
若嬰兒之未咳，	傅 20.9
若嬰兒未咳。	帛 20.9
恆德不离，復歸嬰兒。	帛 28.3
復歸於嬰兒。	王、河、傅 28.3

迎 ying

迎之不見其首，	王、河、傅 14.11
迎而不見其首。	帛 14.12

贏 ying

大贏如絀。	帛 45.4

營 ying

載營魄抱一，能無離，	河 10.1
載營魄抱一，能無離乎？	王 10.1

載營魄衰一，能無離乎？	傅 10.1
戴營魄抱一，能毋離乎？	帛 10.1

盈 ying

長、短之相形也，高、下之相盈也，	帛、竹 2.4
道沖，而用之又弗盈也。	帛 4.1
道沖而用之或不盈，	王、河 4.1
持而盈之，不如其已。	王、傅 9.1
持而盈之，不知其已。	河 9.1
持而盈之，不若其已。	帛 9.1
柒而盈之，不不若已。	竹 9.1
金玉盈室，莫之能守也。	帛 9.3
金玉盈室，莫能守也。	竹 9.3
保此道者不欲尚盈。	竹 15.12
保此道者不欲盈，	王、河、傅 15.14
葆此道□不欲盈。	帛 15.14
夫唯不盈，故能蔽不新成。	王、河 15.15
夫惟不盈，是以能敝而不成。	傅 15.15
洼則盈，敝則新。	帛 22.2
窪則盈，敝則新，	王、傅 22.2
窪則盈，弊則新，	河 22.2
谷得一以盈，	王、河、傅 39.5
谷得一盈，	帛 39.5
谷毋已盈將竭，	帛 39.10
谷無以盈將恐竭，	王、傅 39.11
谷無盈將恐竭，	河 39.11
大盈如沖，其用不窮。	帛 45.2
大盈若沖，其用不窮。	王、河 45.2
大盈若盅，其用不窮。	竹 45.2

應 ying

上禮為之而莫之應也，	帛 38.6
上禮為之而莫之應，	王、河、傅 38.7
不言而善應，	帛 73.6，王、河、傅 73.7

勇 yong

夫慈，故能勇；儉，故能廣；	帛、傅 67.7
慈，故能勇；儉，故能廣；	王、河 67.7
今舍其慈，且勇；	帛、河 67.10
今舍慈且勇，	王 67.10
今捨其慈，且勇；	傅 67.10
勇於敢則殺，	王、帛、河、傅 73.1
勇於不敢則活。	王、帛、河、傅 73.2

用 yong

道沖，而用之又弗盈也。	帛 4.1
道沖而用之，或不盈。	王、河 4.1
道盅，而用之又不滿。	傅 4.1
綿綿若存，用之不勤。	河、傅 6.3
緜緜呵其若存，用之不勤。	帛 6.3
緜緜若存，用之不勤。	王 6.3
當其無，有車之用；	王、河、傅 11.2
當其无有，車之用也。	帛 11.2
當其無，有器之用。	王、河、傅 11.4
當其无有，埴器之用也。	帛 11.4
當其無，有室之用。	王、河、傅 11.6
當其无有，室之用也。	帛 11.6
無之以為用。	王、河、傅 11.8
无之以為用。	帛 11.8
善計不用籌策，	河 27.3

善數不用籌策，	王 27.3
善數者不用籌策。	帛 27.3
聖人用之則為官長，	王、河 28.11
聖人用之則為宮長，	傅 28.11
聖人用則為官長，	帛 28.11
用兵則貴右。	竹 31.2，王、帛、河、傅 31.4
□得已而用之，	竹 31.4
不得已而用之，	王、帛、河、傅 31.7
用之，不可既也。	帛 35.8
用之不可既。	河、傅 35.8
用之不足既。	王 35.8
弱也者，道之用也。	竹、帛 40.2
弱者，道之用。	王、河、傅 40.2
大成若缺，其用不敝。	竹、帛、傅 45.1
大成若缺，其用不弊；	王、河 45.1
大盈如沖，其用不窘。	帛 45.2
大盈若沖，其用不窮。	王、河 45.2
大盈若盅，其用不窮。	竹 45.2
大滿若盅，其用不窮。	傅 45.2
用其光，復歸其明，	王、帛、河、傅 52.7
以正治邦，以奇用兵，	竹 57.1
以正治國，以奇用兵，	王、帛、河 57.1
以政治國，以奇用兵，	傅 57.1
善用人者為下。	河 68.4
善用人者為之下。	王、帛、傅 68.4
是謂用人，	帛 68.6
是謂用人之力，	王、河、傅 68.6
用兵有言，	王、河 69.1
用兵有言曰：	帛、傅 69.1

使（民）有什伯，人之器而不用。	河 80.2
使民有什伯之器而不用也，	傅 80.2
使有十百人器而勿用，	帛 80.2
使有什伯之器而不用，	王 80.2
使人復結繩而用之。	王 80.6
使民復結繩而用之。	帛、河、傅 80.6

憂 you

絕學亡憂。	竹 20.1
絕學無憂。	王、河、傅 20.1
絕學无憂。	帛 20.1
終日乎而不憂，和之至也；	竹 55.6

歍 you

終日號而嗌不歍，和之至也。	傅 55.6

嚘 you

終日號而不嚘，和之至也。	帛 55.6

悠 you

悠兮其貴言。	王 17.5

幽 you

幽兮冥兮，其中有精；	傅 21.5

尤 you

夫唯不爭，故無尤。	王、河 8.7
夫唯不爭，故尤。	帛 8.7
夫惟不爭，故無尤矣。	傅 8.7

猶 you

天地之間，其猶橐籥與？	竹 5.1，帛 5.3
天地之間，其猶橐籥乎？	王、河、傅 5.3

猶乎其若畏四鄰，	竹 15.5
猶兮若畏四鄰，	王、河、傅 15.6
猶呵其若畏四鄰，	帛 15.6
猶兮其貴言。	河 17.5
猶兮其貴言哉。	傅 17.5
猶乎其貴言也。	竹 17.5
猶呵其貴言也。	帛 17.5
猶小谷之與江海。	竹 32.11
猶小谷之與江海也。	帛 32.11
猶川谷之於江海。	王 32.11
猶川谷之與江海。	河 32.11
猶川谷之與江海也。	傅 32.11
是以聖人猶難之，故終亡難。	竹 63.3
是以聖人猶難之，故終於无難。	帛 63.11
是以聖人猶難之，故終無難。	河 63.11
是以聖人猶難之。故終無難矣。	王、傅 63.11
是以聖人猶難之。	王、河、傅 73.5
天之道，其猶張弓乎？	河 77.1
天之道，其猶張弓者歟，	傅 77.1
天之道，其猶張弓與！	王 77.1
天之道，猶張弓也，	帛 77.1

牖 you

鑿戶牖，	帛 11.5
鑿戶牖以為室，	王、河、傅 11.5
不窺於牖，以知天道。	帛 47.2
不窺牖（以）見天道，	河 47.2
不窺牖，可以知天道。	傅 47.2
不闚牖，見天道。	王 47.2

有 you

（參見 有道 youdao、有名 youming、
有為 youwei、有欲 youyu）

有、无之相生也，難、易之相成也，	帛 2.3
有亡之相生也，難易之相成也，	竹 2.3
故有無之相生，難易之相成，	傅 2.3
故有無相生，難易相成，	王、河 2.3
生而不有，為而不恃，	王、河、傅 2.9，王、河、傅 10.8，王、河、傅 51.8
水善利萬物而有爭，	帛 8.2
滌除玄鑒，能毋有疵乎？	帛 10.3
生而弗有，	帛 10.8
當其無，有車之用；	王、河、傅 11.2
當其无有，車之用也。	帛 11.2
當其無，有器之用。	王、河、傅 11.4
當其无有，埴器之用也。	帛 11.4
當其無，有室之用。	王、河、傅 11.6
當其无有，室之用也。	帛 11.6
故有之以為利，	王、帛、河、傅 11.7
吾所以有大患者，為吾有身，	王、竹、河、傅 13.7
吾所以有大患者，為吾有身也。	帛 13.7
及吾無身，有何患？	帛 13.8
及吾無身，吾有何患？	王、河 13.8
苟吾無身，吾有何患乎？	傅 13.8
執今之道，以御今之有。	帛 14.13
執古之道，以御今之有，	王、河 14.13
執古之道，可以御今之有，	傅 14.13
大上下知有之，	竹、帛 17.1
太上，下知有之。	王、河、傅 17.1
信不足，安有不信。	竹、帛 17.4

故信不足，焉有不信。	傅 17.4
信不足，焉有不信焉。	王 17.4，王 23.14
信不足焉，有不信焉。	河 17.4，河 23.14
大道廢，有仁義；	王、河 18.1
大道廢，焉有仁義。	傅 18.1
故大道廢，安有仁義。	竹、帛 18.1
六親不和，安有孝慈。	竹 18.2，帛 18.3
智慧出，安有大偽。	帛 18.2
智慧出，有大偽；	河 18.2
智慧出，焉有大偽。	傅 18.2
慧智出，有大偽；	王 18.2
六親不和，有孝慈；	王、河、傅 18.3
邦家昏□，安有正臣。	竹 18.3
國家昏亂，安有貞臣。	帛 18.4
國家昏亂，有忠臣。	王 18.4
國家昏亂，有忠臣。	河 18.4
國家昏亂，有貞臣。	傅 18.4
絕巧弃利，盜賊亡有。	竹 19.2
絕巧棄利，盜賊無有。	王、河、傅 19.3
絕巧棄利，盜賊无有。	帛 19.3
故令之有所屬。	帛 19.5
故令有所屬，	王、河、傅 19.5
衆人皆有餘，	王、帛、河、傅 20.11
衆人皆有以，	帛 20.16，王、河、傅 20.17
忽兮恍兮，其中有象；	河 21.3
忽呵恍呵，中有象呵。	帛 21.3
芴兮芒兮，其中有象；	傅 21.3
惚兮恍兮，其中有象；	王 21.3
芒兮芴兮，其中有物；	傅 21.4

怳兮忽兮，其中有物，	河 21.4
恍兮惚兮，其中有物。	王 21.4
恍呵忽呵，中有物呵。	帛 21.4
幽兮冥兮，其中有精；	傅 21.5
窈兮冥兮，其中有精；	王、河 21.5
窈呵冥呵，其中有精呵。	帛 21.5
其精甚真，其中有信。	王、帛、河、傅 21.6
不自伐故有功，	王、河、帛、傅 22.7
信不足，焉有不信。	傅 23.16
有狀蚰成，先天地生，	竹 25.1
有物昆成，先天地生。	帛 25.1
有物混成，先天地生，	王、河、傅 25.1
國中有四大，	帛 25.8
國中有四大安，	竹 25.8
域中有四大，	王、河、傅 25.9
雖有榮觀，宴處超然。	傅 26.3
雖有榮觀，燕處超然，	王、河 26.3
雖有環館，燕處則昭若。	帛 26.3
大軍之後，必有凶年。	王、河、傅 30.4
善有果而已，	王 30.5
名亦既有，天亦將知之。	河 32.8
名亦既有，夫亦將知止，	王、竹、帛、傅 32.8
勝人者，有力也。自勝者，強也。	帛 33.2
勝人者有力，自勝者強。	王、河 33.2
勝人者有力也，自勝者彊也。	傅 33.2
強行者，有志也。	帛 33.4
強行者有志，	王、河 33.4
彊行者有志也，	傅 33.4
成功遂事而弗名有也。	帛 34.2

功成（而）不名有。	河 34.3
功成不名有,	王 34.3
上德不德,是以有德。	王、帛、河、傅 38.1
下德為之,而有以為。	王、河 38.4
上義為之而有以為也。	帛 38.5
上義為之,而有以為。	王、河、傅 38.6
天下之物生於有,生於亡。	竹 40.3
天下之物生於有,有□於无。	帛 40.3
天下之物生於有,有生於無。	傅 40.3
天下萬物生於有,有生於無。	王、河 40.3
故建言有之:明道若昧,	王、河 41.5
故建言有之曰:明道若昧,	傅 41.5
是以建言有之:明道如曹,	竹 41.5
是以建言有之曰:明道如費,	帛 41.5
出於無有,入於無間。	傅 43.3
無有入（於）無間。	河 43.3
無有入無間,	王 43.3
无有入於无間。	帛 43.3
吾是以知無為之有益。	王、河 43.4
吾是以知無為之有益也。	傅 43.4
及其有事,又不足以取天下矣。	傅 48.6
及其有事,不足以取天下。	王、河 48.6
及其有事也,□□足以取天□□。	帛 48.6
生之□□有□,	帛 50.2
生之徒十有三,	王、河、傅 50.2
□之徒十有三,	帛 50.3
死之徒十有三,	王、河、傅 50.3
人之生,動之死地十有三。	河 50.4
人之生動之死地,亦十有三。	王 50.4

而民之生生而動，動皆之死地， 亦十有三。	傅 50.4
而民生生，動皆之死地之十有三。	帛 50.4
□□弗有也，為而弗恃也，	帛 51.8
天下有始，以為天下母。	王、帛、河 52.1
天下有始，可以為天下母。	傅 52.1
使我介有知，行於大道，	帛 53.1
使我介然有知，行於大道，	王、河、傅 53.1
厭飲食，財貨有餘，	王、河 53.6
厭飲食，貨財有餘，	傅 53.6
修之家，其德有餘。	竹 54.5
脩之家，其德有餘。	帛 54.5
法令滋章，盜賊多有。	傅 57.7
法令滋彰，盜賊多有。	王 57.7
法物滋彰，盜賊多有。	竹、河 57.7
莫知其□，可以有國。	帛 59.6
莫知其極（則）可以有國。	河 59.6
莫知其極，可以有國。	王、竹、傅 59.6
有國之母，可以長……	竹 59.7
有國之母，可以長久。	王、帛、河、傅 59.7
人之不善，何棄之有！	王、河、傅 62.6
人之不善，何棄□有？	帛 62.6
雖有共之璧以先四馬，	帛 62.8
雖有拱璧以先駟馬，	王、河、傅 62.8
有罪以免邪？	王、傅 62.12
有罪以免耶，	河 62.12
有罪以免與？	帛 62.12
為之乎其未有，	傅 64.3
為之於未有，	王、河 64.3
為之於其亡有也，	竹 64.3

吾有三寶，持而寶之。	傅 67.4
我有三寶，持而保之。	王、河 67.4
我恆有三寶，持而寶之。	帛 67.4
用兵有言，	王、河 69.1
用兵有言曰：	帛、傅 69.1
夫言有宗，事有君。	帛 70.3
言有宗，事有主。	傅 70.3
言有宗，事有君。	王、河 70.3
若民恆且必畏死，則恆有司殺者。	帛 74.5
常有司殺者。	河 74.5
常有司殺者殺，	王、傅 74.5
希有不傷手矣。	河 74.9
希有不傷其手矣。	王 74.9
以其上之有以為也，是以不治。	帛 75.3
有餘者損之，	王、帛、河、傅 77.3
天之道，損有餘而補不足；	王、河、傅 77.5
故天之道，損有餘而益不足；	帛 77.5
損不足以奉有餘。	王、河、傅 77.7
損不足而奉有餘。	帛 77.7
夫孰能有餘而有以奉於天者，	帛 77.8
孰能有餘以奉天下？	王、河 77.8
孰能損有餘而奉不足於天下者，	傅 77.8
是以聖人為而弗有，	帛 77.10
和大怨，必有餘怨，	王、帛、河、傅 79.1
有德司契，無德司徹。	王、河 79.5
故有德司契，無德司徹。	傅 79.5
故有德司契，无德司徹。	帛 79.5
使（民）有什伯，人之器而不用。	河 80.2
使民有什伯之器而不用也，	傅 80.2

使有十百人器而勿用，	帛 80.2
使有什伯之器而不用，	王 80.2
有舟車无所乘之，	帛 80.4
雖有舟輿，無所乘之；	王、河、傅 80.4
有甲兵无所陳之。	帛 80.5
雖有甲兵，無所陳之；	王、河、傅 80.5
聖人不積，既以為人，已愈有；	王、河 81.4
聖人無積，既以為人，已愈有；	傅 81.4
聖人无積，既以為人，已愈有；	帛 81.4

有道 youdao

物或惡之，故有道者不處也。	河、傅 24.7
物或惡之，故有道者不處。	王 24.7，王、河、傅 31.2
天下有道，卻走馬以糞；	王、帛、河 46.1
天下有道，卻走馬以播。	傅 46.1
唯有道者。	王、河 77.9
唯有道者乎？	帛 77.9

有名 youming

有名，萬物之母。	王、河、傅 1.4
有名，萬物之母也。	帛 1.4
始制有名，	王、竹、帛、河、傅 32.7

有為 youwei

以其上之有為，是以難治。	王 75.3
以其上之有為也，是以難治。	傅 75.3
以其上有為，是以難治。	河 75.3

有欲 youyu

恆有欲也，以觀其所噭。	帛 1.6
常有欲，以觀其徼。	王、河、傅 1.6

物或惡之，故有欲者弗居。　　　　　帛 24.7，帛 31.2

右 you

用兵則貴右。　　　　　　　　　　　竹 31.2，王、帛、河、傅
　　　　　　　　　　　　　　　　　　31.4

故吉事上左，喪事上右。　　　　　　竹 31.9

上將軍居右，　　　　　　　　　　　竹 31.11，王、河 31.14

吉事尚左，凶事尚右。　　　　　　　王、河 31.12

故吉事尚左，凶事尚右。　　　　　　傅 31.12

是以吉事上左，喪事上右；　　　　　帛 31.12

上將軍處右，　　　　　　　　　　　傅 31.14

而上將軍居右，　　　　　　　　　　帛 31.14

大道氾兮，其可左右。　　　　　　　王、河 34.1

大道汎汎兮，其可左右。　　　　　　傅 34.1

道，汎呵其可左右也，　　　　　　　帛 34.1

又 you

玄之又玄，衆妙之門。　　　　　　　王、帛、河、傅 1.8

道盅，而用之又不滿。　　　　　　　傅 4.1

道沖，而用之又弗盈也。　　　　　　帛 4.1

又況於人乎？　　　　　　　　　　　帛 23.6

損之又損，　　　　　　　　　　　　王、帛 48.2

損之又損之，　　　　　　　　　　　河、傅 48.2

及其有事，又不足以取天下矣。　　　傅 48.6

渝 yu

質直若渝，大方無隅，　　　　　　　河 41.9

質真若渝。大方無隅，　　　　　　　王 41.9

揄 yu

廣德若不足，建德若揄，　　　　　　河 41.8

愚 yu

我愚人之心也，湷湷呵。	帛 20.12
我愚人之心也哉！沌沌兮！	王、河、傅 20.13
前識者，道之華也，而愚之首也。	帛 38.13
前識者，道之華，而愚之始也。	傅 38.14
前識者，道之華而愚之始。	王、河 38.14
非以明民，將以愚之。	王、河、傅 65.2
非以明民也，將以愚之也。	帛 65.2

歟 yu

是其以賤為本也，非歟？	傅 39.17
天之道，其猶張弓者歟，	傅 77.1

俞 yu

虛而不詘，動而俞出。	傅 5.4
天地相合，以俞甘露。	帛 32.5

逾 yu

天地相合也，以逾甘露。	竹 32.5

餘 yu

眾人皆有餘，	王、帛、河、傅 20.11
其在道也，曰餘食贅行。	王、帛、傅 24.6
其於道也，曰餘食贅行。	河 24.6
厭飲食，財貨有餘，	王、河 53.6
厭飲食，貨財有餘，	傅 53.6
修之於家，其德乃餘；	王、河 54.5
修之家，其德乃餘。	傅 54.5
修之家，其德有餘。	竹 54.5
脩之家，其德有餘。	帛 54.5
有餘者損之，	王、帛、河、傅 77.3

天之道，損有餘而補不足。　　　　　王、河、傅 77.5

故天之道，損有餘而益不足；　　　　帛 77.5

損不足以奉有餘。　　　　　　　　　王、河、傅 77.7

損不足而奉有餘。　　　　　　　　　帛 77.7

夫孰能有餘而有以奉於天者，　　　　帛 77.8

孰能有餘以奉天下？　　　　　　　　王、河 77.8

孰能損有餘而奉不足於天下者，　　　傅 77.8

和大怨，必有餘怨，　　　　　　　　王、帛、河、傅 79.1

魚 yu

魚不可悗於淵，　　　　　　　　　　傅 36.7

魚不可脫於淵，　　　　　　　　　　王、帛、河 36.7

於 yu

多聞數窮，不若守於中。　　　　　　帛 5.5

居衆人之所惡，故幾於道矣。　　　　帛、傅 8.3

處衆人之所惡，故幾於道。　　　　　王、河 8.3

故貴為身於為天下，　　　　　　　　帛 13.9

則可寄於天下，　　　　　　　　　　河 13.10

乃可以託於天下。　　　　　　　　　河 13.12

復歸於無物，　　　　　　　　　　　王、河、傅 14.8

復歸於无物。　　　　　　　　　　　帛 14.8

天物魂魂，各復歸於其根。　　　　　帛 16.3

若饗於大牢，而春登臺。　　　　　　帛 20.7

吾欲獨異於人，而貴食母。　　　　　帛 20.18

吾獨欲異於人，而貴食母。　　　　　傅 20.19

我獨異於人，而貴食母。　　　　　　王、河 20.19

又況於人乎？　　　　　　　　　　　帛 23.6

而況於人乎？　　　　　　　　　　　王、河、傅 23.6

故從事而道者同於道，　　　　　　　帛 23.7

故從事於道者，	王、河、傅 23.7
道者同於道，	王、河、傅 23.8
得者同於得，	帛 23.8，傅 23.10
從事於得者，	傅 23.9
德者同於德，	王、河 23.9
失者同於失，	帛 23.9，王、河 23.10， 傅 23.12
同於得者，道亦得之；	帛 23.10
同於失者，道亦失之。	帛 23.11
同於道者，道亦樂得之；	王、河 23.11
從事於失者，	傅 23.11
同於德者，德亦樂得之；	王、河 23.12
同於失者，失亦樂失之。	河 23.13
同於失者，失亦樂得之。	王 23.13
於道者，道亦得之；	傅 23.13
於得者，得亦得之；	傅 23.14
於失者，失亦得之。	傅 23.15
其於道也，曰餘食贅行。	河 24.6
而以身輕於天下？	帛 26.5
復歸於嬰兒。	王、河、傅 28.3
恆德乃足，復歸於樸。	帛 28.6
復歸於無極。	王、河、傅 28.6
恆德不忒，復歸於无極。	帛 28.9
復歸於朴。	河 28.9
復歸於樸。	王、傅 28.9
不以兵強於天下。其□□□，	帛 30.2
不欲以兵強於天下。	竹 30.2
□□以得志於天下。	竹 31.8
不可以得志於天下矣。	帛、傅 31.11
則不可以得志於天下矣。	王、河 31.11

猶川谷之於江海。	王 32.11
則恆无欲也，可名於小。	帛 34.4
故常無欲，可名於小矣。	傅 34.5
常無欲，可名於小；	王、河 34.5
萬物歸焉而弗為主，可名於大。	帛 34.5
萬物歸之而不知主，可名於大矣。	傅 34.6
魚不可倪於淵，	傅 36.7
魚不可脫於淵，	王、帛、河 36.7
天下之物生於有，生於亡。	竹 40.3
天下之物生於有，有□於无。	帛 40.3
天下之物生於有，有生於無。	傅 40.3
天下萬物生於有，有生於無。	王、河 40.3
上士聞道，勤能行於其中。	竹 41.1
出於無有，入於無間。	傅 43.3
無有入（於）無間。	河 43.3
无有入於无間。	帛 43.3
天下無道，戎馬生於郊。	王、河、傅 46.2
无道，戎馬生於郊。	帛 46.2
罪莫大於可欲。	河、傅 46.3
禍莫大於不知足，	王 46.3，帛、河、傅 46.4
咎莫大於欲得，	王 46.4，河 46.5
咎莫憯於欲得。	帛、傅 46.5
不出於戶，以知天下。	帛 47.1
不窺於牖，以知天道。	帛 47.2
以至於無為，	王、河、傅 48.3
以至於无□，	帛 48.3
使我介有知，行於大道，	帛 53.1
使我介然有知，行於大道，	王、河、傅 53.1
修之於身，其德乃真；	王、河 54.4

修之於家，其德乃餘；　　　　　　　王、河 54.5

修之於鄉，其德乃長；　　　　　　　王、河 54.6

修之於國，其德乃豐；　　　　　　　王、河 54.7

修之於天下，其德乃普。　　　　　　王、河 54.8

含德之厚，比於赤子。　　　　　　　王、河 55.1

含德之厚者，比之於赤子也。　　　　傅 55.1

含德之厚者，比於赤子，　　　　　　竹、帛 55.1

故大國以下小國，則取於小國。　　　傅 61.6

小國以下大國，則取於大國。　　　　帛、傅 61.7

美言可以於市，　　　　　　　　　　傅 62.4

尊言可以加於人。　　　　　　　　　傅 62.5

圖難乎於其易，　　　　　　　　　　傅 63.3

圖難於其易，　　　　　　　　　　　王、河 63.3

為大乎於其細。　　　　　　　　　　傅 63.4

為大於其細。　　　　　　　　　　　王、河 63.4

天下之難作於易，　　　　　　　　　帛 63.5

天下之難事必作於易，　　　　　　　傅 63.5

天下難事必作於易，　　　　　　　　王、河 63.5

天下大事必作於細，　　　　　　　　王、河 63.6

天下之大作於細。　　　　　　　　　帛 63.6

天下之大事必作於細。　　　　　　　傅 63.6

是以聖人猶難之，故終於无難。　　　帛 63.11

為之於未有，　　　　　　　　　　　王、河 64.3

為之於其亡有也，　　　　　　　　　竹 64.3

治之於未亂。　　　　　　　　　　　王、河 64.4

治之於其未亂。　　　　　　　　　　竹 64.4

□□□木，作於毫末。　　　　　　　帛 64.5

合抱之木，生於毫末；　　　　　　　王、河 64.5

合裒之木生於豪末；　　　　　　　　傅 64.5

九成之臺，作於蔂土。	帛 64.6
九成之臺，起於累土；	傅 64.6
九層之臺，起於累土；	王、河 64.6
千里之行，始於足下。	王、河、傅 64.7
百千之高，始於足下。	帛 64.7
民之從事，常於其幾成而敗之。	傅 64.11
民之從事，常於幾成而敗之。	王、河 64.11
民之從事也，恆於其成而敗之。	帛 64.11
與物反矣，乃復至於大順。	傅 65.9
禍莫大於无敵，	帛 69.6
禍莫大於無敵，	傅 69.6
禍莫大於輕敵，	王、河 69.6
勇於敢則殺，	王、帛、河、傅 73.1
勇於不敢則活。	王、帛、河、傅 73.2
是賢於貴生。	王、河 75.7
是賢於貴生也。	傅 75.7
夫孰能有餘而有以奉於天者，	帛 77.8
孰能損有餘而奉不足於天下者，	傅 77.8
天下柔弱莫過於水，	河 78.1
天下莫柔弱於水，	王、帛、傅 78.1
而不以責於人。	帛 79.4
而不責於人。	王、河、傅 79.4

愉 yu

□真如愉，大方亡隅，	竹 41.9

隅 yu

□真如愉，大方亡隅，	竹 41.9
質□□□，大方无隅。	帛 41.9
質直若渝，大方無隅，	河 41.9

質真若渝。大方無隅，　　　　　　王 41.9

質真若輸，大方無隅。　　　　　　傅 41.9

雨 yu

暴雨不終日。　　　　　　　　　　帛 23.3

驟雨不崇日。　　　　　　　　　　傅 23.3

驟雨不終日。　　　　　　　　　　王、河 23.3

與 yu

天地之間，其猶橐籥與？　　　　　竹 5.1，帛 5.3

不以其无私與？　　　　　　　　　帛 7.7

與善人，言善信，　　　　　　　　傅 8.5

與善仁，言善信，　　　　　　　　王、河 8.5

與兮若冬涉川，　　　　　　　　　河 15.5

與呵其若冬涉水，　　　　　　　　帛 15.5

唯之與阿，相去幾何？　　　　　　王、河、傅 20.2

唯與呵，其相去幾何？　　　　　　帛 20.2

唯與呵，相去幾何？　　　　　　　竹 20.2

美之與惡，相去何若？　　　　　　傅 20.3

美與惡，其相去何若？　　　　　　帛 20.3

美與惡，相去何若？　　　　　　　竹 20.3

善之與惡，相去何若？　　　　　　河 20.3

善之與惡，相去若何？　　　　　　王 20.3

夫唯不爭，故天下莫能與之爭。　　王、河 22.9

夫唯不爭，故莫能與之爭。　　　　帛 22.9

夫惟不爭，故天下莫能與之爭。　　傅 22.9

猶小谷之與江海。　　　　　　　　竹 32.11

猶小谷之與江海也。　　　　　　　帛 32.11

猶川谷之與江海。　　　　　　　　河 32.11

猶川谷之與江海也。　　　　　　　傅 32.11

樂與餌，過客止。	王、竹、帛、河、傅 35.3
將欲去之，必固與之。	帛 36.3
將欲奪之，必固與之；	王、河、傅 36.4
此其賤之本與？非也？	帛 39.15
名與身孰親？	王、竹、帛、河、傅 44.1
身與貨孰多？	王、竹、帛、河、傅 44.2
得與亡孰病？	王、竹、帛、河、傅 44.3
有罪以免與？	帛 62.12
與物反也，乃至大順。	帛 65.9
與物反矣，乃復至於大順。	傅 65.9
與物反矣，然後乃至大順。	王 65.9
與物反矣。乃至大順。	河 65.9
不以其无爭與？	帛 66.10
故天下莫能與之爭。	王、竹、河、傅 66.11
故天下莫能與爭。	帛 66.11
善勝敵者不與，	王、河 68.3
善勝敵者弗與，	帛 68.3
天之道，其猶張弓與！	王 77.1
天道無親，常與善人。	王、河、傅 79.6
夫天道无親，恆與善人。	帛 79.6
使民至老死不相與往來。	傅 80.10
既以與人，已愈多。	王、河、傅 81.5

語 yu

古之所謂曲全者幾語哉，	帛 22.10

予 yu

予善天，言善信，	帛 8.5
將欲奪之，必固予之。	帛 36.4
既以予人矣，已愈多。	帛 81.5

玉 yu

    金玉盈室，莫之能守也。　　　　　　　帛 9.3

    金玉盈室，莫能守也。　　　　　　　　竹 9.3

    金玉滿室，莫之能守。　　　　　　　　傅 9.3

    金玉滿堂，莫之能守。　　　　　　　　王、河 9.3

    是故不欲祿祿若玉，硌硌若石。　　　　帛 39.17

    不欲琭琭如玉，珞珞如石。　　　　　　王 39.19

    不欲琭琭如玉，落落如石。　　　　　　河 39.19

    不欲碌碌若玉，落落若石。　　　　　　傅 39.19

    是以聖人被褐而懷玉。　　　　　　　　帛、傅 70.6

    是以聖人被褐懷玉。　　　　　　　　　王、河 70.6

域 yu

    域中有四大，　　　　　　　　　　　　王、河、傅 25.9

輿 yu

    故至數輿无輿。　　　　　　　　　　　帛 39.16

    故致數輿無輿。　　　　　　　　　　　王 39.18

    雖有舟輿，無所乘之；　　　　　　　　王、河、傅 80.4

遇 yu

    陸行不遇兕虎，　　　　　　　　　　　王、河、傅 50.7

譽 yu

    其次，親而譽之。　　　　　　　　　　王 17.2

    其次，親之。其次，譽之。　　　　　　傅 17.2

    其次親之譽之。　　　　　　　　　　　河 17.2

    其次親譽之，　　　　　　　　　　　　竹、帛 17.2

    故致數譽無譽，　　　　　　　　　　　傅 39.18

御 yu

    執古之道，以御今之有，　　　　　　　王、河 14.13

| 執今之道，以御今之有。 | 帛 14.13 |
| 執古之道，可以御今之有， | 傅 14.13 |

愈 yu

虛而不屈，動而愈出。	竹 5.2，王、帛、河 5.4
聖人不積，既以為人，己愈有；	王、河 81.4
聖人無積，既以為人，己愈有；	傅 81.4
聖人无積，既以為人，己愈有；	帛 81.4
既以予人矣，己愈多。	帛 81.5
既以與人，己愈多。	王、河、傅 81.5

欲 yu

故恆无欲也，以觀其妙；	帛 1.5
故常無欲，以觀其妙；	王、河、傅 1.5
恆有欲也，以觀其所噭。	帛 1.6
常有欲，以觀其徼。	王、河、傅 1.6
不見可欲，使心不亂。	河 3.4
不見可欲，使民不亂。	帛 3.4
不見可欲，使民心不亂。	王、傅 3.4
恆使民无知无欲也。	帛 3.8
常使民無知無欲，	王、河、傅 3.8
保此道者不欲尚盈。	竹 15.12
保此道者不欲盈，	王、河、傅 15.14
葆此道□不欲盈。	帛 15.14
見素抱朴，少私寡欲。	河 19.6
見素抱樸，少私而寡欲。	帛 19.6
見素抱樸，少私寡欲。	王 19.6
見素褒朴，少私寡欲。	傅 19.6
視素保樸，少私寡欲。	竹 19.6
吾欲獨異於人，而貴食母。	帛 20.18

吾獨欲異於人，而貴食母。	傅 20.19
物或惡之，故有欲者弗居。	帛 24.7，帛 31.2
將欲取天下而為之，	王、帛、河 29.1
將欲取天下而為之者，	傅 29.1
不欲以兵強於天下。	竹 30.2
則恆无欲也，可名於小。	帛 34.4
故常無欲，可名於小矣。	傅 34.5
常無欲，可名於小；	王、河 34.5
將欲翕之，必固張之。	帛、傅 36.1
將欲歙之，必固張之；	王 36.1
將欲噏之，必固張之；	河 36.1
將欲弱之，必固彊之。	傅 36.2
將欲弱之，必固強之；	王、帛、河 36.2
將欲去之，必固與之。	帛 36.3
將欲廢之，必固興之；	王、河、傅 36.3
將欲奪之，必固予之。	帛 36.4
將欲奪之，必固與之；	王、河、傅 36.4
化而欲作，	王、竹、帛、河、傅 37.4
無名之朴，亦將不欲，	河 37.6
無名之樸，夫亦將不欲。	傅 37.6
無名之樸，夫亦將無欲。	王 37.6
不欲以靖，天下將自正。	傅 37.7
不欲以靜，天下將自定。	王、河 37.7
是故不欲祿祿若玉，珞珞若石。	帛 39.17
不欲琭琭如玉，珞珞如石。	王 39.19
不欲琭琭如玉，落落如石。	河 39.19
不欲碌碌若玉，落落若石。	傅 39.19
罪莫厚乎甚欲，	竹 46.1
咎莫憯乎欲得，	竹 46.2

罪莫大可欲，	帛 46.3
罪莫大於可欲。	河、傅 46.3
咎莫大於欲得。	王 46.4，河 46.5
咎莫憯於欲得。	帛、傅 46.5
將欲取天下者，常以無事。	傅 48.5
我欲不欲而民自樸。	竹、帛 57.12
我無欲而民自朴。	河 57.12
我無欲而民自樸。	王、傅 57.12
大國不過欲兼畜人，	王、河、傅 61.9
故大國者不過欲并畜人，	帛 61.9
小國不過欲入事人，	王、帛、河、傅 61.10
夫兩者各得其所欲，	王、河 61.11
夫皆得其欲，	帛 61.11
兩者各得其所欲，	傅 61.11
是以聖人欲不欲，	王、帛、河、傅 64.13
聖人欲不欲，	竹 64.13
是以欲上民，	王 66.4
是以聖人之欲上民也，	帛 66.4
是以聖人欲上民，	河、傅 66.4
其欲先民也，必以其身後之。	帛 66.6
欲先民，必以身後之。	王 66.6
欲先民，必以其身後之。	河、傅 66.6
其不欲見賢。	王、河 77.12
其不欲見賢邪。	傅 77.12
若此其不欲見賢也。	帛 77.12

育 yu

長之、育之、亭之、毒之、養之、覆之。	王 51.7
長之育之，成之孰之，養之覆之。	河 51.7
長之育之，亭之毒之，蓋之覆之。	傅 51.7

豫 yu

豫乎若冬涉川，	竹 15.4
豫兮若冬涉川，	傅 15.5
豫焉若冬涉川，	王 15.5

淵 yuan

淵兮似萬物之宗。	王、傅 4.2
淵乎似萬物之宗。	河 4.2
淵呵似萬物之宗。	帛 4.2
居善地，心善淵，	王、帛、河、傅 8.4
魚不可倪於淵，	傅 36.7
魚不可脫於淵，	王、帛、河 36.7

垣 yuan

天將建之，如以慈垣之。	帛 67.14

員 yuan

天道員員，各復其根。	竹 16.3

遠 yuan

大曰逝，逝曰遠，遠曰反。	帛 25.6，王、河 25.7
大曰懲，懲曰遠，遠曰返。	竹 25.6
大曰逝，逝曰遠，遠曰返。	傅 25.7
是以君子終日行，不遠其輜重，	帛 26.2
其出彌遠，其知彌少。	王、河 47.3
其出彌遠，其知彌尟。	傅 47.3
其出彌遠者，其知彌□。	帛 47.3
為之者敗之，執之者遠之，	竹 64.8
玄德深矣，遠矣，	王、帛、河、傅 65.8
使民重死而不遠徙。	王、河、傅 80.3
使民重死而遠徙。	帛 80.3

怨 yuan

大小多少，報怨以德。	王、帛、河、傅 63.2
和大怨，必有餘怨，	王、帛、河、傅 79.1

曰 yue

視之不見名曰夷，	王、河、傅 14.1
視之而弗見，名之曰微。	帛 14.1
聽之不聞名曰希，	王、河、傅 14.2
聽之而弗聞，名之曰希。	帛 14.2
搏之不得名曰微。	王 14.3
搏之不得名曰微。	河、傅 14.3
捪之而弗得，名之曰夷。	帛 14.3
故強為之容，曰：	帛 15.4
故彊為之容，曰：	傅 15.4
曰靜。靜，是謂復命。	帛 16.4
歸根曰靖，靖曰復命。	傅 16.4
歸根曰靜，是謂復命。	王、河 16.4
復命曰常，知常曰明，	王、河、傅 16.5
功成事遂，百姓皆曰我自然。	傅 17.6
成事遂功，而百姓曰我自然也。	竹 17.6
其在道也，曰餘食贅行。	王、帛、傅 24.6
其於道也，曰餘食贅行。	河 24.6
未知其名，字之曰道，	竹 25.4
吾未知其名也，字之曰道。	帛 25.4
吾不知其名，字之曰道，	王、河 25.5
吾不知其名，故彊字之曰道。	傅 25.5
吾強為之名曰大。	竹、帛 25.5
大曰澨，澨曰遠，遠曰返。	竹 25.6
強為之名曰大。	王、河 25.6

彊為之名曰大。　　　　　　　　傅 25.6

大曰逝，逝曰遠，遠曰反，　　　　帛 25.6，王、河 25.7

大曰逝，逝曰遠，遠曰返。　　　　傅 25.7

故曰兵者□□□□□，　　　　　　竹 31.3

故道之出言也，曰：　　　　　　　帛 35.4

故建言有之曰：明道若昧，　　　　傅 41.5

是以建言有之曰：明道如費，　　　帛 41.5

見小曰明，守柔曰強。　　　　　　河 52.6

見小曰明，守柔曰強。　　　　　　王、帛 52.6

見小曰明，守柔曰彊 。　　　　　　傅 52.6

和曰常，知常曰明，　　　　　　　帛 55.7

和曰常，知和曰明。　　　　　　　竹 55.7

知和曰常，知常曰明，　　　　　　河 55.7

知和曰常，知常曰明，　　　　　　王、傅 55.7

益生曰祥，心使氣曰強。　　　　　王、竹、帛 55.8

益生曰祥，心使氣則彊。　　　　　傅 55.8

是以□人之言曰：　　　　　　　　帛 57.8

是以聖人之言曰：　　　　　　　　竹 57.8

不曰以求得，　　　　　　　　　　王 62.11

不曰求以得，　　　　　　　　　　傅 62.11

故曰：慎終若始，則无敗事矣。　　帛 64.12

一曰慈，二曰儉，　　　　　　　　王、帛、河、傅 67.5

三曰不敢為天下先。　　　　　　　王、帛、河、傅 67.6

用兵有言曰：　　　　　　　　　　帛、傅 69.1

故曰：堅強，死之徒也；　　　　　帛 76.5

是故聖人之言云，曰：　　　　　　帛 78.6

約 yue

善結者無繩約而不可解。　　　　　傅 27.5

善結者无繻約而不可解也。　　　　帛 27.5

善結無繩約而不可解。　　　　　　王、河 27.5

閲 yue

自今及古，其名不去，以閲衆甫。　　傳 21.7

自古及今，其名不去，以閲衆甫。　　王、河 21.7

說 yue，見 稅 shui

籥 yue

天地之間，其猶橐籥與？　　　　　竹 5.1，帛 5.3

天地之間，其猶橐籥乎？　　　　　王、河、傳 5.3

闔 yue

善閉者无關闔而不可啓也。　　　　帛 27.4

云 yun

故聖人云，　　　　　　　　　　王、河、傳 57.8，河 78.6

故聖人之言云，　　　　　　　　傳 78.6

是以聖人云，　　　　　　　　　王 78.6

是故聖人之言云，曰：　　　　　帛 78.6

芸 yun

夫物芸芸，各復歸其根。　　　　王、河 16.3

紜 yun

凡物紜紜，各歸其根。　　　　　傳 16.3

允 yun

揣而允之，不可長葆也。　　　　帛 9.2

哉 zai

猶兮其貴言哉。　　　　　　　　傳 17.5

恍呵其未央哉！　　　　　　　　帛 20.5

荒兮其未央哉！　　　　　　　　　　　王、河 20.5

我愚人之心也哉！沌沌兮！　　　　　　王、河、傅 20.13

吾何以知衆甫之狀哉？以此。　　　　　王 21.8

吾何以知衆甫之然哉？以此。　　　　　河 21.8

吾奚以知衆甫之然哉？以此。　　　　　傅 21.8

古之所謂曲則全者，豈虛言也哉？　　　傅 22.10

古之所謂曲全者幾語哉，　　　　　　　帛 22.10

古之所謂曲則全者，豈虛言哉！　　　　王、河 22.10

（盜誇），非道（也）哉！　　　　　　河 53.8

非道也哉！　　　　　　　　　　　　　王 53.8

盜夸，非道也哉。　　　　　　　　　　傅 53.8

（吾）何以知天下之然哉？以此。　　　河 54.12

吾何□知天下之然哉？以□。　　　　　帛 54.12

吾何以知天下然哉？以此。　　　　　　王 54.12

吾奚以知天下之然哉？以此。　　　　　傅 54.12

吾何以知其然也哉？　　　　　　　　　帛 57.3

吾何以知其然哉？以此。　　　　　　　王、河 57.3

吾奚以知天下其然哉？以此。　　　　　傅 57.3

宰 zai

長而弗宰也，是謂玄德。　　　　　　　帛 10.9

長而不宰，是謂玄德。　　　　　　　　王、河、傅 10.9，王、河、
　　　　　　　　　　　　　　　　　　傅 51.9

長而弗宰，是謂玄德。　　　　　　　　帛 51.9

載 zai

載營魄抱一，能無離，　　　　　　　　河 10.1

載營魄抱一，能無離乎？　　　　　　　王 10.1

載營魄裒一，能無離乎？　　　　　　　傅 10.1

或強或羸，或載或隳。　　　　　　　　河 29.6

在 zai

其在道也，曰餘食贅行。	王、帛、傅 24.6
譬道之在天下，	王、河、傅 32.10
譬道之在天下也，	竹、帛 32.10
聖人之在天下，歙歙焉，	傅 49.7
聖人之在天下也，歙歙焉，	帛 49.7
聖人在天下怵怵，	河 49.7
聖人在天下歙歙，	王 49.7
聖人之在民前也，	竹 66.4
其在民上也，以言下之。	竹 66.6
其在民上也，民弗厚也；	竹 66.7
其在民前也，民弗害也；	竹 66.8

鑿 zao

鑿戶牖，	帛 11.5
鑿戶牖以為室，	王、河、傅 11.5

早 zao

物壯而老，謂之不道，不道早已。	帛 30.8
物壯則老，是謂不道，不道早已。	王、河 30.9
物壯則老，是謂非道，非道早已。	傅 30.9
物□則老，謂之不道，不道早已。	帛 55.9
物壯則老，謂之不道，不道早已。	王、河、傅 55.9
夫唯嗇，是以早，	竹 59.2
夫唯嗇，是以早服。	帛 59.2
夫唯嗇，是謂早服。	王、河 59.2
夫惟嗇，是以早服。	傅 59.2
早服是謂重積□。	帛 59.3
早服謂之重積德，	王、河、傅 59.3
是以早服是謂……	竹 59.3

躁 zao

　　重為輕根，靖為躁君。　　　　　　　傅 26.1

　　重為輕根，靜為躁君，　　　　　　　王、帛、河 26.1

　　輕則失本，躁則失君。　　　　　　　王、帛、傅 26.6

　　輕則失臣，躁則失君。　　　　　　　河 26.6

　　躁勝寒 ，靜則熱，　　　　　　　　　河 45.5

　　躁勝寒，靖勝熱。　　　　　　　　　傅 45.5

　　躁勝寒，靜勝熱，　　　　　　　　　王、帛 45.5

燥 zao

　　燥勝滄，清勝熱，　　　　　　　　　竹 45.5

則 ze

　　弗為而已，則无不治矣。　　　　　　帛 3.10

　　為無為，則無不治。　　　　　　　　王、河 3.10

　　為無為，則無不為矣。　　　　　　　傅 3.10

　　則可以託天下矣；　　　　　　　　　傅 13.10

　　則可寄於天下，　　　　　　　　　　河 13.10

　　則可以寄天下矣。　　　　　　　　　傅 13.12

　　曲則全，枉則正，　　　　　　　　　帛、傅 22.1

　　曲則全，枉則直，　　　　　　　　　王、河 22.1

　　洼則盈，敝則新。　　　　　　　　　帛 22.2

　　窪則盈，敝則新，　　　　　　　　　王、傅 22.2

　　窪則盈，弊則新，　　　　　　　　　河 22.2

　　少則得，多則惑。　　　　　　　　　王、帛、河、傅 22.3

　　古之所謂曲則全者，豈虛言也哉？　　傅 22.10

　　古之所謂曲則全者，豈虛言哉！　　　王、河 22.10

　　雖有環館，燕處則昭若。　　　　　　帛 26.3

　　輕則失本，躁則失君。　　　　　　　王、帛、傅 26.6

　　輕則失臣，躁則失君。　　　　　　　河 26.6

朴散則為器，	河 28.10
樸散則為器，	王、帛、傅 28.10
聖人用之則為官長。	王、河 28.11
聖人用之則為官長，	傅 28.11
聖人用則為官長，	帛 28.11
物壯則老，是謂不道，不道早已。	王、河 30.9
物壯則老，是謂非道，非道早已。	傅 30.9
君子居則貴左，	竹 31.1，王、帛、河 31.3
用兵則貴右。	竹 31.2，王、帛、河、傅 31.4
是以君子居則貴左，	傅 31.3
則不可以得志於天下矣。	王、河 31.11
故殺□□，則以哀悲莅之；	竹 31.13
戰勝則以喪禮居之。	竹 31.14
言居上勢，則以喪禮處之。	傅 31.15
殺人眾多，則以悲哀泣之。	傅 31.16
戰勝者，則以喪禮處之。	傅 31.17
則恆无欲也，可名於小。	帛 34.4
則攘臂而扔之。	帛 38.7，王 38.8
則攘臂而仍之。	河、傅 38.8
躁勝寒，靜則熱，	河 45.5
無為則無不為。	傅 48.4
益生曰祥，心使氣則彊。	傅 55.8
物□則老，謂之不道，不道早已。	帛 55.9
物壯則老，是謂不道。	竹 55.9
物壯則老，謂之不道，不道早已。	王、河、傅 55.9
重積德則無不克，	王、傅 59.4
重積德則無不剋，	河 59.4
不克則莫知其極，	竹 59.5
無不克則莫知其極，	王、傅 59.5

無不尅則莫知其極，	河 59.5
莫知其極（則）可以有國。	河 59.6
故大國以下小國，則取小國；	王、河、帛 61.6
故大國以下小國，則取於小國。	傅 61.6
小國以下大國，則取大國。	王、河 61.7
小國以下大國，則取於大國。	帛、傅 61.7
則大者宜為下。	帛 61.12
故曰：慎終若始，則无敗事矣。	帛 64.12
慎終如始，則無敗事。	王、河 64.12
慎終如始，則無敗事矣。	傅 64.12
舍其後，且先；則死矣。	帛 67.12
夫慈，以陳則正，以守則固。	傅 67.13
夫慈，以戰則勝，以守則固，	王、帛、河 67.13
無敵則幾亡吾寶。	傅 69.7
故抗兵相若，則哀者勝矣。	傅 69.8
知我者希，則我者貴，	王、河 70.5
知我者稀，則我貴矣。	傅 70.5
知者希，則我貴矣。	帛 70.5
民不畏威，則大威至，	王 72.1
民不畏威，則大威至矣。	河、傅 72.1
民之不畏威，則大威將至矣。	帛 72.1
勇於敢則殺，	王、帛、河、傅 73.1
勇於不敢則活。	王、帛、河、傅 73.2
若民恆且必畏死，則恆有司殺者。	帛 74.5
則希不傷其手。	帛 74.9
□以兵強則不勝，木強則兢。	帛 76.7
是以兵強則不勝，木強則共。	河 76.7
是以兵強則不勝，木強則兵。	王 76.7
是以兵彊者則不勝，木彊則共。	傅 76.7

人之道則不然，　　　　　　　　　　王、河、傅 77.6

責 ze

而不以責於人。　　　　　　　　　　帛 79.4

而不責於人。　　　　　　　　　　　王、河、傅 79.4

賊 zei

絕巧弃利，盜賊亡有。　　　　　　　竹 19.2

絕巧棄利，盜賊无有。　　　　　　　帛 19.3

絕巧棄利，盜賊無有。　　　　　　　王、河、傅 19.3

□物滋章，而盜賊□□。　　　　　　帛 57.7

法令滋章，盜賊多有。　　　　　　　傅 57.7

法令滋彰，盜賊多有。　　　　　　　王 57.7

法物滋彰，盜賊多有。　　　　　　　竹、河 57.7

以智治國，國之賊；　　　　　　　　河 65.4

故以知治國，國之賊也；　　　　　　傅 65.4

故以智治國，國之賊；　　　　　　　王 65.4

故以智知國，國之賊也；　　　　　　帛 65.4

戰 zhan

戰勝則以喪禮居之。　　　　　　　　竹 31.14

戰勝，以喪禮處之。　　　　　　　　王、河 31.17

戰勝而以喪禮處之。　　　　　　　　帛 31.17

戰勝者，則以喪禮處之。　　　　　　傅 31.17

夫慈，以戰則勝，以守則固，　　　　王、帛、河 67.13

善戰者不怒，　　　　　　　　　　　王、帛、河、傅 68.2

天之道，不戰而善勝，　　　　　　　帛 73.5

湛 zhan

湛兮似或存。　　　　　　　　　　　王、傅 4.5

湛兮似若存。　　　　　　　　　　　河 4.5

湛呵似或存。　　　　　　　　　　　帛 4.5

章 zhang

不自示故章，　　　　　　　　　　帛 22.5

自示者不章，　　　　　　　　　　帛 24.2

法令滋章，盜賊多有。　　　　　　傅 57.7

□物滋章，而盜賊□□。　　　　　帛 57.7

彰 zhang

不自是故彰，　　　　　　　　　　王、河、傅 22.6

自是者不彰，　　　　　　　　　　王、河、傅 24.3

法令滋彰，盜賊多有。　　　　　　王 57.7

法物滋彰，盜賊多有。　　　　　　竹、河 57.7

張 zhang

將欲翕之，必固張之。　　　　　　帛、傅 36.1

將欲歙之，必固張之；　　　　　　王 36.1

將欲噏之，必固張之；　　　　　　河 36.1

天之道，其猶張弓乎？　　　　　　河 77.1

天之道，其猶張弓者歟，　　　　　傅 77.1

天之道，其猶張弓與！　　　　　　王 77.1

天之道，猶張弓也，　　　　　　　帛 77.1

長 zhang，見 長 chang

丈 zhang

是以大丈夫居其厚而不居其薄，　　帛 38.14

是以大丈夫處其厚，不居其薄。　　王 38.15

是以大丈夫處其厚，不處其薄；　　河、傅 38.15

朝 zhao

故飄風不崇朝，　　　　　　　　　傅 23.2

故飄風不終朝，　　　　　　　　　　王 23.2

飄風不終朝，　　　　　　　　　　　帛、河 23.2

朝甚除，田甚蕪，倉甚虛。　　　　　王、河、傅 53.4

朝甚除，田甚芜，倉甚虛。　　　　　帛 53.4

昭 zhao

俗人昭昭，我獨若昏呵。　　　　　　帛 20.13

俗人昭昭，我獨昏昏；　　　　　　　王 20.14

俗人昭昭，我獨若昏；　　　　　　　河 20.14

俗人皆昭昭，我獨若昏；　　　　　　傅 20.14

雖有環館，燕處則昭若。　　　　　　帛 26.3

爪 zhao

虎無所措其爪，　　　　　　　　　　王、河、傅 50.10

虎无所措其爪，　　　　　　　　　　帛 50.10

兆 zhao

我泊焉未兆，　　　　　　　　　　　帛 20.8

我獨怕兮其未兆，　　　　　　　　　河 20.8

我獨泊兮其未兆，　　　　　　　　　王 20.8

我獨魄兮其未兆，　　　　　　　　　傅 20.8

其安也，易柒也。其未兆也，易謀也。　竹 64.1

其安易持，其未兆易謀，　　　　　　王、河、傅 64.1

召 zhao

弗召而自來，　　　　　　　　　　　帛 73.7

不召而自來，　　　　　　　　　　　王、河、傅 73.8

轍 zhe

善行無轍迹，　　　　　　　　　　　王、河 27.1

讁 zhe

    善言者無瑕讁。　　　　　　　　　　　傅 27.2

    善言者无瑕讁，　　　　　　　　　　　帛 27.2

讁 zhe

    善言無瑕讁。　　　　　　　　　　　　王、河 27.2

者 zhe

    此兩者同出而異名，同謂之玄。　　　王、河、傅 1.7

    兩者同出，異名同謂。　　　　　　　帛 1.7

    使夫知者不敢為。　　　　　　　　　傅 3.9

    使夫智者不敢為也。　　　　　　　　王、河 3.9

    天地之所以能長且久者，　　　　　　帛 7.2

    天地所以能長且久者，　　　　　　　王、河、傅 7.2

    吾所以有大患者，為吾有身，　　　　王、竹、河、傅 13.7

    吾所以有大患者，為吾有身也。　　　帛 13.7

    故貴以身為天下者，　　　　　　　　河、傅 13.9

    愛以身為天下者，　　　　　　　　　河、傅 13.11

    三者不可致詰，　　　　　　　　　　帛 14.4

    此三者不可致詰，　　　　　　　　　王、河、傅 14.4

    一者，其上不謬，其下不忽。　　　　帛 14.6

    一者，其上之不皦，其下之不昧。　　傅 14.6

    古之善為士者，　　　　　　　　　　王、河 15.1

    長古之善為士者，　　　　　　　　　竹 15.1

    古之□為道者，　　　　　　　　　　帛 15.1

    古之善為道者，　　　　　　　　　　傅 15.1，王、河、傅 65.1

    孰能濁以靜者，將徐清。　　　　　　竹 15.10

    孰能厇以迬者，將徐生。　　　　　　竹 15.11

    保此道者不欲尚盈。　　　　　　　　竹 l5.12

    保此道者不欲盈，　　　　　　　　　王、河、傅 15.14

此三者，以為文不足，	王、河 19.4
此三者，以為文而未足也，	傅 19.4
古之所謂曲則全者，豈虛言也哉？	傅 22.10
古之所謂曲全者幾語哉，	帛 22.10
古之所謂曲則全者，豈虛言哉！	王、河 22.10
孰為此者？天地。	王、河 23.4
孰為此者？天地也。	傅 23.4
故從事而道者同於道，	帛 23.7
故從事於道者，	王、河、傅 23.7
道者同於道，	王、河、傅 23.8
得者同於得，	帛 23.8，傅 23.10
從事於得者，	傅 23.9
德者同於德，	王、河 23.9
失者同於失，	帛 23.9，王、河 23.10，傅 23.12
同於得者，道亦得之；	帛 23.10
同於失者，道亦失之。	帛 23.11
同於道者，道亦樂得之；	王、河 23.11
從事於失者，	傅 23.11
同於德者，德亦樂得之；	王、河 23.12
同於失者，失亦樂失之。	河 23.13
同於失者，失亦樂得之。	王 23.13
於道者，道亦得之；	傅 23.13
於得者，得亦得之；	傅 23.14
於失者，失亦得之。	傅 23.15
企者不立，跨者不行，	王、傅 24.1
炊者不立。	帛 24.1
跂者不立，跨者不行，	河 24.1
自示者不章，	帛 24.2
自見者不明，	王、河、傅 24.2，帛 24.3

自是者不彰，	王、河、傅 24.3
自伐者無功，	王、河、傅 24.4
自伐者无功，	帛 24.4
自矜者不長。	王、帛、河、傅 24.5
物或惡之，故有道者不處也。	河、傅 24.7
物或惡之，故有欲者弗居。	帛 24.7，帛 31.2
物或惡之，故有道者不處。	王 24.7，王、河、傅 31.2
善行者無徹迹，	傅 27.1
善行者无達迹，	帛 27.1
善言者無瑕讁。	傅 27.2
善言者无瑕讁 ，	帛 27.2
善數者不用籌策。	帛 27.3
善數者無籌策，	傅 27.3
善閉者無關鍵而不可開，	傅 27.4
善閉者无關籥而不可啓也。	帛 27.4
善結者無繩約而不可解。	傅 27.5
善結者无纆約而不可解也。	帛 27.5
故善人者，不善人之師；	王、河、傅 27.8
不善人者，善人之資。	王、河、傅 27.9
將欲取天下而為之者，	傅 29.1
夫天下，神器也，非可為者也。	帛 29.3
為之者敗之，執之者失之。	帛 29.4
為者敗之，執者失之。	王、河、傅 29.4，王、河、傅 64.8
以道佐人主者，	王、竹、河、傅 30.1
善者果而已，	竹 30.3，河 30.5
善者果而已矣，	帛 30.4
故善者果而已矣，	傅 30.5
夫兵者，不祥之器也。	帛 31.1
夫佳兵者，不祥之器。	王、河 31.1

夫美兵者，不祥之器。	傅 31.1
故曰兵者□□□□□，	竹 31.3
兵者，不祥之器，	王、河、傅 31.5
故兵者非君子之器。	帛 31.5
兵者不祥之器也，	帛 31.6
而美之者，是樂殺人。	王、河 31.9
若美必樂之，樂之者是樂殺人也。	傅 31.9
夫樂人殺人者，	傅 31.10
夫樂殺人者，	王、河 31.10
戰勝者，則以喪禮處之。	傅 31.17
知人者，智也。自知，明也。	帛 33.1
知人者智，自知者明。	王、河 33.1
知人者智也，自知者明也。	傅 33.1
勝人者，有力也。自勝者，強也。	帛 33.2
勝人者有力，自勝者強。	王、河 33.2
勝人者有力也，自勝者彊也。	傅 33.2
知足者，富也。	帛、傅 33.3
知足者富，	王、河 33.3
強行者，有志也。	帛 33.4
強行者有志，	王、河 33.4
彊行者有志也，	傅 33.4
不失其所者，久也。	帛、傅 33.5
不失其所者久，	王、河 33.5
死而不亡者壽。	王、河 33.6
死而不亡者壽也。	傅 33.6
死而不忘者，壽也。	帛 33.6
執大象者，天下往。	傅 35.1
夫禮者，忠信之薄也，而亂之首也。	帛 38.12
夫禮者，忠信之薄而亂之首。	王、河 38.13

夫禮者，忠信之薄，而亂之首也。	傅 38.13
前識者，道之華也，而愚之首也。	帛 38.13
前識者，道之華，而愚之始也。	傅 38.14
前識者，道之華而愚之始。	王、河 38.14
昔之得一者，	王、河、傅 39.1
昔得一者，	帛 39.1
反也者，道之動也。	帛 40.1
反者，道之動；	王、河、傅 40.1
返也者，道動也。	竹 40.1
弱也者，道之用也。	竹、帛 40.2
弱者，道之用。	王、河、傅 40.2
故強梁者不得死，	帛 42.10
強梁者不得其死，	王、河 42.10
彊梁者不得其死，	傅 42.10
其出彌遠者，其知彌□。	帛 47.3
為學者日益，為道者日損。	傅 48.1
為學者日益，聞道者日損，	帛 48.1
學者日益，為道者日損。	竹 48.1
將欲取天下者，常以無事。	傅 48.5
善者，吾善之；	王、河、傅 49.3
善者善之，	帛 49.3
不善者，吾亦善之，德善。	王、河 49.4
不善者亦善□，□善也。	帛 49.4
不善者吾亦善之，得善矣。	傅 49.4
信者，吾信之；	王、河、傅 49.5
信者信之，	帛 49.5
不信者，吾亦信之，德信。	王、河 49.6
不信者亦信之，得信也。	帛 49.6
不信者吾亦信之，得信矣。	傅 49.6

蓋聞善執生者，	帛 50.6
蓋聞善攝生者，	王、河、傅 50.6
善建者□拔，	帛 54.1
善建者不拔，	王、竹、河、傅 54.1
善抱者不脫，	王、河 54.2
善裒者不脫，	傅 54.2
善休者不脫，	竹 54.2
含德之厚者，比之於赤子也。	傅 55.1
含德之厚者，比於赤子，	竹、帛 55.1
知之者弗言，言之者弗知。	竹 56.1
知者不言，言者不知。	王、河 56.1
知者不言也，言者不知也。	傅 56.1
知者弗言，言者弗知。	帛 56.1
以道蒞天下者，其鬼不神。	傅 60.2
大國者，下流也，	帛 61.1
大國者，天下之下流，	傅 61.1
大國者下流，	王、河 61.1
故大國者不過欲并畜人，	帛 61.9
夫兩者各得其所欲，	王、河 61.11
兩者各得其所欲，	傅 61.11
大者宜為下。	王、河 61.12
則大者宜為下。	帛 61.12
故大者宜為下。	傅 61.12
道者，萬物之註也，	帛 62.1
道者，萬物之奧也。	傅 62.1
道者萬物之奧，	王、河 62.1
古之所以貴此者何也？	帛 62.10
古之所以貴此道者，	河 62.10
古之所以貴此道者何？	王 62.10

古之所以貴此道者何也？	傅 62.10
夫輕諾者必寡信，	傅 63.9
多易者必多難，	傅 63.10
為之者敗之，執之者遠之，	竹 64.8
為之者敗之，執者失之。	帛 64.8
古之為道者，	帛 65.1
知此兩者，亦稽式。	王 65.6
知此兩者亦楷式。	河 65.6
恆知此兩者，亦稽式也。	帛 65.6
常知此兩者，亦稽式也。	傅 65.6
江海所以能為百谷王者，	王、帛、河、傅 66.1
古之善為士者不武也，	傅 68.1
故善為士者不武，	帛 68.1
善為士者不武，	王、河 68.1
善戰者不怒，	王、帛、河、傅 68.2
善勝敵者不爭，	傅 68.3
善勝敵者不與，	王、河 68.3
善勝敵者弗與，	帛 68.3
善用人者為下。	河 68.4
善用人者為之下。	王、帛、傅 68.4
故抗兵相加，哀者勝矣。	王、河 69.8
故抗兵相若，而哀者勝矣。	帛、傅 69.8
知我者希，則我者貴，	王、河 70.5
知我者稀，則我貴矣。	傅 70.5
知者希，則我貴矣。	帛 70.5
□兩者或利或害。	帛 73.3
此兩者，或利或害。	王、河、傅 73.3
使民恆且畏死，而為奇者，	帛 74.3
若使民常畏死，而為奇者，	王、河、傅 74.3

若民恆且必畏死，則恆有司殺者。	帛 74.5
常有司殺者。	河 74.5
常有司殺者殺，	王、傅 74.5
夫代司殺者，	河 74.6
夫代司殺者殺，	王、帛 74.6
而代司殺者殺，	傅 74.6
夫代大匠斲者，	王、河、傅 74.8
民之飢者，以其上食稅之多也，是以飢。	傅 75.1
民之難治者，	傅 75.2
民之輕死者，	傅 75.4
夫唯無以生為者，	王、河 75.6
夫唯无以生為者，	帛 75.6
夫惟無以生為貴者，	傅 75.6
故堅強者死之徒，	王、河 76.5
故堅彊者，死之徒也；	傅 76.5
柔弱者，生之徒也。	傅 76.6
柔弱者生之徒。	王、河 76.6
是以兵彊者則不勝，木彊則共。	傅 76.7
天之道，其猶張弓者歟，	傅 77.1
高者抑之，下者舉之；	王、帛、河、傅 77.2
有餘者損之，	王、帛、河、傅 77.3
不足者益之。	河 77.4
不足者補之。	王、帛、傅 77.4
夫孰能有餘而有以奉於天者，	帛 77.8
孰能損有餘而奉不足於天下者，	傅 77.8
其惟道者乎？	傅 77.9
唯有道者。	王、河 77.9
唯有道者乎？	帛 77.9
□□堅強者莫之能□也，	帛 78.2

而攻堅強者莫之能勝。	王、河 78.2
而攻堅彊者莫之能先，	傅 78.2
善者不辯，辯者不善；	王、河 81.2
知者不博，博者不知。	帛 81.2，王、河、傅 81.3
善者不多，多者不善。	帛 81.3

真 zhen

其精甚真，其中有信。	王、帛、河、傅 21.6
□真如愉，大方亡隅，	竹 41.9
質真若渝。大方無隅，	王 41.9
質真若輸，大方無隅。	傅 41.9
修之身，其德乃真。	竹、傅 54.4
修之於身，其德乃真；	王、河 54.4
脩之身，其德乃真。	帛 54.4

貞 zhen

國家昏亂，安有貞臣。	帛 18.4
國家昏亂，有貞臣。	傅 18.4
王侯得一以為天下貞。	傅 39.7
侯王得一以為天下貞。	王 39.7
王侯無以為貞而貴高將恐蹷。	傅 39.13

鎮 zhen

吾將鎮之以無名之朴。	河 37.5
吾將鎮之以無名之樸。	王、傅 37.5
吾將鎮之以无名之樸。	帛 37.5
將鎮之以亡名之樸。	竹 37.5
鎮之以无名之樸，夫將不辱。	帛 37.6

爭 zheng

不上賢，使民不爭。	帛 3.1

不尚賢，使民不爭；	王、河、傅 3.1
水善利萬物而不爭，	王、河、傅 8.2
水善利萬物而有爭，	帛 8.2
夫唯不爭，故無尤。	王、河 8.7
夫唯不爭，故无尤。	帛 8.7
夫惟不爭，故無尤矣。	傅 8.7
夫唯不爭，故天下莫能與之爭。	王、河 22.9
夫唯不爭，故莫能與之爭。	帛 22.9
夫惟不爭，故天下莫能與之爭。	傅 22.9
不以其不爭。	傅 66.10
以其不爭也，	竹 66.10
不以其无爭與？	帛 66.10
以其不爭，	王、河 66.10
故天下莫能與之爭。	王、竹、河、傅 66.11
故天下莫能與爭。	帛 66.11
善勝敵者不爭，	傅 68.3
是謂不爭之德，	王、帛、河、傅 68.5
天之道，不爭而善勝，	王、河、傅 73.6
人之道，爲而弗爭。	帛 81.7
聖人之道，爲而不爭。	王、河、傅 81.7

正 zheng

正善治，事善能，動善時。	王、河 8.6
邦家昏□，安有正臣。	竹 18.3
曲則全，枉則正；	帛、傅 22.1
不辱以靜，天地將自正。	帛 37.7
不欲以靖，天下將自正。	傅 37.7
侯王得一以爲天下正。	帛 39.6，河 39.7
知清靖，以爲天下正。	傅 45.6
清靜，可以爲天下正。	帛 45.6

清靜為天下正。　　　　　　　　　王、竹、河 45.6

以正治邦，以奇用兵，　　　　　　竹 57.1

以正治國，以奇用兵，　　　　　　王、帛、河 57.1

我好靖而民自正，　　　　　　　　傅 57.10

我好靜而民自正，　　　　　　　　王、帛、河 57.10，竹 57.11

孰知其極，其無正，　　　　　　　王、河 58.5

孰知其極？□无正也？　　　　　　帛 58.5

孰知其極？其無正衺？　　　　　　傅 58.5

正□□□，善復為□。　　　　　　帛 58.6

正復為奇，善復為妖，　　　　　　王 58.6

正復為奇，善復為訞。　　　　　　河 58.6

正復為奇，善復為祅。　　　　　　傅 58.6

夫慈，以陳則正，以守則固。　　　傅 67.13

正言若反也。　　　　　　　　　　傅 78.9

正言若反。　　　　　　　　　　　王、帛 78.9，河 78.10

政 zheng

政善治，事善能，動善時。　　　　帛、傅 8.6

以政治國，以奇用兵，　　　　　　傅 57.1

其政閔閔，其民淳淳；　　　　　　王 58.1

其政閔閔，其民醇醇；　　　　　　河 58.1

其政閔閔，其民屯屯。　　　　　　帛 58.1

其政閔閔，其民偆偆。　　　　　　傅 58.1

其政察察，其民缺缺。　　　　　　王、河 58.2

其政察察，其邦缺缺。　　　　　　帛 58.2

其政督督，其民缺缺。　　　　　　傅 58.2

知 zhi

天下皆知美之為美，惡已。　　　　帛 2.1

天下皆知美之為美，斯惡已；　　　王、河、傅 2.1

天下皆知美之為美也，惡已；　　　　竹 2.1

皆知善，此其不善已。　　　　　　　竹 2.2

皆知善，斯不善矣。　　　　　　　　帛 2.2

皆知善之為善，斯不善已。　　　　　王、河、傅 2.2

恆使民无知无欲也。　　　　　　　　帛 3.8

常使民無知無欲，　　　　　　　　　王、河、傅 3.8

使夫知不敢，　　　　　　　　　　　帛 3.9

使夫知者不敢為。　　　　　　　　　傅 3.9

吾不知其誰之子也，象帝之先。　　　帛 4.6

吾不知誰之子，象帝之先。　　　　　王、河、傅 4.6

持而盈之，不知其已。　　　　　　　河 9.1

愛民治國，能無以知乎？　　　　　　傅 10.4

愛民治國，能無知乎？　　　　　　　王 10.4

愛民活國，能毋以知乎？　　　　　　帛 10.4

明白四達，能毋以知乎？　　　　　　帛 10.6

明白四達，能無知。　　　　　　　　河 10.6

以知古始，是謂道紀。　　　　　　　帛、河 14.14

能知古始，是謂道紀。　　　　　　　王、傅 14.14

復命曰常，知常曰明，　　　　　　　王、河、傅 16.5

復命，常也。知常，明也。　　　　　帛 16.5

不知常，妄，妄作凶。　　　　　　　帛 16.6

不知常，妄作，凶。　　　　　　　　王、河、傅 16.6

知常容，容乃公，　　　　　　　　　王、帛、河、傅 16.7

大上下知有之，　　　　　　　　　　竹、帛 17.1

太上，下知有之。　　　　　　　　　王、河、傅 17.1

絕聖棄知，民利百倍。　　　　　　　傅 19.1

絕知弃辯，民利百倍。　　　　　　　竹 19.1

吾何以知眾父之然也？以此。　　　　帛 21.8

吾何以知眾甫之狀哉？以此。　　　　王 21.8

吾何以知衆甫之然哉？以此。　　　　　河 21.8

吾奚以知衆甫之然哉？以此。　　　　　傅 21.8

未知其名，字之曰道，　　　　　　　　竹 25.4

吾未知其名也，字之曰道。　　　　　　帛 25.4

吾不知其名，字之曰道，　　　　　　　王、河 25.5

吾不知其名，故彊字之曰道。　　　　　傅 25.5

不貴其師，不愛其資，雖知大迷。　　　傅 27.10

知其雄，守其雌，為天下溪。　　　　　帛 28.1

知其雄，守其雌，為天下谿。　　　　　王、河、傅 28.1

知其白，守其辱，為天下谷。　　　　　帛 28.4

知其白，守其黑，為天下式。　　　　　王、河、傅 28.4，帛 28.7

知其榮，守其辱，為天下谷。　　　　　王、河、傅 28.7

名亦既有，天亦將知之。　　　　　　　河 32.8

名亦既有，夫亦將知止。　　　　　　　王、竹、帛、傅 32.8

知之，所以不殆。　　　　　　　　　　河 32.9

知止可以不殆。　　　　　　　　　　　王 32.9

知止所以不殆。　　　　　　　　　　　竹、帛、傅 32.9

知人者，智也。自知，明也。　　　　　帛 33.1

知人者智，自知者明。　　　　　　　　王、河 33.1

知人者智也，自知者明也。　　　　　　傅 33.1

知足者，富也。　　　　　　　　　　　帛、傅 33.3

知足者富，　　　　　　　　　　　　　王、河 33.3

萬物歸之而不知主，可名於大矣。　　　傅 34.6

夫亦將知足，　　　　　　　　　　　　竹 37.6

知（足）以靜，萬物將自定。　　　　　竹 37.7

吾是以知無為之有益。　　　　　　　　王、河 43.4

吾是以知無為之有益也。　　　　　　　傅 43.4

吾是以知无為□□益也。　　　　　　　帛 43.4

知足不辱，知止不殆，可以長久。　　　王、河、傅 44.6

故知足不辱，知止不殆，可以長久。　　　竹、帛 44.6

知清靖，以為天下正。　　　　　　　　　傅 45.6

禍莫大乎不知足。　　　　　　　　　　　竹 46.3

禍莫大於不知足，　　　　　　　　　　　王 46.3，帛、河、傅 46.4

知足之為足，此恆足矣。　　　　　　　　竹 46.4

故知足之足，常足矣。　　　　　　　　　王 46.5，河、傅 46.6

不出戶（以）知天下，　　　　　　　　　河 47.1

不出戶，可以知天下。　　　　　　　　　傅 47.1

不出戶，知天下；　　　　　　　　　　　王 47.1

不出於戶，以知天下。　　　　　　　　　帛 47.1

不窺於牖，以知天道。　　　　　　　　　帛 47.2

不窺牖，可以知天道。　　　　　　　　　傅 47.2

其出彌遠，其知彌少。　　　　　　　　　王、河 47.3

其出彌遠，其知彌尟。　　　　　　　　　傅 47.3

其出彌遠者，其知彌□。　　　　　　　　帛 47.3

是以聖人不行而知，　　　　　　　　　　王、河、傅 47.4

既知其母，復知其子；　　　　　　　　　河 52.2

既得其母，以知其子；　　　　　　　　　王、帛、傅 52.2

既知其子，復守其母，沒身不殆。　　　　王、帛、河、傅 52.3

使我介有知，行於大道，　　　　　　　　帛 53.1

使我介然有知，行於大道，　　　　　　　王、河、傅 53.1

（吾）何以知天下之然哉？以此。　　　　河 54.12

吾何□知天下之然哉？以□。　　　　　　帛 54.12

吾何以知天下然哉？以此。　　　　　　　王 54.12

吾何以知天□□□□□。　　　　　　　　竹 54.12

吾奚以知天下之然哉？以此。　　　　　　傅 54.12

未知牝牡之合而全作，精之至也。　　　　王 55.5

未知牝牡之合而朘作，精之至也。　　　　傅 55.5

未知牝牡之合而峻作，精之至也。　　　　河 55.5

未知牝牡之合然怒，精之至也，	竹 55.5
未知牝牡之會而朘怒，精之至也。	帛 55.5
和曰常，知常曰明，	帛 55.7
和曰常，知和曰明。	竹 55.7
知和曰常，知常曰明，	河 55.7
知和曰常，知常曰明，	王、傅 55.7
知之者弗言，言之者弗知。	竹 56.1
知者不言，言者不知。	王、河 56.1
知者不言也，言者不知也。	傅 56.1
知者弗言，言者弗知。	帛 56.1
吾何以知其然也？	竹 57.3
吾何以知其然也哉？	帛 57.3
吾何以知其然哉？以此。	王、河 57.3
吾奚以知天下其然哉？以此。	傅 57.3
人多知而奇物滋起。	竹 57.6
民多知慧，而衺事滋起。	傅 57.6
孰知其極？□无正也？	帛 58.5
孰知其極？其無正？	王、河 58.5
孰知其極？其無正衺？	傅 58.5
□□□□莫知其□。	帛 59.5
不克則莫知其極，	竹 59.5
無不克則莫知其極，	王、傅 59.5
無不剋則莫知其極，	河 59.5
莫知其□，可以有國。	帛 59.6
莫知其極（則）可以有國。	河 59.6
莫知其極，可以有國。	王、竹、傅 59.6
民之難治，以其多知也。	傅 65.3
故以知治國，國之賊也；	傅 65.4
故以智知國，國之賊也；	帛 65.4

不以知治國，國之福也；	傅 65.5
以不智知國，國之德也；	帛 65.5
知此兩者，亦稽式。	王 65.6
知此兩者亦楷式。	河 65.6
恆知此兩者，亦稽式也。	帛 65.6
常知此兩者，亦稽式也。	傅 65.6
恆知稽式，是謂玄德。	帛 65.7
能知稽式，是謂玄德。	傅 65.7
常知楷式，是謂玄德。	河 65.7
常知稽式，是謂玄德。	王 65.7
吾言易知也，易行也；	帛 70.1
吾言甚易知，甚易行。	王、河、傅 70.1
天下莫能知，莫能行。	王、河 70.2
而人莫之能知，莫之能行。	傅 70.2
而天下莫之能知也，莫之能行也。	帛 70.2
夫唯無知，是以不我知。	王 70.4
夫唯无知也，是以不我知。	帛 70.4
夫惟無知，是以不吾知也。	傅 70.4
夫惟無知，是以不我知。	河 70.4
知我者希，則我者貴，	王、河 70.5
知我者稀，則我貴矣。	傅 70.5
知者希，則我貴矣。	帛 70.5
知不知，上；不知知，病。	王、河 71.1
知不知，尚矣；不知知，病矣。	帛、傅 71.1
是以聖人自知，不自見；	王、河 72.5
是以聖人自知而不自見，	傅 72.5
是以聖人自知而不自見也，	帛 72.5
天之所惡，孰知其故？	王、帛、河、傅 73.4
天下莫不知，而莫之能行。	傅 78.5

天下莫不知，莫能行。	王、河 78.5
天下莫弗知也，而□□□行也。	帛 78.5
知者不博，博者不知。	帛 81.2，王、河、傅 81.3

之 zhi

無名，天地之始。	王、河、傅 1.3
无名，萬物之始也。	帛 1.3
有名，萬物之母。	王、河、傅 1.4
有名，萬物之母也。	帛 1.4
此兩者，同出而異名。同謂之玄。	王、河、傅 1.7
玄之又玄，眾妙之門。	王、帛、河、傅 1.8
天下皆知美之為美，惡已。	帛 2.1
天下皆知美之為美，斯惡已；	王、河、傅 2.1
天下皆知美之為美也，惡已；	竹 2.1
皆知善之為善，斯不善已。	王、河、傅 2.2
有、无之相生也，難、易之相成也，	帛 2.3
有亡之相生也，難易之相成也，	竹 2.3
故有無之相生，難易之相成，	傅 2.3
長、短之相形也，高、下之相盈也，	竹、帛 2.4
長短之相形，高下之相傾，	傅 2.4
音、聲之相和也，先、後之相隨，恆也。	帛 2.5
音聲之相和，前後之相隨，	傅 2.5
音聲之相和也，先後之相隨也。	竹 2.5
是以聖人居亡為之事，	竹 2.6
是以聖人居无為之事，	帛 2.6
是以聖人處無為之事，	王、河、傅 2.6
行不言之教。	王、竹、帛、河、傅 2.7
不貴難得之貨；	王、帛、河、傅 3.2，王、竹、河、傅 64.14
是以聖人之治，	王、河 3.5

是以聖人之治也，	帛、傅 3.5
道沖，而用之又弗盈也。	帛 4.1
道沖而用之，或不盈。	王、河 4.1
道盅，而用之又不滿。	傅 4.1
淵兮似萬物之宗。	王、傅 4.2
淵乎似萬物之宗。	河 4.2
淵呵似萬物之宗。	帛 4.2
吾不知其誰之子也，象帝之先。	帛 4.6
吾不知誰之子，象帝之先。	王、河、傅 4.6
天地之間，其猶橐籥與？	竹 5.1，帛 5.3
天地之間，其猶橐籥乎？	王、河、傅 5.3
玄牝之門，是謂天地之根。	帛、傅 6.2
玄牝之門，是謂天地根。	王、河 6.2
綿綿若存，用之不勤。	河、傅 6.3
縣縣呵其若存，用之不勤。	帛 6.3
縣縣若存，用之不勤。	王 6.3
天地之所以能長且久者，	帛 7.2
居衆人之所惡，故幾於道矣。	帛、傅 8.3
處衆人之所惡，故幾於道。	王、河 8.3
持而盈之，不如其已。	王、傅 9.1
持而盈之，不知其已。	河 9.1
持而盈之，不若其已。	帛 9.1
𣪠而盈之，不不若已。	竹 9.1
揣而允之，不可長葆也。	帛 9.2
揣而梲之，不可長保。	王 9.2
揣而銳之，不可長保。	河 9.2
湍而羣之，不可長保也。	竹 9.2
𢾭而梲之，不可長保。	傅 9.2
金玉盈室，莫之能守也。	帛 9.3

金玉滿室，莫之能守。	傅 9.3
金玉滿堂，莫之能守。	王、河 9.3
功成、名遂、身退，天之道。	河 9.5
功遂身退，天之道。	王 9.5
功遂身退，天之道也。	竹、帛 9.5
成名功遂身退，天之道。	傅 9.5
生之，畜之。	王、帛、河、傅 10.7
當其無，有車之用；	王、河、傅 11.2
當其无有，車之用也。	帛 11.2
當其無，有器之用。	王、河、傅 11.4
當其无有，埴器之用也。	帛 11.4
當其無，有室之用。	王、河、傅 11.6
當其无有，室之用也。	帛 11.6
故有之以為利，	王、帛、河、傅 11.7
無之以為用。	王、河、傅 11.8
无之以為用。	帛 11.8
難得之貨使人之行妨。	帛 12.3
五味使人之口爽，	帛 12.4
五音使人之耳聾。	帛 12.5
難得之貨，令人行妨。	王、河、傅 12.5
是以聖人之治也，為腹而不為目。	帛 12.6
寵之為下也，	帛 13.3
得之若驚，失之若驚，	王、竹、帛、河、傅 13.4
視之不見名曰夷，	王、河、傅 14.1
視之而弗見，名之曰微。	帛 14.1
聽之不聞名曰希，	王、河、傅 14.2
聽之而弗聞，名之曰希。	帛 14.2
搏之不得名曰微。	王 14.3
搏之不得名曰微。	河、傅 14.3

搏之而弗得，名之曰夷。	帛 14.3
一者，其上之不曒，其下之不昧。	傅 14.6
是謂無狀之狀，無物之象，	王、河、傅 14.9
是謂无狀之狀，无物之象，	帛 14.9
迎之不見其首，	王、河、傅 14.11
隨之不見其後，	王、河、傅 14.12
執今之道，以御今之有。	帛 14.13
執古之道，以御今之有，	王、河 14.13
執古之道，可以御今之有，	傅 14.13
古之善為士者，	王、河 15.1
長古之善為士者，	竹 15.1
古之□為道者，	帛 15.1
古之善為道者，	傅 15.1，王、河、傅 65.1
是以為之容：	竹 15.3
故強為之容，曰：	帛 15.4
故強為之容。	王、河 15.4
故彊為之容，曰：	傅 15.4
渙兮若冰之將釋，	王、河 15.8
孰能濁以澄靖之，而徐清。	傅 15.12
孰能濁以靜之徐清？	王 15.12
孰能濁以（止）靜之，徐清？	河 15.12
濁而靜之，徐清。	帛 15.12
安以動之，徐生。	帛 15.13
孰能安以久動之，而徐生。	傅 15.13
孰能安以久動之，徐生？	王、河 15.13
大上下知有之，	竹、帛 17.1
太上，下知有之。	王、河、傅 17.1
其次，親而譽之。	王 17.2
其次，親之。其次，譽之。	傅 17.2

其次親之譽之。	河 17.2
其次親譽之，	竹、帛 17.2
其次，畏之。其次，侮之。	王、竹、河、傅 17.3
其次畏之，其下侮之。	帛 17.3
故令之有所屬。	帛 19.5
或命之或乎屬。	竹 19.5
唯之與阿，相去幾何？	王、河、傅 20.2
美之與惡，相去何若？	傅 20.3
善之與惡，相去何若？	河 20.3
善之與惡，相去若何？	王 20.3
人之所畏，不可不畏。	王、河、傅 20.4
人之所畏，亦不可以不畏。	竹 20.4
人之所畏，亦不可以不畏人。	帛 20.4
如嬰兒之未孩，	王、河 20.9
若嬰兒之未咳，	傅 20.9
我愚人之心也，湷湷呵。	帛 20.12
我愚人之心也哉！沌沌兮！	王、河、傅 20.13
孔德之容，唯道是從。	帛、河 21.1
孔德之容，惟道是從。	王、傅 21.1
道之物，唯恍唯忽。	帛 21.2
道之為物，唯怳唯忽。	河 21.2
道之為物，惟芒惟芴。	傅 21.2
道之為物，惟恍惟惚。	王 21.2
吾何以知衆父之然也？以此。	帛 21.8
吾何以知衆甫之狀哉？以此。	王 21.8
吾何以知衆甫之然哉？以此。	河 21.8
吾奚以知衆甫之然哉？以此。	傅 21.8
夫唯不爭，故天下莫能與之爭。	王、河 22.9
夫唯不爭，故莫能與之爭。	帛 22.9

夫惟不爭，故天下莫能與之爭。	傅 22.9
古之所謂曲則全者，豈虛言也哉？	傅 22.10
古之所謂曲全者幾語哉，	帛 22.10
古之所謂曲則全者，豈虛言哉！	王、河 22.10
誠全而歸之。	王、河、傅 22.11
誠全歸之。	帛 22.11
同於得者，道亦得之；	帛 23.10
同於失者，道亦失之。	帛 23.11
同於道者，道亦樂得之；	王、河 23.11
同於德者，德亦樂得之；	王、河 23.12
同於失者，失亦樂失之。	河 23.13
同於失者，失亦樂得之。	王 23.13
於道者，道亦得之；	傅 23.13
於得者，得亦得之；	傅 23.14
於失者，失亦得之。	傅 23.15
物或惡之，故有道者不處也。	河、傅 24.7
物或惡之，故有欲者弗居。	帛 24.7，帛 31.2
物或惡之，故有道者不處。	王 24.7，王、河、傅 31.2
未知其名，字之曰道，	竹 25.4
吾未知其名也，字之曰道。	帛 25.4
吾不知其名，字之曰道，	王、河 25.5
吾不知其名，故彊字之曰道。	傅 25.5
吾強為之名曰大。	竹、帛 25.5
強為之名曰大。	王、河 25.6
彊為之名曰大。	傅 25.6
如之何萬乘之主，	傅 26.4
奈何萬乘之主，	王、河 26.4
若何萬乘之王，	帛 26.4
故善人，善人之師；	帛 27.8

故善人者，不善人之師；	王、河、傅 27.8
不善人，善人之資也。	帛 27.9
不善人者，善人之資。	王、河、傅 27.9
聖人用之則為官長，	王、河 28.11
聖人用之則為宮長，	傅 28.11
將欲取天下，而為之，	王、帛、河 29.1
將欲取天下而為之者，	傅 29.1
為之者敗之，執之者失之。	帛 29.4
為者敗之，執者失之。	王、河、傅 29.4，王、河、傅 64.8
□□所居，楚棘生之。	帛 30.3
師之所處，荊棘生焉。	王、河、傅 30.3
大軍之後，必有凶年。	王、河、傅 30.4
物壯而老，謂之不道，不道早已。	帛 30.8
夫兵者，不祥之器也。	帛 31.1
夫佳兵者，不祥之器。	王、河 31.1
夫美兵者，不祥之器。	傅 31.1
□得已而用之，	竹 31.4
兵者，不祥之器，	王、河、傅 31.5
故兵者非君子之器。	帛 31.5
兵者不祥之器也，	帛 31.6
非君子之器，	王、河、傅 31.6
美之，是樂殺人。	竹 31.6
不得已而用之，	王、帛、河、傅 31.7
而美之者，是樂殺人。	王、河 31.9
若美之，是樂殺人也。	帛 31.9
若美必樂之，樂之者是樂殺人也。	傅 31.9
言以喪禮居之也。	竹 31.12，帛 31.15
故殺□□，則以哀悲蒞之；	竹 31.13
戰勝則以喪禮居之。	竹 31.14

言以喪禮處之。	王、河 31.15
言居上勢，則以喪禮處之。	傅 31.15
殺人之衆，以哀悲泣之。	王 31.16
殺人衆，以悲哀莅之；	帛 31.16
殺人衆多，以悲哀泣之。	河 31.16
殺人衆多，則以悲哀泣之。	傅 31.16
戰勝，以喪禮處之。	王、河 31.17
戰勝而以喪禮處之。	帛 31.17
戰勝者，則以喪禮處之。	傅 31.17
侯王如能守之，	竹 32.3
侯王若能守之，	王、帛、河 32.3，王、帛、河 37.2
民莫之令，而自均焉。	帛、傅 32.6
民莫之令而自均。	王、河 32.6
民莫之令而自均安。	竹 32.6
名亦既有，天亦將知之。	河 32.8
知之，所以不殆。	河 32.9
譬道之在天下，	王、河、傅 32.10
譬道之在天下也，	竹、帛 32.10
猶小谷之與江海。	竹 32.11
猶小谷之與江海也。	帛 32.11
猶川谷之於江海。	王 32.11
猶川谷之與江海。	河 32.11
猶川谷之與江海也。	傅 32.11
萬物恃之以生而不辭。	傅 34.2
萬物恃之而生，而不辭。	王、河 34.2
是以聖人之能成大也，	帛 34.6
萬物歸之而不知主，可名於大矣。	傅 34.6
故道之出言也，曰：	帛 35.4
道之出口，	王、河 35.4

道之出言，	傅 35.4
視之，不足見也。	帛 35.6
視之不足見，	王、竹、河、傅 35.6
聽之，不足聞也。	帛 35.7
聽之不足聞，	王、竹、河、傅 35.7
用之，不可既也。	帛 35.8
用之不可既。	河、傅 35.8
用之不足既。	王 35.8
將欲翕之，必固張之。	帛、傅 36.1
將欲歙之，必固張之；	王 36.1
將欲噏之，必固張之；	河 36.1
將欲弱之，必固強之；	王、帛、河 36.2
將欲弱之，必固彊之。	傅 36.2
將欲去之，必固與之。	帛 36.3
將欲廢之，必固興之；	王、河、傅 36.3
將欲奪之，必固予之。	帛 36.4
將欲奪之，必固與之，	王、河、傅 36.4
柔之勝剛，弱之勝彊，	傅 36.6，傅 78.4
邦之利器不可以示人。	傅 36.8
國之利器，不可以示人。	王、河 36.8
侯王能守之，	竹 37.2
吾將鎮之以無名之朴。	河 37.5
吾將鎮之以無名之樸。	王、傅 37.5
吾將鎮之以无名之樸。	帛 37.5
將鎮之以亡名之樸。	竹 37.5
無名之朴，亦將不欲，	河 37.6
無名之樸，夫亦將不欲。	傅 37.6
無名之樸，夫亦將無欲。	王 37.6
鎮之以无名之樸，夫將不辱。	帛 37.6

下德為之，而有以為。	王、河 38.4
下德為之而無以為。	傅 38.4
上仁為之而无以為也。	帛 38.4
上仁為之，而無以為；	王、河、傅 38.5
上義為之而有以為也。	帛 38.5
上義為之，而有以為。	王、河、傅 38.6
上禮為之而莫之應也，	帛 38.6
上禮為之，而莫之應，	王、河、傅 38.7
則攘臂而仍之。	河、傅 38.8
則攘臂而扔之。	王 38.8，帛 38.7
夫禮者，忠信之薄也，而亂之首也。	帛 38.12
夫禮者，忠信之薄而亂之首。	王、河 38.13
夫禮者，忠信之薄，而亂之首也。	傅 38.13
前識者，道之華也，而愚之首也。	帛 38.13
前識者，道之華，而愚之始也。	傅 38.14
前識者，道之華。而愚之始。	王、河 38.14
昔之得一者，	王、河、傅 39.1
其致之，一也，天無以清將恐裂，	傅 39.8
其致之，天無以清將恐裂，	王、河 39.8
此其賤之本與？非也？	帛 39.15
反也者，道之動也。	帛 40.1
反者，道之動。	王、河、傅 40.1
弱也者，道之用也。	竹、帛 40.2
弱者，道之用。	王、河、傅 40.2
天下之物生於有，生於亡。	竹 40.3
天下之物生於有，有□於无。	帛 40.3
天下之物生於有，有生於無。	傅 40.3
上士聞道，而勤行之。	傅 41.1
上士聞道，勤而行之；	王、河 41.1

上□□道，勤能行之。	帛 41.1
下士聞道，大笑之；	王、竹、河、帛 41.3
下士聞道，而大笑之。	傅 41.3
故建言有之：明道若昧，	王、河 41.5
故建言有之曰：明道若昧，	傅 41.5
是以建言有之：明道如曹，	竹 41.5
是以建言有之曰：明道如費，	帛 41.5
人之所惡，唯孤寡不穀，	王、帛 42.5
人之所惡，唯孤寡不穀，	河 42.5
人之所惡，惟孤寡不穀，	傅 42.5
故物，或損之而益，	王、河、傅 42.7
或益之而損。	王、河、傅 42.8
損之而益。	帛 42.8
人之所以教我，亦我之所以教人。	傅 42.9
人之所教，我亦教之。	王、河 42.9
天下之至柔，	王、帛、河、傅 43.1
馳騁天下之至堅，	王、河、傅 43.2
馳騁乎天下之至堅。	帛 43.2
吾是以知無為之有益。	王、河 43.4
吾是以知無為之有益也。	傅 43.4
不□□教，无為之益，	帛 43.5
不言之教，無為之益，	王、河、傅 43.5
□下希能及之矣。	帛 43.6
天下希及之。	王、河 43.6
天下稀及之矣。	傅 43.6
知足之為足，此恆足矣。	竹 46.4
故知足之足，常足矣。	王 46.5，河、傅 46.6
損之又損，	王、帛 48.2
損之又損之，	河、傅 48.2

損之或損，	竹 48.2
以百姓之心為心。	帛 49.2
善者，吾善之；	王、河、傅 49.3
善者善之，	帛 49.3
不善者，吾亦善之，德善。	王、河 49.4
不善者吾亦善之，得善矣。	傅 49.4
信者，吾信之；	王、河、傅 49.5
信者信之，	帛 49.5
不信者，吾亦信之，德信。	王、河 49.6
不信者亦信之，得信也。	帛 49.6
不信者吾亦信之，得信矣。	傅 49.6
聖人之在天下，歙歙焉，	傅 49.7
聖人之在天下也，歙歙焉，	帛 49.7
聖人皆孩之。	王 49.9，河 49.10
聖人皆咳之。	帛、傅 49.10
生之□□有□，	帛 50.2
生之徒十有三，	王、河、傅 50.2
□之徒十有三，	帛 50.3
死之徒十有三，	王、河、傅 50.3
人之生，動之死地十有三。	河 50.4
人之生動之死地，亦十有三。	王 50.4
而民之生生而動，動皆之死地，亦十有三。	傅 50.4
而民生生，動皆之死地之十有三。	帛 50.4
夫何故？以其生生之厚。	王 50.5
夫何故？以其生生之厚也。	傅 50.5
夫何故？以其求生之厚。	河 50.5
道生之，德畜之，	王、帛、河、傅 51.1
物形之，勢成之。	王、河、傅 51.2
物形之而器成之。	帛 51.2

道之尊，德之貴，	王、河、傅 51.4
道之尊也，德之貴也，	帛 51.4
夫莫之命而常自然。	王、河 51.5
夫莫之爵，而常自然。	傅 51.5
夫莫之爵也，而恆自然也。	帛 51.5
故道生之，德畜之，	王、河、傅 51.6
道生之，畜之，	帛 51.6
長之，遂之，亭之，毒之，養之，覆□。	帛 51.7
長之、育之、亭之、毒之、養之、覆之。	王 51.7
長之育之，成之孰之，養之覆之。	河 51.7
長之育之，亭之毒之，蓋之覆之。	傅 51.7
修之身，其德乃真。	竹、傅 54.4
修之於身，其德乃真；	王、河 54.4
脩之身，其德乃真。	帛 54.4
修之於家，其德乃餘；	王、河 54.5
修之家，其德乃餘。	傅 54.5
修之家，其德有餘。	竹 54.5
脩之家，其德有餘。	帛 54.5
修之於鄉，其德乃長；	王、河 54.6
修之鄉，其德乃長。	竹、傅 54.6
脩之鄉，其德乃長。	帛 54.6
修之邦，其德乃豐。	竹、傅 54.7
修之於國，其德乃豐；	王、河 54.7
脩之國，其德乃豐。	帛 54.7
修之天下，其德乃溥。	傅 54.8
修之天下□□□□。	竹 54.8
修之於天下，其德乃普。	王、河 54.8
脩之天下，其德乃溥。	帛 54.8
（吾）何以知天下之然哉？以此。	河 54.12

吾何□知天下之然哉？以□。	帛 54.12
吾奚以知天下之然哉？以此。	傅 54.12
含德之厚，比於赤子。	王、河 55.1
含德之厚者，比之於赤子也。	傅 55.1
含德之厚者，比於赤子，	竹、帛 55.1
未知牝牡之合而全作，精之至也。	王 55.5
未知牝牡之合而朘作，精之至也。	傅 55.5
未知牝牡之合而峻作，精之至也。	河 55.5
未知牝牡之合然怒，精之至也，	竹 55.5
未知牝牡之會而朘怒，精之至也。	帛 55.5
終日乎而不憂，和之至也；	竹 55.6
終日號而不啞，和之至也。	河 55.6
終日號而不嗄，和之至也。	王 55.6
終日號而不嚘，和之至也。	帛 55.6
終日號而嗌不嚘，和之至也。	傅 55.6
物□則老，謂之不道，不道早已。	帛 55.9
物壯則老，謂之不道，不道早已。	王、河、傅 55.9
知之者弗言，言之者弗知。	竹 56.1
是以□人之言曰：	帛 57.8
是以聖人之言曰：	竹 57.8
禍，福之所倚；	帛 58.3
禍兮，福之所倚；	王、河、傅 58.3
福，禍之所伏，	帛 58.4
福兮，禍之所伏，	王、河、傅 58.4
人之迷，其日固久。	王、河 58.7
人之迷也，其日固久矣。	傅 58.7
□之迷也，其日固久矣。	帛 58.7
早服謂之重積德，	王、河、傅 59.3
有國之母，可以長……	竹 59.7

有國之母，可以長久。	王、帛、河、傅 59.7
長生久視之道。	王、河、傅 59.9
長生久視之道也。	竹、帛 59.9
大國者，天下之下流，	傅 61.1
天下之交，	王、河、傅 61.2
天下之牝也。	帛 61.2
天下之交也，	帛 61.3
天下之牝，	王、河、傅 61.3
道者，萬物之註也，	帛 62.1
道者，萬物之奧也。	傅 62.1
道者萬物之奧，	王、河 62.1
善人之所寶。	傅 62.2
善人之寶，	王、河 62.2
善人之寶也，	帛 62.2
不善人之所保。	王、河、傅 62.3
不善人之所保也。	帛 62.3
人之不善，何棄□有？	帛 62.6
人之不善，何棄之有！	王、河、傅 62.6
雖有共之璧以先四馬，	帛 62.8
古之所以貴此者何也？	帛 62.10
古之所以貴此道者，	河 62.10
古之所以貴此道者何？	王 62.10
古之所以貴此道者何也？	傅 62.10
大小之多易必多難。	竹 63.2
是以聖人猶難之，故終亡難。	竹 63.3
天下之難作於易，	帛 63.5
天下之難事必作於易，	傅 63.5
天下之大作於細。	帛 63.6
天下之大事必作於細。	傅 63.6

是以聖人猶難之，故終於无難。	帛 63.11
是以聖人猶難之，故終無難。	河 63.11
是以聖人猶難之。故終無難矣。	王、傅 63.11
為之乎其未有，	傅 64.3
為之於未有，	王、河 64.3
為之於其亡有也，	竹 64.3
治之乎其未亂。	傅 64.4
治之於未亂。	王、河 64.4
治之於其未亂。	竹 64.4
合抱之木，生於毫末；	王、河 64.5
合褢之木生於豪末；	傅 64.5
九成之臺甲□□□，	竹 64.6
九成之臺，作於蔂土。	帛 64.6
九成之臺，起於累土；	傅 64.6
九層之臺，起於累土；	王、河 64.6
千里之行，始於足下。	王、河、傅 64.7
百千之高，始於足下。	帛 64.7
為之者敗之，執之者遠之，	竹 64.8
為之者敗之，執者失之。	帛 64.8
民之從事，常於其幾成而敗之。	傅 64.11
民之從事，常於幾成而敗之，	王、河 64.11
民之從事也，恆於其成而敗之。	帛 64.11
臨事之紀，	竹 64.11
而不貴難得之貨；	帛 64.14
教不教，復衆之所過。	竹 64.15
學不學，以復衆人之所過；	傅 64.15
學不學，復衆人之所過，	王、帛、河 64.15
以輔萬物之自然，而不敢為。	王、河 64.16
以輔萬物之自然，而不敢為也。	傅 64.16

是故聖人能輔萬物之自然，而弗能為。	竹	64.16
能輔萬物之自然，而弗敢為。	帛	64.16
古之為道者，	帛	65.1
非以明民，將以愚之。	王、河、傅	65.2
非以明民也，將以愚之也。	帛	65.2
夫民之難治也，以其智也。	帛	65.3
民之難治，以其多知也。	傅	65.3
民之難治，以其智多。	王、河	65.3
以智治國，國之賊；	河	65.4
故以知治國，國之賊也；	傅	65.4
故以智治國，國之賊；	王	65.4
故以智知國，國之賊也；	帛	65.4
不以知治國，國之福也；	傅	65.5
不以智治國，國之福。	王、河	65.5
以不智知國，國之德也；	帛	65.5
以其善下之，	王、河	66.2
以其善下之也，	帛、傅	66.2
是以聖人之欲上民也，	帛	66.4
聖人之在民前也，	竹	66.4
以身後之；	竹	66.5
必以言下之；	王	66.5
必以其言下之；	帛、河、傅	66.5
其在民上也，以言下之。	竹	66.6
其欲先民也，必以其身後之。	帛	66.6
欲先民，必以身後之。	王	66.6
欲先民，必以其身後之。	河、傅	66.6
是以聖人處之上而民弗重，	傅	66.7
處之前而民不害也。	傅	66.8
故天下莫能與之爭。	王、竹、河、傅	66.11

吾有三寶，持而寶之。　　　　　　　傅 67.4

我有三寶，持而保之。　　　　　　　王、河 67.4

我恆有三寶，持而寶之。　　　　　　帛 67.4

天將建之，如以慈垣之。　　　　　　帛 67.14

天將救之，以慈衛之。　　　　　　　王、河、傅 67.14

古之善為士者不武也，　　　　　　　傅 68.1

善用人者為之下。　　　　　　　　　王、帛、傅 68.4

是謂不爭之德，　　　　　　　　　　王、帛、河、傅 68.5

是謂用人之力，　　　　　　　　　　王、河、傅 68.6

是謂配天，古之極。　　　　　　　　王、河 68.7

是謂配天，古之極也。　　　　　　　帛、傅 68.7

而人莫之能知，莫之能行。　　　　　傅 70.2

而天下莫之能知也，莫之能行也。　　帛 70.2

是以聖人之不病也，　　　　　　　　帛 71.2

聖人之不病，　　　　　　　　　　　傅 71.3

民之不畏威，則大威將至矣。　　　　帛 72.1

天之所惡，孰知其故？　　　　　　　王、帛、河、傅 73.4

天之道，不戰而善勝，　　　　　　　帛 73.5

是以聖人猶難之。　　　　　　　　　王、河、傅 73.5

天之道，不爭而善勝，　　　　　　　王、河、傅 73.6

如之何其以死懼之？　　　　　　　　傅 74.2

奈何以死懼之！　　　　　　　　　　王、河 74.2

若何以殺懼之也？　　　　　　　　　帛 74.2

吾得而殺之，夫孰敢矣！　　　　　　帛 74.4

吾得而殺之，孰敢也！　　　　　　　傅 74.4

吾得執而殺之，孰敢？　　　　　　　王、河 74.4

人之飢也，以其取食踉之多，是以飢。帛 75.1

民之飢，以其上食稅之多，是以飢。　河 75.1

民之飢者，以其上食稅之多也，是以飢。傅 75.1

民之饑,以其上食稅之多,是以饑。	王 75.1
民之難治,	王、河 75.2
民之難治者,	傅 75.2
百姓之不治也,	帛 75.2
以其上之有以為也,是以不治。	帛 75.3
以其上之有為,是以難治。	王 75.3
以其上之有為也,是以難治。	傅 75.3
民之輕死,	王、河 75.4
民之輕死也,	帛 75.4
民之輕死者,	傅 75.4
以其上求生生之厚也,是以輕死。	傅 75.5
以其求生之厚,是以輕死。	王、河 75.5
以其求生之厚也,是以輕死。	帛 75.5
人之生也柔弱,	王、帛、河、傅 76.1
草木之生也柔脆,	傅 76.3
萬物草木之生也柔脆,	王、帛、河 76.3
故曰:堅強,死之徒也;	帛 76.5
故堅強者死之徒,	王、河 76.5
故堅彊者,死之徒也;	傅 76.5
柔弱,生之徒也。	帛 76.6
柔弱者,生之徒也。	傅 76.6
柔弱者生之徒。	王、河 76.6
天之道,其猶張弓乎?	河 77.1
天之道,其猶張弓者歟,	傅 77.1
天之道,其猶張弓與!	王 77.1
天之道,猶張弓也,	帛 77.1
高者抑之,下者舉之;	王、帛、河、傅 77.2
有餘者損之,	王、帛、河、傅 77.3
不足者益之。	河 77.4

不足者補之。　　　　　　　　　　　　王、帛、傅 77.4

天之道，損有餘而補不足；　　　　　　王、河、傅 77.5

故天之道，損有餘而益不足；　　　　　　帛 77.5

人之道，　　　　　　　　　　　　　　帛 77.6

人之道則不然，　　　　　　　　　　　王、河、傅 77.6

□□堅強者莫之能□也，　　　　　　　帛 78.2

而攻堅強者莫之能勝，　　　　　　　　王、河 78.2

而攻堅彊者莫之能先，　　　　　　　　傅 78.2

以其無以易之也。　　　　　　　　　　帛、傅 78.3

其無以易之。　　　　　　　　　　　　王、河 78.3

水之勝剛也，弱之勝強也，　　　　　　帛 78.4

弱之勝強，柔之勝剛，　　　　　　　　王、河 78.4

天下莫不知，而莫之能行。　　　　　　傅 78.5

故聖人之言云，　　　　　　　　　　　傅 78.6

是故聖人之言云，曰：　　　　　　　　帛 78.6

受國之垢，是謂社稷之主。　　　　　　傅 78.7

受國之垢，是謂社稷主；　　　　　　　王、河 78.7

受國之訽，是謂社稷之主，　　　　　　帛 78.7

受國之不祥，　　　　　　　　　　　　河 78.8

受國之不祥，是謂天下之王。　　　　　帛 78.8

受國之不祥，是謂天下之主。　　　　　傅 78.8

使（民）有什伯，人之器而不用。　　　河 80.2

使民有什伯之器而不用也，　　　　　　傅 80.2

使有什伯之器而不用，　　　　　　　　王 80.2

有舟車无所乘之，　　　　　　　　　　帛 80.4

雖有舟輿，無所乘之；　　　　　　　　王、河、傅 80.4

有甲兵无所陳之。　　　　　　　　　　帛 80.5

雖有甲兵，無所陳之；　　　　　　　　王、河、傅 80.5

使人復結繩而用之。　　　　　　　　　王 80.6

使民復結繩而用之。	帛、河、傅 80.6
至治之極，民各甘其食，美其服，	傅 80.7
鄰國相望，雞犬之聲相聞，	王、帛、傅 80.9
鄰國相望，雞狗之聲相聞，	河 80.9
天之道，利而不害。	王、河、傅 81.6
故天之道，利而不害；	帛 81.6
人之道，為而弗爭。	帛 81.7
聖人之道，為而不爭。	王、河、傅 81.7

祗 zhi

大器曼成，大音祗聲，	竹 41.10

執 zhi

執今之道，以御今之有。	帛 14.13
執古之道，以御今之有，	王、河 14.13
執古之道，可以御今之有，	傅 14.13
是以聖人執一，以為天下牧。	帛 22.4
為之者敗之，執之者失之。	帛 29.4
為者敗之，執者失之。	王、河、傅 29.4，王、河、傅 64.8
執大象，天下往；	王、竹、帛、河 35.1
執大象者，天下往。	傅 35.1
蓋聞善執生者，	帛 50.6
為之者敗之，執之者遠之，	竹 64.8
為之者敗之，執者失之。	帛 64.8
亡執故亡失。	竹 64.10
無執，故無失。	王、傅 64.10
无執也，故无失也。	帛 64.10
无執故無失。	河 64.10
仍無敵，執無兵。	河 69.5
扔無敵，執無兵。	王 69.5

執無兵，仍無敵。	傅 69.5
執无兵，扔无敵。	帛 69.5
吾得執而殺之，孰敢？	王、河 74.4
是以聖人執左契，	王、帛、河、傅 79.3

埴 zhi

埏埴以為器，	王、河、傅 11.3
埏埴而為器，	帛 11.3
當其无有，埴器之用也。	帛 11.4

直 zhi

曲則全，枉則直，	王、河 22.1
質直若渝，大方無隅，	河 41.9
大直如屈，大巧如拙。	帛 45.3
大直若屈，大巧若拙，	王、河 45.3
大直若詘，大巧若拙。	傅 45.3
大直若屈。	竹 45.4
廉而不刺，直而不絏，	帛 58.9
廉而不害，直而不肆，	河 58.9
廉而不劌，直而不肆，	王、傅 58.9

止 zhi

孰能濁以（止）靜之，徐清？	河 15.12
忽呵其若海，恍呵若无所止。	帛 20.15
忽兮若海。漂兮若無所止。	河 20.16
淡兮其若海，飂兮似無所止。	傅 20.16
澹兮其若海，飂兮若無止。	王 20.16
名亦既有，夫亦將知止，	王、竹、帛、傅 32.8
知止可以不殆。	王 32.9
知止所以不殆。	竹、帛、傅 32.9
樂與餌，過客止。	王、竹、帛、河、傅 35.3

知足不辱，知止不殆，可以長久。　　　王、河、傅 44.6

故知足不辱，知止不殆，可以長久。　　竹、帛 44.6

志 zhi

弱其志，強其骨，　　　　　　　　　王、帛、河 3.7

弱其志，彊其骨。　　　　　　　　　傅 3.7

□□以得志於天下。　　　　　　　　竹 31.8

不可以得志於天下矣。　　　　　　　帛、傅 31.11

則不可以得志於天下矣。　　　　　　王、河 31.11

強行者，有志也。　　　　　　　　　帛 33.4

強行者有志，　　　　　　　　　　　王、河 33.4

彊行者有志也，　　　　　　　　　　傅 33.4

至 zhi

搏氣至柔，能嬰兒乎？　　　　　　　帛 10.2

至虛，恆也；守中，篤也。　　　　　竹 16.1

至虛極，守靜篤，　　　　　　　　　河 16.1

至虛極也，守靜督也。　　　　　　　帛 16.1

其至也，謂天毋已清將恐裂，　　　　帛 39.7

故至數輿无輿。　　　　　　　　　　帛 39.16

天下之至柔，　　　　　　　　　　　王、帛、河、傅 43.1

馳騁天下之至堅，　　　　　　　　　王、河、傅 43.2

馳騁乎天下之至堅。　　　　　　　　帛 43.2

以至亡為也，　　　　　　　　　　　竹 48.3

以至於無為，　　　　　　　　　　　王、河、傅 48.3

以至於无□，　　　　　　　　　　　帛 48.3

未知牝牡之合而全作，精之至也。　　王 55.5

未知牝牡之合而朘作，精之至也。　　傅 55.5

未知牝牡之合然怒，精之至也，　　　竹 55.5

未知牝牡之會而朘怒，精之至也。　　帛 55.5

終日乎而不憂，和之至也；	竹 55.6
終日號而不啞，和之至也。	河 55.6
終日號而不嗄，和之至也。	王 55.6
終日號而不嚘，和之至也。	帛 55.6
終日號而嗌不嗄，和之至也。	傅 55.6
與物反也，乃至大順。	帛 65.9
與物反矣，乃復至於大順。	傅 65.9
與物反矣，然後乃至大順。	王 65.9
與物反矣。乃至大順。	河 65.9
民不畏威，則大威至，	王 72.1
民不畏威，則大威至矣。	河、傅 72.1
民之不畏威，則大威將至矣。	帛 72.1
至治之極，民各甘其食，美其服，	傅 80.7
民至老死不相往來。	王、帛、河 80.10
使民至老死不相與往來。	傅 80.10

致 zhi

專氣致柔，能如嬰兒乎？	傅 10.2
專氣致柔，能嬰兒。	河 10.2
專氣致柔，能嬰兒乎？	王 10.2
三者不可致詰，	帛 14.4
此三者不可致詰，	王、河、傅 14.4
致虛極，守靜篤，	王 16.1
致虛極，守靖篤，	傅 16.1
其致之，一也，天無以清將恐裂，	傅 39.8
其致之。天無以清將恐裂，	王、河 39.8
故致數車無車，	河 39.18
故致數輿無輿。	王 39.18
故致數譽無譽，	傅 39.18

置 zhi

  故立天子，置三公，　　　　　　王、河、傅 62.7

  故立天子，置三卿，　　　　　　帛 62.7

制 zhi

  大制無割。　　　　　　　　　　傅 28.12

  夫大制无割。　　　　　　　　　帛 28.12

  故大制不割。　　　　　　　　　王、河 28.12

  始制有名，　　　　　　　　　　王、竹、帛、河、傅 32.7

智 zhi

  使夫智者不敢為也。　　　　　　王、河 3.9

  智慧出，安有大偽。　　　　　　帛 18.2

  智慧出，有大偽；　　　　　　　河 18.2

  智慧出，焉有大偽。　　　　　　傅 18.2

  慧智出，有大偽；　　　　　　　王 18.2

  絕聖棄智，民利百倍；　　　　　王、河 19.1

  絕聖棄智，而民利百倍。　　　　帛 19.1

  不貴其師，不愛其資，雖智大迷。　王、河 27.10

  不貴其師，不愛其資，雖智乎大迷。帛 27.10

  知人者，智也。自知，明也。　　帛 33.1

  知人者智，自知者明。　　　　　王、河 33.1

  知人者智也，自知者明也。　　　傅 33.1

  人多智，而奇物滋□，　　　　　帛 57.6

  夫民之難治也，以其智也。　　　帛 65.3

  民之難治，以其智多。　　　　　王、河 65.3

  以智治國，國之賊；　　　　　　河 65.4

  故以智治國，國之賊；　　　　　王 65.4

  故以智知國，國之賊也；　　　　帛 65.4

  不以智治國，國之福。　　　　　王、河 65.5

以不智知國，國之德也；　　　　　帛 65.5

質 zhi

質□□□，大方无隅。　　　　　　帛 41.9

質直若渝，大方無隅，　　　　　　河 41.9

質真若渝。大方無隅，　　　　　　王 41.9

質真若輸，大方無隅。　　　　　　傅 41.9

治 zhi

是以聖人之治，　　　　　　　　　王、河 3.5

是以聖人之治也，　　　　　　　　帛、傅 3.5

弗為而已，則无不治矣。　　　　　帛 3.10

為無為，則無不治。　　　　　　　王、河 3.10

正善治，事善能，動善時。　　　　王、河 8.6

政善治，事善能，動善時。　　　　帛、傅 8.6

愛民治國，能無以知乎？　　　　　傅 10.4

愛民治國，能無知乎？　　　　　　王 10.4

愛民治國，能無為。　　　　　　　河 10.4

是以聖人之治也，為腹而不為目。　帛 12.6

以正治邦，以奇用兵，　　　　　　竹 57.1

以正治國，以奇用兵，　　　　　　王、帛、河 57.1

以政治國，以奇用兵，　　　　　　傅 57.1

治人事天莫若嗇。　　　　　　　　王、竹、帛、河、傅 59.1

治大國若烹小鮮。　　　　　　　　王、帛、河、傅 60.1

治之乎其未亂。　　　　　　　　　傅 64.4

治之於未亂。　　　　　　　　　　王、河 64.4

治之於其未亂。　　　　　　　　　竹 64.4

夫民之難治也，以其智也。　　　　帛 65.3

民之難治，以其多知也。　　　　　傅 65.3

民之難治，以其智多。　　　　　　王、河 65.3

以智治國，國之賊；	河 65.4
故以知治國，國之賊也；	傅 65.4
故以智治國，國之賊；	王 65.4
不以知治國，國之福也；	傅 65.5
不以智治國，國之福。	王、河 65.5
民之難治，	王、河 75.2
民之難治者，	傅 75.2
百姓之不治也，	帛 75.2
以其上之有以為也，是以不治。	帛 75.3
以其上之有為，是以難治。	王 75.3
以其上之有為也，是以難治。	傅 75.3
以其上有為，是以難治。	河 75.3
至治之極，民各甘其食，美其服，	傅 80.7

中 zhong

多言數窮，不如守中。	王、河、傅 5.5
多聞數窮，不若守於中。	帛 5.5
至虛，恆也；守中，篤也。	竹 16.1
忽兮悅兮，其中有象；	河 21.3
忽呵恍呵，中有象呵。	帛 21.3
芴兮芒兮，其中有象；	傅 21.3
惚兮恍兮，其中有象；	王 21.3
芒兮芴兮，其中有物；	傅 21.4
悅兮忽兮，其中有物，	河 21.4
恍兮惚兮，其中有物。	王 21.4
恍呵忽呵，中有物呵。	帛 21.4
幽兮冥兮，其中有精；	傅 21.5
窈兮冥兮，其中有精，	王、河 21.5
窈呵冥呵，其中有精呵。	帛 21.5
其精甚真，其中有信。	王、帛、河、傅 21.6

1419

國中有四大，　　　　　　　　　　　　帛 25.8

國中有四大安，　　　　　　　　　　　竹 25.8

域中有四大，　　　　　　　　　　　　王、河、傅 25.9

上士聞道，勤能行於其中。　　　　　　竹 41.1

中士聞道，若存若亡；　　　　　　　　王、帛、河、傅 41.2

中士聞道，若聞若亡。　　　　　　　　竹 41.2

中氣以為和。　　　　　　　　　　　　帛 42.4

盅 zhong

道盅，而用之又不滿。　　　　　　　　傅 4.1

大盈若盅，其用不窮。　　　　　　　　竹 45.2

大滿若盅，其用不窮。　　　　　　　　傅 45.2

忠 zhong

國家昏亂，有忠臣。　　　　　　　　　王 18.4

國家昏亂，有忠臣。　　　　　　　　　河 18.4

夫禮者，忠信之薄也，而亂之首。　　　帛 38.12

夫禮者，忠信之薄，而亂之首也。　　　傅 38.13

夫禮者，忠信之薄而亂之首。　　　　　王、河 38.13

終 zhong

故飄風不終朝，　　　　　　　　　　　王 23.2

飄風不終朝，　　　　　　　　　　　　帛、河 23.2

暴雨不終日。　　　　　　　　　　　　帛 23.3

驟雨不終日。　　　　　　　　　　　　王、河 23.3

是以君子終日行，不遠其輜重，　　　　帛 26.2

是以君子終日行，不離其輜重。　　　　傅 26.2

是以聖人終日行不離輜重。　　　　　　王、河 26.2

以其終不自為大，　　　　　　　　　　王 34.7

是以聖人終不為大，　　　　　　　　　河 34.7，王、帛、河、傅
　　　　　　　　　　　　　　　　　　63.7

以其終不自大，	傅 34.8
閉其門，塞其兑，終身不嵍。	竹 52.1
啓其兑，賽其事，終身不逨。	竹 52.2
塞其兑，閉其門，終身不勤。	王、河、傅 52.4
塞其垸，閉其門，終身不勤。	帛 52.4
啓其垸，齊其事，終身不棘。	帛 52.5
開其兑，濟其事，終身不救。	王、河、傅 52.5
終日乎而不憂，和之至也；	竹 55.6
終日號而不啞，和之至也。	河 55.6
終日號而不嗄，和之至也。	王 55.6
終日號而不嚘，和之至也。	帛 55.6
終日號而嗌不𣢾，和之至也。	傅 55.6
是以聖人猶難之，故終亡難。	竹 63.3
是以聖人猶難之，故終於无難。	帛 63.11
是以聖人猶難之，故終無難。	河 63.11
是以聖人猶難之。故終無難矣。	王、傅 63.11
故曰：慎終若始，則无敗事矣。	帛 64.12
慎終如始，此亡敗事矣。	竹 64.12
慎終如始，則無敗事。	王、河 64.12
慎終如始，則無敗事矣。	傅 64.12

重 zhong

重為輕根，靖為躁君。	傅 26.1
重為輕根，靜為躁君，	王、帛、河 26.1
是以君子終日行，不遠其輜重，	帛 26.2
是以君子終日行，不離其輜重。	傅 26.2
是以聖人終日行不離輜重。	王、河 26.2
早服是謂重積□。	帛 59.3
早服謂之重積德，	王、河、傅 59.3
重□□□□□□，	帛 59.4

重積德則無不克，	王、傅 59.4
重積德則無不剋，	河 59.4
故居上而民弗重也，	帛 66.7
是以聖人處上而民不重，	王、河 66.7
是以聖人處之上而民弗重，	傅 66.7
使民重死而不遠徙。	王、河、傅 80.3
使民重死而遠徙。	帛 80.3

衆 zhong

玄之又玄，衆妙之門。	王、帛、河、傅 1.8
居衆人之所惡，故幾於道矣。	帛、傅 8.3
處衆人之所惡，故幾於道。	王、河 8.3
衆人熙熙，	王、帛、河、傅 20.6
衆人皆有餘，	王、帛、河、傅 20.11
衆人皆有以，	帛 20.16，王、河、傅 20.17
自今及古，其名不去，以順衆父。	帛 21.7
自今及古，其名不去，以閲衆甫。	傅 21.7
自古及今，其名不去，以閲衆甫。	王、河 21.7
吾何以知衆父之然也？以此。	帛 21.8
吾何以知衆甫之狀哉？以此。	王 21.8
吾何以知衆甫之然哉？以此。	河 21.8
吾奚以知衆甫之然哉？以此。	傅 21.8
殺人之衆，以哀悲泣之。	王 31.16
殺人衆，以悲哀莅之；	帛 31.16
殺人衆多，以悲哀泣之。	河 31.16
殺人衆多，則以悲哀泣之。	傅 31.16
教不教，復衆之所過。	竹 64.15
學不學，以復衆人之所過；	傅 64.15
學不學，復衆人之所過。	王、帛、河 64.15

舟 zhou

有舟車无所乘之，	帛 80.4
雖有舟輿，無所乘之；	王、河、傅 80.4

周 zhou

周行而不殆，	王、河、傅 25.3

驟 zhou

驟雨不崇日。	傅 23.3
驟雨不終日。	王、河 23.3

主 zhu

如之何萬乘之主，	傅 26.4
奈何萬乘之主，	王、河 26.4
以道佐人主，	帛 30.1
以道佐人主者，	王、竹、河、傅 30.1
萬物歸焉而弗為主，	帛 34.3
衣被萬物而不為主。	傅 34.4
衣養萬物而不為主。	王 34.4
愛養萬物而不為主。	河 34.4
萬物歸焉而弗為主，可名於大。	帛 34.5
萬物歸之而不知主，可名於大矣。	傅 34.6
萬物歸焉而不為主，可名為大。	王、河 34.6
吾不敢為主而為客，	王、帛、河、傅 69.2
言有宗，事有主。	傅 70.3
受國之垢，是謂社稷之主。	傅 78.7
受國之垢，是謂社稷主；	王、河 78.7
受國之詬，是謂社稷之主，	帛 78.7
受國之不祥，是謂天下之主。	傅 78.8

註 zhu

百姓皆註其耳目，	河、傅 49.9
百姓皆注其耳目焉，	帛 49.9
道者，萬物之註也，	帛 62.1

專 zhuan

專氣致柔，能如嬰兒乎？	傅 10.2
專氣致柔，能嬰兒。	河 10.2
專氣致柔，能嬰兒乎？	王 10.2

溽 zhuang，見 溽 hun

壯 zhuang

物壯而老，謂之不道，不道早已。	帛 30.8
物壯則老，是謂不道，不道早已。	王、河 30.9
物壯則老，是謂非道，非道早已。	傅 30.9
物壯則老，是謂不道。	竹 55.9
物壯則老，謂之不道，不道早已。	王、河、傅 55.9

狀 zhuang

是謂無狀之狀，無物之象。	王、河、傅 14.9
是謂无狀之狀，无物之象，	帛 14.9
吾何以知衆甫之狀哉？以此。	王 21.8
有狀蚰成，先天地生，	竹 25.1

贅 zhui

其在道也，曰餘食贅行。	王、帛、傅 24.6
其於道也，曰餘食贅行。	河 24.6

屯 zhun

屯乎其若樸，	竹 15.8
子孫以其祭祀不屯。	竹 54.3

其政閔閔，其民屯屯。　　　　　　帛 58.1

捉 zhuo

骨弱筋柔而捉固，　　　　　　　　竹 55.4

拙 zhuo

大巧若拙，大成若詘，　　　　　　竹 45.3

大直如屈，大巧如拙。　　　　　　帛 45.3

大直若屈，大巧若拙，　　　　　　王、河 45.3

大直若詘，大巧若拙。　　　　　　傅 45.3

斲 zhuo

是代大匠斲。　　　　　　　　　　帛、傅 74.7

是謂代大匠斲。　　　　　　　　　王、河 74.7

夫代大匠斲，　　　　　　　　　　帛 74.8

夫代大匠斲者，　　　　　　　　　王、河、傅 74.8

濁 zhuo

坉乎其若濁，　　　　　　　　　　竹 15.9

孰能濁以靜者，將徐清。　　　　　竹 15.10

湷呵其若濁，　　　　　　　　　　帛 15.10

混兮其若濁。　　　　　　　　　　王、傅 15.11

渾兮其若濁。　　　　　　　　　　河 15.11

孰能濁以（止）靜之，徐清？　　　河 15.12

濁而靜之，徐清。　　　　　　　　帛 15.12

孰能濁以澄靖之，而徐清。　　　　傅 15.12

孰能濁以靜之徐清？　　　　　　　王 15.12

輜 zi

是以君子終日行，不遠其輜重，　　帛 26.2

是以君子終日行，不離其輜重。　　傅 26.2

是以聖人終日行不離輜重。　　　　王、河 26.2

資 zi

不善人，善人之資也。	帛 27.9
不善人者，善人之資。	王、河、傅 27.9
不貴其師，不愛其資，雖知大迷。	傅 27.10
不貴其師，不愛其資，雖智大迷。	王、河 27.10
不貴其師，不愛其資，雖智乎大迷。	帛 27.10
厭食而資財□□。	帛 53.6

滋 zi

民多利器，而邦家滋昏。	帛 57.5
民多利器，而邦滋昏。	竹 57.5
民多利器，國家滋昏；	王、傅 57.5
民多利器，國家滋昏。	河 57.5
人多伎巧，奇物滋起；	王 57.6
人多技巧，奇物滋起。	河 57.6
人多知而奇物滋起。	竹 57.6
人多智，而奇物滋□，	帛 57.6
民多知慧，而衺事滋起。	傅 57.6
□物滋章，而盜賊□□。	帛 57.7
法令滋章，盜賊多有。	傅 57.7
法令滋彰，盜賊多有。	王 57.7
法物滋彰，盜賊多有。	竹、河 57.7

子 zi

吾不知其誰之子也，象帝之先。	帛 4.6
吾不知誰之子，象帝之先。	王、河、傅 4.6
是以君子終日行，不遠其輜重，	帛 26.2
是以君子終日行，不離其輜重。	傅 26.2
君子居則貴左，	竹 31.1，王、帛、河 31.3
是以君子居則貴左，	傅 31.3

故兵者非君子之器。　　　　　　　　帛 31.5

非君子之器，　　　　　　　　　　　王、河、傅 31.6

既知其母，復知其子；　　　　　　　河 52.2

既得其母，以知其子；　　　　　　　王、帛、傅 52.2

既知其子，復守其母，沒身不殆。　　王、帛、河、傅 52.3

子孫以其祭祀不屯。　　　　　　　　竹 54.3

子孫以祭祀不絕。　　　　　　　　　帛 54.3

子孫以祭祀不輟。　　　　　　　　　王 54.3

子孫祭祀不輟。　　　　　　　　　　河、傅 54.3

含德之厚，比於赤子。　　　　　　　王、河 55.1

含德之厚者，比之於赤子也。　　　　傅 55.1

含德之厚者，比於赤子，　　　　　　竹、帛 55.1

故立天子，置三公，　　　　　　　　王、河、傅 62.7

故立天子，置三卿，　　　　　　　　帛 62.7

自 zi（參見 自然 ziran）

以其不自生，故能長生。　　　　　　王、河、傅 7.3

以其不自生也，故能長生。　　　　　帛 7.3

富貴而驕，自遺其咎。　　　　　　　王、河、傅 9.4

貴富而驕，自遺咎也。　　　　　　　帛 9.4

貴富驕，自遺咎也。　　　　　　　　竹 9.4

自今及古，其名不去，以順眾父。　　帛 21.7

自今及古，其名不去，以閱眾甫。　　傅 21.7

自古及今，其名不去，以閱眾甫。　　王、河 21.7

不自示故章，　　　　　　　　　　　帛 22.5

不自見，故明；　　　　　　　　　　王、河、傅 22.5

不自見也故明，　　　　　　　　　　帛 22.6

不自是，故彰；　　　　　　　　　　王、河、傅 22.6

不自伐，故有功；　　　　　　　　　王、帛、河、傅 22.7

不自矜，故長。　　　　　　　　　　王、河、傅 22.8

自示者不章，	帛 24.2
自見者不明，	王、河、傅 24.2，帛 24.3
自是者不彰，	王、河、傅 24.3
自伐者無功，	王、河、傅 24.4
自伐者无功，	帛 24.4
自矜者不長。	王、帛、河、傅 24.5
萬物將自賓。	王、竹、帛、河、傅 32.4
民莫之令，而自均焉。	帛、傅 32.6
民莫之令而自均。	王、河 32.6
民莫之令而自均安。	竹 32.6
知人者，智也。自知，明也。	帛 33.1
知人者智，自知者明。	王、河 33.1
知人者智也，自知者明也。	傅 33.1
勝人者，有力也。自勝者，強也。	帛 33.2
勝人者有力，自勝者強。	王、河 33.2
勝人者有力也，自勝者彊也。	傅 33.2
以其終不自為大，	王 34.7
以其終不自大，	傅 34.8
而萬物將自化。	竹 37.3
萬物將自化。	王、帛、河、傅 37.3
不辱以靜，天地將自正。	帛 37.7
不欲以靖，天下將自正。	傅 37.7
不欲以靜，天下將自定。	王、河 37.7
知（足）以靜，萬物將自定。	竹 37.7
夫是以侯王自謂孤寡不穀，	帛 39.14
是以王侯自謂孤寡不穀，	傅 39.16
是以侯王自稱孤寡不穀，	河 39.16
是以侯王自謂孤寡不穀。	王 39.16
而王公以自名也。	帛 42.6

而王侯以自稱也。	傅 42.6
我無為而民自化，	王、河、傅 57.9
我无為而民自化，	帛 57.9
我無事而民自富，	竹 57.9，王、河、傅 57.11
我亡為而民自化，	竹 57.10
我好靖而民自正，	傅 57.10
我好靜而民自正，	王、帛、河 57.10，竹 57.11
我无事而民自富，	帛 57.11
我欲不欲而民自樸。	竹、帛 57.12
我無欲而民自朴。	河 57.12
我無欲而民自樸。	王、傅 57.12
（我無情而民自清）。	河 57.13
是以聖人自知，不自見；	王、河 72.5
是以聖人自知而不自見，	傅 72.5
是以聖人自知而不自見也，	帛 72.5
自愛，不自貴。	王、河 72.6
自愛而不自貴。	傅 72.6
自愛而不自貴也。	帛 72.6
弗召而自來，	帛 73.7
不召而自來，	王、河、傅 73.8
稀不自傷其手矣。	傅 74.9

自然 ziran

功成事遂，百姓皆曰我自然。	傅 17.6
功成事遂，百姓皆謂我自然。	王、河 17.6
成功遂事，而百姓謂我自然。	帛 17.6
成事遂功，而百姓曰我自然也。	竹 17.6
希言自然。	王、帛、河 23.1
稀言自然。	傅 23.1
天法道，道法自然。	竹、帛 25.11，王、河、傅

	25.12
夫莫之命而常自然。	王、河 51.5
夫莫之爵，而常自然。	傅 51.5
夫莫之爵也，而恆自然也。	帛 51.5
以輔萬物之自然，而不敢為。	王、河 64.16
以輔萬物之自然，而不敢為也。	傅 64.16
是故聖人能輔萬物之自然，而弗能為。	竹 64.16
能輔萬物之自然，而弗敢為。	帛 64.16

字 zi

未知其名，字之曰道，	竹 25.4
吾未知其名也，字之曰道。	帛 25.4
吾不知其名，字之曰道，	王、河 25.5
吾不知其名，故彊字之曰道。	傅 25.5

宗 zong

淵兮似萬物之宗。	王、傅 4.2
淵乎似萬物之宗。	河 4.2
淵呵似萬物之宗。	帛 4.2
夫言有宗，事有君。	帛 70.3
言有宗，事有主。	傅 70.3
言有宗，事有君。	王、河 70.3

走 zou

| 天下有道，卻走馬以糞； | 王、帛、河 46.1 |
| 天下有道，卻走馬以播。 | 傅 46.1 |

足 zu

信不足，安有不信。	竹、帛 17.4
故信不足，焉有不信。	傅 17.4
信不足，焉有不信焉。	王 17.4，王 23.14

信不足焉，有不信焉。	河 17.4，河 23.14
三言以為辨不足，	竹 19.4
此三言也，以為文未足，	帛 19.4
此三者，以為文不足，	王、河 19.4
此三者，以為文而未足也，	傅 19.4
儡儡兮其不足以無所歸。	傅 20.10
信不足，焉有不信。	傅 23.16
為天下谷，恆德乃足。	帛 28.5
恆德乃足，復歸於樸。	帛 28.6
為天下谷，常德乃足，	王、河、傅 28.8
知足者，富也。	帛、傅 33.3
知足者富，	王、河 33.3
視之，不足見也。	帛 35.6
視之不足見，	王、竹、河、傅 35.6
聽之，不足聞也。	帛 35.7
聽之不足聞，	王、竹、河、傅 35.7
用之不足既。	王 35.8
夫亦將知足，	竹 37.6
知（足）以靜，萬物將自定。	竹 37.7
不笑，不足以為道。	王、河、傅 41.4
弗大笑，不足以為道矣。	竹 41.4
廣德如不足，建德如□，	竹、帛 41.8
廣德若不足，建德若偷，	王 41.8
廣德若不足，建德若揄，	河 41.8
廣德若不足。建德若媮，	傅 41.8
知足不辱，知止不殆，可以長久。	王、河、傅 44.6
故知足不辱，知止不殆，可以長久。	竹、帛 44.6
禍莫大乎不知足。	竹 46.3
禍莫大於不知足，	王 46.3，帛、河、傅 46.4

知足之為足，此恆足矣。	竹 46.4
故知足之足，常足矣。	王 46.5，河、傅 46.6
□□□□□，恆足矣。	帛 46.6
及其有事，又不足以取天下矣。	傅 48.6
及其有事，不足以取天下。	王、河 48.6
及其有事也，□□足以取天□□。	帛 48.6
千里之行，始於足下。	王、河、傅 64.7
□□□□□□足下。	竹 64.7
百千之高，始於足下。	帛 64.7
不足者益之。	河 77.4
不足者補之。	王、帛、傅 77.4
天之道，損有餘而補不足；	王、河、傅 77.5
故天之道，損有餘而益不足；	帛 77.5
損不足以奉有餘。	王、河、傅 77.7
損不足而奉有餘。	帛 77.7
孰能損有餘而奉不足於天下者，	傅 77.8

朘 zui

未知牝牡之合而朘作，精之至也。	河 55.5

朘 zui

未知牝牡之合而朘作，精之至也。	傅 55.5
未知牝牡之會而朘怒，精之至也。	帛 55.5

罪 zui

罪莫厚乎甚欲，	竹 46.1
罪莫大可欲，	帛 46.3
罪莫大於可欲。	河、傅 46.3
有罪以免邪？	王、傅 62.12
有罪以免耶，	河 62.12
有罪以免與？	帛 62.12

尊 zun

而王處其一尊。	傅 25.10
是以萬物莫不尊道而貴德。	王、河、傅 51.3
是以萬物尊道而貴德。	帛 51.3
道之尊，德之貴，	王、河、傅 51.4
道之尊也，德之貴也，	帛 51.4
尊行可以加人。	王、帛、河 62.5
尊言可以加於人。	傅 62.5

左 zuo

君子居則貴左，	竹 31.1，王、帛、河 31.3
是以君子居則貴左，	傅 31.3
故吉事上左，喪事上右。	竹 31.9
是以偏將軍居左，	竹 31.10，帛 31.13
吉事尚左，凶事尚右。	王、河 31.12
故吉事尚左，凶事尚右。	傅 31.12
是以吉事上左，喪事上右；	帛 31.12
是以偏將軍處左，	傅 31.13
偏將軍居左，	王、河 31.13
大道氾兮，其可左右。	王、河 34.1
大道汎汎兮，其可左右。	傅 34.1
道，汎呵其可左右也，	帛 34.1
是以聖人執左契，	王、帛、河、傅 79.3

佐 zuo

以道佐人主，	帛 30.1
以道佐人主者，	王、竹、河、傅 30.1

鑿 zuo，見 鑿 zao

作 zuo

萬物作而不為始，	傅 2.8
萬物作而弗始，	帛 2.8
萬物作而弗始也，	竹 2.8
萬物作焉而不辭，	王、河 2.8
萬物並作，吾以觀其復。	河、傅 16.2
萬物並作，吾以觀其復也。	帛 16.2
萬物並作，吾以觀復。	王 16.2
萬物旁作，居以須復也。	竹 16.2
不知常，妄，妄作凶。	帛 16.6
不知常，妄作，凶。	王、河、傅 16.6
化而欲作，	王、竹、帛、河、傅 37.4
未知牝牡之合而全作，精之至也。	王 55.5
未知牝牡之合而朘作，精之至也。	傅 55.5
未知牝牡之合而峻作，精之至也。	河 55.5
天下之難作於易，	帛 63.5
天下之難事必作於易，	傅 63.5
天下難事必作於易，	王、河 63.5
天下大事必作於細，	王、河 63.6
天下之大作於細。	帛 63.6
天下之大事必作於細。	傅 63.6
□□□木，作於毫末。	帛 64.5
九成之臺，作於蔂土。	帛 64.6

坐 zuo

不如坐進此道。	王、河 62.9
不若坐而進此。	帛 62.9

疑難字

播

天下有道，郤走馬以播。 傅 46.1

播，见 播 min

迖

若何以迖天下矣。 竹 13.12

螫

蜂蠆蟲蛇弗螫。 竹 55.2

慮

絕偽弃慮，民復孝慈。 竹 19.3

蛡，見 蛡 kun

蛡，見 蛡 gui

髀

其死也髀信堅強， 帛 76.2

柰

柰而盈之，不不若已。 竹 9.1

其安也，易柰也。其未兆也，易謀也。 竹 64.1

佲

善佲者不脫， 竹 54.2

𥳑

剖其𥳑，解其紛，　　竹 56.4

迬，見迬 wang

剖

剖其𥳑，解其紛，　　竹 56.4

涽，見涽 hun

湷

湷呵其若谷。　　帛 15.11

濳

大曰濳，濳曰遠，遠曰返。　　竹 25.6

祅

正復為奇，善復為祅。　　傅 58.6

袿

天網袿袿，疏而不失。　　帛 73.9

矛

閉其門，塞其兑，終身不矛。　　竹 52.1

緋

銛緋為上，弗美也。　　竹 31.5

緒

故緒而為一。　　帛 14.5

三 《老子》竹简本释文

（1）竹简本分句释文

《老子》第二章

竹 2.1　　　天下皆知（智）美（㦹）之為美（㦹）也，惡（亞）
　　　　　　已；

竹 2.2　　　皆知（智）善，此其不善已。

竹 2.3　　　有（又）亡之相生也，難（戁）易（惕）之相成也，

竹 2.4　　　長短（耑）之相形（型）也，高下之相盈（浧）也，

竹 2.5　　　音聲（聖）之相和也，先後之相隨（墮）也。

竹 2.6　　　是以聖人居亡為之事，

竹 2.7　　　行不言之教（孝）。

竹 2.8　　　萬物（勿）作（俊）而弗始（刞）也，

竹 2.9　　　為而弗恃（志）也，

竹 2.10　　成而弗居。

竹 2.11　　夫〈天〉唯弗居也，是以弗去也。

《老子》第五章

竹 5.1　　　天地（陞）之間（劜），其猶（猷）橐（㯱）籥〈簹〉
　　　　　　與？

竹 5.2　　　虛而不屈，動（達）而愈出。

《老子》第九章

竹 9.1　　　耑而盈（浧）之，不不若已。

竹 9.2　　　湍而羣之，不可長保也。

竹 9.3　　　金玉盈（浧）室，莫能守（獸）也。

竹 9.4　　　貴富（福）驕（喬），自遺咎也。

竹 9.5　　　功（攻）遂（述）身退，天之道也。

《老子》第十三章

竹 13.1　　　人寵（態）辱若驚（纓），貴大患若身。

竹 13.2　　　何（可）謂（胃）寵（態）辱？

竹 13.3　　　寵（態）為下也。

竹 13.4　　　得之若驚（纓），失（遊）之若驚（纓），

竹 13.5　　　是謂（胃）寵（態）辱驚（纓）。

竹 13.6　　　□□□□□若身？

竹 13.7　　　吾（虗）所以有（又）大患者，為吾（虗）有（又）身，

竹 13.8　　　及（返）吾（虗）亡身，或何（可）□？

竹 13.9　　　□□□□□為天下，

竹 13.10　　若可以託（乇）天下矣。

竹 13.11　　愛（恶）以身為天下，

竹 13.12　　若何（可）以天下矣。

《老子》第十五章

竹 15.1　　　長古之善為士者，

竹 15.2　　　必微（非）溺玄達，深不可識（志），

竹 15.3　　　是以為之容（頌）：

竹 15.4　　　豫（夜）乎（虐）若（奴）冬涉川，

竹 15.5　　　猶（猷）乎（虐）其若（奴）畏（愄）四鄰（翌），

竹 15.6　　　嚴（敢）乎（虐）其若（奴）客，

竹 15.7　　　渙（觀）乎（虐）其若（奴）釋（懌），

竹 15.8　　　屯乎（虐）其若（奴）樸，

竹 15.9　　　坉乎（虐）其若（奴）濁，

竹 15.10   孰（竺）能濁以静（束）者，將（牂）徐（舍）清。

竹 15.11   孰（竺）能庀以迮者，將（牂）徐（舍）生。

竹 l5.12   保此道（衍）者不欲（谷）尚（端）盈（呈）。

《老子》第十六章

竹 16.1   至虚，恆（亙）也；守（獸）中，篤（管）也。

竹 16.2   萬物（勿）旁（方）作（复），居以須復也。

竹 l6.3   天道員員，各復其根（堇）。

《老子》第十七章

竹 17.1   大上下知（智）有（又）之，

竹 17.2   其次（即）親（新）譽之，

竹 17.3   其次〈即（既）〉畏（愄）之，其次（即）侮（矛）之。

竹 17.4   信不足，安有（又）不信。

竹 17.5   猶（獣）乎（虍）其貴言也。

竹 17.6   成事遂（述）功（玜），而百姓（眚）曰我自然（肰）也。

《老子》第十八章

竹 18.1   故（古）大道廢（癹），安有仁（息）義。

竹 18.2   六親（新）不和，安有孝慈（孥）。

竹 18.3   邦家（豪）昏（緡）□，安有（又）正臣。

《老子》第十九章

竹 19.1   絕（丝）知（智）弃辯（卞），民利百倍（伓）。

竹 19.2　　　絕（𢆶）巧（攷）弃利，盜（覝）賊（惻）亡有
　　　　　　（又）。

竹 19.3　　　絕（𢆶）偽（𢚩）弃慮，民復（复）孝〈季〉慈
　　　　　　（子）。

竹 19.4　　　三言以為辨（𠭯）不足，

竹 19.5　　　或命之或乎（虖）屬（豆）。

竹 19.6　　　視素（索）保樸（僕），少私（厶）寡〈須〉欲。

《老子》第二十章

竹 20.1　　　絕（𢆶）學亡憂（𢝫）。

竹 20.2　　　唯與呵（可），相去幾何（可）？

竹 20.3　　　美（𡢃）與惡（亞），相去何（可）若？

竹 20.4　　　人之所畏（褁），亦不可以不畏（褁）。

《老子》第二十五章

竹 25.1　　　有（又）狀蚰〈蟲〉成，先天地（陞）生，

竹 25.2　　　敓穆（繺），獨（蜀）立不改（亥），

竹 25.3　　　可以為天下母。

竹 25.4　　　未知（智）其名，字（孛）之曰道，

竹 25.5　　　吾（虐）強（弜）為之名曰大。

竹 25.6　　　大曰澨，澨曰遠〈連〉，遠〈連〉曰返（反）。

竹 25.7　　　天大，地（陞）大，道大，王亦大。

竹 25.8　　　國中有（又）四大安，

竹 25.9　　　王居（凥）一安。

竹 25.10　　　人法地（陞），地（陞）法天，

竹 25.11　　　天法道，道法自然（肰）。

《老子》第三十章

竹 30.1　　以道（衍）佐（差）人主（宔）者，

竹 30.2　　不欲（谷）以兵強於天下。

竹 30.3　　善者果而已，

竹 30.4　　不以取強。

竹 30.5　　果而弗伐（癹），果而弗驕（喬），果而弗矜（稻），

竹 30.6　　是謂（胃）果而不強。

竹 30.7　　其事好【還】。

《老子》三十一章

竹 31.1　　君子居則貴左，

竹 31.2　　用（甬）兵則貴右。

竹 31.3　　故（古）曰兵者□□□□□，

竹 31.4　　□得已而用（甬）之，

竹 31.5　　銛繈為上，弗美（娩）也。

竹 31.6　　美〈敚〉之，是樂殺人。

竹 31.7　　夫樂□，

竹 31.8　　□□以得志於天下。

竹 31.9　　故（古）吉事上左，喪事上右。

竹 31.10　　是以偏（卞）將（牆）軍居左，

竹 31.11　　上將（牆）軍居右，

竹 31.12　　言以喪禮（豐）居之也。

竹 31.13　　故（古）殺□□，則以哀（忬）悲莅（位）之；

竹 31.14　　戰勝（勣）則以喪禮（豐）居之。

《老子》第三十二章

竹 32.1	道恆（亙）亡名，
竹 32.2	樸（僕）雖（唯）微（妻），天地（陸）弗敢臣，
竹 32.3	侯王如（女）能守（獸）之，
竹 32.4	萬物（勿）將（牂）自賓（寅）。
竹 32.5	天地（陸）相合也，以逾甘露（零）。
竹 32.6	民莫之令（命）而〈天〉自均安。
竹 32.7	始（訂）制（折）有（又）名。
竹 32.8	名亦既有（又），夫亦將（牂）知（智）止，
竹 32.9	知（智）止所以不殆（訂）。
竹 32.10	譬（卑）道之在（才）天下也，
竹 32.11	猶（獸）小（少）谷（浴）之與江海（海）。

《老子》第三十五章

竹 35.1	執大象，天下往。
竹 35.2	往而不害，安平（坪）大。
竹 35.3	樂與餌，過（恁）客止。
竹 35.4	故（古）道□□□，
竹 35.5	淡呵（可）其無味也。
竹 35.6	視之不足見，
竹 35.7	聽（聖）之不足聞（䎡），
竹 35.8	而不可既也。

《老子》三十七章

竹 37.1	道（衍）恆（亙）亡為也，

竹 37.2　　　侯王能守之，

竹 37.3　　　而萬物（勿）將（牆）自化（憍）。

竹 37.4　　　化（憍）而欲（雒）作（复），

竹 37.5　　　將（牆）鎮（貞）之以亡名之樸（數）。

竹 37.6　　　夫亦將（牆）知（智）足，

竹 37.7　　　知（智）【足】以静（束），萬物（勿）將（牆）自定。

《老子》第四十章

竹 40.1　　　返也者，道勤（僮）也。

竹 40.2　　　弱（溺）也者，道之用（甬）也。

竹 40.3　　　天下之物（勿）生於有（又），生於亡。

《老子》第四十一章

竹 41.1　　　上士聞（昏）道，勤（堇）能行於其中。

竹 41.2　　　中士聞（昏）道，若聞（昏）若亡。

竹 41.3　　　下士聞（昏）道，大笑（芺）之；

竹 41.4　　　弗大笑（芺），不足以為道矣。

竹 41.5　　　是以建言有（又）之：明道如（女）曹（孛），

竹 41.6　　　夷（遲）道如纇，□道若退。

竹 41.7　　　上德（惠）如（女）谷（浴），大白如（女）辱，

竹 41.8　　　廣（坓）德（　）如（女）不足，建德（惠）如（女）
　　　　　　　□，

竹 41.9　　　□真（貞）如（女）愉，大方亡隅（禺），

竹 41.10　　　大器曼成，大音祗聲（聖），

竹 41.11　　　天象亡形（坓），道……

《老子》第四十四章

竹 44.1　　名與身孰（箮）親（新）？

竹 44.2　　身與貨孰（箮）多？

竹 44.3　　得（寡）與亡（貢）孰（箮）病（疠）？

竹 44.4　　甚愛（恶）必大費（赟），

竹 44.5　　厚（后）藏（臧）必多亡（貢）。

竹 44.6　　故（古）知（智）足不辱，知（智）止不殆（怠），可以長久（舊）。

《老子》第四十五章

竹 45.1　　大成若缺（夬），其用（甬）不敝（幣）。

竹 45.2　　大盈（浧）若盅（中），其用（甬）不窮（穷）。

竹 45.3　　大巧（攷）若拙（仳），大成若詘，

竹 45.4　　大直（植）若屈。

竹 45.5　　燥（梟）勝（剩）滄（蒼），清（青）勝（剩）熱（然），

竹 45.6　　清靜（清）為天下正（定）。

《老子》第四十六章

竹 46.1　　罪（皋）莫厚乎（虖）甚欲，

竹 46.2　　咎莫憯（炎）乎（虖）欲（谷）得，

竹 46.3　　禍（化）莫大乎（虖）不知（智）足。

竹 46.4　　知（智）足之為足，此恆（亙）足矣。

《老子》第四十八章

竹 48.1　　學者日益，為道者日損（員）。

竹 48.2　　損（員）之或損（員），

竹 48.3　　以至亡為也，

竹 48.4　　亡為而亡不為。

《老子》第五十二章

竹 52.1　　閉（閟）其門，塞（賽）其兌（说），終身不盂。

竹 52.2　　啟其兌（说），賽其事，終身不逨。

《老子》第五十四章

竹 54.1　　善建者不拔，

竹 54.2　　善伓者不脫（兌），

竹 54.3　　子孫以其祭祀不屯。

竹 54.4　　修（攸）之身，其德（悳）乃真（貞）。

竹 54.5　　修（攸）之家（豪），其德（悳）有（又）餘（舍）。

竹 54.6　　修（攸）之鄉（向），其德（悳）乃長。

竹 54.7　　修（攸）之邦，其德（悳）乃豐（奉）。

竹 54.8　　修（攸）之天下□□□□。

竹 54.9　　□□□家（豪），以鄉（向）觀鄉（向），

竹 54.10　　以邦觀邦，

竹 54.11　　以天下觀天下。

竹 54.12　　吾（虗）何（可）以知（智）天□□□□□。

《老子》第五十五章

竹 55.1　含（酓）德（悳）之厚者，比於赤子，

竹 55.2　蝟（蟲）蠆蟲蛇（它）弗蠚（螫）。

竹 55.3　攫鳥猛（猷）獸弗扣，

竹 55.4　骨弱（溺）筋（堇）柔（秫）而捉固，

竹 55.5　未知（智）牝牡（戊）之合然怒（惹），精之至也，

竹 55.6　終日乎（虐）而不憂（悳），和之至也；

竹 55.7　和曰常〈祟（禀）〉，知（智）和曰明，

竹 55.8　益（賹）生曰祥（羕），心使（叀）氣（燹）曰強（弜）。

竹 55.9　物（勿）壯（壄）則老，是謂（胃）不道。

《老子》第五十六章

竹 56.1　知（智）之者弗言，言之者弗知（智）。

竹 56.2　閉〈閔〉其兌（逆），塞（賽）其門，

竹 56.3　和其光，同（迵）其塵（紤），

竹 56.4　剖其纇，解其紛，

竹 56.5　是謂（胃）玄同。

竹 56.6　故（古）不可得而〈天〉親（新），

竹 56.7　亦不可得而疏（疋）；

竹 56.8　不可得而利，

竹 56.9　亦不可得而害；

竹 56.10　不可得而貴，

竹 56.11　亦可不可得而賤（戔）。

竹 56.12　故（古）為天下貴。

《老子》第五十七章

竹 57.1	以正治（之）邦，以奇（戟）用（甬）兵，
竹 57.2	以亡事取天下。
竹 57.3	吾（虐）何（可）以知（智）其然（肰）也？
竹 57.4	夫天多忌（期）諱（韋），而民彌（爾）叛（畔）。
竹 57.5	民多利器，而邦滋（慈）昏。
竹 57.6	人多知（智）而〈天〉奇（戟）物（勿）滋（慈）起（记）。
竹 57.7	法物（勿）滋（慈）彰（章），盗（規）賊（惻）多有（又）。
竹 57.8	是以聖人之言曰：
竹 57.9	我無事而民自富（福），
竹 57.10	我亡為而民自化（蠡），
竹 57.11	我好静（青）而民自正，
竹 57.12	我欲（谷）不欲（谷）而民自樸。

《老子》第五十九章

竹 59.1	治（給）人事天，莫若嗇。
竹 59.2	夫唯嗇，是以早（杲），
竹 59.3	是以早（杲）服（備）是謂（胃）……
竹 59.4	……不克，
竹 59.5	不克則莫知（智）其極〈互（亟）〉，
竹 59.6	莫知（智）其極〈互（亟）〉，可以有（又）國（邦）。
竹 59.7	有（又）國（邦）之母，可以長……
竹 59.8	……
竹 59.9	長生久（售＝舊）視之道也。

《老子》第六十三章

竹 63.1　　　為亡為，事亡事，味（未）亡味（未）。

竹 63.2　　　大小（少）之多易（惕）必多難（蟄）。

竹 63.3　　　是以聖人猶（猷）難（蟄）之，故（古）終亡難
　　　　　　　（蟄）。

《老子》第六十四章

竹 64.1　　　其安也，易末也。其未兆（兆）也，易謀（悔）也。

竹 64.2　　　其脆（霓）也，易判（畔）也。其幾也，易散（後）
　　　　　　　也。

竹 64.3　　　為之於其亡有（又）也，

竹 64.4　　　治（綱）之於其未亂。

竹 64.5　　　合□□□□□□末，

竹 64.6　　　九成之臺甲□□□，

竹 64.7　　　□□□□□□足下。

竹 64.8　　　為之者敗之，執之者遠之，

竹 64.9　　　是以聖人亡為故（古）亡敗；

竹 64.10　　　亡執故（古）亡失（遊）。

竹 64.11　　　臨事之紀，

竹 64.12　　　慎（晉）終（冬）如（女）始（㠯），此亡敗事矣。

竹 64.13　　　聖人欲（谷）不欲（谷），

竹 64.14　　　不貴難得之貨，

竹 64.15　　　教（孚）不教（孚），復衆之所過（㞷）。

竹 64.16　　　是故（古）聖人能輔（專）萬物（勿）之自然（肰），
　　　　　　　而弗能為。

竹 64.1a　　　為之者敗之，執之者失（遊）之，

竹 64.2a　　　聖人無為故（古）無敗也；

竹 64.3a　　　無執故（古）□□□。

竹 64.4a　　　慎（新）終若始（詞），則無敗事矣（喜）。

竹 64.5a　　　人之敗也，恆（亙）於其且（叔）成也敗之。

竹 64.6a　　　是以□人欲不欲，

竹 64.7a　　　不貴難（戁）得之貨，

竹 64.8a　　　學不學，復衆之所過（迅）。

竹 64.9a　　　是以能輔（補）萬（墥）物（勿）之自然（狀），而弗
　　　　　　　敢為。

《老子》第六十六章

竹 66.1　　　江海（海）所以為百谷（浴）王，

竹 66.2　　　以其能為百谷（浴）下，

竹 66.3　　　是以能為百谷（浴）王。

竹 66.4　　　聖人之在（才）民前也，

竹 66.5　　　以身後之；

竹 66.6　　　其在（才）民上也，以言下之。

竹 66.7　　　其在（才）民上也，民弗厚也；

竹 66.8　　　其在（才）民前也，民弗害也；

竹 66.9　　　天下樂進而弗厭（詀）。

竹 66.10　　　以其不争（静）也，

竹 66.11　　　故（古）天下莫能與之争（静）。

（2）竹簡本分章釋文

竹簡《老子》甲本

（第19章） 絕（迯）知（智）弃辯（卞），民利百倍（伓）■。絕（迯）巧（攷）弃利，盜（規）賊（惻）亡有（又）■。絕（迯）偽（譌）弃慮，民復（复）孝〈季〉慈（子）■。三言以【1】爲辨（叓）不足，或命之或乎（虘）屬（豆）■。視素（索）保樸（僕），少私（厶）寡〈須〉欲■。**（第66章）** 江海（海）所以爲百谷（浴）王，以其【2】能爲百谷（浴）下，是以能爲百谷（浴）王。聖人之在（才）民前也，以身後之；其在（才）民上也，以【3】言下之。其在（才）民上也，民弗厚也；其在（才）民前也，民弗害也；天下樂進而弗厭（詀）。【4】以其不爭（静）也，故（古）天下莫能與之爭（静）。**（第46章）** 罪（皋）莫厚乎（虘）甚欲，咎莫憯（僉）乎（虘）欲（谷）得，【5】禍（化）莫大乎（虘）不知（智）足。知（智）足之爲足，此恆（亙）足矣▲。**（第30章）** 以道（衍）佐（差）人主（宔）者，不欲（谷）以兵强【6】於天下。善者果而已，不以取强▲。果而弗伐（戔），果而弗驕（喬），果而弗矜（稀）▲，是謂（胃）果而不强。其【7】事好【還】▲。**（第15章）** 長古之善爲士者，必微（非）溺玄達，深不可識（志）▲，是以爲之容（頌）：豫（夜）乎（虘）若（奴）冬涉川▲，猶（猷）乎（虘）其【8】若（奴）畏（愄）四鄰（哭）▲，嚴（敢）乎（虘）其若（奴）客▲，渙（觀）乎（虘）其若（奴）釋（懌）▲，屯乎（虘）其若（奴）樸▲，坉乎（虘）其若（奴）濁，孰（竺）能濁以靜（朿）【9】者，將（牆）徐（舍）清▲。孰（竺）能庀以迬者，將（牆）徐（舍）生。保此道（衍）者不欲（谷）尚（端）盈（呈）。**（第64章）** 爲之者敗之，執之者遠【10】之，是以聖人亡爲故（古）亡敗；亡執故（古）亡失（遊）。臨事之紀，慎（誓）終（冬）如（女）始（忻），此亡敗事矣。聖人欲（谷）

【11】不欲（谷），不貴難得之貨，教（孝）不教（孝），復眾之所過（逜）▲。是故（古）聖人能輔（尃）萬物（勿）之自然（肰），而弗

【12】能為。（第37章）道（衍）恆（互）亡為也，侯王能守之，而萬物（勿）將（牆）自化（爲）。化（爲）而欲（雒）作（复），將（牆）鎮（貞）之以亡名之樸（戡）。夫【13】亦將（牆）知（智）足，知（智）【足】以静（朿），萬物（勿）將（牆）自定■。（第63章）為亡為，事亡事，味（未）亡味（未）。大小（少）之多易（惕）必多難（戁）。是以聖人【14】猶（猷）難（戁）之，故（古）終亡難（戁）■。（第2章）天下皆知（智）美（散）之為美（散）也，惡（亞）已；皆知（智）善，此其不善已。有（又）亡之相生也，【15】難（戁）易（惕）之相成也，長短（耑）之相形（型）也，高下之相盈（浧）也，音聲（聖）之相和也，先後之相隨（墮）也。是【16】以聖人居亡為之事，行不言之教（孝）。萬物（勿）作（复）而弗始（忖）也，為而弗恃（志）也，成而弗居。夫〈天〉唯【17】弗居也，是以弗去也■。（第32章）道恆（互）亡名，樸（僕）雖（唯）微（妻），天地（陸）弗敢臣，侯王如（女）能【18】守（獸）之，萬物（勿）將（牆）自賓（寅）■。天地（陸）相合也，以逾甘露（客）。民莫之令（命）而〈天〉自均安。始（訂）制（折）有（又）名。名【19】亦既有（又），夫亦將（牆）知（智）止，知（智）止所以不殆（訂）。譬（卑）道之在（才）天下也，猶（猷）小（少）谷（浴）之與江海（洖）■。【20】

（第25章）有（又）狀蚰〈蟲〉成，先天地（陸）生，敓穆（繆），獨（蜀）立不改（亥），可以為天下母。未知（智）其名，字（綧）之曰道，吾（虗）【21】強（弻）為之名曰大。大曰潛，潛曰遠〈逺〉，遠〈逺〉曰返（反）。天大，地（陸）大，道大，王亦大。國中有（又）四大安，王居（凥）一安。人【22】法地（陸），地（陸）法天，天法道，道法自然（肰）■。（第5章）天地（陸）之間（勿），其猶（猷）橐（囝）籥〈籲〉與？虛而不屈，動（達）而愈出■。【23】

（第16章）至虛，恆（亙）也；守（獸）中，篤（管）也。萬物（勿）旁（方）作（复），居以須復也。天道員員，各復其根（董）■。【24】

（第64章）其安也，易束也。其未兆（菟）也，易謀（悔）也。其脆（霓）也，易判（畔）也。其幾也，易散（後）也。為之於其【25】亡有（又）也，治（絧）之於其未亂。合□□□□□末，九成之臺甲□□□，□□□□□□【26】足下▲。（第56章）知（智）之者弗言，言之者弗知（智）。閉〈閔〉其兌（说），塞（賽）其門，和其光，同（迵）其塵（斬），剉其𣬈，解其紛，【27】是謂（胃）玄同。故（古）不可得而〈天〉親（新），亦不可得而疏（疋）；不可得而利，亦不可得而害；【28】不可得而貴，亦可不可得而賤（戔）。故（古）為天下貴■。（第57章）以正治（之）邦，以奇（勢）用（甬）兵，以亡事【29】取天下。吾（虚）何（可）以知（智）其然（肰）也。夫天多忌（期）諱（韋），而民彌（爾）叛（畔）。民多利器，而邦滋（慈）昏。人多【30】知（智）而〈天〉奇（勢）物（勿）滋（慈）起（记）。法物（勿）滋（慈）彰（章），盜（規）賊（惻）多有（又）。是以聖人之言曰：我無事而民自富（福），【31】我亡為而民自化（蟲），我好静（青）而民自正，我欲（谷）不欲（谷）而民自樸▲。【32】

（第55章）含（舍）德（悳）之厚者，比於赤子，蜂（蟲）蠆蟲蛇（它）弗螫（蠚）。攫鳥猛（戬）獸弗扣，骨弱（溺）筋（董）柔（萩）而捉【33】固，未知（智）牝牡（戊）之合然怒（蒸），精之至也，終日乎（虐）而不憂（慐），和之至也；和曰常（棠〈㯱〉），知（智）和曰明，【34】益（賹）生曰祥（羕），心使（叟）氣（燹）曰強（弱）。物（勿）壯（聖）則老，是謂（胃）不道■。（第44章）名與身孰（管）親（新）？身與貨【35】孰（管）多？得（賹）與亡（貪）孰（管）病（疠）？甚愛（悉）必大費（賀），厚（厇）藏（賹）必多亡（貪）。故（古）知（智）足不辱，知（智）止不殆（怠），可【36】

以長久（舊）■。（第40章）返也者，道動（僮）也。弱（溺）也者，道之用（甬）也。天下之物（勿）生於有（又），生於亡■。（第9章）耑而盈（涅）【37】之，不不若已。湍而羣之，不可長保也。金玉盈（涅）室，莫能守（獸）也。貴富（福）驕（喬），自遺咎【38】也。功（攻）遂（述）身退，天之道也▲。【39】

竹簡《老子》乙本

（第59章）治（紿）人事天，莫若嗇。夫唯嗇，是以早（㝵），是以早（㝵）服（備）是謂（胃）……【1】不克■，不克則莫知（智）其極〈亙（亟）〉，莫知（智）其極〈亙（亟）〉，可以有（又）國（邦）。有（又）國（邦）之母，可以長……【2】長生久（售=舊）視之道也■。（第48章）學者日益，為道者日損（員）。損（員）之或損（員），以至亡為【3】也▲，亡為而亡不為▲。（第20章）絕（𢼸）學亡憂（惪）。唯與呵（可），相去幾何（可）？美（𦎧）與惡（亞），相去何（可）若？【4】人之所畏（禖），亦不可以不畏（禖）▲。（第13章）人寵（態）辱若驚（纓），貴大患若身。何（可）謂（胃）寵（態）【5】辱？寵（態）為下也。得之若驚（纓），失（遊）之若驚（纓），是謂（胃）寵（態）辱▲驚（纓）。□□□□□【6】若身？吾（虗）所以有（又）大患者，為吾（虗）有（又）身，及（返）吾（虗）亡身，或何（可）□？□□□□□【7】為天下，若可以託（厇）天下矣▲。愛（炁）以身為天下，若何（可）以迲天下矣■。【8】

（第41章）上士聞（昏）道，勤（堇）能行於其中。中士聞（昏）道，若聞（昏）若亡。下士聞（昏）道，大笑（芺）之；弗大【9】笑（芺），不足以為道矣。是以建言有（又）之：明道如（女）曹（孛），夷（遲）道如纇，□【10】道若退。上德（惪）如（女）谷（浴）▲，大白如（女）辱，廣（㘞）德（惪）如（女）不足，建德（惪）如（女）□，□真（貞）如（女）愉，【11】大方亡隅（禺），

大器曼成，大音祇聲（聖），天象亡形（坓），道……【12】

（第 52 章） 閉（閟）其門，塞（賽）其兌（说），終身不孟。啟其兌（说），賽其事，終身不逨▲。**（第 45 章）** 大成若【13】缺（夬），其用（甬）不敝（幣）▲。大盈（浧）若盅（中），其用（甬）不窮（寡）▲。大巧（攷）若拙（伸）▲，大成若詘▲，大直（植）【14】若屈■。燥（杲）勝（剩）滄（蒼）▲，清（青）勝（剩）熱（然），清静（清）為天下正（定）。**（第 54 章）** 善建者不拔，善仳者【15】不脫（兌），子孫以其祭祀不屯。修（攸）之身，其德（惪）乃真（貞）。修（攸）之家（豪），其德（惪）有（又）餘（舍）。修（攸）【16】之鄉（向），其德（惪）乃長。修（攸）之邦，其德（惪）乃豐（奉）。修（攸）之天下□□□□。□□□【17】家（豪），以鄉（向）觀鄉（向），以邦觀邦，以天下觀天下。吾（虞）何（可）以知（智）天□□□□【18】

竹簡《老子》丙本

（第 17 章） 大上下知（智）有（又）之，其次（即）親（新）譽之，其次〈即（既）〉畏（愄）之，其次（即）侮（乑）之。信不足，安【1】有（又）不信。猶（猷）乎（虐）其貴言也。成事遂（述）功（社），而百姓（眚）曰我自然（肰）也。**（第 18 章）** 故（古）大【2】道廢（癹），安有仁（惡）義。六親（新）不和，安有孝慈（孯）。邦家（豪）昏（緡）□，安有（又）正臣■。【3】

（第 35 章） 執大象，天下往。往而不害，安平（坪）大。樂與餌，過（怸）客止。故（古）道□□□，【4】淡呵（可）其無味也。視之不足見，聽（聖）之不足聞（餌），而不可既也■。【5】

（第 31 章） 君子居則貴左，用（甬）兵則貴右。故（古）曰兵者□□□□□，□【6】得已而用（甬）之，銛襲為上，弗美（媺）也。美〈惡〉之，是樂殺人。夫樂□，□□【7】以得志於天下。故（古）

吉事上左，喪事上右。是以偏（卞）將（牆）　【8】軍居左，上將（牆）軍居右，言以喪禮（豊）居之也。故（古）殺□□，【9】則以哀（怤）悲莅（位）之；戰勝（勑）則以喪禮（豊）居之■。【10】

（第 64 章）為之者敗之，執之者失（遊）之▲，聖人無為故（古）無敗也；無執故（古）□□□。【11】慎（訢）終若始（訂），則無敗事矣（喜）▲。人之敗也，恆（互）於其且（叔）成也敗之▲。是以□【12】人欲不欲，不貴難（戁）得之貨，學不學，復衆之所過（迀）▲。是以能輔（補）萬（墳）物（勿）【13】之自然（狀），而弗敢為■。【14】

（3）竹簡本原釋文與通行本分章對照表

通行本章數	在竹簡本中的位置		
	甲組	乙組	丙組
2	9		
5	12		
9	20		
13		4	
15	5		
16	13		
17			1
18			2
19	1		
20		3	
25	11		
30	4		
31			4
32	10		
35			3
37	7		
40	19		
41		5	
44	18		
45		7	
46	3		
48		2	
52		6	
54		8	
55	17		
56	15		
57	16		
59		1	
63	8		
64 上	14		
64 下	6		5
66	2		
共：31 章	20 節	8 節	5 節

註：相當於通行本 64 章的內容在竹簡本共有三節，其中相當於 64 章下的兩節在甲本與丙本中重復。因此竹簡本的節數（33 節）比通行本的章數（31 章）為多。

（4）竹簡本原整理者釋文（附太一生水）

＊釋文中尖括弧中的數字是竹簡的號碼。

甲

　　丝（絕）智（知）弃卞（辯），民利百伓（倍）。丝（絕）攷（巧）弃利，覜（盜）惻（賊）亡又（有）。丝（絕）恧（偽）弃慮，民复（復）季（孝）子（慈）。三言以〈一〉為貞（辨）不足，或命（令）之或虍（乎）豆（屬）。視索（素）保僕（樸），少厶（私）須（寡）欲。江海（海）所以為百浴（谷）王，以其〈二〉能為百浴（谷）下，是以能為百浴（谷）王。聖人之才（在）民前也，以身後之；其才（在）民上也，以〈三〉言下之。其才（在）民上也，民弗厚也；其才（在）民前也，民弗害也。天下樂進而弗詀（厭）。〈四〉以其不靜（爭）也，古（故）天下莫能與之靜（爭）。辠（罪）莫厚虍（乎）甚欲，咎莫僉（憯）虍（乎）谷（欲）得，〈五〉化（禍）莫大虍（乎）不智（知）足。智（知）足之為足，此互（恆）足矣。以衍（道）差（佐）人宔（主）者，不谷（欲）以兵强〈六〉於天下。善者果而已，不以取强。果而弗妥（伐），果而弗喬（驕），果而弗矜（矜），是胃（謂）果而不强。其〈七〉事好。長古之善為士者，必非（微）溺玄達，深不可志（識），是以為之頌（容）：夜（豫）虍（乎）奴（若）冬涉川，猷（猶）虍（乎）其〈八〉奴（若）愄（畏）四哭（鄰），敢（嚴）虍（乎）其奴（若）客，觀（渙）虍（乎）其奴（若）懌（釋），屯虍（乎）其奴（若）樸，坉虍（乎）其奴（若）濁。竺（孰）能濁以束（靜）〈九〉者，牆（將）舍（徐）清。竺（孰）能庀以迬者，牆（將）舍（徐）生。保此衍（道）者不谷（欲）端（尚）呈（盈）。為之者敗之，執之者遠〈一〇〉之。是以聖人亡為古（故）亡敗；亡執古（故）亡遊（失）。臨事之紀，誓（慎）冬（終）女（如）忖（始），此亡敗事矣。聖人谷（欲）〈一一〉不谷（欲），不貴難得之貨，孝（教）不孝（教），復衆之所（＝迕）（過）。是古（故）聖人能專（輔）萬勿（物）之自肰（然），而弗〈一二〉能爲。衍（道）互（恆）亡爲也，侯王能守之，而萬勿（物）牆（將）自愮（化）。愮（化）而雗（欲）复（作），牆（將）貞（鎮）之以亡名之豑（樸）。夫〈一三〉亦牆（將）智（知）足，智（知）以束（靜），萬勿（物）牆（將）自定。■為亡爲，事亡事，未（味）亡未（味）。大少（小）之多惕（易）必多蘽（難）。是以聖人〈一四〉猷（猶）蘽（難）之，古（故）終亡蘽（難）。■天下皆智（知）散（美）之為散（美）也，亞（惡）已；皆智（知）善，此其不善已。又（有）亡之相生也，〈一五〉戁（難）惕（易）之相成也，長耑（短）之相型（形）也，高下之相涅（盈）也，音聖（聲）之相和也，先後之相墮（隨）也。是〈一六〉以聖人居亡爲之事，行不言之孝（教）。萬勿（物）俊（作）而弗忉（始）也，為而弗志（恃）也，成而弗居。天（夫）唯〈一七〉弗居也，是以弗去也。■道互（恆）亡名，僕（樸）唯（雖）妻（微），天陸（地）弗敢臣，侯王女（如）能〈一八〉獸（守）之，萬勿（物）牆（將）自賓（賓）。■天陸（地）相合也，以逾甘睾（露）。民莫之命（令）天（而）自均安。討（始）折（制）又（有）名。名〈一九〉亦既又（有），夫亦牆（將）智（知）止，智（知）止所以不訂（殆）。卑（譬）道之才（在）天下也，獸（猶）少（小）浴（谷）之與江海（海）。〈二〇〉

　　又（有）牆蟲（蟲）成，先天陸（地）生，㱃纆（穆）。蜀（獨）立不亥（改），可以為天下母。未智（知）其名，芓（字）之曰道，虗（吾）〈二一〉弻（強）為之名曰大。大曰瀦，瀦曰連（遠），連（遠）曰反（返）。天大，陸（地）大，道大，王亦大。國中又（有）四大安，王凥（居）一安。人〈二二〉法陸（地），陸（地）法天，天法道，道法自肰（然）。■天陸（地）之刏（間），其獸（猶）囝（橐）籥（籥）與（五六）？虛而不屈，達（動）而愈出。〈二三〉

　　至虛，互（恆）也；獸（守）中，篤（篤）也。萬勿（物）方（旁）复（作），居以須復也。天道員員，各復其堇（根）。〈二四〉

其安也，易枽也。其未菲（兆）也，易悔（謀）也。其霓（脆）也，易畔（判）也。其幾也，易後（散）也。為之於其〈二五〉亡又（有）也。絧（治）之於其未亂。合□□□□□□□，九成之臺甲□□□□□□□□□〈二六〉足下。智（知）之者弗言，言之者弗智（知）。閟（閉）其逤（兌），賽（塞）其門，和其光，逈（同）其紛（塵）＝，劀其顉，解其紛，〈二七〉是胃（謂）玄同。古（故）不可得天（而）新（親），亦不可得而疋（疏）；不可得而利，亦不可得而害；〈二八〉不可得而貴，亦可不可得而戔（賤）。古（故）為天下貴。■以正之（治）邦，以敪（奇）甬（用）兵，以亡事〈二九〉取天下。虘（吾）可（何）以智（知）其狀（然）也。夫天多期（忌）韋（諱），而民爾（彌）畔（叛）。民多利器，而邦慈（滋）昏。人多〈三〇〉智（知）天〈而〉敪（奇）勿（物）慈（滋）记（起）。法勿（物）慈（滋）章（彰），覒（盜）惻（賊）多又（有）。是以聖人之言曰：我無事而民自福（富）。〈三一〉我亡為而民自蠱（化）。我好青（靜）而民自正。我谷（欲）不谷（欲）而民自樸。〈三二〉

畬（含）惪（德）之厚者，比於赤子，蚰（蜂）蠆蟲它（蛇）弗蠚（螫），攫鳥猷（猛）獸弗扣，骨溺（弱）菫（筋）袜（柔）而捉〈三三〉固。未智（知）牝戊（牡）之合然蕬（怒），精之至也。終日虘（乎）而不憂（嗄），和之至也，和曰霖〈棠（常）〉，智（知）和曰明。〈三四〉賹（益）生曰羕（祥），心夏（使）燙（氣）曰弹（強），勿（物）壁（壯）則老，是胃（謂）不道。■名與身簹（孰）新（親）？身與貨〈三五〉簹（孰）多？賞（得）與貟（亡）簹（孰）疠（病）？甚悉（愛）必大贄（費），府（厚）贄（藏）必多貟（亡）。古（故）智（知）足不辱，智（知）止不怠（殆），可〈三六〉以長舊（久）。■返也者，道僮（動）也。溺（弱）也者，道之甬（用）也。天下之勿（物）生於又（有），生於亡。■枽而涅（盈）〈三七〉之，不不若已。湍而羣之，不可長保也。金玉涅（盈）室，莫能獸（守）也。貴福（富）喬（驕），自遺咎〈三八〉也。攻（功）述（遂）身退，天之道也。〈三九〉

乙

　　紿（治）人事天，莫若嗇。夫唯嗇，是以㬥（早），是以㬥（早）備（服）是胃（謂）……〈一〉不＝克＝則莫智（知）其互〈亟（極）〉，莫智（知）其互〈亟（極）〉可以又（有）邦（國）。又（有）邦（國）之母，可以長……〈二〉長生售（舊＝久）視之道也。■學者日益，為道者日員（損）。員（損）之或員（損），以至亡為〈三〉也，亡為而亡不為。丝（絕）學亡惪（憂），唯與可（呵），相去幾可（何）？兑（美）與亞（惡），相去可（何）若？〈四〉人之所䙠（畏），亦不可以不䙠（畏）。人㦤（寵）辱若纓（驚），貴大患若身。可（何）胃（謂）㦤（寵）〈五〉辱？㦤（寵）為下也。得之若纓（驚），遊（失）之若纓（驚），是胃（謂）㦤（寵）辱纓（驚）。□□□□□〈六〉若身？虘（吾）所以又（有）大患者，為虘（吾）又（有）身。返（及）虘（吾）亡身，或 可 （何）□□□□□□〈七〉為天下，若可以厇（託）天下矣。悉（愛）以身為天下，若可（何）以迖天下矣。〈八〉

　　上士昏（聞）道，堇（勤）能行於其中。中士昏（聞）道，若昏（聞）若亡。下士昏（聞）道，大芺（笑）之。弗大〈九〉芺（笑），不足以為道矣。是以建言又（有）之：明道女（如）孛（費），遟（夷）道□□〈一〇〉道若退。上惪（德）女（如）浴（谷），大白女（如）辱，圭（廣）惪（德）女（如）不足，建惪（德）女（如）□□貞（真）女（如）愉。〈一一〉大方亡禺（隅），大器曼成，大音祇聖（聲），天象亡坓（形）， 道 ……〈一二〉

　　閔（閉）其門，賽（塞）其说（兌），終身不㤺。啓其说（兌），賽其事，終身不逨。■大成若〈一三〉夬（缺），其甬（用）不幣（敝）。大浧（盈）若中（盅），其甬（用）不穷（窮）。大攷（巧）若仙（拙），大成若詘，大植（直）〈一四〉若屈。■㷶（燥）勑（勝）蒼（滄），青（清）勑（勝）然（熱），清清（靜）為天下定（正）。善建者不拔，善休者〈一五〉不兑（脫），子孫以其祭祀不屯。攸

（修）之身，其悳（德）乃贞（真）。攸（修）之豪（家），其悳（德）
又（有）舍（餘）。攸（修）〈一六〉之向（鄉），其悳（德）乃長。
攸（修）之邦，其悳（德）乃奉（豐）。攸（修）之天下
□□□□□□□〈一七〉豪（家），以向（鄉）觀向（鄉），以邦觀
邦，以天下觀天下。虖（吾）可（何）以智（知）天□□□□□〈一
八〉

丙

大上下智（知）又（有）之，其即（次）新（親）譽之，其既
〈即（次）〉悬（畏）之，其即（次）炙（侮）之。信不足，安〈一〉
又（有）不信。猷（猶）虐（乎）其貴言也。成事述（遂）杠（功），
而百眚（姓）曰我自肰（然）也。古（故）大〈二〉道癹（廢），安有
悬（仁）義。六新（親）不和，安有孝挙（慈）。邦豪（家）緡（昏）
□安又（有）正臣。〈三〉

執大象，天下往。往而不害，安坪（平）大。樂與餌，怸（過）
客止。古（故）道□□□，〈四〉淡可（呵）其無味也。視之不足見，
聖（聽）之不足餌（聞），而不可既也。〈五〉

君子居則貴左，甬（用）兵則貴右。古（故）曰兵者
□□□□□□〈六〉得已而甬（用）之。銛繡為上，弗婋（美）也。
敂〈美〉之，是樂殺人。夫樂□□□〈七〉以得志於天下。古（故）
吉事上左，喪事上右。是以卞（偏）牾（將）〈八〉軍居左，上牾
（將）軍居右，言以喪豊（禮）居之也。古（故）殺□□，〈九〉則以
怀（哀）悲位（莅）之；戰勅（勝）則以喪豊（禮）居之。〈一〇〉

為之者敗之，執之者遊（失）之。聖人無為，古（故）無敗也；
無執，古（故）□□□。〈一一〉斳（慎）終若訂（始），則無敗事喜
（矣）。人之敗也，互（恆）於其戭（且）成也敗之。是以□〈一二〉
人欲不欲，不貴戁（難）得之貨；學不學，復衆之所此（過）。是以
能補（輔）墒（萬）勿（物）〈一三〉之自肰（然），而弗敢為。〈一
四〉

太一生水

大（太）一生水，水反補（輔）大（太）一，是以成天。天反補（輔）大（太）一，是以成陛（地）。天陛（地）□□□〈一〉也，是以成神明。神明復相補（輔）也，是以成金（陰）易（陽）。金（陰）易（陽）復相補（輔）也，是以成四時。四時〈二〉復補（輔）也，是以成倉（滄）然（熱）。倉（滄）然（熱）復相補（輔）也，是以成溼澡（燥）。溼澡（燥）復相補（輔）也，成戠（歲）〈三〉而止。古（故）戠（歲）者，溼澡（燥）之所生也。溼澡（燥）者，倉（滄）然（熱）之所生也。倉（滄）然（熱）者。四時〈四〉者，金（陰）易（陽）之所生。金（陰）易（陽）者，神明之所生也。神明者，天陛（地）之所生也。天陛（地）〈五〉者，大（太）一之所生也。是古（故）大（太）一饗（藏）於水，行於時，迺而或□□□□〈六〉塡（萬）勿（物）母。罷（一）块（缺）罷（一）涅（盈），以忌（紀）為塡（萬）勿（物）經。此天之所不能殺，陛（地）之所〈七〉不能釐，金（陰）易（陽）之所不能成。君子智（知）此之胃（謂）……〈八〉

天道貴溺（弱），雀（爵）成者以益生者，伐於弻（強），責於……〈九〉

下，土也，而胃（謂）之陛（地）。上，燹（氣）也，而胃（謂）之天。道亦其志（字）也。青（請）昏（問）其名。以〈一○〉道從事者必怃（託）其名，古（故）事成而身長。聖人之從事也，亦怃（託）其〈一一〉名，古（故）杠（功）成而身不剔（傷）。天陛（地）名志（字）並立，古（故）悆（過）其方，不思相□□□□〈一二〉於西北，其下高以弻（強）。陛（地）不足於東南，其上□□□□□□□〈一三〉者，又（有）余（餘）於下；不足於下者，又（有）余（餘）於上。〈一四〉

四 《老子》帛書本釋文

(1) 帛書本分句釋文

《老子》第一章

帛 1.1	道，可道也，<u>非恆道也</u>。
帛 1.2	<u>名，可名也，非</u>恆名也。
帛 1.3	无名，萬物之始也。
帛 1.4	有名，萬物之母也。
帛 1.5	故恆无欲也，<u>以觀其妙（眇）</u>；
帛 1.6	恆有（又）欲也，以觀其所噭。
帛 1.7	兩者同出，異名同謂（胃）。
帛 1.8	玄之又玄，衆妙（眇）之門。

《老子》第二章

帛 2.1	天下皆知美之為美，惡（亞）已。
帛 2.2	皆知善，斯不善矣。
帛 2.3	<u>有、无之相生也，難、易之相成也，</u>
帛 2.4	長、短之相形（刑）也，高、下之相盈也，
帛 2.5	音、聲之相和也，先、後之相隨（隋），恆也。
帛 2.6	是以聖（耿）人居无為之事，
帛 2.7	行不言之教。
帛 2.8	萬物作（昔）而弗始，
帛 2.9	為而弗恃（侍）也，
帛 2.10	成功而弗居也。
帛 2.11	夫唯弗居，是以弗去。

《老子》第三章

帛 3.1　　　不上賢，使民不爭。

帛 3.2　　　不貴難得之貨，

帛 3.3　　　使民不為盜。

帛 3.4　　　不見可欲，使民不亂。

帛 3.5　　　是以聖（耴）人之治也，

帛 3.6　　　虛其心，實其腹；

帛 3.7　　　弱其志，強其骨。

帛 3.8　　　恆使民无知无欲也。

帛 3.9　　　使夫知不敢，

帛 3.10　　弗為而已，則无不治矣。

《老子》第四章

帛 4.1　　　道沖，而用之又（有）弗盈也。

帛 4.2　　　淵呵似（佁）萬物之宗。

帛 4.3　　　挫（銼）其銳（兑），解其紛（芬）；

帛 4.4　　　和其光，同其塵。

帛 4.5　　　湛呵似（佁）或存。

帛 4.6　　　吾不知其誰之子也，象帝之先。

《老子》第五章

帛 5.1　　　天地不仁，以萬物為芻狗。

帛 5.2　　　聖（耴）人不仁，以百姓為芻狗。

帛 5.3　　　天地之間，其猶（獸）橐籥與（輿）？

帛 5.4　　　虛而不屈（淈），動而愈（俞）出。

帛 5.5　　　　多聞數窮，不若守於中。

《老子》第六章

帛 6.1　　　　谷（浴）神不死，是謂（胃）玄牝。
帛 6.2　　　　玄牝之門，是謂（胃）天地之根。
帛 6.3　　　　縣縣呵其若存，用之不勤（董）。

《老子》第七章

帛 7.1　　　　天長，地久。
帛 7.2　　　　天地之所以能長且久者，
帛 7.3　　　　以其不自生也，故能長生。
帛 7.4　　　　是以聖（耵）人退其身而身先，
帛 7.5　　　　外其身而身先，
帛 7.6　　　　外其身而身存。
帛 7.7　　　　不以其无私與（興）？
帛 7.8　　　　故能成其私。

《老子》第八章

帛 8.1　　　　上善如水。
帛 8.2　　　　水善利萬物而有爭，
帛 8.3　　　　居衆人之所惡（亞），故幾於道矣。
帛 8.4　　　　居善地，心善淵，
帛 8.5　　　　予善天，言善信，
帛 8.6　　　　政（正）善治，事善能，動善時。
帛 8.7　　　　夫唯不爭，故无尤。

《老子》第九章

帛 9.1　　　持（揰）而盈之，不若其已。

帛 9.2　　　揣（掜）而允之，不可長葆也。

帛 9.3　　　金玉盈室，莫之能守也。

帛 9.4　　　貴富而驕，自遺咎也。

帛 9.5　　　功遂身退，天之道也。

《老子》第十章

帛 10.1　　戴營魄（袙）抱一，能毋離乎？

帛 10.2　　摶（槫）氣至柔，能嬰兒乎？

帛 10.3　　滌（脩）除玄鑒（監），能毋有疵乎？

帛 10.4　　愛民活（栝）國，能毋以知乎？

帛 10.5　　天門啟闔，能為雌乎？

帛 10.6　　明白四達，能毋以知乎？

帛 10.7　　生之，畜之。

帛 10.8　　生而弗有，

帛 10.9　　長而弗宰也，是謂（胃）玄德。

《老子》第十一章

帛 11.1　　卅輻（福）同一轂，

帛 11.2　　當其无有，車之用也。

帛 11.3　　埏（撚）埴而為器，

帛 11.4　　當其无有，埴器之用也。

帛 11.5　　鑿戶牖，

帛 11.6　　當其无有，室之用也。

帛 11.7 　　　故有之以為利，

帛 11.8 　　　无之以為用。

《老子》第十二章

帛 12.1 　　　五色使人目盲，

帛 12.2 　　　馳騁田獵（臘）使人心發狂，

帛 12.3 　　　難得之貨使人之行妨（仿）。

帛 12.4 　　　五味使人之口爽，

帛 12.5 　　　五音使人之耳聾。

帛 12.6 　　　是以聖（耴）人之治也，為腹而不為目。

帛 12.7 　　　故去彼而取此。

《老子》第十三章

帛 13.1 　　　寵（弄）辱若驚，貴大患若身。

帛 13.2 　　　何謂（胃）寵（弄）辱若驚？

帛 13.3 　　　寵（弄）之為下也，

帛 13.4 　　　得之若驚，失之若驚，

帛 13.5 　　　是謂（胃）寵（弄）辱若驚。

帛 13.6 　　　何謂（胃）貴大患若身？

帛 13.7 　　　吾所以有大患者，為吾有身也。

帛 13.8 　　　及吾無身，有何患？

帛 13.9 　　　故貴為身於為天下，

帛 13.10 　　　若可以託（橐）天下矣；

帛 13.11 　　　愛以身為天下，

帛 13.12 　　　女可以寄天下矣。

《老子》第十四章

帛 14.1　　　　視之而弗見，<u>名</u>之曰微。

帛 14.2　　　　聽之而弗聞，名（命）之曰希。

帛 14.3　　　　捪之而弗得，名（命）之曰夷。

帛 14.4　　　　三者不可致（至）詰（計），

帛 14.5　　　　故緒而為一。

帛 14.6　　　　一者，其上不謬，其下不忽。

帛 14.7　　　　尋尋呵不可名（命）也，

帛 14.8　　　　復歸於无物。

帛 14.9　　　　是謂（胃）无狀之狀，无物之象，

帛 14.10　　　是謂（胃）忽（沕）恍（望）。

帛 14.11　　　隨（隋）而不見其後，

帛 14.12　　　迎而不見其首。

帛 14.13　　　執今之道，以御今之有。

帛 14.14　　　以知古始，是謂（胃）道紀。

《老子》第十五章

帛 15.1　　　　古之□為道者，

帛 15.2　　　　微妙（眇）玄達，深不可識（志）。

帛 15.3　　　　夫唯不可識（志），

帛 15.4　　　　故強為之容，曰：

帛 15.5　　　　與呵其若冬涉水，

帛 15.6　　　　猶（猷）呵其若畏四鄰（叟），

帛 15.7　　　　嚴呵其若客，

帛 15.8　　　　渙呵其若凌（淩）釋（澤），

帛 15.9　　　　沌呵其若樸，

帛 15.10　　湷呵其若濁，

帛 15.11　　湒呵其若谷（浴）。

帛 15.12　　濁而靜之，徐清。

帛 15.13　　安〈女〉以動（重）之，徐生。

帛 15.14　　葆此道□不欲盈。

帛 15.15　　是以能敝（獘）而不成。

《老子》第十六章

帛 16.1　　至虛極也，守靜督也。

帛 16.2　　萬物並（旁）作，吾以觀其復也。

帛 16.3　　天物魂（祘）魂（祘），各復歸於其根。

帛 16.4　　曰靜。靜，是謂（胃）復命。

帛 16.5　　復命，常也。知常，明也。

帛 16.6　　不知常，妄（芒），妄（芒）作凶。

帛 16.7　　知常容，容乃公，

帛 16.8　　公乃王，王乃天，

帛 16.9　　天乃道，道乃。

帛 16.10　　沒身不殆。

《老子》第十七章

帛 17.1　　大上下知有（又）之，

帛 17.2　　其次親譽之，

帛 17.3　　其次畏之，其下侮（母）之。

帛 17.4　　信不足，安有不信。

帛 17.5　　猶（猷）呵其貴言也。

帛 17.6　　成功遂事，而百姓謂（胃）我自然。

《老子》第十八章

帛 18.1　　　故大道廢，安有仁義。

帛 18.2　　　智（知）慧出，安有大偽。

帛 18.3　　　六親不和，安有（又）孝慈（茲）。

帛 18.4　　　國家昏（閿）亂，安有貞臣。

《老子》第十九章

帛 19.1　　　絕聖（耴）棄智（知），而民利百倍。

帛 19.2　　　絕仁棄義，而民復孝慈（茲）。

帛 19.3　　　絕巧棄利，盜賊（賤）无有。

帛 19.4　　　此三言也，以為文未足，

帛 19.5　　　故令之有所屬。

帛 19.6　　　見素抱樸，少私而寡欲。

《老子》第二十章

帛 20.1　　　絕學无憂。

帛 20.2　　　唯與呵，其相去幾何？

帛 20.3　　　美與惡（亞），其相去何若？

帛 20.4　　　人之所畏，亦不可以不畏人。

帛 20.5　　　恍（望）呵其未央哉（才）！

帛 20.6　　　衆人熙（巸）熙（巸），

帛 20.7　　　若饗（鄉）於大牢，而春登臺。

帛 20.8　　　我泊（博）焉未兆（姚），

帛 20.9　　　若嬰兒未咳。

帛 20.10　　纍呵似（佁）无所歸。

帛 20.11　　衆人皆有（又）餘（余）。

帛 20.12　　我愚人之心也，湷湷呵。

帛 20.13　　俗（鬻）人昭昭，我獨若昏（閔）呵。

帛 20.14　　俗（鬻）人察察，我獨閔（闆）閔（闆）呵。

帛 20.15　　忽（沕）呵其若海，恍（望）呵若无所止。

帛 20.16　　衆人皆有以，

帛 20.17　　我獨門頑（元）以鄙。

帛 20.18　　吾欲獨異於人，而貴食母。

《老子》第二十一章

帛 21.1　　孔德之容，唯道是從。

帛 21.2　　道之物，唯恍（望）唯忽（沕）。

帛 21.3　　忽（沕）呵恍（望）呵，中有（又）象呵。

帛 21.4　　恍（望）呵忽（沕）呵，中有物呵。

帛 21.5　　窈（幼）呵冥呵，其中有精（請）呵。

帛 21.6　　其精（請）甚真，其中有信。

帛 21.7　　自今及古，其名不去，以順衆父。

帛 21.8　　吾何以知衆父之然也？以此。

《老子》第二十二章

帛 22.1　　曲則全，枉（汪）則正，

帛 22.2　　洼則盈，敝（獘）則新。

帛 22.3　　少則得，多則惑。

帛 22.4　　是以聖（耵）人執一，以為天下牧。

帛 22.5　　不自示（視）故章，

帛 22.6　　不自見也故明，

帛 22.7　　不自伐故有功，

帛 22.8　　　弗矜故能長。

帛 22.9　　　夫唯不爭，故莫能與之爭。

帛 22.10　　古之所謂（胃）曲全者幾語哉（才），

帛 22.11　　誠全歸之。

《老子》第二十三章

帛 23.1　　　希言自然。

帛 23.2　　　飄（飆）風不終（冬）朝，

帛 23.3　　　暴雨不終（冬）日。

帛 23.4　　　孰為此？天地，

帛 23.5　　　而弗能久，

帛 23.6　　　又（有）況（兄）於人乎？

帛 23.7　　　故從事而道者同於道，

帛 23.8　　　得（德）者同於得（德），

帛 23.9　　　失者同於失。

帛 23.10　　同於得（德）者，道亦得（德）之；

帛 23.11　　同於失者，道亦失之。

《老子》第二十四章

帛 24.1　　　炊者不立。

帛 24.2　　　自示（視）者不章，

帛 24.3　　　自見者不明，

帛 24.4　　　自伐者无功，

帛 24.5　　　自矜者不長。

帛 24.6　　　其在道也，曰：餘（粽）食、贅行。

帛 24.7　　　物或惡（亞）之，故有欲者弗居。

《老子》第二十五章

帛 25.1	有物昆成，先天地生。
帛 25.2	寂（蕭）呵寥（漻）呵，獨立而不改（玹），
帛 25.3	可以為天地母。
帛 25.4	吾未知其名也，字之曰道。
帛 25.5	吾強為之名曰大。
帛 25.6	大曰逝（筮），逝（筮）曰遠，遠曰反。
帛 25.7	道大，天大，地大，王亦大。
帛 25.8	國中有四大，
帛 25.9	而王居一焉。
帛 25.10	人法地，地法天，
帛 25.11	天法道，道法自然。

《老子》第二十六章

帛 26.1	重為輕根，靜為躁（趮）君。
帛 26.2	是以君子終（冬）日行，不遠其輜（甾）重，
帛 26.3	雖有環館（官），燕處則昭若。
帛 26.4	若何萬乘之王，
帛 26.5	而以身輕於天下？
帛 26.6	輕則失本，躁（趮）則失君。

《老子》第二十七章

帛 27.1	善行者无達迹，
帛 27.2	善言者无瑕讁（適），
帛 27.3	善數者不用籌（檮）策（竹）。

帛 27.4　　　善閉者无關籥（籥）而不可啟也。

帛 27.5　　　善結者无繼約而不可解也。

帛 27.6　　　是以聖（耴）人恆善救（𢆤）人，而无棄人，

帛 27.7　　　物无棄財，是謂（胃）愧（曳）明。

帛 27.8　　　故善人，善人之師；

帛 27.9　　　不善人，善人之資也。

帛 27.10　　不貴其師，不愛其資，雖智（知）乎大迷。

帛 27.11　　是謂（胃）妙（眇）要。

《老子》第二十八章

帛 28.1　　　知其雄，守其雌，為天下溪（雞）。

帛 28.2　　　為天下溪（雞），恆德不离。

帛 28.3　　　恆德不离，復歸嬰兒。

帛 28.4　　　知其白，守其辱，為天下谷（浴）。

帛 28.5　　　為天下谷（浴），恆德乃足。

帛 28.6　　　恆德乃足，復歸於樸。

帛 28.7　　　知其白，守其黑，為天下式。

帛 28.8　　　為天下式，恆德不忒（貸）。

帛 28.9　　　恆德不忒（貸），復歸於无極。

帛 28.10　　樸散則為器，

帛 28.11　　聖（耴）人用則為官長，

帛 28.12　　夫大制无割。

《老子》第二十九章

帛 29.1　　　將欲取天下而為之，

帛 29.2　　　吾見其弗得已。

帛 29.3　　　夫天下，神器也，非可為者也。

帛 29.4	為之者敗之，執之者失之。
帛 29.5	物或行或隨（隋），或熱，
帛 29.6	或炡或培（陪）或墮。
帛 29.7	是以聖（耴）人去甚，去大，去奢（諸）。

《老子》第三十章

帛 30.1	以道佐人主，
帛 30.2	不以兵強於天下。其□□□，
帛 30.3	□□所居，楚棘生之。
帛 30.4	善者果而已矣，
帛 30.5	毋以取強焉。
帛 30.6	果而毋驕，果而勿矜，果而□伐，
帛 30.7	果而毋得已居，是謂（胃）果而強。
帛 30.8	物壯而老，謂（胃）之不道，不道早（蚤）已。

《老子》第三十一章

帛 31.1	夫兵者，不祥之器也。
帛 31.2	物或惡（亞）之，故有欲者弗居。
帛 31.3	君子居則貴左，
帛 31.4	用兵則貴右。
帛 31.5	故兵者非君子之器。
帛 31.6	兵者不祥之器也，
帛 31.7	不得已而用之，
帛 31.8	銛襲為上，勿美也。
帛 31.9	若美之，是樂殺人也。
帛 31.10	夫樂殺人，
帛 31.11	不可以得志於天下矣。

帛 31.12　　是以吉事<u>上左</u>，喪事上右；

帛 31.13　　是以偏將軍居左，

帛 31.14　　而上將軍居右，

帛 31.15　　言以喪禮居之也。

帛 31.16　　殺<u>人</u>衆，以悲哀（依）莅（立）之；

帛 31.17　　<u>戰</u>勝（朕）而以喪禮處之。

《老子》第三十二章

帛 32.1　　道恆无名，

帛 32.2　　樸雖（唯）小而天下弗敢臣。

帛 32.3　　侯王若能守之，

帛 32.4　　萬物將自賓。

帛 32.5　　天地相合，以俞甘露（洛）。

帛 32.6　　<u>民莫之令</u>，而自均焉。

帛 32.7　　始制有名，

帛 32.8　　名亦既有，夫亦將知止，

帛 32.9　　知止所以不殆。

帛 32.10　　譬（卑）<u>道之在天下也</u>，

帛 32.11　　猶（猷）小谷（浴）之與江海也。

《老子》第三十三章

帛 33.1　　知人者，智（知）也。自知，明也。

帛 33.2　　勝（朕）人者，有力也。自勝（朕）者，強也。

帛 33.3　　知足者，富也。

帛 33.4　　強行者，有志也。

帛 33.5　　不失其所者，久也。

帛 33.6　　死而不忘者，壽也。

《老子》第三十四章

帛 34.1	道，汎（渢）呵其可左右也，
帛 34.2	成功遂事而弗名有也。
帛 34.3	萬物歸焉而弗為主，
帛 34.4	則恆无欲也，可名於小。
帛 34.5	萬物歸焉而弗為主，可名（命）於大。
帛 34.6	是以聖（耵）人之能成大也，
帛 34.7	以其不為大也，
帛 34.8	故能成大。

《老子》第三十五章

帛 35.1	執大象，天下往。
帛 35.2	往而不害，安平大。
帛 35.3	樂與餌，過客（格）止。
帛 35.4	故道之出言也，曰：
帛 35.5	淡呵其无味也。
帛 35.6	視之，不足見也。
帛 35.7	聽之，不足聞也。
帛 35.8	用之不可既也。

《老子》第三十六章

帛 36.1	將欲翕（擒）之，必固（古）張之。
帛 36.2	將欲弱之，必固（古）強之。
帛 36.3	將欲去之，必固（古）與之。
帛 36.4	將欲奪之，必固（古）予之。

帛 36.5　　　是謂（胃）微明。

帛 36.6　　　柔弱勝（朕）強。

帛 36.7　　　魚不可脫（說）於淵，

帛 36.8　　　國利器不可以示人。

《老子》第三十七章

帛 37.1　　　道恆无名，

帛 37.2　　　侯王若能守之，

帛 37.3　　　萬物將自化。

帛 37.4　　　化而欲作，

帛 37.5　　　吾將鎮（闐）之以无名之樸。

帛 37.6　　　鎮（闐）之以无名之樸，夫將不辱。

帛 37.7　　　不辱以靜，天地將自正。

《老子》第三十八章

帛 38.1　　　上德不德，是以有德。

帛 38.2　　　下德不失德，是以无德。

帛 38.3　　　上德无為而无以為也。

帛 38.4　　　上仁為之而无以為也。

帛 38.5　　　上義〈德〉為之而有以為也。

帛 38.6　　　上禮為之而莫之應也，

帛 38.7　　　則攘臂而扔（乃）之。

帛 38.8　　　故失道而后德，

帛 38.9　　　失德而后（句）仁，

帛 38.10　　　失仁而后（句）義，

帛 38.11　　　失義而后（句）禮。

帛 38.12　　　夫禮者，忠信之薄（泊）也，而亂之首也。

帛 38.13　　　前識者，道之華也，而愚之首也。

帛 38.14　　　是以大丈夫居其厚而不居其薄（泊），

帛 38.15　　　居其實而不居其華。

帛 38.16　　　故去彼（罷）而取此。

《老子》第三十九章

帛 39.1　　　昔得一者，

帛 39.2　　　天得一以清，

帛 39.3　　　地得一以寧，

帛 39.4　　　神得一以靈（霝），

帛 39.5　　　谷（浴）得一盈，

帛 39.6　　　侯王得一以為天下正。

帛 39.7　　　其至也，謂（胃）天毋已清將恐裂（蓮），

帛 39.8　　　地毋已寧將恐發，

帛 39.9　　　神毋已靈（霝）將恐歇，

帛 39.10　　　谷毋已盈將竭（渴），

帛 39.11　　　侯王毋已貴以高將恐蹶（欮）。

帛 39.12　　　故必貴以賤為本，

帛 39.13　　　必高矣而以下為基。

帛 39.14　　　夫是以侯王自謂（胃）孤寡不穀（橐），

帛 39.15　　　此其賤之本與？非也？

帛 39.16　　　故至數與无輿。

帛 39.17　　　是故不欲祿祿若玉，硌硌若石。

《老子》第四十章

帛 40.1　　　反也者，道之動也。

帛 40.2　　　弱也者，道之用也。

帛 40.3　　　天下之物生於有，有□於无。

《老子》第四十一章

帛 41.1　　　上□□道，勤（董）能行之。

帛 41.2　　　中士聞道，若存若亡。

帛 41.3　　　下士聞道，大笑之。

帛 41.4　　　弗笑□□以為道。

帛 41.5　　　是以建言有之曰：明道如費，

帛 41.6　　　進道如退，夷道如類。

帛 41.7　　　上德如谷（浴），大白如辱，

帛 41.8　　　廣德如不足。建德如□，

帛 41.9　　　質□□□，大方无隅（禺）。

帛 41.10　　大器晚（免）成，大音希聲，

帛 41.11　　大〈天〉象无形（刑），道褒无名。

帛 41.12　　夫唯道，善始且善成。

《老子》第四十二章

帛 42.1　　　道生一，一生二，

帛 42.2　　　二生三，三生□□。

帛 42.3　　　□□□□□□□。

帛 42.4　　　中氣以為和。

帛 42.5　　　人之所惡（亞），唯孤寡不穀（橐），

帛 42.6　　　而王公以自名也。

帛 42.7　　　物（勿）或□□□損（云），

帛 42.8　　　損（云）之而益。

帛 42.9　　　故人□□教，亦（夕）議而教人。

帛 42.10　　故強梁（良）者不得死，

帛 42.11　　　吾將以為學父。

《老子》第四十三章

帛 43.1　　　天下之至柔，

帛 43.2　　　馳騁乎天下之至（致）堅。

帛 43.3　　　无有入於无間。

帛 43.4　　　吾是以知无為□□益也。

帛 43.5　　　不□□教，无為之益，

帛 43.6　　　□下希能及之矣。

《老子》第四十四章

帛 44.1　　　名與身孰親？

帛 44.2　　　身與貨孰多？

帛 44.3　　　得與亡孰病？

帛 44.4　　　甚□□□□，

帛 44.5　　　□□□□亡。

帛 44.6　　　故知足不辱，知止不殆，可以長久。

《老子》第四十五章

帛 45.1　　　大成若缺，其用不敝（幣）。

帛 45.2　　　大盈如沖，其用不窮（寢）。

帛 45.3　　　大直如屈（詘），大巧如拙。

帛 45.4　　　大嬴如絀。

帛 45.5　　　躁（趮）勝（朕）寒，靜（靚）勝熱（炅）。

帛 45.6　　　清（請）靜（靚），可以為天下正。

《老子》第四十六章

帛 46.1　　　<u>天下有道，卻走馬以</u>糞。

帛 46.2　　　无道，戎馬生於郊。

帛 46.3　　　罪莫大可欲，

帛 46.4　　　<u>禍莫大於不知足，</u>

帛 46.5　　　<u>咎莫憯於欲得。</u>

帛 46.6　　　□□□□□，<u>恆</u>足矣。

《老子》第四十七章

帛 47.1　　　不出於戶，以知天下。

帛 47.2　　　不窺（規）於牖，以知天道。

帛 47.3　　　其出彌（彌）遠者，其知彌（彌）□。

帛 47.4　　　□□□□□□□□，

帛 47.5　　　□□而名，弗為而成。

《老子》第四十八章

帛 48.1　　　為學者日益，聞道者日損（云），

帛 48.2　　　損（云）之又（有）損（云），

帛 48.3　　　以至於无□，

帛 48.4　　　□□□□□□□□。

帛 48.5　　　□□取天下，恆无事，

帛 48.6　　　及其有事也，□□足以取天□□。

《老子》第四十九章

帛 49.1　　　□人恆无心，

帛 49.2　　　　以百姓（省）之心為心。

帛 49.3　　　　<u>善者善之，</u>

帛 49.4　　　　<u>不善者亦善□</u>，□善也。

帛 49.5　　　　信者信之，

帛 49.6　　　　不信者亦信之，得（德）信也。

帛 49.7　　　　聖（耵）人之在天下也歙（飲）歙（飲）焉，

帛 49.8　　　　<u>為天下渾心，</u>

帛 49.9　　　　<u>百姓（生）皆註其耳目焉，</u>

帛 49.10　　　<u>聖人皆咳之。</u>

《老子》第五十章

帛 50.1　　　　□生，入死。

帛 50.2　　　　生之□□有□，

帛 50.3　　　　□之徒十有（又）三，

帛 50.4　　　　而民生生，動（僮）皆之死地之十有三。

帛 50.5　　　　<u>夫何</u>故也？以其生生。

帛 50.6　　　　<u>蓋聞善執生者，</u>

帛 50.7　　　　陵行不避（辟）兕虎，

帛 50.8　　　　入軍不被兵革。

帛 50.9　　　　兕无所揣（椯）其角，

帛 50.10　　　虎无所措（昔）其爪（蚤），

帛 50.11　　　兵无所容□□，

帛 50.12　　　□<u>何</u>故也？以其无死地焉。

《老子》第五十一章

帛 51.1　　　　道生之，德畜之，

帛 51.2　　　　物形（刑）之而器成之。

帛 51.3　　　是以萬物尊道而貴德。

帛 51.4　　　道之尊也，德之貴也，

帛 51.5　　　夫莫之爵也，而恆自然也。

帛 51.6　　　道生之，畜之，

帛 51.7　　　長之，遂之，亭之，毒之，養之，覆（復）□。

帛 51.8　　　□□弗有也，為而弗恃（寺）也，

帛 51.9　　　長而弗宰，是謂（胃）玄德。

《老子》第五十二章

帛 52.1　　　天下有始，以為天下母。

帛 52.2　　　既得其母，以知其子，

帛 52.3　　　既知其子，復守其母，沒身不殆（佁）。

帛 52.4　　　塞其坑，閉其門，終（冬）身不勤（堇）。

帛 52.5　　　啟其坑，齊其事，終身不棘。

帛 52.6　　　見小曰明，守柔曰強。

帛 52.7　　　用其光，復歸其明。

帛 52.8　　　毋遺身殃（央），是謂（胃）襲常。

《老子》第五十三章

帛 53.1　　　使我介有知，行於大道，

帛 53.2　　　唯施（他）是畏。

帛 53.3　　　大道甚夷，民甚好懈。

帛 53.4　　　朝甚除，田甚芜，倉甚虛。

帛 53.5　　　服文采，帶利劍，

帛 53.6　　　厭（猒）食而資（齎）財□□。

帛 53.7　　　□□盜□。

帛 53.8　　　□□，非□也。

《老子》第五十四章

帛 54.1 　　　善建者□拔，

帛 54.2 　　　□□□□□，

帛 54.3 　　　子孫以祭祀不絕。

帛 54.4 　　　脩之身，其德乃真。

帛 54.5 　　　脩之家，其德有餘。

帛 54.6 　　　脩之鄉，其德乃長。

帛 54.7 　　　脩之國，其德乃豐（夆）。

帛 54.8 　　　脩之天下，其德乃溥（博）。

帛 54.9 　　　以身觀身，以家觀家，

帛 54.10 　　以鄉觀鄉，以邦觀國，

帛 54.11 　　以天下觀天下。

帛 54.12 　　吾何□知天下之然哉（茲）？以□。

《老子》第五十五章

帛 55.1 　　　含德之厚者，比於赤子。

帛 55.2 　　　蜂（蠭）蠆（蠆）虺（虫）蛇弗螫（赫），

帛 55.3 　　　據鳥猛（孟）獸弗搏（捕），

帛 55.4 　　　骨筋弱柔而握固。

帛 55.5 　　　未知牝牡之會而朘怒，精之至也。

帛 55.6 　　　終（冬）日號而不嚘，和之至也。

帛 55.7 　　　和曰常，知常曰明，

帛 55.8 　　　益生曰祥，心使氣曰強。

帛 55.9 　　　物□則老，謂（胃）之不道，不道早（蚤）已。

《老子》第五十六章

帛 56.1　　　知者弗言，言者弗知。

帛 56.2　　　塞其堄，閉其門，

帛 56.3　　　和其光，同其塵，

帛 56.4　　　挫（鉊）其銳（兑）而解其紛，

帛 56.5　　　是謂（胃）玄同。

帛 56.6　　　故不可得而親也，

帛 56.7　　　亦不可得而疏；

帛 56.8　　　不可得而利，

帛 56.9　　　亦不可得而害；

帛 56.10　　不可得而貴，

帛 56.11　　亦不可得而賤。

帛 56.12　　故為天下貴。

《老子》第五十七章

帛 57.1　　　以正治（之）國，以奇（畸）用兵，

帛 57.2　　　以無事取天下。

帛 57.3　　　吾何以知其然也哉（才）？

帛 57.4　　　夫天下多忌諱，而民彌貧。

帛 57.5　　　民多利器，而邦家滋（兹）昏。

帛 57.6　　　人多智（知），而奇（何）物滋（兹）□，

帛 57.7　　　□物滋（兹）章，而盜賊□□。

帛 57.8　　　是以□人之言曰：

帛 57.9　　　我无為而民自化，

帛 57.10　　我好靜而民自正，

帛 57.11　　我无事而民自富，

帛 57.12   我欲不欲而民自樸。

《老子》第五十八章

帛 58.1   其政（正）閔（閩）閔（閩），其民屯屯。

帛 58.2   其政（正）察察，其邦缺（夬）缺（夬）。

帛 58.3   禍（旤），福之所倚；

帛 58.4   福，禍（旤）之所伏，

帛 58.5   孰知其極？□无正也？

帛 58.6   正□□□，善復為□。

帛 58.7   □之迷（悉）也，其日固久矣。

帛 58.8   是以方而不割，

帛 58.9   廉（兼）而不刺，直而不絏，

帛 58.10   光而不耀（眺）。

《老子》第五十九章

帛 59.1   治人事天，莫若嗇。

帛 59.2   夫唯嗇，是以早（蚤）服。

帛 59.3   早（蚤）服是謂（胃）重積□。

帛 59.4   重□□□□□□，

帛 59.5   □□□□莫知其□。

帛 59.6   莫知其□，可以有國。

帛 59.7   有國之母，可以長久。

帛 59.8   是謂（胃）深根固柢（氐），

帛 59.9   長生久視之道也。

《老子》第六十章

帛 60.1   治大國若烹（亨）小鮮。

帛 60.2　　　以道莅（立）天下，其鬼不神。

帛 60.3　　　非其鬼不神也，

帛 60.4　　　其神不傷人也。

帛 60.5　　　非其神不傷人也，

帛 60.6　　　聖人亦弗傷也。

帛 60.7　　　夫兩不相傷，

帛 60.8　　　故德交歸焉。

《老子》第六十一章

帛 61.1　　　大國者，下流也，

帛 61.2　　　天下之牝也。

帛 61.3　　　天下之交也，

帛 61.4　　　牝恆以靜勝（朕）牡。

帛 61.5　　　為其靜也，故宜為下也。

帛 61.6　　　故大國以下小國，則取小國。

帛 61.7　　　小國以下大國，則取於大國。

帛 61.8　　　故或下以取，或下而取。

帛 61.9　　　故大國者不過欲并畜人，

帛 61.10　　小國不過欲入事人。

帛 61.11　　夫皆得其欲，

帛 61.12　　則大者宜為下。

《老子》第六十二章

帛 62.1　　　道者，萬物之註也，

帛 62.2　　　善人之寶（璑）也，

帛 62.3　　　不善人之所保也。

帛 62.4　　　美言可以市，

帛 62.5　　　尊行可以加（賀）人。

帛 62.6　　　人之不善，何棄□有？

帛 62.7　　　故立天子，置三卿〈鄉〉，

帛 62.8　　　雖有共之璧以先四馬，

帛 62.9　　　不若坐而進此。

帛 62.10　　古之所以貴此者何也？

帛 62.11　　不謂（胃）求以得，

帛 62.12　　有罪以免與？

帛 62.13　　故為天下貴。

《老子》第六十三章

帛 63.1　　　為无為，事无事，味无味（未）。

帛 63.2　　　大小多少，報怨以德。

帛 63.3　　　圖難乎□□□，

帛 63.4　　　□□乎其細也。

帛 63.5　　　天下之難作於易，

帛 63.6　　　天下之大作於細。

帛 63.7　　　是以聖人終（冬）不為大，

帛 63.8　　　故能□□□。

帛 63.9　　　夫輕諾（若）□□信，

帛 63.10　　多易必多難，

帛 63.11　　是以聖（耵）人猶（猷）難之，故終於无難。

《老子》第六十四章

帛 64.1　　　其安也，易持也。□□□□易謀□，

帛 64.2　　　……

帛 64.3　　　……

帛 64.4 　　　……

帛 64.5 　　　□□□木，作於毫末。

帛 64.6 　　　九成之臺，作於蔂（蘽）土。

帛 64.7 　　　百千之高，始於足下。

帛 64.8 　　　為之者敗之，執者失之。

帛 64.9 　　　是以聖（耵）人无為也，□无敗□；

帛 64.10 　　　无執也，故无失也。

帛 64.11 　　　民之從事也，恆於其成而敗之。

帛 64.12 　　　故曰：慎終（冬）若始，則无敗事矣。

帛 64.13 　　　是以聖（耵）人欲不欲，

帛 64.14 　　　而不貴難得之貨；

帛 64.15 　　　學不學，復衆人之所過；

帛 64.16 　　　能輔萬物之自然，而弗敢為。

《老子》第六十五章

帛 65.1 　　　古之為道者，

帛 65.2 　　　非以明民也，將以愚之也。

帛 65.3 　　　夫民之難治也，以其智（知）也。

帛 65.4 　　　故以智（知）知國，國之賊也；

帛 65.5 　　　以不智（知）知國，國之德也；

帛 65.6 　　　恆知此兩者，亦稽式也。

帛 65.7 　　　恆知稽式，是謂（胃）玄德。

帛 65.8 　　　玄德深矣、遠矣，

帛 65.9 　　　與物反也，乃至大順。

《老子》第六十六章

帛 66.1 　　　江海所以能為百谷（浴）王者，

帛 66.2　　　以其善下之也，

帛 66.3　　　是以能為百谷（浴）王。

帛 66.4　　　是以聖（耴）人之欲上民也，

帛 66.5　　　必以其言下之；

帛 66.6　　　其欲先民也，必以其身後之。

帛 66.7　　　故居上而民弗重也，

帛 66.8　　　居前而民弗害。

帛 66.9　　　天下皆樂推（誰）而弗厭（猒）也，

帛 66.10　　不以其无爭與？

帛 66.11　　故天下莫能與爭。

《老子》第六十七章

帛 67.1　　　天下□謂（胃）我大，大而不肖（宵）。

帛 67.2　　　夫唯不肖（宵），故能大。

帛 67.3　　　若肖（宵），久矣其細也夫。

帛 67.4　　　我恆有三寶（琛），持（市）而寶（琛）之。

帛 67.5　　　一曰慈（茲），二曰儉（檢），

帛 67.6　　　三曰不敢為天下先。

帛 67.7　　　夫慈（茲），故能勇；儉（檢），故〈敢〉能廣；

帛 67.8　　　不敢為天下先，

帛 67.9　　　故能為成器長。

帛 67.10　　今舍其慈（茲），且勇；

帛 67.11　　舍其儉（檢），且廣；

帛 67.12　　舍其後，且先；則死矣。

帛 67.13　　夫慈（茲），以戰（單）則勝（朕），以守則固。

帛 67.14　　天將建之，如以慈（茲）垣之。

《老子》第六十八章

帛 68.1　　　故善為士者不武，

帛 68.2　　　善戰（單）者不怒，

帛 68.3　　　善勝（朕）敵者弗與，

帛 68.4　　　善用人者為之下。

帛 68.5　　　是謂（胃）不爭之德。

帛 68.6　　　是謂（胃）用人，

帛 68.7　　　是謂（胃）配（肥）天，古之極也。

《老子》第六十九章

帛 69.1　　　用兵有（又）言曰：

帛 69.2　　　吾不敢為主而為客，

帛 69.3　　　不敢進寸而退尺。

帛 69.4　　　是謂（胃）行无行，攘无臂，

帛 69.5　　　執无兵，扔（乃）无敵。

帛 69.6　　　禍莫大於无敵，

帛 69.7　　　无敵近亡吾寶（琛）矣。

帛 69.8　　　故抗兵相若，而哀（依）者勝（朕）矣。

《老子》第七十章

帛 70.1　　　吾言易知也，易行也；

帛 70.2　　　而天下莫之能知也，莫之能行也。

帛 70.3　　　夫言有（又）宗，事有（又）君。

帛 70.4　　　夫唯无知也，是以不我知。

帛 70.5　　　知者希，則我貴矣。

帛 70.6　　　是以聖（耶）人被褐而懷（褱）玉。

《老子》第七十一章

帛 71.1　　　知不知，尚矣；不知知，病矣。

帛 71.2　　　是以聖（耶）人之不病也，

帛 71.3　　　以其病病也，是以不病。

《老子》第七十二章

帛 72.1　　　民之不畏威（畏），則大威（畏）將至矣。

帛 72.2　　　毋狎（伸）其所居，

帛 72.3　　　毋厭（猒）其所生。

帛 72.4　　　夫唯弗厭（猒），是以不厭（猒）。

帛 72.5　　　是以聖（耶）人自知而不自見也，

帛 72.6　　　自愛而不自貴也。

帛 72.7　　　故去彼（罷）而取此。

《老子》第七十三章

帛 73.1　　　勇於敢則殺，

帛 73.2　　　勇於不敢則活（栝），

帛 73.3　　　□兩者或利或害。

帛 73.4　　　天之所惡（亞），孰知其故？

帛 73.5　　　天之道，不戰（單）而善勝（朕），

帛 73.6　　　不言而善應，

帛 73.7　　　弗召而自來，

帛 73.8　　　坦（單）而善謀。

帛 73.9　　　天網（罔）𥡴𥡴，疏而不失。

《老子》第七十四章

帛 74.1　　　若民恆且不畏死，

帛 74.2　　　若何以殺懼（瞿）之也？

帛 74.3　　　使民恆且畏死，而為奇（畸）者，

帛 74.4　　　吾得而殺之，夫孰敢矣！

帛 74.5　　　若民恆且必畏死，則恆有（又）司殺者。

帛 74.6　　　夫代司殺者殺，

帛 74.7　　　是代大匠斲。

帛 74.8　　　夫代大匠斲，

帛 74.9　　　則希不傷其手。

《老子》第七十五章

帛 75.1　　　人之飢也，以其取食稅之多，是以飢。

帛 75.2　　　百姓（生）之不治也，

帛 75.3　　　以其上之有以為也，是以不治。

帛 75.4　　　民之輕死也，

帛 75.5　　　以其求生之厚也，是以輕死。

帛 75.6　　　夫唯无以生為者，

帛 75.7　　　是賢貴生。

《老子》第七十六章

帛 76.1　　　人之生也柔弱，

帛 76.2　　　其死也䯏信堅強，

帛 76.3　　　萬物草木之生也柔脆（椊），

帛 76.4　　　其死也枯（槀）槁。

帛 76.5　　　故曰：堅強，死之徒也；

帛 76.6　　　柔弱，生之徒也。

帛 76.7　　　□以兵強則不勝（朕），木強則兢。

帛 76.8　　　故強大居下，柔弱居上。

《老子》第七十七章

帛 77.1　　　天之道，猶（酉）張弓也，

帛 77.2　　　高者抑（印）之，下者舉之，

帛 77.3　　　有餘（余）者損（云）之，

帛 77.4　　　不足者補之。

帛 77.5　　　故天之道，損（云）有餘（余）而益不足；

帛 77.6　　　人之道，

帛 77.7　　　損（云）不足而奉有（又）餘（余）。

帛 77.8　　　夫孰能有（又）餘（余）而有以奉於天者，

帛 77.9　　　唯有（又）道者乎？

帛 77.10　　　是以聖（取）人為而弗有（又），

帛 77.11　　　成功而弗居也。

帛 77.12　　　若此其不欲見賢也。

《老子》第七十八章

帛 78.1　　　天下莫柔弱於水，

帛 78.2　　　□□堅強者莫之能□也，

帛 78.3　　　以其無以易之也。

帛 78.4　　　水之勝（朕）剛也，弱之勝（朕）強也，

帛 78.5　　　天下莫弗知也，而□□□行也。

帛 78.6　　　是故聖（取）人之言云，曰：

帛 78.7　　　受國之詬（訽），是謂（胃）社稷之主，

帛 78.8 　　　受國之不祥，是謂（胃）天下之王。

帛 78.9 　　　正言若反。

《老子》第七十九章

帛 79.1 　　　和（禾）大怨，必有餘怨，

帛 79.2 　　　焉可以為善？

帛 79.3 　　　是以聖（耵）人執左契（芥），

帛 79.4 　　　而不以責於人。

帛 79.5 　　　故有（又）德司契（芥），无德司徹（勶）。

帛 79.6 　　　夫天道无親，恆與善人。

《老子》第八十章

帛 80.1 　　　小國寡民，

帛 80.2 　　　使有十百人器而勿用，

帛 80.3 　　　使民重死而遠徙。

帛 80.4 　　　有（又）舟（周）車无所乘之，

帛 80.5 　　　有甲兵无所陳之。

帛 80.6 　　　使民復結繩而用之。

帛 80.7 　　　甘其食，美其服，

帛 80.8 　　　樂其俗，安其居。

帛 80.9 　　　鄰（受）國相望，雞犬之聲相聞，

帛 80.10 　　　民至老死不相往來。

《老子》第八十一章

帛 81.1 　　　信言不美，美言不信。

帛 81.2 　　　知者不博，博者不知。

帛 81.3	善者不多，多者不善。
帛 81.4	聖（耵）人无積，既以為人，己愈（俞）有；
帛 81.5	既以予人矣，己愈（俞）多。
帛 81.6	故天之道，利而不害；
帛 81.7	人之道，為而弗爭。

（2）帛書本分章釋文

帛書《老子》

〈德篇〉

(第38章) 上德不德，是以有德。下德不失德，是以无德。上德无為而无以為也。上仁為之而无以為也。上義〈德〉為之而有【175上】以為也。上禮為之而莫之應也，則攘臂而扔（乃）之。故失道而后德，失德而后（句）仁，失仁而后（句）義【175下】，失義而后（句）禮。夫禮者，忠信之薄（泊）也，而亂之首也。前識者，道之華也，而愚之首也。是以大丈夫居其厚而不【176上】居其薄（泊），居其實而不居其華。故去彼（罷）而取此。**(第39章)** 昔得一者，天得一以清，地得一以寧，神得【176下】一以靈（霝），谷（浴）得一盈，侯王得一以為天下正。其至也，謂（胃）天毋已清將恐裂（蓮），地毋已寧將恐發，神毋已靈（霝）將【177上】恐歇，谷毋已盈將竭（渴），侯王毋已貴以高將恐蹶（欮）。故必貴以賤為本，必高矣而以下為【177下】基。夫是以侯王自謂（胃）孤寡不穀（橐），此其賤之本與？非也？故至數輿无輿。是故不欲祿祿若玉，硌硌若石。**(第41章)** 上□【178上】□道，勤（董）能行之。中士聞道，若存若亡。下士聞道，大笑之。弗笑□□以為道。是以建【178下】言有之曰：明道如費，進道如退，夷道如類。上德如谷（浴），大白如辱，廣德如不足。建德如□，質□【179上】□□，大方无隅（禺）。大器晚（免）成，大音希聲，大〈天〉象无形（刑），道褒无名。夫唯道，善始且善【179下】成。**(第40章)** 反也者，道之動也。弱也者，道之用也。天下之物生於有，有□於无。**(第42章)** 道生一，一生二，二生三，三生□□。□□□□□【180上】□□，中氣以為和。人之所惡（亞），唯孤寡不穀（橐），而王公以自名也。物（勿）或□□□損

（云），損（云）之而益【180 下】。故人□□教，亦（夕）議而教人。故強梁（良）者不得死，吾將以為學父。（第 43 章）天下之至柔，馳騁乎天下之至（致）堅【181 上】。无有入於无間。吾是以知无為□□益也。不□□教，无為之益，□下希能及之矣。（第 44 章）名與【181 下】身孰親？身與貨孰多？得與亡孰病？甚□□□□，□□□□亡。故知足不辱，知止不殆，可以長久【182 上】。（第 45 章）大成若缺，其用不敝（幣）。大盈如沖，其用不窘（窮）。大直如屈（詘），大巧如拙。大贏如絀。躁（趮）勝（朕）寒【182 下】，靜（靚）勝熱（炅）。清（請）靜（靚），可以為天下正。（第 46 章）天下有道，卻走馬以糞。无道，戎馬生於郊。罪莫大可欲，禍莫大於不知【183 上】足，咎莫憯於欲得。□□□□□，恆足矣。（第 47 章）不出於戶，以知天下。不窺（規）於牖，以知天道。其出彌（簡）遠者【183 下】，其知彌（簡）□。□□□□□□□，□□而名，弗為而成。（第 48 章）為學者日益，聞道者日損（云），損（云）之又（有）損（云），以至於无□，□【184 上】□□□□。□□取天下，恆无事，及其有事也，□□足以取天□□。（第 49 章）□人恆无心，以百姓（省）之【184 下】心為心。善者善之，不善者亦善□，□善也。信者信之，不信者亦信之，得（德）信也。聖（耵）人之在天下也歙（欱）歙（欱）焉【185 上】，為天下渾心，百姓（生）皆註其耳目焉，聖人皆咳之。（第 50 章）□生，入死。生之□□有□，□之徒十有（又）三，而民【185 下】生生，動（僮）皆之死地之十有三。夫何故也？以其生生。蓋聞善執生者，陵行不避（辟）兕虎，入軍不被兵革。兕无所【186 上】揣（揭）其角，虎无所措（昔）其爪（蚤），兵无所容□□，□何故也？以其无死地焉。（第 51 章）道生之，德畜之，物【186 下】形（刑）之而器成之。是以萬物尊道而貴德。道之尊也，德之貴也，夫莫之爵也，而恆自然也。道生之，畜之【187 上】，長之，遂之，亭之，毒之，養之，覆（復）□。□□弗有也，為而弗恃（寺）也，長而弗宰，是謂（胃）玄德。（第 52 章）天下有始，以為天下母【187 下】。既得其母，以知其子，既知其子，復守其母，沒身不殆（佁）。塞其垌，閉其門，終（冬）身不勤（堇）。啟其垌，齊其事【188 上】，終身不棘。見小曰明，守柔曰強。用其光，復歸其明。毋遺身殃（央），是謂（胃）襲常。**（第 53 章）** 使我介有知【188 下】，行於大道，唯施（他）是畏。大道甚夷，民甚好僻。朝甚除，田甚芜，倉甚虛。服文采，帶利劍，厭（猒）食而資（齎）財【189 上】□□。□□盜□。□□，非□也。**（第 54 章）** 善建者□拔，□□□□，子孫以祭祀不絕。脩之身，其德乃真【189 下】。脩之家，其德有餘。脩之鄉，其德乃長。脩之國，其德乃豐（夆）。脩之天下，其德乃溥（博）。以身觀身，以家觀家【190 上】，以鄉觀鄉，以邦觀國，以天下觀天下。吾何□知天下之然哉（茲）？以□。**（第 55 章）** 含德之厚者，比於赤子。蜂（蠭）薑（癘）虺（虫）蛇【190 下】弗螫（赫），據鳥猛（孟）獸弗搏（捕），骨筋弱柔而握固。未知牝牡之會而朘怒，精之至也。終（冬）日號而不嚘，和之【191 上】至也。和曰常，知常曰明，益生曰祥，心使氣曰強。物□則老，謂（胃）之不道，不道早（蚤）已。**（第 56 章）** 知者弗言，言【191 下】者弗知。塞其垌，閉其門，和其光，同其塵，挫（銼）其銳（兌）而解其紛，是謂（胃）玄同。故不可得而親也，亦【192 上】不可得而疏；不可得而利，亦不可得而害；不可得而貴，亦不可得而賤。故為天下貴【192 下】。**（第 57 章）** 以正治（之）國，以奇（畸）用兵，以無事取天下。吾何以知其然也哉（才）？夫天下多忌諱，而民彌貧。民多利器，而邦【193 上】家滋（茲）昏。人多智（知），而奇（何）物滋（茲）□，□物滋（茲）章，而盜賊□□。是以□人之言曰：我无為而【193 下】民自化，我好靜而民自正，我无事而民自富，我欲不欲而民自樸。**（第 58 章）** 其政（正）閔（閩）閔（閩），其民屯屯。其政（正）察察，其【194 上】邦缺（夬）缺（夬）。禍（旤），福之所倚；福，禍（旤）之所伏，孰知其極？□无正也？正□□□，善復為□。□之迷（悉）也，其日固久矣。是【194 下】以方而不割，廉（兼）而不刺，直而不絿，光而不耀（眺）。**（第 59 章）** 治人事天，莫若嗇。夫唯嗇，是以早（蚤）服。早（蚤）服是謂（胃）重積【195 上】□。重□□□□□，□□□□莫知其□。莫知其□，可以有國。有國之母，可以長久。是謂（胃）深根固柢（氐），長生久視之道【195 下】也。（**第 60 章**）治大國若烹（亨）小鮮。以道莅（立）天下，其鬼不神。非其鬼不神也，其神不傷人也。非其神不傷人也，聖【196 上】人亦弗傷也。夫兩不相傷，故德交歸焉。（**第 61 章**）大國者，下流也，天下之牝也。天下之交也，牝【196 下】恆以靜勝（朕）牡。為其靜也，故宜為下也。故大國以下小國，則取小國。小國以下大國，則取於大國。故或下以【197 上】取，或下而取。故大國者不過欲并畜人，小國不過欲入事人。夫皆得其欲，則大者宜【197 下】為下。（**第 62 章**）道者，萬物之註也，善人之寶（瑤）也，不善人之所保也。美言可以市，尊行可以加（賀）人。人之不善，何棄【198 上】□有？故立天子，置三卿〈鄉〉，雖有共之璧以先四馬，不若坐而進此。古之所以貴此者何也【198 下】？不謂（胃）求以得，有罪以免與？故為天下貴。（**第 63 章**）為无為，事无事，味无味（未）。大小多少，報怨以德。圖難乎【199 上】□□□，□□乎其細也。天下之難作於易，天下之大作於細。是以聖人終（冬）不為大，故能□□□【199 下】。夫輕諾（若）□□信，多易必多難，是以聖（即）人猶（猷）難之，故終於无難。（**第 64 章**）其安也，易持也。□□□□易謀□……【200 上】……□□□木，作於毫末。九成【200 下】之臺，作於羸（纍）土。百千之高，始於足下。為之者敗之，執者失之。是以聖（即）人无為也，□无敗□；无執也，故【201 上】无失也。民之從事也，恆於其成而敗之。故曰：慎終（冬）若始，則无敗事矣。是以聖（即）人欲不欲【201 下】，而不貴難得之貨；學不學，復衆人之所過；能輔萬物之自然，而弗敢為。（**第 65 章**）古之為道者，非以明民也【202 上】，將以愚之也。夫民之難治也，以其智（知）也。故以智（知）知國，國之賊也；以不智（知）知國，國之德也；恆知【202 下】此兩者，亦稽式也。恆知稽式，是謂（胃）玄德。玄德深矣、遠矣，與物反也，乃至大順。（**第 66 章**）江海所以能為百谷（浴）王者，以【203 上】其善下之也，是以能為百谷（浴）王。是以聖（耵）人之欲上民也，必以其言下之；其欲先民【203 下】也，必以其身後之。故居上而民弗重也，居前而民弗害。天下皆樂推（誰）而弗厭（猒）也，不以其无爭與？故天【204 上】下莫能與爭。（第 80 章）小國寡民，使有十百人器而勿用，使民重死而遠徙。有（又）舟（周）車无所【204 下】乘之，有甲兵无所陳之。使民復結繩而用之。甘其食，美其服，樂其俗，安其居。鄰（矕）國相望，雞犬之聲相【205 上】聞，民至老死不相往來。（第 81 章）信言不美，美言不信。知者不博，博者不知。善者不多，多者不善【205 下】。聖（耵）人无積，既以為人，己愈（俞）有；既以予人矣，己愈（俞）多。故天之道，利而不害；人之道，為而弗爭。（第 67 章）天下□【206 上】謂（胃）我大，大而不肖（宵）。夫唯不肖（宵），故能大。若肖（宵），久矣其細也夫。我恆有三寶（琛），持（市）而寶（琛）之。一【206 下】曰慈（茲），二曰儉（檢），三曰不敢為天下先。夫慈（茲），故能勇；儉（檢），故〈敢〉能廣；不敢為天下先，故能為成器長。今【207 上】舍其慈（茲），且勇；舍其儉（檢），且廣；舍其後，且先；則死矣。夫慈（茲），以戰（單）則勝（朕），以守則固。天將【207 下】建之，如以慈（茲）垣之。（第 68 章）故善為士者不武，善戰（單）者不怒，善勝（朕）敵者弗與，善用人者為之下。是謂（胃）不爭之【208 上】德。是謂（胃）用人，是謂（胃）配（肥）天，古之極也。（第 69 章）用兵有（又）言曰：吾不敢為主而為客，不敢進寸而退【208 下】尺。是謂（胃）行无行，攘无臂，執无兵，扔（乃）无敵。禍莫大於无敵，无敵近亡吾寶（琛）矣。故抗兵相若，而哀（依）者勝（朕）矣【209 上】。（第 70 章）吾言易知也，易行也；而天下莫之能知也，莫之能行也。夫言有（又）宗，事有（又）君。夫唯无知【209 下】也，是以不我知。知者希，則我貴矣。是以聖（耵）人被褐而懷（裹）玉。（第 71 章）知不知，尚矣；不知知，病矣。是以聖（耵）人之不病【210 上】也，以其病病也，是以不病。（第 72 章）民之不畏威（畏），則大威（畏）將至矣。毋狎（伷）其所居，毋厭

（猒）其所生。夫唯弗厭（猒），是【210 下】以不厭（猒）。是以聖（耵）人自知而不自見也，自愛而不自貴也。故去彼（罷）而取此。（第 73 章）勇於敢則殺，勇於不敢則活（栝），□【211 上】兩者或利或害。天之所惡（亞），執知其故？天之道，不戰（單）而善勝（朕），不言而善應，弗召而自來【211 下】，坦（單）而善謀。天網（罔）袿袿，疏而不失。（第 74 章）若民恆且不畏死，若何以殺懼（瞿）之也？使民恆且畏死，而為奇（畸）者，吾【212 上】得而殺之，夫執敢矣！若民恆且必畏死，則恆有（又）司殺者。夫代司殺者殺，是代大匠斲【212 下】。夫代大匠斲，則希不傷其手。（第 75 章）人之飢也，以其取食說之多，是以飢。百姓（生）之不治也，以其上之有以為也，是【213 上】以不治。民之輕死也，以其求生之厚也，是以輕死。夫唯无以生為者，是賢貴生。（第 76 章）人之生【213 下】也柔弱，其死也䏩信堅強，萬物草木之生也柔脆（椊），其死也枯（槀）槁。故曰：堅強，死之徒也；柔弱，生之徒也。□【214 上】以兵強則不勝（朕），木強則兢。故強大居下，柔弱居上。（第 77 章）天之道，猶（酉）張弓也，高者抑（印）之，下者舉之【214 下】，有餘（余）者損（云）之，不足者補之。故天之道，損（云）有餘（余）而益不足；人之道，損（云）不足而奉有（又）餘（余）。夫執能有（又）餘（余）而有以【215 上】奉於天者，唯有（又）道者乎？是以聖（耵）人為而弗有（又），成功而弗居也。若此其不欲見賢也。（第 78 章）天下莫【215 下】柔弱於水，□□堅強者莫之能□也，以其無以易之也。水之勝（朕）剛也，弱之勝（朕）強也，天下莫弗知也，而□□□【216 上】行也。是故聖（耵）人之言云，曰：受國之詬（詢），是謂（胃）社稷之主，受國之不祥，是謂（胃）天下之王。正言【216 下】若反。（第 79 章）和（禾）大怨，必有餘怨，焉可以為善？是以聖（耵）人執左契（芥），而不以責於人。故有（又）德司契（芥），无德司徹（簭）。夫天道无親【217 上】，恆與善人。

〈德〉三千冊一【217 下】

〈道篇〉

（第 1 章） 道，可道也，非恆道也。名，可名也，非恆名也。无名，萬物之始也。有名，萬物之母也。故恆无欲也，以觀其妙（眇）【218 上】；恆有（又）欲也，以觀其所噭。兩者同出，異名同謂（胃）。玄之又玄，衆妙（眇）之門。**（第 2 章）** 天下皆知美之為美【218 下】，惡（亞）已。皆知善，斯不善矣。有、无之相生也，難、易之相成也，長、短之相形（刑）也，高、下之相盈也，音、聲之相和【219 上】也，先、後之相隨（隋），恆也。是以聖（耶）人居无為之事，行不言之教。萬物作（昔）而弗始，為而弗恃（侍）也【219 下】，成功而弗居也。夫唯弗居，是以弗去。**（第 3 章）** 不上賢，使民不爭。不貴難得之貨，使民不為盜。不見可欲，使【220 上】民不亂。是以聖（耶）人之治也，虛其心，實其腹；弱其志，強其骨。恆使民无知无欲也。使夫【220 下】知不敢，弗為而已，則无不治矣。**（第 4 章）** 道沖，而用之又（有）弗盈也。淵呵似（佁）萬物之宗。挫（銼）其銳（兌），解其紛（芬）；和其光，同【221 上】其塵。湛呵似（佁）或存。吾不知其誰之子也，象帝之先。**（第 5 章）** 天地不仁，以萬物為芻狗。聖（耶）人不仁【221 下】，以百姓為芻狗。天地之間，其猶（猷）橐籥與（與）？虛而不屈（淈），動而愈（俞）出。多聞數窮，不若守於中。**（第 6 章）** 谷（浴）神不死，是【222 上】謂（胃）玄牝。玄牝之門，是謂（胃）天地之根。緜緜呵其若存，用之不勤（董）。**（第 7 章）** 天長，地久。天地之所以能長且久者，以【222 下】其不自生也，故能長生。是以聖（耶）人退其身而身先，外其身而身先，外其身而身存。不以其无私與（與）？故能成【223 上】其私。**（第 8 章）** 上善如水。水善利萬物而有爭，居眾人之所惡（亞），故幾於道矣。居善地，心善淵，予善天，言【223 下】善信，政（正）善治，事善能，動善時。夫唯不爭，故无尤。**（第 9 章）** 持（揊）而盈之，不若其已。揣（捶）而允之，不可長葆也。金玉【224 上】盈室，

莫之能守也。貴富而驕，自遺咎也。功遂身退，天之道也。（第 10
章）戴營魄（柏）抱一，能毋離乎？搏（榑）【224 下】氣至柔，能嬰
兒乎？滌（脩）除玄鑒（監），能毋有疵乎？愛民活（栝）國，能毋
以知乎？天門啟闔，能為雌乎？明白四達【225 上】，能毋以知乎？
生之，畜之。生而弗有，長而弗宰也，是謂（胃）玄德。（第 11 章）
卅輻（福）同一轂，當其无有，車【225 下】之用也。埏（㙙）埴而
為器，當其无有，埴器之用也。鑿戶牖，當其无有，室之用也。故有
之以為利，无之以【226 上】為用。（第 12 章）五色使人目盲，馳騁
田獵（臘）使人心發狂，難得之貨使人之行妨（仿）。五味使人之口
爽【226 下】，五音使人之耳聾。是以聖（即）人之治也，為腹而不為
目。故去彼而取此。（第 13 章）寵（弄）辱若驚，貴大患若身。何謂
（胃）【227 上】寵（弄）辱若驚？寵（弄）之為下也，得之若驚，失
之若驚，是謂（胃）寵（弄）辱若驚。何謂（胃）貴大患【227 下】
若身？吾所以有大患者，為吾有身也。及吾無身，有何患？故貴為身
於為天下，若可以託（橐）天下【228 上】矣；愛以身為天下，女可
以寄天下矣。（第 14 章）視之而弗見，名之曰微。聽之而弗聞，名
（命）之曰【228 下】希。捪之而弗得，名（命）之曰夷。三者不可
致（至）詰（計），故紐而為一。一者，其上不謬，其下不忽。尋尋
呵不可名（命）【229 上】也，復歸於无物。是謂（胃）无狀之狀，
无物之象，是謂（胃）忽（沕）恍（望）。隨（隋）而不見【229 下】
其後，迎而不見其首。執今之道，以御今之有。以知古始，是謂
（胃）道紀。（第 15 章）古之□為道者，微妙（眇）玄達，深不可識
（志）。夫唯【230 上】不可識（志），故強為之容，曰：與呵其若冬
涉水，猶（猷）呵其若畏四鄰（叟），嚴呵其若客，渙呵【230 下】其
若凌（淩）釋（澤），沌呵其若樸，湷呵其若濁，湷呵其若谷（浴）。
濁而靜之，徐清。安〈女〉以動（重）之，徐生。葆此道□不【231
上】欲盈。是以能敝（獘）而不成。（第 16 章）至虛極也，守靜督也。
萬物並（旁）作，吾以觀其復也。天物【231 下】魂（袨）魂（袨），各
復歸於其根。曰靜。靜，是謂（胃）復命。復命，常也。知常，明也。

不知常，妄（芒），妄（芒）作凶。知常容，容乃公，公乃王，王【232上】乃天，天乃道，道乃。沒身不殆。（第17章）大上下知有（又）之，其次親譽之，其次畏之，其下侮（母）之。信不足，安【232下】有不信。猶（猷）呵其貴言也。成功遂事，而百姓謂（胃）我自然。（第18章）故大道廢，安有仁義。智（知）慧出，安有大偽【233上】。六親不和，安有（又）孝慈（茲）。國家昏（闒）亂，安有貞臣。（第19章）絕聖（耵）棄智（知），而民利百倍。絕仁棄義，而民【233下】復孝慈（茲）。絕巧棄利，盜賊（賤）无有。此三言也，以為文未足，故令之有所屬。見素抱樸，少私而寡欲。（第20章）絕學【234上】无憂。唯與呵，其相去幾何？美與惡（亞），其相去何若？人之所畏，亦不可以不畏人。恍（望）呵其未央【234下】哉（才）！衆人熙（熙）熙（熙），若饗（鄉）於大牢，而春登臺。我泊（博）焉未兆（姚），若嬰兒未咳。纍呵似（佁）无所歸。衆人皆有（又）餘（余）。我愚人之心【235上】也，湷湷呵。俗（鷰）人昭昭，我獨若昏（闒）呵。俗（鷰）人察察，我獨閔（閩）閔（閩）呵。忽（沕）呵其若海，恍（望）呵若无所止。衆人皆【235下】有以，我獨門頑（元）以鄙。吾欲獨異於人，而貴食母。（第21章）孔德之容，唯道是從。道之物，唯恍（望）唯忽（沕）。忽（沕）呵恍（望）呵，中有（又）象呵【236上】。恍（望）呵忽（沕）呵，中有物呵。窈（幼）呵冥呵，其中有精（請）呵。其精（請）甚真，其中有信。自今及古，其名不去【236下】，以順衆父。吾何以知衆父之然也？以此。（第24章）炊者不立。自示（視）者不章，自見者不明，自伐者无功，自矜者不長【237上】。其在道也，曰：餘（粽）食、贅行。物或惡（亞）之，故有欲者弗居。（第22章）曲則全，枉（汪）則正，洼則盈，敝（獘）則新。少則得【237下】，多則惑。是以聖（耵）人執一，以為天下牧。不自示（視）故章，不自見也故明，不自伐故有功，弗矜故能長。夫唯不【238上】爭，故莫能與之爭。古之所謂（胃）曲全者幾語哉（才），誠全歸之。（第23章）希言自然。飄（贆）風不終（冬）朝，暴雨不【238下】

終（冬）日。孰為此？天地，而弗能久，又（有）況（兄）於人乎？故從事而道者同於道，得（德）者同於得（德），失者同於失。同於得（德）【239 上】者，道亦得（德）之；同於失者，道亦失之。（第25 章）有物昆成，先天地生。寂（蕭）呵寥（漻）呵，獨立而不改（玹），可【239 下】以為天地母。吾未知其名也，字之曰道。吾強為之名曰大。大曰逝（筮），逝（筮）曰遠，遠曰反。道大，天大，地大，王亦大【240 上】。國中有四大，而王居一焉。人法地，地法天，天法道，道法自然。（第26 章）重為輕根，靜為躁（趮）君。是以君【240 下】子終（冬）日行，不遠其輜（甾）重，雖有環館（官），燕處則昭若。若何萬乘之王，而以身輕於天下？輕則失本，躁（趮）則失【241 上】君。（第27 章）善行者无達迹，善言者无瑕謫（適），善數者不用籌（檮）策（笇）。善閉者无關楗（籥）而不可【241 下】啟也。善結者无繩約而不可解也。是以聖（耶）人恆善救（怵）人，而无棄人，物无棄財，是謂（胃）恨（曳）明。故善人，善人之師；不【242 上】善人，善人之資也。不貴其師，不愛其資，雖智（知）乎大迷。是謂（胃）妙（眇）要。（第28 章）知其雄，守其雌，為天【242 下】下溪（雞）。為天下溪（雞），恆德不离。恆德不离，復歸嬰兒。知其白，守其辱，為天下谷（浴）。為天下谷（浴），恆德乃足。恆德乃足，復歸於樸。知其白，守其【243 上】黑，為天下式。為天下式，恆德不忒（貸）。恆德不忒（貸），復歸於无極。樸散則為器，聖（耶）人用則為官長，夫大制无【243 下】割。（第29 章）將欲取天下而為之，吾見其弗得已。夫天下，神器也，非可為者也。為之者敗之，執之者失之。物【244 上】或行或隨（隋），或熱，或硅或培（陪）或墮。是以聖（耶）人去甚，去大，去奢（諸）。（第30 章）以道佐人主，不以兵強【244 下】於天下。其□□□，□□所居，楚棘生之。善者果而已矣，毋以取強焉。果而毋驕，果而勿矜，果而□【245 上】伐，果而毋得已居，是謂（胃）果而強。物壯而老，謂（胃）之不道，不道早（蚤）已。（第31 章）夫兵者，不祥之器也【245 下】。物或惡（亞）之，故有欲者弗居。君子居則貴左，用兵則貴右。故兵者非君子之器。兵者不祥之【246 上】器也，不得已而用之，銛䤾為上，勿美也。若美之，是樂殺人也。夫樂殺人，不可以得志於【246 下】天下矣。是以吉事上左，喪事上右；是以偏將軍居左，而上將軍居右，言以喪禮居之也。殺人衆，以悲【247 上】哀（依）蒞（立）之；戰勝（朕）而以喪禮處之。（第 32 章）道恆无名，樸雖（唯）小而天下弗敢臣。侯王若能守之，萬物將【247 下】自賓。天地相合，以俞甘露（洛）。民莫之令，而自均焉。始制有名，名亦既有，夫亦將知止，知止所以不殆。譬（卑）道之【248 上】在天下也，猶（猷）小谷（浴）之與江海也。（第 33 章）知人者，智（知）也。自知，明也。勝（朕）人者，有力也。自勝（朕）者，強也。知【248 下】足者，富也。強行者，有志也。不失其所者，久也。死而不忘者，壽也。（第 34 章）道，汎（渢）呵其可左右也，成功遂事而【249 上】弗名有也。萬物歸焉而弗為主，則恆无欲也，可名於小。萬物歸焉而弗為主，可【249 下】名（命）於大。是以聖（耵）人之能成大也，以其不為大也，故能成大。（第 35 章）執大象，天下往。往而不害，安平大。樂與餌【250 上】，過客（格）止。故道之出言也，曰：淡呵其无味也。視之，不足見也。聽之，不足聞也。用之不【250 下】可既也。（第 36 章）將欲禽（擒）之，必固（古）張之。將欲弱之，必固（古）強之。將欲去之，必固（古）與之。將欲奪之，必固（古）予之【251 上】。是謂（胃）微明。柔弱勝（朕）強。魚不可脫（說）於淵，國利器不可以示人。（第 37 章）道恆无名，侯王若【251 下】能守之，萬物將自化。化而欲作，吾將鎮（闐）之以无名之樸。鎮（闐）之以无名之樸，夫將不辱。不辱以靜，天地將自正【252 上】。

〈道〉二千四百廿六【252 下】

（3）帛書甲本原整理者釋文

* 釋文尖括弧中的數字是帛書的行數。

〈德經〉

【上德不德，是以有德。下德不失德，是以無】德。上德無【為而】無以為也。上仁為之【而無】〈一〉以為也。上義為之而有以為也。上禮【為之而莫之應也，則】攘臂而乃（扔）之。故失道。失道矣〈二〉而後德，失德而后仁，失仁而后義，【失】義而【后禮。夫禮者，忠信之薄也】，而亂之首也。〈三〉【前識者】，道之華也，而愚之首也。是以大丈夫居其厚而不居其泊（薄），居其實不居其華。〈四〉故去皮（彼）取此。昔之得一者，天得一以清，地得【一】以寧，神得一以霝（靈）浴【谷】得一以盈，侯【王得一】而以為〈五〉。正其致之也，胃（謂）天毋已清將恐【裂】，胃（謂）地毋【已寧】將恐【發】胃（謂）神毋已霝（靈）將恐歇，胃（謂）浴（谷）毋已盈〈六〉將將恐渴（竭），胃（謂）侯王毋已貴【以高將恐蹶】。故必貴而以賤為本，必高矣而以下為基。夫是〈七〉以侯王自胃（謂）【曰】孤寡不橐（穀）此其賤【之本】與？非【也】？故致數與（譽）無與（譽）。是故不欲【祿祿】若玉，硌硌【若石】。〈八〉【上士聞道，勤能行之。中士聞道，若存若亡。下士聞道，大笑之。弗笑，不足以為道。是以〈九〉建言有之曰：明道如費，進道如退，夷道如類。上德如谷，大白如辱，廣德如不足。建德〈一〇〉如偷，質真如渝，大方無隅。大器晚成，大音希聲，大象無形，道褒無名。夫唯】道，善【始且〈一一〉善成。反也者】，道之動也。弱也者，道之用也。天【下之物生於有，有生於無。道生一，一生二，二生三，三生萬物。萬物〈一二〉負陰而抱陽】，中氣以為和。天下之所惡，唯孤寡不橐（穀）而王公以自名也。勿（物）或敗（損）之【而

益，〈一三〉益】之而敗（損）。故人【之所】教，夕（亦）議而教
人。故强良（梁）者不得死，我【將】以為學父。天下之至柔，【馳】
〈一四〉騁於天下之致（至）堅。无有人於无間。五（吾）是以知無
為【之有】益也。不【言之】教，无為之益，【天】〈一五〉下希能及
之矣。名與身孰親？身與貨孰多？得與亡孰病？甚【愛必大費，多藏
必厚】〈一六〉亡。故知足不辱，知止不殆，可以長久。大成若缺，
其用不幣（敝）。大盈若盅（沖），其用不窮（窘）大直〈一七〉如詘
（屈）大巧如拙，大贏如炳。趮（躁）勝寒，靚（静）勝炅（熱）。請
（清）靚（静）可以為天下正。天下有道，【却】走馬以〈一八〉糞。
天下无道，戎馬生於郊。罪莫大於可欲，禍（禍）莫大於不知足，咎
莫憯於欲得。【故知〈一九〉足之足】，恒足矣。不出於户，以知天
下。不規（窺）於牖，以知天道。其出也彌遠，其【知彌少。是〈二
〇〉以聖人不行而知，不見而名】弗為而【成】。為【學者日益，聞
道者日損。損之又損，以至於〈二一〉无為，无為而无不為。將欲】
取天下也，恒【无事，及其有事也，又不足以取天下矣。聖人恒无
〈二二〉心】，以百【姓】之心為【心】。善者善之，不善者亦善【之，
得善也。信者信之，不信者亦信之，〈二三〉得】信也。【聖人】之在
天下，惵惵焉，為天下渾心，百姓皆屬耳目焉。聖人皆咳之。【出】
生，【入死。生之〈二四〉徒十】有【三，死之】徒十有三，而民生
生，動皆之死地之十有三。夫何故也？以其生生也。蓋【聞善】〈二
五〉執生者，陵行不【避】兕（兕）虎，入軍不被甲兵。兕（兕）无
所椯（揣）其角，虎无所昔（措）其蚤（爪）兵无所容【其刃，夫】
〈二六〉何故也？以其无死地焉。道生之而德畜之，物刑（形）之而
器成之。是以萬物尊道而貴【德。道】〈二七〉之尊，德之貴也，夫
莫之时（爵）而恒自然也。道生之，畜之，長之，遂之，亭之，□
之，【養之，覆之。生而】〈二八〉弗有也，為而弗寺（恃）也，長而
弗宰也，此之謂玄德。天下有始，以為天下母。禮（既）得其母，以
知其【子】，〈二九〉復守其母，没身不殆。塞其闼（悶），閉其門，
終身不菫（勤）。啟其悶，濟其事，終身【不棘。見】小曰〈三〇〉

【明】，守柔曰强。用其光，復歸其明。毋道〈遺〉身央〈殃〉是胃（謂）襲常。使我挈（挈）有知也，【行於】大道，唯〈三一〉【施是畏。大道】甚夷，民甚好解。朝甚除，田甚芜，倉甚虛；服文采，帶利【劍。厭】食，貨〈三二〉【財有餘。是謂盜夸。盜夸，非道也】。善建【者不】拔，【善抱者不脱】，子孫以祭祀【不絕。修之身，〈三三〉其德乃真。修之家，其德有】餘。修之【鄉，其德乃長。修之邦，其德乃豐。修之天下，其德〈三四〉乃溥】。以身【觀】身，以家觀家，以鄉觀鄉，以邦觀邦，以天【下】觀【天下。吾何以知天下之然哉？以比。〈三五〉含德】之厚【者】，比於赤子。逢（蜂）𧎅（蠆）𧑾（虺）地（蛇）弗螫，攫鳥猛獸弗搏。骨弱筋柔而握固。未知牝牡【之會】〈三六〉而朘【怒】，精【之】至也。終日〈日〉號而不炦，和之至也。和曰常，知和〈常〉曰明，益生曰祥，心使氣曰强。【物壯】〈三七〉即老，胃（謂）之不道，不【道早已。知者】弗言，言者弗知。塞其悶，閉其【門，和】其光，同其𡔿（塵），坐（挫）其閲（銳）解〈三八〉其紛，是胃（謂）玄同。故不可得而親，亦不可得而疏；不可得而利，亦不可得而害；不可【得】〈三九〉而貴，亦不可得而淺（賤）故為天下貴。以正之（治）邦，以畸（奇）用兵，以无事取天下。吾何【以知其然】〈四〇〉也戈（哉）？夫天下【多忌】諱，而民彌貧。民多利器，而邦家兹（滋）昏。人多知（智），而何（奇）物兹（滋）【起。法物滋章，〈四一〉而】盜賊【多有。是以聖人之言曰】：我无為也，而民自化。我好静，而民自正。我无事，民【自富。我欲〈四二〉不欲，而民自樸。其政閔閔，其邦屯屯】。其正（政）察察，其邦夬（缺）夬（缺）。旤（禍），福之所倚；福，旤（禍）之所伏；【執知其極？〈四三〉其无正也？正復為奇，善復為妖。人之迷也，其日固久矣。是以方而不割，廉而不刺，直而不〈四四〉絓繼，光而不曜。治人事天，莫若嗇。夫惟嗇，是以早服。早服是謂重積德。重積德則无不克，无不克則莫知〈四五〉其極。莫知其極】，可以有國。有國之母，可以長久。是胃（謂）深槿（根）固氐（柢）長【生久視之】道也。【治大國若烹小〈四六〉鮮。

以道莅】天下，其鬼不神。非其鬼不神也，其神不傷人也。非其申（神）不傷人也，聖人亦弗傷【也。夫〈四七〉兩】不相【傷，故】德交歸焉。大邦者，下流也，天下之牝。天下之郊（交）也，牝恒以靚（静）勝牡。為其靚（静）【也，〈四八〉故】宜為下。大邦【以】下小【邦】，則取小邦。小邦以下大邦，則取於大邦。故或下以取，或下而取。【故】〈四九〉大邦者不過欲兼畜人，小邦者不過欲入事人。夫皆得其欲，【故大邦者宜】為下。【道】〈五〇〉者，萬物之註也，善人之瑋（寶）也，不善人之所瑋（保）也。美言可以市，尊行可以賀（加）人。人之不善也，何棄【之】〈五一〉有？故立天子，置三卿，雖有共之璧以先四馬，不善〈若〉坐而進此。古之所以貴此者何也？不胃（謂）【求〈五二〉以】得，有罪以免輿（與）？故為天下貴。為无為，事无事，味无未（味）。大小多少，報怨以德。圖難乎〈五三〉【其易也，為大乎其細也】。天下之難作於易，天下之大作於細。是以聖人冬（終）不為大，故能【成其大。〈五四〉夫輕諾者必寡信。多易】必多難，是【以聖】人猷（猶）難之，故終於无難。其安也，易持也。【其未〈五五〉兆也】，易謀【也。其脆也，易判也。其微也，易散也。為之於其未有，治之於其未亂也。合抱之木，〈五六〉生於】毫末。九成之臺，作於蠃（纍）土。百仁（仞）之高，台（始）於足【下。為之者敗之，執之者失之。聖〈五七〉人无為】也，【故】无敗【也】：无執也，故无失也。民之從事也，恒於其成事而敗之。故慎終若始，則【无敗〈五八〉事矣。是以聖人】欲不欲，而不貴難得之賜（賄）；學不學；而復衆人之所過；能輔萬物之自【然，而】〈五九〉弗敢為。故曰：為道者非以明民也，將以愚之也。民之難【治】也，以其知（智）也。故以知（智）知邦，邦之賊也；以不知（智）知邦，【邦之】〈六〇〉德也；恒知此兩者，亦稽式也。恒知稽式，此胃（謂）玄德。玄德深矣，遠矣，與物【反】矣，乃【至大順。江】海之所〈六一〉以能為百浴（谷）王者，以其善下之，是以能為百浴（谷）王。是以聖人之欲上民也，必以其言下之；其欲先【民也】，〈六二〉必以其身後之。故居前而民弗害也，居上而民弗

重也。天下樂隼（推）而弗猒（厭）也，非以其无静（争）與？故
【天〈六三〉下莫能與】静（争）。小邦募（寡）民，使十百人之器毋
用。使民重死而遠送〈徙〉。有車周（舟）无所乘之，有甲兵无所陳
〈六四〉【之。使民復結繩而】用之。甘其食，美其服，樂其俗，安其
居。䣊（鄰）邦相壑〈望〉，鷄狗之聲相聞，民【至〈六五〉老死不相
往來。信言不美，美言】不【信。知】者不博，【博】者不知。善
【者不多，多】者不善。聖人无積，【既】〈六六〉以為【人，己愈有；
既以予人，己愈多。故天之道，利而不害；人之道，為而弗争。天下
皆謂我大，不肖】。〈六七〉夫唯【大】，故不宵（肖）。若宵（肖），
細久矣。我恒有三葆（寶），之，一曰兹（慈），二曰檢（儉），【三曰】
不敢為天下先。夫慈，故能勇；【儉】〈六八〉故能廣：不敢為天下
先，故能為成事長。今舍其兹（慈），且勇；舍其後，且先；則必死
矣。夫兹（慈），【以戰】〈六九〉則勝，以守則固。天將建之，女
（如）以兹（慈）垣之。善為士者不武，善戰者不怒，善勝敵者弗
【與】，〈七〇〉善用人者為之下。【是】胃（謂）不静（争）之德，是
胃（謂）用人，是胃（謂）天，古之極也。用兵有言曰：吾〈七一〉
不敢為主而為客，吾不進寸而芮（退）尺。是胃（謂）行无行，襄
（攘）无臂，執无兵，乃（扔）无敵矣。䤴（禍）莫〈七二〉於〈大〉
於无適（敵）无適（敵）斤（近）亡吾吾葆（寶）矣。故稱兵相若，
則哀者勝矣。吾言甚易知也，甚易行〈七三〉也；而人莫之能知也，
而莫之能行也。言有君，事有宗。夫唯无知也。是以不【我知。知者
〈七四〉希，則】我貴矣。是以聖人被褐而裹（懷）玉。知不知，尚
矣；不知不知，病矣。是以聖人之不病，以其〈七五〉【病病。是以
不病。民之不】畏畏（威），則大【威將至】矣。母（毋）閘（狎）
其所居，毋猒（厭）其所生。夫唯弗猒（厭）是〈七六〉【以不厭。
是以聖人自知而不自見也，自愛】而不自貴也。故去被（彼）取此。
勇於敢者【則〈七七〉殺，勇】於不敢者則栝（活）。【知此兩者，或
利或害。天之所惡，孰知其故？天之道，不戰〈七八〉而善勝】，不
言而善應，不召而自來，彈（坦）而善謀。【天網恢恢，疏而不失。

若民恒且不畏死】，〈七九〉奈何以殺愳（懼）之也？若民恒是〈畏〉死，則而為者吾將得而殺之，夫孰敢矣！若民【恒且】〈八〇〉必畏死，則恒有司殺者。夫伐〈代〉司殺者殺，是伐〈代〉大匠斲也。夫伐〈代〉大匠斲者，則【希】〈八一〉不傷其手矣。人之飢也，以其取食逆之多也，是以飢。百姓之不治也，以其上有以為【也】，〈八二〉是以不洽。民之巠（輕）死，以其求生之厚也，是以巠（輕）死。夫唯无以生為者，是賢貴生。人之生也〈八三〉柔弱，其死也葓仞賢（堅）強。萬物草木之生也柔脆，其死也椁（枯）豪（槁）。故曰："堅強者，死之徒〈八四〉也；柔弱微細，生之徒也。"兵強則不勝，木強則恒。強大居下，柔弱微細居上。天下〈八五〉【之道，猶張弓】者也，高者印（抑）之，下者舉之，有餘者敗（損）之，不足者補之。故天之道，敗（損）有〈八六〉【餘而補不足；人之道則】不然，敗（損）【不足以】奉有餘。孰能有餘而有以取奉於天者乎？【唯〈八七〉有道者乎？是以聖人為而弗有，成功而弗居也。若此其不欲】見賢也。天下莫柔【弱於水，〈八八〉而攻】堅強者莫之能【先】也，以其无【以】易【之也。故柔勝剛，弱】勝強，天【下莫不知，而莫能】〈八九〉行也。故聖人之言云，曰：受邦之訽（詬），是胃（謂）社稷之主；受邦之不祥，是胃（謂）天下之王。【正言】〈九〇〉若反。和大怨，必有餘怨，焉可以為善？是以聖右介（契）而不以責於人。故有德司介（契），【无】〈九一〉德司剹（徹）。夫天道无親，恒與善人。〈九二〉

〈道經〉

道，可道也，非恒道也。名，可名也，非恒名也。无名，萬物之始也。有名，萬物之母也。【故】〈九三〉恒无欲也，以觀其眇（妙）；恒有欲也，以觀其所噭。兩者同出，異名同胃（謂）。玄之有（又）玄，衆眇（妙）之【門】。〈九四〉天下皆知美為美，惡已；皆知善，訾（斯）不善矣。有、无之相生也，難、易之相成也，長、短之〈九五〉相刑（形）也，高、下之相盈也，意（音）、聲之相和也，先、後之相隋（隨），恒也。是以聲（聖）人居无為之事，行【不〈九六〉言之教。萬物作而弗始】也，為而弗志（恃）也，成功而弗居也。夫唯居，是以弗去。不上賢，【使〈九七〉民不争。不貴難得之貨，使】民不為【盜】。不【見可欲，使】民不亂。是以聲（聖）人之【治也，虛〈九八〉其心，實其腹；弱其志】，强其骨。恒使民无知无欲也。使【夫知不敢弗為而已，則无不治矣。〈九九〉道冲，而用之又弗】盈也。瀟（淵）呵始（似）萬物之宗。銼（挫）其，解其紛，和其光。同【其塵。湛呵似〈一〇〇〉或存。吾不知【誰】子也，象帝之先。天地不仁，以萬物為芻狗。聲（聖）人不仁，以百省（姓）【為芻】〈一〇一〉狗。天地【之】間，【其】猶橐籥輿（與）？虛而不淈（屈），踵（動）而俞（愈）出。多聞數窮，不若守於中。浴（谷）神【不】〈一〇二〉死，是胃（謂）玄牝。玄牝之門，是胃（謂）【天】地之根。綿綿呵若存，用之不堇（勤）。天長，地久。天地之所以能【長】〈一〇三〉且久者，以其不自生也，故能長生。是以聲（聖）人芮（退）其身而身先，外其身而身存。不以其无【私】〈一〇四〉輿（與）？故能成其私。上善治（似）水。水善利萬物而有静（争），居衆之所惡，故幾於道矣。居善地，〈一〇五〉心善瀟（淵），予善信，正（政）善治，事善能，踵（動）善時。夫唯不静（争），故无尤。揰（持）而盈之，不【若其已。揣〈一〇六〉而】□之□之，□可長葆之。金玉盈室，莫之守也。貴富而騎（驕），自遺咎也。功述（遂）身芮（退），天【之〈一〇七〉道也。戴營魄拘一，能毋離乎？摶氣至柔】，能嬰兒乎？修（滌）除玄藍（鑒），能毋疵乎？愛【民活國，能〈一〇八〉毋以知乎？天門啓闔，能為雌乎？明白四達，能毋以為乎】？生之，畜之。生而弗【有，長而弗宰，是〈一〇九〉謂玄】德。卅【輻同一轂，當】其无【有，車】之用【也】。然（埏）埴為器，當其无有，埴器【之用也。鑿户牖】，〈一一〇〉當其无有，【室】之用也。故有之以為利，无之以為用。五色使人目明（盲），馳騁田臘（獵）使人【心發狂】，〈一一一〉難得之貨（貨）使人之行方

（妨），五味使人之口唰（爽），五音使人之耳聾。是以聲（聖）人之治也，為腹不【為目】。〈一一二〉故去罷（彼）耳〈取〉此。龍（寵）辱若驚，貴大梡（患）若身。苟（何）胃（謂）龍（寵）辱若驚？龍（寵）之為下，得之若驚，失【之】〈一一三〉若驚，是胃（謂）龍（寵）辱若驚。何胃（謂）貴大梡（患）若身？吾所以有大梡（患）者，為吾有身也。及吾无身，〈一一四〉有何梡（患）？故貴為身於為天下，若可以迅（托）天下矣；愛以身為天下，女何〈可〉以寄天下。視之而弗〈一一五〉見，名之曰微。聽之而弗聞，名之曰希。捪之而弗得，名之曰夷。三者不可至（致）計（詰），故圍【而為一】。〈一一六〉一者，其上不㒰，其下不忽。尋尋呵不可名也，復歸於无物。是胃（謂）无狀之狀，无物之【象。是謂忽〈一一七〉恍。隨而不見其後，迎】而不見其首。執今之道，以御今之有，以知古始，是胃（謂）【道紀。古之〈一一八〉善為道者，微妙玄達】，深不可志（識）。夫唯不可志（識），故强為之容，曰：與呵其若冬【涉水，猶呵〈一一九〉其若】畏四【鄰，嚴】呵其若客，渙呵其若浚（凌）澤（釋），□呵其若楃（樸），湷【呵其若濁，湷呵〈一二〇〉其】若浴（谷）。濁而情（靜）之，余（徐）清。女〈安〉以重（動）之，余（徐）生。葆比道不欲盈。夫唯不欲【盈，是】以能【敝而不】〈一二一〉成。至虛極也，守情（靜）表也。萬物旁（並）作，吾以觀其復也。天物雲雲，各復歸於其【根，曰靜。】〈一二二〉情（靜），是胃（謂）復命。復命，常也。知常，明也。不知常，市（妄），市（妄）作凶。知常容，容乃公，公乃王，王乃天，天乃道，【道乃久】，〈一二三〉沕（沒）身不怠。大上下知有之，其次親譽之，其次畏之，其下母（侮）之，信不足，案有不信。【猶呵】〈一二四〉其貴言也。成功遂事，而百省（姓）胃（謂）我自然。故大道廢，案有仁義。知（智）快（慧）出。案有大〈一二五〉偽。六親不和，案有畜（孝）兹（慈）。邦家閶（昏）亂，案有貞臣。絕聲（聖）棄知（智），民利百負（倍）。絕仁棄義，民〈一二六〉復畜（孝）兹（慈）。絕巧棄利，盜賊无有。此三言也，以為文未足，故令之有所

屬。見素抱【樸,〈一二七〉少私寡欲。絕學无憂】。唯與訶,共相去
幾何?美與惡,其相去何若?人之【所畏】,亦不〈一二八〉【可以不
畏。恍呵其未央哉】,衆人熙(熙)熙(熙),若鄉(饗)於大牢,而
春登臺。我泊焉未佻(兆),若【嬰兒未〈一二九〉咳】。累呵如【无
所歸。衆人】皆有餘,我獨遺。我禺(愚)人之心也,蠢蠢呵。鬻
(俗)【人昭昭,我獨〈一三○〉若】胃(昏)呵。鬻(俗)人蔡
(察)蔡(察),我獨閱(悶)閱(悶)呵。忽呵其若【海】,望(恍)
呵其若无所止。【衆人皆有以,我獨頑】〈一三一〉以悝(俚)。吾欲
獨異於人,而貴食母。孔德之容,唯道是從。道之物,唯望(恍)唯
忽。【忽呵恍】〈一三二〉呵,中有象呵。望(恍)呵忽呵,中有物
呵。潯(幽)呵鳴(冥)呵,中有請(精)呬(呵)。其請(精)甚
真,其中【有信】。〈一三三〉自今及古,其名不去,以順衆仪(父)。
吾何以知衆仪(父)之然?以此。炊者不立,自視(示)不章,【自】
〈一三四〉見者不明,自伐者无功,自矜者不長。其在道,曰:“粽
(餘)食、贅行。”物或惡之,故有欲者【弗】〈一三五〉居。曲則金
(全),枉則定(正),洼則盈,敝則新。少則得,多則惑。是以聲
(聖)人執一,以為天下牧。不【自】〈一三六〉視(示)故明,不自
見故章,不自伐故有功,弗矜故能長。夫唯不爭,故莫能與之爭。古
〈一三七〉【之所謂曲全者幾】語才(哉),誠金(全)歸之。希言自
然。飄風不冬(終)朝,暴雨不冬(終)日。孰為此?天地,〈一三
八〉【而弗能久,又況】於【人乎】?故從事而道者同於道,德(得)
者同於德(得),者〈失〉者同於失。同德(得)〈一三九〉【者】,道
亦德(得)之。同於失者,道亦失之。有物昆成,先天地生。繡
(寂)呵繆(寥)呵,獨立【而不改】〈一四○〉可以為天地母。吾未
知其名,字之曰道。吾强為之名曰大。【大】曰筮(逝),筮(逝)曰
【遠,遠曰反。道大】,〈一四一〉天大,地大,王亦大。國中有四大,
而王居一焉。人法地,【地】法【天】,天法【道,道】法【自然。
重】〈一四二〉為至(輕)根,清(靜)為趮(躁)君。是以君子衆
(終)日行,不離其甾(輜)重,唯(雖)有環官,燕處【則昭】〈一

四三〉若。若何萬乘之王而以身巠（輕）於天下？巠（輕）則失本，
趮（躁）則失君。善行者无勶（轍）迹，【善】〈一四四〉言者无瑕適
（謫），善數者不以檮（籌）筭（策）。善閉者无闈（關）籥（鑰）而不
可啓也，善結者【无纆】〈一四五〉約而不可解也。是以聲（聖）人
恒善㤅（救）人，而无棄人，物无棄財，是胃（謂）愧明。故善
【人，善人】〈一四六〉之師；不善人，善人之齎（資）也。不貴其
師，不愛其齎（資），唯（雖）知（智）乎大眛（迷）。是胃（謂）眇
（妙）要。知其雄，守〈一四七〉其雌，為天下溪。為天下溪，恒德
不雞〈離〉。恒〈德〉不雞〈離〉，復歸嬰兒。知其白，守其辱，為天
下。為天下浴（谷），恒德乃〈一四八〉【足】。德乃【足，復歸於
樸】。知其，守其黑，為天下式。為天下式，恒德不貣（忒）。德不貣
（忒），復歸於无極。椑（樸）散【則〈一四九〉為器，聖】人用則為
官長。夫大制无割。將欲取天下而為之，吾見其弗【得已。夫天下，
〈一五〇〉神】器也，非可為者也。為者敗之，執者失之。物或行或
隨，或炅（熱）或【吹，或强或挫】，〈一五一〉或坏（培）或撱
（墮）。是以聲（聖）人去甚，去大，去楮（奢）。以道佐人主，不以
兵强【於】天下。【其事好還，師之】〈一五二〉所居，楚杙（棘）生
之。善者果而已矣，毋以取强焉。果而毋驕（驕），果而勿矜，果而
【勿伐】，〈一五三〉果而毋得已居，是胃（謂）【果】而不强。物壯而
老，是胃（謂）之不道，不道蚤（早）已。夫兵者，不祥之器【也】。
〈一五四〉物或惡之，故有欲者弗居。君子居則貴左，用兵則貴右。
故兵者非君子之器也。【兵者】〈一五五〉不祥之器也，不得已而用
之，銛襲為上，勿美也。若美之，是樂殺人也。夫樂殺人，不〈一五
六〉可以得志於天下矣。是以吉事上左，喪事上右；是以便（偏）將
軍居左，上將軍居〈一五七〉右，言以喪禮居之也。殺人衆，以悲依
（哀）立（莅）之；戰勝，以喪禮處之。道恒无名，椑（樸）唯（雖）
〈一五八〉【小而天下弗敢臣。侯】王若能守之，萬物將自賓。天地相
谷（合），以俞甘洛（露）。民莫之〈一五九〉【令，而自】均焉。始
制有【名。名亦既】有，夫【亦將知止，知止】所以不【殆】。俾

（譬）道之在天【下也，猶〈一六〇〉小】浴（谷）之與江海也。知人者，知（智）也。自知【者，明也。勝人】者，有力也。自勝者，【强也。知足者，富】〈一六一〉也。强行者，有志也。不失其所者，久也。死不忘者，壽也。道汎【呵其可左右也，成功】〈一六二〉遂事而弗名有也。萬物歸焉而弗為主，則恒无欲也，可名於小。萬物歸焉【而弗】〈一六三〉為主，可名於大。是【以】聲（聖）人之能成大也，以其不為大也，故能成大。執大象，【天下】〈一六四〉往。往而不害，安平大。樂與餌，過格（客）止。故道之出言也，曰："談（淡）呵其无味也。【視之】，〈一六五〉不足見也。聽之，不足聞也。用之，不可既也。"將欲拾（翕）之，必古（固）張之。將欲弱之，【必固】〈一六六〉强之。將欲去之，必古（固）與之。將欲奪之，必古（固）予之。是胃（謂）微明。友弱勝强，魚不〈一六七〉脱於瀟（淵），邦利器不可以視（示）人。道恒无名，侯王若守之，萬物將自愬（化）。愬（化）而欲〈一六八〉【作，吾將鎮之以无】名之楃（樸）。【鎮之以】无名之楃（樸），夫將不辱。不辱以情（静），天地將自正。〈一六九〉

（4）帛書乙本原整理者釋文

〈德經〉

上德不德，是以有德。下德不失德，是以无德。上德无為而无以
為也。上仁為之而无以為也。上德〈義〉為之而有〈一七五上〉以為
也。上禮為之而莫之應也，則攘臂而乃（扔）之。故失道而后德，失
德而句（后）仁，失仁而句（后）義，〈一七五下〉失義而句（后）
禮。夫禮者，忠信之泊（薄）也，而亂之首也。前識者，道之華也，
而愚之首也。是以大丈夫居【其厚不】〈一七六上〉居其泊（薄），居
其實而不居其華。故去罷（彼）而取此。昔得一者，天得一以清，地
得一以寧，神得〈一七六下〉一以需（靈），浴（谷）得一盈，侯王
得一以為天下正。其至也，胃（謂）天毋已清將恐蓮（裂），地毋已
寧將恐發，神毋【已靈將】〈一七七上〉恐歇，谷毋已【盈】將渴
（竭），侯王毋已貴以高將恐欮（蹶）。故必貴以賤為本，必高矣而以
下為〈一七七下〉基。夫是以侯王自胃（謂）孤寡不㯱（穀）此其賤
之本與？非也？故至數轝无轝。是故不欲禄禄若玉，硌硌若石。上
【士〈一七八上〉聞】道，堇（勤）能行之。中士聞道，若存若亡。
下士聞道，大笑之。弗笑【不足】以為道。是以建〈一七八下〉言有
之曰：明道如費，進道如退，夷道如類。上德如浴（谷），大白如辱，
廣德如不足。建德如【偷】，質【真〈一七九上〉如渝】，大方无禺
（隅），大器免（晚）成，大音希聲，天（大）象无刑（形），道襃无
名。夫唯道，善始且善〈一七九下〉成。反也者，道之動也。【弱也】
者，道之用也。天下之物生於有，有【生】於无。道生一，一生二，
二生三，三生【萬物。萬物負陰而〈一八〇上〉抱陽，中氣】以為
和。人之所亞（惡），唯孤寡不㯱（穀），而王公以自【稱也。物或益
之而】云（損），云（損）之而益。〈一八〇下〉【人之所教，亦議而

教人。强梁者不得其死】，吾將以【為學】父。天下之至【柔】，馳騁乎天下【之至堅。出於〈一八一上〉无有，入於】无間。吾是以【知无為之有益】也。不【言之教，无為之益，天下希能及之】矣。名與〈一八一下〉【身孰親？身與貨孰多？得與亡孰病？甚愛必大費，多藏必厚亡。故知足不辱，知止不殆，可以長久。〈一八二上〉大成如缺，其用不敝。大】盈如沖，其【用不窮。大直如詘，大辯如訥，大】巧如拙，【大贏如】絀。趮（躁）朕（勝）寒，〈一八二下〉【静勝熱。知清静，可以為天下正。天下有】道，却走馬【以】糞。无道，戎馬生於郊。罪莫大可欲，禍【莫大於不知〈一八三上〉足，咎莫憯於欲得。故知足之足，恒】足矣。不出於户，以知天下。不規（窺）於【牖，以】知天道。其出爾（彌）遠者，〈一八三下〉其知爾（彌）【尠。是以聖人不行而知，不見】而名，弗為而成。為學者日益，聞道者日云（損），云（損）之有（又）云（損），以至於无【為，无〈一八四上〉為而无不為矣。將欲】取天下，恒无事，及其有事也，【又不】足以取天【下矣。聖】人恒无心，以百省（姓）之〈一八四下〉心為心。善【者善之，不善者亦善之，得】善也。信者信之，不信者亦信之，德（得）信也。耴（聖）人之在天下也欱（歙）欱（歙）焉，〈一八五上〉【為天下渾心，百】生（姓）皆註其【耳目焉，聖人皆咳之。出】生，入死。生之【徒十有三，死】之徒十又（有）三，而民〈一八五下〉生生，僮（動）皆之死地之十有三。【夫】何故也？以其生生。蓋聞善執生者，陵行不辟（避）兕虎，入軍不被兵革。兕无【所〈一八六上〉楇其角，虎无所措】其蚤（爪）兵【无所容其刃，夫何故】也？以其无【死地焉】。道生之，德畜之，物〈一八六下〉刑（形）之而器成之。是以萬物尊道而貴德。道之尊也，德之貴也，夫莫之爵也，而恒自然也。道生之，畜【之，〈一八七上〉長之，育】之，亭之，毒之，養之，復（覆）【之。生而弗有，為而弗恃，長而】弗宰，是胃（謂）玄德。天下有始，以為天下母。〈一八七下〉既得其母，以知其子，既○知其子，復守其母，沒身不佁（殆）。塞其悗，閉其門，冬（終）身不堇（勤）。啓其悗，齊其【事，

〈一八八上〉終身】不棘。見小曰明，守【柔曰】强。用【其光，復歸其明。无】遺身央（殃），是胃（謂）【襲】常。使我介有知，〈一八八下〉行於大道，唯他（施）是畏。大道甚夷，民甚好解。朝甚除，田甚芜，倉甚虛；服文采，帶利劍，猒（厭）食而齎（資）財〈一八九上〉【有餘，是謂】盗□。【盗】□，非【道】也。善建者【不拔，善抱者不脱】，子孫以祭祀不絶。修之身，其德乃真。〈一八九下〉修之家，其德有餘。修之鄉，其德乃長。修之國，其德乃夆（豐）。修之天下，其德乃博（溥）。以身觀身，以家觀【家，〈一九〇上〉以國觀】國，以天下觀天下。吾何【以】知天下之然兹（哉）？以【此】。含德之厚者，比於赤子。螽（蜂）癘（蠆）虫（虺）蛇〈一九〇下〉弗赫（螫），據鳥孟（猛）獸弗捕（搏），骨筋弱柔而握固。未知牝牡之會而朘怒，精之至也。冬（終）日號而不嚘，和【之〈一九一上〉至也。知和曰】常，知常曰明，益生【曰】祥，心使氣曰强。物【壯】則老，胃（謂）之不道，不道蚤（早）已。知者弗言，言〈一九一下〉者弗知。塞其坭，閉其門，和其光，同其塵，銼（挫）其兑（鋭）而解其紛，是胃（謂）玄同。故不可得而親也，亦〈一九二上〉【不可】得而【疏；不可】得而〇利，【亦不可】得而害；不可得而貴，亦不可得而賤。故爲天下貴。〈一九二下〉以正之（治）國，以畸（奇）用兵，以无事取天下。吾何以知其然也才（哉）？夫天下多忌諱，而民彌貧。民多利器，【而國〈一九三上〉家滋】昏。【人多智慧，而奇物滋起。法】物兹（滋）章，而盗賊【多有】。是以【聖】人之言曰：我无爲而〈一九三下〉民自化，我好静而民自正，我无事而民自富，我欲不欲而民自樸。其正（政）閲（閔）閲（閔），其民屯屯。其正（政）察察，其〈一九四上〉【民缺缺】。福，【禍】之所伏，孰知其極？【其】无正也？正【復爲奇】，善復爲【妖。人】之悊（迷）也，其日固久矣。是〈一九四下〉以方而不割，兼（廉）而不刺，直而不紲，光而不眺（耀）。治人事天，莫若嗇。夫唯嗇，是以蚤（早）服。蚤（早）服是胃（謂）重積〈一九五上〉【德】。重【積德則无不克，无不克則】莫知其【極】。莫知其【極，可以】有國。有國之母，可【以長】久。是胃（謂）【深】根固氐（柢），長生久視之道〈一九五下〉也。治大國若亨（烹）小鮮。以道立（莅）天下，其鬼不神。非其鬼不神也，其神不傷人也。非其神不傷人也，【聖〈一九六上〉人亦】弗傷也。夫兩【不】相傷，故德交歸焉。大國【者，下流也，天下之】牝也。天下之交也，牝〈一九六下〉恒以静朕（勝）牡。爲其静也，故宜爲下也。故大國以下【小】國，則取小國。小國以下大國，則取於大國。故或下【以〈一九七上〉取，或】下而取。故大國者不【過】欲并畜人，小國不【過】欲入事人。夫【皆得】其欲，則大者宜〈一九七下〉爲下。道者，萬物之註也，善人之琛（寶）也，不善人之所保也。美言可以市，尊行可以賀（加）人。人之不善，何【棄〈一九八上〉之有？故】立天子，置三鄉（卿），雖有【共之】璧以先四馬，不若坐而進此。古【之所以貴此道者何也】？〈一九八下〉不胃（謂）求以得，有罪以免與？故爲天下貴。爲无爲，【事无事，味无味。大小多少，報怨以德。圖難乎〈一九九上〉其易也，爲大】乎其細也。天下之【難作於】易，天下之大【作於細。是以聖人終不爲大，故能成其大】。〈一九九下〉夫輕若（諾）【必寡】信，多易必多難，是以耵（聖）人【猶難】之，故【終於无難。其安也易持，其未兆也易謀，其脆也易〈二〇〇上〉判，其微也易散。爲之於其未有也，治之於其未亂也。合抱之】木，作於毫末。九成〈二〇〇下〉之臺，作於虆（蔂）土。百千之高，始於足下。爲之者敗之，執者失之。是以耵（聖）人无爲【也，故无敗也；无執也，故〈二〇一上〉无失也】。民之從事也，恒於其成而敗之。故曰：“慎冬（終）若始，則无敗事矣。”是以耵（聖）人欲不欲，〈二〇一下〉而不貴難得之貨；學不學，復衆人之所過；能輔萬物之自然，而弗敢爲。古之爲道者，非以明【民也，〈二〇二上〉將以愚】之也。夫民之難治也，以其知（智）也。故以知（智）知國，國之賊也；以不知（智）知國，國之德也；恒知〈二〇二下〉此兩者，亦稽式也。恒知稽式，是胃（謂）玄德。玄德深矣、遠矣，【與】物反也，乃至大順。江海所以能爲百浴（谷）【王者，以】〈二〇三上〉其

【善】下之也，是以能為百浴（谷）王。是以耵（聖）人之欲上民也，必以其言下之；其欲先民〈二〇三下〉也，必以其身後之。故居上而民弗重也，居前而民弗害。天下皆樂誰（推）而弗猒（厭）也，不【以】其无爭與？故天〈二〇四上〉下莫能與爭。小國寡民，使有十百人器而勿用，使民重死而遠徙。又（有）周（舟）車无所〈二〇四下〉乘之，有甲兵无所陳之。使民復結繩而用之。甘其食，美其服，樂其俗，安其居。叟（鄰）國相望，鷄犬之【聲相】〈二〇五上〉聞，民至老死不相往來。信言不美，美言不信。知者不博，博者不知。善者不多，多者不善。〈二〇五下〉耵（聖）人无積，既以為人，己俞（愈）有；既以予人矣，己俞（愈）多。故天之道，利而不害；人之道，為而弗爭。天下【皆】〈二〇六上〉胃（謂）我大，大而不宵（肖）。夫唯不宵（肖），故能大。若宵（肖），久矣其細也夫。我恒有三琛（寶），市（持）而琛（寶）之，一〈二〇六下〉曰兹（慈），二曰檢（儉），三曰不敢為天下先。夫兹（慈），故能勇；檢（儉），敢〈故〉能廣；不敢為天下先，故能為成器長。今〈二〇七上〉舍其兹（慈），且勇；舍其檢（儉），且廣；舍其後，且先；則死矣。夫兹（慈），以單（戰）則朕（勝），以守則固。天將〈二〇七下〉建之，如以兹（慈）垣之。故善為士者不武，善單（戰）者不怒，善朕（勝）敵者弗與，善用人者為之下。是胃（謂）不爭【之】〈二〇八上〉德。是胃（謂）用人，是胃（謂）肥（配）天，古之極也。用兵又（有）言曰：吾不敢為主而為客，不敢進寸而退〈二〇八下〉尺。是胃（謂）行无行，攘无臂，執无兵，乃（扔）无敵。禍莫大於无敵。无敵近〇亡吾琛（寶）矣。故抗兵相若，而依（哀）者朕（勝）【矣】。〈二〇九上〉吾言易知也，易行也；而天下莫之能知也，莫之能行也。夫言又（有）宗，事又（有）君。夫唯无知〈二〇九下〉也，是以不我知。知者希，則我貴矣。是以耵（聖）人被褐而褱（懷）玉。知不知，尚矣；不知知，病矣。是以耵（聖）人之不【病】〈二一〇上〉也，以其病病也，是以不病。民之不畏畏（威），則大畏（威）將至矣。毋伸（狎）其所居，毋猒（厭）其所生。夫唯弗猒

（厭），是〈二一〇下〉以不猒（厭）。是以即（聖）人自知而不自見也，自愛而不自貴也。故去罷（彼）而取此。勇於敢則殺，勇於不敢則栝（活），【此】〈二一一上〉兩者或利或害。天之所亞（惡），孰知其故？天之道，不單（戰）而善朕（勝），不言而善應，弗召而自來，〈二一一下〉單（坦）而善謀。天罔（網）裣裣，疏而不失。若民恒且○不畏死，若何以殺瞿（懼）之也？使民恒且畏死，而為畸（奇）者【吾】〈二一二上〉得而殺之，夫孰敢矣！若民恒且必畏死，則恒又（有）司殺者。夫代司殺者殺，是代大匠斲。〈二一二下〉夫代大匠斲，則希不傷其手。人之飢也，以其取食跣之多，是以飢。百生（姓）之不治也，以其上之有以為也，【是】〈二一三上〉以不治。民之輕死也，以其求生之厚也，是以輕死。夫唯无以生為者，是賢貴生。人之生〈二一三下〉也柔弱，其死也䏲信堅強。萬【物草】木之生也柔梓（脆），其死也枅（枯）槁。故曰："堅強，死之徒也；柔弱，生之徒也。"【是】〈二一四上〉以兵強則不朕（勝），木強則兢。故強大居下，柔弱居上。天之道，酉（猶）張弓也，高者印（抑）之，下者舉之，〈二一四下〉有余（餘）者云（損）之，不足者【補之。故天下之道】，云（損）有余（餘）而益不足；人之道，云（損）不足而奉又（有）余（餘）。夫孰能又（有）余（餘）而【有以】〈二一五上〉奉於天者，唯又（有）道者乎？是以即（聖）人為而弗又（有），成功而弗居也。若此其不欲見賢也。天下莫〈二一五下〉柔弱於水，【而攻堅強者莫之能先】，以其無以易之也。水之朕（勝）剛也，弱之朕（勝）強也，天下莫弗知也，而【莫之能〈二一六上〉行】也。是故即（聖）人之言云，曰：受國之詢（詬），是胃（謂）社稷之主。受國之不祥，是胃（謂）天下之王。正言〈二一六下〉若反。禾（和）大【怨，必有餘怨，安可以】為善？是以即（聖）人執左芥（契）而不以責於人。故又（有）德司芥（契），无德司鐰（徹）。【天道无親，〈二一七上〉常與善人】。《德》三千卅一。〈二一七下〉

〈道經〉

道，可道也，【非恒道也。名，可名也，非】恒名也。无名，萬物之始也。有名，萬物之母也。故恒无欲也，【以觀其妙】；〈二一八上〉恒又（有）欲也，以觀其所噭。兩者同出，異名同胃（謂）。玄之又玄，衆眇（妙）之門。天下皆知美之為美，〈二一八下〉亞（惡）已。皆知善，斯不善矣。【有、无之相】生也，難、易之相成也，長、短之相刑（形）也，高、下之相盈也，音、聲之相和〈二一九上〉也，先、後之相隋（隨），恒也。是以耶（聖）人居无為之事，行不言之教。萬物昔（作）而弗始，為而弗侍（恃）也，〈二一九下〉成功而弗居也。夫唯弗居，是以弗去。不上賢，使民不爭。不貴難得之貨，使民不為盜。不見可欲，使〈二二〇上〉民不亂。是以耶（聖）人之治也，虛其心，實其腹；弱其志，強其骨。恒使民无知无欲也。使夫〈二二〇下〉知不敢弗為而已，則无不治矣。道沖，而用之有（又）弗盈也。淵呵佁（似）萬物之宗。銼（挫）其兌（銳），解其芬（紛）；和其光，同〈二二一上〉其塵。湛呵佁（似）或存。吾不知其誰之子也，象帝之先。天地不仁，以萬物為芻狗。耶（聖）人不仁，〈二二一下〉【以】百姓為芻狗。天地之間，其猷（猶）橐籥與（與）？虛而不淈（屈），動而俞（愈）出。多聞數窮，不若守於中。浴（谷）神不死，是〈二二二上〉胃（謂）玄牝。玄牝之門，是胃（謂）天地之根。緜緜呵其若存，用之不堇（勤）。天長，地久。天地之所以能長且久者，以〈二二二下〉其不自生也，故能長生。是以耶（聖）人退其身而身先，外其身而身先，外其身而身存。不以其无私與（與）？故能成〈二二三上〉其私。上善如水。水善利萬物而有爭，居衆人之所亞（惡），故幾於道矣。居善地，心善淵，予善天，言〈二二三下〉善信，正（政）善治，事善能，動善時。夫唯不爭，故无尤。植（持）而盈之，不若其已。掇（揣）而允之，不可長葆也。金玉〈二二四上〉盈室，莫之能守也。貴富而驕，自遺咎也。功遂身退，天之道也。戴營袙（魄）抱一，能毋離乎？槫（搏）〈二二四下〉氣至柔，能嬰兒乎？脩（滌）除玄監（鑒），能毋有疵乎？愛民栝（活）國，能毋以知乎？天門啓闔，能為雌乎？明白四達，〈二二五上〉能毋以知乎？生之，畜之。生而弗有，長而弗宰也，是胃（謂）玄德。卅楅（輻）同一轂，當其无有，車〈二二五下〉之用也。埏（埏）埴而為器，當其无有，埴器之用也。鑿户牖，當其无有，室之用也。故有之以為利，无之以〈二二六上〉為用。五色使人目盲，馳騁田臘（獵）使人心發狂，難得之貨○使人之行仿（妨）。五味使人之口爽，〈二二六下〉五音使人之耳（聾）是以耶（聖）人之治也，為腹而不為目。故去彼而取此。弄（寵）辱若驚，貴大患若身。何胃（謂）〈二二七上〉弄（寵）辱若驚？弄（寵）之為下也，得之若驚，失之若驚，是胃（謂）弄（寵）辱若驚。何胃（謂）貴大患〈二二七下〉若身？吾所以有大患者，為吾有身也。及吾无身，有何患？故貴為身於為天下，若可以橐（託）天下〈二二八上〉【矣】；愛以身為天下，女可以寄天下矣。視之而弗見，【名】之曰微。聽之而弗聞，命（名）之曰〈二二八下〉希。○搡之而弗得，命（名）之曰夷。三者不可至（致）計（詰），故緄而為一。一者，其上不謬，其下不忽。尋尋呵不可命（名）〈二二九上〉也，復歸於无物。是胃（謂）无狀之狀，无物之象。是胃（謂）沕（忽）望（恍）。隋（隨）而不見其後，迎而不見〈二二九下〉其首。執今之道，以御今之有。以知古始，是胃（謂）道紀。古之□為道者，微眇（妙）玄達，深不可志（識）。夫唯〈二三〇上〉不可志（識），故强為之容，曰：與呵其若冬涉水，猷（猶）呵其若畏四蟹（鄰），嚴呵其若客，渙呵〈二三〇下〉其若淩（凌）澤（釋），沌呵其若樸，清呵其若濁，湷呵其若浴（谷）。濁而静之，徐清。女〈安〉以重（動）之，徐生。葆此道【者不】〈二三一上〉欲盈。是以能敝（敝）而不成。至虛極也，守静督也。萬物旁（並）作，吾以觀其復也。天物〈二三一下〉祖（魂）祖（魂），各復歸於其根。曰静。静，是胃（謂）復命。復命，常也。知常，明也。不知常，芒（妄），芒（妄）作兇。知常容，容乃公，公乃王，【王乃〈二三二上〉】天，天乃道，道乃。没身不殆。大上下知又（有）【之】，其【次】親譽之，其次畏之，其下母（侮）之。信不足，安〈二三二下〉有不信。猷（猶）呵其貴言也。成功遂事，而百姓胃（謂）我自然。故大道廢，安有仁義。知（智）慧出，安有【大僞】。〈二三三上〉六親不和，安又（有）孝兹（慈）。國家閼（昏）亂，安有貞臣。絶耶（聖）棄知（智），而民利百倍。絶仁棄義，而民〈二三三下〉復孝兹（慈）。絶巧棄利，盜賊无有。此三言也，以為文未足，故令之有所屬。見素抱樸，少私而寡欲。絶學〈二三四上〉无憂。唯與呵，其相去幾何？美與亞（惡），其相去何若？人之所畏，亦不可以不畏人。望（恍）呵其未央〈二三四下〉才（哉）！眾人熙（熙）熙（熙），若鄉（饗）於大牢，而春登臺。我博（泊）焉未垗（兆），若嬰兒未咳。纍呵佁（似）无所歸。眾人皆又（有）余（餘）。我愚人之心〈二三五上〉也，湷湷呵。鬻（俗）人昭昭，我獨若閔（昏）呵。鬻（俗）人察察，我獨閔（悶）閔（悶）呵。沕（忽）呵其若海，望（恍）呵若无所止。眾人皆〈二三五下〉有以，我獨門元（頑）以鄙。吾欲獨異於人，而貴食母。孔德之容，唯道是從。道之物，唯望（恍）唯沕（忽）。沕（忽）呵望（恍）呵，中又（有）象呵。〈二三六上〉望（恍）呵沕（忽）呵，中有物呵。幼（窈）呵冥呵，其中有請（精）呵。其請（精）甚真，其中有信。自今及古，其名不去，〈二三六下〉以順眾父。吾何以知眾父之然也？以此。炊者不立。自視（示）者不章，自見者不明，自伐者无功，自矜者不長。〈二三七上〉其在道也，曰："粽（餘）食、贅行。"物或亞（惡）之，故有欲者弗居。曲則全，汪（枉）則正，洼則盈，幣（敝）則新。少則得，〈二三七下〉多則惑。是以耶（聖）人執一，以為天下牧。不自視（示）故章，不自見也故明，不自伐故有功，弗矜故能長。夫唯不〈二三八上〉爭，故莫能與之爭。古之所胃（謂）曲全者幾語才（哉），誠全歸之。希言自然。飄（飄）風不冬（終）朝，暴雨不〈二三八下〉冬（終）日。孰為此？天地，而弗能久，有（又）兄（況）於人乎？故從事而道者同於道，德（得）者同於德（得），失者同於失。同於德

（得）〈二三九上〉者，道亦德（得）之；同於失者，道亦失之。有物昆成，先天地生。蕭（寂）呵漻（寥）呵，獨立而不玹（改），可〈二三九下〉以為天地母。吾未知其名也，字之曰道。吾強為之名曰大。大曰筮（逝），筮（逝）曰遠，遠曰反。道大，天大，地大，王亦大。〈二四〇上〉國中有四大，而王居一焉。人法地，地法天，天法道，道法自然。重為輕根，靜為趮（躁）君。是以君〈二四〇下〉子冬（終）日行，不遠其甾（輜）重，雖有環官（館），燕處則昭若。若何萬乘之王而以身輕於天下？輕則失本，趮（躁）則失〈二四一上〉君。善行者无達迹，善言者无瑕適（謫），善數者不用檮（籌）笇（策）。善○閉者无關籥（鑰）而不可〈二四一下〉啓也，善結者无纆約而不可解也。是以耴（聖）人恒善怵（救）人，而无棄人，物无棄財，是胃（謂）曳（襲）明。故善人，善人之師；不〈二四二上〉善人，善人之資也。不貴其師，不愛其資，雖知（智）乎大迷。是胃（謂）眇（妙）要。知其雄，守其雌，為天〈二四二下〉下鷄（溪）。為天下鷄（溪），恒德不离。恒德不离，復【歸於嬰兒。知】其白，守其辱，為天下○浴（谷）。為天下浴（谷），恒德乃足。恒德乃足，復歸於樸。知其白，守其〈二四三上〉黑，為天下式。為天下式，恒德不貸（忒）。恒德不貸（忒），復歸於无極。樸散則為器，耴（聖）人用則為官長。夫大制无〈二四三下〉割。將欲取【天下而為之，吾見其弗】得已。夫天下，神器也，非可為者也。為之者敗之，執之者失之。○物〈二四四上〉或行或隋（隨），或熱，或㤞，或陪（培）或墮。是以耴（聖）人去甚，去大，去諸（奢）。以道佐人主，不以兵強〈二四四下〉於天下。其【事好還，師之所處，荊】棘生之。善者果而已矣，毋以取強焉。果而毋驕，果而勿矜，果【而毋】〈二四五上〉伐，果而毋得已居，是胃（謂）果而強。物壯而老，胃（謂）之不道，不道蚤（早）已。夫兵者，不祥之器也。〈二四五下〉物或亞（惡）【之，故有欲者弗居。君】子居則貴左，用兵則貴右。故兵者非君子之器。兵者不祥【之】〈二四六上〉器也，不得已而用之，銛憵為上，勿美也。若美之，是樂殺人也。夫樂殺人，不可以得

志於〈二四六下〉天下矣。是以吉事【上左，喪事上右】；是以偏將
軍居左，而上將軍居右，言以喪禮居之也。殺【人衆，以悲〈二四七
上〉哀】立（莅）【之；戰】朕（勝）而以喪禮處之。道恒无名，樸
唯（雖）小而天下弗敢臣。侯王若能守之，萬物將〈二四七下〉自
賓。天地相合，以俞甘洛（露）。【民莫之】令，而自均焉。始制有
名，名亦既有，夫亦將知止，知止所以不殆。卑（譬）【道之】〈二四
八上〉在天下也，猷（猶）小浴（谷）之與江海也。知人者，知
（智）也。自知，明也。朕（勝）人者，有力也。自朕（勝）者，強
也。知〈二四八下〉足者，富也。強行者，有志也。不失其所者，久
也。死而不忘者，壽也。道，渢（汎）呵其可左右也，成功遂【事
而】〈二四九上〉弗名有也。萬物歸焉而弗為主，則恒无欲也，可名
於小。萬物歸焉而弗為主，可〈二四九下〉命（名）於大。是以耵
（聖）人之能成大也，以其不為大也，故能成大。執大象，天下往。
往而不害，安平大。樂與【餌】，〈二五〇上〉過格（客）止。故道之
出言也，曰：“淡呵其无味也。視之，不足見也。聽之，不足聞也。
用之不〈二五〇下〉可既也。”將欲擒（禽）之，必古（固）張之。
將欲弱之，必古（固）〇強之。將欲去之，必古（固）與之。將欲奪
之，必古（固）予【之】。〈二五一上〉是胃（謂）微明。柔弱朕
（勝）強。魚不可說（脫）於淵，國利器不可以示人。道恒无名，侯
王若〈二五一下〉能守之，萬物將自化。化而欲作，吾將闐（鎮）之
以无名之樸。闐（鎮）之以无名之樸，夫將不辱。不辱以靜，天地將
自正。〈二五二上〉《道》二千四百廿六〈二五二下〉

五　筆劃與拼音、注音對照表

一劃

一	yi	ㄧ

二劃

乃	nai	ㄋㄞ
九	jiu	ㄐㄧㄡ
二	er	ㄦ
人	ren	ㄖㄣ
入	ru	ㄖㄨ
力	li	ㄌㄧ
十	shi	ㄕ
又	you	ㄧㄡ

三劃

三	san	ㄙㄢ
下	xia	ㄒㄧㄚ
丈	zhang	ㄓㄤ
上	shang	ㄕㄤ
凡	fan	ㄈㄢ
久	jiu	ㄐㄧㄡ
也	ye	ㄧㄝ
亡	wang	ㄨㄤ
刃	ren	ㄖㄣ
千	qian	ㄑㄧㄢ
口	kou	ㄎㄡ
土	tu	ㄊㄨ
士	shi	ㄕ
大	da	ㄉㄚ
女	nu	ㄋㄩ
子	zi	ㄗ
寸	cun	ㄘㄨㄣ
小	xiao	ㄒㄧㄠ
川	chuan	ㄔㄨㄢ
己	ji	ㄐㄧ
已	yi	ㄧ
弓	gong	ㄍㄨㄥ

四劃

不	bu	ㄅㄨ
中	zhong	ㄓㄨㄥ
之	zhi	ㄓ
予	yu	ㄩ

云	yun	ㄩㄣ
五	wu	ㄨ
仁	ren	ㄖㄣ
什	shi	ㄕ
仍	reng	ㄖㄥ
今	jin	ㄐㄧㄣ
介	jie	ㄐㄧㄝ
允	yun	ㄩㄣ
六	liu	ㄌㄧㄡ
兮	xi	ㄒㄧ
公	gong	ㄍㄨㄥ
凶	xiong	ㄒㄩㄥ
分	fen	ㄈㄣ
勿	wu	ㄨ
化	hua	ㄏㄨㄚ
卅	sa	ㄙㄚ
及	ji	ㄐㄧ
反	fan	ㄈㄢ
天	tian	ㄊㄧㄢ
夫	fu	ㄈㄨ
太	tai	ㄊㄞ
孔	kong	ㄎㄨㄥ
少	shao	ㄕㄠ
尤	you	ㄧㄡ
尺	chi	ㄔ
屯	zhun	ㄓㄨㄣ
心	xin	ㄒㄧㄣ
戶	hu	ㄏㄨ
手	shou	ㄕㄡ
文	wen	ㄨㄣ
方	fang	ㄈㄤ
无	wu	ㄨ
日	ri	ㄖ
曰	yue	ㄩㄝ
木	mu	ㄇㄨ
止	zhi	ㄓ
毋	wu	ㄨ
比	bi	ㄅㄧ
水	shui	ㄕㄨㄟ
爪	zhao	ㄓㄠ
父	fu	ㄈㄨ
犬	quan	ㄑㄩㄢ
王	wang	ㄨㄤ

五劃

且	qie	ㄑㄧㄝ
主	zhu	ㄓㄨ
乎	hu	ㄏㄨ
以	yi	ㄧ
代	dai	ㄉㄞ
令	ling	ㄌㄧㄥ
冬	dong	ㄉㄨㄥ
出	chu	ㄔㄨ
功	gong	ㄍㄨㄥ
加	jia	ㄐㄧㄚ
去	qu	ㄑㄩ
司	si	ㄙ
可	ke	ㄎㄜ
古	gu	ㄍㄨ
召	zhao	ㄓㄠ
右	you	ㄧㄡ
四	si	ㄙ
外	wai	ㄨㄞ
央	yang	ㄧㄤ
失	shi	ㄕ
巧	qiao	ㄑㄧㄠ
左	zuo	ㄗㄨㄛ
市	shi	ㄕ
平	ping	ㄆㄧㄥ
庀	pi	ㄆㄧ
弗	fu	ㄈㄨ
必	bi	ㄅㄧ
扔	reng	ㄖㄥ
未	wei	ㄨㄟ
末	mo	ㄇㄛ
本	ben	ㄅㄣ
正	zheng	ㄓㄥ
母	mu	ㄇㄨ
民	min	ㄇㄧㄣ
氾	fan	ㄈㄢ
玄	xuan	ㄒㄩㄢ
玉	yu	ㄩ
甘	gan	ㄍㄢ
生	sheng	ㄕㄥ
用	yong	ㄩㄥ
田	tian	ㄊㄧㄢ
甲	jia	ㄐㄧㄚ
白	bai	ㄅㄞ
目	mu	ㄇㄨ

石	shi	ㄕ
示	shi	ㄕ
立	li	ㄌㄧ

六劃

亦	yi	ㄧ
交	jiao	ㄐㄧㄠ
伎	ji	ㄐㄧ
伐	fa	ㄈㄚ
伏	fu	ㄈㄨ
企	qi	ㄑㄧ
光	guang	ㄍㄨㄤ
兆	zhao	ㄓㄠ
先	xian	ㄒㄧㄢ
全	quan	ㄑㄩㄢ
共	gong	ㄍㄨㄥ
冰	bing	ㄅㄧㄥ
匠	jiang	ㄐㄧㄤ
吉	ji	ㄐㄧ
同	tong	ㄊㄨㄥ
名	ming	ㄇㄧㄥ
各	ge	ㄍㄜ
后	hou	ㄏㄡ
合	he	ㄏㄜ
地	di	ㄉㄧ
在	zai	ㄗㄞ
多	duo	ㄉㄨㄛ
夷	yi	ㄧ
夸	kua	ㄎㄨㄚ
妄	wang	ㄨㄤ
好	hao	ㄏㄠ
如	ru	ㄖㄨ
字	zi	ㄗ
存	cun	ㄘㄨㄣ
守	shou	ㄕㄡ
安	an	ㄢ
并	bing	ㄅㄧㄥ
年	nian	ㄋㄧㄢ
式	shi	ㄕ
戎	rong	ㄖㄨㄥ
成	cheng	ㄔㄥ
扣	kou	ㄎㄡ
早	zao	ㄗㄠ
曲	qu	ㄑㄩ
有	you	ㄧㄡ
朴	pu	ㄆㄨ
次	ci	ㄘ
此	ci	ㄘ

死	si	ㄙ
江	jiang	ㄐㄧㄤ
汎	fan	ㄈㄢ
爭	zheng	ㄓㄥ
牝	pin	ㄆㄧㄣ
百	bai	ㄅㄞ
老	lao	ㄌㄠ
而	er	ㄦ
耳	er	ㄦ
臣	chen	ㄔㄣ
自	zi	ㄗ
至	zhi	ㄓ
舟	zhou	ㄓㄡ
色	se	ㄙㄜ
行	xing	ㄒㄧㄥ
衣	yi	ㄧ

七劃

何	he	ㄏㄜ
佐	zuo	ㄗㄨㄛ
似	si	ㄙ
作	zuo	ㄗㄨㄛ
伯	bo	ㄅㄛ
克	ke	ㄎㄜ
免	mian	ㄇㄧㄢ
兌	dui	ㄉㄨㄟ
兵	bing	ㄅㄧㄥ
判	pan	ㄆㄢ
利	li	ㄌㄧ
君	jun	ㄐㄩㄣ
吾	wu	ㄨ
吹	chui	ㄔㄨㄟ
含	han	ㄏㄢ
坤	dun	ㄉㄨㄣ
均	jun	ㄐㄩㄣ
坐	zuo	ㄗㄨㄛ
壯	zhuang	ㄓㄨㄤ
妨	fang	ㄈㄤ
妙	miao	ㄇㄧㄠ
妖	yao	ㄧㄠ
孝	xiao	ㄒㄧㄠ
希	xi	ㄒㄧ
弃	qi	ㄑㄧ
形	xing	ㄒㄧㄥ
志	wang	ㄨㄤ
志	zhi	ㄓ
忌	ji	ㄐㄧ
忒	te	ㄊㄜ

我	wo	ㄨㄛ
抗	kang	ㄎㄤ
技	ji	ㄐㄧ
投	tou	ㄊㄡ
抑	yi	ㄧ
改	gai	ㄍㄞ
攻	gong	ㄍㄨㄥ
求	qiu	ㄑㄧㄡ
沌	dun	ㄉㄨㄣ
沖	chong	ㄔㄨㄥ
沒	mo	ㄇㄛ
牢	lao	ㄌㄠ
牡	mu	ㄇㄨ
狂	kuang	ㄎㄨㄤ
甫	fu	ㄈㄨ
矣	yi	ㄧ
私	si	ㄙ
育	yu	ㄩ
肖	xiao	ㄒㄧㄠ
芒	mang	ㄇㄤ
見	jian	ㄐㄧㄢ
角	jiao	ㄐㄧㄠ
言	yan	ㄧㄢ
谷	gu	ㄍㄨ
赤	chi	ㄔ
走	zou	ㄗㄡ
足	zu	ㄗㄨ
身	shen	ㄕㄣ
車	che	ㄔㄜ
邪	ye	ㄧㄝ
邦	bang	ㄅㄤ
里	li	ㄌㄧ

八劃

並	bing	ㄅㄧㄥ
事	shi	ㄕ
享	xiang	ㄒㄧㄤ
來	lai	ㄌㄞ
佳	jia	ㄐㄧㄚ
使	shi	ㄕ
兕	si	ㄙ
兒	er	ㄦ
兩	liang	ㄌㄧㄤ
其	qi	ㄑㄧ
刺	ci	ㄘ
制	zhi	ㄓ
取	qu	ㄑㄩ
受	shou	ㄕㄡ

味	wei	ㄨㄟ	治	zhi	ㄓ	叛	pan	ㄆㄢ
呵	he	ㄏㄜ	泊	bo	ㄅㄛ	哀	ai	ㄞ
呴	xu	ㄒㄩ	炊	chui	ㄔㄨㄟ	哉	zai	ㄗㄞ
周	zhou	ㄓㄡ	爭	zheng	ㄓㄥ	咳	hai	ㄏㄞ
和	he	ㄏㄜ	物	wu	ㄨ	垣	yuan	ㄩㄢ
咎	jiu	ㄐㄧㄡ	牧	mu	ㄇㄨ	垢	gou	ㄍㄡ
命	ming	ㄇㄧㄥ	狀	zhuang	ㄓㄨㄤ	契	qi	ㄑㄧ
固	gu	ㄍㄨ	狎	xia	ㄒㄧㄚ	威	wei	ㄨㄟ
坦	tan	ㄊㄢ	狗	gou	ㄍㄡ	孩	hai	ㄏㄞ
奉	feng	ㄈㄥ	盲	mang	ㄇㄤ	室	shi	ㄕ
奈	nai	ㄋㄞ	直	zhi	ㄓ	客	ke	ㄎㄜ
奇	qi	ㄑㄧ	知	zhi	ㄓ	帝	di	ㄉㄧ
始	shi	ㄕ	社	she	ㄕㄜ	幽	you	ㄧㄡ
姓	xing	ㄒㄧㄥ	祀	si	ㄙ	建	jian	ㄐㄧㄢ
孤	gu	ㄍㄨ	者	zhe	ㄓㄜ	後	hou	ㄏㄡ
宗	zong	ㄗㄨㄥ	舍	she	ㄕㄜ	怨	yuan	ㄩㄢ
定	ding	ㄉㄧㄥ	芸	yun	ㄩㄣ	怒	nu	ㄋㄨ
宜	yi	ㄧ	芜	wu	ㄨ	恬	tian	ㄊㄧㄢ
官	guan	ㄍㄨㄢ	芴	wu	ㄨ	恃	shi	ㄕ
尚	shang	ㄕㄤ	芻	chu	ㄔㄨ	恢	hui	ㄏㄨㄟ
居	ju	ㄐㄩ	虎	hu	ㄏㄨ	恆	heng	ㄏㄥ
屈	qu	ㄑㄩ	迎	ying	ㄧㄥ	恍	huang	ㄏㄨㄤ
往	wang	ㄨㄤ	近	jin	ㄐㄧㄣ	恞	yi	ㄧ
彼	bi	ㄅㄧ	返	fan	ㄈㄢ	持	chi	ㄔ
忠	zhong	ㄓㄨㄥ	采	cai	ㄘㄞ	拱	gong	ㄍㄨㄥ
忽	hu	ㄏㄨ	金	jin	ㄐㄧㄣ	政	zheng	ㄓㄥ
怵	chu	ㄔㄨ	長	chang	ㄔㄤ	故	gu	ㄍㄨ
怳	huang	ㄏㄨㄤ	門	men	ㄇㄣ	施	shi	ㄕ
怕	pa	ㄆㄚ	阿	a	ㄚ	既	ji	ㄐㄧ
或	huo	ㄏㄨㄛ	雨	yu	ㄩ	春	chun	ㄔㄨㄣ
所	suo	ㄙㄨㄛ	非	fei	ㄈㄟ	昏	hun	ㄏㄨㄣ
拔	ba	ㄅㄚ				昧	mei	ㄇㄟ
拙	zhuo	ㄓㄨㄛ	**九劃**			是	shi	ㄕ
抱	bao	ㄅㄠ				昭	zhao	ㄓㄠ
於	yu	ㄩ	亭	ting	ㄊㄧㄥ	枯	ku	ㄎㄨ
昔	xi	ㄒㄧ	信	xin	ㄒㄧㄣ	柢	di	ㄉㄧ
昆	kun	ㄎㄨㄣ	侯	hou	ㄏㄡ	柔	rou	ㄖㄡ
明	ming	ㄇㄧㄥ	保	bao	ㄅㄠ	殃	yang	ㄧㄤ
易	yi	ㄧ	侮	wu	ㄨ	殆	dai	ㄉㄞ
昏	hun	ㄏㄨㄣ	侻	tuo	ㄊㄨㄛ	毒	du	ㄉㄨ
服	fu	ㄈㄨ	俗	su	ㄙㄨ	洼	wa	ㄨㄚ
枉	wang	ㄨㄤ	俞	yu	ㄩ	流	liu	ㄌㄧㄡ
果	guo	ㄍㄨㄛ	前	qian	ㄑㄧㄢ	活	huo	ㄏㄨㄛ
武	wu	ㄨ	剋	ke	ㄎㄜ	甚	shen	ㄕㄣ
泣	qi	ㄑㄧ	則	ze	ㄗㄜ	畏	wei	ㄨㄟ
注	zhu	ㄓㄨ	剉	cuo	ㄘㄨㄛ	畋	tian	ㄊㄧㄢ
洋	pan	ㄆㄢ	勇	yong	ㄩㄥ	皆	jie	ㄐㄧㄝ
法	fa	ㄈㄚ	卻	que	ㄑㄩㄝ	盅	zhong	ㄓㄨㄥ
況	kuang	ㄎㄨㄤ	厚	hou	ㄏㄡ	盈	ying	ㄧㄥ

相	xiang	ㄒㄧㄤ	徒	tu	ㄊㄨ	高	gao	ㄍㄠ
矜	jin	ㄐㄧㄣ	徑	jing	ㄐㄧㄥ	鬼	gui	ㄍㄨㄟ
紀	ji	ㄐㄧ	徐	xu	ㄒㄩ			
約	yue	ㄩㄝ	恐	kong	ㄎㄨㄥ	**十一劃**		
美	mei	ㄇㄟ	捉	zhuo	ㄓㄨㄛ			
耶	ye	ㄧㄝ	挫	cuo	ㄘㄨㄛ	倳	chun	ㄔㄨㄣ
致	zhi	ㄓ	旁	pang	ㄆㄤ	偷	tou	ㄊㄡ
若	ruo	ㄖㄨㄛ	時	shi	ㄕ	偏	pian	ㄆㄧㄢ
苟	gou	ㄍㄡ	根	gen	ㄍㄣ	動	dong	ㄉㄨㄥ
咄	hui	ㄏㄨㄟ	氣	qi	ㄑㄧ	曼	man	ㄇㄢ
要	yao	ㄧㄠ	泰	tai	ㄊㄞ	啞	ya	ㄧㄚ
計	ji	ㄐㄧ	涉	she	ㄕㄜ	唯	wei	ㄨㄟ
貞	zhen	ㄓㄣ	海	hai	ㄏㄞ	國	guo	ㄍㄨㄛ
負	fu	ㄈㄨ	狹	xia	ㄒㄧㄚ	執	zhi	ㄓ
軍	jun	ㄐㄩㄣ	珞	li	ㄌㄧ	堅	jian	ㄐㄧㄢ
迋	wang	ㄨㄤ	畜	xu	ㄒㄩ	基	ji	ㄐㄧ
郊	jiao	ㄐㄧㄠ	病	bing	ㄅㄧㄥ	培	pei	ㄆㄟ
重	zhong	ㄓㄨㄥ	益	yi	ㄧ	域	yu	ㄩ
降	jiang	ㄐㄧㄤ	眞	zhen	ㄓㄣ	埴	zhi	ㄓ
革	ge	ㄍㄜ	曹	fei	ㄈㄟ	埏	yan	ㄧㄢ
音	yin	ㄧㄣ	破	po	ㄆㄛ	堂	tang	ㄊㄤ
風	feng	ㄈㄥ	神	shen	ㄕㄣ	奢	she	ㄕㄜ
食	shi	ㄕ	祇	zhi	ㄓ	孰	shu	ㄕㄨ
首	shou	ㄕㄡ	窈	yao	ㄧㄠ	寄	ji	ㄐㄧ
			笑	xiao	ㄒㄧㄠ	寂	ji	ㄐㄧ
十劃			素	su	ㄙㄨ	專	zhuan	ㄓㄨㄢ
			紜	yun	ㄩㄣ	將	jiang	ㄐㄧㄤ
乘	cheng	ㄔㄥ	紛	fen	ㄈㄣ	崇	chong	ㄔㄨㄥ
倍	bei	ㄅㄟ	缺	que	ㄑㄩㄝ	帶	dai	ㄉㄞ
倚	yi	ㄧ	能	neng	ㄋㄥ	常	chang	ㄔㄤ
修	xiu	ㄒㄧㄡ	脆	cui	ㄘㄨㄟ	張	zhang	ㄓㄤ
倉	cang	ㄘㄤ	荒	huang	ㄏㄨㄤ	強	qiang	ㄑㄧㄤ
兼	jian	ㄐㄧㄢ	荊	jing	ㄐㄧㄥ	得	de	ㄉㄜ
冥	ming	ㄇㄧㄥ	草	cao	ㄘㄠ	徙	xi	ㄒㄧ
凌	ling	ㄌㄧㄥ	袤	xie	ㄒㄧㄝ	從	cong	ㄘㄨㄥ
剛	gang	ㄍㄤ	託	tuo	ㄊㄨㄛ	御	yu	ㄩ
卿	qing	ㄑㄧㄥ	豈	qi	ㄑㄧ	患	huan	ㄏㄨㄢ
員	yuan	ㄩㄢ	財	cai	ㄘㄞ	悠	you	ㄧㄡ
垝	dui	ㄉㄨㄟ	起	qi	ㄑㄧ	惔	dan	ㄉㄢ
奚	xi	ㄒㄧ	辱	ru	ㄖㄨ	情	qing	ㄑㄧㄥ
孫	sun	ㄙㄨㄣ	迹	ji	ㄐㄧ	惚	hu	ㄏㄨ
宰	zai	ㄗㄞ	迷	mi	ㄇㄧ	惟	wei	ㄨㄟ
家	jia	ㄐㄧㄚ	退	tui	ㄊㄨㄟ	措	cuo	ㄘㄨㄛ
宴	yan	ㄧㄢ	郤	que	ㄑㄩㄝ	搢	min	ㄇㄧㄣ
宮	gong	ㄍㄨㄥ	配	pei	ㄆㄟ	推	tui	ㄊㄨㄟ
容	rong	ㄖㄨㄥ	除	chu	ㄔㄨ	捨	she	ㄕㄜ
害	hai	ㄏㄞ	飢	ji	ㄐㄧ	救	jiu	ㄐㄧㄡ
師	shi	ㄕ	馬	ma	ㄇㄚ	教	jiao	ㄐㄧㄠ
弱	ruo	ㄖㄨㄛ	骨	gu	ㄍㄨ	敝	bi	ㄅㄧ

敗	bai	ㄅㄞ		跂	qi	ㄑㄧ		渝	yu	ㄩ
敍	duo	ㄉㄨㄛ		逝	shi	ㄕ		無	wu	ㄨ
啓	qi	ㄑㄧ		通	tong	ㄊㄨㄥ		然	ran	ㄖㄢ
晚	wan	ㄨㄢ		閉	bi	ㄅㄧ		為	wei	ㄨㄟ
望	wang	ㄨㄤ		陳	chen	ㄔㄣ		猶	you	ㄧㄡ
梁	liang	ㄌㄧㄤ		陸	lu	ㄌㄨ		琭	lu	ㄌㄨ
梲	rui	ㄖㄨㄟ		陵	ling	ㄌㄧㄥ		疏	shu	ㄕㄨ
棄	qi	ㄑㄧ		陰	yin	ㄧㄣ		登	deng	ㄉㄥ
欲	yu	ㄩ		章	zhang	ㄓㄤ		發	fa	ㄈㄚ
殺	sha	ㄕㄚ		魚	yu	ㄩ		盜	dao	ㄉㄠ
毫	hao	ㄏㄠ		鳥	niao	ㄋㄧㄠ		短	duan	ㄉㄨㄢ
深	shen	ㄕㄣ						硾	cuo	ㄘㄨㄛ
淳	chun	ㄔㄨㄣ		**十二劃**				稀	xi	ㄒㄧ
淡	dan	ㄉㄢ						稅	shui	ㄕㄨㄟ
清	qing	ㄑㄧㄥ		滄	cang	ㄘㄤ		窘	jiong	ㄐㄩㄥ
混	hun	ㄏㄨㄣ		割	ge	ㄍㄜ		策	ce	ㄘㄜ
淵	yuan	ㄩㄢ		勝	sheng	ㄕㄥ		筋	jin	ㄐㄧㄣ
烹	peng	ㄆㄥ		博	bo	ㄅㄛ		結	jie	ㄐㄧㄝ
焉	yan	ㄧㄢ		喪	sang	ㄙㄤ		絕	jue	ㄐㄩㄝ
爽	shuang	ㄕㄨㄤ		報	bao	ㄅㄠ		善	shan	ㄕㄢ
猛	meng	ㄇㄥ		媮	tou	ㄊㄡ		翕	xi	ㄒㄧ
異	yi	ㄧ		寒	han	ㄏㄢ		華	hua	ㄏㄨㄚ
疏	shu	ㄕㄨ		富	fu	ㄈㄨ		虛	xu	ㄒㄩ
疵	ci	ㄘ		尊	zun	ㄗㄨㄣ		蚰	kun	ㄎㄨㄣ
衆	zhong	ㄓㄨㄥ		尋	xun	ㄒㄩㄣ		裂	lie	ㄌㄧㄝ
硌	luo	ㄌㄨㄛ		幾	ji	ㄐㄧ		視	shi	ㄕ
祥	xiang	ㄒㄧㄤ		復	fu	ㄈㄨ		詘	qu	ㄑㄩ
祭	ji	ㄐㄧ		惡	wu	ㄨ		象	xiang	ㄒㄧㄤ
离	li	ㄌㄧ		惑	huo	ㄏㄨㄛ		費	fei	ㄈㄟ
累	lei	ㄌㄟ		悶	men	ㄇㄣ		貴	gui	ㄍㄨㄟ
絏	xie	ㄒㄧㄝ		悲	bei	ㄅㄟ		貸	dai	ㄉㄞ
細	xi	ㄒㄧ		愉	yu	ㄩ		超	chao	ㄔㄠ
絀	chu	ㄔㄨ		握	wo	ㄨㄛ		迷	lai	ㄌㄞ
終	zhong	ㄓㄨㄥ		揣	chuai	ㄔㄨㄞ		進	jin	ㄐㄧㄣ
習	xi	ㄒㄧ		揄	yu	ㄩ		郷	xiang	ㄒㄧㄤ
脧	zui	ㄗㄨㄟ		敦	dun	ㄉㄨㄣ		閔	min	ㄇㄧㄣ
脫	tuo	ㄊㄨㄛ		敢	gan	ㄍㄢ		開	kai	ㄎㄞ
脩	xiu	ㄒㄧㄡ		散	san	ㄙㄢ		間	jian	ㄐㄧㄢ
莫	mo	ㄇㄛ		斯	si	ㄙ		閒	xian	ㄒㄧㄢ
苙	li	ㄌㄧ		普	pu	ㄆㄨ		陽	yang	ㄧㄤ
處	chu	ㄔㄨ		智	zhi	ㄓ		隅	yu	ㄩ
蛇	she	ㄕㄜ		朝	zhao	ㄓㄠ		雄	xiong	ㄒㄩㄥ
褒	bao	ㄅㄠ		棘	ji	ㄐㄧ		順	shun	ㄕㄨㄣ
被	bei	ㄅㄟ		渾	hun	ㄏㄨㄣ		須	xu	ㄒㄩ
訥	ne	ㄋㄜ		滋	zi	ㄗ		飲	yin	ㄧㄣ
訞	yao	ㄧㄠ		湆	hun	ㄏㄨㄣ		黑	hei	ㄏㄟ
責	ze	ㄗㄜ		湛	zhan	ㄓㄢ				
貨	huo	ㄏㄨㄛ		湍	tuan	ㄊㄨㄢ				
貧	pin	ㄆㄧㄣ		渙	huan	ㄏㄨㄢ				

十三劃

亂	luan	ㄌㄨㄢ
傷	shang	ㄕ�
傾	qing	ㄑㄧㄥ
勢	shi	ㄕ
勤	qin	ㄑㄧㄣ
嗇	se	ㄙㄜ
嗌	ai	ㄞ
嗄	sha	ㄕㄚ
塞	sai	ㄙㄞ
奧	ao	幺
尟	xian	ㄒㄧㄢ
廉	lian	ㄌㄧㄢ
微	wei	ㄨㄟ
慈	ci	ㄘ
愚	yu	ㄩ
愛	ai	ㄞ
愈	yu	ㄩ
慎	shen	ㄕㄣ
搏	bo	ㄅㄛ
損	sun	ㄙㄨㄣ
歂	chuai	ㄔㄨㄞ
新	xin	ㄒㄧㄣ
會	hui	ㄏㄨㄟ
楗	jian	ㄐㄧㄢ
楷	kai	ㄎㄞ
楚	chu	ㄔㄨ
極	ji	ㄐㄧ
業	ye	ㄧㄝ
歇	xie	ㄒㄧㄝ
溥	pu	ㄆㄨ
溺	ni	ㄋㄧ
滅	mie	ㄇㄧㄝ
溪	xi	ㄒㄧ
瑕	xia	ㄒㄧㄚ
當	dang	ㄉ大
督	du	ㄉㄨ
碌	lu	ㄌㄨ
祿	lu	ㄌㄨ
萬	wan	ㄨㄢ
置	zhi	ㄓ
罪	zui	ㄗㄨㄟ
義	yi	ㄧ
羣	qun	ㄑㄩㄣ
聖	sheng	ㄕㄥ
肆	si	ㄙ
腹	fu	ㄈㄨ

與	yu	ㄩ
落	luo	ㄌㄨㄛ
蒂	di	ㄉㄧ
葆	bao	ㄅ幺
號	hao	ㄏ幺
蜂	feng	ㄈㄥ
蜼	zui	ㄗㄨㄟ
補	bu	ㄅㄨ
解	jie	ㄐㄧㄝ
詰	jie	ㄐㄧㄝ
誠	cheng	ㄔㄥ
誇	kua	ㄎㄨㄚ
詬	gou	ㄍㄡ
督	cha	ㄔㄚ
資	zi	ㄗ
賊	zei	ㄗㄟ
疏	shu	ㄕㄨ
跨	kua	ㄎㄨㄚ
載	zai	ㄗㄞ
較	jiao	ㄐㄧ幺
道	dao	ㄉ幺
遂	sui	ㄙㄨㄟ
達	da	ㄉㄚ
遇	yu	ㄩ
過	guo	ㄍㄨㄛ
逾	yu	ㄩ
靖	jing	ㄐㄧㄥ
頑	wan	ㄨㄢ
馳	chi	ㄔ

十四劃

僞	wei	ㄨㄟ
兢	jing	ㄐㄧㄥ
厭	yan	ㄧㄢ
圖	tu	ㄊㄨ
塵	chen	ㄔㄣ
壽	shou	ㄕㄡ
奪	duo	ㄉㄨㄛ
寧	ning	ㄋㄧㄥ
寥	liao	ㄌㄧ幺
寡	gua	ㄍㄨㄚ
實	shi	ㄕ
寞	mo	ㄇㄛ
察	cha	ㄔㄚ
弊	bi	ㄅㄧ
彰	zhang	ㄓ大
徹	che	ㄔㄜ
摶	tuan	ㄊㄨㄢ

榮	rong	ㄖㄨㄥ
穀	gu	ㄍㄨ
槁	gao	ㄍ幺
漂	piao	ㄆㄧ幺
滿	man	ㄇㄢ
滌	di	ㄉㄧ
熙	xi	ㄒㄧ
福	fu	ㄈㄨ
禍	huo	ㄏㄨㄛ
稱	cheng	ㄔㄥ
窪	wa	ㄨㄚ
竭	jie	ㄐㄧㄝ
精	jing	ㄐㄧㄥ
網	wang	ㄨ大
綵	cai	ㄘㄞ
綿	mian	ㄇㄧㄢ
聞	·wen	ㄨㄣ
臺	tai	ㄊㄞ
蒞	li	ㄌㄧ
蓋	gai	ㄍㄞ
語	yu	ㄩ
豪	hao	ㄏ幺
賓	bin	ㄅㄧㄣ
踈	shu	ㄕㄨ
跀	yue	ㄩㄝ
輔	fu	ㄈㄨ
輕	qing	ㄑㄧㄥ
遠	yuan	ㄩㄢ
鄙	bi	ㄅㄧ
銛	tian	ㄊㄧㄢ
雌	ci	ㄘ
靜	jing	ㄐㄧㄥ
餌	er	ㄦ
魂	hun	ㄏㄨㄣ
齊	qi	ㄑㄧ

十五劃

儉	jian	ㄐㄧㄢ
儞	jie	ㄐㄧㄝ
劌	gui	ㄍㄨㄟ
劍	jian	ㄐㄧㄢ
噏	xi	ㄒㄧ
墮	duo	ㄉㄨㄛ
層	ceng	ㄘㄥ
廣	guang	ㄍㄨ大
廢	fei	ㄈㄟ
德	de	ㄉㄜ
慧	hui	ㄏㄨㄟ

憂	you	ㄧㄡ	歙	xi	ㄒㄧ	輿	yu	ㄩ
憯	can	ㄘㄢ	濁	zhuo	ㄓㄨㄛ	避	bi	ㄅㄧ
敵	di	ㄉㄧ	澹	dan	ㄉㄢ	還	huan	ㄏㄨㄢ
數	shu	ㄕㄨ	燕	yan	ㄧㄢ	鍵	jian	ㄐㄧㄢ
斲	zhuo	ㄓㄨㄛ	獨	du	ㄉㄨ	隱	yin	ㄧㄣ
暴	bao	ㄅㄠ	積	ji	ㄐㄧ	雖	sui	ㄙㄨㄟ
樂	le	ㄌㄜ	穆	mu	ㄇㄨ	騁	cheng	ㄔㄥ
澄	cheng	ㄔㄥ	窺	kui	ㄎㄨㄟ	鮮	xian	ㄒㄧㄢ
熱	re	ㄖㄜ	篤	du	ㄉㄨ			
牖	you	ㄧㄡ	興	xing	ㄒㄧㄥ	**十八劃**		
穀	gu	ㄍㄨ	舉	ju	ㄐㄩ			
稽	ji	ㄐㄧ	燕	wu	ㄨ	嚘	you	ㄧㄡ
稷	ji	ㄐㄧ	魄	gui	ㄍㄨㄟ	曜	yao	ㄧㄠ
窮	qiong	ㄑㄩㄥ	親	qin	ㄑㄧㄣ	歟	yu	ㄩ
緜	mian	ㄇㄧㄢ	譁	hui	ㄏㄨㄟ	歸	gui	ㄍㄨㄟ
蔽	bi	ㄅㄧ	謀	mou	ㄇㄡ	燿	yao	ㄧㄠ
蕢	lei	ㄌㄟ	諾	nuo	ㄋㄨㄛ	獵	lie	ㄌㄧㄝ
衛	wei	ㄨㄟ	謂	wei	ㄨㄟ	壁	bi	ㄅㄧ
褒	bao	ㄅㄠ	豫	yu	ㄩ	儌	jiao	ㄐㄧㄠ
褐	he	ㄏㄜ	輻	fu	ㄈㄨ	禮	li	ㄌㄧ
誰	shei	ㄕㄟ	輸	shu	ㄕㄨ	繢	hui	ㄏㄨㄟ
賢	xian	ㄒㄧㄢ	辨	bian	ㄅㄧㄢ	繟	chan	ㄔㄢ
賤	jian	ㄐㄧㄢ	遺	yi	ㄧ	藏	cang	ㄘㄤ
質	zhi	ㄓ	隨	sui	ㄙㄨㄟ	蟲	chong	ㄔㄨㄥ
輟	chuo	ㄔㄨㄛ	靜	jing	ㄐㄧㄥ	覆	fu	ㄈㄨ
輜	zi	ㄗ	館	guan	ㄍㄨㄢ	謫	zhe	ㄓㄜ
鄰	lin	ㄌㄧㄣ	默	mo	ㄇㄛ	謬	miu	ㄇㄧㄡ
醇	chun	ㄔㄨㄣ				豐	feng	ㄈㄥ
銳	rui	ㄖㄨㄟ	**十七劃**			贅	zhui	ㄓㄨㄟ
閱	yue	ㄩㄝ				轍	zhe	ㄓㄜ
養	yang	ㄧㄤ	儡	lei	ㄌㄟ	鎮	zhen	ㄓㄣ
餘	yu	ㄩ	嬰	ying	ㄧㄥ	闔	he	ㄏㄜ
駟	si	ㄙ	彌	mi	ㄇㄧ	瞺	hui	ㄏㄨㄟ
魄	po	ㄆㄛ	應	ying	ㄧㄥ	雞	ji	ㄐㄧ
			戴	dai	ㄉㄞ			
十六劃			濟	ji	ㄐㄧ	**十九劃**		
			營	ying	ㄧㄥ			
噤	jin	ㄐㄧㄣ	燥	zao	ㄗㄠ	寵	chong	ㄔㄨㄥ
器	qi	ㄑㄧ	爵	jue	ㄐㄩㄝ	懷	huai	ㄏㄨㄞ
噭	jiao	ㄐㄧㄠ	環	huan	ㄏㄨㄢ	懧	long	ㄌㄨㄥ
學	xue	ㄒㄩㄝ	糞	fen	ㄈㄣ	曠	kuang	ㄎㄨㄤ
彊	qiang	ㄑㄧㄤ	聲	sheng	ㄕㄥ	歗	you	ㄧㄡ
徼	jiao	ㄐㄧㄠ	臂	bi	ㄅㄧ	獸	shou	ㄕㄡ
憺	dan	ㄉㄢ	臨	lin	ㄌㄧㄣ	繩	sheng	ㄕㄥ
戰	zhan	ㄓㄢ	薄	bo	ㄅㄛ	纍	lei	ㄌㄟ
據	ju	ㄐㄩ	螫	shi	ㄕ	蠆	chai	ㄔㄞ
橐	tuo	ㄊㄨㄛ	谿	xi	ㄒㄧ	識	shi	ㄕ
模	pu	ㄆㄨ	賽	sai	ㄙㄞ	蹷	jue	ㄐㄩㄝ
歔	xu	ㄒㄩ	轂	gu	ㄍㄨ	蹶	jue	ㄐㄩㄝ

辭	ci	ㄘ		譽	yu	ㄩ		闥 yue ㄩㄝ
闚	kui	ㄎㄨㄟ		辯	bian	ㄅㄧㄢ		

辭　ci　ㄘ
闚　kui　ㄎㄨㄟ
關　guan　ㄍㄨㄢ
離　li　ㄌㄧ
難　nan　ㄋㄢ
類　lei　ㄌㄟ

二十劃

嚴　yan　ㄧㄢ
寶　bao　ㄅㄠ
攘　rang　ㄖㄤ
籌　chou　ㄔㄡ
耀　yao　ㄧㄠ
議　yi　ㄧ
譬　pi　ㄆㄧ
贏　ying　ㄧㄥ
躁　zao　ㄗㄠ
釋　shi　ㄕ
飄　piao　ㄆㄧㄠ
飂　liu　ㄌㄧㄡ
饑　ji　ㄐㄧ

二十一劃

屬　shu　ㄕㄨ
懼　ju　ㄐㄩ
攝　she　ㄕㄜ
纇　lei　ㄌㄟ
纍　lei　ㄌㄟ
纆　mo　ㄇㄛ
覽　lan　ㄌㄢ

譽　yu　ㄩ
辯　bian　ㄅㄧㄢ
露　lu　ㄌㄨ
饗　xiang　ㄒㄧㄤ

二十二劃

儼　yan　ㄧㄢ
聾　long　ㄌㄨㄥ
聽　ting　ㄊㄧㄥ
襲　xi　ㄒㄧ
讁　zhe　ㄓㄜ
鑒　jian　ㄐㄧㄢ
驕　jiao　ㄐㄧㄠ
驒　ru　ㄖㄨ

二十三劃

儽　lei　ㄌㄟ
攫　jue　ㄐㄩㄝ
玃　jue　ㄐㄩㄝ
籥　yue　ㄩㄝ
驚　jing　ㄐㄧㄥ

二十四劃

靈　ling　ㄌㄧㄥ
驟　zhou　ㄓㄡ

二十五劃

觀　guan　ㄍㄨㄢ

闥　yue　ㄩㄝ

二十八劃

鑿　zao　ㄗㄠ

疑難字

蚰　kun　ㄎㄨㄣ
蛫　gui　ㄍㄨㄟ
迬　wang　ㄨㄤ
湷　hun　ㄏㄨㄣ
播
迱
荃
腂
耒
仳
顪
劊
湴
潜
祆
裎
盉
緋
絗